中国华电集团公司标志释义

中国华电集团公司标志是以集团公司英文名称的缩写“CHD”为基础演变而来的图形，并将“CHD”融入“H”字母中。

中国华电集团公司标志以极富美感的形式传递着丰富而深刻的内涵。

她象征拧结一体的绳索，丝丝缕缕，形成强大的合力，展现了大工业的气势和能量的聚合，是企业发展、员工团结的象征。

流畅的线条寓意动力的形成、能量的转换，传达并强化“中国华电”以电源建设与运营为核心业务的企业特征，充满现代企业蓬勃的朝气，彰显现代企业追求卓越的理念。

形似涌动的波涛，寓意企业面向社会、面向市场，锐意进取、海纳百川、开拓无限的经营思想。

标志的标准色为天蓝色和海蓝色，天蓝是晴空万里的颜色，寓意博大、宽广、高远；海蓝是大海的色彩，寓意睿智、理性、稳健。以蓝色为主体色彩，代表先进的科学技术和生产力，洋溢着可持续发展的活力，以及对生命的珍视，展示企业以人为本、造福人类的宏伟志向。

亲切关怀

2008年8月3日上午，中共中央政治局常委、国务院总理温家宝专程来到华电（北京）热电有限公司郑常庄燃气—蒸汽联合循环机组现场，视察奥运电力保障工作，亲切慰问一线员工。

2008年2月1日，中共中央政治局常委李克强到华电四川广安发电公司看望慰问战斗在抗灾保电第一线的电力员工。

2008年2月9日，中共中央政治局常委、中央政法委书记周永康到黑龙江华电佳木斯发电有限公司视察工作，亲切慰问坚守生产一线的公司员工。

2008年12月4日，第五次中美战略经济对话（SED5）在北京钓鱼台国宾馆开幕。国务院副总理王岐山和美国财政部长保尔森作为两国国家元首特别代表共同主持为期两天的对话会。会议期间，举行了绿色合作伙伴合作意向签字仪式，中国华电集团公司作为国内唯一一家电力企业与美国未来能源控股有限公司签署合作意向书。

2008年11月14日，在北京国际展览中心举行的中国电力改革开放30年成就展览会上，国家电监会党组书记、主席王旭东参观了集团公司展厅并给予充分肯定。

2008年1月23日，国家发展和改革委员会副主任解振华考察公司所属上市公司——国电南京自动化股份公司。

考察调研

2008年6月18日，集团公司总经理、党组副书记云公民到华电云南企业调研。

2008年6月23日，集团公司总经理、党组副书记云公民到华电在川企业调研，深入了解抗震救灾和恢复重建工作。

2008年10月10日，集团公司总经理、党组副书记云公民，党组书记、副总经理李庆奎到集团公司新办公大楼——中国华电大厦建设现场调研。

2008年8月15日，集团公司党组书记、副总经理李庆奎到华电天津企业调研。

2008年12月9日，集团公司党组书记、副总经理李庆奎到华电江苏分公司及所属企业调研。

2008年1月1日，集团公司党组成员、副总经理陈飞虎到湖南华电长沙发电有限公司慰问调研。

CHINA HUADIAN CORPORATION

2008年8月28日，集团公司党组成员、副总经理程念高到黑龙江华电佳木斯发电有限公司调研。

2008年3月7日，集团公司党组成员、副总经理任书辉到陕西华电蒲城发电有限责任公司调研。

2008年5月7日，集团公司党组成员、副总经理辛保安到贵州大龙发电公司调研。

2008年6月23日，集团公司党组成员、副总经理邓建玲到广州华电大学城分布式能源站调研。

2008年5月8日，集团公司党组成员、华电国际电力股份有限公司总经理陈建华到华电浙江分公司调研。

2008年8月5日，集团公司总会计师王怀书到华电安徽企业调研。

CHINA HUADIAN CORPORATION

2008年12月22日，集团公司党组成员、纪检组组长蒋亮平到华电国际电力股份有限公司及所属部分企业调研。

2008年5月13日，时任集团公司党组书记、总经理曹培玺赴四川指导抗震救灾、保证电力安全生产工作。

2008年1月25日，时任集团公司党组成员、纪检组组长迟文江到青海华电大通发电有限公司慰问。

重要会议

2008年1月17～18日，集团公司在北京召开2008年工作会议。

2008年1月19日，集团公司在北京召开2008年纪检监察工作会议。

2008年3月19日，集团公司在北京召开抗灾保电工作总结大会。

CHINA HUADIAN CORPORATION

2008年5月26日，集团公司在北京召开抗震救灾和迎峰度夏工作视频会议。

2008年5月29～30日，集团公司在北京召开办公室工作会议。

2008年6月16日，集团公司召开总部干部大会，宣布中央对公司主要领导调整决定：云公民任集团公司总经理、党组副书记；李庆奎任集团公司党组书记、副总经理；免去曹培玺中国华电集团公司总经理、党组书记职务，另有任用。

2008年7月24日，集团公司在北京召开2008年年中工作会议。

2008年10月20日，集团公司在北京召开深入学习实践科学发展观活动试点工作启动会议。

2008年11月14日，集团公司召开党组扩大会议，宣布国务院国资委对集团公司新任党组纪检组组长的任命决定：蒋亮平任中国华电集团公司党组成员、纪检组组长；迟文江不再担任党组成员、纪检组组长职务，退休。

CHINA HUADIAN CORPORATION

重要事件及活动

2008年1月3日，中国华电集团公司与河南省洛阳市人民政府在洛阳签署合作开发核电项目框架协议。

2008年1月17日，庆祝中国华电集团公司成立五周年“华电情”文艺汇演在北京21世纪剧院隆重举行。

2008年1月，中国南方遭遇百年一遇雨雪冰冻灾害，华电在黔企业和全体干部员工不畏艰难，力保安全稳定发电。

2008年2月19日，中国华电集团公司与印度尼西亚国家电力公司（PLN）签署战略合作备忘录。

2008年2月25日，集团公司学习贯彻党的十七大精神培训班在中国华电集团高级培训中心举行。

2008年2月28日，中国华电集团公司河南分公司揭牌成立。

2008年2月28日，集团公司在武汉召开2008年安全生产专题工作会议。

2008年2月29日，中国华电集团公司与英国瑞碳有限公司、瑞士信贷国际集团在北京举行绿色战略发展合作框架协议暨清洁发展机制CDM项目合作签约仪式。

2008年3月18日，集团公司在杭州召开“依法经营，遵纪守法”主题实践活动座谈会。

2008年3月20日，集团公司在北京举行党组中心组全国“两会”精神学习扩大会，传达学习贯彻十一届全国人大一次会议和全国政协十一届一次会议精神。

2008年3月27日，中国华电集团公司广西分公司在南宁揭牌成立。

2008年3月31日，中国华电集团公司与英国益可环境金融集团公司、德意志银行在北京签署超超临界项目清洁机制开发和碳减排量购买协议书。

CHINA HUADIAN CORPORATION

2008年4月8日，华电新疆发电有限公司乌鲁木齐热电厂（2×33万kW）热电联产工程正式开工，这是新疆维吾尔自治区单机容量最大的热电项目。

2008年4月15日，集团公司在北京发布《中国华电集团公司2007年社会责任报告》，首次向社会各界报告企业在履行社会责任方面所做的探索与实践。

2008年4月24日，集团公司在福州召开首次环境保护工作会议。

2008年4月25日，集团公司召开深入开展对标管理年活动视频会议。

2008年5月9日，集团公司第一期核电专业人员储备培训班在西安交通大学正式开班。

2008年5月14日，集团总部开展向四川地震灾区捐款活动。

2008年5月14日，北京奥运重点能源工程——华电（北京）热电有限公司郑常庄燃机工程（2×25.4万kW）投产发电。

2008年5月27日，印度尼西亚国家电力公司（PLN）总裁法米·穆达一行访问集团公司。

2008年5月28日，集团公司在北京举办2008年合同与法律培训班。

2008年5月28日，集团公司通过中国红十字会再次向四川地震灾区捐出200万元员工捐款，用于建设一所学校和一所医院。

2008年5月30日，阿尔斯通电力部全球总裁朱倍贺一行访问集团公司。

2008年6月6日，中国华电集团公司河北分公司、华电国际电力股份有限公司河北分公司揭牌成立。

2008年6月19日，为响应国家“上大压小”节能减排号召，华电云南昆明发电厂爆破拆除2台10万kW小火电机组。

2008年6月23日，集团公司2008年度火电机组集控运行技能大赛在山东邹城隆重开幕。

2008年6月25日，集团公司2008年企业文化建设高峰论坛在北京举行。

2008年6月26日，四川灾后重建首个重大项目——华电珙县电厂一期2台60万kW机组“上大压小”新建工程开工。

2008年6月28日，集团公司煤炭产业开发重点项目——华电内蒙古不连沟煤矿及选煤厂（1000万t年）开工建设。

2008年6月30日，集团公司召开纪念建党87周年视频会议。

2008年7月1日，新疆华电哈密发电有限公司拉响新疆关停小机组“第一爆”。

2008年7月10日，福建可门疏港铁路正式开工建设。

2008年8月14日，集团公司与哈尔滨空调股份有限公司、中国电力工程顾问集团科技开发有限公司联合体举行百万千瓦发电机组空冷技术装备自主化项目合作协议签字仪式，标志着全球首个百万千瓦超超临界空冷发电机组项目——华电宁夏灵武二期工程正式启动。

2008年9月9日，新疆华电昌吉英格玛西黑山一号矿井工程举行奠基仪式。

2008年9月15日，华电莱州风电有限公司一期工程（4.05万kW）投产发电。

2008年9月16日，集团公司参加山西太原第二届煤炭博览会。

CHINA HUADIAN CORPORATION

2008年9月23日，集团公司在北京召开挂职锻炼干部座谈会。

2008年10月8日，华电四川宝珠寺水力发电厂被中共中央、国务院和中央军委联合授予“全国抗震救灾英雄集体”光荣称号。

2008年10月9日，安徽华电芜湖发电有限公司增资扩股协议、华电国际与淮南矿业煤炭采购协议、淮南矿业和芜湖公司中长期煤炭采供协议签字仪式在合肥举行。

2008年10月14日，中国华电集团公司与陕西省榆林市人民政府在西安签署战略合作框架协议。

2008年10月16日，集团公司在北京召开党组中心组“党的十七届三中全会精神”学习（扩大）会，传达学习党的十七届三中全会精神。

2008年10月18日，中国华电集团公司福建可门储运中心接卸第一船来煤。

2008年10月27日，集团公司总经理、党组副书记云公民代表集团公司出席第17届亚太电协大会。

2008年10月28日，福建省首座15万吨级煤炭专用码头——中国华电集团公司福建可门储运中心10号、11号码头竣工。

2008年10月30日，集团公司与唐山市曹妃甸工业区管委会在唐山签署曹妃甸大型能源综合项目投资框架协议。

2008年11月4日，中国华电集团公司西藏分公司在拉萨揭牌成立。

2008年11月13日，集团公司党组书记、副总经理李庆奎代表集团公司出席在北京举行的纪念中国电力改革开放30年座谈会并发表演讲。

2008年11月21日，集团公司大比例参股建设的福建福清核电一期工程正式开工，标志着集团公司核电开发取得历史性突破。

2008年11月25日，国务院国资委、人力资源和社会保障部联合主办，中国华电集团公司承办的“华电杯”2008年中央企业职工技能大赛火电机组集控运行值班员决赛在华电国际邹县发电厂隆重开幕。集团公司参赛选手夺得8金11银4铜的优异成绩，在100万kW机组项目决赛中包揽前8名。

2008年11月28日，集团公司在北京召开2008年度财务决算工作会议。

2008年12月3日，集团公司与内蒙古呼伦贝尔市人民政府在呼伦贝尔签署大型煤电化项目战略合作框架协议。

2008年12月3日，集团公司在北京召开创新燃料管理体制动员会。

2008年12月7日，华电宿州生物质能发电有限公司秸秆发电工程（2×1.25万kW）投产发电，每年可利用农作物秸秆20余万吨，直接增加农民收入近6000万元。

2008年12月9日，集团公司在北京召开金融工作座谈会。

CHINA HUADIAN CORPORATION

2008年12月15日，宁夏宁东煤电化基地项目启动暨国家重点开发区揭牌仪式在宁夏宁东基地举行，中国华电集团公司灵武二期（2×100万kW）全球首台百万千瓦超超临界空冷机组作为项目之一正式开工建设。

2008年12月15日，集团公司在北京召开2008年信息化工作视频会。

2008年12月16日，我国环境保护领域最高奖项——第五届中华宝钢环境奖颁奖典礼在北京举行。中国华电集团公司荣获企业环保类大奖。

2008年12月18日，集团公司在总部分别召开分支机构(区域子公司)、专业公司和总师以上领导干部座谈会，研究2009年工作。

2008年12月18日，“西电东送”骨干电源——贵州黔源北盘江光照发电厂（4×26万kW）实现“一年四投”。

2008年12月22日，集团公司总经理、党组副书记云公民代表集团公司在印度尼西亚首都雅加达出席第三届中国—印度尼西亚能源论坛。

CHINA HUADIAN CORPORATION

中国华电集团公司

装机容量分布图

中国华电集团公司装机容量分布图

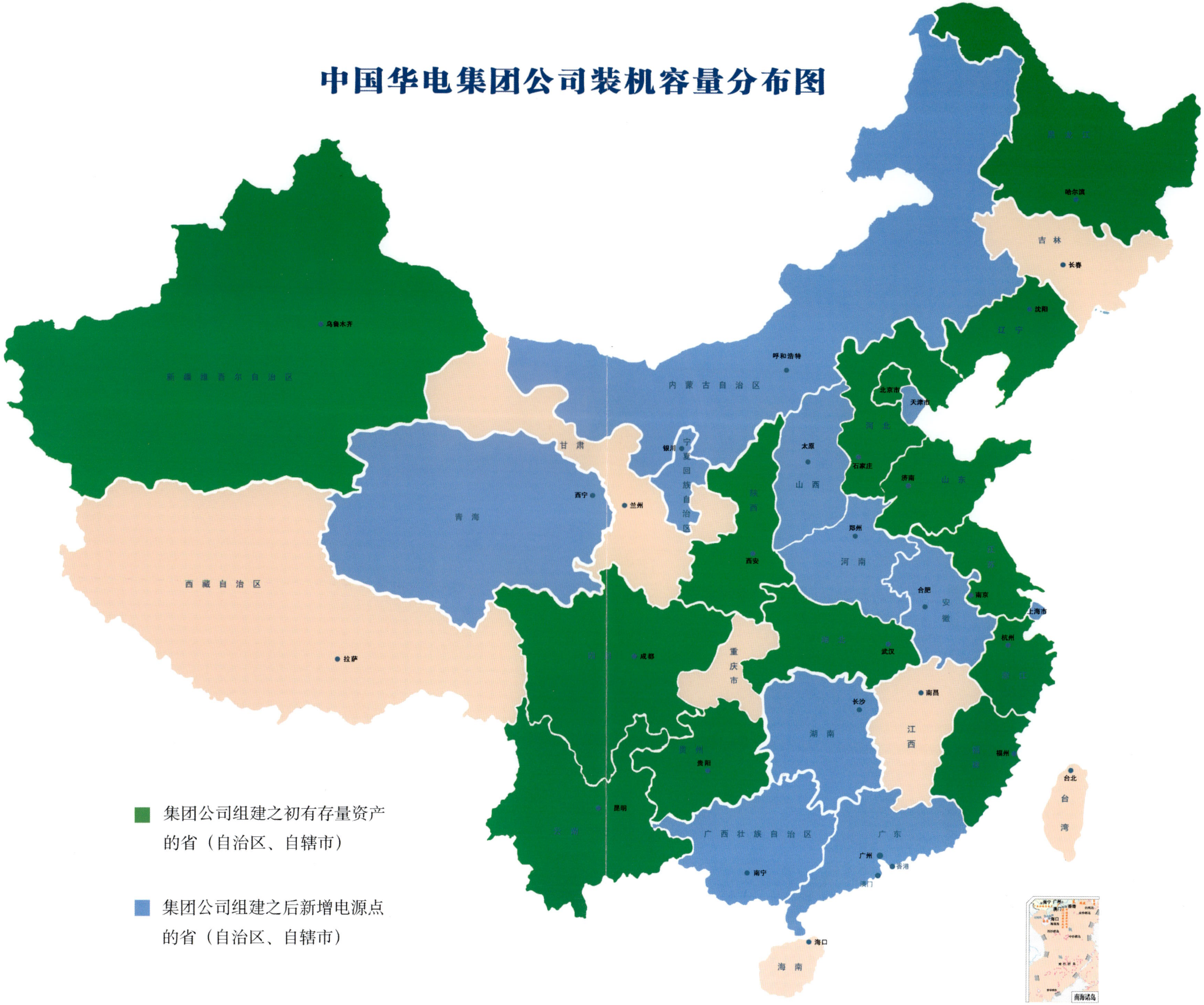

集团公司组建之初有存量资产的省（自治区、自辖市）

集团公司组建之后新增电源点的省（自治区、自辖市）

中國華電集團公司年鑒

2008

《中国华电集团公司年鉴》编委会

中国电力出版社
CHINA ELECTRIC POWER PRESS

图书在版编目（CIP）数据

中国华电集团公司年鉴．2008/《中国华电集团公司年鉴》编委会编．—北京：中国电力出版社，2010.12
ISBN 978-7-5123-1165-7

Ⅰ．①中…　Ⅱ．①中…　Ⅲ．①电力工业-工业企业-中国-2008-年鉴　Ⅳ．①F426.61-54

中国版本图书馆CIP数据核字（2010）第241287号

中国电力出版社出版、发行
（北京市东城区北京站西街19号　100005　http：//www.cepp.sgcc.com.cn）
北京盛通印刷股份有限公司印刷
*
2011年1月第一版　　2011年1月北京第一次印刷
787毫米×1092毫米　16开本　36.5印张　1180千字　18插页
定价**220.00**元

《中国华电集团公司年鉴》编纂委员会

《中国华电集团公司年鉴》编辑部

编辑说明

1.《中国华电集团公司年鉴》是由中国华电集团公司（简称集团公司）主编的企业年鉴，旨在全面、系统、翔实地记载集团公司工作成就和向战略目标迈进的发展历程，发挥年鉴资政、知情、教化、存史、窗口作用，为集团公司经营发展服务。同时，它也是一部融史实性、指导性、全面性、实用性和可读性为一体，文、图、表并茂，对外公开出版的综合性大型资料工具书。

2. 编纂《中国华电集团公司年鉴》的指导思想是：以邓小平理论、“三个代表”重要思想和科学发展观为指导，坚持实事求是、与时俱进的方针，紧密围绕集团公司的发展战略，贯穿发展主题，把握工作重点，突出企业特色，全面反映各项工作的新特点、新成就和新经验，努力做到体系完整、时间连续、内容真实和行文规范。

3. 本年鉴为《中国华电集团公司年鉴》的第三卷，编入资料的时间范围为 2008 年 1 月 1 日～2008 年 12 月 31 日，少数条目酌情收录了一些回溯性、展望性资料。文中涉及的领导班子组成、组织机构及有关事件，除特别注明外，均为 2008 年末的情况。

4. 本年鉴记载的主体是集团公司，并收录了公司系统有关成员单位。集团公司参股企业以及 2008 年 12 月 31 日之后成立的单位没有纳入本年鉴。

5. 本年鉴采用分类编辑法，按篇目、栏目、条目三层结构进行编写，共设 16 个篇目，即特载、集团公司概况、总部建设与管理、科学发展、安全生产与运行、经营管理、内部改革、科技与环保、信息化建设与管理、人力资源管理、党的建设和精神文明建设、交流与合作、成员单位、大事记、统计资料、人物和荣誉，共 49 个栏目、439 个条目，总字数约 120 万字。

6. 本年鉴采用文章和条目两种体裁，以条目体为主，并选配具有一定史料价值的图片共 90 幅，力求做到图文并茂。

7. 本年鉴中的单位名称、集团总部各部门名称首次出现均使用规范全称，重复出现一般使用简称。除特别注明外，文中“中国华电”、“华电集团”或“集团公司”均指“中国华电集团公司”。领导人员在文中首次出现时，在其姓名前加写主要职务，重复出现只写姓名，不再加写职务。

8. 本年鉴“成员单位”篇目中，【领导班子】条目系指广义的领导班子，包含公司制企业法人治理结构，亦包含非公司制企业和单位的党政班子。

9. 本年鉴“人物和荣誉”篇目中，主要收录集团公司表彰的荣誉。

10. 本年鉴的编纂工作在《中国华电集团公司年鉴》编纂委员会的领导下进行。稿件由集团总部各部门、各单位确定专人负责撰写，并经以上撰稿部门、单位领导审核，由年鉴编辑部汇总编辑。

《中国华电集团公司年鉴》编辑部

二〇〇九年十一月

篇目

特载

集团公司概况

总部建设与管理

科学发展

安全生产与运行

经营管理

内部改革

科技与环保

信息化建设与管理

人力资源管理

党的建设和精神文明建设

交流与合作

成员单位

大事记

人物和荣誉

统计资料

目录

编辑说明

一、特　　载

重要批示 …… 3

曾培炎批示 …… 3
李荣融批示 …… 3
尤权批示 …… 3

重要文献 …… 3

关于云公民、曹培玺职务任免的通知（国人字［2008］88号） …… 3
关于李庆奎、曹培玺同志职务任免的通知（中委［2008］237号） …… 3
关于云公民同志任职的通知（国资党任字［2008］35号） …… 4
关于李庆奎任职的通知（国资任字［2008］60号） …… 4
关于王怀书任职的通知（国资任字［2008］121号） …… 4
关于蒋亮平、迟文江同志职务任免的通知（国资党任字［2008］82号） …… 4
努力创新超越　提升竞争能力　为实现公司愿景目标而奋斗
——集团公司2008年工作会议工作报告 …… 4
迎难而上　奋发有为　为全面推进公司又好又快发展而努力奋斗
——集团公司2008年年中工作会议工作报告 …… 13
集团公司2008年年中工作会议总结讲话 …… 21

重要论述 …… 26

在中国华电集团公司2009年电煤订货预备工作会上的讲话（云公民） …… 26
在集团公司经济活动分析视频会议上的讲话（云公民） …… 29
价值观管理引领华电走向卓越（李庆奎） …… 34
更新观念　坚定信心　提升管理　确保深入学习实践科学发展观活动试点工作取得实效（李庆奎） …… 37

拓宽思路　积极作为　为集团安全经营发展提供资金保障（陈飞虎） …… 42
科学谋划　精心组织　下大力气加快水电项目前期工作（程念高） …… 45
在集团公司 2008 年安全生产专题工作会议上的讲话（任书辉） …… 49
坚定信心　狠抓落实　努力完成法制工作三年目标（辛保安） …… 53
深化应用　注重实效　推动集团公司信息化再上新台阶（邓建玲） …… 59
在华电国际电力股份有限公司四届二十六次董事会上的工作报告（陈建华） …… 64
应对金融危机　提升服务能力（王怀书） …… 69
以“大纪检”创新开拓纪检监察工作　扎实推进反腐倡廉建设（蒋亮平） …… 71
大力弘扬抗灾保电精神　奋力完成年度目标任务（曹培玺） …… 73
强化纪检监察职能　为建立依法经营长效机制而不懈努力（迟文江） …… 78

要闻特编 …… 80

集团公司 2008 年工作会议 …… 80
集团公司 2008 年年中工作会议 …… 82
抗冰保电工作 …… 83
抗震救灾工作 …… 83
奥运保电工作 …… 84

重要媒体报道 …… 84

华电集团：“绿色发展”展示中国电力的崭新形象 …… 84
高举旗帜：中国华电集团加快清洁能源开发 …… 85
中国华电集团首次发布社会责任报告 …… 86
中国华电集团重节能更重减排 …… 86
四川震区电厂陆续恢复正常稳定 …… 87
发电企业全力抗震救灾：在川电厂正陆续恢复正常 …… 87
众志成城　抗震救灾 …… 87
华电集团的“增”“减”之道 …… 87
华电集团为灾区捐款已突破 1000 万 …… 89
Smoke out …… 89
中国华电燃气热电工程并网发电 …… 91
云南省开始全面提前关停小火电机组 …… 91
温家宝在考察奥运场馆和保障设施时强调把奥运会办好　实现可持续发展 …… 91
我国开工建设世界首个百万千瓦超超临界空冷机组 …… 91
世界首台百万千瓦空冷机组开工建设 …… 92
中华宝钢环境奖颁奖 …… 92

二、集团公司概况

公司简介 …… 95
华电宪章——中国华电集团公司企业文化体系 …… 95
治理结构 …… 97
领导班子 …… 97

国务院派驻中国华电集团公司监事会 …… 97
组织机构 …… 97
年度业绩 …… 98
中国华电集团公司工作规则 …… 98

三、总部建设与管理

综述 …… 107
概述 …… 107
政务工作 …… 109
秘书工作 …… 109
信息工作 …… 109
督查督办 …… 110
会议管理 …… 110
总值班室管理 …… 110
文档管理 …… 111
机要管理 …… 111
文件管理 …… 111
印章管理 …… 112
档案管理 …… 112
无纸化办公 …… 112
保密管理 …… 112
公关宣传 …… 113
新闻宣传 …… 113
对外宣传 …… 113
对内宣传 …… 113
新闻宣传队伍建设 …… 114
社会责任 …… 114
展览展示 …… 114
法律和信访事务 …… 114
依法经营和依法治企 …… 114
法制建设及普法宣传教育 …… 115
法律纠纷案件管理 …… 116
外事管理 …… 116
行政后勤 …… 116
会务管理 …… 116

职工福利管理 …… 116
迎奥运综合治理工作 …… 116
行政办公费用管理 …… 116
公司系统公务用车审批 …… 117
后勤服务保障 …… 117
固定资产管理 …… 117
办公楼建设与管理 …… 117
社会事务管理 …… 118

四、科学发展

综述 …… 121

概述 …… 121

战略与规划 …… 121

战略规划编制与修订 …… 121
战略实施 …… 121
项目公司组建 …… 122

电源发展 …… 122

概述 …… 122
投资管理 …… 122
前期管理 …… 123
电源结构调整 …… 123
水电开发 …… 123
新能源发展 …… 124
“上大压小” …… 125

煤炭产业 …… 125

煤炭产业发展规划 …… 125
煤炭项目开发 …… 125
重点项目概况 …… 126

金融产业发展 …… 126

概述 …… 126
金融运作机构 …… 127

五、安全生产与运行

综述 …… 131

概述 …… 131

安全管理 …… 131

安全责任体系 …… 131
安全标准化 …… 131
安全性评价 …… 132
应急管理 …… 132
奥运保电 …… 132

生产管理 …… 133

概述 …… 133
大机组技术管理 …… 133
点检定修管理试点 …… 133
技术监督 …… 133
生产准备与岗位培训 …… 133
防汛和大坝安全 …… 134

节能降耗 …… 134

概述 …… 134
节能管理 …… 135
节能技改 …… 135
节能评价 …… 135
耗差分析 …… 135

企业基础管理 …… 136

对标管理 …… 136
创建优秀发电企业 …… 136
“五型”班组建设 …… 136

事故摘编 …… 136

人身事故 …… 136
设备事故 …… 136

六、经营管理

综合计划与统计管理 …… 139

概述 …… 139
生产计划管理 …… 139
投资计划管理 …… 139
综合统计管理 …… 139

财务管理 …… 140

概述 …… 140
对标管理 …… 141
绩效考核工作 …… 141
财务风险及资金安全管理 …… 141
基建财务管理 …… 141
财税政策研究与补贴争取 …… 141
财务预决算工作 …… 142
财务信息化建设 …… 142
财会队伍建设 …… 142

资产、产权管理 …… 142

重组并购 …… 142
融资工作 …… 143
股权转让 …… 143
资本运作 …… 143
资产管理 …… 144

市场营销 …… 144

概述 …… 144
电量管理 …… 144
电、热价格管理 …… 145
电热费回收 …… 146
市场营销基础工作 …… 146

燃料管理 …… 147

概述 …… 147
“五统一”管理体系 …… 147
燃料计划管理 …… 148
燃料供应管理 …… 148
燃料价格管理 …… 148
燃料结算管理 …… 149

内部审计 …… 149

概述 …… 149
日常审计工作 …… 149
审计机构、机制、队伍、制度 …… 150
风险管理 …… 151
配合审计 …… 151

效能监察 …… 152

概述 …… 152
招标监督 …… 152
规范关联交易效能监察 …… 152
关停小火电机组资产处置效能监察 …… 152

七、内 部 改 革

概述 …… 155
改制重组 …… 155
创新燃料管理体制 …… 156
优化管控模式研究 …… 156
开展深化发电运营体制改革研究 …… 156
积极推进检修体制改革 …… 157
政策研究 …… 157

八、科 技 与 环 保

综述 …… 161

概述 …… 161

科技工作 …… 161

科技支撑体系建设 …… 161
重大科学技术创新 …… 162
科技成果评审与验收 …… 162
科技进步奖励 …… 162
科技交流与培训 …… 163
科技期刊出版 …… 163

环保工作 …… 164

环保管理 …… 164
环境污染防治 …… 164

生态保护 …… 165
环保前期 …… 165
环保“三同时”及环保水保验收 …… 165
“十一五”二氧化硫总量削减目标责任书 …… 166
清洁发展机制 …… 166
环保宣传 …… 166

九、信息化建设与管理

综述 …… 169
概述 …… 169
信息化管理 …… 169
信息化领导小组会议 …… 169
信息化管理制度 …… 169
国务院国资委组织的中央企业信息化水平评价 …… 169
先进单位和先进个人评选 …… 169
网络与安全 …… 170
局域网建设 …… 170
广域网建设 …… 170
信息安全 …… 170
应用系统建设 …… 170
安全生产与营销实时监管系统 …… 170
对标管理信息系统 …… 170
PMIS 火电基建工程项目管理系统 …… 171
安全监督管理系统 …… 171
惩治和预防腐败体系管理信息系统 …… 171
招标公司招标与采购网系统 …… 171

十、人力资源管理

综述 …… 175
概述 …… 175
干部人事管理 …… 175
领导干部管理 …… 175
后备干部管理 …… 176

领导班子建设 …… 176

董事、监事管理 …… 176

法人治理结构建设 …… 176
董事、监事队伍管理 …… 177

劳动组织管理 …… 177

公司总部组织机构沿革 …… 177
系统企业管控体系建设 …… 177
人力资源优化配置 …… 177
按定员组织生产和劳动管理 …… 178

薪酬管理 …… 178

薪酬制度建设 …… 178
工资总额管理 …… 178
人工成本管理 …… 178

人才强企 …… 179

人才资源培训开发 …… 179
职称评定工作 …… 179
技能鉴定工作 …… 179

企业年金管理 …… 180

组织建设 …… 180
管理运营 …… 180

十一、党的建设和精神文明建设

党建工作 …… 183

公司系统企业党的建设 …… 183
在京直属单位党的建设 …… 184

纪检监察工作 …… 184

概述 …… 184
惩治和预防腐败体系建设 …… 185
廉洁自律工作 …… 185
效能监察 …… 185
信访办案 …… 186
纪检监察队伍建设 …… 186

精神文明建设 …… 187

思想道德建设 …… 187

思想政治工作 …… 187
“文明单位”创建工作 …… 187

企业文化建设 …… 187

群众工作 …… 188

概述 …… 188
工会工作 …… 188
共青团工作 …… 188
统战工作 …… 189
重要文体活动 …… 189

十二、交流与合作

国内交流与合作 …… 193
国际交流与合作 …… 193
境外投资 …… 193

十三、成员单位

华电煤业集团有限公司 …… 197
中国华电集团资本控股有限公司 …… 198
中国华电工程（集团）有限公司 …… 200
中国华电集团新能源发展有限公司 …… 202
中国华电集团发电运营有限公司 …… 204
华电招标有限公司 …… 206
中国华电香港有限公司 …… 208
华电置业有限公司 …… 210
中国华电集团高级培训中心（中共中国华电集团公司党校） …… 211
华信保险经纪（公估）有限公司 …… 213
华鑫国际信托有限公司 …… 215
华电（北京）热电有限公司 …… 216
北京华电水电有限公司 …… 217
中国华电集团公司天津分公司 …… 219
天津军粮城发电有限公司 …… 220
华电国际电力股份有限公司 …… 221
华电国际电力股份有限公司邹县发电厂 …… 224
华电潍坊发电有限公司 …… 226
华电青岛发电有限公司 …… 227
华电国际电力股份有限公司莱城发电厂 …… 229
华电国际电力股份有限公司十里泉发电厂 …… 232

华电滕州新源热电有限公司 …… 234
华电章丘发电有限公司 …… 237
华电淄博热电有限公司 …… 239
华电莱州风电有限公司 …… 240
华电国际莱州项目筹建处 …… 241
中国华电集团公司河北分公司 …… 242
河北华电石家庄热电有限公司 …… 243
河北华电混合蓄能水电有限公司 …… 245
河北华电石家庄裕华热电有限公司 …… 247
中国华电集团公司内蒙古公司 …… 249
内蒙古华电包头发电有限公司 …… 251
内蒙古华电卓资发电有限公司 …… 252
内蒙古华电土右发电有限公司 …… 253
包头东华热电有限公司 …… 254
内蒙古华电乌达热电有限公司 …… 256
内蒙古华电辉腾锡勒风力发电有限公司 …… 257
内蒙古华电巴音风力发电有限公司 …… 259
中国华电集团公司山西分公司 …… 259
山西华电沁源发电厂筹备处 …… 261
山西华电岚县发电厂筹备处 …… 262
中国华电集团公司辽宁分公司 …… 263
辽宁华电铁岭发电有限公司 …… 265
华电彰武发电有限公司 …… 267
辽宁华电检修工程有限公司 …… 268
华电能源股份有限公司（中国华电集团公司黑龙江分公司） …… 269
华电能源股份有限公司哈尔滨第三发电厂 …… 272
华电能源股份有限公司牡丹江第二发电厂 …… 273
哈尔滨热电有限责任公司 …… 276
黑龙江华电齐齐哈尔热电有限公司 …… 278
中国华电集团富拉尔基发电总厂 …… 280
黑龙江华电佳木斯发电有限公司 …… 281
中国华电集团哈尔滨发电有限公司 …… 283
华电虎林风力发电有限公司 …… 285
中国华电集团公司上海分公司 …… 285
上海奉贤燃机发电有限公司 …… 287
上海华港风力发电有限公司 …… 288
上海通华燃气轮机服务有限公司 …… 289
中国华电集团公司江苏分公司 …… 290
江苏华电戚墅堰发电有限公司 …… 292
江苏华电扬州发电有限公司 …… 293
望亭发电厂 …… 295
江苏华电望亭天然气发电有限公司 …… 296
江苏电力发展股份有限公司 …… 297

江苏华电句容发电有限公司 …… 298
江苏华电如皋发电厂筹备处 …… 299
太仓华电开发建设有限公司 …… 299
江苏华电太仓项目筹建处 …… 300
中国华电集团公司浙江分公司 …… 301
杭州华电半山发电有限公司 …… 304
浙江华电乌溪江水力发电厂 …… 306
杭州闸口艮山门电厂留守管理处 …… 307
浙江半山 IGCC 发电工程筹建处 …… 308
中国华电集团公司安徽分公司 …… 309
安徽华电宿州发电有限公司 …… 310
安徽池州九华发电有限公司 …… 312
安徽华电六安发电有限公司 …… 313
安徽华电芜湖发电有限公司 …… 315
华电福建发电有限公司 …… 316
福建华电可门发电有限公司 …… 318
福建棉花滩水电开发有限公司 …… 320
闽东水电开发有限公司 …… 321
福建华电邵武发电有限公司 …… 322
福建华电漳平火电有限公司（福建华电漳平发电有限公司） …… 324
福建华电永安发电有限公司 …… 325
福建省古田溪水力发电厂 …… 327
福建省安砂水力发电厂 …… 328
福建省池潭水力发电厂 …… 329
中国华电集团福建华安水力发电厂 …… 330
中国华电集团福建南靖水力发电厂 …… 332
华电厦门电厂 …… 333
华电福建发电有限公司湄洲湾电厂运行分公司 …… 334
福建省龙岩万安溪水力发电有限责任公司 …… 335
华电福建省高砂水电有限公司 …… 337
福建省沙县城关水电有限公司 …… 338
福建省金湖电力有限责任公司 …… 339
福建省永安贡川水电站有限公司 …… 340
福建闽兴水电有限公司 …… 342
福建华电储运有限公司 …… 343
中国华电集团公司湖北分公司 …… 344
湖北华电襄樊发电有限公司 …… 346
湖北西塞山发电有限公司 …… 347
湖北华电西塞山发电有限公司 …… 349
湖北华电黄石发电股份有限公司 …… 350
湖北华电武昌热电有限公司（湖北华电武昌热电厂） …… 351
湖北华电荆沙发电厂筹备处 …… 353
中国华电集团公司湖南分公司 …… 353

湖南华电长沙发电有限公司 …… 355
湖南华电石门发电有限公司 …… 357
湖南华电常德发电有限公司 …… 358
中国华电集团公司河南分公司（华电国际电力股份有限公司河南分公司） …… 359
华电新乡发电有限公司 …… 361
中国华电集团公司广东分公司 …… 362
广东华电徐闻发电厂筹备处 …… 363
广东华电韶关火电项目筹备处 …… 364
中国华电集团公司广西分公司 …… 364
中国华电集团贵港发电有限公司 …… 366
广西华电北海能源项目筹备处 …… 367
华电云南发电有限公司（中国华电集团公司云南公司） …… 368
云南金沙江中游水电开发有限公司 …… 370
云南华电怒江水电开发有限公司 …… 373
云南华电鲁地拉水电有限公司 …… 375
云南华电昆明发电有限公司 …… 376
云南华电巡检司发电有限公司（中国华电集团公司云南巡检司发电厂） …… 378
华电云南发电有限公司以礼河发电厂 …… 380
华电云南发电有限公司绿水河发电厂 …… 381
中国华电云南发电有限公司石龙坝发电厂 …… 382
云南华电镇雄发电有限公司 …… 384
贵州乌江水电开发有限责任公司（中国华电集团公司贵州公司） …… 385
贵州黔源电力股份有限公司 …… 388
乌江渡发电厂 …… 390
索风营发电厂 …… 391
构皮滩发电厂 …… 392
思林发电厂（思林电站建设公司） …… 395
沙沱电站建设公司 …… 397
贵州华电毕节热电有限公司 …… 398
贵州大方发电有限公司 …… 399
贵州华电大龙发电有限公司 …… 401
贵州华电清镇发电有限公司 …… 402
贵州华电遵义发电有限公司 …… 404
贵州华电塘寨发电有限公司 …… 406
贵州华电乌江电力工程有限公司 …… 407
中国华电集团公司四川公司（华电四川发电有限公司、华电金沙江上游水电开发有限公司） …… 408
四川广安发电有限责任公司 …… 411
中国华电集团公司四川宝珠寺水力发电厂（四川紫兰坝水电开发有限责任公司） …… 413
中国华电集团公司内江发电总厂 …… 415
四川华电黄桷庄发电有限公司 …… 416
攀枝花三维发电有限责任公司 …… 418
四川华电宜宾发电有限责任公司 …… 421
四川华电杂谷脑水电开发有限责任公司 …… 422

中国华电集团公司宜宾发电总厂 …… 424
华电四川发电有限公司磨房沟发电厂 …… 426
四川华电攀枝花发电公司 …… 427
华电四川发电有限公司五通桥发电厂 …… 428
四川华电西溪河水电开发有限公司 …… 429
四川华电木里河水电开发有限公司 …… 431
成都华电三源热力有限责任公司 …… 433
四川华电珙县发电有限公司 …… 433
中国华电集团公司陕西分公司 …… 434
陕西华电蒲城发电有限责任公司 …… 436
陕西华电榆横煤电有限责任公司 …… 438
陕西华电杨凌热电有限公司 …… 439
陕西安康电厂筹建处 …… 440
中国华电集团公司甘肃能源项目筹备处（甘肃华电瓜州风力发电有限公司） …… 441
青海华电大通发电有限公司 …… 441
中国华电集团公司宁夏分公司 …… 443
华电宁夏灵武发电有限公司 …… 445
华电宁夏宁东风电有限公司 …… 446
华电新疆发电有限公司 …… 447
新疆华电红雁池发电有限责任公司 …… 449
新疆华电哈密发电有限责任公司 …… 450
新疆华电吐鲁番发电有限责任公司 …… 452
新疆华电苇湖梁发电有限责任公司 …… 453
新疆华电昌吉热电二期有限责任公司 …… 454
新疆华电喀什二期发电有限责任公司 …… 456
华电新疆发电有限公司乌鲁木齐热电厂 …… 457
新疆华电发电检修有限公司 …… 459
中国华电集团公司西藏分公司 …… 461

十四、大 事 记

1 月 …… 465
2 月 …… 469
3 月 …… 472
4 月 …… 476
5 月 …… 480
6 月 …… 487
7 月 …… 490
8 月 …… 495
9 月 …… 500
10 月 …… 504
11 月 …… 508
12 月 …… 511

十五、人物和荣誉

2008 年度集团公司先进企业 …… 519
2008 年度集团公司先进集体 …… 519
2008 年度集团公司优秀发电企业 …… 520
2008 年度集团公司文明单位（标兵） …… 520
2008 年度集团公司安全生产先进单位 …… 521
2008 年度集团公司安全生产先进集体 …… 522
2008 年度集团公司先进个人 …… 523
2008 年度集团公司安全生产先进个人 …… 525
中国华电集团公司 2008 年度科技进步奖获奖项目 …… 527

十六、统计资料

集团公司成员单位 …… 535
集团公司 2008 年电力生产主要指标（按地区分） …… 542
集团公司 2008 年发电设备容量及发电量（按电厂分） …… 546
集团公司 2008 年供热生产情况 …… 554
集团公司 2008 年发电机组容量变化情况 …… 556
集团公司 2008 年核准项目情况 …… 558

一、特　　载

重要批示

曾培炎批示

中央政治局委员、国务院副总理曾培炎所做批示如下：

2007年华电集团工作成绩值得肯定。新的一年，希望你们继续努力，进一步优化结构，创新科技，强化管理，完善机制，在高效、清洁、安全发展上迈出新步伐。

曾培炎

二〇〇八年一月九日

李荣融批示

国务院国有资产监督管理委员会主任李荣融所做批示如下：

2007年，中国华电集团公司认真贯彻落实科学发展观，开拓进取，加快发展，扎实推进各项改革，全面实施“十一五”发展规划，在电源发展、节能减排、结构调整、改革重组等方面取得较大成效，安全生产形势保持平稳，经济效益大幅度提升，企业综合实力得到加强，为促进国民经济健康发展作出了积极贡献。望你们在新的一年里，以党的十七大精神为指导，继续深化改革，加快自主创新，加强风险防范，加强对标管理，不断提升企业素质和竞争能力，为促进社会和谐、全面建设小康社会作出新的更大的贡献。

李荣融

二〇〇八年一月十日

尤权批示

国家电力监管委员会主席尤权所做批示如下：

在过去的一年里，华电集团认真贯彻落实科学发展观，全面实施“十一五”规划的各项任务，努力提高经营管理水平，在发展、改革等方面都取得了新的成绩。希望在新的一年里，继续坚持科学发展、好字优先的原则，大胆开拓创新，通过对标管理进一步提高经营水平，为电力发展作出新的贡献。

尤权

二〇〇八年元月十日

重要文献

关于云公民、曹培玺职务任免的通知

（国人字［2008］88号）

中国华电集团公司：

国务院2008年6月27日决定，任命云公民为中国华电集团公司总经理；免去曹培玺的中国华电集团公司总经理职务。

中华人民共和国国务院（印）

二〇〇八年六月二十七日

关于李庆奎、曹培玺同志职务任免的通知

（中委［2008］237号）

中共中国华电集团公司党组：

中央批准：李庆奎同志任中国华电集团公司党组书记，免去曹培玺同志的中国华电集团公司党组书记职务。

中共中央（印）

二〇〇八年六月十二日

关于云公民同志任职的通知

（国资党任字［2008］35号）

中共中国华电集团公司党组：

经研究，云公民同志任中国华电集团公司党组副书记。

中共国务院国有资产监督
管理委员会委员会（印）
二〇〇八年六月十三日

关于李庆奎任职的通知

（国资任字［2008］60号）

中国华电集团公司：

经研究，任命李庆奎为中国华电集团公司副总经理。

国务院国有资产监督管理委员会（印）
二〇〇八年六月十三日

关于王怀书任职的通知

（国资任字［2008］121号）

中国华电集团公司：

经研究，中国华电集团公司总会计师王怀书一年试用期已满，现予转正，任职时间自2007年9月14日起计算。

国务院国有资产监督管理委员会（印）
二〇〇八年十月二十八日

关于蒋亮平、迟文江同志职务任免的通知

（国资党任字［2008］82号）

中共中国华电集团公司党组：

经研究，蒋亮平同志任中国华电集团公司党组成员、党组纪检组组长；免去迟文江同志的中国华电集团公司党组成员、党组纪检组组长职务，退休。

中共国务院国有资产监督
管理委员会委员会（印）
二〇〇八年十月二十八日

努力创新超越　提升竞争能力　为实现公司愿景目标而奋斗

——集团公司2008年工作会议工作报告

集团公司党组书记、总经理　曹培玺

（2008年1月17日）

这次会议的主要任务是：认真贯彻党的十七大和中央经济工作会议、中央企业负责人会议精神，深入贯彻落实科学发展观，总结公司2007年工作，深入分析形势，全面部署2008年工作，动员公司全体干部员工，努力创新超越，提升竞争能力，全面完成2008年工作任务，为实现“8467”和“国内行业前列、世界企业500强”目标而奋斗！

下面，我代表集团公司党组讲三个方面的意见。

一、公司2007年工作回顾

2007年，公司系统以邓小平理论、“三个代表”重要思想为指导，深入贯彻科学发展观，全面落实集团公司年度、年中工作会议精神，按照公司党组确定的“一二三四”总体工作思路和要求，全面超额完成年度目标任务和国务院国资委年度业绩考核指标，三大业绩大幅提升，生产经营发展势头进一步趋好，各项工作取得良好成绩。

（一）三大业绩完成情况

1. 安全业绩

公司系统没有发生生产基建安全考核及以上事故，没有发生企业经营和领导人员违法和严重违纪案件，没有发生对公司形象和稳定造成不利影响事件，确保了“四个安全”。

2. 经营业绩

——利润总额完成年度目标的110%，比上年增长36%。

——净利润完成年度目标的128%，比上年增长60%。

——净资产收益率完成年度目标的125%，比上年提高1.62个百分点。

——流动资产周转率完成年度目标的110%。

——发电量完成年度目标的101.7%，比上年增长29.4%。

——供电煤耗比年度目标低1.89g/(kW·h)，比上年下降8.71g/(kW·h)。

——单位发电量二氧化硫排放量比年度目标低1.37g/(kW·h)，比上年下降47%。

——全员劳动生产率比年度目标高4万元/(人·年)，比上年提高5.3万元/(人·年)。

3. 发展业绩

——电源建设开工容量完成年度目标任务。

——投产发电装机容量完成年度目标的111%。

截至年底，公司装机容量达到6302.41万kW，其中火电5508.6万kW，占87.4%；水电772.21万kW，占12.25%；风电21.6万kW，占0.35%。

（二）主要工作情况

公司系统着力坚持科学发展，着力推进改革创新，着力提升企业管理，着力加强队伍建设，各项工作都迈上新台阶。

1. 科学发展取得新成效

电源发展实现突破。实现核准项目10项544万kW，批准开展前期工作项目（路条）20项1716.9万kW。内蒙古、江苏、湖南、陕西、河北、山东、新疆地区项目核准取得新成果。山西、福建、贵州、黑龙江、云南、湖北、广东等地区的项目开拓取得积极进展。广西、河南、上海、天津地区实现运行容量零的突破。发电资产分布从成立时的14个省（自治区、直辖市）扩大到25个省（自治区、直辖市）。年内投产60万kW及以上火电机组15台959万kW，占投产火电装机容量的82.9%。截至年底，30万kW及以上火电容量占火电装机容量的70%，60万kW及以上火电容量占火电装机容量的30%。投产国内单机容量最大、国产化程度最高的100万kW超超临界机组和国内首批60万kW级空冷机组、60万kW级脱硝机组，其中邹县电厂7号机组被授予“全国发电装机容量突破6亿kW标志性机组”。华电国际千万工程顺利竣工，装机容量突破2000万kW。加大新能源开发力度，内蒙古辉腾锡勒、新疆小草湖一期、宁夏宁东一期风电项目全部建成投产，开工了安徽宿州秸秆发电项目。区域结构、电源结构、技术结构进一步优化。工程建设的安全、质量、工期、造价管理水平都有新的提高。

产业延伸取得进展。开工建设福建可门储运中心和内蒙古不连沟煤矿项目。陕西榆横、新疆昌吉、山西沁源煤电一体化项目以及可门港铁路支线项目前期工作取得积极进展。完善金融管理架构，重组控股信托公司，整合集团金融资源，拓展外部资金融通，实现效益大幅提升，服务集团发展的能力进一步增强。大力支持工程技术产业发展，华电工程公司发展势头向好。印尼阿萨汉、南苏等境外投资项目稳步推进，境外项目投资和战略合作取得新进展。

节能减排成效显著。积极贯彻落实国家加强节能减排工作要求，加强节能技改、节能技术应用和节能评价，全面落实基建项目环保“三同时”，加大环境污染治理力度。年内投产脱硫机组40台共1684万kW，截至年底累计投产脱硫机组110台共3491.5万kW，占煤电装机容量的67.6%，形成二氧化硫年减排能力162万t，平均二氧化硫排放绩效3.63g/(kW·h)，烟尘排放绩效0.68g/(kW·h)，氮氧化物排放绩效2.43g/(kW·h)，分别比成立时下降56%、50%、16%。CDM项目开发取得重大突破。关停小火电机组31台175.9万kW，完成年度目标140.7%。综合供电煤耗比上年降低9.1g/(kW·h)，全年节约标煤178万t。邹县、可门、大通等企业综合供电煤耗降幅较大。扬州发电公司采用国电南自开发的具有自主产权的高压变频装置，节能效果显著，得到江苏省政府赞扬，并在全省推广。公司在节能减排方面积极发挥中央企业的表率作用，受到社会广泛好评。

2. 改革创新实现新突破

体制、机制创新取得重要进展。研究确定集团公司整体改制上市规划，制定实施“电为核心、上下延伸、内外并举”的产业布局和以上市公司为发展主体的资产重组实施方案，建立“资产所有权与经营管理权分离、区域统一管理”的管理体系。按照责权利相统一的原则，规范和强化总部及各区域机构管理职责。在上海、陕西、山西、广东、河南、河北、甘肃、吉林等地区设立分公司（项目筹建处），推动了公司在这些地区的发展。启动实施综合配套改革，推进按定员组织生产，深化劳动、人事、工资三项制度改革，组建区域检修公司，成立资本控股、发电运营、新能源公司，推进专业化管理，各专业公司规模经营、服务集团、开拓市场的优势和功能进一步发挥。解决了电力改革遗留问题，完成新疆地区资产移交和青山电厂整体划转。进一步理顺了对贵州黔源公司的管理关系。

技术创新取得新的进步。实施国产IGCC、烟气脱硝、太阳能热发电等重大科技课题攻关，成功申报国家“863”计划和国家科技支撑计划项目

4项，安排科技项目和科技创新基金项目43项，获中国电力科技奖5项，评选公司科技进步奖42项，成功主办“清洁高效燃煤发电技术协作网2007年年会”。

创新发展迈出较大步伐。通过收购控股江苏电力股份、上海奉贤、湖北金源等发电资产。完成对湖北襄樊电厂一期、天津军粮城电厂的接收管理。国电南自重组和增发工作取得实质性进展，华电国际再融资及资产注入进入操作阶段，对参股企业股权进行合理处置。创新融资方式，积极争取发行各类债券和信托77亿元，稳妥参与资本市场运作，调整负债结构，降低融资成本，保证了发展资金需求。

3. 企业管理有了新提升

安全生产形势良好。以安全质量标准化为核心，建立“以零违章确保零事故”反违章长效机制，加大反违章力度，开展安全性评价、隐患排查整改、基建专项整治，落实安全生产“巩固提高年”活动，加强设备管理，提高设备可靠性，有效防范了各类事故的发生。哈三、西塞山公司等41家企业实现无非计划停运，青岛、扬州公司等18家企业安全运行超过3000天。

经营管理得到加强。加强预算管理和经济分析工作，强化成本、费用目标管理和过程控制，建立财务预算、业绩考核、薪酬分配三位一体的绩效管理机制，建立年度绩效目标和任期目标考核制度，规范单项奖励和评先创优管理，初步建立对标管理指标体系。“三电”、“四煤”工作进一步加强，发电量保持快速增长，贵州、云南、浙江、河北、江苏、四川、湖北、青海、山东9个地区设备利用小时超过当地平均水平；新机标杆电价和脱硫电价落实到位，华电国际、贵州、云南、湖南等地区电价工作取得积极成果；电热费欠费额得到较好控制。发挥燃料“五统一”优势，增强了电煤量质价的驾驭能力，燃料管理水平进一步提高。开通了集团公司门户网、广域网二期、生产营销实时监管、资金结算平台等信息应用系统。贵州、新疆、江苏、福建、河北、辽宁、四川、陕西、云南、浙江地区，华电国际、华电煤业、资本控股、华电工程、华电招标、北京热电、北京水电完成年度预算目标。扭亏工作取得成效，二级企业亏损面比上年下降2.94个百分点；亏损额比上年减少0.9亿元。

内控机制得到强化。充分发挥审计管理职能，开展资产经营责任审计和专项审计调查73项，审计意见整改率100%。开展燃煤管理、招标管理效能监察；加强项目投资、关联交易、财务监督和风险管理；积极配合国务院派驻公司监事会和国家审计署开展监督检查工作；清理完善公司规章制度，形成制度建设长效机制；开展“依法经营，遵纪守法”主题实践活动，确保了经济安全。

4. 队伍建设得到新加强

干部和员工队伍素质不断提高。开展“四好”领导班子创建活动，坚持“德才兼备、注重实绩、群众公认”的用人标准，全面加强各级领导班子和干部队伍建设，各级领导班子的领导力、执行力和战斗力明显增强。完善干部管理机制，加大干部交流力度，建立后备干部管理制度。成立集团公司党校，举办了7期420多人次参加的领导人员和后备干部培训班。加强人才队伍建设，编制公司“十一五”人力资源优化配置规划、人才队伍建设规划，完善专业技术人才和技能人才考核评价体系。着力解决上大压小、综合配套改革涉及的人员问题，向新项目配置员工3068人。加大员工培训力度，集团总部组织各类专业培训班48期，培训人员2938人·次，广泛开展职工技能竞赛活动，提高了员工素质。

党的思想组织作风建设深入推进。全面部署学习贯彻党的十七大精神，举办领导干部学习贯彻十七大精神研修班。认真抓好各级党委（党组）理论中心组学习，加强党员政治理论教育。深入开展党员干部“五带头”和“强核心、固堡垒、全面提升基层党组织标准化建设水平”活动，持续推进党的先进性建设，认真贯彻落实中央四个长效机制文件，得到中央检查组高度评价。进一步健全党的组织机构，完善工作机制，隆重表彰了公司系统“两优一先”。公司两位同志当选党的十七大代表，光荣出席了十七大。以集团总部为重点，加强作风建设，各级机关的工作作风、效率、质量都有新的进步和提高。加强党员干部廉洁从业和警示教育，建立落实教育、制度、监督并重的惩治和预防腐败体系，没有发生领导人员违法和严重违纪案件，确保了政治安全。

精神文明和企业文化建设取得成效。加强企业文化建设，完善企业文化体系，建立企业文化建设示范基地，开展丰富多彩的企业文化建设活动。广泛开展“争先创优”活动和“五个一”文体活动，选树了全国劳模石晓启等十大先进典型。工会、共青团工作进一步加强，厂务公开和职代会制度进一步完善。加强职工思想动态分析和有针对性的思想工作，及时排查和消除不稳定因素，保持了重大节日安全和职工队伍稳定。

外部环境进一步改善。加强与社会各界的沟通合作，全面履行社会责任，认真落实国家下达的援疆援藏任务，积极参加社会公益活动，营造了良好环境。强化正面宣传，树立良好社会形象，加强应急管理，确保了形象安全。

2007 年各项工作成绩的取得，是党中央、国务院正确领导的结果，是国家有关部门、各级地方党委政府和社会各界大力支持的结果，是公司广大干部员工积极应对挑战，克服困难，团结拼搏，努力奋斗的结果。

在总结成绩的同时，更要清醒认识到工作中存在的差距和不足：一是公司竞争力有待进一步提高。安全、效益、发展绩效都有进一步提升的空间，科学发展、改革创新、企业管理、队伍建设等方面，还存在不适应当前形势和任务的问题，需要进一步加强。二是公司内部区域之间、单位之间的工作和绩效水平存在较大的不平衡。部分地区、企业没有完成绩效目标要求，个别企业发生亏损。部分地区、企业项目开拓力度不大，重点区域发展项目后续资源不足。个别新投产机组由于设备质量、施工质量、配套工程和运行管理的问题，与“双达标”要求有差距。以上问题的存在，虽有客观因素影响，但责任不落实、管理水平低、措施不得力、工作不到位的主观方面问题，在部分单位不同程度地存在。对于这些问题，我们要引起高度重视，切实加以解决。

（三）基本工作经验

一年来的工作实践，充分证明公司党组确定的年度工作总体思路和要求符合公司实际，符合党的十七大精神，得到公司上下的积极贯彻和认同，形成了公司工作体系和基本经验，我们要继续坚持和发扬。

——履行“三大责任”是公司的光荣使命。履行经济责任、政治责任和社会责任，这是党和国家赋予公司的光荣职责。只有全面履行三大责任，才能充分发挥中央企业作为国民经济的重要支柱、全面建设小康社会的重要力量、党执政的重要基础的应有作用，更好地为党和国家的工作大局服务。

——推进“做强做大做好”是公司的基本方向。做强做大做好符合科学发展观的精神实质，符合党的十七大提出的又好又快发展的基本要求，是企业贯彻落实科学发展观、实现又好又快发展的具体实践。只有把做强做大做好贯彻于公司发展的全过程，才能明确方向，统领全局，科学发展。

——提升“三大业绩”是公司的中心任务。三大业绩涵盖了发电企业的主要任务和工作成果，符合发电企业的特点和实际，也体现了国务院国资委对公司经营业绩考核的基本要求。只有全面提升“三大业绩”，才能抓住企业工作的中心任务，形成正确的业绩导向，确保国有资产的保值增值。

——确保“四个安全”是公司的工作基础。安全是企业经营发展的基础，对于发电企业更为重要。生产安全、经济安全、政治安全、形象安全是企业安全发展的完整体系。只有树立“四个安全”的大安全观，才能全面夯实安全基础，建设本质安全型企业，确保实现公司安全发展。

——落实“四个着力”是公司的工作路径。着力坚持科学发展，着力推进改革创新，着力提升企业管理，着力加强队伍建设，是提升“三大业绩”、做强做大做好的主要路径。只有落实“四个着力”，才能抓住工作的关键，推进各项工作取得新成效。

二、公司的形势和公司战略

经过五年的发展，公司进入到做强做大做好的关键时期。公司上下必须进一步认清形势，明确公司战略，不断开创公司工作的新局面。

（一）公司面临的形势

公司面临的形势正在发生广泛而深刻的变化，机遇前所未有，挑战也前所未有，机遇大于挑战。总体上看，对公司经营发展稳定产生重要影响的主要有六个方面：

第一，国民经济持续快速发展，特别是党的十七大提出到 2020 年人均 GDP 比 2000 年翻两番的宏伟目标，为公司保持较长时期的快速发展创造了广阔空间。但当前电力供需基本平衡，设备利用小时呈下降趋势，电力市场竞争加剧，发展的资源环境制约突出，国家加快转变发展方式，这些对公司快速健康可持续发展提出了新的要求。

第二，国家为防止经济增长由偏快转为过热，防止价格由结构性上涨演变为明显通货膨胀，进一步加大宏观调控力度，提出了“控总量、稳物价、调结构、促平衡”的12字方针，实行稳健的财政政策、从紧的货币政策和严格的新项目审批制度。2007年6次贷款利率调高的影响将在2008年进一步释放。这一方面将促进公司坚持又好又快发展，另一方面也使新项目核准要求提高，融资环境趋紧，财务成本增加，后续发展难度加大。

第三，国家推进国有资产改革，加快调整国有资产布局，实施国有资本预算制度，加快推进中央企业重组，积极支持中央企业实现整体上市，逐步推行经济增加值（EVA）考核，引入行业对标，强调价值考核、过程监督。这一方面为公司做强做大做好创造了条件，提供了动力；另一方面对公司经营发展提出了更高要求。

第四，国家对节能环保作出了一系列重大部署和制度安排，特别是实行发电侧节能调度，对节能减排要求更加严格。一方面，经过五年发展，公司电源结构不断优化、节能环保水平大幅提升，30万kW及以上机组已成为主力机组，参与节能调度的优势明显。另一方面，公司发电资产结构性矛盾尚未彻底理顺，高能耗的老小火电机组仍占一定比重，环保设施建设运行还存在薄弱环节。根据分析预测，公司系统将有600多万kW的燃煤机组不能进入发电组合，部分企业将面临严峻挑战。

第五，资源价格持续上涨给公司经营带来的压力不断增大，煤电联动、气电联动存在较大的不确定性。煤炭、石油、天然气、原材料及发电设备等价格走势持续上升。国际原油期货价格不断走高，国内天然气去年大幅提价，2008年煤炭价格继续上涨已成定局，电煤供应紧张，生产资料价格和环保政策性收费还将上升，发电成本、建设成本将随之增加。公司经营压力进一步加大。

第六，公司经过五年发展，各项事业取得长足进步，资产质量大幅提升，综合实力明显增强，实现装机容量翻一番多，经济效益翻两番，形成快速健康可持续发展的良好态势，干部员工应对复杂严峻形势的能力进一步增强。但也要看到，改变资产质量，优化资产结构，解决制约公司可持续发展的瓶颈问题，将是长期而艰巨的任务；适应新的形势和公司快速发展的要求，提升队伍素质和管理水平还需公司上下长期努力。

面对新的形势，公司上下必须以宽广深远的视野，只争朝夕的精神，求真务实的作风，创新超越的理念，立足当前，着眼长远，更好地做好当前的工作，科学谋划公司的未来。

（二）公司战略

以党的十七大精神为指导，总结实践经验，适应新的形势要求，集团公司党组确定今后一个时期的公司战略是：以履行经济政治社会责任为使命，以提升安全效益发展业绩为中心，以做强做大做好为方向，坚持电为核心、上下延伸、内外并举，坚持集约化、现代化、国际化，坚持以人为本、科学发展、改革创新、构建和谐，把公司建设成为“国内行业前列、世界企业500强”的大型企业集团。

——以履行经济政治社会责任为使命，以提升安全效益发展业绩为中心，以做强做大做好为方向。这是经过实践检验并得到公司广大干部员工普遍认同，引领公司又好又快发展的工作方针。履行三大责任，是公司作为中央企业的光荣使命，是公司服务党和国家工作大局的必然要求，任何时候都不能动摇。提升三大业绩，是公司的中心任务，是衡量公司全部工作成果的基本标准。做强做大做好是公司的矢志追求，惟此才能在激烈的市场竞争中立于不败之地。

——坚持电为核心、上下延伸、内外并举。这是根据国务院国资委明确的公司主业，适应国家能源战略，从公司实际出发确定的公司产业布局和业务定位。是按照有所为有所不为的原则，用现代产业链条和产业集群的理念，优化公司产业结构，形成合理产业布局。电为核心，就是要始终把发电作为核心业务，不断扩大公司在我国电源产业中的主力军作用。上下延伸，就是要统筹协调发展发电产业及上下游产业，形成相互依存、相互支撑的合理产业链条，培育效益增长点。内外并举，就是要积极实施“引进来”和“走出去”战略，充分利用国内国外两个资源，积极开拓国内国外两个市场。

——坚持集约化、现代化、国际化。这是建设大型企业集团的基本要求。集约化，就是要集中集团资源，推进规模经营，形成集成能力；优化资源配置，做强做大核心业务，增强核心竞争力；发挥集团优势，推行产业协同运作，实现公司价值最大化。现代化，就是要建立现代企业制度，完善“科学有效、责权明确、指挥有序、运转顺畅”的管控体系，实现企业制度的现代化；增强自主创新能力，大力应用先进技术，实现技术装备的现代化；树立先进管理理念，建设长效工作机制，实行信息化管理，实现企业管理的现代化。国际化，就是要积极参与全球经济一体化，学习借鉴国际先进管理经验；围绕发电及上下游产业，积极拓展海外市场，开辟发展空间；广泛开展国际技术、人才、管理交流，以国际化促进集约化、现代化。

——坚持以人为本、科学发展、改革创新、构建和谐。这是实现公司又好又快发展的必由之路。以人为本，就是要始终坚持发展依靠员工、发展为了员工，不断提高员工素质，提高员工生活质量，拓宽员工职业生涯，让员工共享发展成果。科学发展，就是要坚持把发展作为第一要务，以经济效益为中心，实现规模速度和质量效益相协调，发展与经济环境资源相协调，实现快速健康可持续发展。改革创新，就是要消除影响发展的体制性障碍，大力推进制度创新、管理创新、技术创新和创新发展，不断增强公司的生机与活力。构建和谐，就是要营造凝聚力、团结融洽、公平竞争、干事创业的内部环境，建立良好的劳动关系、人际关系，建设和谐企业；全面履行社会责任，建设生态文明，加强互利合作，营造良好外部环境，促进社会和谐。

——建设“国内行业前列、世界企业500强”的大型企业集团。这是公司的愿景目标，是公司做强做大做好的重要标志，也是建立在实现“8467”目标之上、需要长期保持和发展的动态目标。当前，市场竞争日趋激烈，百舸争流，不进则退。国内行业前列，是中央企业的目标指向，是增强国有经济活力、控制力和影响力的必然要求，也是公司作为国有大型发电集团的努力方向。世界企业500强，是国际一流企业的重要标志，是大型企业集团整体实力的象征。公司上下必须进一步增强使命感、危机感和紧迫感，深入贯彻落实科学发展观，贯彻党的十七大提出的“鼓励发展具有国际竞争力的大企业集团”的要求，抓住用好“十一五”发展重要战略机遇期，突破惯性思维，把握发展规律，创新发展模式，提高发展质量，加快做强做大做好，不断缩小与国内外先进企业的差距，力争早日实现“国内行业前列、世界企业500强”的愿景目标。

公司上下要全面贯彻公司战略，强化战略意识，树立战略思维，提高战略管理能力，从实际出发，以公司战略为统领，完善各项子战略、区域战略，确保公司战略顺利实施。

三、关于2008年工作

2008年是全面贯彻落实党的十七大作出的战略部署的第一年，是实施“十一五”规划承上启下的一年，是我国改革开放30周年、北京奥运之年，也是努力实现“8467”奋斗目标，推进集团公司做强做大做好的关键之年。公司上下必须认清形势，抢抓机遇，迎接挑战，全面完成2008年各项目标任务。

（一）总体要求

以党的十七大精神为指导，高举中国特色社会主义伟大旗帜，深入贯彻落实科学发展观，认真贯彻中央经济工作会议精神，以公司战略为统领，以提升三大业绩为中心，以增强竞争力为主线，以加强企业管理为重点，深入开展对标管理年活动，全面提高安全保障能力、发展突破能力、市场开拓驾驭能力、降本增效能力、节能减排能力、资本资金运作能力、风险防范能力，以人为本，勇于创新，真抓实干，努力超越，全面完成2008年各项目标任务。

（二）主要目标

针对公司面临的形势，根据公司战略和“十一五”规划，结合去年三大业绩完成情况和五年取得的成绩，公司党组确定2008年三大业绩目标如下。

1. 安全目标

确保公司系统不发生生产基建重大及以上安全事故，不发生企业经营和领导人员违法和严重违纪案件，不发生对企业稳定和形象造成不利影响事件。

2. 经营目标

——发电量比上年增长22%。

——利润总额比上年增长19%。

——净资产收益率比上年提高1个百分点。

——销售收入比上年增长22%。

——流动资产周转率比上年提高0.2次。

——全员劳动生产率比上年提高1万元/(人·年)。

——供电煤耗比上年下降8.1g/(kW·h)。

——单位发电量二氧化硫排放量比上年下降

0. 13g/(kW·h)。

3. 发展目标

——核准项目1100万kW，取得“路条”和进入评优项目1300万kW。

——开工电源项目1100万kW。

——投产装机容量730万kW，通过建设、收购实现年底装机容量突破7000万kW。

主要业绩目标可概括为“7356”，即装机容量达到7000万kW，发电量突破3000亿kW·h，利润总额达到50亿元，净资产收益率达到6%。

（三）重点工作

1. 深入开展对标管理年活动，全面提升竞争能力

为适应公司内外部环境深刻变化和竞争日趋激烈的新形势，着力解决制约快速健康可持续发展的突出问题，全面增强竞争力，提升三大业绩，加快推进做强做大做好，公司党组决定，2008年在公司系统广泛深入开展对标管理年活动。

开展对标管理年活动，出发点和落脚点是全面增强竞争力。竞争力决定盈利能力和可持续发展能力，是提升三大业绩的关键。公司上下要紧紧围绕增强竞争力这一主线，提高七种能力。一是提高安全保障能力，就是要树立“大安全观”，落实安全责任，完善安全机制，促进安全发展，确保生产安全、经济安全、政治安全、形象安全，为推进各项工作奠定坚实基础。二是提高发展突破能力，就是要按照科学发展观的要求，重点在项目开拓、项目核准、结构优化和工程“双达标”等方面实现新的突破。三是提高市场开拓驾驭能力，重点是在提高设备可靠性的基础上，加大市场营销工作力度，按照“超过同区域、同类型机组设备平均利用小时”的目标，提高发电设备尤其是单机容量60万kW及以上大机组的利用小时，促进增产增收增效。适应煤炭市场变化，加强煤炭运营和管理，提高对煤炭量质价的市场驾驭能力。四是提高降本增效能力，就是要把成本控制贯穿于企业经营发展全过程，从前期工作、基建工程到生产经营都要降本增效，特别要加强基本建设造价和生产经营成本管理，更加重视投资回报，更加关注价值创造，综合考虑资本使用效率，提高投入产出比和盈利能力。五是提高节能减排能力，重点是适应节能调度要求，转变观念，完善机制，加强管理，落实节能减排责任、措施、目标，增强“竞耗上网”能力。六是提高资本资金运作能力，重点是通过并购重组、股权置换、资产处置等资本运作形式，拓宽发展路径，优化资产结构和质量，推动公司创新发展。加大在资本市场融资力度，改善融资环境，创新融资方式，拓宽融资渠道，保障资金供应，降低融资成本，控制负债率，保证可持续发展。七是提高风险防范能力，就是要加强对投资、生产、经营、资金资本运作等各个环节风险点的控制，推行全面风险管理，完善内控机制，强化审计监督，做到风险可控、在控。

要通过深入开展对标管理年活动，形成“对照先进、查错纠弊、持续改善、不断超越”的对标管理机制，确保2008年三大业绩目标的全面完成。要从集团公司到各分支机构、基层企业、车间班组实行层层对标，切实把对标管理任务落实到公司全系统；从电力生产到经营管理、项目前期、基本建设、资本运作实行全方位对标，抓住影响三大业绩的各项指标，切实把对标管理贯穿到生产经营发展全过程。要结合各区域、各企业实际，找准存在的问题，把握工作的重点和突破口，抓住影响生产经营发展的突出矛盾和薄弱环节，有针对性地加大工作力度，切实解决自身实际问题。加强对标管理年活动的组织领导，提高思想认识，制订活动方案，落实各级责任，建立激励机制，加大考核力度。建立完善包括指标、责任、信息、考核、激励的对标管理体系，加快信息系统建设，实现生产、经营、基建等主要指标实时信息化监管，充分发挥对标信息平台作用，确保对标管理年活动取得实效。

2. 切实加强生产管理，确保生产安全稳定

坚持“以人为本、预防为主、综合治理”的方针，确保生产安全。全面落实“以零违章确保零事故”要求，避免人身伤亡和责任事故。层层落实安全生产责任制，深入开展隐患排查治理和安全性评价，加强发电设备技术改造和检修维护管理，全面推行点检定修，努力降低非计划停运，特别要提高大机组、新投产机组的安全经济运行水平，提高设备可靠性。加强技术管理，建立健全与公司发展相适应的技术管理体制和机制。加大安全生产考核和责任追究力度，落实“四不放过”原则，力戒事故和缺陷重复发生，加强安全生产应急管理，确保安全生产可控、在控。

3. 全力推进科学发展，着力提升发展质量

坚持“快速健康可持续发展、规模速度与质量效益相协调”的方针，实现又好又快发展。第一，要始终把发展作为第一要务，着力推进快速发展。加大前期工作力度，千方百计尽快落实江苏句容、云南镇雄、山东莱州、灵武二期、芜湖二期以及阿海、鲁地拉等重点项目的核准，力争怒江和金沙江上游规划年内获得批准。加强工程建设的组织协调和控制，确保完成年度核准、开工、投产目标。第二，要把以经济效益为中心贯穿发展的全过程，确保实现健康发展。认真贯彻国家产业政策，统筹考虑节能调度、资源配置、电网规划等因素的影响，进一步优化区域、电源、技术三大结构，提升发展的质量和效益。加速推进经济发展快、资源丰富地区以及公司资产空白省份的电源发展。加快建设大容量、高参数、环保型机组，加大水电流域开发，积极发展风能、生物质能等新能源建设，加大核电开发工作的力度。加强投资决策管理，做到科学决策，积极规避风险。加强工程管理，确保基建工程实现“安快好省廉”和“双达标”。第三，要增强发展后劲，保证可持续发展。要立足当前，着眼长远，加强境内外电力市场研究，加强战略合作，千方百计开拓新项目，增加后续开发建设项目储备。提高资本、资金运作水平，为可持续发展提供可靠的财务支撑。第四，要不断拓宽发展路径，加大资产并购重组力度，大力推动创新发展。充分发挥上市公司发展主体和公司上下各方面发展的积极性，进一步落实发展责任。加强资本运作，加快以上市公司为主体的资产重组步伐，重点推进华电国际的再融资工作和黑龙江、贵州地区资产重组，抓紧实现国电南自增发，推动工程技术产业上市。进一步加大公司系统资金归集力度，服务集团发展；积极开辟资金筹措渠道，有效控制负债率，降低财务成本，保证项目建设资金需求。按照公司产业布局，加快煤炭项目拓展、建设力度，提高煤炭自给能力，积极推进金融、工程技术、境外项目等重点产业发展，探索延伸产业链，提高服务集团发展的能力，形成新的效益增长点。

4. 加大节能环保力度，提高降耗减排水平

坚持项目发展与节能环保相协调，全面加强节能减排工作。一要从讲政治、讲大局和生存发展的高度，进一步增强做好节能环保工作的紧迫感和责任感，围绕实现国务院国资委下达的任期（2007～2009年）节能减排目标，层层分解，落实责任，加大考核力度，确保务期必成。二要加强节能减排全过程管理，抓好从项目前期到工程建设、运营管理各个环节的节能减排工作，完善环保指标、监测、考核体系。适应节能调度要求，加大节能环保技术改造力度，落实基建项目环保“三同时”，加强脱硫设施运营管理，切实保证脱硫设施正常运行，确保不因能耗环保问题影响发电量、经济效益和公司形象。三要抓紧推进“上大压小”，完成全年136.8万kW小火电关停任务。加大清洁发展机制（CDM）项目开发力度。

5. 进一步加强经营管理，持续提升经济效益

坚持“以经济效益为中心，对照先进、持续改善、不断超越”的方针，努力增收节支、降本增效。一要抓好电量、电价、电费工作。加大市场营销工作力度，健全完善营销体制机制，改进营销策略，改善经营环境，着力提高发电设备利用小时，保持发电量快速增长；积极推动气电价格联动和新一轮煤电价格联动政策出台以及电价落实；加大电热费回收力度，开展陈欠电热费专项清理，努力实现“当年电热费结零，陈欠电热费逐步回收”目标。二要抓好煤量、煤质、煤价、煤耗工作。新年一开始，煤炭供应呈紧张趋势，各级都要重视和加强煤炭供应和管理工作。继续发挥燃料“五统一”优势，上下协同，保障供应，保证质量，控制成本，提高燃料管理水平。三要抓好管理费、材料费、修理费、财务费用管理。实行目标管理，加强过程管理，严格控制成本和费用，确保完成预算目标。四要积极适应节能调度新形势，全面研究节能调度规则，周密制订方案，加强市场分析，认真做好试点工作，及时总结经验，加强问题整改，建立上下联动协调机制，充分做好全面节能调度的准备工作，努力提高“竞耗上网”能力。五要加强计划管理、预算管理和以对标为重点的经济活动分析，积极争取落实政策，加大扭亏增盈工作力度。六要按照“科学有效、管用管好、可控在控”的要求，加强基础管理。加快信息系统建设，以财务信息为核心，实现信息资源整合和流程再造，提高信息化管理水平。加强风险防范工作，强化以审计监督、效能监察、财务管控、法律保障为重点的内控机制

建设。积极配合监事会等外部监督机构的工作。进一步完善规章制度，做到用制度管人、管事、管权。坚持依法经营，规范经营行为，确保经济安全。

6. 加快推进改革创新，不断增强生机活力

围绕服务做强做大做好、增强生机活力，不断深化改革，着力推进创新。一要继续全面实施综合配套改革，巩固成果，完善措施，不断深化。继续推进按定员组织生产，认真落实人力资源优化配置规划。进一步规范关联交易，加快推进辅业改制重组。积极推进检修、物资等专业化改革。二要贯彻落实集团公司整体上市规划，统筹安排、协调推进集团整体上市工作。三要继续深化三项制度改革，进一步完善预算、考核、薪酬三位一体的绩效目标管理办法，完善企业和员工收入决定机制，认真贯彻劳动合同法，规范劳动用工和劳动合同。四要坚持“两权”分离、权责利统一的原则，进一步完善管控体系，全面落实各级管理机构职责，提高管理效率。五要围绕提升技术装备水平和节能环保水平，大力推进科技创新，重点抓好IGCC、太阳能热发电、汽轮机蒸发冷却等国家“863”计划和国家科技支撑计划课题研究，加快风能发电、生物质能发电、淤泥掺烧发电等清洁发电技术的开发和应用，建立健全适应公司生产建设需要的科技创新体系，提高自主创新能力，提升科技对三大业绩的贡献度。

7. 进一步加强队伍建设，积极营造和谐环境

坚持“服务发展，人才强企”的方针，全面加强干部员工队伍建设。继续深入开展创建“四好”领导班子活动，加强思想、组织、能力、作风、制度和反腐倡廉建设。进一步加强党的建设，认真学习贯彻党的十七大精神，提高贯彻落实科学发展观的自觉性和学用结合、指导实践的能力。继续抓好党员先进性长效机制建设，广泛开展“落实科学发展观，永葆先进性，践行三三四”实践活动，充分发挥政治优势。以构建惩治和预防腐败体系为重点，加强反腐倡廉建设，突出抓好领导人员的廉洁从业教育和监督，确保政治安全。认真落实公司“十一五”人才队伍建设规划，建立完善与公司发展相适应的人力资源管理机制和体系，增强队伍建设的科学性、针对性和实效性。完善“上大压小”、配套改革涉及的员工配置制度，做好跨区域人员配置的协调工作。建立责任制，健全培训机制体系，加大员工培训力度，加快培养、储备一批专业技术（管理）人才和高技能人才，为经营发展提供人才支撑。广泛开展各类劳动竞赛、技术比武和创新创效活动，充分调动员工创造性。

坚持“凝心聚力、催人奋进、促进和谐、提升形象”的方针，加强企业文化建设。践行“以人为本、图强报国”的核心价值观，弘扬“务实、创新、和谐、超越”的企业精神，树立“诚信、高效、合作、服务、环保”的形象。加强精神文明建设和思想政治工作，深入开展“争先创优”活动，面向基层，充分发掘、宣传先进典型，发挥辐射带动作用；发挥工会和共青团作用，进一步加强民主管理和职代会建设，全面推进厂务公开；广泛开展“职工素质工程”和“送温暖、献爱心”活动，丰富职工文化活动，确保队伍稳定。建立社会责任工作机制、保障机制和发布机制。进一步加强与社会各界的沟通合作，积极营造和谐环境。加强正面宣传，强化应急管理，确保形象安全。

全面加强班组建设。班组是企业的细胞，是企业工作的“一线”。班组建设好了，落实各项任务、加强管理才会有牢固基础。公司系统各企业要高度重视加强班组建设，健全班组工作制度，完善班组建设机制，广泛开展“先进班组”创建活动，开展班组对标管理，提升班组建设水平，把各项工作落到实处。

同志们，企业要发展，关键靠干部。在这里，我代表公司党组对各级领导干部提出以下要求。

一要贯彻战略，统筹全局。战略是企业的行动纲领，是制订规划、科学决策和开展各项工作的基本依据。各级领导要带头贯彻落实公司战略，以公司战略统领各项工作，做到胸中有全局、前进有方向、奋斗有目标。要根据公司战略要求，进一步分析本区域、本单位的发展态势和工作重点，结合企业实际明确工作思路，掌握工作主动权，积极有效开拓工作空间。要在思想观念、制度、机制、管理、技术等方面，全面贯彻党和国家的新要求，及时适应不断变化的新形势，努力体现企业工作的新特点，促进落实经营发展的新任务。要统筹兼顾各项工作，处理好本单位工作与集团公司全局工作的关系，兼顾与各方的工作关系和协调，促进企业各项工作全面、协调地推

进和三大业绩的全面提升。

二要加强学习，提升能力。要适应新的形势任务和公司做强做大做好的新要求，不断加强学习，用马克思主义中国化的最新理论成果武装头脑，努力掌握运用现代管理理论和业务知识；注重加强实践磨炼，促进学用结合，在学习和实践中开阔眼界、增长才智、提高能力，全面落实“政治上靠得住、工作上有能力、想干事、能干事、干成事”的要求。当前，各级领导干部要着力提高统筹全局的能力、攻坚破难的能力、经营管理的能力、凝心聚力的能力，真正跟上时代步伐，适应发展需要。

三要攻坚破难，勇创佳绩。面对激烈的竞争，电源项目的核准，电力市场的开拓，设备利用小时的争取，电价热价的提升等方面，都需要各级领导干部发扬攻坚破难、百折不挠、不达目的誓不罢休的进取精神，充分发挥主观能动性，抢抓机遇，迎难而上，开拓进取，勇创佳绩。衡量领导干部的标准，关键要看实际业绩，看是否有作为、有贡献，当前最直接的就是要看在项目核准、电量、电价争取、降本增效、节能减排等关键工作上是否取得突破，企业竞争力是否得到增强，归根到底，要看三大业绩是否得到提升，绩效目标是否实现。

四要真抓实干，务求实效。实干兴邦，空谈误国。公司战略和2008年工作的总体思路、目标任务已经确定，关键是要求真务实、真抓实干、狠抓落实、务求实效。求真务实，就是要把工作的着力点真正放到解决生产经营和改革发展稳定中的重大问题上，不搞表面文章，不能华而不实。真抓实干，就是要扑下身子抓工作，把心思用在干事业上，把精力用在突破难题上，克服浮躁情绪，克服说得多、做得少的陋习。狠抓落实，就是要扎扎实实推进工作，定下来的事情要马上就办、抓紧实施；部署了的工作要跟踪问效、一抓到底；重要工作、关键时刻，要身先士卒、靠前指挥。务求实效，就是要以实际成果衡量工作成绩，谋划工作、召开会议只是工作的开始，真正下工夫的是要把计划和指标一步一步落实，把提升三大业绩的成果真正拿到手。

五要以身作则，当好表率。廉洁方能聚人，身正方能带人，律己方能服人，无私方能感人。公生明，廉生威。作为领导干部，能力是一个方面，公道正派才是群众拥护的基本条件；只有廉洁才能正确行使自己的权力，在工作中树立威信，要用人格的力量为自己赢得工作的主动权。各级领导干部都要秉公用权、廉洁从业，自觉遵守党的纪律和国家的法律法规，时刻做到自重、自省、自警、自励，注意慎权、慎欲、慎微、慎独，不能因为小节不注意影响个人和班子的威信。要保持昂扬向上、奋发有为的精神状态，雷厉风行地推进工作，在攻坚克难中开创新局面。对干部和员工既要关心爱护，也要坚持原则，严格要求，敢抓敢管，这样才能带出一支过硬的队伍。

迎难而上　奋发有为
为全面推进公司又好又快
发展而努力奋斗

——集团公司2008年年中
工作会议工作报告

集团公司总经理、党组副书记　云公民

（2008年7月24日）

这次会议的主要任务是：认真贯彻中央企业负责人会议精神，深入学习和实践科学发展观，全面总结集团公司上半年工作，深刻分析面临的形势，科学安排下半年工作，进一步动员公司系统广大干部员工，解放思想，开拓创新，迎难而上，奋发有为，为全面完成年度目标任务，推进公司又好又快发展而努力奋斗。

7月22日，国务院国资委召开了中央企业负责人会议，李荣融主任在会上作了重要讲话，总结了上半年中央企业生产经营情况，分析了当前的经济形势，部署了下半年工作。特别提出要高度重视降本降耗，严格控制成本费用；高度重视投资管理，从严从紧控制投资；高度重视风险管理，严格控制并购重组；高度重视资金管理，有效控制财务风险。这些部署和要求，符合当前面临的严峻形势，切合中央企业的实际，对公司下一步工作具有重要的指导作用，我们要认真学习和贯彻。下面，我代表公司党组和经营班子讲三个方面的意见。

一、公司上半年工作的总体情况

2008年上半年，公司系统面对严重自然灾害和发电燃料成本大幅上升、经营环境日趋紧张的严峻形势，深入贯彻落实公司2008年工作会议精神，认真履行经济、政治、社会三大责任，全力提升安全、效益、发展三大业绩，开拓进取，攻坚克难，各项工作扎实向前推进。

主要指标完成情况：

——公司系统没有发生人身伤亡和较大以上设备事故，没有发生企业经营和领导人员违法和严重违纪案件，没有发生对公司形象和稳定造成不利影响事件，确保了“四个安全”。

——发电量完成年度目标的46.41%，同比增长25.11%；供电煤耗高于年度目标3.45g/(kW·h)，同比下降7.46g/(kW·h)。

——电力项目核准完成年度核准计划的34.69%；电源项目开工完成年度开工计划的29.3%；投产装机完成年度投产计划的13.7%。

——单位二氧化硫排放绩效同比下降15.3%；关停小火电机组13台78.8万kW，完成年度目标的57.6%。

主要抓了六个方面的工作：

（一）抗冰保电和抗震救灾取得重大胜利

年初冰雪灾害和“5·12”汶川地震给公司带来重大损失，生产经营受到重大影响。面对突如其来的巨大自然灾害，公司上下坚决贯彻执行党中央、国务院和国务院国资委的工作部署，众志成城，顽强拼搏，全面履行中央企业的政治责任和社会责任。各级领导快速反应，靠前指挥，措施有力，处置有效，在第一时间启动应急预案，按照保人身、保电网、保设备的要求，全力组织抗灾保电。贵州、湖南、四川等受灾严重地区的企业，按照集团公司统一部署，奋起抗灾自救，努力恢复生产，参与地方救灾。在灾害来临的危险时刻，公司干部员工临危不惧，沉着应对，坚守岗位，千方百计保证机组运行，保证电力生产供应，为夺取抗冰保电和抗震救灾的重大胜利作出了重要贡献。公司系统发扬“一方有难、八方支援”的优良传统，累计向灾区捐款超过6000万元，交纳“特殊党费”594万元，以实际行动支援了全国抗灾工作，向社会展示了华电顾大局、负责任的良好形象。抗灾保电斗争的胜利，积累了战胜困难的宝贵经验，检验和改进了安全生产和应急管理工作，弘扬和践行了“顾全大局、高度负责、拼搏奉献、勇挑重担”的抗冰保电精神和“万众一心、众志成城，不畏艰险、百折不挠，以人为本、尊重科学”的抗震救灾精神。

（二）安全生产保持平稳局面

开展“隐患治理年”活动，抓好安全生产百日督查和“无违章创建”，扎实做好奥运保电和迎峰度夏准备工作。公司系统累计排查隐患1万余处，并着力抓好整改，消除安全隐患。加强生产技术管理和监督，成立发电生产技术中心，建立典型缺陷数据库和重大缺陷分析月报制度，加强设备维护，努力降低机组非计划停运次数，设备可靠性进一步提高。进一步完善生产营销信息化系统，完成电厂监控信息系统试点建设。抓好新机生产准备，努力实现基建和生产的无缝对接。加强应急管理，开展“规范应急管理专题月”活动，进一步完善了应急管理机制和预案。1～6月，机组非计划停运55次，同比减少12次。半山、扬州、莱城等19家电厂安全生产超过3000天。狠抓节能降耗，强化节能管理，优化机组运行，深挖设备潜力，取得良好成效，集团公司节能减排工作被中宣部、国务院国资委确定为13家典型作了宣传。大力开展技术创新，下达科技项目和科技创新基金项目46项，评选公司科技进步奖41项。

（三）对标管理年活动扎实开展

按照公司统一部署，系统各单位开展了对标管理年活动。明确对标工作理念，制订活动实施方案，出台各专业指导意见，加强对标制度建设，保证了对标工作有序开展。建立对标指标体系，全面分析现状，抓住对标重点，确定了52个公司系统对标指标和16个发电行业对标指标，以及集团公司、区域公司、电厂层面2008～2010年对标目标值和改善值。丰富对标手段，建设对标指标发布平台和信息交流平台，及时发布对标信息，加强各单位之间的经验交流，增强了对标效果。分解细化指标，合理选取标杆，广泛开展全员、全过程、全要素对标，取得了初步成效。华电国际注重将对标与专业评价、管理创新等紧密结合，选准对标载体，增强了对标实效性。华电能源建立月度对标分析制度，以“一体五化”为内容，不断将对标工作推向深入。江苏公司建立了覆盖各单位、车间、班组的一、二、三级指标体系，实现了指标的层层分解和责任的细化落实。乌江公司以“对标”管理促“达标”升级，实行全方位对标，取得积极成效。

（四）项目发展稳步推进

加大前期工作力度，核准火电6项342万kW、风电3项39.45万kW和太阳能发电1项，取得电力项目“路条”5项156万kW。加强在建工程管理，投产奥运会重点配套项目北京热电2台燃机和国内首台66万kW超超临界芜湖1号机组。优化电源结构，金沙江中游、上游水电开发进一步加快，核电开发继续推进，以风电为主的新能源项目快速拓展，累计占有风电资源超过1000万kW。推进产业延伸，核准并开工内蒙古不连沟煤矿及选煤厂项目、福建可门码头工程，收购内蒙古大雁煤矿20%国有股权，参与建设国家第三运煤大通道蒙冀铁路，印度尼西亚阿萨汉、南苏等境外投资项目有序推进。加强资本运作，信托公司重组稳步推进；向华电国际注入河北热电等4家电厂股权，资产重组取得重要进展；国电南自实施定向增发，收购南自机电等13家公司股权，实现了产业一体化整合。检修、运营体制改革取得进展，襄樊、军粮城等新接收企业的管理机制与集团公司实现顺利衔接。

（五）经营管理进一步加强

上半年，受煤价大幅上涨等影响，公司经营出现亏损。面对不利局面，公司上下采取有力措施，不等不靠，积极应对。推进全面预算管理，加强经济活动分析，强化成本控制，电热固定成本比预算进度减少7.01亿元。加强“三电”工作，发电量增幅继续高于全国平均水平，设备利用小时特别是大机组利用小时逐步回升，贵州、山东、内蒙、湖北、黑龙江、宁夏等14个地区设备利用小时超过当地统调平均水平；积极争取和落实国家电价调整政策，公司66个电厂上网电价平均上调2.05分/kWh；电热费欠费额得到较好控制。充分发挥燃料管理“五统一”优势，进一步拓宽进煤渠道，优化跨区域调运结构，千方百计保证煤炭正常供应。实施财务与燃料业务数据一体化，深入开展厂内燃料管理“达标、创优、建示范”活动，努力提升燃料管理的水平。加强内控机制建设，巩固“依法经营，遵纪守法”主题实践活动成效，集中开展管理制度专项审计调查和规范关联交易、关停小机组资产处置效能监察，积极配合国务院派驻公司监事会和国家审计署开展监督检查，加强企业法制建设，促进依法经营工作。加强资金管理，拓展资金渠道，缓解资金压力；推广应用结算平台，资金集中度进一步提升；制订资金应急预案，防范经营风险。

（六）队伍建设取得新成效

加强领导班子建设，继续深入开展“四好”领导班子创建活动，规范基层企业领导班子职数设置和管理关系，启动第二轮企业领导人员专业知识轮训，共举办29期十七大精神学习培训班，党员领导干部素质能力进一步增强。加强党的建设，建立健全各级组织，组织了“共产党员和中央企业在抗震救灾中的责任与义务”专题组织生活。加强反腐倡廉建设，贯彻落实国有企业领导人员廉洁自律七项要求，创新纪检监察工作机制，着力构建惩治和预防腐败工作体系。加强人才队伍建设，推进公司系统人力资源优化配置，开展“五型”班组创建活动，举办职工技能比赛和各类培训班，邹县电厂等12家企业成为集团公司人才储备基地。加强精神文明和企业文化建设，颁布并大力宣贯《华电宪章》，举办企业文化高峰论坛，承办全国企业思想政治工作与企业文化建设经验交流会，宣传了企业文化成果，营造了浓厚文化氛围。认真履行社会责任，发布《2007年社会责任报告》，进一步树立了良好形象。集团总部开展“强素质、作表率、促发展”活动，服务意识进一步增强。严格落实稳定工作责任制，全面部署奥运期间维稳工作，及时排查和消除不稳定因素，保证了职工队伍稳定。

总体来看，面对上半年复杂严峻的形势，公司系统广大干部员工团结拼搏，扎实工作，为公司各项工作的推进做出了艰苦努力，付出了辛勤汗水。

同时也要看到，公司工作仍存在一些问题和不足。一是抗风险的能力不强，亏损较为严重。2008年以来，由于煤价持续大幅上涨和公司产业结构不够合理，造成公司经济效益大幅下滑，出现整体亏损，二、三级企业亏损面分别达到55%和57%，火电企业亏损面达到68%。二是资金供应紧张，负债率较高。由于亏损加剧，融资难度加大，现金流入减少，造成公司资金供应日益紧张，部分企业资金缺口较大，面临资金断链风险。同时，公司资产负债率继续升高，经营风险进一步加大。三是新机组贡献度不高。受各种因素影响，近年来投产的机组运行不够稳定，利用小时偏低，能耗指标相对偏高，部分新机投产即亏损，机组的作用和效能没有充分发挥。对于这些问题，我们要高度重视，采取有力措施，切实加以解决。

二、认清形势，明确思路，推动公司又好又快发展

2008年是全面贯彻党的十七大精神第一年，是改革开放30周年和北京奥运之年，国家大事多、喜事多、热点多、难点问题也多。在党中央、国务院的正确领导下，全国人民沉着应对诸多突发性困难，保持了经济平稳较快发展的势头，经济发展的基本面是好的。经济社会发展对电力的需求仍然强劲，电力发展仍有较大空间。国家上调电价，并对全国发电用煤实施临时价格干预措施，缓解了公司部分经营困难。公司拥有一支团结凝聚、素质优良、作风过硬、善打硬仗的干部员工队伍，经受住了抗冰保电和抗震救灾的重大考验，更加增强了战胜各种困难、加快事业发展的信心与能力。

但也要清醒地认识到当前和今后一个时期面临的严峻挑战。从国际形势看，受美国次贷危机、汇率变化、原材料价格上涨等因素影响，世界经济增长仍在放缓，国际竞争更加激烈，国际经济不确定因素和潜在风险增加。从国内形势看，全球性通货膨胀对我国的传导还在持续，国民经济虽然继续朝着宏观调控的预期方向发展，但也面临十分复杂的局面，不确定因素增加，经济运行中的矛盾十分突出。从公司的情况看，面临着前所未有的挑战：一是发展难度进一步加大。为抑制通货膨胀压力，国家继续加大宏观调控力度，实施从紧的货币政策，对固定资产投资、信贷控制和市场监管更加严格，公司融资环境继续趋紧，项目选择和核准要求不断提高，难度加大。二是经营形势仍然十分严峻。在电价方面，国家虽然出台了电价调整政策，但价格机制还没有理顺，难以弥补煤价上涨带来的亏损。在目前国家控制CPI增长情况下，电价上调难度较大，即使有所调整，幅度也不会太大，离我们的期望值有较大差距。在煤炭方面，2008年以来煤价持续大幅上涨，特别是6月以来，在国家实行临时干预措施的情况下，市场煤价仍然继续上涨，公司6月入炉标煤单价同口径比5月份又上涨了36元/t。从长期来看，受煤炭资源性短缺、需求旺盛、运力紧张、煤炭资源税调增等多方面因素影响，煤炭供应紧张、煤价高位运行局面短期内难以得到缓解。三是公司产业结构和资产布局不尽合理的问题逐步显现。公司产业结构较为单一，对煤炭资源占有和开发较少，煤炭自给能力差，生产经营受到严重制约；电源结构单一，火电比例大，水电、新能源所占比例较小；区域结构不太合理，在经济发达地区、煤炭资源丰富地区市场份额偏少，综合竞争能力和风险防范能力亟待增强。

面对前所未有的困难、前所未有的压力和前所未有的挑战，公司上下务必要以积极正确的态度，开拓创新的精神，科学有效的方法，真抓实干的作风，适应新形势，明确新思路，迎接新挑战。下一步公司工作总的思路是：以科学发展观为统领，以经济效益为中心，以增强综合竞争力为主线，以改革创新为动力，以调整结构、降本增效为重点，拓宽发展思路，转变发展方式，破解发展难题，实现又好又快发展，努力把公司建设成为资产结构优、经济效益好、管理水平高、以电为主具有综合竞争能力的能源集团。围绕这一思路，要进一步加大工作力度，准确把握重点，着力开拓创新，努力开创工作新局面。

第一，更加重视经济效益，全力提升发展质量。经济效益是企业的本质追求，公司作为国有重要骨干企业，既要履行好政治、社会责任，更要履行好经济责任，实现国有资产保值增值，巩固我党执政兴国的物质基础。公司成立五年多来，积极拓展项目，加快发展步伐，扩大装机规模，实现了装机容量翻一番多，为公司今后发展奠定了坚实的基础。实践证明，公司过去五年的发展，适应当时的环境，符合公司的实际，是十分正确的，也是很有成效的。当前，在电力行业经营环境发生重大变化，特别是在电煤价格大幅上涨，融资难度不断加大的情况下，如果摊子铺得过大，战线拉得太长，不仅会造成经济效益大幅下滑，而且会带来极大的经营风险，企业发展将难以为继。公司上下要高度重视，积极顺应这一形势的变化，进一步转变发展观念，正确处理好规模扩张与经济效益的关系，切实把规模思维转变到价值思维上来，在发展中既要保持一定发展规模，更要重视经济效益，进一步提高发展质量，促进科学发展。要把投资回报率的高低作为项目发展的首要标准，进一步加强投资决策管理，建立健全统一规范的投资管理制度，严格决策程序，优化流程控制，不断提高投资决策的科学性，确保建设一个项目，就要创造应有的价值，获取应有的回报，防止出现“投产之日即是亏损之时”的项目。要把经济效益作为决策和部署工作的重要依据，作为衡量工作业绩的核心指标，进一步引导广大干部员工树立效益意识，增强效益观念，实现效益最大化。

第二，更加重视优化结构，合理推进科学布局。党的十七大指出，加快转变经济发展方式，推动产业结构优化升级，是关系国民经济全局的紧迫而重大的战略任务。对于集团公司来讲，贯彻落实这一战略部署具有重大的现实意义。当前，影响公司效益的根本问题在于结构不尽合理，包括产业结构、电源结构、区域结构都存在着不平衡、不配套等问题。要下决心调整优化结构，科学合理布局。

一是优化产业结构。公司发电结构以火电为主，煤炭供应对市场依赖程度高，煤价暴涨给公司经营带来巨大影响，给电煤供应造成很大困难。解决这一问题的根本出路在于坚持“以电为主，上下延伸”，大力发展煤炭产业，以煤保电，以煤带电，配套发展，形成煤电一体、优势互补的产业格局。要举全公司之力，加大煤炭开发力度，尽快掌握一批千万吨级的重点煤炭资源项目，提高煤炭自给能力，争取通过3~5年的努力，实现公司煤炭自给率达到50%。要从战略的高度推进煤炭资源开发，加大在产煤大省的资源开发力度，着力打造公司重要的大型煤电基地。同时还要配套发展与发电、煤炭紧密相关的道路、煤化工、运输、物流产业，形成比较科学和配套的电、煤、化、路产业链。

二是优化电源结构。大力发展水电，优化发展火电，积极发展新能源和核电，形成水火互济、风核并举的电源格局。要重点加快云、贵、川等水资源丰富地区的水电开发，全力推进金沙江中游、上游等重点流域的开发，有序推进怒江流域开发。要重视新能源研究与开发，风电项目要重视规模效益问题，实现良性的滚动发展。要启动集团公司核电发展规划，加快推进核电选址、技术研究等工作，努力取得新的进展。

三是优化区域结构。围绕“哪些地方可上，哪些地方不上，哪些地方缓上，哪些地方多上”的结构性课题进行战略性思考，加快优化布局步伐。总体上按照“宜火则火、宜水则水、宜风则风、宜核则核”的原则，突出项目优势，提高区域竞争力，形成因地制宜、特色鲜明的区域格局。火电项目布点要突出重点，突出效益，根据资源、市场、交通等必备条件，努力在坑口、路口、港口以及电价较高、经济发达地区和经济发展潜力较大地区集中发展大容量、高效能、环保型火电项目，努力形成一批规模集聚、资源集约、优势集中、效益集显的大型电源集群。

第三，更加重视改革创新，不断增强竞争实力。改革开放三十年来的伟大实践和成功经验充分证明，改革创新是国家永葆生机与活力的必然选择，也是推动企业可持续发展的不竭动力。面对公司经营发展的新形势、新任务和新要求，公司上下要进一步解放思想，积极运用改革创新的思路和办法，推进公司体制、机制和制度创新，消除制约公司发展的障碍，进一步盘活公司资源，最大限度地调动公司各方面推进科学发展的积极性。要创新公司管控模式，集团总部要强化战略管控功能，努力向资产经营型方向转变。要按照责权利相统一的要求，进一步理顺区域公司的管理体制，明晰管理界面，扩大集团授权，推动业务流程调整再造，增强各区域自我发展的能力。各区域公司要进一步增强责任感，切实履行职能，全面承担经营发展责任、经济安全责任和国有资产保值增值责任，在集团公司战略统领下，变“要我发展”为“我要发展”，也就是变被动为主动，变模糊责任为清晰责任，着力提升区域影响力和竞争力。要创新燃料管理体制，在坚持“五统一”原则的前提下，充分发挥各层面的优势，形成良性互动机制。华电煤业重点负责组织煤炭跨省区域调运和有效供给以及大型煤田的组织开发，对于自身能够实现电煤供求平衡的省份要充分发挥区域公司的作用，获取煤炭资源。要创新金融产业发展，推进金融产业一体化管理、实体化运作，提升内部金融资源的整合和运作水平，增强筹集外部金融资源服务集团发展的能力。要创新上市公司发展模式，按照集团公司产业布局，做强做大上市公司，使其成为集团的发展源和有效的融资平台，承担集团发展重任。华电国际要发挥核心上市公司作用，加快调整优化结构，积极向煤炭、铁路、港口领域发展，增强煤炭自给能力，实现电煤综合协调发展。要加快研究西南地区资产重组，充分发挥乌江公司和黔源电力的作用，培育以水电板块为主的上市公司。要以华电能源为依托，研究对东北区域的资产，包括蒙东地区煤电资产进行重组，使其成为东北地区具有较强竞争力的大型上市公司。要以国电南自为依托，研究与华电工程资产重组，使其成为技术优势突出的高科技上市公司。总之，要通过改革创新，进一步科学合理地配置区域资产，提升公司综合竞争力。

第四，更加重视风险防范，确保公司资金安全。李荣融主任在2008年的几次重要会议上反复强调中央企业要高度重视资金管理，采取有效措施控制财务风险。目前，公司面临着经营风险，必须引起高度重视。要进一步完善内控制度，强化审计监督，切实辨识、评估、监测和控制风险，增强公司抵御风险的能力。近几年来，公司通过积极融资，为企业快速发展提供了有力的资金支持，但同时资产负债率也被快速推高。在这种情况下，如果经营效益继续下滑，现金流进一步紧缩，将加剧融资压力，可能面临资金断链、上市公司被限制融资和职工利益受到影响等风险。资金供应问题关乎公司的生存和发展，要采取切实有效的措施，千方百计保证公司资金链安全，同时要逐年降低公司负债率，有效防范经营风险。一是加强现金流量管理。要合理安排资金，坚持有所为有所不为，合理调整投资的规模与方向，理性投资，对于发展质量高，效益前景好的项目，要加快推进；对于既无区位优势、又无资源优势，竞争力、盈利能力不强的项目，要从严从紧控制投资，回报率太低的项目坚决不能搞。要根据年度发展目标，优先确保公司年内投产机组的资金供应，同时积极筹集煤炭、新能源开发资金。要高度关注到期债务偿还问题，制定和落实资金应急预案和措施，提前做好还贷安排，防止发生信用危机。二是积极创新融资方式。要大力开拓资本性长期资金来源，有效缓解当期偿债压力。充分发挥存量资产的优势，综合运用金融租赁、发行中期票据、短期融资券、信托贷款、引入保险资金等各类金融产品和融资工具，争取上市公司再融资工作取得突破，进一步降低资金成本，改善负债结构。三是进一步加强资金集中管理。要充分发挥集团资金结算平台作用，加强资金集中管理和集约运作，挖掘内部潜力，盘活沉淀资金，提高系统内部资金的运作效率。各区域公司要切实抓好本地区资金协调，尤其是对于资金特别困难的企业，要重点加强调控，确保资金链安全。各基层企业要做好自身资金平衡和安排，保障企业信用安全。

三、把握重点，真抓实干，全面完成年度各项目标任务

公司下半年的工作要求是：认真贯彻落实中央企业负责人会议精神，深入学习和实践科学发展观，解放思想、开拓创新，明确任务、落实责任，内强管理、外创环境，全力推进结构调整，全力抓好扭亏增盈，全力确保安全稳定，振奋精神，攻坚克难，努力完成全年各项目标任务。

要认真抓好以下重点工作：

（一）深入开展学习实践科学发展观活动

开展学习实践科学发展观活动，是党的十七大作出的一项重大战略部署。根据中央安排，下半年将在试点的基础上自上而下分批展开。当前，面对异常严峻的形势和前所未有的困难，在公司系统内开展学习实践科学发展观活动，既是履行国有企业三大责任的迫切需要，也是进一步提升华电综合竞争力的内在要求；既是完成2008年各项目标任务的有效手段，也是开创公司科学发展新局面的重要举措，具有极其重要的现实意义。下半年要结合这一活动，在公司系统组织开展“进一步解放思想，正确认识和把握科学发展”的大讨论，通过讨论，着力在科学发展上转变观念，统一思想。一是要树立价值思维的理念。正确处理好做强与做大之间的关系，既要注意合理的发展规模，更要把着眼点和落脚点放在质量效益上，切实把创造价值、创造效益放在发展的第一位，在确保经济效益的前提下推进规模增长，实现价值的最大化。一方面要把效益水平的高低、投资回报的多少作为项目发展最重要的依据，加快结构调整，真正实现有效益的发展；另一方面要抓紧推进有利于结构优化、有利于效益提升的优势项目，保持公司的规模地位，为增强盈利能力奠定坚实基础。二是要树立产业链的理念。根据我国目前的能源形势，单一发电的模式不再适应，必须建立以电为主的电煤化路一体化的产业链，才能生存和发展。过去煤炭不紧张、电价有保证，电煤供求矛盾表现得不明显，所以公司虽然确定了发展煤炭的思路，但由于各方面认识不到位，煤炭开发的力度不够大，速度不够快，成效不显著。现在形势发生了变化，迫使我们必须高度重视煤炭产业发展，再受传统思想观念束缚，势必捆住自己的手脚。至于煤矿事故多的问题确实需要给予重视，但现在煤炭开发技术先进，只要配备一流专业人才，采用先进技术设备，加强安全生产管理，就能将事故的影响降低到最小限度。在煤炭产业的发展上，步子可以快一些，把煤炭作为今后发展的重要内容，既能增强煤炭自给能力，同时也开辟了新的效益增长点。三是要树立有所为有所不为的理念。要破除求多求全思想，对于市场前景不乐观、发展前景不明朗的区域，要慎重决策，敢于取舍，防止布点散、战线长而效益不明显。要集中力量在有资源、有市场、有条件的重点省份、重点区域着重发展若干规模大、效益好的优势项目，搞几个“大块头”，提升项目的效益贡献度。四是要树立统筹和优选的理念。统筹兼顾是科学发展观的根本方法，在营运模式和生产调度上，要统筹考虑各种因素，不断优化机组营运，保证机组在综合效益最好的方式下安全稳定运行。在市场经济条件下，国有企业注重效益是基本追求，提高企业经济效益、保障国有资产保值增值，本身就是中央企业履行社会责任最重要的体现。

各单位要高度重视这次活动的开展，加强领导，精心组织，有序推进，确保取得实实在在的成效。要通过活动的开展，进一步更新发展观念，完善发展思路，丰富发展内容，拓展发展方式，提升发展业绩，切实把学习实践活动的具体成果转化为提高工作水平，推动科学发展的实际效果，将公司建设成为“效益规模型、本质安全型、科技创新型、资源节约型、和谐发展型”的五型企业。

（二）强化安全生产，全力做好灾后重建、奥运保电和迎峰度夏工作

切实做好灾后重建工作。严格落实各项防范措施，严密防范余震破坏和山体滑坡、泥石流等可能带来的次生灾害，加强对重大危险源特别是电站大坝、水库的监测和监控，制订相关措施，全力排除隐患。要抓紧做好灾后重建工作，按照公司灾后生产恢复方案及重建规划安排，协调资源供应，加快重建步伐。受灾较重企业要尽早恢复企业正常生产，保证灾区电力供应。要积极与地方政府沟通协商，赢得支持，更好地推动企业灾后重建工作。

全力做好奥运保电工作。加强员工安全教育，充分认识奥运保电工作的极端重要性，进一步增强做好安全生产的责任感和紧迫感。要认真落实各级安全生产责任制，加强组织领导，制订工作方案，明确责任分工，形成层层抓、层层保的安全保证机制。要坚持“四不放过”的原则，加大安全生产考核和责任追究力度，坚决防止各类事故。要按照“排查要认真，整治要坚决，成果要巩固，杜绝新隐患”的要求，加强隐患排查治理工作，查找安全薄弱环节，加大反违章力度，做到及早发现，及时整改，堵塞漏洞，确保不发生影响奥运会正常举办或造成社会影响的安全生产事件。要高度重视应急工作，周密制订各项预案，抓好检查检验，努力避免和减少突发事件的影响。要突出抓好涉奥城市电厂的安全保卫工作，进一步加大交通消防、门禁管理、网络安全等工作力度，加强对重点区域、重要设施的安全保卫工作，确保万无一失。

努力确保迎峰度夏和安全度汛。要加强技术监督、检修维护和运行管理，强化机组防“非停”措施，提高设备健康水平和连续可靠运行能力，确保机组安全稳定。要全力做好安全度汛工作，按照防大汛、抢大险、抗大灾的要求，认真落实防汛预案和应急抢险方案，切实做到组织、管理、预案、制度、队伍、物资“六到位”，提高防汛科学管理水平，确保安全度汛。

（三）狠抓管理创效，努力完成全年经营目标

2008年经营形势发生了很大的变化，公司将根据国务院国资委新下达的经营指标，在参照企业所在地同类型企业、同类型机组生产经营条件和效益水平的基础上，对年度经营目标和绩效考核指标作相应调整。各单位要围绕调整后的目标任务，加大工作力度，采取一切有力措施，调动一切积极因素，确保全面完成。

深入推进对标管理年活动。要结合当前形势，继续深入推进对标管理年活动，加大工作力度，落实各项措施，确保取得实效。要根据活动推进情况，抓住影响经济效益的突出问题，从强化细化管理入手，深挖内部潜力，由指标对比转向技

术措施、运行机制和管理制度的改进上。要加强工作交流，充分发挥对标信息平台作用，共享对标成果。要不断总结经验，做好长远规划，建立长效机制，持续改进提升，实现不断超越。

抓好电量、电价、电费工作，促进增产增收。要紧紧抓住夏季用电负荷高峰期，加大市场营销力度，提高有市场潜力、调价成效明显、边际贡献较好的地区的机组利用小时，优化电量结构，促进增产增收，确保完成全年发电任务。要根据各地区电力市场和边际效益情况，平衡各项因素，优化电量计划安排，抓好年度电量计划落实，确保公司整体效益最大化。各单位要运用统筹法和优选法，加强生产经营科学调度，不断优化机组运营模式，有效提升经济效益。要积极争取和落实电价政策，跟踪电价上调的执行情况，加强与地方的协调，确保政策落实到位。认真做好预留调价空间地区的争取工作，呼吁和推动下一轮煤电联动政策。各区域要发挥自身优势，不等不靠，主动出击，加大工作力度，争取有利政策，实现区域突破。加大电费回收力度，以电监会开展电费结算专项检查为契机，清理陈欠电费，降低欠费额。

抓好煤量、煤质、煤价、煤耗工作，努力降本增效。要进一步拓宽电煤供应渠道，千方百计提高库存，保证奥运和迎峰度夏期间煤炭供应，尤其是要加大涉奥电厂电煤采购力度，保持合理库存，满足燃煤需求。要积极应对市场变化，优化采购策略，优化进煤结构，抓好重点合同的兑现，努力提高煤质，尽最大努力控制煤价。要进一步完善厂内燃料管理体制，从设备、机构、人员、制度等方面建立全过程管理机制，规范采制化和煤场管理，制定并完善定期盘煤、上报等有关制度，加强燃料从业队伍建设，完善监督体系，堵塞管理漏洞，确保入厂煤验收公平、公正，杜绝煤场亏煤。

厉行勤俭节约，进一步深挖企业内部潜力。公司上下要认真贯彻中央企业负责人会议提出的要求，牢固树立“过紧日子”的思想，练好企业“内功”，把控制和降低成本作为保证企业生存和发展的关键因素抓紧抓好。要大力推进精细化管理，实施全员成本管理责任制，向管理要效益，从紧、从严控制成本支出。公司系统各项费用在年初预算基础上压缩不低于10%。加强费用管控，减少行政开支，严格控制会议接待、因公出国团组、车辆购买、办公设备购置、办公用房建设和装修等项目费用。要在公司系统内倡导厉行勤俭节约，各级领导干部要切实发挥模范带头作用，坚持勤俭办企业，勤俭办一切事情，以实际行动带领广大员工同舟共济、共渡难关。广大员工要立足本职岗位，从点滴做起，从自身做起，艰苦奋斗，精打细算，为扭亏增盈做出积极贡献。

（四）加强项目前期和工程管理，完成年度发展任务

推进项目前期工作。按照公司结构调整和产业布局要求，对公司前期项目进行全面清理，坚持有保有压，优选确定后续发展项目。积极推进项目核准工作，重点跟踪国家发改委评优批复和有关项目重新上报情况，下大力气做好发展条件优越、经济效益回报率高的重点项目核准工作，争取尽早获得批复。要加大煤炭资源开发力度，着力推进在呼伦贝尔、鄂尔多斯等煤炭资源丰富地区的煤电化发展项目，加快不连沟、小纪汗、昌吉等煤矿建设进度，尽快形成煤炭产能。大力推进泸定、董箐、沙沱以及阿海、鲁地拉等水电项目前期工作，努力取得实质进展。继续推进山东、江苏、辽宁、河南等省份的核电开发工作，争取实现突破。重点加快内蒙古库伦、通辽北清河等风电基地建设，不断扩大公司风电装机规模。继续实施“走出去”战略，加强与印度尼西亚、俄罗斯、蒙古等国家的发展合作，做好资源项目跟踪开发工作。

加强工程管理，提高机组投产水平。深入推进基本建设“质量提高年”活动，进一步巩固活动成果，全面提升工程建设质量和机组整体移交水平。发挥集团优势，统一组织设备选型和集中采购，努力降低工程造价。做好设备催交催运和监造工作，加大对新开工项目指导力度，统筹安排施工工期，合理加快工程进度，确保实现全年850万kW的投产目标。要突出抓好脱硫、送出、铁路等外围和配套工程建设，加强与政府有关部门和电网的沟通，消除制约瓶颈，确保实现基建工程“安快好省廉”和投产、效益“双达标”。

（五）加强节能减排，认真履行企业社会责任

全面抓好节能降耗。继续抓好节能评价工作，针对查出的问题，制定措施，实施整改，确保管理降耗年内整改到位。加大节能管理力度，进一步完善节能降耗指标、监测、考核管理体系，制

定新形势下的节能降耗管理办法，建立完善覆盖项目前期、工程建设、运营管理各个环节的节能管理机制。深入抓好机组的对标降耗工作，实施全方位、精细化管理，加强煤耗、厂用电率、发电油耗等主要指标的控制与考核，采取有效措施，切实降低能耗。加强节能技术改造，加快节能新技术的推广和应用，促进节能技术升级和关键性指标持续优化。狠抓技改项目后评估工作，加强技术、投资和效益分析，提高推广价值。

加强科技环保工作。重点围绕“十一五”二氧化硫削减目标责任书，加快推进关停火电小机组工作，完成全年136.8万kW关停任务；进一步加大以脱硫改造为核心的现役电厂污染治理工作，确保全年投运脱硫技改机组11台共316万kW，完成责任书确定的年度减排目标和奥运期间环保任务，为“绿色奥运”添彩；加强减排全过程管理，落实基建项目环保“三同时”，完善环境监测、监督和考核体系，提升环保管理水平。加强脱硫设施运行维护管理，提升脱硫设施健康水平，突出抓好涉奥电厂环保设施管理和应急管理，保障公司环保形象安全。推进科技进步，全力组织做好IGCC国家“863”计划项目等国家级课题的科研攻关，加强对新能源技术的研究开发，加大清洁发展机制（CDM）项目开发，增强公司自主创新能力。

（六）加强党的建设和队伍建设，激发和凝聚公司上下完成全年目标任务的信心和力量

形势越严峻，经营越困难，越要坚定信心、振奋精神，越要保持一种不畏艰难、迎难而上的工作品格和高尚境界。广大干部员工要发扬抗震救灾精神，以奋发有为的精神状态，全力应对当前各种矛盾和困难，一方面要正视现实，直面挑战，变压力为动力，要破除等靠要思想，克服畏难情绪，切实增强战胜困难的勇气，以百倍的信心、高昂的斗志和十足的干劲，齐心协力，奋勇向前；另一方面要开拓创新，积极应对，变挑战为机遇，要把当前面临的困难转化为调整优化结构、提升企业管理水平的机遇，充分发挥每个人的聪明才智，献计献策解难题，凝心聚力促发展。

要认真贯彻中央企业党建工作会议精神，充分发挥国有企业的政治优势，将党的建设融入生产经营等中心工作，在提升效益、促进发展、维护稳定中发挥好党组织、领导干部和党员的“四个作用”。要深入落实党风廉政建设责任制，抓好《建立健全惩治和预防腐败体系2008～2012年工作规划》的贯彻落实，进一步深化惩防体系建设。要以创建和深化“四好”领导班子活动为抓手，进一步加强班子建设，不断提高领导干部统筹全局、开拓创新、攻坚克难、凝心聚力的能力和水平。面对当前亏损局面，要严格人工成本控制，严格遵循“两个不高于”的原则，领导干部薪酬要继续与经营绩效挂钩，同时，保持员工收入相对稳定。大力实施“人才强企”战略，突出抓好煤炭、物流、金融等各类紧缺人才和专门人才的开发培养，为推进公司结构调整和布局优化提供强有力的人才支撑。继续开展人力资源优化配置工作，统筹做好小机组关停人员的分流安置，加强指导协调，落实配套政策。加强电厂配套生活设施建设，为员工创造安居乐业的环境，解除员工的后顾之忧。加强企业文化建设，完善和宣贯华电核心价值体系，提升企业的“软实力”。加强精神文明建设，深入开展“五五”普法教育，树立良好的社会形象。抓好维稳工作，特别是在奥运会即将来临的关键时刻，各单位党政主要领导要切实承担起维护稳定的第一责任，严格落实稳定工作责任制，健全维稳工作机制，统筹抓好矛盾排查化解、思想动态分析、应急防范、信访值班、重大事项报告等工作，切实防止大规模群体性事件，确保奥运期间企业稳定、队伍稳定，维护公司和谐稳定大局。加强思想政治工作，加强形势任务教育，广泛宣传抗灾保电中的先进事迹和先进个人，鼓舞员工士气，激发工作热情。加强工会、共青团工作，广泛深入开展劳动竞赛、创新创效、爱心帮扶等活动，充分发挥好群团组织作用。认真履行社会责任，加强与地方、社会各界的沟通合作，构建和谐的发展环境。

集团公司2008年年中工作会议总结讲话

集团公司党组书记、副总经理　李庆奎

（2008年7月24日）

一、会议的基本情况和主要收获

这次会议是在公司改革发展处于重要时期，生产经营遇到很大困难，全年工作处于承上启下的关键阶段召开的一次重要会议，同时也是贯彻

落实中央企业负责人会议精神的会议。会议总结工作，分析形势，理清思路，部署任务，对动员公司系统广大干部员工，进一步坚定信心，振奋精神，迎难而上，奋发有为，完成年度目标任务，实现公司又好又快发展，将产生重要的推动作用。

会议期间，公司总经理、党组副书记云公民作了题为《迎难而上，奋发有为，为全面推进公司又好又快发展而努力奋斗》的工作报告。云公民总经理的报告全面总结了公司上半年工作，深入分析了公司面临的形势，从全局和战略的高度，提出了下一步公司工作的总体思路，部署了下半年工作任务。大家普遍认为，报告贯彻了科学发展观，体现了求真务实的精神，分析形势客观全面，提出的思路科学清晰，安排工作具体到位，顺应了内外部形势变化的要求，抓住了公司经营发展的关键，具有很强的思想性、针对性和可操作性，是指导公司系统下半年乃至今后一个时期工作的重要文件。会上，公司安全生产部、计划发展部、财务管理部、市场营销部分别作了专题发言，从不同角度总结了工作，查找了问题，明确了下一步工作重点。与会代表紧紧围绕学习领会和贯彻落实云公民总经理报告进行了认真热烈的讨论，畅谈了学习体会，交流了工作经验，提出了贯彻会议精神的初步打算，并对推进集团公司改革发展以及做好下半年工作提出了很好的意见和建议，对于这些意见和建议，集团公司将高度重视，认真研究，抓好落实和反馈。

大家认为，这次会议时间紧凑，内容丰富，主题鲜明，开得非常成功，达到了预期目的。主要收获体现在三个方面。

第一，肯定了成绩，坚定了信心。会议客观评价了上半年工作，充分肯定了公司系统在遭受自然灾害和严峻经营形势下取得的工作成效。2008 年上半年，公司遇到了成立以来前所未有的困难和挑战：一是公司所面临形势的复杂性和不确定性前所未有；二是煤炭价格涨幅之大、电煤供应形势之紧张前所未有；三是自然灾害给公司造成的严重损失前所未有；四是公司出现整体性严重亏损前所未有。在这种形势严峻、任务艰巨、工作繁重的情况下，公司系统上下认真贯彻年初工作会议精神，团结一心，不畏困难，奋力推进各项工作，抗灾保电取得重大胜利，安全生产保持平稳局面，对标管理年活动扎实开展，企业改革发展稳步推进，经营管理进一步加强，队伍建设取得新的成效。这些成绩的取得特别是在抗击冰雪和地震灾害斗争中表现出来的可贵精神，必将进一步鼓舞和激励广大干部员工，以更加昂扬的斗志迎接挑战、战胜困难、完成任务。

第二，认清了形势，理清了思路。云公民总经理在报告中对公司经营发展面临的内外部形势进行了全面分析，既深刻阐述了有利的方面，又准确指出了不利的因素，提出了今后一个时期公司的发展思路。与会代表普遍表示，通过报告对形势的分析，大家对公司当前经营发展中面临的困难与挑战有了更加清醒的认识，更加强烈地感受到：随着公司内外部形势的发展变化，必须以与时俱进的精神，进一步解放思想、改革创新，用科学发展观的理念思考问题、摆布工作，使思想认识和各项工作真正适应新形势、符合新要求；必须着力优化调整结构，科学合理布局，统筹把握好速度与质量、规模与效益、当前与长远、局部与全局的关系，全力推动公司又好又快发展；必须更加自觉地内强管理、外创环境，开源节流、降本增效，慎重投入、防范风险，积极应对当前面临的严峻挑战，力促公司经营形势的根本好转；必须深刻认识当前的政治经济形势，更加坚定理想信念，扎实做好工作，确保特殊时期的生产安全和企业稳定。大家一致表示，要把思想统一到集团公司对形势的分析和判断上来，坚定信心，共克时艰，把工作中的困难估计得更充分一些，把应对措施制订得更周全一些，把各项工作做得更扎实一些，以最充分的准备，迎接最困难情况的挑战。

第三，确定了目标，明确了任务。大家认为，会议根据当前的形势和国务院国资委召开的中央企业负责人会议精神，全面部署了下半年工作，切合企业的实际，对于应对当前困难，引领公司科学发展，提升公司经济效益，都具有非常重要的意义。大家表示，下一步，将按照会议的部署要求，认认真真抓好贯彻落实，全力推进企业奥运保电、科学发展、经营管理、节能减排、队伍建设等各项工作。大家在讨论中还特别谈到，公司将根据今年经营形势发生的变化，对年度经营目标和绩效考核指标作相应调整，是非常必要的，是实事求是的。我们要围绕调整后的目标任务，加大工作力度，采取一切有力措施，确保全面完成。

二、全面准确把握会议精神，切实把思想统一到推进公司又好又快发展上来

这次会议确定的公司下一步工作总体思路，是公司党组在正确判断面临的内外部形势基础上作出的重要决策，对推进公司科学发展十分重要。学习贯彻会议精神，最重要的是要把各级领导和广大干部员工的思想统一到公司党组对形势的判断和决策上来，把行动统一到推动公司又好又快发展上来。要做到这一点，必须正确把握和处理好四个关系。

（一）要正确把握和处理好继承与创新的关系。继承是创新的基础和前提，创新是继承基础上的突破和超越。公司成立以来，在历届班子的正确领导下，公司系统广大干部员工团结奋斗，顽强拼搏，抢抓机遇，加快发展，装机规模快速壮大，整体实力明显增强，这些成绩和多年来积累的成功经验，都是推进公司又好又快发展的坚实基础，是开创华电美好未来的宝贵财富，必须在新的实践中很好的继承和发扬。

同时也要看到，在当前经济社会发展日新月异的大形势下，企业赖以生存发展的环境正在发生深刻变化。同以前相比，公司内外部形势已大不相同，世界经济增速大幅放缓，国家宏观调控力度不断加大，煤炭价格持续攀升，发电企业出现大面积亏损，这些新形势、新问题、新动向有不少是我们始料未及的。在这种背景下，公司综合竞争力不强，产业结构不尽合理，效益增长方式相对单一，抵御风险能力不强等问题逐步显现，需要我们尽快适应新的形势变化和要求，以更加广阔的视野、更加开拓的思路、更加宽广的胸怀，思考和谋划企业改革发展的新举措，既要保持必要的发展速度，更要注重发展质量；既要进行必要的规模扩张，更要突出效益提升；既要坚持做强发电主业，更要不断优化产业布局，使华电事业在继承中创新，在创新中发展。

（二）要正确把握和处理好做强与做大的关系。企业要科学发展，必须既做强又做大。没有做强，做大就失去了根基，企业发展就会难以为继。在发展进程中，既要坚持做大，更要强调做强，两者之间是辩证统一的关系，不能割裂开来。云公民总经理在报告中提出的四个“更加重视”和树立“四种理念”，进一步诠释了公司科学发展思路的基本内涵，提出了工作的整体构想和具体部署，非常重要。党的十七大提出，到2020年，我国人均国内生产总值要比2000年翻两番。电力是国民经济基础性产业，国民经济平稳较快增长，要求电力必须与其发展速度相适应，否则就不能满足经济发展、社会进步和人民生活水平提高对电力的需求。全面建设小康社会的伟大事业，为电力事业的发展提供了广阔的空间。当前我们面临这样那样的困难和问题，归根结底要靠发展来解决，电力满足了全面建设小康社会的需求，就是履行了三大责任，同时也保持了合理的发展速度和规模，使公司在全国电力行业的市场份额得到巩固和提高，以此来促进做强做大目标的实现。在当前国家实施宏观调控的新形势下，必须坚持正确的投资方向，确保公司可持续发展，坚持在发展中调整结构，在调整结构中高质量发展。要不失时机地寻求在国际国内经济形势和电力市场形势发生变化以及电力企业深化改革出现的并购新机遇，审时度势，慎重决策，处理好当前与长远的关系，对于发展潜力大的项目要下决心并购，为公司未来发展创造条件，做到在保证发展质量的前提下，争取公司的规模优势。

在推进规模发展的同时，要全力做强，这是科学发展观的题中应有之义。在新的形势下，公司做强的关键在于加快结构调整，切实增强企业的综合竞争能力。要着力调整公司产业结构、电源结构和区域结构，使公司结构更趋合理，发展质量更高，盈利能力更强，努力把集团公司做强做大做好。

（三）要正确把握和处理好局部与全局的关系。随着公司发展壮大，华电集团已成为拥有近200个成员单位的大家庭。要保证这样一个大型企业集团的科学发展，必须坚持局部和全局的统一性，做到既用全局统领和带动局部，又依靠局部来促进和保障全局。特别是在当前公司转变发展方式、深化内部改革的关键时期，更要正确把握和处理好个体与集体、局部和全局的关系。一方面，要充分发挥各区域、各单位的主观能动性。公司的科学发展，离不开各区域、各单位的有力支撑，只有局部实现了又好又快发展，全局的发展才能又好又快，充满活力。下一步，集团公司将以科学发展观为指导，进一步完善发展战略，用战略统领科学发展，推进体制、机制、制度和管理创新，强化集团公司的管控功能，增强基层企业活力。

另一方面，要坚定不移地服从服务于公司大局。当前和今后一个阶段，集团公司将大力推进结构调整，优化资源配置，主要目的是集中人力、物力、财力突破重点项目和重点工作，这是公司科学发展的现实要求，是集团大局的需要。集团要调整产业结构和资产布局，对发展项目肯定要有保有压，原来要上的项目，有可能缓上或不上；原来没上的项目，如一些并购项目、煤炭开发项目，有可能要早上。这就有一个局部服从全局的问题。系统各级领导干部必须提高认识，带头强化大局意识，始终以大局为重，以集团利益为重，不折不扣地执行公司决策部署，做到个体服从集体，局部服从全局。

（四）要正确把握和处理好外创环境与内强管理的关系。集团公司无论是作为市场竞争主体还是社会经济组织，都离不开良好的外部环境和严细的内部管理。内强管理与外创环境是提升企业效益、推进企业发展不可或缺的两个方面，在实际工作中，要正确把握二者的辩证关系，统筹推进，力求取得最大成效。

要外创环境，为企业经营发展创造有利的条件。电力行业关系国计民生，其改革发展、生产经营、安全稳定等工作，必须贯彻执行国家宏观调控及相关产业政策，因此，争取有利的政策支持十分重要。同时，电力企业作为社会公民，还要承担和履行社会责任，需要妥善处理与社会公众和利益相关方的关系，赢得各方的理解和支持。在当前经营困难的形势下，公司系统更应该积极向各级政府部门反映情况，主动争取电热价调整、关停小机组替代容量、负荷中心火电厂补贴、水火互济、来煤加工等政策，努力改善外部环境，向政策要效益。

要内强管理，积极主动地改善企业经营状况。企业要生存、发展，从长远看，根本上还要靠自身管理水平和企业素质的提升。尤其是在面临相同外部环境的情况下，企业要在激烈竞争中胜出，必须依靠自身的力量，把更多的精力放到改进管理、练好内功上，放在科学发展、提高效益上，坚持眼睛向内，下大力气强化内部管理，不断增强公司综合竞争能力和抵御各种风险的能力。当前，内强管理的重点是在推进结构布局调整的同时，抓好开源节流，不断提高经营效益。要继续推进对标管理年活动，向管理要效益。要树立过紧日子的思想，坚持勤俭节约，反对铺张浪费，通过公司系统上下的共同努力，打好降本增效这场“攻坚战”。要按照新形势下公司发展要求，创新管理体制和机制，改变不适应生产力发展的生产关系。针对结构调整等重点工作和中心任务，探索和改进企业管控模式，着力构建充满活力、富有效率、注重效益，有利于公司科学发展的工作机制和业绩评价机制。

三、认真抓好会议精神的贯彻落实，确保2008年各项目标任务的完成

完成全年目标任务，推动公司又好又快发展，归根结底要靠行动，靠实干。各单位要把学习领会和贯彻落实这次会议精神作为当前的首要任务，调动一切积极因素，凝聚全体员工力量，确保各项目标任务的完成。

（一）学习传达会议精神，准确把握形势任务，坚定完成全年目标的信心和决心。会议结束后，各单位要通过召开领导班子会、中层干部会、全体员工会等形式，迅速将会议精神传达到基层单位，传达到每位员工。要充分利用多种媒体，广泛宣传会议精神，在公司系统营造学习贯彻的浓厚氛围，切实把广大干部员工的思想和行动统一到这次会议精神上来。要通过学习领会会议精神，引导大家正确认识当前形势，深入理解、全面把握集团公司下半年总体思路和重点工作。

通过会议精神的传达贯彻，既要让大家认识到当前面临的严峻形势，有足够的思想准备应对最复杂的情况；更要使大家在挑战中看到机遇，在困难中看到希望，重在加油鼓劲。要让大家充分认识到，公司当前正处在一个非常关键的发展时期、一个继往开来的重要阶段，既面临前所未有的经营困难和挑战，也面临提高发展质量、促进企业转型、实现公司又好又快发展的巨大机遇。虽然目前的形势比较严峻，具有很大的不确定性，经营困难还将持续一段时间，但是也要看到，当前企业的亏损主要是政策性亏损，是产业结构性矛盾造成的。从长远看，发电企业发展前景是非常广阔的，机会多于困难，机遇大于挑战。经济要发展，电力须先行，新世纪的头20年，是我国全面建设小康社会的战略机遇期，经济社会必将长期保持快速健康可持续发展的良好态势，这是有利于公司长远发展的大环境。同时，经过今后一个时期的科学发展，公司的资产质量会进一步提高，结构布局会更加合理，综合竞争能力和抗风险能力都会得到明显增强。大家要坚信，改革在深化，合理的电价机制要形成，政策环境要改善，公司目前面临的困难是暂时的，在党中央、国务院的正确领导下，只要我们上下一心，群策群力，迎难而上，奋发有为，切实增强战胜困难的勇气和决心，切实汇聚起攻坚克难的热情和力量，就一定能够变压力为动力，化挑战为机遇，就一定能够走出困境，全面完成年度目标任务，推动公司又好又快发展。

（二）突出重点，制订措施，切实把各项任务落到实处。下半年及今后一段时期的目标任务已经明确，关键是要动员各方面的力量，全力抓好贯彻落实。首先，要明确工作思路。下半年要通过开展学习实践科学发展观活动，用科学发展观武装头脑、指导实践、推动工作，消除思想上的模糊认识，确立正确的工作思路，破解发展中的各种难题，努力把活动成果转化为推动企业科学发展的巨大动力。其次，要突出重点。要科学摆布下半年各项工作，紧紧抓住影响企业科学发展和经济效益的关键环节和重点工作，采取有力措施，着力加以推进：一是要抓安全，保奥运。举办好北京奥运会是中华民族的百年期盼，是海内外中华儿女的共同心愿，也是我国对国际社会的郑重承诺，公司系统上下要从讲政治、讲大局的高度，坚持安全第一，明确各级责任，细化保障措施，狠抓工作落实，确保奥运保电万无一失。二是要降成本，增效益。要强化经营管理，立足存量挖潜，推进技术创新，降低能耗指标，减少效益流失，严格成本控制，千方百计提高效益。要把风险防范放在下半年工作的突出位置，切实保障资金供应，控制公司负债，降低经营风险。三是要调结构，促发展。要按照公司总体部署，加大煤炭开发力度，抓紧大项目的核准，尽快开工建设，尽早摆脱煤炭对公司发电企业的制约，尽早提升公司的综合竞争力，促进企业健康可持续发展。第三，要具体抓落实。要按照这次会议的部署，采取有力措施，扎实推进各项工作。要紧密结合本单位实际，一个区域一个区域地研究对策，一个单位一个单位地研究办法。各单位要充分发挥主观能动性，针对企业生产、经营和发展中的重点工作和薄弱环节，制定科学有效的方案措施，咬定目标不放松，自我加压，不等不靠，积极主动地做工作，真正把下半年的各项任务落到实处。各区域公司要主动适应形势变化，按照集团授权，找准定位，履行职责，全面承担经营发展、经济安全和国有资产保值增值的责任，切实增强自我发展的能力。公司有关职能部门要加强内部可控指标的管理，以对标管理为手段，根据国资委新下达的经营目标，提出平衡后的经营目标和绩效考核指标，完善相应激励机制，促进各项任务的完成。会后，集团公司班子成员将分头带队深入到各区域，对各单位贯彻落实公司年中会议精神工作进行督导，各分支机构领导班子也要分头深入基层，指导和帮助基层企业分析形势、理清思路、制定对策。

（三）发挥政治优势，调动全体员工的积极性和创造性。越是在困难的形势下，越要发挥企业的政治优势，加强党的建设、队伍建设和精神文明建设。这方面的工作我在公司建党 87 周年纪念大会上已有过具体部署，这里再强调几点：

一是切实加强党建工作，充分发挥党的政治保证作用。要认真学习贯彻胡锦涛同志在抗震救灾先进基层党组织和优秀共产党员代表座谈会上的讲话精神和中央企业党建工作会议精神，大力加强基层党组织建设。公司总部要继续深入开展“强素质、作表率、促发展”活动。各级党组织要将党的建设融入企业经营发展等中心工作，把调整结构、挖潜增效、扭亏增盈、深化改革等重点难点作为工作的着力点，深入开展各种主题实践活动，充分发挥各级党委的政治核心、党支部的战斗堡垒、领导干部的模范带头和共产党员的先锋模范作用。

二是加强班子建设和人才工作，为公司快速发展提供人才支撑。要以“四好”领导班子创建活动为龙头，加强领导班子建设，不断增强各级班子带领广大干部员工应对困难和挑战，推进科学发展的能力和水平。要加强干部队伍建设，进一步树立正确的用人导向，完善体现科学发展观和正确业绩观要求的干部考核评价体系。要深入推进“人才强企”战略，以战略的眼光重点抓好煤炭、电力、金融以及实施“走出去”战略所需各类人才的开发培养。要研究建立与企业科学发展相适应的人才选拔、使用、管理机制，选拔优秀人才，吸引专业人才，留住核心人才，努力形成广纳群贤、人尽其才的良好局面。

三是认真贯彻落实中央惩防体系五年规划，加强党风廉政建设。抓紧研究公司实施中央《建立健全惩治和预防腐败体系2008～2012年工作规划》的意见，进一步健全完善公司系统惩防体系。要改革创新反腐倡廉工作机制，加强效能监察和廉洁自律教育，下半年，在部分单位开展巡视和纪检组组长派驻工作试点。按照中纪委《国有企业领导人员廉洁从业若干规定》，进一步完善集团公司《廉洁从业实施细则》。当前，要深入开展贯彻落实国有企业领导人员廉洁自律七项要求活动，促进企业健康发展。

四是做好维稳工作，保证奥运会期间公司系统安全稳定。要建立健全维稳工作组织领导体系，各单位党政主要领导要切实承担起维护稳定的第一责任，亲自研究部署稳定工作。要全面落实各级责任，按照属地管理、分级负责和“谁主管、谁负责”的原则，层层落实稳定工作责任制。要坚持依法改进和加强信访工作，严防越级进京上访。继续坚持和强化思想动态分析制度，及时准确把握职工思想动态，做好矛盾疏导和释疑解惑工作，从源头上抓好矛盾的排查与化解。要坚持以人为本，真正尊重员工，充分相信员工，紧紧依靠员工，主动细致地关心员工生活。要充分估计困难，建立健全舆情信息快速反应和应急机制，统筹抓好治安保卫、交通消防、信访保密等工作，确保企业安全稳定。

（四）以身作则，率先垂范，发挥领导干部的表率作用。在当前公司经营发展面临诸多困难和挑战的形势下，各级领导干部更要充分发挥模范带头和表率作用，带领全体员工团结一心、众志成城，推动华电各项事业实现又好又快发展。一是要带头解放思想。解放思想是推进科学发展的动力，各级领导干部要身体力行地组织好、参加好学习实践科学发展观活动，开好专题民主生活会。按照云公民总经理报告的要求，切实在思想上带头转变发展观念，树立“四种理念”，在行动上带头落实“四个更加重视”，调整结构，提升效益。二是要带头学习创新。增强学习的紧迫感，坚持学习科学理论，学习业务技能，学习公司新的发展领域的新知识，要善于学习，大胆创新，不断增强领导科学发展的能力、应对复杂局面的能力和开拓创新的能力。三是要带头攻坚克难。敢于正视困难和矛盾，勇于进取和创新，善于协调各方，凝心聚力，形成破解难题的强大合力。要克服惰性，敢抓敢管，干事创业，奋发有为，努力战胜各种挑战，不断创造新业绩，奋力开拓新局面。四是要带头改进作风。要实事求是，尊重规律，求真务实，真抓实干。要深入基层，调查研究，掌握真实情况，倾听群众呼声，解决实际问题，有效推进工作。要按照“两个务必”的要求，带头大力弘扬艰苦奋斗的作风，勤俭节约，廉洁自律，保持良好作风，树立良好形象。

重 要 论 述

在中国华电集团公司2009年电煤订货预备工作会上的讲话[1]

集团公司总经理、党组副书记　云公民

（2008年10月13日）

根据现在的煤炭市场形势，召开这次会议，对电煤订货工作提前安排部署，一方面可以解决好2008年后几个月的电煤供应问题，另一方面也可以对2009年的电煤订货及早采取行动。下面，我谈两个方面的意见。

一、要科学地把握2009年的煤电形势

要做好电煤订货工作，首先要对煤电总体形势有全面的把握。10月12日，党的十七届三中全会在北京胜利闭幕。会议重点研究了“三农”问题，系统总结回顾了我国农村改革发展30年来的巨大成就，要求把握农村改革这个重点，继续推进改革开放。会议还对当前的经济工作进行了研

[1] 根据记录整理。

究。为贯彻落实好这次会议精神，国家将陆续召开一系列的重要会议，对2009年的经济发展形势进行深入研究和科学预测。下面，我想讲一讲对经济形势的一些思考。

在国际经济形势方面，受美国次贷危机的影响，美国最先爆发金融危机，随即波及全世界，影响越来越大。有的国家货币大幅贬值，外债高筑，如果不采取措施，将有一大批金融机构倒闭，诱发更大的危机，从根本上来讲就是经济危机，这必然给经济造成重大影响。目前，国际经济形势变得极其复杂，经济发展走势直线向下，形成了一个大斜坡的下滑态势。股市是经济的“晴雨表”，受金融危机的影响，世界各国的股市近几个月来都在大幅下挫。金融危机带来的经济下滑势头有一个很长的滞后期，不可能在短期内止住，预计美国最严重的经济危机要在两年以后才会显现。这种明显的世界经济回落走势，具有复杂性和不确定性，必然要波及我们国家，这是因为我们受到了全球经济一体化的影响，特别是中国的出口依赖度达到了50% ~60% 。经济发展的动力主要依靠投资拉动、进出口和内需拉动三大因素。由于我国出口依赖度很高，因此，这必然对我国的经济产生直接影响。尽管如此，但由于我国有强有力的金融、货币控制体系，掌握了一定的市场主动权，所以我国的经济形势比其他国家要相对好一些，经济发展总体上仍然呈上升趋势。

在国内经济形势方面，我认为2009年存在较多的不确定因素，经济增幅将会出现回落。研究经济走势，从发电量就能看出来，电量增加就意味着经济走强，反之亦然。从近几个月的情况来看，社会用电需求大幅回落，公司系统的发电量也在下降，经济回落的迹象已经初步显现，特别是进入9月以来已经非常明显。目前，房地产市场比较冷清，一些大中城市的房价大幅下降，成交量明显萎缩，买房者处于观望状态。由此导致建筑业不景气，而建筑业对经济的拉动一般在3%左右。钢材的价格也在大幅下降，国内几大钢厂已经联合出台了限产保价的措施，由此导致钢铁工业用煤量减少，焦炭价格下降。昨天，我了解到，河北的大部分钢厂由于销售疲软、价格下降等原因，已经停产。房地产与建筑、钢铁与煤炭这些行业具有高度的经济连带性，都是相互影响的。最近，央行出台了近四年来的首次降息政策，其目的就是刺激投资和消费，拉动经济增长。

在电煤供需方面，由于近几年来新建、改造的煤矿逐步投产，从2009年开始，我国将迎来煤炭产量的稳定增长期，预计2009年全国的煤炭总产量将达到30亿t。而随着发电量的下降和其他行业用煤量的减少，2009年的电煤供需矛盾总体上会趋于缓和，但局部地区受铁路的“瓶颈”制约会依然紧张。随着世界经济的下滑，国际煤炭价格开始下降，而且会继续下调，因此我国的煤炭价格不可能出现大幅上涨，预计将维持在高位运行水平，大幅下降的可能性不大。当然，重点合同价格由于与市场煤价的巨大价差将呈上涨趋势，具体涨幅要视国家的调控力度而定。电煤工作已经引起了国家的高度重视和密切关注，国家会采取强有力的措施，加强对电煤的控制，努力实现电煤平衡。所以，公司上下要高度重视2009年的电煤订货工作，争取多签神华、中煤等国有大型煤炭企业的重点合同，解决好电煤的运力“瓶颈”问题。同时，要进一步拓宽电煤供应渠道，特别是对掌握有一定运能的供煤企业要实施个体重点追踪，成为战略合作伙伴，形成战略供需关系。

二、关于集团公司燃料工作体制改革

目前，集团公司燃料工作体制改革各项工作正扎实推进。燃料成本占到了火力发电企业发电总成本的70%以上。受燃料成本大幅增加主要影响，2008年1~9月，集团公司出现巨额亏损，有的发电集团亏损额已达到50亿元以上。9月，集团公司组织了4个调研组，对8家重点亏损企业进行了深入的调研分析。从调研情况来看，公司系统在燃料管理方面存在的问题还很多，也很严重，主要表现在：一是有的厂长对燃料的供应、管理从思想上就不重视；二是燃料管理不规范、制度不健全，漏洞百出；三是职责不清，责任不明确。由于燃料供应与管理工作没有形成责任追究机制，也没有严厉的管控措施，煤耗、油耗也就没法管好。作为一个发电厂的厂长，对燃料工作不重视，不管好燃料，不管好煤耗，就不是一个称职的厂长。一些厂长不重视燃料管理，漏洞较多，管理不到位，在一定程度上加剧了企业亏损，有的电厂煤场亏煤更是高达20多万t。对当前燃料工作存在的突出问题，我们一定要潜心研究，下决心通过改革创新加以整改。

要遵循市场经济的供需规律。我国确立了社会主义市场经济体制。因此，我们的燃料工作体制改革，首先要按照市场经济的供需规律办事，这是改革的总体思想，也是必须遵守的一条原则。按照供需规律，供需双方最起码要以合同契约的形式，对煤炭供应的量、质、价、时加以明确。简单来说，就是煤业集团要与集团分支机构或电厂签订电煤供应合同，既要明确供应的量、质、价，又要明确供应的时间，不能发生断货。下一步，区域内的电煤调运将由集团各分支机构负责，各分支机构也要与电厂签订电煤供应合同，明确双方的权利与义务关系。集团分支机构必须要明确职责，切实管好本区域的煤炭订货与供应。现在，有的分支机构对煤炭工作管理不到位，没有切实负起责任；有的电厂不管供煤，煤业集团供什么煤就用什么煤，这些都不允许。要以合同契约的形式，明确代购方的责任，发电企业付给代购方一定的劳务费，出了问题违约方就要按照法律承担经济责任，赔偿经济损失。只有这样，电煤供应的责任才能划分清楚。

7 月 4 日，我在听取煤业集团的工作汇报时强调，煤业集团必须想尽办法保障电煤的有效供给，这是煤业集团的第一责任、第一要务。对煤业集团而言，不要单纯追求自身利润，而是要把质量最好、价格最低、符合电厂需求的煤按照需要的量供给电厂。对电厂来说，也要主动有效地参与电煤供应，不能被动接收煤炭，从而形成电煤供应的一种良性互动关系。

同时，集团公司要把电源项目的发展责任交给各分支机构。对于新建电厂项目，分支机构一定要按照价值思维的发展模式，负起发展责任，而不是简单地说集团公司同不同意上项目。各分支机构首先要运营管理好现有的电厂，管出效益来，然后再上新项目。管好电厂首要的是要把燃料管好，切实控制好煤耗、油耗指标。如果电厂不解决好经营管理中的问题，不管燃料成本，成天琢磨着上新项目，而新项目一上就亏损，这根本就没有经营的概念。下一步，在电力发展上，集团公司要集中建设一批火电 500 万 kW 级、水电 1000 万 kW 级的大项目，调整优化公司电源结构，促进公司又好又快发展。

要进一步明确燃料管理的职责分工。煤炭工作是大事，管理职责不能模糊。要进一步明确集团分支机构、电厂在煤炭管理、订货中的职责。集团分支机构是所在区域电厂的燃料供应与管理主体，而电厂是实施主体。煤炭入厂以后必须由电厂管理，按要求进行计量、化验、接卸等。交接以后，电厂要切实承担起厂内燃料管理的责任，出了问题厂长就要承担责任，不能说别人给你供什么煤你就接什么煤，而出了问题电厂又不承担责任。

围绕职责划分这一主题，有以下几个方面需要进一步明确。对于自身能够实现供求平衡的产煤省份，由集团分支机构组织电煤供应。在这些区域，要适当发展煤炭产业，以便于更好地保证供应。对于省内资源存在缺口，需要从外省调入的产煤省份，要以煤业集团为主，集团分支机构配合完成缺口部分的煤炭调运工作。集团分支机构也可以自行开发建设煤矿。对于跨省区域调运，由煤业集团来负责完成，统一与供煤企业签订供煤合同，以免造成内部市场的混乱。对于神华、中煤等国有大型煤炭企业，由煤业集团统一进行电煤衔接，签订电煤采购合同。煤业集团在产煤大省设立分公司，一方面负责统一组织进行电煤跨省区域调运，另一方面负责开发煤炭资源项目。

煤业集团要重点建设大型煤炭企业，为跨省区域调运奠定坚实的基础，有力促进集团公司长远发展。在煤矿建设过程中，要特别重视安全问题。电厂出事一般死一两个人，而煤矿出的事就大了，少则几人，多则几十人、上百人。因此，建设煤矿从一开始就要配有专业人员，特别是要加强煤矿建设专家型人才的引进力度，煤矿管安全的副总经理最好是以前当过矿长的。贵州开煤矿很危险，但必须搞，下一步广西贵港电厂要从贵州调煤 300 万 t，贵州公司要承担好这个任务。大型煤炭项目由煤业集团开发，但前提是所生产的煤炭必须供给集团内部的电厂，价格也必须是市场最低的。下一步，集团公司要加快煤炭产业发展步伐，加强与几个产煤大省的战略合作，利用 3 ~ 5 年的时间，努力在陕西产煤 3000 万 t、内蒙产煤 3000 万 t、山西产煤 2000 万 t、新疆产煤 1000 万 t，再加上其他一些项目，使集团公司的煤炭产能达到 1 亿 t。

在集团公司经济活动分析视频会议上的讲话

集团公司总经理、党组副书记　云公民

（2008 年 11 月 13 日）

召开今天的经济活动分析视频会议，主要是为了迅速贯彻国务院、国务院国资委近期召开的重要会议精神，通报公司 1～10 月的生产经营和发展情况，分析公司面临的内外部形势，有效应对公司遇到的前所未有的经营困难，扎实做好年底前的各项工作。

一、关于国务院和国务院国资委会议的主要精神

11 月 10 日，国务院在北京召开了省区市人民政府和国务院部门主要负责同志会议，国务院领导在会上做了重要讲话。11 月 11 日，国务院国资委召开前三季度经济形势通报视频会议，国资委主任、党委书记李荣融同志在会上发表重要讲话。两次会议的精神主要体现在以下几个方面。

第一，充分认识当前国际国内经济形势的严峻性。9 月以来，国际金融经济形势风云突变、急剧恶化，次贷危机迅速演变成 20 世纪大萧条以来最严重的金融危机。表现出“来得快、影响广、影响深”的特点：一是金融危机已经迅速蔓延到实体经济；二是金融危机的蔓延对我国带来负面影响；三是金融危机引发的经济动荡对部分行业影响明显。这场金融危机何时见底，目前还很难预料，国际金融动荡可能持续较长时间，世界经济也有可能经历较长的低迷和调整期。国际经济金融形势恶化通过金融、贸易、信息等多种传导机制影响我国。从各方面情况看，当前我国经济下行风险比预想的要严重，经济增速下滑已经成为当前和今后一个时期经济运行中的主要矛盾，而且会越来越突出。这对于中央企业生产经营也带来很大冲击，造成中央企业效益急剧下滑，亏损企业明显增多。总体上看，中央企业经济效益持续下滑的态势难以改变，盈利的水平将低于上年，除个别行业将保持稳定增长以外，多数行业增长的不确定性在增加。

尽管我们面临十分困难和复杂的形势，但也要看到，这场金融危机的源头在美国，我国虽然受到较大冲击，但没有改变我国经济发展的基本面，我国经济发展具有抵御风险的能力和强劲的活力。对于中央企业来讲，也存在一些有利因素：一是我国经济的回旋余地较大，有利于中央企业的发展；二是中央已经或将要出台的一系列宏观调控措施将为中央企业的发展提供良好的条件；三是经过多年的改革发展，中央企业抵御风险的能力显著增强。针对严峻的经济形势，中央企业要坚定信心、冷静观察，做到信息要灵、心态要平、准备要足，切实把应对金融危机作为学习实践科学发展观最好的课题，把握行业和自身发展规律，实现全面协调可持续发展。

第二，继续加大促进经济平稳较快发展的政策力度。中央决定，从现在起，把稳建的财政政策调整为积极的财政政策，把从紧的货币政策调整为适度宽松的货币政策。中共中央、国务院已转发国家发展改革委关于当前进一步扩大内需促进经济增长的十项措施，主要包括：加快建设保障性安居工程；加快建设农村民生工程和农村基础设施；加快铁路、公路和机场等重大基础设施建设；加快医疗卫生、文化教育事业发展；加快建设生态环境工程；加快企业自主创新和结构调整；加快灾后恢复重建各项工作；提高城乡居民收入；全面实施增值税转型改革；加大银行信贷对经济增长的支持力度。实施这些措施要统筹兼顾，突出重点，既促进经济增长，又推动结构调整；既拉动当前经济增长，又增强经济长期发展后劲；既有效扩大投资，又积极扩大消费。总的要求是：出手要快、出拳要重、措施要准、工作要实。

围绕落实中央政策措施，国务院部署了七个方面的工作。一是加大投资力度和优化投资结构。中央出台的十项措施大体概括为四类：第一类是加快实施重大民生工程，加快地震灾区电力等基础设施恢复建设；第二类是加快在建重大基础设施项目建设；第三类是加快启动一批有利于可持续发展的大型工程项目，推进大型煤炭基地建设；第四类是加大力度支持产业结构调整和优化升级关键项目建设，重点支持推进节能减排、自主创新和产业升级的项目建设。初步汇总，实施上述工程建设，2008 年四季度到 2010 年底中央拟安排 1.18 万亿元，带动社会总投资规模达到 4 万亿元，2008 年四季度中央增加安排投资 1000 亿元，预计可带动地方和社会投资总规模达 4000 亿元。二是着力扩大消费需求特别是居民消费需求。要加大力度调整国民收入分配格局，提高中低收入居民收入比重和企业退休人员基本养老金水平。三是促进房地产市场平稳健康发展。四是努力保持出口稳定增长。五是着力提高企业素质和市场竞争力。各类企业都要在困难形势下保持顽强的韧劲，加大研发力度，加快自主创新，严格控制成本，优化产品结构，提升产品质量，增强开拓市场的能力，提高市场竞争力。国有大型骨干企业在国民经济中具有重要的支撑、引领、带动作用。要积极推动企业兼并重组，推动产品研发、生产和销售的配套和合作，提高产业集中度和竞争力。六是认真做好金融财政工作。银行、证券、保险业都要加大对促进经济增长的支持力度，有效满足实体经济对金融服务的合理需求，加大对自主创新、节能减排等重点领域和薄弱环节的支持。七是积极推进关键环节和重点领域改革。最近要抓紧出台三项改革措施：第一项是全面实施增值税转型改革。国务院近日已经批准了增值税转型改革方案，大约减轻企业税负1200亿元；第二项是继续积极稳妥地推进供水价格和收费改革，提高水资源费标准，推进污水、垃圾处理和排污收费改革；第三项是加快推进医药卫生体制改革。

第三，真抓实干，全面落实各项调控措施。一是深入了解市场信息变化，及时调整经营策略。必须时刻跟踪掌握市场的形势，把握市场的动态，进一步调整经营策略。二是加强现金流量管理，有效巩固资金链。要高度重视资金管理，审慎安排资金投放，加强大额资金的支出监管，完善资金的集中管理系统。三是加强投资管理，有效控制投资风险。对外投资要经过充分论证，投资项目要充分考虑风险；要严格控制并购重组，不符合主业投资的坚决不准搞，超出自身投资能力的坚决不许搞，投资回报率低的坚决不能搞。四是加强内部控制机制建设，强化风险的管控。要强化重大事项和关键环节的管控，合理控制负债规模，防范债务风险。五是加强资源整合，提高整体应对能力。要下决心调整优化结构，将人力、物力、财力集中到能够为集团带来利益的项目和企业上来；要进一步加大对子企业的整合力度，压缩管理链条，增强集团控制力；要加强中央企业之间的合作，特别是要加强上下游企业的合作，互利互惠，实现互赢。六是加强党的领导，维护企业稳定。中央企业各级党组织要加强领导，发挥政治核心作用，维护企业的稳定。要向职工讲清当前的形势，统一思想认识，凝聚人心，共渡难关；要做好减产、停产企业的思想工作，做到思想不乱、人心不散；要加强职工培训，突出新知识、新技术、新工艺的培训；要做好困难职工的帮扶工作；要高度重视安全生产工作，消除安全隐患和安全死角，遏制重特大事故的发生。

二、深入贯彻落实国务院、国务院国资委会议精神，全力做好公司下一步工作

国务院和国务院国资委召开的会议，是在国际国内经济形势发生急剧变化、我国经济运行面临诸多严峻挑战的情况下召开的非常重要的会议。深入学习领会和贯彻落实会议精神，对于我们深刻认识和准确把握当前宏观经济形势，及时调整工作思路，有效应对面临的困难和挑战，全力做好下一步工作，推动公司又好又快发展，都具有极其重要的现实意义。

2008年以来，公司上下认真贯彻落实党中央、国务院的各项方针政策，深入学习实践科学发展观，积极有效应对严重自然灾害和发电燃料成本大幅上升、经营环境日趋紧张的严峻形势，调整优化结构，科学合理布局，深挖内部潜力，推进改革创新，各项工作扎实推进，取得了新的成效。2008年1～10月，集团公司累计完成发电量2418亿kW·h，同比增长17%；安全生产继续保持平稳局面，圆满完成了奥运会、残奥会保电和迎峰度夏任务；电源项目发展稳步推进，截至10月底，核准电力项目14项533.54万kW，开工电力项目14项811.55万kW，投产320.1万kW；节能减排成效显著，累计完成供电煤耗342.9g/（kW·h），同比下降5.83g/（kW·h），关停小火电机组16台144.8万kW，超出全年关停计划。总体来看，在严峻的内外部形势下，集团公司各项工作保持了平稳发展局面，但受国内外经济形势急剧变化的影响，公司生产经营中的矛盾仍然比较突出，设备利用小时快速下降，公司亏损继续加剧，企业经营压力不断加大。对于这些问题，我们要认真对待，科学分析，采取有效措施，积极加以应对。

按照中央部署，结合集团公司实际，当前和今后一个时期，要着力把握好以下几项重点工作：

（一）认清形势，坚定信心。对于国际国内大的经济形势，国务院和国务院国资委都作了非常全面深入的分析，这里我对发电企业和集团公司的形势作一个初步的判断。当前，由美国次贷危机引起的世界金融海啸不断蔓延，全球经济发展大幅放缓，国内经济增速明显回落，国内外宏观经济形势正在发生深刻变化，对发电企业和集团公司的经营发展正在并将持续产生深刻影响。一是在电力市场方面。由于受宏观经济减速、新增装机大规模投产、国家大力推动节能减排等因素影响，使得发电设备小时快速下降。2008 年二季度以来全国发电量增速回落，8 月开始大幅下滑，10 月，全国发电和用电量均出现负增长，同比分别下降了 4% 和 1.4% 。进入 10 月以来，公司发电量增速也呈快速下降之势，同比降低了 3.38% ，发电形势十分严峻。受电力市场增幅持续回落的影响，预计2009 年发电利用小时数难有明显增长，电量锐减将上升为发电企业经营工作的首要问题，也将成为导致企业持续亏损的主要原因。二是在煤炭方面。尽管近期由于经济减速引起国内需求增速回落，致使国内煤炭价格开始下调，但总体上看，煤炭价格下调幅度不大，重点合同煤价格还可能会有所上升。10 月，在全国大部分地区市场煤价下降的情况下，煤价处于低位的黑龙江、青海、宁夏等区域的市场煤价却出现了较大幅度上涨。10 月公司入炉标煤单价仍高达 705 元/t，比上月提高 0.61 元/t。受供求关系影响，电煤供应紧张形势得到缓解，煤炭质量有所提高，10 月末公司实际库存达到1018 万 t，热值比 9 月上升了 0.34MJ/kg。但地区间仍不平衡，黑龙江区域库存较低，其中牡丹江第二发电厂、哈尔滨热电有限责任公司等单位的库存只有 2 天。根据目前的情况判断，2009 年煤炭价格将会有较大回落，但从长远来看，由于煤炭资源的稀缺性，其价格仍将保持高位运行。三是在发展方面。今后两年核准和新增火电装机容量总量将下降，即使国家实行扩大投资的政策，但由于今后一个时期电力产能总体已明显过剩，电源发展特别是纯火电项目发展难度将会进一步加大。2008 年 1 ~ 10 月，我们核准的电源项目只完成全年核准计划 1100 万 kW 的 48.5% 。下一步，公司发展的任务仍将十分艰巨。四是在效益方面。由于电煤价格一直高位运行，电价得不到有效疏导，整个发电行业持续大幅亏损。1 ~ 10 月，五大集团累计亏损额已达 266 亿元，公司累计亏损也超过了 60 亿元。特别是进入 10 月以来，设备利用小时明显减少，使发电企业经营状况雪上加霜，尽管燃料成本有所回落，但仍无法弥补电量减少带来的效益冲击，使得公司亏损进一步加剧。从目前形势判断，这种大幅亏损的局面还将持续，发电企业经营状况将进一步恶化。五是在资金方面。由于受国际金融危机和企业连续大幅亏损等因素的影响，发电企业资金供应一直偏紧，企业资产负债普遍增高。随着亏损加剧，系统有的企业已经资不抵债，资金链面临断裂风险，企业经营异常困难，生存和发展的压力持续加大。总体感觉，国际国内经济形势非常严峻，并且充满很大的不确定性。2009 年出现全球性衰退的风险越来越大，国内经济降幅可能比预想的要大，发电企业的经营压力仍然较大。

尽管公司经营发展面临巨大挑战，但我们也要看到，我国经济发展的基本态势是好的，特别是国家近期一系列拉动内需政策的出台，将对我们下一步的发展起到巨大的推动作用。同时也要看到，经过五年发展，公司各项事业取得长足发展，资产质量明显提升，综合实力大幅增强，我们应该有信心也有能力抵御企业经营风险，度过当前难关。我们一定要肩负起作为中央企业的光荣使命，坚决贯彻落实党中央、国务院一系列决策部署，紧密结合学习实践科学发展观活动，动员广大干部员工，在困难中坚定信心，在挑战中把握机遇，以攻坚破难、奋发有为的精神状态，全力应对前所未有的困难和挑战，努力推动公司健康快速可持续发展。

（二）抢抓机遇，优化发展。国家实行积极的财政政策和适度宽松的货币政策，“快、重、准、实”地扩大投资，为我们加快发展步伐、推进结构调整、建设具有综合竞争力的能源集团提供了难得的发展机遇。我们要紧紧抓住和用好这个机遇期，乘势而上，全力推动公司发展再上一个新台阶。要进一步树立价值思维的理念，按照调整产业结构，优化资产布局、优化电源结构的“一调整、两优化”的思路，既要促进公司快速发展，更要有利于调整优化结构布局，集中人力、财力和物力，不失时机地迅速推进科学发展。要在前一个阶段对前期项目全面梳理的基础上，尽快优选确定符合国家投资要求的发展项目，要落实人员，明确责任，跟踪催办，一抓到底，全力争取尽可能多的项目通过核准，力争早日开工建设。一是要把陕西榆横、宁夏灵武、山东莱州、内蒙古土右、贵州大方、新疆西黑山、福建可门、江苏句容等战略性项目作为前期工作的重中之重，优先上报催批，加快推进公司500万kW级火电基地建设步伐。二是要着力推进金沙江中游、上游等重点流域的开发，加快构皮滩、思林、沙沱等在建项目建设，力争乘着这次国家扩大投资的东风，实现水电开发大发展，在贵州、云南、四川地区加快建成装机容量1000万kW的大型水电基地。三是要抓住国家推进大型煤炭基地建设和煤炭资源价格下调的有利时机，适时审慎地通过收购、兼并、新建等方式，在煤炭资源富集的内蒙、陕西、山西、新疆、贵州、安徽、黑龙江地区，分别建设1000万t以上的煤炭基地。要加快内蒙古不连沟、小纪汗等1000万t级在建煤矿建设，早日形成产能，提高公司煤炭自给能力。四是要大力发展新能源和核电。这也是国家在十项扩大内需的措施中明确要求的。要积极催批风电等新能源项目，不断扩大发展规模。要高度重视核电发展工作，利用好国家加快建设大型核电项目的政策，进一步加大工作力度，努力取得核电开发资质，实现公司核电发展的根本性突破。五是通过参股铁路、建设港口和船队，形成完整的路港运体系，提高自身运输保障能力。通过这些战略项目的推进，在5年内使公司总装机容量突破1亿kW，煤炭年产量达到1亿t，届时，公司产业结构将得到根本改善，整体实力大幅增强，将真正成为以电为主、煤电一体，路港运相配套，具有综合竞争能力的能源集团。

（三）加强营销，增收节支。当前，企业严重亏损是公司最大的问题，控亏、减亏和扭亏是公司的首要任务。根据国务院国资委新下达的经营指标，公司对年度经营目标和绩效考核指标作了相应调整，并已经分解到各个区域、各个单位，制订了一系列保障措施，确保全面完成年度任务。目前影响公司效益的关键问题是电价和电量。据目前掌握的情况，国家短期内不会再实施新一轮煤电价格联动，因此，我们不能寄希望于上网电价的调整，而是要坚持眼睛向内，把工作的着力点放在强化市场营销上，把增收节支作为保证企业生存和发展的关键因素抓紧抓好。一是要深入了解和把握市场行情。当今市场形势瞬息万变，电煤供求关系也在发生微妙的变化，我们要及时准确的把握市场行情，紧密跟踪近期国家重大政策的调整动向，密切关注上下游行业和企业的变化趋势，深入研判宏观形势对公司的影响，根据形势变化及时调整公司经营策略，把握发展机遇，赢得发展的主动权，力求公司效益最大化。要做好2009年预算编制工作，细化预算安排，以更加细致的预算来应对多变的环境和日益增长的经营压力。二是要争取多发多供。目前，因电煤价格有所回落，不少电厂边际贡献提高，给多发电量创造了条件。要立足发挥主观能动性，采取有力措施，落实责任，加强考核，千方百计提高设备利用小时，特别是要对电量欠发较多、利用小时偏低的9个地区和单位进行重点督导，确保利用小时不低于同区域同机组平均水平。三是要有效控制降低煤价。抓住煤炭从供应偏紧转向缓和，市场煤炭价格将继续回落的有利时机，优化调运结构、有序降低库存，提高煤炭质量、控制降低煤价，适度停止或减少采购高价市场煤，提高重点合同兑现率，尽快将库存煤价降下来。要抓好煤炭订货工作，由于目前煤炭价格正呈回落态势，因此，要审慎把握合同签订时机，力求获得较为理想的煤炭价位，为2009年经营工作打好基础。四是要积极争取政策。继续做好2009年财政补贴、国有资本预算资金的争取工作。落实关停小火电替代电量的价格补偿，积极争取价外补贴、两部制电价、低限利用小时补偿等政策。要跟踪协调热价调整政策落实到位，争取供热财税优惠政策。要做好增值税转型政策实施的准备工作，积极利用好这项政策，切实降低公司系统增值税税负，降低基建和技改工程造价。五是要从紧、从严控制成本支出。继续牢固树立过紧日子思想，严格控制会议接待、因公出国团组、车辆购买、办公设备购置、办公用房建设和装修等项目费用，特别是要严禁在年底突击花钱或变相发钱，切实控制成本增长。六是要确保资金安全。目前正处在年底集中还贷的关键时期，要注意防范经营风险，加强现金流管理，有效归集资金，减少资金沉淀，合理安排生产经营活动中的资金需求。要利用好国家适度放宽的货币政策，积极创新融资方式，拓展融资渠道，增加资金供应，缓解公司资金压力。要严格控制对外担保和资金拆借，防止短贷长投，降低公司负债，保证公司资金链安全。要加强电热费回收工作，提高应收账款周转速度。坚持审慎投资，严格遵守国务院国资委提出的“三不搞”的投资规定，严格决策程序，充分考虑风险，确保把有限的资金用在刀刃上。

（四）强化管理，练好内功。9月，集团公司组织4个调研组对系统内8家重点亏损企业进行了深入调研和剖析，从调研情况来看，尽管造成大部分企业亏损的主要原因是煤价上涨所致，但在企业内部管理上也存在不少问题，主要表现在：一是部分单位领导对企业管理重视不够，存在着“重发展、轻管理”的现象，特别是在燃料管理方面问题比较突出，经济技术指标比较落后。二是在项目发展、燃料管理、生产运营等管理体制机制方面还需要进一步完善，存在着权责不清、运转不畅、资源分散等现象。三是部分单位基础管理较为薄弱，制度不够健全，设施不够完善，管理比较粗放。四是在公司发展中前瞻性的管理思考还不够，尤其在前期工作中，对煤源、煤种选择和煤炭运输等边界条件论证还不够充分，给机组投产后的安全经济运行带来一定影响。这些问题的存在，制约了公司管理水平和盈利能力的进一步提升，特别是在当前严峻的经营形势下尤显突出，必须引起我们的高度重视，切实采取有力措施加以解决。一个电厂，燃料成本占总生产成本的70%，如果厂长不抓燃料成本的控制和管理，就不是一个称职的厂长。公司系统要切实把管理作为企业永恒的主题，统筹处理好发展与管理之间的关系，不断推进管理体制、机制和制度创新，在发展中提升管理，在强化管理中促进发展。目前，集团公司已向8家重点亏损企业派驻了发展指导小组，各项工作正在逐步展开。有关单位要进一步解放思想，转变观念，把强化细化企业管理作为工作的着力点，全力强化管理，实现控亏、减亏和扭亏目标。2009年，集团公司将开展“管理年”活动，全面提升公司系统管理水平。学习实践科学发展观活动试点单位，要严格按照中央的要求，首先是抓好学习，深刻领会科学发展观的实质。同时每个单位要明确一个实践主题，查找问题要深，把握措施要准，在此基础上形成完善的整改方案。最后的立足点就是见到成效，真正解决问题。目前，集团公司燃料管理体制改革正在研究，这次改革的核心思想是理顺管理体制，目的是明确职责，落实责任主体。各电厂要切实承担起厂内燃料管理的主体责任，在入厂煤采制化、计量管理、煤场管理、设备管理、人员管理和燃油管理等方面进一步完善规章制度，优化管理流程，加大投入力度，强化日常监督，堵塞管理漏洞。要抓好节能降耗管理，从项目前期、工程建设、运营管理等各个环节做好工作，大力降低机组能耗指标，提高设备运行经济性，实现公司节能降耗目标。一方面要抓好管理降耗，健全完善节能管理体系，加大奖惩考核力度，提升节能管理水平；另一方面要抓好技术降耗，加强设备技术改造，进一步提升煤耗、厂用电、油耗、水耗等消耗性指标水平。

三、关于年底前的工作安排

到年底还有一个半月的时间，做好岁末年初的工作非常重要。我在这里强调以下几点；一要确保安全生产。近一个时期，公司系统安全生产出现了一些不稳定的问题，有的单位接连发生人员伤亡事故，给我们敲响了安全警钟。临近年底，各单位生产经营任务异常繁重，越是在这个时候，越要保持清醒，提高警惕。要认真汲取事故教训，全面落实安全责任制和各项制度措施，重视应急管理，加强节日期间值班、安全和保卫工作，确保生产安全稳定。二要继续推进改革创新。尽管目前公司经营遇到很大困难，但公司改革创新的步伐不能停滞，要用创新的精神理顺管理体制和机制，用创新的精神来推进各项工作。目前集团公司正在研究加快推进公司燃料体制改革、分支机构职责调整等工作。通过深化改革，进一步优化公司资源配置，明晰各级职能和责任，提高工作效率，增强快速反应能力，以应对激烈的市场竞争和面临的困难挑战。三要关心职工生活。认真解决影响职工切身利益的问题，多为职工办实事、办好事，特别要关心帮助生活困难职工，真心诚意地为他们排忧解难。要高度重视和抓好维护稳定工作，增强政治敏锐性和责任感，层层落实稳定工作责任制，及时把握思想动态，从源头上做好矛盾排查和化解工作。要依法改进和加强信访工作，完善各项应急预案，维护公司形象。四要做好今明两年的工作衔接。各部门、各单位要全面总结2008年工作，查找不足，深入分析2009年的形势，谋划好明年的工作，努力实现

2009年工作的良好开局。集团公司将于12月上旬召开2009年工作思路座谈会，2009年1月上旬召开2009年工作会议。年底前，总部各有关部门要对修改公司战略和发展规划，制订2009年工作计划，完善绩效考核体系等工作提前作出安排，为会议的成功召开创造条件。

价值观管理引领华电走向卓越

——在集团公司2008年企业文化建设高峰论坛上的讲话

集团公司党组书记、副总经理　李庆奎

（2008年6月25日）

今天，我们企业文化高峰论坛的主题是："价值观管理引领华电走向卓越"。下面，我简要同大家探讨一下关于如何进一步深化集团公司企业文化建设、实现价值观管理的问题。我想讲三个观点。

一、价值观管理在促进华电科学发展中发挥了重要作用

管理大师韦尔奇认为，任何企业都有两类问题：一是硬性问题，二是软性问题。硬性问题包括财务营销、技术和生产等，软性问题则关于价值观、士气和沟通等。硬性问题通常会影响到企业的底线——利润线，而软性问题则会影响企业的上线——营业收入总额。韦尔奇认为每个组织都需要价值观，精干的组织尤其必要，你必须在众人面前挺身而出，坚持不懈地传达你的价值观，价值观的形成是长远的挑战。基于这种认知，从1985年开始，韦尔奇在GE公司年报中特地增加了一项价值观的声明。

在我看来，企业价值观管理是伴随着企业文化的兴起而提出来的。企业价值观管理的本质在于，它是对员工的内隐思想而不是外显行为的管理，是对企业的非定量方面的"软性管理"。

所谓价值观，是指一个人对周围的客观事物（包括人、事、物）的意义、重要性的总评价和总看法。企业价值观是作为人的价值观在企业的反映，是企业人普遍认同的价值取向，即对事物的整体态度和根本看法。像这种对诸类事物的看法和评价在企业成员心目中的主次、轻重的排列次序，就是企业价值观体系。简单地说，它建构的是企业人判断是非、衡量对错的信念体系和事物标准。正因为如此，企业员工才知道什么是重要的，什么是可有可无的；什么是该做的，什么是不该做的；什么是可贵的，什么是要抛弃的。

事实上，价值观和价值观体系是决定人的行为的心理基础。企业价值观特别是核心价值观是企业文化的核心，是一种管理文化区别于其他管理文化的根本原因，直接影响着企业管理活动的效率和效果。那什么是价值观管理呢？正如美国学者罗宾斯所言："价值观管理是管理者建立、推行组织共享价值观的一种管理方式。"也就是通过对员工正确思想的灌输和价值体系的建构，让员工衷心认同企业的价值观并外化为日常行为的过程。

之所以提出价值观管理这样一个命题，一方面是落实党中央关于贯彻社会主义核心价值体系、促进文化大发展大繁荣的要求。党的十七大报告指出，当今时代，文化越来越成为民族凝聚力和创造力的重要源泉、越来越成为综合国力竞争的重要因素。并进一步指出："要建设社会主义核心价值体系，增强社会主义意识形态的吸引力和凝聚力"，用社会主义核心价值体系"巩固全党全国各族人民团结奋斗的共同思想基础"。这充分表明我们党站在新的历史起点上，从全局和战略的高度，把文化建设摆上了空前重要的位置，同时把核心价值体系建设放到了文化建设的中心地位。一个国家、民族如此，一个企业同样如此。要提升集团公司核心竞争力、特别是软实力，就必须深化集团公司企业文化建设，着力构建华电核心价值体系，大力推行价值观管理。

另一方面，是因为它代表了现代企业管理的发展方向，并且在集团公司企业文化建设的实践中发挥了非常重要的作用，需要我们站在新的历史高度进行思考定位。管理学演进的历史表明，企业管理的核心发展到今天，发生了几次重大转移，从开始对"物"的管理，发展到对"人"的管理；再由对人的"身体"的管理，发展到对人的"心灵"的管理，也就是以"知识"为背景的"价值观"管理。在今天，企业不单纯是一个盈利性的经济组织，而且还是一个企业人实现自我价值和承担社会责任的"文化机构"，传统的物质刺激、严格控制等管理模式，正在被精神激励、价值认同、文化引导所取代。价值观体现在企业人的言行之中，是人们行为的出发点和归宿，是人们心灵的向导。价值观管理是知识经济时代最具效率的管理模式，是引领企业走向卓越的重要驱动力。

通过对集团公司企业文化建设基本情况的了解，我感到，集团公司在价值观管理方面已经进行了非常丰富的实践。集团公司成立五年多来，历届领导班子在实践中探索，在发展中创新，总结提炼出了一些好的理念、方针和行之有效的工作思路、方法经验，形成了体现公司价值主张的《华电宪章》，并且以价值观为导向，做了大量卓有成效的工作：集团公司在五大集团中率先推出了企业形象识别系统和企业文化建设规划；根据资产状况和面临的形势，研究制定了愿景目标和发展战略，着力提升企业管理水平，逐步形成了充满活力的激励机制；坚持以人为本，大力推行人性化管理，激发了广大员工的主观能动性与创造性，增强了员工对企业的归属感与忠诚度，促进了企业和谐；努力打造学习型企业，提升了员工的文化品位，提高了员工队伍的整体素质；认真履行社会责任，坚持绿色发展、安全发展、集约发展、和谐发展，发布了集团公司首份《社会责任报告》，树立了良好的社会形象；先后召开了集团公司企业文化建设经验交流会、项目公司企业文化建设座谈会，举办了《华电故事》、《华电之歌》征集活动、“感动华电”演讲活动，命名表彰了一批企业文化建设示范基地，不断把公司系统企业文化建设引向深入。五年多以来，在企业使命、企业愿景、企业战略等价值观的引领下，公司发展战略顺利实施、增长方式不断转变、营运改善全面推行、整体形象显著提升，资产分布由14个省（自治区、直辖市）扩大到25个省（自治区、直辖市），装机容量由2500万kW增加到6300多万kW，广大干部职工的思想观念和精神面貌发生了深刻的变化，公司价值观成为企业与员工协调发展的原动力。实践表明，价值观管理与生产经营、改革发展、做大做强紧密相连，是华电凝聚力量、推动发展、提高效益、促进和谐、树立形象的重要途径和力量。

二、价值观管理是引领华电从优秀走向卓越的重要途径

华电的发展已经站在了一个新的历史起点上，《华电宪章》提出，华电的愿景是“国内行业前列，世界企业500强”。在我看来，这是一个“从优秀走向卓越”的目标。我们华电如何才能走向卓越呢？美国两位知名学者为了探究卓越公司的成功之道，曾花费数年时间辗转美国各地，深入企业调查研究，取得了数百个大小公司的第一手材料。他们把样本选了又选，筛了又筛，最后确定把诸如IBM、通用电器、惠普、沃尔玛、波音等43家著名跨国公司作为基本分析样本。通过研究，他们发现尽管每个优秀企业个性不同，但拥有许多共同的品质，这就是“价值驱动”等八大基本属性。这些属性久经考验造就了企业的辉煌成功。每一个企业不论其大小，只要真正贯彻了“价值驱动”这八大基本属性，就一定能达到成功的彼岸。所谓“价值驱动”，其内涵也就是我们今天所说的价值观管理。

特别是，当前集团公司正处于改革发展的关键时期。一方面，集团公司管理体制更加健全，资产规模日益壮大，产业结构更加优化，科技实力不断增强，节能减排深入推进，社会地位显著提升，奠定了坚实的发展基础，开创了科学发展的良好局面。另一方面，宏观经济形势的深刻变化、产业政策的深刻调整、能源市场价格的严重扭曲，正使我们面临着前所未有的严峻挑战。在这种形势下，除了要大力推行对标管理、战略管理等“硬管理”外，大力推行作为“软管理”的价值观管理，对于提高企业核心竞争力、扭转经营上的不利局面、推动华电科学发展，也是一条重要的途径。

第一，价值观管理为广大员工提供了行为导向。价值观管理在企业内部提供的是一种价值取向和行为导向，让员工明确地感受到企业提倡什么、反对什么，从而实现企业与员工价值观念的对接，将企业价值体系转化为企业和员工的思想和行为，渗透到科学发展、生产经营、改革创新的各个方面。推行价值观管理，可以引导员工自觉地把是否有利于集团公司科学发展、是否有利于提高集团公司经济效益、是否有利于集团公司和谐稳定、是否有利于树立集团公司良好形象作为工作的出发点、落脚点和辨别是非的标准，作为处事做事的基本法则，进而形成万众一心共创伟业的宏伟局面。

第二，价值观管理可以促进企业与员工形成“命运共同体”。公司系统各单位具体情况千差万别，由于形成历史、所处地域、规模特点、队伍结构、所处环境等各不相同，加上现代企业的开放性和人们生活方式的多样性，员工个人价值观必然存在一定的差异。而价值观管理可以整合企业意志，消除企业目标与员工目标的冲突，增强企业与员工的双向责任感和使命感。价值观的内化，可以成为连接员工个人目标与企业目标的精神纽带，使员工把个人利益与企业利益紧密相连，从而把促进企业发展、自觉维护企业利益作为自己的责任和义务。这样，企业与员工不仅是法律意义上的“利益共同体”，更是“心理契约”意义上的“命运共同体”。面对当前集团公司在前进道路上遇到的困难，推行价值观管理，可以引导员工从整体利益和全局利益的角度来思考问题，敢于直面矛盾，勇于攻坚克难，坚定信念、迎难而上。做到面对困境而“思想不乱、队伍不散、工作不断”，最大限度地发挥主观能动性和创造性，同舟共济，团结一心，以更加昂扬的斗志迎接挑战、克服困难。

第三，价值观管理能够激发员工奋发向上的精神动力。在企业价值观的统领下，可以向员工灌输积极向上的信念，激励员工为实现共同理想、公司愿景、发展目标而奋发努力，使员工获取与企业共同发展进步的信心，增强公司的凝聚力、执行力与竞争力。过去五年中，在公司共同价值观的激励下，集团公司广大干部员工为实现发展蓝图而团结一心，在逆境中奋起，在创业中图强，克服了比预想大的困难，取得了比预期大的成绩。共同价值观振奋了人心、激发了热情、鼓舞了士气。今后，我们要充分发挥价值观管理的积极作用，继续以理想凝聚力量，以事业统一思想，以大局统一行动，使广大干部员工在干事创业中体会到实现自身价值的自豪感、成就感，自觉围绕生产经营、改革发展的大局，充分发挥聪明才智和创造潜能，为共创华电的美好未来而矢志追求、不懈奋斗。

三、推行价值观管理的关键是构建华电核心价值体系

在集团公司推行价值观管理，其首要任务和关键前提是着力构建华电核心价值体系，形成全体华电人共有的精神家园。华电核心价值体系是全体华电人共同的思想基础和行为依据，是团结带领全体员工奋发向上的精神力量和团结和谐的精神纽带，是在公司系统实现价值观管理的根本依据。

构建华电核心价值体系，要以继承企业优良传统为基础，保持企业文化的既有优势，同时要在此基础上进行创新与发展。我们要着眼于顺应形势变化和推动企业发展的需要，立足于新的起点，以更加广阔的视野、更加开拓的思路、更加宽广的胸怀，承前启后，继往开来，不断赋予华电文化以新的时代内涵，不断丰富和完善适应市场经济要求、符合现代企业发展方向、具有鲜明时代特征的华电核心价值体系，使之更加符合企业实际，更加有利于推动集团公司的科学发展。

纵观集团公司改革发展和企业文化建设的历史脉络和发展趋势，华电核心价值体系的核心精神，可以归结为八个字：诚信、求真、和谐、创新。这既是集团公司企业文化传统优势的集中体现，也是构建华电核心价值体系的主要方向，更是今后加强价值观管理的重要依据，需要我们长期坚持、不断发扬。

“诚信”，就是坦诚相待，信守承诺。诚者不伪，信者不欺。诚信是企业经营必须遵循的道德底线和基本规则，是塑造企业品牌的重要因素。坦诚相待，就是始终真诚面对公众，认真履行社会责任；始终与合作伙伴相互理解与尊重，携手营造共同繁荣发展的良好环境；始终做到企业信任员工，员工忠诚企业，不断增强企业的凝聚力和感召力。信守承诺，就是言必行，诺必践，说到做到，言行一致。电力行业是关系国民经济命脉的基础产业，也是社会的公用事业，具有基础性、公益性等特点，与合作伙伴、广大用户之间具有十分广泛的经济往来，特别是在当前经营环境严峻、供电形势紧张的情况下，更要重诺守信、依法经营，培育企业信用品牌，防止发生信用风险。这对于提升企业品牌形象、提高企业核心竞争力具有重要的现实意义。

“求真”，就是实事求是，真抓实干。实事求是，就是一切从实际出发，理论联系实际，不断探求客观事物发展的规律性，提高按照客观规律办事的自觉性和坚定性。任何事情都有其规律性，我们做任何工作都要掌握真实情况，获取第一手资料，遵循客观规律，善于因势利导，以提高决策的水平和办事的效率，减少工作的盲目性。特别是针对当前的严峻形势，尤其要坚持实事求是，实事求是地肯定成绩，实事求是地看到差距，实事求是地认清形势。不回避矛盾，不推诿扯皮，找准存在的问题，有针对性地提出解决办法，因地制宜、因企制宜，一厂一策地挖潜增效。真抓实干，就是要大力弘扬求真务实精神、大兴求真务实之风，力戒浮躁之气，不搞表面文章，不能华而不实。要一心一意谋发展，聚精会神抓效益，扑下身子抓工作，把心思放在事业上，把精力放在干事创业上，把时间放在尽职尽责上，把工作的着力点放到解决生产经营和改革发展稳定中的重大问题上，把智慧放在共谋发展、提高效益上。要坚持深入实际调查研究，充分掌握内外情况，分清主客观原因，摸实情、讲实话、出实招、办实事、求实效，做到有针对性地解决问题，以实际成果衡量工作成效。

“和谐”，就是以人为本，科学发展。以人为本，就是尊重员工主体地位，坚持一切为了员工、一切依靠员工，注重人文关怀和心理疏导，引导员工保持和谐的心态，积极营造和谐的环境，搭建员工发挥才能的平台，形成互助、合作、团结、稳定、有序的良好氛围，保持和谐的劳动关系、干群关系、员工关系，构建一心干事业、齐心谋发展、同心促和谐的良好局面。科学发展，首先是要坚持把发展作为第一要务。高质量的发展是集团公司竞争力、凝聚力和公司形象的具体体现，必须紧紧抓住不放，用高质量的发展来解决前进过程中遇到的困难和问题，用高质量的发展来提高企业的实力和效益。同时，要坚持统筹兼顾，从全局出发，系统设计，通盘考虑，努力协调好企业发展与地方、社会、资源、环境的关系，以及企业与政府、投资者、用户、员工等利益相关者之间的关系，构建“和谐利益关联体”，最终实现企业和员工的全面协调可持续发展。

“创新”，就是解放思想、改革创新。创新是一个民族的灵魂，是企业赖以生存和发展的不竭动力。面对形势的变化和时代的要求，我们必须要创新思想观念、创新思维方式、创新管理体制机制和工作的方式方法，做到与科学发展观相适应，与时代要求相协调。要按照胡锦涛总书记在刚刚闭幕的两院院士大会上的要求，提高自主创新能力，加强制度创新，培养造就宏大的创新型人才队伍，积极建设创新文化。以技术创新推动生产力的发展，以制度创新完善与生产力发展水平相适应的生产关系，以文化创新引领思想观念的变革。要不断解放思想，敢于打破陈规。解放思想是推进科学发展和改革创新的前提条件，改革开放30年所取得的重要成果之一就是解放思想。思想解放的程度决定着企业改革的力度和发展的速度，思想的空间有多大，发展的空间、效益的空间就有多大。无论是抓住机遇，还是应对挑战；无论是解决当前面临的突出矛盾、问题和困难，还是推进集团公司又好又快发展，都迫切需要进一步解放思想。要不断加强学习，坚持用马克思主义中国化的最新成果武装头脑、指导工作，进一步开阔眼界、开阔思路、开阔胸襟，把思想认识从那些不合时宜的观念、做法和体制的束缚中解放出来，从各种不适应、不符合十七大精神的思维定式中解放出来，从不符合科学发展观的思想意识中解放出来，真正做到勇于变革、勇于创新、永不僵化、永不停滞，不断解决好前进中面临的新课题。要大力弘扬改革创新精神，引领员工增强创新意识，积极营造鼓励探索、支持创新、宽容失败的环境和氛围，激励广大干部员工奋勇创新，永不落后，进取有为，不断保持和增强蓬勃向上的朝气、开拓进取的锐气、不畏艰险的勇气。要善于灵活运用掌握的理论和知识去分析和解决工作中的突出矛盾和问题，善于集中各方面的智慧，提出新思路、采取新举措，推动形成一个广大干部员工奋勇争先、与时俱进、为集团公司建功立业的生动局面。

更新观念　坚定信心　提升管理
确保深入学习实践科学发展观活动
试点工作取得实效

——在深入学习实践科学发展观活动
试点工作启动会议上的讲话

集团公司党组书记、副总经理　李庆奎

（2008年10月20日）

党的十七大为经济社会发展绘制了宏伟蓝图，作出在全党开展深入学习实践科学发展观活动的战略决策。党中央在前一阶段试点基础上，从2008年9月开始，在全党分批开展这项活动。中央企业安排在第二批，我们从2009年3月开始在公司系统组织开展学习实践活动。

科学发展观的第一要义是发展，核心是以人为本，基本要求是全面协调可持续，根本方法是统筹兼顾。用科学发展观武装头脑，对于指导实践、推动工作具有实实在在的重大意义。作为发电企业，为社会提供安全、可靠、清洁、廉价的电力，是我们应尽的责任和义务。电力体制改革以来，面对日趋激烈的电力市场竞争，通过公司上下的共同努力，集团公司各项事业实现长足发展，各项工作取得很大成绩。2008 年以来，公司系统经营环境发生深刻变化，受政策性等因素的影响，发电企业出现全行业亏损。虽然两次调整上网电价，由于煤炭价格居高不下，当前公司系统经营状况没有根本性改变，面临的经营形势依然十分严峻，亏损面依然很大，资产负债率依然很高。公司领导班子对此高度重视，前段时间公司领导分别组织调研组，选取 8 家亏损严重的企业进行了调研。在认真调研，听取大家意见和建议的基础上，经党组研究，决定在集团公司全面开展学习实践活动之前，先组织潍坊公司、宿州公司、襄樊公司、蒲城公司 4 家基层单位，采取开展学习实践活动试点工作的方式，以期推动工作，摸索经验，探索路子，并由集团公司领导亲自挂帅，成立学习实践活动试点工作指导小组，加强对试点单位的督导，确保取得实效。

今天的会议是启动会，主要任务是认真贯彻中央学习实践活动动员大会精神，结合集团公司实际，对学习实践活动试点工作进行部署。下面，我代表公司党组讲四个方面意见。

一、深刻认识开展学习实践活动的重要意义，切实增强做好试点工作的自觉性、紧迫性和主动性

科学发展观，是对党的三代中央领导集体关于发展的重要思想的继承和发展，是马克思主义关于发展的世界观和方法论的集中体现，是同马克思列宁主义、毛泽东思想、邓小平理论和“三个代表”重要思想既一脉相承又与时俱进的科学理论，是我国经济社会发展的重要指导方针，是发展中国特色社会主义必须坚持和贯彻的重大战略思想。

当今世界正在发生广泛而深刻的变化，当代中国正在发生广泛而深刻的变革。现阶段，我国发展呈现出一系列新的阶段性特征，党的自身建设面临着许多新课题新考验。面对我国全面参与经济全球化的新机遇新挑战，面对日益增大的资源环境压力，面对城乡、区域、经济社会发展的不平衡，我们党要肩负起继续全面建设小康社会、加快推进社会主义现代化的崇高使命，关键是要把全党的思想武装好、统一好。党的十七大作出在全党开展深入学习实践科学发展观活动的战略决策，就是要在世情、国情、党情发生深刻变化的条件下，更好地用中国特色社会主义理论体系武装和统一全党思想，动员全党为更好地实现党的十七大提出的宏伟蓝图和行动纲领而团结奋斗。我们必须深刻认识开展学习实践活动的重大现实意义和紧迫性，把学习实践活动摆在重要议事日程。我们利用 2008 年 10 月 ~ 2009 年 3 月这段时间，组织部分单位试点，就是要以求真务实的精神贯彻落实中央决策，自我加压，主动工作，通过试点进一步积累经验，然后以点带面，全面推开，确保 2009 年的学习实践活动顺利有序开展，真正取得良好成效。

科学发展观是关于科学发展的理论。开展学习实践活动，就是运用这一理论、实践这一理论的党内集中教育行动，就是集中各方面智慧力量，集体“会诊”、集体“把脉”、寻找对策、明确努力方向的过程。要确保学习实践活动在公司系统取得成效，必须紧紧围绕中心，适应内外部环境变化，切实解决存在的突出问题，提升企业市场竞争能力。当前，国际金融市场动荡加剧，全球经济增长明显放缓，国际经济环境中不确定、不稳定因素明显增多，虽然我国总体形势是好的，我国经济发展的基本态势没有改变，但国内经济运行中也存在一些突出矛盾和问题。国际国内经济环境的深刻变化，给公司生产经营带来前所未有的挑战，公司综合竞争力不强、产业结构不尽合理、效益增长方式相对单一、抵御风险能力不强等问题逐步显现。

目前，公司生产经营形势严峻，1 ~ 9 月，公司整体亏损。9 月，集团公司抽调 20 多名同志组成 4 个调研组，分赴基层企业进行了深入调研。从调研情况看，各单位造成亏损的原因很多，主要是煤炭价格大幅上涨、供应量不足等政策性因素所致，但也存在设备管理差、机组能耗高、经济技术指标达不到设计值，经营管理比较粗放、管理基础薄弱等问题。究其原因，关键是有些单位领导班子、领导干部对科学发展观理解不够深刻，贯彻落实不够自觉，与科学发展观要求相比、与建设具有综合竞争能力的能源集团的决策部署相比，在思想观念和总体思路上还有一些不符合、不适应的地方；与集团公司年中工作会议精神要求相比、与行业内外的先进企业相比，在工作作风、工作方法和管理水平上还存在一定差距。在公司系统全面开展学习实践活动之前，组织4家基层单位先行开展试点工作，就是要以学习实践活动为契机，紧密结合生产经营管理现状，组织各单位领导班子和党员、干部进一步解放思想，更新观念，坚定信心，迎难而上，强化向管理要效益、靠管理促发展的意识，切实解决自身存在的问题，推动企业实现扭亏减亏，完成全年任务目标。因此，学习实践活动试点工作既是一项重要的政治任务，更是一项紧密结合企业中心任务的重要工作，一定要切实抓紧抓好。试点中，要注重用是否符合党的十七大精神、是否符合科学发展观要求、是否符合集团公司发展战略、是否解决了本企业的突出问题、是否符合职工群众的意愿作为对照检查工作成效的标准。要虚实结合，认真地组织学习，切实促进思想解放、观念转变，对照先进找准差距，理清思路，落实措施，扎实解决实际问题，推动公司科学发展。

二、认真遵循试点工作的指导思想，着重处理好四个关系

学习实践活动的指导思想，中央在中发［2008］14号文件中已经做了明确阐述。结合公司实际，我们在《集团公司党组关于开展深入学习实践科学发展观活动试点工作的实施意见》（简称《实施意见》）中提出了试点工作的指导思想，概括起来就是：高举一面旗帜，即高举中国特色社会主义伟大旗帜；突出一个主题，即突出科学发展这个主题；围绕一个总要求，即围绕党员干部受教育、科学发展上水平、职工群众得实惠这个总要求；明确三个着力点，即着力转变广大党员特别是党员干部中存在的不适应、不符合科学发展要求和公司发展战略的思想观念，着力解决影响和制约各单位扭亏增盈、业绩提升、科学发展的突出问题以及党员干部党性党风党纪方面职工群众反映强烈的突出问题，着力构建有利于科学发展和公司战略实施的体制机制。在工作中，各单位要准确理解，认真遵循，并着重处理好以下四个关系。

（一）处理好理论武装与工作实践之间的关系。搞好学习实践活动，深入学习、提高认识是基础。检验学习实践活动的成效，首先要看用科学发展观武装头脑是否下工夫，对推动科学发展的重要性和紧迫性的理解和把握是否有新提高，不适应、不符合科学发展要求的思想观念是否得到转变。同时，学习科学发展观，必须坚持发扬理论联系实际的马克思主义学风，注重以科学理论指导实践、推动工作。在试点中，各单位要把加强理论学习放在首位，把深化学习、提高认识贯穿始终，组织党员干部深入学习科学发展观，牢固树立科学发展的理念，形成科学发展的共识，更加自觉地以科学发展观武装头脑、转变思想观念，不断提高理论素质和党性修养。要坚持“突出实践特色”的原则，把学习科学发展观与贯彻落实党的十七大对中央企业提出的新要求相结合，与加强管理、扭亏减亏等重点工作相结合，与建立健全保障和促进科学发展的体制机制相结合，与解决党性党风党纪方面的突出问题相结合，在学习中更新观念、提升业绩，在实践中深化对科学发展观的认识，自觉用科学发展观指导工作实践。

（二）处理好以领导班子和中层及以上干部为重点与充分发动职工群众之间的关系。各单位中层及以上干部是贯彻落实科学发展观的骨干力量，领导班子是贯彻落实科学发展观的关键所在。领导班子和干部有没有牢固树立科学发展的理念，是不是具备谋划和推动科学发展的能力，在很大程度上决定着本单位贯彻落实科学发展观的成效。因此，在《实施意见》中，我们提出：“学习实践活动试点工作以厂（处）级领导班子和中层及以上干部为重点，全体党员参加。”各单位要全面把握并认真执行这一要求，把学习实践活动作为加强领导班子和干部队伍建设的有效载体，着力提高领导班子和广大干部推动科学发展的本领，自觉按照公司年中工作会议部署，树立“四种理念”，落实“四个更加重视”，以优化产业结构、优化电源结构、优化区域结构为重点加强结构调整，提升发展质量，增强竞争实力。企业实力如何，经营状况如何，与职工的利益息息相关。企业亏损了，职工的利益将会受到影响；反之，企业盈利了，职工将会得到更多的实惠。坚持以人为本、实现人的全面发展，让职工群众分享改革发展的成果，是科学发展观应有之义。在学习实践活动中，各单位要充分动员职工群众，组织职工群众着力提高认识，转变观念，振奋精神，力克时艰，提升经济效益，实现扭亏减亏，在为国家、为经济社会发展作出贡献的同时，促进生活质量的提升和自身的全面发展。

（三）处理好严格执行中央规定与结合实际探索创新之间的关系。坚定不移地执行中央规定，是党组织和党员、干部讲政治、讲党性的具体表现。学习实践活动的目标要求、实施步骤以及重点工作，按照中央要求，集团公司党组已经在《实施意见》中作出了明确规定，这些都是“规定动作”，必须严格贯彻执行，精益求精，确保各个阶段、各个环节都不出任何纰漏。同时，学习实践科学发展观，必须以解放思想为先导，以改革创新为动力，结合生产经营实际、探索创新，这既是保证学习实践活动质量的内在要求，也是学习实践活动的重要目的之一。各单位要在遵循试点工作基本要求的前提下，创造性地开展工作，研究新情况，解决新问题，探索出一系列符合实际、具有很强操作性和推广价值的新经验、新措施，实现“规定动作”严格执行不走样，“自创动作”精心设计有特色。能不能搞出各自特色，检验的标准是实践，关键看是否用科学发展观武装了头脑，理清了工作思路，落实了工作措施，领导班子和广大干部精神面貌是不是发生了深刻变化，各项工作是不是不断取得新成绩、出现新变化、展现新面貌。

（四）处理好集中解决突出问题与建立长效机制之间的关系。胡锦涛同志曾强调指出：“学习实践活动一定要着眼于解决问题，把查找和解决问题贯穿活动始终。”要使学习实践活动取得良好成效，关键是解决好企业存在的突出问题。各单位要按照科学发展观的要求，紧密联系自身实际，对查找出的突出问题进行分析归类，明确哪些问题已具备条件，在试点工作期间可以解决；哪些问题难度较大，需要较长时间才能解决。对具备解决条件的问题，要集中力量，立刻解决，推动企业管理上台阶、发展上水平。同时，要清醒地认识到，解决突出问题，并非一朝一夕之事，更不可能毕其功于一役，必须致力于研究和探索保证科学发展的体制和机制。要根据中央关于科学发展的有关要求，紧密联系企业实际，积极适应内外部形势变化，修订现有的企业规章制度，使之充分体现科学发展要求。要全面总结企业发展的成功经验，结合试点工作的实践与探索，对一些创新性的经验、做法，及时加以提炼，使成功经验系统化、感性认识理性化、有效做法制度化，构建起充满活力、富有效率、有利于提升管理和科学发展的机制。

三、认真把握重点环节，精心组织，全面完成学习实践活动试点工作各项任务

学习实践活动试点工作从2008年10月开始，到2009年3月基本完成，分为学习调研、分析检查、整改落实三个阶段，每个阶段包括3个环节，加上准备环节和活动结束时的总结测评环节，共有11个环节。各单位要明确重点，抓住难点，控制好时间进度，保证学习实践活动有序高效开展。工作中，要把握好以下四个重点环节：

（一）认真抓好学习培训。各单位对中层及以上干部进行集中学习培训并组织全体党员参加学习，既要认真学习党的十七大报告、《毛泽东邓小平江泽民论科学发展》、《科学发展观重要论述摘编》和《科学发展观学习读本》等中央规定的篇目，也要结合实际，认真学习集团公司2008年年中工作会议精神，学习国家有关政策，掌握集团公司党组的战略部署、管理要求，以及国家对发电企业生产、经营、发展等方面的规定。试点单位中层及以上干部还要认真学习《深入学习实践科学发展观活动领导干部学习文件选编》。当前，临近年底，各单位生产经营任务很重，扭亏减亏的压力很大，要处理好工学矛盾，保证学习时间，讲究学习方法，组织党员、干部带着问题学理论，通过学习培训增强认识问题、分析问题、解决问题的能力，同时在实践中增强对理论的领会，提高学习质量。各单位党政领导同志要以身作则，带头做学习辅导报告。要结合企业实际，邀请有关专家学者做专题讲座，加深广大党员、干部对科学发展观的理解。

（二）认真组织好领导班子专题民主生活会。各单位领导班子要在学习调研、广泛征求意见的基础上，召开专题民主生活会。会前，领导班子成员要按照科学发展观要求，对照检查自身存在的不足，撰写参加专题民主生活会的发言材料。会上，领导班子成员要敞开心扉，本着对事业负责、对工作负责的态度，实事求是地研究本单位在加强管理、提升效益、科学发展等方面存在的突出问题，分析原因，结合分管工作，提出解决问题的建议和措施。各单位党委要在开好领导班子专题民主生活会的同时，组织党员召开专题组织生活会，按照科学发展观要求，分析查找自身差距和不足，明确努力方向。

（三）认真完成领导班子分析检查报告。专题民主生活会后，各单位领导班子要撰写分析检查报告，以适当方式广泛听取各方面意见，经党委会充分讨论，认真修改完善。分析检查报告要努力找准影响和制约本单位扭亏增盈、业绩提升、科学发展的突出问题，找准党员、干部党性党风党纪方面群众反映强烈的突出问题；要深入分析形成问题的主客观原因特别是主观原因，制定切实可行的改进措施。领导班子贯彻落实科学发展观情况分析检查报告，在一定范围内公布，并认真组织党员、职工群众对分析检查报告进行评议，广泛征求意见。

（四）认真抓好突出问题的整改。集团公司党组在《实施意见》中提出了需要解决的五个方面重点问题，这是总的要求，具体到一个单位，到底哪些问题最突出、哪些问题最需要解决，可能不尽相同。这就要求各单位从实际出发，认真研究、梳理存在的问题，找准切实需要解决的突出问题。各单位领导班子要针对查找出的突出问题，逐条逐项地进行研究，制定切实可行的整改落实方案，提出具体整改措施。整改措施要有工作目标、整改方式、时限要求和责任单位、责任人。整改过程要注重发挥领导班子的集体力量，领导班子成员既要根据责任分工，切实完成分管的任务，也要充分发挥主观能动性，从整体上推动整改措施的落实。各单位党委要发挥政治优势，组织动员广大党员，团结带领干部职工集思广益，齐心协力，共同破解制约企业效益提升的“瓶颈”，为解决突出问题、实现扭亏减亏贡献智慧和力量。

四、高度重视，加强领导，确保学习实践活动试点工作扎实有序开展

开展学习实践活动，是“三个代表”重要思想学习教育活动和保持共产党员先进性教育活动的继续，是全党政治生活中的一件大事。先行试点，摸索经验是为了确保明年公司系统全面开展学习实践活动真正取得实效。在这4家基层单位进行试点，既是集团公司党组的信任，也是对试点单位领导班子和领导干部的考验。各试点单位要切实加强组织领导，从思想上高度重视，在行动上坚决贯彻，确保活动取得实效。

（一）加强组织领导。学习实践活动试点工作在集团公司党组领导下进行，成立集团公司学习实践活动试点工作指导小组和试点工作办公室。试点工作指导小组要按照要求履行职责，要有部分同志常驻试点单位，全过程参加学习实践活动，工作过程中可以参加试点单位所有会议，指导试点单位按照集团公司党组要求扎实深入开展试点工作，千方百计帮助解决存在的突出问题，不达目的誓不罢休。指导小组要注意处理好与试点单位领导班子的关系，支持试点单位领导班子以科学发展观为指导不断改进工作，只负责指导帮助，出主意，想办法，抓督促，抓检查，但不要包办代替，具体工作要靠各单位领导班子团结带领职工群众去实施。试点工作办公室成员要以完成试点工作各项任务为重要责任，密切联系指导小组和试点单位，集中精力，尽职尽责，积极主动地开展工作。各单位党委全面负责本企业学习实践活动，加强组织领导。在党委的领导下，领导班子成员各司其职，按照职责分工，齐心协力抓好学习试点活动。

（二）加强舆论引导。集团公司学习实践活动试点工作办公室要通过在华电网站开辟专栏、编发《中国华电集团公司深入学习实践科学发展观活动试点工作简报》等方式，对试点工作开展情况、活动中涌现出来的先进典型和成功经验以及取得的成效进行深入宣传、提炼推广，及时将学习实践活动成果转化为推进企业科学发展的方法和措施。各单位要运用内部报刊、广播电视和网站等阵地，加大宣传力度，为学习实践活动试点工作营造良好的舆论氛围。

（三）坚持统筹兼顾。当前，公司上下正全力以赴、攻坚克难，向完成全年任务目标冲刺。各单位要切实处理好生产经营管理和开展学习实践活动试点工作的关系，既要扎实认真地开展好活动，切实按要求完成各项任务，又要集中精力抓安全、促管理、增效益。要把生产经营管理和改革发展的重点、难点作为开展活动的突破点，将党员和干部职工工作热情激发出来，把积极性调动起来，进一步引导到完成全年任务目标、推动企业科学发展上来，做到试点工作与企业生产经营管理、改革发展两手抓、两不误、两促进。

拓宽思路　积极作为
为集团安全经营发展提供资金保障

——在集团公司资金工作座谈会上的讲话

集团公司党组成员、副总经理　陈飞虎

（2008 年 5 月 23 日）

集团公司召开这次资金工作座谈会，主要目的是积极适应当前公司面临新形势，进一步统一思想，拓宽思路，积极作为，为集团生产经营建设和改革发展稳定等各项工作提供有力的资金支持和保障。

一、准确把握形势，深刻认识做好资金工作的重要意义

2008 年以来，公司系统认真贯彻落实集团 2008 年工作会议精神，深入开展对标管理年活动，积极应对煤炭供应紧张和价格大幅上涨，遭遇强烈冰雪、地震灾害等困难和挑战，齐心协力，攻坚破难，各项工作取得了新的成效。1～4 月，公司安全生产持续保持平稳局面；累计完成发电量 939.88 亿 kW·h，同比增长 23.12%，增幅超过全国平均增长水平 9.54 个百分点；节能减排成效显著，公司系统供电煤耗累计完成 341.2g/(kW·h)，同比下降 8.63g/(kW·h)，二氧化硫绩效排放同比降低 20.6 个百分点；成本控制进一步加强，固定成本和财务费用均低于预算进度；发展项目扎实推进，积极争取一批项目获得核准、“路条”或进入 2008 年评优盘子。抗灾保电取得胜利，抗灾保电精神成为推动公司各项工作的强大精神动力。

2008 年各方面工作总体上是按预定目标稳步推进的，为全面完成 2008 年任务奠定了扎实的基础。但当前也面临着一些矛盾和挑战，突出的问题有两个方面：一是企业亏损严重。受煤价大幅上涨影响，经营业绩出现明显下滑，亏损面、亏损额较大。继 2007 年标煤单价上涨 40 元之后，2008 年又涨了 110 元，比 2007 年上涨了 25%。部分企业边际贡献已出现负数。2008 年前 4 个月，集团公司盈亏相抵后累计亏损 12 亿元，三级火电企业亏损额超过 18 亿元，亏损面达到 61%。二是资金矛盾加剧。一方面煤炭涨价而煤电联动不到位，造成企业大量现金流沉淀和亏空，特别是企业经营亏损，造成内部资金吃紧，企业营运资金缺口加大。另一方面国家加强宏观调控，实行“两个防止”，实施从紧的货币政策，收缩银根，提高利率，企业融资环境日趋紧缩，融资成本上升。基建项目的资金问题更加突出。可以说目前企业在简单再生产、扩大再生产两方面的资金矛盾都在扩大，面临着现金流紧绷的严峻挑战。

准确把握当前复杂严峻的经营形势，积极面对当前存在的问题和矛盾，科学制订应急预案和应对措施，对于做好 2008 年的各项工作具有十分重要的意义。在当前形势下，我们必须直面困难和挑战，始终保持清醒和坚定。

清醒就是要准确把握形势。既要看到形势的复杂性和严峻性，看到问题的严重性和紧迫性，同时也要看到我们各项工作的进展和成效，认识到当前的问题是前进中的问题、发展中的问题，主要问题是带有普遍性的，是宏观形势的变化对微观方面的影响。我们现在面临的问题主要是两个方面原因：一是宏观经济发展周期的必然反映，二是在经济转轨过程中市场机制不完善的具体体现。煤价上涨、经营亏损、资金紧张、融资困难，是当前形势下发电行业带有普遍性的共性问题，我们应该实事求是地看待。2008 年前 4 个月，五大发电集团除了中国华能集团公司略有盈利外，其余四家累计亏损都在 10 亿元左右。目前煤炭供应矛盾依然突出，全国煤炭库存出现新一轮下滑，公司系统 4 月底库存煤比 3 月下降 54 万 t。煤炭价格上涨也还没有完全到位，5 月初澳大利亚出口动力煤达到 130 美元/t。宏观经济领域偏快偏热问题尚未根本解决，宏观调控继续加强，国家把控制物价上涨、抵制通货膨胀放在更加突出的位置，坚持实施从紧的货币政策。5 月 20 日央行再次上调存款准备金率，达到 16.5% 的历史高位，这已经是自 2006 年 7 月以来第 17 次上调。4 月，CPI 达到 8.5%，已连续 3 个月突破 8%，远远超过 2008 年 4.8% 的目标。物价指数不回落，电价调整就没有空间和机会，煤电联动就是未知数。这些矛盾的存在是与整个国际国内宏观经济形势联系在一起的，解决这些矛盾是需要时间的。面对严峻形势，我们必须保持清醒的头脑，充分认识到问题的复杂性和严峻性。我们必须直面困难和矛盾，从思想上、物质上做好过较长一段时间紧日子的充分准备。

坚定就是要主动应对，积极作为。要坚决按照集团公司的工作部署和要求，集中精力、聚精会神地做好自己的事，推动2008年各项任务完成不动摇。企业在经营发展过程中总会遇到这样或那样的问题，这些都是前进中的问题。集团公司成立以来我们始终都是在不断克服困难中前进并且发展壮大的。我们要有所作为，越是困难的时候，越是要振作精神。虽然宏观经济我们难以左右，但我们自己的工作一定要可控在控。不能说反正已经亏损了，就不管亏多少了，等着将来煤电联动。我们有些企业现在就存在这个问题。这种想法是万万要不得的。即使煤电联动政策实施，也还是有一个落实问题，不是说煤价涨了多少就联动多少，更不是说亏多少就联动多少。我们要看到，在普遍性中还有差异性，那就是我们自身的工作情况怎么样，结果也是不一样的，甚至会相差比较大。这就是竞争力的具体体现。对当前企业亏损的问题要有科学的认识、合理的把握。不论外部形势如何变化，我们一定要认真扎实地把自己的工作做好，这样才能始终保持主动。

在当前复杂而严峻的形势下，企业经营要未雨绸缪，作好应急预案。在国务院国资委召开的一季度经济形势通报视频会上，国务院国资委主任李荣融要求中央企业要做好最充分的准备，迎接最难情况的挑战。华电集团作为中央管理的大型企业集团，肩负着重要的责任和使命。当前夏季用电高峰即将来临，奥运会日益临近，公司安全、经营、发展等各方面工作任务十分繁重，我们必须做好充分准备，迎接考验和挑战，坚定地履行好“三大责任”，确保四个安全。宁可把困难估计得大一些，也要把各方面准备做得更充分一些。

资金是企业的血液，是我们必须做好准备的关键环节之一。在当前资金供求矛盾突出的情况下，各单位一定要有切实可行的应对措施。首先是在企业内部要牢固树立“过紧日子”的思想，严格控制各项开支，不能搞敞口预算。现在有的企业借钱是借，还钱也是借，怎一个借字了得，这不是长久之计。在当前形势下，资金问题一定要立足于把矛盾解决在基层。各企业首先要自求平衡。现在有的企业对形势的认识还不到位，如果再观望、等待下去就会错过做工作的时间和机会。每一个企业都要针对当前的形势研究自己怎么过紧日子，主动做好应急预案，更多地把问题解决在自家门口。当然集团公司也要为企业积极创造条件，给予必要的协助和指导，做好应该做的工作。

二、采取更加有力措施，为集团安全、经营、发展提供资金保障

（一）深入开展对标管理年活动，推进全年任务完成

开展对标管理年活动，是2008年集团公司全面推进各项工作的重要载体和抓手，也是应对当前严峻形势、推动完成全年目标任务的重要举措。这项工作集团公司做了一系列安排，各单位按照集团公司要求正在全面推进。推进对标工作，首要的是把开展对标与完成2008年任务有机地结合起来。要通过开展对标工作，进一步加强内部管理，严格控制各项成本费用，通过对标大力实施精细化管理，节能降耗，降本增效，增产增收，尽可能地控制亏损，抑制业绩下滑势头，减轻资金压力。要在“选、建、管”三个环节全面推进对标。更加重视发展的质量，在项目前期工作、工程建设和运营管理等方面全面进行对标，特别是在项目选择、机组选型、设计施工、外部配套等方面要多做工作，大力提升企业竞争力，为建成后正常运营创造条件。要按照集团利益最大化原则，加强生产建设经营等方面的协调。针对当前一些企业边际利润为负数的情况，要综合考虑安全和效益，对2008年电量进行动态平衡。要重视新机投产中可能出现亏损的情况，协调好新机投产安排。根据当前的实际情况，集团公司要对全年预算指标进行动态平衡和调控。

（二）开源节流，积极开辟筹资渠道

在当前形势下，公司系统要密切关注宏观形势和市场对企业经营的影响。我们一定要增强敏锐性，牢牢把握好制约企业经营发展的关键因素。现金流问题将是今后较长一段时间企业面临的突出矛盾。应对当前资金矛盾必须坚持开源节流。首先是调动安排好企业现有资源，抑制各种膨胀的开支需求。要切实加强资金管理，真正过紧日子，能紧则紧，能省则省，把有限的资金用在刀刃上。要统筹安排各项支出，做好应急预案，落

实必要的备付资金，留有必要的调剂手段来应付可能遇到的各种困难。随着宏观调控力度不断加大，2008 年融资形势更加严峻，不仅银根紧缩，市场资金供应减少，而且融资成本不断攀升。自 2006 年以来，贷款基准利率已连续上调了 8 次，目前长期贷款基准利率已接近 8%。从现在情况看，“借不到”和“背不动”的问题在加剧。从总体上看，集团公司的资金情况是好的，绝大部分企业是能够主动应对当前紧缩的形势的，但也确有一些企业目前面临着现金流崩断的风险，有的企业对这个问题还没有引起足够的重视。要积极创新融资手段，大力开辟筹资渠道。进一步加强与金融机构的广泛合作，充分发挥集团金融平台的作用。在开辟筹资渠道方面，我们既要充分用好每一个企业的融资空间，同时又要注意发挥集团的规模优势；既要重视创新融资手段，也要合理把握融资成本和风险；既要重视增加新的资金来源，也要高度重视合理调整现有债务结构，做好现有债务规模的维护。要严格控制资产负债率的上升，防止出现危及集团信用的事件发生。

（三）统筹安排资金，突出保障重点

在当前形势下，资金安排要突出重点，保安全稳定、保正常经营、保企业发展。企业要有必要的安全投入，保证正常的生产运行维护；要妥善安排职工包括离退休职工的开支，确保职工队伍稳定；要保证电煤资金供应，坚决防止因资金问题导致非正常的停机。面对 2008 年电煤供应形势，为确保迎峰度夏和奥运，企业要合理安排资金，尽可能多买煤、多存煤，不能因为资金问题影响电煤供应，千方百计将电煤库存保持在一个合理的相对较高的水平。发展方面要保证集团公司重点项目、战略项目、2008 年投产项目的资金供应，2008 年开工项目、施工准备项目要合理摆布，加强平衡，优化安排。在资金保障方面，一定要做到胸中有数，落实责任。各单位做什么，集团公司做什么，要明确界限，把资金保障的责任落到实处。

（四）加强资金结算，确保安全高效

做好资金结算工作，最重要的是提高效率，确保安全。

提高效率，就是要减少环节、减少沉淀、减少占用。集团公司成立以来，建立现金管理网络，加强资金存量和流量的管理，取得了良好成效。下一步要继续完善电子结算网络，进一步加强资金集中管理，使现金网络真正成为集团资金的集散地，形成“资金池”，为集团集中和优化配置资金资源提供坚实的支持和保障。

确保安全，就是要确保现金网络在系统建设、流程设计、业务操作等各个环节都不出现任何危及资金安全的问题。随着集团现金网络规模不断扩大，电子结算系统的推进，以及在线运行资金不断增加，结算安全日益重要，必须做到可控在控。各单位一定要按集团公司要求，切实做好资金结算方面的工作，防范和控制风险。财务公司要在系统的建设和维护、风险的防范和控制等方面切实做好安全保障。随着电子结算系统的推行，各单位的管理工作、内部控制一定要跟上。要严格执行电子结算的规章制度，切实加强电子图章、电子凭据的管理，加强操作风险的防范和安全责任的落实，确保资金安全。

要进一步加强和改善电煤结算工作。当前电煤结算方面的突出问题是，必须尽快建立能够快速适应市场形势变化的机制，包括资金保障、结算效率和应急预警等方面都要进行改进和完善。这次会议专门就建立电煤资金应急保障机制、优化电煤结算流程进行了部署，集团公司各有关部门、公司和分支机构要切实抓好落实。

（五）加强风险控制和防范，确保经济安全

要从确保集团安全的高度，加强资金安全工作。目前集团在资金安全方面总的控制得还是好的，但确实也存在一些风险需要引起高度重视。突出的是两个方面：第一，是一些企业存在现金流风险。负债率高，短贷多，入不敷出，资金接续问题突出。现在有的单位已经面临困境，要集团承担连带责任，危及集团信用安全。各单位一定要高度重视现金流的问题。第二，就是高风险行为。对此集团公司是有明确规定的，但问题就是我们有的人不甘寂寞，头脑容易发热，手脚容易发痒，管不住自己。高风险业务必须严格控制，坚决不能出问题。集团公司财经纪律、金融纪律都有明确规定，关键是要不折不扣地执行。要在思想上、行动上落实集团公司的规定和要求，确保政令畅通，令行禁止。

借这个机会，我强调一下确保集团经济安全的问题。2007 年 10 月以来，集团公司开展“依法经营、遵纪守法”主题实践活动，取得很大成效。

各级领导班子依法经营的意识和能力大大提高，对国家审计部门、监事会和集团公司检查出的问题进行认真梳理和整改，完善内控机制，促进了企业经营管理水平的提升。最近集团公司对主题实践活动进行了认真总结，下一步要巩固和发展主题活动成果，建立健全依法经营长效机制，继续抓好整改和规范。目前有两个方面问题需要关注：一是基本建设项目的管理比较薄弱。国家审计署正在组织进行基本建设工程和节能减排专项审计，我们要主动配合做好工作。同时对基本建设项目管理的问题要加强研究疏导。二是“依法经营、遵纪守法”主题实践活动开展后，仍有一些问题尚未解决，需要下大力气根治。现在浮尘已经打扫得差不多了，剩下的都是一些顽迹，当然很多是历史原因形成的，但不下决心解决不行了，下一步要从体制上、机制上、政策上进行综合治理。有些事情多年来习以为常，一检查就出问题，比如资产交叉、劳动关系交叉导致关联交易不规范的问题，要进一步做工作认真梳理和规范。各单位要积极配合审计署做好审计工作，继续做好配合监事会的工作。同时，下大力气研究解决自身存在的种种问题，确保一方平安。

科学谋划　精心组织
下大力气加快水电项目前期工作

——在集团公司2008年水电前期工作座谈会上的讲话

集团公司党组成员、副总经理　程念高

（2008年2月21日）

这次会议的主要任务是，认真贯彻落实集团公司2008年工作会议精神，总结集团公司2007年水电前期工作，认清形势，科学谋划2008年水电前期工作，动员公司系统各单位，发挥公司整体优势，精心组织，下大力气加快水电项目前期工作，全面完成2008年工作任务，为实现公司“8467”和“国内行业前列、世界企业500强”奋斗目标而努力。

一、2007年水电前期工作回顾

2007年，在公司党组的正确领导下，经过公司系统上下的不懈努力，公司水电前期工作取得了较好成绩。

（一）任务完成情况

1. 项目核准

——实现核准1项15万kW。

——上报核准申请报告1项92万kW。

——取得“路条”5项762万kW。

2. 工程设计

——完成或基本完成可研报告的项目8项754万kW。

——可研阶段项目10项726万kW。

——预可研阶段项目18项约2900万kW。

3. 施工准备

——实现分（截）流的工程2项204万kW。

——开展施工准备的工程10项1087万kW。

公司系统涌现了一批水电前期工作的先进单位，泸定公司、金沙江中游公司、鲁地拉公司、四川分公司、贵州分公司被评为公司前期工作先进单位。公司还对为推动项目前期工作作出较大贡献的人员进行奖励。希望大家向这些先进单位学习，并在新的一年中争当先进。

（二）主要工作情况

1. 全力推进流域开发

乌江流域开发有序进行。沙沱水电站项目核准工作取得进展，2007年底实现分流。清水河格里桥水电站实现核准并开工建设。

北盘江干流加快开发。董箐水电站除环保未批复外，其余项目核准文件已落实。马马崖水电站正在开展可研勘测设计和施工准备工作。善泥坡水电站正在落实核准条件。

金沙江中游开发取得突破。进一步理顺了开发体制。梨园、阿海和鲁地拉项目取得国家发展改革委的“路条”，阿海和鲁地拉项目取得“封库令”，前期和筹建工作有序推进。已批准执行移民安置长效补偿方案，推动了水库移民工作。国家发展改革委批复开展龙头水库比选工作。流域相关专题研究等正抓紧开展。

怒江中下游开发获得进展。国家发展改革委已发文同意规划建设六库水电站，赛格、亚碧罗水电站已开展施工准备，马吉水电站正加紧做好前期准备工作。其余梯级正在开展前期阶段勘测设计工作。六丙公路已做好开工准备。

中小流域开发稳步进行。杂谷脑河流开发已接近尾声。西溪河青松可研报告基本完成，已启动核准申请工作，其余梯级已开工建设。木里河四个梯级已全面进入可研勘测设计阶段，对外交通均已开工建设，立洲导流洞已开工。

金沙江上游藏川段开发积极推进。西藏自治区政府已将金沙江上游水电站作为藏电外送的优先启动项目，列入《西藏电力发展“十一五”规划及2020年远景目标》。流域水电规划基本具备审查条件。藏川段七个梯级预可研工作均已启动。

2. 积极做好移民工作

公司系统水电工程移民总体稳定，各阶段移民工作基本保证了前期工作、工程建设和生产运行的正常进行。水电项目移民安置规划取得突破，完成一批项目的移民安置规划大纲和移民安置规划审核。公司系统积极探索做好移民工作新政策，云南省人民政府已批准金沙江中游水电项目实行移民长效补偿机制的“16118”方案，并已在阿海、鲁地拉项目上执行。各施工准备项目较好地完成了施工区征地和移民搬迁安置工作，为工程建设创造了条件。宝珠寺库区遗留问题处理措施与相关省份基本达成一致意见。

3. 努力改善工作环境

进一步加强与国家相关部委、各级地方政府的沟通，加强与有关单位的合作，积极参与云南、四川、西藏等省（区）社会主义新农村建设，认真履行社会责任，树立了集团公司的良好形象，改善了工作环境。

4. 加强水电前期的基础工作

进一步规范前期工作管理，完善管理办法。建立了水电核准项目和施工准备项目月报制度，印发了移民工作管理办法、水电前期工作考核办法。召开公司系统水库移民工作座谈会，举办培训讲座。

在看到成绩的同时，我们也应清醒地看到工作中还存在一些问题。一是项目核准工作有待加强。有些单位项目核准催批力度不够，核准工作迟缓。二是移民工作整体水平有待提高。有些单位重工程轻移民思想依然存在，移民机构不健全，人员配备不足，已影响项目核准和工程建设。三是个别单位责任意识有待进一步加强，与其他公司相比，与公司系统火电、风电企业相比，责任意识不强，表现在工作主动性不高，发扬“三千”精神不够，公关意识淡薄。

上述问题，我们要采取切实有效措施，在今后工作中认真加以解决。

二、2008年水电前期工作形势和任务

2008年是集团公司系统实现“8467”奋斗目标、推进做强做大做好的关键之年，能否全面完成水电前期工作年度任务，关系到公司水电开发规划目标的实现，关系到公司电源结构调整和经营发展格局。我们一定要正确把握形势，科学谋划，抢抓机遇，精心组织，积极行动，下大力气加快水电前期工作。

（一）公司水电开发面临的形势

随着我国经济和社会的发展，水电发展的形势也正发生着深刻的变化，总体上看机遇大于挑战。影响水电发展主要有以下几个方面。

一是党的十七大提出到2020年人均GDP比2000年翻两番的宏伟目标，要求必须坚持把发展作为党执政兴国的第一要务，要牢牢扭住经济建设这个中心，坚持聚精会神搞建设、一心一意谋发展，不断解放和发展社会生产力。中央经济工作会议要求，2008年经济工作必须坚持稳中求进，保持经济平稳较快发展；必须坚持好字优先，加快转变经济发展方式。国民经济将长期保持健康快速发展，必然对包括水电在内的能源发展提出更高要求。

二是国家鼓励大力发展包括水电在内的可再生能源，《可再生能源中长期发展规划》提出力争到2010年、2020年可再生能源消费量达到能源消费总量分别为10%、15%，全国水电装机容量分别达到1.9亿kW、3亿kW，确定水电的建设重点是金沙江、雅砻江、大渡河、澜沧江、黄河上游和怒江等重点流域。公司正在进行的金沙江中游和上游、怒江中下游的水电项目前期工作符合国家规划。

三是我国以煤炭为主的能源结构急需得到改善。2008年年初，随着一场50年不遇的大雪，全国开始遭受2004年以来最严重的电荒。据报道，全国累计有7000万kW装机容量的发电机组无法工作，19个省级电网因此拉闸限电。究其原因，一方面是由于极端天气，铁路与公路运输受阻，另一方面是煤源供应短缺。优化调整能源结构的紧迫性，以及能源行业节能减排任务的艰巨性，为水电开发提供了难得机遇。

四是国家为防止经济增长由偏快转为过热，防止价格由结构性上涨演变为明显通货膨胀，进

一步加大宏观调控力度，提出了“控总量、稳物价、调结构、促平衡”的12字方针，实行稳健的财政政策、从紧的货币政策和严格的新项目审批制度。2007年6次调高贷款利率、10次调高存款准备金率（2008年1月又上调0.5个点）。这些因素使水电项目核准更加严格，融资环境趋紧，加快开发的难度加大。

五是环保和移民工作难度大，仍然是制约水电加快开发的主要因素。环保要求随经济社会发展程度而不断提高。据不完全统计，2007年经国家环保总局批复环境影响评价报告的常规水电仅5项445万kW（我公司仅泸定一项于2007年1月获得环评批复），环保已成为水电项目核准的难点。“以人为本”的执政理念和我国法制的逐步健全，要求在水电开发中要切实保护移民的合法权益，落实好移民的知情权、参与权，对移民工作提出了更加严格和规范的要求。

六是公司“电为核心”的业务定位，要求我们加快水电建设速度。2007年底，集团公司水电装机容量772.21万kW，占12.25%，位居五大发电集团之二。但水电比重逐年下降，2006年水电比重为14.4%，2005年为17.5%。加快水电开发，调整和优化公司电源结构，刻不容缓。

七是集团公司党组高度重视水电开发，采取了一系列有效措施。曹培玺总经理2007年先后率队考察了集团公司在四川、贵州、云南、西藏等地区的水电项目，多次强调要加快发展水电，并在2008年工作报告中明确指出要加大水电开发力度。集团公司进一步加强了水电管理力量，在计划发展部内增设水电处。为加快推进怒江中下游、金沙江上游流域水电规划的报批工作，集团公司2009年年初成立“两江”规划前期工作组，专门负责怒江中下游和金沙江上游水电规划的催批工作。

（二）2008年水电前期工作任务

2008年公司水电前期工作的指导思想是：全面贯彻落实集团公司2008年工作会议精神，以公司战略为统领，高度重视环保和移民工作，以项目核准为重点，以流域开发为主线，下大力气加快水电前期工作，突破规划审批，积极争取水电开发权。

2008年水电前期工作的主要任务是：

1. 项目核准目标

——确保核准726万kW，包括泸定、沙沱、阿海、鲁地拉、董箐、六库。

——力争核准124万kW，包括卡基娃、立洲、上通坝、俄公堡、青松。

——力争具备核准条件271万kW，包括梨园、善泥坡、池潭扩机、华安扩机。

2. 前期阶段目标

——完成或基本完成可研报告12项928万kW，包括鲁地拉、阿海、梨园、卡基娃、立洲、上通坝、俄公堡、六库、赛格、善泥坡、福建池潭扩机、华安扩机。

——完成预可研、开展可研11项1770万kW，包括马马崖、亚碧罗、马吉、鹿马登、福贡、碧江、泸水、石头寨、岩桑树、波罗、拉哇。

——开展预可研11项约1500万kW，包括龙盘（及比选的其宗/上江）、两家人、光坡、岗托、叶巴滩、巴塘、苏洼龙、昌波、西绒、晒拉、果通。

3. 施工准备目标

——施工准备1007万kW，包括梨园、赛格、亚碧罗、马马崖、善泥坡、卡基娃、立洲、上通坝、俄公堡、青松、波罗、拉哇。

4. 计划开工目标

——计划开工526万kW，包括泸定、阿海、鲁地拉、六库。

5. 其他目标

——力争怒江中下游和金沙江上游河段规划得到批复。

——积极争取水电开发权。

三、2008年水电前期工作要求

公司2008年水电前期工作计划已经印发，明确了各项目的工作目标。各单位都要创造性地开展工作，确保完成全年水电前期工作任务。

1. 坚定不移地推进流域梯级开发

乌江干流，最后一级沙沱水电站必须实现年内核准。北盘江干流要有序开发，董箐实现核准，马马崖加快筹建，善泥坡上报核准。金沙江中游，开工建设阿海、鲁地拉，梨园加快开展施工准备，完成其宗、上江等预可研报告并争取完成龙头水库比选。怒江中下游，开工建设六库电站，催批水电规划，赛格和亚碧罗全面开展施工准备，加快马吉前期工作进度，尽快委托开展可研勘测设计工作，其他梯级开展可研工作，六丙公路一期开工建设、二期力争开工，贡山县城搬迁方案尽快完成审查。金沙江上游，按照西藏自治区政府和集团公司商定的开发计划加快推进各项工作，催批水电规划，完成第一期工程（拉哇、波罗）预可研审查，开展可研和对外交通、施工电源等施工准备，完成岗托、叶巴滩、苏洼龙预可研报告并通过审查。中小流域，木里河四个梯级上报核准申请报告，施工准备工程全面展开；西溪河青松力争实现核准。

2. 确保完成年度项目核准目标

要把落实核准条件作为前期工作的重中之重。对年内确保核准、争取核准和开展核准申请的项目，要抓紧落实各项核准条件。要加大核准工作力度，指定专人负责项目催批工作，掌握核准条件落实的进展情况，及时研究核准中存在的问题，采取积极有效措施尽快解决。从2008年开始，集团公司计划部催批小组在催批火电的同时，也要催批水电项目。前期工作组沙沱和泸定均已截流（或分流），董箐已在建，这三个项目一定要确保今年实现核准。鲁地拉和阿海项目，2008年的目标是实现大江截流，要按确保核准来安排工作。六库是在新形势下展示华电集团能力和形象的项目，要全面落实云南省委省政府提出的各项要求，确保在2008年上半年核准。为加快水电核准工作，集团公司年初印发了水电前期工作考核奖励办法，重点对可行性研究阶段和项目核准阶段关键工作的完成情况进行考核，特别是大幅提高了奖励力度，同时也体现了奖罚分明的原则，对没有按时完成任务的情况要给予适当经济处罚。2008年有考核任务的项目，其考核指标已通过集团公司2008年水电前期工作计划下达，且已列入曹培玺总经理与各单位一把手签订的责任书中。工作计划中确定的目标完成时间是底线，一定要在此基础上，自我加压，缩短工期，尽量提前完成各项任务。

3. 加大水电资源开拓力度

公司成立以来，高度重视开拓水电资源，取得了一定成绩，已获得金沙江中游、西溪河、木里河、泸定水电站等水电资源的开发权，开展了怒江中下游、金沙江上游水电项目的前期工作。当前，水电资源的争夺异常激烈，各单位要在加快已有水电资源前期工作和开发建设步伐的同时，加大开拓所在省（区）和境外水电资源的力度，以增强公司系统水电开发的后劲。

首先要全力做好“两江”规划催批工作。怒江中下游和金沙江上游流域水电规划的报批工作是2008年的重点，要认真贯彻落实国家有关部门提出的各项要求，科学研究，深入论证，为国家进行决策提供科学依据；要充分认识到加快“两江”规划和开发工作的紧迫性和重要性，审时度势，积极主动地开展工作，抓紧推进各项催批工作，力争“两江”流域水电规划获得批复。怒江公司要按照国家发展改革委和云南省政府的要求，全面、深入地做好怒江规划相关工作，确保六库电站上半年核准并开工建设，并做好一库四级规划的补充论证工作和云南省发展改革委提出的“十大专题”的论证工作。金沙江上游公司要在抓紧开展流域规划报批工作的同时，按照西藏自治区的要求，扎实开展各梯级前期工作，启动波罗和拉哇等一期开发项目对外交通工程建设，启动青川段梯级前期工作。

其次要继续争取其他水电资源。国家发展改革委近日下发了关于做好我国企业在缅甸萨尔温江流域开发水电工作的通知。国家已把我国企业开发东南亚水电提上了重要的议事日程。国内一些企业已纷纷行动，抢占资源的步伐很快。我们一定要审时度势，积极行动，加快争取东南亚国家水电资源。香港公司、华电工程以及公司系统各单位，要各显其能，广泛收集信息，开展公关，积极主动争取东南亚水电资源。这项工作由集团公司计划部归口管理，要尽快取得突破。四川公司继续争取四川境内其他水电项目开发权。乌江公司、福建公司、青海大通公司、新疆公司、甘肃能源项目筹备处、广西分公司等要分别继续努力争取各自所在省（区）境内的水电资源开发权。

4. 切实加强征地移民安置工作

水电移民工作是一项极其复杂的社会工程，影响因素多、情况复杂，且多处于少数民族地区，涉及宗教信仰和民族文化问题，工作难度大，是水电前期工作中的难点和重点。通过近两年工作，大家对此已有深刻体会。希望大家总结经验教训，进一步提高认识，研究采取各种有效措施，认真开展移民安置规划设计工作，提出移民满意、政府认可、切实可行的移民安置规划方案。要加强与地方政府的沟通，特别不能忽视和州（市）县甚至乡级政府的沟通，尊重他们的意见，认真对待并切实研究他们提出的各种要求，提出公平合理、符合政策规范的方案。要始终贯彻以人为本的理念，充分尊重移民群众意愿、听取移民群众意见，切实关心移民群众的切身利益。要做好施工区移民搬迁安置工作，尽可能帮助解决移民群众生产、生活的困难。

5. 正确对待水电项目的环保工作

水电是清洁和可再生能源，是能够带来巨大的环保正效益的工程，但也存在影响水生或陆生生态等一些不利影响的客观事实。当前国家环保主管部门不断提高水电环保要求，特别是严把水电项目环境影响评价报告的审批关。这是一把双刃剑，只要我们高度重视、认真研究并采取有效措施切实解决水电环保问题，就一定能够赢得社会各界对水电项目环保问题的正确理解，为水电的大力发展创造有利的社会环境。当前的主要工作，一是切实贯彻“在开发中保护，在保护中开发”的原则，认真落实环保主管部门在水电流域规划、项目前期、工程建设和生产运行等各阶段的环保要求，妥善处理好水电建设与保护区、风景名胜区、保护动植物等各类环境敏感问题的关系，力求实现“建设一座电站，改善一片环境”；二是进一步加强与政府环保部门的公关工作，加强沟通和联系，取得他们的理解和大力支持。

6. 高度重视工程设计质量

水电工程是百年大计。确保设计质量，既是确保工程安全的需要，也是降低工程造价、提高经济效益的重要措施。我们强调加快前期工作，不等于可以忽视设计质量。大家一定要把设计质量问题牢记于心，充分论证，精心设计，采取一切有效方法，确保工程设计质量优、造价低。要加强对勘探和设计工作的过程监督和管理，对重大专题的研究和咨询要充分，时间服从质量。各流域公司和项目单位要进一步健全工程设计质量管理体系，完善管理制度，特别是要把责任落实到人，做到有章可循，有据可查。要充分发挥集团公司水电人才、技术和管理优势，利用专家经验和智慧，协助项目公司做好工程设计管理工作。集团公司已初步建立水电前期工作专家库，公司系统各单位也要建立专家库。为进一步确保工程设计质量，必要时，集团公司将直接组织专家组（或者有资质的咨询或设计单位）协助项目公司就一些重大专题进行咨询。

7. 加快前期阶段勘测设计工作

水电项目前期工作周期长，预可研和可研需要3～4年甚至更长时间（公司的个别项目从正式启动预可研起到现在已逾10年时间，可研报告仍未审查）。尤其是国家实行移民新条例以来，水电前期工作程序更加复杂。加上国家通过用地、金融、环保、项目审批等手段对经济发展实行宏观调控，使得水电项目核准难度日益增加。这就要求我们进一步提高前期工作效率，加强报告编制、咨询审查、上报催批等各环节的管理，力争缩短工作周期，千方百计加快前期工作。特别要充分发扬“五皮”精神，采取各种健康公关、有效公关方式，缩短批复时间。

曹培玺总经理在2008年工作报告中把2008年确定为对标管理年，要求公司系统广泛深入开展对标管理年活动，形成“对照先进、查错纠弊、持续改善、不断超越”的对标管理机制，全面增强竞争力，提升三大业绩。水电前期工作也要在预可研、可研、核准申请和催批等前期工作的全过程贯彻对标管理的原则和精神，向前期工作做得好、做得快的单位学习，抓住影响前期工作进度的主要环节，找准存在的问题，有针对性地加大工作力度，切实解决自身实际问题。

在集团公司2008年安全生产专题工作会议上的讲话

集团公司党组成员、副总经理　任书辉

（2008年2月29日）

一、关于2007年安全生产和节能减排工作

2007年，公司生产系统的广大干部员工按照公司党组确定的“一二三四”总体工作思路和要求，努力拼搏，扎实工作，公司各项工作都取得了新成绩，上了新台阶。到2007年底，公司装机容量达到6302.41万kW，规模上了新台阶；发电量2581.58亿kW·h，同比增长29.4%，增长幅度较高；利润完成42亿元，同比增长36%；供电煤耗347.11g/(kW·h)，同比下降8.71g/(kW·h)，下降幅度较大。公司三大业绩得到大幅提升。工作中有以下几个明显的特点：

（一）安全管理扎实深入，保持全年安全生产稳定局面

公司系统，尤其是生产系统广大干部职工，认真落实党组工作要求和部署，努力加强安全生产管理，积极推进节能减排，工作卓有成效，全年没有发生考核及以上事故，为集团公司各项任务目标的完成奠定了坚实的基础。

作为拥有100多家发电企业的集团公司，全年没有发生考核及以上事故，这是2007年最为显著的成绩。也再次验证，只要认真落实好各项安全措施，公司系统有能力把现有的机组管理好、生产运营好。

2007年公司上下积极应对形势变化，在煤质不稳定、人员经验少、灾害频繁的情况下，克服困难，千方百计，扎实努力，在以下方面取得了较好的工作成效。

1. 把安全生产放在突出位置，狠抓工作落实

公司上下高度重视安全生产，扎实落实各项措施，确保公司安全生产稳定。2007年以来，系统各单位落实“巩固提高年”工作，继续开展安全性评价，深入隐患排查整治，开展季节性安全检查，深化基本建设专项整治和检查整改，取得了明显效果。

2. 落实分支机构安全管理责任，强化责任体系

认真组织落实安全责任制，特别是分支机构的安全责任。各分支机构不断增强工作主动性和积极性，结合各地实际，认真落实各项工作和要求，对保证集团公司的生产安全发挥了重要作用，公司的安全责任体系逐步走向成熟。

3. 深入推进反违章工作，取得明显成效

积极开展反违章倡议活动、出版宣传反违章警示漫画等，发动广大干部职工积极参与，深入推进反违章工作，有效降低和减少人身事故的发生，2007年公司系统杜绝人身伤亡事故，这是积极和有效地开展反违章工作的成效和体现。多年经验教训证明，违章直接导致事故，只有根治违章，才能有效防范人身事故。我们要进一步总结经验，继续深入抓好反违章工作。

4. 健全安全生产工作体系，安全基础持续稳固

继续建立健全安全生产责任体系、保障体系、监督体系，安全基础进一步巩固，公司所属较大多数电厂实现了较长的安全生产周期，截止到2008年2月底，19家单位实现了安全生产3000天。

5. 加强应急管理，从容应对各种自然灾害

有关单位按照要求，积极采取措施，有效应对2007年发生的台风和较大汛情，尤其是2008年年初的凝雪冰冻极端天气，努力保证了安全生产，展现了生产系统各级人员良好的素质，也反映了公司良好的安全生产基础。

（二）设备管理进一步加强，保持了比较稳定的设备健康水平

2007年，在公司上下的积极努力下，设备健康水平比较稳定，虽然可靠性水平和2006年持平，机组非计划停运次数也基本持平，但这是在变化的环境下取得的成绩，各单位做了大量工作。一是针对新机不稳定期的特点，采取措施，确保接机安全稳定。2007年新投31台机组，约1000多万kW容量，由于相当一批机组还处于不稳定运行期，许多新投机组在设备制造、安装、调试等方面还存在很多问题，对安全生产稳定冲击还很大，2007年暴露了多起较大的设备设计和安装质量缺陷的问题，有关单位高度重视，积极用事故教训推动工作，认真落实反事故措施要求，举一反三，彻底整改，迅速消除类似隐患，局面得到进一步改善。二是积极应对煤炭市场比较严峻的形势，确保设备稳定。煤炭市场紧张，煤质、煤种变化给生产运行工作带来了很多问题，煤炭供应不能完全满足机组设计煤种的需要，煤质的变化使过度磨损的问题较为突出。系统各单位积极应对，加强技术改造，及时消除设备缺陷、完善技术管理，做好燃煤掺配，加强运行管理，保持稳定的设备健康水平，在设备管理、技术管理工作上逐步提高，部分单位还取得了突出成绩和显著进步，截至目前，有40多家发电企业没有发生非计划停运，取得了令人满意的成绩。

（三）积极努力工作，节能减排取得较为明显的进步

2007年，公司系统围绕节能减排工作，做了大量有效的工作。一是积极关闭小机组，推动机组结构改善，对降耗节能起到很大作用。二是加强技术改造，推进大机组的节能技术改造，尤其是除尘器电源控制系统改造，节能效果非常明显。三是狠抓管理降耗，多措并举，深化管理降耗，

对集团取得成效奠定良好的基础。四是加强燃料控制，在煤炭市场变化条件下，以西塞山电厂为代表的一大批单位，加强掺配煤工作，加强煤炭管理工作力度，取得成熟经验，成绩显著。经过各单位的努力，2007 年节能减排工作成效明显，煤耗下降了 8g/(kW·h)，二氧化碳的排放量指标降了 1g/(kW·h)，达到了 3.36g/(kW·h)，尤其是当年投产了 1700 万 kW 的脱硫机组，对国家和社会作出了较大贡献。

二、2008 年安全生产、节能减排工作的形势和任务

深刻分析集团公司安全生产存在的问题，准确把握安全生产管理面临的新任务和新要求，对于做好 2008 年的安全生产工作至关重要。公司经过 5 年发展，已经进入了做强做大的关键时期，公司内部环境已经发生变化，并将继续发生重大变化，搞安全生产管理的同志一定要认真分析，深刻认识工作形势，特别是认清公司战略发展到今天给我们提出的新任务和要求，进一步增强做好安全生产工作的紧迫感和责任感。

分析 2008 年面临的工作形势，主要有以下几个方面。

1. 外部形势

2008 年是全面贯彻落实党的十七大作出的各项战略部署的第一年，“两会”即将召开，新一届的政府将要产生，对各项工作将有新的部署。同时 2008 年是改革开放 30 周年、奥运之年。在 2008 年党和国家将有一系列重大活动，保持和谐稳定的社会局面和健康的经济发展局面，至关重要。公司是中央直管企业，肩负着经济、政治和社会责任，同时我们从事的发电产业是社会基础产业，对国民经济发展影响重大，做好安全生产工作，确保稳发多供，是对我们生产系统同志们的必然要求，也是重要的责任和使命。各级领导要充分认识做好 2008 年安全生产工作的特殊意义，充分认识国家、社会环境对我们提出的更高要求，履行好肩负的责任，全力做好安全生产工作。

2. 外部环境

一是从目前来看，煤炭供应仍然面临比较紧张的局面，煤种、煤质的变化，可能都要超出预想的状态，给设备的健康水平和运行将带来很大的冲击。要进一步充分认识煤炭问题对安全生产的重大影响。

二是 2008 年年初全国大范围遭受了雨雪冰冻极端天气的侵袭，极端气候现象还有可能继续发生，虽然我们抗冰灾取得了阶段性胜利，但绝对不能掉以轻心。集团公司拥有 60 多个水库，是水库大坝数量最多的发电公司，水电装机容量不是最大，但是管理的水库数量最多，对安全度汛提出了很高的要求，做好防洪防灾工作是 2008 年的一件大事，各单位要早做准备、未雨绸缪。

三是国家推进环境友好型社会建设，对节能减排提出了更高要求。国家对减排工作要求非常严格、监督手段日益现代化，约束也越来越强。这对投产设备提出了考验，对设备管理水平提出了更高的要求，大家一定要引起高度重视。

从现在开始的相当长一段时间，我们对脱硫设备的重视程度和管理力度应该比主机还要高，因为主机成熟性好，积累了很多运行维护经验。但对脱硫设备还掌握不多，还没有很多运行管理经验，如果在这方面认识不到位，工作上掉以轻心，问题将会集中爆发，极有可能造成工作上的被动和难以挽回的损失。一定时期内，这可能是一个突出的问题，因此，我们必须从现在开始，把这个问题重视起来，采取切实工作措施。

随着电力供需缓和，发电市场竞争更加激烈。2008 年有 5 个省试点节能发电调度。节能减排调度，体现的竞争实质上是装置和人员管理方面的竞争，对设备安全可靠性提出了严格要求，对生产管理也提出了更高要求，我们要做好充分的准备，尽快提高生产管理水平，迎接新的挑战。

3. 任务要求

2008 年是实现集团公司提出的“8467”第一阶段工作目标的重要时期。要力争完成各项任务，达到“7356”工作目标要求，“7”就是 2008 年装机规模达到 7000 万 kW，“3”是今年发电量超过 3000 亿 kW·h，现在分配的任务是 3200 亿 kW·h，“5”是集团整体利润水平达到 50 亿元，“6”是投资回报率达到 6%。2007 年新投了大批新机组，需要尽快稳定、发挥效益。2008 年又有一批新机组陆续投产，新机组要尽快实现稳定运行，发挥增量效益，对我们来说至关重要。在搞好生产安全的同时，还要控制好各项指标，节约各项成本，创造出更好的效益。这给我们生产系统的同志们提出了更高的要求。

因此，2008 年的任务非常艰巨，责任重大，也十分光荣，希望大家进一步增强使命感，危机感，责任感，增强大局意识和忧患意识，认真贯彻党组要求和会议精神，以朝气蓬勃的精神，求真务实的作风，创新超越的理念，进一步提升公司安全生产管理水平，确保完成各项目标任务。

三、关于对2008年工作的重点要求

曹培玺总经理在2008年公司工作会议报告中，对2008年安全生产工作已提出明确的总体要求。各单位正在认真领会、贯彻实施年初工作会议报告精神，在公司年初安全生产视频会议上，对2008年安全生产工作已做了全面部署。我就重点问题强调一下要求和希望。

（一）进一步加强安全管理，为公司经营发展等各项任务的完成奠定坚实基础

安全生产工作是做好各项工作的基础，做好2008年安全生产工作，有其特殊的重要意义。华电集团作为中央企业，抓好安全生产，既是我们必须履行的责任，也是我们做好各项工作的基础，公司上下要在思想上更加重视安全生产，行动上更加自觉做好安全生产，工作上更加扎实地落实各项措施，全面落实公司党组工作部署和要求，尤其做好以下工作：

1. 努力贯彻“安全第一”工作方针

落实各级各层次人员安全责任，完善工作体系，努力保持稳定的安全局面。当前安全生产局面稳定，成绩来之不易，公司上下要再接再厉，继续积极努力，保持安全生产稳定的局面。

2. 继续抓好反违章工作

认真落实无违章创建工作等各项工作部署。坚持以人为本，坚持“管生产必须管安全”，“管生产必须保证人员安全”的原则，坚决杜绝违章，使人身安全得到保障，确保不发生人身死亡事故。

3. 抓好设备、设施隐患排查工作

国家在总结2007年开展隐患治理工作基础上，全面部署了隐患治理年工作，提出了明确要求，公司上下要高度重视，特别是在工程建设方面，要切实把隐患排查治理工作做好，确保基建安全。

4. 继续完善应急管理，抵御可能出现的各项灾害

总结以往，尤其是抗冰保电的工作经验，做好预案的完善和提升工作，结合实际，突出实效，抓好演练。要特别做好2008年防汛工作，要早部署、早安排、抓好各项措施落实，确保汛期安全。

（二）进一步加强生产管理和设备管理，提高企业竞争力

2008年是集团公司对标管理年，这是集团公司党组发出的号召和工作要求。公司目前与其他一些公司仍存在差距，尤其是60万kW大容量机组差距仍较大。生产系统各级领导要深刻认识，增强工作紧迫感和压力感，必须迎头赶上，尽快提高我们的工作水平。

1. 高度重视，搞好设备管理和生产管理

这是公司进一步发展的物质基础和工作基础，也是提高企业竞争力和发展力的重要环节。尤其要重点做好大机组的安全稳定工作，分析2007年公司和其他发电集团的差距，最大是在机组利用小时方面，最少差距的也在300h以上，大机组的利用小时差距就更大，对公司指标完成产生了很大冲击和影响。分析起来，有机组分布的影响，但设备非计划停运过多，设备健康没有达到应有的水平，也是影响因素之一。因此，抓大机组稳定，特别是新建大机组，尤其显得重要和迫切。大机组实现安全稳定运行，对我们的指标以及公司的效益水平，对公司的形象，都会有一个明显的改善。公司系统要高度重视，采取切实措施，千方百计地抓好大机组设备管理，确保安全稳定运行。

2. 抓好煤炭供应工作

煤炭问题对公司设备安全生产和效益影响重大。当前，煤炭量、价、质等问题十分突出，进一步深刻认识抓好煤炭工作的重要性，进一步重视电煤供应工作，加大工作力度，努力适应环境，采取更加有力的措施减少对安全生产的影响，在供煤质量和保证度方面，多做工作，确保满足安全生产工作要求。

3. 抓好新投机组工作，继续强化生产准备

要充分利用基建时期，认真组织开展生产准备工作，熟悉设备和系统，培养和锻炼人员，达到顺利接机的目的。要完善新机组投产移交工作，尽量做到新投机组各生产配套系统完备，特别是送输电系统和供煤系统要达到投产要求。要树立基建为生产服务的意识，正确处理质量和进度的关系，切实保证工程质量。要进一步加强环保设施“三同时”工作，满足新的要求。要完善设备交接过程，完善各项性能试验，使新建发电机组系统尽

量完整进入商业运行，确保各项工作真正达标。

4. 抓好节能减排工作

高度重视，重新认识和思考国家节能减排的要求和任务，认清问题和差距，制定措施，努力把节能减排作为2008年的一项重点工作抓紧抓好，避免因该方面的问题影响安全生产和效益的问题再次发生，确保形象安全。

5. 强化设备管理

重点抓好大修质量管理，特别是新机第一次检查性大修，要高度重视，认真组织实施，争取通过这一次大修，消除隐患，达到切实提高机组安全健康和经济运行水平的目的。

（三）加强技术管理和人员培养，适应和满足公司进一步发展的要求

目前，集团公司已经进入了大机组、新技术发电的工作阶段，对生产系统的同志们提出了更高的要求和新的考验。前一段时间以来，百万千瓦级超超临界机组，60万kW等级脱硫脱硝机组，30万kW等级CFB机组，9F级大型燃机陆续投产，通过公司上下艰苦努力，逐渐实现安全稳定发电，取得了很大成效。将来大批新设备，包括大型风电场，大型水电厂，IGCC机组陆续投产，公司设备结构进一步改变，技术进步日新月异。我们要清醒地认识到，公司生产管理、技术管理手段和水平、人员素质和水平还不能完全满足和适应这种形势的要求。

形势的发展，需要尽快提高我们自身的素质和水平，要继续加强学习，不断积累工作经验，提高工作能力。同时也赋予了我们更大的责任，就是培养大批能适应我们公司发展的生产管理人员和技术管理人员，这是我们这一代人的重要任务。我们一方面要积极努力工作，完成工作任务指标，另一方面要带好队伍，培养出人才。

对于近期的工作，再强调以下几个方面：

（1）2008年以来，电煤供应特别紧张，特别是1月10日以来，我国大部分区域又面临很大的雪灾，公司在湖南、湖北、安徽、贵州等地的企业遭受了雨雪冰冻极端天气的侵袭，部分单位安全生产形势较为严峻。在公司党组的正确领导下，公司上下齐心协力，牢固树立大局意识、责任意识，把保安全，保人身放到突出位置，千方百计克服困难，保财产和生命安全，积极抗击雪灾，作出了应有的贡献，取得了阶段性胜利。公司系统抗冰救灾工作得到了各级地方政府的高度评价和肯定。

通过这次抗灾保电工作，我们要进一步总结经验和教训，做好各项工作的完善和提升。近期很重要的一项工作就是抓好灾后恢复工作，生产部已经按照国家有关部门的要求，发出工作通知，提出了具体要求。公司上下要全面落实，全面细致地做好灾后恢复工作，尽快恢复基本建设和发电生产正常状态和秩序，把各项损失降到最低程度。要加强煤炭储运，保持合理库存。近期个别地区、个别电厂，要继续加大煤炭催交催运工作力度，提高库存水平。

（2）把确保两会工作安全稳定作为近期重点工作。国家“两会”召开在即，公司上下要贯彻落实公司部署和重点要求，强化落实各项安全稳定措施，加强应急和值班、带班工作，确保敏感时期安全稳定生产。

（3）近期，渐渐转入春季，公司系统要认真总结安全生产的季节性规律，采取妥善措施，应对春季和夏季等过渡期对安全生产的影响，针对春季特点，做好设备、人员等安全生产各项工作，全面开展设备预试、检修等各项工作，抓好各项工作措施的落实，把这一阶段的安全生产工作安排周到，确保2008年安全生产的良好开局。

坚定信心　狠抓落实
努力完成法制工作三年目标

集团公司党组成员、副总经理　辛保安

（2008年9月25日）

这次会议的主要任务是深入贯彻落实集团公司年中工作会议精神和国务院国资委中央企业法制工作会议精神，研究分析集团公司法制工作面临的新形势，进一步部署和安排今后三年法制工作目标和任务，加快推进企业法制工作再上新台阶。

一、集团公司法制工作迈出坚实步伐，取得了明显成效

加强企业法制建设，是促进企业适应市场竞争需求，提高竞争力和实现又好又快发展的一项重要工作。集团公司成立以来，在公司党组的正确领导下，认真贯彻依法治国基本方略，始终坚

持依法经营方针，企业法制建设紧紧围绕公司中心工作，企业法制工作在合同审核管理、规章制度建设、普法宣传教育、处理法律纠纷案件等方面取得了明显成效，公司总部建立了总法律顾问制度，在涉外投资项目上聘请了专业律师所，初步建立起法律风险防范工作机制。目前，企业法制工作已经融入公司经营管理各项业务活动中，公司总部对经济合同、规章制度、重大决策的法律审核把关率已经达到100%。几年来，法制工作紧紧抓住依法治企主线，不断创新，在新法律法规对策研究、法律风险防范机制研究上，在为商务活动提供法律服务保障的能力和水平上实现了新提升，企业法制工作取得了新成效。

具体来讲，主要表现在以下几个方面：

1. 依法维权，重大法律纠纷案件处理工作取得成效

五年多来，公司总部直接指导和参与协调处理的公司系统重大法律纠纷案件12起，涉案金额共计5亿元，共挽回或避免经济损失1.1亿元，较好地维护了公司合法权益，等于直接增加了公司效益。同时，公司系统各单位积极应对各类行政复议、诉讼、仲裁案件，主动维权，依法抵制不合理不合法的行政收费，有效制止了各种对企业的侵权行为，捍卫了企业的经济利益，增强了依法维权的能力。

2. 为商务活动提供法律服务保障的能力和水平不断提高

在经济合同的法律审核把关方面，五年多来，公司总部经法律审核的各类业务合同共1000多件，涉及合同金额500多亿元，没有发生一起因我方过错导致的重大合同纠纷案件；公司系统所属各单位都建立了严格规范的合同管理制度和法律审核把关程序，几年来审查各类合同、协议十几万份，涉及金额近千亿元，重大合同纠纷案件也很少发生。通过不断加强合同管理工作，在公司系统的基建工程合同数量和合同金额成倍增长的情况下，合同纠纷不但没有成比例增长。而且，重大经济合同纠纷诉讼案件在不断减少，许多单位被工商部门评为“重合同、守信用企业”。华电工程等单位还建立了合同评审制度，定期对合同审查质量、效率、履约等情况进行分析，查找合同管理中的漏洞和问题，及时防范法律风险。

在具体法律事务方面，法律工作与经营工作结合更加紧密。近几年来，公司总部共审查办理各类授权委托书400多份，增强了集团公司控制力和企业领导人员的授权意识、法定代表人意识。法律部门参加集团公司内部会议和商务合同谈判350多次，为企业有关决策及时提供法律意见。完成集团公司及分支机构、控股公司工商登记、年检及变更登记328件；中国华电六大类商标在15类商品和服务项目中基本完成注册，依法保护了公司商号品牌。组织公司系统114家企业集中申报电力业务许可证，已有83家获得许可。积极参加了信息化建设招投标、印度尼西亚南苏、阿萨汉、中俄输电配套项目等境内外项目投资、上海奉贤燃机收购等项目法律文件审查、法律谈判，及时提供了大量法律服务工作，及时发现了一些重大法律风险，有效规避了境外承诺担保、股权转让、资产划转中潜在的重大法律风险。

3. 加强规章制度建设工作

集团公司始终把“依法订制、以制治企、合规管理”作为一项重要法制工作来抓，专门制订了《集团公司规章制度管理办法》和《集团公司内部控制制度审计办法》，按照“科学有效、管用管好、可控在控”的要求，积极推进制度创新。五年来，公司颁布的现行有效的各项规章制度共计205件，覆盖了计划、人资、财务、生产、工程、环保、营销等各个方面，经过定期组织清理，不断修订完善，形成了具有华电特色的规章制度框架体系，建立了“凡事有章可循、凡事有人负责、凡事有据可查、凡事有人监督”的内控网络，基本形成了用制度管权、按制度办事、靠制度管人的工作机制，促进了公司各项工作的规范化、制度化、科学化，有力保障了公司生产、经营、基建等各项工作的顺利开展，充分发挥了制度的规范、保障、约束、引导作用。

公司系统各单位在依法治企工作中，十分重视制度建设，普遍建立健全了生产、基建、管理方面的各项管理制度、管理标准、工作规程，有的单位还汇编成《企业法典》，形成了靠制度管事、管人、管财、管物的管理体制和工作运转机制。华电国际十里泉发电厂、宜宾发电总厂等单位先后通过了质量管理体系、安全管理体系、环保管理体系、信息安全管理体系“四大管理体系”的国际贯标认证，铁岭发电公司通过了“三标一体化”认证，夯实了企业的管理基础。

4. 广泛开展普法宣传教育工作

自2006年“五五”普法启动以来，集团公司在制订规划、宣传发动、组织教材、落实机构、制订考核标准的基础上，大力开展普法宣传教育工作。2007年10月~2008年4月，集团公司在全系统开展了“依法经营，遵纪守法”主题实践活动，努力营造依法经营和遵纪守法的氛围，切实加强问题整改并取得较好成效，进一步防范和规避了企业内外部经营风险，得到了国务院驻华电监事会的肯定。2008年6~7月在公司系统组织开展了第一届华电杯普法知识竞赛，在公司系统内外产生了广泛良好的影响，营造了“学法、用法、守法、护法”的浓厚氛围，得到了全国普法办、国务院国资委和地方普法机关的充分肯定。

“五五”普法以来，公司系统认真贯彻中宣部、中组部、司法部、全国普法办、国务院国资委等上级部门的文件要求，集中举办了新《公司法》、《突发事件应对法》、《物权法》、《劳动合同法》、《反垄断法》、新《科技进步法》等新法律专题培训和法制讲座，华电高培中心举办的二十多期企业领导人员培训班和青年干部培训班，每期都把法制教育列为重要教学内容，许多单位的党委中心组学习计划还安排了法律内容。另外，各单位还组织开展了安全生产月、保护知识产权宣传周、全国法制宣传日等主题活动。通过一系列各具特色的普法活动，极大地促进了法律进决策、进业务、进车间、进班组，增强了公司系统广大干部职工的法制观念，全员法律素质普遍提高，企业法制工作与生产经营管理活动的结合更加紧密，依法促进和保障了安全生产、环境保护、节能减排、招投标管理、廉政建设、厂务公开、综合治理、企业和谐稳定等各项工作的顺利开展。

在普法工作中，为了增强针对性，使普法同生产经营紧密结合，集团公司着力加强了新法律法规对策研究。遵照公司党组关于公司生产经营要适应国家颁布的新法规政策要求的指示精神，及时跟踪国家立法动态，针对热点法律问题对公司生产经营的影响进行利弊分析，及时提出实施对策和建议，积极预防新法实施带来的冲击和不利影响。2007年9月，公司总部各部门对2003年以来国家颁布的新法规政策文件进行了一次全面清理，形成了《2003~2007年新法律法规及政策文件目录》和《新法律法规及政策文件重点条文摘要》，向公司系统下发了《关于组织学习新法律法规及政策文件的通知》。在学习的基础上，2007年11月，公司总部有关部门又进一步对新法规政策进行了深入分析，研究制订了《劳动合同法主要影响及对策》、《安全生产和节能管理新法规政策影响分析及对策研究》、《关于新环保法规政策影响分析及对策研究》等7个专题报告。在此基础上，集团公司整理颁发了《关于印发新法规政策影响分析报告及专题报告的通知》，在公司总部范围内学习贯彻，深入推动依法经营工作。

5. 加强了法律风险防范机制研究

认真执行国务院国资委印发的《中央企业全面风险管理指引》，不断推进发电业务中的法律风险点分析研究工作。针对发电企业经济活动频繁、涉及资金数额巨大、法律风险防范工作点多面广的特殊性，为了更加有针对性地防范法律风险，集团公司连续开展了一系列法律风险防范课题研究：2004年完成了《基层发电企业主要法律风险防范初探》课题。2005年完成了《基层发电企业主要合同纠纷点研究》课题。2007年完成了《华电国际莱城电厂法律风险评估与防范机制建设》课题，对发电企业涉及的法律风险重点领域和重点环节进行了深入研究，有力推动了公司系统面上的法律风险防范工作深入开展。

为了从根本上防范法律风险，改善发电企业的外部法律环境，对国家新出台涉及企业切身利益的法律草案，集团公司都能够及时反映了修改意见和建议。几年来，集团公司积极配合国家立法工作，积极参与了《能源法》、《电力法》、《节约能源法》、《可再生能源法》等多部法律的起草制订、修订论证工作，认真研究重点法律条文，从发电企业的权利义务设置上，从基本法律制度上，从财税政策上，充分表达集团公司的利益诉求，争取从国家立法层面上改善经营环境，有的得到全国人大法工委、国务院法制办等国家立法机关的重视和采纳，加深了国家立法机关对中国华电的良好印象和认识。例如在《可再生能源法》制订过程中，呼吁取消了对大型火电企业10%的可再生能源配额制度，避免了数亿乃至数十亿的巨额罚款（按可再生能源上网电量3倍罚款），从国家立法上维护了集团公司利益。

回顾五年多来的法制工作，在各级领导的重视下，在法制战线广大法律工作者的辛勤努力下，企业法制工作机制正在形成，企业依法经营管理的制度体系不断完善，法律审核把关机制正在建立，法律风险逐步降低，企业领导的法制观念明显增强。法制工作的范围和内容都在不断拓展和逐步深化，从而为集团公司的快速发展提供了及时有效的法律服务保障，取得的明显的工作成绩。几年的工作实践使我们认识到，法制工作必须紧紧围绕公司中心工作，找准定位，才能实现自身的价值、不辱使命；必须坚持与生产经营业务活动的有机融合和深度结合，才能发展和创新，才能提升法律服务保障水平。

在肯定成绩的同时，我们也要看到差距和不足，特别是与国务院国资委提出的法制工作新的三年目标还存在较大的差距，主要表现为：一是公司系统法制工作进度还很不平衡，有的企业对法制工作的重视还停留在形式上，一些重大决策和重要合同的法律把关审核还没有真正严格执行。公司系统的总法律顾问制度建设还没有起步，重要决策的法律审核把关缺乏制度保障。二是法律顾问队伍整体的力量和专业化素质不能适应公司经营发展的要求等。三是法律工作与集团公司发展战略和中心工作的结合有待加强。与国际大公司大集团同行相比还存在较大差距。四是法制工作还没有从整体上形成强大推动合力，活动载体、工作方式方法有待创新。这些都需要在今后三年的工作中认真加以解决。

二、公司法制工作面临的新形势

当前，国际国内市场环境和我国的法律政策环境正在发生深刻变化，公司的内外部经营环境正在发生深刻变化，企业改革发展稳定、生产经营基建中的涉法问题越来越多，处理不慎就有可能埋下法律隐患，给做好法制工作带来新的课题和严峻挑战。

1. 公司快速发展对法制工作提出新要求

在集团公司年中工作会议上，云公民总经理在工作报告中提出了“努力把公司建设成为资产结构优、经济效益好、管理水平高、以电为主具有综合竞争力的能源集团”的奋斗目标，在实现这一目标的过程中，法制工作任务更重、责任更大。

第一是公司主营业务的快速发展需要全方位的法律服务保障。当前，公司正处于快速发展时期。从 2003～2007 年年底，公司资产分布由成立时的 14 个省（自治区、直辖市）扩展到 25 个省（自治区、直辖市）；装机容量由 2554 万 kW 增长到 6302 万 kW，增长 147%；资产总额由 835 亿元增长到 2390 亿元，增长 186%；发电量由 1161 亿 kW·h 增长到 2563 亿 kW·h，增长 121%；利润总额由 8.76 亿元增长到 42 亿元，增长 379%。随着公司主营业务的快速发展，不仅增加了法律事务的工作量，而且增加了法律工作的新业务类型，如金融煤炭法律业务、重大资产收购转让、重大涉外法律问题论证、法律风险防范机制建设、新法律法规实施对策研究等。

第二是在公司主营业务的快速发展中，境内境外投资、招投标、设备采购、工程建设、资产转让和并购等经济活动频繁，涉及很多内部外部法律关系的调整，包括行政法律关系、监管法律关系、公司法律关系、契约法律关系、劳动法律关系等，各种利益关系错综复杂，需要签订大量的合同、协议，给法律工作提出了新课题。例如，发电工程建设速度加快，但政府项目核准程序复杂，时间相对滞后，加大了项目前期工作的法律风险，容易引发行政许可类纠纷和民事侵权纠纷；投资规模和招投标范围扩大，增加了合同履约环节的法律风险；资产规模不断扩大，融资、担保项目增多，增加了依法合规方面的压力等。特别是金融证券业务、“走出去”战略中的境外国际投资业务，市场化程度更高，不确定因素更多，涉及复杂的外国法律和国际惯例，法律监管更严，稍有不慎，就可能卷入涉外法律纠纷，潜在的法律风险可能更大。这些业务的拓展，不但对公司的未来发展产生重大影响，而且对公司法制工作提出了新的需求，法律工作面临新的挑战和机遇。

第三是当前经营形势提出的严峻挑战。由于燃料价格持续上涨，许多电厂亏损面、亏损额大幅增加，资金供应十分紧张，已经对设备订货、施工安装、燃料采购、银行贷款等经济合同的正常履行，带来了不同程度的影响，潜在的合同纠纷、债务纠纷显现，成为重大法律风险。在此形势下，如何有效防范法律风险，确保公司经营安全，是企业法制工作面临的重要任务。面对这种情况，近期，集团公司专门发文对公司系统的合同签订、履行情况组织开展了一次集中清理，这项工作就适应了当前经营形势的要求，抓住了法制工作的根本着眼点和立足点，对于有效防范债务风险，防范信用危机，保障公司经济安全起到了积极作用。

2. 公司内外部法制环境发生深刻变化

随着依法治国基本方略的深入推进，国家法治环境不断完善，公司的外部法律环境发生了巨大变化，正在对企业生产经营产生广泛深刻的影响，企业受到的法律约束日趋严格，对企业依法经营提出了新的要求。

首先是国家的法律体系已经基本形成，与企业密切相关的新《公司法》、《劳动合同法》、《促进就业法》等一系列重要法律相继出台，企业作为市场主体，国家对企业的法律监管日益严密。目前，我国已经颁布的现行有效法律共计229件，行政法规600多件，司法解释1500余件，地方性法规7000多件，还有大量的国务院部门规章和政府规章，其中有许多法律规定涉及企业，将增加生产经营成本、影响企业对外经营行为和内部管理秩序。最近几年新颁布出台的法律具有两个比较鲜明的特征：一个特征是突出和侧重对公民私权利的法律保护，近年来公司系统征地拆迁纠纷案件、移民安置纠纷、劳动争议案件、电厂周边的环境侵权案件等比过去明显增多。另一个特征是强化了对国有企业等市场主体的法律规制，例如新《公司法》规定的“法人人格否定制度”，要求母公司不能滥用控股地位，过度干预和参与控股子公司的日常经营管理事务，母公司在行使股东权利时要注意隔离母公司与子公司之间的法律责任，防止因在人、财、物、产、供、销上的混同而承担连带责任。又例如，全国人大常委会正在审议中的《企业国有资产法（草案）》对中央企业的影响更大，对规范公司治理结构和公司高管的行为提出了更高的要求。再例如，国务院刚刚公布实施的《劳动合同法实施条例》有一条应引起特别注意，就是用人单位未依法建立职工名册的，劳动行政部门将给予2000元以上2万元以下的罚款。今后，如何妥善应对劳务行政执法，将是企业面临的一个重要法律问题。

其次是中央企业受到方方面面的外部行政监管，对企业主动适应和积极配合行政监管提出了新的要求。例如国务院国资委对国有资产保值增值、经营业绩、重大投资的考核监督；国家发展改革委对项目核准、上网电价的监管；国家电监会对电力市场的监管；环保部对脱硫设施运转、排污治理的监督；以及银监会、保监会、证监会对金融产业和上市公司的监管，还有安监总局的安全生产监管、国务院派驻集团公司监事会的监管、审计署对集团公司的审计监管等。目前，集团公司已经处于全方位的外部行政监管网络之中，监管范围基本覆盖了生产经营管理的各个领域，而且行政监管的深度和行政执法的力度呈现不断强化的发展趋势，例如国务院国资委收取国有资本收益、对发行企业债权进行审批，环保部门对发电企业脱硫设备运转的在线实时监控，特别是最近贵州大龙电厂因环保问题被处巨额罚款事件，受到媒体曝光，对集团公司触动很大。

最后是职工民主监督和社会监督不断加强，特别是网络的发展，职工的维权意识日益增强，全社会对电力企业十分关注，要求企业在处理涉及职工切身利益问题时必须合法合规，例如住房改革、福利待遇、薪酬分配、工资管理、职工持股、主辅分离、关联交易、资产处置等，必须严格按制度、按程序办事，才能经得住考验。

3. 国务院国资委对中央企业法制工作提出新的三年目标

2008年5月国务院国资委召开的中央企业法制工作会议，对中央企业今后三年的法制工作提出了明确目标。会后，国务院国资委印发了《关于落实中央企业法制工作三年目标有关事项的通知》。今后三年，中央企业法制工作的目标是“一个核心，三项指标”。“一个核心”就是建立健全企业法律风险防范机制。“三项指标”，一是组织保障，即在中央企业及其重要子企业全部建立总法律顾问制度；二是业务要求，即企业规章制度、经济合同和重要决策的法律审核把关率达到100%，时间跨度是2008~2010年期间；三是检验标准，即因违法经营发生的重大法律纠纷案件基本杜绝，历史遗留的重大法律纠纷案件基本解决。

从国务院国资委成立以来对中央企业法制工作的一系列要求来看，一直把总法律顾问制度建设问题作为建立健全企业法律风险防范机制的重中之重来抓，并先后制订了《关于在国有重点企业加快推进企业总法律顾问制度建设的通知》、《国有企业法律顾问管理办法》、《中央企业重大法律纠纷案件管理暂行办法》、《国有企业法律顾问职业岗位等级资格评审管理暂行办法》等配套制度，法制工作的基本制度已经建立，特别是新三年目标的提出，这标志着总法律顾问制度建设已经从企业自愿开展阶段转入制度强行推进阶段，并作为国务院国资委监管的一项重要事项。这就意味着，对公司总部及其重要子企业来说，已经不是要不要设总法律顾问岗位和法律事务机构的问题了，而是在三年时间进度内怎样设、怎样达标的问题，已经是眼前的一项紧迫任务，务期必成。

同时，还应当看到，其他一些中央企业，例如中国石化、中国石油、中国移动和中国联通等中央企业，他们在法制工作方面已经走在了前列，其发展经验值得借鉴。一是企业对法律工作的需求随市场化、国际化发展而急速扩大。以中国石化为例，其总部法律机构从2002年的1处室7人发展到2007年6处室30人，法律事务工作范围包括合规管理；合同管理；知识产权管理；索赔与诉讼事项管理；国内和国际商业活动管理；公司治理和董事会秘书管理；环保、人身健康和安全法律事务的管理；劳动关系法律事务管理；企业投资、资产出售、并购和重组等。二是积极探索构建有效的法律风险防范体系。例如，中国移动自2004～2007年，历时三年时间，集中企业法律顾问、外部律师、专家学者、专业中介机构的力量，研究开发了一整套法律风险管理体系。通过一系列制度化安排与设计，使法律风险防范工作固定化、常态化，实现了对企业各个业务环节法律风险的有效识别、全程控制与优化处理。三是拥有以总法律顾问为核心的规模大、素质高的法律顾问队伍。中国石化、中国石油、中国移动、中国联通等中央企业都实施了总法律顾问制度。中国石化总部法律机构有6个处室，编制30人；系统拥有专职法律顾问1375人，每1000名员工中拥有法律顾问2人；二级单位设立独立法律机构和总法律顾问的比例超过80%。中国石油总部法律事务部为7个处，编制34人。与国内大型企业相比，国外能源企业的法律顾问队伍更加强大，法律事务管理逐步向集中垂直化管理方向发展。总体而言，通过与法制工作走在前列的中央企业相对比，我们的差距是明显的，法律机构和法律队伍力量相差悬殊，这对我们既是启示，更是挑战，更加增强了我们奋起直追，加快推进法制工作三年目标的紧迫感，特别是公司总部在加强法律机构建设方面需要认真研究、为公司系统起好带头作用。

最近，国务院国资委颁布了《中央企业资产损失责任追究暂行办法》，将于2008年10月1日起正式实施。该办法规定，对中央企业及其子企业经营管理人员违反国家有关规定以及企业规章制度，未履行和未正确履行职责造成企业直接或者间接资产损失的，经过调查核实和责任认定，要追究责任。该办法从采购、销售、资金管理、投资、担保、资产转让和改组改制、资产保管维护、内控建设、信息披露等环节界定了需要追究责任的10大类50种情形，这些情形有“未按照规定订立合同”、“为按照规定进行招标”、“授意、指使或者串通进行违规采购”、“未进行必要的资信调查支付预付款项”、“超越权限或者违反程序授权、批准资金使用”等。该办法的出台，标志着国务院国资委监管更加严厉，对法制工作有着重大直接影响。例如办法第七条规定：“企业因未建立内控管理制度或者内控管理制度存在重大缺陷，造成企业重大或者特别重大资产损失的，除按照本办法对其他相关责任人进行责任认定外，企业分管负责人和企业主要负责人应当分别承担分管领导责任和重要领导责任。”由此可见，建立内控制度是何等的重要，这就意味着如果由于没有按照国务院国资委要求按期建立总法律顾问制度而导致发生重大法律纠纷案件，造成重大资产损失，企业负责人将面临国务院国资委的责任追究。再例如，办法第六条规定，企业应当明确监察、审计、财务、法律和人事等部门在资产损失责任追究工作中的职责。所以，各单位必须从责任追究的角度来认真思考完成法制工作三年目标的重要现实意义。

从目前公司系统法制工作的实际情况来看，要在三年内达到国资委提出的新三年目标，需要付出很大努力。这就要求我们紧盯目标，解放思想，开阔视野，借鉴中国石油、中国石化、中国移动、国家电网公司等国内外大型知名企业的经验，树立标杆，奋起直追。

新形势对法制工作提出了新的要求，公司系统的法制工作要积极主动地顺应潮流、适应变化，完成新的任务。

三、今后三年的工作目标和工作要求

公司党组和云公民总经理对法制工作和法律

队伍建设十分重视，指示要切实抓好集团公司法制工作三年目标的落实，完成国务院国资委提出的新三年目标要求。我们必须抓住机遇，开拓创新，促进公司法制工作迈上新台阶。

今后三年集团公司法制工作的目标是：以建立健全企业法律风险防范机制为核心，力争到2010年底，在公司总部及重要子企业全部建立总法律顾问制度，公司系统各单位配备专兼职法律人员；公司总部及重要子企业法律事务机构作为独立职能部门的比例达到70%，全系统法律人员中具有企业法律顾问执业资格的比例达到70%。企业规章制度、经济合同和重要决策三个方面的法律审核把关率都要达到100%。坚决杜绝因违法经营发生的新的重大法律纠纷案件，历史遗留的重大法律纠纷案件基本解决。实现法制工作新三年目标，要切实抓好以下重点工作：

一是继续加强法制宣传教育工作。公司系统各单位要根据“五五”普法规划，按照集团公司新的三年工作目标要求，创新普法活动方式，做好全员发动，广泛参与，促进学法、懂法、用法，促进“法律进决策、法律进业务、法律进车间班组”，要将法律学习纳入本单位党委（组）中心组学习的内容，要定期组织法律培训，把企业生产经营管理涉及的法律法规和企业法律风险管理制度作为培训的重要内容，形成企业法制宣传教育工作的长效机制。

二是全面落实企业法律事务机构职能。要力争到2010年集团及重要子企业建立总法律顾问制度，各单位都要有专兼职的法律工作人员。进一步加强法律专业培训，提高执业水平，不断增强企业法律顾问队伍的整体素质，努力造就一支既懂法律又懂经营管理的复合型人才队伍。

三是加强法律工作组织体系建设，完善企业规章制度。落实新三年目标的关键是，必须构建集团公司、子公司、基层企业组成的三级法律事务机构网络，建立以总法律顾问为中心、以法律事务机构为平台、以法律顾问为骨干的三级工作体系，形成纵向到底、横向到边的三级法律工作组织体系，全面担负起企业规章制度、经济合同和重要决策等三大业务的法律审核把关工作。要进一步加强企业规章制度建设，规范企业的决策、经营管理行为。要充分发挥法律工作机构在企业规章制度制订实施过程中的审核、协调、统筹作用。要重视提高规章制度的执行力度，加大制度实施的监督力度，维护制度的严肃性。

四是要加强和完善企业法律风险防范机制。要以企业合同和重要经营决策的法律审核为基础，加强企业法律风险防范机制建设工作。要进一步发挥企业法律顾问制度在重要决策、企业合同中的审核把关作用，规范决策程序。要全面推行企业法律意见书制度，完善企业法律顾问参与企业重要经营活动的法律审核把关机制，把好重要合同的“签约、履行、维权”关。要加强合同管理基础工作，建立合同管理信息系统，规范合同审查标准，提高合同审查质量。要切实加强企业重大法律纠纷案件管理，建立预警机制，实行动态监控，定期进行会诊，提出有效措施。要加快解决历史遗留的重大法律纠纷案件。要研究建立重大法律案件的责任追究制度，对疏于法律风险防范，发生重大法律纠纷案件，造成重大经济损失的，必须依法追究相关人员的责任。要坚决杜绝因严重违规发生新的重大法律纠纷案件，要建立企业重大法律纠纷案件备案制度。

深化应用 注重实效
推动集团公司信息化再上新台阶

——在中国华电集团公司2008年信息化工作视频会上的讲话

集团公司党组成员、副总经理 邓建玲

（2008年12月15日）

这次会议的主要任务是，学习贯彻集团公司信息化第六次领导小组会议精神，总结2008年信息化工作，传达国务院国资委对中央企业信息化考核评价的有关工作精神和评价结果；贯彻国家电监会网络与信息安全第二次领导小组会议精神，表彰信息化工作先进单位和先进个人，推动集团公司信息化再上新台阶。

一、2008年信息化工作

集团公司高度重视信息化工作，11月26日上午，集团公司在总部召开信息化领导小组第六次会议，集团公司总经理、党组副书记、信息化领导小组组长云公民主持会议并作了重要讲话。2008 年集团公司信息化建设取得了较好成绩。开展了广域网二期项目建设，为应用系统提供快速、安全、畅通的数据通道，以财务管理信息系统和安全生产与营销实时监管系统为主线，加强了面向服务的 SOA 架构基础设施建设；建设了以门户为业务系统整合的应用平台；积极推进了安全生产与营销实时监管、对标管理等信息化应用系统建设工作，涌现出一批信息化先进单位和先进个人，进一步提高了集团公司信息化建设和应用水平；按照国务院国资委要求稳步推进集团公司软件正版化工作；在 2008 年国务院国资委组织的中央企业信息化水平评定中评为 B 级，在五大发电集团是唯一一个 B 级企业且名列第一，在 149 家中央企业中名列第 29 位。

2008 年信息化的各项工作取得了较快的进展和明显的成效，主要工作有以下几个方面。

（一）修订完善了有关信息化管理制度

修订并发布了《中国华电集团公司企业信息化等级评定办法（修订版）》，细化和完善了制度内容，使其更加具有可操作性和实用性。

通过对系统各单位的信息化制度和标准的培训，进一步加大了对系统各单位的信息化建设项目管理的力度，进一步严格了对各单位信息化项目立项、招标、建设和上线验收的审批程序，信息化建设坚持“统一领导、统一规划、统一标准、联合建设、分级管理、分步实施”的建设方针，大大降低了系统的建设成本，提高了系统的建设运维水平。

（二）进一步加强了网络与信息安全建设

广域网一期项目建设完成后，随着集团公司应用系统上线运行和需求不断深化，业务系统对集团公司广域网链路提出了更高的需求。2008 年，集团公司开始了广域网系统二期项目建设，建设范围包括新建电厂和新增分支机构以及专业公司下属单位，项目建设单位共计 43 家，在广域网一期系统基础上，对广域网一期和二期项目无缝集成，共计 105 家系统单位建设视频会议和 VOIP 电话系统，实现数据、视频会议系统和系统内 VOIP 网络电话功能三网合一。

通过集团公司统一招标和优化设备选型，广域网二期设备在一期设备型号升级和产品性能更优的前提下，平均每家项目费用仅为一期项目建设费用的一半。

广域网双链路系统建成后，将实现覆盖公司系统 105 家重要单位的华电广域网主干链路，覆盖公司系统 190 家单位的 VPN 链路，并将极大地降低公司会议和通信成本，提高公司系统信息网络的承载能力和安全水平。集团公司总部和专业公司平均每周召开两次视频会议，并很好地利用了视频培训方式，大大节省了费用开支。VOIP 电话的使用也大大节约了集团总部、各广域网单位互通长途电话的费用。

集团公司高度重视网络信息安全建设，在总部新增部署了邮件防病毒网关和防垃圾邮件网关，升级了核心防火墙系统，通过针对不同应用制定相应的安全策略，建设和完善适合集团公司当前应用的网络和防病毒安全体系。在严格执行各项信息化建设管理和安全保障制度的同时，对各业务应用系统、局域网、广域网和互联网、机房等重要网络与信息系统的安全采取严密、行之有效的保障措施，确保其安全、稳定、高效运行。

认真贯彻落实国家电力监管委员会第 5 号令《电力二次系统安全防护规定》及其配套文件的要求，结合集团公司实际情况，加强了集团公司系统单位的电力二次系统安全防护工作，并结合集团公司生产与营销实时监管系统实施工作，全面实施了各电厂的二次系统安全防护整改和完善工作。

圆满完成了“两会”、“十七大”和 2008 年北京奥运会期间的网络与信息安全保障工作。根据国务院国资委的工作安排，实施了国务院国资委中央企业视频会议系统，进一步加强我集团公司与国务院国资委以及各大中央企业的沟通与交流。

（三）积极推动应用系统向广度和深度发展

1. 安全生产与营销实时监管系统成为集团公司重要的安全、生产、营销和环保平台

2007 年 3 月 ~ 2008 年 5 月，集团公司总部各部门共同协作，在系统各单位的共同努力下，先后完成安全生产与营销实时监管系统一期、二期、三期建设，实现了电厂营销电量实时数据、生产和环保实时数据接入集团总部和电厂 SIS 系统高级应用开发建设工作。截至目前，已完成 80 多家电厂数据接入总部。

该系统通过实时采集与展现电厂生产、营销、环保数据，建立统一实时数据平台，实现对生产、

营销和环保全过程的监督；对安全生产、营销和环保过程的数据进行分类、统计、对比、分析，为考核提供依据，达到提高管理效率和管理水平的目的。该系统已经成为集团公司重要的安全、生产、营销和环保平台。

2. 安全监督管理系统提升了集团公司安全生产管理水平

安全监督管理系统于2008年8月正式上线试运行。该系统能满足集团公司、分支机构、电厂、部门、班组5个层面安全监督管理的需求，在集团公司范围内实现了安全监督文件制度的发布、检索、信息的上传下达、安全生产情况统计、事件催办跟踪、事故统计分析等功能，为集团公司安全生产提供决策依据，促进了集团公司安全生产管理水平的提高。

3. 对标信息管理系统为集团公司对标管理年提供了高效的对标工具和信息服务

对标管理信息管理系统于2008年9月正式上线试运行，能够给各级业务人员提供高效的对标工具，动态掌握集团公司在电力行业和五大发电集团中的总体地位，及时发现系统各单位在生产经营和企业管理工作中存在的问题和差距，为决策提供依据，极大地促进企业管理水平。

4. PMIS火电基建工程项目管理系统上线大大降低了实施成本

2008年积极开展了PMIS火电基建工程项目管理系统的推广工作，通过优化设计，将已上线的分布部署系统设计和实施方案改造成集中部署，大大降低了软件许可证和系统实施成本，截至目前共完成32家火电基建单位PMIS系统应用推广工作，为集团大大节省了开发推广费。

5. 全面建设推广了企业纪检和治理商业贿赂等专项工作的信息化平台

2008年11月，由国务院国资委统一建设的惩治和预防腐败体系管理信息系统在集团总部正式部署上线试运行。该系统以《实施纲要》和国务院国资委《具体意见》为依据，由公众信息、日常办公、廉洁从业申报、纪检业务、统计信息、考核预警等六大子系统组成，有效整合企业现有信息系统中的纪检业务数据，为企业提供纪检信息平台，并在国资委和中央企业间纵向构建一个信息共享、业务互动的信息化平台，为集团公司纪检工作提供决策支持。

6. 人力资源管理信息系统、生产项目管理信息系统和水电PMIS系统等试点项目取得了初步成效

集团公司2008年重点完成了人力资源管理信息系统、生产项目管理信息系统的试点建设。集团公司拟于近期召开系统上线评审会，对系统试运行和试点情况进行全面总结。目前正在加快推进市场营销决策管理系统第一阶段、水电PMIS和业务协同通信平台系统的试点开发工作，2009年将开展煤炭项目PMIS试点工作。

7. 深化基础架构SOA平台与门户建设

SOA系统架构是集团公司重要的基础应用平台，2008年进一步加强了SOA应用架构基础门户平台的建设，目前总部门户系统集成了总部办公自动化、邮件、电子档案、PMIS、综合统计、财务管理、煤业管理、对标管理和环保信息管理等应用系统，实现了集团公司统一用户目录登录和访问控制，建设完成了公司系统数据库信息集成平台，可以集成不同应用、不同类型的数据库并可实时将数据上传到集团总部，目前数据库信息集成平台已经在财务快报、生产项目管理等项目中成功应用。

（四）系统各单位与专业公司重点信息化项目在生产管理中发挥了重要作用

1. 华电国际FAM财务资产管理系统向纵深应用发展

华电国际FAM财务资产管理系统是以财务管理为核心，全面预算管理为主线，项目管理为手段，实现管理闭环。2008年，华电国际进一步加强了FAM财务资产管理系统开发和纵深应用，进一步消除了数据孤岛现象；集成的业务处理方式使管理模式由结果控制提升为过程控制；规范了财务和物资等业务处理规则；促使会计职能由核算型会计向管理型会计转变；较好地满足了华电国际自下而上及时进行信息归集、分析的需要；使生产管理模式结合公司的发展战略得到了优化；通过预防性维修计划的实施，促进了检修模式的转变；进一步加大了人员培训的力度，具备了相对完整的编码、实施、开发、维护力量。

2. 财务公司电子结算业务系统成为集团公司重要的资金结算平台

财务公司电子结算业务系统的上线运行，为

集团公司建设了统一的IT应用平台，借助电子结算业务系统实施资金集中管理，已在华电集团内形成了具有调节能力的“资金池”、具有疏导功能的“资金渠”、可控的“资金闸”、能看见资金状况的“监视器”及快捷变速的“移动柜台”。华电财务公司资金集中管理工作的创新实践为华电财务今后的其他IT应用系统的建设奠定了良好的基础。

3. 招标公司招标与采购网系统促进了“阳光采购”工程，系统的建设投入，为集团树立了公开、透明以及节约成本的窗口形象

招标公司招标与采购网系统主要包括电子采购、备品备件管理、职能中心管理、委托方服务、供应商管理、统计分析与综合信息查询、计费和收费、信息发布、产品价格管理和信息采集管理等功能。为进一步推动集团公司“阳光采购”工程，集团公司于2008年10月在安徽省合肥市召开了招标与采购网推广使用现场会，要求各单位从加强廉政建设、实现降本增效的大局出发，积极开展采购网推广使用工作，与招标公司共同努力把采购网建设成“阳光采购”的精品工程，不断促进公司系统物资采购工作上水平、上台阶。

二、软件正版化工作

集团公司对推进企业软件正版化工作十分重视，根据国资委下发的《关于印发2008年推进中央企业使用正版软件工作计划的通知》(国资厅发[2008] 79号) 文件，要求中央企业3~5年内使集团总部及所属子企业全部实现软件正版化，集团公司于2008年8月启动了软件正版化工作。

集团公司将按照国家有关法律法规的规定，借鉴行业成熟经验，实行统一立项集中采购方法实现软件正版化。根据总部和集团软件正版化现状，特别是办公软件Office、辅助设计软件CAD需正版化的数量和费用较大，相关软件产品公司的正版化法律诉求也较高，集团公司将办公软件Office和辅助设计软件CAD的正版化作为集团公司第一批正版化工作，目前已经基本完成第一批软件正版化谈判工作。

1. 办公软件Office正版化

为降低采购成本，2008年8月，信息中心牵头与有关发电集团成立Office软件采购联合谈判体，开始与微软公司就Office软件进行正版化谈判。经过三个月8轮艰苦谈判，双方就采购数量和总价达成一致，2009~2010年按照双方约定的实施计划实施采购后，微软承认集团公司Office软件全面正版化。

2. 辅助设计软件CAD正版化

通过对国外AutoCAD软件和国内中望CAD软件的测试、比较，并经过华电国际试用和评估，集团公司决定与性价比较高的中望CAD软件首先进行正版化谈判，并于2008年11月启动了与中望CAD软件谈判工作，双方就软件授权数量和价格已经初步达成一致，年底前在集团公司在总部采用集中部署方式，在集团公司范围内（包括分公司、各电厂）共享使用，试用成功后明年一季度前正式部署。

3. 下一步正版化工作计划

集团公司计划用三年的时间实现软件正版化，2008年实现总部软件正版化，2009年实现分支机构软件正版化，2010年实现集团公司全部三级单位软件正版化。集团公司第六次信息化领导小组会议已经批准了第一批正版化软件即办公软件Office和辅助设计软件CAD的采购，调整了集团公司软件正版化的预算。集团公司将尽快下发有关文件，明确2009~2010年各单位软件正版化数量和工作计划，通过各分支机构督导签署和付款相关软件正版化标准采购合同。请各单位提高认识，按照集团公司统一部署，完成国务院国资委软件正版化工作任务。

三、统一认识，促进集团公司信息化建设又好又快发展

根据集团公司信息化规划，结合国务院国资委考核结果中存在的不足以及集团公司实际情况，集团公司信息化领导小组第六次会议已经通过了2009年信息化工作要点，集团公司年度工作会议后将正式印发。2009年信息化工作总体要求是：继续坚持信息化建设“统一领导、统一规划、统一标准、联合建设、分级管理、分步实施”的信息化建设方针，加强信息化建设项目从立项、招标、上线、验收到推广的各个环节的管理，提高制度执行的刚性；根据国务院国资委发布的《中央企业信息化水平评价办法》，结合信息化先进单位和先进个人评优，进一步完善集团公司信息化等级评定办法，要总结经验，查找差距，明确方向，落实措施，按照国资委要求尽快制定信息化水平登高计划和措施，争取集团公司信息化水平

在五年内能够达到A级。

集团公司的信息化建设已经取得了快速发展，但在信息化建设过程中还存在很多问题有待解决，应正确处理发展过程中的各种矛盾，统一认识，明确责任，促进集团公司信息化建设又好又快发展。

1. 正确认识和理解集团公司的信息化建设方针

集团公司在信息化建设中始终坚持“统一领导、统一规划、统一标准、联合建设、分级管理、分步实施”的信息化建设方针。统一领导、统一规划、统一标准就是要求集团公司信息中心和有关部门要领导有力、规划正确、标准明确，防止出现各自为政、规划不合实际和标准各异造成系统或数据孤岛；联合建设就是要求总部和系统各单位发挥各自的管理、资金和人才优势协同推进，调动各单位积极性，防止出现完全依靠总部进行项目推动；分级管理就是要求总部和分支机构按照职责分工对信息化建设进行管理，特别是强调各区域公司的督查督办，确保工作落实，达到预期建设目标，防止出现各级管理缺位；分步实施就是按照信息化规划，系统建设逐步实施到位，防止出现一次投资过大盲目追求超前和水平。

2. 正确处理集团公司信息化建设规划与本单位信息化建设规划的关系

集团公司已经正式发布了修订后的《2003～2010年信息化建设规划》。各单位的信息化规划和计划的制订必须以集团公司的信息化规划为指导，规划中明确的集团公司统一建设的系统或项目，各单位在制定本单位信息化规划时应与集团公司完全一致，具体明确业务需求和建设与上线时间；对于集团公司已经规划但由于系统需求、业务流程及建设目标尚未梳理明确，明确推迟建设而个别单位又急需建设的项目，各单位应统一认识，配合集团公司有关需求目标、流程梳理等相关工作，不得未经集团公司批准随意建设，对于业务急需，应采用现有信息系统过渡或加强制度建设和业务管理入手解决；对于集团公司没有统一规划建设、允许各单位自行建设的项目，应在不突破集团公司批复的项目预算经费前提下，重点规划建设项目如何与集团公司统一规划的建设项目对接，采用与集团公司统一的技术架构，确保业务流程与数据的一致。各分支机构要加强领导和督查，确保集团公司的信息化建设规划和建设方针落到实处。

3. 正确处理集团公司信息化等级评定材料申报与实际工作脱节的关系

集团公司信息化等级评定工作已经开展了三年，促进了系统各单位信息化全面水平的提升，为此次中央企业信息化水平评价中我集团公司被评为B级企业奠定了良好基础。但在信息化等级评定过程中，发现有些单位平时不重视信息化建设，仅仅在申报优秀发电企业或信息化等级评定时才关注信息化建设，个别单位申报材料中等级评定自评分数与实际工作严重脱节，仅仅注重申报材料的编写，不注重日常信息化工作按照等级评定的要求贯彻到位。甚至极个别单位在申报中进行抄袭，弄虚作假，此类行为必须禁止。

信息化等级评定结果作为优秀发电企业评选重要指标是集团公司切实提高集团公司管理水平和信息化水平的重要举措，系统各单位要充分认识，只有将集团公司等级评定与实际工作贯彻执行相结合，才能真正提高企业信息化的水平，促进企业的发展。

集团公司在今后等级评定中将继续坚持从严原则，2009年将进一步修订评定办法和评定程序，凡是形式审查不合格或弄虚作假的单位，将不授予“合格企业”称号，要把每年的信息化等级评定复查和信息化先进单位评优相结合，凡是复查不合格的信息化优秀企业将取消信息化先进单位参评资格，要进一步加强各分支机构的督查督办作用，系统各单位应对照中央企业信息化水平评价和集团公司信息化等级评定办法，制定企业的奋斗目标和整改措施，落实责任和考核，确保集团公司信息化水平在五年内能够达到A级。

4. 正确处理集团公司SOA架构统一集中平台与本单位应用产品技术选型的关系

信息化无论从管理和技术都是日新月异，由于信息化平台的选择需要对多种先进知识的掌握，平台性能和价格差异巨大，由于绝大部分系统单位信息化专业人员较少，水平较低，更需要集团公司统一平台的选型和强有力的技术支持。SOA面向服务的架构正是集团公司为适应集团公司信息化发展选择的基础平台架构，基于SOA架构的信息化建设已经取得初步成效，并已经得到IBM、思科、微软、POLYCOM和OSI等国际一流公司和联想等国内著名公司的认可，且与集团信息中心有着广泛深入的合作。

各单位在进行自主项目建设时要优先选用集团公司已经确定的平台设备产品型号，不仅可以确保系统可靠互联和集成，而且可以获得一线厂商的快速支持和低廉甚至免费的技术服务。更重要的是，系统各单位采用统一的SOA技术平台，能够真正实现集团公司统一的网络与信息应用平台。

5. 正确处理好信息化基础知识和实际操作能力的关系

信息技术的日新月异给系统各单位的信息化技术人员和管理人员带来了巨大的挑战，集团公司高度重视信息化队伍的建设，一批信息化先进个人脱颖而出。2008年集团公司共评选出33名信息化先进个人。他们是集团公司信息化的骨干力量，政治素质好，技术水平高，工作作风过硬，全体信息化人员应该向先进学习，争做模范。

但也应看到，目前集团公司信息化队伍整体水平还较低，很多同志仅仅满足于一些基础知识的理解，在项目建设和管理中还不能适应信息化建设的要求，特别是相当一部分单位技术人员还不能胜任对于已经上线系统或正在建设系统的“三能”基本技术操作。“三能”操作即能够安装系统平台、能够升级系统配置、能够系统运维起停备份等基本操作。相当一部分单位的信息化技术专责人员不能独立完成“三能”操作，更多地依赖系统集成商或者厂商的开发技术人员，由于当前IT厂商企业风险和技术人员变动风险都很大，给信息化建设带来很大风险和不确定性。

集团公司要求，信息化评定合格企业和优秀企业，2009年应把“三能”操作作为对信息化专责人员的基本达标要求。各分支机构要加强对此项工作的督导，以“三能”达标为抓手，落实专责人员，落实“三能”操作的应用系统，落实达标和考核的时间，在过程中完善和补充应用系统厂商提交的配置文档、程序脚本和源码介质，切实提高信息化专责人员的水平，集团公司将提高“三能”达标在2009年信息化等级评定和信息化先进评选的权重，引导各单位切实加强信息化队伍建设，防范系统运维风险。

领导重视是做好信息化工作的关键，各部门和单位主要领导要高度重视信息化建设工作，每年至少召开一次信息化领导小组会议，做好本年度信息化工作的总结，落实好集团公司信息化建设的要求和下年度的信息化重点工作。2009年各火电单位要特别重视燃料管理信息系统的建设，进一步完善燃料基础管理工作，整合燃料管理流程，实现燃料入厂、耗用、库存实时在线管理和可控、在控。只有一把手亲自抓，才能确保信息化重点工作任务完成，提升集团公司管理水平。

在华电国际电力股份有限公司四届二十六次董事会上的工作报告

集团公司党组成员、华电国际电力股份有限公司总经理　陈建华

（2008年3月25日）

一、2007年工作回顾

2007年是实施公司“十一五”发展规划的关键一年，是面临经营形势异常严峻的一年，也是公司发展史上取得辉煌跨越的一年。一年来，在股东大会和董事会的正确领导下，公司总经理班子带领全体干部员工认真贯彻落实董事会各项决议，深入开展“600工程”暨“千万工程”立功竞赛和“燃料管理年”两项活动，开拓进取，真抓实干，安全、效益、发展“三大业绩”全面提升，全面和超额完成了董事会确定的各项目标任务，公司呈现又好又快发展的良好势头。

2007年，公司圆满实现以“五个突破”、“两个优化”、“两个提升”为主要标志的第三次历史性跨越：即全年发电量突破800亿kW·h，达到813亿kW·h（其中试运电量15.13亿kW·h），同比增长37.51%；主营业务收入突破200亿元，达到203.41亿元，同比增长38.38%；总资产突破600亿元，达到658亿元；利润总额突破18亿元，达到18.23亿元，完成董事会批准预算的127.31%，完成力争利润目标的101.27%；实现净利润12.26亿元，完成年度预算的138.96%，完成力争净利润目标的112.5%；控参股总装机容量突破2000万kW大关，达到2142.57万kW；发展区域和发展领域进一步优化，管理水平和队伍素质持续提升。

1. 安全生产态势良好

深入开展“巩固提高年”活动，组织开展安全现状评价、新机安全验收评价和安全管理评估等活动，公司系统未发生人身重伤、死亡事故，未发生重、特大设备事故和造成严重社会影响的安全生产事件。大力推进安全生产管理标准化建设，公司编制的《火电机组检修全过程安全管理规范》、《火电建设项目安全验收评价标准》、《火力发电厂节能评价体系》被集团公司推广实施。实施生产人员安全技能培训认证，员工安全技能进一步提升。加强设备管理，公司所属邹县电厂6号机组在全国火电机组60万kW级竞赛中获一等奖，并被授予“全国发电可靠性金牌机组”；十里泉电厂4号机组荣获全国火电机组10万kW级竞赛一等奖。加大科技创新力度，公司2个项目荣获集团公司2007年度科技进步一等奖。SIS系统试点工作全面完成，成为国内目前应用功能最为完善的火力发电厂经济运行及在线生产管理系统。

2. 经营业绩稳步提升

面对煤价大幅上涨、利用小时同比大幅下降等巨大经营压力，公司上下咬定完成全年18亿元的利润目标不动摇，调动一切积极因素，采取一切有力措施，全力以赴，攻坚克难，超额完成了全年经营任务。一是通过公司系统企业领导人员任期绩效目标责任书签订仪式暨确保全年经营目标圆满完成会议等形式，层层部署经营工作，分专业、分单位制订了确保完成经营目标实施方案，充分调动了基层单位增收创效的积极性和创造性。二是整合内部管理资源，成立市场营销处，加强与政府、电网的协调沟通，充分利用下半年调整电量的机会，发挥大机组优势，千方百计争取电量计划，将山东区域全年电量计划调增38.9亿kW·h；大力拓展电力市场，争取到对外替发电量4亿kW·h；“皖电东送”电量基本落实；山东、宁夏、安徽区域均实现“三同”目标。新机标杆电价、潍坊一厂一价和十里泉秸秆电价均获批复，山东区域脱硫技改机组电价得到落实。按照国家电力监管委员会要求，2007年公司所属各单位与所在区域电网均签订了并网调度协议和购售电合同。三是扎实开展“燃料管理年”活动，制订实施《燃料全过程规范化管理标准》等制度，开展自查整改、专家查评，有效提高了燃料整体管理水平。发挥规模优势，加大区域调运力度，优化进煤结构，强化监质监装和采制化管理，加强燃料掺配掺烧，实现了“提高煤质、控制煤价、确保供应”的目标。四是持续加强成本管理，集中采购物资，减少成本支出7322万元，“三费”等各项固定成本均控制在预算范围内。五是强化资金运作，成功发行40亿元短期融资券，全年减少利息支出4432万元；续借置换美元借款1.65亿元，获得汇兑收益8730万元；扩大票据结算额度，降低利息支出6245万元。六是积极争取政策，通过技改项目采购国产设备抵免2006年所得税5650万元，直接增加2007年净利润3255万元。七是加强信息化建设，FAM系统进入“决策支持”实施阶段，多数新项目单位已上线运行，FAM系统被授予“全国电力企业管理现代化创新成果一等奖”。

3. “千万工程”胜利竣工

深入开展“600工程”暨“千万工程”立功竞赛活动，紧紧围绕投产、效益“双达标”，保安全、竞质量、赛进度、比造价，年内投产9台火电机组599万kW。首个风电项目——宁东风电投产30台风机4.5万kW。全年投产装机603.5万kW，再创年度投产历史新高，“600工程”圆满告捷。新项目单位均实现盈利。加强招投标管理，全年工程及设备招标337项，较概算节余19.3亿元。泸定水电实现大江截流，芜湖一期工程进入调试高峰，莱州风电风机安装过半，宿州生物质能一期工程高效推进。

“600工程”圆满告捷，也标志着公司“千万工程”胜利竣工。从2005年10月至2007年11月，公司建成投产了包括10个电源项目19台机组，分布在山东、四川、宁夏、安徽、河南5个省区，总容量达1039万kW的“千万工程”，使公司总装机容量突破2000万kW，实现了科学发展和巩固山东、走向全国战略的重大阶段性成果，铸就了发展史上的新辉煌。“千万工程”投产的均为大容量、高参数火电机组，打造了一批精品、优质、样板工程，创出全国同类型机组多项新纪录，其中，邹县7号机组成为全国首台达标投产的百万千瓦级超超临界机组，被授予“全国发电装机容量突破6亿kW标志性机组”。“千万工程”的告捷，使公司平均单机容量达到34.9万kW，比“千万工程”建设之前的24万kW提高了45.4%，火电机组结构大大优化。目前，公司30万kW

及以上机组42台1815万kW，占管理装机容量的91%，60万kW及以上机组14台946万kW，占管理装机容量的47.4%。“千万工程”的告捷，使公司综合实力大大增强，提升了在资本市场的良好形象，锤炼了一支高素质的员工队伍，为项目所在地的国民经济和电力事业又好又快发展作出了积极贡献。

4. 前期项目进展顺利

积极落实储备项目的评优和核准条件，加大莱州一期、灵武二期等重点项目的前期工作力度，漯河和渠东项目均获得国家发改委的“路条”。淄博热电扩建、十里泉扩建、青岛三期等上大压小项目前期工作加快推进。天津南疆热电、重庆奉节火电项目前期工作取得积极进展。参股10%的山东红石顶核电项目被列入国家核电中长期发展规划。大力推进风电项目前期工作，河北沽源10万kW风电项目获得国家发改委授予的风电开发权并基本具备核准条件，宁东风电二期4.5万kW和内蒙古义和塔拉4.95万kW项目已获得“路条”。参加了国家第五期风电特许权招标，中标了内蒙古通辽北清河30万kW项目。公司前期项目拓展到天津、内蒙古、重庆、河北等地区，拓展全国电力市场的步伐进一步加快。

5. 节能减排深入推进

组织开展节能评价，圆满完成11家单位的专家查评。全面推行微油点火等节能技术，认真做好凝汽器、干除渣改造等试点工作，节能效果明显。积极推进“上大压小”工作，经董事会批准，将“十一五”期间关停容量由10.5万kW提高到90.8万kW，年内相继关停淄博、滕州、青岛、十里泉等4个单位的8台小火电机组45万kW。切实抓好脱硫工程建设，老机脱硫技改工程加快推进，新投产机组基本实现“三同时”，共投运脱硫机组1736万kW，占管理装机的86%，形成年减排50万t二氧化硫的能力，树立了良好的社会形象。

6. 资本运作成效显著

加强投资者关系工作，成功举办2007年度业绩发布会及路演活动，进一步提升了公司在境内外资本市场的品牌形象，A股和H股股价均创历史新高。继续完善公司治理的制度建设，制定了《募集资金管理办法》，修订了《信息披露管理制度》、《投资者关系管理制度》和《董事会战略委员会工作细则》。制定实施《所属公司年度股东会、董事会、监事会工作规范指导意见》，子公司“三会”管理更加规范，并且作为公司治理专项活动中上市公司的特色做法得到了监管机构的充分认可。积极开展上市公司治理专项活动，公司治理水平在山东上市公司中名列前茅，2007年12月，公司入选上海证券交易所上市公司治理指数板块。积极开展资本运作，与兖州煤业合资组建了华电邹县发电有限公司；完成投资华电发电运营公司、华电新能源公司工作；增持了章丘公司、滕州公司的股权；推动了增持华电财务公司股权的有关工作；组织开展了对浙江、河北、四川三省华电集团资产收购的基础工作；积极协调有关中介机构开展再融资准备工作。深入推进内控及风险管理项目，编制实施《公司2007～2010年内控及风险管理规划》，风险防范意识和能力显著增强。

7. 队伍建设全面加强

深入开展“四好”领导班子创建活动，领导干部应对新挑战、创造新业绩的综合能力进一步提升。持续大力开展人力资源优化配置，全年跨单位配置284人，满足了新（扩）建项目人才需求，提高了人员效率，公司用工水平达到8人/万kW。突出抓好技能操作人才培养，公司选手在华电集团燃煤采制化技能大赛团体奖前10名中占到6名，并包揽前3名；10名金奖获得者中占到7名。加快培训基地建设，邹县电厂、潍坊公司仿真机系统投入使用。加强管控体系建设，成立了宁夏、河南、河北三个分公司。坚持以文化心，提炼形成战略导向型企业文化，成为助推公司科学发展的强大动力，被授予“全国电力行业企业文化优秀奖”。

随着2007年各项目标任务的完成，公司自成立以来共实现三次历史性跨越：以1999年H股成功上市为主要标志，从计划体制下的国有发电企业转变为走向国际资本市场的上市发电公司，实现第一次历史性跨越；以2005年装机突破1000万kW、A股成功发行为主要标志，公司同时拥有国际、国内两条资本市场融资渠道，初步发展成为全国性上市发电公司，实现第二次历史性跨越；2007年又圆满实现以“五个突破”、“两个优化”、“两个提升”为主要标志的第三次历史性跨越，巩固和提升了公司在全国同行业中的领先地位。这些成绩的取得，是股东大会和董事会正确领导的结果，是全体干部员工共同努力的结果，为推动公司更好更快发展奠定了坚实的基础。

二、2008 年公司工作思路、奋斗目标和重点工作

为全面完成今年的各项目标任务，公司确立了“1311”的工作思路，即“夯实一个基础，强化三大支撑，围绕一条主线，突出一项活动”。一个基础即安全生产；三大支撑即市场营销、燃料管理、节能减排；一条主线即加快发展；一项活动即“对标管理年”活动。

2008 年将重点抓好以下几项工作。

1. 实施对标管理，全面增强公司竞争力

实施对标管理是公司适应内外部环境的深刻变化和市场竞争更加激烈的新形势，全面提升企业管理水平、增强企业竞争力的重要举措。公司将在全系统广泛深入开展“对标管理年”活动，加强组织领导，制定详细的活动方案，瞄准国内优秀上市发电公司最先进的指标，实施经营管理、安全生产、节能减排、燃料管理、项目前期和基建管理等全方位对标，建立健全“对照先进、查错纠弊、持续改善、不断超越”的对标管理长效机制。通过“对标管理年”活动的开展，着力提高安全保障能力、发展突破能力、市场开拓驾驭能力、降本增效能力、节能减排能力、资本资金运作能力、风险防范能力，确保在管理上实现新突破，在指标上达到新水平，在发展上取得新业绩，加快推动公司做强做大做好。

对标管理工作将在公司机关和基层单位两个层次上全面推进。公司机关层面在抓好对标管理的组织领导和指导监督的同时，将重点开展以下几方面工作：一是加强对标信息的收集和标杆指标动态管理，动态跟踪分析关键业绩指标，定期公布公司系统分区域、分单位、分机组对标指标的完成情况和标杆指标，为基层企业开展对标工作提供依据；二是加强管理标准和管理规范的建设工作，将基层企业和外部企业卓有成效的管理理念、措施和方法，进行总结提炼并融入公司的管理标准和规范中，在公司系统内推广应用；三是抓好对标管理长效机制的建设工作，在不断完善管理标准和管理规范的基础上，全面建立管理评价标准并开展专家查评，推动电厂持续提升管理；四是在对标内容上，公司机关主要负责从总体上和同类优秀上市发电公司进行对标，并侧重于项目发展、盈利能力、资本运作、管控模式、人力资源管理等公司层面的重点要素指标进行对标，侧重于差距分析以及经营策略、经营模式、管理机制、管理流程优化等方面的学习、研究和创新。

基层单位将结合不同企业、不同专业的实际，采取自我评价和标杆学习相结合的方式，分步骤、分层次开展工作，将对标管理活动延伸到部门、班组和各个岗位。安全生产、节能减排、燃料管理方面，将以公司已开展的安全性评价、安全管理评估、燃料管理评价、节能评价为主要载体，在全面落实已评估发现的改进潜力基础上，开展标杆对象的学习交流工作，学习先进的管理经验，并不断总结完善公司评价标准，持续提升管理水平；工程建设方面，公司将组织系统各单位全面总结提炼“千万工程”建设经验，解剖学习国内同类型先进机组在建设标准、设备选型、厂区布置、建设管理等先进经验，建立相应的标准和规范，组织实施；项目前期方面，重点从开发策略、前期开发成本控制、项目风险控制、机组选型等方面进行对标，全面提升项目的盈利能力；经营管理方面，将建立经营管理评价体系，深入开展查评工作，重点对电量结构、煤炭供应渠道和结构在同区域内进行对标，全面提高经营管理水平和效益水平。

2. 夯实安全生产基础，提升本质安全水平

持续开展安全生产隐患排查治理、安全现状评价、安全管理评估等活动，加强基建安全检查与专项整治、新机安全验收评价和新建、收购单位的安全管理辅导工作，进一步强化反违章工作，确保安全生产可控、在控，杜绝人身伤亡和责任事故。积极推进安全技能培训认证，不断提升员工安全意识和反违章技能，构建常态化的长效机制。按照“四不放过”原则，健全完善安全生产内部考核机制和通报制度，加大责任追究力度，力戒事故和缺陷重复发生。扎实开展运行规范化管理试点工作，适时全面推广，努力降低非停，特别是提高大机组、新投产机组的经济稳定运行水平。全面推行检修规范化管理，提高检修安全和质量。规范科技管理，制订科技规划和新技术推广纲要，加快新技术的引进和开发，不断提升公司科技水平和新技术的贡献度。强化生产准备，

在企业之间深入推进“结对子”帮扶，确保新机由基建向生产平稳过渡。

3. 加强经营管理，努力实现效益最大化

针对2008年以来公司面临的十分严峻的经营形势，公司专门召开了经营工作会议，对经营工作进行了精心谋划和安排部署，将重点在以下几个方面下功夫：

创新经营机制。坚持以营销为龙头，以燃料为重点，以资金为保障，分别建立市场营销网络、燃料管理网络、资金管理网络，健全组织，明确职责，完善制度，落实责任，定期开展工作，进行分析、检查、评价、考核，在此基础上，每月进行经济活动分析，抓重点，攻难点，全面提升经营管理水平和经营绩效。

进一步强化市场营销。完善市场营销管理办法，实行区域营销管理模式，分区域制定和动态调整营销策略，实施目标管理、过程控制、结果考核，确保营销绩效最大化。加强“三电”工作，充分发挥机组大容量、高参数、节能环保优势，努力提高“竞耗上网”能力；继续做好2008年购售电合同及新机组并网调度协议的签订工作；全力以赴增发电量、优化电量结构，确保达到并努力超过“三同”目标；积极争取政策，推动尽早实行煤电联动、煤热联动，全面落实电、热价政策，加强电热费回收工作。加强节能发电调度政策的研究，敏锐把握市场变化，超前做好实施节能调度的准备工作。

进一步强化燃料管理。按照“保量、提质、控价”的要求，充分发挥区域协调优势，健全调运互补保障体系和调运互动机制，积极开辟新的煤源点，广开进煤渠道，统筹均衡发运，确保煤炭供应；优化进煤结构，加大监质监装力度，努力提高煤质、控制煤价；深入开展燃料对标管理工作，加强燃料内部管理，巩固“燃料管理年”活动成果，构建燃料管理长效机制。

进一步强化成本控制。实施成本对标管理，抓好“四费”管理，确保控制在预算范围内。积极开拓筹资渠道，优化融资结构，降低融资成本。努力争取环保政策，减少污染物排放费支出。

进一步加强信息化建设。加快FAM系统“决策支持”阶段的深化应用，进一步加强信息化与企业管理的深度融合，充分发挥对标信息平台作用，以信息化促进管理现代化、经营成果最大化。

4. 坚持科学发展，提高发展突破能力

进一步加大评优、核准工作力度，在灵武二期1×100万kW、六安扩建1×60万kW、重庆奉节2×35万kW项目已被列入所在省区2008年规划并上报国家发展改革委的基础上，力争更多项目进入国家发展改革委2008年评优规模，并尽早核准、尽早开工；加大莱州项目评优工作力度，力争进入山东省2008年评优核准规模；加快推进淄博热电、十里泉电厂扩建、天津南疆热电项目、青岛三期扩建等“上大压小”项目前期工作，争取早日获得国家发展改革委同意开展前期工作的批文；尽快核准漯河、渠东项目和四川泸定水电项目；确保河北沽源风电、宁东风电二期、内蒙古通辽义和塔拉风电项目和北清河风电特许权项目早日核准并开工。全面加强在建工程管理，在保证安全质量、合理控制造价的前提下加快工程进度，确保新投产容量158.05万kW，确保投产、效益“双达标”。在集团公司的大力支持下，利用“两个优先”的有利条件，在华电集团资产重组中发挥核心作用，尽早完成对浙江、河北、四川区域优质发电资产的收购工作。同时，对华电集团在福建、天津、湖南、江苏、湖北和内蒙古等省区的优质发电资产以及符合公司发展战略、满足收购条件的其他电力企业的发电资产进行研究，适时启动收购工作。

5. 大力推进节能减排，构建资源节约型、环境友好型企业

深入实施节能评价，大力开展管理节能降耗工作，加大设备节能技术改造力度，加快推广应用锅炉微油点火、电除尘节能控制和凝汽器、高压变频改造等新技术，促进节能技术升级和关键性指标持续优化。深入抓好机组的对标降耗工作，增强竞耗上网能力，赢得竞争优势。全面落实国家节能环保要求，加强项目前期环保工作，优选项目、精建工程、严管运行，通过电源结构优化，深入推进节能减排。高度重视脱硫设施的建设和运行维护，确保新项目实现“三同时”；加强脱硫设施整治工作，努力实现脱硫设施投运率和脱硫效率达到环保要求。

6. 强化规范运作，提高资本资金运作能力

一是抓好再融资工作。经与有关中介机构对再融资方案反复研究，并经四届二十四次董事会

审议通过，公司拟将发行分离交易可转债作为再融资方案。分离交易可转债的发行，将有效降低公司的资产负债率和财务费用，为今后快速发展奠定良好的资金基础。目前上述方案已在境内外公告，拟收购资产的评估结果已报国资委备案。公司将及时跟踪资本市场变化，加强与监管机构的沟通，协调好公司内部审批和监管机构报批工作，确保再融资如期顺利完成。认真做好再次发行短期融资券的工作。继续采用低利率的外币借款和票据结算等方式筹措资金。积极推动利用保险资金计划，多渠道进行融资，全面提升公司融资能力。

二是提升规范运作水平。进一步完善公司治理的制度建设，配合做好独立董事和董事会审计委员会对年度报告的监督工作，进一步巩固公司治理专项活动成果。完善和加强对公司委派所属子公司的董监事和高管的培训工作，提高“三会”水平。认真做好资产收购和再融资的信息披露，做好股票市场、债券市场和权证市场等多市场信息披露的衔接，规范信息披露程序，充分利用业绩发布会、路演以及参加大型投资者见面会等多种形式，加强投资者关系工作，展现公司高效透明规范运作的良好形象，稳定和提升投资者信心，持续提升公司股价。加强风险管理，在发展战略制定、投融资、资本运作、日常业务等方面，健全完善内控制度，建立健全风险识别、评估、预警、消化、监督考核和危机处理机制，使风险管理日常化、制度化，确保企业健康发展。

7. 深化人力资源管理，全面提升队伍整体素质

着力加强队伍建设。深化所属单位“四好”领导班子创建活动，加强理论、能力、作风和制度建设，努力建设高素质的职业经理人队伍。进一步完善后备人才选拔和培养机制，培养造就一支素质优良、数量充足、结构合理的后备干部队伍。大力实施“人才强企”战略，深入开展优秀人才选拔培养工作，努力创造留住人才、人尽其才、各展所能的良好环境。着力完善战略导向型文化，完善企业文化管理机制，加强对新建、收购单位企业文化建设的规范引导，全面提高公司系统企业文化的“软实力”。

优化人力资源配置。紧紧围绕公司发展战略，动态修订人力资源优化配置计划，不断完善配置激励机制，全面落实各项综合保障措施，促进优化配置工作深入开展。全面把握新收购单位的人力资源状况，为开展优化配置工作做好准备。

强化绩效管理。围绕公司关键业绩指标，进一步完善责权统一、导向明确、科学有效的绩效目标管理体系。以能力和业绩为导向，建立健全绩效考核管理体系，将员工工作绩效与薪酬收入、职业发展、培训开发紧密衔接，客观准确地评价员工的工作绩效，充分发挥绩效考核管理的激励约束作用，促进工作业绩和综合素质不断提升。

应对金融危机　提升服务能力

——在金融工作座谈会上的讲话要点

集团公司总会计师　王怀书

（2008 年 12 月 11 日）

一、要充分认清形势

当前，全球性金融危机导致实体经济下滑，“冬天”刚开始，可能还要持续一段时间。当前宏观经济形势应该说是有很大的不确定性，从全球的金融危机到中国经济形势的变化，没有人敢断言此次金融危机什么时间结束，也没有人敢说国内经济什么时间走向正面。电力行业、石油行业先期遇到国内外各方面的影响，提前“过冬”，已持续了大半年时间。在五大集团，我们处于“冬天中最冷的地方”，遇到的问题更多，各公司情况复杂，有的企业处于“严冬”，有几个厂非常困难。到什么时间能有转机，现在还很难说。

2008 年怎么收口，2009 年如何预算，不太容易判断。2009 年集团公司的经营形势是有很大的不确定性。本来进入冬季电量应该上涨，本周一的电量却与上周六、周日基本持平；现在煤价下降很快，目前大约 520 元/t，但我们有 1100 多万 t 的库存，等我们用完了再买，可能煤价又变了。各企业一直处于资金链比较紧张的情况，尤其 2007 年末以来，电力企业融资形势很紧，形势很严峻。特别是 2008 年煤炭的涨价、形势的变化，加上外部形势的变化，我们没有受到冲击的企业很少，并且有的企业受得影响很大。

但目前来看，也有对我们有利的一面：一是

煤价已经回到比较低的水平。目前多数地区与年初煤价持平，煤炭供应紧张的形势暂时缓和。二是适度宽松的货币政策，贷款利率争取实现在基准利率基础上下降。2009年金融机构如何看待电力行业的融资呢？从初步了解的情况看，2008年电力企业的亏损主要是由于煤炭价格上涨导致的，因此用2008年的利润水平来确定2009年的融资安排是不客观的，银行可能会基于2007年的情况来判断，除个别企业融资会受到较大影响外，总体上不会像2008年这么紧。三是我们各个企业都过了几年紧日子，积累了一定的应对困难的经验和措施，有克服困难的信心。集团公司召开这个座谈会，就是要很好地研究下一步的工作，找到2009年工作的方向和突破口，这对于我们面对困难、寻找对策、推进工作具有重要的作用。

二、要有大局意识

金融行业信息传递快，危机漫延也快，影响持久。集团公司各金融机构和各企业相互影响，相互制约，要把金融工作做好，必须动用集团公司的整体力量，需要全集团企业的支持。从企业来讲，应该做好以下几个方面的工作。

一是把自己应该做的事做好。把自己的经营工作做好了，达到行业领先，才能更好地寻求银行的支持；如果是濒临倒闭的企业，让银行支持也很难。从目前来看，电力项目只要核准，就基本能拿到贷款。因此，要寻求外部支持，首先自己内部要做好。二是服从大局，统筹安排。要从外部金融机构获得优惠条件，内部必须有一个总体需求、总体安排，一并谈才能取得好的效果。不能光是困难项目找集团，无论是好的项目还是困难的项目都要服从集团安排。三是要令行禁止。集团公司无论融资也好，资金管理也好，都有很多限制，规定了哪些能做，哪些不能做，但还是有些单位有令不行，有禁不止，虽然满足了自身暂时性需求，但长久还是会有问题，因此有问题可以提出来，由集团来决策，但集团规定不允许做的事就要坚决禁止。

三、要切实做好服务

无论是控股公司，还是各金融机构，提供的服务即使有欠缺，但还是力度较大，效果较好。各机构既要整合资源，又要对集团公司成员单位在政策法规允许的范围内提供力所能及的支持，无论是结算服务、保险服务还是其他服务，效率都要比别人高。企业自身也有为集团各金融机构提供良好服务的义务，要换位思考，应该为我们各金融机构提供什么样的服务，包括及时与各机构协调，及时反馈当前情况及正、负面问题，与集团公司各金融机构建立良好的关系。同时要维护好企业自身良好的信誉，在银行是受尊敬的客户。

四、要确保安全

资金是企业的血液，金融出问题会直接威胁到企业的生命，没有资金安全，所有的需求都难以实现。因此，在金融安全上我们必须高度重视。一是保证手头的钱是安全的。没有被别人骗走，或以其他方式弄走，按制度规定采取措施保证安全。二是保证流量安全。财务公司建立结算平台，不仅是为了资金归集，更是为了更好地管理资金，现在通过程控系统肯定比原来人工做账管理更好一些，通过密钥管理、各级审核等程序，减少资金风险，尽可能集中管理流量。三是支出的安全。投出去的钱，是不是能够按时收回，国务院国资委明确提出了“三个不投”，各企业要好好对照落实。

五、要创新、进取、开拓

首先是需求要创新。我们的需求不能只有两个：集团公司给资本金，银行给贷款。我们要从各金融机构能提供的服务去考虑，什么样的服务能够更好地满足我们的需求，需求也是多方面的，把需求进行很好地分类、排队，然后与我们金融服务进行结合，这样才能为企业提供更好的服务。

其次，要对市场有所了解。我们对金融市场了解的还不够，好多正在做的金融产品，我们还未了解。其实很多产品都是现成的，很成熟的，不需要做太多的工作，拿来就能用。下一步我们要深入了解资本市场，寻找可以与我们工作和需求结合的机会，要把各种优势、各种手段能够协调起来、应用起来。

最后，自身需求和金融机构需求进一步结合起来，扩张业务。华电国际做过短期融资券，中期票据我们是首批，财务公司发债我们也是首批，信托业务虽然不多，我们也做了，保险资金我们也用了，我们做了大量的工作，但需要进一步扩张。目前华信保险经纪公司和信托公司都有对外的功能，要开拓外部市场，利用外部资源壮大自身，为集团公司提供支持和支撑。

六、要建立好的队伍

控股公司及各金融机构是专业金融公司，在座各位都是财务、金融方面的专家，要对金融市场很好地了解，对自己的需求很好地研究。我们各金融机构能否提供一揽子服务方案，统筹思考，需要对金融形势、金融产品、金融运作、金融市场有很深的了解，了解自己手上有什么可用的，知道有什么可买，有什么可卖，才有机会满足需求。要加强金融人才的培养，一定要让大家承担更大责任，挑更重的担子。

七、要创造好的业绩

集团公司发展金融，不仅要创造效益，还包括降低成本，包括融资成本、财务成本等。尤其在困难的时期经过金融运作，提升效益，减少成本。希望通过我们方方面面的进一步努力，使规模和效益水平能够进一步提升，同时保持和提升在集团公司各个板块当中业绩的规模和地位，为集团公司的发展做出新的努力，也为今后的发展奠定更好的基础。

以“大纪检”创新开拓纪检监察工作 扎实推进反腐倡廉建设

集团公司党组成员、纪检组组长　蒋亮平

集团公司新一届领导班子到任以来，积极应对国内外形势变化，科学把握中央企业发展规律，逐步调整、确立当前和今后一个时期的发展思路是，“以科学发展观为指导，坚持煤电一体、路港配套、产业集群，坚持建并结合、优化结构、持续发展，坚持改革创新、内强素质、外树形象，努力把公司建设成为以电为主具有综合竞争力的现代化能源集团”。今后一个时期的发展目标是“到2013年，也就是再用五年的时间，使集团公司装机规模超过1亿kW，控参股煤炭形成产能超过1亿t，利润超过100亿元，净资产收益率超过8%”。这一总体思路和发展目标的调整，是集团公司应对新形势新变化，迎接新机遇新挑战，推进扭亏增盈、做强做大的重大战略决策和举措，更是坚定信心、攻坚克难，引领集团公司发展的纲领。

纪检监察工作作为集团公司整体工作大局中的一个重要组成部分，如何适应新要求、找准新定位、创出新水平？如何更好地围绕中心、服务大局，发挥好政治保证作用？是摆在我们各级领导人员、尤其是广大纪检战线同志们面前的一个最重要课题。

为切实推动集团公司纪检监察工作，使纪检监察工作更好地融入中心、服务大局、创造价值、发挥作用，应从工作思路、体制机制、方式方法、自身建设等诸多方面，对传统纪检监察工作进行科学审视、创新超越。初步考虑当前和今后一个时期集团公司纪检监察工作的总体思路：以改革创新的精神深入践行“大纪检”。即以科学发展观为指导，在上级领导机关和集团公司党组的正确领导下，紧紧围绕集团公司的中心任务和工作大局，坚持一个理念（以人为本），促进二个发展（企业健康发展和员工全面发展），完善三个体系（教育警示、制度约束、监督保障），发挥四个作用（服务、监督、协调、保障），将纪检监察工作融入企业生产、经营、管理、改革、发展、安全、稳定的全过程，为创建以电为主具有综合竞争力的现代化能源集团提供坚强保证。

坚持以人为本的理念。以人为本是党的性质和宗旨的集中体现，是科学发展观的核心，也是反腐倡廉工作健康发展的基本要求。纪检监察工作贯彻以人为本的思想，就是要以改革创新的精神，不断推动反腐倡廉工作理念、思路、方法、体制机制的与时俱进，不断适应市场竞争和企业以经济效益为中心的需要，在集团公司上下最大限度地营造一心干事业、齐心谋发展、同心促和谐的良好氛围，最大限度地保护8万员工想干事、干好事、会干事、干成事的主动性积极性和创造性，最大限度地鼓励各级干部员工为企业又好又快发展大胆开展工作，建立健康良好的公共关系，争取政府的支持，千方百计争取电量、争取好的发展项目、争取政策支持、降低采购成本，纪检监察系统的同志要敢于坚持原则、善于坚持原则，正确区分为企业利益最大化建立健康良好的公共关系与借为企业公关之名而行中饱私囊之实的界限，牢固树立“惩治腐败是成绩、预防腐败更是成绩”和“严肃执纪是职责、保护干部也是职责”的新思维，促进企业生产、经营、管理水平的不断进步，从根本上实现好、维护好、发展好企业效益的最大化和企业最广大员工的合法权益。要旗帜鲜明地支持勤勉为公的敬业者，坚决惩治贪污腐败分子，树立清风正气，鼓励多从正当渠道反映问题，积极开展批评与自我批评，加强沟通理解，大力倡导建立宽松和谐的人际关系，反对错告、诬告、乱告，提倡堂堂正正做人、干干净净做事。

促进企业健康发展和员工全面发展。这既是纪检工作的内在需求和光荣使命，也是体现工作实效的出发点和落脚点。反腐倡廉建设要站在对企业发展和员工利益负责的高度，紧密围绕集团公司提出的发展思路和目标任务，从全局进行谋划和部署，靠前思考，主动作为，要着眼于集团公司核心竞争力的持续增强和广大员工素质能力的不断提升，坚持推进反腐倡廉与落实集团公司战略规划相结合，与实施改革创新的重大举措相结合，与日常经营管理相结合，与解决广大员工关心关注的重点难点热点问题相结合。认真分析研究新情况新问题，不断总结提炼新方法新经验，把握发展规律、创新发展理念、转变发展方式、破解发展难题。在有效保障集团公司持续健康发展的同时，进一步营造干事创业的清风正气，帮助解决妨碍企业经营发展和改革创新的突出矛盾与问题，成为企业健康发展的助推器、润滑剂、安全阀。

在企业持续健康、又好又快发展的同时，要特别关注企业员工政治素质和业务能力的提高，关注员工福利待遇的提升，使广大员工充分分享企业改革发展的成果，为其“德、能、勤、绩、廉”的全面发展奠定更好的基础、创造更好的条件。在创造企业一流经营业绩的同时培养造就一流的人才队伍，真正为企业全面履行经济、政治、社会三大责任服务，从根本上促进企业和员工的共同发展，为构建“和谐华电”积极发挥作用。

完善教育警示、制度约束、监督保障三个体系。坚持教育、制度、监督与惩治并重，从体系上完善“不想腐败、不能腐败、不敢腐败”的长效机制和工作格局。

拒腐防变教育是反腐倡廉的第一道防线。要大力加强对党员干部特别是企业党员领导人员的理想信念、党风党纪、廉洁从业和艰苦奋斗教育，引导领导人员自觉加强党性修养，筑牢拒腐防变的思想道德防线。要以新业务领域、新设立企业、新任职人员为重点，研究更加行之有效的教育方式和方法，创新教育活动主题和形式，深入开展“学习筑廉、宣讲导廉、活动营廉、文化兴廉”的四廉活动，努力做到教育对象有层次性，教育内容有针对性，教育时机有超前性，善于运用正反两方面的典型，增强教育的说服力和感染力，充分发挥教育警示功能，从源头上增强员工廉洁自律意识，筑牢“不想腐败”的思想道德防线。

制度建设是反腐倡廉的治本之策。要结合集团公司实际，逐步建立健全决策权、执行权、监督权相互制约又相互协调的权力结构和运行机制；不断完善“三重一大”决策制度，重点围绕容易滋生腐败的关键领域和重要环节，完善燃料物资采购、工程建设、资金管理、产权交易等有关制度措施；适应改革发展的新形势新情况，大力加强制度创新，努力形成用制度管人、管权、管事的廉洁运营环境，确保各项工作健康规范有序开展，从深层次上铲除滋生腐败现象的土壤和条件，从根本上预防和治理腐败，从完善制度、规范管理上建立“不能腐败”，或者说“想腐败都不容易”的制度体系。

加强监督是反腐倡廉的重要保障。要创新监督工作的体制机制、整合监督力量、增强监督合力，把党内监督与党外监督、专门部门监督与员工监督、法律监督与舆论监督、自上而下的监督与自下而上的监督结合起来，以强有力的监督机制确保领导干部，尤其是主要领导干部正确用权。要根据企业经营发展的新形势适时调整和确定监督的着力点，努力做到中心工作开展到哪里，监督工作就行使到哪里；领导干部的权力运用到哪里，监督工作就延伸到哪里，始终保持反腐倡廉的威慑力量，有效防止权力失控、决策失误、行为失范，建立完善广大干部和员工“不敢腐败”的权力运行机制。

发挥服务、监督、协调、保障四个作用。新时期企业的纪检监察工作面临新的机遇和挑战，集团公司党组对纪检监察战线的同志们寄予厚望。做好公司系统的纪检监察工作，必须充分发挥纪检监察的服务、监督、协调、保障作用。

发挥服务作用，就是培养树立服务员工、服务企业的意识，既要关注广大员工的呼声，帮助解决热点难点和权利利益问题，为员工营造公平、廉洁、舒心的良好环境，促进企业与员工协调发展；也要围绕公司新的发展思路和目标任务，把防治腐败寓于各项政策措施之中，不断优化公司经营发展环境。各级纪检监察部门要善于思考和谋划，切实摆正位置，善于从集团公司工作全局来谋划反腐倡廉工作，树立大局意识、中心意识、集团意识、服务意识，用全面、优质、创新的服务为纪检监察开辟更广阔的发展空间，在服务中体现价值、创造效益、赢得赞誉。

发挥监督作用，就是一要敢于监督、敢于碰硬，主动介入，抓住人、财、物关键要素和企业运营主要业务流程，围绕公司各项目标任务的推进落实开展监督检查；二要善于监督、注意从大局出发，尊重企业规律和市场经济规律，掌握政策界限，有利于企业和员工的健康发展；三要加强政治纪律监督，督促系统企业和各级领导人员认真执行党的纪律和集团公司决策部署，严肃检查纠正影响和妨碍科学发展的问题，强化责任追究，确保政令畅通，有利于集团公司科学发展，提升集团公司系统廉洁能力和坚强的执行力。

发挥协调作用，就是在协助党委（党组）研究、部署、督促反腐倡廉各项工作的同时，围绕纪检监察工作的性质特点，利用好督查、信访等特殊工作渠道和优势，及时宣贯上级精神和决策部署，搜集反馈基层意见和建议，在加强沟通、统一思想、规范行为、协调行动方面发挥积极作用，努力融洽党群干群关系，密切各级领导机构和基层之间的联系，增进平行组织之间的理解和协作，促进各方良性互动，围绕推进集团公司健康发展形成整体合力。

发挥保障作用，就是深入研究新情况、新矛盾、新问题，选准结合点，把握着力点，积极探索各种有效途径和方式，为营造健康进取的精神氛围、廉洁高效的运营环境、安全稳定的和谐局面提供保障，为推进企业各项事业提供政治保障、纪律保障和作风保障。

总之，集团公司纪检监察系统要按照中央和集团公司的要求，组织协调有关单位和部门，加强监督监查，切实增强贯彻落实科学发展观和集团公司战略部署的自觉性和紧迫感，树立价值思维理念、创新发展方式、优化产业结构、加强节能减排和生态环境保护，为全力打好扭亏增盈攻坚战、促进集团公司又好又快发展保驾护航，再创反腐倡廉建设工作的新局面作出应有的贡献。

大力弘扬抗灾保电精神
奋力完成年度目标任务

——在集团公司抗灾保电工作总结表彰大会上的讲话

集团公司党组书记、总经理　曹培玺

（2008 年 3 月 19 日）

同志们：

在 2008 年“两会”刚刚闭幕，全国抗击冰雪灾害取得决定性胜利，集团公司抗灾保电工作全面完成之际，集团公司党组决定召开这次会议，主要是总结集团公司系统抗灾保电工作，表彰在抗灾保电工作中涌现出来的先进单位和先进个人，动员集团公司系统广大干部员工，大力弘扬抗灾保电精神，确保完成今年各项目标任务。刚才，我们为集团公司系统抗灾保电先进单位和先进个人代表颁发了奖牌和证书，3 名同志分别作了很好的发言，事迹很感人，从中可以看出各级领导班子和广大员工，在突如其来的自然灾害面前表现出来的良好素质和精神风貌。国务院国资委业绩考核局副局长刘南昌同志发表了重要讲话，对集团公司抗灾保电所取得的成果给予了高度评价，对下一步工作提出了要求，我们要认真学习领会，抓好贯彻落实。在此，我代表集团公司党组，向受到表彰的贵州公司等 9 个先进单位、何辉等 33 名先进个人表示热烈的祝贺！向奋战在抗灾保电第一线的广大干部员工表示崇高的敬意！下面，我讲两个方面的意见。

一、集团公司上下众志成城，顽强拚搏，夺取了抗灾保电斗争的决定性胜利

2008 年 1 月中旬以来，我国南方大部分地区经历了一场历史罕见的低温、雨雪和冰冻极端天气，使我国 13 个省（区、市）的电力运行受到严重影响，170 个县（市）停电，19 个省（区、市）因电煤供应紧张拉闸限电，最多时停运机组达到 4200 万 kW，严重影响了当地经济社会发展和人民生活。集团公司所属企业遭受重大损失，一度有 851 万 kW 容量被迫停运，4 家电厂全厂停电，损失电量 36.65 亿 kW · h；13 个施工项目因灾害被迫停工。这次冰雪灾害造成集团公司经济损失超过 10 亿元，给集团公司生产经营带来巨大影响。

面对严重的自然灾害，集团公司系统坚决贯彻执行党中央、国务院关于抗灾保电的部署，全面履行中央企业的三大责任，众志成城，顽强拚搏，全力以赴保电网、保人身、保设备、保职工生活和财产安全。在整个抗灾保电过程中，集团公司系统没有发生人身伤亡事故、设备事故和基建安全事故，没有发生火灾、电厂垮坝以及交通等造成社会影响的安全生产事故；截至2008年3月10日，所有因灾停运机组全部恢复发电，完成发电量532.47亿kW·h，比2007年同期增长25.67%，增幅超过全国平均增长水平；因灾停工基建项目全部复工；电厂存煤显著增加，由受灾时最低430万t增长到665万t。我们夺取了抗灾保电工作的决定性胜利。

在抗灾保电工作中，集团公司所属企业积极履行政治责任和社会责任，为地方抗灾作出了重要贡献。在贵州，集团公司所属遵义、乌江渡、大龙、清镇、东风、黔源等企业，在电网解列成4个区域电网的情况下，一度支撑着其中3个区域电网的电源供应，最大时承担了近70%的全省负荷。在湖南，长沙公司担负了长沙地区50%的供电任务，石门公司承担着湖南湘西60%的用电负荷。在福建，邵武公司支撑了解列后的闽北孤立电网，保证了春节期间8个县（市）的居民用电。湖北、河南、新疆、浙江等区域的华电企业，也都在抗灾保电工作中发挥了重要作用，以实际行动支援了全国的抗灾工作，进一步展示了华电的良好形象。

在这场重大自然灾害面前，我们之所以能够最终取得胜利，首先是党中央、国务院正确领导和亲切关怀的结果。在抗灾保电的关键时刻，中共中央政治局常委李克强同志、周永康同志，受党中央、国务院的委托，分别视察了广安公司和佳木斯电厂，检查指导抗灾工作，慰问电力员工，给我们以巨大激励和鼓舞。其次是发展改革委、国务院国资委、电监会等中央部门和地方各级党委政府的正确指挥和大力支持。从集团公司来说，主要做到了以下几个方面。

第一，反应迅速，决策果断。面对突如其来的自然灾害，集团公司党组迅速作出反应，2008年1月22日召开了集团公司安全生产工作会议，针对当时煤炭供应和电力生产的严峻形势，部署了安全生产工作；1月26日，集团公司党组专门作出批示，要求集团公司系统全面动员，立即行动，全力开展抗灾保电工作；1月28日、29日，又分别召开总经理办公会、煤炭供应和电力生产保障工作会议，对集团公司系统抗灾保电工作进行全面部署。同时，迅速成立了集团公司抗灾保电工作领导小组，系统各单位也成立了以一把手为组长的抗灾保电工作领导机构，建立了抗灾保电信息日报、分析协调和24h值班制度，迅速形成了覆盖整个集团公司系统的组织保证体系。各单位积极行动，及时启动各项预案，迅速打响了抗击冰雪灾害的保卫战。

第二，措施有力，工作有效。系统各单位按照集团公司党组和各级政府的统一部署，明确工作重点，采取有力措施开展抗灾保电工作。一是千方百计保证煤炭供应。由于冰雪灾害造成电网解列、运力紧张和煤炭生产不足等原因，系统煤炭库存急剧下降，一度有7家电厂库存低于3天耗用量，14家电厂仅能维持一周，个别电厂甚至出现缺煤停机。为解决燃料不足问题，各单位迅速成立了电煤供应工作应急机构，积极加强与煤炭、铁路等有关部门的联系和沟通，想方设法提高电煤库存，着力保障电煤供应。仅煤业山西分公司1月份就实现跨区调运电煤140多万t。经过艰苦努力，煤炭库存回升到17天。二是千方百计稳发满发。各单位采取措施克服冰雪灾害给安全生产造成的严重影响，想方设法多发电。大龙公司一周内先后三次成功实施“黑启动”，支撑起贵州解列后的东部电网的运行，创下全国首例。乌江渡电厂为保区域供电调峰，一个月内系统受到冲击51次，线路跳闸11次，开停机6次，电厂干部员工精心操作，没有发生一次误操作。遵义电厂抗灾期间两台服役近20年的老机组一天未停，利用小时全省第一。三是努力保证电网安全。集团公司所属各单位严格执行电网调度命令，保证机组调得起、带得满、稳得住，为电网安全运行提供了有力支撑。集团公司系统日发电量从5.3亿kW·h逐步上升到8.1亿kW·h，为保证春节期间电力供应作出了突出贡献，受到地方政府和电网公司的褒奖。

第三，靠前指挥，精心组织。灾情发生后，系统各级领导干部纷纷深入一线，指挥带领广大员工奋起抗灾保电。1月下旬以来，集团公司党组成员分别带队，深入19个省（区市）、48个基层企业，督促、检查和指导抗灾保电工作，慰问奋战在一线的干部员工。春节期间，集团公司党组部分成员到基层指导抗灾抢险，部分成员在机关带班，总部8个相关部门的主任全天值班，及时协调指导抗灾保电工作。在灾情最严重的时候，贵州乌江、湖南、湖北、安徽、福建等公司以及各基层单位的主要领导，顶风冒雪，靠前指挥，带领广大员工战冰雪、斗严寒。极大地鼓舞了员工斗志，有力地带动了整个系统抗灾保电工作。

第四，发挥优势，形成合力。灾情发生后，集团公司上下充分发挥党的政治优势和集团整体优势，群策群力，形成了抗灾保电的坚强合力。不少单位的党员干部组成“党员干部突击队”，许多单位共青团员组成了“青年突击队”，坚持奋战在抢险救灾最前沿，充分发挥了先锋模范和生力军作用；各级工会组织积极为抗灾保电工作提供保障支持，公司系统共向灾区捐款860多万元，捐物2200多件。华电煤业集团全力组织电煤突击抢运，确保了抗灾保电重点电厂特别是“三区八厂”的煤炭供应；华电财务公司想方设法调度资金，保证了抗灾资金及时到位；华信保险经纪公司主动深入受灾一线，及时开展核灾定损和理赔工作；宜宾总厂将有限的煤炭支援广安公司，体现了“全局一盘棋”、“华电一盘棋”思想。

第五，舆论引导，凝心聚力。各级宣传部门充分发挥舆论宣传优势，及时宣传集团公司党组重要部署，报道抗灾一线涌现出来的先进人物和模范事迹，鼓舞和激励系统广大干部员工夺取抗灾保电胜利的斗志和信心。新华社、中央电视台、《人民日报》、《中国电力报》等十几家中央和地方媒体，对华电集团抗灾保电进行了全方位、多角度宣传，共发布新闻报道及重要信息100多篇。集团公司编辑《抗灾保电工作简报》17期，收集信息200余条。各单位也都通过简报、专报、报纸和文艺节目等形式进行广泛宣传，形成了强大的舆论声势，营造了夺取抗灾保电全面胜利的良好氛围。

在抗灾保电工作中，我们付出了艰辛努力，锤炼了干部职工队伍，收获了宝贵经验，更为重要的是，形成了鲜明的“顾全大局、高度负责、拼搏奉献、勇挑重担”的抗灾保电精神，我们要认真总结，倍加珍惜，大力弘扬。

顾全大局精神。就是在突如其来的重大灾害面前，在国家与企业、全局与局部、集体与个人的利益关系面前，集团公司上下作出了正确抉择。灾情最危急的时候，为保证地方用电，贵港电厂、邵武公司所购标煤单价一度超过了1000元/t，意味着发一度电即亏损；清镇电厂由于储煤较多，将部分煤炭支援国电集团所属贵阳电厂；长沙公司累计耗用燃油3000多t，增加成本1800多万元，湖南省委副书记、省长周强称赞“华电长沙公司在这场50年不遇的抗灾保电攻坚战中，力保长沙城，功不可没”。长沙公司总经理李又红被湖南省政府荣记抗冰保电一等功。这种讲政治、识大体、顾大局的实际行动，展现了中央企业精神风貌，实践了集团公司“以履行经济政治社会责任为使命”的宣言。

高度负责精神。就是集团公司系统各单位和广大干部员工，为保电力供应和人身、财产安全，采取一切必要的措施，果断处理灾情，坚决防止更大面积停电。在电煤紧缺、送出受限、员工被困等困难和危急时刻，系统各单位不等不靠，牢牢把握住了抗灾保电的主动权。广大干部员工尽职尽责，坚持任务不完成不休息、灾情不缓解不回家。襄樊电厂班子成员分别带领7个催煤小组，奔赴4个省、行程2万多公里寻找煤源；清镇发电公司党委书记刘仕明，父亲临终前也没能见上一面，匆匆办完丧事后又投身抗灾前线。他们用行动践行了公司“以人为本、图强报国”的核心价值观。

拼搏奉献精神。就是广大干部员工舍小家、顾大家，不畏困难，忘我工作，真正做到了关键时刻冲得出来，危难时刻豁得出去。佳木斯电厂180多名职工放弃新春佳节和亲人团聚的机会，与长沙公司的干部职工一起坚持奋战在抗击冰雪的第一线；曹罡等17位已经调离乌江渡电厂的业务骨干，在灾害面前毅然坚守岗位，直到恢复正常生产；不少同志带病、带伤坚持抗灾工作。他们以自己的奉献精神，换来了灾区人民期盼的万家灯火。正是由于这种“特别能吃苦、特别能战斗、特别能奉献”的精神，我们才形成了战冰雪、斗严寒的强大力量。

勇挑重担精神。就是在困难面前挺身而出、勇挑千斤重担的气魄和敢于胜利、勇当排头兵的胆识。各级班子不退缩、不低头、不畏难，坚韧不拔、科学应对，千方百计战胜困难；党员领导干部哪里危险到哪里去、哪里艰苦到哪里去、哪里需要到哪里去；广大干部员工不畏艰辛，勇于拚搏，精神品质和素质能力都经受住了严峻考验，交上了一份合格的答卷。

在今年"两会"期间，我和集团公司其他领导一起会见了多数省市的领导，他们在会见中都高度评价华电企业抗灾保电表现很好，为地方经济社会稳定和发展作出了突出贡献，一致表示感谢。这从另一个角度反映了各单位组织抗灾保电工作非常得力有效，展示了华电形象。在抗灾保电工作中表现出来的精神，是集团公司的宝贵财富，我们要努力发扬光大，在这种精神的激励下，不断开创新局面，取得新成绩。

通过这次抗灾保电的考验，我们也发现了一些工作中需要改进和加强的问题：一是抗风险能力有待增强。这次自然灾害暴露出的许多新情况、新问题，反映了我们在风险应急机制方面还有待健全和完善。二是煤炭驾驭能力有待进一步增强。希望各单位认真对待，举一反三，加以改进。

二、大力弘扬抗灾保电精神，努力完成全年各项任务

2008 年以来，集团公司上下认真贯彻落实集团公司 2008 年工作会议精神，一方面全力组织抗灾保电，一方面扎实推进经营发展各项工作，成效明显。安全生产继续保持平稳，确保了春节和"两会"期间的电力供应；1～2 月份，发电量累计同比增长 24.38%；项目拓展扎实推进，目前已获核准项目 3 项，批复"路条"和开工项目各 1 项，另有 10 个项目进入了地方政府 2008 年评优盘子；节能降耗成效显著，企业管理和成本控制得到加强。集团公司工作总体情况较好。但是，与年初相比，出现了一些新的困难和挑战，我们面临的经营压力更加突出：一是冰雪灾害损失严重。除了前面所讲的电量和财产等损失，还因恶劣气候条件下设备运行和煤质差等因素，对设备健康水平和今后生产会造成不利影响。二是经济效益大幅下滑。受电煤价格大幅上涨、设备平均利用小时偏低等因素影响，集团公司累计亏损 5.37 亿元，二级、三级企业亏损面分别比去年同期上升 31 个和 18 个百分点。三是经营形势十分严峻。由于小煤矿仍未完全恢复生产，部分地区禁止煤炭外运，以及铁路运力调减等因素，电煤供应仍将紧张，价格上涨仍将持续。

在清醒认识到新困难和新挑战的同时，我们也要充分认识到有利因素和条件：一是刚刚结束的全国人大会议审议通过的《政府工作报告》，明确了政府 2008 年在优化结构、提高效益、降低消耗、保护环境方面的目标和政策，为我们准确把握宏观形势，做好当前工作提供了指南。二是经过这次冰雪灾害，各级政府进一步认识到加强电源建设、建立可靠电源保障的重要性，进一步体会到发电企业因煤价上涨遭受的巨大压力，进一步感受到集团公司履行"三大责任"的精神风貌，为我们推动项目拓展、争取相关政策、赢得各方支持营造了有利的外部环境。三是这次抗灾保电斗争的胜利，积累了战胜困难的宝贵经验和精神财富，集团公司系统的执行力、凝聚力得到进一步增强，安全生产和应急管理工作得到检验和改进，为我们开展工作增添了新的有利条件。

基于上述形势，各级领导要认真贯彻十一届全国人大一次会议精神，全面落实集团公司 2008 年工作会议精神，正确把握形势，统一思想认识，把精力集中到推动完成全年目标任务上来。要动员广大干部员工，大力弘扬抗灾保电精神，坚定信心，加倍努力，以更加昂扬的斗志迎接挑战，全面完成今年各项目标任务。在此，我强调以下几点。

1. 深入开展对标管理年活动

2008 年以来集团公司生产经营的情况充分证明，集团公司党组作出的开展对标管理年活动的决策，顺应形势要求，符合华电实际，是完全正确的。各单位要充分认识开展这项活动对促进集团公司又好又快发展的极端重要性，以提升三大业绩为中心，以提高竞争力为主线，以加强管理为重点，努力增强七种能力。要制订实施计划，明确目标责任，加大推进力度。一是要明确对标目标。既要眼睛向内，在集团公司系统和区域内树立标杆，实行内部对标；也要对照先进，与其他发电集团和上市公司开展同业对标。二是要完善指标体系。集团公司层面的指标体系已经明确，各单位要按照管理链条和业务流程分解细化，确立更加具体完善的指标体系。三是要丰富对标手段。不断改进和细化对标措施，强化在线管理，建立旬度分析制度，缩短分析周期，提高应对时效。四是要确保对标效果。要通过指标比较，查错纠弊，持续改进，不断超越，切实起到增强竞争力的效果。尤其要把设备利用小时、煤价、电价、煤耗、设备可靠性以及项目核准等指标作为对标重点，下大气力查找、解决影响集团公司效益和发展的关键问题，尽快扭转当前集团公司经营不利局面。

2. 高度重视安全生产

牢固坚持“安全第一、预防为主、综合治理”的方针，坚决防止灾后松懈麻痹思想。一是加强电力生产和基本建设安全管理，提高设备健康水平，重点抓好新机、大机组的安全可靠性。从当前情况看，大机组“非停”仍然较多，1～2月份，集团公司系统发生“非停”20次，其中30万kW及以上机组就占了10次。要对此分析查找问题，集中力量攻关解决。二是针对近几年异常气候偏重偏多发生的特点，扎实做好春季安全大检查、迎峰度夏和防汛工作，做好灾区恢复生产和“奥运”保电工作。三是认真总结抗灾保电经验教训，全面提高抵御自然灾害和突发事件的能力。进一步修订完善应急预案，健全应急体系和应急机制，不断提高集团公司系统安全保障水平。

3. 全面加强燃料管理

2008年以来，电煤供应形势更加紧张，煤炭价格与去年相比大幅上升，山东、贵州等9个地区入厂标煤单价上升幅度均超过100元/t，给公司生产运营带来沉重压力。各单位要实施低成本战略，以对标管理为载体，坚持保量、控价、提质，把煤炭管理作为关系企业生存发展的根本问题抓紧抓好。一是要千方百计保证电煤供应。特别是要落实煤源和运力，重点解决贵港、大方、广安、长沙、昆明等缺煤重点电厂的电煤供应问题，努力提高煤炭库存。二是要充分发挥燃料“五统一”优势，深化燃料管理体制改革，完善、落实应急预案，提高煤炭驾驭能力。三是要加强燃料管理，采取有效措施，杜绝“跑、冒、滴、漏”，努力降低燃料成本。

4. 努力推进集团公司发展

要始终把发展作为第一要务，加大前期工作力度，抢抓机遇，加快推进审批工作进程。目前，集团公司已有10个项目进入地方政府评优盘子，下一步要重点跟踪，做实核准条件，确保顺利通过国家发展改革委审核。没有进入评优盘子的项目，要力争进入下一批评优规模。要加快“上大压小”工作进度，重点催批句容、镇雄、密山、淄博及奉节等项目路条，对已经取得路条的，要督促尽快完善核准条件；抓紧协调解决关停过程中遇到的问题，尽快落实今年关停计划，为进一步“上大”创造条件。要按照“安、快、好、省、廉”和“双达标”的要求，落实今年施工准备工作，加强基建管理，确保实现今年投产目标。

5. 切实加强经营管理

要调动各方面积极性，采取一切措施，全力应对集团公司面临的严峻经营形势。一是努力提高设备利用小时，大力促进增产增收。特别要针对影响60万kW及以上机组利用小时低的主观原因，采取有效措施认真加以解决。二是在加强内部管理上下功夫，力促降本增效。集团公司上下都要牢固树立过“紧日子”的思想，通过加强对标，精细管理，加大成本费用控制力度，严格控制亏损面，坚决防止效益流失。三是抓好节能减排工作。对集团公司系统重点企业煤耗和脱硫设施进行动态跟踪和监控，保证煤耗指标不断降低，保证脱硫设施正常运行，确保不因能耗环保问题影响经济效益和集团公司形象。四是积极争取国家政策。如实向国家有关部门汇报集团公司当前生产经营困难，并结合抗灾保电工作，积极做好区域电价调整工作，争取各方面支持，解决公司经营面临的困难。

6. 进一步加强队伍建设

这次抗灾保电工作中，集团公司系统各单位经受住了考验，干部员工队伍的素质能力是过硬的，是能够担当重任的。实践证明，越是困难时期，越要重视和加强队伍建设。我们要认真学习“两会”精神，用会议精神武装头脑，指导工作。要以创建“四好领导班子”为龙头，坚持不懈地加强班子建设，不断提高班子的领导力、执行力、战斗力。要进一步加强人力资源管理，加大培训力度，提高队伍素质，为集团公司快速健康可持续发展提供有力的人才支撑。要积极推进班组建设，尽快出台实施方案，建立工作机制，着力加以推进，切实把班组建设提高到一个新的水平。要全面加强党的建设、企业文化建设和精神文明建设，不断增强反腐倡廉和依法经营意识，共同推动集团公司做强做大做好。

真情融化冰雪，精神成就事业。同志们，2008年是全面贯彻落实党的十七大精神的第一年，是集团公司实现“十一五”“8467”目标承上启下的一年。我们要以这次抗灾保电工作的胜利为契机，大力弘扬抗灾保电精神，统一思想，坚定信心，认真贯彻“两会”精神，按照集团公司2008年工作会议的部署，坚定不移地完成今年各项目标任务，为早日实现“国内行业前列，世界企业五百强”愿景目标而努力奋斗。

强化纪检监察职能为建立依法经营长效机制而不懈努力

——在公司系统“依法经营，遵纪守法”主题实践活动总结会上的讲话

集团公司党组成员、纪检组组长　迟文江

（2008年3月18日）

一、加强宣传教育，夯实依法经营的思想基础

市场经济是法治经济，必须切实增强依法经营意识。就公司系统而言，依法经营就是在自觉遵守国家法律法规的同时，严格按照集团公司和本单位的规章制度、工作程序规范经营行为。反腐倡廉建设和依法经营在本质上具有高度的一致性：只要遵纪守法就能远离腐败；腐败行为必然伴随着违纪违法。加大依法经营力度，必然要求突出教育重点，有效发挥教育的基础性作用。

1. 在教育对象上，突出党员领导干部

党员领导干部是企业改革发展等各项工作的中坚力量，其从业道德和个人品质对单位风气、事业成败具有重要影响。最近，中央纪委对中国石油化工集团公司原总经理、党组书记陈同海，首都机场原董事长李培英严重违纪违法案件作了通报。陈同海、李培英案件影响恶劣，给大家敲响了警钟，我们要从中汲取深刻教训，突出对党员领导干部依法经营的教育。要开展专项培训，从加强依法经营、合规经营和遵纪守法教育入手，宣讲重经营、轻管理，重指标、轻制度和法律法规意识淡薄带来的危害，引导党员领导干部始终加强主观世界改造，正确对待和行使手中掌握的国有资产经营管理权。要针对党员领导干部在思想作风、学风、工作作风、领导作风和生活作风方面的突出问题，开展党性党风党纪教育，引导党员领导干部保持和发扬艰苦奋斗的优良传统，以身作则，巩牢反腐倡廉的思想道德防线。各单位今年的党委（党组）民主生活会，要围绕中央纪委二次全会强调的“七个不得”认真开展自查，有则改之，无则加勉。

2. 在教育内容上，突出廉洁从业法规

2008年，中央纪委将修订《国有企业领导人员廉洁从业若干规定》，集团公司要相应修订《实施细则》，并将组织知识竞答活动，各单位要在抓好学习贯彻的同时，落实集团公司领导人员廉洁从业承诺抵押金管理办法，做好抵押金收缴、管理、备案工作，教育和引导领导人员、重要岗位人员树立正确的权力观、地位观、利益观。要深入开展廉洁文化建设，按照国务院国资委《关于推进中央企业廉洁文化建设的指导意见》要求，分级编制廉洁文化建设规划，开展廉洁文化进班子、进厂区、进岗位、进家庭活动，选树廉洁文化建设典型，加强思想道德建设和企业诚信管理，营造廉荣贪耻的良好氛围。与此同时，结合“五五”普法方案的实施，抓好与电力企业关系密切的《公司法》、《合同法》、《会计法》、《劳动法》、《安全生产法》、《环境保护法》、《招标投标法》等法律法规的学习培训。

3. 在教育形式上，突出警示教育作用

警示教育以严肃党纪、惩治腐败为目的，体现了惩治与防范相结合，重在防范的工作思路，比一般教育更具说服力和震撼力，能够真正起到关口前移、见微知著、未雨绸缪的作用。要紧密结合干部职工的思想实际，找准存在的问题，通过举办各类警示教育培训班、召开警示教育大会、组织观看电教片、进行座谈讨论、参观警示教育基地、以案说法、现身说法等不同教育方式，对症下药，切实提高教育的针对性和实效性。要着重抓好重点部门、关键岗位干部的教育，划分阶段、区分层次、因人施教。在领导干部中，重点围绕如何用自身的良好形象影响和带动广大干部，如何自觉接受组织和群众的双重监督的教育。在一般干部中，重点围绕正确看待和行使企业赋予的权力的教育，切实增强教育效果。

二、完善内控机制，提供依法经营的制度保证

党的十七大报告指出：“要扎实推进惩治和预防腐败体系建设，在坚决惩治腐败的同时，更加注重治本，更加注重预防，更加注重制度建设，拓展从源头上防治腐败工作领域”，“形成拒腐防

变教育长效机制、反腐倡廉制度体系、权力运行监控机制。”由此可见，加强制度建设和创新，形成完善有效的体制机制，是推动反腐倡廉建设、促进依法经营工作的根本途径。

1. 健全制度体系，扩大制度的覆盖面

制度建设带有根本性、全局性、稳定性和长期性。坚持依法经营，必须把制度建设作为重中之重，贯穿于经营发展、规范管理、企业文化、队伍建设和党的建设的整个过程，渗透于企业管理的各个环节，做到有章可循、有据可依。一方面，要建立健全民主集中制、重要情况通报和报告、重大决策征求意见、述廉议廉、谈话和诫勉等反腐倡廉基础性制度，并在实践中不断创新。2008 年上半年，集团公司将制定《派驻纪检组长暂行办法》，选择 1 ~2 个单位开展派驻试点，目前，正在开展调研、制定方案。此外，还将制定《巡视工作暂行办法》，适时开展试点。另一方面，要认真分析企业发展中面临的新情况新问题，紧紧围绕“三重一大”决策、权力行使、干部任免、薪酬管理、职务消费等部位和环节，有针对性地修订完善现有制度；特别是要针对主题实践活动中通过自查所反映出来的制度设计和执行等方面存在的问题，研究制定新的制度，形成一整套源头治本的制度体系，不断健全企业内控机制，使制度覆盖到企业经营的各个领域和方面，进一步堵塞漏洞、加强管理。

2. 优化工作流程，增强制度的可行性

如果把规章制度比作交通规则，那么，工作流程便是通向目标的道路。制度失去了流程，便失去了可行性和约束力，制度的质量和效果便无从谈起。要善于抓住和运用当前的有利时机，着重从以下两个方面优化工作流程。一方面，以对标管理为契机，结合管理流程再造和细化等工作，把“坚持用制度管权、管事、管人，建立健全决策权、执行权、监督权既相互制约又相互协调的权力结构和运行机制”的原则性要求，体现到具体的工作流程之中。另一方面，以信息化建设为契机，在人力资源、生产运营、财务资产、市场营销、工程建设、企业文化等方面不断创新管理，在提高管理效率的同时，将依法经营的理念转化为行之有效的工作流程，并通过把握关键部位、控制重要节点，推进依法经营、实现可控在控。

三、强化监督检查，营造依法经营的良好环境

有效加强监督，是保证党和国家的路线方针政策、集团公司的各项决策部署顺利实施的客观要求，更是企业依法经营的内在需求。监督工作涉及面广、专业性强，必须从开展监督检查、形成监督合力、严格责任追究三个方面综合考虑、协调推进。

1. 把握重点部位，开展监督检查

各单位要针对尚未整改到位的问题、着眼工作中出现的新问题，以制度执行情况为主线，运用企业效能监察等多种方式，加强对民主决策、财务管理、工程项目、物资购销等重点部位的监督检查，发现问题及时纠正。

一是加强决策监督。把决策监督作为最高层次的监督。凡属重大决策、重要人事任免、重要项目安排和大额度资金使用等事项，必须集体作出决定。要确保决策权限的合理化，防止决策权力过度集中；要确保决策程序的规范化，实行决策前的论证制、决策中的协商制和决策后的责任制；要确保决策机制的公开化，认真执行决策项目的预告制度和重大事项公示制度，为决策监督提供必要前提。2008 年，国务院国资委将组织开展“三重一大”制度执行情况的监督检查和节能减排管理的效能监察，各单位要做好自查和迎检准备。

二是加强财务监督。加强财务基础管理，充分利用现代信息技术手段，进一步强化资金集中管理和预算控制。加强对信用贷款和对外担保的监督，慎控财务风险。全面推行经济责任审计和经济效益评价制度，对企业经济效益作出客观公正、实事求是的定性、定量评价。2008 年上半年，集团公司将在公司系统内组织开展规范关联交易效能监察，内容包括资金、资产、拆借、担保等一切转移资源、劳务或义务的事项。目前，方案正在征求意见过程中；各单位要切实把握政策界限，规范财务运作，认真开展自查，确保取得实效。

三是加强工程项目监督。要按照集团公司“安快好省廉”的工程建设要求，坚持重大项目招投标制度，切实加强招投标管理。要认真执行集团公司《招标监督办法》，针对招标投标的薄弱环节，规范招投标程序，加强过程监管，防止规避招标、虚假招标、围标、串标等现象的发生，努力实现“建设一个工程，树立一座丰碑”和“工程优质、干部优秀”的目标。2008 年，国务院国资委将组织开展招投标管理效能监察，各单位要认真准备，积极配合。

四是加强物资购销监督。对物资购销关键环节实行全过程监督，对大宗物资采购实行招标投标，增强物资购销过程的透明度，防止暗箱操作。要推行廉政合同制度，在与购销单位签订业务合同时，应同时签订廉政合同，以规范双方的行为。有关单位要把关停小机组资产处置工作作为物资购销监督的重点，做到组织到位、措施到位、监督到位。

2. 认真组织协调，形成监督合力

纪委要切实发挥“党内监督的专门机关”作用，认真履行党章赋予的组织协调职能，整合监督力量，建立起党内监督和党外监督相结合，组织监督和群众监督相结合，上级监督和下级监督相结合，社会监督和舆论监督相结合的全方位、多渠道的监督网络。与此同时，通过建立监督要素部门联席会议制度、合署办公体制等方式，由纪委统一协调监督力量，充分发挥纪委、监察、审计、监事会等职能部门以及各种监督主体的作用，形成监督合力。要全心全意依靠职工群众，完善以职工代表大会为基本形式的民主管理制度，探索现代企业制度下，职工群众民主管理的有效途径，充分发挥职工群众民主监督作用。除国家法律法规规定的保密事项和企业科技、商业机密外，企业改革发展和生产经营中的重点难点、关系职工群众切身利益、企业领导人员廉洁从业等情况都应该向职工群众公开。要将企业管理行为和依法用权情况纳入民主监督范围，加强对权力行使的监督，有效防止权力失控、决策失误、行为失范，切实提高监督实效。

3. 坚持从严治企，严格责任追究

从严治企是加强企业管理的客观需要，也是教育和保护干部的有效措施，要发挥案件检查工作在惩防体系建设中的重要作用，坚持与依法治企同步推进。一是加强组织领导。党政领导要从人、财、物各方面为办案工作提供有力支持，及时解决办案中遇到的困难或阻力，指导案件的顺利查处。二是畅通信访渠道。在设立举报信箱、公布举报电话、开通网络举报平台的基础上，推行以厂务公开为重点的维护员工知情权、参与权、监督权的新措施，使信访举报更加方便快捷。三是严肃查办案件。按照中央纪委“七个不得”的新要求，重点查处违反“三重一大”规定造成国有资产流失，私设“小金库”、账外账等违反财经纪律，工程招标程序不规范等影响公平公正原则，以及经营管理人员以权谋私、贪污受贿、挪用公款、失职渎职等案件。加大治理商业贿赂工作力度，严肃查办重点领域和重点方面的商业贿赂案件。要综合运用纪律处分、经济处罚、组织处理以及重大决策失误责任追究等多种方式，加大惩戒力度，提高制度执行力，确保集团公司各项决策部署的贯彻落实。要注意查处与保护、惩治与防范相结合，既要严肃惩处腐败，又要积极支持企业领导人员大胆改革、开拓创新和严格管理。四是发挥治本功能。加强对案件发生的特点和规律的研究，分析、查找经营管理中存在的漏洞以及体制机制制度方面的原因；注重转化办案成果，督促、协助有关部门完善规章制度，加强企业管理，防范经营风险。

要 闻 特 编

集团公司 2008 年工作会议

2008 年 1 月 17 日，集团公司 2008 年工作会议在北京召开。国务院副总理曾培炎，国务院国资委主任李荣融、国家电力监管委员会主席尤权分别作出重要批示，对集团公司 2007 年取得的成绩给予充分肯定，对 2008 年工作提出了重要指导意见。国家电力监管委员会副主席王野平、国务院派驻集团公司监事会主席韩修国、国家发展改革委能源局副局长吴贵辉、中国电力企业联合会秘书长王永干等出席会议并讲话；中组部、国家发展改革委、国务院国资委、国家电监会、国务院派驻公司监事会、国家审计署太原特派办、中国电力企业联合会等国家有关部门领导出席了会议。

集团公司党组书记、总经理曹培玺，党组成员、副总经理陈飞虎、程念高、任书辉，党组成员、纪检组组长迟文江，党组成员、副总经理辛保安、邓建玲，党组成员、华电国际总经理陈建华，总会计师王怀书，集团公司老领导、专家委员会主任委员贺恭出席会议。会议由党组成员、副总经理程念高主持。会议认真贯彻党的十七大和中央经济工作会议、中央企业负责人会议等重要精神，深入贯彻落实科学发展观，总结公司2007年工作，深入分析形势，全面部署2008年工作，动员公司全体干部员工，为全面完成2008年目标任务，早日实现“十一五”时期“8467”奋斗目标和“国内行业前列、世界企业500强”愿景目标而努力奋斗。

集团公司党组书记、总经理曹培玺在会上作了题为《努力创新超越，提升竞争能力，为实现公司愿景目标而努力奋斗》的工作报告。报告全面总结了集团公司2007年工作情况，提出了今后一个时期的公司战略，明确了2008年工作总体要求和目标任务，对2008年工作进行了全面具体部署。

曹培玺在工作报告中指出，2007年，集团公司以邓小平理论、“三个代表”重要思想为指导，深入贯彻科学发展观，着力坚持科学发展，着力推进改革创新，着力提升企业管理，着力加强队伍建设，全面超额完成年度目标任务和国务院国资委年度业绩考核指标，三大业绩大幅提升，安全经营发展势头进一步趋好，各项工作取得良好成绩。2007年公司完成发电量2581.58亿kW·h，比上年增长29.4%；供电煤耗347.11g/(kW·h)，比上年下降8.71g/(kW·h)；单位发电量二氧化硫排放量3.63g/(kW·h)，比上年下降47%。投产60万kW及以上火电机组15台959万kW，占投产火电容量的82.9%。投产脱硫机组40台共1684万kW。关停小火电机组31台175.9万kW，完成年度目标的140.7%。

曹培玺指出，一年来的工作实践充分证明，公司党组确定的年度工作总体思路和要求符合党的十七大精神，符合公司实际，得到公司上下积极贯彻和认同，形成了公司工作体系和基本经验，即：履行“三大责任”是公司的光荣使命，推进“做强做大做好”是公司的基本方向，提升“三大业绩”是公司的中心任务，确保“四个安全”是公司的工作基础，落实“四个着力”是公司的工作路径。

曹培玺指出，当前公司面临的形势正在发生广泛而深刻的变化，机遇前所未有，挑战也前所未有，机遇大于挑战。党的十七大确定全面建设小康社会的宏伟目标，为公司发展提供了广阔空间；国家加大宏观调控力度，对公司发展产生深刻影响；国家推进国有资产改革，对公司经营发展提出了更高要求；实行发电节能调度，对节能减排要求更加严格；资源价格持续上涨给公司经营的压力不断加大。从公司内部形势来看，经过全体干部员工五年的努力拼搏，公司资产质量大幅提升，综合实力明显增强，实现装机容量翻一番多，经济效益翻两番，形成快速健康持续发展的良好态势。但优化资产结构、提升管理水平和队伍素质，实现公司愿景目标，将是长期而艰巨的任务。

曹培玺指出，以党的十七大精神为指导，总结实践经验，适应新的形势要求，集团公司党组确定今后一个时期的公司战略是：以履行经济政治社会责任为使命，以提升安全效益发展业绩为中心，以做强做大做好为方向，坚持电为核心、上下延伸、内外并举，坚持集约化、现代化、国际化，坚持以人为本、科学发展、改革创新、构建和谐，把公司建设成为“国内行业前列、世界企业500强”的大型企业集团。

曹培玺在报告中明确了2008年工作总体要求，即以党的十七大精神为指导，高举中国特色社会主义伟大旗帜，深入贯彻落实科学发展观，认真贯彻中央经济工作会议精神，以公司战略为统领，以提升三大业绩为中心，以增强竞争力为主线，以加强企业管理为重点，深入开展对标管理年活动，全面提高安全保障能力、发展突破能力、市场开拓驾驭能力、降本增效能力、节能减排能力、资本资金运作能力、风险防范能力，以人为本，勇于创新，真抓实干，努力超越，全面完成2008年各项工作任务。

2008年公司重点做好七个方面的工作：一是深入开展对标管理年活动，全面提升竞争能力；二是切实加强生产管理，确保生产安全稳定；三是全力推进科学发展，着力提升发展质量；四是加大节能环保力度，提高降耗减排水平；五是大力加强经营管理，持续提升经济效益；六是加快推进改革创新，不断增强生机活力；七是进一步加强队伍建设，积极营造和谐环境。

曹培玺对公司系统的各级领导干部提出五点要求：一要贯彻战略，统筹全局，以公司战略统领各项工作，做到胸中有全局、前进有方向、奋斗有目标。二要加强学习，提升能力，着力提高统筹全局的能力、攻坚破难的能力、经营管理的能力、凝心聚力的能力。三要攻坚破难，勇创佳绩，要在项目核准、电量、电价争取、降本增效、节能减排等关键工作上取得突破，增强企业竞争力，提升三大业绩，实现绩效目标。四要真抓实干，务求实效。五要以身作则，当好表率。要秉公用权、廉洁从业，保持昂扬向上、奋发有为的精神状态，雷厉风行地推进工作，在攻坚克难中开创新局面。

大会隆重表彰了集团公司 2007 年度先进企业、优秀发电企业、文明单位、“四好”领导班子先进集体、劳动模范、先进集体和个人，表彰了集团公司安全生产、节能减排、扭亏增盈、前期工作、基建“双达标”先进单位。

集团公司总师、总经理助理、副总师、纪检组副组长，本部副处级以上干部以及系统各区域、各单位主要负责人出席了会议。

集团公司 2008 年年中工作会议

2008 年 7 月 24 日，集团公司 2008 年年中工作会议在京隆重召开。会议的主要任务是：认真贯彻中央企业负责人会议精神，深入学习实践科学发展观，全面总结集团公司上半年工作，深刻分析面临的形势，科学安排下半年工作，进一步动员公司系统广大干部员工为完成年度目标任务，推进公司又好又快发展而努力奋斗。

集团公司总经理、党组副书记云公民，党组书记、副总经理李庆奎，党组成员、副总经理陈飞虎、程念高、任书辉，党组成员、纪检组长迟文江，党组成员、副总经理辛保安、邓建玲，党组成员陈建华，总会计师王怀书出席会议。国务院派驻集团公司监事会主席韩修国，集团公司老领导、专家委员会主任委员贺恭也出席了会议。

云公民作了题为《迎难而上，奋发有为，为全面推进公司又好又快发展而努力奋斗》的工作报告，从抗冰保电和抗震救灾、安全生产、对标管理、项目发展、经营管理、队伍建设等六个方面总结了公司上半年工作，深入分析了公司经营发展面临的形势和存在的主要问题，提出了下一步公司工作的总体思路：以科学发展观为统领，以经济效益为中心，以增强综合竞争力为主线，以改革创新为动力，以调整结构、降本增效为重点，拓宽发展思路，转变发展方式，破解发展难题，实现又好又快发展，努力把公司建设成为资产结构优、经济效益好、管理水平高、以电为主具有综合竞争能力的能源集团。

结合学习贯彻中央企业负责人会议精神，面对新形势、迎接新挑战、完成新任务，云公民提出“四个更加重视”：一是更加重视经济效益，全力提升发展质量；二是更加重视优化结构，合理推进科学布局；三是更加重视改革创新，不断增强竞争实力；四是更加重视风险防范，确保公司资金安全。云公民强调抓好六项重点工作：深入开展学习实践科学发展观活动；强化安全生产，全力做好灾后重建、奥运保电和迎峰度夏工作；狠抓管理创效，努力完成全年经营目标；加强项目前期和工程管理，完成年度发展任务；加强节能减排，认真履行企业社会责任；加强党的建设和队伍建设，激发和凝聚公司上下完成全年目标任务的信心和力量。

李庆奎作了总结讲话，总结了会议的基本情况和主要收获，提出了贯彻会议精神的部署要求。李庆奎强调，公司下一步工作的总体思路，是公司党组在正确判断公司面临的内外部形势基础上作出的重要决策，对推进公司科学发展十分重要。各级领导干部和广大员工必须正确把握和处理好继承与创新、做强与做大、局部与全局、外创环境与内强管理的关系，坚持在发展中调整结构、在调整结构中实现高质量发展，把思想和行动统一到会议精神上来。

李庆奎指出，为了确保 2008 年各项目标任务的完成，公司系统各单位要迅速学习传达会议精神，准确把握形势任务，坚定完成全年目标的信心和决心；要突出重点，制定措施，切实把各项任务落到实处；要发挥政治优势，调动全体员工的积极性和创造性；要以身作则，率先垂范，发挥领导干部的表率作用。

集团公司安全生产部、计划发展部、财务管理部、市场营销部在会上分别作了专题发言。与会代表结合企业实际，对报告进行了分组讨论。与会代表普遍感到，通过这次会议，全面认清了公司当前面临的形势，更好地把握了今后的工作的总体思路和部署要求，更加坚定了完成全年任务的信心和决心。

集团总部总师、助理、各部门主要负责人，各分支机构、区域子公司及部分电厂党政主要负责人共170名代表参加了会议。

抗冰保电工作

2008年1月中旬，一场极为罕见的冰雪灾害侵袭了我国大部分地区。公司系统广大干部员工在集团公司党组的正确领导下，按照党中央、国务院的统一部署，发扬“高度负责、顾全大局、拼搏奉献、勇挑重担”的精神，千方百计保电煤，全力以赴保发电。

冰灾发生后，华电集团抗灾保电工作领导小组迅速启动应急机制，建立健全了反应灵敏、协调有序、运转高效的组织指挥体系，坚持每日信息分析，每日召开生产经营协调会。在冰灾最为严重的时期，集团公司党组一班人先后分赴湖南、贵州、广西、江苏、云南、陕西、浙江等19个省（自治区、直辖市），先后走访了48个基层单位，亲切慰问战斗在一线的广大干部员工，现场指导抗灾保电工作。

集团公司积极发挥燃料统一管理优势，实行日统计、日对比、日调度，全方位、多角度地掌握煤炭和运力资源。贵州、湖南、湖北、安徽、广西、新疆等区域电厂，一方面严格执行电网调度命令，保证机组调得起，带得满，稳得住，为电网的安全运行提供可靠支撑；另一方面积极争取更多的煤源，加快电煤接卸速度，抓好设备维护管理。公司所属贵州各发电企业，在电网解列成4个区域电网的情况下，一度支撑着其中3个区域电网的电源供应，最大时承担了全省近70%的负荷。贵州华电大龙发电有限公司在59天的抗灾保电攻坚战中，经历3次扣人心弦的“黑启动”，成功保住孤立运行的电网，创全国首例；公司在湖南的企业承担了长沙地区50%的供电任务和湘西60%的用电负荷。

在冰灾肆虐的1月，华电集团完成发电量248亿kW·h，同比增长18%。春节期间发电量较2007年春节同比增长33%，安全生产形势平稳，未发生人身伤亡事故、设备事故和交通事故，为缓解各地电力供应紧张局面作出了突出贡献，取得了抗灾保电工作的重大胜利。

抗震救灾工作

2008年5月12日14时28分，四川汶川地区发生8.0级强烈地震，华电集团所属部分企业受灾严重。面对突如其来的震灾，集团公司党组在第一时间成立了抗震救灾工作领导小组，并立即启动抗震救灾应急预案，全力开展生产自救和灾后重建工作。同日，集团公司下发《关于做好抗震救灾工作的紧急通知》，要求各单位发挥国有企业的骨干带头作用，努力配合、支持当地政府做好抗震救灾工作，尽快了解情况、报告企业灾情、启动应急预案，同时按照“保人身、保设备、保供电”的方针，采取果断措施，保证人员安全，减少灾害损失。

作为此次受灾最严重的华电企业，华电四川公司在地震灾害发生后，立即组织开展抗震救灾和恢复生产工作。在危情中，受灾严重的宝珠寺、紫兰坝水电站以及宝电公司承揽运行维护的红叶二级电站的中控室值班人员临危不惧，妥善处理好机组设备。宝珠寺水电站运行人员在两个小时内恢复厂用电，迅速带上负荷，为川北电网支援抗震救灾赢得了宝贵时间。5月12日当晚，紫兰坝电站干部员工冒着山体塌方危险组织恢复生产，两台停运机组全部并网成功，为确保绵阳市北川、青川、江油等重灾区抗震救灾作出了积极贡献。杂谷脑公司红叶二级电厂3号机组成功实施黑启动，并于5月14日15时14分手动开机成功，迅速恢复了厂用电，为灾区提供了有力的电力保证。广安电厂员工坚守工作岗位，在4号机组因地震引起汽机轴承振动高被迫跳闸后，及时组织人员进行抢修，40min后重新并网运行，为电网提供了150万kW的负荷支撑，保证了四川500kV电网的安全可靠运行。

在抗震救灾的关键阶段，集团公司把抗震救灾摆在各项工作的突出位置，组织人员到狮子坪、红叶二级、薛城、古城等四个电站进行灾情摸底，检查电站大坝、闸首、引水隧洞等关键设施安全情况，制定生产恢复方案，做好灾后重建工作，尽早恢复正常生产运营。

汶川特大地震发生后，集团公司发扬“一方有难，八方支援”的精神，紧急向中国红十字会、中华慈善总会捐款6000多万元，被民政部授予“中华慈善奖”。四川公司组织有关部门和设计单位专业人员30多人，满载内江发电总厂、广安公司等华电在川兄弟单位紧急采购的食品、药品、帐篷等满足260人20天生活所需的救灾物资，启程奔赴四川重灾区，为抗震救灾的最后胜利作出了重要贡献。

奥运保电工作

北京奥运会开幕前后，华电集团始终把奥运保电作为工作的重中之重。2008年5月，华电集团制定下发《奥运保电安全稳定工作方案》，成立了各级奥运保电安全稳定工作机构，将奥运保电工作与日常安全管理、防汛工作、迎峰度夏和灾后恢复重建有机结合，对奥运期间公司稳定、安全生产、环境保护、安全保卫和信息网络工作进行了全方位部署。公司领导班子分赴公司系统各奥运保电的前沿电厂，开展奥运保电专项督查工作，确保组织、措施、物资、预案到位，各级奥运保电工作组运转高效。

8月3日，在临近奥运开幕最后一刻，中共中央政治局常委、国务院总理温家宝来到华电北京热电公司郑常庄燃气—蒸汽联合循环机组现场，亲切慰问一线员工，对加强节能环保工作、推动可持续发展作出重要指示。他强调，电力生产企业一定要把奥运保电工作作为当前的头等大事来抓，确保电力运行安全、优质、高效。温家宝总理对华电集团奥运电力保障工作给予充分肯定：“今天到华电北京热电参观，我很开心。办好科技奥运、绿色奥运、人文奥运，这是我们一开始就树立的理念，不仅要把奥运办好，办出水平，让国际社会满意，让运动员满意，让人民群众满意，而且要为北京市的可持续发展奠定基础。”

奥运期间，华电集团总部以及北京、青岛、天津、上海、大连等赛区周边华电企业均进入奥运赛时保电状态，公司系统实行24小时值班制度和每日信息报送制度，保持安全稳定生产，加强机组维护，保证稳定运行。天津军粮城公司、辽宁铁岭公司着重加强对脱硫设施、废水治理、污染物监测设施等的运行维护工作，保证环保设施的稳定可靠运行，确保排放达标，为“绿色奥运”添砖加瓦。其中，华电（北京）热电公司、青岛发电公司、天津军粮城公司获得国家电监会授予的“奥运保电先进单位”称号。

重要媒体报道

华电集团：“绿色发展”展示中国电力的崭新形象

（2008年4月8日　新华社）

新华社北京4月8日电（黄全权、李华颖）这是一个令人注目的“提升速度”：短短5年，作为中国5大发电集团之一，华电集团装机容量从成立初期的2554万千瓦猛增至6302万千瓦，资产总额增长186%，发电量增长121%……

这更是一个影响深刻的“降速”：5年的时间，这个中国电力巨子供电煤耗大幅下降22.4克/千瓦时，节约标准煤385万吨，节约用电逾24亿千瓦时，节约燃油38.5万吨，直接实现节能价值33.5亿元……

一“升”一“降”之间，中国华电集团的现代发展之路清晰显现。不仅成为中央企业践行节能减排和社会责任的排头兵，更在“清洁”与“绿色”中，展示了中国电力企业的崭新形象。

节能信念下的“非常纪录”

湖南，长沙。

展现在眼前的是完全现代化的电厂：玻璃钢架结构的节能顶棚纵贯整个厂房；窗外，配套建成了高效静电除尘、灰渣综合利用、用水排水闭路循环系统……在华电长沙发电有限公司的厂区，完全达到无烟、无味、无污染。

但更不寻常的在于，2007年末，国内首批同步实施脱硫、脱硝的两台60万千瓦环保机组在这里亮相——这两台“绿色火电”的诞生，每年不仅可减排二氧化硫3.9万吨，还可减排氮氧化物5412.5吨，减排烟尘19.25万吨。

“作为中央特大型能源企业，一定要在节能减排工作中发挥主力军和表率作用，这是中央企业义不容辞的社会责任。”华电集团总经理曹培玺说。

华电长沙发电有限公司的清新图景只是华电集团发展变化的一个缩影。在山东邹县电厂，国内单机容量最大、国产化程度最高的两台百万千瓦超超临界机组全部建成投产，8号机组节能、排放指标创国内最高等级火电机组的最优水平；青岛公司是我国北方第一家采用海水脱硫技术的企业，脱硫效率达到91%以上，每年还可节约淡水300多万吨。

在宁夏，华电灵武公司两台60万千瓦超临界空冷机组成为我国第一个实现环保设施“三同时”的空冷、节能、环保工程。“和传统湿冷发电机组相比，节水率达70%，年节水量超过1000万吨。”华电集团副总经理邓建玲说，“这相当于32万人一年的用水量。”

清洁能源发展全面加速

在大力发展环保型高效煤电、优化发电机组技术结构的同时，大力开发清洁能源和可再生能源，改变对煤炭的过度消耗和依赖，则成为华电集团发展的另一个醒目特色。

事实上，在绿色与清洁的旗帜下，如今的华电集团，正在绘就一幅“水火气核风共舞”的蓝图：

根据最新数据，目前华电集团水电装机容量已达772万千瓦，占其全部装机容量的12.3%。在拥有我国第一家流域水电公司，实现对乌江流域进行梯级开发的基础上，金沙江中游、上游水电开发也在加快推进。

华电国际十里泉发电厂投运的我国首台秸秆混燃发电机组，秸秆年消耗10万吨，相当于7.5万吨标准煤。

目前，华电已建成了内蒙古辉腾锡勒、新疆小草湖等风电项目。

2007年12月11日，英国益可环境金融集团公司和德意志银行与华电集团签订了“CDM全面战略合作框架协议暨超超临界项目碳减排条款书”，预期每年减排300万吨、收益3300万欧元。这是我国电力行业二氧化碳减排出售单笔之最。

“科技为先”奠定发展后劲

“作为特大型能源企业，推进节能减排向更高目标进发，离不开科技进步这台‘加速器’。”曹培玺说。

人们注意到，在华电集团节能减排诸多耀眼成绩的背后，是对科技、环保的不懈努力和投入。

近年来，围绕环保、节能、高效，华电集团成功掌握和应用了超临界和超超临界空冷、烟气脱硝、秸秆发电、海水淡化、锅炉微油点火等大量先进技术。成功申报国家“863”计划和国家科技支撑项目4项，安排科技项目和科技创新基金项目43项。

值得关注的是，华电集团在“整体煤气化联合循环发电技术”的应用方面已走在全国前列。这一课题进行工业示范后，将使我国成为拥有这项核心技术知识产权的国家。

数据显示，5年中，华电集团用于环保性技改的投资高达30亿元。仅2007年就完成环保性技改及前期项目34项，投资6.3亿元。

根据华电集团制定的最新目标，到2010年底，华电集团供电煤耗将降至336克/千瓦时，同时二氧化硫排放总量将控制在92.6万吨以内。

高举旗帜：中国华电集团加快清洁能源开发

（2008年4月9日　中央人民广播电台）

主持人：中国华电集团依靠技术创新、加快清洁能源开发，去年发电量达2563亿千瓦时；单位发电量的烟尘、二氧化硫排放量比五年前下降了56%以上。请听中央台记者边琪的报道。

记者：华电集团总经理曹培玺说，五年来，华电集团加强电源结构调整，重点加大了水电、风电、生物质能能源等新能源的开发力度。

曹培玺：到2007年底，华电的水电装机能力达到了772万千瓦，比成立之初增加253万千瓦。风电方面，我们现在的装机容量是28.8万千瓦，到2020年我们预计将达到100万千瓦。生物质能发电方面我们在十里全电厂建成了中国首台用秸秆来掺到煤里面燃烧的发电机组。秸秆的可用能力每年达到10万吨，相当于减少了7.5万吨标准煤资源消耗。这样既节省了能源，又可以为农民增加收入，大概一年达到3000万元。另外减少了农民燃烧秸秆的废气造成了狼烟的污染。

记者：与此同时，华电集团大力推进技术创新，向科技要节能、向科技要环保。

曹培玺：我们山东青岛电厂，采用了海水脱硫技术，一年可以节省水量300万吨。在宁夏灵武电厂我们采用了超临界超冷机组，这种机组与传统的水冷机组相比节水可以达到70%。每年的节水量超过32万吨，这样的水量相当于一个32万人城市一年的饮水量。

记者：曹培玺总经理说，到2010年，华电集团供电煤耗将比2005年降低27克千瓦时。整个“十一五”期间华电集团将关停小火电机组超过692万千瓦，目前节能减排成效显著。

曹培玺：华电集团公司的供电煤耗，厂用电率分别比2002年底成立的时候降低了22.4克/千瓦时和1.87个百分点，节约煤炭达到385万吨。这些煤需要用6.4万节车皮来装运，节约用电24.3亿千瓦时。这些电可以保障一个有486万人口的城市居民生活用电。

中国华电集团首次发布社会责任报告

（2008年4月15日　新华社）

新华网北京4月15日电（黄全权、林丽鹂）中国华电集团公司15日发布《2007年社会责任报告》，首次公布华电集团履行社会责任状况。据介绍，2007年公司二氧化硫减排，提前完成国家“十一五”期间削减10%的约束性指标。

根据这一报告，截至2007年底，华电集团火电企业厂用电率比2002年成立时降低1.87个百分点，直接实现节能价值33.5亿元；关停小火电机组250.7万千瓦；单位发电量的烟尘、二氧化硫、氮氧化物排放绩效比公司组建时分别下降了57%、56%和22%。仅2007年二氧化硫排放总量为132.3万吨，比2005年降低21.4%。

同时，《报告》发布了华电集团“十一五”节能减排的三大目标：一是供电煤耗达到340克/千瓦时；二是二氧化硫排放总量，在2005年的基础上削减44.9%，控制在92.6万吨以内；三是关停小火电机组692.3万千瓦，比国家发展改革委确定的468.3万千瓦的关停任务主动增加224万千瓦。

华电集团曾被中国国际跨国公司研究会、联合国全球契约组织和联合国环境规划署联合授予“最具核心竞争力的中国企业”，并名列“中国能源绿色企业50强”。

中国华电集团重节能更重减排

（2008年4月27日
中央电视台《新闻联播》）

央视网消息（新闻联播）：2007年，我国的二氧化硫和化学需氧量排放总量实现了双双下降。抓节能尤其是在重减排上，中国华电集团走在了全国同行的前列。

记者现场：这里是华电集团邹县电厂，我身后的这台巨无霸就是全国单机容量最大的100万千瓦机组，这一台机组发的电就可以保障200多万户城市居民的生活用电。

像这样的百万千瓦机组，这里就安装了两台，由于科技含量高，一年下来，这两台机组就能节约标准煤近百万吨。

华电集团青岛电厂走的则是独辟蹊径、靠水吃水之路。他们利用厂址濒临黄海的地理优势，新上的四台30万千瓦海水脱硫设备是利用海水的天然碱性吸收烟尘中的二氧化硫，从而使这个厂成为我国北方第一个利用海水脱硫工艺的电力企业。尽管这样会使他们的发电成本有所增加，但每年二氧化硫的排放量就可减少3500吨。他们的两台三十万千瓦既能供热又能发电的热电联产机组投产后，使青岛市一下子就淘汰了近百台小锅炉。

当走进华电集团长沙电厂时，给人的感觉就是人在花园中。他们采取的是脱硫、脱硝、除尘、消音等各项设施一起上，把环境保护工作一步做到国际先进水平。仅烟尘一项，每年就可以减少排放近二十万吨。

为了祖国的天更蓝、地更绿，2007年，中国华电集团关停了小火电机组31台，共175万千瓦，超额40%完成了国家下达的减排任务。

中国华电集团公司总经理曹培玺：到2010年，我们的水电装机将达到1500万千瓦，我们的风电装机将达到100万千瓦，我们关停小火电将达到700万千瓦，为我们国家的节能减排做出更大的贡献。

四川震区电厂陆续恢复正常稳定

（2008年5月13日
中央电视台《新闻联播》）

汶川地震发生后，确保电力供应稳定成为确保震区各项工作有序开展的保障线。来自国电、华电等几大发电集团13日的最新消息表明，目前震区电厂总体稳定，受影响机组陆续恢复正常运行。

发电企业全力抗震救灾：在川电厂正陆续恢复正常

（2008年5月13日　新华社）

新华社北京5月13日电（黄全权、李华颖）汶川地震发生后，确保电力供应稳定成为确保震区各项工作有序开展的保障线。来自国电、华电等几大发电集团13日的最新消息表明，目前震区电厂总体稳定，受影响机组陆续恢复正常运行。

来自国电集团的情况表明，四川汶川县发生7.8级地震后，国电集团公司在川电厂3台机组紧急停机。但各生产单位未发现人身伤亡情况，设备和主要构筑物也未明显损坏。

截至目前，金堂发电公司负荷41万千瓦的2号机组在被迫紧急停机后，于12日公司机组运行正常。

同时，龚嘴水电总厂、南桠河流域各水电厂尽管厂区震感明显，但机组运行未受影响，大坝运行正常。

截至目前，国电集团紧急预案全部启动，集团所属电厂尤其是在川电厂，正全力加强对建筑物、设备及在建项目的安全检查工作，发现问题及时处理，防范因房屋倒塌、落物、绝缘损坏造成人身伤害和设备损坏，加强大坝安全管理工作，确保水库大坝安全万无一失。

在华电集团，抗震救灾行动已在集团的指挥下全面展开。截止到13日上午，华电集团系统受灾区域企业生产稳定，已恢复正常生产。但震中企业情况不明，目前集团公司正采取一切手段抓紧联系。

众志成城　抗震救灾

（2008年5月14日
中央电视台《新闻联播》）

5月14日晚18时45分，中央电视台一套与中央电视台新闻频道并机直播的《众志成城　抗震救灾》特别报道播出华电集团向灾区捐款700万元人民币，用于援助灾区抗震救灾工作。

华电集团的“增”“减”之道

（2008年5月14日《国企》）

通过“一增一减”，华电集团
绿色发展道路凸显出来

打开中国华电集团公司（简称华电集团）的资产分布图，很明显分为三种颜色：绿、蓝、红。绿色是华电集团成立之前就拥有的老资产，遍布14个省（市区）；蓝色是华电集团成立五年来新增加的11个省（市区）；红色是还没有被覆盖到的寥寥几个地区。如果把视野拉得更广，中国周边的越南、印度尼西亚或许也可以涂上蓝色，华电集团在当地的投资项目正在进行或在商谈中。

经过五年的发展，华电集团电力版图不断扩大，生产能力不断增强。截至2007年底，装机增长147%；资产总额增长186%；发电量增长121%；利润总额增长379%，实现装机规模翻一番和经济效益翻两番，形成规模与效益持续增长、效益增长速度高于规模增长速度的良性发展态势。

在实现经济效益不断增长的同时，华电集团不忘“两条腿走路”，公司五年来用于环保改造的投资达30亿元，单位发电量的烟尘、二氧化硫、氮氧化物排放量与公司组建时相比，分别下降了57%、56%和22%。在新建火电机组大量投运的情况下，采取有力措施加强污染排放指标监管，公司平均二氧化硫排放量3.63克/千瓦时，比年度控制目标低1.37克/千瓦时；单位发电量二氧化硫排放量比上年同期降低47%。环保验收完成率由上年同期的26%上升至77.4%。今年1~2月，公司供电煤耗 341.67 克/千瓦时，比上年同期下降 10.02 克/千瓦时。与上年同期比，1~2 月份节约标准煤 39.77 万吨。

通过“一增一减”，华电集团绿色发展道路凸显出来。

优选项目　标本兼治

赢在源头、赢在建设、赢在管理。这是华电集团节能减排取得阶段性胜利的原因。

“通过精选、优建、严管，中国华电推动节能减排向源头疏导转变、向可控在控、向标本兼治转变。”华电集团公司总经理曹培玺强调。

2007 年华电集团投产 30 万千瓦机组 6 台、60 万千瓦机组 14 台、100 万千瓦机组 1 台。截至 2007 年底，公司火电单机容量 30 万千瓦及以上机组占火电装机的 72.2%，比成立时提高了 28 个百分点；60 万千瓦及以上机组占公司火电装机的 30.24%，比成立时提高了 22 个百分点。

在山东邹县，国内单机容量最大、国产化程度最高的两台百万千瓦超超临界机组全部建成投产，其供电煤耗仅为 270 克/千瓦时，比全国平均发电煤耗低 69 克/千瓦时，两台机组一年可节约标准煤 99 万吨。

在宁夏灵武，2007 年投产的两台 60 万千瓦超临界空冷机组，是全国第一个实现环保设施“三同时”的空冷、节能、环保工程，较传统湿冷发电机组节水 70%，年节水量超过 1000 万吨，相当于 32 万人一年的用水量。

建立长效机制：让指标“过硬”

3 月 31 日下午，华电集团 60 万千瓦机组能耗“派对”召开。同样类型的机组能耗水平将一字排开。“要让他们找差距想办法追赶目标。”华电集团总经理曹培玺介绍，“下个月还要让他们来。”

这是华电集团在管理上推动节能减排工作的一个缩影。2007 年华电集团成立了节能减排工作领导小组，由总经理担任组长，各部门负责人为成员。尽管公司之前也很重视节能减排，有和节能减排领导小组职能相同的部门，一来没有现在的节能减排工作小组地位这么高，不能这么有效地调动资源，二来以前节能和减排从没有联系在一起，没有系统地推进这个工作。

同年，华电集团组织专家完成了 33 家企业节能评价工作。在此基础上，2008 年狠抓“对标管理”对华电集团系统的节能减排工作进行统一领导、组织、监督和检查，定期分析研究节能减排工作，建立节能环保信息发布制度和共享平台。在日常管理中坚持每日生产调度会议制度，对每日的生产指标进行分析。每月对所属企业、机组的能耗水平进行测算，编制阅读主要能耗指标计划，以月度保季度，以季度保全年。各部门、各地区、各企业，将节能减排目标完成情况纳入企业年度业绩考核和干部年度考核的重要内容。节能减排考核指标从原来的附属指标成为关键要素的指标，占总分的比例由以前 5% 提升到了 20%。

“为了让约束性指标‘硬’起来，我们建立长效节能减排目标责任制和考核体系，层层分解节能减排目标，确保节能减排工作落到实处。”曹培玺总结说。

“绿色”发展：上大压小

事实上，由于历史原因，华电集团一批小产能、高能耗的设备指标无论如何也“硬”不起来。华电集团成立之初，火电机组平均单机容量仅为 12.71 万千瓦，10 万千瓦级及以下小火电机组 95 台 454.8 万千瓦，运龄超过 20 年以上的机组占运行容量的 40%，供电煤耗 369.51 克/千瓦时，其中 10 万千瓦级及以下小火电机组供电煤耗 472 克/千瓦时，是制约公司节能减排能力的瓶颈。

“上大压小”、关停小火电，是实现国务院确定的“十一五”国内生产总值单位能耗和二氧化硫总量分别降低 20% 和 10% 目标的重要举措。曹培玺坦言“压力很大”。

关停小火电厂，空壳电厂的人员安置是个难题。大概有 3 万员工会遇到生存问题。“但是国家提出这种要求时，作为一个中央企业是责无旁贷。”他承诺，“我们将通过加速自身发展和内部调配解决再就业问题，绝不把一个职工推向社会，决不因为关停小火电让一个员工下岗。”曹培玺语气坚定。

对于华电集团而言，“上大压小”是优化结构、提升竞争力的“绿色”机遇。这是华电集团的一个历史机遇。国家将要实现竞耗上网：谁的煤耗低，谁先上网。“我们关停小机组，上马大机组，煤耗降低，我们的市场占有率就会提高”。

2007 年 1 月 29 日，华电集团与国家发展改革委签订了“十一五”关停小火电机组 73 台 468.3 万千瓦的责任书，但华电集团不满足于此，自我加压，在“十一五”关停 692.3 万千瓦小火电机组，比国家下达指标主动增加 224 万千瓦。

为推动小火电关停，华电集团召开了关停小火电机组暨“上大压小”工作会议，成立了小火电机组关停工作领导小组和专门的办事机构，制订《中国华电集团公司“十一五”关停小火电机组实施方案》、《中国华电集团公司“十一五”关停小火电机组工作指导意见》等文件，与有关企业一把手签订了《关停责任书》，按照“统筹规划、因企制宜，落实责任、分级负责，政策配套、积极稳妥”的方针，推进关停小火电工作取得较大进展。

2007年，践行了“不但是要关停，而且是主动提前关停”的承诺，华电集团一年关停小火电机组31台175.9万千瓦，完成年度关停目标140.7%。其中，有9家电厂共20台机组提前半年至两年关停。今年3月15日，四川宜宾发电总厂2台10万千瓦机组顺利关停，3月20日，国家发展改革委进行了核查确认。计划今年关停的其他机组，也正在抓紧做好各项准备工作，争取早日关停。

华电集团为灾区捐款已突破1000万

（2008年5月18日　人民网）

人民网5月18日电　四川汶川县发生的8级强烈地震牵动着华电集团公司全体干部员工的心。华电集团积极响应党中央、国务院号召，全面落实国务院国资委的工作要求，迅速安排部署抗震救灾有关工作，大力弘扬一方有难、八方支援的中华民族传统美德，万众一心、和衷共济的中华民族精神，以各种形式向公司系统受灾企业、受灾害影响的职工和灾区人民群众伸援手、献爱心、送温暖，为抗震救灾作出应有贡献。

目前，华电集团已通过四川省慈善总会等方式共向灾区捐款700万元人民币，用于援助灾区抗震救灾和灾后重建工作。华电集团的广大干部员工正积极响应当地号召，自发向灾区人民捐款捐物，以实际行动支持灾区重建。根据华电集团工委最新统计，截至5月16日上午10点40分，华电集团公司系统各单位累计捐款达313万元，至此华电集团向灾区捐款已突破1000万，且捐款数目还在不断增加中。

Smoke out

（2008年5月19日《China Daily》）

In sight of the pagoda in Tianning Temple, a valuable memento of the Liao Dynasty (916 ~ 1125), located at Guang'anmen Street in Beijing, used to stand a tall factory chimney that emitted heavy industrial smoke and soot. It was a sharply contrasting sight.

The factory near the historical site was the predecessor of Huadian Beijing Co-generation Co, a key thermal power plant for the nation's capital that provides heat for the buildings along the Chang'an avenue, including the Great Hall of People, Diaoyutai State Guesthouse and a cluster of State administrative facilities.

The old thermal power, with 200000 kilowatts capacity, supplied heat for 500000 people and 12 million square meters of construction areas in Beijing for more than 30 years after it opened in 1972.

However, to protect the area's historical and cultural heritage and to halt the power plant's pollution, the old power plant was abandoned earlier this year.

China Huadian Corporation (CHD), the factory's parent company, replaced it with a gas-fired co-generation project, Huadian Beijing Co-generation Co, in the city's western outskirt. The new plant has a heat supply capacity of 540 million kcal/h and power generation capacity of 1.9 billion kWh annually, and is one of the key projects for the Beijing 2008 Olympic Games' power and heat supply systems.

With high-tech energy conservation technology, the plant can generate power at 203 grams of coal equivalent for per kwh, far below the average level of 350 grams of coal equivalent for per kwh, saving about 27000 tons of coal equivalent every year.

Fueled by natural gas, the plant also saved emissions of 500 tons of sulfur dioxide, 400 tons of dust, and 1300 tons of NO_x every year.

It is reported that the Tianning Temple was also selected as one of the sites in the 2008 Olympic Torch Relay route in Beijing.

"When the tourists from around the world come to

Beijing to watch the Olympic games, the chimney's heavy smoke will no longer appear in people's sight," says Li Deming, the general manager of the factory.

The end of the thermal plant near Tianning Temple is only part of CHD's efforts at energy conservation and emissions control.

Earlier this year, CHD shut also down a small-scale coal-fired power plants with a total capacity of 1.36 million kilowatts. And CHD plans to eliminate a total of 99 coal-fired power plants with a total capacity of 6.92 million kilowatts during the next five years, says Cao Peixi, the general manager of CHD.

In the past five years, the company's investment on environmental technology upgrades and emissions control measures has totaled 3 billion yuan, Cao says.

Emission control

In 2007, the company installed 40 coal-fired power plants with de-sulfur dioxide equipment with 16.84 million kilowatts capacity, added de-sulfur dioxide equipment to 100 plants, accounting for 68 percent of the company's total.

The major pollutant emissions such as sufur dioxide (SO_2), dust and NO_x respectively were reduced 56 percent, 57 percent, and 22 percent this year compared to 2002, the company says.

"The goal for CHD's emission control this year is that the emission of sulfur dioxide (SO_2) will be controlled under the level of 3.5 grams for producing every kWh electricity capacity," says Ren Shuhui, deputy general manager of CHD.

To rein in the pollution impact of the outmoded coal-fired plants, CHD is developing large capacity projects with advanced environmental protection technology. In 2007, the company installed 6 plants with 300,000 kilowatts capacity each, and 14 plants with 600000 kilowatts capacity each, and one plant with 1 million kw capacity.

By far, CHD has had 42 projects done under the United Nations' clean development mechanism. Among them, the National Development and Reform Commission has approved 13 plants with 4 million kilowatts capacity. The new plants are expected to reduce CO_2 emissions by 6.83 million tons per year.

Developing new energy

In recent years, CHD took a big step in developing new energy.

Its Guizhou Wujiang River Hydropower Development Co was the first company in China to use hydropower development. Its planned total installed capacity is 8615MW. One of the company's subsidiaries, Wujiang Power Plant, with 1250MW capacity, is the first large hydropower station in China's Karst region and also the first 1000MW class large hydropower station in Guizhou Province.

CHD has also developed its wind power resources. Last December, the CHD Inner Mongolia Huiteng Xile plant with 120MW wind power was put into commercial operation.

CHD also invested in the Fujian Fuqing nuclear power plant and the Zhejiang Sanmen nuclear power plant.

It also constructed a new technology energy project, Huadian Suzhou Bio-mass Power generation Co, which uses straw stalk for fuel. The plant can burn 100000 tons of straw stalk per year, equal to 75000 tons of coal. The project not only reduces coal energy consumption, but also helps increase the local farmers' income by 30 million yuan every year.

It also develops regional combined circular power plants (CCPP) in college areas in South China's Guangzhou city, Guangdong province.

By the end of 2007, China Huadian Corporation had a total installed capacity of 63020MW, and reported an annual power output of 258.2 billion kW/h, and total assets valued at 239 billion yuan.

It has 23 wholly owned, 40 controlling and 21 participating affiliated enterprises.

Its power plants are in 21 provinces and regions in China, among which 26 power plants are large-scale with an installed capacity of over 1000MW each.

The development target of China Huadian in the 11th Five-Year Plan (2006 ~ 2010) is, by the end of 2010 projected to reach 80000MW. Annual company profits are predicted to reach 6 billion yuan, and assets return rates are projected to reach to 7 percent.

中国华电燃气热电工程并网发电

（2008 年 5 月 30 日
中央电视台《新闻联播》）

北京奥运会绿色电力保障项目——中国华电燃气热电工程日前并网发电，工程采用蒸汽循环发电的闭路热电系统，年发电量达 19 亿千瓦时。

云南省开始全面提前关停小火电机组

（2008 年 6 月 20 日　新华社）

昨日，中国华电集团昆明电厂两台运行了 20 多年的 10 万千瓦小火电机组被成功拆除，拉开了全面提前关停小火电机组的序幕，对推进全省电力工业结构调整、促进全省节能减排具有积极的促进作用。

国家发展改革委副主任、国家能源局局长张国宝，省委副书记、省长秦光荣，中国华电集团公司总经理云公民，省委常委、常务副省长罗正富，省委常委、昆明市委书记仇和，副省长和段琪，中国华电集团公司副总经理邓建玲，省政府秘书长丁绍祥出席爆破拆除仪式。

昆明电厂此次关停的两台机组始建于 1985 年，分别于 1987 年和 1988 年投产发电，曾为云南省经济社会发展作出了突出的贡献，但是这两台机组能耗高、污染大。加快关停这类机组，有利于推进大型、环保、节能机组建设，缓解全省资源环境压力，促进能源结构的优化升级。

张国宝在拆除仪式上致词。他说，近年来我国电力工业发展迅速，电力供应紧张的局面已从总体上得到了有效缓解，但我国电力工业在快速发展的同时，结构不合理的矛盾依然十分突出，能耗高、污染重的小火电机组占的比重仍然过大，致使我国电力工业的能耗和主要污染物排放总量偏高，每年多消耗了大量的煤炭资源，加快关停小火电机组是确保完成“十一五”节能减排目标的一项当务之急。希望云南省政府和有关电力企业进一步以科学发展观为指导，高度重视小火电机组的关停工作，加强领导，认真组织，狠抓落实，努力完成全省今年和“十一五”期间小火电机组的关停目标。

罗正富在讲话中指出，此次两台 10 万千瓦机组关停后，每年将减少二氧化碳排放量 1.2 万吨，减少烟尘排放量 990 吨，减少氮化物排放量 2614 吨，按照同等发电量转移到 60 万千瓦机组折算可节约原煤 30 万吨，具有明显的环境、社会和经济效益。华电集团用实际行动履行了国有企业的政治责任、社会责任和经济责任。“十一五”期间，云南省将关停 11 台共计 105.3 万千瓦的小火电机组。全省电力企业要坚决按照党中央、国务院和省委、省政府的总体部署和要求，坚决打好全省电力行业节能减排攻坚战，推动资源节约型、环境友好型社会建设。

爆破拆除仪式上，国家能源局、省经委、省发改委、华电云南公司、云南电网公司共同签署了小火电项目关停确认书。（记者：汪丽军　张瑞芳）

温家宝在考察奥运场馆和保障设施时强调把奥运会办好实现可持续发展

（2008 年 8 月 3 日
中央电视台《新闻联播》）

央视网消息（新闻联播）　中共中央政治局常委、国务院总理温家宝今天上午来到北京市，深入场馆、社区和能源企业考察奥运保障等工作。他强调，要认真做好各项保障工作，通过大家的共同努力，真正把奥运会办成让国际社会满意、运动员满意、人民群众满意的国际盛会。

温家宝来到为奥运提供能源保障的华电（北京）热电有限公司。温家宝说，我们是一个负责任的国家，一定要认真履行奥运会的各项承诺，把奥运会办好，办出特色、办出水平。同时，要继续努力，让北京越来越美、越来越绿、越来越文明，实现可持续发展。

我国开工建设世界首个百万千瓦超超临界空冷机组

（2008 年 8 月 14 日
中央电视台《新闻联播》）

我国开工建设世界首个百万千瓦超超临界空冷机组

由中国华电集团自主研制的世界首个百万

千瓦超超临界空冷项目今天开工建设，通过空气冷却进行发电，机组耗水量仅为传统机组的30%。

世界首台百万千瓦空冷机组开工建设

(2008年12月14日
中央电视台《新闻联播》)

世界首台百万千瓦空冷机组日前在宁夏开工建设。机组通过空气冷却发电比传统机组节水80%，年节水量达2600万吨，相当于近80万人一年的用水量。

中华宝钢环境奖颁奖

[2008年12月17日
《人民日报（海外版)》]

本报北京12月16日讯　记者张意轩报道：第五届“中华宝钢环境奖”颁奖典礼今天在北京举行。

山东省青岛市、中国华电集团公司、国际野生生物保护学会乔治·夏勒博士荣获本届中华宝钢环境奖，厦门市环保局、江苏省环境科学院副总工程师季耿善等22个集体和个人获得了本届中华宝钢环境优秀奖。

二、集团公司概况

公 司 简 介

中国华电集团公司是国家实施电力体制改革、由国务院批准组建的五家全国性国有独资发电企业集团之一。公司于2002年12月29日在人民大会堂揭牌成立，注册资本120亿元人民币，主营业务为：电力生产、热力生产和供应；与电力相关的煤炭等一次能源开发；相关专业技术服务。

电力体制改革划分到中国华电的共有117个单位（发电企业116个，专业公司1个），运行装机容量2554万kW，在建装机容量613万kW。到2008年底，中国华电装机容量6908万kW，其中火电5994.1万kW，占86.8%；水电876.21万kW，占12.7%；风电37.65万kW，占0.55%。总资产2900亿元人民币，资产主要分布在山东、贵州、黑龙江、四川、福建、江苏、湖北、内蒙古、新疆、安徽、宁夏、湖南、云南、浙江、陕西、河南、广西、辽宁、天津、上海、青海、河北、北京、山西、广东等25个省（自治区、直辖市），共有注册单位340个，其中基层发电企业163家。控股华电国际电力股份有限公司（1071.HK，600027.SH），华电能源电力股份有限公司（600726.SH），国电南京自动化股份有限公司（600268.SH），贵州黔源电力股份有限公司（002039.SZ）等上市公司。公司荣获第五届“中华环境奖”、2008年度“中华慈善奖”、全国精神文明建设先进单位等荣誉。

华电宪章——中国华电集团公司企业文化体系

1. 前言

宪章是组织关于自身使命、宗旨、原则的一般规定，亦即一个组织的价值宣言与行为规章。企业文化是企业人普遍认同和遵守的价值观和行为规范体系，是对企业存在的价值意义的诠释及其实现途径的选择，从而成为企业管理思想和管理模式的集中体现。“华电宪章”就是中国华电集团公司的文化宣言、基本方略和行动总纲。

2. 公司标识

中国华电集团公司标志是以公司英文名称的缩写“CHD”为基础演变而来的图形。

中国华电集团公司标志以极富美感的形式传递着丰富而深刻的内涵。她象征拧成一体的绳索，丝丝缕缕，形成强大的合力，展现了大工业的气势和能量的聚合，是企业发展、员工团结的象征。流畅的线条寓意动力的形成、能量的转换，传达并强化“中国华电”以电力和热力运营为核心业务的企业特征，充满现代企业蓬勃的朝气，彰显现代企业追求卓越的理念。形似涌动的波涛，寓意企业面向社会、面向市场，锐意进取、海纳百川、开拓无限的经营思想。

标志的标准色为天蓝色和海蓝色，天蓝是晴空的颜色，寓意博大、宽广、高远；海蓝是大海的色彩，寓意睿智、理性、稳健。以蓝色为主体色彩，代表先进的科学技术和生产力，蕴含着强烈的现代环保意识，洋溢着可持续发展的活力，以及对生命的珍视，展示企业以人为本、造福人类的宏伟志向。

3. 公司使命：全面履行经济、政治、社会责任

作为特大型国有企业集团，全面履行“三大责任”是中国华电的光荣使命，是企业置身于党和国家工作大局、顺应时代发展潮流的必然要求。

履行经济责任，就是勇担确保国有资产保值增值的重任，坚定不移地提高国家授权经营的国有资产的经济效益。

履行政治责任，就是勇担为党执政兴国提供雄厚经济基础的重任，坚定不移地贯彻落实构建社会主义和谐社会的重大战略任务。

履行社会责任，就是勇担推动科学发展的重任，坚定不移地走全面协调可持续发展之路，努力实现企业经济、社会、环境的综合价值最大化。

4. 公司宗旨：照耀世界　温暖人间

“照耀”、“温暖”寓意中国华电以电力和热力运营为核心业务和主要发展方向，是社会公众洁净、安全、可靠、经济的能源生产供应者。

“照耀世界、温暖人间”昭示中国华电立足全国、走向世界，在全国乃至世界范围内不断扩大服务和影响。

“照耀世界、温暖人间”表明中国华电胸怀回报社会的崇高理想，以推动社会和谐和文明进步作为企业发展的最大价值和意义。

5. 核心价值观：以人为本　图强报国

以人为本是中国华电处世做事的基础法则。公司真诚面对公众，一切发展为了人、依靠人、发展人，努力实现发展成果由全体利益相关者共享；公司积极营造和谐，坚持做到尊重人、理解人、培养人，努力实现企业与员工协调发展。

图强报国是中国华电矢志不渝的理想追求。公司坚持高效运营、科学发展，努力为国家富强、民族振兴、社会和谐贡献力量。

中国华电全体员工坚守核心价值观，一心干事业、齐心谋发展、同心促和谐。

6. 公司愿景：国内行业前列　世界企业500强

中国华电紧跟时代发展和中国电力体制改革进程，坚持走安全发展、集约发展、绿色发展、和谐发展之路，着力提高综合实力和竞争能力，努力达到中国电力行业的前列。

中国华电胸怀中华振兴之志，勇做民族工业典范，自强不息，奋力超越，力争跻身世界企业500强之列，成为业绩优良、管理先进、科学发展、质形俱佳，具有可持续发展能力和全球影响力的现代企业集团。

7. 公司战略

以履行经济政治社会责任为使命，以提升安全效益发展业绩为中心，以做强做大做好为方向，坚持电为核心、上下延伸、内外并举，坚持集约化、现代化、国际化，坚持以人为本、科学发展、改革创新、构建和谐，把公司建设成为“国内行业前列、世界企业500强”的大型企业集团。

8. 公司精神：务实创新　和谐超越

“务实”是中国华电全体员工的共同品格。中国华电员工把务实的精神作为基本的工作态度，求真务实、真抓实干、狠抓落实、务求实效。

“创新”是中国华电全体员工的共同追求。中国华电倡导创新意识，健全创新机制，鼓励创新行为，使创新成为员工的自觉行为和企业蓬勃发展的持久动力。

“和谐”是中国华电全体员工的共同理想。中国华电坚持以人为本，着力科学发展，诚挚服务社会，努力营造员工、企业、社会、自然友好共融的和谐环境。

“超越”是中国华电全体员工的共同信念。中国华电着眼未来、着眼至臻，永无止境地追求更高层次的超越。

9. 公司形象：诚信　高效　合作　服务　环保

中国华电视“诚信”为创业和发展之本，始终以诚信面对客户及社会公众，言必行，诺必践。

中国华电视“高效”为创造效益的前提，以高效率赢得高效益。

中国华电视“合作”为“双赢”和“多赢”的基础，坚持同社会各界真诚合作、携手共进，不断推动能源产业的发展与进步。

中国华电视“服务”为宗旨，着力改善服务质量，不断提高服务水平，始终以服务者的形象，真诚面对社会公众。

中国华电视“环保”为己任，致力于科技环保创新，积极推进资源节约型、环境友好型社会的建设进程。

10. 员工守则

忠诚企业，勇于追求，共建华电家园；
关爱社会，乐于奉献，共担华电责任；
严以律己，敏于执行，共守华电规章；
勤勉敬业，敢于创新，共兴华电伟业；
诚实守信，善于合作，共铸华电品牌。

中国华电是全体员工共有的人生家园。忠诚企业，就是要忠于职守，尽心尽责，与企业风雨同舟、荣辱与共。勇于追求，就是要自我激励、勇于超越，有强烈的成就动机、创业激情。

中国华电全面履行经济、政治、社会“三大责任”。关爱社会，就是要心系社会、创造财富、节约资源、保护环境、扶贫济困。乐于奉献，就是要树立崇高的理想，不图安逸、不讲条件，不求回报，以奉献为最大的快乐。

中国华电规章是全体员工共同的行为准则。严以律己，就是要自重、自警、自励，遵守国家的法律法规、企业规章制度和工作要求。敏于执行，就是要令行禁止，全面、迅速、有效地把企业决策转化为自觉行动。

中国华电以做强做大做好为不懈追求。勤勉敬业，就是要勤奋工作，兢兢业业、任劳任怨，尽心尽力地做好每件事。敢于创新，就是要善于思考，善于学习，敢于探索，敢于变革。

中国华电视品牌为企业生命线。诚实守信，就是要以诚信面对每一位利益相关者。善于合作，就是要与合作伙伴坦诚相待，相互理解与尊重，携手营造共同繁荣发展的良好环境。

治　理　结　构

作为国有独资特大型企业集团，中国华电在国家宏观调控和行业监管下，按照现代企业制度要求，完善“科学有效、责权明确、指挥有序、运转顺畅”的管控体系，改进决策监督机制，坚持依法经营，照章纳税，履行责任，建立了科学规范、有效制衡的公司治理结构，为维护国家利益、履行社会责任奠定了坚实的基础。

中国华电按照《中华人民共和国全民所有制工业企业法》注册，国务院向中国华电派驻国有重点大型企业监事会，国务院国资委代表国务院履行出资人职责。

中国华电实行总分公司、母子公司并存的复合型管理体制，对分支机构实行授权管理，对所属企业实行分级管理，形成集团公司总部、二级机构（分公司、区域子公司、专业公司）、基层企业三级管理，初步形成了科学的管控模式，实现了战略资产的最优配置。

中国华电建立了部门研究、专家咨询和领导决策相结合的决策机制，严格的、可追溯的决策责任追究制度，实行科学决策、民主决策和依法决策。公司的发展战略、经营计划、财务预算、投融资计划、企业管理和改革的政策措施、重大投资项目和重大资本运营项目等重大决策，由总经理办公会集体讨论研究决定，由各专业（职能）委员会（领导小组）具体实施。

中国华电建立了产权、财务、人力资源、审计、绩效监控机制、依法经营机制和风险控制机制，健全了监事会监督、纪检监察、员工民主监督和管理、财务审计监督等各项制度体系。

领　导　班　子

总经理、党组副书记：云公民

党组书记、副总经理：李庆奎

党组成员、副总经理：陈飞虎、程念高、任书辉、辛保安、邓建玲

党组成员、华电国际电力股份有限公司总经理：陈建华

总会计师：王怀书

党组成员、纪检组组长：蒋亮平

领导变动情况：2008 年 6 月 12 日，中共中央任命云公民任中国华电集团公司总经理，李庆奎任中国华电集团公司党组书记；同时免去曹培玺中国华电集团公司党组书记、总经理职务。2008 年 10 月 28 日，中共国务院国资委党委任命蒋亮平为中国华电集团公司党组成员、党组纪检组组长；免去迟文江的中国华电集团公司党组成员、党组纪检组组长职务，退休。

国务院派驻
中国华电集团公司监事会

机构：国有企业监事会第 35 办事处

主席：韩修国

办事处主任：李金凤

专职监事：唐中宁、罗雯、沈昊

组　织　机　构

中国华电集团公司组织机构（截至 2008 年年底）见下图。

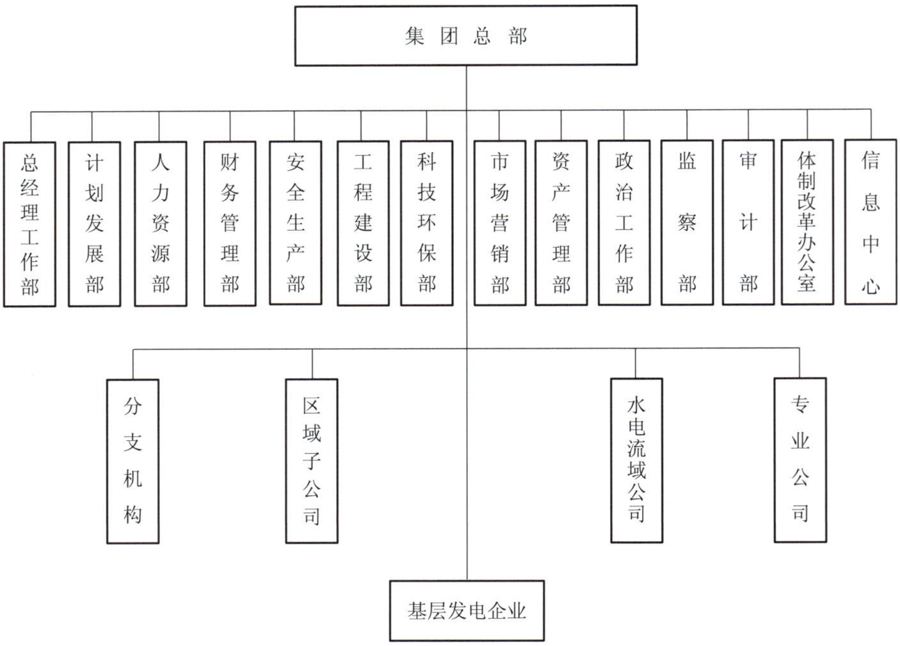

年　度　业　绩

2008年，面对自然灾害严重、煤价大幅攀升、金融危机冲击等诸多难以预料、前所未有的重大挑战，公司上下在前后两届班子的领导下，以科学发展观为指导，全面落实公司年度、年中工作会议精神，同心同德，迎难而上，各项工作扎实推进，为国民经济平稳较快发展作出了重要贡献。

公司系统全年没有发生生产基建较大及以上安全事故，没有发生企业经营和领导人员违法和严重违纪案件，没有发生对公司形象和稳定造成不利影响事件。完成发电量2945亿kW·h，同比增长14.06%；主营业务收入886.62亿元，同比增长21.9%；供电煤耗340.4g/（kW·h），比上年下降6.71g/（kW·h）；单位发电量烟尘、二氧化硫、氮氧化物排放量分别为0.55g/（kW·h）、4.65g/（kW·h）、1.95g/（kW·h）。投产发电装机容量737.35万kW，关停小火电机组16台144.8万kW，控（参）股煤矿在建和投产规模2905万吨/年。荣获第五届“中华环境奖”、2008年度“中华慈善奖”、全国精神文明建设先进单位等荣誉称号。

中国华电集团公司工作规则

（2007年1月24日
集团公司党组会议修订通过）

第一章　总　　则

第一条　为保障中国华电集团公司各项工作高效、协调、有序运转，实行法制化、规范化、制度化、科学化管理，建立健全科学民主的决策机制，根据国家有关规定和《中国华电集团公司组建方案》、《中国华电集团公司章程》，制定本规则。

第二条　本规则适用于公司所属各单位、公司总部各部门。

第三条　公司工作以邓小平理论和“三个代表”重要思想为指导，贯彻党的路线、方针和政策，坚持以人为本，树立和落实科学发展观，以战略为统领，全面履行中央企业的经济责任、政治责任和社会责任，全面提升安全、效益、发展业绩，全面推进华电做强做大做好，建设国内先进、国际一流的现代企业集团。

第四条　公司员工要认真履行岗位职责，坚持解放思想，实事求是，与时俱进，开拓创新；

忠于职守，勤勉廉洁，服从命令，顾全大局，自觉维护公司利益和公司形象。

第五条 各部门要切实贯彻好公司作出的各项决策和工作部署，进一步转变管理方式和工作作风，加强协调配合，规范办事程序，推进信息化管理，提高工作效能，保证工作质量。

第二章 公司领导及有关负责人职责

第六条 公司实行总经理负责制。总经理是公司法定代表人，领导公司全面工作，行使公司章程规定和国务院及有关部门授予的职权。副总经理协助总经理工作，并对总经理负责。

第七条 总经理召集和主持总经理办公会议和公司有关重要会议。公司工作中的重大事项，必须经总经理办公会议讨论决定。

第八条 副总经理按分工负责处理分管工作。受总经理委托，负责其他方面的工作或者专项任务，并可代表公司进行公务和外事活动。党组纪检组组长负责纪检监察工作。

第九条 总会计师、总经济师、总工程师（总法律顾问、总审计师等，以下统称“总师”）及总经理助理在其职责范围内协助总经理工作，对总经理负责，完成总经理交办的工作及副总经理按分管工作委托的事项。经总经理授权，可代表公司进行公务和外事活动。

第十条 总经理出国、出差和休假期间，其职责按照公司领导职责分工规定执行。

第十一条 各部门主任负责本部门的工作。各部门根据国家有关政策、法规、规定和公司工作部署，在本部门的职权范围内，拟订规章制度，制定工作措施，发布工作要求。

第十二条 公司领导的具体工作分工，经党组会议或总经理办公会议讨论决定。

第三章 实行科学民主决策

第十三条 公司要完善部门研究、专家咨询和领导决策相结合的决策机制，健全重大决策的规则和程序，实行科学决策、民主决策和依法决策，建立严格的、可追溯的决策责任追究制度。

第十四条 公司发展战略、经营计划、财务预算、投融资计划、企业管理和改革的政策措施、重大投资项目和重大资本运营项目等重大决策，由总经理办公会议讨论决定。

第十五条 各部门提请公司讨论决定的重大决策建议，必须进行技术经济和政策研究，必要时要经过专家或研究、咨询、中介机构的论证评估或法律分析；涉及相关部门的，应协商沟通；涉及公司系统所属单位的，应事先征求意见。

第十六条 各部门、各单位必须坚决贯彻落实公司的各项决策，及时跟踪和反馈执行情况。总经理工作部要加强督促检查，确保公司政令畅通。

第四章 坚持依法经营

第十七条 依法经营的核心是规范经营行为，有效控制风险。公司及各部门、各单位要按照合法经营、行为正当、高效有序、诚实守信、权责一致的要求行使经营管理权力，强化责任意识和法纪观念，不断提高依法经营管理的能力和水平。

第十八条 公司及各部门、各单位要加强制度建设，强化法制教育，健全内控制度，完善考核奖惩制度，建立激励与约束机制，实现经营管理活动的可控在控，防范经营风险，有效预防单位犯罪和职务犯罪，保障生产安全、经济安全、政治安全和形象安全。

第十九条 公司要自觉接受国务院国资委、监事会及有关行政部门的监督，对国有资产监督和行政监督中发现的问题，要认真查处和整改并及时报告。公司及各部门、各单位要接受新闻舆论监督和员工民主监督，加强网站建设，发布公司信息，便于员工知情、参与和监督。

第二十条 加强公司系统内部监督，严肃财经纪律，严格执法执纪。各部门、各单位要自觉接受企业监察、审计、财务等部门的专项监督，严禁设立“小金库”和违规关联交易等不规范经营行为。

第二十一条 公司及各部门、各单位要重视人民群众来信来访工作，进一步完善信访制度，确保信访渠道的畅通；公司领导同志及各部门、各单位负责人要亲自阅批重要的群众来信。

第五章 工作安排布局

第二十二条 公司及各部门要加强工作的计划性、系统性和预见性，做好年度工作安排布局，并根据形势和任务的变化及时做出调整。

第二十三条 公司提出年度重点工作目标，确定需要制订的重要工作措施和管理制度、公司召开的全系统会议等事项，形成公司年度工作安排布局，下发执行。

第二十四条 各部门、各单位要认真落实公司年度工作安排布局，并在年中和年末向公司报告执行情况。总经理工作部适时做出通报。

第六章 会 议 制 度

第二十五条 公司实行党组会议、总经理办公会议、月度经济活动分析协调会议、专题会议、年中经济活动分析会议、公司工作会议制度。

第二十六条 党组会议由党组书记主持，党组成员参加，总经理工作部（办公厅，下同）主任列席。根据会议内容，由党组书记确定其他有关负责同志列席会议，必要时可召开党组扩大会议。参加会议的党组成员不应少于党组成员的三分之二。党组书记因故不能主持党组会议又确有必要召开时，由党组书记委托一名党组成员主持，并由总经理工作部在会前通知党组成员。

第二十七条 党组会议的主要议题是：

（一）传达学习党中央、国务院的重大决定和重要会议精神以及党中央、国务院领导同志的指示精神，研究贯彻落实的意见和措施，指导公司系统党的工作和精神文明建设。

（二）研究决定公司管控架构、总部机构调整等重大问题和重要人事任免、调动等事项。

（三）讨论通过上报中央有关部门的重要请示、报告，以及发送公司系统党委（党组）的重要文件。

（四）党组书记提议研究的其他问题。

党组会议要严格贯彻执行党的民主集中制原则，一般每月召开一次，党组书记可根据情况决定临时召开。

第二十八条 总经理办公会议由总经理或总经理委托的副总经理主持。总经理、副总经理、党组纪检组组长、“总师”、总经理助理和总经理工作部主任参加。根据会议内容，由总经理确定公司顾问（咨询，下同）、有关部门或所属单位的负责同志列席会议。

第二十九条 总经理办公会议研究决定公司重大事项，主要议题是：

（一）传达和贯彻党中央、国务院及有关部门的重要文件、指示和决策部署。

（二）讨论通过呈报国务院有关部门的重要请示、报告，以及发送公司所属单位的重要文件。

（三）通报公司及公司所属单位的主要工作情况，检查总经理办公会议议定事项的落实情况和上月工作完成情况，布置当月及近期工作。

（四）审议批准公司及公司所属单位经营发展战略和中长期规划（包括公司整体发展规划、主要电源点建设规划等）。

（五）审议批准公司及公司所属单位重大投融资计划、资本运营和重大资产重组方案。

（六）审议批准公司及公司所属单位年度建设计划、生产计划、经营计划、财务计划，审议批准公司及公司所属单位年度报告、财务预算方案、决算方案和税后利润分配方案，考核经营成果，决定奖惩。

（七）审议批准公司审计工作中的重大问题及其审计意见。

（八）决定重点建设项目和电力生产、并网调度等重大问题，研究重大安全隐患及特大事故的处理。

（九）审议批准公司内部改革方案，决定公司内部管理体制、组织结构调整和机构设置，拟订公司章程修改方案，制定公司重要管理制度。

（十）聘任和解聘公司顾问以及各部门、分支机构、全资企业负责人。按法定程序和出资比例向控股、参股企业委派或更换股东代表，推荐董事会、监事会成员等。

（十一）审议批准公司及公司所属单位的工资总额与经济效益挂钩实施办法、基础工资制度、工资分配政策、重大劳动工资改革方案和公司所属单位经营者收入。

（十二）审议决定公司对外经济技术合作与交流重大事宜，以及在境外设立的分公司、子公司或办事机构的有关事宜。

（十三）审查批准公司所属单位的重大决策方案和其他需经总经理办公会议研究的请示、报告。

（十四）审批子公司限额（具体限额由公司确定）以上投资、借贷、对外担保。对控股或参股企业通过董事会实施。

（十五）审定子公司注册资本的增减和股票、债券的发行方案。

（十六）拟定公司增加或减少注册资本的方

案。拟定公司合并、分立、变更公司形式、解散的方案。拟定公司发行股票、债券的方案。

（十七）审议公司工作会议和重要会议文件。

（十八）总经理认为应研究的其他问题。

总经理办公会议一般每月召开二至三次，总经理可根据情况决定临时召开。

第三十条 重大项目投资，包括新建、扩建、改建电力、煤炭等能源项目投资、金融股权投资、投资200万元以上资产并购项目，应经过投资审核委员会研究提出审核意见，提交总经理办公会议审议决定。

第三十一条 50万元以上预算外资金使用，应提交总经理办公会议审议决定。

第三十二条 党组会议议题由党组书记确定，总经理办公会议议题由总经理确定。会议的组织工作均由总经理工作部负责，议题于会前送达与会同志。

公司领导同志不能出席党组会议或总经理办公会议，向党组书记或总经理请假；如对议题有意见或建议，可在会前提出。

第三十三条 《党组会议纪要》和《总经理办公会议纪要》分别由党组秘书和总经理办公会议秘书负责整理，经总经理工作部主任审核后，由会议主持人签发。

总经理办公会议讨论决定的事项，宜于公开的，经审定后及时在公司系统内部报道。

第三十四条 月度经济活动分析协调会议由总经理主持召开，副总经理、党组纪检组组长、“总师”、总经理助理、各部门主要负责人参加。会议的主要任务是：

（一）通报上月安全生产情况、各项经营指标完成情况、项目前期和基建工程进展情况。

（二）对下月工作进行安排部署。

第三十五条 专题会议由公司领导主持召开，专题研究解决有关具体工作事项。

会议组织工作由公司有关部门负责，总经理工作部协助。会议议定事项形成《办公通报》，经总经理工作部主任审核后，由主管公司领导签发。

公司领导在专题会议上的讲话，以《内部情况通报》印发，由主管公司领导签发。会议纪要根据情况可以公司文件印发。

第三十六条 年中经济活动分析会议由总经理主持，出席人员为公司系统分支机构、控股公司及有关单位主要负责人，公司领导，“总师”、总经理助理、顾问，各部门主要负责人。根据会议需要，邀请国务院派驻公司监事会、国务院有关部门、有关地方政府负责人以及电力系统有关单位参加。总经理可以确定列席人员。会议的主要任务是：

（一）传达学习党中央、国务院及其有关部门的方针政策和指示精神，提出贯彻落实意见。

（二）总结分析公司上半年经济活动情况，检查通报公司年度工作目标的完成进度，调整部署下半年工作思路及工作目标、进度。

（三）交流公司系统改革发展的有效做法和经验。

（四）讨论研究和安排其他重要工作事项。

第三十七条 公司工作会议由总经理主持，出席人员为公司系统各单位党、政主要负责人，公司领导，“总师”、总经理助理、顾问，各部门主要负责人。邀请国务院派驻公司监事会、中央及国务院有关部门以及电力系统有关单位参加。总经理可以确定列席人员。会议的主要任务是：

（一）传达学习党中央、国务院及其有关部门的方针政策和指示精神，提出贯彻落实意见。

（二）总结和部署公司的年度工作。通报和兑现年度考核及奖惩情况，表彰公司年度先进单位和个人，签订年度经营业绩责任书及有关责任书。

（三）交流公司系统的工作经验。

（四）讨论审议其他重要工作事项。

公司工作会议原则上每年召开一次，可同时套开公司纪检监察会议。

第三十八条 年中经济活动分析会议和公司工作会议的组织工作均由总经理工作部负责，公司有关部门协助，会议的主要文件在会后以公司文件印发，由总经理签发。

第三十九条 公司实行会议计划制度，各有关部门召开的公司系统会议要列入会议计划，由总经理工作部统一归口管理。

公司及各部门召开的工作会议要坚持精简、高效原则，控制规模，严格审批，并尽可能采用电视电话会等快捷、节俭的形式召开。

第七章 作风纪律和公务活动制度

第四十条 公司领导要作学习的表率，密切关注国内外社会、经济、科技等方面发展变化的新趋势，不断充实新知识，丰富新经验。公司通过适时举办专题讲座等方式组织学习有关业务知识。

第四十一条 公司领导要深入基层考察调研，了解情况和指导工作，解决实际问题。在公司系统内出差、考察等活动，一律轻车简从，不收受下属单位赠送的贵重物品、现金、有价证券、支付凭证等。

第四十二条 公司所属单位邀请公司领导出席会议或重要活动，应事先报总经理工作部，由总经理工作部请示公司领导进行安排。

第四十三条 党中央、国务院有关部门、地级以上人民政府、有关单位邀请或要求公司领导参加会议、出席重要活动或来公司会见公司领导，由总经理工作部提出初步意见请示总经理后统一安排。

第四十四条 严格控制各种庆典活动，公司举办重大的庆典活动，须经总经理批准。

第四十五条 公司对外发布信息和对外宣传报道统一由总经理工作部负责。公司领导参加有关活动的新闻报道，新闻单位采访公司领导，均由总经理工作部审核后报公司领导批准。公司重要会议、活动的新闻通稿，由公司新闻发言人审定，必要时报公司领导审定。

公司实行新闻发言人制度，及时通过华电网站和有关媒体公开报道有关信息。各部门及其工作人员不得擅自以公司名义接受采访、发表文章。公司系统不得有任何与公司决定相违背的言论和行动。

第四十六条 除外事工作外，以公司名义开展各种社会活动，印制出版各种书籍、资料，举办各种展览展示活动等，均由总经理工作部统一负责。向公司领导约稿进行公开发表、报请公司领导题辞题字等，均需报总经理工作部统一协调。以公司名义公开发表或收录入书的文章，均需经有关领导审定并在报送领导前交总经理工作部审核。

第四十七条 公司领导的外事活动，由业务部门报经外事部门提出建议，经分管外事工作的公司领导审核后，报送参与外事活动的公司领导审定。公司领导可以根据情况直接决定外事活动安排。

第四十八条 总经理出国（境）访问，按国务院有关规定办理。

副总经理、党组纪检组组长、“总师”、总经理助理和各部门负责人出国（境），以及公司总部其他人员出国（境），由外事部门制定具体审批管理办法。

第四十九条 总经理出差、休假按国务院规定办理，并委托一位副总经理主持全面工作。副总经理、党组纪检组组长、“总师”、总经理助理出差、休假，应请示总经理同意，并通知总经理工作部值班室。

第五十条 各部门正职出差或休假，应事先请示分管领导同意，明确一位副职主持本部门工作，并报总经理工作部总值班室；副职出差或休假要经正职同意。

第五十一条 各部门、各单位要严格逐级请示、报告制度，对工作中的重大问题以及遇有突发事件，必须按照公司重大事项报告制度和突发事件应急管理规定处理。

第八章　公文审批管理制度

第五十二条 公司收文及办理原则：

（一）党中央、国务院的文件及领导批示先送总经理批示。

（二）国务院及国家有关部门、各省（自治区、直辖市）人民政府及公司所属单位的重要文件，按分工送分管领导批示。

（三）公司所属单位及其他部门的一般业务文件，按分工送公司有关部门阅办。

第五十三条 公司总部签报及办理原则：

（一）各部门向总经理、副总经理、党组纪检组组长和“总师”、总经理助理请示、报告事项用签报。

（二）总经理工作部为签报的管理部门。除人事任免、案件查处等内容的签报按有关规定办理外，其余签报均应通过办公自动化系统呈报。经公司有关领导阅批的签报，由总经理工作部返回报送部门或送交有关的承办部门。

（三）对于涉及两个及以上部门的事项，应由主办部门会签协办部门，部门间如有分歧意见应在签报中注明。

第五十四条 公司发文及办理原则：

（一）向党中央、国务院及国家有关部门的请示报告，送分管领导审核后，由总经理签发。

（二）公司党组发文、党组发函、党组任免文件由公司党组书记签发。

（三）一般发文按分工送分管领导签发，发文内容如涉及两位以上领导分管工作，应送有关领导核签。

（四）发文内容如涉及其他部门业务，应事先会签，如涉及“总师”、总经理助理协调事项，应先送“总师”、总经理助理核签。

（五）严格公文督办制度。对基层单位和国家有关部门来文，承办部门应当按照公司公文处理办法规定的程序和时限，及时办理，不得积压和推诿拖延。对基层单位请示的问题，应当及时研究提出意见并给予批复。问题复杂难于批复的，应当主动同基层单位沟通并说明情况。

第五十五条　公司文件种类包括：公司党组发文、党组发函、党组任免文件；公司发文、公司发函、公司任免文件；部门发函等。公司及各部门要进一步精简公文，加快网络化办公进程，提高公文办理的效率。

第五十六条　以下事项授权签发：

（一）公司发函、公司介绍信、贺电、唁电等授权总经理工作部主任签发。

（二）公司管理的干部离退休、参加工作时间和待遇变更以及人事、劳动统计报表、工商登记注册等，授权人力资源部主任签发。

（三）进口设备免关税、出入境免检、邀请外宾函电、接待外宾、出国及赴港、澳、台的请示件等，授权国际合作部门负责人签发。

（四）财政请款、银行印鉴变更及资产评估确认、土地评估确认等，授权财务管理部、资产管理部主任签发。

（五）审计通知书和复议受理通知书，授权审计部门负责人签发。

（六）其他非常规类用印，应填写用印单，经主管部门负责人签字后，送总经理工作部主任核签。

第五十七条　各级领导审批文件时，应明确签署意见，并注明审批时间。审批文件时，对于一般报告性公文圈阅表示“已阅知”；对于有具体请示事项的公文，圈阅表示“同意”请示的事项。

第九章　附　　则

第五十八条　本规则由党组会议或总经理办公会议审议通过（修订程序同）。总经理工作部负责本规则的解释及检查监督。

第五十九条　本规则自印发之日起执行，2004年10月14日颁发的《中国华电集团公司工作规则》（中国华电［2004］736号）同时废止。

三、总部建设与管理

综　述

概　述

集团公司总部建设及综合管理的职能和事务主要由总经理工作部（以下简称“总经理部”）承担。总经理部设秘书一处、秘书二处、公共关系处、新闻中心、外事处和行政处，负责处理集团公司秘书服务、会议组织、文秘档案、重大调研、新闻宣传、保密管理、信访维稳、对外公关、行政后勤等工作。2008 年，总经理部按照集团公司的部署和要求，紧紧围绕中心工作，充分发挥综合协调作用，积极搞好为领导、部门、基层“三个服务”，保证了集团公司决策部署的贯彻落实和公司系统工作的有序运转。

（一）加强调研工作，搞好决策服务

一是协调领导调研。2008 年 5 月份、8 月份，公司领导先后两次赴基层企业调研。总经理部负责调研方案拟制、调研报告汇总、基层问题和意见整理等工作。10 月，结合集团公司对公司系统 8 家重点亏损企业的调研情况，与人资部一起制定了《基层指导小组工作方案》，为交流工作动态，负责编发了《生产经营指导工作简报》。二是开展专题调研。围绕公司中心工作，先后针对五大发电集团发展战略和 2008 年工作思路、煤炭产业基本情况开展调查研究，形成专题资料汇编。此外，编印了《内部参考》两期，搜集上级精神、发电动态、产业新闻、行业纵深等资讯，供决策参考。三是抓好重要文件、讲话的起草工作。认真完成了公司年度工作会、年中工作会、抗灾保电工作总结大会、抗震救灾和迎峰度夏工作视频会、中国电力行业改革开放 30 周年纪念大会等重要会议上的领导讲话，较好地总结提炼了公司领导的工作思路，体现了公司党组的决策部署和要求。起草完成了向国务院、有关部委的汇报材料，反映了公司工作成绩和客观困难。全年共起草领导讲话 30 多篇、重要汇报材料 60 多篇。

（二）搞好综合协调，保证公司正常运转

认真做好集团公司重要会议、重大活动的组织、协调和落实工作。组织完成了公司党组会议 23 次、总经理办公会议 12 次，月度经济活动分析协调会议 12 次，完成了 2008 年度集团公司工作会议、年中工作会议、集团公司总部员工大会、集团公司 2009 年座谈会议以及国资委和公司系统几个视频会等重要会议的筹备和组织工作。加强对会议精神传达贯彻的督办工作，确保公司重大决策部署落实到位。

按照公司的部署和要求，有效开展了集团公司各项政务、商务活动。全年协调安排集团公司主要领导与地方各级领导的高层会晤以及各类重大商务活动 40 多次，对于增进集团公司与各级政府的相互理解，改善集团公司的发展环境起到了促进作用。

提高办文效率，做到了各类公文运转及时、有序。配合信息中心对公司无纸化办公系统进行优化，不断增加系统功能，实现了公司系统上下级单位之间公文交换，互联互通；严格收发文、签报管理和公司印章管理，全年共收文 6011 件，发文 2099 件，公司签报 779 件，收集整理档案 6834 件，编发《每日快递》249 期。

（三）加大新闻宣传力度，启动社会责任工作

对内宣传方面。《中国华电》杂志和公司内外网站改版取得初步成效，普遍反映良好；围绕中心工作，策划了“对标管理年”系列报道，推出了“抗震救灾”、“学习实践科学发展观活动”、“纪念改革开放 30 周年”等专栏。全年共编发公司要闻 435 条、新闻 4591 条、图片 965 幅，编印抗灾保电、抗震救灾《简报》和专报共 37 期。

对外宣传方面。一是组织完成了节能减排宣传、电力改革开放 30 年展览、太原国际煤炭博览会展览等专项工作。其中，节能减排工作被新华社、《人民日报》、中央电视台等 13 家中央主流媒体，以新闻通稿、头版头条、整版等方式报道。二是策划、组织了“中华宝钢环境奖”申报工作，集团公司获最高奖。12 月 16 日，全国人大、国家发展改革委、环保部等 13 家单位领导出席颁奖典

礼，中央电视台进行了报道，进一步扩大了华电的影响。三是向国资委定期报送重要信息，介绍公司成就和主要做法。其中“华电集团加大节能改造力度”、“中国华电与美方企业签署《绿色合作伙伴意向书》”等信息经国资委报送中办和国办。四是制定公司《形象安全应急预案》，妥善处理突发新闻事件，加强对基层新闻宣传工作的指导。2008年全年，公司在中央媒体发表宣传报道325篇，超过2007年同期数量，在中央企业和五大发电集团中名列前茅。

社会责任工作方面。社会责任工作移交总经理部管理后，及时制定了《集团公司履行社会责任实施意见》，编制了公司社会责任指标体系，组织召开了公司社会责任工作暨2008年社会责任报告编制启动会议，为发布公司《社会责任报告》做好了准备。

（四）加强信访维稳工作，及时处置应急事项

应急管理方面。2008年我国相继发生冰雪灾害、地震灾害，举办奥运会等重大事件，按照公司领导的部署，总经理部及时起草应急方案，组织应急值班，处置应急事项，在第一时间掌握系统情况，保证了公司系统上下联络及时、政令畅通。按照国资委保密工作会议的要求，组织召开了公司总部全体员工大会，在公司系统部署保密大排查工作，经过自查自检，公司没有发生失密和泄密事件。

信访维稳方面。加强来访接谈工作，召开了两次维稳会议部署稳定工作，组织检查了北京企业稳定工作，深入做好上访人员的思想工作，经过努力，公司系统没有发生大规模上访和进京上访事件，实现了奥运期间稳定工作万无一失的目标。集团公司全年直接处理信访事项共39件。其中，群众来信31件，群众来访8批19人次。

（五）适应形势要求，搞好外事管理与后勤服务

外事管理方面。加强了计划管理，加大外事工作的程序化建设，进一步规范出国（境）申报材料以及申请、审批、护照办理等工作。在严格控制无实质性内容出访活动的同时，对开拓境外项目和市场的公司给予支持和保障，开辟审批“绿色通道”，促进“走出去”战略的实施。全年公司系统共办理出国（境）团组95批，涉及262人次，比去年同期减少98批、351人次，接待外国政府、公司来访24批次。

后勤服务方面。加强总部的安全管理，重新制定并下发了《集团公司总部办公区安全管理制度》，更换了大门岗亭，严格出入等级制度，规范了外来人员登记和门卫检查，确保了总部安全。加强了总部机关的餐饮、车辆和会议服务工作，组织有关人员外出考察了国家电网、大唐集团等的后勤管理情况，提高了服务质量，较好完成了公司领导和部门在总部的接待任务。切实抓好集团公司总部和在京单位迎奥运综合治理工作，制定了工作方案，组织了检查监督。深入开展全民节能行动，降低各项行政成本，严格车辆采购的审批。合理安排“两会”、奥运会和残奥会期间以及北京市单、双号交通管制限行期间的工作用车，保证了工作需要。起草了《新办公大楼管理办法》等十几项制度，初步拟定了搬家后的后勤管理方案。公司2008年被北京市和西城区委评为“奥运平安先进单位”、“综合治理先进单位”、“爱国卫生先进单位”、“节水型先进单位”。

（六）组织召开公司办公室工作会议，加强了基础建设

5月下旬，召开了公司系统办公室工作会议。一是明确了系统办公室工作新定位，提出了建设高效能服务型办公室的新目标，明确了五个方面的新任务。二是对系统办公室主任进行培训，邀请专家学者为代表授课，交流了工作经验，提高了工作水平。三是对工作进行了规范，讨论了《会议和重大活动管理规范（试行）》、《形象安全事件应急预案》、《加强公共关系工作的意见》等5项制度，会后印发公司系统贯彻执行，促进了公司系统办公室工作的基础建设。

政 务 工 作

秘 书 工 作

2008年，总经理部认真做好秘书工作，坚持落实集团公司领导活动安排制度。周密细致地做好公司的重大政务活动，为公司领导搞好服务，认真组织安排党中央、国务院、国家有关部门和各省领导对集团公司企业的视察、调研活动，协调安排集团公司领导和地方省市领导的高层会晤以及各类重大商务活动，有效地保证了各类重大政务、商务活动的顺利进行，对于增进集团公司与各地方政府的相互理解，改善集团公司的发展环境起到了促进作用。

总经理部每天编发一期《每日快递》，刊登公司领导批示和公司收发文情况；每日沟通和汇总集团公司领导当日与近期的会议、会见及其重要活动安排；每周对领导活动进行预安排，提前做好各项服务工作。积极组织协调公司有关部门向国务院国资委、国家电监会、国家发展改革委等部委的各项专题汇报，反映生产经营成果及存在的困难问题，取得上级机关的了解、支持和帮助。

在组织安排公司会议方面，总经理部周密部署、精心实施，圆满完成公司党组会议及总经理办公会议、2008年年度工作会议、年中工作会议、管理创新年座谈会、公司保密工作会议等重要会议。

努力提高文字水平，完成重要文件材料的起草工作。先后参与起草和完成了集团公司保密工作会议的领导讲话材料；起草完成了集团公司向国务院国资委关于贯彻落实全国保密工作会议精神的情况报告及汇报材料等，向李克强、张德江副总理，国资委、电监会等部委关于公司2007年工作成果及2008年工作思路的报告，以及其他对外汇报材料及向公司系统企业发送的贺信、贺电等。

信 息 工 作

认真贯彻落实中央企业办公室负责人会议、中央企业信息工作会议精神，在国务院国资委办公厅的指导下，紧紧围绕国家重点、热点事件，围绕公司改革发展稳定的中心任务，认真扎实地开展信息调研和报送工作，信息工作取得较好成效。

信息报送工作不断加强。高度重视信息报送工作，始终把向国务院国资委及时、准确报送公司专题信息作为一项重要工作来抓。公司党组对信息工作十分重视，班子成员对《央企要情》等国资委信息每期必看，经常对公司信息报送工作进行检查指导，对重要信息报送专门作出指示并亲自修改审定。公司在办公系统中专门设置了《央企要情》栏目，登陆内网后自动弹出，第一时间提醒领导参阅，增强了时效性，也增强了信息工作人员的压力感、责任感和积极性。

信息报送质量不断提高。根据中央企业办公室负责人会议和中央企业信息工作会议的有关要求，进一步完善了信息工作的基本制度，在公司系统建立了“信息专报为主、新闻采集为辅”的信息来源渠道，推动信息工作规范有效开展。按照“动态信息及时报送，综合信息调研报送”的工作原则，确定年度、季度信息报送重点题目，保证重大信息当天上报，每周定期向国务院国资委上报2~3期《信息专报》。信息编辑人员密切关注国家宏观经济动态，党中央、国务院的方针政策和国资委重要部署，及时掌握集团公司和公司系统企业的主要工作情况，认真编报公司生产经营和改革发展的重要动态、基本经验和问题建议，保证公司生产经营发展的重大事件不漏报、不瞒报。为提供价值含量更高的信息，对信息报送坚持做到“三要”：即对每条信息都要分析价值，对每项事例都要查找出处，对每个数据都要核对正误，使信息报送质量不断得到提高。

2008年，集团公司向国务院国资委办公厅报送信息149条，被《央企要情》采用59条。所报信息及时反映了集团公司在应对两次严重自然灾害、奥运保电、迎峰度夏等重点工作中采取的工作措施，积极报送了公司及系统企业贯彻落实中央和国资委的决策部署，深化企业内部改革的进展情况，贯彻落实科学发展观、推进“上大压小”、节能减排、实施科技进步的主要做法，加强企业管理、实施“人才强企”战略、推动企业做强做大做好的重点工作、具体做法、基本经验和主要成效等等。集团公司连续第四年被国资委办公厅表彰为“信息报送先进单位”。

信息指导作用显著加强。在加强信息报送工作的同时，积极做好国务院国资委信息的传阅学习和贯彻落实工作，切实发挥信息对工作的指导作用。对国务院国资委办公厅编发的《央企要情》等信息刊物，明确了信息处理和传阅流程，由公司总经理工作部专职机要文书负责收文管理，对每期《央企要情》都及时上传总部OA系统，供公司领导班子成员浏览查阅，与部门工作有关的信息扩大到相关部门阅研，使总部各级领导和各职能部门能够及时领会国务院国资委工作导向，掌握中央企业重要经验和动态，开阔了视野，交流了经验，促进了工作。

积极配合支持国务院国资委信息工作。积极参加国务院国资委办公厅召开的“部分中央企业信息工作座谈会”，精心准备会议材料，认真汇报本企业、本行业经营发展状况，客观反映问题并提出意见建议。2008年10月，圆满承办了“国资委机关信息员座谈会”，并要求公司信息工作处室的全体人员认真参加会议组织的业务研讨和培训，进一步提升工作水平和能力。

督查督办

总经理部是公司重要事项督办工作的归口管理部门，负责重要事项办理情况的检查、督促、综合、反馈等工作。总经理部督办的重要事项包括：上级重大决策、重要工作部署和重要文件、领导批示中需要督办的事项；公司党组会议、总经理办公会议、年度工作会议等会议确定的需要督办的事项；公司制定的重大决策、重要工作部署和重要文件以及公司领导重要批示中需要督办的事项；其他需要督办的事项。

从会议精神落实、文件流转、催交催办等方面认真搞好督查督办工作。公司年度工作会议后，根据公司系统企业提出的问题和所反映的情况，按照公司部门分工进行分类，并落实部门专项负责，明确时间完成。同时，加强对会议精神的传达和督办，及时印发会议纪要，传达公司领导的指示和要求，反馈会议代表意见，跟踪督促检查会议精神的落实情况，确保了公司重大决策部署的贯彻落实。

会议管理

《中国华电集团公司总部会议管理办法》（简称《办法》）对集团公司会议管理实行预算管理、目标控制、分类审批、分级实施制度。公司经过七年的发展变化，适时对《办法》做了修订，会议依然实行计划管理、分类审批、预算控制、分级实施的管理制度，会议划分则按照会议级别分为三类：一类会议由公司总经理主持召开的公司年度工作会议、年中会议、公司系统主要负责人会议、公司本部员工大会等综合性、全局性会议。二类会议由公司有关部门主办，以公司名义或以公司有关部门名义召开，并请全部或部分公司所属单位负责人参加的专业性会议。三类会议由公司有关部门以本部门名义召开的其他专业会议以及各种座谈会、研讨会、审查会等。会议实行年度计划和月度计划管理。

按照要求，集团公司本部各部门根据集团公司所确定的年度工作目标和重点任务，合理安排会议。在保证工作效果的前提下，控制会议的次数和规模，尽量减少参会人员、压缩会期。尽可能利用网络视频、网络电话等现代化手段召开会议。同时，对会议经费使用进行了严格要求，要厉行节约，反对铺张浪费，严格执行有关党风廉政建设和财务管理的规定，不得超标准使用会议经费。从总体来看，《办法》执行情况较好，集团公司会议管理工作得到了规范和加强。

总值班室管理

总值班室在总经理部的直接领导下，围绕公司的中心工作，与各部门密切协调、配合，实现了值班工作的制度化、规范化和科学化管理。在确保公司政务信息的畅通，保证公司各项工作的正常运转，维护稳定，更好地为公司领导和企业服务方面发挥了重要作用。

集团公司总值班室实行24h值班，严格执行《中国华电集团公司值班制度》。总值班室做好四个方面的工作：一是加强值班工作。值班工作由总经理部秘书一处负责，聘用有经验、责任心强的同志负责日常值班，节假日采取公司领导、部门领导带班，总经理部有关人员及值班室人员轮流值班的形式。每天履行交接班签字手续。二是加强信息管理。值班室在办公时间收到的各种信息进行登记后送交秘书一处处理，非办公时间收到重大紧急信息直接报送总经理部秘书一处处长和总经理部主任，并根据领导批示进行督办落实。2008年值班室收到传真、文件约1180余件。完成了公司召开的重大会议联系工作及OA未连通单位的急件传真工作。三是加强会议室、电子广告牌、应急门卡的规范管理和使用。根据《关于公司本部会议室、电子广告牌、应急门卡使用管理办法的通知》值班室负责公司本部会议室、电子广告牌、应急门卡管理。会议室由使用部门提出申请，经值班室同意并通知会议室管理人员。应急门卡由使用部门或人员提出需求并签字确认，电子广告牌每天滚动播放华电新闻或根据需要播放欢迎词等。四是加强公司系统通信管理，保证公司系统通信畅通。公司办公门户网站上的系统电话簿能及时地反映企业名称变更、人员变化，使公司本部和所属企业能迅速准确地查到有关信息。总值班室负责公司系统电话簿的管理和数据更新，保证了通信渠道畅通。

文档管理

机要管理

2008年，为迎接北京奥运会的顺利召开，总经理部按照北京市政府的要求，严格遵守机动车辆限号行驶的条例，克服困难，做到突发事件及时处理，特急、限时急件准时取送交接，进一步加强机要通信保密和安全工作的管理，加强机要传递渠道畅通，严格专职岗位责任制度，继续开展与国务院国资委交换站、中办机要局、中央国家机关机要文件交换站业务往来。积极参加中央国家机关机要文件交换站举办的机要工作培训，不断提高机要人员的业务素质和专业水平，确保了集团公司机要文件交换安全和传递渠道畅通以及集团领导高级内参信息的参阅。公司机要交换工作的顺利开展有力保证了国家方针政策的及时传达贯彻，有力保障了集团公司系统工作的有序运转。2008年，完成机要收发2975件，确保机要文件交换安全、保密、准确、及时，从未发生过错办、漏办、遗失、延误等现象，未发生失密和泄密事件。集团公司在2008年被中央国家机关机要文件交换站和国务院国资委交换站评为“优秀交换集体”，集团公司机要交换人员也荣获2008“年度优秀交换员”。集团公司机要工作为在京直属单位和专业公司继续做好文件人事档案交换服务工作，促进公司系统上下信息的互动畅通。

文件管理

集团公司公文处理实行规范化、制度化、科学化的集中统一管理原则。非涉密文件实行全程电子文件运转；涉密文件实行纸质文件运转，保证文件运转及时、安全；查找、利用方便、快捷。全年完成发文1939件、收文5600余件、公司签报735件。

为进一步做好公司总部公文办理和事项处理工作，不断规范和优化办文、办事流程，明确责任，加强总部各部门沟通、协调，提高工作效率，确保公司各项决策部署在公司系统得到及时贯彻落实，树立总部的良好形象，集团公司于2008年2月5日下发了《关于进一步提高公司总部办文办事效率的意见》（中国华电总［2008］218号）。

为不断提升公司系统文秘和档案工作水平，进一步推动档案信息化建设，实现公司系统文档一体化管理，提高公司系统办文办事效率，激发公司系统广大文秘、档案工作者的积极性和创造性，推动公司系统文秘、档案工作的整体水平，根据《中国华电集团公司“评先创优”工作管理办法（试行）》，制定了《中国华电集团公司文秘、档案工作先进集体、先进个人评选办法（试行）》（中国华电［2008］1609号）。

按照国务院国资委要求定时接收非涉密公文传输系统传输的各类文件，保证国务院国资委下发文件的时效性，使文件得以正常运转。严格按照非涉密公文系统传输要求完成公司文件的上报工作，凡涉及公司秘密及标有密级的文件一律不通过系统传输，保证了公司上报文件在传输、交换过程中的安全、保密。

印 章 管 理

严格按照集团公司印章管理制度的规定，对各类文件用印加强管理。公司正式发文用印1万余枚，协议、章程、委托书等用印近2千余枚。

档 案 管 理

集团公司高度重视档案工作，把档案工作贯穿到企业管理的全过程，认真贯彻国家有关政策法规，全面履行《档案法》和《档案法实施办法》所规定的职责，不断提高全员档案意识。2008年初，华电青岛发电有限公司档案室荣获全国档案工作优秀集体称号。根据《中国华电集团公司文秘、档案工作先进集体、先进个人评选办法（试行）》（中国华电总［2008］1609号），开展了公司系统2008年度档案工作先进集体、先进个人评选工作，共有24家单位荣获“2008年度档案工作先进集体”称号，31名同志荣获“2008年度档案工作先进个人”荣誉称号，带动公司系统档案工作水平进一步提升。

集团公司把档案工作切实作为一项重要的基础管理工作来抓，在基建管理《工程达标投产考核办法》中，工程档案作为六大项考核内容之一，通过动态达标考核，使公司系统建设项目档案工作有了长足的进步和发展。一是加强制度建设，规范档案管理。依照《档案法》、《档案法实施办法》和《企业档案管理规定》，不断补充和完善档案管理规章制度，确保归档文件材料的齐全、完整、准确，使公司系统的档案管理工作沿着科学管理的轨道前进。二是加强档案管理基础工作，做好文件资料的收集、整理、归档、利用工作。据不完全统计，公司系统2008年度保存档案数量：910396卷，1860859件（以件为保管单位），照片128831张，光盘14457张，案卷排架长度41924m。利用档案55718人·次，183093卷（件）·次；利用资料12692人·次，21667册·次；复制档案资料438353页。三是加强建设项目档案管理。根据《中国华电集团公司建设项目档案验收办法》，2008年会同有关省档案局共组织完成云南华电昆明发电有限公司一期工程、华电国际邹县发电厂四期工程、华电潍坊发电有限公司二期工程、湖北华电襄樊发电有限公司二期工程、内蒙古华电包头发电有限公司一期工程等5家单位的工程竣工档案专项验收工作。四是不断加强档案队伍建设，提高档案人员业务水平。据不完全统计，公司系统共有档案机构126个，专、兼职档案人员380余人，其中70%以上人员参加过专业培训。五是不断加强档案信息化建设，继续深化档案管理工作。公司系统各单位将档案管理系统纳入企业信息化系统之中，实现档案管理系统与企业办公自动化系统的无缝对接，执行《中国华电集团公司电子文件归档管理办法》，规范了电子档案的管理。加强档案信息化基础设施建设，公司系统单位通过使用电子档案管理系统等，实现了电子档案的全程管理，保证了电子档案的真实、完整、有效，提高了工作效率。

无纸化办公

完成公司系统22家新增单位的无纸化办公系统部署工作，截至2008年底公司系统共198家所属单位实现了与集团公司之间公文交换互联互通；所有非涉密公文处理全程采用电子方式，提高了公文交换及公文运转的效率。

保 密 管 理

保密工作事关国家安全和利益，事关企业的政治安全、经济安全和形象安全。一是在推动生产经营发展各项工作的同时，认真落实中央和上级的决策部署，从加强保密工作组织建设和制度建设入手，加强对基层单位的指导和检查，确保保密工作有序开展。尤其是2008年中央保密委员会会议和国资委保密工作会议召开以来，公司召开了总部全体员工大会，先后组织公司系统开展保密工作自查，采取措施消除安全隐患，进一步提升了公司系统的保密意识和保密工作水平。二是突出重点，加强重点部位、重点环节的保密管理。加强涉密人员管理。对员工尤其是涉密人员进行经常性的保密教育；规定非正式员工原则上不能涉及秘密事项，特殊需要须经主办部门负责人批准并备案；加强公司总部网站信息发布的管理工作；规定涉密人员、秘密载体管理人员离岗、离职前，将保管的秘密事项载体全部清退，并办理移交手续。加强涉密文件管理。公司对涉及国家秘密的文件，均做认真登记，一律以纸质文件进行流转，并严格按份数发放和统一收回，杜绝失密现象的发生；凡秘密事项，未经保密主管部门批准，一律不做公开宣传、报道、出版、展览和写入教材。加强信息安全管理。严格执行国家有关信息安全"五禁止"规定；加强会议保密工作管理。召开涉及国家秘密的会议，在传达秘密文件和会议精神时，严格按规定办理，不擅自扩大传达范围，严禁无关人员进入会场。会议结束后，对会议场所进行保密检查，查看有无遗失的文件、资料、笔记本等；加强其他涉密载体管理。国资委电子公文传输系统严格实行专机、专人、专用。保密传真电话实行专线专用，专人管理。三是积极防范，加强计算机及移动存储介质保密管理。四是强化保密教育，保密能力增强。公司坚持开展保密宣传教育，注重从理论和实践的结合上赋予保密宣传教育新的时代内容，切实增强保密教育的针对性、主动性和有效性。

公 关 宣 传

新 闻 宣 传

认真贯彻落实《中国华电集团公司公共关系工作管理办法（试行）》、《〈中国华电〉记者站和记者管理办法（试行）》和《中国华电集团公司网站管理办法（试行）》等新闻宣传工作制度，以公司战略为统领，坚持"围绕中心，服务大局，内树形象，外创环境"的工作方针，围绕公司党组工作思路和工作部署，突出展示公司新成就、新经验和新做法，加大宣传策划，提高引导水平，树立公司形象，为推动企业改革发展和完成各项任务提供了强大的精神动力和良好的舆论支持。

对 外 宣 传

充分利用新华社、《人民日报》、中央电视台、中央人民广播电台以及国资委网站、《中国电力报》等中央和行业媒体，采用专题报道、重点报道、独家专访、系列报道等多种形式，重点开展了抗灾保电、两会宣传、节能减排、抗震救灾、奥运保电、履行社会责任以及改革开放30年等宣传活动。多次策划在中央电视台等中央主流媒体播出对公司主要领导的专访、对重要工作的专题报道，尤其公司节能减排宣传，有15家媒体参与，声势浩大，报道集中，效果显著。2008年，公司在中央媒体发表宣传报道325篇，超过2007年同期数量，在中央企业和五大发电集团中名列前茅。2008年，公司组织编写的抗震救灾、节能减排等多篇重点报道获得全国一、二等奖。加强公司形象管理，制定并落实《形象安全应急预案》，与社会媒体加强沟通联系，建立和谐的新闻宣传工作环境，及时协调化解重大突发新闻危机事件，树立和维护了公司的良好形象。

对 内 宣 传

集团公司党组高度重视新闻媒体建设工作。作为集团公司两大内部媒体，《中国华电》杂志、中国华电网站充分发挥"喉舌"作用，通过加强策划、创新手段，大力宣传公司改革发展的成就经验，营造公司和谐内部环境。

2008年出版《中国华电》杂志6期，接收来稿300余篇，编校文章103篇约35万字，图表近300幅。进一步提高《中国华电》杂志的办刊质量，加强栏目策划、政策解读、专题报道、深度报道和典型宣传，增强权威性、针对性、可读性和感染力。策划了"全国'两会'"、"2008年工作会议"、"'对标管理年'活动系列报道"、"抗冰保电"、"抗震救灾·迎峰度夏"、改革开放30年等专题，大力宣传公司科学发展的新成就、新经验和新做法，广泛报道基层企业的实践与创造。

2008 年，“中国华电”网站完成改版工作，发挥网络媒体容量大、反应快、形式活的特点，力求消息发布准确、及时、全面，保证编辑质量和页面效果。制作“对标管理年”、“抗灾保电”、“节能减排”、“抗震救灾”、“发布社会责任报告”、“奥运保电”、改革开放 30 年等专题。其中，“华电新闻”、“业界动态”每天早上更新，“要闻快递”、“媒体报道”随时更新。全年累计发稿约 4900 篇，编辑上传新闻图片 1000 余张。网站平均日访问量在 2.4 万人·次以上，最高日访问量达 3.9 万人·次。

新闻宣传队伍建设

截至 2008 年底，公司系统共建立记者总站 26 家，记者站 112 家，建立了拥有 300 名骨干的新闻宣传队伍，进一步完善了以专职新闻宣传工作人员为骨干，职工群众广泛参与的新闻宣传网络体系。

公司修订了《〈中国华电〉记者站和记者管理办法（试行）》、《中国华电集团公司网站管理办法（试行）》等制度办法。加强对基层新闻宣传工作的管理、考核和激励，将新闻宣传工作纳入创建文明单位的考核中，每年度通报各记者站和记者发稿情况，对新闻宣传工作先进单位和优秀记者进行表彰和奖励。2008 年度，12 家企业荣获“新闻宣传工作先进单位”称号，30 个记者（总）站荣获“优秀记者（总）站”称号，10 名同志荣获“十佳记者”称号，30 名同志荣获“优秀记者”称号。

社　会　责　任

深入贯彻落实国务院国资委《关于中央企业履行社会责任的指导意见》，加强社会责任工作调研和培训，制定印发《集团公司关于履行社会责任的实施意见》，明确指导思想、基本原则、总体要求、主要内容，完善社会责任组织体系、指标体系、管理体系。公司组织召开社会责任工作暨 2008 年社会责任报告编制启动会议，明确工作任务，落实责任分工。制定 2008 年社会责任报告编制计划，全面收集资料，提出报告主题框架，按计划组织编写报告。

展　览　展　示

2008 年，公司策划、组织了“第五届中华宝钢环境奖”申报工作，并获得企业类最高奖。12 月 16 日，全国人大、发展改革委、环保部等 13 家单位领导出席颁奖典礼，中央电视台已全程录播，扩大了影响，展示了形象。组织参加“第二届中国（太原）国际煤炭博览会”、“中国电力改革开放 30 年成就展”，并代表国家电监会参加“中国对外开放三十周年回顾展”，其中制作的邹县电厂全景模型得到社会各界广泛认可。高质量制作公司新版宣传册；规范 VI 管理，执行公司各种会议、活动照相 100 余次，安排录像 20 多次。

法律和信访事务

依法经营和依法治企

1. 规章制度建设

按照《中国华电集团公司规章制度管理办法》和《中国华电集团公司内部控制制度审计办法》，扎实推进规章制度体系建设。2008 年全年制订、修订规章制度 49 件，清理汇编了《2007 年度公司系统规章制度》，废止部分失效规章制度，维护规章制度权威性和有效性。2008 年初，制定了《集团公司 2008 年规章制度制订修订工作计划》，并多次召开规章制度计划完成情况工作会议；牵头各部门落实公司规章制度专项审计意见，督促各部门规章制度制订修订工作；积极推进规章制度制订、修订工作进度，下半年，根据制度建设的实际情况调整印发了《2008 年第

三、四季度规章制度制订修订计划》，确保了规章制度的时效性。同时，认真总结抗冰保电、抗震救灾和奥运保电等应对突发情况的经验教训，组织修订印发了《中国华电集团公司总体应急预案》和七个专项应急预案，进一步完善了应急管理制度。

2. 合同审核管理

针对金融危机的影响，集团公司加强合同审查和管理工作，积极防范债务危机和信用风险。全年共审查各类合同、协议221件，总金额382亿元，经过严格的法律审核把关，公司总部2008年没有发生合同诈骗案件和合同索赔纠纷。下半年，在公司系统集中开展了一次全系统合同清理工作，对担保类合同进行了专项清理，及时查找合同管理中存在的问题，制订和落实整改工作措施，形成了《关于公司系统合同清理情况的报告》，提出了治理合同隐患和合同纠纷的建议，对规范合同管理程序，防范债务和信用风险起到了积极的推动作用。

3. 参与重要经营决策

集团公司法律事务部门认真贯彻落实国务院国资委关于重大经营决策法律审核把关的要求，积极参与公司重要经营项目的审核工作，参与经营管理活动的深度和广度不断得到加强。2008年全年参加各类项目审核96次，参加了公司信息化招标领导小组、构建惩防体系领导小组办公室、综合配套领导小组办公室工作，为佛山信托重组、收购奉贤燃机、华电煤业能源收购、实施CDM项目等4个境内重大项目，以及印尼阿萨汉项目、印尼南苏项目、中俄配套电源项目、柬埔寨水电项目等4个境外重大项目提供法律审核服务，为依法决策提供了法治保障。

4. 工商许可和授权管理

2008年，集团公司办理公司总部、分子公司、能源筹备处设立、年检及工商变更登记20多件。提出了“华电图形和简称组合商标”在15类商品和服务项目中的注册申请，已完成CHD、华电、华电集团、中国华电、图形、中国华电集团等六个商标在15类商品和服务项目中的核准注册。2008年全年办理电力业务许可证发证、变更事项30多件，公司系统114家需要办证企业有86家取得电力业务许可证，在五大集团中名列前茅。2008年，集团公司办理法人授权委托书113件，增强了企业领导人员的授权意识和法定代表人意识，保障了公司业务的开展。

5. 参与立法活动

2008年，集团公司积极参与了《能源法》、《关于开展能源安全审查的通知》等法律法规征求意见工作，从维护发电企业合法权益，保障国有资产安全角度，认真组织研究和反馈意见建议，得到了国家能源局、国务院法制办的充分肯定和认可，依法保障发电企业的科学、健康和快速发展。

法制建设及普法宣传教育

1. 企业法制建设方面

为贯彻落实中央企业法制工作会议精神，遵照国务院国资委对中央企业提出的法制工作新三年目标的要求，集团公司制定印发了《关于落实中央企业法制工作三年目标的工作计划》，召开了公司系统法制工作三年目标推进会议，明确了12家重要子企业和公司系统各单位的法制工作三年目标、任务、要求，为进一步加强和深入推进集团公司法制建设提供了路线图和保障措施，有力促进了法律风险防范机制建设。

2. “五五”普法方面

为深入实施“五五”普法规划，集团公司制定印发了《集团公司2008年普法工作计划要点》。5月，根据国务院国资委的部署安排，集团公司副总经理辛保安接受《人民网》法制访谈，回顾了集团公司成立五年来的法制建设成就，展示了中国华电良好的法制形象。2008年组织开展了“六个一”系列普法活动，即举办一次《突发事件应对法》讲座、一期《合同与法律培训班》、一次“华电杯”普法知识竞赛、一次“五五”普法中期督导检查、一次《法制日报》宣传报道、一次《反垄断法》专题学习等活动，通过有声有色的普法活动，营造了“学法、用法、守法、护法”的浓厚氛围，增强了公司系统广大干部职工的法律意识和法制观念，得到全国普法办、国务院国资委的充分肯定。转发了中宣部、司法部、全国普法办、国务院国资委等16个普法文件，组织公司系统各单位开展法制宣传动漫制作、抗震救灾法制宣传、侨务法律知识竞赛答题、“12·4”全国法制宣传日等形式多样的普法宣传活动。

法律纠纷案件管理

2008年，集团公司法律机构重点指导、协调了公司系统8起重大法律纠纷案件，涉案总金额8.64亿元，积极依法维护企业合法权益。通过案件调研，形成了《关于近期法律纠纷案件调研情况的报告》，认真分析了发案原因，对依法维护企业合法权益提出了应对建议，并下发了《关于进一步加强法律纠纷案件备案管理的通知》，提升了法律纠纷案件管理工作水平。

外事管理

1. 出访审批管理

2008年，修订完善《中国华电集团公司因公出国（境）管理办法》，推行计划管理，统筹安排出访，共办理出（国）境团组95批次，涉及262人次。

2. 护照管理

继续做好各项因公证照管理工作，认真执行领用、收缴、保管的工作制度。2008年，新申办护照91本，港澳通行证7本，注销护照41本。

3. 进口许可

2008年，办理集团公司所属企业进口许可证预审批业务5批次，涉及进口金额约472.8万美元。

4. 国家安全

2008年，集团公司荣获北京市国家安全局颁发的《首都国家安全工作集体嘉奖》证书。

行政后勤

会务管理

完成了集团公司2008年度工作会议、集团公司2008年年中工作会议、集团公司办公室工作会议和2009年工作思路座谈会的组织工作，完成了与会代表的接送、食宿、会场布置、会议资料发放及物品配送等任务，为会议提供了可靠的服务保障。负责公司总部日常会客接待、前台接待、会议室会务服务及视频电视电话会议主、分会场的联调与设备维护等工作，确保视频设备的有效畅通与视频声像的准确传输，全年共提供会议服务1988次。

职工福利管理

按照公司发展和工作的需要，及时妥善安排和解决总部员工、挂职干部和部门借用人员的办公、生活等问题。落实计划生育政策，认真落实独生子女及父母相关补贴和待遇。做好员工体检工作，按时为员工提供一年一度的体检服务和相应的医疗咨询工作。

迎奥运综合治理工作

认真贯彻落实国务院机关事务管理局迎奥运综合治理工作会议精神，切实抓好公司总部和在京单位迎奥运综合治理、安全生产和保稳定各项工作，制定了《集团公司迎奥运综合治理工作方案》，按照方案要求，组织在京单位召开了专门会议，布置各项工作，并会同安全生产部、政治工作部对各单位的落实情况进行了认真检查，确保各项工作落到实处。

行政办公费用管理

根据公司总部上年度行政费用支出情况以及明年公司的发展需要，审核和申报本部各部门办公费、差旅费、会议费和招待费等行政费用的预算，并在执行过程中定期发布预算执行情况进行预警监控。

公司系统公务用车审批

根据公司系统公务用车管理有关规定和各单位实际情况，按照公务用车配备原则和配备标准，认真执行管理规定，严格控制各单位公务用车的审批。

后勤服务保障

推进公司总部后勤服务保障工作的社会化，以市场化的管理机制，为总部提供优良和满意的后勤服务保障。

为总部办公大楼及外地调京人员的临时周转住房提供物业服务。加强办公大楼设备的日常维护和定期检修工作，为减少对工作影响，合理利用长假期对设备进行定期检修，保证各类设备的正常运行。

做好餐厅服务工作。为丰富菜式品种，组织餐厅有关人员外出考察了大唐集团、国电集团、中电投集团、国家电网、水利水电建设集团等单位的餐饮管理情况，引入科学的餐饮理念；适时做好菜品食品的应季调整，定期借用不同地域的厨师调整菜系口味，增加菜式品种，满足员工各式口味的需要。完成了公司领导和部门在总部的接待任务。

加强车队的安全教育和车辆管理，通过举办交通安全知识讲座，增强驾驶员的安全意识和责任意识，及时检查和维护保养车辆，确保行车安全和公司大型会议的接送站任务的完成；按照北京市交通管制的要求，全力做好“两会”期间、“奥运会和残奥会”期间以及北京市单、双号交通管制限行期间的公务用车保障，同时，合理安排调度车辆，降低租车费用。2008 年度未发生责任性交通事故。

贯彻落实“预防为主、打防结合、突出重点、保障安全”的内保方针，认真做好内保基础工作建设。为加强总部的安全管理工作，重新制订并下发了《集团公司总部办公区安全管理制度》和《集团公司总部在奥运会期间进一步加强安全保卫工作的具体措施》。奥运前期，更换了大门岗亭，将来宾登记从办公楼内移到门口岗亭登记，规范了对外来人员登记和门卫检查程序，加大了管理力度，确保了总部安全。公司成立至今，没有发生治安事件，获得北京市公安局内保局的好评。

做好餐厅的饮食卫生工作。严格执行食品卫生管理制度，从采购、供应、存储等各环节严把食品卫生关，确保食品的卫生安全；与卫生防疫部门多方联系，配置了食品用油、菜品、水发食品的检测药品和试纸，确保员工身体健康。

固定资产管理

负责公司总部固定资产的采购、管理、维修、调配与报废处理等工作，对固定资产及办公物品的管理通过《员工固定资产实物管理系统》软件实现电脑管理，在执行中严格管理固定资产的进、出手续，定期对固定资产及办公物品进行分门别类的统计清点，配合财务部做好固定资产的实物管理。针对公司总部办公地点的临时性特点，固定资产的采购与使用按照实用与节约的原则，充分利用现有条件，既满足使用要求，又减少固定资产费用的支出。

办公楼建设与管理

为做好公司总部搬迁新办公楼的前期准备工作，保证公司总部和专业公司搬迁和入住后各项工作顺利进行，先后考察了国家电网公司和中国华能集团公司、中国大唐集团公司、中国国电集团公司、中国电力投资集团公司等，认真做好前期工作。一是与置业公司密切配合，认真完成了新办公大楼的分配方案和办公家具的设计、招标工作。二是为加强新办公楼的管理，营造良好的办公环境，制定了《华电大厦安全保卫工作管理办法》等十项制度。三是为加强大厦出入管理和保卫工作，根据大厦实际情况，制定了保安岗位设置方案、外来人员管理流程、贵宾接待流程和管理办法。四是制定了新办公楼的《餐饮管理办法》、《会议室使用流程和管理办法》、《地下车库分配方案》、医务室设置方案、公司总部员工用餐补贴方案、《公司总部员工电脑更换方案》等。五是制定了公司总部搬迁预案。

认真贯彻落实国务院机关事务管理局关于开展人防工程工作要求，成立了集团公司地下空间安全委员会；明确了公司和在京单位每处地下空间的安全管理责任人，层层落实责任制，逐级签订责任书；组织更换了08款地下空间标牌；组织人员参加了人防工作培训班；在5月至9月20日残奥会结束期间，公司进一步加强地下空间安全管理，未发生影响平安奥运和公司形象的事件，确保了地下空间安全管理工作万无一失的工作目标。

社会事务管理

积极参加社区、国务院机关事务管理局及集团公司的精神文明建设，加强计划生育、交通安全、植树绿化、爱国卫生和卫生防疫、消防和人防安全、安全保卫及社会综合治理等管理工作，圆满完成各项任务指标，积极参与社会公益活动以及向灾区捐款等活动。截至2008年，公司总部连续六年被评为“北京市爱国卫生先进单位”和“卫生防疫A级单位”，2008年被评为“首都文明单位”、“北京市节水型先进单位”、“西城区奥运平安先进单位”、“西城区交通安全先进单位”和“西城区综合治理先进单位”。

四、科学发展

综　述

概　述

2008年，集团公司坚持以科学发展观为指导，切实转变发展工作理念，更加重视发展质量和效益，科学发展水平迈上了新的台阶。加强战略规划研究，根据新的形势滚动调整了“十一五”后三年的发展目标，启动沿海区域规划工作，引领集团公司持续健康发展；加快电源结构调整步伐，优化发展火电，积极推进水电项目前期工作，加快发展风电等新能源项目；煤、电、路、港等产业协调发展，一批综合性能源基地建设项目拉开序幕；“走出去”战略取得新的进展。集团公司产业结构、资产布局、电源结构调整与优化升级初见成效，为把集团公司建设成为国内一流的综合性能源集团奠定了坚实的基础。

战略与规划

战略规划编制与修订

2008年，受国际金融危机和国内冰雪灾害、汶川大地震等多种不利因素影响，下半年我国经济增速明显放缓，电力需求严重受挫，企业发展的外部环境发生了急剧的变化。为此，集团公司结合内外部形势变化，研究提出集团公司“十一五”后三年电力发展任务和目标的初步意见，编制完成了《中国华电集团公司2008～2015年发展规划纲要》，提出了“一调整、两优化”的指导意见，即调整产业结构，优化资产布局和电源结构。

为增加在东南沿海等经济发达地区的资产比重，改善集团公司资产布局，不断提高盈利能力和抗风险能力，2008年研究提出了沿海区域规划工作大纲及工作计划，启动沿海区域规划工作。研究提出曹妃甸能源综合项目开发方案，指导分支机构开展相关工作，积极争取战略资源。

另外，根据国务院国资委的相关要求，编制上报了《中国华电集团公司2008～2010年发展规划》及《中国华电集团公司汶川地震灾后重建规划》。

战　略　实　施

2008年，面对严峻的经营形势，集团公司新一届领导班子审时度势、高瞻远瞩，提出了树立价值思维、产业链、有所为有所不为、统筹和优选四种理念，为集团公司未来一段时期的发展工作指明了方向。集团公司系统及时转变发展工作理念，加快实施“一调整、两优化”的发展战略，取得了初步成效。

为实现3～5年内公司煤炭自给率达到50%的发展目标，举全公司之力加大煤炭开发已在系统内达成共识。集团公司总经理云公民、党组书记李庆奎等主要领导多次奔赴晋、陕、蒙、宁、新等资源大省拜会各地党政领导，商谈落实集团公司发展大计。系统上下积极行动，煤、电、路、化等产业协调开发态势良好。不连沟煤矿加快建设，可门储运中心顺利投产，成功收购蒙东鲁能大雁矿20%股权，完成重组山西锦兴能源公司，参股国家第三运煤大通道集包二线、集张线铁路建设，新疆昌吉西黑山、陕北小纪汗、哈密伊吾淖毛湖等煤电一体化项目的前期工作加快推进。先后与内蒙古呼伦贝尔市和河北省唐山市签署了战略合作框架协议，拉开了建设大型综合能源基地的序幕。

扎实开展前期工作，加快电源结构调整步伐。在对一批外部建设条件不落实、效益前景不好的火电项目暂缓前期工作的同时，着力推动重点战略项目的前期工作，火电发展的重点更加突出。

金沙江中游阿海、鲁地拉等水电项目前期工作稳步推进，怒江开发权进一步得到巩固。积极开展核电选址工作，分别与洛阳市和丹东市签订合作开发核电协议，大比例参股的福清核电项目一期工程获得核准并开工建设。风电装机容量达到37.65万kW，投产生物质能2.5万kW，集团公司清洁能源开发起步良好。

大力实施“走出去”战略，多渠道拓展境外发展空间。在继续做好已有境外项目前期工作和工程建设的同时，紧密跟踪印度尼西亚、柬埔寨、俄罗斯、新加坡、美国等国家的前期项目，一部分项目已经签署了合作意向，集团公司海外发展渠道和空间进一步拓宽。

项目公司组建

2008年，集团公司直接出资组建了江苏华电句容发电有限公司及陕西华电杨凌热电有限公司。江苏华电句容发电有限公司成立于2008年6月，由集团公司51%控股，江苏电力发展股份有限公司29%、江苏华电戚墅堰发电有限公司10%、江苏华电扬州发电有限公司5%、上海华电电力发展有限公司5%参股。陕西华电杨凌热电有限公司成立于2008年9月，由集团公司90%控股，杨凌鑫诚基础设施投资有限公司10%参股。

2008年，集团公司分别批复了华电能源股份有限公司投资彰武项目、河北华电石家庄热电有限公司投资组建石家庄鹿华热电公司、中国华电集团新能源发展有限公司投资组建风电项目公司（黑龙江鸡西虎林、甘肃酒泉瓜州、内蒙古包头巴音）、华电国际投资组建河南漯河项目公司及风电项目公司（内蒙古通辽开鲁、山东烟台莱州）等。

电源发展

概述

集团公司加强电源项目前期管理，不断提高投资决策效率，高度重视前期设计工作，在实现装机容量快速增长的同时，电源结构日趋优化。2008年，集团公司投产电源项目737.35万kW，其中水电104万kW、火电617.3万kW、风电16.05万kW。到2008年底，集团公司装机容量达到6907.96万kW，其中水电、风电、燃机、生物质能等清洁能源装机容量1312.46万kW，占全部装机容量的比重达到19%；60万kW及以上火电机组34台2176万kW，占全部火电装机容量的比重达到36.3%。

投资管理

为加强集团公司投资管理，促进投资决策更加规范化、科学化、民主化，2008年对投资决策程序做了进一步完善，在已经形成的“技术经济工作组评价——投资审核委员会审核——总经理办公会（或党组会）决策”三级决策体系基础上，增加了现场调研的环节。在分支机构提出项目投资建议后，由集团公司投资主管部门牵头，有关职能部门和外聘专家联合组成调研组，赴现场对项目进行调研，提出开展前期工作的建议，经集团公司主要领导批准同意后，方可开展项目初步（预）可行性研究工作。

2008年，经集团公司总经理办公会或党组会决策同意投资的电源项目共计16项1215.5万kW，其中水电3项129.8万kW、火电10项1025.6万kW（含2项55.6万kW燃机）、风电3项60.1万kW。具体项目是：新疆苇湖梁三期（2×30万kW）、宁夏灵武二期（2×100万kW）、广州大学城燃机（2×6万+2×1.8万kW）、陕西安康（2×100万kW）、辽宁彰武（2×66万kW）、内蒙乌兰察布库伦风电（20万kW）、陕西杨凌热电（2×33万kW）、内蒙古包头巴音风电（20万kW）、甘肃酒泉瓜洲风电（20.1万kW）、内蒙古准格尔大路煤矸石热电（2×30万kW）、江苏戚墅堰扩建燃机（2×20万kW）、贵州北盘江董箐水电（4×22万kW）、福建华安水电扩建（2×4万kW）、柬埔寨额勒赛下游水电站（2×8.7 万+2×8.2 万 kW）、新疆哈密煤电一体化项目（2×60 万 kW）。

前 期 管 理

2008 年电源项目前期管理工作取得重要进展。在内部管理方面，运用对标管理思路加强前期设计阶段管理，编制了《中国华电集团公司火力发电工程节能设计导则》，制订了发展业绩对标指标体系及相应的管理办法，从源头开始做好项目设计优化工作，要求各项目的主要技术经济指标设计水平必须达到行业优秀或先进水平，为项目投产后的经济稳定运行奠定坚实的基础。在对外协调方面，加大了与国家发展改革委、能源局等有关政府部门的协调力度，积极为集团公司营造良好的外部发展环境，高度重视环境评价、水土保持、用地预审和接入系统等主要支持性文件的批复，确保重点火电项目和新能源项目优先获得核准。

（一）核准项目

集团公司 2008 年获得核准的电源项目 18 项 816.74 万 kW，其中火电 11 项 752 万 kW、水电 2 项 23.2 万 kW、风电 4 项 41.4 万 kW、太阳能 1 项 0.14 万 kW。具体项目是：新疆苇湖梁三期（2×30 万 kW）、内蒙古通辽义和塔拉风电（4.95 万 kW）、河南漯河热电（2×30 万 kW）、天津军粮城扩建（2×30 万 kW）、四川攀枝花煤矸石发电项目（2×13.5 万 kW）、四川珙县一期（2×60 万 kW）、宜宾电厂技改（1×15 万 kW）、内蒙古通辽北清河风电（30 万 kW）、上海太阳能项目（0.14 万 kW）、宁夏宁东风电二期（4.5 万 kW）、上海南汇老港风电（1.95 万 kW）、黑龙江佳木斯热电（2×30 万 kW）、湖北黄石扩建（1×30 万 kW）、贵州大龙（2×30 万 kW）、黑龙江牡丹江第二发电厂扩建（2×30 万 kW）、宁夏灵武二期（2×100 万 kW）、四川木里河俄公堡水电（13.2 万 kW）、四川西溪河青松水电（10 万 kW）。

（二）“路条”项目

2008 年获得“路条”（政府投资主管部门同意开展项目前期工作的批复）的电源项目 14 项 764.65 万 kW，其中火电 7 项 620 万 kW、水电 2 项 78.5 万 kW、风电 5 项 66.15 万 kW。具体项目是：黑龙江哈尔滨热电扩建（2×30 万 kW）、内蒙古通辽北清河风电（30 万 kW）、内蒙古乌兰察布库伦风电（20 万 kW）、内蒙古乌兰察布库仑风电二期（4.95 万 kW）、浙江舟山长白风电（1.2 万 kW）、山东淄博热电扩建（2×30 万 kW）、内蒙赤峰乌套海风电（10 万 kW）、云南镇雄新建工程（2×60 万 kW）、宁夏灵武二期（2×100 万 kW）、新疆昌吉热电扩建（2×30 万 kW）、四川木里河卡基娃水电（44 万 kW）、四川木里河立洲水电（34.5 万 kW）、湖北西塞山二期（1×60 万 kW）、安徽六安二期（1×60 万 kW）。

电 源 结 构 调 整

遵循“大力发展水电，优化发展火电，积极发展新能源和核电”的总体原则，大力推进电源结构调整工作。在加快发展水电和风电等新能源项目的同时，按照价值思维理念对所有火电前期项目进行认真梳理，进一步明确了今后一个时期火电发展重点，对部分外部建设条件不落实、市场前景不好的项目暂缓了前期工作。

着力推进宁夏灵武、陕西榆横、江苏句容、山东莱州、云南镇雄、内蒙古土右、福建可门、贵州毕节等重点战略项目。2008 年 8 月 14 日，集团公司与哈尔滨空调股份有限公司和中国电力工程顾问集团科技开发股份有限公司联合体，在北京举行以宁夏灵武二期项目为代表的百万千瓦超超临界发电机组空冷技术装备自主化项目合作协议签字仪式，国家发展改革委、科技部等单位的有关领导出席。该项目作为我国乃至全球拟建的首个百万千瓦超超临界空冷发电机组，已于 2008 年底获得核准并开工建设。

水 电 开 发

（一）水电资源

继续加大水电资源的开拓力度。一是进一步巩固已有水电资源，2008 年 2 月集团公司成立了“两江”（怒江和金沙江上游）前期规划工作组，加强与国家发展改革委、有关省区、规划设计部门的协调沟通，指导华电怒江公司和金沙江上游公司有序开展前期工作，努力促批怒江中下游、金沙江上游水电规划。二是按照“大中小并举”的原则，继续在四川、西藏、新疆、青海等地争取水电资源，2008年11月成立西藏分公司，继续争取雅鲁藏布江、通天河等水电资源开发权；继续加大四川省水电资源开拓力度，争取岷江东风岩（18万kW）、龙溪口（36万kW）航电项目开发权，取得安宁河3个梯级（10万kW）开发权，争取爱治日窝河流域梯级（8万kW）开发权；新疆区域水电开发实现零的突破，取得叶尔羌河山区中游河段1库10级（约246万kW）和三屯河4个梯级（约16万kW）开发权。

（二）前期工作

乌江干流（贵州境内）最后一个梯级沙沱水电站核准申请文件完成并上报。

金沙江中游前期工作进展顺利。全面开展龙头水库比选研究工作，确保龙头水库开发权，流域规划环评已上报国家环保部待审。阿海项目核准申请报告已上报，施工准备进展顺利，具备截流条件；梨园项目对外交通工程完成；鲁地拉项目核准文件基本完成，施工准备进展顺利，具备截流条件。

怒江中下游各梯级前期工作稳步推进。2008年1月，国家发展改革委印发《关于怒江水电开发有关问题的通知》（发改能源办［2008］243号），同意规划建设六库水电站，要求以一库四级为重点开展规划完善工作。6月，云南省发展改革委印发《关于保持怒江水电开发相关工作有序进行的通知》（云发改能源［2008］899号），明确怒江干流规划的“一库四级”项目由华电怒江公司开发建设。规划修编报告基本完成，配合云南省基本完成十三个专题报告编制，协助云南省政府完成怒江移民安置指导意见。

金沙江上游催批工作取得积极进展。2008年4月，启动了金沙江上游梯级输电规划研究，成立四个筹建处进驻现场开始前期准备。5月，完成水电规划和规划环评报告初稿。7月，水规总院组织召开了环评规划和水电规划方案协调会。

北盘江干流开发加快。董箐水电站核准文件已上报并通过咨询评估待批复，善泥坡水电站核准条件基本落实，马马崖水电站9月底取得封库令，11月中旬开始实物指标调查。

其他中小流域开发稳步进行。西溪河青松水电站12月核准，其余梯级建设已近尾声；木里河俄公堡水电站12月核准，上通坝水电站取得封库令。

（三）征地移民安置

集团公司加大对系统移民工作的督导力度，各单位配合地方政府做好水库移民安置，及时拨付移民资金，移民总体稳定，保证了前期工作、工程建设和生产运行的正常开展。完成阿海、鲁地拉、沙沱等一批项目的移民安置规划大纲和移民安置规划审查，确保了项目核准申请工作正常进展。各施工准备项目较好地完成了施工区征地和移民搬迁安置工作，为工程建设创造了条件。

继续探索移民工作新举措，继云南省政府批准金沙江中游水电项目实行移民长效补偿机制的“16118”方案后，10月云南省又印发了《云南省怒江中下游水电开发移民安置指导意见》，为怒江水电开发的征地移民工作创造了有利条件。积极落实国家相关精神，选择木里河开展“先移民后建设”试点。继续做好有关电站水库遗留问题处理工作，基本完成洪家渡移民调概工作，宝珠寺库区移民遗留问题基本得到解决。

（四）制度建设

基本完成《移民工作手册》编制；结合实际情况对《水电前期工作管理办法》、《移民工作管理办法》进行修编；编制并印发水库移民事件应急预案；出台水电项目前期工作奖励考核办法；召开集团公司系统水库移民工作座谈会，举办移民管理培训讲座。

新能源发展

2008年新能源方面以开发风电项目为重点，做好太阳能发电的项目和技术储备，积极开拓其他形式的新能源项目，为加快集团公司新能源开发奠定了较好的基础。

积极占有风电资源，加大风电开发力度。以国家规划的大型风电基地为重点，坚持自我开发和收购并举的方针，积极争取风电资源，初步形成了新疆、甘肃、蒙西、蒙东、黑龙江、吉林、河北和江苏八大风电基地，具备滚动开发的条件。2008年新签订风电场资源约900万kW，成功完成了黑龙江鸡西虎林、江苏连云港灌云、河北张家口尚义和内蒙古包头固阳等风电项目的收购工作。

2008年新开工风电项目5项42万kW，分别是：上海南汇老港一期（1.95万kW）、内蒙古乌兰察布库伦一期（20.1万kW）、内蒙古通辽义和塔拉一期（4.95 万 kW）、河北张家口沽源一期（10.05 万 kW）和新疆吐鲁番小草湖二期（4.95 万 kW）。新投产风电项目 3 项 16.05 万 kW，分别是：山东烟台莱州（4.05 万 kW）、新疆吐鲁番小草湖一期（4.95 万 kW）和内蒙古乌兰察布库伦一期（7.05 万 kW）。

在积极开发风电项目的同时，努力在太阳能和生物质沼气发电项目上寻求突破。投产安徽宿州 2×1.25 万 kW 生物质能发电项目，上海都市型工业园 0.14 万 kW 太阳能光伏发电项目获得核准，湖北龙感湖生物质沼气发电项目（2×625kW 内燃机 +70kW 双螺杆膨胀机）启动前期工作。

“上大压小”

2008 年，集团公司深入贯彻国务院《关于加快关停小火电机组的若干意见》和全国电力工业“上大压小、节能减排”工作会议精神，进一步落实与国家发展改革委签订的“十一五”小机组《关停责任书》，加快小火电关停步伐，积极稳妥解决机组关停中存在的问题，“上大压小”工作进展顺利。

集团公司根据各分支机构和关停电厂上报的 2008 年小火电机组关停实施方案和人员配置方案，召开集团公司关停领导小组会议，提出年度关停计划，按照“一厂一策”的原则批复关停实施方案。各关停电厂加强领导，落实责任，精心组织，按批准的关停方案按期关停，并按规定时间开始拆除机组，并取得国家发展改革委关停确认。总部有关部门按照职责分工，协调指导关停企业做好相关工作，重点指导人员分流、电量补偿、资产债务处理工作，确保关停工作顺利实施。

2008 年，集团公司累计关停小火电机组 16 台 144.8 万 kW，完成年度关停计划 136.8 万 kW 的 105.8%。截至 2008 年底，集团公司“十一五”前三年累计关停小火电机组 70 台 395.5 万 kW，完成“十一五”关停责任书 468.3 万 kW 的 84.5%。

煤 炭 产 业

煤炭产业发展规划

以科学发展观为指导，以优质服务为宗旨，以电煤有效供给、集团整体效益最大化为目标，以优化供煤结构、开发煤炭及相关物流项目为手段，打造“四大煤炭基地”，配套发展路港航产业，努力把公司建设成为煤为核心、物流通畅、煤炭供给能力强、经济效益好、具有可持续发展能力和市场竞争力的现代化大型煤炭企业集团。到 2013 年，控制煤炭资源 400 亿 t，控参股煤炭企业在建（投产）规模 1 亿 t（蒙西 4000 万 t、榆林 3000 万 t、新疆 1000 万 t、山西 2000 万 t），参股铁路权益运能 5000 万 t，码头吞吐量 3600 万 t，船舶运力 60t 万载重，发煤站及储配煤场 1000 万 t，煤化工生产能力 100 万 t，电子商务平台初步建成，形成集团公司 30% 的煤炭自给率，实现利润总额 50 亿元。

煤 炭 项 目 开 发

开发建设蒙西煤炭基地：以不连沟煤矿、煤矸石电厂、大路物流园为起点，争取准格尔中部资源，3～5 年内形成 4000 万 t 在建（投产）规模，10 年内建成亿吨级煤炭基地。

开发建设榆林煤炭基地：以榆横煤电一体化项目为起点，争取内蒙古乌审旗、陕西神木资源，3～5 年内形成 3000 万 t 在建（投产）规模，10 年内建成 5000 万 t 级煤炭基地。

开发建设新疆煤炭基地：以昌吉、哈密煤矿为起点，争取疆内其他资源，3～5 年内形成 1000 万 t 在建（投产）规模，10 年内达到 3000 万 t。

开发建设山西煤炭基地：以肖家洼煤矿为起点，围绕山西中南部铁路出海通道开发资源，建设物流项目，3～5 年内形成 2000 万 t 在建（投产）规模，10 年内建成 5000 万 t 级煤炭基地。

重点项目概况

可门储运中心项目：该项目由8~11号四个泊位码头（分别为10万t、20万t、10万t和5万t）、上宫洋散货堆场和可门疏港铁路三部分组成，可建成东南沿海的大型煤炭散货中心，除满足集团公司沿海电厂的下水煤需求外，可通过可门疏港铁路接至温福铁路到达福建省腹地、江西和湖南等地。华电煤业占56%股比，一期10、11号泊位总投资13.81亿元，已于2005年5月1日开工，2008年3月获得核准，9月投入试生产。

内蒙古鄂尔多斯不连沟煤电项目：该项目位于国家规划的十三个煤炭基地、电网规划的八个煤电基地内，由不连沟煤矿（1000万t/年），不连沟煤矸石供热电厂（规划4×30万kW，一期2×30万kW）和十二连城超临界空冷电厂（规划4×66万kW+4×100万kW，一期2×66万kW）三部分组成，是集团公司首个年产千万t的大型煤炭基地。华电煤业占51%股比，煤矿项目总投资29.4亿元，已于2007年10月开工，2008年3月获得核准；煤矸石电厂一期总投资25亿元。

陕北榆横煤电化项目：该项目位于国家规划的13个大型煤炭基地内，也是陕北750kV线路外送的电源支撑点，由小纪汗煤矿（一期1000万t/年）、榆林电厂（规划6×66万kW，一期2×66万kW）、180万t甲醇和100万t二甲醚项目三部分组成。华电煤业占77%股比，电源项目一期总投资48.6亿元，已列入陕西省“十一五”发展规划；配套煤矿项目的资源储量为25.6亿t，一期总投资18亿元。

新疆昌吉煤电化路项目：该项目由西黑山煤矿（规划2×1500万t/年，一期600万t/年）、西黑山电厂（规划4×66万kW+4×100万kW，一期4×66万kW分A、B两站建设，各为2×66万kW）、乌准铁路和煤化工项目四部分组成。华电煤业占88%股比，煤矿项目一期总投资18亿元，电源项目一期A站总投资49亿元。

新疆哈密煤电项目：该项目由淖毛湖煤矿（规划1000万t/年，一期600万t/年）和配套电厂（规划2×66万kW+4×100万kW，一期2×66万kW）两部分组成。华电煤业占72%股比，煤矿项目一期总投资18亿元，电源项目一期总投资49亿元。

华远星海运公司：该公司于2007年5月以2.5亿元采购了一艘6.4万吨级二手散货船，计划再建造8条散货船（5条5.7万t、2条8.7万t、1条11.5万t），力争用3~5年的时间，打造成一支拥有60万t运力的中型电煤运输船队。华电煤业占36%股比，预计总投资38亿元。

金融产业发展

概　　述

集团公司高度重视金融产业的发展，一直把金融作为集团公司发展战略的重要组成部分。

2003~2004年，中国华电集团先后组建结算中心，成立华信保险经纪公司和公估公司，重组设立华电财务有限公司，成功实现金融运作“三部曲”的战略目标，建立了一个面向集团公司内部较为完善的金融运作体系，并以此为基础，实现资金、账户、保险等主要金融资源的整合。

为进一步完善和拓展金融运作平台，更好地吸纳外部资金为集团公司发展提供更大规模的资金支持，集团公司先后参股建信基金管理公司，投资成为烟台市商业银行第一大股东，重组设立信托公司取得重大进展，集团公司金融运作“新三部曲”的目标基本实现，全资设立中国华电集团资本控股有限公司，归口管理集团公司金融资源与金融产业，华电金融产业的管理运作体系进一步完善。

2008年，金融产业各机构积极应对经济形势急剧变化、证券市场单边下跌、金融政策频繁调整、资金形势普遍偏紧的复杂环境，积极探索以资本控股公司为核心平台加强金融产业的一体化管理、实体化运作，根据形势变化及时调整工作重点和措施，全面完成年度经营目标。

金融运作机构

截至2008年底，集团公司参控股机构共8家。

（一）控股机构

（1）中国华电集团资本控股有限公司（以下简称资本控股公司）。注册资本金6亿元，集团公司100%持股。成立背景：为更好地推进集团公司发展战略的实施，加快金融产业发展，2007年5月，成立资本控股公司承接原集团公司金融管理部的全部职能，归口管理集团公司金融资源与金融产业的投资、整合、管理、监督和服务；代表集团公司统一规划金融发展、统一整合金融资源、统一管理金融投资、统一协调金融业务、统一控制金融风险。2008年2月，集团公司持有的华信保险经纪公司、公估公司的股权划转至资本控股公司。2008年12月，资本控股公司调整设立了三个专属部门（创新发展部、金融管理部、投资业务部），进一步推进金融产业的一体化、专业化管理。

（2）中国华电集团财务有限公司（以下简称华电财务公司）。2004年1月成立，公司经过两次增资扩股，注册资本增至13.9亿元，由集团公司控股，系统内11家企业参股组建，其中，华电集团出资65462.5万元，占股比的47.095%。

华电财务公司是通过成功重组北方有色金属工业财务公司设立的，是国家电力体制改革后新组建的发电集团中第一家财务公司。华电财务公司成立一年内即基本消化了重组成本，实现平稳开局、快速发展，成为全国短时间、低成本成功改制重组的财务公司典范。

截至2008年底，管理资产规模达到153.6亿元，自营资产总额136亿元。公司2008年资金归集率72%，日均存款103亿元，日均贷款92亿元。

（3）华信保险经纪公司、北京华信保险公估公司。两家公司均成立于2003年9月，实行合署办公。华信保险经纪公司注册资本5000万元；华信保险公估公司注册资本200万元。其中，华信保险经纪公司由华电资本公司控股50%，系统内其他5家企业参股共同组建。公估公司由华电资本公司控股50%，系统内另外2家企业共同参股组建。

2008年，保险经纪公司年经手保费达1.73亿元，累计协助系统电厂获得保险赔款3.4亿元，业务收入在全国350家保险经纪公司中排名第12位；公估公司主要依托经纪公司发展业务，2008年实现主营业务收入363万元。

（4）正在筹建中的金融机构——华鑫国际信托有限公司。2008年10月31日，佛山国投作为首批获受理的信托公司之一，重组方案及股东资格正式获得银监会批准（银监复［2008］441号）。银监会同时批准公司名称变更为“华鑫国际信托有限公司”，公司注册资本金为3.2亿元。

（二）相对控股及参股的机构

（1）烟台市商业银行股份有限公司（简称烟台银行），注册资本金10.87亿元，华电入股时间为2006年8月。烟台银行股权由地方财政、企业法人和自然人三部分组成。其中，华电集团出资27300万元，占比25.11%，为该银行的第一大股东。截至2008年底，烟台银行各项存款余额215.4亿元，增长13.2%；各项贷款余额158.7亿元，下降2.3%；年末存贷比为73.7%；不良贷款余额6.3亿元，下降25.7%。不良占比3.98%，较年初下降1.21个百分点；资产总额271.9亿元，增长4.06%；年实际盈利2.56亿元。

（2）华商基金管理有限公司（以下简称华商基金）成立于2005年12月，注册资本金1亿元，由华龙证券有限责任公司、中国华电集团财务有限公司、济钢集团有限公司三家单位共同出资设立。其中，华电财务公司出资3400万元，占股比的34%，为华龙证券公司之后的第二大股东。2008年，公司新发行了华商盛世成长股票型证券投资基金、华商收益增强债券型证券投资基金两只基金产品。公司全年实现利润2770万元。

（3）建信基金管理有限公司（以下简称建信基金公司）成立于2005年9月，注册资本金2亿元，由中国建设银行、美国信安金融集团和中国华电集团公司共同投资成立。其中，华电集团出资2000万元，占股比的10%。截至2008年底，公司基金管理规模达到378亿元，比年初增长19%；基金份额新增243亿份，增长98%；市场排名为第20名，比上年度前进了11名；全年实现税后净利润4931万元。

（4）永诚财产保险股份有限公司（简称永诚保险公司）成立于2004年9月，注册资本金10亿元，由集团公司和中国华能集团公司、中国大唐集团公司、中国国电集团公司等共同投资成立。其中，华电集团出资1亿元，参股10%。截至2008年底，永诚财产保险股份有限公司实现保费收入26.14亿元，较上年同期增长73.6%，年末市场占有率1.1%，在全国47家产险公司中排名第14位，与2007年末持平。公司综合赔付率61.1%，全年实现税前利润1836万元，较上年同期增长15.4%。

（三）金融发展规划

以科学发展观为统领，以服务于集团公司做强、做大、做好为使命，以安全为保障，以提升安全、效益、发展三大业绩为中心，以做强、做精金融产业为方向，以金融控股集团的建设发展为基础，以资源的整合融通运作为主线，坚持产业化发展、专业化道路、市场化运作、精细化管理，坚持产融结合、服务与效益并重，逐步实现金融产业的一体化管理、实体化运作，持续提升金融产业的发展速度、发展规模和发展质量，建立与集团公司整体布局相适应、与集团公司金融需求相协调的金融产业，使金融产业成为集团公司快速发展的有力“支撑点”、经济效益的持续“增长点”、规范经营的“闪光点”，实现集团整体利益最大化。

（四）金融运作管理

（1）金融机构发展。2008年，金融机构进一步发展。2月，集团公司持有的华信保险经纪公司、公估公司的股权划转至资本控股公司；10月，重组华鑫国际信托公司获得中国银监会的批复；10月21日，财务公司注册资本金从8亿元增至13.9亿元。11月，资本控股公司本部调整设立了创新发展部、金融管理部、投资业务部三个专属部门，以资本控股公司为核心的金融产业管理体系在层级上更加清晰。

（2）金融资源管理。2008年，集团系统资金集中管理水平进一步提升，全年日均存款额达到103亿元，完成年度目标的158%，同比增长73%。内部融资规模进一步扩大，华电财务公司充分运作归集资金，积极融入外部资金，加大信贷投放力度为集团企业提供融资服务，日均贷款规模达到92亿元，完成年度目标的115%，同比增长33%。保险资源进一步整合，华信保险经纪（公估）公司经手保费1.73亿元，比上年增加0.46亿元；全年受理系统内涉及重大赔付案件83起，其中已决50万元以上重大赔案45起，争取总赔款达到9500万元。

（3）金融产品创新。2008年，各金融机构紧紧围绕集团系统企业需求积极推进业务创新，开拓融资渠道、降低企业融资成本，取得良好成效。公司代理集团公司开立票据13亿元，缓解了部分成员单位的资金压力，节省集团系统财务费用2000多万元，减少质押的保证金1.3亿元以上；协调交银租赁为戚墅堰、望亭和可门电厂签约融资租赁业务10亿元；协调为华电国际、扬州电厂等企业办理应收账款保理业务7亿元；协调邮政储蓄银行为新能源公司提供了10亿元贷款支持。华电财务公司还牵头完成木里河108亿元银团贷款项目的签署，这也是该公司成立以来组织的金额最大的银团贷款。

（4）金融风险管理。2008年，集团金融机构建立不低于5亿元的日均应急支付资金，保障集团公司紧急情况下的资金需求，防范资金断链风险；积极为国电南自、杂谷脑水电、宜宾公司、北京二热、鲁地拉等单位提供应急资金支持共约13亿元；协调交行为上海望亭提供了5亿元临时周转贷款；大力协调相关银行，确保了华电置业、安徽芜湖、杂谷脑水电、潍坊电厂等银团正常提款；进一步完善和发挥华电网上银行的功能，加强对系统内资金和账户的监督管理，确保集团资金安全。同时，金融产业进一步加强金融风险制度体系建设，建立资本控股公司的投资决策委员会，完善重大事项的决策体系；建立完善金融产业突发事件综合应急预案，在发生严重冰雪灾害和汶川大地震后，及时采取应急措施，建立资金结算的“绿色通道”，指定专人加强资金调配，积极为受灾企业提供贷款支持，迅速启动快速理赔机制；建立完善风险事件的分析、整改和责任追究机制，加强操作风险的把控。对信贷业务、投资业务、年金管理、结算管理等核心业务进行全面风险评价，保证金融产业自身安全。

五、安全生产与运行

综　　述

概　　述

集团公司安全生产管理的职能和事务主要由安全生产部承担，下设安全监察处、生产技术处和经济运行处。2008年12月23日，根据《中国华电集团公司创新燃料管理体制方案》和工作需要，安全生产部增设燃料管理处。

集团公司安全生产工作紧紧围绕公司发展战略，认真贯彻"安全第一、预防为主、综合治理"的安全生产方针，以科学发展观为统领，认真实践"安全是第一责任，安全第一工作，安全是第一效益"的安全理念，全面落实各级安全责任制，加强规章制度建设，不断强化基础培训，深入开展安全质量标准化、安全性评价、对标管理和创建优秀发电企业工作，狠抓"反违章"、降"非停"、技术监督、新机稳定生产和季节性安全大检查工作，积极探索安全生产长效机制，努力构建本质安全型企业。

2008年，把奥运保电作为全年工作重中之重，以安全生产"百日督查"、"隐患治理年"和"无违章创建"活动为载体，强化季节性、特殊时段和专项安全检查，持续开展安全质量标准化工作，不断加强设备运行和检修维护管理，对不安全事件严格落实"四不放过"。集团公司全年未发生较大以上生产、基建事故，圆满完成了抗冰保电、抗震救灾、奥运保电、迎峰度夏、防洪度汛、冬季供热等各项工作任务。设备管理水平逐年提高，非计划停运基本上得到有效的控制，节能减排效果显著，对标管理及企业创优工作顺利推进，安全保障能力、设备保障能力和节能减排能力逐步提升，确保了安全生产总体稳定，实现了全年安全生产目标。

安　全　管　理

安全责任体系

2008年，集团公司依法依规落实企业主体责任，自觉接受政府部门监管，安全责任体系进一步健全。围绕安全生产"对标管理年"要求，突出安全目标指标和管理过程对标，完善安全目标和控制指标考核体系，做到责任人人分担、压力层层传递、措施逐级落实，在取得实效上下工夫。大力推进安全生产责任落实，倡导"安全生产怎么抓也不过分，谁抓也不越权"理念，加强了安全生产"四级控制"，提高了安全生产贯彻力、执行力。同时进一步强化了安全生产责任追究和"说清楚"制度，坚持"四不放过"，严肃查处各类不安全事件。实现了"安全监督系统"上线运行，完善了安全管控手段，加强了区域间、企业间交流，杜绝了事故重复发生，安全生产整体工作水平得到提高。

安全标准化

加强安全标准化建设，安全规范化管理水平得到提高。以安全质量标准化为核心，不断完善安全管理规章、标准，安全生产责任体系、保证体系、监督体系和技术体系持续改进。公司安全监督信息系统顺利上线运行，出台《机组"非停"考核办法》，编制完成了《"两票"管理标准》、《安全监督手册》、《事故和典型障碍案例》等，修编了《火电厂安全性评价标准》，已形成安全管理规定（办法）、标准37个（册），电力安全管理工作进一步规范。举办"安监管理信息系统"人员视频培训，理顺安全监督信息报送流程。公司系统172人成为注册安全工程师，进一步规范安全监督工作。

安全性评价

巩固安全性评价机制，修编《发电企业安全性综合评价标准》及其查评依据，分层次开展安全性评价工作。完成近年新投运的22家火电厂和7家水电厂的安全综合评价初评和复评。配合国家有关部门完成11家企业的安全设施“三同时”验收评价工作。注重安全评价查出问题的整改，提高设备可靠性，改善作业环境，规范安全管理，提高企业本质安全水平。

应急管理

完善三级预案管理体系和应急管理机制，开展发电过程风险评估，强化应急预案的编制和评审、应急预案的培训和演练、应急救援队伍建设、应急物资与装备的落实等各方面的工作，提高企业有效应对各类安全生产事故灾难的能力。在基层单位培训、演练基础上，举行区域应急演练。将冬季供热、防洪度汛、抵御严重自然灾害等作为应急工作重点，开展“应急管理规范月”活动，强化事故预防，完善体系、机制，加大重要时段应急指挥系统24小时值守工作力度。积极与政府部门协调，形成综合应对突发限（供）热事件紧急工作机制。在国家遭受严重冰雪和“5·12”特大地震灾害的关键时刻，不惜一切代价保人身、保设备、保发电，积极投身地方抢险救灾，奋起开展抗灾自救，迅速恢复生产，保障灾区电力供应，经受住了严峻考验，为战胜重大自然灾害作出了突出贡献。2008年，累计完善各类应急预案、处置方案4171个，举办各种形式的演练1477次，参演人数51560人·次；直接投入386万元用于提高应急装备水平。

贵州乌江水电开发有限责任公司、湖南华电长沙发电有限公司被国务院国资委授予“抢险抗灾先进集体”；中国华电集团公司四川宝珠寺水力发电厂荣获全国“抗震救灾英雄集体”称号，华电四川发电有限公司、四川华电杂谷脑水电开发有限责任公司被国务院国资委授予“抗震救灾先进集体”。

奥运保电

温家宝总理在奥运会前亲自视察华电（北京）热电有限公司，给华电系统以极大鼓舞。把奥运保电作为2008年工作重中之重，行动早、标准高、要求严、重实效，形成了以涉奥企业为重点、各区域安全整体工作协调推进的局面，实现了奥运期间安全生产零事故、烟尘达标排放、电煤库存持续改善、应急能力提升、安保工作强化、员工队伍稳定，为奥运保电任务的顺利完成做出积极贡献。收获了重大活动期间安全生产与保电经验，一是领导重视，机制有效。在2008年年度工作会议上，集团公司就对奥运保电工作作出总体安排；迎峰过夏前夕，专题奥运保电视频会议进行部署；奥运期间，实行奥运保电工作日调度会议制度，随时处置各类情况；二是未雨绸缪，准备充分。针对煤炭价格持续走高、自然灾害爆发频繁的严峻形势，将隐患排查、百日督查、汛前安全检查、各层面安全督查工作与奥运保电相结合，不惜成本代价提高涉奥企业电煤库存；三是落实责任，形成合力。各级奥运保电组织明确职责分工，将安全稳定工作责任制落实到人、落实到每项工作、每个环节，持续改进应急预案和工作方案，抓好落实；四是科学研判，反应迅速。奥运期间，随时掌控设备状况、电煤供应、雨情汛情、台风雷暴等情况，实行24h领导带班，积极应对严重自然灾害、黑客攻击、恐怖破坏等各类突发情况；五是政企结合，齐头并进。组织奥运会一级（武警）保卫的北京、青岛等直接涉奥企业，积极与政府和武警部队沟通，实施企业安保方案和专项应急预案在地方政府的领导下研究制定，建立起有效的工作协调机制和防恐怖袭击应急机制，明确职责分工，落实责任措施到部门和人员。安保工作真正形成了“政府领导、公安监管、部门协作、企业负责、群众参与”的电力设施安全保卫工作新格局。

涉奥重点企业华电（北京）热电有限公司、天津军粮城发电有限公司和华电青岛发电有限公司荣获“电力行业奥运保电先进单位”称号；华电青岛发电有限公司荣获“奥帆赛、残奥帆赛和抗击浒苔工作突出贡献单位”称号。

生 产 管 理

概 述

公司系统各单位高度重视机组运行、设备检修和技术改造工作，积极推广先进、成熟的新技术、新工艺、新产品对老旧生产设备进行技术改造和检修，努力提高设备管理水平、设备健康水平和设备先进水平。加强机组检修管理，严格检修工期管理，细化临检时间管理。建立了典型缺陷数据库和重大缺陷分析月报制度，对发生的重大缺陷进行登记，建立缺陷数据库，对于常发、典型缺陷重点跟踪、分析、总结，并通报至各单位，实现公司各单位生产信息共享，促进了各单位的沟通交流、借鉴，避免了相同机型、类似缺陷的重复发生。继续推进生产管理信息化建设，在生产及营销实时系统稳定运行的基础上，深度挖掘实时数据价值，开发了“缺陷管理查询模块”和“耗差分析模块”，为动态掌握机组运行状况，有效提高机组运行水平提供依据。

大机组技术管理

适应集团公司新投大机组快速增长的需要，加强管理力度，组织了集团内部的大机组技术管理经验交流会，加强了大机组之间的沟通交流，促进了大机组技术管理水平的提高。2008年6月，针对大机组存在的问题召开集团公司大机组技术经验交流座谈会，发布60万kW、100万kW机组对标材料，交流运行、检修经验，总结了公司系统大机组现有问题和矛盾，部署了加强培训建立适应大机组生产管理需要的人才培训机制；积极探索大机组运行、检修、维护经验，有效防范容易发生的不安全问题；高度重视、积极采取措施，努力提高大机组经济运行指标等重点工作，为大机组安全稳定运行奠定了基础。

点检定修管理试点

2008年，大力推进点检定修管理试点工作，定期检查及时总结，全面完成点检定修管理试点单位检查，召开了试点工作座谈会。通过近两年的试点工作，促动了各试点单位员工对如何提高生产管理水平进行不断思索，使点检定修管理理念在试点单位被广为接受，取得了较好试点效果：建立了相对完善的企业管理标准，推动了企业标准化；点检员设备主人意识增强；巡检质量得以有效提高；提高了对外委单位的管控能力；相对准确把握设备健康状态，提高设备健康水平，降低检修、维护成本；点检员成本控制意识得到加强；实现了管理重心下移。举办了两期点检员培训班，奠定了点检定修管理在集团公司新厂推广的基础。

技 术 监 督

组织动力中心创办《技术监督简报》，及时跟踪新技术的发展、报道技术监督动态、反馈电力安全信息，搭建公司系统技术监督交流的桥梁，促进各单位建立与已相适应的技术监督机制，促进公司各单位技术监督工作均衡、协调发展。通过对发电企业技术监督年度计划安排、计划项目完成情况、大修检验项目安排、典型或多发设备缺陷问题发生及处理、年度工作总结等材料进行汇总分析，及时掌握集团公司有关发电厂技术监督工作的现状及存在问题，实现了技术监督信息跟踪、分析和指导，全面提高集团公司技术监督水平。

生产准备与岗位培训

贯彻落实《中国华电集团公司新建火电机组生产准备工作管理规定（A版）》，严格要求新建电厂落实生产组织机构建设、人员到位工作，全过程介入机组建设，各分支机构进一步加强了生产准备督导，生产准备工作进一步提高。并有针对性地通过专项检查、调研指导、监督整改、对口帮扶等手段，努力缩短新机磨合期，有效地促进了新投机组的稳定。2008 年，集团公司组织专家组，对安徽华电芜湖发电有限公司、辽宁华电铁岭发电有限公司二期工程、华电（北京）热电有限公司、湖北华电武昌热电有限公司、陕西华电蒲城发电有限公司三期、福建华电可门发电有限公司二期、云南华电镇雄发电有限公司进行了专项检查，针对存在的问题，提出了整改意见并进行了通报，有效提高了生产准备工作水平。

根据集团公司 2008 年工作任务和人力资源工作总体安排，共组织开展了专业技术、脱硫设施、值长培训、水务管理等 14 期培训班，培训人数达 843 人。有效地加强公司系统内专业技术的交流，提高各单位专业技术水平，为集团公司安全生产提供了较有力的技术支持。2008 年中央企业职工技能大赛火电机组集控运行值班员决赛中，集团公司参赛选手夺得 8 金 11 银 4 铜的优异成绩，在 100 万 kW 机组项目决赛中包揽前 8 名。

防汛和大坝安全

系统各单位认真贯彻落实党中央、国务院、集团公司关于防汛工作的指示精神和要求，坚持“安全第一、常备不懈、以防为主、全力抢险”的防汛工作方针，落实各级防汛岗位责任制，精心组织，周密部署，协调有力，超前应对，认真抓好汛前检查和准备工作，加强应急体系建设，严肃汛期值班纪律，战胜了冰冻、台风、地震、特大洪水等灾害，实现了各水电站和在建工程安全度汛。

2008 年 4 月 1 日，为进一步加强水电厂防汛管理工作，确保度汛和大坝安全，集团公司在四川成都召开了防汛工作座谈会。集团公司党组成员、副总经理任书辉出席会议并作了重要讲话。会议要求各级领导要提高对做好防汛工作极端重要性的认识，要未雨绸缪，抓好汛前检查，提高科学管理水平，严格执行汛情汇报制度，认真制定并完善防汛预案，更加重视基本建设工地安全防汛工作。

各单位严格按照《中华人民共和国防洪法》、《水库大坝安全管理条例》、《水电站大坝运行安全管理规定》等法律法规的要求，认真开展水库大坝日常巡查和年度详查工作，加强对大坝结构、近坝库岸运行工况、库区岸坡稳定、大坝下游两岸渗漏、护坡稳定及冲坑变化的监测，抓好大坝的补强加固、隐患治理和监测设施更新改造，在汛期、高水位及特殊运行工况下，加强大坝的巡查工作，加密重点部位的监测，非汛期坚持定期的巡视检查，确保了大坝安全运行。按照国家电监会大坝中心《关于组织开展第三轮水电站大坝安全定期检查工作的通知》等一系列文件的要求，开展大坝定检、注册、信息化建设等工作，有效加强了大坝管理，提高了大坝科学管理水平。2006 年，制定下发了《中国华电集团公司发电企业技术改造项目、检修特殊项目管理指导意见》，加强对项目实施的监督。各企业加强技术改造和检修工作，积极推广采用先进、成熟的新技术、新工艺、新产品对老旧生产设备进行技术改造和检修，使科学技术迅速转化为生产力。

节 能 降 耗

概　述

集团公司始终牢固树立和全面贯彻科学发展观，自觉履行中央企业在建设资源节约型和环境友好型社会中的重大责任，大力推进节能减排工作。坚持“开发与节约并举、节约优先”的方针，以提高能源利用效率为目标，以改善资产结构、优化运行方式、加快技术进步、强化节能管理、节省项目建设资源为主要措施，全面推进节能降耗工作。截至2008年底，公司供电煤耗340.4g/（kW·h），同比下降6.71g/（kW·h）；厂用电率5.95%，同比降低0.2个百分点。当年实现节约标准煤163.13万t，节约用电5.6亿kW·h，节约燃油2.86万t，直接实现节能价值13.54亿元。

节 能 管 理

为加强节能减排的组织领导，集团公司成立了以总经理为组长的节能减排工作领导小组，设立了节能减排工作办公室，各基层单位按照集团公司总体部署，也相应成立了本单位节能减排领导小组和工作机构，初步形成了公司系统的节能工作网络，为节能工作提供了组织保障。

不断加强机制建设，将主要能耗指标和污染物排放指标逐级分解到各单位，把节能和环保目标纳入企业领导班子业绩考核体系中，层层落实责任制。将节能减排目标完成情况纳入年度“三大业绩”考核和干部考核的重要内容，加大节能减排的考核力度，一方面结合集团公司绩效考核指标的修订，进一步加强节能管理考核的科学性和有效性，做到层层落实责任，传递压力，加大考核，充分调动各方的积极性。在绩效目标考核中加大了供电煤耗指标分值的比重，占要素指标的25%；另一方面为确保供电煤耗、厂用电率、厂内燃料管理相关指标的全面完成，强化能耗指标的过程管理，下发了《供电煤耗要素评价目标考评办法》，除了对年度供电煤耗、综合厂用电率指标完成情况进行年度评价考核外，对各单位供电煤耗月度建议计划的准确性、月度计划执行情况以及月度异动情况也纳入考核，并每月进行通报。印发了《中国华电集团公司节能管理办法（A版）》对公司系统节能工作的机构和职责、基础管理、基本建设管理、燃料管理、技术进步和技术改造、节电管理、节水管理、节油管理、热力试验管理、节能评价等方面进行全面系统规范。针对前几年火电机组投产多，在经济运行方面管理较为薄弱的现状，制定了《中国华电集团公司火力发电厂经济运行指导意见》，对锅炉及辅机经济运行、汽轮机及辅机经济运行、机组整体调整优化运行、发电设备的检修与维护、火电厂节电、节水、节油工作等方面提出了指导性意见，对促进火电厂尤其是新建电厂经济运行工作起到了重要作用。印发了《中国华电集团公司节能减排先进评选办法（试行）》，对集团公司节能减排先进单位、先进集体和先进个人的评选进行了规范。

节 能 技 改

落实《中国华电集团公司2010年技术改造规划》、《中国华电集团公司“十一五”节能规划》的要求，有针对性地部署节能改造项目，完成节能技改项目217项，年节约标准煤34.1万t。积极应用新技术、新工艺、新设备，促进生产运营、基本建设与电站装备领域技术升级，加大节能改造力度，努力提高机组经济运行水平。组织实施了牡二7号机组、铁岭3号机组、十里泉6号机组通流改造；组织实施了电除尘器电源及控制系统节能改造，凝泵、风机等大功率辅机变频调节改造，微油点火改造；在西塞山、扬州电厂分别试点了锅炉燃烧优化、汽机热力系统优化改造，各项节能技术改造后节能效果显著。

节 能 评 价

完成了剩余32家单位的节能评价工作以及35家节能复查评工作。指导、督促企业按照节能评价意见扎实进行整改，注重整改实效，做到管理降耗年内整改到位，技改降耗2009年底前整改到位。基本建立起“企业自查评、整改、专家查评、再整改、分支机构复查、巩固”节能评价机制。

耗 差 分 析

在生产及营销实时系统稳定运行的基础上，深度挖掘实时数据价值，开发了“耗差分析模块”。将从5万kW到100万kW的机组放到一个平台上对标，使能耗指标的管理从事前计划、事后分析过渡到事中控制，努力做到能耗指标的可控、在控。

企业基础管理

对标管理

印发了《关于深入开展安全生产对标工作的意见》，在公司系统内全面开展节能对标工作，进一步分级、细化指标，按照过程控制原则，将结果性指标与过程性指标相对应，形成覆盖集团公司、分支机构（含分公司、区域子公司）和电厂三个层次由若干个单项指标逐级逐层构成的树状节能指标对标体系。在集团公司层面，加强横向、纵向信息交流和数据收集，定期发布对标信息。

创建优秀发电企业

公司系统各单位依托创建优秀发电企业这一有效载体，努力克服严峻的外部环境带来的各种不利影响，扎实有效、全面推进各项工作，年底17家发电企业积极申报优秀发电企业，表现出集团公司创建优秀发电企业的引领作用。其中6家企业通过查评，获得2008年优秀发电企业称号，29家企业继续保持了优秀发电企业称号。

为建立可持续改进的达标创优的管理机制，进一步拓宽创优工作外延，使创建活动得到更广泛的开展，组织相关专家起草《中国华电集团公司星级发电企业的管理办法》，初步确定了评价体系和评分标准，从2009年起在所有发电企业开展星级创建工作。

“五型”班组建设

印发了《中国华电集团公司关于加强班组建设的决定》，确立了班组建设的指导思想和工作总目标，明确了创建“安全型、管理型、效益型、创新型、和谐型”主要任务和主要措施；印发了《中国华电集团公司班组建设管理规定》，对集团公司班组建设组织体系与职责、班组的设立与结构、班组的基本任务与主要工作、班组长的条件与职责、班组基础管理、班组安全管理、班组生产管理、班组对标与节能管理、班组教育培训管理、班组民主管理等方面工作进行了规范。

事故摘编

2008年事故、一类障碍及机组非计划停运情况

类　别	数　量
一般人身伤亡事故（起）	1
一般设备事故（起）	1
设备一类障碍（起）	102
机组非计划停运（次）	103

人身事故

2008年9月12日，哈尔滨热电有限责任公司输煤系统1号迁车装置出现故障，承包该装置维护任务的哈尔滨龙华劳务有限公司人员违章作业，导致1名维护人员死亡。

设备事故

2008年1月6日，陕西华电蒲城发电有限责任公司3号主变压器由于存在设备制造质量问题，导致其高压线圈损坏的一般设备事故。

六、经营管理

综合计划与统计管理

概　　述

集团公司高度重视综合计划和统计管理，已经形成了较为完善的综合计划管理制度，统计信息化建设和统计分析工作不断加强。努力通过科学合理的计划引导企业多发多供，不断降低单位能耗水平，2008 年集团公司发电量完成 2870.07 亿 kW·h，同比增长 10.88%，增长率高于全国平均水平；供电煤耗完成 340.40g/（kW·h），比上年下降 6.71g/（kW·h），为促进节能减排和提升企业经济效益作出贡献。

生产计划管理

根据集团公司有关规定，每年 9 月系统各单位需上报下一年度生产建议计划，集团公司结合各单位上报计划建议和市场预测，编制系统年度生产计划，形成计划建议报告，经集团公司总经理办公会讨论通过后下达。在计划执行中，生产部、营销部按照年度计划目标分解下达月度计划，通过月度控制和管理，确保年度计划目标实现。

年度发电量计划安排坚持以市场需求为导向，以经济效益为中心，按照“同网同能耗机组相同利用小时”安排发电量。火电利用小时低于本网平均水平的地区按照达到平均水平安排，超过平均水平的地区要继续保持超出态势。

煤耗计划的编制坚持贯彻对标管理的思路，以有利于节能发电调度获得更多电量为目标，进一步加大能耗水平对标力度，积极促进各类机组煤耗和厂用电率在较短时间内达到国内同类型机组平均水平或先进水平，新投产机组严格按照煤耗水平三年达到设计值安排。

为准确把握全国及各地区电力供需状况，加强与其他发电集团计划指标的对标工作，坚持跟踪年度计划执行情况，分析存在问题和预测发展趋势，按季度编报《集团公司季度综合计划分析报告》，为集团公司经营发展决策提供参考。

投资计划管理

集团公司建设项目投资计划管理紧紧围绕发展战略，科学、合理地安排年度投资，加强动态管理，为集团公司又好又快发展提供保障。一是坚持以经济效益为中心，开工项目、施工准备项目中，优先安排参与评优的重点战略项目和“上大压小”项目。二是坚持以结构调整为主线，年度投资安排上考虑适当向水电、风电项目倾斜，加大、加快项目开发力度。三是坚持从严从紧安排投资，实行总量控制动态调整，根据工程建设进度和建设条件，科学安排年度投资，资金安排上从严从紧。四是坚持多渠道筹措建设资金，优化滚动安排资金计划，项目资本金与融资同步安排，积极促进以存量资产带动增量资产，积极挖掘系统企业自有沉淀资金，减轻集团公司资金压力。依据集团公司产业布局和整体上市要求，逐步调整投资主体。

集团公司投资计划管理实行年度投资计划和季度资金计划相结合的管理方式。在编制年度投资计划的基础上，集团公司每季度根据各项目实际进展情况及年度投资计划编制下达季度资金计划，为项目公司落实融资和资本金提供依据。为加强新开工项目管理，建立计划开工项目月报制度。不定期赴现场调研，及时发现和协调解决前期、施工准备中存在的问题，推动项目早日开工建设。

2008 年，集团公司控股项目完成投资 420.85 亿元，其中电力项目 408.08 亿元，非电力项目（煤矿、港口等）12.77 亿元。在电力项目完成投资中，水电 162.99 亿元，火电 226.9 亿元，风电 18.19 亿元；在非电力项目完成投资中，煤矿项目 6.66 亿元，港口项目 6.02 亿元，公路项目 0.09 万元。

综合统计管理

为不断完善综合统计管理工作，2008 年补充了机组运行状况、售电价、售热价、购电价等统计指标，增加了被替代电量完成情况、机组容量变化情况、小机组关停时间，以及非电项目的核准、投资完成及资金到位等情况，全面反映了集团公司的机组运行状况、设备安全水平、生产经营现状、电量完成等情况，及时掌握有关发展项目工作动态，确保前期工作的有序开展和可控在控，满足了集团公司项目发展、生产经营管理的要求，为加强对标管理提供了有力的信息支撑。

为发挥集团公司信息统一管理优势，将投资统计管理模块纳入工程项目管理信息系统中，适应集团公司对项目建设的前期管理、施工进度管理、安全管理、物资采购与使用、资金到位与使用情况，以及工程概预算控制等各个方面实施统一的信息化管理需求；不断补充完善煤矿、港口、公路等非电项目投资统计工作，并纳入到工程项目管理信息系统中，使非电项目的投资统计管理更加规范、有序；分支机构门户网站统计管理系统的开发与使用，满足了分支机构对其所属电厂及系统其他单位的统计信息共享需求，为分支机构及时掌握有关统计信息提供了信息平台。

为满足对标管理的要求，进一步完善了生产统计指标体系，对系统各单位的对标统计工作进行了规范。下发了《关于定期在门户网站发布有关对标及统计信息的通知》、《关于做好生产指标对标统计工作有关要求的通知》等文件，对统计指标的名称、概念、数据来源及统计口径进行了统一要求，加强对发电量、供电煤耗、厂用电率和利用小时等指标的统计管理，确保集团公司考核指标统计的及时准确；积极推进节能减排统计工作，加强了能耗指标统计，研究制定了能耗统计相关指标及计算方法，并对基层发电企业历史数据重新审核汇总，为集团公司节能降耗提供统计信息，组织并指导火电企业完成《重点用能单位能源利用状况报告制度》的填报工作，将节能减排的要求贯穿于投资统计和生产统计等各方面。

高度重视统计信息咨询服务工作，定期开展统计分析和统计预测。不仅每年编辑、出版《华电集团公司统计资料提要》、《华电集团公司统计年报汇编》，而且在与其他各发电集团建立定期交换统计信息制度的同时，不定期编辑出版了《华电统计分析简况》，综合宏观经济、电力行业等方面的统计数据，结合集团公司的生产经营情况，并与其他发电集团在生产、能耗、发展等方面的指标进行对标的基础上进行深入分析，为集团公司各级领导及时了解企业发展所面临的宏观环境及集团公司在行业中所处位置发挥了统计信息的咨询作用。

不断加强统计理论培训，努力提高统计工作人员的综合素质和业务水平。举办了统计人员业务培训班，结合统计工作实际和对标管理，就生产统计工作流程、生产统计指标解释、火力发电工程建设预算编制与计算管理等内容进行了培训，提高了统计人员的综合素质，也提高了统计数据质量。2008 年组织了统计征文活动，共有 6 家单位获组织奖，38 篇论文被评为优秀论文，其中一等奖 3 名、二等奖 15 名、三等奖 20 名，并将获奖论文汇编成册发至各单位，为统计人员相互交流、学习和提高提供了平台。

为发挥统计监督职能，调动统计人员的积极性，集团公司于 2008 年对《中国华电集团公司统计考核评比办法》进行了修订，并对系统各单位的综合统计工作和统计人员，按照生产、投资、劳资、安全、环保等 6 个专业统计工作进行考核、评比。经过各单位自评和集团公司综合考评，42 家单位和 143 名统计工作者分别荣获 2008 年度统计先进单位和统计先进个人。

财 务 管 理

概 述

2008 年，集团公司外部经营形势发生巨大变化，遭受雪灾、地震等自然灾害及煤价暴涨、煤电联动不到位、电量需求下降等不利因素影响，经营业绩大幅下滑。面对严峻的经营形势，公司上下不等不靠，积极应对，超前做好资金筹划，保证迎峰度夏和奥运保电煤炭资金的供应，认真履行发电企业的社会责任，大力开展扭亏减亏控亏工作，指导企业苦练内功、降本增效，开源节流、严控支出、防控风险，向管理要效益，通过管理最大限度降低外部环境对经营业绩的不利影响。

对标管理

以业绩考核为抓手、对标管理为手段、提升业绩为目标，深入推进“对标管理年”活动：① 加强开展对标管理工作重要性的宣传，提高各层次领导和员工对开展好对标管理工作的认识；② 建立集团公司层面，覆盖安全、效益、发展三大业绩和“选、建、管”各个环节的对标指标体系；③ 开发建设对标信息发布平台，做好对标信息收集、标杆值动态发布工作，促进经验交流，成果共享；④ 加强对标制度建设，出台对标管理活动实施意见、指导意见，实现财务对标工作与企业经营管理工作的紧密衔接。

绩效考核工作

以《中国华电集团公司绩效目标管理办法（试行）》为基础，结合2007年实际经营完成情况，与国务院国资委考核原则相衔接，完成公司系统企业领导人员2007年经营业绩考核工作。

为确保集团公司战略目标的实现，充分发挥企业各级负责人和广大员工的积极性和创造性，增强激励作用，在总结2007年绩效目标管理工作、征求总部有关职能部门和基层企业领导人员意见的基础上，对绩效目标管理办法进行修改和完善。

财务风险及资金安全管理

高度重视资金管理，密切关注市场形势变化对企业财务状况造成的影响，积极开展财务风险防范工作。2008年5月召开了资金工作主题会议，要求企业树立“过冬”、“过紧日子”意识，提出加强资金预算管理、创新融资渠道、推进资金和担保集中管理、审慎安排资金投放、严控费用支出五点要求；制订电煤资金应急保障机制，加强电煤资金应急结算管理，防止各火电单位因电煤资金不足导致缺煤停机。2008年8月，对防范经营风险及财务风险提出了落实区域公司责任制、制定资金应急预案、贯彻资金集中管理三项措施。2008年10月，开展带息负债、担保情况的摸底调查，启动企业财务风险评价工作，密切关注企业资金流状况，严肃财经纪律，督促企业及早制定应对措施，有效保障资金安全、防范财务风险，维护集团公司信用安全。

基建财务管理

为进一步规范基建财务工作，提升基建财务管理水平，对基建财务管理制度进行全面梳理，修订《基建财务管理办法》，制定《基建财务管理业务操作指南》、《基建财务会计专项核算办法》，以制度形式明确集团公司、二级机构、项目单位在前期阶段、建设阶段、竣工验收阶段各自的财务管理职责和工作内容；规范竣工决算编制、保证竣工决算质量，使基建财务管理既具有总纲要求，又具有会计核算的具体规范，同时将财务管理业务中具体操作规范化、标准化，形成较为系统的基建财务管理制度；完善基建财务快报，进一步明确填报要求，将集团公司明确开展前期工作的项目纳入填报范围。

财税政策研究与补贴争取

在2008年初正式启动财税政策研究工作，加强对所属单位财税工作的指导和监督，督促公司系统充分利用财税优惠政策，合理合规地进行纳税筹划，控制企业的涉税风险：① 整理汇编与集团公司生产经营相关的、现行有效的税收法律法规，建立集团适用的税收法规库；② 编制完成《税收优惠与纳税筹划操作指南》、《财政政策操作指南》；③ 在对集团公司整体纳税情况进行分析的基础上，针对企业所得税法和相关政策变化情况，提出集团公司的纳税筹划内容，对集团重大经营事项进行合理的税收安排；④ 针对增值税扩大抵扣范围试点和增值税转型政策的出台，加强对所属单位财政税收管理工作的指导，超前开展相关税收工作，并召开座谈会，对新旧政策的衔接进行了具体部署。

积极争取财税补贴，努力缓解外部经营环境对企业财务状况的不利影响。主动向国家有关部门反映发电企业面临的经营困难，积极争取财政政策支持。2008年争取到国家财政对2008年汶川地震灾后重建补充国有资本、新增流动资金贷款贴息、环保专项资金、基建贷款贴息、淘汰落后产能财政奖励等财政补贴资金共10.45亿元。

财务预决算工作

立足严峻的生产经营形势，按照“过2～3年紧日子”的思想准备，量入为出，加强2009年的现金流量的预算管理，合理安排生产经营活动的资金需求，审慎安排资金投放、从严控制成本费用支出。按照全员、全过程、全要素要求，深入推进全面预算管理工作，完善损益预算、资金预算、基建预算、好燃料采购预算的编制。

组织中介机构开展2007年财务决算审计，对集团公司及纳入集团合并报表范围的107户三级以上单位出具了标准无保留意见审计报告；配合国务院派驻集团监事会、审计署对集团公司及所属企业的各项监督和检查工作，及时、全面、如实地提供各项监督检查材料，对检查中发现的问题要求相关企业认真、迅速、有效地进行整改落实。

财务信息化建设

财务信息化主要开展了以下工作：① 加大财务信息系统的开发力度，全面完成远光报表3.0系统的部署；② 集团总部财务信息实时系统运行正常，报表数据采集基本按要求及时进行；③ 集团总部财务分析系统完成功能细化、模板确定、压力测试，正式投入运行；④ 担保系统正式投入运行，实现集团内担保信息的集中管理；⑤ 积极推进财务燃料一体化进程，对系统建设出现的问题进行研究协调；⑥ 完成集团公司财务信息管理网总体框架的搭建工作，为构建公司系统财务信息共享交流平台奠定基础。

财会队伍建设

积极推进财会队伍建设，大力提升从业人员综合素质，着力打造具有市场观念、全局观念、竞争观念，具备现代理财能力、创新能力、沟通协调能力的财会队伍，包括以总会计师、财务经理为代表的高级财务管理队伍，以高级会计师、注册会计师为代表的高级会计人才队伍。对相关单位的总会计师队伍建设及制度建设情况进行调研，研究集团总会计师管理办法的制定，进一步加强对总会计师队伍的管理。注重财会后备人才知识结构的更新、工作思路的拓展，以国务院国资委在3所国家会计学院举办的国有企业总会计师岗位培训班为平台，安排系统内总会计师和财务负责人共50人参加培训。

资产、产权管理

重组并购

（1）做好湖北襄樊一期电厂和天津军粮城电厂两个“647”项目的后续收购工作。在2007年接收上述两个“647”项目的基础上，积极与国家电改办、国家电监会汇报沟通，取得国家发展改革委、国务院国资委的正式批准文件，签订了股权转让协议，完成了资金支付和股权交割，“647”项目收购工作圆满完成。

（2）重点考察部分电网公司职工持股发电企业。主要有：陕西银河、河北华瑞、甘肃明珠、山西和信、重庆渝能、蒙能公司、四川城东水电站等。了解了收购标的的详细情况，为集团公司党组正确决策奠定了基础。其中，河北华瑞项目效益较好，经近一年的沟通、谈判，最终交由华电国际进行收购。

（3）增持系统内部分优良企业的股权。为切实提高区域公司的整体盈利能力和竞争力，批复福建公司增持福建华投公司33%股权、福建华投公司增持闽兴水电29%股权，新疆公司增持吐鲁番发电有限责任公司10%股权，以及购入古田二级电站13万kW水电机组资产等。

（4）以黔源电力为平台，提高对贵州部分水电的控制力。按照集团公司的总体部署，指导黔源电力增持北盘江公司股权至绝对控股水平，增持引子渡公司、北源公司和西源公司的股权。

融资工作

2008年，受全球金融危机的影响，国内的经济形势、金融形势纷繁复杂、变幻莫测。年初，国家实施从紧的货币政策，严控信贷规模。到了第三季度，随着美国次贷危机的快速蔓延，国家又紧急出台一揽子政策来刺激内需，加快银行的流动性释放。面对复杂局面，集团公司高度重视融资工作，多渠道筹措资金，确保集团公司总部发展资金的供应；同时，加强对系统内融资工作的指导协调力度，规范企业融资行为，维护集团公司整体的信用安全。

（1）积极落实总部中长期资金。在2008年前三季度异常严峻的融资环境下，2008年总部落实123.5亿元中长期资金，保障了集团公司总部的资金供应。主要是：发行二期中期票据共募集3年期资金40亿元，两期票据利率比同期银行贷款基准利率分别下浮30%和44%；引进低成本信托资金40亿元；取得国家开发银行15年期软贷款6.5亿元。

（2）优化债务结构，缓解短期偿债压力。截至2008年底，集团公司总部短期、中期、长期贷款余额比例达到3:4:3，中长期债务合计达70%，负债结构和比率进一步优化，为总部的现金流接续和信用安全奠定了基础。

（3）加强综合授信管理。2008年，先后完成开行、建行、工行对集团公司的新增授信工作，同时积极争取交行、光大、北京、浦发、兴业、深发展等中小银行为集团公司的新授信96亿元。截至2008年底，各家银行对集团公司的综合授信总额已达到3330亿元，同比增长1144亿元。

（4）加强基建项目资金协调，帮助困难企业做好资金接续工作。在国家实施从紧货币政策，严控信贷规模的形势下，从商业银行总行层面为基建项目争取信贷规模与资金支持，先后帮助新能源、四川、贵州等企业落实项目融资，金额涉及40多亿元；同时，为置业、奉贤、卓资、巡检司、河西、宜宾等困难企业协调到期贷款30多亿元。

（5）指导基层企业创新融资方式。在积极鼓励下属企业创新融资渠道的同时，加强对新型融资方式的指导与监督力度。先后对华电国际、乌江公司的信托理财产品、乌江公司债权投资计划、木里河银团贷款、福建可门融资租赁、福建公司信托收益凭证、煤业公司委托贷款等融资业务进行了业务指导。

股权转让

2008年，国务院国有资产监督管理委员会对资产收购提出了新的严格要求，资产评估、产权管理等基础工作方面的规定进一步细化，集团公司在开展股权转让时需要做大量深入细致的工作。

（1）加大对华电国际的资产转让力度。为盘活存量资产，获得发展资金，支持华电国际做大做强，集团公司将所持河北水电100%、河北热电82%、杭州半山64%、杂谷脑水电49%的股权转让给华电国际，转让实现收入20.13亿元。

（2）变现参股企业股权，获取资金用于发展。转让了集团公司所持有的常州苏源发电公司17%和常州华源发电公司17%的股权，转让收入3961万元；指导江苏电力股份公司转让所持华能淮阴发电有限公司10%的参股股权，转让收入6744万元。

资本运作

2008年，火电企业受不可控煤价上涨因素产生巨额政策性亏损，证券市场大幅度下跌，给上市公司资本运作带来了巨大困难，部分上市公司的资本运作工作稳步推进。

（1）以华电能源为主体整合黑龙江区域资产。年内完成了华电能源对哈尔滨热电公司的增资扩股工作，实现了华电能源对哈尔滨热电公司的控股。集团公司同华电能源签订对价补偿协议，集团公司将获得1.4亿元对价补偿款。

（2）指导实施黔源电力的定向增发。年初，集团公司确定了黔源电力的定向增发方案，操作过程中由于受到股市大幅下跌、火电企业效益不佳等不利因素影响，方案几经修改，最后确定为由乌江公司5亿元现金认购。在董事会确定增发价格后，黔源电力股价异常飙升，由于黔源电力股权分散，在股东大会上该方案未获通过。

资　产　管　理

（1）加强产权日常管理，努力夯实基础工作。一是强化资产评估管理。根据有关法律、法规，严格执行资产评估审查备案制度。二是全面申报产权登记。顺利完成系统内单位产权登记集中会审和办证工作，共有63户企业通过国务院国资委审核，其中新办占有登记24户企业，变更登记39户企业。截至目前，集团公司所属三级以上企业的产权登记工作基本完成。三是加强制度建设。认真学习并依照国家各项法律、法规和制度办法，制定和完善集团公司的以下管理办法：制定并下发《中国华电集团公司资产评估管理办法》，修订《中国华电集团公司国有资产产权登记管理办法》，《中国华电集团公司资产收购管理办法》正在制定之中。

（2）深入开展小火电机组关停资产处置工作，努力降低资产处置损失。认真贯彻落实国家关停小火电机组的政策，全年共批复11家企业的19台关停小机组（共计160.7万kW）资产处置方案。先后有滕州、十里泉、哈密、五通桥等四家单位完成了资产处置工作，涉及固定资产净值1.76亿元，形成处置损失0.69亿元。

市　场　营　销

概　　述

2008年，面对严重自然灾害、电煤紧张以及市场下滑等困难，公司系统各级领导高度重视市场营销工作，以减亏为目标，快速应变两个市场，狠抓经济运行和电量结构优化，积极组织电热价调整和电热费回收工作，在极为困难的市场环境下，有力支持了公司的正常运营和发展。

（1）发电量保持稳定增长。2008年集团公司完成发电量2945亿kW·h，同比增长14.08%，增幅比全国平均增幅7.4%高6.68%。煤电利用小时4821h，同比减少353h，利用小时降幅比全国平均降幅427h低74h。

（2）推动电、热价格调整，取得预期效果。2008年7月和8月两次调价后集团公司火电平均电价水平上调4.12分/（kW·h），水电电价上调1分/（kW·h），平均热价上调11.59元/GJ。

（3）争取政策，促进电热费回收。实现当年电费结零，陈欠电费下降1.82亿元。

（4）加强外部协调。充分利用各种时机，走访地方政府和电网企业，沟通关系，建立联系平台，营造和谐的政企、网厂关系，为争取、落实政策，开拓市场奠定了坚实的基础。

（5）完善集团公司监控中心信息系统建设，在集团公司应急指挥、日常发电监控和生产营销协调决策过程发挥了重要作用。

电　量　管　理

高度重视发电量工作，克服了冰冻和地震灾害、电煤供应紧张和煤价大幅攀升、经济下滑等不利因素的影响，快速应变，努力争取政策，积极开拓市场，不断优化电量结构，2008年公司30万kW及以上煤电完成发电量1812.28亿kW·h，占火电发电量的69.69%，电量比重同比增加5.77%，效益较好的水电电量同比增长10.46%，有效提升了公司系统的赢利能力。

（1）适时调整公司电量计划，开展电量督导。根据市场形势的变化，集团公司在适时调整了全年电量计划，对边际贡献较大的贵州、江苏、新疆等地区完成调增电量42亿kW·h。针对9月以来电量快速下滑的不利形势，进一步加强了电量管理，建立了周电量通报机制，完善了电量考核办法。对重点地区开展了现场督导，帮助开展电量争取工作。

（2）积极争取和落实电量计划。协调山东和辽宁等地区争取地方经贸委奖励电量，在电量计划调整中多争取20亿kW·h奖励电量，取得了较好的效果，贵州和天津地区全年超额完成12亿kW·h发电量。全年有13个地区煤电利用小时超过省内平均水平，其中，山东、内蒙古、河北、浙江、贵州地区超过省内统调平均500h。

（3）指导落实关停机组替代电量政策。协调四川、云南等地区落实了转移电量政策；帮助浙江将今年无法转移的关停电量指标顺延到下一年；指导江苏、福建和新疆地区积极开展了在役小机组的电量替代工作；同时，协助四川争取落实了节能发电调度补偿电量。预计公司全年可完成替代发电93亿kW·h，其中：关停机组转移电量68亿kW·h，节能替代电量21亿kW·h，代发外部电量4亿kW·h。

（4）积极促进与各级电网调度的协调。在市场快速下滑、发电竞争激烈的情况下，进一步加强了与两大电网调度、各网省调的沟通，帮助铁岭、芜湖、蒲城、可门等新机落实试运行方式和168试运电量，协调宿州、贵港等电厂提高开机率和负荷率。

（5）指导分支机构开展《并网调度协议》和《购售电合同》的签订工作，2008年公司系统协议和合同签订率基本达到了100%。

电、热价格管理

（一）电价调整和执行

（1）提前开展煤电联动工作，电价调整取得预期效果。

2008年初，面对电煤价格持续大幅上涨的情况，在公司领导的高度重视下，提前部署煤电联动调价工作。通过各方的共同努力，煤电联动政策的实施取得了突破，7月和8月国家两次调整上网电价，公司的调价取得了预期效果。

火电：平均电价提高4.12分/（kW·h）。其中：煤机有61个燃煤电厂电价平均提高3.91分/（kW·h），有11个燃煤电厂电价在煤电联动基础上再得到提价；燃机平均电价提高11.7分/（kW·h），其中：半山、奉贤提高10.5分/（kW·h），望亭提高7.2分/（kW·h），戚墅堰提高6.5分/（kW·h），北京郑常庄由执行煤机标杆电价提高到64.4分/（kW·h）。

水电：9个水电厂平均提高1分/（kW·h）。其中：福建三个水电提高1.5分/（kW·h），贵州新老水电分别提高1.5分/（kW·h）和0.6分/（kW·h），云南以礼河平均提高1分/（kW·h）。

通过调价，一是解决了2008年电煤价格上涨的70%，缓解了煤价上涨压力；二是佳木斯、军粮城等电厂电价偏低问题得到了解决，富拉尔基3500万元电价补贴落实到位；三是脱硫和可再生能源环保电价得到落实；四是皖电东送、西电东送、北电南送等跨省区送电电价得到提高。

（2）积极落实新机电价，取得了合理的电价水平。

2008年，集团公司共投产新机737.35万kW，其中：水电104万kW，风电和秸秆发电18.55万kW，燃机50.8万kW，煤机564万kW。有关单位提前开展电价工作，积极向省级物价部门汇报和争取合理电价水平，总部在国家层面进行协调。经过开展大量工作，新机取得了较为理想的电价水平。

（3）关停机组电价补偿政策落实到位。

为落实国家关停机组转移电量的电价政策，有关单位加强与物价部门和电网企业的协调工作，使关停机组的电价补偿政策得到较好落实。北京二热油机关停转移电量得到电价补偿6500万元，四川宜宾、攀枝花关停转移电量得到电价补偿10700万元。云南取得了按一定固定收入进行补偿的政策。山东、湖北也按不降价转移了关停机组电量。

（4）积极争取规范不合理的电价行为。

一是制止和规范优惠电价。近年来各地实行的优惠电价陆续被取消，但2008年四季度随着用电量下滑，部分地区又开始实行优惠电价，对发电企业经营影响很大。为此，集团公司及时向国家发展改革委、国家电监会反映，要求国家出面制止各地擅自实行的优惠电价，并得到了支持。经国务院同意，国家发展改革委已发文要求从3月15日起坚决停止各地的优惠电价。二是争取调整发电侧不合理峰谷电价。经过各方面的努力，发电侧实行峰谷电价的范围得到了控制，四川峰谷电价调整为向发电企业返回50%。三是争取规范厂网电量交易价格。经过集团公司和各发电集团的不断呼吁，国家发展改革委已拟定对跨省区送电、电厂购电网电以及新机试运期电价等不合理的电价行为进行规范。

（二）热价调整

争取实施煤热价格联动，热价调整到位。2008年由于煤价大幅上涨，热电企业经营压力较大。为进一步推动煤热价格联动，集团公司召开了调整热价会议，及时部署了热价调整工作，统一了煤价、热价测算口径，要求各供热企业加强向当地政府汇报，反映困难，提出要求。9月，国家发展和改革委会同建设部、财政部下发文件，要求各地适当提高供热价格。有关分支机构和供热企业按照总部的部署，积极开展了有关争取工作，取得了较好成效。公司22家燃煤供热企业，除新疆煤价涨幅没达到规定的联动标准等特殊原因外，有16家供热企业热价得到上调，平均提高11.59元/GJ，涨幅41.4%，全年调价增收2.23亿元。尤其是供热量较大的石家庄热电公司、淄博公司一年内连续两次上调热价，成效显著。

电热费回收

进一步加大了电热费回收工作力度。一是积极促进国家电监会出台了规范厂网电费结算办法，建立公平、有序的结算环境，并推动开展专项检查活动。各单位依据结算办法，落实责任，积极开展电费回收工作，提高回收率，当期电费回收明显好转，2008年当年电热费回收率99.68%，同比提高1.28个百分点。山东、浙江、河北等地区还提前预收了电费。二是积极开展了清理陈欠电费工作。年初，公司系统陈欠电费10.027亿元，大部分为2002年电力体制改革前的遗留问题。为了减少经济损失，促进陈欠回收，集团公司制定了清收陈欠电费的奖励办法。在公司清收陈欠电费奖励办法的激励下，有关单位积极开展了清收工作，克服困难，取得了较好成效，年底陈欠电费减少1.82亿元，下降18.2%。其中，铁岭电厂陈欠电费全部收回，四川公司陈欠电费收回38%。

市场营销基础工作

1. 政策研究

市场营销工作与外部环境的政策信息密切相关，为了营造良好的市场营销环境，我部主动与国家层面的发展改革委价格司、价检司、经济运行局和国家电监会价财部、市场部、发电监管部等部门建立业务、信息沟通渠道，并积极提供相关的工作服务。

2008年，市场营销部与北京能玫电力科技有限公司合作进行了《中国华电集团公司节能发电调度综合策略研究》课题研究，通过对节能发电调度政策、试点开展情况的分析，加强公司系统对节能发电调度的理论研究深度。通过对集团公司优势和劣势的综合分析，提出华电集团在资产结构调整、在役机组节能、减排、综合利用以及上大压小等方面进行优化改造的综合策略建议，为集团公司开展节能发电调度提供理论支撑。

集团公司和有关分支机构协助国家发展改革委开展了水电电价机制课题研究，通过研究，争取了水电电价按调节性能分档制定标杆电价的政策导向。同时，按照国家发展改革委的要求，承接了国家可再生能源电价机制的研究工作，提出有关建议，为科学、合理核定风电等可再生能源电价奠定了基础。为了解决四川火电机组利用小时大幅下降、严重亏损的问题，集团公司总部和四川公司开展了四川两部制电价的课题研究和推进实施两部制电价的工作，研究方向已经得到国家发展改革委的认可。同时，组织开展了“节能发电调度综合策略研究”、“多边交易市场对公司的影响以及应对策略”等课题的研究，参与国家电监会辅助服务补偿办法的研究，推动对燃机和水电调峰调频进行补偿。

2. 完善集团公司监控中心信息系统建设

在集团公司相关部门的共同努力和各分公司、电厂的积极配合下，集成了集团公司营销监控中心、气象监测系统、生产营销实时监控系统、市场营销决策管理系统的监控中心投入试运行，建立完善了集团总部、各分支机构和公司系统所有发电厂的统一数据平台，对公司系统生产、营销和环保等业务进行实时的统计和对比分析，为集团公司日生产营销协调会、旬度和月度分析、对标管理等工作提供了强大数据支持，实现了集团公司对生产营销全过程的实时管理。特别是集团公司在今年冰冻和地震灾害的应急指挥工作中，监控中心的实时监控系统提供了实时可靠的生产营销数据，对集团公司快速应对发挥了重要作用。

燃 料 管 理

概 述

2008年，华电煤业集团公司继续对集团公司燃煤供应实施“五统一”管理，即“统一计划、统一订货、统一调运、统一结算和统一管理”。2008年12月，集团公司开始实施《创新燃料管理体制方案》，云南、贵州、四川、新疆、内蒙古、黑龙江六区域燃料供应由区域公司负责，其他区域由华电煤业负责。

2008年，面对雨雪冰冻、汶川地震、奥运保电和金融危机等重大考验和严峻挑战，煤业公司上下深入贯彻落实科学发展观，始终坚持“优质服务”宗旨，牢牢把握体制创新、重点推进、效益提升“三个着力点”，深入开展“对标管理年”活动，大力提升“六种能力”，协调推进各项工作，较好地完成了集团公司下达的业绩考核指标。面对资源极其紧张、煤价大幅上涨的严峻形势和自然灾害严重、金融危机冲击的重大挑战，煤业公司系统广大干部员工始终把保证电煤供应作为首要任务来抓，团结一致，负重拼搏，有序、高效地组织电煤供应，克服了重重困难，付出了艰辛努力，表现出良好的素质和责任感。坚持把“三区八厂”的电煤供应作为重中之重来抓，建立资源运力落实体系和综合信息沟通体系，组建重点区域、重点电厂电煤供应工作组，明确责任主体，加大调运力度，多渠道落实应急资源，推进东北地区煤炭资源优化配置，启动蒙古国煤炭进口工作，全力以赴保证供应，特别是经受住了年初雨雪冰冻自然灾害、“4·28”胶济铁路事故、“5·12”汶川特大地震和奥运保电等重重考验，华电在川、黔、湘电厂的电煤供应得到了集团公司和当地政府的充分肯定。煤炭市场稍有缓和，公司快速做出反应，及时做出部署，大力推进调结构、提煤质、控煤价和降库存工作，较好地实现了集团公司提出的目标，为组织低价煤腾出了空间。以“达标、创优、建示范”活动为载体，抓两头，带中间，深入推进厂内燃料的科学化、制度化管理，大力提升规范化、精细化管理水平，集团公司厂内燃料管理的整体水平得到持续提升，并在第六届全国电力行业职业技能竞赛上取得优异成绩。通过煤业公司上下的共同努力，集团公司的燃料供应与管理工作在五大发电集团中呈现明显的比较优势，2008年的入厂标煤单价及涨幅位居第四，入厂煤热值下降幅度最低，厂内燃料管理指标处于一流水平。

2008年12月，集团公司在总结燃料管理实践经验的基础上，对实施了五年多的燃料“五统一”管理模式进行了深化和调整，出台了《华电集团创新燃料管理体制方案》（以下简称《方案》），将华电煤业承担的燃料管理职能改由集团公司安全生产部行使，建立了华电集团——区域公司——基层发电企业的三级燃料管理体系。《方案》重新划定了电煤供应区域：一块是以华电集团区域公司为主的区域，主要包括云南、贵州、四川、新疆、内蒙古、黑龙江6个自身能够实现电煤供求平衡的省份，按照区域内“五统一”的原则，由华电集团区域公司负责区域内发电企业的电煤采购和供应工作；另一块是以华电煤业为主的区域，主要包括山东、江苏、浙江、福建、湖北、陕西、辽宁、河北、湖南、安徽、宁夏、青海、河南、广西、天津15个省（市区），华电煤业加强在这些煤炭资源输出省区、煤炭集散地区的控制能力，与华电集团区域公司（基层发电企业）以合同契约方式约定双方电煤供需关系。

“五统一”管理体系

“五统一”管理的内容包括：统一计划、统一订货、统一调运、统一结算和统一管理。统一计划：即根据各发电企业的用煤需要，在综合平衡的基础上统一制订年、季、月供煤计划和煤价控制标准，在预测煤炭市场走势的基础上统一下达各发电企业的目标库存。统一订货：即发挥规模采购优势和大企业集团的市场主体作用，以华电煤业为统一对外的采购主体组织订货，达到获取规模效益、降低采购成本的目的，实现集团公司整体利益最大化。统一调运：即以集团公司整体利益最大化为出发点，处理好局部与整体、眼前与长远的关系，实施全国范围的跨区域大调运，避免区域内发电企业抢煤源、争运力的恶性竞争，保证当地资源不足、供应紧张的发电企业的电煤供应。统一结算：即以各发电企业上报的燃煤验收数据和煤业各分公司（办事处）上报的合同为依据，通过电煤结算系统进行煤款统一结算。统一结算的关键是实现了支付能力的集中控制，电厂不再自行向供煤企业支付煤款。统一管理：即对燃煤供应工作实施标准化、规范化管理，统一安排部署，统一管理标准，统一工作程序，统一合同条款，统一价格批复。

燃料计划管理

燃料计划管理建立了计划指导订货、计划指导合同签订、按计划组织调运、把计划执行结果作为考核依据运行机制。

燃料计划管理，主要体现在电煤年度订货工作。

2008年度电煤合同衔接，是近几年来改革力度最大、煤炭价格市场化程度最大、情况最复杂的一年。由于2007、2008两年集团公司新投机组多，新增需用煤量2000万t，增幅近20%。在集团公司的领导下，华电煤业公司从2007年9月就组织煤业系统有力、有序地开始了2008年电煤衔接工作。制定了周密的订货方案，经过与煤矿反复艰苦谈判，2008年1月基本完成了大部分合同签订，到5月23日最后完成了山东省内统配大矿合同签订。

2008年签订重点合同8279万t，比2007年增加1875万t，增长29.28%。其中，新增山西阳煤、晋城、山西焦煤、潞安等统配大矿优质煤223万t，陕西韩城、铜川、榆神、中能煤田等各大矿140万t，内蒙古、山西统配、包头新增下水煤298万t，中煤集团30万t，淮南、淮北58万t，辽宁铁法矿330万t。在与神华、龙煤、蒙东等重点大矿合同价格谈判上取得了很好的效果，价格涨幅最低。内蒙古区域与神华集团签订的600万t供煤合同，为降低区域内电厂燃料成本作出了贡献。

煤业公司在2008年8月就对2009年新机供煤作了重点安排和部署，下发了《关于做好2009年电煤产运需衔接准备工作的通知》，组织召开了煤业分公司、办事处参加的订货动员会，研究分析了2009年订货的重点、难点，在汇总各发电企业电煤需求情况、进行电煤资源初步衔接的基础上，制定了《中国华电集团公司2009年电煤订货方案》，成立了集团公司2009年电煤订货组织机构。于10月中旬召开了参加全国跨区域电煤订货预备会。会议下达了2009年公司系统各区域、电厂电煤订货具体任务。

燃料供应管理

为履行好燃煤供应“五统一”管理职责，华电煤业进一步完善制度、强化考核，并充分发挥区域公司、电厂的积极性，建成了覆盖全国的燃煤供应网络。认真贯彻执行从计划、订货、调运到结算的一整套燃煤供应管理制度，加强了以保量、提质、控价为核心的燃煤供应考核机制。

2008年，针对供应紧张、运力不足、煤价飙升的煤炭市场形势，始终践行优质服务宗旨，电煤供应保障较好。认真思考工作责任和管理理念，强化服务意识和市场意识，提高竞争实力，抓住机遇迎接挑战，树立了华电煤业新形象。建立了大计划、强调运、细管理的供应机制（即：加大计划的指导控制能力，强化调运的实际竞争能力，提高供应管理的精细化能力），强化一线调运力量，把握煤炭市场变化规律；优化调整了业务分工和流程，优化调整了机构设置和力量配置；以优质高效的服务质量，发挥华电煤业集约化优势，稳定电煤供应市场，创建和谐有序的调运氛围，与区域公司共同做好主渠道供应工作；积极组织计划外煤炭，按照市场化运作模式，建立了计划外采购价格决策机制，与区域公司建立良好的互动关系。

2008年完成电煤供应量1.35亿t，比上年增加1615万t。

燃料价格管理

燃料价格管理，建立了合同约束互动管理机制，按照价格决策机制协商确定合同价格。通过沟通平衡，实现合作互动。

近年来，主要受国际市场能源涨价、国内安全生产治理和运输“瓶颈”制约等多种因素的影响，国内煤炭供需矛盾突出，价格大幅上涨。集团公司建立了“价格三条线”管理机制（承包利润线、零利润线、边际成本线），以及统筹协调、相互制约、快速反应的电煤价格形成机制，统一价格体系，规范价格管理，做到了动态、超前、快速适应市场的变化，争取电煤采购的主动权；按照可靠保证电煤供应、入厂标煤单价最低的原则，以优化供煤结构为重点，统一制订调运方案，加大跨区域调运力度，合理引导资源流向，控制采购价格，实现了集团公司整体利益最大化。

2008 年完成入厂标煤单价（含税）660.54 元/t，比上年上涨 187.54 元/t。

燃料结算管理

燃料结算管理，进一步完善了结算平台建设，建立了适应性强、流程简捷、规范高效、服务供应、规避风险、便于控制和分析的结算体系。

内部审计

概述

集团公司按照法律、行政法规规定和公司章程的要求建立健全内部审计制度，设立独立的内部审计机构——审计部。审计部主要职责：负责对集团公司内部经济活动进行监督和评价；负责制定集团公司内部审计制度；编制集团公司内部审计工作发展规划和年度工作计划并组织实施；负责全面风险管理；负责与国家审计署和国务院派驻集团公司监事会等有关部门的工作联系和协调；指导所属单位的内部审计工作等。具体的审计类别有：① 资产、负债、损益审计；② 任期经济责任审计；③ 工程建设审计；④ 内部控制制度审计；⑤ 资产经营责任审计；⑥ 审计专项调查。审计部下设两个处室，审计一处负责全面风险管理、经营管理审计、领导干部经济责任审计、各类专项审计、审计调查、配合外部监管机构和综合事务管理等；审计二处负责基建工程审计、内部控制制度审计、新投产项目效益审计、对集团公司所属单位审计业务指导和对集团公司派出监事业务指导等。

2008 年，在集团公司党组的正确领导下，内部审计工作认真贯彻落实党的十七大精神，全面落实科学发展观，紧密围绕集团公司发展战略和中心工作，以价值思维为理念，以审计监督为保证，以促进公司发展为目的，强化监督、服务大局，全面完成了全年工作任务，有效履行了公司赋予的经济安全责任，为公司依法经营、规范运作、防范风险、提高效益发挥了重要作用。

2008 年，集团公司审计部共开展审计项目 35 项，其中任期经济责任审计 17 项（其中委托审计项目 5 项），资产经营责任审计 3 项，新开展基建全过程跟踪审计 10 项，专项审计调查 4 项，海外项目审计 1 项，提出审计意见 38 条，审计建议 33 条，共计查出有问题资金 37786 万元，实现增收节支 16769 万元，调账处理 5844 万元，清理不良资产 5411 万元，当年完成竣工决算项目核减工程造价 27361 万元，向公司总部有关部门送达落实审计意见建议书 16 份，审计意见整改率和审计建议采纳率均达到 95% 以上。

日常审计工作

（1）开展专项审计调查工作。审计部紧紧围绕集团公司中心工作和生产经营热点、难点问题，先后开展了多项专项审计调查，取得了一定的实效，得到了集团公司领导和有关部门的充分肯定。

一是为进一步完善和优化管理程序，促进集团公司制度建设，开展了对集团公司总经理工作部、人力资源部、财务管理部的管理制度专项审计调查，针对管理制度中存在的“失修”、“缺位”、“不协调”等问题提出了审计整改意见。通过评价管理制度的“合法性、健全性和有效性”，积极促进了公司管理制度更好地满足“架构清晰、层次分明、职责清楚、授权明确、沟通顺畅、管控全面、修订及时、执行有力、监督到位”的要求，有力保障了集团公司内部控制系统健康、有效的运行。

二是贯彻落实国务院国资委关于对境外企业进行定期审计的要求，积极探索境外审计，对华电工程境外EPC项目印尼阿萨汉水电工程开展专项审计。通过深入分析总承包合同执行情况以及资金监管等主要风险点，客观评价了面临的形势，分析了华电工程公司和香港公司关于阿萨汉项目的风险管理现状，提出了“加强风险防控机制建设，明确落实管控责任，对风险点实施动态管理，确保经济安全”的审计意见。同时向集团公司提出“尽快构建海外项目管理机制，建立健全相应的制度管理体系，加大对海外项目的监督力度，提高风险识别和控制能力，确保海外项目可控在控”的审计建议，为集团公司“走出去”积累了风险防控经验。

三是为深入贯彻国务院《关于进一步加强节油节电工作的通知》和集团公司2008年中工作会议精神，审计部对公司系统火电企业燃油管理及节油技改项目情况进行了专项审计调查，认真研究分析公司系统燃油管理体制、机制和成效，查找燃油管理工作中存在的主要问题和产生问题的原因，有力地促进了集团公司及相关企业燃油管理制度的建立、内部管理挖潜和降本增效，提升了集团公司节能降耗水平。

四是根据集团公司领导指示精神，会同有关部门对福建可门公司燃料价格进行专项审计调查，从燃料采购、热值化验、生产耗用等多个环节入手，查找福建可门公司燃料价格高于市场正常价格的主要原因。提出了完善燃料供应管理机制、加强对煤炭市场价格反映应对机制建设、建立海运煤计划、定价、监质监装、运力安排协调机制等管理建议，为福建可门公司提升管理，风范风险，保障经济安全起到了关键作用。

（2）开展领导人员任期经济责任审计。根据集团公司《领导人员任期经济责任审计办法》有关规定，及时开展领导人员任期经济责任审计工作。全年共对江苏公司、新疆公司等17家企业主要领导人员进行了离任审计（其中五家为委托审计），领导人员离任审计率达到100%，全面、客观地评价了领导人员任期内的经营业绩。在重点审计领导人员任期内资产经营责任目标完成情况的同时，还对领导人员的薪酬、职务消费等方面进行了核查，对企业盈利能力、可持续发展能力、竞争能力以及领导干部经营业绩进行了审计评价，为集团公司党组正确选拔使用干部提供了审计依据。

（3）开展资产经营责任审计。审计部对集团公司新收购的天津军粮城公司、湖北襄樊公司、上海奉贤公司三家单位进行了资产、负债、损益审计。通过全面审计，摸清了企业资产状况，分析了企业盈利能力和发展潜力，为合理确认其资产经营目标和发展目标提供了审计依据。审计部会同有关部门按照集团公司党组要求和领导指示，认真梳理和归纳军粮城公司和襄樊一期公司审计发现的问题，本着先易后难、积极稳妥的原则，指导两公司进行认真整改，规范了新收购企业的生产经营管理秩序，促进了企业经济效益的提升，使之顺利地融入集团公司管控之中。

（4）开展基建工程审计。在继续对37个以前年度基建项目全过程跟踪审计的基础上，2008年又对铁岭公司、湖北黄石等10个在建项目开展了基建全过程跟踪审计。2008年完成了哈热公司、内蒙古风电公司等7家单位竣工决算审计共审减工程投资27361万元，有效控制了工程造价（详见下表）。通过深化基建全过程跟踪审计，加强了项目过程控制，强化了审计成果的落实，有效控制了工程造价，促进了投资风险防范水平和工程建设管理水平的提高。

审计机构、机制、队伍、制度

进一步健全审计组织机构，完善审计工作机制，提升审计人员综合素质。年初，根据集团公司年度工作会议精神，制定下发了《集团公司2008年审计工作要点》，使公司系统各级审计机构明确了年度工作目标和任务。审计部作为履行集团公司经济安全第一责任部门，进一步完善、细化了公司系统经济安全的考核办法和评分细则，明确了各级审计部门的职责界面，并对各单位加强审计监督、确保经济安全提出了具体要求。为保证国有资产保值增值，提高企业管理水平，增强企业竞争力，强化审计监督，根据集团公司资产分布，设立了哈尔滨、济南、成都三家区域审计处，进一步完善了集团公司审计组织机构体系。同时坚持“以人为本、提高素质”，努力建设一支政治坚定、作风过硬、业务精通、纪律严明，适应审计工作不断发展变化需要的审计干部队伍。2月，审计部举办了公司系统110多名审计业务骨干参加的培训班，增强审计人员生产、经营、技术以及管理等方面综合分析判断能力，增进依法独立审计意识，端正忠于职守、秉公办事、不谋私利、勤奋工作、客观公正的工作态度，提升事业心、责任感和业务水平。

开展内部审计理论研究，健全和完善审计制度体系建设。坚持“制度管人，制度管事”的工作原则，2008年对现行审计制度进行重新梳理和优化，根据集团公司部门职责调整，研究了《中国华电集团公司审计工作暂行规定》修订意见，根据开展企业全面风险管理工作要求，制定并印发了《全面风险管理体系建设指导意见》，为配合监事会开展工作印发了《中国华电集团公司总部配合监事会工作规定》，修订印发了《关于向职工代表大会报告审计工作的规定（试行）》等管理制度，使集团公司审计制度体系建设进一步健全和完善，有效保障了审计工作质量。

风　险　管　理

按照国务院国资委《中央企业全面风险管理指引》要求和集团公司风险管理工作部署，审计部全面履行集团公司风险管理工作职责。2008年，经过认真研究探索，审计部下发了结合华电集团自身特点的《全面风险管理体系建设指导意见》，成立了集团公司全面风险管理工作领导小组和工作小组，进一步明确了集团公司全面风险管理总体思路和工作规划，并确定了集团公司总部与华电国际等五家企业为风险管理试点单位，为下一步全面推进风险管理体系建设工作奠定了坚实的基础。

在“依法经营、遵纪守法”主体实践活动基础上，组织开展“一改三查”依法经营活动。为进一步增强广大干部职工依法经营和风险防范意识，提升风险管理水平，保障集团公司经济安全，促进集团公司各项经济活动的健康有序、合规合法开展，由审计部牵头，财务部等多部门协同配合，在“依法经营、遵纪守法”主体实践活动基础上，组织开展公司系统“一改三查”依法经营活动，落实2008年国家审计署、国务院派驻集团监事会和公司审计、检查发现的各类问题的整改措施，重点组织对燃料管理、基建管理和资金风险三个方面的突出问题进行自查自纠，通过“一改三查”活动，总结经验，提出强化管理、完善制度等长效机制建设方面的措施。

配　合　审　计

组织协调、全力配合审计署、监事会对集团公司2008年度各项检查工作。一是积极配合审计署专项审计的迎审工作。2008年，国家审计署开展了电力基建项目专项审计调查和节能减排专项审计，集团公司所属昆明公司和大方公司被列为电力基建专项审计重点单位，16个地区50余家项目公司接受了审计调查。审计部作为集团公司协调配合牵头部门，高度重视此项工作，列为部门工作的重中之重，一方面积极主动与审计署沟通交流，寻求理解和支持，多次赴被审单位指导工作，协调审计中发现的各类问题的处理意见；另一方面全面梳理近年来基建全过程跟踪审计发现的问题，分析集团公司工程管理中存在的各种问题和检查风险，及时督促相关单位进行整改和规范。通过近一年的迎审配合工作，使审计署及特派办对集团公司的发展背景及经营困难有了较为全面的了解，对企业存在的问题给予了较为客观的评价，两个重点审计单位均未发现重大违法违纪问题。二是密切配合国务院派驻集团公司监事会开展监督检查工作。2008年，审计部积极主动做好监事会的日常联络和配合工作，认真细致提供各项文件资料，组织填报《企业年度工作报告》，配合监事会对系统25家单位进行了实地调研和检查。

效 能 监 察

概 述

2008年，集团公司效能监察工作围绕企业中心任务，把握关键环节，融入经营管理，有效发挥了效能监察在服务中心工作、加强源头治理、改进企业管理、提高经济效益等方面的重要作用。据不完全统计，系统各单位全年共立项284项，被采纳意见和建议406条，协助建章立制290条；查处违规金额20.63万元，避免经济损失6958.33万元。

招 标 监 督

注重加强对招投标工作的监督与管理。严格落实集团公司《招标监督办法》，加大对集团公司审批招标项目的监督力度。实行招标监督月度计划制度，按照交叉监督的原则，及时指派招标监督人才库的人员跨地区参加现场监督。集团公司监察部全年共审签招标方案和评标结果416件，组织参加重大项目招标现场监督224次，提出监察建议37条，受理招标投诉12件。集团公司总结的《创新招标监督机制，提高招标管理实效》的经验，在国有企业反腐倡廉建设座谈会上作了书面交流。

规范关联交易效能监察

印发了集团公司《关于开展规范关联交易效能监察的通知》，组织公司系统2007年底前有投产机组的发电供热企业和集团公司分支机构、区域子公司共102家主业单位，对“使用关联企业生产或提供的产品、服务”等5大类别，“关联企业代购煤炭情况”等18项内容以及“关联企业购买、处置（收取服务费）主业资产”等83个环节开展了自查；组成8个检查组对25家单位进行了重点检查。通过自查与检查，基本摸清了公司系统主业与多经企业的关联交易情况，为进一步规范关联交易工作打下了基础。

关停小火电机组资产处置效能监察

根据集团公司“十一五”期间关停处置小火电机组600多万kW的实际，在有关停小火电机组任务的企业开展了关停机组资产处置效能监察。印发了《关于开展关停小火电机组资产处置效能监察的通知》，明确了制度建立、资产清查、资产评估、分类处置、账务管理、过错追究等6个重点环节。对华电国际十里泉电厂等5家企业的资产处置情况进行了督导。公司系统9家单位完成关停小火电机组资产处置24台，共计97.5万kW，实现资产处置净收益22870.5万元，超出评估价值7835.5万元。

七、内部改革

概　述

2008年3月29日，集团公司下发《关于总经理工作部等部门职责编制调整的通知》（中国华电人［2008］535号），将总经理工作部的“法律事务、政策研究”职责划转体制改革办公室。体制改革办公室的内设机构名称、数量以及人员编制也作了相应调整：一处更名为体制改革处，二处更名为综合改革处，增设法律政研处；人员编制调整为9人，其中体制改革处2人、综合改革处2人、法律政研处2人。调整后的体制改革办公室主要职责是：

（1）负责开展政策研究工作。跟踪研究国家深化电力体制改革的有关政策，及时收集国有企业的重大改革动态和政策调整信息，提出应对建议措施。

（2）负责集团公司管控模式、管理流程、管理体制改革等重大课题，集团公司在改革发展中的突出问题以及国家有关部委或行业协会交办的综合性课题的研究工作。

（3）负责集团公司企业公司化改制整体上市工作研究。

（4）负责集团公司系统企业改制工作的研究、组织和协调。

（5）负责集团公司综合配套改革、企业主辅分离、辅业改制等工作的研究和组织实施。

（6）负责集团公司专业化改革工作的研究、组织和协调。

（7）负责集团公司制度建设、合同管理、授权管理等日常法律事务工作，组织实施法制宣传教育，为集团公司境内外重大经济活动提供法律服务。

（8）负责集团公司重大经济纠纷案件管理和协调处理，代理公司总部的重要诉讼活动；负责集团公司法律顾问队伍建设，归口管理外聘律师。

（9）负责集团公司营业执照工商年检、组织机构代码证书年审、企业法人变更登记等工商事务；负责集团公司商标注册和管理；负责所属企业电力业务许可证的申办和管理。

（10）负责国家立法征求意见的反馈，组织研究新法律法规及有关政策性文件，推进集团公司法律风险防范机制建设。

2008年，体制改革办公室按照新调整后的职责，坚持以集团公司发展战略为统领，按照集团公司年度、年中工作会议确定的改革工作目标，重点推进了区域改制重组、创新燃料管理体制、优化管控模式研究、深化发电运营体制改革研究、推进检修体制改革等内部改革工作；同时，按照职责分工，体制改革办公室举全部门力量，围绕集团公司产业发展和改革工作，积极开展政策研究工作。

改　制　重　组

2008年，体制改革办公室积极推动了区域公司化改制、内部核算单位改制为分公司、深化区域内部改制等工作。

一是积极推进区域公司化改制工作。为了进一步调动区域公司工作的积极性，实现区域内存量带动增量发展，体制改革办公室研究提出了内蒙古、江苏、湖北区域实施公司化改制的建议方案，并向集团公司领导进行了专题汇报，为推进相关区域的改制工作打下了良好的基础。

二是完成了系统内部核算单位改制为分公司事宜。新企业所得税法实施后，企业将以法人为单位实施就地纳税。由于集团公司系统内部核算单位都是按照《全民所有制企业法》注册的法人，这样新法实施后将对现有的合并纳税方式产生一定的影响。考虑这一情况，体制改革办公室对集团公司系统内部核算单位进行了调研，提出了将集团公司直管或区域公司所属的内部核算单位按照《公司法》改制为分公司的建议，并得到公司总经理办公会批准。随后印发了《关于华电福建发电有限公司6家内部核算单位改制为分公司的批复》（中国华电改［2008］1730号），将福建公司所属的池潭水电厂、安砂水电厂、华安水电厂、南靖水电厂、古田溪水电厂、厦门电厂6家内部核算单位改制为华电福建发电有限公司的分公司，从而使福建区域所管理的内部核算单位实现了合并纳税。

三是深化区域内部改制工作。针对湖北襄樊发电公司、新疆喀什发电公司存在的“一厂两制”问题，体制改革办公室多次会同湖北分公司、新疆公司研究改制方案。2008年10月，襄樊公司一期股权转让完成后，体制改革办公室批复了襄樊公司的改制方案，同意由襄樊二期吸收合并襄樊一期。11月，喀什公司完成了资产评估工作，并据此确定了各股东合并后的股权比例，在此基础上，体改办批复了喀什公司的改制方案，同意由喀什二期吸收合并喀什一期。通过实施“一厂一制”改制，提高了管理效率，理顺了管理关系。

四是完成了吉林水工厂的政策性破产工作。在企业破产清算方面，体改办积极指导、协助华电工程做好吉林水工厂的政策性破产工作。2008年11月中旬，吉林市中级人民法院对吉林水工厂政策性破产事宜做出了终结裁定，标志着吉林水工厂政策性破产工作圆满完成。

创新燃料管理体制

按照2008年9月1日集团公司总经理办公会会议精神，集团公司成立了以副总经理辛保安为组长的创新燃料管理体制领导小组，由体制改革办公室牵头组建研究工作小组，迅速开展工作。在全面总结燃料“五统一”管理的主要成效、分析存在问题的基础上，对华电煤业、内蒙古公司、江苏公司、神华集团等系统内外单位进行了调研，经过3个月反复研究，充分讨论，广泛征求意见，十几易其稿，确定了创新燃料管理体制的基本原则和思路，提出了创新燃料管理体制的具体内容，形成了《集团公司创新燃料管理体制方案》（简称《方案》），11月20日获得集团公司党组会议批准。12月3日，集团公司召开创新燃料管理体制动员会，印发了《方案》及有关情况说明，对相关工作进行了具体部署。燃料管理体制创新，是集团公司新的领导班子通过调查研究，查找问题，理清思路，按照集团公司新的发展战略要求，贯彻落实科学发展观，适应煤炭市场的变化，尊重民意和燃料管理的客观规律，审时度势推出的一项重大改革举措。通过创新燃料管理体制，建立了集团新的燃料三级管控体系，强化了集团公司总部和区域公司的职能管理，理顺了燃料采购、供应流程；同时，将云、贵、川等6个煤炭能够自给的区域实行区域自主供应，提高了管理效率，调动了区域公司和基层发电企业的积极性；华电煤业定位更加清晰，强化了跨区调运优势，优化了电煤供应结构；加强了厂内燃料管理，提升了燃料管理水平。

优化管控模式研究

为了贯彻落实集团公司发展战略，加快建设以电为主具有综合竞争力的现代化能源集团，体制改革办公室会同人资部，对集团公司成立五年多来管控模式调整进程和存在的问题进行认真总结、分析和思考，确立了集团公司管控模式的基本架构，进一步完善以资产为纽带的母子公司和以授权管理为主的总分公司相结合的管控体制，强化集团总部的战略管控功能，充分调动各级机构的积极性，建立界面清晰、权责明确、布局合理、科学高效的集团公司、二级机构、基层单位三级管控体系，并就香港公司的发展定位及其职责进行了专题研讨。在此基础上，明确了各级机构的定位，提出了集团公司总部、区域分支机构、专业公司管控模式优化调整的具体内容，形成了《关于进一步优化集团公司管控模式的建议》，对集团公司管控模式优化调整具有很强的指导意义，也有利于集团公司体制、机制的创新和有效运转。

开展深化发电运营体制改革研究

按照集团公司总体部署，在总结发电运营体制改革试点工作的基础上，根据集团公司发展战略与管控模式，开展了深化发电运营体制改革研究，进一步深化发电运营体制改革。成立了以副总经理辛保安为组长的运营体制试点改革领导小组，由体制改革办公室牵头组建研究工作小组，对发电运营公司、包头发电公司、华电运营包头分公司等单位进行了调研，征求了贵港发电公司、贵港运营分公司、小草湖运营分公司等试点单位的意见，与贵港发电公司生产经营指导组进行了多次沟通。同时，收集了中电投运营管理有限公司下属的3个运营项目、福建湄洲湾电厂、广西来宾B电厂、湖北西塞山发电公司等委托运营单位的相关资料。在此基础上，经工作小组认真分析与反复研究，多次征求有关部门意见，研究制定了《深化发电运营体制改革实施意见》（简称《意见》）及《深化发电运营体制改革项目调整方案》（简称《调整方案》），《意见》及《调整方案》的制定为进一步深化发电运营体制改革奠定了基础。

积极推进检修体制改革

2008年3月，集团公司在成都组织召开了检修体制改革研讨会，总结了检修体制改革试点以来取得的成果，根据区域检修资源和人力资源情况，对下一步推进检修体制改革的思路、重点推进区域、组建区域检修公司的规划、组建模式等方面进行了研究和部署。4月完成了贵州区域水电、火电检修业务的整合，5月启动了华电能源、陕西区域检修体制改革的研究工作，8月组织召开了区域检修公司管理办法研讨会，加强了区域公司对检修公司的管控，同时启动了福建公司、湖北公司和江苏公司检修体制改革研究。为及时掌握检修公司运转情况，协调运作过程中的问题，集团公司加强了对检修公司的跟踪服务，帮助检修公司解决有关问题，为集团公司检修体制改革的顺利推进奠定了基础。

政 策 研 究

2008年3月，集团公司政策研究职能划转体改办后，体改办充分调动部门全体力量，做了大量的政策研究工作。先后印发了《五大发电集团收购电力资产情况的比较分析》、《五大发电集团投资控制煤炭与金融资源情况分析》、《五大发电集团资本市场融资情况比较分析》、《五大发电集团管控及专业化改革情况比较分析》、《五大发电集团资本运作总体情况分析》、《华电集团公司检修体制改革试点情况及下一步工作设想》、《争创国内行业前列，跻身世界企业500强——华电集团进入“国内行业前列、世界企业500强”前景分析》、《关于在具备条件的区域探索组建综合物业服务中心的可行性》、《煤价骤涨，社会各方关注煤电联动》、《集团公司区域管控模式的探索与思考》、《集团公司发展模式的探索与思考》、《金融危机对我国发电行业的影响及其对策》等12期有分量、有影响的《体改简报》，为集团公司领导决策和总部各部门提供了有益的参考。在此基础上，编印了《华电改革之声——2008年政策研究文章选编》一书，发放给公司系统广大干部员工阅读、参考。

同时，加强与外部专业研究机构的合作与交流，委托中国煤炭工业发展研究中心、国网北京经济技术研究院、中国政法大学经济研究中心、北京标准咨询有限公司等4家研究机构，分别开展集团公司煤炭产业定位及发展规划、专业化管理改革、央企改革和电力体制改革对集团公司的影响、发展战略与管控模式等重要课题研究。通过借助外部专业研究机构的资源和力量，提升集团公司的政策研究水平，取得了明显成效。

八、科技与环保

综　　述

概　　述

2008年，集团公司秉承“诚信、高效、合作、服务、环保”的企业理念，把加强科技环保工作作为贯彻落实科学发展观的重要举措，放在集团公司重要的战略位置。一年来，集团公司上下牢固树立价值思维理念，坚持科技环保与经营发展协调同步，大力推进自主创新、创建创新型企业，认真贯彻落实国家节能减排、增产减污的有关要求，全面履行三大责任、提升三大业绩、确保四个安全，科技环保工作取得了明显成效。

一是大力实施科技发展规划，进一步提高了公司科技创新水平。集团公司按照“自主创新、重点跨越、支撑发展、引领未来”的科技工作指导方针，全面实施2010年科技发展规划。“科技兴企”、“建设创新型企业”已成为公司发展战略的重要组成部分，进一步完善了具有华电特色的科技创新体系。

二是优选科技项目，提升了公司生产经营的科技支撑能力。2008年，集团公司共安排科技项目75项，投入资金总额8143万元；安排本部软科学研究项目30项，资金322万元，从项目数量、质量和资金安排上都较往年有较大的提升，满足了公司系统工作需要，促进了公司的发展。

三是加强科技奖励申报工作，推进公司科技进步和自主创新。2008年度中国电力科学技术奖的评奖中，公司系统1项成果获得一等奖，5项成果获得二等奖，获奖成果数量和质量都取得历史最好成绩。公司系统41项成果获得集团公司科技进步奖，其中一等奖3项，二等奖16项，三等奖22项。12项成果获得全国电力行业企业管理创新成果奖，其中一、二、三等奖各4项。集团公司获一等奖的数量居五大发电集团之首，同时获得“全国电力行业企业管理创新成果优秀组织单位”荣誉称号。

四是加大环保前期和“三同时”管理力度，保障公司规模又好又快发展。环评批复项目11个，装机容量682万kW；现已完成评估待批复的项目1个，装机容量66万kW。水保批复项目6个，装机容量320万kW；完成评估待批复的项目2个，装机容量416万kW。完成环保竣工验收项目15个1104.5万kW，已公示待批复项目2个70.4万kW；完成水土保持竣工验收项目4项474万kW。

五是加强脱硫设施运行维护的监督管理，强化了奥运场馆周边电厂的环保设施运营管理和环保应急管理。完成环保技改及前期项目共71项，完成投资9.6亿元。其中当年完成脱硫改造项目11台283万kW，除尘器改造4项，CEMS建设26项，污水治理5项。开展青岛电厂环境突发事件应急演练示范，在奥运前完成军粮城7、8号机组脱硫和石家庄热电、军粮城电厂等奥运场馆周边电厂与环境保护部、国家电网公司的环保联网，圆满完成奥运期间环保保障任务。

科　技　工　作

科技支撑体系建设

2008年3月，集团公司与山东大学正式签署了科技战略合作协议。合作领域包括发电技术联合研究、共同申报国家级和省部级科研计划课题、组建国家级工程实验室等。合作协议的签署，将进一步推动公司产学研自主创新体系建设，对集团公司实施“科教兴企”战略，提高自主创新能力，实现重大技术突破，推动做强、做大、做好发挥积极作用。

2008年，集团公司进一步加强了对动力技术研究中心、电气及热控技术研究中心的管理，健全和完善了管理机构，增强其技术研究攻关能力和对集团公司的科技支撑能力。动力技术研究中心新成立了技术监督部，业务范围涉及电厂运行生产实时和环保实时监管等，将新能源研究所调整为新能源事业部，主要开展风电场的技术服务和研究，为集团公司风电的发展提供技术支撑。2008年3月18日，集团公司依托电气及热控技术研究中心成立了电气热控教育培训基地，充分发挥电气及热控中心的技术优势，针对集团公司生产人员开展电气及热控技术培训工作。

重大科学技术创新

（一）2010年科技发展规划

集团公司全面实施了《中国华电集团公司2010年科技发展规划》，2008年先后启动了百万机组空冷技术、峡谷地区坝型选择及筑坝技术、风电场控制及仿真技术3项重大课题的攻关。科技发展规划中计划在2010年前启动实施的10大专业领域28项重大课题，到2008年底已启动22项。

（二）科技项目

从落实“863”计划和国家科技支撑计划项目入手，重点对“200MW级IGCC关键技术研究开发与工业示范”、“基于IGCT的高压大容量三电平变频调速系统”、“太阳能热发电1MW级示范电站工程研究”等项目加强组织协调，全力推进课题研究工作。为推进公司系统火电机组节能降耗工作，组织公司系统有关单位，联合华北电力大学，开展了“600MW机组节能降耗对策研究”重点课题的研究。

根据企业生产、发展需要，集团公司在2008年投入资金8143万元，安排科技项目75个（含24个结转项目）。不断细化科技项目的过程管理，结合重点项目的进展情况，完成技术方案审查10项（含新能源项目4项）。及时做好科技成果的总结提炼，加快高压变频调速、微油点火等先进技术推广应用进程，不断提高公司机组运行、电站建设的科技含量。

（三）软科学研究项目

集团公司共安排本部软科学研究项目30项，资金322万元。从项目数量、质量和资金安排上都较往年有较大的提升，满足了集团公司总部业务需要，促进了集团公司的发展。

科技成果评审与验收

2008年，集团公司组织科技项目验收15项，组织评审鉴定科技成果16项。涌现了洪家渡水电站厂房新型结构研究及应用、全中水深度处理技术首次在百万千瓦机组循环水补水中的应用研究、强岩溶地区大型地下洞室群施工技术研究及应用、新一代大中型同步发电机励磁调节装置的开发与应用、回转式空预器密封回收系统研发和应用、整体清洗100万kW发电机定子线棒技术研究等一批有重要影响和推广应用价值的科技成果。

科技进步奖励

（一）集团公司科技进步奖

2008年，共有41个项目获得集团公司科技进步奖。“全中水深度处理技术首次在百万千瓦机组循环水补水中的应用研究”等3个项目荣获一等奖；“强岩溶地区大型地下洞室群施工技术研究及应用”等16个项目获二等奖；“水库汛限水位动态控制研究”等22个项目获三等奖。

（二）中国电力科学进步奖

2008年，集团公司共有6项科技成果获得中国电力科学技术奖。其中“1000MW超超临界发电机组本地化依托工程及关键技术研究应用”获得一等奖，“新一代大中型同步发电机励磁调节装置的开发与应用”、“节能提效型电除尘器电源及控制系统研制与应用”、“大型物料装卸系统技术在神华天津煤炭码头工程项目的应用”、“回转式空预器密封回收系统研发与应用”、“凝汽式发电机组循环水余热利用技术的研究与应用”等5项获得三等奖。

（三）全国电力行业企业管理创新成果

获得全国电力行业企业管理创新成果奖12项，其中一、二、三等奖各4项。“六责管理在企业中的实践与应用”等四项成果获得一等奖，“集团化发电企业安全技能培训认证体系研究及实施”

等四项成果获得二等奖，“标准化管理信息系统的开发应用”等四项成果获得三等奖。集团公司获一等奖的数量居五大发电集团之首，同时获得“全国电力行业企业管理创新成果优秀组织单位”荣誉称号。

科技交流与培训

2008年，集团公司参加了3次国内大型学术交流活动，举办了一期科技培训班。通过科技交流和培训活动的开展，开阔了专业技术人员的视野，营造了集团公司良好的科技氛围，为推动集团公司科技工作快速发展奠定了基础。

（一）科技交流活动

2008年10月23～24日，集团公司协办并组织参加了“清洁高效燃煤发电技术协作网”2008年年会。会议由电机工程学会、中国国电集团公司主办。集团公司动力技术研究中心在会上介绍了60万kW机组节能策略研究课题的开展情况，从技术、管理角度对供电煤耗的原因和机组的节能潜力进行了重点分析。

2008年11月12～14日，集团公司组织参加了中国电机工程学会燃气轮机发电专委会2008年学术年会，本次年会的主题是燃气轮机发电与节能减排。年会特邀联合国气候变化执行理事会吕学都副主席作“关于燃气轮机节能减排CDM发展与未来展望”的主题报告。西安热工研究所有限公司在年会上作“‘绿色煤电’关键技术现状与发展”的专题交流。GE公司、透平服务公司和普惠动力系统公司分别作了专题技术介绍。集团公司组织多篇优秀论文参与了交流。此次会议对促进集团公司燃机电厂新技术的研究应用、降低生产成本、减少污染排放，提高安全生产水平具有重要意义。

2008年11月18～19日，集团公司组织参加了中国电机工程学会2008年学术年会。本届年会主题为“电力发展与社会责任”，由中国电机工程学会主办，陕西省电力公司、陕西省电机工程学会、中国电力科学研究院承办，来年全国的电机协会会员500余人参加了会议。大会组织了“配电电压等级”、“电力系统”、“电力系统保护与控制”、“风电等可再生能源发展与接入系统”、“特高压技术”、“发电与环境”6个专题研讨会。这次年会的召开起到了交流信息，共享经验，探讨技术和了解科技前沿的重要作用。

（二）科技培训活动

充分发挥两个研究中心的技术优势，加强专业技术培训工作。组织编写了《电气及热控培训系列教材（继电保护和热工分册）》，开展了科技成果奖励申报专题培训和6期继电保护、热工专业技术培训。为进一步加强公司系统科技奖励申报工作，提高基层单位科技管理工作水平和工作效率，10月30日～11月1日，集团公司在厦门举办了科技成果奖励申报专题培训。培训采用集中讲课和培训互动交流相结合的方式，突出科技成果奖励和管理创新两个主题，就集团公司科技进步奖奖励申报和注意事项进行了宣讲，邀请了国内4位资深专家进行集中授课，并组织公司系统有关单位进行了科技工作经验交流。公司系统内70余位科技工作负责同志参加了此次培训。

科技期刊出版

2008年来，集团公司主管的《华电技术》、《电力自动化设备》和《制冷空调与电力机械》三部科技期刊的学术水平进一步提升，在国内、国际的影响力进一步扩大，知名度和美誉度进一步提高，成为公司系统各单位和广大专业技术人员发表科技成果、共享技术信息的重要载体。

2008年1月9日，集团公司在《水利电力机械》杂志的基础上正式更名创刊《华电技术》，标志着集团公司成为五大发电集团中首家拥有自主品牌科技期刊的发电公司。全年出版发行31500册，186多万字。收稿488篇，编审发稿273篇，宣传介绍了25个集团公司2007年度优秀科技成果。

《电力自动化设备》坚持学术质量与编校质量并重的原则，致力于宣传国内外有关电力自动化及设备的理论研究与先进技术。2008年，增设了“院校长专栏”、“特高压技术论坛”、“经验交流”、“现场运行”等专栏，对杂志版面进行了扩充，增加了24页，每期增加文字5.4万字，全年收稿2407篇，编审发稿347篇。在江苏省期刊年度评选中名列分组第一。

《制冷空调与电力机械》的办刊质量和知名度不断提高，读者投稿量不断增加。2008年杂志版面增加22页，开辟了每期十几个版面的企业风采专栏，报道相关企业的新技术、市场动态，为读者提供及时获取行业动态的平台。全年收稿227篇，编审发稿160篇。

环 保 工 作

环 保 管 理

（一）环保制度建设

2008年集团公司进一步加强环境保护制度化建设和规范化管理。颁布了《中国华电集团公司脱硫技改工程可研报告编制指导意见（技经部分）》，《中国华电集团公司清洁发展机制项目管理办法（试行）》等环境保护方面规章制度和规范性文件。加强了环保设施建设的规范化和标准化管理，开展“火力发电厂石灰石—石膏湿法烟气脱硫工程设计规范化和标准化研究”、“中国华电集团公司火电厂烟气脱硫工程能耗指标标准和工程建设工期定额的研究”工作。将环保减排纳入集团公司对标管理。

（二）环保基础能力建设与环保监管

2008年开展了进一步健全环保“三大体系”的工作。对已经初步形成的环保指标、监测和考核体系构架进行完善，完成环保统计系统升级，完善了环保对标管理。按照节能调度要求加快CEMS建设，推广建设环保实时监测系统，2008年完成38家电厂94台机组3614.8万kW的联网在线监管，建立了以污染物排放实时监控为手段的环保监测体系。完善了环保考核体系，脱硫治理任务、“三同时”执行情况、二氧化硫排放绩效等指标纳入了集团公司企业领导人年度考核范围。开展了脱硫工程建后评估和脱硫设施设计标准化研究工作，颁布了《中国华电集团公司脱硫技改工程可研报告编制指导意见（技经部分）》，开展了环保信息系统建设，环保管理基础正在得到进一步夯实。

环境污染防治

（一）二氧化硫治理

截至2008年底累计投产脱硫机组124台4235.5万kW，占集团公司煤电装机容量76%，其中现役机组脱硫技改45台1068.5万kW，新建机组烟气脱硫64台2919万kW，循环流化床机组15台248万kW。2008年二氧化硫排放绩效同比下降了31%。

（二）氮氧化物治理

积极推广低氮燃烧工艺，降低氮氧化物排放量。当年新建机组全部采用低氮燃烧方式，大部分新建、扩建火电厂均预留了烟气脱硝装置空间。截至2008年底累计投产烟气脱硝机组6台290.8万kW，均采用SCR工艺。2008年氮氧化物排放绩效同比下降了15%。

（三）烟尘治理

新建项目按照环境影响报告书及批复要求进行烟尘防治，烟气全部采用高效静电或电袋除尘器除尘，并通过湿法脱硫装置进一步降低烟尘排放。对现役电厂按照现行大气污染物排放标准并结合脱硫设施正常运行要求实施电除尘技术改造。完成华电哈尔滨第三发电有限公司1号、牡丹江第二发电有限公司7号、望亭发电厂14号、天津军粮城发电有限公司8号、蒲城发电有限公司1、2号炉共6套除尘器改造工程。2008年烟尘排放绩效同比下降了24%。

（四）噪声治理

新建项目按照环境影响报告书及批复要求进行噪声防治，优化厂区布置，选用符合国家噪声标准规定的设备，采用削声、隔振、隔声、吸声等噪声控制措施。对现役电厂积极按照现行噪声标准进行噪声污染治理，完成邹县电厂1、3号机组冷却塔噪声治理1项。

（五）废水治理

以废水“零排放”为目标，提高废水重复利用率。新建电厂基本全部按照“零排放”进行建设。现役火电厂积极实施废水治理技术改造，完成莱城发电厂生活污水设施改造项目、黄桷庄电厂废水回收利用工程、攀枝花三维发电公司厂区污水综合治理、江苏华电戚墅堰发电有限公司废水零排放可行性研究、包头东华热电脱硫废水治理、新疆华电哈密发电有限责任公司工业污水回用项目、辽宁华电铁岭发电有限公司污水处理回用工程、佳木斯废水回收项目8项废水治理项目的有关工作。

生 态 保 护

华电集团重视水电开发的生态保护，各水电开发公司设立专门的环保管理机构和人员从事生态保护管理工作，负责贯彻落实环境影响报告书和水土保持方案要求的各项生态保护措施。从"三通一平"即开展环境保护、水土保持监测、监理工作，采取切实可行的工程措施和植物措施，防治因开发建设可能造成的环境影响和水土流失。总结水电环保工作经验，乌江流域作为国家环境保护部的试点项目，在国内率先开展并完成了水电开发环境影响后评价工作，成为环境保护部推荐典范。黔源电力股份有限公司在北盘江光照水电站投资6800万元建成分层取水设施，是我国第一座为保护鱼类生态环境而实现分层取水的取水建筑物。

环 保 前 期

（一）环境影响评价

集团公司开发建设项目严格按照《中华人民共和国环境影响评价法》、《建设项目环境保护管理条例》、《中国华电集团公司环境保护管理办法（试行）》、《中国华电集团公司环境保护及水土保持前期工作管理实施细则（A版）》等要求，认真履行环境影响评价制度。2008年完成环评批复项目15个，装机容量880.72万kW；完成评估待批复的项目1个，装机容量200万kW。其中，完成国家级审批的项目11个789.72万kW，分别是福建漳平"上大压小"2×30万kW机组工程、湖北黄石"上大压小"1×30万kW热电联产机组工程、牡丹江二厂"上大压小"2×30万kW机组工程、密山"上大压小"2×60万kW机组工程、清镇"上大压小"2×60万kW异地改建项目、河北石家庄西郊热电"上大压小"2×30万kW机组工程、淄博热电"上大压小"2×30万kW热电联产机组工程和乌江沙沱水电站、北盘江董箐水电站、四川省木里河立洲水电站、四川省木里河卡基娃水电站；完成5个项目工程变更的国家级审批，分别是土右项目变更为2×66万kW及取消GGH、齐齐哈尔热电项目取消GGH变更烟囱高度为240米、军粮城五期扩建项目变更为烟塔合一、喀什二期项目取消GGH。

为保障公司规模发展，指导火电项目前期环保工作，2008年再次启动开展了合理、优化使用二氧化硫总量指标研究工作，编制完成《中国华电集团公司二氧化硫总量指标平衡方案研究报告》。

（二）水土保持方案

集团公司开发建设项目严格按照《中华人民共和国水土保持法》、《开发建设项目水土保持编制规定》、《中国华电集团公司环境保护管理办法（试行）》、《中国华电集团公司环境保护及水土保持前期工作管理实施细则（A版）》等要求，认真组织编制水土保持方案报告书。2008年共完成建设项目水土保持方案批复9项559.72万kW。其中水利部审批项目7项519.72万kW，分别是新乡渠东热电厂一期2×30万kW供热机组工程、牡丹江第二发电厂"上大压小"工程2×30万kW机组工程、石家庄西郊热电"上大压小"工程2×30万kW机组工程、淄博热电"上大压小"工程2×30万kW扩建工程、华电宁夏灵武发电有限公司二期2×100万kW扩建工程和四川省木里河立洲水电站、四川省木里河卡基娃水电站。

环保"三同时"及环保水保验收

（一）环保"三同时"

按照《建设项目环境保护管理条例》、《建设项目竣工环境保护验收管理规定》，集团公司进一步强化了环保"三同时"（环境保护设施与主体工程同时设计、同时施工、同时投入使用）工作，全面推进了基建项目在施工准备阶段编制环保"三同时"实施方案，环保设施与主机同步投运的情况纳入了工程建设责任制和企业领导人年度业绩考核范围之内，并把环保验收作为机组达标投产的必备条件考核。2008年新投产的火电项目实现脱硫设施与主机同步投运。

（二）竣工环保验收

2008年竣工环保验收工作成效显著。至2008年底，已申请和完成环保验收项目累计58项3689.9万kW，环保验收完成率由2007年的65.7%上升至87.2%。其中，2008年完成环保竣工验收项目15个1104.5万kW。

（三）竣工水土保持验收

2008年在系统内全面清查整改了2003年以来投产项目的水土保持“三同时”及验收工作，水土保持验收工作逐步规范。完成水土保持竣工验收项目7项820万kW。上海奉贤燃机发电（4×18万kW）工程、湖北西塞山2×33万kW机组工程获2008年“全国生产建设项目水土保持示范工程”称号。

“十一五”二氧化硫总量削减目标责任书

根据《中国华电集团公司“十一五”二氧化硫总量削减目标责任书》要求，集团公司2008年底应完成责任书要求脱硫技术改造15台201万kW机组。至2008年底，华电集团实际完成责任书项目21台371万kW机组，超额完成了《“十一五”二氧化硫总量削减目标责任书》确定的年度目标，比责任书提前完成6台机组170万kW的脱硫改造任务，提前形成11.23万t二氧化硫减排能力。

清洁发展机制

建立了集团公司统一管理、新能源公司具体实施的管理模式。进一步加强了对外合作和宣传力度，与英国益可、英国瑞碳两个国际买家建立了战略性合作关系，并与多家国际买家建立了项目合作关系，强化及扩展了集团公司CDM开发工作，在国际上建立了良好的环保形象。集团公司共有60个项目进行CDM（含VER）开发，包括水电、风电、生物质能、超超临界、燃气发电、热电联产、通流改造等类型的项目，其中在联合国EB成功注册3项，通过国家发展改革委批准18项，预计二氧化碳年减排900万t。当年新增开发40项CDM（含VER）项目。

环保宣传

2008年，集团公司节能减排和环境保护工作被中宣部、国务院国资委确定为13家宣传典型之一，荣获国内环境保护领域的最高奖——第五届中华宝钢环境奖。成为第一家获此殊荣的发电集团。

应邀参加了由国家发展改革委及科技部、环保部等部委联合主办的2008首届中国国际循环经济成果交易博览会，集中展示了集团公司在节能减排、循环经济等方面工作和成绩。

九、信息化建设与管理

综　述

概　述

2008年，集团公司信息化建设取得了较好成绩。开展了广域网二期项目建设，为应用系统提供快速、安全、畅通的数据通道，以财务管理信息系统和安全生产与营销实时监管系统为主线，加强了面向服务的SOA架构基础设施建设；建设了以门户为业务系统整合的应用平台；积极推进了安全生产与营销实时监管、对标管理等信息化应用系统建设工作，进一步提高了集团公司信息化建设和应用水平；对2008年集团公司信息化建设过程中涌现出的信息化先进单位和先进个人，予以表彰；在2008年国务院国资委组织的中央企业信息化水平评定中评为B级，在五大发电集团是唯一B级企业且名列第一，在149家中央企业中名列第29位。

信息化管理

信息化领导小组会议

11月26日，集团公司在总部召开信息化领导小组第六次会议，集团公司总经理、党组副书记、信息化领导小组组长云公民主持会议并作了重要讲话。

会议听取了信息中心关于2008年信息化工作汇报、国资委对中央企业信息化水平考核评价工作汇报和软件正版化工作汇报，并进行了典型应用系统的演示。

会议肯定了集团公司信息化工作总体上富有成效，各专业应用系统比较齐全。肯定了集团公司在2008年国务院国资委中央企业信息化水平评价中所取得的成绩。会议认为提升公司管理水平的关键是提高信息化水平，对信息化投入多一些是必要的。

信息化管理制度

2008年7月，发布了《中国华电集团公司信息化工作先进单位、先进个人评选办法（试行）》，指导公司系统各单位信息化建设、项目管理、运行维护工作，加强信息化建设在企业生产、经营、管理过程中的作用，优化企业资源，提升企业的管理水平。

2008年10月，修订并发布了《中国华电集团公司企业信息化等级评定办法（修订版）》，细化和完善了制度内容，使其更加具有可操作性和实用性。

国务院国资委组织的中央企业信息化水平评价

2008年7月，根据《关于做好国资委2007年度中央企业信息化水平评价工作有关事项的通知》（国资厅发［2008］82号文件）要求，为做好2007年度中央企业信息化水平评价工作，积极开展对系统各单位进行《中央企业信息化水平评价暂行办法》、填报系统的使用等培训。并组织系统各单位进行数据填报，按时完成国务院国资委中央企业信息化水平评价工作任务。

根据国务院国资委2008年10月公布的《2007年度中央企业信息化水平评价报告》，集团公司在本次评价工作中，被评为B级企业，位居发电企业前列。

先进单位和先进个人评选

2008年7月，发布了《中国华电集团公司信息化工作先进单位、先进个人评选办法（试行）》。

2008 年 11 月，成立集团公司 2008 年信息化工作先进单位、先进个人评选工作组。并于 11 月 11 日，以视频会议的方式组织系统各单位学习了《中国华电集团公司信息化工作先进单位、先进个人评选办法（试行）》。

11 月 27～28 日，召开集团公司 2008 年信息化工作先进单位、先进个人评选会议。根据《中国华电集团公司信息化工作先进单位、先进个人评选办法（试行）》，在系统各单位认真总结、自我测评的基础上，集团公司进行了信息化等级评定和信息化工作先进单位、先进个人的评选工作，并提出了评选建议。

2008 年 12 月，集团公司以文件形式，对评选出的 10 家 2008 年度信息化工作先进单位和 33 名先进个人予以表彰。

网络与安全

局域网建设

2008 年 5～6 月，集团公司完成西单数据中心各个项目的招标，开始进行规划、设计和建设。根据集团公司信息化建设规划和业务需求，针对越来越严重的网络与信息安全威胁，在西单数据中心规划设计并建设了先进的网络安全体系，建设了多个独立网络，满足了集团公司信息安全工作要求。

广域网建设

2008 年 1 月，完成了广域网系统二期项目建设，在广域网一期系统基础上，对广域网一期和二期项目无缝集成，共计 105 家系统单位建设视频会议和 VOIP 电话系统，实现数据、视频会议系统和系统内 VOIP 网络电话功能三网合一。

信息安全

2008 年，按照国家电监会下发的《电力行业信息系统安全保护定级实施指南》完成了集团公司信息系统安全保护定级和备案工作，提高了信息系统安全管理水平。

应用系统建设

安全生产与营销实时监管系统

2008 年 5 月，集团公司总部各部门共同协作，在系统各单位的共同努力下，先后完成安全生产与营销实时监管系统一期、二期、三期建设，实现了电厂营销电量实时数据、生产和环保实时数据接入集团总部和电厂 SIS 系统高级应用开发建设工作。截至 12 月底，共完成 80 多家电厂数据接入总部。

该系统通过实时采集与展现电厂生产、营销、环保数据，建立统一实时数据平台，实现对生产、营销和环保全过程的监督；对安全生产、营销和环保过程的数据进行分类、统计、对比、分析，为考核提供依据，达到提高管理效率和管理水平的目的。当前安全生产与营销实时监管系统已经成为集团公司重要的安全、生产平台。

对标管理信息系统

2008 年 9 月，对标管理信息管理系统正式上线试运行，能够给各级业务人员提供高效的对标工具，动态掌握集团公司在电力行业和五大发电集团中的总体地位，及时发现系统各单位在生产经营和企业管理工作中存在的问题和差距，为决策提供依据，极大地促进企业管理水平。对标信息管理系统为集团公司对标管理年提供了高效的对标工具和信息服务。

PMIS 火电基建工程项目管理系统

2008 年，积极开展了 PMIS 火电基建工程项目管理系统的推广工作，通过优化设计，将已上线的分布部署系统设计和实施方案改造成集中部署，大大降低了软件许可证和系统实施成本，截至 12 月底，共完成 32 家火电基建单位 PMIS 系统应用推广工作。PMIS 火电基建工程项目管理系统集中版上线大大降低了实施成本。

安全监督管理系统

2008 年 8 月，安全监督管理系统正式上线试运行。该系统能满足集团公司、分支机构、电厂、部门、班组 5 个层面安全监督管理的需求，在集团公司范围内实现了安全监督文件制度的发布、检索、信息的上传下达、安全生产情况统计、事件催办跟踪、事故统计分析等功能，为集团公司安全生产提供决策依据，促进了集团公司安全生产管理水平的提高。

惩治和预防腐败体系管理信息系统

2008 年 11 月，由国务院国资委统一建设的惩治和预防腐败体系管理信息系统在集团总部正式部署上线试运行。该系统由公众信息、日常办公、廉洁从业申报、纪检业务、统计信息、考核预警六大子系统组成，有效整合企业现有信息系统中的纪检业务数据，为企业提供纪检信息平台，并在国务院国资委和中央企业间纵向构建一个信息共享、业务互动的信息化平台，为集团公司纪检工作提供决策支持。

招标公司招标与采购网系统

2008 年，集团公司积极推动招标公司招标与采购网系统建设。系统主要包括电子采购、备品备件管理、职能中心管理、委托方服务、供应商管理、统计分析与综合信息查询、计费和收费、信息发布、产品价格管理和信息采集管理等功能。为进一步推动集团公司“阳光采购”工程，集团公司 2008 年 10 月在安徽省合肥市召开了招标与采购网推广使用现场会，要求各单位从加强廉政建设、实现降本增效的大局出发，积极开展采购网推广使用工作，与招标公司共同努力把采购网建设成“阳光采购”的精品工程，不断促进公司系统物资采购工作上水平、上台阶。

十、人力资源管理

综　述

概　述

2008年，集团公司人力资源工作认真贯彻落实公司发展战略，坚持围绕中心、服务大局、突出重点、开拓创新，取得了新的成绩。

加强干部管理制度建设，根据企业发展情况，修订完善了《企业领导人员管理办法》和《企业领导人员管理关系一览表》，制定印发了《公开选拔企业领导人员暂行办法》。建立和完善促进干部有效流动的机制，加大区域之间、企业之间、机关与基层之间的领导人员交流锻炼。加强后备干部队伍建设，在全面分析公司系统后备干部队伍现状的基础上，研究制定后备干部培养规划总体思路。

进一步优化集团公司管控模式，梳理总部、区域公司和专业公司的职责划分，配合实施了燃料管理体制改革；积极开展对标活动，修订完善企业定员标准，积极推进按定员组织生产工作；优化系统人员流向控制，积极推进人力资源优化配置，制定了超员企业培养输出人员管理办法，实施超员企业培养储备定员计划、小机组关停人员分流安置计划。

加强工资总额的预算管理及工资计划执行过程的分析监控，根据新增产业的不同特点，进一步完善各类企业工资总额决定机制，合理调控企业的工资水平，在兼顾公平的前提下，充分发挥薪酬分配对企业绩效的提升作用。

建立完善专业技术资格认定、职业技能鉴定体系，进一步规范人才评价工作，专业技术资格评审和技能鉴定工作进展顺利；继续组织开展企业领导人员及后备干部、各类专业技术人员和技能人员培训班，特别加大了紧缺人才和高素质专业技术人才的培训力度；加大培训教材开发力度，组织编写了集团公司火电、水电企业生产岗位培训标准。

进一步优化总部职能建设，调整部分部门的机构设置、人员编制和主要职责，成立了驻哈尔滨、济南和成都三个区域审计处。加强总部人员管理，完成了员工劳动合同的签订，继续开展干部挂职工作，开展了总部核电管理人才的公开招聘工作。加强总部作风建设，组织基层单位开展评价总部部门工作和作风活动，在总部员工中开展了“强素质、作表率、促发展”活动。加强人力资源部门自身建设，对现行的人力资源规章制度进行梳理，印发了《集团公司人力资源规章制度选编》。

干部人事管理

领导干部管理

(一) 考察调整

2008年，共对112家企业的领导干部进行了考察调整，其中二级管理机构23家，基层企业89家。对73家企业的党政“一把手”进行了调整，其中二级管理机构12家。共调整领导干部241人次，晋升职级的领导干部59人，其中主任、副主任级干部14人，正厂处级干部40人，有70名优秀年轻干部进入领导人员行列。全年跨区域交流干部39人·次，同一区域内交流干部58人·次。加强各级干部的培养和锻炼，全年举办4期学习贯彻党的十七大精神培训班、1期党校中青年干部培训班、2期厂处级后备干部培训班，共培训领导干部和后备干部475人。

(二) 建章立制

2008年，为进一步扩大选人用人视野，制定并印发实施《公开选拔企业领导人员暂行办法》，并拟定了具体的实施方案。修订完善了《企业领导人员管理关系一览表》，进一步理顺和规范了公司系统企业领导人员的管理关系。在综合考虑企业的装机容量、管理方式、员工人数、经营难度等因素的基础上，对《企业领导人员管理办法》中涉及基层企业领导班子职数管理的规定进行了修订，使基层企业领导班子职数的设置更加科学合理、更加符合工作实际。

（三）班子管理

2008 年新成立二级管理机构 6 个，三级单位 59 个（其中全资电厂 5 个，控股单位 15 个，项目筹建处 9 个），参股企业 16 个。通过及时组建、充实和调整新成立机构的领导班子，保证了各项工作的平稳开展。截至 2008 年底，公司系统企业领导班子共有 254 户，企业领导人员 1237 人。按照集团公司在每一个省（直辖市、自治区）只设一个管理机构，统一管理集团公司在该省（直辖市、自治区）的企业领导班子的原则，对四川、福建、贵州、云南（鲁地拉）等部分区域的组织机构进行了管理整合，企业领导人员的管理关系进一步理顺，管控模式和运转机制进一步趋于完善。

后备干部管理

2008 年，在分析公司系统后备干部队伍现状的基础上，做好后备干部队伍的补充、调整工作，公司系统后备干部共有 841 人，其中正主任级后备干部 32 人，副主任级后备干部 101 人，正厂处级后备干部 163 人，副厂处级后备干部 545 人。同时，加强后备干部的理论培养，共有后备干部 147 人参加了集团公司党校举办的培训班。

领导班子建设

（一）指导系统内企业开展学习实践科学发展观试点活动

根据集团公司的统一安排，结合重点亏损企业的调研情况，参加了集团公司扭亏增盈指导小组，帮助和督促相关企业开展学习实践科学发展观试点和扭亏增盈工作，指导企业领导班子贯彻落实集团公司有关决策部署，树立科学发展意识，按照价值思维的理念，进一步提升管理水平，增强竞争能力，解决好企业面临的实际问题。

（二）组织开展了“讲党性、重品行、作表率”活动

制定并印发《关于在公司系统组织人事部门开展“讲党性、重品行、作表率”活动的意见》及活动阶段实施方案，督促各级组工干部通过自觉加强理论学习，强化党性锻炼，进一步增强贯彻落实集团公司战略的自觉性，提升选人用人公信度，在思想观念、素质能力、工作作风和工作方式方法上有新转变、新进步、新提高。

（三）进一步加强企业领导班子建设各项基础工作

按照中央的统一要求，印发了《关于开好 2008 年度集团公司系统党员领导干部民主生活会的通知》，要求系统内各单位将民主生活会作为创建“四好”领导班子的一项有效方式，作为深入学习科学发展观和集团公司年中工作会议精神的重要措施，通过民主生活会达到建设高素质干部队伍、加强班子自身建设的目的。根据中组部有关要求和干部调整情况，完善公司系统领导人员干部信息库，开展了干部档案整理工作，做好干部信息库各种信息的补充、完善和更新。

董事、监事管理

法人治理结构建设

2008 年，完成了华电金沙江上游水电有限公司、江苏华电句容发电有限公司、陕西华电杨凌发电有限公司、天津军粮城发电有限公司、天津军粮城热电有限公司、湖北襄樊发电有限公司等新建或改制企业的法人治理机构组建，指导广州

大学城、河北华电鹿华发电有限公司等三级企业法人治理结构的组建工作。根据股权结构变化情况，及时与控股方研究调整了广东肇庆、福清核电等参股企业的公司章程及法人治理结构，修改完善了公司系统企业法人治理结构表。

董事、监事队伍管理

按照《中国华电集团公司董事监事管理办法》有关规定，根据工作需要和干部调整的情况，结合董事会、监事会任期换届、“三会”召开等工作，调整推荐了63家二级企业共计119人次董事监事，指导了29家三级企业完成151人次董事监事调整推荐工作。通过调整，进一步改善了董事会、监事会构成，增加了分支机构在所辖区域企业中的管理职责。按照年初培训计划安排，完成了一期董事监事培训班，进一步提高了董事监事的履职能力和法制意识。

劳动组织管理

公司总部组织机构沿革

2008年1月11日，集团公司下发中国华电人［2008］76号文件，成立集团公司直属党委办公室，作为集团公司直属党委日常工作的综合办事机构，负责指导、检查集团公司总部各部门和在京直属单位的党建、精神文明建设、思想政治工作等，挂靠集团公司政治工作部，与党建处合署办公，党建处增加编制1人，政治工作部编制调整为8人。

2008年3月29日，集团公司下发中国华电人［2008］535号文件，撤销总经理工作部秘书处、研究室、公关策划处、法律（信访）处，成立秘书一处、秘书二处、公共关系处、新闻中心，人员编制调整为28人。原总经理工作部负责的法律事务、政策研究职责划归体制改革办公室，总经理工作部增加编制和组织发布集团公司社会责任报告职责。体制改革办公室一处更名为体制改革处，二处更名为综合改革处，增设法律政研处，人员编制调整为9人。计划发展部项目前期处增加人员编制2人，计划发展部人员编制调整为23人。工程建设部技术经济处增加人员编制1人，工程建设部人员编制调整为13人。科技环保部增加人员编制1人，调整后，科技环保部人员编制为7人。

2008年12月23日，集团公司下发中国华电人［2008］1738号文件，安全生产部增设燃料管理处，安全生产部人员编制调整为17人。

至2008年底，集团总部共设14部46处，编制196人。

系统企业管控体系建设

集团公司实行总分公司、母子公司并存的复合型管理体制，基本形成了总部、二级机构、基层企业三级管理体系，公司管理流程不断优化。

在区域化管理方面，2008年将集团公司原有的9家代表处更名为分公司，截至2008年底，共有7家部门主任级分公司，14家部门副主任级分公司。在专业化管理方面，投资组建了华鑫国际信托公司，委托资本控股有限公司进行管理。截止2008年底，共组建二级专业公司12家（注册单位）。

截至2008年12月31日，集团公司共有注册单位340家。其中，二级单位45家，三级单位294家。

人力资源优化配置

根据《中国华电集团公司“十一五”期间人力资源优化配置规划》，先后制定了《中国华电集团公司超员企业培养输出人员管理办法》、《关于确定邹县电厂等12家电厂为集团公司人才储备基地并下达2008年储备定员及储备计划的通知》、《中国华电集团公司2008年超员企业培养输出储备定员及储备计划》等一系列的配套政策，并重点指导华电能源、华电四川等人员配置任务较重的区域，积极开展人员输出工作。响应国家节能减排号召，通过依托现有机组安置、依托新建项目安置等多种渠道，做好公司系统6个区域13家发电企业的小机组关停人员的分流安置工作，确保了人员稳定。2008年，公司系统内富余人员安置3000人。其中，小火电机组关停分流安置1500人。

截至2008年底，公司系统员工总数85726人，其中新增长期职工1196人。

按定员组织生产和劳动管理

制定了《中国华电集团公司风力发电企业定员标准（试行）》、修订了《中国华电集团公司新型火力发电厂劳动定员标准（试行）》等劳动定员标准。加强非电产业编制、定员的研究工作，初步形成了煤炭、金融、工程三个非电产业定员标准。2008年，为公司系统11家二级单位、44家三级单位下达或核增了定员。

制定了《中国华电集团公司市场化聘用专业技术人员和技能人员管理暂行办法》，推动和规范市场化用工工作。严格执行劳动法及配套法规，加强劳动用工管理，印发了《中国华电集团公司劳动合同管理指导意见》，规范了劳动合同关系管理，加大了指导检查力度。

薪 酬 管 理

薪酬制度建设

2008年制定下发了《中国华电集团公司绩效目标管理办法》（中国华电人［2008］852号），进一步调整完善、改革创新企业工资总额预算管理方式和工资决定机制及调控机制。围绕多元化人才队伍建设，推进企业内部分配制度改革和多元化薪酬分配模式，积极推进企业岗位薪点工资制度改革。以业绩为导向，加强企业领导人员激励与约束机制建设，简化领导人员年薪结构，优化企业领导人员年薪核定办法，积极探索领导人员中长期激励机制。加大人工成本调控力度，建立人工成本预警预测机制和对标管理体系。研究制订了《关于深化薪酬制度改革的指导意见》，在“先试点，后推开”的基础上，继续在部分单位成功实施了以岗位薪点工资制为主要内容的内部分配制度改革，有效促进了企业薪酬分配和绩效考核管理水平的提升，为在公司系统全面推进企业内部薪酬制度改革取得了宝贵的工作经验，奠定了良好的工作基础。

工资总额管理

2008年，国务院国资委对华电集团公司等22家央企实施工资总额预算管理试点，集团公司工资总额由国务院国资委进行宏观控制，除工资总额与经济效益挂钩外，引入了人工成本投入产出调控人均工资增长水平。集团公司按照国务院国资委要求，调整对下属企业工资总额管理方式，实现对企业工资总额提取和发放的“双控”。继续完善企业工效挂钩和工资总额管理办法，对基层企业继续实行层层挂钩，在“两个低于”的原则下，根据企业效益情况，合理调控工资发放计划，使职工工资水平与企业经济效益相协调。考虑到公司所属企业在应对自然灾害、奥运保电和金融危机等前所未有的严峻经营形势下，做了大量卓有成效的工作，集团公司提出了保持职工收入相对稳定的基本要求，在执行工效挂钩政策的基础上，对亏损企业和效益下降企业适度控制工资水平降低，维护职工队伍的稳定。

人工成本管理

按照国务院国资委相关文件要求，对各企业人工成本实行分级分类管理，实施全面预决算管理和人工成本对标活动。将人工成本增长与企业的经济效益和承受能力挂钩，实行动态调整。进一步规范了人工成本项目和支付标准，严格界定支付范围和支付渠道，建立与企业经济效益挂钩、动态调整机制，把保障与激励作用有机结合起来。

人 才 强 企

人才资源培训开发

（1）制定人才队伍建设规划，加强制度机制建设。为落实集团公司“十一五”人才队伍建设规划，制定印发了《中国华电集团公司专业技术资格认定办法（试行）》、《关于职业技能鉴定工作的实施意见》、《集团公司电力行业特有工种技师、高级技师职业技能鉴定考评办法（试行）》，研究拟定了《集团公司优秀人才遴选管理办法》，修订完善了专业技术人才评审和职业技能鉴定有关制度和办法，使集团公司人才开发培训工作更加规范化、标准化。

（2）开展大规模培训，提升干部员工队伍素质。认真落实年度教育培训计划，举办了13期企业领导人员培训班，4期中青年后备干部培训班；抓好专业技术人才培训，举办安全生产、市场营销、经营管理等专业知识培训班75期；强化技能人才培训，举办值长培训班3期，对150名值长进行了培训；举办风电、煤炭前期和基建管理知识培训班各1期，电气热控和继电保护人才培训班9期。系统各单位根据生产经营要求、人员现状、培训资源等实际，结合“上大压小”、新项目建设等工作，开展了形式多样的员工培训，共完成培训5170班次，培训2万5千多人次，有效提升了员工的业务能力和素质。公司系统6人获得国家政府特殊津贴，6人获得电力教育培训新星奖。在国务院国资委组织的2008年中央企业职工技能大赛火电机组集控运行值班员决赛中，夺得8金11银4铜的优异成绩；参加中电联组织的燃煤采制化技能大赛，获得团体第二名。

（3）面向外部市场，积极开展人才的社会化招聘工作。为了满足集团公司煤炭和核电产业发展需要，在对公司系统所需人才进行调研的基础上，制定了《煤炭产业人才队伍建设指导意见》，明确了各类煤炭人才的数量需求、来源、培养方式、薪酬激励机制、劳动用工方式、职责分工。积极创新人才引进模式，面向外部市场，首次组织开展了煤炭和核电高端人才的招聘工作，储备了一批人才。

（4）加强基础建设，完善教育培训体系。在乌江公司成立了集团公司水电人才培养基地，在内蒙古不连沟煤矿成立了集团公司煤炭人才培训基地。向劳动保障部申请并获批了新的国家电力行业职业技能鉴定站，华电新疆红雁池电厂被人力资源和劳动保障部命名为国家电力行业职业技能鉴定站。组织编写了集团公司火力发电企业44个工种127个岗位、水力发电企业13个工种26个生产岗位培训标准，编制印发了《电力主设备继电保护的理论实践及运行案例》、《电力系统中计算机网络技术及其应用》、《分散控制系统的原理及运行案例》等一系列教材，丰富了培训教材体系。

职称评定工作

为贯彻落实集团公司“人才强企”战略，建设高素质的专业技术人才队伍，规范公司系统专业技术资格评审工作，2008年集团公司统一组织开展了职称评审工作，主要对工程、经济、会计、政工四个系列的专业技术资格进行评审。完善了组织领导机构，调整了各专业评审委员会，修订了四个系列专业技术资格评审条件、申报规定、评审标准等一系列配套文件。按照公平、公正、公开的原则，突出业绩导向，严格履行初审、复审、评审和公示等程序，严谨细致的组织职称评审工作。共有840人取得了中高级专业技术资格。

技能鉴定工作

制定下发了《关于开展职业技能鉴定工作的实施意见》、《电力行业特有工种技师、高级技师鉴定考评办法（试行）》，明确了各级人力资源部门的职责、鉴定申报的要求、鉴定程序与管理、聘任、使用与待遇等有关方面的内容，建立并健全了公司系统的职业技能鉴定制度体系。在工作中，集团公司坚持统一标准、分级管理的原则，把职业技能鉴定工作作为促进集团公司人才开发培训，提升技能人才队伍素质的重要内容来抓，不断完善和规范鉴定操作，加强对系统各技能鉴定站的指导和监督，保证了职业技能鉴定的质量。2008 年公司系统共有 1494 名技能员工通过各等级技能鉴定，其中高级技师 80 人，技师 232 人，高、中级工 1182 人。

企业年金管理

组织建设

为进一步理顺企业年金管理的组织体系，规范日常决策程序和监督管理，2008 年 3 月 10 日，在集团公司企业年金理事会二届二次会议上成立了理事会常务委员会。并聘请公司系统内相关专家，成立投资顾问小组，充分发挥咨询和服务功能，为投资决策提供有益的意见和建议。

管理运营

加强基础管理，圆满完成个人账户管理和基金管理工作。截至 2008 年 12 月底，公司系统建立企业年金单位 136 家，管理职工个人账户 72945 个。企业年金基金净资产累计为 337241. 27 万元（市值）。2008 年公司系统新建年金单位 11 家，归集资金 1390 余笔，共计 4. 07 亿元；支付 3880 人次，共计 9230 万元；系统内转移 1689 人次，共计 4718 万元。

加强管理创新，不断提高服务质量。为进一步提升服务质量，提高工作效率，组织开发集团公司企业年金管理信息系统，对系统内人员转移、缴费总量控制、投资收益分配、预算管理、支付控制等方面进一步进行优化控制和管理。12 月，该程序通过上线评审。

调整投资结构，及时锁定收益。2008 年受全球性次贷危机、金融危机、经济危机影响，我国沪深股市市值大幅下挫。为在安全的基础上尽可能争取收益，及时调整投资结构，卖出了部分股票、基金，锁定投资收益；并将主要资金投资于固定收益类产品上，对稳定企业年金整体收益水平起到了重要作用。

十一、党的建设和精神文明建设

党 建 工 作

公司系统企业党的建设

（1）发挥政治优势，以党组织的凝聚力和战斗力保证了抗灾保电和奥运保电工作的全面胜利。面对2008年的两次严重自然灾害和奥运保电任务，公司党组正确决策、及时部署，坚决履行中央企业的社会责任，迅速发出了发挥政治优势做好抗灾保电和奥运保电工作的通知，组织动员公司系统各级党组织和广大党员、干部全力以赴投身抗灾保电和奥运保电工作。各级党组织视灾情为命令，快速反应，靠前指挥，带领广大党员、干部和职工顽强拼搏，全力应对突发灾害的挑战，成为抗灾保电的中流砥柱和职工群众克服困难、战胜灾害的主心骨，涌现出“全国抗震救灾英雄集体”宝珠寺电厂等一大批先进典型。组织干部职工积极奉献爱心，先后组织开展了捐款捐物、募集“扬起希望救助基金”、党员交纳“特殊党费”等活动，企业和职工捐助金额累计6000余万元，公司系统党员缴纳“特殊党费”600多万元。集团公司和华电国际公司荣获“中华慈善奖”。按照国务院国资委党委的部署，组织公司系统各级党组织开展一次以“共产党员和中央企业在抗震救灾中的义务和责任”为主题的专题组织生活。

（2）坚持围绕中心、服务大局，以学习实践活动试点工作促进了控亏减亏目标的实现。把提高企业盈利能力、实现控亏减亏作为党建工作的着力点，自我加压，勇于创新，组织华电潍坊发电公司、安徽华电宿州发电公司、湖北华电襄樊发电公司和陕西华电蒲城发电公司4家基层单位开展深入学习实践科学发展观活动试点工作，借学习实践活动之“东风”，破生产经营发展之“坚冰”，同时为明年公司系统全面开展学习实践活动积累经验。10月20日，集团公司党组召开动员大会启动了学习实践活动试点工作，成立了3个试点工作指导小组，由3名集团公司党组成员分别任组长。指导小组全过程参加试点单位的学习实践活动，并选派骨干人员常驻试点企业，指导协助企业查找和解决存在的突出问题。各试点单位在指导小组督导下，严格按照中央要求，认真贯彻落实集团公司党组部署，扎实推进学习实践活动，做到了规定动作严格执行不走样、自创动作精心设计有创新，干部职工对科学发展观的理论内涵和精神实质有了更加深刻的理解，贯彻落实科学发展观的自觉性进一步提高，各级领导班子把握发展规律、破解发展难题、统筹兼顾各方面利益的能力进一步增强，在完善体制、健全制度、优化管理、控亏减亏等方面取得了良好成果，各试点单位显现出新气象、新变化。集团公司以学习实践活动试点工作促进扭亏减亏、推动科学发展的做法得到了国务院国资委党委的充分肯定。

（3）坚持强化理论武装，以思想上的统一、认识上的同步保证了企业改革发展的顺利推进。强化对党的理论和路线方针政策的学习贯彻，尤其是在党和国家的创新理论、重大政策出台后，集团公司党组和公司系统各级党组织在第一时间组织认真学习领会，形成高度统一的思想意志；加强党委（党组）理论中心组学习，着力抓好党的十七大、十七届三中全会精神的学习贯彻，坚持理论联系实际，正确认识和把握我国经济社会发展趋势，及时根据形势变化调整发展思路、转变发展方式，推动科学理论向现实生产力的转化。集团公司党组成员以身作则，率先垂范，坚持不懈带头加强理论学习，并自觉以科学理论指导企业改革发展实践。先后组织召开集团公司党组中心组全国“两会”精神学习扩大会、贯彻落实中央企业党建工作会议精神专题学习会等，全年党组中心组专题学习10多次。在集团公司党组的带动下，系统各级党委（党组）都高度重视理论武装，学习和实践科学理论已经成为各级领导班子和广大党员干部的自觉行动。

（4）坚持抓基层、打基础，以健全的组织、坚强的队伍保持和发展了党的先进性。坚持把党员队伍建设作为党建工作的基础工程，加强党员教育管理，严格落实组织生活会等制度，增强了广大党员自我教育、自我约束、自我改进的意识和能力，进一步提高了广大党员保持和发展党的先进性的自觉性，党员的先锋模范作用得到充分发挥。坚持党要管党、从严治党，始终高度重视加强基层党组织建设，及时健全了二级单位的党组织，指导和督促新建单位在成立经济组织的同时建立党组织，调整经营管理组织的同时调整党组织的设置，配备经营管理人员的同时配备党务工作人员。公司系统现有基层党委（党组）166个，党支部（党总支）1298个。重视加强对党务工作人员的培养，举办了为期一周的党建工作培训班，进一步提高了基层党务工作人员的能力和素质。各级党组织积极探索新形势下党组织工作的方式方法，创新工作内容，增强工作活力，提高工作效果，增强了基层党组织的创造力、凝聚力和战斗力。在推进党建工作创新的同时，注重对工作实践进行提炼总结，反映集团公司党建工作经验的文章多次在《求是》、《中国电力报》、国务院国资委网站等媒体上进行发表，受到了中组部、国务院国资委等上级部门的充分肯定和高度评价。加强党建工作信息化建设，完成了国务院国资委党委软课题——《国有企业党建信息化研究》之子课题的研究任务，研究课题顺利通过专家评审，圆满结题。

在京直属单位党的建设

（1）思想作风建设。坚持不懈地用马克思主义中国化的最新理论成果教育和武装党员干部，深入贯彻落实科学发展观，着重对中国特色社会主义理论体系进行了深入系统地学习。党的十七届三中全会闭幕后，立即举行集团公司党组中心组专题学习扩大会，专门邀请全国人大农业和农村委员会副主任委员、十七届三中全会报告起草组成员尹成杰同志作辅导报告，提高认识，统一思想。以纪念党的十一届三中全会召开三十周年为契机，集中收听收看了“党的十一届三中全会召开三十周年纪念大会”，进一步提高了党员干部的政治理论素质和党性修养。充分发挥党员领导干部在政治理论学习中的示范带动作用，集团公司党组成员、直属党委委员带头加强理论学习，以身作则，除参加党组中心组的学习外，坚持参加所在支部的党课教育。进一步强化了党员政治理论学习，定期下发《党员学习教育计划》，明确学习内容、形式和要求，促进党员理论学习的经常化、规范化。

（2）组织和队伍建设。认真做好党员发展工作，举办了2008年入党积极分子培训班，完成了发展对象政审、组织谈话等工作，保证了新发展党员的质量。2008年集团公司直属党委系统共发展党员35名，其中直属党委直管的党支部新发展党员5名。着力推动集团公司直属党建工作规范化建设，机构调整和人员变动之后，及时调整直管党支部设置和支委组成，及时组织和指导华电（北京）热电公司等党组织召开党代会、完成党委换届工作，及时做好党员转接组织关系。2008年先后调整党支部委员会委员15人次，转接组织关系240人次。

（3）制度建设。全面落实集团公司党组保持共产党员先进性长效机制和四个长效机制文件，对直属党委原有文件进行了全面梳理和修订完善。加强直属党委工作标准化建设，制定实施了《中国华电集团公司直属党委工作制度》。总部和在京单位党组织以落实长效机制为契机，不断加强制度建设，制定完善了党员教育、干部管理、廉洁自律等方面的规章制度，实现了凡事有章可循、凡事有据可查，工作的规范性大大增强。

纪检监察工作

概　　述

2008年是党和国家事业发展进程中很不寻常、很不平凡的一年，也是电力行业、发电企业、华电集团空前困难的一年。在集团公司党组的正确领导下，公司上下深入贯彻科学发展观，认真落实党中央、国务院、中央纪委、国务院国资委关于反腐倡廉建设的各项决策部署，按照公司2008年纪检监察工作会议安排，统筹兼顾、突出重点、加强领导、狠抓落实，反腐倡廉建设工作取得了新的成绩。

惩治和预防腐败体系建设

认真贯彻落实中央颁布的《建立健全惩治和预防腐败体系2008～2012年工作规划》和国务院国资委《关于贯彻落实〈工作规划〉的实施意见》，举办集团公司学习贯彻《工作规划》辅导报告会，组织集团总部和公司系统中层以上员工参加全国党员干部学习贯彻《工作规划》知识答题活动。

紧密结合公司实际，研究制定了《中国华电集团公司建立健全惩治和预防腐败体系2008～2012实施办法》，并制定印发了《集团公司惩防体系五年规划实施办法任务分解表》，明确总部各部门、各企业在惩防体系建设中的职责与任务。资本控股公司以落实《实施办法》为重点，结合金融企业特点，建立了涵盖所有部门和岗位的风险防范制度118项。

把惩防体系建设纳入党风廉政建设责任制检查考核之中。年初与40家企业签订责任书，年中组织各单位对上半年党风廉政建设责任制落实情况进行自查，年底组织对与集团公司签订责任书的37家企业进行现场检查考核，共评出优秀等次单位29家，良好单位7家，合格单位1家。通过现场问卷调查，职工群众对本单位党风廉政建设总体状况的满意率为98.3%。

廉洁自律工作

全面开展“七项要求”自查自纠活动。认真贯彻落实中央纪委和国资委党委关于国有企业领导人员廉洁自律“七项要求”，在公司系统组织开展了贯彻落实“七项要求”的自查自纠活动，公司系统共有1493名厂处级以上领导人员对照“七项要求”进行了自查登记。经查，有383人投资持股，总额为4557万元；有135人兼职，其中8人兼职取酬72万元，已按要求进行了整改。

领导人员廉洁从业的自觉性进一步增强。坚持把反腐倡廉教育纳入企业领导人员教育培训规划，并注重教育的针对性和有效性。在集团公司举办的企业领导人员和中青年干部培训班上，开设反腐倡廉、廉洁从业教育课。系统各单位广泛开展了知识竞答、专题讲座、播放警示录像、参观监狱、检企共建等多种形式的宣教活动。据统计，公司系统共开展廉洁从业教育活动527场次，受教育人员达45905人次；企业主要领导亲自讲党课或作反腐倡廉专题报告899人次；实行廉洁承诺7557人，缴纳廉洁从业承诺抵押金2314.95万元；组织述廉议廉3144人次；开展任职廉洁谈话1545人；共有274人次上缴礼品、礼金、礼券和有价证券折合人民币129万元。

积极发挥廉洁文化在反腐倡廉建设中的作用。公司系统共开展廉洁文化建设活动304场次。华电国际组织开展“廉洁文化推广年”，在新建项目单位和运营单位之间开展廉洁文化建设“结对子”促进活动，取得良好效果；内蒙古公司在所属8家单位开展了职工廉洁文化作品巡展活动；福建公司开展廉洁文化“进班子、进厂区、进岗位、进家庭”工程。

效能监察

坚持把效能监察融入企业管理，进入业务流程，围绕生产经营改革发展等中心任务，扎实开展工作，取得明显成效。公司系统开展效能监察立项284项，被采纳意见和建议406条，协助建章立制290条，避免经济损失7000万元。

一是开展规范关联交易效能监察。为巩固“依法经营、遵纪守法”主题实践活动成果，进一步规范主业与关联企业之间的经济往来，在公司系统组织开展了规范关联交易效能监察工作。从向关联企业出售出租资源、与关联企业相互支付报酬、列支费用、投资入股关联企业、兼职取酬、违规设立综合产业等方面开展自查，组织8个检查组对25家企业进行重点检查，基本摸清了公司系统主业与多经企业的关联交易情况，为规范关联交易工作打下了基础。

二是开展关停小火电机组资产处置效能监察。根据集团公司“十一五”期间关停处置小火电机组600多万kW的实际，为防止国有资产流失，提高资产处置收益，在有关停小火电机组任务的企业开展了关停机组资产处置效能监察。制定印发了《关于开展关停小火电机组资产处置效能监察的通知》，对5家企业资产处置情况进行检查指导。公司系统9家单位完成关停小火电机组资产处置24台，共计97.5万千瓦，实现资产处置净收益2.29亿元，超出评估价值近8000万元。

三是开展工程建设招投标效能监察。系统各单位落实集团公司《招标监督办法》，加强工程建设和物资采购招投标监督。对集团公司审批的所有招标项目，按照跨地区、交叉监督的原则，全部派员实行现场监督。聘请了5名具有丰富经验退居二线的企业中层干部承担招投标现场监督。认真受理招投标举报投诉，2008年招投标投诉举报比2007年减少14件次。集团公司监察部全年共审签招标方案和评标结果416件，组织参加重大项目招标现场监督224次，提出监察建议37条。

四是按照国务院国资委的统一部署，集团总部开展了“三重一大”集体决策制度执行情况自查自纠工作。对涉及“三重一大”制度的22项主要事项进行了自查。总的来看，“三重一大”制度基本建立，决策范围、原则、程序和方式绝大部分符合要求，执行“三重一大”集体决策制度情况较好。

信　访　办　案

坚持把信访举报作为干部监督管理的主渠道，认真受理群众来信来访，做到件件有着落、事事有结果。公司系统全年共受理信访举报194件次，其中，集团总部104件次，占信访件总数的53.61%。按照分级负责、归口管理原则，集团公司监察部直接了解、初核24件次，转办52件次。公司系统没有发生厂处级以上领导人员违法和严重违纪案件。

进一步畅通信访举报渠道。集团公司监察部全年共受理网上举报36件次，占集团总部信访件总数的34.6%。网上举报不仅成为信访办案的重要来源，而且为职工群众加强对领导人员的监督，充分行使监督权、话语权畅通了渠道。集团公司严肃查处某电厂瞒报两起人身死亡事故，就是通过网上举报提供的线索。

加强基层企业办案工作指导。对某电厂发生5名燃煤管理人员职务犯罪案件进行查处，剖析案件发生规律，帮助制定整改措施，向公司系统印发了《关于进一步加强燃煤管理，切实防范违法违纪问题的通知》，对加强燃煤监督管理提出了要求。此外，完善了领导人员廉政档案，加强了对领导人员任用的监督。

纪检监察队伍建设

按照“政治坚强、公正清廉、纪律严明、业务精通、作风优良”的要求，狠抓纪检监察队伍建设工作。

一是加强纪检监察人员的配备和交流。公司系统新增纪检监察人员编制18人，纪检监察人员依法进入董事会、监事会76人，与业务部门双向交流99人，队伍建设得到加强。

二是创新纪检监察体制机制，探索加强对企业领导人员监督的新途径。公司党组制定印发了《巡视工作暂行办法》和《派驻纪检组组长工作暂行办法》，为开展巡视和派驻工作提供了依据。贵州乌江公司从2007年开始试行向项目单位派驻专职纪检监察员制度，强化工程建设和招投标监督管理，收到良好效果。

三是注重加强纪检监察人员培训工作。在坚持每年举办专职纪检监察人员培训班的同时，又举办了效能监察培训班，全年共培训155人次，提高了纪检监察人员的政治业务素质。

四是惩防体系管理信息化系统投入使用。按照国资委部署，集团公司作为中央企业惩防体系管理信息化系统的第一批17家试点单位，组织进行纪检监察工作初始数据收集整理、安装调试、系统培训等工作，11月正式投入使用，提高了纪检监察工作的专业化水平。

精神文明建设

思想道德建设

加强思想道德建设，抓好理论武装。重点抓好各级党委（党组）中心组学习，制定了集团公司党组中心组全年学习计划，组织召开了全国“两会”精神、党的十七届三中全会精神等专题学习会。同时注重将实践经验上升为系统理论，公司党组和公司领导的经验交流和体会文章分别在《求是》、《思想政治工作研究》等杂志发表。

思想政治工作

（1）及时掌握思想动态，维护队伍稳定。组织各单位加强职工思想动态分析，掌握职工队伍思想状况，解决群众的现实问题，职工队伍保持了团结凝聚、和谐稳定的良好局面。组织召开了集团公司政研会第二届常务理事会暨2008年年会，对如何融入中心开展思想政治工作进行了部署。

（2）发挥先进典型的示范、激励和带动作用，开展了“评先创优”工作。表彰了公司先进单位、先进集体、先进个人，营造了学先进、赶先进的氛围。组织开展了2008年度各类先进的评比工作。

（3）国务院国资委在集团公司总部召开了中央企业政工职称评审工作座谈会，会议认真研究了政工职称评审工作中的新情况、新问题，对今后打造一支政策理论水平高、业务素质强的中央企业政工专业队伍起到了重要作用。

“文明单位”创建工作

大力开展精神文明建设工作，继续将“文明单位”创建作为精神文明建设工作的重要载体，印发了《中国华电集团公司2008年精神文明建设工作要点》。2008年，公司系统共评选出21家文明单位标兵，63家文明单位；集团公司总部分别荣获“2008年度首都文明单位”和“2008年度全国精神文明建设先进单位”荣誉称号。

企业文化建设

2008年，认真贯彻中央企业企业文化建设推进会精神，巩固几年来集团公司企业文化建设取得的成果，结合新形势的需求不断创新发展。一是丰富了企业文化体系。颁布了《华电宪章》，打造了企业文化品牌，形成了以“诚信、求真、和谐、创新”为价值观的华电核心价值体系，举办了《华电宪章》知识竞赛，进行了多种《华电宪章》宣贯系列宣贯活动。二是开展了形式多样的企业文化建设活动。以“价值观引领华电走向卓越”为主题，成功举办了企业文化高峰论坛，对集团公司和谐文化、安全文化、廉洁文化、责任文化建设进行了深入探讨；编辑出版了集团公司《企业文化文库》中的《华电观点》和《华电视点》两本书，为系统各单位提供了可以借鉴的工作经验，有力地宣贯了华电文化；承办了2008全国企业思想政治工作与企业文化建设经验交流会。三是完成了集团公司首份社会责任报告的编制及发布，向社会公众全面报告了公司绿色发展、安全发展、集约发展、和谐发展的基本状况，受到广泛关注和普遍好评。四是系统各单位企业文化建设水平不断提升，涌现出一批在电力行业具有影响力的先进单位，并有8家企业的建设成果和一批案例、论文受到中电联表彰。五是加强队伍建设，举办了高级企业文化师认证培训班，提高了公司系统企业文化工作者的理论与实务工作水平。

群 众 工 作

概 述

2008年，在集团公司党组正确领导下，公司系统群众工作坚持融入中心、服务大局、进入管理、发挥作用，促进了干部职工思想解放和观念更新，激发了干事创业的工作热情，维护了企业的和谐稳定，为集团公司改革发展提供了精神动力和智力支持。

工 会 工 作

广泛动员职工立足岗位创新创效、提高素质、提升业绩，推动各项工作顺利开展。公司工委紧紧围绕公司中心任务和重点工作，深入开展创建“工人先锋号”活动，制定了《关于广泛深入开展创建“工人先锋号”活动的通知》和《关于在公司系统深入开展劳动竞赛活动的指导意见》，各级工会组织深入开展创建“工人先锋号”、“为发展助力、为华电建功”、“我为节能减排作贡献”等为主题的群众性立功竞赛活动，不断提高工会工作的针对性和实效性，有力推进了公司安全生产、降本增效、项目发展等中心工作。在各级工会的组织引导下，广大职工以强烈的主人翁意识，积极为企业建言献策、踊跃参与技术革新和管理创新，公司系统全年采纳职工合理化建议8815条，职工技术创新成果400余项，四川广安有限公司电气队获得全国“质量管理优秀小组”称号。在不同寻常的2008年，广大职工攻坚克难的热情高涨，各级工会组织因势利导，培育选树了一批劳动模范和先进集体，为培育一支战无不胜的职工队伍积累了宝贵的精神财富。以建设高素质职工队伍为目标，大力实施“人才强企”战略，不断深化职工素质工程，广泛开展了职工技能竞赛活动。集团公司出台了《中国华电集团公司职工技能大赛管理办法》，成功承办了“华电杯”2008年中央企业集控运行技能大赛，华电选手勇夺8金11银4铜；举办了集团公司火电机组集控运行值班员技能大赛，一大批优秀技能人才脱颖而出，公司荣获全国职业技能竞赛活动优秀组织奖、中央企业职工技能大赛突出贡献奖等荣誉称号。各级工会组织积极响应公司号召，纷纷掀起技能比赛和技能培训热潮，福建公司、潍坊公司、牡二电厂等企业开展了内容丰富的生产技能运动会，四川公司组织职工开展了“火转水”、“小转大”转型培训，公司系统全年累计举办各类培训21069场次，举办技能练兵743场次，竞赛工种涉及123个，参赛职工达12万余人次，179名职工晋升了职业资格，90人次获得集团公司及以上技术能手称号，杨连成等3名职工被命名为“全国技术能手”，青岛公司、富拉尔基发电总厂荣获“全国学习型组织先进单位”称号。

共青团工作

着力加强团员青年政治理论和思想道德教育。以建团86周年、五四运动89周年、纪念改革开放30周年、举办2008北京奥运会、团十六大召开等重大节日和重大活动为契机，开展国情企情教育、形势任务教育和党史、团史、革命史教育，大力弘扬爱国爱企精神和敬业奉献精神。以集团公司党组开展深入学习实践科学发展观活动试点工作为契机，加强理论武装，组织团员深入学习科学发展观，用马克思主义中国化最新理论成果武装团员青年头脑，推动团员青年解放思想、更新观念，团员青年为实现公司愿景而不懈努力的自觉性明显增强。

以企业生产经营管理中的难点和关键点作为重点，组织各级团组织围绕战略实施、对标管理、安全生产、提升效益、科学发展、节能减排等各项重点工作，扎实开展“青年文明号”、“青年岗位能手”、“青年创新创效”、“青年安全生产示范岗”、“青年突击队”等活动，带领团员青年充分发挥主观能动性和创造性，以实实在在的成果体现团组织的价值和作用。2008年，公司系统有1个青年集体荣获“中央企业青年文明号”，11个集体保持“全国青年文明号”和“中央企业青年文明号”，60多个集体荣获和保持“省级青年文明号”。

深化希望工程和青年志愿者活动。引导团员青年充分认识履行社会责任的重要意义，教育青年树立和深化社会责任意识，并把社会责任理念和要求融入日常工作和行为当中，努力为构建和谐社会、和谐华电发挥应有的作用。“5·12”汶川特大地震发生后，公司系统各级团青组织积极响应中央企业团工委和集团公司号召，踊跃开展缴纳“特殊团费”、“扬起希望基金”募捐活动等，以实际行动为抗震救灾和灾后重建贡献力量。据不完全统计，公司系统各级团组织参与各种募捐活动的团员青年达9000多人次，捐款金额达100多万元。

加强青年职工培训。坚持立足青年成长成才需求，把提高青年职工素质，培养青年人才作为活动的着眼点，通过实施“青工技能振兴计划”等行之有效的方式和手段，积极搭建青年成长成才平台，竭诚为青年服务，广泛联系青年、吸引青年、团结青年、影响青年。华电国际邹县发电厂颜磊等3名青年职工被评为“全国青年岗位能手”，安徽华电六安发电有限公司集控副值班员陈前进等20名青年职工被评为“中央企业青年岗位能手”。

加强团青组织自身建设。健全基层团组织，理顺管理关系，分别指导贵州华电大龙发电公司、华电宁夏灵武发电有限公司、湖南华电长沙发电有限公司召开第一次团员代表大会，成立团委。“五四”青年节之际，组织召开了公司成立以来首次团青工作专题会议，来自部分分支机构、基层企业的40多名团青工作负责人，围绕在新形势下如何加强和改进团青工作等议题，进行了充分交流和深入探讨，有力促进了公司系统团的建设。四川广安发电有限责任公司团委、华电潍坊发电有限公司电气队团支部等4个基层团组织分别荣获“中央企业五四红旗团委”、“中央企业五四红旗团支部”荣誉称号，华电青岛发电有限公司团委等3个基层团组织被评为“第九批中央企业五四红旗团委创建单位”。

加强团青工作的宣传。创办了集团公司《团青工作》简报，及时推广各单位团青工作经验，充分反映公司系统广大团员青年团结进取、勇挑重担、奋勇争先、开拓创新的新风尚、新典型、新特点。到年底，《团青工作》简报共编印9期。建立“青春华电”QQ群组，编印《集团公司系统团青干部通讯录》，进一步增强了公司系统各单位团青组织之间的交流沟通。

统 战 工 作

加强统战工作。对公司系统党外人大代表、政协委员进行了全面了解，对提案情况进行了统计。对公司系统归侨、侨眷名单进行了全面统计，并根据分布情况推荐了中央企业侨联第二次代表大会代表。开展了“讲理想、比贡献”活动，中国华电工程（集团）有限公司荣获“全国‘讲理想、比贡献’活动先进集体”称号。

重要文体活动

职工文化活动蓬勃发展。2008年1月17日，在北京21世纪剧院举办“华电情”庆祝中国华电集团公司成立五周年文艺汇演。集团公司领导班子全体成员，参加集团公司2008年工作会议的代表，接受表彰的集团公司劳动模范和部分先进单位、先进集体、先进个人代表，公司总部及在京直属单位员工共同观看了演出。所有节目以庆祝集团公司成立五周年、庆祝2008年工作会议召开为主题，分为序幕、三个主体篇章和尾声，颂辉煌成就，抒创业情怀，展宏伟愿景，形象诠释了集团公司“以人为本，图强报国”的核心价值观，表达了全体华电职工为集团公司五年华诞献上的美好祝愿。举办了集团公司首届职工桥牌比赛，14支代表队86人参赛，四川公司、湖北公司、内蒙古公司、北京水电公司、陕西分公司、江苏分公司等6支代表队分获团体前六名。组织集团公司摄影比赛获奖选手赴新疆采风活动。组队参加了中央企业一系列体育比赛，各基层工会广泛开展了“迎奥运、树新风”和“纪念改革开放30周年”等系列文化体育活动，展现了职工队伍奋发向上的风采。内蒙古公司、华电能源公司、浙江分公司、福建公司开展了区域性的职工羽毛球比赛，四川公司举办了首届职工篮球比赛。

十二、交流与合作

国内交流与合作

集团公司积极与政府、金融、科研、煤矿等相关方建立友好合作关系，推进与合作伙伴的共赢发展。

2008年1月，集团公司与重庆市发展改革委、陕西省发展改革委共同签署《华电陕西安康电厂合作协议》；与河南省洛阳市人民政府签署《合作开发洛阳核电项目框架协议书》；与广西自治区北海市人民政府签署《关于开发港口、电力项目的框架协议》；与青海省果洛藏族自治州人民政府签署《关于水电资源开展前期工作合作意向协议》。

2008年2月，集团公司与甘肃省酒泉市人民政府签署《甘肃酒泉煤电运一体项目投资框架协议书》。

2008年5月，集团公司与广东省韶关市人民政府签署《华电韶关火电项目合作建设协议书》。

2008年9月，集团公司与山西焦煤集团公司签署《合作建设山西沁源煤电联营项目投资协议》。

2008年10月，集团公司与河北省唐山市曹妃甸工业区管委会签署《大型能源综合项目框架协议书》。

2008年12月，集团公司与辽宁省丹东市人民政府签署《合作开发辽宁丹东核电项目框架协议书》；与内蒙古自治区呼伦贝尔市人民政府签署《大型煤电化项目战略合作框架协议》。

国际交流与合作

2008年，集团公司先后与澳大利亚政府、老挝能矿部、欧盟气候变化顾问组等政府机构以及美国GE公司、法国阿尔斯通公司、俄罗斯东方能源公司、日本财团法人日本煤炭中心等企业举行会见与交流，共计24批次。发放邀请来华函4份，涉及9人次。

2008年10月，集团公司总经理云公民率团出访澳门，参加亚太电协大会，推动了与亚太电协成员国之间的进一步交流与合作。

2008年12月，集团公司总经理云公民率团出访印度尼西亚，参加“第三届中国—印尼能源论坛”，并与印度尼西亚国有煤炭控股有限公司签署《煤矿合资协议》。

2008年12月4日，集团公司总经理云公民代表集团公司与美国未来能源控股有限公司签署《关于建立绿色合作伙伴关系的意向书》，双方将在开发和建设大型发电项目、清洁煤技术等方面开展交流和合作。

境外投资

在国家“走出去”战略的指引下，进一步加强境外项目发展战略的实施，召开了2008年度境外项目前期工作协调会，明确了工作目标，探索实施模式，制定实施原则。根据国家有关法律、法规，结合集团公司实际情况，编制印发了《中国华电集团公司境外投资项目前期工作管理办法（暂行）》。

集团公司境外项目取得实质性进展。印度尼西亚印度拉玛燃煤电厂（2×3万kW）总承包项目于2008年3月移交业主，进入质保期。投资建设的印度尼西亚阿萨汉一级水电站项目（2×9万kW，包括总承包建设和电厂运营维护）和由华电工程总承包的印尼拉法基燃煤电厂EPC项目（2×1.6万kW）均按合同工期建设。印尼南苏坑口电厂（4×60万kW）及配套煤矿项目和柬埔寨额勒赛下游水电站（33.8万kW）项目的前期工作稳步推进。

在着力保障已实施项目顺利推进的同时，继续加大在其他境外市场的拓展力度。目前已在东南亚、俄罗斯、美国等国家和地区跟踪开发了一批新的电力项目，为实现集团公司境外项目可持续发展奠定基础。

十三、成 员 单 位

华电煤业集团有限公司

概况

华电煤业是中国华电集团公司从事电煤供应和煤炭开发的专业公司，主要负责中国华电集团公司系统燃煤电厂的燃料供应以及煤矿、煤电化一体化、煤炭深加工、煤炭储运和境外煤炭等项目的投资开发。

公司于2005年8月经国家工商行政管理总局批准在北京市注册成立，注册资本25.6亿元，其中中国华电集团公司控股51.28%，中国华电集团公司系统的华电国际电力股份有限公司等11家单位参股48.72%。

截至2008年底，公司的资产总额为37.3亿元人民币，下辖10个职能部门、13个分公司、5个办事处、10个全资（控股）子公司、17个参股公司；在册员工总数为264人，其中：本部员工66人，女员工74人，中共党员169人，副处级及以上干部88人，本科及以上学历170人。另有市场化用工111人。

领导人员

2008年底，公司董事长为邓建玲，总经理为丁焕德，党组书记为彭南新，副总经理为黄沈阳、李强德、孙炳福、张忠贵，总工程师路万科。变动情况：2008年3月曹晓峰总会计师调至集团公司审计部，2008年12月，张忠贵担任副总经理、路万科担任总工程师，杜将武纪检组组长调至集团公司安全生产部。

年度业绩

2008年，面对雨雪冰冻、汶川地震、奥运保电和金融危机等重大考验和严峻挑战，公司上下深入贯彻落实科学发展观，始终坚持“优质服务”宗旨，牢牢把握体制创新、重点推进、效益提升“三个着力点”，深入开展“对标管理年”活动，大力提升“六种能力”，协调推进各项工作，较好地完成了集团公司下达的业绩考核指标。保持了安全“零事故”的良好局面，没有发生企业经营及领导人员违法和严重违纪案件，没有发生对企业稳定和形象造成不利影响的事件。供煤1.35亿t，比上年增加1615万t；入厂标准煤单价660.54元/t，比上年提高187.54元/t；入厂煤热值18.92MJ/kg，比上年下降0.48MJ/kg。入厂入炉煤标准煤单价差21.27元/t，入厂入炉煤热值差0.545MJ/kg，与上年基本持平。主营收入37.4亿元，比上年增加15.9亿元；利润总额31020万元，比上年增加10807万元。核准1000万t煤矿及选煤厂，核准、投产1800万t港口物流项目，开工建设132万kW电源项目。

项目发展

根据集团公司产业布局和发展定位，结合公司实际，研究制定了煤炭产业发展规划，突出能源基地建设，并以基地为依托配套发展路港航产业，投资开发工作取得积极进展。深入开展“质量提高年”和“创精品工程”活动，组织实施“四个策划”，强化过程控制，在建项目有序推进。可门储运中心10号、11号泊位核准，并于9月底提前三个月投运。不连沟煤矿及选煤厂核准，主、辅运大巷贯通；煤矸石电厂取得自治区级所有支持性文件；大路物流园区启动前期工作。协助集团公司收购了鲁能大雁煤矿20%国有股权。榆横电厂一期4月28日开工建设，小纪汗煤矿12月15日举行进场仪式。重组锦兴能源公司，实现了在山西煤炭项目开发“零”的突破。昌吉煤矿正按新的露天开拓方案加快推进。哈密煤矿施工准备已基本就绪。华远星公司确定了打造中型散货运输船队的发展目标，并根据急剧变化的船运市场及时调整发展路径，控制了投资风险。参与乌准和国家第三运煤大通道蒙冀铁路建设。电子商务平台作为国家科技支撑项目已上报科技部。随着市场地域的快速延伸和经营规模的迅速扩张，公司的社会影响力和市场地位得到稳步提升。

经营管理

公司系统运营企业以对标促管理，厉行节约，挖潜增效。储运公司一手抓安全文明施工，一手抓生产经营管理，市场开拓初见成效；华远星多拉快跑，降低油耗，在四季度急转直下的市场形势下实现了较好的盈利；运销公司大力开拓内、外两个市场，做强做大销售业务，创造了较好的效益。明确分工，落实责任，及时确认和收取服务费，服务费现金回收率达85%。广泛筹集、合理调配资金，实行年、月预算管理和财务在线集中控制，资金的集约化管理水平得到提升。组织广大干部员工“过紧日子”、共渡难关，各单位的费用指标在年初预算的基础上整体下降了10%。2008年，公司实现净利润2.78亿元，净资产收益率达12.9%，比上年提高2.2个百分点，经营质量和效益大幅提升。截至2008年底，公司资产总额达65.3亿元，同比增加27.6亿元；净资产达22.9亿元，同比增加2.9亿元。

党的建设、精神文明建设、企业文化建设

创新党建工作，深入开展“四好”领导班子创建、“党建提升年”和“讲党性、重品行、作表率”活动，推进党支部标准化建设和政工工作标准化示范点建设，各级党组织的政治核心和战斗堡垒作用，党员的先锋模范作用得到较好发挥。广大党员在抗冰保电、抗震救灾、奥运保电和项目建设的急难险重工作中率先垂范、任劳任怨，为公司发展作出了突出贡献。加强精神文明建设，企业文化建设正按公司改革发展定位积极推进，机关党委的每周学习日活动受到员工好评，公司系统干部员工一年来捐款捐物累计60多万元，企业和谐发展局面进一步巩固。加大宣传报道力度，全年实现在国资委网站、中国电力报、集团公司网站及杂志刊稿78篇，获得了集团公司“优秀记者总站”称号，树立了良好的企业形象。层层落实党风廉政建设责任制，深入开展“廉洁从业，从我做起”教育月活动，出台《廉洁从业承诺抵押金管理暂行办法》，惩防体系初步形成。廉洁自律，“三大纪律、八项注意”成为员工的廉洁从业规范，资产经营责任审计、在建项目全过程跟踪审计和“三项制度”专项效能监察取得成效，企业依法经营，员工廉洁从业。

中国华电集团资本控股有限公司

概况

中国华电集团资本控股有限公司（简称资本控股公司）成立于2007年5月，是中国华电集团公司的全资子公司。公司注册资金6亿元人民币。资本控股公司成立初期，暂与华电财务公司实行“一套人马、两块牌子、合署办公”。公司内设创新发展部、投资业务部、金融管理部、总经理工作部、财务部、风险与合规管理部、监察审计部、信息技术部、政治工作部等9个部门。

资本控股公司主营金融投资及资产管理、资产受托管理、投资策划、咨询服务等业务，是华电集团金融资源与金融产业投资、整合、管理、监督和服务的归口管理机构，根据集团公司授权统一规划金融发展、统一整合金融资源、统一管理金融投资、统一协调金融业务、统一控制金融风险，并根据授权行使对华电集团所属金融机构的出资人权利，统一管理华电集团金融产业。

截至2008年底，资本控股公司管理集团公司控股的金融机构资产规模达到161.25亿元，其中资本控股公司本部资产总额6.92亿元，华电财务公司管理运作资产总额153.6亿元，华信保险经纪公司资产总额7227.7万元，北京华信保险公估有限公司资产总额314.5万元。

领导人员

总经理：郭怀保

党组书记：王曦

副总经理：陈宇

纪检组长：余建华

总经济师：朱书红

主要领导人员变动情况：2008年12月，朱书红任资本控股公司总经济师职务，不再担任公司总经理助理。

年度业绩

2008年，资本控股公司实现利润总额3.32亿元，完成年度目标的104%。其中，资本控股公司本部实现利润1829万元，华电财务公司2.94亿元，华信保险经纪（公估）公司2008万元。实现集团系统资金存量归集率72%，全年日均归集资金103亿元，完成年度目标的158%；全年日均贷款规模92亿元。

经营管理

1. 积极研究和推进金融产业一体化管理、实体化运作

2008年资本控股公司深入研究金融产业一体化管理模式，逐步建立资本控股公司制度体系，促进一体化管理思路系统化、内容具体化、程序规范化；按照分类管理的原则，进一步明确和细化资本控股公司对控股、参股机构的管理重点，对公司治理、综合、人事、财务、业务、风险、监察审计、党建八个部分的制度分批制定落实；以季度工作协调会为基础，逐步研究建立金融产业战略管理、风险管理、决策管理、业务协调等方面的运作机制。

积极研究和推进金融产业实体化运作，促进金融产业协同发展。以长期股权投资、短期财务性投资、融资顾问、财务咨询等业务为核心，积

极研究和推进资本控股公司本部实体化运作；深入研究促进各金融协同发展的思路和运作方式；充分发挥各金融机构的专业优势提升服务集团的能力，提高经济效益，实现各金融机构全面完成年度利润目标。

2. 进一步扩大金融资源整合成效

资金集中管理工作取得新进展。2008 年，公司认真贯彻集团公司资金工作座谈会精神，进一步推广华电网上银行。华电财务公司全年共完成 67 家企业的系统推广工作，特别是上市公司纳入华电网上银行的工作取得重大进展，华电国际、国电南自新纳入网上银行集中管理；截止 2008 年末，集团系统共有 226 家单位在财务公司开立账户 344 个，绑定银行账户 581 个；网上银行银财直联范围由 6 家扩大至 9 家，资金整合的渠道进一步拓宽；开展全系统非现场现金稽查，全面调查和清理企业账户，建立统一的银行账户台账，安排专人全力将网外账户纳入网内，加强资金存量的管理；推进电煤资金结算自动化，丰富华电网上银行的功能，努力提升资金集中支付率。2008 年，华电网上银行共处理业务 98994 笔 2807 亿元，分别较上年增长 126% 和 133%，公司全年日均存款额达到 103 亿元；全年受理电煤资金汇划 13878 笔 506 亿元，已有 68 家单位授权财务公司网银汇划。进一步加强资金集中管理，为提高资金使用效率、有效调剂集团内部资金余缺、加强系统内资金的风险控制发挥了重要作用。

保险资源进一步整合。2008 年，华信保险经纪（公估）公司经手保费 1.73 亿元，比上年增加 0.46 亿元；全年受理系统内涉及重大赔付案件 83 起，其中已决 50 万元以上重大赔案 45 起，争取总赔款达到 9500 万元，尤其在南方部分省市遭遇严重冰雪灾害、四川汶川发生“5·12”8 级大地震后，经纪（公估）公司立即安排专人为受灾企业提供专业理赔服务，协调保险公司赔偿贵州乌江公司冰雪灾害保险赔款 3500 万元，先行赔付杂谷脑公司因地震灾害保险赔款 1000 万元，为降低企业损失，促进受灾企业尽快恢复正常经营发展发挥了重要作用。

融资功能进一步发挥。2008 年，内部金融机构融资规模不断扩大，融资渠道进一步拓宽。华电财务公司自营贷款年末余额突破 102 亿元，比年初增长 15%；公司 2008 年日均贷款规模达到 92 亿元，完成年度目标的 115%；牵头完成木里河 108 亿元银团贷款项目的签署，通过银团贷款为集团融资累计达到 235.1 亿元；其他融资方式取得新的突破，以代理开立票据、保理、融资租赁等方式为集团企业融资 40 亿元，为加快推进集团公司发展发挥了重要作用。

3. 深入开展对标管理年活动

2008 年，公司认真贯彻落实集团公司“对标管理年”的活动部署，全面开展同业对标、发展对标。公司成立了对标管理机构，确定了对标指标及指标的含义和数值，并将各指标层层分解，明确责任人和指标上报周期，对资金归集率等指标计算方式进行重新调整。公司定期分析研究对标结果和改进提升的突破口，巩固提升自身优势，学习同业先进经验，不断提升公司的经营发展水平。

项目发展

2008 年，资本控股公司进一步推进金融机构发展。重组华鑫国际信托有限公司获得中国银监会的批复；华电财务公司完成第二次增资扩股工作，注册资本金从 8 亿元增至 13.9 亿元；华信保险经纪公司也启动增资扩股工作；另外，公司还对投资设立产业基金、金融机构上市等事项进行了积极研究和探索，为进一步推进金融产业发展奠定了良好的基础。

党的建设、精神文明建设、企业文化建设

2008 年，公司积极推进党建对标，建立健全了《党员管理制度》等 10 多个制度。通过组织召开“共产党员和中央企业在抗震救灾中的义务和责任”、“党员献爱心捐款活动”、“一先两优秀”竞赛活动，使党建工作围绕中心、服务大局，充满活力，“四个作用”得到充分展示。加强反腐倡廉工作，建立惩治和预防腐败体系工作实施方案，落实反腐倡廉责任；组织全体党员到大兴的劳改教育基地接受警示教育，开展各部门廉洁从业谈话等活动，进一步增强了党员的廉洁自律意识。深入开展“四好”领导班子创建，坚持中心组学习每月一个主题，紧密联系实际，不断提升学习效果。通过落实各个时期的党员干部学习教育活动，确保了党员干部思想领先、政治领先。公司总结提炼华电金融特色企业文化精髓，制定了《华电金融产业企业文化建设纲要》初稿，积极建设以华电文化为灵魂，以金融文化为特色的企业文化体系。在齐心协力抗灾保电过程中、在组织拓展训练过程中、在日常业务交流合作过程中，华电金融队伍的凝聚力和战斗力不断增强。

中国华电工程（集团）有限公司

概况

中国华电工程（集团）有限公司（简称华电工程）是由中国华电集团公司（简称华电集团）控股（75%）、华电煤业集团公司参股（25%）的有限责任公司，是中国华电集团公司电力工程技术服务、电力高科技产品制造、研发中心，是华电集团技术服务中心。华电工程荣获中国科协、发改委、国资委和科技部四部委联合授予的2007～2008年度全国“讲理想、比贡献”活动先进集体称号；荣获华电集团2008年度“先进企业”和“文明单位”称号。

截至2008年底，华电工程拥有分公司和全资及控股子公司16家（其中国电南京自动化股份有限公司为A股上市公司）；参股公司14家。全资企业中有三家直属科研单位，即国电机械设计研究院（杭州）、国电郑州机械设计研究所和电力产品质量标准化研究所（杭州）。华电工程本部设总经理工作部、人力资源部、市场营销部、工程管理部、财务部、政治工作部、监察审计部、发展策划部、科技管理部、资产管理部10个职能部门。华电工程现有在职员工5086人，其中本部715人。

领导人员

董事长：邓建玲

总经理、党组副书记：白绍桐

党组书记：杨勇

党组副书记、纪检组长：李亭玉

党组成员、副总经理：谢春旺、张国新、马骏彪

党组成员、副总经理兼总会计师：许建良

总工程师：黄湘

总经理助理：黄源红

副总工程师：董益成、肖克勤

年度业绩

2008年，完成销售收入66.12亿元，同比增加29.9%；实现利润总额1.9566亿元，同比增加25.97%；实现净利润1.6638亿元，同比增加28.51%；净资产收益率达到13.34%，好于上年同期水平；期末流动资产占用总额61.44亿元，完成集团下达的66亿元控制指标。

经营管理

1. 牢牢把握经济效益，积极应对挑战，取得显著成效

2008年上半年，由于原材料价格大幅上涨造成华电工程项目执行成本增加近2亿元。面对这一严峻的局面，公司上下高度重视，积极应对，周密部署。一是及时搜集相关信息，为原材料采购和新项目成本测算提供依据；二是加强了新签项目合同评审力度，对预算成本构成依据、合同商务条款尤其是付款条款严格把关；三是各经营单位认真研究国家和地方相关政策和合同条款，寻找各种有利依据，抓住时机向业主申请调价补偿。公司2008年共获得调价补偿约1.3亿元，很大程度上弥补了因材料价格大幅上涨带来的效益损失。与此同时，公司通过加强分包采购管理力度严格控制分包成本，通过控制出国团组数量、规范招待费开支等措施“过紧日子”，进一步缓解了成本增长的压力。

面对下半年全球金融危机向实体经济蔓延的不利形势，华电工程在三季度召开的经济分析会上分析了当前面对的内外部经营形势，提出了包括严格控制成本费用、清理投标保证金和备用金、加大应收账款回收力度等四季度9项重点工作。各单位迅速行动，责任到人，部署的工作取得了显著成效。截至2008年12月，超期投标保证金全部收回；备用金借款余额3个月下降了56%；应收账款回收成果更加显著，在各业主单位年末资金极其紧张的情况下，华电工程仅12月份就回收资金12亿元，其中本部回收资金8.8亿元。

此外，华电工程积极开拓银行资源，本部共取得银行综合授信额度40多亿元；海外项目远期结售汇规避了部分汇率风险；积极利用和争取所得税优惠政策、出口退税政策、国家对海外项目贴息、北京市科研奖励资金等政策，想方设法提升经济效益。公司各单位还及时盘活承兑汇票，全年共消化承兑汇票近5亿元。

由于华电工程各单位对外部环境变化反应迅速、措施得当，执行有力，破解了2008年诸多经营难题，极大地化解了经营风险，全面实现了预期经济效益目标。

2. 应对市场变化，在做好集团内部市场的同时，积极开拓集团外市场

面对国内新建火电项目日趋减少的局面，华电工程积极开拓集团外市场，拓展了生存发展的空间。物料输送分公司2008年新签合同中，电力系统外项目占53.6%，超过1亿元的合同项目占61.6%。管道分公司集团外项目占全年新签合同总额的52%。水处理分公司在核电领域取得新的突破，一举中标中国广东核电集团公司十台核电机组的凝结水精处理和中国核电集团公司共两台百万核电机组的水处理合同，使公司水处理业务在国内核电领域占据绝对领先地位。与美国GE公司合作的天津临港工业区海水综合利用循环经济项目、与瑞典阿科凌公司合作的曹妃甸开发区海水淡化项目正在稳步推进。

3. 狠抓项目执行质量，获得业主高度认可

狠抓项目的执行管理，提升公司品牌形象是华电工程2008年内强管理的重点。公司紧紧抓住项目执行的四个关键要素，即安全、质量、进度、成本，加强了管控和协调。经过一年的努力，公司项目执行管理水平总体上取得了较大进步。

2008年华电工程多个项目获得业主的表彰奖励。水处理分公司承担的内蒙古河西电厂中水处理总承包工程急用户之所急，从拿到设计参数到系统调试成功只用了七个月时间，创造了同类工程项目建设工期纪录，受到业主的赞扬。环保分公司望亭发电厂14号机组烟气脱硫工程，获得了业主高度评价，被授予“优秀工程安全奖”、“优秀工程进度奖”、“优秀工程质量奖”三块奖牌；佳木斯发电有限公司2×30万kW机组脱硫项目由于工程安全好、进度快、质量高，被业主授予“亮点工程”和“安全文明施工先进单位”称号。新能源分公司创新执行管理，采取巡视员制度狠抓安全管理。承担的珠海BP PTA二期项目获得了业主授予的安全管理突出贡献奖。海外分公司负责实施的集团公司第一个“走出去”项目——印度尼西亚阿萨汉项目，克服了自然条件艰苦、地质条件复杂、施工难度大等诸多困难，努力强化现场管理，精心组织施工。2008年12月29日，该项目关键工程——6500m引水隧洞全线贯通，为阿萨汉项目实现2009年提前竣工投产创造了条件，集团公司专门致贺电表示祝贺。

4. 科技创新和资质管理工作成绩显著

2008年，华电工程有多项科技成果获奖。其中，“全中水深度处理技术在百万千瓦机组循环水补水中的应用研究”和“新一代大中型同步发电机励磁调节装置的开发与应用”两项成果获得华电集团科技进步一等奖；有5项成果获得集团公司科技进步二等奖、两项成果获得三等奖；另有12项科技成果获得省市及行业科技进步奖励；两项管理创新成果获得2008年度全国电力行业管理创新成果奖；3个行业标准已获颁布实施。此外，华电工程全年共申请专利26项，被授专利24项，其中8项为发明专利，有4项科研成果通过中国电力企业联合会组织的技术鉴定，9个项目通过成果验收。

华电工程本部2008年还获得了人力资源和社会保障部授予的博士后工作站；获得北京市政府授予的北京市企业技术中心资格，为申报国家级技术中心创造了条件。

华电工程在资质申办方面也取得了新突破，先后取得了建设部颁发的电力行业乙级设计资质、环境工程专业甲级设计资质、中国钢结构制造企业特级资质、国家特种设备压力管道设计许可证等多项资质证书；获得中国机电进出口商会颁发的企业信用评价AAA级证书。在北京市高新技术企业资格重新认定从严审核、首批通过率不足3%的情况下，获得了高新技术企业资格重新认定，为提升企业形象，享受所得税优惠税率打下了基础。

5. 继续深化内部改革，资源得到进一步整合优化

2008年1月16日，中国证监会通过了国电南京自动化股份有限公司（简称国电南自）定向增发方案，国电南自总厂的业务连同1295名职工与国电南自实现了“一体化”整合，为华电工程下一步资本运作创造了条件。之后，国电南自进一步理顺了内部管理关系和业务关系，建立了新的业务和管理框架。国电南自的整合和改革工作扎实细致，改革改制过程中保持了正常的生产经营和职工队伍稳定，得到了干部职工的拥护，呈现出良好的发展态势。

2008年11月21日，吉林市中级人民法院正式下达了吉林水工机械厂破产终结裁定，吉林厂破产工作从法律意义上宣告结束。并在十分艰难

的情况下，保证了吉林水工机械厂破产工作过程中的基本稳定。

国电机械设计研究院体制改革、业务方向基本明确，初步方案已经形成，报批后全面实施。

扬州电讯仪器厂在国电南自及华电工程本部各专业公司的大力支持下开始生产自救，初步实现了稳定的局面。

党的建设、精神文明建设、企业文化建设

在党的建设方面，重点从贯彻落实国有企业领导人员廉洁自律七项要求入手，切实从教育、制度、监督等环节构建惩防体系，组织完成了构建惩防腐败体系信息化初始数据的填报。加强了审计监督工作，对重点工程和重点子公司进行了审计，为华电工程生产经营起到保驾护航作用。

在企业文化建设和精神文明建设方面，华电工程利用多种形式大力宣传企业精神，诠释发展理念和发展战略，增强了企业凝聚力，提升了职工思想道德素质和敬业精神。在2008年抵御冰雪和抗震救灾献爱心活动以及“和华”爱心基金捐款中，华电工程系统职工累计捐款超过150万元，向兄弟单位——东方汽轮机有限公司捐款30万元，体现了华电工程干部职工真诚的爱心和强烈的社会责任意识。国电南自还捐赠了价值200万元的两座110kV变电站自动化设备，得到了社会的赞誉。

中国华电集团新能源发展有限公司

概况

中国华电集团新能源发展有限公司（简称新能源公司）成立于2007年9月26日，由中国华电集团公司及其所属的华电国际电力股份有限公司、贵州乌江水电开发有限责任公司、华电能源股份有限公司、华电工程（集团）有限公司共同出资设立。新能源公司负责华电集团新能源项目，包括风能、小水电、分布式能源、太阳能、生物质能、地热能、潮汐能等可再生能源项目的投资、建设、生产及电力销售；负责新能源项目工程建设的全过程管理以及安装、调试、运行和监理；负责华电系统CDM项目的统一组织、统一开发和统一结算；负责新能源应用技术开发和咨询等。

截至2008年底，新能源公司共设综合管理部、计划投资部、生产建设部、财务资产部、政治工作部5个职能部门，拥有7家项目公司和一个项目筹备处，分别为装机容量32.25万kW的内蒙古华电辉腾锡勒风力发电有限公司（全资）、装机容量9.9万kW的新疆华电小草湖风力发电有限责任公司（全资）、规划装机容量1.95万kW的上海华港风力发电有限公司（在建，股比50%）、规划装机容量2×7.8万kW的广州大学城华电新能源有限公司（在建，股比55%）、规划装机容量20万kW的内蒙古华电巴音风力发电有限公司（全资）、规划装机容量20万kW的甘肃华电瓜州风力发电有限公司（全资）、规划装机容量20万kW的华电虎林风力发电有限公司（股比99%）和华电新能源蒙东风电项目筹备处。

领导人员

董事长：程念高

董事：耿元柱、田洪宝、袁亚男、彭国泉、姜迎建、向长钧、白绍桐、方正

监事会主席：金树成

监事：丁圣民、袁纯、张文忠、迟继锋

党组成员、总经理：方正

党组书记：黄春齐

副总经理：霍广钊

党组成员、副总经理：舒福平

总会计师：杨艺

年度业绩

截至2008年底，新能源公司风电装机总容量29.1万kW，资产总额35.06亿元，净资产7.59亿元，资产负债率78.35%；实现利润121万元，公司成立第一年就顺利实现了“控亏、减亏、扭亏”，超额完成年度经营目标；全年累计完成发电量4.53亿kW·h（含新机试运电量0.2亿kW·h），完成年度计划发电量（4.17亿kW·h）的109%；完成设备平均利用小时2651h；完成综合厂用电率2.59%。公司系统全年未发生人身伤亡事故，未发生重大交通事故，未发生重、特大设备事故和造成严重社会影响的安全生产事件，未发生对企业形象造成严重不利影响的事件，实现了生产安全、经济安全、政治安全、形象安全。

经营管理

新能源公司坚持以经济效益为中心，以全面完成责任书各项经济指标为目标，强化经营管理，最大限度地提高企业的经济效益。

1. 加强对标管理

成立了对标管理领导小组和工作小组，与同行业先进水平全面对标，查找差距，认真整改；每天在新能源公司网站发布生产统计日报，每月召开经济活动分析会，对公司生产、经营情况进行跟踪了解、全面分析、及时调控；加强成本控制，不断提高预算管理的精细度、准确性和刚性约束力；加强内部挖潜、节能降耗，严格控制工程造价和三项费用，最大限度降低管理成本和财务费用，为公司全年经营目标的完成提供了保证。

2. 加强“三电”工作

进一步理顺所属单位生产管理关系，增强生产管控能力；加强设备运行管理与维护，积极开展技术攻关，有效降低风电机组非计划停运小时数，风电机组设备可用率得到大幅提升，由投产初期的平均不到80%上升到95%以上；积极争取电价，新开发项目确保在开工前落实电价，已投产项目继续争取电价上调；全面开展各风场电价测算评估工作，为进一步理顺当前电价机制提供了依据；积极开展电费结算工作，尽可能缩短电费回收周期，争取电价附加补贴及时到位，完成了辉腾锡勒一期2007年电量差价1900余万元的全额结算，并收回了该项目2008年7月以前的电价附加补贴收入。

3. 加强资金管理

合理计划本部资金的使用，减少资金沉淀，取得收益近千万元；积极协调各方面的工作，落实项目资金，与建行等多家金融机构建立合作关系，在集团公司有限的担保空间下争取到一定的担保额度，获得24亿元贷款，有效缓解了公司在建项目的资金紧张局面，保证了资金供应。

4. 加强政策研究

通过对风电折旧政策进行研究，进一步规范了公司系统风电固定资产折旧办法；积极利用国家增值税返还政策，取得增值税优惠收入1550万元；根据国家基本建设贷款贴息的有关规定，通过积极申报和争取，取得风电项目融资全额享受贴息返还的优惠政策，拿到了贷款贴息额2300多万元以及流动贷款贴息104万元。

5. 大力推进CDM项目开发

按照集团公司授权，大力开展CDM项目的统一组织、统一开发和统一结算工作。截至2008年年底，集团公司系统正在进行CDM开发的各类项目共有60个1900多万kW，有25个项目通过国家发展和改革委员会批准，3个项目完成联合国EB注册；内蒙古辉腾锡勒10.05万kW风电场CDM项目获得首笔碳收益，这也是集团公司正式启动CDM项目开发以后获得的第一笔收益；积极探索CDM项目开发的新领域、新思路、新方法，与各开发商建立了定期联系机制，着手建立了集团公司CDM项目人才库，促进了集团公司系统CDM项目人员素质和工作水平的提高。

项目发展

按照集团公司的战略部署，新能源公司启动了中长期发展规划的编制工作；转变发展思路，高度重视风电项目的规模效益问题，以国家发展和改革委员会确定的新疆、甘肃、内蒙古、吉林、河北、江苏等6个千万千瓦级风电基地为基础，初步构建了公司蒙西、蒙东、新疆、甘肃、吉林、黑龙江、河北、江苏八大风电基地的布局。2008年，公司新签订风电开发协议1090万kW，累计占有风电资源量超过1600万kW；获得9个共计106万kW风电项目“路条”；获得3个共计15.48万kW风电项目的核准文件。

在大力发展风电项目的同时，新能源公司积极开展小水电、分布式能源、太阳能和生物质能（沼气）等其他新能源项目的开发，为真正实现公司在可再生能源领域的多元化发展奠定了基础：积极参与多个小水电项目收购工作；广州大学城分布式能源站已经开工建设，积极跟踪武汉、天津、上海等多个城市的分布式能源站项目规划情况；上海普陀区都市工业园1.4MWp太阳能光伏发电项目获得核准；参加了国家发展和改革委员会组织的国内第一个1万kW级太阳能光伏发电项目的特许权招标；获得湖北龙感湖农场生物质（沼气）发电项目开发“路条”，并完成可研以及环评、安评、接入系统设计等工作。

2008年11月14日，新疆小草湖二期4.95万kW风电项目提前投产，顺利实现了工程“当年开工、当年投产”的目标；内蒙古库伦20.1万kW风电项目4月9日开工建设，11月13日，首台风电机组并网发电，截至2008年底共抢投风电机组47台7.05万kW，圆满完成了集团公司下达的投产风电机组12万kW的目标；广州大学城分布式能源站项目和上海老港风电项目分别于7月、11月开工建设；积极开展了巴音、瓜州、小草湖三期、虎林等多个风电项目的施工准备。

党的建设、精神文明建设、企业文化建设

深入贯彻落实党的十七大和十七届三中全会精神，结合新能源公司实际，以十七大精神指导公司各项工作的开展；大力加强党建工作，充分发挥党组织的政治核心作用和战斗堡垒作用，努力建设责任明确、领导有力、运转有序、保障到位的党建工作机制。

深入开展文明创建和争先创优活动，按照新能源公司党组"重在建设，贵在坚持，务求实效"的指导方针，制定了《公司2008年精神文明工作要点》，积极开展精神文明创建工作，公司成立第一年就进入华电集团"文明单位"行列；深入推进党风廉政建设，积极开展纪检监察工作，促进廉洁从业，保证了公司发展的良好势头和正确方向。

加强企业文化建设，认真做好《华电宪章》的宣贯工作，努力提高广大员工对集团公司企业文化的认知度和认同度；采取积极措施，保证了抗冰保电、抗震救灾、北京奥运等非常时期的队伍稳定及"四个安全"；积极组织开展向灾区献爱心活动，新能源公司本部及系统各单位抗震救灾捐款及党员主动交纳"特殊党费"共计73550元。

中国华电集团发电运营有限公司

概况

中国华电集团发电运营有限公司（简称运营公司）是中国华电集团公司控股的专业公司，是目前国内唯一一家由国家大型发电集团公司组建的专业化发电运营管理公司。运营公司依托华电集团雄厚的技术资源和丰富的人力资源，代表华电集团对系统内的发电委托市场进行规范管理，接受华电集团内部和外部发电厂运营和维护的委托。公司主要承担两项职责：一是以行政关系为纽带，贯彻集团战略、服务集团发展、执行集团决策，代表集团公司对系统内部的发电委托运行市场进行规范管理，对集团公司负责。二是以合同关系为纽带，接受项目公司的委托对发电厂进行运行和维护，保证受托机组安全、经济运行，对发电企业负责。同时，根据集团公司要求，将运营公司建设成为"对外展示华电集团发电运营水平的窗口，对内提供发电运营人才、技术和管理支撑的平台"。

截至2008年底，运营公司管理下辖华电广西贵港、内蒙古包头、新疆小草湖、陕西榆横、内蒙古土右5个分公司，印度尼西亚阿萨汉一级水电站、山西轩岗两个筹备处，孟加拉西莱特联合循环电站、新疆乌鲁木齐热电、内蒙古不连沟等4个项目部，受托运营及储备项目18个，受托容量达到1493.4万kW，运营的项目遍布海内外11个省、自治区、直辖市。

运营公司本部设立综合管理部、人力资源部、财务经营部、安全生产技术部、计划发展部、政治工作部等6个部门，截至2008年底有正式员工24人。

领导人员

副总经理（主持工作）：金英军

党组书记：葛洪武

副总经理：吴建春

副总经理：孙德利

总经济师：程彦林

年度业绩

2008年，在集团公司的正确领导下，经过全体员工的共同努力，运营公司坚持用科学发展观统领全局，紧紧围绕"四个一"工作目标，以安全生产为基础，以对标管理为手段，以专业化管理为核心，切实把安全生产、委托运营和公司发展三个方面结合起来，开拓进取、扎实工作，全面完成了2008年各项工作任务。

1. 安全生产总体平稳

牢固树立"安全第一"的思想，按照"构建专业化管控模式，确保管理到位；落实安全生产责任制，确保责任到位；强化技能培训，确保素质到位"的安全管理理念，明确了安全生产工作目标，完善安全生产管控机制，全面落实安全生产责任制，加强安全生产"四级管理"，实现了安全生产管理工作的标准化、程序化、规范化；通过开展春秋季安全大检查、迎峰度夏安全检查、安全月活动、安全生产隐患排查治理、安全生产百日督查、安全性评价等活动，排查设备存在的安全隐患，做到了有计划、有检查、有总结、有考核、有整改，实现了闭环管理，使安全生产实现可控、在控，圆满完成了抗击冰雪灾害和奥运保电任务。2008年运营公司系统共完成发电量997057.12万kW·h，完成综合供电煤耗337.255g/(kW·h)。

2. 市场开拓取得突破

运营公司坚持把发展作为第一要务，在国际国内经济形势急剧变化、电源项目发展暂缓的不利形势下，相关部门发扬“三千精神”，攻坚破难，努力工作，立足华电集团内市场，不断拓展运营业务领域。2008 年，签订了新疆小草湖风电二期、乌鲁木齐热电等 4 个系统内项目，签约机组总容量为 262.95 万 kW；完成了孟加拉西莱特联合循环电站、马来西亚民都鲁 209E 联合循环电站、印尼百通燃煤电厂、神华乌海海勃湾煤矸石电厂、山西轩岗等海外、系统外 5 个项目的 8 个合同签约，签约机组总容量为 251.5 万 kW，实现了系统内、系统外和海外项目同步发展。同时积极与华电煤业集团有限公司、华电新疆发电有限公司、哈尔滨汇通电力公司等单位建立合作伙伴关系，达成了昌吉滨湖热电、乌鲁木齐西山热电、新疆沙湾、昌吉西黑山、印度喜莱雅等项目的委托运营合作意向，储备容量达到 732 万 kW，为公司实施“走出去”战略，实现规模化发展奠定了坚实的基础。

在做好市场开拓的基础上，运营公司又根据合同要求，启动了海外印尼百通（1×66 万 kW）燃煤电厂和神华乌海海勃湾（2×20 万 kW）煤矸石电厂人员培训工作，负责编写与之配套的培训大纲、培训教材、运行规程、检修规程、系统图册等相应资料，首次实现人员培训、资料编写、发电运营“一条龙”的委托管理，对公司探索和积累国内外项目人员培训经验，充分发挥专业化管理优势起到有力的推进作用。同时进一步加强与哈尔滨汇通电力公司、中国机械设备进出口公司、东方电气公司等单位的合作，积极开拓苏丹、巴基斯坦等市场，做好神东电力、山东电力设计院等系统外主要项目跟踪，积极寻求合作。

经营管理

经营管理水平显著提升。运营公司建立了全面预算管理体系，将各项指标层层分解落实，强化全员成本意识和控制意识，全年各项费用控制在预算范围内；加强预算执行分析，防范财务风险，规范分公司、项目部经济行为，为今后公司项目承揽费用的测算与规范管理打下坚实基础。按照华电集团“对标管理年”的总体部署，公司制定了《对标管理年实施方案》，建立了较为完善的《对标管理指标体系》，将对标管理与月度经济活动分析有机结合，使关键指标对标情况纳入经济活动分析范围，关注、跟踪基层单位对标工作开展情况，注重员工对标意识的培养，为继续做好对标管理打好了基础。

管控能力得到加强。一是充分发挥制度建设规范工作程序、约束工作行为的作用，全面开展建章立制工作，梳理编制了 2008 年制度建设目录清单，全年编制制度、标准 170 项，审核发布 56 项，形成了《公司专业化管理标准体系（第一版）》。二是发挥激励机制作用，按照华电集团下达的责任制目标，年初与各部门、分公司签订了安全生产、资产经营和党风廉政建设责任书，年终对部门和员工工作业绩进行科学和客观地评价，予以考核兑现，责任意识和执行力明显提升。三是加强对分公司工作管理与指导。一年来，运营公司所属分公司项目部管理工作克服诸多困难，认真履行职责，管理水平得到提升。四是强化督察督办工作，通过对公司重点工作进行实时督办和过程督办，尤其对“公司对标管理工作、贵港分公司绩效考核办法、完善公司专业化管理体系”等工作进行重点督办，努力做到了“事事有回复，件件有着落”。五是编制了公司信息化建设规划，建设开通了公司网站，推广应用 OA 办公系统，建立了移动办公系统，安装了电子档案信息管理系统和邮件服务系统，完善了现代化管理手段。

项目发展

2008 年运营公司受托运营的 5 个项目安全生产平稳。其中包头分公司圆满完成了 1 号机组小修和 2 号机组大修的工作任务，实现了水压、点火、冲车、并网“四个一次成功”，确保了安全、质量、进度、节能目标的可控、在控，整体运行水平较检修前都有了较大的提高；2008 年 11 月底顺利实现机组的维护接管，仅此一项为集团节省外委费用 821 万元；实现连续安全生产 784 天的长周期运行，各项经济技术指标在华电集团系统内同类型机组间位于前列。华电广西贵港发电公司自受托运营以来，员工运行维护技能提升，锅炉频繁灭火问题得到解决，机组非停频次下降；针对华电集团秋检及安评提出的问题积极进行整改，截至 2008 年 12 月底，完成秋检整改 38 项，完成计划整改的 97.4%；完成安评整改 152 项，完成计划整改的 96%。新疆小草湖分公司在摸索设备规律的同时，加大了设备管理和治理力度，积极开展节能降耗工作，将指标控制在计划范围内，保证了风电一期安全生产稳定，二期顺利投产发电。陕西榆横分公司自2008年6月6日成立以来，完成了生产准备大纲、培训计划及231项制度编写工作，按照培训计划，分层次对毕业生、运行、检修、调试等四支队伍进行培训，值得一提的是毕业生实习队在短时间内有1/3以上的人员达到巡检岗位水平，其学习精神和团队形象得到灵武电厂的肯定。本着对业主高度负责的态度，乌热电项目部认真开展生产准备工作，编写完成了生产准备大纲、生产准备工作计划及实施细则；制定了包括《生产准备部培训管理办法》、《生产准备计划和实施细则》等在内的多项生产准备制度；组织生产人员按照培训计划开展培训并加强管理；编写完成并下发了集控运行包括锅炉、汽机、电气、燃灰化运行专业的培训教材以及包括安全管理类、生产技术管理类、运行管理类、检修管理类、物资管理类和生产人员岗位工作标准共62个管理制度、38个岗位工作标准；完成了启动锅炉运行规程、系统图、操作票、检查卡的编制工作，并交付业主使用。孟加拉西莱特项目是运营公司运作的第一个海外项目，对树立公司形象，锻炼队伍具有十分重要的意义。为此公司专门从本部选派人员负责项目管理，通过积极沟通、协调和组织，使技术服务人员以最快速度熟悉了现场设备系统和资料，较好地履行了技术服务合同，为日后公司承接海外运营项目积累了宝贵的经验。神华亿利项目于2008年11月30日圆满完成合同任务，合同执行期间未发生不安全事件，顺利完成机组调试和运营，受到了业主方的好评。

党的建设、精神文明建设、企业文化建设

加强党的建设。运营公司成立了公司机关党支部，认真学习贯彻党的十七届三中全会精神及党中央、国务院、国资委、集团公司会议精神，组织进行了“抗雪救灾”、“和华”爱心基金、抗震救灾捐款和特殊党费缴纳活动，公司系统共计捐款13.4547万元。2008年公司发展党员1名，预备党员按期转正2名，扩大了党员队伍，提高了党员素质。

积极做好维稳工作。运营公司健全维稳机制，严格落实稳定工作责任制，按照属地化管理、分级负责和“谁主管、谁负责”的原则，统筹抓好矛盾排查化解、思想动态分析、应急防范、信访值班、重大事项报告等工作，加强形势任务教育，鼓舞员工士气，激发工作热情，确保了奥运和自然灾害发生时期队伍稳定，维护了公司系统和谐稳定的大局。

深入开展“两创”工作。围绕争创集团公司“文明单位”和“党风廉政建设优秀单位”的目标，运营公司将文明单位工作指标量化，与安全生产、经营管理和对标管理同部署、同检查、同考核、同奖惩，使精神文明建设纳入企业管理和发展的范畴；加强廉政建设，开展了贯彻落实“七项要求”自查活动，并交纳了党风廉政建设抵押金。2008年12月19日，运营公司顺利通过集团公司“文明单位”、“党风廉政建设”检查组的考评，获得集团公司2008年度“文明单位”称号。

华电招标有限公司

概况

华电招标有限公司（简称招标公司）成立于2003年9月，注册资本金8200万元人民币，主要从事电力及地方工程建设项目及技改、大修、科技环保项目等所需设备、材料、备品备件的招标代理业务，并提供相关电子采购、技术及经济咨询等服务。招标公司是中国华电集团公司按照《公司法》和现代企业制度控股组建的独立法人企业，中国华电集团公司控股55%，华电煤业集团有限公司股比20%，贵州乌江水电开发有限责任公司股比15%，中国华电工程（集团）有限公司股比10%。招标公司目前共有员工53人，设综合部、财务部、政工部、业务一部、业务二部、业务三部、网络采购和信息管理部7个部室，中国华电集团公司电力建设定额站和中国华电集团电力建设技术经济咨询中心挂靠招标公司管理。

领导人员

董事长：程念高

董事：程念高、张涛、褚玉、白绍桐、向长钧、黄沈阳、孙青松、王宁

监事：王江、刘国强、蒋方帅

总经理：孙青松

党组书记：王宁

副总经理：刁培滨、黄安平

总工程师：于彦显

总会计师：李志强

董事会秘书：谭铁坚

主要领导人员变动情况：2008年1～2月，王宁任招标公司总经理，曹伟任招标公司党组书记。2008年3月，孙青松任招标公司总经理，王宁任招标公司党组书记，曹伟调离招标公司。

年度业绩

2008年，招标公司实现营业收入13581万元，首次突破亿元大关，比上年增长37.92%；实现利润总额8172万元，完成考核指标的140.90%，比上年增长41.16%；实现净利润6321万元，完成年度目标的145.31%，比上年增长62.66%；完成流动资产占用额考核指标；实现成本费用利润率151%，比上年增长8%。招标公司分别荣获集团公司2008年度“先进企业”和“文明单位”称号，这也是招标公司成立以来首次荣获集团公司综合类奖项。

经营管理

2008年，招标公司认真贯彻华电集团2008年工作会议精神，秉承“服务为主，兼顾效益”的工作理念，强化责任，细化管理，克服人员少与工作量大的矛盾，各方面工作都取得了新的成绩。

1. 精心组织招标代理工作

招标公司坚持服务集团、服务基层，围绕集团系统新建、改建、扩建项目，科学组织，严格把关，公开、公平、公正开展招标代理服务，有效控制和降低了集团的工程造价。除开展火电、水电、风电领域正常招标业务外，公司还组织了集团公司首个整体煤气化联合循环（IGCC）发电项目设计、监理和主机设备的招标以及世界首台百万千瓦空冷机组空冷岛系统招标工作。同时努力创新招标手段，不断拓展业务领域，开展了风机、脱硫辅机、四大管道管件等批次的“打捆”招标，以及不连沟煤矿设备国际招标工作，危地马拉2×15万kW机组辅机招标业务已经达成意向。另外，还成功组织了云南巡检司发电厂4×2.5万kW机组资产处置招标，招标价比评估价高出近7倍，最大限度地维护了集团公司的利益。2008年，公司完成招标65个项目，228个批次，1561个标段，中标金额230亿元，为集团公司节约投资约20亿元。

2. 认真做好定额管理和技术经济咨询

根据对标管理要求，招标公司完成了《中国华电集团公司2×100万kW机组火电建设工程造价指标控制标准（工程量部分）》、《中国华电集团公司2008年火电建设工程造价概算考核指标》两项标准编制，为集团公司工程造价管理体系提供了科学基础数据；先后完成10个项目173亿投资额的执行概算，项目风险储备金达12亿元，有效控制了工程造价；完成16个项目的工程竣工结算，较批准概算结余46.5亿元，节资率达到20%。组织200多人进行了工程造价管理及相关知识培训，完成了换证工作；开展了集团公司火电机组工程造价对标管理研究，该成果被评为全国电力企业管理现代化创新成果一等奖，在集团公司已经投产的22个建设项目上使用，节余工程投资近50亿元。

3. 积极推进招标与采购网应用

积极打造“阳光采购”平台，认真做好招标与采购网的推广使用和运营管理工作，为系统各单位和供应商提供了优质、高效、规范的交易和信息服务。招标公司组织召开了招标与采购网推广使用现场会，开展了区域培训和现场服务工作，实行供应商会员管理，进一步提高了网站运营管理水平。截至2008年底，网站拥有供应商会员2280家，会员收费突破1000万元；已有30家电厂开始使用网站开展采购和招标工作，累计下达采购订单4368笔，采购金额达到2400多万元；使用网站开展招投标234个批次，全部招标都使用网站发布招标公告、售卖标书、交互标前澄清和发送中标通知。

4. 大力开展管理创新工作

加强计划管理，将全年经营任务分解到月，落实到部门，并严格督察督办，促进了各项工作的有序开展。招标公司积极推行“三会”制度，每月定期召开总经理办公会、月度例会和综合考核会，确保阶段性工作有部署、有落实、有考核；加强制度建设，先后制定出台了《招标工作规则》、《月度工作计划管理办法》、《成本费用管理办法》等41项规章制度，公司各项工作逐步走上标准化、规范化轨道；集中开展往来账目清理工作，累计清查处理业务近2000笔，涉及金额约4000万元，有效规避了公司的经营风险；按照“简化、细化、优化”的原则，进一步完善业务处理和OA操作流程，杜绝了部门之间互相扯皮推诿，大大提高了公司的工作效率；制定实施《综合考核管理办法》，以公司规章制度为标尺，每月对部门和员工工作业绩以及能力发挥程度进行科学和客观地评价，进一步强化了公司上下的责任意识与绩效意识。

5. 灵活创新员工培训工作

充分利用人力资源，建立实施了内部培训机制。招标公司每月定期开展内部培训与交流活动，主要包括以部门为主的实践性培训和以公司为主的交流性培训。按照每月确定的培训主题，从内部师资队伍中指定一人进行授课，既有单向培训讲解，又有双向交流互动，大大提高了培训效果。公司先后举办了电厂基础知识、招标文件编写、财务工作流程、OA系统操作等41次培训交流活动，培训人数达到368人次，收到了良好效果。除了招标公司统一组织外，有关部门还自行开展交流活动，丰富了培训形式。

6. 超前做好物资改革调研

招标公司按照集团公司的部署和要求，积极开展物资管理改革准备工作，成立专题调研小组，对系统内外相关企业进行了广泛的调研和收资，详细了解了物资管理模式及现状，论证了物资集约管理的必要性，对集团公司物资管理模式进行了探讨和论证。经过反复研究讨论，公司提出了物资公司组建方案，并多次向集团公司党组进行了工作汇报。

党的建设、精神文明建设、企业文化建设

招标公司加强理论学习，认真落实党组中心组学习制度，每月组织1次集中学习，促进了中心组学习的规范化和经常化；加强组织建设，对支委会及时进行改选和分工，接收了1名预备党员和1名入党积极分子；加强作风建设，通过民主生活会会前征求意见、面对面谈话等多种渠道，了解民意，听取意见；积极开展批评与自我批评，召开了2008年度领导班子民主生活会；加强思想建设，组织党员召开了“共产党员和中央企业在抗震救灾中的义务和责任”专题组织生活会，开展了参观“万众一心、众志成城”抗震救灾主题展览、“重温入党誓词，争当时代先锋”党建主题活动等，更加坚定了每位党员的共产主义信念；加强党风廉政建设，年初与各部门签订了党风廉政责任书，制定实施了《党风廉政建设责任制实施办法》、《领导干部报告个人重大事项规定》等制度，开展了形式多样的廉政教育活动，进一步增强了干部员工的廉洁自律意识；加强企业文化建设，成立了企业文化建设领导小组，将企业文化建设工作纳入正常轨道，积极宣贯《华电宪章》及企业文化知识，编印了《华电宪章》小册子，在公司网站上开辟“企业文化”专栏，并组织开展了《华电宪章》及企业文化知识竞赛，通过调研问卷、专家咨询等形式，着手进行了公司文化体系规划设计；积极开展拔河比赛、登山比赛等团队建设活动，增强了员工之间的沟通交流；认真开展“五五”普法工作，制定实施了《法制工作三年目标工作计划》，每季度编发1期《“五五”普法信息》，举办了招投标法律知识竞赛，并组队参加了集团公司普法知识竞赛，夺得北京赛区团体第二名的好成绩；加强对外宣传，先后在各类媒体发表稿件20多篇，较好地展现了公司的工作成效和良好形象；积极参与公益活动，组织员工踊跃捐款、捐物，帮助和支持受灾地区恢复生产生活，员工先后捐款3万余元，19名党员交纳特殊党费42600元，个人交纳金额均在1000元以上。

中国华电香港有限公司

概况

中国华电香港有限公司（以下简称香港公司）是中国华电集团公司（以下简称华电集团）为实施国际化战略，在香港设立的独资子公司。香港公司于2006年2月开始筹备，2006年6月14日在香港注册，注册资本为500万港币。香港公司的主要职责是负责开展境外有关项目的投资、建设与运营管理工作。

截至2008年底，香港公司本部共有员工18人。主要拓展项目有七项：一是在建的印尼阿萨汉一级水电站，装机2×9万kW，华电集团要求2009年底“双投”（合同工期到2010年5月）；二是以中外合资公司的形式收购上海奉贤燃机电厂40%股份，权益装机容量28.8万kW；三是在进行HOA谈判的印尼南苏4×60万kW燃煤电站，同时配套1000万t/年的坑口煤矿；四是在进行项目考察和技术经济分析的柬埔寨王国额勒赛水电项目；五是新加坡生物质能项目，装机2.5万kW，2008年12月签订合作谅解备忘录；六是俄罗斯项目，2008年4月与俄罗斯东方能源公司签订合作谅解备忘录；七是风电项目，促成内蒙古通辽北清河300万kW项目中标，完成义和塔拉4.95万kW项目首期注资。截至2008年底，香港公司本部设有综合管理部、财务部、投资发展部、项目管理部等4个职能和业务部门。

领导人员

董事长：程念高

董事：程念高、陈全、王绪祥、罗锦华、傅维雄

监事：李长旭、刘仁鹏、邵林

副总经理：傅维雄（主持工作）

党组书记：陈全

副总经理：文端超、赵龙君

财务总监：李增昉

董事会秘书：王勇

年度业绩

2008年，香港公司实现账面净利润369万元，剔除集团增资未到位支付的贷款财务费用2816万元影响，实际完成考核净利润3185万元。超额完成集团公司下达的年度任务，实现了连年赢利。

经营管理

2008年，香港公司不断强化财务融资及管理：一是在集团公司的部署和指导下，开展了“华电国际H股”增持工作，为提高集团公司的绝对控股作出了贡献；二是积极协调落实公司资本金增资、前期费用和有关项目投资资金，为减轻集团资金压力，丰富融资手段，研究并提出公司发展所需资金保障问题的初步框架性方案和路线图，为提高公司今后自我筹资、滚动发展能力奠定了基础；三是出台了节约支出相关制度，积极开展公司内部节支工作；四是完成上海奉贤电厂外方股权受让等手续和绩效目标设定；五是配合完成集团风电特许权招标工作，其中内蒙古通辽北清河300MW项目中标；六是配合阿萨汉工程建设做好BDSN公司的财务管理；七是建立起经营分析机制，每月出快报，每季度召开经营分析会；八是积极开展融资工作。

项目发展

2008年，香港公司通过努力，在发展方面打开了全新局面，取得了较好成效。一方面体现在具体的发展项目取得突破性进展，形成了较好的梯次发展格局；另一方面体现在发展环境持续改善，集团公司再次明确要将“走出去”作为重要战略，并赋予重任；同时公司在开拓市场、把握机会和推动运作方面的能力也有所提高。

阿萨汉一级水电项目进展顺利。一是利用业主公司中大股东的地位和董事会的平台，按照集团公司的要求，积极协调，维护华电综合利益；二是利用公司在水电项目建设管理方面的经验，积极向集团公司汇报，努力协调各方关系，支持、配合EPC承包商扭转年初工程进展较为不利的形势，全面推进了工程建设；三是促成华电运营公司负责运营维护管理的目标。截至2008年底，该项目引水洞贯通的年度目标顺利完成，为2009年底“双投”目标奠定了基础。

南苏项目继续推进。一是华电与PLN高层等进行了多次互访，加深了共识，为PPA谈判创造了有利条件；二是在集团谈判指导组的领导下，开展多轮电价谈判，与采购委员会的谈判基本结束；三是在第三届中—印尼能源论坛上签署了配套煤矿合资协议；四是完成了多项补课工作，如完成供煤风险评估，提出煤矿合资公司架构下的防御风险措施，修订完成新的4×600MW电厂可研，并通过电力规划总院审查，完成煤矿现场补勘工作，完成共管账户开户等；五是积极推动中信保与印度尼西亚财政部签订一揽子协议；六是积极准备项目融资。会同融资牵头行及项目财务顾问在香港、新加坡进行路演，多家国际银行对该项目产生浓厚兴趣，为下一步项目融资打下了良好基础；七是采取多种措施以推动工作，如充分发挥DMS的代理作用，促成副总统办公室协调机制，加强与印度尼西亚政府、矿能部及财政部的汇报沟通，加快推进PLN对项目进行决策，关注并推动PLN跨海线路建设，并与中国国家电网公司及国家开发银行沟通，推动线路项目。

新市场开发成效显著。按照抢占资源、突破重点的思路，香港公司项目拓展区域迅速由印尼一个国家，延伸到柬埔寨、俄罗斯、新加坡、老挝、缅甸、泰国、越南、尼日利亚等多个国家。一是柬埔寨额勒赛水电项目获得集团决策通过。公司成立了水电项目组，水电市场拓展工作非常努力并迅速见效，除额勒赛项目外，还跟踪了老挝色邦暖、潘蒙项目，南纤水电站和南俄河下游水电站项目，柬埔寨斯雷博项目，缅甸萨尔温江项目，尼日利亚蒙贝拉水电站和祖格鲁水电站等

多个水电项目。二是俄罗斯项目有序推进。集团公司同俄罗斯东方能源公司签署了合作谅解备忘录，公司与俄方积极沟通并逐渐建立了工作互信，进行了大量基础性及外联工作。工作重点包括第一阶段燃机项目的合作，以及第二、三阶段可研合资协议和章程商议方面。三是加快推进新加坡生物质能项目。公司开展大量调查和谈判工作，完成项目建设条件的确认、技术经济测算工作，编写完成《项目分析报告》，取得了银行的融资意向函，并通过集团公司可行性评价，已签订完成合作谅解备忘录。四是积极跟踪其他项目。如印尼东加里曼丹煤炭项目、PTBA煤田项目、越南火电项目、泰国项目、尼日利亚火电项目、风电项目等。

党的建设、精神文明建设、企业文化建设

2008年，香港公司党建工作围绕公司发展经营不断迈进。一是通过专题会议和制定学习计划，组织了“十七大”精神、新党章等学习活动；二是加强党建工作，制定党群工作计划，积极发展党员；三是强化思想政治工作，教育和引导员工充分认识境外工作的特殊性，认清所肩负的责任，增强职业荣誉感，时刻树立集团公司在海外的良好形象；四是制定党风廉政建设工作制度，全面推进惩防体系建设，积极开展反腐倡廉教育活动；五是积极做好工会工作，开展健康向上的工会活动，关心员工生活；六是组织开展效能监察工作，加强对公司重大决策以及制度执行情况的监督。2008年公司党建和精神文明建设工作成绩显著，获得集团公司“文明单位”称号。

海外投资发展情况

2008年2月，为了以低成本方式实现集团公司对华电国际电力股份有限公司绝对控股的战略目标，按照集团公司部署，香港公司开展了增持华电国际H股的工作。截至年底，累计增持8586.2万股，约占华电国际全部发行股份的1.4%，增持后集团占华电国际50.58%股份。

华电置业有限公司

概况

华电置业有限公司（简称置业公司）于2005年6月8日在北京设立，是中国华电集团公司的子公司，主要从事房地产项目的开发、经营、租赁、物业及酒店管理等业务。

置业公司成立时的注册资本金为55000万元人民币，由华电集团及其他9家单位出资设立，经2008年11月10日第一次增资扩股后，新增8家股东单位，注册资本增加至145000万元。出资比例分别为中国华电集团公司29%、华电国际电力股份有限公司20%、中国华电集团资本控股有限公司8%、华电煤业集团有限公司7%、贵州乌江水电开发有限责任公司7%、华电能源股份有限公司5%、华电福建发电有限公司4%、华电招标有限公司4%、华电四川发电有限公司2%、中国华电工程（集团）有限公司2%、内蒙古华电包头发电有限公司2%、辽宁华电铁岭发电有限公司2%、国电南京自动化股份有限公司2%、湖南华电长沙发电有限公司2%、陕西华电蒲城第二发电有限责任公司2%、新疆华电红雁池发电有限责任公司1.31%、新疆华电苇湖梁发电有限责任公司0.69%。

置业公司成立后，从主体上承接了华电集团与北京安福房地产开发有限公司（简称安福公司）签署的有关协议的法定权责及华电集团基建办公室的职责，专事购置安福大厦（2008年4月更名为中国华电大厦）写字楼的监建和经营工作。2006年10月，置业公司在华电集团和各股东单位的支持下，收购了安福公司，将置业公司资金优势直接作用于项目，同时具备了三级房地产开发资质。

置业公司共设置7个职能部室，分别为综合管理部、市场开发部、财务部、工程部、安全监察部、预算部、物业管理部。

领导人员

董事长：辛保安

副董事长：曹荫昌

董事：辛保安、曹荫昌、楮玉、王栋、郑峰、刘光明、王瑞天、罗涛、刘长青、林茂绩、刁培滨

监事会主席：李亭玉

监事：林军、王俊杰、程伟、彭刚平、龚荣祥、刘明杰、白延辉

总经理：王栋

副总经理：王成瑞、单宏胜、叶小平

年度业绩

2008年是华电大厦建设的关键年。在工程建

设面临时间紧、任务重、场地狭小等诸多不利因素的情况下，置业公司把如期完成项目建设的总体目标作为第一要务，通过合理倒排工期、精心组织攻坚会战、建立务实高效的协调机制等有效措施，全力推进工程建设。

在华电集团和各股东单位的支持下，经过多方努力，中国华电大厦项目建设取得阶段性成果，按计划实现了工程进度、质量、安全、造价等目标。项目自2007年11月开始全面进行内部精装修，2008年底，西翼顺利完成主要项目施工，转入扫尾、整改和复检，计划于2009年3初西翼办公区入住。东翼酒店式公寓精装修完成60%工程量，预计2009年8月初开业。

通过与戴德梁行的合作，大厦西翼物业管理团队组建完毕并开展工作，东翼商业区域已与承租单位签订承租合同，装修工作已展开。

经营管理

大厦建设过程中，十分重视质量监管工作，在争创“鲁班奖”这一目标统领下，在设计、施工、监理等各个环节贯彻创优标准，使得整体工程质量保持在较高的水平。在材料价格上涨较大和工程变动较大的情况下，通过严格招标管理和内部审核程序，将造价总体水平控制在合理的范围内。2008年大厦的安全管理工作始终处于受控状态，圆满完成奥运、两会、重要节日期间施工现场的安保维稳任务。

项目发展

中国华电大厦位于北京市西城区西单东南工程C区，西靠宣武门内大街，北邻北京首都时代广场，东邻文物保护单位——四川饭店，与国家大剧院相望，南为美爵酒店及天安国汇大厦。中国华电大厦用地14883m^2，总建筑面积为171147.96m^2（以最终测绘为准），檐口高60m，是集办公、酒店式公寓、商业为一体的综合性建筑。

中国华电大厦分东、西两部分，通过一条内部通道分割。西翼为华电集团和各专业公司的办公区域，为独立的写字楼，总建筑面积103173.89m^2，其中地上15层，建筑面积73885.75m^2；地下4层，建筑面积29288.14m^2。西区的第1层至第3层，为入口大厅、出租金融营业用房及部分办公用房；第4层为中庭绿化广场及办公、休息区。标准层分为南北两个楼，南楼第4层至第15层及北楼第14、15层，作为集团公司本部机构办公使用，北楼第4层至第13层，为各专业公司办公使用。地下一层夹层为自行车库，地下一层为职工餐厅、厨房及机电设备、管理用房，地下二、三层为车库，地下四层为人防（平时作为车库使用）。北楼第5层至第14层，在平面的西北角，每两层设计一个两层高的生态舱。北楼第14层设置了台球室、乒乓球室、健身区及羽毛球场等健身功能区。

中国华电大厦东翼为高档酒店式公寓，总建筑面积为68010.94m^2，地下一至地上三层为酒店式公寓的商业配套，四至十六层为酒店式公寓。

党的建设、精神文明建设、企业文化建设

2006年成立了置业公司党支部。党支部克服了党员人数少，成立时间短的困难，从建章立制入手，全面完善组织体系。在企业文化建设工作中，大力宣传华电精神和企业文化，增强员工的认同感和共同发展的信心。

置业公司本着以人为本的原则，关心员工成长，通过工程实践提高员工专业技术水平、协调能力和实践经验，一批敢打硬仗、攻坚破难的干部和技术骨干在实践中脱颖而出，成为公司发展的支撑力量。

置业公司将廉政建设作为企业制度建设和文化建设的重要部分，以增强全体员工的防腐拒变能力，通过加强教育，强化监督，完善监督机制，确保了公司的政治安全和经济安全。

中国华电集团高级培训中心
（中共中国华电集团公司党校）

概况

中国华电集团高级培训中心（简称高培中心）成立于2005年10月28日，位于北京市密云县溪翁庄镇，紧邻密云水库，是中国华电集团公司出资组建的国有独资全民所有制企业。中共中国华电集团公司党校（简称华电党校）于2007年4月11日挂牌成立。华电党校与高培中心一套机构，两块牌子，合署办公。

华电党校、高培中心的使命是“育才”，发展的总体目标是：致力于将党校、中心建设成为贯彻实施华电集团“人才强企”战略的基地，培养企业领导人员、后备干部、党群工作者和各类高级专业技术（管理）人才的摇篮；建成华电集团领导宣讲管理思想、经营理念、发展战略、企业文化的阵地；建成华电集团领导与系统内中高级管理干部思想交流的平台；建成集团公司的“智库”；建成“一个中心（以培训为中心）、四位一体（集管理培训、外语培训、网刊文化、酒店服务为一体）”，功能完备，服务规范，管理一流，品味高雅，品牌知名的一流企业集团的高级培训中心。

华电党校、高培中心2006～2010年的发展战略是：“一年打基础、两年上台阶、五年创品牌”。即：2006年，通过建章立制、规范管理等为企业的创新发展奠定基础；2007年，通过巩固成果、提升管理使企业发展迈上新台阶；2008～2010年，深入开展“创品牌”工作，将党校、中心初步建设成为享有盛誉的中央企业培训基地。

2008年底，华电党校、高培中心共设有综合管理部、财务计划部、教学研究部、教务管理部、行政后勤部等五个部门，拥有员工210人。

领导人员

1. 中共中国华电集团公司党校

校长：李庆奎

常务副校长：辛保安

副校长：李玉海

2. 中国华电集团高级培训中心

党委书记、主任：李玉海

党委委员、常务副主任：姜学寿

党委委员、副主任：周承玉

年度业绩

经营业绩方面，2008年，高培中心（华电党校）共举办（承办）集团公司培训班20个（1300多人次）、会议22个，接待系统外培训班2个（96人）、会议团队共计271个，完成客房出租25000多间，接待住宿客人37000多人次，全面完成了2008年度绩效考核目标。

安全业绩方面，确保了“四个安全”。成立以来未发生重大责任事故、火灾火警事故、人身轻重伤事故、设备责任事故、交通事故、食品卫生责任事故。未发生违法违纪事件，未发生重大经济损失问题。按集团公司党组的各项决策部署，加强治安保卫，确保了企业安全稳定。加大公关宣传力度，加强与地方有关部门的沟通联系，树立了良好的企业形象。2008年，被集团公司授予2008年度“先进企业”和“文明单位”的荣誉称号，被评为北京市“节水先进单位”、密云县“交通安全管理先进单位”。

发展业绩方面，积极开展二期扩建工程的前期工作并取得了重要阶段性成果，大力开拓外语培训市场，与华北电力大学MBA教育中心签订MBA联合培养协议，开始准备在华电集团内部培养电力MBA人才。倾力探索文化产业发展，形成了“干部培训、外语培训、网刊文化、酒店服务”的四大业务。

经营管理

将完善制度作为提升管理的基础性工作来抓。2008年，对20多项现有制度进行了修订和完善，建立健全新制度近80项，为企业实现“用制度管人、管事”奠定了坚实基础。进一步完善了以岗位竞争、计划管理、绩效考核、薪酬分配为重点的激励约束机制，切实调动了部门和员工的积极性。实行员工绩效考核和全员竞聘上岗，全年共有4个岗位、7人通过竞争上岗走上了高一级岗位。积极推进薪酬制度改革，打破员工身份界限，按贡献定报酬、以业绩论成败。发挥计划和预算管理的刚性，完善月度经济责任制考核细则，经营管理工作更加科学规范。坚持周、月和季度工作会议制度，强化督察督办管理，转变了工作作风，提高了工作效率和执行力。

内强素质、外拓市场，不断提升经营业绩。一方面，努力提高服务质量，留住“回头客”；另一方面，积极开展形象宣传，提高企业知名度，不断加大外部市场营销力度，切实增加了收入。2008年，严格各项财务管理制度，合理控制各项成本，经营管理水平不断提升，实现营业收入比2007年增加387万元，增长22%；客房出租率达48.84%（受奥运影响），比2007年增加6个百分点。

认真落实国家和华电集团各项节能减排政策，加强节能宣传，修订了《员工节能手册》；大力加强“绿色饭店”建设，降低了经营成本。

围绕中心、积极探索、突出特色，科学办学、注重创新，教育培训工作取得新成绩。共成功举办党的十七大精神轮训班4期（312人）；企业领导人员培训班8期（415人）；党校中青年后备干部培训班3期（161人）；举办专业技术人员培训班4期。教育培训工作的针对性和实效性不断提高，全年教育培训满意率均在90%以上。出版发行了党校第二本教材《战略》，汇编了第一册学员优秀论文集。积极开拓外部培训市场，成功为水利水电建设集团开展了两期为期一个月的局级干部培训班；成立外语培训部，努力开拓外语培训市场，为教育培训工作的发展做出了有益的探索。

注重培训，狠抓“5C”品质管理，创酒店服务品牌工作不断进步。将学校管理与酒店管理适当分开，成立酒店管理部，进一步强化了“5C”品质管理的监督和酒店工作的统筹协调。加强培训，员工的服务意识和质量稳步提高。全年共收到顾客的表扬信20多件，华电高培的企业知名度和美誉度稳步提高。

党的建设、精神文明建设、企业文化建设

扎实开展各项基础性工作，党建、精神文明建设富有成效。认真学习贯彻党的十七届三中全会及改革开放30周年庆祝大会精神，深入开展了“创建学习型党支部”活动；积极构建惩治预防腐败体系，加强监督监察，党风廉政和反腐败工作深入开展；扎实开展好工会工作，认真执行以职代会为主要形式的企业民主管理体制；强化了主任“接待日”制度，广泛听取各方面的意见建议，员工的主人翁意识不断增强；共青团组织围绕中心工作积极定期开展各项有意义的活动，成为推动中心工作上台阶的重要力量。

稳步推进队伍品牌建设。继续抓好“四好”领导班子建设，严格党委会、主任办公会议事规则，做到了民主集中、集体决策、科学决策。注重制度管理与文化约束相结合的管理机制的建立，刚柔相济、奖惩结合，致力于通过高效的管理锤炼一支作风过硬、令行禁止、纪律严明、技术精湛、团结协作、能打硬仗的员工队伍；狠抓干部队伍建设，坚持企业与员工同发展，努力为想干事、干成事、能干事的员工创造成长和发展的平台，提高培训的针对性，创新开展了内部培训师选拔和培养工作，为中心可持续发展奠定了坚实的基础。

认真办好《电力管理探索》杂志，倾力打造华电远程教育网站，积极探索文化产业发展。全年编发杂志4期，《电力管理探索》已经成为华电党校、高培中心的一张“名片”。积极拓展咨询业务，为骏马诚信机械有限公司开展了企业文化建设咨询工作。致力于网刊文化的结合、文化产业的发展，积极建设“中国华电远程教育网”，目前已建成并开展试运行工作。积极宣贯《华电宪章》和“育才”文化，与集团公司政工部联合举办了2008年集团公司企业文化建设高峰论坛，取得了良好的效果。

华信保险经纪（公估）有限公司

概况

华信保险经纪有限公司（简称经纪公司）、北京华信保险公估有限公司（简称公估公司）成立于2003年9月23日，注册资本金分别为5000万元和200万元人民币，是中国华电集团实施金融运作战略的重要组成部分。经纪公司与公估公司实行“一套班子、两块牌子、合署办公”，两公司现有在职人员30余人。2008年7月23日，华信保险经纪有限公司云南分公司在云南省昆明市成立（简称云南分公司），云南分公司的成立推进了经纪公司的延伸服务，为经纪公司更好的服务集团，推进集团产业发展奠定了坚实的基础。

经纪公司的主要职责包括：在风险分析的基础上，为客户设计切合实际需要的保险方案；在保证财产保值与风险转移基础上，通过向保险公司询价或邀请招标的方式，为客户争取相对较优的承保条件；为客户完成投保手续；阶段性地风险评估和完善保险计划；为客户提供详尽的索赔服务；针对客户的不同需求，为客户设计保险产品、保险购买技巧、保险市场分析、风险管理知识等专业培训。截至2008年底，经纪公司资产总额7228万元，内设总经理工作部、财务部、业务部、市场开发部、客户服务中心以及云南分公司。

公估公司主要职责包括：一是保险理赔、检验。涉及险种有财产保险、机器损坏保险、建筑工程保险、安装工程保险、利润损失保险、责任保险等。二是风险管理服务，包括财产及设备运营期风险勘查与评估、工程风险勘查与评估、财产承保前风险勘查与评估、工程项目承保前风险勘查与评估、财产在运营期的定期（年）风险勘查与防灾防损服务、工程项目定期（月/季/年）监控及风险调查服务、职业健康安全服务、职业卫生评价、安全性评价、安全性查评、安全性预评等。截至2008年底，公估公司资产总额314万元，内设总经理工作部、财务部、公估专家部、公估理算部、风险咨询部。

领导人员

1. 经纪公司

董事长：郭怀保

董事：刘光明、杨江山、刘晖、孙向明、孙光、罗涛、曹晓峰、许建良

监事：唐湘晖、刘伟、张成凤、刘长青、李智、唐宜洲、黄坚

总经理：刘晖

副总经理：吕坤宇

2. 公估公司

董事长：郭怀保

董事：刘晖、黄沈阳、谢春旺、李宁

监事：唐湘晖、黄伯武、聂永亚

总经理：颜庆东

年度业绩

经纪公司2008年经手保费1.73亿元，营业总额3419万元，完成预算的100.4%，同比增长21.79%；实现利润总额1939万元，完成预算的108%，同比增长26%；净利润1412万元，完成预算的109%，同比增长39%；经纪公司全年共接到电厂报案83起，已决50万元以上重大赔案45起，争取总赔款9500万元，其中，为7家企业争取通融赔付2400万元。

公估公司2008年实现主营业务收入363万元，完成预算的101%，同比增长35%；实现利润总额69万元，完成预算的115%，同比增长15%；净利润59万元，完成预算的13%，同比增长34%；全年为系统内企业索赔4855万元；受理市场化公估案件18件（已结案16件），实现公估费收入63.05万元。

在冰雪灾害和“5·12”汶川地震中，公司全体员工坚决履行风险管理专家职责；领导班子快速响应，靠前指挥，向受灾企业发出慰问电；客户服务人员临危不惧、奋不顾身、全力应对，前往贵州、湖南、四川等受冰雪灾害严重地区以及四川、陕西等受灾企业，在危难之际发挥了重要的支撑作用，弘扬了“顾全大局、高度负责、拼搏奉献、勇挑重担”的精神。公司以实际行动支援了抗灾工作，为集团公司夺取抗灾保电和抗震救灾重大胜利作出了贡献。

经营管理

1. 外创环境，内强管理，为集团金融产业发展作出贡献

2003～2008年是华信保险经纪（公估）有限公司发展的第一个五年，是夯实基础、创造规模、锻炼队伍的五年。五年的风雨历程，全体干部员工上下同心，经受住了许多重大考验，增强了战胜各种困难、加快事业发展的信心和能力。2008年，由于自然灾害和机器设备损耗导致的损失不断发生，经纪公司和公估公司团结协作，克服重重阻力，建立了满足客户需要、满足集团公司产业布局并适应公司长远发展的服务网络。

2008年是集团公司实施对标管理年，华信保险经纪（公估）公司专门成立领导小组，分阶段落实活动安排，建立对标指标体系，确定了22个对标指标，并加强宣传引导，制订并落实《对标管理年活动实施方案》，促进对标管理不断深化，全面完成2008年初制定的对标指标。

在开发市场化业务上，华信保险经纪（公估）公司以高质量服务，推动规模扩大、效益提升。经纪公司充分发挥人员优势，研究不同企业风险点，为各类企业制定了60余种特别条款，在服务好集团公司内部的同时，注重对外部市场业务的开拓，使公司业务领域向纵深发展，市场开发业务涉及电力、化工、餐饮、服装加工等企业。经纪公司将前期客户拜访及风险查勘、保险安排、后期风险咨询与客户回访、索赔服务四方面有机衔接，实现一条龙服务。

华信保险经纪（公估）公司提升公司发展质量，走精细化发展道路。公司将各项工作切实落实到四个平台，即管理平台、业务平台、技术平台、服务平台。每月召开联席会议，讨论近期安排的保险业务，传达索赔事故情况，发现问题并提出解决方案，在每一起索赔事故中总结经验，完善业务方案和风险管理手段，完善业务流程，明确客户经理责任，增加廉洁自律考核与客户满意度考核。完善业务文本质量，通过比较同行业优秀企业的业务文本，完善保险建议书、保险报

价分析、业务报告等，体现科学性与实践性、规范性与实用性的有机结合。开通中国电信“企信通”业务，通过短信方式为客户送去日常问候以及重大灾害性天气预警，提醒企业预防雷电、暴雨、泥石流等自然灾害，发挥防灾减灾的作用，大大增强保障力度。

2. 强化以优质高效的服务促进企业发展

为使企业提前应对灾害天气可能导致的各类事故，华信保险经纪（公估）公司全年给客户发出防灾、防损预警提示和报案服务信息共计1179次，对企业提供保险知识培训5次。在补充医疗保险续保工作中，经纪公司顺利完成集团在京企业2008年补充医疗保险，以及2007年补充医疗保险、基本医疗集中报销，为1000多人次收集整理单据9000多份，为客户争取赔款约45万元。车险服务中心深挖系统内部资源，为集团员工提供VIP服务。2008年经纪公司成功打破河南安阳化工集团公司以往两家经纪公司平分业务的格局，此次华信保险经纪公司作为唯一保险经纪人，全权负责该集团的业务安排工作，经纪费收入同比增长40%。

华信保险经纪（公估）公司在印尼拉法基、阿萨汉项目的保险服务和理赔工作稳步开展，配合中国华电工程（集团）有限公司做好境外项目保险咨询并制作保险方案。优化险种结构，在地震频发地区加入地震扩展条款，通过保险合同进行风险的有效转移，对于设备运行多年的电力企业，增加自燃条款，把电缆老化自燃损失纳入到保险责任范围中。着力促进理赔效率的提高，在保单中特别约定首席承保人的责任和权力，有效避免了赔款拖延。本地化服务网点的建设和运营提升区域影响力和竞争力，云南分公司为梨园水电站、鲁地拉水电站提供培训三次，量身定做《索赔手册》，提供工程保险安排策略并协助起草保险管理办法，为当地企业参保交通意外险和团体意外险开展市场调研和险种分析；秦皇岛港口办事处对煤炭运输项目展开全方位服务，仅1名常驻工作人员全年创造经纪费收入80多万。充分研究国家关于补充医疗保险的相关政策，设计医疗基金保险业务并在集团公司本部和在京企业内拓展，解决了基本医疗保险报销比例偏低、自费药无法报销的问题，多层次员工医疗保险体系得到建立。

党的建设、精神文明建设、企业文化建设

华信保险经纪（公估）公司坚持全面贯彻“三个代表”重要思想，认真落实党的十七大会议精神，夯实基础，创新管理，全面加强员工的思想道德建设，提高职工队伍整体素质，坚持以生产经营为中心，加强党支部建设。在地震灾害中，党支部充分发挥了政治核心和战斗堡垒作用以及党员的先锋模范作用，公司上下累计向灾区捐款4万余元，14名党员交纳“特殊党费”5000多元，5名团员捐款1000多元，2008年公司被集团公司授予“先进集体”荣誉称号。加强党支部建设，抓好党支部会议制度、党员学习、民主生活会。党支部力量进一步壮大，发展新党员2名，积极分子10人，员工队伍思想素质得到提升。加强反腐倡廉建设，贯彻落实国有企业领导人员廉洁自律七项要求，制定惩防体系五年规划实施办法、任务分解表，完成三项效能监察立项内容。采用知识竞赛和集体学习形式，组织员工深入理解、全面领会《华电宪章》。公司领导班子高度重视精神文明建设，坚持把精神文明创建工作作为提高员工素质、增强企业凝聚力、树立企业形象的重要抓手，不断强化精神文明建设长效机制建设。

华鑫国际信托有限公司

概况

华鑫国际信托有限公司（简称华鑫信托）是1984年6月经中国人民银行批准成立的非银行金融机构，在业务上接受中国银行业监督管理委员会的监督和管理。华鑫信托注册资金3.2亿元人民币，前身为佛山国际信托有限公司（简称佛山国投）。2004年，中国华电集团公司主导对佛山国投进行重组及重新登记，经引入战略投资者，重组方案于2008年10月31日获得中国银行业监督管理委员会正式批准，华鑫信托进入开业准备阶段。

经集团公司正式批准，华鑫信托按照效率、效益及内部控制和风险管理有效性为原则对组织架构进行设置。按照华鑫信托的业务发展规划，共设置综合部、计划财务部、风险管理部、信托业务一部、信托业务二部和投资管理部等6个部门。截至2008年底，华鑫信托已到位人员26名，高级管理人员5名，员工共21名，其中硕士研究生以上学历12名，占57.14%；本科以上学历6名，占28.57%；大专学历3名，占14.29%。

领导人员

董事长：王怀书

总经理、党组成员：郝彬

党组书记：王俊生

党组成员、副总经理：秦嶺

财务总监：杨丹青

经营管理

在集团公司的指导下，华鑫信托按照监管要求，积极推进各项开业准备工作。在发展战略方面，在对同业进行深入调研的基础上并结合公司自身条件，拟定了与市场环境相适应的战略目标和业务规划；在法人治理方面，建立并完善了公司法人治理机制和内部控制体系；在制度建设方面，拟定了各项日常管理、业务操作、风险管理、财务管理、信息化管理制度，形成了较为完备的制度架构；在团队建设方面，按照市场化、专业化的要求储备了一批高素质、业务经验丰富的人才，为华鑫信托开业后迅速开展业务奠定了基础；在信息化建设方面，华鑫信托积极建设办公自动化、财务管理及业务管理系统。

党的建设、精神文明建设、企业文化建设

在重新登记、开业准备的过程中，华鑫信托党组始终坚持党建和政治工作理念，着力在"融入中心、服务大局、进入管理、发挥作用"上下工夫，着力推进党建工作、精神文明建设和企业文化建设工作。一是坚持"以人为本"，充分发挥国有企业党建和政治工作优势，充分发挥党组织和党员的"四个"作用，建好班子，带好队伍，统一思想，凝聚力量。二是注重加强活动载体建设，开展学习创新型团队和党员、员工素质"登高"活动。三是进一步落实党风廉政建设责任制，深化惩防体系建设和廉洁文化建设，确保干部员工廉洁从业。四是大力加强企业文化建设，根据金融企业和公司新组建的特点，全面提炼和形成公司全体员工所认可的价值思维理念体系和企业文化手册，打造执行文化、营造和谐文化、建设风控文化、塑造形象文化。发挥好企业文化引领、凝聚、激励等作用，以文化力提升领导力、执行力和凝聚力，积极培育和谐融洽、充满友爱、团结协作、蓬勃向上的公司精神，为华鑫信托核心竞争力的全面提升、稳健运营和又好又快发展提供原动力。

华电（北京）热电有限公司

概况

华电（北京）热电有限公司（简称北京热电公司）系中国华电集团公司直属发电企业，前身为北京第二热电厂。北京第二热电厂原直属中国华北电力集团公司，2002年12月电力体制改革后，划归中国华电集团公司。2004年12月改制为华电（北京）热电有限公司。北京热电公司主要担负着长安街、前门大街沿线的中央、北京市重要部门和50万居民的冬季供暖任务，总供热面积1200万m^2。北京热电公司共两个厂区：一是位于宣武区西二环天宁寺旁的老厂区。筹建于1972年，1976年破土动工，1977年第一台机组投产，1980年全部建成，装有4台5万kW发电供热机组，6台220t/h燃油蒸汽锅炉，1988年北京热电公司又建设了3台116MW燃油尖峰热水锅炉，总装机容量20万kW，最大供热能力2600GJ/h。二是地处丰台区西四环中路郑常庄的新厂区。在建两台254MW燃气—蒸汽联合循环热电联产机组，3台供热能力为418.68GJ/h的燃气热水炉，机组投产后最大供热能力将达到2260GJ/h，年发电量约19亿kW·h。

截至2008年底，北京热电公司共设8个职能部门，分别为总经理工作部、政治工作部、财务资产部、人力资源部、计划发展与市场营销部、生产技术部、安全监察保卫部、改建工程处；3个生产部门，分别为运行部、维护部、输油管理站；7个专业公司，分别为北京市天华实业公司、北京市天华发电供热设备安装公司、北京二热热电设备运行技术有限公司、北京大正电力技术咨询服务公司、北京市天宁物资供应公司、北京市天华物业管理有限公司、北京市燕丰电力工程公司。北京热电公司共有职工1317人，其中在职743人，离退休574人。在职员工中中专及以上学历的职工占员工总数的57%，其中研究生学历4人，本科学历89人。

领导人员

总经理：李德明

党委书记：黄国义

党委副书记、纪委书记、工会主席：李树海

副总经理：王运泽、李广华、胡伟

总工程师：李京生

年度业绩

2008年，北京热电公司完成供热量112.84万GJ，其中机组部分95.03万GJ，热水炉部分17.81万GJ；完成发电量16.98亿kW·h；综合供电煤耗245.05g/(kW·h)，供热煤耗38.43kg/GJ，综合厂用电率6.48%。应收电热费余额19476万元，流动资产占用额21315万元，实现利润618.31万元，比上年同期增加盈利563万元，增长1023%。综合产业实现总收入7326万元，其中实现对外收入4210万元；没有发生轻伤及以上人身事故、一般及以上设备、责任事故，实现3个安全生产100天。郑常庄燃气热电工程两套联合循环机组于2008年4月12日和5月14日分别完成96h满负荷试运，6月30日正式转入商业运行。

生产经营管理

2008年在安全生产上始终坚持“安全第一、预防为主、综合治理”的方针，结合生产实际，认真落实各级安全目标责任。开展安全检查12次，查出并整改安全隐患300余项，完成了14项设备检修特项，4项反措项目改造。开展对标管理和精细化管理活动，建立对标管理指标体系和长效管理机制。积极争取政策，加强预算管理，严控各项费用，开展节能降耗和增收节支，实现利润618.31万元。

2008年随郑常庄新厂投运，按照华电集团批复的人员配置计划完成各岗位的人员配置，并顺利安置老厂部分富余人员。

项目发展

2008年2月5日，郑常庄燃气热电工程厂用正式受电成功，进入整套启动调试阶段，经各参建单位协同配合，两台联合循环机组分别于2008年4月12日23时39分和5月14日15时58分通过72+24h满负荷试运行，整套总启动实现了水压试验、燃机点火、汽轮机冲转、发电机并网四个“一次成功”，机组振动、真空严密性等试运指标全部达到优良标准。奥运会期间，机组运行稳定，为北京电网起到了有力的支撑作用，被国家电力监管委员会授予“奥运保电先进单位”称号。2008年10月两套机组性能考核试验完成，机组出力、热耗等经济性能指标均达到设计要求，机组顺利渡过试生产期的运行。

党的建设、精神文明建设、企业文化建设

北京热电公司深入开展“四好”班子创建活动，注重把“四好”班子创建活动与安全生产、燃机工程建设、综合产业发展等重点工作紧密结合起来，坚持围绕企业生产、经营的难点问题加强党的建设，扎实有效地开展党建和思想政治工作，充分发挥政治核心作用。加强干部作风建设，紧紧围绕企业中心和公司战略开展工作，突出抓好中层及以上干部、党员、关键岗位人员三个层面的作风建设和教育。加强党员的教育和管理，充分发挥党员先锋模范作用。强化效能监察和审计工作，加强监督，从源头预防腐败。广泛开展特色活动，激发广大员工昂扬向上的精神风貌，切实增强企业凝聚力。

北京华电水电有限公司

概况

北京华电水电有限公司（简称北京水电公司）系中国华电集团公司的全资子公司，位于北京市密云水库白河主坝西南侧，距京城80公里。经营范围包括水力发电，电力设备运行、安装、检修、调试，电力资源综合利用，环保及高新技术开发。

北京水电公司前身为北京密云水电厂，是北京市密云水库工程的重要组成部分。公司总装机容量为8.2万kW，其中蓄能机组2台，单机容量为1.1万kW，抽水时单机耗用有功功率1.5万kW；常规机组4台，单机容量为1.5万kW。5号、6号机组为退役机组，设计年发电量1.15亿kW·h。

北京水电公司下设总经理工作部、人力资源部、财务资产部、生产运营部、安全监察部、政治工作部、综合产业部等七个职能部门和运行车间、检修车间、华鑫公司3个生产单位。公司在册职工总数105人。其中，中专及以上学历的职工人数占总人数的62.86%，各类专业技术人员占总人数的49.5%。

领导人员

总经理：高晓森

党委书记：高启贵

副总经理：苗珍山

纪委书记、工会主席：段贵民

总工程师：张云峰

年度业绩

2008年，北京水电公司全年发电量367.41万kW·h，比上年减少214.11万kW·h。机组等效可用系数定额完成率110.67%，厂用电量255.65万kW·h。完成集团下达的利润指标的122.5%。

生产经营管理

为巩固安全基础，防患于未然，北京水电公司以强化安全生产责任制的落实为龙头，突出抓好反违章工作，“以零违章确保零事故”。以签订安全生产责任书的形式，层层分解安全生产目标，层层落实责任，做到各级人员安全责任明确，实施目标措施到位。规范生产管理，强化生产运行管理，注重设备检修质量和运行维护水平，严格执行“两票三制”，两票抽查合格率达100%，设备缺陷消除率达95.7%。加强安全教育，加大安全生产培训力度，提高职工安全责任意识，保持了公司安全生产稳定的局面，截至2008年12月31日，连续安全日累计4183天。

规范财务管理，加强预算管理和资金管理，本着“以收定支，量入为出”的原则，严格控制成本支出，认真开展节能降耗，确保重点工作支出和利润指标的完成。

加强营销管理，做好“三电”工作。学习、研究电力市场的相关政策和规则，积极跟踪市场电价动态，搞好市场营销，保证电费按时回收、足额结算。电费回收率达到100%。

开展对标管理，完善对标指标体系，积极营造出“我要对标”的良好氛围。通过对标，逐渐探索出一套简单有效、针对性强、利于操作的工作流程和实施办法，促进了工作效率不断提高，达到持续改善的目的。

深入挖掘企业潜能，增强生存发展能力。注重加强整合人力资源，不断提高职工的业务能力和综合素质；重视节能环保，推进降本增效；加快多经发展，增强企业后劲；规范基础管理工作，巩固管理成果。

注重落实法规制度，规范经营活动，继续开展“依法经营，遵纪守法”主题实践活动。进一步规范关联交易，确保了公司的经济安全。

公司注重加强整合人力资源。在连续几年人员缩减、技能人才不足的情况下，通过强化内部管理，一岗多责，发挥经济杠杆激励作用，调动职工的积极性，增加外创收入。在分配调控上，向重要岗位和贡献大的人员倾斜。充分发挥人力资源的效能，提高工作质量和工作效率。

党的建设、精神文明建设、企业文化建设

加强党风廉政建设，落实党风廉政建设责任制。坚持开好党员领导干部专题民主生活会，坚持开展经常性党纪条规教育和警示教育，继续开展“依法经营，遵纪守法”主题实践活动。

加强“四好”班子创建工作。紧紧围绕公司生产经营实际，以理论建设为根本、能力建设为重点、作风建设为基础、制度建设为保证，确保公司年度各项目标的顺利完成。

坚持围绕公司“安全、稳定、环保、节能”这项中心工作，来找准党建工作的切入点。深入开展“强核心、固堡垒，全面提升基层党组织标准化建设水平”活动，形成党建工作责任落实和压力传递工作机制。开展党员“五带头”等实践活动，使公司党建工作得到了加强，党支部的战斗堡垒作用，党员的先锋模范得到了提高。

高度重视文明单位建设，继续抓好“文明单位”和“文明单位标兵”创建活动，2008年继续保持了中央国家机关“文明单位”、集团公司“文明单位”称号。

强化企业文化建设，丰富企业文化的内涵。结合自身实际，编制了具有公司特点的企业理念。通过对《企业理念》内容进行宣贯，引导职工把企业理念贯穿到各项日常工作中去，逐步推进由制度管人向文化和制度互补并进管理模式的转变，营造良好的企业文化氛围。

为落实人才强企战略，提升企业竞争力，公司继续推进“创建学习型企业，争做知识型职工”活动，进一步加大对在岗人员的培训力度，全员培训率达到85%。

牢固树立大局意识、全局意识、爱国意识，把搞好企业、依法经营、带好队伍作为主要的社会责任来抓。2008年初的南方雪灾和“5·12”汶川地震，公司积极组织职工为灾区奉献爱心，职工共捐出善款57400元。秋季的北京奥运，举世瞩目，作为在京单位，从年初开始，到残奥会结束，严格按集团公司和各级地方政府的各项工作要求，定方案、抓落实，加强人员管理、设备管理，严格值班制度，全体职工齐心协力，以高度的政治责任感和使命感，认真做好本职工作，为做好奥运保电工作，实现“平安奥运”的目标，尽到了企业的社会责任。

中国华电集团公司天津分公司

概况

中国华电集团公司天津分公司（简称华电天津分公司）成立于2008年2月26日，是中国华电集团公司在天津市的派出机构，按照华电集团的授权与委托，负责华电集团在天津市的发展规划、项目前期、市场营销和协调服务等工作。

截至2008年底，华电天津分公司所属企业共有2家，分别是天津军粮城发电有限公司（简称军电公司）和天津华电南疆热电项目公司筹建处（简称南疆筹建处）。其中军电公司（华电集团股比51%）装机容量90万kW，在建工程为五期“上大压小”扩建2×35万kW热电联产工程，计划2010年上半年实现双投；南疆热电项目一期筹建容量为2×30万kW级供热机组，该项目于2009年4月20日取得国家能源局批复“路条”。

截至2008年底，华电天津分公司本部共有员工8人，设有综合管理部和计划发展部两个部门。

领导人员

党组书记、总经理：宋敬尚

党组成员、副总经理、纪检组组长、工委主任：许明

区域年度工作业绩

2008年，军电公司全年累计完成发电量53.38亿kW·h，完成年度计划的100.72%；综合供电煤耗完成361.87g/(kW·h)，低于年度目标1.94g/(kW·h)；综合厂用电率完成7.3%；SO_2减排绩效完成4.79g/(kW·h)；受煤价大幅上涨等因素影响，全年亏损3718万元。

区域生产经营管理

安全生产保持良好局面。加强区域安全生产监督管理，层层落实安全责任制，建立健全安全管理网络体系，认真组织安全隐患排查工作，指导开展“隐患治理年”活动及各项专项治理，夯实安全生产基础，全面完成了区域年度安全目标。截至2008年底，区域企业安全生产形势稳定，实现了零事故，其中军电公司被华电集团评为2008年度“安全生产先进单位”，被国家电力监管委员会授予“奥运保电先进单位”。

经营管理水平有效提升。华电天津分公司积极应对机组利用小时不断下降、燃料成本大幅上升等严峻的经营形势，指导区域企业深入开展“对标管理年”活动，切实抓好“三电”工作，积极内部挖潜，降本增效，并加大与地方政府有关部门、电网公司、煤矿、银行的沟通协调，努力争取政策支持，最大幅度地降低了由于煤价上涨带来的政策性亏损。军电公司上网电价上调1.32分/(kW·h)，并争取到共计4.04亿kW·h的替代电量和调增电量，三项费用比预算降低了20.2%。

区域项目发展

华电天津分公司成立以来，坚持科学发展观，抓住天津滨海新区加快开发开放的有利机遇，树立规模价值思维和产业集群理念，围绕分公司发展目标和“两个坚持，两个积极”发展思路，即坚持以发展热电联产机组为基础，坚持以发展沿海循环经济电厂项目为重点，积极探索打通蒙煤入津的北煤运输通道，积极打造具有规模集聚、资源集约、优势集中、效益集显潜质的大型能源综合项目和产业集群项目，全面推进项目进度，促进华电事业在天津的发展。

军电公司五期热电联产工程于2008年6月6日取得国家发展和改革委核准，6月30日工程正式开工建设，截至2008年底实现安全文明施工185天；同时积极启动六期扩建2台60万kW级供热机组前期工作，初步完成了初步可行性研究报告，并通过与政府及有关部门的有效沟通，使六期工程纳入天津市热电联产规划。

南疆热电项目于2008年6月3日经天津市政府2008年度第七次市长办公会研究通过，华电国际获得项目开发权，并位居天津市2008年度项目上报评优第一位资格；2008年6月24日，天津市发展改革委下发文件同意开展前期工作；2008年12月5日，天津市发展改革委将该项目上报国家发展改革委申请“路条”。

党的建设、精神文明建设、企业文化建设

扎实推进党组织建设。在集团公司领导下，通过与中共天津市委办公厅、市委组织部、市委国资委党委有效沟通协调，及时取得地方党委批复，成立了天津分公司党组、纪检组和工会工作委员会。

充分发挥华电天津分公司党组的指导监督作

用，进一步强化党的先进性长效机制建设，加强政治工作，加强党建、企业文化建设和精神文明建设，服务改革发展稳定大局。深入学习贯彻党的十七大精神，大力加强党员和干部队伍的思想政治建设，素质能力建设和作风形象建设，深入开展“四好”班子创建活动。

扎实推进惩治和预防腐败体系建设，认真开展贯彻落实国有企业领导人员廉洁自律七项要求活动，并不断巩固贯彻国有企业领导人员廉洁自律七项要求活动的成果，通过健全制度、规范程序，从机制上保障领导人员廉洁从业，促进华电天津分公司健康发展。

大力宣贯《华电宪章》，指导推进企业文化建设。军电“光热”企业文化荣获全国电力企业文化成果特等奖和全国企业文化优秀成果奖。积极向四川地震灾区缴纳捐款和“特殊党费”，全面履行了企业的政治责任和社会责任。

天津军粮城发电有限公司

概况

天津军粮城发电有限公司（简称军电公司）始建于1960年，由国家投资兴建4台5万kW机组，1971年5月全部建成投产，从1986年开始先后进行三四期扩建，共建4台20MW机组，1993年全部投产，使军电公司总装机容量达百万千瓦。随着国家逐渐关停小机组政策的出台，军电公司1号、2号机组已退役，现在役装机容量为90MW。2002年“厂网分开”改革实施后，军电公司属“647”待出售电厂，历经天津电力公司、国网新源控股有限公司管理。2005年12月8日军电公司改制，天津军粮城发电有限公司、天津军电热电有限公司同时成立。2007年12月23日，军电公司安全生产责任及管理权划归中国华电集团公司。天津军粮城发电有限公司全面负责天津军电热电有限公司五期“上大压小”扩建2×35万kW供热机组工程建设项目，投资人为中国华电集团公司和天津市津能投资公司。军电公司坚持以人为本，科学发展，以电为主，上下延伸，求实求效，和谐共进的发展策略，致力于电热综合发展，“十一五”末，装机容量150万kW。规划“十二五”装机容量280万kW。

2008年，军电公司在册全民职工2350人，分别在运行、检修、基建、多经、管理五体系中，现设立10个部门，分别为总经理工作部、经营策划部、人力资源部、财务资产部、生产技术部、安全监察部、审计部、纪检监察部、政治工作部、行政事务部。

领导人员

总经理：周长辉

党委书记：时金柱

副总经理：张其显、李春发、石瑞兴

党委副书记、纪委书记：刘宝良

工会主席：李延风

总工程师：陈云山

总经济师：吕铁路

主要领导人员变动情况：2008年2月26日，周长辉任公司总经理，原总经理宋敬尚调任华电天津分公司总经理。

年度业绩

2008年，军电公司完成发电量53.38亿kW·h，完成年度计划的100.72%；综合供电煤耗361.87g/(kW·h)，低于年度目标1.94g/(kW·h)；综合厂用电率7.3%；SO_2减排绩效4.79g/(kW·h)；实现销售收入146666万元，完成年度预算的107.06%；受煤价大幅上涨等因素影响，全年利润总额－3718万元，同比减少5518万元。截至2008年12月31日累计安全生产2101天。

生产经营管理

近年来，军电公司深入落实科学发展观，始终坚持严格管理和精细管理，坚持安全生产是最大的政治，不断加大对企业各管理环节的执行力、贯彻力和控制力，在安全生产、经营管理等方面作出了积极努力。军电公司开展“隐患治理年”和“无违章创建”活动，强化专项动态检查，修订管理制度，加强分级控制、应急管理，以及岗位技能培训。开展奥运保电短距离竞赛，进行反事故演习，实行三级保卫，确保设备健康运行。强化运行管理，提高实际操作技能和突发事故处理能力。严格检修管理，完善规程制度，严格执行三级验收制度、质量监督点检制度，8号机组A修一次水压、一次冲转、一次并网成功，实现零次非计停目标。圆满完成了奥运保电、迎峰度夏工作。集团公司授予军电公司“安全生产先进单位”称号。

军电公司深入开展“对标管理年”活动，重点细化分解大指标，开展小指标竞赛，不断优化机组运营模式，有效提升经济效益。积极争取上调电价和替代电量。改进财务分析和核算模式，实行材料跟踪制，有效控制审批，防范资金风险，提高公司资金管理水平。控制燃料成本，多争取计划煤量，坚持驻矿方式，制定电煤应急方案，推迟工资发放优先支付煤款，及时扭转被动局面，保证了电煤库存。深挖设备潜力，完成了8号机组供热改造，7号、8号机组脱硫改造提前半年双机双投，公司获天津市“节能减排示范基地”、“节水型企业”、“电力市场运营工作先进单位”称号。

项目发展

军电公司五期热电联产工程项目于2008年6月6日取得国家发展和改革委员会核准，已于2008年6月30日开工建设，截至2008年底安全文明施工185天；军电公司六期建设2×660万kW级热电联产机组工程前期工作正在积极推进，并已纳入天津市热电联产规划。

内部改革

2008年9月军电公司在北京召开了第三次股东会，签署了军电公司相关股权转让的协议。2008年11月21日，在天津召开了天津军粮城发电有限公司第四次股东会和二届一次董事会。会议选举产生了新一届董事会、监事会，完成了公司法人治理，现天津军粮城发电有限公司由中国华电集团公司持有51%股份，天津市津能投资公司持有49%股份。为满足企业发展需求，2008年军电公司岗位变动361人次，进行干部任免74人次。针对脱硫改造，精选老厂运行人员培训后补充到新的岗位。提前开展岗前培训，为五期35万kW机组投产运行储备人才，着力推进“2411人才工程”。根据工作需要撤销了电力安装队，职能划归锅炉、汽机和除尘车间。

党的建设、精神文明建设、企业文化建设

军电公司在党的建设、精神文明建设中，认真学习贯彻党的十七大和十七届三中全会精神，紧紧围绕安全、效益、发展的中心，以全面提升“三大业绩”为目标，以党的先进性建设为主线，创建“四好”领导班子和高素质的干部员工队伍，扎实推进和谐军电建设，荣获“天津市电力公司先进党委”称号。汶川地震后，军电公司先后三次捐款121.8万元，交纳“特殊党费”37万多元，被天津市红十字会授予“博爱奖杯”。军电公司坚持深化“党支部书记文明生产第一责任人”、“党支部责任区、党员模范岗”、党建创新“文明生产治理票制度”，党员“立功立项”38项。深入推进党风廉政建设，贯彻落实国有企业领导人员廉洁自律七项要求。大力宣贯《华电宪章》，开展了纪念建党87周年，推动先进典型“三个一”活动。创建军电“光热”企业文化，开展“以人为本，忠诚企业，奉献社会”主题教育活动，在原有的企业文化成果基础上，推出了第二版《军电企业文化》图册和《军电人的故事》，充分体现“以人为本，文化育人，用文化的力量影响人”，为企业科学发展提供强有力的文化支撑，荣获全国电力企业文化成果特等奖和全国企业文化优秀成果奖。

华电国际电力股份有限公司

概况

华电国际电力股份有限公司（简称华电国际）的前身为山东国际电源开发股份有限公司（简称山国电公司），成立于1994年6月28日。

1999年6月30日，山国电公司在香港联合交易所成功上市，总股本525608.42万股，其中：内资股382505.62万股，占总股本的72.78%；境外上市外资股143102.8万股，占总股本的27.22%。2002年底国家实施电力体制改革，山东电力集团公司持有的山国电公司53.56%的股权划转给华电集团。为适应企业改革与发展需要，2003年11月1日，山国电公司正式更名为华电国际电力股份有限公司。2005年2月3日，华电国际A股作为国内询价发行第一股，在上海证券交易所正式挂牌上市。发行A股后，华电国际的股东主要有：华电集团，占50.01%的股份；山东省国际信托投资有限公司，占15%的股份；香港H股股东，占23.77%的股份；A股股东，占9.45%的股份。

华电国际为中国最大型的上市发电公司之一，主要业务为建设、经营发电厂和其他与发电相关的产业。截至2008年底，华电国际所属及关联企业共有33家，其中：分公司5家，分别是华电国际安徽分公司、华电国际宁夏分公司、华电国际河北分公司、华电国际河南分公司、华电国际天津分公司；专业公司3家，分别是华电国际山东物资有限公司、华电国际山东项目管理有限公司、华电国际山东信息管理有限公司；华电国际所属及关联发电企业25家。华电国际所属及关联发电企业如表1所示。

表1 华电国际所属及关联发电企业

序号	企业名称	装机容量（万kW）
1	华电国际邹县发电厂	254
2	华电邹县发电有限公司	200
3	华电国际莱城发电厂	120
4	华电国际十里泉发电厂	77
5	华电潍坊发电有限公司	200
6	华电青岛发电有限公司	120
7	华电滕州新源热电有限公司	93
8	华电章丘发电有限公司	89
9	华电淄博热电有限公司	43.3
10	华电莱州风电有限公司	4.05
11	华电宁夏灵武发电有限公司	120
12	华电宁夏宁东风电有限公司	4.5
13	四川广安发电有限责任公司	240
14	四川华电泸定水电有限公司	4×23（在建）
15	四川华电杂谷脑水电开发有限责任公司	22.8
16	华电宿州发电有限公司	120
17	华电芜湖发电有限公司	132
18	安徽池州九华发电有限公司	60
19	华电宿州生物质能发电有限公司	2.5
20	华电新乡发电有限公司	132
21	河北华电石家庄热电有限公司	50
22	河北华电混合蓄能水电有限公司	5.7
23	杭州华电半山发电有限公司	143.5
24	宁夏中宁发电有限责任公司	66
25	宁夏发电集团有限责任公司	153.27

截至2008年底，华电国际本部组织机构共设置“十一处一室一部”，分别是办公室、战略管理处、计划发展处、人力资源处、财务处、生产处、市场营销处、工程处、证券市场处、政治工作处、监审处、安监处、燃料部。

领导人员

董事长：云公民

副董事长：陈飞虎、孟凡利

董事：陈建华、王映黎、陈斌、钟统林、褚玉

独立董事：赵景华、丁慧平、王传顺、胡元木

监事会主席：李晓鹏

监事：彭兴宇、郑飞雪

总经理：陈建华

党委书记、副总经理：钟统林

党委副书记、纪委书记：张树政

财务总监：祝方新

副总经理：王文琦、白桦、王辉、彭国泉

总工程师：谢云

主要领导人员变动情况：2008年6月30日，华电国际召开2007年度股东大会，董事曹培玺变更为云公民，随后召开的五届一次董事会选举云公民为公司董事长。

年度工作业绩

2008年，完成发电量1006.77亿kW·h，同比增长27.12%；综合供电煤耗比上年下降5.9g/(kW·h)。在发电量大幅增长、各项费用严格控制的情况下，由于市场煤价暴涨导致燃料成本增支，完成利润总额-31.63亿元，净利润-30.44亿元；投产发电容量138.55万kW，年末控参股总装机容量达到2536.02万kW。资产总额846亿元，比上年增长15.67%。

生产经营管理

安全生产保持稳定局面。2008年，华电国际严格落实各级安全生产责任制，深入开展隐患治理年、安全性评价、安全管理评估和安全技能培训认证等活动，强化基建安全监督检查，实施火电机组检修全过程安全管理规范化，安全生产基础进一步巩固。面对雨雪冰冻、汶川地震特大自然灾害，精心组织，有效应对，得到地方政府和社会各界的赞誉。深入落实奥运保电方案，强化安全生产百日督查暨奥运保电工作专项检查，确保了奥运会、残奥会期间安全稳定。全年，华电国际系统未发生人身重伤、死亡事故，未发生设备事故和造成严重社会影响的安全生产事件，圆

满实现了全年安全生产任务目标。

强化生产管理。大力推广检修、运行、节能、技术监督管理规范化，组织完成48次机组检修，开展新建单位安全生产管理指导活动，公司安全生产管理水平进一步提升，被评为全国电力可靠性管理先进单位。进一步加强技术分析和设备维护，有效降低“非停”次数。在新建单位做好点检定修的推广工作。切实抓好能耗指标的管理，提高指标考核的刚性，通过管理降耗和技改降耗，进一步优化指标。进一步加强对新机组、大机组的技术管理和设备管理，全面抓好风电、水电、燃机、生物质能发电企业的生产管理，确保机组安全稳定经济运行。加大环保工作力度，加强脱硫设施的运行监督和管理，确保污染物达标排放，二氧化硫平均排放绩效同比降低1.27g/（kW·h）。大力推进科技创新和技术改造，荣获集团公司2008年度科技进步奖一等奖1项、二等奖6项。

经营管理水平实现新提升。面对煤价暴涨、电力市场复杂多变、资金异常紧张等严峻的经营形势，公司超前谋划，积极应对，确立了全员、全过程、全方位的“大经营”理念，并贯穿于前期、基建、生产运营等各个环节，公司系统经营工作规范化、精细化管理水平持续提升，最大限度地减少了亏损。一是经营管理机制实现创新。建立并运转营销、燃料、资金“三大管理网络”，建立实施经营优化调度和监控机制，建立资金预警机制，强化月度经济活动分析。二是电量工作成效显著。充分发挥各级营销网络的协同作用，加强对边际贡献的动态分析，分区域制定实施电量应对策略，通过优化电量结构减少亏损，实现效益最大化。公司全年电量增幅创历史最好水平，增幅27.12%，利用小时同比增加230h。三是争取政策取得较好成果。加强与主管部门的沟通，努力疏导电热价矛盾，电力收入增加12.7亿元，供热收入增加3.95亿元。电热费回收全面超额完成集团公司考核指标。全年争取各项财政补助、减免税款共计2.98亿元。四是燃料管理进一步强化。强化对煤炭市场的研究和分析，加大与政府、铁路部门的协调力度，努力控制重点合同煤价，加强催交催运，确保了重点合同兑现率，有效保障了发电用煤。深入开展燃料全过程管理创优活动，突出加强厂内燃料管理。五是资金运作成果突出。积极拓宽融资渠道，保证资金供应，严控各项支出，融资成本有效降低。获得18.5亿元电费发票和信托理财产品融资额度；滚动发行35亿元短期融资券，全年节约利息4600万元；置换到期美元借款，获得汇兑收益9400万元。六是内控及风险管理有效加强。制定并严格执行内部制度，组织开展基层单位风险和内控体系建设试点工作，并重点加强经济责任、燃料管理和工程管理审计监督。顺利通过国家审计署组织的专项审计检查。七是信息化管理水平进一步提高。全面开展FAM三期决策支持阶段的建设工作。

“对标管理年”活动扎实开展。坚持通过对标管理增强公司竞争力，设立经营管理、安全生产、节能减排、燃料管理、项目前期和基建管理6个专业组，制定实施方案，发布指标体系、标杆体系和指标信息。公司层面加强对经营管理、项目前期、工程造价等要素的对比分析，落实改进措施，确保关键指标持续优化；基层单位采取自我评价和标杆对比相结合的方式，将对标管理活动延伸到部门、班组和岗位，取得较好成效。突出加强主要消耗性指标的对标，综合供电煤耗同比降低5.9g/（kW·h）；加强可控成本对标，单位固定成本同比降低0.00162元/（kW·h）；深入开展项目前期和基建对标，工程造价进一步降低。

项目发展

强化价值思维理念，大力推进结构优化调整，项目发展取得新成果。华电国际2008年计划开发的前期项目均列入所在省、市的电源规划，全面完成集团公司下达的预定目标。稳步推进项目前期工作，灵武二期、漯河热电、北清河、义和塔拉一期、宁东二期风电5个项目共299.45万kW通过核准并开工建设，其中灵武二期工程建设世界首台百万千瓦超超临界燃煤空冷机组，是国家百万千瓦机组空冷技术装备自主国产化示范项目；渠东热电、淄博热电、泸定水电、沽源风电、通辽科左中旗风电已上报项目申请报告待核准；鹿华热电、六安扩建、河北康保风电取得发改委“路条”；莱州一期、十里泉扩建、青岛三期、南疆热电、奉节等项目已上报“路条”申请文件；加大“上大压小”工作力度，提前关停十里泉电厂1号、2号机组和青岛公司7号、8号机组容量共31.5万kW，有力促进了山东区域项目的评优申报；组织召开了风电工作研讨会，确立了风电“产业化”发展理念，形成较为完善的风电开发制度体系，并加大前期开发力度，风资源储备超过500万kW；核电项目前期工作稳步推进；积极拓展煤炭及相关产业，完成部分煤矿项目的收资调研工作，为华电国际加快产业结构调整奠定了基础。

深入开展基建工程“质量提高年”活动，合理控制项目工期，全年投产机组138.55万kW。芜湖一期和宿州生物质能项目均实现“一年双投”；莱州风电按期投产发电。各在建工程安全、质量、工期、造价控制等保持良好态势。裕华热电项目进入整套试运阶段；泸定水电、杂谷脑水电克服地震灾害不利影响，工程建设有序推进。工程质量实现突破，邹县四期、潍坊二期、灵武一期、广安三期被授予“2008年度中国电力优质工程奖”，灵武一期荣获“国家优质工程银质奖”，邹县四期、潍坊二期荣获中国建筑工程最高奖“鲁班奖”。

资本运作积极推进。受让石家庄热电、河北混合抽水蓄能、杭州半山、四川杂古脑水电4家发电企业，共计运营装机222万kW、在建装机96.3万kW。加强煤电战略合作，公司与淮南矿业签署芜湖公司增资扩股协议。加快在河北区域的发展，收购了华瑞能源集团股份有限公司，增加公司权益容量93.45万kW。

改革发展

正确把握国家、集团公司关于深化企业内部收入分配制度改革的方向，稳步推进企业内部分配制度改革，充分发挥薪酬分配的激励和约束作用。坚持以效益效率为导向，不断优化企业工资总额核定机制，在向人员效率高、经济效益好的单位倾斜的同时，认真贯彻落实国家以及集团公司关于构建和谐社会的要求，按照工资分配既要体现企业工资总额与效益挂钩，又要维护职工队伍稳定的原则，针对企业面临的严峻的经营环境，对华电国际所属各单位的人工成本各项指标进行了认真梳理和分析，并结合实际提出相关费用的控制方案，保持职工队伍收入相对稳定。对所属企业在实施工资总额与经济效益挂钩的基础上，积极推进劳动用工和内部分配制度改革，构建“岗位靠竞争、收入凭贡献”的市场机制，努力调动广大职工的积极性和能动性，对促进公司实现又快又好发展发挥了积极作用。

党的建设、精神文明建设、企业文化建设

认真学习贯彻党的十七大精神和十七届三中全会精神，扎实开展“四好”领导班子创建活动、“强核心、固堡垒，全面提升基层党组织标准化建设水平”活动和“对标管理、我为先锋”党员主题实践活动，积极开展深入学习实践科学发展观活动试点工作，有效发挥了党组织和党员的“三个作用”。积极构建惩防体系，深入开展“依法经营、廉洁从业”主题教育、“廉洁文化推广年”和专项效能监察活动，促进了干部员工廉洁从业。大力加强企业文化建设，深入宣贯《华电宪章》，研究探索、丰富完善公司企业文化考评和管理体系，公司《企业文化导入规程》荣获中国电力行业企业文化建设“十佳创新成果奖”。认真落实稳定及精神文明建设责任制，加强宣传思想工作，确保了企业和谐稳定。积极履行社会责任，热心社会慈善和公益事业，累计为地震灾区捐款1677万元，公司荣获2008年度“中华慈善奖”。加强工会、共青团工作，组织承办了中央企业、中国华电集团公司火电机组集控运行值班员大赛，策划开展“增收节支、共谋发展”主题实践活动和工人先锋号、青年文明号、青年创新创效等活动，形成了推动企业改革发展的强大合力。

华电国际电力股份有限公司邹县发电厂

概况

华电国际电力股份有限公司邹县发电厂（简称邹县电厂）位于山东省邹城市，是中国华电集团公司最大的电厂。邹县电厂始建于1983年，同时拥有亚临界、超超临界两个技术等级，30万、60万、100万kW三个容量等级机组，总装机容量454万kW。一、二期工程于1985～1989年相继建成投产；三期工程于1997年全部投入商业运行；四期工程两台100万kW超超临界发电机组，是国内首批百万千瓦级超超临界火电机组引进技术国产化的依托项目和2005年国家重点工程，于2005年4月28日全面开工建设，7号机组于2006年12月4日投产发电，8号机组于2007年7月5日投产发电，装机容量、技术指标均处于国内领先水平。其中，7号机组成为中国发电装机容量突破6亿kW和中国华电集团公司装机容量突破5000万kW

的标志性机组，国务院总理温家宝为机组投产作出了重要批示。

邹县电厂下设18个职能部室，7个运行部门，8个检修队。截至2008年底，在册职工总数为2696人。其中研究生学历23人、大学本科学历354人，占总人数的13.1%；大专文化程度1014人，占总人数的37.6%。现有各类专业技术人员1038人，其中高级职称58人、中级职称368人、初级职称431人；高级技师15人、技师166人。

领导人员

厂长：李怀新

党委书记：曲明鑫

纪委书记：袁洪俊

副厂长：李京修

工会主席：金廷海

副厂长：王开喜

总工程师：徐宝福

年度业绩

2008年，邹县电厂累计完成发电量266.1亿kW·h，比计划多发18.51亿kW·h；完成综合厂用电率5.66%，比计划低0.06个百分点；完成综合供电煤耗317.84g/(kW·h)，比计划值低0.1g/(kW·h)。全年实现利润6038.48万元。

生产经营管理

企业管理。2008年初，邹县电厂提出了“全面建设‘两型’一流发电企业”的战略思路，计划通过两年“三步走”，实现技术装备、技术指标、经济效益、管理机制、人才队伍、企业形象“六个一流”的奋斗目标；加强管理创新，优化管理流程，全面落实对标管理要求，发电量、煤耗、厂用电率等技术经济指标均创历史最高水平。6号机组在全国60万kW等级火电机组能效对标中成为亚临界标杆机组。《着力于提高执行力的计划管理体系》等三项成果获中国电力企业联合会管理创新成果奖。

安全生产。邹县电厂认真落实各级安全生产责任制，实行安全生产风险抵押金、工程安全质量管理评估等制度，完善违章档案管理，以总分第一名的成绩通过山东省安全标准化企业验收；加强安全教育，深入开展安全技能培训认证活动，大力开展无违章创建、安全性评价、安全专项检查治理及百日安全督查活动，本质安全水平持续提升。截至2008年12月31日，实现安全生产2993天，创历史最高水平。2002～2008年，6次被评选为全国“安康杯”竞赛优胜单位，荣获中国华电集团公司“安全生产先进单位”称号。

设备管理。邹县电厂加强生产技术管理，强化运行、检修和诊断人员三道设备状态监测防线的作用，优化检修管理，积极推行状态检修，统筹安排设备维护检修计划，设备健康水平持续提升。7号机组大修作为国内首台百万千瓦机组大修，实现修后连续安全运行168天。在全国火电大机组竞赛中，7号机组荣获特别贡献奖，1号、3号机组分获三等奖。邹县电厂积极推进技术创新，加强科技成果研究和应用，《1000MW超超临界发电机组本地化依托工程及关键技术研究》获中国电力科学技术一等奖，《全中水深度处理技术首次在百万千瓦机组循环水补水中的应用研究》获中国华电集团公司科技进步一等奖。

节能减排。邹县电厂完善节能管理，建立起企业、部门、班组“三级目标分解体系”和年、季、月、周“四层指标控制体系”；全面优化各项技术经济指标，执行机组节能启动措施，累计节省厂用电量900万kW·h、助燃油700t，降低发电成本850万元。三期、四期脱硫系统及污、废水处理系统运行稳定，实现废物达标排放，荣获山东省节能先进单位称号。

经营管理。邹县电厂牢固树立“大经营”理念，高效运作市场营销、燃料、资金“三大管理网络”；优化电量结构，积极争取替代发电13.37亿kW·h，机组利用小时数完成5861h；加大燃料管理监督力度，全年共进煤1204万t；加强资金运作，加强预算全过程管理，优化贷款结构，规范关联交易效能监察，经营风险防范能力不断增强。

项目发展

一期、二期烟气脱硫技改工程全面展开，计划于2009年6月底竣工投产。四期铁路专用线建设全面开工。对6号炉干除渣系统进行了改造。深入开展工程达标创优工作，四期工程被评为中国电力优质工程，荣获中国建设工程质量最高奖——鲁班奖。

内部改革

邹县电厂大力实施人才强企战略，完善选拔、培养、任用、奖惩全过程的人才管理办法，加强绩效考评和岗位动态管理，形成“收入凭贡献，上岗靠竞争”的良性机制，选拔任用优秀年轻干部12人，28人通过竞聘走上新岗位；积极拓展职工个人发展空间，坚持用行政和技术“两条线”激励人，开展优秀专业技术人员和高技能操作能手评选，在热工、继电保护等班组设置专业工程师岗位；认真贯彻公司人力资源优化配置精神，发挥人才培训基地作用，77名职工赴新扩建单位工作。

党的建设、精神文明建设、企业文化建设

邹县电厂扎实开展“四好”领导班子建设，深入政治工作对标，党政工团作用发挥突出；深化惩防体系建设，开展检企共建活动，党风廉政建设不断深入；精心打造“竞和”文化品牌，企业文化软实力进一步提升；积极奉献爱心，为四川灾区捐款285万余元；成功承办集团公司集控运行技能大赛，圆满举办中央企业火电机组集控运行值班员决赛，参赛选手取得5金5银2铜的优异成绩，2人被授予“全国技术能手”称号，1人荣获“中央企业技术能手”称号；荣获山东省依靠职工办企业先进单位、山东省劳动关系和谐企业、全国“三八”红旗集体等称号。

华电潍坊发电有限公司

概况

华电潍坊发电有限公司（简称潍坊公司）系中国华电集团公司所属华电国际电力股份有限公司（简称华电国际）控股企业，位于潍坊市东郊，地处山东电网中心地带，是山东电网重要的电源支撑点。

潍坊公司前身为山东潍坊发电厂（简称潍坊电厂），一期工程2×30万kW机组由原山东国际电源开发股份有限公司、山东省国际信托投资公司、潍坊市投资公司按3∶3∶4的比例投资兴建，工程于1991年5月开工建设，两台机组分别于1993年9月和1994年10月投产发电。经过增容改造，单机容量为33万kW。二期工程2×67万kW机组于2005年5月通过国家发展和改革委员会核准，2005年6月16日全面开工建设，两台机组分别于2006年10月24日和2007年6月9日投产发电，公司总装机容量为200万kW，一期、二期工程均荣获“鲁班奖”。2005年12月16日，潍坊电厂改制为华电潍坊发电有限公司，华电国际、山东省国际信托投资公司、潍坊市投资公司三方现持股比例为45%∶30%∶25%。

潍坊公司下设办公室、计划发展部、纪监审、工会、政工部、团委、财务部、人力资源部、离退休工作部、武保部、安全质量监察部、生产技术部、调度部、基建工程部、运行分场、检修安装公司、汽机队、电气队、锅炉队、控仪队、建安公司、灰水分场、化水分场、燃料分场、燃料公司、物资公司、实业总公司、物业总公司等28个部门、公司。截至2008年底，潍坊公司在册员工1768人，其中研究生及以上学历19人，大学本科321人，大学专科815人；高级职称70人，中级职称254人，初级职称228人。

领导人员

董事长：钟统林

副董事长：王映黎、陈学俭

董事：邢世邦、任明霞、李晓鹏、王胜常、秦文学、周辉

董事会秘书：刘达

监事：贺艳、羿媛、宗海省、李瑾、王勇

总经理：邢世邦

党委书记：王茂全

副总经理：侯德安、马波

纪委书记、工会主席：周辉

总工程师：李天光

年度业绩

2008年，潍坊公司累计完成发电量88.59亿kW·h，供电标准煤耗累计完成325.15g/（kW·h），综合厂用电率累计完成6.62%，因煤价上涨造成全年亏损4.48亿元。

生产经营管理

安全生产。潍坊公司牢固坚持“安全第一、预防为主、综合治理”的方针，落实各级安全生产责任制，按照奥运保电工作的部署要求，全面排查治理隐患，加强应急预案演练，保证了北京2008年奥运会期间的电力供应；深入开展“隐患治理年”、“安全生产百日督查”等活动，扎实推进安全性评价、安全管理评估等基础工作，加大安全管理力度，安全基础进一步巩固，截至2008年12月31日，实现连续安全生产3436天，创建厂以来最高纪录；积极推行机组检修规范化管理，认真落实技术监督措施，先后实施低再、末过改造，电机变频改造等技改项目，高效完成4台机组检修任务，修后机组均实现“四个一次成功”；

加强设备状态监测管理，实施现场巡检与在线监测相结合，提高巡检质量，加大消缺力度，设备健康水平进一步提高，3号、4号机组连续运行分别达到134天和130天，创华电集团同类型机组连续运行最好成绩；加大环保工作力度，积极优化脱硫运行方式，加强脱硫设备治理，脱硫投运率达98%以上。

经营管理。潍坊公司扎实开展“对标管理年”活动，坚持月度例会制度，建立覆盖生产经营全过程的指标体系，制定指标优化措施，加大对标奖惩力度，对供电煤耗、厂用电率等主要指标实施重点攻关，各项指标持续优化；面对煤价大幅上涨、煤炭供应紧张的严峻形势，积极拓宽进煤渠道，加大催交催运力度，并首次启动船运煤，形成了铁路、公路、水路“三线进煤”格局，保证了煤炭供应；突出加强采制化管理和监督，全面实施入厂煤与入炉煤分开进行的“双采双化”监督机制，燃料管理更加精细化、规范化；在银行利率大幅调整、融资难度逐步加大的情况下，加强资金运作，积极拓宽融资渠道，优化长短期贷款比例，在保证资金供应的基础上，有效降低了融资成本；强化成本控制和费用支出，深化经济活动分析制度，加强资金预算管理，有效控制了全年费用；加强审计监督和效能监察，二期工程在华电集团同期工程中以最短时间率先完成了竣工结算审计，竣工决算报告顺利通过了华电国际审核。

二期工程创优。潍坊公司坚持把创建优质工程和争创“鲁班奖”作为提高安全和文明生产水平的有力举措，加强组织领导，明确责任分工，积极协调工程参建方进行二期设备治理；组织人员认真学习创建标准，按照“边检查、边整改、循环检查”的原则，从安全管理、设备指标、文明生产等方面进行自查，制定整改措施，明确目标责任，突出加强对设备“跑、冒、滴、漏”和生产现场的检查治理，现场漏粉漏灰现象得到有效控制，文明生产水平明显提升。二期工程以小组第一名的成绩获得“2008年度中国电力优质工程奖”，荣获中国建设工程质量最高奖——“鲁班奖”。

党的建设、精神文明建设、企业文化建设

潍坊公司作为华电集团首批深入学习实践科学发展观活动试点单位之一，在华电集团深入学习实践科学发展观活动指导小组的指导下，紧紧围绕“对标优化、提升业绩”这一主线，强化学习培训，深入调查研究，广泛征求意见，截至2008年底，圆满完成学习调研和分析检查阶段各项工作，党员干部对科学发展观的理解和认识有了明显提升，实现了活动开展和生产经营工作的双向促进；深入贯彻落实党的十七大和十七届三中全会精神，扎实开展“强核心、固堡垒、全面提升基层党组织标准化建设水平”和“对标管理、我为先锋”等活动，党组织和党员的“四个作用”不断加强。扎实开展“廉洁文化推广年”和“依法经营，廉洁从业”主题教育活动，健全完善责任考评机制，党风廉政建设全面加强；大力开展创建学习型企业活动，举办专题讲座和交流研讨，加强学习督导，“学习工作化、工作学习化”的理念深入人心；加强企业文化建设，举办企业文化知识讲座，开展“爱我潍电”企业故事演讲等活动，公司“三元”文化被评为“全国电力行业企业文化优秀成果”特等奖；认真落实稳定工作责任制，严格思想动态分析例会制度，跟踪解决员工关心的热点、难点问题，保证了队伍稳定；积极组织向南方冰冻灾害和四川省汶川地震捐款，党员、团员踊跃缴纳“特殊党费、团费”，全体员工累计捐款125.5万元，充分履行了企业的社会责任。

华电青岛发电有限公司

概况

华电青岛发电有限公司（简称青岛公司）原名青岛发电厂，始建于1935年，坐落于美丽的胶州湾畔。2004年12月28日华电青岛发电有限公司正式注册成立，隶属于中国华电集团公司，华电国际电力股份有限公司和青岛国信实业有限公司分别占55%、45%的股份。目前青岛公司拥有4台30万kW热电联产机组，总装机容量为120万kW，设计供热能力1400t/h。青岛公司一期扩建工程建设的两台30万kW机组（即1号、2号机组）分别于1995年12月22日和1996年11月1日并网发电，经供热改造，现为热电联产机组。青岛公司二期扩建工程两台30万kW热电联产工程（即3号、4号机组）分别于2005年11月30日和2006年7月9日投产发电。

青岛公司下设办公室、对外事务办公室、人力资源部、计财部、生产技术部、调度部、安监部、考核办、企业管理部、纪监审办公室、政工部、工会、保卫部、培训中心和基建办公室等15个部室；运行一车间、运行二车间、汽机车间、锅炉车间、电气车间、热工车间、化水车间、燃料公司、物资公司、实业公司、兴电置业公司、鑫洲公司、后勤公司等13个二级机构（生产车间9个，多种经营4个）。2008年，青岛公司在册职工1643人，其中研究生以上学历19人，大学本科312人，大学专科371人；高级职称86人，中级职称164人，初级职称246人。

领导人员

董事长：钟统林

副董事长：马捷

董事：钟统林、马捷、安同溪、汪明波、刘晓东、宋文杰、王文琦

董事会秘书：吴艳玲

监事：陈存来、郭霞、赵文田

总经理：王文琦

党委书记：程显钰

副总经理：刘克军、王建新、王立波

纪委书记、工会主席：赵文田

总工程师：刘国华

年度业绩

2008年，青岛公司完成发电量65.178亿kW·h，完成年计划的100.73%；供电煤耗完成340.44g/(kW·h)，同比降低8.12g/(kW·h)；综合厂用电率完成8.03%，较计划降低0.28%；SO_2排放绩效完成0.66g/(kW·h)，同比降低0.96g/(kW·h)；供热量完成536.4万GJ，同比增长32.2%，完成年计划的107.3%；全年实现总收入23.67亿元，同比增长20.14%。

生产经营管理

青岛公司全力做好奥运安保工作，全员参与奥运保电，最终圆满完成奥运保电任务，安全生产保持总体稳定。成功抵御浒苔侵蚀，确保了4台机组奥运期间全方式安全运行，为青岛市成功举办奥帆赛、残奥帆赛作出积极贡献。青岛公司被国家电监会授予“奥运保电先进单位”称号，被青岛市授予“奥帆赛残奥帆赛突出贡献单位”称号。

全面落实各级安全生产责任制，扎实开展隐患治理年、安全管理自评估、无违章创建、安全生产百日督查等活动，切实做好安评、冬训、安全生产月等一系列工作。完成安全技能培训认证。加强隐患排查治理，不断完善应急救援体系建设，对防汛、全厂停电等26项应急预案进行演练，成功举办集团公司环境突发事件首次应急演练。完成了1号、3号、4号机组小修和2号机组扩大性小修，结合小修完成了4台30万kW机组保安电源设计安装调试，解决了3号、4号锅炉受热面严重磨损、冲刷等重大隐患。全年实现“四管”无泄漏，非计划停运次数大幅降低，设备健康和文明生产水平不断提高。2008年8月30日，实现连续安全生产10周年。至2008年底，实现连续安全生产3777天。

切实履行社会责任。超前部署，供热期前完成东、西、南线热网优化改造和1号、2号机组供热改造，成功替代老厂和开源集团福州路供热站供热负荷，新增和替代供热面积同比翻一番，达1000万m^2，加强热网管控，圆满完成2007～2008年冬季居民供热任务。修订节油管理办法，进一步完善油枪雾化油嘴改进，加强小油枪设备管理，耗油较2007年同期减少20%。完成了1号、3号锅炉电除尘控制系统改造，1号、2号机组汽轮机本体疏水扩容器加装，2号锅炉引风机改造等节能技改。抓好脱硫、电除尘等环保设施的运行管理与维护，建成第二套海水淡化系统，加设脱硫曝气区域噪声隔离墙，节能减排成效显著。

牢固树立“大经营”理念，建立并高效运转营销、燃料、资金三大管理网络，加强全面预算管理，每月召开经济活动分析会，全面深化对标管理。坚持指标与管理并重原则，建立安全、生产环保、能耗、经营、燃料等5项一级指标、82项二级指标、195项三级指标、519项四级指标的指标体系、管理控制体系和指标评价体系，总结提炼出14项典型经验和11项管理创新成果。努力争取电量计划，合理调整运行方式，全年设备利用小时同比增加662h，较山东电网统调电厂高出384h。积极争取和落实电价政策，4台机组电价上调0.0425元/(kW·h)。2号、3号、4号机组通过热电联产机组认证。全力推动煤热联动，推动青岛市物价局热价调整政策出台，全面争取政策支持，争取到财政部流动资金借款贴息、青岛市供热“以奖代补”专项资金、供热改造补贴及供

热购煤无息贷款。

巩固“燃料管理年”活动成果，积极开展燃料对标管理，及时成立燃料驻外办事处，调整进煤结构，开辟新煤源和进煤渠道，专车专人驻矿、驻港、驻站，与省、市领导一起赴国家发展和改革委员会、铁道部、各路局及各大矿点协调资源和运力，及时组织汽车运煤与船运煤，提高重点合同兑现率，确保了奥帆赛、残奥帆赛和迎峰度夏期间的生产用煤。高度重视燃料内部管理，设立考核办燃料监督岗位，强化入厂入炉煤量质验收管理，保证采制化24h监控。优化掺配掺烧方案，做好煤场盘点工作，燃料管理水平进一步提升。

项目发展

青岛公司认真落实“上大压小，节能减排”工作部署，全部关停老厂机组。抢抓“上大压下”机遇，全力推进三期扩建前期工作。成立领导机构和工作机构，充实工作力量，调动积极因素，超常规开展工作，三期扩建前期工作取得重要进展。三期可研收口已完成，落实“压小”容量12.95万kW，具备建设一台30万kW供热机组条件。2008年6月30日、8月18日，山东省发展和改革委员会及华电集团分别将关于开展前期工作的请示上报国家发展和改革委员会并进入审批程序。三期扩建工程和一期供热改造配套热网工程已被青岛市发展和改革委员会核准，关于三期扩建工程第二台机组开展前期工作的请示已由青岛市发展和改革委员会和华电国际上报山东省发展和改革委员会。

党的建设、精神文明建设、企业文化建设

青岛公司积极创建学习创新型企业，全面提升职工队伍素质。建立创建工作运行机制、学习机制、激励机制和考核评估机制，构筑起以创建学习创新型党组织、部室、车间、班组和争当学习创新型职工为主要内容的“四创一争”创建格局。加强素质工程绩效管理。搞好中层干部、专工、安全员及同类人员的绩效考评。积极推进全员培训，建成投用二期仿真机项目，大力开展岗位练兵，参加国务院国资委“华电杯”2008年中央企业职工技能大赛并获个人银牌。加强班组建设。积极开展车间级团队竞赛活动和“五型班组”创建工作，全年有两个车间被评为优秀团队，60个班次被评为标杆班组，73个班次被评为优秀班组。锅炉本体班获“2008年度全国质量信得过班组”荣誉称号。《城市发电企业循环经济体系的构建与实施》管理成果获第十五届国家级企业管理现代化创新成果二等奖。加强机关建设，积极创建学习创新型部室，机关服务基层、发挥职能作用的意识进一步加强。

深入学习贯彻党的十七大精神，党群工作再上新水平。切实加强党的十七大精神的学习、贯彻，深入开展“党章专题学习月”活动，开展“发挥党员五带头作用，创建学习创新型企业”、“对标管理、我为先锋”主题教育实践活动，积极争创学习创新型党支部和学习创新型党员。搞好“四好”领导班子创建工作。认真开展“依法经营、廉洁从业”和“廉洁文化推广年”活动，惩防体系初步建立并良好运作。成功承办集团公司政研会第二届常务理事会暨2008年年会。持续加强精神文明建设。认真开展“五五普法”教育。组织向“和华”爱心基金、南方雨雪冰冻灾害捐款、四川汶川地震捐款109.5万元。认真开展“当好东道主，文明迎奥运”等系列活动，举办形式多样的帆船、登山、运动会等体育活动，丰富了职工业余文体生活。不断深化企业文化建设，被中国企业文化研究会授予“改革开放30年全国企业文化建设优秀单位”。

华电国际电力股份有限公司莱城发电厂

概况

华电国际电力股份有限公司莱城发电厂（简称莱城电厂）位于山东省莱芜市莱城区，系华电国际电力股份有限公司（简称华电国际）全资企业，现有装机容量120万kW。

莱城电厂成立于1998年8月20日，1999年成为山东国际电源开发股份有限公司（现华电国际）的全资企业，2000年5月16日，更名为山东国际电源开发股份有限公司莱城发电厂。2003年，随山东国际电源开发股份有限公司划归中国华电集团公司，2003年11月1日，更名为华电国际电力股份有限公司莱城发电厂。

莱城电厂是国家“九五”计划重点建设项目，于1998年3月1日开工建设，一期工程安装4×30万kW国产亚临界燃煤发电机组，总投资48.22亿元。首台机组（2号机组）于1999年12月10日投产发电，创造了试生产期连续运行123天的全国同类型及以上机组最高纪录，在第32届全国大机组竞赛年会上荣获2002年度国产30万kW机组特等奖。1号机组于2000年9月27日投产发电，创下了11天完成整套试运行及试生产期连续运行131天的“大世界基尼斯纪录”。1号、2号机组工程被评为“2002年度国家电力公司火电优质工程”。3号机组于2002年9月19日移交试生产，创下了自移交试生产后连续运行197天的成绩。4号机组于2003年5月6日完成168h试运行，不停机直接进入试生产阶段，创下了连续运行257天的国内30万kW机组新纪录。3号、4号机组均顺利通过了集团公司的达标投产复检验收，主体工程荣获2004年度“中国建筑工程鲁班奖”。

建厂以来，莱城电厂先后荣获国家电力公司“一流火力发电厂”和“双文明单位”、“全国模范职工之家”、“山东省思想政治工作优秀企业”、“山东省环保优秀企业”、山东省“节水型企业”、山东省“富民兴鲁”劳动奖状、“全国五一劳动奖状”、“全国企业文化建设先进单位”、“中国电力行业十大最具社会责任感企业”、“全国精神文明建设工作先进单位”等荣誉称号，连续六年保持华电集团“优秀发电企业”称号，连续五年保持华电集团“安全生产先进单位”称号，连续七年保持山东省“省级文明单位”称号。

莱城电厂下设办公室、人力资源部、企划部、财务部、监审部、教培中心、政治工作部、工会、保卫部、生产技术部、安全监察部、运行调度部、基建工程部、扩建工程前期办、物资分公司、运行分场、燃料公司、灰水分场、化水分场、检修公司、卓越发展公司等21个部室、分场、公司。截至2008年12月31日，莱城电厂在册职工总数为1152人。其中，本科及以上学历189人，大专学历516人，中专及以下学历447人。现有各类专业技术人员387人，其中高级职称33人，中级职称122人，初级职称232人。高级技师10人，工人技师32人。高级工320人，中级工249人，初级工122人。

领导人员

厂长：于凤典

党委书记：董云先

副厂长：李宪林

纪委书记、工会主席：梁胜

副厂长：张成凤

总工程师：宋传清

领导人员变动情况：2008年3月7日，党委书记王立魁离任。2008年4月8日，董云先任党委书记。

年度业绩

2008年，完成发电量70.15亿kW·h，完成年度承包合同的106%；综合供电标准煤耗率337.99g/(kW·h)，比年度承包合同低0.53g/(kW·h)；综合厂用电率6.44%，比年度承包合同高0.28个百分点；经营总收入21.49亿元，利润－8132万元，比调整后利润指标减亏798万元；安全生产突破9周年，继续保持首台机组投产以来的连续安全生产纪录。

生产经营管理

安全管理。创新安全管理模式，以安全对标为基础，建立安全综合管理平台，开展安全对标示范部门、班组创建工作，激发职工主动参与安全管理的热情，逐步形成“自我约束、自我激励、自我完善”的安全管理格局。修订完善《安全生产岗位责任制》等19项安全标准、制度，安全生产责任体系进一步完善。制定实施奥运保电专项方案，加强全面安全管控，确保奥运期间安全、稳定。扎实开展“隐患治理年”、安全性评价等专项检查治理活动，发现并整改各类问题600余项。加大安全培训力度，扎实开展安全技能培训认证，提高了职工的安全意识和安全技能。

生产管理。认真做好锅炉防灭火工作，锅炉灭火次数同比降低50%。严格落实奥运保电专项方案，圆满完成奥运保电和迎峰度夏任务，以占山东电网统调机组3.1%的装机容量，完成了3.8%的发电量，受到山东电网1.9亿kW·h的电量奖励。加强设备管理，积极推进“点检定修”，完善设备滚动检修计划，形成定期维护、计划检修、状态检修、事故检修相结合的全过程设备管理模式。高度重视防磨防爆工作，做到逢停必修、逢停必查，“四管”泄漏事件发生率同比降低50%。高标准、高质量、高效率地完成1号、2号机组小修和4号机组大修工作，修后全优率100%。4号机组大修首次采用检修工程全过程规范化管理模式，在安全管理、质量管理、工期控制、文明施工、费用控制、资料管理等方面均实现新的突破，创投产以来大修管理最好成绩。

经营管理。推行全面预算管理，各项费用得到有效控制。扎实推进营销、燃料和资金“三大网络”建设，形成整体联动的增效机制，经营管控能力不断增强。加强资金计划管理，资金计划准确率达93%以上，实现历史最高水平。强化月度经济活动分析，增强经营工作的针对性和时效性。严格规范关联交易，有效防范了经营风险。重视并加强燃料管理，燃料管理水平实现大幅提升。全年厂炉热值差完成417J/g，较承包指标低85J/g，达到华电集团燃料管理示范企业标准。坚持科学有效的电量工作策略，全年机组利用小时完成5846h，较山东电网统调公用电厂平均水平高859h，比华电国际平均水平高317h；发电量完成70.15亿kW·h，同比增长12.7%。

对标管理。将“对标管理年”活动与建设“现代化示范发电企业”紧密结合，成立安全生产、经营管理、企业管理等6个对标专业组，明确各专业组专责人，制订实施方案，完善指标体系，实行分级控制。建立生产指标对标信息发布机制，并将对标成效纳入经济责任制考核，提高了各项技术指标水平。以开展“对标管理年”活动为契机，不断强化、深化、细化企业管理，现代化管控模式初步建立。加强对各项工作的全过程监督检查与考核，工作的质量和可追溯性明显增强。对部分组织机构进行调整，管理流程进一步优化。加强班组建设，实行周检查、季评比制度，加大检查指导力度，班组管理迈上新台阶。扎实做好“三标一体”内审、外审及合规性评价工作。信息化管理水平不断提升。

队伍建设。加强干部队伍建设，对全厂中层干部进行全面考察和充实调整，创新岗位管理，干部队伍年龄结构、知识结构、专业结构得到优化，战斗力进一步增强。深入开展“人才一帮一”活动，制定包含427人的岗位储备培训计划，人才储备取得明显成效。健全职工培训激励机制，开展“人才一帮一”季度、年度标兵评选，职工学习业务的积极性不断提高。持续开展岗位练兵、技术比武等常规培训，提升了职工业务技术水平。完善职工培训设施，投资建成集控运行仿真中心。大力支持新项目建设，全年共向河南漯河等新建单位输送各类人才47名，累计向集团公司各单位输送人才180余名。深入开展学习型企业创建，荣获“山东省创争活动先进单位”称号。

节能减排和扩建前期工作。加强节能制度建设，建立三级管理网络，形成完善的节能管理体系。大力实施节能技术挖潜，完成锅炉微油点火改造、空气预热器密封改造等，机组运行经济性进一步提高。全年合计降低标准煤消耗约6980t，去除煤质变化及脱硫影响，同比节电约300万kW·h。加强3号、4号机组脱硫系统运行与维护，脱硫设备投运率、脱硫效率均达95%以上，脱除SO_2 3.6万余t，树立了良好的环保形象。加快1号、2号机组脱硫工程建设，于11月20日顺利完成168h试运行，施工仅用时8个月，创全国最短纪录，实现“零事故”目标。4台机组脱硫工程建设圆满结束，提前一年多实现集团公司与国家环保部签订的SO_2总量削减目标。按照集团公司统一部署，稳妥地推进二期两台100万kW机组扩建工程前期工作；由莱城电厂负责的齐河2×100万kW煤电一体化项目前期工作进展顺利，初可报告审查完毕，已上报至山东省发展改革委。

党的建设、精神文明建设、企业文化建设

深化“强核心、固堡垒，全面提升基层党组织标准化建设水平”活动，扎实开展“对标管理，我为先锋”主题实践活动，党建工作水平进一步提升。创新思想政治工作方式方法，以“真心关爱职工、真诚依靠职工、真情服务职工”为主要内容的“三真”工作法获华电集团优秀政研成果二等奖。深化惩防体系建设，深入开展“依法经营、廉洁从业”主题教育、“廉洁文化推广年”和专项效能监察活动，确保了干部职工的廉洁从业。认真落实稳定及精神文明建设责任制，制定实施《保证奥运会和残奥会安全稳定工作方案》，加强宣传思想工作，确保了奥运期间及全年的和谐、稳定。与集团公司合作开展“基层发电企业法律风险评估与防范机制建设”课题研究，法律风险防范能力不断提高。深化企业文化建设，深入宣贯《华电宪章》，持续加强廉洁、安全等分支文化建设，“超越”文化体系更趋完善，企业软实力进一步增强。成功举办第二届职工运动会和消夏系列活动，活跃职工生活，增强企业凝聚力。积极参与社会慈善和公益事业，通过自愿捐款、缴纳特殊党费、会费、团费等形式，累计为“和华”爱心基金、抗震救灾等捐款56万多元，捐赠棉衣被300余件，树立了良好的企业形象。

华电国际电力股份有限公司
十里泉发电厂

概况

华电国际电力股份有限公司十里泉发电厂(简称十里泉电厂)位于山东省枣庄市南郊,系华电国际电力股份有限公司(简称华电国际)所属全资企业。十里泉电厂始建于1977年12月5日,分四期建成。一期、二期、三期工程共安装5台12.5万kW燃煤机组,于1983年10月22日竣工。四期工程安装2台30万kW燃煤机组,于1998年11月4日竣工。2003年4月1日,十里泉电厂作为华电国际的全资企业一并归属中国华电集团公司。近年来,十里泉电厂积极推进"上大压小"扩建2台60万kW级机组工作,项目自2007年10月启动以来进展迅速。2007年12月31日关停了3号、4号机组,2008年5月,又关停了1号、2号机组,并通过国家发展和改革委员会的现场核查确认。至此,十里泉电厂装机总容量还有78万kW。

十里泉电厂实行模块化管理,全厂分为6大模块,分别是管理模块、运行模块、检修模块、燃料模块、多经模块、后勤模块。具体包括办公室、对外事务办公室、督查办、生产设备技术部、安监部、监审室、政工部、工会、人力资源部、财务部、保卫部、计划经营部、节能减排办、扩建办、离退办等职能管理部室,生产部门设有运行部、检修公司(下设汽机检修队、锅炉检修队、电气检修队、热控检修队、灰水检修队)、燃料公司、物资公司等。天立集团公司负责全厂的多种经营,物业总公司负责全厂的后勤管理。

截至2008年底,十里泉电厂在册职工总数2274人。其中研究生学历(含后续学历)57人,约占总人数的2%;大学本科学历207人,约占总人数的9%;大学专科学历695人,约占总人数的31%。现有各类专业技术人员588人,其中高级职称39人,中级职称216人,初级职称333人;高级技师18人,技师88人,高级工599人。

领导人员

厂长:黄鹏

党委书记:郑飞雪

副厂长:吕士汉、韩奎政

纪委书记、工会主席:郭际友

总工程师:张守志

年度业绩

2008年,十里泉电厂完成发电量50.002亿kW·h,综合供电煤耗357.66g/(kW·h),综合厂用电率7.61%,利润-25329.05万元。

生产经营管理

2008年,十里泉电厂坚持把"意识上,我要安全;技能上,我能安全;氛围上,就得安全"作为安全管理主线。认真落实安全生产责任制,层层签订安全生产责任状,严格执行"安全生产一票否决制",大力开展查禁违章活动,加强反违章管理,着力消除"物"和"人"的不安全因素,夯实了安全生产基础。截至2008年底,全厂实现安全生产1753天,连续两年荣获华电集团"安全生产先进单位"称号。

在经营关键环节上,紧紧抓住电量、煤炭、成本控制三个效益点,提高盈利水平。电量方面切实做到"产得出、卖上价、收得回",全厂发电设备年利用小时数达5908h,连续两年位居华电国际山东省内电厂前列;电煤方面,坚持"有粮、控价、实收、减耗"的方针,广开进煤渠道,优化进煤结构,保证电煤供应;成本控制方面,强化预算管理的刚性,加大费用超支考核力度,严格审批程序,堵塞管理漏洞。继续开展对标管理,按照"不糊涂、不糊弄、不止步"的要求,每月公示主要生产经营指标完成情况,通过与同期、与系统先进水平对比,查找不足,持续改进,5号、7号机组年发电量分别完成9.26亿、20.23亿kW·h,均创历史新高,主蒸汽压力等12项小指标创历史最高水平。组织编制了《经营工作手册》、《经营工作评价手册》、《内控及全面风险管理手册》,通过梳理流程,为形成科学的经营管理标准化体系提供了保障。2008年4~6月,圆满实施了6号机组技改性大修,额定出力从30万kW增加到33万kW,供电标准煤耗比修前降低15g/(kW·h)。强化了设备可靠性管理,坚持每天对影响安全和经济性的缺陷进行通报,每周进行分析,剖析设备管理薄弱环节,加强措施,限期整改,进一步提高了设备健康水平。

项目发展

为积极推进"上大压小"扩建2台60万kW级机组的工作,2008年5月,十里泉电厂关停了1

号、2号机组，并通过国家发展和改革委员会的现场核查确认；2台60万kW级机组开展前期工作的请示已上报国家发展和改革委员会；四大专题报告全部上报国家相关部委审批；初步设计已通过华电国际内部审查。通过积极主动地开展工作，扩建项目被华电集团、华电国际列为积极推进项目，正在全力争取项目“路条”。

内部改革

人力资源优化配置。2007年以来，共向华电国际系统各单位输出各类人才203人。针对人员输出后人才相对不足的实际情况，将全厂41个班组整合为19个班组。2007年3月，开展了以“定岗、定员、定责、定薪”为主要内容的人力资源管理体系设计与研究，理清部门及岗位职责界面，明晰工作流程，目前已经形成了岗位优化设置初步方案。

队伍建设。健全完善激励机制，激发企业内在活力。在用人机制上，一是积极推行竞争上岗，从安全监督师到副总工程师岗位，均采取全厂公开选拔竞聘的方式，厂内各部门也纷纷用招聘的方式选拔管理人员，2007年来共有83名同志通过招聘踏上了新的岗位。二是提拔重用工作业绩突出的同志，采取“压担子”、“交叉任职”等方式，加强中层干部综合素质培养，优化了干部队伍结构，两年来先后有8名中层干部被提拔到副处级岗位工作。职能部室和生产一线干部交流78人·次，党政干部交流、交叉任职31人·次。三是在重要技术岗位设立了“首席工程师”，成立技术管理专家委员会，规范了技术管理路线，初步建立起行政与技术管理两条路线并行的人才成长路线。在评价机制上，坚持以业绩为导向，奖优罚劣，设立了特殊贡献奖，对作出突出贡献、取得显著成绩的集体、个人进行重奖。两年来先后有9个集体和20名职工获得了特殊贡献奖；给予先进模范和骨干职工一定的待遇，组织度假疗养，引导职工学习先进、争作贡献。

分配。在分配机制上，坚持收入与贡献度相匹配的导向，对“四项责任制”进行了修订和完善，将奖金收入与电量和利润等主要指标挂钩，同步兑现。自2008年10月开始，推出了供电煤耗、素质工程等五个单项奖励办法，针对指标进度情况，每月对完成较好的部门进行奖励。通过两年来“四项责任制”的执行情况看，“收入靠贡献、收入靠设备、收入靠电量”的理念得到了职工的认可，各项指标除利润受煤价影响未完成外，其他指标都顺利完成了承包任务。

考核。2008年，突出以经济效益为中心，全面贯彻落实华电国际“四项责任制”，根据部门职能，分解承包指标，厂部与部门、部门与岗位之间层层签订责任状，明确责任与目标，使责任压力传递到岗到位。实行利润完成情况与月度奖金挂钩并同步兑现的分配制度，加大对外创效利润的考核力度。修订了节能、安全等专项奖管理办法与特殊贡献奖管理办法，对在安全生产、经济效益、管理与技术创新、企业形象等方面取得显著成绩的集体或个人进行奖励。

薪酬。按照“收入靠贡献”的原则，改革薪酬分配方式，采用工资总额（岗位工资和奖金等）总体承包的方式，给基层留有充分的二次分配权。采用调整奖金分配系数的方式，进一步拉大主业和辅业、关键岗位和辅助岗位之间的收入差距，用经济杠杆引导职工向生产岗位流动、向新建单位流动。

党的建设、精神文明建设、企业文化建设

建立健全了“5+3”党建工作机制，完善了配套制度。以“星级党支部竞赛”活动为平台，突出抓好党支部的标准化建设，党支部的战斗堡垒作用得到了进一步加强。

为提高各级管理团队整体运作能力，2008年四季度，在党员干部中开展了“讲党性、重品行、作表率”活动，着力解决了党员干部在思想、作风、能力上存在的问题，努力打造高素质党员干部队伍。

修订完善了“三立”文化理念体系，总结提炼了符合企业实际的“十大观念”。积极探索实践以“六责”管理为重点的责任文化，培育了“廉洁文化”、“安全文化”、“和谐文化”等单元文化，并编印了单元文化手册。《“六责”管理在企业中的实践与应用》成果荣获2008年全国电力行业企业管理创新成果一等奖。2008年10月，华电国际廉洁文化建设现场交流会在十里泉电厂举办。

注重和谐企业建设。建立了离退休职工特邀监督员队伍，为老同志建言献策提供了平台。定期组织职工进行健康查体，开展文体活动。2008年5月，举办了“迎奥运”全员健身系列活动和第四届职工运动会，活跃了职工文化生活。

华电滕州新源热电有限公司

概况

华电滕州新源热电有限公司（简称滕州公司）前身为始建于1958年的滕县电厂。1960年1月1日和1962年12月30日，由山东省电力工业局投资建设的两台1500kW的火电机组分别投产发电；1966年7月26日，由济南电厂拆迁安装的一台7500kW机组投入运行；1962年1月，滕县电厂划归水电部徐州电业局领导；1980年1月1日滕县电厂重新划归山东电力工业局管理，并于1984年6月被撤销建制、并入枣庄供电局，1988年5月更名为枣庄供电局滕州发电厂；1996年4月，由山东电力工业局广大新源公司、枣庄供电局、枣庄市政府、滕州市政府四方投资在老厂的基础上扩建了一台3.3万kW高温高压热电联产机组，1997年11月7日机组投产发电，并由此改制为滕州新源热电有限公司；2001年11月5日，山东国际电源开发公司对滕州公司权益收购后纳入管理；2001年12月28日，开工建设滕州市集中供热工程两台15万kW机组；2002年1月公司更名为山东滕州新源热电有限公司，后划归中国华电集团公司，随华电国际电力股份有限公司（简称华电国际）的名称变更；2003年3月31日、11月20日，两台15万kW 1号、2号机组分别投产运行；2004年8月，滕州公司更名为华电滕州新源热电有限公司。2005年4月18日开工建设二期扩建工程两台35万kW机组，3号、4号机组分别于2006年11月10日、12月13日投产，实现“一年双投”任务；2007年6月29日，按照华电集团“节能减排、上大压小”的政策，关停了3.3万kW。截至2008年底，滕州公司装机容量为100万kW。

滕州公司下设办公室、企划部、人力资源部、财务部、政工部、监审部、工会、保卫部、生技部、安监部、运方部、基建发展部、档案信息部、管理推进办公室、运行部、维护部、燃料公司、物资公司及热力、供应公司等19个部室单位。截至2008年底，滕州公司在册员工558人，员工年龄平均36.7岁，39岁以下人员380人，占比68.1%；40～49岁人员126人，占比22.6%；50岁以上人员52人，占比9.3%。本科及以上学历117人，占比20.97%；专科学历182人，占比32.62%；中专及以下学历259人，占比46.42%。高级职称9人，中级职称37人，初级职称196人，高级技师2人，技师29人。

领导人员

党委委员、总经理：李其浩

党委书记：于守海

党委委员、副总经理：葛林法

党委委员、副总经理：胡伟

党委委员、纪委书记、工会主席：王涛

总工程师：孙学军

年度业绩

2008年，滕州公司完成发电量54.59亿kW·h，比年初预算指标超发5.07亿kW·h，高于年初预算10.24%；发电收入完成16.35亿元，比年初预算指标增收2.341亿元，高于年初预算16.7%；对外供热完成69万GJ，比年初预算指标超供13万GJ，高于年初预算18.8%，实现热费收入2568.87万元；煤折标准煤单价完成804.57元/t，比年初预算指标升高263.08元/t，高于年初预算48.58%；综合供电煤耗完成348.36g/(kW·h)，比年初预算指标降低0.6g/(kW·h)；综合厂用电率完成7.7%，比年初预算指标降低0.22%；等效可用系数完成92.36%，比年初预算指标提高了1.39%；实现利润总额－2.837亿元，与调整后承包指标比较，减少亏损3920万元。特别是12月扭转亏损局面，当月实现利润1245万元。

在前所未有的困难和挑战面前，滕州公司上下坚定信心，扎实工作，经受住了各种风险和考验，保持了安全稳定的良好局面，圆满完成了全年各项目标任务，取得了显著的生产经营业绩，卓有成效地推进了滕州公司各项事业迈上新台阶，为国民经济发展和社会和谐进步作出了贡献。

生产经营管理

安全生产实现新跨越。面对抗灾保电、奥运保电、迎峰度夏、频繁调峰的生产环境，滕州公司坚持关口前移，重心下移，认真落实安全生产责任制，建立健全安全生产奖惩制度考核体系，扎实开展隐患治理年、安全生产百日督查、无违章创建、安全生产月等活动，积极推进安全技能培训认证，完善应急预案，全员安全技能、事故防范和安全保障能力不断增强。深化运行特色管理，大力倡导“安全文明生产，运行员工争先”

理念，认真落实“两票三制”，以运行实时在线评价系统为支撑，深入开展安全文明生产班组竞赛活动，安全生产管理水平不断提升。狠抓设备治理，完成4号机组大修和1号、2号、3号机组小修任务，加强缺陷闭环管理，大力开展“五全”安全管理，有效加强技术监督，落实“汽轮机通流间隙调整”等78项技术措施，完成3号、4号机组A凝结水泵变频装置、4号锅炉落煤斗改造等32项技改项目，成功解决了3号、4号锅炉空气预热器换热元件堵塞、电动门故障、3号机组密封油系统漏氢等48项现场技术难题，确保了机组的安全、稳定运行，大幅度降低了机组非计划停运次数。加强热网运行管理，有效降低供热损失，保证了热力安全可靠供应。统筹交通、消防、基建和信息安全管理，全年安全行车百万公里无事故。截至2008年12月31日，公司实现连续安全生产4073天，创历史新高。

经营管理提升新水平。滕州公司坚持以经济效益为中心，以增效减亏为重点，构建并有效运转“营销、燃料、资金”三大网络，加大煤炭市场研究，积极优化调度方式，深入边际贡献分析，深度开展节能挖潜，最大限度地减亏、控亏。深化燃料管理，全年拿出燃料职工50%的奖金加上20万元的奖励资金作为激励基金，加强燃料全过程管理激励考核，保证了全年平均热值差控制在493J/g。不断拓宽进煤渠道，优化进煤结构，努力降低标准煤单价，2008年10月底首次低于华电国际平均水平，全年供应煤炭310.76万t，同比增加70.06万t。加强掺配掺烧，确保合格率均保持在90%以上。全年处置掺矸使假问题30余次，挽回经济损失200余万元。加强资金管理。积极拓宽融资渠道，努力降低融资成本，全年办理贷款6.89亿元（其中新增3.69亿元，置换3.2亿元），办理承兑汇票1.99亿元（当年已全部归还），办理职工信托贷款2.35亿元。做好公司资金平衡，努力降低各项费用，保证了正常生产经营的资金供应，有效抵御了资金链断裂风险。加强营销管理。争取电量计划，全年完成利用小时5869.4h，同比增加758h，电量增幅创历史最高水平；落实一厂一价机制，全年增收253万元；调整工业热价172元/t、居民采暖价143元/t，分别增幅43.33%和75.68%，全年增收354.38万元；完成电费、热费回收率100%；积极争取政策，减缓各项税金，获取政府供热、污泥掺烧等补贴547.5万元；加强监察审计工作，审签工程21项，审减金额209万元；完成4号机组的资产处置工作，压缩三费开支10%。

管理创新硕果累累。滕州公司以“创新”作为提升管理的突破口，创造性地提出了创新理念——“矢的效应”，管理特色鲜明，创新亮点纷呈。运行特色管理，创新改造集控环境、编发《运行事故剖析、预防与警示》、推行“三周”工作制度、制作“监盘六问”上岗卡、悬挂疏水安全提示警示牌等，生产管理文明规范，形成了“改善一种环境，创新两项制度，树立三面旗帜，创建一项程序”的特色管理机制；检修巩固示范管理，以打造示范型检修长效机制为目标，首次使用大修文件包触摸屏管理，创新移动照明等检修工器具，首次实行检修项目网络控制工程师负责制、签订项目对标目标责任状，创新备品上线班组统管软件，实现了信息共享。燃料创效管理，创新燃料管理激励办法、“望闻问切”煤质验收工作法、入厂煤分类存放掺配及“两个敞开”工作法，推进了创效阵地建设。职能管理引擎创新，征集“管理创新理念”113条、“创新课题”70项。其中，生技岗位绩效对标卡、廉洁桌牌、节能片区、现场安全明白卡、用利润追溯成本的财务分析法及物业管理市场化运作方式等，创新成果不断涌现，全员创新意识不断增强，创新成效尤为显著。《再造班组建设流程，培育班组自主管理》成果，先后荣获全国电力行业管理创新成果一等奖、国家级现代化创新管理二等奖；《“班车文化”建设》被评为全国电力行业企业文化优秀案例；《利用档案编写电厂扩建工程资料汇编》荣获山东省档案局2008年度开发利用档案信息资源成果二等奖。管理创新推进了公司由“强化管理”向“深化管理”梯次递进和纵深发展。

扎实开展“对标管理年”活动。滕州公司坚持把开展“对标管理年”活动作为全年工作的一条主线，以“对照先进、查错纠弊、持续改善、不断超越”为主题，设立经营管理、安全生产、节能减排、燃料管理、项目前期和基建管理等6个专业组，制订实施方案，加强组织领导，发布三级指标体系，深化“四个融入”、“五个结合”，做到了全员、全要素、全过程对标。坚持开好月度对标分析会，主动深化指标管理，深入效益分析，深度节约挖潜，科学选标、树标、创标，通过制定《设备缺陷对标管理办法》、《运行对标手册》等多项对标措施，有效规范了管理行为；通过对标管理，滕州公司90项主要对标指标中有72项达到或超过历史最高水平，部分指标在华电集团排名中跨入先进值行列。从华电集团和华电国际的对标发布结果看，2号机组的综合厂用电率完成7.4%，供电煤耗率完成360.7g/(kW·h)，均优于集团公司系统同类型机组先进值；3号机组耗差对标总评在华电集团系统排第六名；公司发电油耗、水耗等指标也跨入华电集团先进行列。

节能减排、环保成效显著。深化节能管理，针对影响节能降耗的水、煤、电、油及酸碱耗等内容，全面落实节能目标责任制，发挥“三级节能管理网络”作用，认真开展节能评价、节能小指标竞赛活动，建立健全《节能降耗奖惩管理办法》、《照明管理办法》、《节约用水管理办法》等多项制度，加大节能发明创造、节能挖潜革新等奖励力度，不断促进能耗指标向最高的水平靠拢。加强节能月度分析和宣传引导，狠抓节能技改和节能对标，充分挖掘机组、设备节能潜力，形成了全员参与、齐抓共管的节能降耗氛围，取得了实实在在的节能效果。其中，发电油耗完成0.189g/(kW·h)，同比降低0.17g/(kW·h)，同比节油716.21t；供电煤耗完成348.36g/(kW·h)，同比降低约6g/(kW·h)，节约标准煤3万余t；节电550万kW·h；发电水耗25.44t/万kW·h，同比降低1.7t/万kW·h，节水9.27万m^3；累计节能创效2730余万元，创历史之最。抓好脱硫运行工作和环保工作，实施厂区废水深度处理回用，通过了火力发电厂脱硝技术可研，进行酸碱耗科技攻关，一期、二期制水酸碱耗大幅度降低。加强脱硫运行和维护，4台机组脱硫投运率均达到95%以上，节能环保形象不断提升。

项目发展

2008年，加快了二期铁路专用线、翻车机工程建设，克服重重困难，通过了全线贯通验收。充分利用国家“上大压小”政策和“坑口发展”模式，依靠政府，努力推进三期工程2×60万kW机组建设前期工作，落实替代关停容量2.7万kW，除项目建设用地预审规划方案通过山东省国土资源厅审查并报送国土资源部待批外，其余必备批文均已取得。加快热力市场发展，建成厂内热网首站，与政府合资，控股投资建设了城区高温热水管网工程，加快了城市化发展进程。进行污泥资源化处置、中水投用等环保工程项目建设。二期尾工等基建项目进展顺利。

内部改革

滕州公司队伍建设和谐发展。在2008年经营形势异常严峻的情况下，积极引导广大员工树立价值思维观念，牢固树立新形势下“五种意识”，坚定信心，节约挖潜，减亏增效。注重加强“四好”班子创建，广泛开展技术比武、技能竞赛和岗位技能培训等活动。围绕中心工作，广大员工主动请缨、自主创新、拼搏奉献，员工技术技能不断增强，整体管理素质普遍提升，干事创业的精气神空前高涨。

优化人力资源配置，实行公开招聘、竞争上岗，依法规范劳动派遣用工，全年竞聘岗位13个，31人走上新岗位。扎实进行“拓展制”培训，积极搭建各类优秀人才辈出的平台和舞台，先后两次组织中层干部集中培训和管理人员座谈交流，提升了中层干部和管理人员的管理技能，全员培训率91.8%，培训合格率100%。对20名优秀专家人才、技术人才和骨干人才给予相应等级年度津贴。

党的建设、精神文明建设、企业文化建设

滕州公司政治工作保障有力。深入学习贯彻党的十七大和十七届三中全会精神，扎实开展“对标管理，我为先锋”、“强核心、固堡垒，全面提升基层党组织标准化建设水平”主题实践活动，举办了党、团支部书记培训班，开展了“颂歌献给党”、庆“七一”大合唱等系列活动，党建工作进一步加强，充分发挥党支部的战斗堡垒作用和党员的先锋模范作用。围绕中心加大形势任务宣传教育，充分发挥党、政、工、团、妇组织作用，坚持职工思想动态分析、政工例会制度，广泛开展“华电宪章”、廉政文化“六进”、“五五普法”等教育活动，认真落实稳定工作及精神文明建设责任制、党风廉政建设责任制，确保了干部员工遵纪守法、廉洁从业。加强公司网站建设，建立专题及部门网页13个，发表对外宣传稿件180余篇。逐步推进“班车文化”、“运行文化”等子文化建设，企业“攀登者”文化理念体系得到新的发展。加强工团工作，落实厂务公开，广泛开展“与对标同行”征文演讲、迎奥运等主题文体比赛活动，营造了和谐稳定、团结拼搏、创新创效的良好氛围。特别是团员青年参与活动、推进管理创新的青春活力普遍提升，展现了良好的精神面貌。全面部署奥运期间维稳工作，完善应急机制，认真履行社会责任，保证了职工思想和队伍稳定。加强物业、后勤管理，加快安居建设，提高服务质量，发挥了服务保障作用。面对南方雨雪冰冻灾害、四川汶川地震等重特大灾害，全体员工慷慨解囊，为灾区捐款达92万余元，展现了“一方有难，八方支援”的高尚情操，树立了良好的企业形象。

2008年，滕州公司继续保持了华电集团优秀发电企业、中国华电集团文明单位、省级文明单位、山东省思想政治工作先进单位等荣誉称号；荣获华电集团安全生产先进单位、华电国际燃料管理先进企业、山东省节能先进企业、枣庄市节能降耗工作先进单位等荣誉称号；维护部荣获华电集团安全生产先进集体称号；运行部、35万kW机组燃运二班荣获华电国际先进集体荣誉称号；褚衍荣荣获华电集团先进个人荣誉称号；王开社荣获华电集团安全生产先进个人荣誉称号；李雁荣获华电集团优秀工会干部荣誉称号。

华电章丘发电有限公司

概况

华电章丘发电有限公司（简称章丘公司）成立于2001年12月3日，由山东国际电源开发股份有限公司、章丘市供电公司、济南鲁源电力工程有限公司和济南市能源投资有限责任公司四家单位分别以70%、15%、10%、5%的出资比例组建，由山东电力集团公司控股的山国电公司负责经营运作，2002年12月29日，随山东国际电源开发股份有限公司划归中国华电集团公司管理。2004年，经股东会批准，山东章丘发电有限责任公司更名为华电章丘发电有限公司。2006年，华电国际电力股份有限公司、章丘市供电公司、济南市能源投资有限责任公司和济南鲁源电力工程有限公司持股比例变更为85%、7.5%、5%和2.5%。2007年3月20日，章丘市供电公司将所持股份转让给章丘市公有资产经营有限公司，2008年9月30日，济南鲁源电气集团有限公司将所持股份转让给济南森源控股有限公司。截至2008年底，各股东出资比例为华电国际电力股份有限公司87.5%，章丘市公有资产经营有限公司6%，济南森源控股有限公司4%，济南能源投资有限责任公司2.5%。

章丘公司装机容量89万kW，一期工程两台13.5万kW机组于2002年度实现“一年双投”，根据章丘市供热专项规划，于2005年对一期两台机组进行了供热改造并增容为14.5万kW；二期扩建两台30万kW抽凝供热机组，分别于2006年8月、12月投入商业运行。

截至2008年底，章丘公司下设综合部、财务部、党群工作部、纪监审部、企划部、调度部、生产运营部、安质部、后勤部、运行分场、检修分场、灰水分场、燃料公司和物资分公司等14个部门。截至2008年底，章丘公司在册职工共计505人，其中男358人，女147人。在册职工按照学历层次分类，研究生及以上学历3人，约占总人数的0.59%；大学本科学历121人，约占总人数的23.96%；专科学历177人，约占总人数的35.05%，中专及以下学历204人，约占总人数的40.40%。现有各类专业技术人员252人，高级职称8人，中级职称26人，初级职称218人。经技能鉴定确认高级技师1人，技师10人，高级工37人。

领导人员

总经理：王晓光

党委书记：张志国

副总经理：张文平

副总经理：袁立波

纪委书记、工会主席：吕向翌

总工程师：张海

年度业绩

2008年是章丘公司成立以来生产经营形势最严峻的一年，同时也是章丘公司发展史上管理成效进步最明显的一年。面对电煤价格大幅上涨、市场形势复杂多变等前所未有的经营压力，章丘公司上下深入学习实践科学发展观，坚持以经济效益为中心，以对标管理为手段，着力抓好燃料管理、市场营销、节能减排等重点工作，全年完成发电量44.83亿kW·h，同比增长11.77%，完成年度承包值的98.99%；完成综合供电煤耗351.27g/(kW·h)，同比降低4.65g/(kW·h)，比年度承包值低0.36g/(kW·h)；完成综合厂用电率7.61%，同比降低0.07%，与年度承包值持平；完成等效可用系数94.05%，同比提高0.27%，比年度承包值高3.57%；完成销售收入13.42亿元，同比增长18.97%，完成年度承包值的104.06%；因燃煤成本增加4.54亿元，公司自成立以来当年首次出现亏损3.05亿元；安全生产全年没有发生人员轻伤及一般以上安全事故，没有发生员工违法和违纪案件，继续保持自公司成立以来无考核事故的良好记录。

生产经营管理

生产上，章丘公司严格落实各级安全生产责任制，积极推动安全生产标准化建设，开展了“隐患治理年”、“安全生产百日督查”、“安全对标”等活动，实现连续安全生产2287天。完成了1号、4号机组全过程规范化大修和2号、3号机组小修任务，设备健康水平和运行经济性进一步提升。脱硫设施投运率和脱硫效率达“两个95%”以上，被评为“济南市节能减排达标竞赛十佳企业”和“济南市AA级环保企业”。

经营上，章丘公司深入开展“对标管理年”活动，机组主汽温、发电水耗等41项指标达到了历年最高水平。全年接卸煤量达219万t、上煤222万t，同比分别增加18万t和32万t。检斤、检质率均达到100%，实现了入厂煤质、煤量的可控、在控。2008年11月13日，二期铁路运输专用线正式开通。资金网络安全运转，章丘公司从全面加强财务预算管理入手，注重加强资金流管控，从紧、从严、从细控制各项成本费用开支。积极争取银行信贷，增加借款3.59亿元，置换借款7.61亿元，保障了生产经营的资金需求。加强财税政策研究和应用，获得国家新增流动资金借款利息补贴280.56万元，荣获“华电国际资金管理先进企业”称号。在发电边际贡献最大化的前提下，加强对边际贡献的动态分析，坚持“以煤定电”策略，积极优化一期、二期的电量结构，全年电量同比增发4.72亿kW·h，在严峻的市场形势下，有效地实现了控亏、减亏目标。

管理上，章丘公司积极应对外部环境和市场变化，适时优化组织结构，着力构建精简高效、按定员组织生产的新厂新体制管控模式，“按系统、分层次、程序化、责任制”的组织管理体系日益完善。坚持以人为本，把培训作为员工最大的福利贯穿于全年工作之中，分层次举办中层干部、管理人员、班组长专业培训班10余次，参训员工累计达1400余人次。创新用人机制，推行竞争上岗，30多名员工通过公开竞争走上新的岗位，科学有效的后备人才“梯次”队伍正逐渐形成。

项目发展

章丘公司积极推进三期2台60万kW热电联产机组前期准备工作。

内部改革

按照“绩效识才、竞争择优、酬显其绩”的人才理念，章丘公司建立了以总经理为主任的公司绩效考评委员会、绩效管理工作办公室、绩效管理小组等三级绩效管理组织机构，完善了中层干部、班组长和管理人员、班组员工三个层次的考评体系，完善了绩效闭环管理机制；按照新厂新体制的发展要求，认真履行央企的政治、经济、社会三大责任。提升安全、效益、发展三大业绩，对影响发展的企业内部组织机构进行了有效的整合和优化。强化制度的激励和约束作用，加强执行力建设，各项制度贯彻得到了有效提升。

按照全面预算管理目标管控体系要求，体现责、权、利对等原则，章丘公司将年度承包四项责任制细化分解，按照三级管控模式层层落实、责任到位。各项薪酬分配方案均同四项责任挂钩，同岗位工作业绩、贡献程度、执行能力、创新创效挂钩，最大限度地发挥薪酬分配的积极作用。对在生产、经营、管理工作中作出突出贡献的设立专项奖。

党的建设、精神文明建设、企业文化建设

章丘公司深入贯彻落实党的十七大精神，从思想建设、组织建设、作风建设和反腐倡廉等四个方面强化创新意识，完善了《领导班子成员谈心制度》、《党员发展制度》等八项党建工作制度，党建工作标准化建设水平进一步提升。扎实开展“对标管理，我为先锋”等活动，组织做好党员红旗责任区评选和民主评议党员工作，充分发挥广大党员干部的先锋模范作用和主力军作用。落实稳定工作及精神文明建设责任制，定期开展员工思想动态分析和形势任务教育，实现了员工思想稳定、队伍稳定。先后向地震灾区捐款64.42万元，履行了企业、员工的政治和社会责任，展现了企业良好的公众形象。积极构建共同核心价值观，总结提炼、整合培育出以“学习、和谐”为主要特征的“学习型至和文化”体系。章丘公司荣获“中国电力行业企业文化软实力十佳领军企业”荣誉称号，“学习型至和文化”荣获“全国电力行业企业文化成果特等奖”。

华电淄博热电有限公司

概况

华电淄博热电有限公司（简称淄博热电）位于山东省淄博市张店区南郊，是山东省最大的热电联产企业和淄博市的主要热源企业。淄博热电现有热电联产机组4台，其中2×7.15万kW中温中压机组于1996年投产，2×14.5万kW高温高压机组于2003年投产，现有装机总容量为43.3万kW。

截至2008年底，淄博热电在职职工1076人，离退休职工755人。淄博热电先后荣获中国华电集团公司“优秀发电企业”、“文明单位”、“安全生产先进单位”和“燃料管理示范单位”称号。

领导人员

总经理、党委委员：孙伟

党委书记：刘念华

副总经理、党委委员：刁友锋

副总经理、党委委员：闫钟灵

纪委书记、工会主席、党委委员：李文胜

总工程师：李经升

年度业绩

2008年，淄博热电完成发电量26.83亿kW·h，完成承包指标的111.6%；完成供热量699万GJ，完成承包指标的102.8%；供电标准煤耗完成374.9g/(kW·h)，较承包指标降低1.11g/(kW·h)；综合发电厂用电率完成11.94%，较承包指标降低0.58个百分点；年内实现安全生产3个100天，企业连续安全生产达到3797天，8月9日，创出了安全生产10周年记录；在煤价飙升导致成本同比上涨2.5亿元的情况下，淄博热电年利润－8846万元（承包指标为－9273万元），较承包指标控亏427万元，圆满完成其他各项经济技术指标，在华电国际各单位综合评价中位居前列。

生产经营管理

淄博热电坚持并深化“供热为主、管理取胜”的理念，全力打造燃料管理、CFB机组管理和供热管理“三个相对竞争优势”，企业各项指标整体呈优化趋势，管理水平得到稳步提升。

2008年，煤炭供应形势异常严峻，煤炭价格持续飙升。淄博热电把提高燃料管理水平、降低燃料成本、确保煤炭供应作为工作重点，依托区域协调优势，通过拓宽进煤渠道、优化进煤结构，严把煤炭接卸、计量、掺配各个关口，确保了煤炭的供应和质量。2008年入厂煤炭共计176.78万t，入厂煤综合热值完成21.839MJ/kg；热值差完成417J/g，比考核指标降低85J/g，处于华电国际山东省内企业的最高水平。

2008年，淄博热电先后进行了2号机组大修，1号、3号、4号机组小修共计6次检修工作。其中，在2008年3月开工的3号、4号机组检修过程中，实施了A凝结水泵变频、高中压疏放水等节能改造项目；完成了循环流化床锅炉二级过热器改造、冷渣器底部排渣改造等重点技改项目，彻底解决了冷渣器排渣不畅问题；实施了石灰石掺配工程改造、炉前石灰石系统改造项目，确保了机组SO_2达标排放。截至2008年底，淄博热电1～4号机组46项主要经济小指标中，共有17项创历史最佳值，19项达到或超过标杆值，10项优于2007年同期水平。2008年11月5日，全国电力行业CFB135～150MW供热机组竞赛中，4号机组荣获一等奖第一名，3号机组荣获三等奖；2008年8月14日，“CFB机组能耗分析系统”项目荣获华电集团2008年度科技进步三等奖。淄博热电CFB机组管理继续保持全国领先水平。

淄博热电牢固树立“大经营”理念，从强化管控措施入手，因势而动、优化策略，深入推进以“对标管理”为载体的“全过程精细化管理”活动，结合“营销、燃料、资金”网络管理体系，科学构建联动而行、互相促进的运营平台，充分发挥供热机组特性，合理分解年度计划，狠抓电量、热量计划及兑现。受宏观经济减速影响，自2008年10月始，周边工业用汽单位大幅限产，淄博热电及时根据供热成本倒算公司热价，编写公司供热营销方案，重点制定了开拓热力市场、提高供热量的奖惩措施；在抗震救灾、奥运保电和冬季供热期间，圆满完成了发电、供热任务，实现了供热“零投诉”，得到了淄博市政府的好评，在第三届中国电力系统企业文化年会上，淄博热电被授予“电力行业最具社会责任感企业”荣誉称号。

项目发展

2008年，淄博热电以“存量精细化、增量持续化”的发展战略，依托现有厂址，继续推进2×33万kW热电机组扩建项目，6月4日正式获取国家发展改革委办公厅《关于同意山东华电淄博2台30万kW“上大压小”热电联产工程开展前期工作的复函》，扩建项目取得突破性进展。截至2008年底，2×33万kW热电机组扩建项目环评报告已获批文，核准所需支持文件已完全齐备，并上报国家发展改革委，项目核准进入审批的关键阶段。

内部改革

淄博热电认真贯彻执行新《劳动合同法》，通过开展《劳动合同法》培训班、知识问答及召开研讨会等形式，广泛进行学习宣传。根据《劳动合同法》的内容，对原劳动合同文本进行了重新修订，并经淄博市劳动局审查通过，确保了员工签订劳动合同的法律效力。对照《劳动合同法》有关规定，仔细审查现行的各项劳动管理制度，强化制度执行的严肃性和一致性，并由工会行使民主管理权，代表员工与公司签订了集体合同，确保员工的各项合法权益。

党的建设、精神文明建设、企业文化建设

淄博热电党委始终坚持服从、服务于企业中心工作的原则，主动为行政工作保驾护航，相继荣获“中国电力系统企业文化建设先进单位”、“山东省关爱职工十佳企业”、“中央企业五四红旗团委”等多项荣誉称号。

2008年，淄博热电先后组织开展了“对标管理、我为先锋”、“党员素质提升”、“党员党性定期分析”等主题实践活动。修订完善了《党支部工作质量评价办法》，进一步加大了对党支部创新工作和自主活动的考评力度，鼓励党支部在工作中大胆创新。以“廉洁文化推广年活动”为载体，注重发挥廉洁文化的渗透、教育作用，组织开展了“遵纪守法、廉洁自律”和“法律进社区”、廉洁文化理念征集、廉政书法竞赛等活动。以提升员工队伍文明素质为着力点，注重加强员工职业道德和社会主义荣辱观教育，在支援南方省市抗冰救灾和四川汶川抗震救灾活动中，全体干部员工共计捐款42万余元。注重抓好对外宣传工作，被华电集团评为2008年度“宣传工作先进单位”和“优秀记者站”。举办了老年大学十周年庆典活动，展现了离退休员工“老有所学、老有所乐、老有所为”的精神状态。开展了企业文化调研，对原有企业文化理念进行整合，融入了市场经济法则。组织开展了青年志愿者“爱心奉献”、“大手拉小手、携手安全行”等活动，将安全文化延伸到员工家庭，构筑起了安全生产的第二道防线。

华电莱州风电有限公司

概况

华电莱州风电有限公司（简称莱州风电公司）成立于2008年4月30日，位于山东省莱州市虎头崖镇西南区域，一期工程安装27台1500kW风电机组，总容量4.05万kW。27台风机于2008年9月16日全部并网发电。

截至2008年底，莱州风电公司共有员工10名，下设安全生产部，综合工作部、财务部、经营计划部、设备物资部等五个部门。其中，综合工作部、财务部、经营计划部、设备物资部等四个部门职责由华电国际莱州项目筹建处相应部门承担。

领导人员

董事长：彭国泉

副董事长：田国栋

董事：董风亮、宿星会、赵伟明

总经理：宿星会

副总经理：伍远中

年度业绩

莱州风电公司一期工程27台风机于2008年9月16日全部并网发电。截至2008年底，莱州风电公司实现安全生产195天，完成发电量2990万kW·h，全年实现利润526万元，超额完成预期目标。

莱州风电公司狠抓工程施工管理，健全各级安全责任制，制定了《安全文明施工管理制度》、《工程管理考核规定》等规章制度，加强施工危险点分析和施工过程质量控制，制定了《风电工程质量检查与验评制度》、《隐蔽工程质量验收制度》等，确保了基建安全和工程质量。加强与烟台供电公司协调，全力抓好设备送电和总启动调试工作，于6月20日完成了对220kV路宿变电站的送电工作，并于当天完成了风电送出线路的受电工作，6月22日完成了整个风电场的倒送场用电工作。充分发挥试运行指挥部的作用，积极协调参建各方的关系，严格按照启动调试大纲进行风机的动态调试，全力以赴协调当地政府、村民关系，克服重重困难，于9月16日完成全部27台风机动态调试并自动并网发电。投产后，设备主要技术指标达到设计要求，机组等效可用率始终保持在95%以上，实现了工程安全、优质目标。

生产经营管理

莱州风电公司牢固树立“基建为生产经营服务”的理念，在抓好工程建设的同时，高度重视投资控制，工程暂估转资34820万元（考虑退税因素后），完成概算动态投资43818万元的79.5%。全力做好CDM开发，于2008年初与德国复兴银行签署了核证减排量（CERs）购买协议，并在2008年2月通过了国家发展和改革委员会审定。2008年4月完成DOE现场审定，并于同年12月15日将DOE终审报告递交日本DOE总部。认真研究国家有关文件及《外商投资产业指导目录》的规定，充分利用合资项目采购国产设备退还增值税的优惠政策，经过近半年的艰苦努力，全部设备退税款4241万元于2008年11月28日一次性到账，有效降低了工程投资和运营成本。

莱州风电公司超前做好生产准备工作，按照发电生产管理的要求，建立健全了各项规章制度，加强对各岗位人员的业务技能培训，为投产后的安全运营提供了有力保障。严格执行“两票三制”，加强设备运行维护，努力提高设备可利用率，截至2008年底实现安全生产195天，完成发电量2990万kW·h。积极争取企业所得税享受“三免三减半”优惠政策，积极争取有利电价，统筹做好上网电价结算、明确电费回收流程、及时催收电费，保证了企业效益最大化，全年实现利润526万元，超额完成预期目标。

项目发展

华电国际电力股份公司与香港中电风力投资公司真诚合作，按照《公司法》规范运作，于2008年4月2日签署了合资合同，双方按55%∶45%共同出资建设莱州风电有限公司，由华电国际控股。

2008年4月14日，双方合资建企事宜取得了山东省发展和改革委员会同意合资建企的核准意见（鲁发改外资［2008］300号）；2008年4月25日，取得了山东省外经贸厅的批文和批准证书；2008年4月30日，在山东省工商局注册成立了“华电莱州风电有限公司”。

2008年7月15日，莱州风电公司组织召开了一届一次董事会，确定了人事、财务、经营等各方面的重要事宜，同时举行了莱州风电公司成立揭牌仪式，揭开了公司发展的新篇章。

华电国际莱州项目筹建处

概况

华电国际莱州项目筹建处负责华电国际电力股份有限公司（简称华电国际）在莱州的火电、码头两个项目的前期、工程建设和管理工作。火电项目规划容量8×100万kW，一期工程建设2台100万kW国产超超临界燃煤机组。该工程属于“节能、节水、占地少、环保型”的港口大型电站项目，已被中国华电集团公司、山东省和山东电网列为“十一五”规划建设的重点电源项目，一期工程投产后，年发电量约110亿kW·h。

莱州项目筹建处在华电国际公司的指导帮助下，准确把握国家能源发展战略政策，及时调整项目前期核准思路，充分利用“上大压小”政策机遇，积极争取关停火电小机组容量，共争取80万kW关停小容量，达到了国家核准申报条件。2008年8月8日，山东省发改委以鲁发改能交［2008］783号文《山东省发展和改革委关于开展华电国际莱州电厂一期2×100万kW级机组项目前期工作的请示》予以转报，于8月21日正式上报国家发展和改革委员会。截至2008年底，其他支持性文件如项目前期环评、水土保持、海域使用权、接入系统等批文已取得国家级主管部门的批复，用地预审文件已取得国土资源部小批文，项目已基本具备核准条件。

截至2008年底，莱州项目筹建处共有员工48名，平均年龄38岁。下设综合工作部、财务部、经营计划部、安全监察部、工程技术部、燃料运输部、设备物资部等7部门。

领导人员

主任：董风亮

副主任：秦世贤、宿星会、赵勇

主要领导人员变动情况：2008年3月31日，华电国际公司对莱州筹建处领导班子调整，原筹建处副主任郭荣兴调任华电新乡发电有限公司党委书记，宿星会、赵勇调任华电国际莱州项目筹建处副主任。

工程建设与管理

火电项目施工准备成效显著。莱州项目筹建处进一步建立健全工程管理制度体系，先后完成了创优策划、施工组织策划、安全文明管理策划、质量工艺管理策划、创新策划，并制订了详细的实施方案。全力推进工程设计工作，深入开展工程设计优化活动，督促完成了工程初步设计，签订了设计监理、施工监理和铁路监理合同。完成了第一、二、三批辅机招标和铁路施工、脱硫施工招标工作。2008 年 6 月 21 日，搬迁至施工现场办公，7 月 14 日顺利举行了主厂房浇筑第一方混凝土仪式。截至 2008 年底，现场拆迁工作已基本完成，场内“一环三纵三横”环形道路施工已完成；施工用水与 10kV 施工电源已完成，35kV 电源施工已接近尾声；通信系统已投入使用；主厂房、锅炉基础、电除尘基础、侧煤仓基础已完成；循环水排水沟道已开挖完成，循环水压力管道卷制已完成近 2/3。加强与东气集团、各设备厂家沟通交流，主要设备已列入厂家排产计划。

码头项目进展顺利。莱州筹建处着眼于企业长远发展规划，在 2008 年 5 月启动了 2×3.5 万 t 级通用泊位工程，并全力推进项目前期工作。根据国家有关政策，及时调整思路，对码头建设规模、航道位置等重点研究并组织勘察，对码头平面规划、装卸工艺进行设计优化，大大降低了工程投资。加强与省港航局、交通厅、发展和改革委及国家交通部等相关部门联系沟通，工可报告于 2008 年 12 月 2 日通过省交通厅的评审。截至 2008 年底，码头的海域使用、项目环评申请分别已报省海洋与渔业厅和省环保局，码头的海洋环评、海域使用论证报告编制完成。

中国华电集团公司河北分公司

概况

中国华电集团公司河北分公司（简称华电河北分公司）、华电国际电力股份有限公司河北分公司成立于 2007 年 12 月 26 日，并于 2008 年 6 月 6 日举行揭牌仪式，是中国华电集团公司（简称华电集团）在河北省的派出机构。按照华电集团的授权和委托，负责华电在河北省的发展规划、前期项目、市场营销、协调服务和河北地区所属企业的相关管理工作。

华电河北分公司目前管理华电集团在冀的两个企业，分别为河北华电石家庄热电有限公司（简称石热公司），装机容量 50 万 kW，为 4 台 2.5 万 kW 背压供热机组和 2 台 20 万 kW 抽凝供热机组；河北华电混合蓄能水电有限公司（简称河北水电），装机容量 5.7 万 kW，为 3 台常规水电机组和 1 台抽水蓄能机组。

华电集团在河北省的基建和前期火电项目有两个，其一为河北华电石家庄裕华热电项目，一期建设 2 台 30 万 kW 供热机组，于 2007 年 8 月开工建设，计划于 2009 年初投产；其二为河北华电石家庄鹿华热电项目，一期建设 2 台 30 万 kW 供热机组，2007 年 10 月，国家发展改革委批准开展前期工作，预计 2010 年建成投产。风电基建项目有一个，为河北华电沽源风电项目，一期建设容量 10 万 kW，预计 2009 年底投产。

石家庄华电供热集团有限公司为石热公司所属企业，现供热面积 2300 万 m^2，约占有石家庄市供热市场的 50%；待裕华、鹿华项目投产后，供热面积将达到 5000 万 m^2。

领导人员

总经理：康金柱

区域生产经营管理

电量方面，积极要政策、争指标、抢电量。2008 年，华电河北分公司争取到河北省发展改革委追加的 1.1 亿kW·h的电量计划，机组利用小时较全网平均高出 400h。

电热价方面，通过不懈努力，热价调整取得重大成果。热价从 2008 年 11 月 15 日起上调，非居民热价上涨 16 元/GJ，涨幅达 44%；居民热价上涨 3.6 元/m^2，涨幅为 20%。

燃料工作方面，在 2008 年燃料市场如此恶劣的情况下，确保了重点合同兑现率达到 80%，平均入厂煤热值达到 5300kcal。

区域项目发展

成功收购河北华瑞能源集团股份有限公司。2008 年 5 月 12 日，华电集团与河北华瑞能源集团股份有限公司签署了股权转让框架协议，2008 年 12 月 19 日正式签署股权转让协议，计划于 2009 年 1 月完成交割。

顺利启动曹妃甸大型能源综合项目。在华电

集团领导的大力支持下，2008 年 10 月中旬，华电河北分公司同唐山市曹妃甸工业区进行接洽，2008 年 10 月 30 日，华电集团同唐山市签署了曹妃甸大型能源综合项目开发协议，河北省省长胡春华，省委常委、唐山市市委书记赵勇，华电集团总经理云公民、党组书记李庆奎、副总经理程念高等领导出席项目签约仪式。该项目投资 500 亿元，包括临港装备制造基地、煤炭码头 5 个 10 万 t 级泊位项目、4×100 万 kW 发电项目和煤化工项目。曹妃甸项目的启动是华电集团优化区域结构、落实煤、电、路、港一体化发展战略的重大举措，也为河北区域的快速发展提供了机遇。

成功介入核电项目。通过积极同河北省政府沟通协商，2008 年 7 月，河北省政府同意华电集团参与核电开发。目前，正在进行沧州核电厂址的地勘工作。

大力推进省会热电联产项目。裕华热电项目于 2007 年 8 月 20 日开工建设。为加快工程建设，2008 年华电河北分公司策划了裕华热电工程建设三个百日大会战活动。鹿华热电项目也在全力开展前期工作。

有效推进风电项目。一是康保风电项目，总计开发规模可达 35 万 kW。一期 4.95 万 kW 项目已于 2008 年 5 月底得到河北省发展改革委批准开展前期工作，争取 2009 年取得核准，2010 年建成投产。二是内蒙古商都风电项目，华电河北分公司与内蒙古商都县签订了风电开发协议并建塔测风，规划装机规模可达到 50 万 kW。

改革发展

2007 年 12 月 26 日，华电集团决定成立中国华电集团公司河北分公司、华电国际电力股份有限公司河北分公司，任命康金柱为总经理。

2008 年 6 月 5、6 日，中国华电集团公司河北分公司、华电国际电力股份有限公司河北分公司举行揭牌仪式。河北省副省长孙士彬，华电集团总经理曹培玺、副总经理邓建玲，党组成员、华电国际电力股份有限公司总经理陈建华出席了揭牌仪式，孙士彬和曹培玺共同为分公司揭牌。揭牌仪式前，会见了河北省省委副书记、代省长胡春华，省委常委、常务副省长付志方。河北分公司的成立，标志着华电集团在河北省的发展进入了一个全新的阶段。

党的建设、精神文明建设、企业文化建设

华电集团河北分公司坚持抓党员建设和队伍建设，始终保持国有企业先进性，强化党员个人素质，增强党员的主体意识。

河北华电石家庄热电有限公司

概况

河北华电石家庄热电有限公司（简称石热公司）是系中国华电集团公司（简称华电集团）的控股公司，位于河北省石家庄市，为国有大Ⅱ型热电联产企业。石热公司前身为石家庄热电厂（简称石电厂），是国家“一五”计划 156 项重点工程之一，1954 年开工建设，1956 年第一台机组投产发电。石热公司设有东、西两厂区，其中西厂区装备 4 台 410t/h 循环流化床锅炉配套 2 台 20 万 kW 双抽供热机组，东厂区装备 4 台 2.5 万 kW 供热机组；总装机容量 50 万 kW。

截至 2008 年底，石热公司下设纪检监察部、政治工作部、总经理工作部、经营策划部、财务资产部、审计部、人力资源部、生产技术部、安全监察部、综合管理部、采购部、燃料部、设备维护部、卫生所、工会办公室等职能部门；运行一分场、运行二分场、化学分场、燃料分场、检修公司等 5 个生产车间；河北华电石家庄裕华热电有限公司、供热公司、河北华电石家庄鹿华热电有限公司（简称鹿华热电公司）等 3 个子公司；河北三宝投资有限责任公司等关联公司；卫生所、物业公司等 2 个后勤服务部门（2008 年 5 月，成立检修公司、鹿华热电公司等后勤服务部门）。

截至 2008 年底，石热公司员工人数为 1947 人。其中，研究生 11 人，大学本科 408 人，大学专科 550 人。现有各类专业技术人员 886 人，其中，高级职称 84 人，中级职称 272 人，初级职称 420 人。

领导人员

董事长：钟统林

副董事长：张彦春、康金柱

董事：钟统林、张彦春、康金柱、贾旭东、孙兆杰、连海楼、王会萍、郭爱国、杨宝石、李英平

监事会主席：魏爱云

监事：王保荣、吕小菲

总经理：孙兆杰

党委书记：连海楼

副总经理：许泉贵、张建伟、莫林峰、李志国、吴学超、张朱合

纪委书记：李宝新

工会主席：李英平

总工程师：钟占武

年度业绩

2008年，石热公司完成发电量28.3亿kW·h；供热量1598万GJ；综合供电煤耗353.23g/(kW·h)；实现利润总额-7731万元。

生产经营管理

树立"大经营"理念，应对复杂市场变化，全力控亏、减亏。石热公司坚持外争环境，内强管理，紧紧围绕电量、煤炭、资金三个影响效益的关键环节，不断更新管理思路，优化管理模式，发挥管理优势，全力以赴遏制亏损势头。一是加强经济分析对生产运营的指导，及时分析处理内外部经营信息，调整生产经营各项策略；二是促调运，控煤价；三是拓展融资渠道，千方百计做好融资工作，争取银行信贷支持，保证两个项目发展资金需求；四是积极争取电、热价双上调，2008年7月1日、8月20日两次上调上网电价，两次上调热价后，非居民热价比2007年上涨72%，居民热价比2007年上涨37%；五是大幅压缩管理费用，严控每一笔支出；六是积极向国家发展改革委争取电量，千方百计完成电量任务，2008年全年完成发电量28.3亿kW·h，超过27.82亿kW·h的年初计划。

石热公司深入开展"安全文明生产对标提高年"活动，紧紧抓住设备、人员、措施三个关键环节，源头治理、过程控制。一是开展"无违章创建"工作，以安全、经济运行为主导，组织开展安全大检查、安全知识竞赛、安全生产征文等活动，引导职工树立"违章就是事故"的观念，狠抓一切违章行为，用"零违章"，确保"零事故"；二是合理安排技术改造，共完成技改项目13项，找到了解决循环流化床锅炉水冷壁磨损、J阀漏灰的办法，创造循环流化床锅炉运行最好水平；三是积极采取可靠措施，消除事故隐患，发布事故应急预案21个、安全措施计划13项，完成反事故措施5项，补充完善各项安全生产管理制度20余个，修订下发了9项综合预案和11项现场预案，完成了18项应急预案的演练，开展了安全生产隐患排查工作，并及时整改，确保了机组的安全、稳定运行，成立了防汛领导小组，制订了防汛预案，落实防汛值班，建立突发事件应急救援体系，经受住了较大汛情的考验；四是在采暖供热面积增加200余万m^2的情况下，采取有效措施，保证了稳定供热，维护了公司良好的社会形象。2008年11月18日，安全生产工作通过华电国际安全管理评估检查组的检查。

石热公司积极开展"对标管理年"活动，结合落实华电集团《关于开展对标管理年活动的实施意见》，于2008年年初制订下发了《全面开展对标管理年活动实施方案》，建立并完善了对标指标体系。石热公司确定从两个方面开展对标管理工作，一是向华电集团先进企业、先进机组看齐；二是向机组设计值和历史最优值看齐。定期召开对标分析会，查找工作流程上、管理上的差距和薄弱环节，严格落实改进措施。针对厂用电率较高、综合煤耗较大的问题加强节能减排工作力度，效果明显。16台风机变频改造年节电5334万kW·h，降低八期机组综合厂用电率2.2%；八期电除尘器节电改造，节电率平均为45%，降低八期机组综合厂用电率0.08%，烟气含尘量降到50mg以下。经过努力，多项主要指标均创造历史最好纪录。

开展"全员培训年"活动。石热公司组织15次中层干部培训，培训1070人次；其他培训15期，培训1320人次。运行岗位举办了为期两个月的仿真培训，共480课时，培训人数达100人次；七期机组的140多名运行人员参加了跨专业学习，为鹿华热电公司的人员储备和热水炉的运行提供了可靠的人才保障；组织28个工种进行了技能鉴定，参加鉴定的职工达246人次，提高了公司职工的整体技能水平。

项目发展

裕华热电一期2×30万kW亚临界火力发电机组中，1号、2号机组均采用上海汽轮机厂生产的30万kW亚临界火力发电机组，总投资27.3亿元，工程总体由河北省电力勘测设计院设计，河北省电力监理公司监理，河北省电力研究院总体调试，1号机组由河北省电力建设第二公司总体施工，2号机组由山东省电力建设第一公司总体施工。

西郊热电（鹿华热电）“以大代小”2×30万kW热电项目于2007年10月26日获得国家发展和改革委员会批准开展前期工作，现正在等待国家发展改革委的最后核准。

内部改革

稳妥推进改革重组。整体改革稳中求进，变中求新，改中求效。2008年3月15日，石热公司职代会讨论通过了改革重组方案，完善了改革重组工作的民主程序。2008年5月8日，按照改革重组方案组建了检修公司，开始按照项目部方式进行运作，燃料、物资、粉煤灰、物业按照“四定”方案实施对裕华热电的延伸管理。改组多元产业，向生产一线回流22人。开源物业公司整建制改编为裕华热电综合维修部，热诚物业公司全面接管电力培训中心会议楼的物业维护工作，逐渐向市场化迈进。

党的建设、精神文明建设、企业文化建设

石热公司坚持抓党建，夯基础，保持国有企业党建工作的优势，认真落实“党员素质登高计划”，采取各种措施，加强对党员的日常教育管理，增强党员的主体意识；加强对党支部日常工作的考核，促进支部工作的规范化；开展党员示范岗、党员突击队、党员责任区活动，增强党员的责任意识；组织“党员就是旗帜”主题活动，开展“我身边的优秀共产党员”演讲及十七大精神、华电宪章知识竞赛，组织新党员宣誓等活动，党建工作扎实开展，在石家庄市国有资产监督管理委员会会议上，党建工作的典型材料得到推广。

加强企业文明创建工作。石热公司以保持“河北省文明单位”、争创“集团公司文明单位标兵”为主线，落实华电集团文明单位考评细则，开展了文明车间、文明班组、文明职工创建活动；严格执行《职工职业道德规范》，积极倡导文明、健康的生活方式，提高了职工文明素养；把文明创建与社会主义荣辱观学习教育活动相结合，将抗震救灾和员工的奥运热情引导到爱国、爱企和为企业作贡献上来；组织员工参加火炬接力，在员工中开展了“我为奥运祝福、我为奥运添彩、我为奥运加油”签名寄语等活动；在团员青年中开展“青年百日创新创效”活动，实现广大团员青年在岗位实践中成长成才。四川汶川地震发生后，职工无偿献血，自发捐款，感人事迹层出不穷。石热公司于2008年5月被中央团工委命名为“中央企业五四红旗团委创建单位”。

石热公司严格落实《思想政治工作管理标准》、《稳定工作及精神文明建设责任制》，密切关注和掌握职工思想动态，加强对各种不稳定因素的排查分析；及时掌握职工思想状况，超前策划、超前预防、超前开展工作，确保队伍稳定；宣传工作贴近一线，贴近实际，贴近员工，面对2008年严峻的生产经营形势，定期编制《形势任务宣传提纲》供员工学习；开展“节支创效访一线”活动，将新闻宣传的视角转向一线，深挖基层员工的先进事迹，挖掘一线的好点子、好办法、好经验；设立《企业文化》、《电子杂志》、《视频新闻》、《文海拾贝》、《图片新闻》、《石电新闻》等网络栏目，内容新颖、更新及时、实效性强，成为引导主流舆论的阵地。

企业文化建设体系不断完善和深化。石热公司充分发挥企业文化对战略实施的引领和推动作用，让企业文化融合于企业管理的全过程、全方位；按照《企业文化建设规划（2006～2010）》，制定了《2008年企业文化建设计划》和《企业文化建设考核实施细则》；在开展企业理念整合系列活动的基础上，分层次对企业文化体系不断充实和完善，确立了以七彩文化为主要内容的“众”文化品牌，编印了企业文化宣传册和企业文化手册。石热公司荣获“中国电力行业企业文化建设先进单位”称号。

河北华电混合蓄能水电有限公司

概况

河北华电混合蓄能水电有限公司（简称河北水电公司）是华电国际电力股份有限公司（简称华电国际）的全资子公司，位于石家庄市西北20km处。前身为石家庄水力发电总厂，下辖滹沱河中游岗南、黄壁庄2座梯级水电站，拥有3台常规水轮发电机组和1台抽水蓄能发电机组，总装机容量5.7万kW。岗南水电站于1960年3月投产发电，装有我国第一台抽水蓄能机组，是我国第一座混合蓄能水电站；黄壁庄水电站于1970年3月建成发电。两座水电站先后由华北电管局、石家庄电业领导小组、河北省电力工业局、石家庄热电厂管理。1989年12月，河北省电力（工业局）公司决定由岗南水电站、黄壁庄水电站和保定地区的王快水电厂3家组成石家庄水力发电总厂，厂部设在黄壁庄镇。

2002年12月29日，石家庄水力发电总厂划归中国华电集团公司（简称华电集团），为华电集团的内部核算单位。2003年10月，总厂更名为中国华电集团公司石家庄水电厂。2004年3月，又更名为中国华电集团公司石家庄混合蓄能水电厂。2005年6月，完成公司制改组，最终更名为河北华电混合蓄能水电有限公司。2008年7月，划归华电国际。

截至2008年12月31日，河北水电公司在册员工161人。

机构设置

河北水电公司下设总经理工作部、政治工作部、安全生产部、财务资产部、人力资源部、风电项目部等6个职能部门，运行车间、检修公司、综合服务部3个基层单位。

发展战略

根据当前国际、国内形势变化，按照华电集团、华电国际、华电河北分公司的战略部署，在巩固和提高水电现有规模、效益水平的基础上，拓宽发展路径，努力建成投产风电项目，积极参与曹妃甸项目。到2012年，公司确定“833”发展目标，即净资产收益率达到8%，风电装机规模达到30万kW，达到三星级发电企业创建标准。

领导人员

董事长：康金柱

董事：卢新君、霍建国

监事会主席：蔡兵胜

监事：丁圣民、姚根海

总经理、党委书记：卢新君

党委副书记、纪委书记、工会主席：蔡兵胜

副总经理：霍建国

总工程师：刘明武

主要领导人员变动情况：2008年7月，华电国际电力股份有限公司委派康金柱为河北水电公司董事长，委派丁圣民为河北水电公司监事。

年度业绩

2008年超额完成了华电集团下达的电量、收入、利润指标，安全生产保持了先进水平，未发生一类障碍及以上不安全现象。截至2008年12月31日，实现连续安全生产1672天。

生产经营管理

树立效率意识，确保安全生产。电量是公司经营收入的基础，高效率发电是保证经济效益的关键。深入开展效率管理，加强运行现场管控，坚持运行日经济分析，实现不同机组的协调运行。坚持效率分析，及时调整设备参数，充分发挥了效率和效益科学指导生产的作用。深入开展对标，持续提升企业管理。把对标管理与实现年度绩效目标结合起来，与节能节支活动结合起来，与建立和修订企业管理标准结合起来，与日常基础管理工作结合起来。建立对标管理工作秩序，在总结经验的基础上制定有关制度，建立对标管理长效机制。以执行力建设为基础，造就高素质的干部员工队伍。建立执行力问责制，杜绝事情没人管、没人问、互相推托的现象，用制度保证执行力建设，营造令行禁止、执行精准的舆论氛围。开展“提升执行力”主题实践活动，通过读书学习、专题座谈、经验介绍、解放思想大讨论，真正从根本上提升了企业整体执行力。

项目发展

风电项目是河北水电公司外延发展的一个重点方向，项目部到张家口坝上地区多次现场踏勘，争取到了康保处长地风电场开发权，2008年5月30日取得了河北省发展改革委同意河北水电公司开展前期工作的“路条”，而后相继对处长地风电场进行了工程规划和风资源的初步评估，完成了康保处长地风电场一期工程的地质勘察、地形图测绘等工作，为可行性研究报告的编制和项目核准所需支持性文件的取得提供了保障。承揽了唐山曹妃甸大型能源综合项目筹备工作，任务包括曹妃甸煤炭码头工程、大型燃煤发电厂、临港装备制造和煤化工、海上风电五个关联项目，筹备组建立了信息沟通机制，为华电集团打造曹妃甸经济循环区奠定了基础。

内部改革

2008年4~7月，河北水电公司组织进行了除公司领导以外的全员竞争上岗工作，依据岗位规范中的定员、定责、定岗、定编，通过报名、考试、答辩、测评等形式进行了双向选择，修订了岗位动态管理标准，规范了岗位日常管理和年度考核。按照集团公司和华电国际年度绩效目标考核办法修订和完善了公司内部绩效目标考核管理办法，进一步明确了各部门关键指标，使公司内部考核机制更加规范、科学有效。

党的建设、精神文明建设、企业文化建设

河北水电公司党委提出“五破五树一机制”、“谋事在人，成事更在人”的先进理念，在全体干部员工中开展“提升执行力”主题教育实践活动，通过开展阅读《赢在执行》，学习窦铁成、冯里达等优秀党员干部先进事迹等方式，广大员工，尤其是党员干部的执行力有了明显提升。

河北水电公司结合企业实际，在创建活动中，注意与驻地部队搞好军民共建。给驻地部队修建了篮球场，购置了一批健身设施、图书，并开放图书室，与驻地部队实行资源共享，逢春节、建军节等节日，与部队战士进行联欢，加强与当地群众的联系与沟通。河北水电公司还与当地文明生态村“结对子”，帮助其开展社会主义新农村建设；生产之余，积极参与社会公益活动，开展向汶川地震灾区人民捐款、献血，向平山县对口扶贫村、困难老党员帮扶和捐款等一系列献爱心活动。

河北水电公司以“和谐文化”、“安全文化”、“廉政文化”建设为重点，扎实推进企业文化建设，不断完善具有水电特色的和谐企业文化。在宣贯华电集团企业文化体系《华电宪章》的同时，河北水电公司加快建立具有水电特色的企业文化体系，弘扬了水电精神，丰富和完善了具有公司特色、催人奋进、促进和谐、推动发展的“和谐水电”企业文化建设。

河北华电石家庄裕华热电有限公司

概况

河北华电石家庄裕华热电有限公司（以下简称公司）成立于2006年7月26日，位于河北省石家庄市市区南部栾城县夏户庄。公司注册资本达5亿元人民币，股东双方为河北华电石家庄热电有限公司和河北华峰投资有限公司，其中，河北华电石家庄热电有限公司注入货币资金3亿元人民币，占注册资本的60%；河北华峰投资有限公司注入货币资金2亿元人民币，占注册资本的40%。

公司共有员工367人，分设9个部室，分别为总经理工作部（12人）、经营策划部（3人）、安全监察部（4人）、生产技术部（5人）、财务资产部（4人）、发电运行部（153人）、设备维护部（110人）、综合维修部（25人）、工程建设部（13人）。

领导人员

总经理：孙兆杰（法定代表人）

常务副总经理：李志国

副总经理：许泉贵、张建伟、莫林峰、吴学超、张朱合、高建军

总工程师：钟占武

项目概况及发展规划

公司初设规划容量为4×30万kW双抽供热汽轮发电机组，分两期投建。一期工程2×30万kW于2007年8月20日开工建设，采用桥东污水处理厂的中水作为供水水源，同步建设高效电除尘和烟气脱硫装置，投产后将替代160多台分散小锅炉，为石家庄南部1500万m^2的主城区供热。

工程建设与管理

河北华电石家庄裕华热电有限公司2×30万kW热电项目是河北省的重点建设项目，也是中国华电集团公司河北分公司成立以来，依据“依托石市，辐射河北，多元并举，科学发展”的发展思路建设的第一个重点工程项目。一期2×30万kW亚临界火力发电机组均采用上海汽轮机厂生产的30万kW亚临界火力发电机组，总投资27.3亿元人民币。工程总体由河北省电力勘测设计研究院设计，河北省电力监理公司监理，河北省电力研究院总体调试，1号机组由河北省电力建设第二公司总体施工，2号机组由山东省电力建设第一公司总体施工。裕华热电的投产将有效缓解河北南部电网持续缺电的局面，确保电网构架安全，同时，它还将全面替代现有东方热电一厂和四厂两个主要供热点以及160多台小型燃煤锅炉，担负起石家庄市南部约1500万m^2的供热任务。

2004年11月21日，河北热电有限责任公司成立南郊热电厂项目领导小组及筹建处。徐刚任组长，连海楼、张国远（常务）任副组长，小组成员为张克光、王灵芝、李宝新、孙兆杰。领导小组下设石家庄南郊热电厂筹建处，负责项目前期工作和相关事宜。

2005年2月，公司委托河北省电力勘测设计研究院完成可行性研究报告，并于2005年6月通过中国国际工程咨询公司审查，接入系统设计于2005年11月通过河北电力公司组织的评审。

2007年7月6日，国家发展改革委下发了

《国家发展改革委关于河北华电石家庄南郊热电厂新建工程项目核准的批复》（发改能源［2007］1526号）核准公司一期2×30万kW项目开工建设，2007年8月20日，公司主厂房浇筑第一罐混凝土，标志着工程建设正式拉开序幕。

工程建设过程中，公司认真落实集团公司的决策部署，紧紧围绕建设“安、快、好、省、廉”工程为中心，以效益为导向，质量为基础，安全为保障，深入开展“质量提高年”和“对标管理年”活动，确保工程安全、质量、进度、造价可控及在控，力争实现“双达标投产，创‘华电一流、国内先进’的火电行业优质工程”的最终目标。

工程初期，公司与施工单位签订了质量管理协议、工程安全文明施工协议和廉洁协议书，并严格执行安全风险抵押金制度和安全文明施工保证金制度，确保安全质量保障措施执行到位，坚决预防和杜绝职务犯罪，保证公司的经济安全和政治安全。

1. 安全管理

坚持“安全第一、预防为主、综合治理”的方针，不断建立、健全安全管理体制和机制。先后制定、下发了25项安全规章制度并严格执行落实，对不安全现象认真组织分析，做到“四不放过”，并采取相应防范措施，保证施工现场安全工作始终处于可控、在控状态。在整个基建期内未发生一起安全事故，实现零事故。截至2009年4月23日，2号机组投产发电，连续实现基建安全生产613天。

2. 质量管理

以“质量提高年”为契机，健全机构，优化设计，不断完善措施，加强管控机制。在建立、健全各项质量管理制度和措施的基础上，定期开展质量专题检查活动和质量分析会，并切实发挥工程质监中心站的监检作用，共组织完成质量监督检查活动72项次，完成率达到100%。按照《电力建设施工验收及质量验评标准》、《火力发电厂基本建设工程启动及竣工验收规程》等规范要求，实行四级验收流程，严把质量验收关口。工程率先提出“小精品工程”理念，规划了22个小精品项目，其中，1号汽轮机基础、1号主厂房上部结构、2号水塔工程、储煤筒仓工程等15个小精品获得认证。在调试过程中，基建生产全力协作，确保“七个一次成功”圆满实现。

3. 进度管理

公司克服2008年钢材等原材料价格和人工费用大幅上涨；货币政策从紧，融资难度加大；全国设备需求量大，交付时间集中，交货时间不能保证等困难，上下齐心协力，创新工作思路，确保工程进度如期实现。

主要形象节点：

2007年8月20日，主厂房浇筑第一罐混凝土；

2007年11月5日，1号锅炉基础出零米；

2008年2月20日，1号锅炉汽包吊装就位；

2008年6月25日，1号锅炉整体水压试验一次成功；

2008年7月8日，厂用系统受电一次成功；

2008年8月25日，2号锅炉水压试验一次成功；

2008年11月21日，1号锅炉吹管结束；

2008年12月12日，2号锅炉吹管结束。

4. 造价管理

公司严格履行设计变更管理程序和招标程序，从严控制建设规模和标准，严格控制各项工程费用开支在执行概算范围以内。从初设源头就加强设计优化，较2007年2×30万kW机组限额设计指标，工程新建方案节约6049万元人民币；与国家电力规划设计总院下发的《电力工程建设项目用地指标》中规定的占地45hm^{2}相比，该工程占地面积减少了5hm^2，节约投资1500万元人民币；采用施工图纸会审制度，图纸经四方（施工、设计、监理、业主）会审后再施工，严格履行设计变更程序，减少了设计变更的数量；施工过程中采用“大监理、小业主”的模式，充分发挥监理的“四控、两管、一协调”作用，按照集团公司规定及该工程的合同条款，对工程款支付进行了量化控制。

5. 环境保护

严格按照环评“三同时”要求进行环境保护设施建设。

烟气污染防治措施。工程采用双室五电场静电除尘器，除尘效率为99.77%，再加上脱硫系统本身的50%除尘效率，综合除尘效率达到99.89%。脱硫系统采用湿式石灰石/石膏法烟气脱硫工艺，脱硫效率达到95%以上。锅炉采用低氮 PRP 燃烧器，并在锅炉尾部烟道上方预留了 SCR 脱硝空间。

污水处理。该工程是华电国际第一个 100% 利用城市中水的项目，同步建设投产了中水深度处理车间，还设置了生活污水处理站、工业废水处理站等废水综合利用设施，每年可节约地下用水 1400 多万 t。

噪声治理。广泛选用节能低噪产品和采用降噪技术，如在锅炉排汽口、送风机入口装设消声器；汽轮发电机组采用刚性联轴器；热网循环水泵选用低噪声设备，并布置在换热站内；磨煤机采用环式低噪声设备等。

工业粉尘、扬尘防治。储煤场采用封闭筒仓，各转运站、碎煤机室设置喷水抑尘装置，对输煤设备和导料槽采取密闭措施；石灰石粉采用封闭输送和储存方式；煤仓间原煤斗、石灰石储仓顶部、灰库顶部设置布袋除尘器，大量减少了生产过程中的扬尘污染。

灰渣治理及综合利用。采用灰渣分除方案，使用密闭罐式汽车进行异地运输、储存，且脱硫石膏和灰渣全部综合利用，降低了废弃物的占地和处理费用。

中国华电集团公司内蒙古公司

概况

中国华电集团公司内蒙古公司（简称华电内蒙古公司）于 2003 年 4 月 1 日在呼和浩特市正式挂牌成立。华电内蒙古公司是集团公司在内蒙古自治区的分支机构，按照集团公司的授权，负责集团公司在内蒙古自治区的电力项目建设、生产经营管理、发展规划、电力营销、协调服务工作。自成立以来，华电内蒙古公司紧紧抓住国家西部大开发和自治区建设能源基地的发展机遇，从零起步，锐意进取、攻坚克难。截至 2008 年底，已完成 6 个项目公司组建、10 台火电机组和 167 台风电机组投产发电任务，总装机容量突破 309 万 kW、累计完成投资 153.7 亿元。所属已投产企业 5 个，分别为内蒙古华电乌达热电有限公司 2×15 万 kW 供热机组、内蒙古华电包头发电有限公司 2×60 万 kW 发电机组、包头东华热电有限公司 2×30 万 kW 供热机组、内蒙古华电卓资发电有限公司 4×20 万 kW 发电机组和内蒙古华电辉腾锡勒风力发电有限公司 19 万 kW 风电机组；未投产在建项目一个，为内蒙古华电土右发电有限公司 2×60 万 kW 机组工程。

领导人员

党组书记、总经理：周顺宏

党组成员、副总经理：赵文奎

党组成员、副总经理、纪检组长、工会主席：巴希

党组成员、副总经理：程刚

总工程师：牛万虎

总会计师：吴建平

区域年度工作业绩

2008 年，华电内蒙古公司系统圆满完成了奥运保电和迎峰度夏等安全任务，没有发生生产基建安全事故、重大违法违纪案件和对集团公司形象、稳定造成不利影响的事件，确保了生产安全、经济安全、政治安全和形象安全。

2008 年全年完成发电量 146.6 亿kW·h，为集团公司年度计划的 92.08%；完成供电煤耗 351.1g/(kW·h)，同比下降 6.2g/(kW·h)，比集团公司计划高出 1.06g/(kW·h)；完成综合供电煤耗 354.01g/(kW·h)，同比下降 5.92g/(kW·h)，比集团公司计划高出 1.28g/(kW·h)；区域火电年耗用燃油 2356.46t，同比降低 1869.5t，比预算降低 1530.5t。全年实现利润 -14356 万元人民币。

按营销口径累计电热费回收率超过 100%。

库仑风场投产 7.05 万 kW，截至 2008 年底，华电内蒙古公司系统装机容量达到 309 万 kW。

区域生产经营管理

2008 年，华电内蒙古公司认真落实各项安全生产责任，不断开展安全教育、安全培训等各项工作。通过春季、秋季等常规性检修，不断加强生产技术管理和技术监督，设备可靠性进一步提高，有效降低了机组“非停”。通过“隐患治理”、“无违章创建”和“安全性评价”等专项活动，及时消除了安全隐患。编制应急预案，开展应急演练，安全保障不断提高。深入开展“对标管理”和节能评价工作，使能耗指标逐年下降。通过开展“基础管理年”活动和编写岗位说明书，明晰了岗位职责，完善了规章制度，巩固了公司系统生产基础，使安全生产可控、在控。一年来，公司系统未发生人身事故和设备事故，圆满完成了

奥运保电等各项任务，确保了“四个安全”。

区域项目发展

土右项目作为2008年全年的重点，经过不懈努力，已被列入内蒙古自治区“十一五”电力发展规划，并作为内蒙古自治区2008年备选开工项目上报了国家发展改革委。2008年8月，项目正式获得国家环境保护部关于由亚临界变更为超临界的批复及取消GGH的专项报告书，核准所需的支持性文件已全部取得，参与组建水务公司项目已取得内蒙古自治区发展改革委核准。

乌达二期扩建项目已被乌海市作为供热首选列入2009年开工计划，并上报内蒙古自治区发展改革委，自治区也将其列入“十一五”电力规划和电源点优选项目。

东华二期初步可行性研究报告已参加集团公司组织的专题论证，地方支持性文件全部获得，并被包头市列入热电联产规划和拉动内需项目。

华电包头一期供热改造和二期扩建项目工作正在有序推进。

按照集团公司与呼伦贝尔市签订的大型煤电化项目战略合作框架协议，开展了相应的前期工作。

在内蒙古自治区范围内，重点在鄂尔多斯地区开展了煤炭资源的调研和大量的洽谈工作，向自治区政府以及包头、乌海、鄂尔多斯市提出了配置煤炭资源的请求报告并进行了多次沟通，得到了各级政府和有关领导的理解和支持。

改革发展

对于任何组织，干部培养都是战略问题，企业也是如此。干部管理工作在公司党组的统一部署下，坚持以“三个代表”重要思想为统领，深入贯彻落实科学发展观，用科学发展观的要求抓好公司系统的组织建设，以适应公司发展对干部的需要。一是建立公平、公开、公正的干部选拔任用机制，规范和完善干部管理办法，加强干部的民主测评和考核、考察评价制度，把组织建设作为一项基础性工作来抓，努力提高干部队伍的整体素质，逐步建立起一支比例适当、专业知识结构比较合理、整体素质较高的干部队伍，为公司目前和中长远发展提供有力的组织保证。二是切实加强公司系统后备干部队伍的培养和管理，建立后备干部成长的竞争激励机制，保证后备干部能进能出，能选能退。利用轮岗任职、挂职锻炼、脱产培训、自学计划等方式为后备干部创造良好的成长环境。同时，结合集团公司对干部培训的要求，制订切合公司实际的干部培训计划，做到科学发展需要什么就培训什么，干部成长缺什么就补什么，增强后备干部工作的针对性和实效性，努力造就一支数量充足、结构合理、素质优良、能适应公司长远发展的后备干部队伍。三是加强公司系统组织干部队伍的建设，严格按照中共中央组织部关于组工干部“十严禁”纪律要求严肃人事干部队伍，保证组工干部队伍的纯洁性。同时，继续深化在组织人事系统中深入开展“讲党性、重品行、作表率”活动，努力建立一支过硬的组工干部队伍。

党的建设、精神文明建设、企业文化建设

认真组织党员干部和广大员工学习贯彻党的十七大精神，先后举办三期十七大精神学习专题培训班，参训人员超过100人次。深入实践科学发展观，积极开展“四好”班子创建活动，全面加强领导班子和职工队伍建设。以“两个打造”（打造平台、打造品牌）工程为着力点，切实加强区域党的建设和廉政建设，召开了区域政治工作总结表彰大会，深入基层加强对公司系统各单位党委“强核心、固堡垒”活动进行指导检查，组织开展了惩防体系建设和燃煤及制度效能监察。不断加强企业文化建设和文明单位创建工作，认真做好分流职工安置、上岗培训及思想稳定工作，选举产生了区域工会委员会；广泛开展职工技能竞赛、群众性文体活动和“送温暖”活动，大力营造具有华电内蒙古公司特色的企业文化和区域文化。积极开展社会公益活动，捐资近千万建设美岱召中学教学楼和学生餐厅；充分发扬“一方有难、八方支援”的精神，在抗震救灾捐助和交纳特殊党费的活动中，公司系统党员群众共捐款35.8万元人民币。2008年，华电内蒙古公司荣获集团公司“文明单位”称号；内蒙古华电乌达热电有限公司荣获集团公司“文明单位标兵”称号；内蒙古华电包头发电有限公司荣获自治区“五一劳动奖状”和集团公司先进企业；内蒙古华电卓资发电有限公司通过了“全国精神文明建设工作先进单位”检查考核；包头东华热电有限公司荣获“包头市学习型标兵单位”等称号。华电内蒙古公司的品牌形象进一步得到提升。

内蒙古华电包头发电有限公司

概况

内蒙古华电包头发电有限公司（简称华电包头公司）是中国华电集团公司在内蒙古区域投资建设的火力发电企业，地处包头市九原区巴尔泰，占地面积1100亩。华电包头公司于2003年9月18日注册成立，总投资47.5亿元人民币。规划装机容量440万kW（4×60万kW+2×100万kW），一期2×60万kW亚临界凝汽式燃煤发电机组于2004年7月开工建设，分别于2006年11月10日和12月16日投产发电。华电包头设有总经理工作部、计划发展部、人力资源部、财务资产部、政治工作部、安全生产技术部6个职能部室和基建前期办公室1个临时机构。

领导人员

董事长：姜家仁

董事：周顺宏、杨信、赵晓东、贺俭（职工董事）

监事会主席：李红淑

监事：李红淑、吴建平、侯建宏（职工监事）

总经理：赵晓东

党委书记：贺俭

副总经理：侯昭湖

副总经理：那仁满都拉

纪检书记、工会主席：侯建宏

年度业绩

2008年全年完成发电量62.52亿kW·h，综合供电煤耗完成333.22g/(kW·h)，综合厂用电率完成6.03%。在1号机组完成小修、2号机组完成大修，全年单机运行80天，机组平均利用小时数达到5210h。等效利润完成11793万元，其中包含资本金未到位影响利润4958万元、委托运营费用1255万元，完成年度绩效考核目标。

生产经营管理

华电包头公司始终坚持“安全第一、预防为主、综合治理”的方针，努力夯实安全基础管理；狠抓安全生产责任制的落实，强化安全监督管理，深入开展安全专项活动，保持了安全管理的高压态势。

全面贯彻集团公司“对标管理年”活动的安排和部署，建立、健全对标管理体系，认真落实对标责任和指标控制措施，形成了个人对班组、班组对部门、部门对公司逐级负责的对标管理链条。通过努力，在机组负荷率同比下降3.05%的情况下，综合供电煤耗同比降低了7.24g/(kW·h)，综合厂用电率同比下降0.58个百分点，补水率同比降低1.11%。

华电包头公司组织完成了1号机组小修和2号机组大修工作，在机组的大、小修过程中，华电包头一方面严把过程管理和质量验收关，确保了安全、质量、进度、节能目标的实现；另一方面，重点落实设备治理和节能技术改造，使机组的安全、经济运行水平有了比较明显的改善。结合设备缺陷和工作票管理软件的推行，每周对设备缺陷处理情况进行分专业、分类别的统计，分析原因，落实责任，2008年全年共消除设备缺陷6724条，月平均消缺率达93%，消缺及时率为99%。同时，华电包头还大力推行点检定修管理，规范了设备巡视，保证了设备的日常管理到位。

华电包头公司坚持内抓管理、外争政策，不断提升经营管理水平。加强了全面预算管理，将各项预算目标及可控费用与部门绩效考核挂钩，月度检查、季度兑现，使预算的执行可控、在控。通过招标、议标、网上采购与询价、比价工作的有效开展，使2008年全年的生产成本大幅下降，有力保障了物资供应与施工质量。合同管理方面，实现了从谈判、会签、签订，到执行全过程的监督管理闭环，增强了合同管理的透明度，有效避免了经济纠纷。完善了燃料管理规章制度，结合燃料效能监察和达标创优工作，规范了采制化各个环节的管理，制订了燃料堆放和掺烧掺配方案，有效控制了热值差。2008年全年入厂、入炉煤热值差累计84.06kcal/kg，超过行业优秀值。努力做好“三电”工作，指定专人积极与电网公司沟通协调，寻求理解支持，通过多种方法和手段，千方百计争取电量指标。

项目发展

按照集团公司实施运营体制改革的部署，中国华电集团发电运营有限公司承接了华电包头公司生产运营工作。华电包头公司将一期2×60万kW机组所有生产设备及系统的日常运行和维护工作全权委托，中国华电集团发电运营有限公司包头分公司承担，华电包头公司代表出资人行使资产的经营权、管理权，对公司经营、安全生产及技术管理负总责，依托运营合同和相关协议对中国华电集团发电运营有限公司包头分公司实施监督、管理和考核。

运营改制实施一年来，双方牢固树立“一家人”理念，在新的管理模式下共同探索、互相促进，不断完善委托运营管理机制，系统地理顺了工作关系；在工作中，本着“一切从工作出发，一切为工作着想”的原则，相互理解、相互支持、相互补位，努力做到了“管理有权有责，工作有抓有放，权利有舍有得，决策有同有合，合作有情有谊”。2008 年下半年，华电包头公司与运营分公司配合，克服了资金不足、人员缺乏、技术力量薄弱等不利因素，完成了检修维护队伍的组建，实现了全厂设备维护工作的顺利接管和平稳过渡。

二期 2×60 万 kW 机组工程的前期工作稳步推进，2008 年取得选址规划、环境保护、水源、供热范围和供热负荷等批复文件，签订了供煤协议，可行性研究报告正在编制，工程已被列入包头市城市供热规划，并努力争取列入包头市及“十二五”发展规划。

内部改革

按照集团公司实施“人才强企”战略目标的总体要求，华电包头严格按定员组织生产。为了推进生产管理与运行人员的整体素质水平，华电包头公司通过内部竞聘、外部招聘等方式，完成了生产、管理岗位的补充。同时，进一步完善人力资源管理制度体系，组织编制了各部门、各岗位职责说明书，修订了《竞争上岗管理标准》、《后备干部管理办法》、《离职管理办法》等规章制度。

根据集团公司《关于印发〈中国华电集团公司薪酬制度改革试点方案〉的通知》（中国华电人［2006］1302 号）文件要求，华电包头进一步规范系统薪酬分配模式，强化薪酬分配的激励与约束机制，对建立以岗位工资和效益工资相结合的基本工资制度——岗位薪点工资制进行了探索，建立和完善了薪酬制度改革方案，编制了《内蒙古华电包头发电有限公司薪酬管理实施细则》、《内蒙古华电包头发电有限公司绩效考核评价管理办法》、《员工岗位任职资格对照表》、《内蒙古华电包头发电有限公司岗位归级表》，薪点工资制度得到有效的落实。

2008 年，华电包头公司全面推行绩效管理。10 月中下旬，公司与上海佐佳管理咨询公司签订了绩效管理及薪酬体系设计管理咨询服务协议，以期抓住机遇，借助外脑，从起步阶段就将公司绩效管理工作提升到一个较高水平。在推进绩效管理的过程中，对绩效数据反复测算分析和研究讨论，于 2008 年 12 月底完成了绩效管理实施细则的制定和修订工作，并全面推广应用。

党的建设、精神文明建设、企业文化建设

华电包头公司党委坚持“融入中心，服务大局，进入管理，发挥作用”的工作方针，狠抓党组织基础建设，开办了业余党校，强化了党员的教育管理，通过党员“五带头”、“党员示范岗”、“两优一先”评比等活动的开展，增强了广大党员的凝聚力和向心力。

华电包头公司纪委与中层以上领导干部及重点岗位人员签订了廉洁从业承诺书，组织诫勉谈话 30 余人次，筑牢了领导干部廉洁从业的思想道德防线。工会大力开展“五型”班组、“工人先锋号”创建，“安康杯”竞赛，足球、乒乓球、羽毛球、书画比赛等文体活动，对稳定队伍、凝聚人心起到了重要作用。

华电包头公司积极宣贯企业文化，广播站的开播，文化长廊的设立，“送温暖”活动、歌咏比赛、拓展训练的开展凝聚了人心，提升了士气。2008 年，“三和”文化被中国电力企业联合会评为“全国电力行业企业文化成果优秀奖”，华电包头荣获“全国企业文化建设先进单位”荣誉称号。

内蒙古华电卓资发电有限公司

概况

内蒙古华电卓资发电有限公司（简称卓资公司）坐落在乌兰察布市卓资县工业园区内，与京包铁路、110 国道、京藏高速毗邻，对外联系便利，地缘优势突出。卓资公司成立于 2003 年 12 月 18 日，是中国华电集团公司所属全资火力发电企业。工程规模为 4×20 万 kW 空冷机组，总投资 32.98 亿元。

卓资公司下设 8 个部室，分别为总经理工作部、党群工作部、人力资源部、财务资产部、物资管理部、生产运营部、安全监察部、设备技术部，在册用工 239 人，其中，研究生 2 人，本科 96 人，专科 82 人，中专及以下学历 59 人；高级职称12人，中级职称35人，初级职称82人。

领导人员

董事长：赵文奎

董事：吴建平、王如祥、李恺、龚优军（职工董事）

监事：刘仁鹏、贺丰丽、梁俊韬（职工监事）

总经理、党委书记：李恺

副总经理：王文昌、赵荣元

总工程师：孟宪彬

主要领导人员变动情况：2008年1月13日，中国华电集团公司任命李恺为卓资公司总经理兼党委书记，郭建民不再担任总经理职务。

年度业绩

2008年，卓资公司完成发电量34.2亿kW·h；完成综合供电煤耗392.91g/(kW·h)；完成综合厂用电率11.55%；设备利用小时数为4270.9h，同比减少191.6h；全年共实现利润-1.24亿元。

生产经营管理

卓资公司提出“建设和谐企业、凝聚人心为龙头，以安全生产、对标管理为基础，以落实责任、奖罚分明为手段，以设备治理、经济运行为内容”的工作思路，围绕“控亏、减亏”指导思想，克服煤炭紧张、负荷下降、资金短缺等困难，内强管理，外树形象，安全生产基础进一步夯实，生产管理进一步规范，经营能力进一步增强，公司形象进一步提升。截至2008年12月31日，连续安全生产1120天。

运行管理方面，卓资公司实行电量、指标分解到月、到日、到值的办法，以值保日，以日保月，以月保全年电量完成；深入开展值间劳动竞赛活动，增加了发电量完成奖、小指标月度竞赛奖、安全天数奖、节油奖等生产专项奖；将大部分外委项目收回自管，完善岗位配置和培训工作。2008年4月30日顺利完成集控运行接管，2008年7月1日完成输煤运行接管。

检修管理方面，卓资公司进一步规范缺陷管理和检修作业流程，修订了检修管理标准、设备管理标准及各专业检修规程。2008年全年陆续接管了水暖维护、照明维护、机炉检修维护，并成立了相应的班组；共完成了4号机组大修、3号机组大修、2号机组扩大性小修、1号机组小修工作。结合安全性评价、节能评价整改要求，对影响机组安全、经济运行的重大缺陷进行专项治理，重点治理了发电机氢气纯度下降快，3号、4号机组中压缸停机过程中上、下缸温差大，3号、4号机组轴封漏汽量大，制粉系统漏粉等缺陷。

技术管理方面，卓资公司结合机组大、小修，完成了2号、3号、4号机组的微油点火改造，改造后冷态启动耗油量为5～6t，节油率在90%以上；完成2号、3号、4号省煤器改造，改造后降低排烟温度20℃左右，降低煤耗约1.2g/(kW·h)；完成3号机组引风机、凝结水泵电动机变频改造，改造后设备耗电量分别比改造前降低52%和75%。

燃料管理方面，卓资公司按照“五统一”原则，加强燃料全过程管理。积极与神华集团协调，争取合同煤的兑现率。在全国煤炭价格持续走高的形势下，入厂原煤96%使用神华合同煤，价格一度低于市场价格近100元/t。

项目发展

按照新的项目核准制要求，卓资项目核准所需4项条件已具备2项：接入系统方式，2003年10月24日，经过内蒙古电力（集团）有限责任公司批复同意，机组并入蒙西电网运行；环境保护，2008年3月7日，环保设施通过了国家环保总局的验收。土地、水保论证方案分别于2005年5月、2007年12月通过审查并上报，待国土资源部和国家水利部批复。

党的建设、精神文明建设、企业文化建设

卓资公司坚持定期中心组学习、三会一课、民主生活会等党内生活活动，先后组织开展了“领导人员廉洁从业七项要求”自查、“讲党性、重品行、作表率”等专项活动；坚持以多种形式开展廉政主题活动，主要领导人员亲自讲党课、讲反腐倡廉教育等。2008年全年累计开展反腐倡廉主题教育活动3场次，400多人接受教育。

为丰富职工文化生活，卓资公司支持职工成立了羽毛球协会，承办了第二届“华电内蒙古杯职工乒乓球比赛”，举办了“迎奥运”职工排球比赛、“三八”妇女节联谊会以及国庆文艺晚会等活动。

内蒙古华电土右发电有限公司

概况

内蒙古华电土右发电有限公司（简称土右公司）成立于2005年7月7日，是华电内蒙古能源有限公司。在内蒙古自治区包头市土默特右旗独资筹建的大型火力发电企业。土右公司地处自治区首府呼和浩特市、自治区最大的工业城市包头市和煤都鄂尔多斯市“金三角”腹地，南临黄河和京包铁路，北倚大青山，毗邻丹拉高速公路和110国道，交通便利，区位优势明显。土右公司设置总经理工作部、人力资源部、工程管理部、计划管理部、财务部、生产准备部6个部门，员工共计106人。

领导人员

总经理：程刚（华电内蒙古能源有限公司副总经理）

党委书记：政建新

副总经理：戴新

生产经营管理

施工准备。2006年9月，经华电集团批准，土右公司开始通过公开招聘方式聘用建设期管理人员，并按照华电集团管理制度开展了建章立制工作，结合贯彻GB/T 19001—2008《质量管理体系　要求》、GB/T 24001—2004《环境管理体系　要求及使用指南》和GB/T 28001—2001《职业健康安全管理体系　规范》，建立了土右公司基建和生产期的质量、安全、环保共121项标准的整合管理体系。通过整合管理体系的有序运行，土右公司基建期各项工作全面高效地开展起来。2006年7月，按照国家环保“三同时”的要求，西北电力设计院开展了土右公司2×60万kW级空冷机组工程项目的初步设计工作，并通过国家电力规划设计总院的审查，具备了开展施工准备条件。

工程管理。工程建设的总体目标是建设工程质量优良，达标投产，争创国家优质工程，项目管理进入我国电力行业一流，创建环境和健康、安全一流的文明施工现场。围绕工程总体建设目标，参照华电集团安全文明施工手册和质量工艺手册，编制实施了一整套安全、质量、造价管理制度。利用PMIS信息管理系统对工程现场进行实时监控。建立、健全了安全质量管理组织机构，公司总经理为第一责任人，充分发挥以安委会、质监站为主体的施工安全质量监督网的作用，加强了对施工队伍的安全教育、工程及设备的安全质量检查，强化过程管理和责任制落实，加大整改和考核力度，使工程安全质量管理始终在科学严格、规范有效的机制下运行，实现了安全施工无事故，已完成的土建工程项目质量全部达到优良。在华电内蒙古能源有限公司年度安全文明施工达标检查中，给予较高评价，得分率均为95%以上。

生产准备。完成了已到岗的生产管理人员和生产骨干人员的培训，按照工作需要和计划安排，分别进入临时岗位和外出实习；结合工程一级网络计划，完成了生产准备工作计划大纲的编制，并确定了生产准备工作的总体构想和管理模式，绘制了生产准备计划网络图；编制完成了生产培训计划和培训管理制度；对2007年和2008年接收的大中专毕业生，全部安排到华电内蒙古能源有限公司包头发电分公司生产现场进行培训。

项目发展

2003年，华电集团与包头市人民政府签订合作协议，决定在内蒙古自治区包头市土默特右旗境内建设大型火力发电厂，规划建设2×66万kW+6×100万kW机组，总装机容量720万kW。一期工程由华电集团独资建设2×60万kW级超临界直接空冷燃煤机组，同步建设烟气脱硫设施，主要解决包头地区“十一五”后期的电力缺额，同时增加蒙西电网的外送能力；远期机组主要通过蒙西电网向京津唐电网送电。

根据可行性研究审定的估算，一期工程静态投资为457672万元，单位造价3467元/kW，建设期贷款利息20623万元，工程动态投资478295万元，铺底生产流动资金2100万元，项目总资金480395万元。截至2007年底，一期工程2×60万kW级空冷机组工程已具备核准条件，土地、环评、水土保持、接入系统、水源等支持性文件已全部取得，项目已列入内蒙古自治区“十一五”电力发展规划。2008年，内蒙古自治区发展改革委已将项目作为2008年自治区备选开工项目上报国家发展改革委待核准。但由于受金融危机和新的用电形势的影响，国家发展改革委对内蒙古自治区2008年新开工项目作出了不予安排的决定，导致项目核准暂时受阻。

包头东华热电有限公司

概况

包头东华热电有限公司（简称东华热电公司）位于内蒙古自治区包头市东河区国家生态工业

（铝业）示范园区，2003年4月2日注册成立，由中国华电集团公司、北京能源投资（集团）有限公司和内蒙古蒙电华能热电股份有限公司按照40%、35%和25%的投资比例出资建设。东华热电公司规划总装机容量300万kW，一期2×30万kW供热机组工程总投资25.6亿元，于2003年10月26日开工建设，2005年12月投产发电。

东华热电公司下设总经理工作部、财务资产部、人力资源部、党群工作部、安全监察部、生产技术部、计划物资部及二期基建办公室。2006年7月4日，独资成立包头华源热力有限公司。截至2008年12月31日，东华热电公司共有正式职工209人。

领导人员

董事长：周顺宏

副董事长：仇明、石维柱

董事：李建坤、刘仁鹏、牛万虎、薛政、陈学国、马进超、关天罡、唐鑫炳

监事：王祥能（召集人）、李红淑、贺丰丽、高原、智瑞芬

总经理：薛政

党委书记、常务副总经理：李英柱

副总经理：田振宙

工会主席：王军

副总经理：林树铮

主要领导人员变动情况：2008年4月，胡日查离任，周顺宏出任东华热电公司董事长职务。

年度业绩

2008年，东华热电公司累计完成发电量30.43亿kW·h，完成集团公司年度目标的97.47%，完成内蒙古自治区经委调整后年度目标30.08亿kW·h的101%；完成综合供电煤耗340.53g/(kW·h)，较集团公司年度目标低1.65g/(kW·h)；完成综合厂用电率9.92%，较集团公司年度目标低0.36个百分点；单位发电量SO_2排放绩效0.42g/(kW·h)，较集团公司年度目标低0.56g/(kW·h)。截至2008年12月31日，东华热电公司实现长周期安全运行1113天。

生产经营管理

2008年，受诸多制约企业发展因素的影响，东华热电公司经营形势严峻，情况复杂多变，但广大员工不灰心、不气馁，坚持“安全第一、预防为主、综合治理”的方针，全面落实安全生产责任制，安全管理横向到边，纵向到底，层层落实，圆满完成了奥运保电等一系列安全生产任务。同时，在市场营销、经营管理、燃料采购和管理、集中供热等方面采取了行之有效的措施，对稳步推进公司各项工作起到至关重要的作用。在区域机组负荷率普遍下滑的情况下，东华热电公司充分发挥集中供热优势，进一步加大市场营销力度，使得设备利用小时数高出平均水平776h，发电量和负荷率在同类型机组中处于领先水平。在资金紧张的情况下，为了避免资金断流，东华热电公司缩短现金滚动预算周期，核减预算10%，以收定支，合理调度资金，采用长、短期贷款相结合的方式，有效减少账面沉淀资金，全年累计完成三项费用6984万元，较预算低45万元。严格燃料管理，确保电煤采购资金保障，努力扩大煤源，包括东华热电公司领导在内的各级人员深入煤矿开展工作，因地制宜、因时制宜，灵活协商煤价。全年完成燃料热值差482kJ/kg，比目标值低20kJ/kg，完成入炉标准煤单价442.17元/t，较周边电厂低30~40元/t。狠抓节能管理，以节能技改为主要手段，全年实施并完成布莱登汽封改造等20项技改项目，累计投资2700万元，节约厂用电约2857万kW·h，折合标准煤约1万t；东华热电公司作为包头市东河区唯一的集中供热热源点，承担着600多万m^2的集中供热任务，关系民生、责任重大，在2008~2009年度供暖初期热价调整政策未出台的情况下，东华热电公司从讲政治、服务百姓、奉献社会的高度出发，率先推行“先供暖后收费”政策，牢固树立了企业良好的公众形象。截至2008年12月31日，东华热电公司累计完成热网投资2.3亿元，铺设主管道16km，建成换热站17座，热网覆盖面积达613万m^2，有效供热面积达450万m^2，所辖热用户达3.5万户。

项目发展

东华热电公司2008年热网覆盖面积已达到613万m^2，而一期工程在没有备用热源的情况下最大安全供热面积为697万m^2，安全供热能力即将饱和。按照包头市热电联产规划，到2010年，东河区的集中供热面积将达到1739万m^2。作为东河区唯一的城市集中供热热源点，东华热电公司扩建任务十分紧迫。在集团公司、华电内蒙古公司和地方党委政府的大力支持下，东华热电公司二期扩建初步可行性研究报告参加了集团公司组

织的专题论证，地方支持性文件全部获得，项目被包头市列入热电联产规划和拉动内需项目。

内部改革

2008年，东华热电公司按照华电内蒙古公司开展“基础管理年”活动的要求，编制全员岗位说明书108份，认真梳理工作流程，进一步明确岗位职责，有力推动了企业生产经营等各项工作，企业和员工管理意识得以增强，企业管理水平得以提高，员工行为得以规范。

在选人、用人管理上，东华热电公司严格按照组织原则和程序，坚持“三讲三不”，即“讲品质不讲关系，讲能力不讲资历，讲贡献不讲身份”，坚持公开招聘、考试考核、组织考察、个别酝酿、集体研究、会议决定的程序，在形成良好的岗位竞争环境和比学赶超风气的条件下，为员工充分施展才华创造条件。

党的建设、精神文明建设、企业文化建设

2008年，东华热电公司党委以十七大精神为指导，认真开展党风廉政建设，巩固“四好”领导班子创建成果，完善惩治和预防腐败体系，通过组织观看廉政警示教育片、中层干部诫勉谈话等形式，引导和教育党员干部干净做事、廉洁做人。通过组织国学讲座，加强全员思想文化和伦理道德教育，有效营造了学习氛围，提高了员工综合素质。坚定不移地开展企业文化建设，以深厚底蕴的多元文化为积淀，不断促进思想融合、队伍融合、管理融合和文化融合，自行总结提炼了具有东华热电公司特色的企业文化核心理念和专项理念，确立了东华“融”文化品牌，全面提高企业文化软实力，以文化软实力提升企业竞争力。

内蒙古华电乌达热电有限公司

概况

内蒙古华电乌达热电有限公司（简称乌达热电公司）厂址毗邻内蒙古乌海市乌达工业园区，由中国华电集团公司（简称华电集团）与北京阳光昱能投资有限公司、东方汽轮机厂按照67%、23%和10%的投资比例共同出资，于2003年8月26日正式组建。一期工程两台15万kW火电机组于2003年10月23日开工建设，分别于2005年3月和6月投产发电。

乌达热电公司下设总经理工作部、党群工作部、人力资源部、物资管理部、财务部、生产运营部、设备技术部、安监培训部及前期工作办公室。截至2008年底，在册员工262人，全部具有大专以上学历。

领导人员

董事长：周顺宏（法定代表人）

党委书记：刘彪

总经理：李雪忠

纪检书记、工会主席：王树恩

副总经理、总工程师：朱昌煜

主要领导人员变动情况：2008年4月，刘彪不再兼任乌达热电公司总经理，由乌达热电公司原副总经理李雪忠出任总经理。

年度业绩

2008年，乌达热电公司完成发电量15.96亿kW·h，利润总额2840万元，供电煤耗378.99g/(kW·h)，SO_2减排绩效1.31g/(kW·h)，期末流动资产占用额6601万元，应收电热费余额财务口径3712万元，营销口径为0万元。

截至2008年12月31日，乌达热电公司实现连续安全生产1374天，安全生产状况良好，全年未发生安全生产事故、违法违纪案件和对公司形象、稳定造成不利影响的事件，切实保证了生产安全、经济安全、政治安全和形象安全。

生产经营管理

乌达热电公司坚持“安全第一、预防为主、综合治理”的方针，以实现“全优发电”为目标，一方面狠抓运行管理，另一方面加大设备治理力度，有力地保证了全年设备的稳定运行，安全生产呈现良好态势。2008年，一期2×15万kW工程通过了安全设施竣工现场验收及消防验收。

面临地区负荷不断下降、煤价持续上涨的严峻形势，乌达热电公司在加大市场营销工作力度的同时，大力提倡科技攻关，努力治理设备并内部挖潜降耗。完成了1号、2号锅炉甲乙引风机电动机变频改造，每天节电约2.2万kW·h；完成了1号、2号锅炉甲乙一次风机电动机变频改造，每天节电约3.3万kW·h；完成了1号、2号锅炉炉内防磨梁改造，改善了锅炉受热面磨损情况；完成了DCS改造项目，提高了系统运行的稳定性；实施燃烧自动控制改造，不断优化锅炉燃烧性能，达到经济节能的目的。乌达热电公司对热网系统进行了扩建改造工作，保障了乌达地区供热面积增加后的供暖；在储煤场建设挡风抑尘墙，每年可节约4000t原煤，节约支出80余万元，并对改善区域环境质量具有重要意义。

2008年，乌达热电公司认真开展对标管理及基础管理活动，精打细算，共渡难关，经营管理工作成效显著：严格控制各项成本支出，定期召开会议分析，确保全年目标实现过程中的可控、在控；在资金管理上调控有序，合理控制总体资金规模；积极争取到2006～2008年度居民供热增值税减免批复，合理节约纳税成本；使用MIS系统作为物资管理工具，及时掌握材料费、修理费、技改费的支出情况，有效地控制各项费用的进展；作为第一批试点单位，参加华电集团的“阳光采购”计划，大大提高了物资采购的透明度；在人力资源管理方面，修订完善了岗位薪点工资制，确保薪酬分配的激励与约束机制正常运行，充分调动员工积极性；积极申请建立企业年金，完善了社会保障体系，稳定职工队伍；积极推行管理创新模式，组织编写了全员岗位说明书，为形成清晰的工作流程和明确的岗位责任提供了依据。

2008年，乌达热电公司荣获内蒙古自治区级“诚信单位”，华电集团“节能减排先进单位”，乌海市“节能先进企业”、“消防工作先进单位”等荣誉称号。

项目发展

2008年，乌达热电公司紧紧抓住力争二期进入2009年国家电源评优项目这一奋斗目标，扎实开展工作。经努力，项目已完成了评优报告，内蒙古自治区发展改革委已将这一批热电联产项目上报国家能源局。为了抓住这一机遇，乌达热电公司在乌海市发展改革委组织下完成了供热规划及热电联产规划，并取得自治区建设厅的批复意见及中咨公司的审查意见，扩建项目已作为乌海市电源重点项目申报到了自治区发展改革委。

党的建设、精神文明建设、企业文化建设

乌达热电公司紧紧围绕生产经营的中心任务，创新工作方法，拓展工作思路，党、纪检、工、团各项工作有序开展。加强理论学习，增强了党组织的凝聚力和战斗力；开展了“庆七一，迎奥运，美化家园，共建和谐”主题实践活动，以崭新的面貌迎接了奥运盛事；发出捐款倡议书，号召全体员工向四川汶川地震灾区人民伸出援助之手，使“一方有难，八方支援，众志成城，抗震救灾”的信念深深融入乌达热电公司身为中央企业所肩负的社会责任中；参加开标、评标大会，实施全过程监督，确保了招投标工作的公平、公正、公开；组织全体党员领导干部签订廉洁从业承诺书，并组织中层领导干部及管理人员进行廉洁谈话；组织了合理化建议征集活动，充分发挥了广大职工群众的参与能力、创新能力；加强班组管理，并将法律知识作为公司班组政治学习的内容，增强了广大职工的法律意识；开展了喜闻乐见的群众性文体活动，丰富了广大员工的业余文化生活。

内蒙古华电辉腾锡勒风力发电有限公司

概况

内蒙古华电辉腾锡勒风力发电有限公司（简称辉腾锡勒风电公司）是中国华电集团新能源发展有限公司独资兴建的风力发电企业，于2005年9月6日正式注册成立。辉腾锡勒风电场12.15万kW工程是中国华电集团公司的第一个风电项目，于2007年12月10日竣工，以此为标志，中国华电集团公司装机容量突破6000万kW。库伦风电场规划容量45万kW，分三期建设。目前，在建一期20万kW工程设计安装华锐FL1500/77风电机134台，计划2010年竣工投产。

辉腾锡勒风电公司下设综合管理部、财务部、安全生产部、计划工程部4个部门，以及辉腾锡勒和库伦2个风电场，现有正式在册员工83人。

领导人员

总经理、党委书记：袁凯峰

副总经理：郝志国、李志刚

年度业绩

2008年，辉腾锡勒风电公司安全生产实现了“零”责任事故目标；辉腾锡勒风电场累计完成发电量3.39亿kW·h；库伦风电场共完成风电机吊装47台，容量共计7.05万kW，完成发电量1336万kW·h；经营利润为3976万元。

生产经营管理

2008年上半年，辉腾锡勒风电公司积极与厂家配合进行现场检修维护，在工作实践中锻炼队伍、积累经验。在统计好不同型号风电机的技术性能和多发故障的基础上，完成了《风电机检修规程》、《220kV变电站运行规程》、《风电机检修维护作业指导书》等技术规范的编制工作。2008年下半年，在上述工作基础上，集中力量组织开展了变电站和风电机的达标整改工作，消除缺陷及治理隐患共计200多项，设备健康状况明显改善。

2008年，辉腾锡勒风电公司安全生产实现了"零"责任事故目标，辉腾锡勒风电场累计完成发电量3.39亿kW·h，超额完成了3亿kW·h的年度发电量任务目标，设备可利用率由1月的64.84%提升到12月的95.18%，风电机全年等效利用小时数达到2792h。辉腾锡勒风电场的各项技术经济指标都位居周边乃至全国各风电场的前列。

项目发展

库伦一期20万kW风电场的工程建设是辉腾锡勒风电公司2008年的工作重点之一。在库伦建设准备阶段，辉腾锡勒风电公司就明确了工作思路：充分准备好前期各项工作；在库伦项目建设的初期，集中力量解决升压站、场内输配电、风电机基础、场内道路等基础性工程；与此同时，抓紧设备催缴，严把到场设备的质量关，在年度计划吊装设备到场50%后，再启动吊装工程，避免受到货和调试进度的限制，增加工程建设成本。同时，也给主机厂家预留了充足的制造和调整时间，最大限度地保证风电机质量。以此基本思路为指导，辉腾锡勒风电公司排定了库伦20万kW风电场工程建设的安全、质量、进度、造价控制目标，为实现工程建设的可控、在控奠定了基础。

2008年4月9日，工程正式开工；2008年7月22日，开始吊装作业；2008年9月15日，134台风电机及配套箱变基础全部完工；2008年10月7日，由公司自行建设的86km 220kV送出线路完工；2008年10月20日，变电站安装调试结束；2008年11月12日，风电场220kV变电站开始带电运行。2008年，库伦风电场共完成风电机吊装47台，容量共计7.05万kW，完成发电量1336万kW·h。

在做好库伦一期工程建设的同时，辉腾锡勒风电公司同步开展了库伦5万kW和20万kW扩建的前期工作。经过努力，2008年，这两个项目均获得内蒙古自治区资源配置批复。

内部改革

在激励机制方面，辉腾锡勒风电公司积极探索，科学设置激励考核要素，初步建立起了以能力和业绩为导向的收入分配机制。

在岗位说明书编制方面，辉腾锡勒风电公司认真贯彻"全员参与、写我所做、做我所写"要求，通过活动的开展，进行了一次卓有成效的全员教育。经过几次会审、修订，目前岗位说明书已初步形成试行版，将于2009年2月发布执行。

在人才选拔、培养、任用上，辉腾锡勒风电公司大胆创新，以岗位竞聘的方式聘任了风电场场长、值长、电气专责等关键技术、管理岗位人员，并以制度方式明确了以定期考试、考评为主要手段的岗位动态调整机制，建立了公开、公正、公平的选人、用人机制。

"对标管理年"活动是中国华电集团公司2008年部署的一项重点工作。相对火电厂而言，风电企业目前尚未形成比较成熟的指标体系和业内先进值，辉腾锡勒风电公司在实践中积极探索，通过广泛搜集其他同类型、接近规模风电场的指标数据，取其先进值确定标杆，编制完成了风电指标体系，并将指标进行阶段性分解细化后下达风电场执行，在每月召开的对标工作分析会上进行深入分析比对，根据实际制订相应的整改措施，对标工作取得了预期的成效。

在学习型企业建设方面，2008年，辉腾锡勒风电公司采取送员工到厂家实地培训、到大学参加理论培训、到专业风电培训中心参加综合集训、请老师到公司进行现场培训等多种方式，在员工培训上做了大量投入。在日常管理中，突出对员工的学习考核，对学习内容、频次、成果都提出了量化要求，并与经济考核相挂钩，有效促进了员工良好学习习惯的养成，员工队伍整体素质不断提升，学习型组织和一批学习型员工正在形成。

党的建设、精神文明建设、企业文化建设

2008年，辉腾锡勒风电公司坚持"凝心聚力、催人奋进、促进和谐、提升形象"的方针，切实加强了党建、工会、团青等各项工作。规范和理顺了基层党、团组织设置；切实组织开展好"四好"班子创建、基层党组织"强核心、固堡垒"等活动；夯实党风廉政建设基础；不断拓宽"厂务公开"载体，引导鼓励员工积极投身企业民主管理；深入开展"文明单位"、"文明部室"、"文明员工”等各项创建活动；初步提炼形成了以“创新力、学习力、执行力”为核心的“三力”企业文化理念体系。在全体干部职工的共同努力下，构建和谐、创建文明工作再上新台阶，辉腾锡勒风电公司被评为乌兰察布市“文明单位标兵”，并获得了华电集团“文明单位”的荣誉。

内蒙古华电巴音风力发电有限公司

概况

内蒙古华电巴音风力发电有限公司（简称巴音公司）是中国华电集团公司新能源发展有限公司（简称新能源公司）独资兴建的发电企业，于2008年12月19日在内蒙古包头市达茂旗注册成立。巴音公司20万kW风电场位于内蒙古包头市达茂旗境内，南距包头市、呼和浩特市均为150km左右，场内植被稀疏，大部分为荒漠草原，平均海拔约为1560m。2008年，达茂巴音风电场列为国家百万风电基地项目，风电场安装华锐SL1500型1500kW机组133台，机组全部国产化，预计风电场建成后，与燃煤火电相比，每年可节约标准煤$18.56\times10^4t/a$，减少CO_2排放约450万t，减少SO_2排放约250t，减少NO_x排放约1299t。

截至2008年底，巴音公司共有员工15人，下设综合管理部、财务部、生产准备部、计划工程部4个部室。

领导人员

董事长：杨艺（法定代表人）

董事：明少林、张文忠、那仁满都拉、陈仲元

监事：郭克亮、冯建武、张凯

总经理：明少林

项目发展

风电场的建设有利于风能资源的利用，改善地区能源结构，促进当地经济发展，并有利于保护生态环境，符合我国可持续发展能源战略规划，是我国政府提出的节能减排政策的具体表现，也是发展经济、建设和谐社会的具体体现。本着大力发展清洁能源的宗旨，巴音公司不但开发建设巴音风电场，而且肩负着蒙西地区华电集团新能源项目的开发，目前，乌拉特中旗川井、包头固阳红泥井等风电场正在筹备中，乌拉特后旗、四子王旗、吉庆等风电场正在配合规划中。同时，巴音公司在现有的条件下，立足科学发展，积极研究和落实太阳能光伏发电项目，建设以风力发电为主，光伏发电为辅的风光互补项目，在巴音等风电场内规划光伏发电装机容量为2万kW，既减少了发电运营成本和建设成本，又大大提高了电网的安全与稳定。

截至2008年底，巴音风电场已经完成了工程选址、地质勘测，工程可行性研究报告（审定版）、环境影响评价大纲已通过专家评审，土地预审等支持性文件均取得了内蒙古自治区有关部门的意见。

中国华电集团公司山西分公司

概况

中国华电集团公司山西分公司（简称山西分公司）于2007年12月25日在山西省太原市成立，是中国华电集团公司派出机构，负责集团公司在山西省的发展规划、项目前期、电力营销、协调服务工作。

2008年，集团公司在山西有6家单位，分别为山西分公司、华电煤业集团公司山西分公司、山西同华电力有限公司、山西华电沁源发电厂筹备处、山西华电岚县发电厂筹备处、山西华电浑源煤电项目筹备组。

截至2008年底，山西分公司本部共有员工9人，设“三部”，即综合管理部、计划发展部、生产运营部。

领导人员

总经理：张鸣

副总经理：张国远

发展战略

2008年，我们紧紧围绕年初和年中集团公司工作会议精神，全面落实集团公司发展战略，以发展壮大华电山西事业为宗旨，以参与煤炭资源整合、发电资产收购为契机，以开发建设大型煤电化等煤炭产业链项目为主线，加强与社会各界沟通，适度参与煤炭物流输送通道的建设，争取在山西建设成华电集团以煤炭产业为主导的煤炭、发电、运销、煤化工中心等能源产业，树立华电山西良好形象；夯实前期项目基础，积极拓展新项目。开拓创新，攻难破坚，扎实工作，努力为开创华电山西工作新局面奠定基础。

项目发展

1. 沁源煤电联营项目

该项目由装机容量 4×100 万 kW 机组的沁源发电厂和 3×500 万 t/年配套煤矿组成，项目自 2006 年开展前期工作，2007 年底正式成立山西华电沁源发电厂筹备处。2008 年以来，围绕年初与集团签订责任书，我们狠抓项目前期各项工作。项目可研报告、接入系统报告已通过审查；土地预审和水土保持已分别通过国土资源部、水利部审查；环境影响评价报告已编制完成；配套的中峪煤矿已取得《国土资源部划定矿区批复》；其他支持性文件已经全部取得。9 月，山西省发展改革委以《关于晋东南—荆门 100 万伏特高压输电工程配套电源项目开展前期工作的请示》（晋发改能源字［2008］256 号）上报国家发展改革委，推荐为晋东南特高压配套电源之一，正积极争取路条，初步完成年初集团公司责任书目标要求。

2. 岚县煤矸石综合利用发电项目

岚县发电厂规划装机容量 2×30 万 kW 煤矸石机组，项目自 2007 年 8 月正式从山西焦炭集团接手前期工作，2007 年底成立山西华电岚县发电厂筹备处，2008 年以来，该项目可研报告、接入系统报告已通过审查；土地预审报告已上报山西省国土资源厅；水土保持评价报告和环境影响评价报告已编制完成；其他省级支持性文件已全部取得；配套的葛铺煤矿已取得国家发展改革委同意开展前期工作的批复。这些批文的取得使该项目前期工作取得突破性进展。

3. 在煤炭资源富集地区开发项目取得进展

集团公司领导多次到山西省调研，同朔州市委市政府沟通时，提出开发煤电路化项目的设想，并达成原则共识。2008 年 9 月中国（太原）第二届煤博会上，华电集团与朔州市政府签订了“建设年产 540 万 t 煤制甲醇转化烯烃项目”战略合作协议书。分公司相关人员多次到朔州调研，并委托五环科技公司煤化工专家对项目的建厂条件实地踏勘，已完成初步调研评估报告。为保证项目配备可靠的煤炭资源，市政府推荐华电与当地有影响的煤炭企业金海洋集团和西易公司合作，经洽谈，初步达成合作意向。

4. 积极支持协调华电煤业做好山西投资项目

（1）轩岗电厂。轩岗电厂主要由华电煤业集团和大同煤矿集团共同投资兴建，项目于 2007 年 8 月底开工以来，项目基建时期以华电为主开展工作，在安全、质量、进度及技术上，我们分公司始终安排专人积极支持煤业集团，协调配合解决相关问题。但同煤集团为实现产业结构调整，多次提出希望绝对控股该项目，为双方长期友好合作，2008 年下半年，煤业集团已转让该项目股权。

（2）兴县项目。兴县煤电化一体项目一期规划煤炭 1000 万 t/年、甲醇煤化工项目 60 万 t/年。2008 年，按照集团领导指示，分公司发挥优势，协调各方关系，帮助筹备处积极推进项目前期工作。煤矿精查结束后完善一期煤化工前期可研收口，由华电控股的项目股权变更手续完成，其他各项工作也正稳步推进。

5. 全力支持华电其他专业公司进入山西开发项目

（1）支持华电国际开发项目。2008 年以来，煤炭形势一度紧张，电厂燃料成本持续攀升。为从根本上解决燃料问题，华电国际在山西成立项目筹备组，下大力气搞煤炭项目开发。分公司认真履行区域统筹协调职责，主动提供办公场所，发挥优势，积极提供信息，帮助协调各方关系，使其在最短时间内全方位了解山西、熟悉山西，重点区域进行项目资源开发即时展开了工作。

（2）支持华电运营公司拓展山西市场。鉴于华电煤业和大同煤矿集团合作建设轩岗电厂前提，山西分公司派专人负责积极协调多方关系，支持华电运营公司帮助该电厂运营维护。经多次会议和多轮谈判，电厂维护合同年底正式签订。

6. 电网发电资产收购调研

由于华电在山西没有电源资产和环保容量，最快捷进入山西电力市场的方式是收购现有的电网公司存量发电资产。在集团公司的支持帮助下，重点对隶属山西省电力公司的和信集团战略重组开展了一系列工作。双方已签定增资扩股框架协议，华电已支付保证金 2 亿元。

党的建设、精神文明建设、企业文化建设

2008 年，山西分公司党的建设，以科学发展观重要思想为指导，认真贯彻党的十七大会议精神，以奋发的精神，创造性的开展工作。全面加强公司党建思想建设、组织建设、作风建设。

1. 加强领导班子建设，不断提高领导水平

公司领导班子非常重视理论学习，把学习党

的理论作为一项基础性的工作，武装头脑，做政治上的强者。2008 年以来，公司党建领导全面学习了党的十七大会议精神和相关文件，通过学习，大家统一了思想，使公司党建的各项工作争取了主动，取得一定的成绩。

2. 开展各种各样的活动，提升企业凝聚力

5～8 月，山西分公司党建开展了“安全、质量百日赛”活动，在形式多样而又不失生动的各种竞赛活动中牢固树立员工的安全意识和产品质量意识，着力提高产品质量，推动了企业管理规范化的进程。在“以人为本”理念的指导下，山西分公司党建领导定期慰问困难职工，帮助他们解决生活、思想、工作等方面的难题。

认真听取干部职工意见和建议，及时制定整改措施。定期组织召开党支部会议和职工代表大会，充分发挥党支部和工会的作用，最大限度的吸收、分析公司党建全体职工的合理化建议并参照这些合理化意见制订了详尽的整改措施。同时开展多种形式的政治思想工作，加强对党员干部的管理，不断提高全员综合素质，增强凝聚力。

3. 规范内部管理，提升公司形象

（1）抓好立章建制工作。上半年，结合实际，经认真讨论，出台了分公司汇编制度，分别对会议管理、经营管理费用管理、印章使用管理、公文处理、考勤与休假管理、车辆与驾驶员管理进行了明确而具体的规定，规范了员工行为，初步形成“议事讲规则，办事讲程序”的良好风气。

（2）抓好人员合理配置和人才培养与储备工作。2008 年及时充实相关专业人员 5 人。按照要求，结合实际，制定了近 3 年的人才培训计划，并认真学习集团公司人力资源部人才评价系统，派人参加各类培训班 9 人・次，参训率 100%，切实为山西分公司人才开发、培养与储备奠定良好基础。

（3）抓好队伍建设工作。集团公司在山西的事业刚刚起步，重点是把大家的思想统一到落实科学发展观，干事创业，加快发展上来。强调四个体现：① 在单位职责上，做到“心知肚明，了如指掌”；② 在工作部署上，做到“思路清晰，指导性强”；③ 在查找问题上，做到“揭短亮丑、问题讲透”；④ 在分析原因上，做到“一针见血，透彻到位”。

（4）抓好支援冰雪灾害和地震灾害的爱心活动工作。

（5）抓好单位党建和反腐倡廉工作。配合集团公司人力资源部，积极协调山西省委组织部门，经集团公司党组决定规定时间范围内成立山西分公司党组；着手理顺党员关系，迅速办理分公司党组挂靠山西省委组织部有关手续工作；召开党组扩大会议和抗震救灾专题民主生活会，认真传达上级党组有关指示精神，围绕抗震救灾深入剖析自我，争当表率，垂范工作；完成集团公司“惩治和预防腐败体系管理信息系统”初始化数据收集上报，按时上缴 2008 年度领导人员廉洁从业承诺抵押金；切实开展“依法经营”活动，贯彻落实国有企业领导人员廉洁自律七项要求活动的通知精神，树立全体员工“遵纪守法”意识。

山西华电沁源发电厂筹备处

概况

华电煤业集团有限公司于 2005 年 8 月 28 日印发华电煤业人［2005］50 号文件，宣告成立“华电煤业集团有限公司山西沁源煤电一体化项目筹备组”，负责开展山西省长治市沁源县火电项目前期工作。2007 年 12 月 7 日，中国华电集团公司（简称华电集团）下发《关于成立山西华电沁源发电厂筹备处的通知》（中国华电人［2007］1884 号），宣告成立山西华电沁源发电厂筹备处（简称筹备处），职责为按照国家、地方政府和华电集团的有关规定，以及国家基本建设程序积极开展山西沁源火电项目的各项前期工作，使项目尽快获得国家核准并开工建设，协调处理好各方关系，确保项目筹建工作的顺利进行。

沁源项目是华电集团和山西焦煤集团有限责任公司（简称山西焦煤）合作建设的大型煤电联营项目，规划总装机容量为 4×100 万 kW，配套建设 3 座 500 万 t/a 煤矿，电厂项目前期工作由华电集团负责开展，煤矿项目前期工作由山西焦煤负责开展。一期工程建设 2×100 万 kW 超超临界空冷燃煤机组，配套建设中峪 500 万 t/a 煤矿和桃坡底 500 万 t/a 煤矿。电厂工程厂址位于长治市沁源县郭道镇北约 6km，距离县城北约 35km，厂址场地隶属于郭道镇及赤石桥乡。

领导人员

主任：张国远（中国华电集团公司山西分公

司副总经理）

副主任：弓兵

工程建设与管理

目前沁源项目还未获国家核准，没有开工建设。

其他重大事项和情况

2008年4月，中国电力工程顾问集团公司印发《关于印发晋东南煤电基地输电系统规划设计报告评审意见的通知》（电顾规划［2008］411号），沁源电厂列为“长治—南阳—荆门”特高压示范线路支撑电源点之一。

2008年4月，取得国家安全生产监督管理总局关于安全预评价报告的备案文件《关于山西华电沁源煤电联营2×100万kW电厂工程安全预评价报告备案的函》（管二函［2008］74号）。

2008年7月，沁源项目配套中峪煤矿取得《国土资源部划定矿区范围批复》（国土资矿划字［2008］35号）：矿区面积84.1932km²，经评审的资源储量49692.9万t，规划生产能力500万t/a。

2008年9月，华电集团和山西焦煤于第二届“中国（太原）国际煤炭与能源新产业博览会”隆重召开之际，签订《合作建设山西沁源煤电联营项目投资协议》，华电集团党组书记、副总经理李庆奎，党组成员、副总经理邓建玲出席了签约仪式。

2008年9月，山西省发展改革委以《关于晋东南—荆门100万伏特高压输电工程配套电源项目开展前期工作的请示》（晋发改能源字［2008］256号），上报国家发展改革委推荐晋东南特高压支撑电源，沁源项目列为第四。

2008年10月，取得中国电力工程顾问集团公司关于接入系统审查意见《关于印发山西沁源电厂2×100万kW机组接入系统设计报告（一次部分）评审意见的通知》（电顾规划［2008］1044号）。

2008年12月，沁源项目投资申请报告顺利通过华电集团技术经济工作组评价。

山西华电岚县发电厂筹备处

概况

2007年7月，在中国华电集团公司山西分公司的支持下，经中国华电集团公司（简称华电集团）同意，中国华电工程（集团）有限公司承担山西岚县2×30万kW煤矸石机组工程项目前期工作，组建山西华电岚县发电厂筹备处，在华电集团内开创了“岚县项目模式”。2008年1月14日，华电集团正式下发《关于成立山西华电岚县发电厂筹备处的通知》（中国华电人［2008］79号）。

领导人员

主任：高西

副主任：许毅敏

工程建设与管理

山西华电岚县项目厂址位于吕梁市岚县县城西南约7km、宁武煤田南端，一期工程建设2×30万kW煤矸石综合利用机组。葛铺煤矿距厂址15km，地质储量1.45亿t，可采储量9530万t，设计生产能力150万t/a。距葛铺煤矿4km处的太原煤气化公司龙泉煤矿（已核准），设计生产能力500万t/a，可作为电厂的补充煤源，并签订了燃料供应协议。以上两矿的相继投产，可以满足电厂燃料及水源供应。工程采用直接空冷系统，年需水量约180万m³。水源拟采用岚县县城污水处理厂处理后的中水和葛铺煤矿矿井排水。污水处理厂批复该项目用水80万m³，葛铺煤矿矿井排水量约157万m³，完全可以满足本期工程的要求。

项目初步可行性研究于2007年8月通过山西省发展改革委组织的审查，可行性研究报告于2008年2月通过由中国国际工程咨询公司组织的审查，都取得了批复意见。《岚县矿区煤炭资源总体规划》于2008年2月通过中投工程咨询有限公司组织的审查，《岚县矿区煤矸石综合利用发电专项规划》于2008年4月通过山西省发展改革委组织的审查，都取得同意批复意见。《岚县电厂项目并网咨询报告》于2008年2月通过山西省电力公司的审查，《岚县电厂项目接入系统报告》于2008年10月通过山西省电力公司的审查，都取得批复意见。《岚县电厂项目建设选址规划》通过山西省建设厅的审查，于2008年4月取得选址意见书。《地质灾害评价报告》、《压覆矿产评价报告》、《地震灾害评价报告》通过审查，都取得批复意见。《岚县电厂项目水资源论证报告》通过山西省水资委的审查，于2008年4月取得山西省水利厅同意取水的许可批复。《岚县电厂项目水土保持评价报告》由水利部山西省水利水电设计研究院于2008年12月编制完成，待审。岚县项目土地勘界划定范围工作已于2007年12月完成，《岚县电厂厂址、灰场土地预审申请报告》已上报山西省国土资源厅，将适时报请国土资源部预审。

岚县电厂现场环境监测、工程地质勘察、水文地质勘察工作已经完成。SO_2 排放总量指标经多次向地方各级环保部门沟通，得到充分理解和大力支持，指标申请文件已上报至吕梁市政府。《岚县电厂项目环境影响评价报告》已由中国环境科学研究院完成初稿。SO_2 排放总量指标一经落实，报告内审后即上报国家环境保护部。

山西焦煤集团有限责任公司葛铺煤矿已完成70%的建设投资，计划于2010年投产。太原煤气化公司龙泉煤矿，2008年7月核准，计划于2011年投产。与核准有关的专项报告已基本完成，省级支持性文件全部取得。

中国华电集团公司辽宁分公司

概况

中国华电集团公司辽宁分公司（简称华电辽宁分公司）原为辽宁代表处，成立于2006年6月16日，主要负责中国华电集团公司（简称华电集团）在辽宁省的发展规划、项目前期、安全生产、电力营销和协调服务等工作。分公司设有综合管理部、计划发展部、市场营销部3个职能部门，所属火力发电企业1家，为辽宁华电铁岭发电有限公司（简称铁岭公司）；区域检修公司1家，为辽宁华电检修工程有限公司（简称辽宁检修公司）；项目筹建处2家，为辽宁华电彰武发电有限公司筹建处、辽宁华电锦州发电有限公司筹建处。2008年内，实现总装机容量翻一番，达到240万kW，占辽宁省总装机容量的10.9%，铁岭公司成为东北地区最大的火力发电企业，在维护辽宁电网稳定运行、推动辽宁经济快速发展方面，发挥着重要的作用。

领导人员

党组书记、总经理：王清文

副总经理、纪检组组长、工委主任：刘双宝

副总经理：李维群

区域年度工作业绩

2008年，华电辽宁分公司完成发电量72.17亿kW·h，完成综合供电煤耗344.62g/(kW·h)，实现主营业务收入19.37亿元，利润总额-8879万元。区域内未发生重大人身伤亡事故、设备事故、火灾事故、重大交通事故及对社会造成严重影响的生产事件，未发生重大环境污染事故和突发环境事件，未发生重大经济损失问题和重大违规、违纪问题，分公司及所属各单位领导班子成员未发生违法和严重违纪问题，未发生员工群体性职务犯罪案件，维护了华电辽宁系统的稳定和形象安全。

铁岭公司二期扩建工程于2008年底实现双投，区域内装机容量翻一番；核电项目选址工作成绩显著；铁岭风电项目已取得辽宁省发展改革委出具的“路条”；彰武新建项目、本溪热电项目也取得不同程度的进展。截至2008年底，华电辽宁区域已基本形成火、核、风、热多种电源项目共同发展的格局。

区域生产经营管理

安全生产局面稳定。2008年，华电辽宁分公司充分发挥监管职责，扎实开展春季、秋季安全大检查和奥运保电、迎峰度夏、防洪防汛安全检查工作；吸取我国南方处理雨雪冰冻灾害时的经验教训，督促生产企业做好防寒、防冻措施，及时组织编写《华电辽宁分公司突发事件应急管理规定》、《华电辽宁分公司突发事件整体应急预案》，并据此编写人身伤亡、设备事故、建设工程质量、环境污染、燃料供应、信息安全、自然灾害方面的应急预案，增强了区域内处理突发事件的能力。铁岭公司认真贯彻落实各级安全工作指示精神，不断完善安全生产管理制度和应急预案；积极开展安全生产百日督察、无违章创建、安全生产月、安全生产知识竞赛等活动，加强隐患治理排查，有效维护了区域内的安全、稳定局面，截至2008年底，安全生产纪录达到3007天，连续实现第八个安全生产年。

经营管理水平逐步提高。在华电辽宁分公司的组织协调下，华电辽宁系统克服各种困难，积极开展“对标管理年”活动。铁岭公司灵活把握煤炭市场脉搏，广开思路，大力推进“北煤南进”工作，引进内蒙古大雁褐煤，顺利完成褐煤掺烧工艺试验，首开华电集团褐煤掺烧项目的先河，为此项技术的推广发挥了积极作用，有效降低了经营成本；公司发扬“三千精神”，将已拖欠8年的1063万元电费及当年新欠电费全部回收，实现了陈欠、新欠电费均为零的目标，成为华电集团唯一一家实现这一目标的发电企业。

2008年6月，国家发展改革委为缓解电力企业经营困难、保障电力供应，紧急召开了调整电价工作会议。华电辽宁分公司紧紧抓住这次机遇，积极与其他四大发电集团驻辽机构进行沟通，及时与辽宁省物价部门进行电价调整意向交流，并组织人员出席了在北京召开的协调会议。经过多方努力，铁岭公司一期电价由0.3183元/(kW·h)上调到0.3617元/(kW·h)，提高了0.0434元/(kW·h)，在这次辽宁省调价幅度高于普调水平的五家电厂中排名第三。铁岭公司二期经与省政府有关部门沟通，在项目未核准的情况下，取得了0.358元/(kW·h)的上网电价，仅比辽宁省新机标杆电价低0.008元/(kW·h)；后又争取到8月份的调价政策，使5号机组电价达到0.378元/(kW·h)；送华北电价上调了0.030元/(kW·h)。经过此次电价调整，直接增加销售收入8416万元。

铁岭二期工程连创佳绩。铁岭公司二期扩建工程自开工建设以来，始终坚持“五制”管理，按照“安、快、好、省、廉”的总体要求，加强科学管理，精心组织施工，超常规连续作战，成功克服设备到货晚、设计变更多、东北地区基建施工冬歇期长等不利因素，两台机组分别于2008年7月4日和2008年12月22日一次通过了168h满负荷试运行，机组各项指标均达到优良水平。工期方面，5号机组完成168h试运行，仅用时24个月零16天，至6号机组投产，仅用时30个月零4天，创造了严寒地区同类型机组建设的新纪录；安全方面，截至工程投产，施工现场未发生轻伤及以上人身安全事故，未发生重大设备损坏事故，实现连续安全生产918天；调试方面，两台机组均实现了“七个一次”成功；节能方面，采用等离子点火技术，从吹管至168h结束，两台机组仅耗油64t，其中6号机组实现了零耗油目标；环保方面，克服了工程设计变更、设备到货晚以及施工单位组织不力等困难，两台新机均实现了环保“三同时”；机组投产连续运行方面，在运行、调试人员的精心操作下，5号机组整套启动后，连续运行41天，创造了华电集团同类型机组投产连续运行时间的最长纪录。

区域项目发展

核电厂址初步确定。根据华电集团的部署，华电辽宁分公司组织开展了辽宁地区核电项目的有关前期工作。东北电力设计院根据分公司的委托，进行了前期选址工作。结合辽宁省政府意见，华电辽宁分公司于辽宁省东港市境内拟定了符合建设4×100万kW级核电机组的核电厂址，并先后与东港和丹东两级政府签订了《合作开发辽宁东港核电项目框架协议》。根据协议约定，华电集团将成为东港区域内唯一的核电开发公司，两级政府将为华电集团开发东港核电项目创造优良的投资环境，并将协调有关部门在比选核电厂址推荐、基础资料提供、现场勘探及文件支持等方面提供支持，地方政府和华电集团将共同努力推动东港核电项目各项前期工作。目前，核电厂址普选报告的初步审查已完成，厂址普选报告的完善工作正在紧张进行中。

铁岭风电取得“路条”。2008年3月以来，华电辽宁分公司受华电新能源公司委托开展铁岭镇西堡风力发电项目前期工作，先后完成了《辽宁铁岭镇西堡风电场规划报告》和《辽宁铁岭镇西堡风电场一期49.5MW工程可行性研究报告》的编制和华电新能源公司组织的内审、风电机组打捆招标、风场一期工程场地初勘和风机机位勘测定位、环评报告书编制、厂址范围内的工程地质勘探（可行性研究阶段）、地质灾害评估、压覆矿产评估等工作，并已取得辽宁省发展改革委出具的“路条”。目前，该项目的《水土保持方案》编制和土地预审工作已经全面展开，即将进行审查和上报工作。

彰武新建工程被辽宁省政府列为2009年首位开工项目。2008年初，辽宁省政府有关领导曾两次对彰武项目筹建工作作出重要批示，并同意将其列为2009年辽宁省首位开工项目。此后，为了进一步推动该项目的发展，彰武项目公司于2008年6月26日正式成立。2008年内，该项目先后完成了“三大主机设备招标、初步设计启动和内审、国铁接轨专用线勘察设计招标与合同签订、磨煤机招标与合同签订”等一系列工作，取得了国家发展改革委和国家环境保护部关于烟气脱硫特许经营试点项目的批复。目前，项目工作人员正在为取得项目“路条”、申请国家发展改革委核准而努力。

本溪热电项目扩大合作范围。2008年，在华电集团与本溪市政府签订新建2×30万kW供热机组合作协议的基础上，华电辽宁分公司又与本溪市政府签订了在本溪市桓仁县控股建设桓仁热电项目的合作协议。协议约定，根据现有城市规模及远景规划，一期建设2台30万kW热电联产机组，并留有扩建余地。待东北东部铁路通道（东边道）正式开工、热负荷规划经省级主管部门批准后，再进一步开展项目选址及初步可行性研究等前期工作。

此外，2008年，华电辽宁分公司还开展了彰武、丹东以及沈阳周边地区风电资源的调研工作和收购金山热电资产的调研工作，为华电集团科学决策、不断扩大辽宁地区风电发展规模提供了重要依据。

改革发展

检修市场以内为主，内外兼顾。2008年，辽宁华电检修工程有限公司坚持“精细检修、追求卓越、诚信服务、共享发展”的管理理念，以铁岭公司一期机组检修任务和二期工程建设为依托，兼顾“走出去”战略，继续开拓外部市场，各项工作取得新的突破，实现产值8436万元，其中外部产值2403万元，实现利润211万元。

对内服务方面，辽宁检修公司先后完成了铁岭公司一期4台机组的日常维护和1台机组大修、3台机组小修工作，并接收了铁岭二期新投产两台机组的维护工作。辽宁在机组维护中，发现并处理缺陷5000余项。在机组大修中，克服了汽轮机高中压转子到货晚、增加主机通流改造等困难，及时调整相关工期安排，最终按原定工期完成检修任务，并取得机组一次启动成功。为做好铁岭二期新机投产后的维护工作，辽宁检修公司抽调人员，主动进入二期现场进行设备安装、质量监检和现场培训学习，掌握检修资料，积极配合工程建设、监理人员，紧密跟踪设备安装质量，查找现场设备缺陷，多次避免了重大事故的发生，为两台机组调试工作的顺利进行作出了积极贡献。此外，辽宁检修公司还在铁岭二期扩建工程中承揽了2座空气压缩机站的建筑和安装等大小共计20余项工程，并全部如期优质完工，保证了2台机组168h试运行的工期要求。

外拓市场方面，2008年初，辽宁检修公司承揽了黑龙江华能鹤岗电厂的60万kW机组汽轮机、锅炉、电气专业中修，华能井冈山电厂1台机组的汽轮机、电气、热控专业小修及其1号机组B级检修的监理任务。同时，收到了新疆华电检修公司、华能营口电厂、湖南石门电厂、内蒙古东华热电发来的招标邀请，充分体现了辽宁检修公司实施“走出去”战略所占有的市场份额和取得的成果。

党的建设、精神文明建设、企业文化建设

围绕中心，党建思想政治工作不断加强。2008年，辽宁区域各级党组织紧紧围绕本单位中心工作，不断加强政治理论学习和基层党组织建设。华电辽宁分公司党组和铁岭公司党委坚持每月组织中心组理论学习，在抗震救灾期间，以“共产党员和中央企业在抗震救灾中的义务和责任”为主题，组织党员领导干部过了一次意义深刻的专题组织生活，区域内全体1000多名党员交纳特殊党费248396元，其中交纳1000元以上的党员达66人，以共产党员的实际行动为灾区人民送去了温暖。

积极履行社会责任，树立华电良好形象。辽宁各单位共向“和华”爱心基金捐款156400元，向四川汶川地震灾区捐款240897元。铁岭公司还积极组织参加了地方政府举办的慈爱月活动，募集扶贫捐款49000元，于春节前走访慰问铁岭市特困户35户，发放慰问金7000元，得到社会各界的一致好评。

辽宁华电铁岭发电有限公司

概况

辽宁华电铁岭发电有限公司（简称铁岭公司）是东北电网骨干企业、全国特大型发电企业，由中国华电集团公司和辽宁能源投资（集团）有限责任公司投资组建，股权比例分别为51%、49%，总装机容量240万kW。铁岭公司前身为铁岭发电厂，一期工程安装4台国产30万kW机组，于1990年9月15日开工建设，至1996年12月4台机组相继投产发电；二期扩建工程建设安装2台60万kW超超临界燃煤机组，于2006年6月18日开工建设，至2008年12月2台机组全部投产发电。

铁岭公司下设总经理工作部、生产技术部、计划营销部、人力资源部、财务部、安全监察部、审计部、基建部、行政管理部、保卫部、教育培训部、离退管理部、物资供应部、燃料管理部、物业管理部、发电分厂、化学分厂、通讯分厂、运输分厂等职能部门、科室。两个全资子公司分别是辽宁华电检修工程有限公司（简称辽宁检修公司）、铁岭新元建材有限责任公司（简称新元公司）。中共辽宁华电铁岭发电有限公司委员会下设政治工作部、纪委、工会、团委等党群部门。截至2008年12月31日，铁岭公司在册职工总数为2091人。其中，研究生9人；大学本科学历511人，占总人数的24.4%；大专文化程度713人，占总人数的34.1%。现有高级职称145人，中级职称469人，初级职称581人。经技能鉴定确认高级技师32人，技师128人，高级工828人。

领导人员

总经理：陈爱民

党委书记：李国军

纪委书记、工会主席：郑繁荣

副总经理：程伟、王耀忱

总工程师：胡德兴

主要领导人员变动情况：2008年5月，原副总经理李国军任党委书记。

年度业绩

2008年，铁岭公司累计完成发电量72.17亿kW·h；完成综合供电煤耗344.62g/(kW·h)；实现主营业务收入19.37亿元，同比增长4.04%；累计发生主营业务成本19.45亿元，同比增加17.03%；完成财务费用8597万元，同比增加4142万元；单位发电成本288.08元/(千kW·h)，同比增加45.63元/(千kW·h)；累计实现利润9200万元；完成售电单价（含税）335.55元/(千kW·h)，同比增加18元/(千kW·h)。SO_2排放绩效值完成4.20g/(kW·h)，较华电集团目标值少0.05g/(kW·h)。

铁岭公司保持了华电集团授予的“优秀发电企业”、“文明单位标兵”、“安全生产先进单位”等荣誉称号，二期工程圆满实现了2008年度的“双投”目标。

生产经营管理

铁岭公司在燃料成本大幅上涨、机组利用小时下降、二期扩建工程未核准等不利因素面前，紧紧围绕2008年度的重点工作多措并举，不断加强安全、设备及对标管理和员工教育培训工作，加大科技、节能、环保力度，加快扩建工程项目进度，推进体制改革。

安全生产上，铁岭公司建立、健全安全网络，编制完善管理制度和应急预案，筹划组织安全知识竞赛以及“无违章分厂”、“无违章班组”评比活动，严格执行领导干部24h值班制度，管理顺畅。截至2008年12月31日，铁岭公司安全生产纪录达到3007天，实现连续第八个安全生产年。

经营管理上，铁岭公司着重体现在强化预算、控制成本、增收节支，实现精细化管理上。2008年，铁岭公司首次与二级单位签订了《绩效考核责任书》，全年减少各种费用167万元；物资管理通过招标等手段，全年节约资金385万元；按照华电集团成本压降10%的要求，节省检修费用1497万元、技改费用3260万元；电价调整、电费回收工作取得新成绩，将已拖欠8年的1063万元电费全部回收，实现了陈欠电费为零的目标。

铁岭公司大力推进“北煤南进”工作，将内蒙古大雁褐煤引进并完成了褐煤掺烧工艺试验，有效降低了经营成本，同时4台机组引风机高低速切换改造，节约厂用电1260万kW·h；2号、3号机组微油点火节油改造，节油500余t；铁调线关口测量装置改造，减少经济损失300余万元；已完成3号、4号机组烟气脱硫改造工程并投入使用，脱硫效率达到90%以上；1号、2号机组烟气脱硫改造工程全面展开，将于2010年投入使用。铁岭公司先后有42篇学术论文在辽宁省电机工程学会2008年度优秀论文评选中获奖，还获得“辽宁省2008年度优秀质量管理小组活动先进单位”等荣誉称号，节能减排、科技环保取得了新成果。

铁岭公司的两个全资子公司经营有方。辽宁检修公司继续巩固“走出去”的战略成果，2008年全年实现产值8436万元，外部产值2403万元，实现利润211万元；新元公司粉煤灰、砌块、漂珠生产及销售业绩均创历史新高，2008年全年实现销售收入1120万元，利润总额48万元，圆满完成了年初制订的利润指标。

项目发展

铁岭公司二期扩建工程安装了2台60万kW汽轮发电机组，总装机容量达240万kW，一跃成为东北地区最大的火力发电企业。该工程精心对主厂房布置进行了优化设计，采用三列式布置，即汽机房、煤仓间、锅炉房，节约了厂区占地，降低了工程投资；采用等离子点火技术，使启动调试期间的能耗大幅度降低；优化主蒸汽和再热蒸汽系统，采用一级旁路，降低了工程投资；采用新的仪表和控制系统，扩大 DCS 覆盖范围，实现全 CRT 监控。对锅炉电缆竖井与管道碰撞、电缆桥架与支吊架碰撞问题及气动调节阀三断保护漏设等问题进行了设计变更，确保机组运行的安全性。

工程制订了“创精品工程、夺鲁班奖”的目标，始终坚持“五制”原则，按照“安、快、好、省、廉”的总体要求，精编管理制度，成立达标投产办公室和“创国优”领导小组，积极开展各项管理工作，在工期、安全、质量、调试、节能环保等方面不断创造亮点。在工期方面，从破土动工至首台 5 号机组 168h 试运行结束，仅用时 24 个月零 16 天，创造了严寒地区同类型机组建设的先进水平；在安全方面，截至 2008 年 12 月 31 日，二期施工现场未发生轻伤及以上人身安全事故，未发生重大设备损坏事故，实现连续安全生产 927 天；在质量方面，始终抓好地基验收、钢筋混凝土结构、重要钢结构、锅炉受热面、压力容器、焊接等关键部位、重要工序的过程控制，确保万无一失，5 号机组在 168h 试运行结束后连续运行 41 天的优异成绩，仍处于国内同类型机组的先进行列；在调试方面，5 号、6 号机组均实现了锅炉水压试验、倒送厂用电、锅炉点火、吹管、冲转、并网、168h 试运行“七个一次”成功；在节能环保方面，采用等离子点火技术，从吹管至 168h 试运行结束，5 号机组仅耗油 64t，6 号机组实现了零耗油目标，脱硫系统与机组同步完成 168h 试运行，两台新机均实现了“三同时”；在工程造价方面，实行造价全过程控制，审计部门跟踪审计，工程主体项目施工招标费用较概算降低约 15%，设备费用较概算降低约 5%，设计费用较国家计划委员会 2002 年下发的勘察设计收费标准减少 20% 以上。

党的建设、精神文明建设、企业文化建设

铁岭公司以“四好”班子建设为龙头，深入践行科学发展观，修改、完善《党支部工作考核细则》，严格执行《政治工作例会制度》、《党委会议事规则》，围绕生产经营充分发挥党员的先锋的模范作用。执行领导人员廉洁从业承诺风险抵押金管理制度，促进惩防体系构建，推动反腐倡廉工作。

铁岭公司党委认真贯彻“职代会”精神，编制下发形势任务教育提纲，聘任特约评论员，加强舆论导向。围绕职工最直接、最关心、最现实的问题积极开展精神文明建设。其中，选派 12 名党支部书记成立“缺陷督察组”，帮助购房职工集中消除明珠馨园住宅区房屋缺陷，这一创新举措进一步提升了党委的威信，巩固了企业和谐发展的良好局面，明珠馨园住宅区已于 2008 年内交付使用。铁岭公司认真履行社会责任，圆满完成了奥运保电任务，被辽宁省公安厅授予“辽宁省企业事业单位奥运安全保卫集体二等功”。四川汶川地震发生后，铁岭公司党员干部积极交纳特殊党费 248396 元，工会开展爱心募捐活动，共筹集善款 217577 元送往灾区，展现了全体员工无私的大爱情怀。铁岭公司保持了“辽宁省思想政治工作先进单位”的荣誉称号，荣获了华电集团“文明单位标兵”和“全国电力行业优秀企业”荣誉称号。

铁岭公司注重提高软实力，根据企业文化建设三年规划，深入推进企业文化建设，精彩演绎“三唯”（唯才是举、唯章是循、唯先必争）文化，广泛开展各项活动，突出企业文化的导向作用，荣获华电集团“2008 年度优秀研究成果二等奖”、“2008 中国电力行业企业文化软实力示范基地”荣誉称号。

华电彰武发电有限公司

概况

华电彰武发电有限公司（简称彰武公司）成立于 2008 年 6 月 26 日，负责中国华电集团公司（简称华电集团）在辽宁省“十一五”期间的重点建设项目——彰武电厂的前期工作。

彰武电厂项目位于辽宁省阜新市彰武县境内，规划装机容量 4×60 万 kW，一期规划 2×60 万 kW 超超临界机组。彰武电厂项目是国内首家燃用褐煤的超超临界机组，同步建设烟气脱硫、脱硝装置和高效率静电除尘器，项目具有“节能、节水、环保”的特点，完全符合国家产业政策。2005 年 1 月 12 日，国家发展改革委将彰武电厂项目列为国家《东北地区电力工业中长期发展规划》。彰武电厂项目是国务院重点扶持的资源枯竭型城市——阜新市经济转型的标志性工程，目前，彰武电厂项目已经完全具备国家核准条件，并上报国家能源局。

截至 2008 年底，彰武公司有员工 29 人，下设总经理工作部、工程技术部、生产准备部、计划部、财务部、人力资源部6个部门。

领导人员

总经理：袁金祥

总经理助理：尹东溟、钱江

项目发展

2008年，华电集团先后批复了《关于辽宁华电彰武发电厂2×60万kW新建工程启动初步设计工作的批复》、《关于辽宁华电彰武发电有限公司2×60万kW新建工程铁路专用线初步设计招标方案的批复》、《关于华电彰武发电有限公司2×60万kW机组新建工程磨煤机设备招标的申请》、《关于华电彰武发电有限公司2×60万kW机组新建工程磨煤机招标结果的批复》、《关于华电彰武发电有限公司2×60万kW机组新建工程初步设计内部审查的批复》、《关于辽宁华电彰武电厂新建工程项目征地的有关意见》等一系列文件。彰武电厂一期2×60万kW超超临界机组项目前期工作进展顺利。

2008年1月18日，彰武电厂项目作为东北地区的唯一试点，被列入"国家发展改革委和国家环保总局联合确定火电厂烟气脱硫特许经营试点项目"行列，并代表华电集团在钓鱼台国宾馆参加了特许经营签约仪式。

2008年2月28日，辽宁省省长陈政高对阜新市政府上报的《关于将彰武电厂列为2009年辽宁省电厂项目首位开工的请示》作出重要批示，"同意阜新市的意见，争取尽早开工建设"。同日，副省长刘国强批示省发展改革委主任姜作勇、副主任银温泉，"按省长意见落实"。辽宁省主要领导多次强调，彰武电厂项目是辽宁省"一号工程"，举全省之力，积极推进项目发展。

2008年6月26日，彰武公司成立，并先后完成了脱硫特许经营试点项目启动、三大主机设备合同签约、初步设计工作启动、铁路专用线勘察设计合同签约、厂址预征地方案、磨煤机合同签约等一系列工作，为项目如期开工奠定了坚实的基础。

2008年10月21日，辽宁省发展改革委将《关于华电彰武发电厂2×60万kW新建工程开展前期工作的请示》和《将彰武电厂项目作为辽宁省2009年首位开工项目的意见》一并上报国家能源局。

辽宁华电检修工程有限公司

概况

辽宁华电检修工程有限公司（简称辽宁检修公司）是辽宁华电铁岭发电有限公司的全资子公司，位于辽北煤电能源之城铁岭市，由原铁岭发电关联集团有限责任公司（成立于1992年11月2日）更名组建而成。2006年11月29日，辽宁检修公司揭牌成立，是中国华电集团公司（简称华电集团）实行检修体制改革的首批试点单位，也是华电集团在辽宁区域唯一的专业化检修队伍。辽宁检修公司注册资金为5084万元，由辽宁华电铁岭发电有限公司独立投资新建。截至2008年底，辽宁检修公司资产总额达5215.44万元，其中流动资产3977.34万元，固定资产净值1236.26万元，其他资产1.84万元。辽宁检修公司经营范围有发电设备检修、维护，机械加工，土建修缮，电力科技咨询，通信设备检修，发电设施安装、维修、调试等。

辽宁检修公司设置总经理工作部、综合管理部、工程技术开发部、安全生产部4个职能部门，管理人员20人，下设汽轮机分公司、锅炉分公司、电气分公司、热控分公司、安装分公司5个基层生产单位。截至2008年底，辽宁检修公司在册职工总数为540人。其中，大学本科学历111人，大专文化程度211人。现有各类专业技术人员328人，高级职称13人，中级职称120人，初级职称179人，经职业技能鉴定确认的高级技师15人，技师39人，高级工307人。

领导人员

总经理：张凤学

副总经理：郭忠良

年度业绩

2008年，辽宁检修公司实现产值8436万元，其中外部产值2403万元，实现利润211万元。未发生华电集团考核的安全事故，完成了安全责任目标。对内，完成了辽宁华电铁岭发电有限公司一期4台机组的维护工作，完成了3号机组大修，1号、2号、4号机组小修工作，接收5号、6号机组维护任务；对外，2008年1月6日~2月12日，完成黑龙江华能鹤岗发电有限公司的60万kW机组汽轮机、锅炉、电气专业B级检修一次；2008

年9月10日~10月10日，完成华能井冈山发电有限公司2号机组汽轮机、电气、热控专业的大修一次；在铁岭二期扩建工程中，完成了空气压缩机站、除灰管路、灰场回水管路、消防水泵房、废水升压泵房、含煤废水处理站等建筑、安装工程施工。

生产经营管理

积极介入铁岭二期现场，掌握检修资料。铁岭二期工程是辽宁检修公司的重点工作之一，辽宁检修公司迅速抽调人员参加质检，要求全员、全方位、全过程介入，主动进入铁岭二期场地，进行设备安装质量监检和现场培训学习，紧密跟踪设备安装质量，及时发现问题并紧密跟踪进行整改，共发现设备缺陷3316项。

完善工程结算程序，制定进度控制表，保证工程收入进账。辽宁检修公司从预算的审定、合同的签订到工程施工资料的整理归档整体跟踪，保证工程结算不落项，各职能部门认真完成进度表中分解任务，主管副总经理组织定期汇总。

内部改革

辽宁检修公司坚持“双向选择，竞争上岗”，努力优化人力资源，组织了竞争上岗10次，进行岗位调整65人次，人员调动58人次；推行定置管理，保证办公秩序管理的制度化、办公环境的规范化；加强财务管理与财务核算，规范纳税管理；推行新《企业会计准则》，对会计科目进行修改，设置一套合法、合理、完整的账务体系；调整生产管理关系，由于辽宁检修公司2008年重点工作调整到依托发电企业内部的特殊情况，辽宁检修公司在辽宁华电铁岭发电有限公司内部机组维护、检修任务安排、安全生产管理、机组维护费使用、大修标准项目支出等生产相关工作由华电铁岭发电有限公司进行指挥、协调、管理并负责。

其他重大事项和情况

2008年3月25日，作为华电集团检修体制改革试点单位，辽宁检修公司参加了华电集团在成都组织的研讨会，就如何妥善处理确保相关发电企业检修任务与开拓外部市场的关系问题，影响检修公司开拓外部市场的主要因素，资质问题、装备问题、竞争对手情况，好的开拓市场的做法和经验，如何建立加大开拓外部市场激励机制，建立怎样的机制等五个专题进行了分析及汇报。

2008年8月5日，辽宁检修公司参加了华电集团在福建组织的座谈会，就区域检修公司在发电企业检修管理、检修市场协调管理、绩效考核评价管理、薪酬分配管理、费用结算管理、用工管理等方面的暂行管理办法进行了讨论。

华电能源股份有限公司

（中国华电集团公司黑龙江分公司）

概况

华电能源股份有限公司（简称华电能源）前身为黑龙江电力股份有限公司，成立于1993年2月18日，是黑龙江省政府和原电力工业部首批股份制试点企业之一。1996年4月22日，B股在上交所上市；1996年7月1日，A股在上交所上市。2003年2月，随着电力体制改革的深入实施，通过资产移交，正式成为中国华电集团公司（简称华电集团）控股的大型电力上市公司。2006年6月13日，华电能源股份有限公司与中国华电集团公司黑龙江分公司进行机构整合，整合后公司除继续管理经营原属资产外，还负责代管华电集团在黑龙江省其他资产经营和东北地区项目发展工作。

华电能源主营业务是火力发电、供热、绿色能源及电力仪器生产等产业。按照华电集团的产业布局，公司作为东北地区的发展主体和资本运作平台，主要负责华电集团在东北地区电力产业的发展。

华电能源全资、控股及代管发电企业7家，发电装机容量632.2万kW。其中，全资电厂：哈尔滨第三发电厂，装机容量160万kW；牡丹江第二发电厂，装机容量102万kW；佳木斯热电厂，装机容量60万kW。控股电厂：哈尔滨热电有限责任公司，装机容量80万kW；齐齐哈尔热电有限责任公司，装机容量60万kW。代管电厂：富拉尔基发电总厂，装机容量120万kW（属华电集团内部核算电厂）；佳木斯发电厂，装机容量40万kW（属华电集团全资电厂）；哈尔滨发电有限责任公司，装机容量10.2万kW（属华电集团控股电厂）。此外，还控股黑龙江龙电电气有限公司、黑龙江新世纪能源有限公司2家公司。华电能源是黑龙江省最大的发电上市公司，在区域电力市场具有较强的综合实力，是区域发电侧重要的市场竞争主体。

领导人员

董事长：任书辉（华电集团党组成员、副总经理）

副董事长、党组书记：王殿福

总经理、党组副书记：孙光

党组成员、副总经理：梅君超

副总经理：刘长青

党组成员、副总经理：苏盛波

纪检组长、工会主席：王华斌

党组成员、副总经理：姜迎建

总会计师：张利

年度工作业绩

2008年，完成发电量281.09亿kW·h（不含新机电量），完成华电集团考核目标的92.7%，完成黑龙江省经济贸易委员会下达电量计划的101.8%，同比下降0.27%；机组利用小时完成4915h，同比下降389h，比全省火电全口径平均利用小时高165h，高出全网统调火电平均利用小时101h；综合供电煤耗完成361.39g/(kW·h)，同比下降2.9g/(kW·h)；上网电价（含税）完成0.318元/(kW·h)，同比升高0.0168元/(kW·h)；入炉煤折合标准煤单价完成428.11元/t，同比增加23.86元/t。主营业务收入实现77.68亿元，同比增加5.13亿元，同比增长7.07%；利润总额实现1.6115亿元，同比增加612万元。

生产经营管理

安全生产形势保持了相对稳定。华电能源系统坚持“安全第一、预防为主、综合治理”的方针，全面落实安全生产责任制，不断完善各项制度措施，努力提高安全生产可控、在控水平。一年来，系统上下积极组织“无违章创建”、“隐患排查治理”、“百日督察专项治理”活动，保证了活动的顺利开展，组织编写并贯彻落实《火力发电厂生产典型事故预防措施》，设备治理和隐患排查工作有效开展。扎实开展春秋季安全大检查和隐患整改工作，加强机组运行、检修管理及设备技术改造，设备健康水平得到不断提高。进一步充实和完善了突发事件应急预案，广泛开展安全活动月、安全知识竞赛和安全征文活动，积极推动和活跃了系统内的安全文化建设。周密安排部署迎峰度夏、防洪度汛和奥运保电工作，确保了关键时期的机组稳定。哈尔滨第三发电厂、富拉尔基发电总厂、牡丹江第二发电厂被评为2008年度华电集团“安全生产先进单位”。

经营管理取得了较好的成效。全面加强预算管理和监督，加强“三电、四煤”关键环节的管理，实行了月度经济活动分析制度，积极“找重点，抓落实”，实时跟踪存在的问题并及时进行整改。一是狠抓电量管理。华电能源成立了电量协调领导小组，协调和落实电量计划，极力争取发电量计划，根据燃煤的供应情况，合理调配区域内机组的运行方式，积极组织抢发电量，使发电机组利用小时高于区域内统调机组的平均利用小时，2008年6月17日，公司日发电量记录突破1亿kW·h大关。二是努力争取电价。在电、热价调整工作中，抢前抓早进行测算部署，测算和争取对公司最有利的调价方案，经过努力，获得竞价电厂困难补贴7300万元/年，电、热价上调均取得了比较满意的结果，累计上调电价2.33分/(kW·h)。积极推动和争取新机电价及脱硫电价，佳发新机争取到了最高试运行电价和省内商业运营标杆电价，哈尔滨热电有限责任公司五期扩建工程脱硫电价得到落实。三是狠抓电煤管理。针对2008年初以来电煤供应紧张、煤价不断上涨的严峻形势，准确分析和估计煤炭市场形势，加大煤炭结构调整，有效抑制了燃煤价格的上涨。深入开展厂内燃料管理“达标、创优、建示范”活动，严把燃煤入厂质量监控关，煤质有所提高，商务纠纷有所降低，并保证了区域内电厂煤场不亏吨，且消化了历史亏吨。

技术进步和节能减排取得了新的成绩。加大对重大技术改造项目的投入力度，华电能源系统2008年全年共实施重大技术改造项目50项，累计投入资金2.6亿元，相继实施了哈尔滨第三发电厂20万kW机组供热改造和牡丹江第二发电厂20万kW机组通流改造等重大改造项目，依靠技术进步促进设备技术升级。大力加强科技管理和技术创新，共获得华电集团科技进步二等奖2项、三等奖3项。进一步实施和完善生产营销实时系统，实时监测指导企业机组运行状况，提高了生产管理信息化水平。公司各单位普遍加强了节能减排工作，通过深入开展节能评价，实施供热改造、通流改造、凝汽器改造、小油枪改造和疏水回收等节能项目，节能降耗取得较好成效。2008年全年综供电煤耗同比下降2.9g/(kW·h)；综合厂用电率在机组负荷率下降的情况下完成 8.37%，与 2007 年基本持平；耗油量完成 10063t，同比降低 3365t，降幅达 25.06%。同时，积极落实各项环保措施，加强环保技术监督和设备管理维护，通过安装烟气排放连续监测系统进行跟踪，有效控制了污染物排放指标，单位 SO_2 减排绩效完成 2.36g/(kW·h)，同比降低 0.01g/(kW·h)。哈尔滨第三发电厂、牡丹江第二发电厂、富拉尔基发电总厂继续保持华电集团"优秀发电企业"称号，富拉尔基发电总厂被评为 2008 年度华电集团"先进企业"。加快小火电机组的关停步伐，哈尔滨热电有限责任公司成功举行了关停机组烟囱爆破拆除仪式，展示了良好的社会环保形象。

项目发展

项目发展和资产重组取得了重大进展。根据公司实际发展情况，华电能源研究制订了中长期电源发展规划，确立了"以电为主、热电联产，上下延伸、协调发展"的发展战略，提出了"建设业绩优良、结构优化、管理一流、形象良好，具有较强竞争力、较高影响力和可持续发展能力的大型综合性能源公司"的发展愿景。

电源项目的前期工作。哈尔滨热电有限责任公司"上大压小"2×30 万 kW 热电联产项目于 2008 年 2 月取得国家发展改革委同意开展前期工作的"路条"；哈尔滨发电有限责任公司异地扩建滨江 2×30 万 kW 热电联产项目得到哈尔滨市政府常务会议通过，并已上报黑龙江省政府；佳木斯发电厂 2×30 万 kW 供热扩建工程、牡丹江第二发电厂"上大压小"2×30 万 kW 热电联产项目分别于 2008 年 7 月、12 月获得国家发展改革委正式核准；哈尔滨第三发电厂供热项目纳入《哈尔滨市 2020 年热电联产规划》，并获黑龙江省发展和改革委员会核准。同时，密山 2×60 万 kW 新建项目、彰武 2×60 万 kW 新建项目已具备国家核准条件。另外，哈尔滨污泥焚烧发电项目、齐齐哈尔西南城区 2×30 万 kW 热电联产机组新建项目、牡丹江宁安风电项目、齐齐哈尔梅里斯风电项目等前期工作也在积极推进。

基本建设方面。佳木斯发电厂工程两台机组分别于 2008 年 11 月 7 日和 30 日完成 168h 满负荷试运行，脱硫系统同步投运，圆满完成华电集团下达的年内"双投"目标，牡丹江第二发电厂工程开工建设，实现了年度建设目标。哈尔滨第三发电厂向呼兰区供热、哈尔滨热电有限责任公司向省政府供热工程管路铺设完成，并实现开栓供热。齐齐哈尔热电有限责任公司顺利通过华电集团的达标投产考核。华电彰武发电公司正式挂牌成立，公司拓展东北的区域布局迈出了坚实步伐。

煤炭资源项目开发。2008 年年内分别与鸡西矿业集团签署了战略合作框架协议，以共同开发和参股的方式为密山项目提供配套资源，与双鸭山东兴煤矿达成了煤炭开发的意向性协议。同时，通过与龙煤集团的密切沟通，研究洽谈了未来几年内投资合作开发的煤炭资源项目，初步形成了向煤炭开发领域延伸的产业框架。

改革发展

为切实发挥公司在华电集团产业布局中的作用，更好地履行公司的定位和责任，2008 年年初，华电能源把加快推进东北区域资产整合重组工作作为一项重中之重的工作来抓实、抓好。针对整合重组过程中遇到的重重困难和阻碍，举全公司之力，以改革创新的精神，集思广益，积极创新资本运作手段和方式，使资本运作取得了实质性进展。通过采取"增资扩股与承接增资权"的方式，灵活解决了土地和进场交易两项政策难题，实现了对哈尔滨热电有限责任公司 38.04% 的控股，成为哈尔滨热电有限责任公司第一大股东。紧紧抓住金融危机造成国内股市大幅回调的有利时机，在原有以资产定向增发方案难以推进的情况下，研究启动和周密部署了非公开发行工作方案，并通过董事会审议，标志着华电能源在东北区域资产整合重组进程中迈出了跨越性的步伐。

党的建设、精神文明建设、企业文化建设

华电能源上下深入学习贯彻党的十七大和十七届三中全会精神，各级领导干部贯彻落实科学发展观的自觉性和坚定性不断增强，牢固树立了价值思维的理念。切实加强了企业领导班子和干部队伍建设。继续深入开展"四好"领导班子创建活动，加大创建工作检查考核和指导力度，哈尔滨第三发电厂、牡丹江第二发电厂、富拉尔基发电总厂、佳木斯发电厂、哈尔滨发电有限责任公司、鑫宝等 6 家单位均达到了"四好"领导班子标准。积极推进和落实教育、制度、监督并重的惩防体系构建，层层落实党风廉政建设责任制，认真落实《惩防体系五年规划实施纲要》，加强纪检监察和拓宽监督举报途径，推动了反腐倡廉工作的深入开展。加强精神文明和企业文化建设，积极开展文明单位创建主题实践活动。在四川汶川地震中，华电能源本部及各单位发扬“一方有难、八方支援”的精神，踊跃捐款近170万元。积极推进人员培训和输送工作，人力资源配置继续优化。按照人才培养输出计划，积极拓宽配置渠道，努力改善职工队伍结构，2008年全年共向华电系统内外输出人员217人。华电能源工会正式成立，召开第一次工会会员代表大会，建立、健全了工会组织机构，组建了工会各专业委员会和文体协会，切实维护了队伍稳定。进一步加强信访工作、思想政治工作和法律事务工作，周密部署奥运等重要时期的稳定工作，加强政策研究，妥善解决了职工子女退役士兵安置等遗留问题、关停机组人员分流安置和一批信访、举报案件，未发生造成重大影响的群体性上访事件，维护了职工队伍的稳定。

华电能源股份有限公司哈尔滨第三发电厂

概况

华电能源股份有限公司哈尔滨第三发电厂（简称哈三电厂）位于哈尔滨市松北区，是华电能源股份有限公司（简称华电能源）的全资企业，装有4台国产火力发电机组，总装机容量160万kW，其中1号、2号机组单机容量均为20万kW，3号、4号机组单机容量均为60万kW，并入东北电网运行。2008年，保持华电集团“优秀发电企业”、“安全生产先进单位”，荣获集团公司“节能减排先进单位”称号。

哈三电厂下设37个二级机构，分别是：厂办公室、人力资源部、财务部、政工部、工会、计划营销部、审计部、纪检委、物资供应部、燃料管理部、生产技术部、安全监察部、科技部、发电分厂、汽机分场、锅炉分场、电气分场、热工分场、化学分场、燃料分厂、修配分场、除灰分场、通讯分场、三电物业公司、宏毅物业公司、汽车队、公安处、房产办、离退休办、街道办、职工医院、供热工程办、三期扩建部、三发实业集团、粉煤灰公司、检修公司、多经公司。

截至2008年底，哈三电厂在册职工总数为2071人。其中，研究生4人，大学本科492人，大学专科582人，中专560人，技工学校111人，高中及以下文化322人。高级职称160人，中级职称442人，初级职称864人。高级技师24人，技师69人，高级工596人，中级工139人，初级工5人。

领导人员

厂长：李丙信

党委书记：王克福

副厂长：刘翔太、姜青松、王贵发

工会主席：李树军

纪委书记：赵国俭

总经济师：钱福珍

总工程师：张玉增

年度业绩

2008年，哈三电厂完成发电量77.35亿kW·h，同比下降9.03%；销售收入19.73亿元，内部利润总额2.14亿元，实现应缴各项税金2.24亿元，其中应缴增值税为2.11亿元；全年综合供电煤耗339.88g/(kW·h)，同比下降3.12g/(kW·h)；综合厂用电率6.20%，同比下降0.02个百分点。

生产经营管理

安全管理上，哈三电厂继续深入开展反违章工作，贯彻《中国华电集团公司反违章管理工作规范》，强化安全生产责任制，加大培训力度和安全管理。截至2008年12月31日，连续安全生产2449天，实现第六个“安全年”。

运行管理上，哈三电厂以热力试验结果、结论指导检修和运行。4号锅炉经过优化燃烧调整试验基本达到设计标准，3号、4号机组确定并优化了滑压曲线。自行开发了用煤耗等微增来合理分配调度运行机组负荷分配系统，使机组带负荷方式实现最佳状态；固化了22项机组经济运行方式；强化启停机过程管理，实现了机组节能启动。通过运行分析和经济分析，实现运行闭环管理，使设备、系统处于可控、在控状态。

检修、技改管理上，哈三电厂开展预防性检修工作，由热力实验室进行有针对性的评价，用“点检定修”理念指导和开展有效的消缺和设备维护工作。2008年全年，一类设备和一般设备消缺率达到100%，二类设备消缺率达到99.9%。实行大修全过程管理，及时发现并处理了1号发电机定子铁芯松动、高温管道组织形态劣化等重大缺陷，使1号机组大修后供电煤耗下降了6.8g/

(kW·h)。完成了供热首站建设，1号、2号机组的供热改造，锅炉干排渣改造，4号锅炉摆动燃烧器改造等工作。

节能降耗管理上，哈三电厂将入炉煤化验室划归到生产技术部管理，提高了检质、检斤准确率。在燃料二段、九段皮带增加煤炭取样设备，加强煤场管理，降低了煤场储损。

项目发展

哈三电厂热电联产集中供热工程是全国最大的热电联产改造项目，是黑龙江省和哈尔滨市两级政府重点推进项目，是一项重大节能减排和利民工程。该项目由黑龙江省发展改革委以黑发改能源［2008］165号文件批准实施，于2008年开工建设，拟投资12亿元。工程将分两期进行，一期工程通过改造2台20万kW机组和1台60万kW机组，可实现采暖面积2736万m^2，年节约原煤82.89万t，年减排SO_2 4139t。计划到2013年，二期工程即4台机组全部改造结束后，可实现采暖面积4382万m^2，年节约原煤150.7万t，年减排SO_2 7526多t。

内部改革

2008年，为完善企业基础规章制度，哈三电厂完成了《人力资源手册》的编写工作。《人力资源手册》是哈三电厂人力资源管理的基本制度体系，包含56个项目文件，为哈三电厂各项人事工作的开展提供了可靠依据。

党的建设、精神文明建设、企业文化建设

加强党的组织建设和党风廉政建设。哈三电厂开展了对标管理年“三尽一促”主题实践活动及“讲党性、重品行、作表率”活动；结合机组大修工作，开展创建共产党员“先锋工程”项目活动，取得显著效果。扎实开展了治理商业贿赂专项工作，通过实施透明工程，在供热工程施工、大修技改、物资采购、燃料采购等工作的各个环节，创新效能监察方法和手段，发挥监察、审计、财务等部门的职能作用，做到各项管理工作公开、透明。完成与华电能源签订的党风廉政建设责任制的各项任务，实现了厂2008年党风廉政建设工作目标。

持续推进文明单位建设。哈三电厂开展了“心系灾区、爱在哈三”捐款活动，发出为四川汶川地震灾区人民捐赠特殊党费倡议书，厂团委积极开展中央企业团工委“扬起希望——汶川地震专项救助基金”募集活动，全厂共捐款244743元，2455人参加捐款。2008年，哈三电厂第六次荣获“全国安康杯竞赛优胜单位”。

继续加强企业文化建设。哈三电厂先后开展了“改革开放三十年·我的电力记忆”图文征集活动、“精彩瞬间”主题摄影大赛、《哈三——我心中的感动》主题征文活动，征集了“同行·超越”文化各二级单位分支理念。

华电能源股份有限公司
牡丹江第二发电厂

概况

华电能源股份有限公司牡丹江第二发电厂（简称牡二电厂）是中国华电集团公司（简称华电集团）控股的华电能源股份有限公司（简称华电能源）的全资企业，位于黑龙江省东南部牡丹江畔，始建于1978年5月。从1981年5月首台10万kW国产机组投产发电，至1997年12月14日7号机组正式移交生产，先后通过三期工程建设，全厂总装机容量达到102万kW。2007年，牡二电厂开始筹划2×30万kW热电联产机组“上大压小”工程建设。2008年12月8日，该工程得到国家发展改革委正式核准批复。

截至2008年底，牡二电厂共设18个职能部室，分别为政工部、纪检委、工会、办公室、审计部、劳动人事部、财务部、计划部、基建管理部、物资部、燃料管理部、生产技术部、安全监察部、科技部、值长组、行政事务部、保卫部、离退休管理部；2个分厂，分别为发电分厂、燃料分厂；1个牡丹江第二发电厂设备安装检修公司；1个华电能源股份有限公司牡丹江第二发电厂热力公司；1个牡丹江中远实业集团有限责任公司。截至2008年底，牡二电厂资产总额达242018万元，其中流动资产13688万元，非流动资产228330万元；电厂在职职工2481人。

领导人员

厂长：胡宝权

党委书记：张亚军

副厂长：乔爱民、挥云梦、王铁峰、徐峰

纪检委书记：沈明辉

工会主席：张德军

总经济师：梁绍清

总会计师：李鲜艳

热力公司经理：李长洪

总工程师：挥云梦

年度业绩

2008 年，牡二电厂完成发电量 466547 万 kW·h，同比少发 12%；综合供电标准煤耗率完成 383.56g/(kW·h)；发电厂用电率完成 8.58%，同比增加 0.32%；综合厂用电率完成 10.01%，同比增加 0.58%；综合产业实现产值 7000 万元；新增供热并网面积 47 万 m^2（其中趸售负荷 14.4 万 m^2），累计接带热负荷 461 万 m^2，收缴率为 93.65%；累计完成供热量 299.6438 万 GJ，供热标准煤耗率完成 42.61kg/GJ。

生产经营管理

1. 安全生产保持长周期

牡二电厂进一步落实各级安全生产责任，将责任制覆盖到全厂 302 个岗位，做到厂部、车间、班组、个人“四级控制”；大力推进安全百日督察和无违章创建，强化作业现场安全监管，加大对违章、违纪的处罚力度，全面提高职工的安全意识；深入开展隐患治理年活动，发现并消除设备隐患 728 项，使安全隐患可控、在控；积极开展安全生产月活动，营造“我要安全、我管安全、我能安全、我会安全”的良好安全文化氛围；不断完善应急管理体系，进行“全厂停电”综合反事故演习、“油罐火灾”重大危险源事故等应急预案演练；认真执行大型操作到位把关制度，严格落实“两票三制”，两票合格率达到 100%，有效遏制了违章和误操作的发生；加强设备维护和检修，结合机组大、小修和“春检”工作，实施设备综合治理，提高主辅设备的运行可靠性；充分发挥“上大压小”工程安全委员会的作用，安监人员深入基建施工现场，规范管理，使基建安全文明施工秩序井然。通过以上措施的有效实施和长效安全机制的完善，确保了生产、基建、供热、交通、后勤、综合产业全方位的安全。截至 2008 年 12 月 31 日，实现连续安全生产 1902 天，创建厂以来最高安全纪录。

2. 经营效果显著提高

牡二电厂继续推行精细化成本管理，并取得“保煤抢电”工作的阶段性胜利，继续保持了华电集团“优秀发电企业”称号。一是克服困难保证电煤供应。2008 年，面对前所未有的煤炭供应严峻形势，一方面积极协调黑龙江龙煤矿业集团股份有限公司和沈阳煤业（集团）有限责任公司，尽力兑现合同量；另一方面，试验性地少量引进蒙煤掺烧，解决煤炭供应的燃眉之急。二是想方设法抢发电量。面对黑龙江省电量需求严重萎缩、新机组相继投产、机组利用小时数大幅下降、争取发电量异常困难的情况，牡二电厂加大了与黑龙江省电网公司有关单位的沟通协调力度，争取最大月度发电计划，时时跟踪负荷变化，努力提高机组运行负荷率，合理安排运行方式，强化经济运行管理，优化各项生产运行指标。2008 年全年机组利用小时数为 4574h，高于东部电网平均利用小时数。三是切实抓好“四煤”工作。在保证煤炭供应的情况下，开展管理创新，根据煤炭市场变化，调整煤炭结构，有效控制了燃料成本。四是围绕年度资产经营目标，实施责任成本管理，制订了详细、全面的预算分解方案，与各二级单位签订了资产经营责任书，增强了预算的权威性及可控性，保证了年度预算目标的顺利推进。五是努力化解成本增支压力，加强对财税政策的运用，用好企业优惠政策，拓展外部环境，在水资源费和排污费方面争取到较大优惠政策。六是发挥审计、行政监察和企业法律顾问的监督保障作用，进一步完善效能监察工作。重点从燃料质量管理、重大项目招标、节能减排改造等方面入手，加大效能监察力度，确保了经营安全和效益。七是加强人力资源管理，修订了牡二电厂劳动合同管理标准，规范了劳动合同管理，本着促进人才合理流动的原则，向青海大通、河南新乡等电厂有计划地输出了 60 余人，职工总量得到有效控制。

3. 生产管理不断加强

牡二电厂把节能降耗、挖潜增效拓展到生产管理的各个方面，对各项指标做到精细化管理。本着“对照先进、查错纠弊、持续改善、不断超越”的原则，在生产、经营等领域全方位开展了对标管理活动。一是深入分析近几年来各项指标的变化情况，全面查找自身存在的问题，明确各项指标与标杆值之间的差距及整改措施，动态选择节点，将指标体系进行了扩展，进一步细化、分解指标；二是不断推进科技进步，按照一体化 PDCA 过程控制方法对各项指标进行了有序分解落实和监督检查，围绕优化指标提出建设性意见和技术改进措施188项，覆盖率77.5%，采纳率67.6%，进行了企业信息化等级评定，推进了信息化建设，为分析科学统计数据提供了依据；三是大力开展设备和技术改造，推进节能减排。进行了7号机组通流改造、7号机组循环水补水、加装胶球冲洗系统等改造，降低了供电煤耗。进行了7号锅炉电袋除尘器改造，减少了污染物排放。进行了6号、7号锅炉微油点火改造等节油改造，使2008年全年用油比上年大幅降低。

4. 外部市场的开拓能力不断加强

牡二电厂综合产业积极应对电力体制改革带来的冲击，不断强化内部管理，增强竞争意识，提高竞争力。一是抓住了牡二电厂发展的有利契机，中标了多项工程项目；二是实施科技创新，把水泥厂改造成水泥粉磨站，减轻了经营负担，实现了成功转型；三是积极开发粉煤灰砖并全面推向建筑市场，完善了粉煤灰砖规模生产、推广、销售及售后服务工作，并迅速应用于牡丹江市区内的建筑市场；四是充分发挥检修人才和技术优势，积极开拓外部市场，2008年共派出检修人员220余人次，完成了北京京能热电20万kW机组大修增容改造工程、新疆吐鲁番电厂13.5万kW机组的大修、苇湖梁电厂13.5万kW机组的消缺、湖南石门电厂30万kW机组的大修，并承揽了广西贵港电厂2号机组（60万kW）的全年维护工作，以优质的服务获得了赞誉，并创造了收益，为进一步开拓外部检修市场奠定了坚实的基础。

5. 供热面积实现快速增加

按照2008年初确定的目标，牡二电厂不断深化供热管理，强化服务意识，抢占供热市场。一是紧紧抓住危房及棚户区改造之机，吸纳新建楼盘和已实施分户改造的并网负荷；二是大力实施庭院管网改造工程，改造二级管线近千米，敷设一级供热管线500多m；三是加快续建工程项目建设，完善了中继泵站设施，及时发现并排除管网重大缺陷，进一步夯实了热网系统安全、稳定运行的基础；四是规范了服务行为，完善了服务功能，有效促进了市场拓展和热费收缴工作，打造牡二供热品牌；五是加大了考核力度，量化了收费指标，并采取灵活的收费方式，方便用户交费。2008年新增供热并网面积47万m^2（其中趸售负荷14.4万m^2），现已累计接带热负荷461万m^2。

项目发展

牡二电厂四期扩建工程起步晚，难度大。通过大量卓有成效的工作，项目推进取得重大成果。经过全厂职工的不懈努力，“上大压小”工程核准申请于2008年12月8日获得国家发展改革委正式核准批复。“上大压小”工程自开工以来，克服了资金紧张、图纸及设备供应不及时、冬季气候不稳定等诸多困难，紧紧围绕“干一流工作，创一流管理，建一流工程”的建设管理目标，工程建设实现了烟囱筒壁到顶、集控楼上部结构到12.6m、零米以下工程全部完成等阶段性进度目标；从完善制度入手，对工程招标、投资管理、合同管理、工程结算等工作按照制度要求抓实、抓好，做到管理层次清晰、职责明确、程序规范；加强了概算和预结算管理，合理控制工程造价；严格按照火电工程监督典型大纲的要求开展工程质量监督工作，严把工程过程管理，为实现工程质量目标奠定了基础；制定、完善并实施了128个工作标准和管理标准，使基建管理工作做到有法可依、有章可循。

此外，新能源开发取得阶段性的成果，完成了宁安老黑岭、榆树川风电场的测风及风资源的评估和专家认证工作，尤其是虎林风电项目前期工作的有效开展，既为牡二电厂赢得了信誉，又为人员分流创造了条件，同时为下一步新能源开发积累了经验。

内部改革

通过完善职工业绩考核体系，不断优化激励机制。重新修订了奖金分配方案和管理办法，增加生产一线和重要岗位奖金分配额度，最大限度地调动生产一线职工和关键技术人员的工作热情和积极性。通过调研，初步完成了按定员组织生产及其配套方案的制订，为推进按定员组织生产工作奠定了基础。

党的建设、精神文明建设、企业文化建设

面对新形势和新任务，牡二电厂党委紧紧围绕企业的经济建设搞好党的建设、精神文明建设和企业文化建设。一是切实发挥党支部的战斗堡垒作用和党员的先锋模范作用。开展“弘扬四种精神，四比四新当先锋做表率”主题活动；开展“四好”班子建设，切实提高领导班子的凝聚力；开展党风廉政建设，切实增强党员干部廉洁自律意识；突出抓好党员干部廉洁从业工作，进一步加大效能监察力度。二是切实提高职工队伍整体素质。深入贯彻“以人为本”和“人才强企”战略，继续完善干部考核监督机制，加强后备干部队伍和后备人才队伍建设；大力组织全员技能培训，着重制定了生产储备人员培训管理办法；努力增加职工收入，职工平均收入增幅达到10%，保证了职工队伍的稳定。三是深入开展和谐企业建设。开展“文明单位共建牡丹江”等系列创建活动。开展职工思想动态调查，认真研究解决改革中涉及职工利益的各种问题。开展了“纪念建厂三十周年，回顾企业光辉历程，共创牡二美好未来”主题教育活动，营造了文明单位创建氛围，全面提高了创建水平，保持了华电集团“文明单位”荣誉称号；深入开展企业文化建设，培育“三为”文化，切实提升企业品牌形象，“三为”文化成功入选“全国电力行业企业文化建设十大成功案例”，并荣获“中国电力行业企业文化软实力十佳领军企业”等多项荣誉称号；完善厂务公开和民主监督机制，切实推进企业民主管理，深入开展了“安康杯”、“创新杯”、机组大修创“精品工程”竞赛等多项生产竞赛活动，极大地调动了职工的工作积极性；开展了形式多样的“两会一节”等文化体育活动，陶冶了职工情操，提高了职工素质；加强团青工作，以争创“五四红旗团支部”为载体，团结和带领广大团员青年为企业三个文明建设作贡献。

哈尔滨热电有限责任公司

概况

哈尔滨热电有限责任公司（简称哈热公司）位于哈尔滨市香坊区（原动力区），前身为哈尔滨热电厂，始建于1958年，是我国第一座自己设计、自己制造、自己安装的高温高压热电厂。2002年国家电力体制改革后，哈尔滨热电厂划归中国华电集团公司（简称华电集团），并于2006年1月改由华电集团下属华电能源股份有限公司控股管理。哈热公司主要经营电力、热力产品，兼营电力设备安装、调试和检修，电力技术咨询、服务和开发，管道设备安装、检修，煤炭、燃油储运，科技产品推广。截至2008年底，哈热公司总装机容量80万kW，其中包括2台10万kW和2台30万kW供热机组；供热面积1310万m^2，供热范围覆盖哈尔滨市香坊区，并为经济技术开发区提供热源，是黑龙江省最大的热电联产企业。2008年，哈热公司已启动“六期”扩建工程，即再建2台30万kW机组“上大压小”项目，此项工程已被华电集团批复并列入黑龙江省“十一五”规划。

截至2008年底，哈热公司下设职能部门20个，分别为总经理工作部、计划部、劳动人事部、财务部、审计部、组织部、工会、团委、宣传部、纪检办、企管部（企协）、基建管理部、生产技术部、安全监察部、信息中心、物资管理部、离退休管理部、保卫部、行政事务部、教育培训部；生产部门11个，分别为运行分场（含集控运行、汽轮机运行、锅炉运行、电气运行、除灰分场、通信站、污水处理站）、锅炉检修分公司、汽轮机检修分公司、电气检修分公司、热工检修分公司、化学分场、燃料分场、燃料管理部、修配检修分公司、修缮分场、货车队；后勤服务部门2个，分别为职工医院、后勤服务公司；多种产业1个，哈尔滨热电实业有限责任公司；子公司1个，哈尔滨热电供热有限责任公司。哈热公司总资产为327353万元，注册资本金为50920万元；在册员工2232人，其中中高级职称540人。

领导人员

董事长：孙光

副董事长：关铁宁

董事：魏霞、梅君超、苏盛波、张万韬、金秀华、许大戡、常立宏、任广军、韩铁成

监事：张利、李安、张延辉、杨文忠

总经理：常立宏、任广军

党委书记：任广军

纪委书记、工会主席：杨文忠

副总经理：韩铁成、任福滨、张野、李华峰、苏刚、王滨生、王贵发

总会计师：王慧

调研员：翟枫树

主要领导人员变动情况：2008年12月22日，任广军任哈热公司总经理、党委委员。

年度业绩

2008年，哈热公司发生生产一般安全考核事故2起，没有发生企业经营和领导人员违法违纪案件，也没有发生对哈热公司形象、稳定造成不良社会影响的事件；公司完成发电量40.12kW·h，完成电网发电计划的100.31%；完成供

热量582.84万GJ，完成全年计划的109.97%；供电标准煤耗率完成346.09g/(kW·h)；单位发电量SO_2排放量完成0.8g/(kW·h)；利润总额1166万元。全年新增供热面积100万m^2，以哈热的供热品牌赢得了市场，扩大了规模，突破了原有供热区域划分的限制，实现了向省政府区域40万m^2供热，使供热主干线延伸至南岗中心区，并以工期短、质量好赢得了省政府的好评，为哈热公司供热市场的扩张和优质热负荷的抢占奠定了坚实的基础，也为哈热公司的发展和华电能源在哈尔滨的战略调整赢得了机遇。哈热公司总供热面积达到1310万m^2，位居省内热电联产企业的龙头地位。

生产经营管理

2008年，哈热公司夯实基础，加强安全生产各项工作，编写了《发电机组检修全过程安全管理规定》；组织开展春秋季安全大检查、“无违章创建”和“百日督查专项治理”活动；开展并网发电厂安全性评价工作，综合得分率97.2%，成绩优等；2008年6月，与全国同步开展了主题为“治理隐患、防范事故”的安全生产月活动；加强应急机制建设，完善了应急管理预案，组织了热网大面积供热中断反事故演习；超前做好防洪度汛预案及准备工作，确保“奥运”等重要时期的安全稳定；加强机组运行、检修管理及设备技术改造工作，组织完成了5号、6号、7号机组小修和8号机组检查性大修；加强生产人员的技术培训，使设备管理水平和大机组调控能力得以提高。

强化预算管理，加强成本控制，积极争取发电量计划。哈热公司注重“三电、四煤”关键环节的管理，加强电热费回收，2008年热费回收率实现89.65%，陈欠热费回收率实现36.03%，电费回收率实现100%。

煤电联动和煤热联动政策得以落实。哈热公司两次调增电价，累计调增2.33分/(kW·h)；脱硫电价得到落实；热网工程建设费政策延续执行得到正式批准，税务、财政等方面的相关优惠政策也得到落实。

技术进步和节能减排成效显著，通过技术改造提高设备运行的稳定性和经济性。哈热公司先后进行了20多项技改项目，其中7号、8号锅炉一次风机改造效果明显，减少了停炉损失，也保证了制粉系统的稳定运行，炉渣含碳量由改造前的11%下降为6%，飞灰含碳量也有所降低；解决了脱硫设施运行不稳定的问题，保证了脱硫设施投运率和脱硫效率；7号、8号锅炉实施少油点火改造后，机组启动一次耗燃油量从80t降至10~15t；7号、8号锅炉电除尘器更换电源控制柜后，节电率达到38.3%，被哈尔滨市政府评为2008年“环保先进单位”、“节能减排标兵企业”。

项目发展

2008年，哈热公司完成了五期工程后评价项目验收、工程建安结算的审计和竣工决算的审计工作，六期扩建工作快速推进。2008年2月26日，取得了国家发展改革委发改办能源［2008］480号文《关于同意哈尔滨热电有限责任公司2×30万kW“上大压小”热电联产扩建工程前期工作的复函》的批复。2008年6月16日，六期“上大压小”供热扩建工程初步可行性研究审查会在帕弗尔召开并顺利地完成评审。2008年10月30日，《初可研审查意见》（简称《意见》）由黑龙江省公司正式下发，《意见》要求落实和整改的问题已经基本完成，其中“66kV/6kV变电所可研”和“六期接入系统初步设计”方案的落实是工作重点，直接关系到老厂5号、6号机组能否按期关停，制约六期工程的顺利开展。2008年6月20日，1~4号机组烟囱成功爆破拆除，这是哈热公司落实关停小火电机组政策、坚决兑现老机组关停承诺的实际行动和具体体现。2008年9月初至11月底，热网过渡综合管架工程完工，全面完成年度前期过渡改造工程。2008年12月16日通过了六期扩建工程可行性研究审查，随着六期初步可行性研究、可行性研究工作的开展，六期前期各项支持性文件报告的编制正在同步进行。完成了地震及地质灾害评价、厂区水文地质勘探、六期热网可行性研究报告，同时完成了水土保持、安全性预评价报告初稿的编制工作。

2008年基建工程建设的重点主要围绕老厂拆迁还建工程施工进行。2008年4月2日，东北电力设计院设总率各专业人员到哈热公司主持召开了六期前期过渡方案现场联络会，经现场实际踏勘后，提出了前期过渡综合管架布置方案。工程于2008年11月底结束，南网全线竣工并一次灌水打压合格，动力老网新建管路也注水打压合格，阀门调试完成，具备投入的条件。

党的建设、精神文明建设、企业文化建设

哈热公司党委不断改进和创新企业党建工作

机制，使党建工作融入中心，服务大局，发挥了政治核心作用。坚持“四抓一带五结合”，创立并且形成了具有哈热鲜明特色的“两级联创、三级联动”党建格局，基层党组织建设得到不断加强。扎实开展“四好”领导班子的创建活动。文明单位创建工作有所突破。认真开展中心组及各基层党组织理论学习，在形式上、内容上进一步创新，学习水平和学习质量有较大提升。党风廉政工作着眼于加强廉政教育，完善监督机制，突出效能监察，坚持惩防并举，不断加强廉洁从业教育和廉洁文化建设，提高党员干部的拒腐防变能力。连续多年实现领导干部“零违纪”、员工“零犯罪”。哈热公司党委首次被黑龙江省委评为“先进基层党组织”。公司连续14年荣获“省级文明单位标兵”称号，团委连续14年荣获“哈尔滨市红旗团委”称号。

哈热公司党委、工会利用建厂50周年的契机，以“传承、发展、超越”为主题，开展了一系列爱企爱岗主题活动。组织了大型文艺会演，激发了员工的爱岗敬业之情，增强了企业的凝聚力。以学习贯彻《华电宪章》活动带动企业文化建设。关心企业患病特困职工，设立了专项基金，完善职工医疗保障体系。走访慰问85人次，补助困难员工102人次，发放补助金39100元。加强信访接待工作，周密部署重要时期的维稳工作，保持了企业的安全稳定局面。厂务公开和职代会制度进一步完善，被黑龙江省委授予“省级民主法治企业”称号。

各级党组织、工会组织将“学习创新型企业”创建活动与“工人先锋号”、“节能降耗，争做十大节约能手”、“安康杯”等竞赛和岗位练兵等群众性活动有机结合，搭建“人才强企”竞赛平台。首次实施业务学习激励机制，对生产技术运动会评选出的业务状元和技术能手给予专项奖励和专项津贴，激发了广大员工学习钻研技术的积极性。

倡导文明，奉献爱心。全体员工积极为华电集团“和华爱心基金”捐款12万元；为四川地震灾区捐款16万多元，党员、团员捐献“特殊党费”、“特殊团费”9万多元，得到了哈尔滨市总工会的高度评价。在哈尔滨市第三十二届劳模大会上被授予“先进单位”，同时，在第三届中国电力系统企业文化年会暨“2008电力企业文化软实力高峰论坛”上被评为“中国电力企业最具社会责任感企业”。

黑龙江华电齐齐哈尔热电有限公司

概况

黑龙江华电齐齐哈尔热电有限公司（简称齐热公司）位于黑龙江省齐齐哈尔市建华区，是华电能源股份有限公司（简称华电能源）的控股企业，装机容量为2×30万kW。齐热公司于2004年1月18日正式注册成立，注册资本为1000万元，分别由中国华电集团公司（简称华电集团）、黑龙江省鹤城建设投资发展有限公司、齐齐哈尔阳光热力集团有限责任公司等三家股东公司共同投资建设2台30万kW供热机组。2005年，华电能源收购齐齐哈尔阳光热力集团有限责任公司全部股权，并接受华电集团转让的大部分股份，成为控股股东。

齐热公司2台30万kW供热机组建设项目于2003年6月开始前期工作，2005年3月获得国家发展改革委核准，2005年8月25日正式开工，2007年9月和11月，2台机组提前通过168h试运行，平稳、顺利地转入商业运营。2007年采暖期共接带供热负荷125万m^2，实现了机组按期投产供热、当年生产创效的工作目标。2008年高质量完成基建收尾工作，顺利通过达标投产验收、安全性评价、节能评价以及环保验收，采暖期共接带供热负荷616.4万m^2。

截至2008年底，齐热公司下设总经理工作部、生产技术部、发电运行部、设备维护部、安全监察部、计划供应部、财务资产部、人力资源部等8个部门。

齐热公司员工总数为195人，其中研究生4人；大学本科学历71人，约占总人数的36.41%；大专学历61人，约占总人数的31.28%。现有各类专业技术人员122人，其中高级职称25人，中级职称43人，高级技师1人，技师4人，高级工71人。

领导人员

董事长：孙光

董事：梅君超、周伟、姜迎建、刘大勇

监事会主席：张利

监事：许健、王春钢

总经理、党委书记：刘大勇

副总经理：孙继芳、温涛

纪委书记、工会主席：王春钢

年度业绩

齐热公司2台机组发电量完成288286万kW·h，比黑龙江省电网公司计划多发电量4.96%，其中上网电量266548万kW·h；综合厂用电率控制在7.54%；综合供电煤耗控制在346.24g/(kW·h)；发电设备利用小时达到4805h；实现利润总额7191万元，净利润达5385万元；电热费回收率实现100%。

生产经营管理

自2台机组顺利投产以来，工程建设的主要任务就是完成收尾和验收工作。为了能顺利通过每一次检查，齐热公司上下高度重视，无论在基础材料、原始数据、工程档案的整理和保存上，还是从工程外观及质量的保护上，都做了充分的准备，高水准地完成了工程达标验收、安全性评价、环保验收、水土保持验收以及竣工决算等工作。其中，2台机组达标投产验收综合得分率达94.41%以上，安全性评价综合得分率达75.9%，工程质量及生产管理得到了各专家组的高度评价和一致认可。

齐热公司始终坚持把安全生产放在各项工作的首位，以健全长效机制为手段，狠抓安全生产责任制落实和规章制度执行，不断完善以生产技术管理、安全生产管理、检修质量管理和事故应急管理为主要内容的管理体系。同时，齐热公司还以全面开展安全性评价和各类安全大检查活动为契机，高度重视隐患排查和综合治理工作，积极开展三个百日安全无事故以及反违章创建工作，有效规范安全生产管理和作业行为，努力提高事故防范能力和安全保障能力，从总体上保证了设备的安全、可靠、经济运行。截至2008年12月31日，齐热公司连续安全生产480天，实现了年度安全生产责任目标。

齐热公司大力加强内部管理，努力提高管理水平。一是继续实施全面预算管理，坚持预算的刚性原则，做到全员、全过程的动态管理，实现经营指标可控、在控。二是强化生产运行、燃料、物资等专项管理，向管理要效益。以对标管理为契机，研发并推广“机组经济运行实时管理系统”，开展值际间小指标竞赛活动，提高机组经济运行水平；充分发挥物资采购管理系统的管控作用，规范物资采购程序，采取公开、透明、择优、低价的交易方式，合理减少费用支出；全面加强燃料管理工作，重点加大“采、制、化”等重要环节的管控力度，严把检斤、检质等重要关口，有效降低生产成本。三是加强设备巡视检查与维护管理，落实点检定修责任制，及时消除设备缺陷，全面提高设备管理水平。齐热公司顺利完成了2台机组的小修任务，并重点完成了中压辅助蒸汽系统等13个技术改造项目，提高了生产系统的安全稳定性能和经济性能。

齐热公司积极加强外部联系，努力提高经营业绩。一是积极与黑龙江省电网公司、黑龙江省经济贸易委员会沟通，千方百计争取抢发、多发电量，累计发电量28.8亿kW·h，机组平均利用小时数为4805h。二是加强与地方政府及相关部门的沟通，督促并协助城市热网改造工程建设，努力扩大供热面积，接带供热负荷616.4万m^2，比原计划多161.4万m^2。三是针对国家两次电价调整以及施行煤电联动政策，积极与电网公司、物价部门协调，及时地办理电（热）费的结算和催收工作。四是在电煤价格大幅上涨的严峻形势下，尽最大努力与煤矿和铁路部门沟通，在有效控制电煤价格上涨的基础上，积极提高铁路运力，同时还在利用厂内空余用地设立临时储煤场，增加厂内库存煤量，保证了机组的生产用煤。

党的建设、精神文明建设、企业文化建设

齐热公司党委始终坚持党群工作的政治核心地位，围绕中心任务，把促进企业发展、提高核心竞争力作为党群工作的着力点，以创建“四好”班子和“文明单位”工作为载体，不断增强企业的凝聚力和向心力，保证生产经营和员工队伍的稳定，为完成全年工作任务奠定了坚实的基础。充分发挥党组织的领导和党员干部的模范作用，在四川汶川地震后的危难之际，两次组织全体党员干部及员工捐款10万余元，全力支持抗震救灾工作。齐热公司还组织举行了首届员工拓展运动会及员工乒乓球、羽毛球等比赛，广泛开展形式新颖、寓教于乐的文体活动。通过推进企业文化建设，不仅对外树立了良好的企业形象，对内还极大地增强了企业对员工的凝聚力，同时也极大地鼓舞和调动了员工工作的积极性、主动性和创造性，形成了心齐、气顺、劲足的良好氛围。

中国华电集团富拉尔基发电总厂

概况

中国华电集团富拉尔基发电总厂（简称总厂）是中国华电集团公司的全资内部核算企业，位于黑龙江省齐齐哈尔市富拉尔基区西南郊。总厂原由黑龙江亚电鑫宝热电有限公司（原富拉尔基热电厂，简称鑫宝公司）和富拉尔基第二电厂组成，2005年9月21日，鑫宝公司由中国华电集团公司黑龙江分公司直属管理。2008年，总厂权益装机容量125万kW，其中包括6台20万kW机组和2台2.5万kW供热机组（2台供热机组现租赁给鑫宝公司经营）。

总厂由主业和综合产业（富电实业集团）两部分组成。主业包含运行分厂、燃料分厂、检修公司3个分厂；化学、除灰2个车间；厂长工作部、计划营销部、人力资源部、财务资产部、生产技术部、安全监察部、科技信息部、审计部、燃料管理部、物资部、通信中心、新能源办公室、保卫部、离退休职工管理中心、政治工作部、纪检委、工会17个部门。截至2008年12月31日，总厂职工人数达3522人，其中全民在岗职工3260人，平均年龄42.19岁；大专及以上文化程度1079人，占职工总数的31%；管理和专业技术人员425人；全民内退职工262人；离退休人员1080人。

领导人员

厂长：杨继华

党委书记：王凤君

党委副书记：毕福荣（2008年9月到新疆挂职锻炼）

副厂长：许春华、徐恩玉、郝贵义、杨年君（兼富电实业集团党委书记）

纪委书记：程建宏

工会主席：曲恩友

富电实业集团经理：朱占福

总工程师：徐恩玉（兼）

助理调研员：张金斗

年度业绩

2008年，总厂完成发电量63.45亿kW·h，同比减少4.75%；实现主营业务收入14.38亿元，同比减少0.47亿元；实现利润总额1.24亿元；供电标准煤耗率完成370.21g/(kW·h)，同比上升3.91g/(kW·h)；多种产业经营完成产值1.66亿元，实现利润293.8万元。

生产经营管理

2008年，总厂以科学发展观为统领，以全面完成华电集团生产经营业绩考核指标为中心，夯实安全基础，强化经营管理，取得了良好的经营成果。

安全管理上，落实安全管理责任，完善四级控制考核机制，夯实安全管理基础。总厂开展无违章创建、隐患排查治理等活动，发现并消除缺陷、隐患681项。开展安全教育，完善应急管理机制和预案，加强对外埠施工的安全管理和制度约束。推进标准化检修与日常维护，完成2号机组大修、6号机组扩大性小修和其他4台机组小修工作。截至2008年12月31日，总厂实现设备连续安全2778天，被评为华电集团“安全生产先进单位”。

经营管理上，开展对标管理年活动。总厂成立对标管理领导小组，制订实施方案，建立并不断完善对标管理体系。关注电力市场营销，确保电量计划落实、电价执行、电费回收“三到位”。强化和推进全面预算管理，有效降低三项费用。加强燃料、物资管理，实施企业内部审计、执法监察和效能监察，保证经营安全，保持了华电集团“优秀发电企业”的荣誉称号。

多种产业经营方面，总厂完成华能营口电厂1台60万kW机组4个月的运行维护、两次C级检修及一次D级检修，承担沈海电厂1台大修机组锅炉的阀门检修，完成齐热公司外围辅助设备的日常维护和2台机组的C级检修。完成为期三年的华电内蒙古卓资发电有限公司机组委托运行工作。在黑龙江省内外、系统内外的建筑安装、机械加工等领域占有一定的市场份额，创造了良好的经济效益。截至2008年底，多经公司富电集团拥有资产2.93亿元，全民职工1084人，集体职工624人，形成了电力设备检修安装、建筑安装、铸锻件产品加工、压力容器制造等八大产业体系，开发了铸锻件、保温材料、润滑油、电机线圈等十大类300多种产品，占领了黑龙江省内和辽宁、内蒙古等地的电建市场、电力检修市场和产品销售市场。

项目发展

2008年，按照华电集团的发展要求，总厂积极谋划新能源项目，成立新能源领导小组，组建了新能源办公室，牵头进行齐齐哈尔西南热电联产项目的前期工作。在市政府的支持下，召开项目前期工作推进会，取得项目初步可行性研究所需的各类支持性文件，完成了锅炉机组燃煤特性评价试验，编制了初步可行性研究报告。对齐齐哈尔周边的风能资源进行了踏察和资料收集，并就龙江县、梅里区两处风场与当地政府签署了协议，经上级批准，安装测风塔，收集气象资料。

内部改革

2008 年，按照华电集团劳动用工制度改革的总体要求，总厂继续实施主业富余人员转岗分流和企业内部退养，全年内部退养 233 人，中层干部退二线 29 人。在主业试行薪点工资制度改革，制订薪酬改革方案及各项改革措施，完成基础数据整理及测算工作。继续大力实施“2211”人才工程，在检修公司进行“首席专业工程师”和“首席专业技师”试点，强化岗位技能培训，提高员工素质。开展富余人员培养储备输出工作，为内蒙古卓资、土右等电厂输送 35 人；选拔 45 人到主业生产一线学习，作为人力资源储备。

党的建设、精神文明建设、企业文化建设

2008 年，围绕企业中心任务，总厂继续推进党建、精神文明建设和党风廉政建设。在全厂党群系统中开展“对标、达标”活动，在二、三级单位开展创建“四好”班子活动。坚持党委重大决策征求意见制度，继续推行党委与基层签订稳定责任状制度，确保生产经营和职工队伍稳定。开展形势任务教育，引导职工转变思想观念。完善考核细则，深入推进文明单位创建工作。实施规范关联交易效能监察和燃煤管理效能监察，继续开展以案示法、以案示纪教育。加强民主管理，加大厂务公开力度。开展“工人先锋号创建”、“学习型企业创建”、“五型班组创建”等活动。改善生产一线班组设施和家属区环境，关心职工生活，组织职工体检。整修体育场馆，为图书馆增添图书，开展丰富多彩的文体活动，搭建积极、健康、向上的文化平台。总厂连续 4 年荣获“全国‘安康杯’竞赛优胜企业”称号，荣获“全国精神文明建设工作先进单位”、“全国学习型组织先进单位”、黑龙江省“和谐企业”、黑龙江省“党风廉政建设先进集体”、黑龙江省“企业文化建设‘十佳’单位”、黑龙江省“节能减排竞赛‘十佳’企业”等光荣称号，保持华电集团“文明单位标兵”称号，荣获华电集团“2008 年度先进企业”称号。

黑龙江华电佳木斯发电有限公司

概况

黑龙江华电佳木斯发电有限公司（简称佳木斯公司）为中国华电集团公司（简称华电集团）的前身为佳木斯发电厂，始建于 1938 年 7 月，建厂初期装机容量 2.25 万 kW。2002 年 12 月 29 日，国家电力体制改革，佳木斯发电厂划归中国华电集团公司；2004 年 12 月 8 日，改制为黑龙江华电佳木斯发电有限公司。

截至 2008 年 12 月 31 日，佳木斯公司装机容量为 4×100 万 kW（4×10 万 kW+2×30 万 kW），下设职能部门 17 个，其中党群部门 5 个，生产单位 9 个，分别为运行分场、燃料分场、化学分场、汽机工区、锅炉工区、电气工区、热工工区、修缮工区、修配工区。佳木斯公司现有员工 2010 人，其中，女员工 516 人，中专及以上学历 914 人，中级及以上职称 310 人，党员 864 人。

领导人员

总经理：王胜才

党委书记：董玉斌

副总经理：王南江、许成业、曾庆华、王涛、国广宇

纪委书记、工会代主席：孙丰杰

总会计师：任忠

年度业绩

2008 年，佳木斯公司完成发电量 186348 万 kW·h（其中，30 万 kW 机组完成 1101 万 kW·h），同比少发 43972 万kW·h；设备利用小时完成 4658h，同比减少 1100h；综合标准煤耗率完成 394.89g/(kW·h)，同比降低 0.41g/(kW·h)；综合厂用电率完成 10.52%，同比上升 1.05 个百分点；供热量完成 2437912GJ，同比多供 451619GJ；供热标准煤耗率完成 41.26kg/GJ，同比降低 0.01kg/GJ；合约电价完成 330.91 元/(千kW·h)，同比升高 53.41 元/(千kW·h)；综合标准煤单价（含税）完成 406.12 元/t，同比期升高 23.73 元/t。入厂、入炉煤热值差 479.63kJ/kg；SO_2 减排完成 1.66g/(kW·h)，低于华电集团考核值

0.14g/(kW·h)；主营业收入完成46952万元，其中电力收入41422万元，热力收入5530万元；电、热费回收率完成100%，当年热费结零，陈欠热费收回1000万元；期末流动资金占用完成6200万元，完成了华电集团下达的利润考核指标。

生产经营管理

1. 安全生产局面保持长期稳定

佳木斯公司通过开展“无违章创建”、“隐患治理年”、隐患排查等活动，使习惯性违章、设备隐患得到有效控制。截至2008年12月31日，佳木斯公司未发生人身、设备考核事故，未发生火灾和车辆交通肇事，实现连续安全生产1728天。春、秋检共完成主要工作46项，重点整改项目355项，有效预防了季节性事故的发生。通过了并网发电厂安评复评，重新组织修编了《生产事故及突发事件应急处理总体预案》和11个专项预案，开展了储灰场大坝安全管理专项检查，提高了处理突发事件的能力。

2. 运行、检修工作成绩突出

2008年，佳木斯公司生产任务繁重，面临诸多困难，如10万kW机组运行岗位缺员、30万集控生产准备人员培训任务重、涉外检修维护工作量大等。佳木斯公司沉着应对，临时调整了倒班方式，同时对新到岗人员加强培训，提高其动手能力，使之尽快适应岗位要求，从而保证了机组安全、经济运行和安全可靠供热。30万集控生产准备人员提前有计划、有组织地进行了基础理论、上仿真机、实地现场跟班学习等多种形式的培训；自行编制了运行规程、岗位规范等，绘制了系统图，2台机组整套启动及168h试运行期间，集控运行人员实行了“三班二运转”，连续12h工作，为2台机组顺利通过168h试运行作出了贡献。检修共完成了4台次机组小修和12号主变压器更换、14号间隔改造和11号锅炉高温区水冷壁更换三项重大工程，提高了设备健康水平。在涉外检修中，检修公司钦州、长沙两项目部共完成国投钦州发电有限公司60万kW 1号机组和湖南华电长沙发电有限公司60万kW 1号、2号机组的维护，以及1号机组标准项目小修任务，先后共有600余人次参与到这两个项目中，锻炼了队伍，为维护公司30万kW机组培养了技术骨干，积累了宝贵经验。长沙项目部积极参与湖南华电长沙发电有限公司抗冰保电、疏通原煤斗堵塞等抢险工作，受到了中央领导和长沙发电有限公司的高度赞誉。

3. 电、热价调整工作取得新的进展

佳木斯公司千方百计地争取发电量，与黑龙江省电力公司签订了上网电量为16.43亿kW·h的购售电合同，又争取到了新机试运行电量3.0亿kW·h，首次荣获华电集团“统计工作先进集体”荣誉称号。积极开展电、热价攻关，合约电量上网电价在普调2.33分/(kW·h)的前提下，单独上调3.13分/(kW·h)，两次调价后，佳木斯公司基数电量上网电价由0.2775元/(kW·h)上调至0.3321元/(kW·h)。经过佳木斯市热价调整听证会科学论证，佳木斯公司热价由23.59元/GJ调整到27元/GJ。

项目发展

佳木斯公司2×30万kW供热扩建工程是华电集团在黑龙江省规划兴建的热电联产项目，2008年7月21日，项目正式通过国家发展改革委核准。工程由华电能源股份有限公司全资建设，工程计划投资259834万元。

2008年，工程在完成2007年双机双炉暖封闭的基础上，按照“安、快、好、省、廉”的工程建设总体要求，明确提出了“安全措施保障年”的目标，大力抓好工程建设中的安全文明措施建设及安全风险控制，实现了工程建设零事故。2台机组分别于2008年11月7日、2008年11月30日通过168h满负荷试运行，脱硫系统与主机同步完成168h试运行。截至2008年底，累计完成投资216951.06万元。工程建设取得了建设速度快、安全基础牢、工程造价低、质量控制优、环保性能好等多项好成绩，荣获华电集团“2008年度基建工作先进单位”荣誉称号。

党的建设、精神文明建设、企业文化建设

按照华电集团部署，以“四好”班子创建方案为核心，佳木斯公司进行了自查、总结、改进和提高的创建活动，推动“四好”班子建设又向前迈进了一大步。以“先锋工程”建设为有效载体，党性实践活动凸显了党员队伍的先锋模范作用，民主评议党员工作全面提高了党员素质，实现了党建工作和生产经营工作的有效融合。四川汶川地震发生后，佳木斯公司先后两次捐款，捐款金额共计11万余元，党员百分之百参加了交纳“特殊党费”的活动，荣获“黑龙江省先进企业党组织”和“思想政治工作先进单位”荣誉称号。

党风廉政建设以廉洁文化建设为重点，建立了要害部门和重点岗位人员廉政档案，实施了廉洁承诺抵押金办法。重点开展了规范关联交易、招标管理、燃煤管理效能监察工作。在基建全体参建单位开展了“工程优质、干部优秀”竞赛活动，没有发生一起基建干部违法违纪事件，企业被市委、市政府授予“党风廉政建设先进集体”荣誉称号。

文明单位建设以华电集团文明单位考核标准为总纲，以佳木斯公司《2008年文明单位建设规划》为抓手，坚持以思想政治工作为引领，坚持“党、政、工、青、妇”齐抓共管，通过了省级“文明单位标兵”的复查。连续18年保持了省级“文明单位标兵”的荣誉称号。

对厂务公开程序实行标准化管理，推行了厂务公开重大问题建议书等形式；落实民主评议企业领导干部、公司总经理联络员等制度，结合建厂70周年，开展了“迎奥运、庆厂庆”系列活动。参与社会主义新农村建设，积极开展了扶贫帮困助学献爱心送温暖活动，公司党委书记董玉斌被授予“帮建新农村建设试点村工作先进个人”荣誉称号。

中国华电集团哈尔滨发电有限公司

概况

中国华电集团哈尔滨发电有限公司（简称哈发公司）位于哈尔滨市南岗区，占地面积14.4万m^2，是中国华电集团公司的控股企业。公司股权结构为中国华电集团公司股比56.63%，哈尔滨投资集团有限责任公司股比43.37%。哈发公司现有3台2.5万kW、1台1.2万kW和1台1.5万kW供热机组，3台220t煤粉锅炉和2台6.4万kW层燃燃烧热水锅炉，总装机容量10.2万kW，供热面积650万m^2。

哈发公司前身为哈尔滨发电厂，于1927年10月投产，原是集电力、电车和电灯三项事业为一体的经营单位，曾为民族电力工业、解放战争和我国社会主义建设作出了突出贡献。1983年，在原址重建总装机容量为7.5万kW，3台热电联产机组，工程投资总额达22267万元，于1988年投产。2001年4月，哈尔滨发电厂改制为有限责任公司，2003年，更名为中国华电集团哈尔滨发电有限公司。2008年，根据国家“上大压小、节能减排”的要求，哈发公司在保证安全生产的同时，进行双轮驱动两翼发展，确定了异地建设哈发公司“滨江”热电联产项目发展方案，并获得哈尔滨市有关部门的批准。

哈发公司下设总经理工作部、计划部、人力资源部、财务部、监察审计部、生产技术部、安全监察环保部、供热管理部、基建办公室、保卫部、燃料管理部、物资管理部、政治工作部、离退休人员管理部、工会等15个部室和锅炉、汽机、电气、热工、化学、燃料、运输等7个分场，以及综合产业工贸公司、物业公司、热力公司和科源粉煤灰公司等多种经营企业。截至2008年12月31日，在职职工953人，其中大专以上学历431人，中级以上职称232人，离退休职工607人。

领导人员

董事长：王殿福

副董事长：关铁宁

董事：梅君超、张利、郎国民、马德军、李守海、张万韬、金秀华

监事会主席：王晓波

监事：李喜荣、李安

总经理：郎国民

党委书记：马德军

副总经理：李守海、刘少军、刘辉、陈军

纪委书记兼工会主席：李喜荣

年度业绩

2008年，哈发公司各项指标均创历史最优。利润总额完成2034万元，较考核700万元增长了191%；发电量完成60498万kW·h，完成考核指标的105%；供热量完成382万GJ，较考核指标增加7万GJ；综合供电煤耗率完成379.9g/(kW·h)，较考核指标降低1.8g/(kW·h)；机组年利用小时数达5931h，较计划高284h，较同期高39h，较龙江地区火电机组平均利用小时数高1099h；截至2008年12月31日，安全生产纪录达到4373天，已实现连续安全生产12年。

生产经营管理

全面落实安全生产责任制，坚持“严、细、实、高”的安全理念，创建本质安全。哈发公司开展“无违章创建”、“隐患排查治理”、“百日督察专项治理活动”，安全管理水平不断提高。加强

了机组运行、检修管理，加大了设备的治理和改造力度，通过闭环管理扎实开展春、秋两季安全大检查工作，顺利地完成了设备大、小修及全停检修、技改等工作，提高了主、辅设备的健康水平。全面完成重大节日及省市重大政治活动、奥运会、残奥会的保电及供热任务。

加强对标管理。2008年全年，除煤炭价格这一不可控指标未达标外，各项指标均达到标值。哈发公司加强“三电（热）”工作，争取和落实发电量计划，年发电量、供热量创历史新高。积极做好电、热费结算及收缴工作，实现了年末应收电、热费结零。积极谋划，抓住有利时机，加强政策经营，电、热价随煤价上调实现增收1429万元，居民采暖收入免征增值税354万元，追缴特种拨改贷资金977万元；根据市场煤与电煤的价格起伏，灵活调整来煤结构，充分利用哈发公司承担采暖供热任务的有利因素，保障了煤炭供应，有效地抑制了成本增加，保证了正常的生产经营。

项目发展

哈发公司位于省会城市中心，设备老，容量小，且无能力安装脱硫环保设施，生存受到环保政策的刚性限制。2008年年初步形成以“上大压小”方式迁出市区，进行异地建设的发展规划。

哈发公司迁出市区，在哈尔滨市城区东北角，规划用地面积约50万m^2，异地建设“滨江”2台30万kW热电联产机组。在新机组投产后，关停现在运行的小火电机组，全部妥善安置现有员工。项目投产后，完成热源由退役机组向高温高压机组过渡，彻底消灭一个市区中心污染源，拔掉市区360多座小烟囱，替代630多座小锅炉，及时解决当地棚户区改造需配套建设的热源问题。作为哈尔滨市老城区改造的重要民生工程，该工程已列入哈尔滨市城市总体规划、城市热电联产规划和集中供热规划“十一五”期间的建设项目，是国家备案的电源建设项目，符合国家当前的产业政策和环保政策，是哈尔滨市重点推进的大项目。

早在1994年，哈尔滨市热电开发建设指挥部曾提出建设滨江热电厂的设想，并成立了滨江热电厂筹建处，规划一期建设2台30万kW或3台20万kW热电联产机组，并完成了《初步可行性研究报告》等前期工作，但因多种原因，无法进行项目建设。哈发公司积极协商，2008年5月28日，哈尔滨市政府常务会议讨论批准了哈发公司该项目的承办权。哈发公司成立了筹建办，负责开展项目的前期工作。

内部改革

哈发公司科学调整机构设置，进一步理顺工作职能。对“一场、一室、二公司、三班组”进行了整合，撤销4个基层机构。调整人员分布，合理分流人员，充实生产一线。物业公司大胆尝试机制创新，根据市场化需要设置部室，为实现人才与岗位的最优组合，面向公司公开招聘管理人员。

以人为本进行创新激励机制改革。对运行岗位给予政策倾斜，增加小指标竞赛奖金和运龄工资，吸引员工回流生产一线。对功勋员工进行功勋奖励，兑现省级劳模待遇，鼓励先进。改革生产技术运动会获胜选手奖励方式，对金、银奖获得者增加浮动岗位工资，引导广大员工钻研业务，学习技术。开展小指标竞赛工作，对小指标管理制度进行改革，重新调整了一些重要经济指标分值，改革考核方法，调动了运行人员运行调整的积极性。

党的建设、精神文明建设、企业文化建设

哈发公司党委经过积极筹备，成功地召开了电力体制改革以来的首次党代会，全面总结了前11年以来的工作，分析了企业党建工作面临的新形势、新情况，确定了今后一个阶段党的工作思路和重点任务。哈发公司党委紧密结合企业的中心任务，突出抓好党的组织建设、思想建设，2008年年初以来，广泛、深入地开展“创建‘四好’班子”、“标准化党支部建设”、“党员争先锋”等活动，充分发挥党员的“四个作用”，使广大员工坚守岗位、敬业奉献精神进一步发扬光大。认真开展反腐倡廉教育，进一步增强党员、领导人员的拒腐防变能力。进一步强化源头治理，推进惩防体系建设，构建惩防腐败体系。

哈发公司大力加强企业文化建设、精神文明建设，培育并形成了“品德、责任、贡献、创新、和谐”的企业核心价值观；成功地举办了首届“企业文化节”等系列活动。哈发公司从82年历史文化底蕴出发，外树形象打造哈发公司供热品牌，内强素质打造哈发公司民族电力品牌百年文化。通过抓管理、促安全、弘扬廉洁从业，以

“崇尚知识、崇尚劳动、崇尚先进、崇尚贡献、崇尚能力、崇尚品德”为导向，逐步营造并培育了管理文化、安全文化、廉洁文化、导向文化等文化系列，实现三个文明协调发展。通过不懈的努力，公司凝聚力、激励力、约束力、导向力大大增强，为构建和谐企业提供了有力支持。

华电虎林风力发电有限公司

概况

华电虎林发电有限公司成立于2008年11月24日，注册资本8740万元，经营范围包括风力发电项目的开发、投资、建设和经营管理；风电场的综合利用及经营；风力发电技术咨询、服务；风力发电物资、设备采购。

虎林石青山风电场位于黑龙江省虎林市新乐乡，距虎林市虎林镇北约6km。风电场总体规划容量14.4万kW，共安装96台0.15万kW风机，投资约15亿元。虎林石青山风电场一期工程由中国华电新能源发展有限公司（股比82%）与黑龙江万德风力发电有限公司（股比18%）投资建设，建设规模为4.5万kW，安装30台0.15万kW风机，建设期为1年，工程动态总投资为49997万元，2009年底投产发电。

该项目建成后每年可发电1.002743亿kW·h，与相同发电量的火电相比，每年节约标准煤约38110t，折合原煤53440t，相应可减少SO_2废气排放量1699.6t、NO_2废气排放量482.262t、CO_2废气排放量89660t、CO废气排放量12.217t、烟尘排放量95600t、减少耗水2590t，并减少相应的废水排放和温水排水，对改善大气环境有积极的作用。

华电虎林发电有限公司一期定员32人，总经理1人，副总经理1人，下设立综合管理部2人，财务管部2人，生产建设部2人，计划发展部2人，生产员工22人（2008年定员没有核准，只有5位借用人员工作，其他人员陆续于2009年到位）。

领导人员

法定代表人：舒福平

总经理：徐峰

副总经理：姜凤龙

工程建设与管理

2008年工程未开工，建设与管理处于准备阶段。

其他重大事项和情况

2008年2月18日，取得《黑龙江省水利厅关于虎林石青山风电场新建工程水土保持方案的批复》（黑水发［2008］81号）。

2008年6~12月，取得了黑龙江省发展改革委项目核准所有支持性文件的批复。

2008年11月11日，批复《关于虎林石青山风电场接入系统设计的评审意见》（黑发展［2008］586号）。

2008年11月，完成了30台风电机组的微观选址，实地完成了交桩工作。

2008年12月26日，通过了《虎林石青山风电场一期45MW工程可行性研究报告》的评审（黑工咨能字［2008］249号）。

2008年12月，完成了7.8km的进场道路施工。

中国华电集团公司上海分公司

概况

中国华电集团公司上海分公司（简称华电上海分公司）前身为上海代表处，成立于2007年4月6日，同年12月25日更为现名，是中国华电集团公司在上海市的派出机构，负责华电集团在上海市的发展规划、项目前期、电力营销、协调服务和企业管理工作。公司本部下设综合管理部、计划发展部、市场营销部3个部门，管理上海奉贤燃机发电有限公司、上海通华燃气轮机服务有限公司、上海华港风力发电有限公司3家企业。截至2008年底，可控装机容量由成立之初的“零”增加到72万kW，形成了燃机、风电、太阳能等多种能源结构齐头并进的发展势头。

领导人员

党组书记、总经理：葛建国

党组成员、副总经理、纪检组组长、工委主任：毕建军

主要领导人员变动情况：2008年2月，葛建国任华电上海分公司总经理。

区域年度工作业绩

2008年，在沪企业安全生产基本稳定，没有发生任何安全事故，没有发生企业经营和领导人员违法和严重违纪案件，没有发生对公司形象和

稳定造成不利影响的事件。

上海奉贤燃机发电有限公司完成实际发电量3.85亿kW·h，完成转移发电量14.15亿kW·h，完成发电厂用电率3.23%，完成供电煤耗309.42g/(kW·h)；2008年全年产值达4.7亿元，实现利润8854万元，上缴税收3943万元。

上海通华燃气轮机服务有限公司实现主营业务销售收入8559万元。其中，燃机检修和备件返修2190万元，备件销售6369万元。另外，实现其他业务收入595万元，其他业务利润367万元。2008年全年实现利润共计401万元。

上海老港风力发电项目和上海都市型工业示范区太阳能项目分别于7月8日和6月17日获得上海市发展改革委核准。老港风电项目已经开工建设。

区域生产经营管理

在2008年初的冰雪灾害中，华电上海分公司上下坚决贯彻国务院和华电集团专题视频会议精神，响应华电集团党组和上海市委、市政府的号召，克服人员紧缺、资金紧张、气候恶劣、备品严重不足、燃油运输等一系列困难，加强设备管理和运行管理，确保了上海奉贤燃机发电有限公司4台机组每天正常顶峰发电。抗冰保电期间，机组总计启停186次，一次启动成功率达到100%，发电1.35亿kW·h，发挥了调峰电厂在抗灾保电关键时期的作用。上海市经委专门向华电集团发出感谢信，对上海奉贤燃机发电有限公司在抗冰保电期间的工作给予了充分肯定。

坚持“安全第一、预防为主、综合治理”的方针，加强组织领导，完善规章制度，狠抓责任落实，努力夯实安全生产基础，确保安全生产可控、在控。在奥运保电和迎峰度夏准备工作中成立领导小组和工作小组，认真落实保电方案，确保机组安全稳定，圆满完成保电任务。结合“隐患治理年”和“春季安全大检查”等活动，对上海奉贤燃机发电有限公司的重要生产区域、重点环节和危险源进行全面排查，着力抓好整改，杜绝各类安全隐患。集中对机组设备进行消缺整治，提高了机组的安全运行水平。深入开展安全生产月活动，加强全员安全教育培训。联合奉贤区消防支队进行大型消防演习，为迎峰度夏工作提供了应急保障。成立突发事件应急管理委员会，组织编写了《突发事件应急管理规定》及相关应急预案。配合华电集团进行安全生产百日督查专项行动和安全性评价，安全生产基础得到巩固。上海奉贤燃机发电有限公司安全生产超过1200天，被华电集团授予“安全生产先进单位”荣誉称号。

采取有力措施，争取有利政策，努力增收节支、降本增效，全面提升经营业绩。一是扎实开展对标管理。根据华电集团开展“对标管理年”活动的要求，成立管理机构，制订实施方案，保证对标管理工作有序开展。上海奉贤燃机发电有限公司建立了覆盖公司、部门、班组三级对标管理指标体系，体系中的三大类近70项指标涵盖了安全、效益、发展等各个方面，使公司的管理要求实现了层层落实、条条细化，并将指标落实到了每个专业、每个班组、每位员工，使“对标管理年”活动融入日常的生产经营工作中。二是大力开拓市场。抓住2008年6月底国家发展改革委出台煤电联动政策的有利时机，主动与物价部门沟通协调，制订工作方案，二次调整工作共疏导电价10.5分/(kW·h)，缓解了奉贤燃机的经营压力。上海奉贤燃机发电有限公司发扬“三千”精神，积极沟通电网公司，1～3月每月提前回收电费2000万元，确保2008年电费回收率100%。积极参与华东电力市场的建设工作，参与编制《电力市场辅助服务补偿细则》。上海通华燃气轮机服务有限公司积极为客户电厂做好备件采购、返修和调配服务，2008年全年共完成1.8亿元人民币和677万美元的备件采购任务，累计进行了26次备件的调配，所调配备件的金额超过850万元，还为印尼苏纳拉亚火电厂8号机组项目和望亭2×66万kW项目的部分辅机开展招标代理工作。强化检修业务，积极开拓市场，树立检修品牌，为燃机电厂做好技术服务工作。三是狠抓燃料管理。针对上海市对燃油顶峰发电进行补贴的政策，积极公关，使冬季燃油顶峰发电多支出的变动成本得到弥补。提前谋划，在燃油涨价前提前预购“迎峰度夏”、“奥运保电”期间燃料用油，节省了燃料成本。四是积极配合迎审工作。高度重视国家审计署南京特派办对上海奉贤燃机发电有限公司进行的建设项目审计调查，积极协助审计组工作，及时向华电集团审计部、资产部汇报审计进展情况，使得审计结果更加客观务实。五是开展“一改三查”活动。成立华电上海分公司“一改三查”领导小组，组织对燃料管理、基建管理和资金风险三个方面的突出问题进行自查自纠，对经济安全可能产生重大影响的其他事项进行自查自纠并进行整改。六是促进企业依法经营。加强分公司系统法制建设，开展“‘五五’普法知识竞赛”活动，制订落实《法制工作三年目标》工作计划，加大合同审查和法律风险防范工作力度，促进了企业依法经营。

区域项目发展

及时跟进华电集团工作思路，根据“一调整、两优化”指导意见，重点关注并研究分析国家能源产业政策及上海市的能源规划，及时了解并掌握上海电源建设的情况，积极拓展绿色环保的新能源产业。积极推进奉贤一期核准，对核准所需的支持性文件进行收集与整理，加强与上海发展改革委、国家发展改革委等职能部门进行沟通，并取得了支持性意见。稳步推进奉贤二期，委托编制完成项目初步可行性研究初稿，电网接入系统设计方案与天然气管网接入系统的初步论证基本完成。核准老港风电项目，主要设备的招标工作已全部完成，大部分已签订技术协议和供货合同，土建招标工作已完成并进场施工。核准普陀区太阳能项目，通过了上海市工商局对普陀区太阳能项目公司名称的预核准。与奉贤区海湾镇镇政府签署合作意向书，组织并召开了风电场选址论证会，委托编制完成风电场选址规划报告及项目建议书。

党的建设、精神文明建设、企业文化建设

切实加强党的建设，积极向华电集团和上海市委组织部汇报，在华电集团的统一部署下，成立了党组、纪检组和工委，党组织关系实行了属地化管理。初步建立党组工作基本制度，定期开展各种学习活动。认真学习贯彻党的十七大和十七届三中全会精神，组织举办了学习党的十七大精神专题培训班，进一步增强党员干部的素质能力。四川汶川地震期间，全体干部员工积极为灾区捐款，党员、团员交纳“特殊党费”、“特殊团费”，树立了华电集团在上海的良好形象。开展了“共产党员和中央企业在抗震救灾中的义务和责任”专题组织生活。进一步落实党风廉政建设责任制，对全年党风廉政建设责任制执行情况进行自查，积极配合华电集团党风廉政建设责任制检查组的检查工作。制订分公司系统构建惩防体系五年规划《实施办法》，做好“惩治和预防腐败体系管理信息系统”相关工作。开展贯彻落实廉洁自律“七项要求”活动，增强了党员干部廉洁自律的意识。

加强企业文化、思想政治工作和精神文明建设。开展了分公司系统“‘五五’普法知识竞赛”和“《华电宪章》及企业文化知识竞赛”等活动，增强了员工的法制观念和集团意识。做好系统外调入员工的思想工作，灌输有华电特色的企业文化理念，增强员工的凝聚力、温暖感和归属感。认真落实职工思想动态分析制度和稳定工作责任制，全面部署奥运期间维稳工作，加强信访工作，完善应急机制，保证了职工思想和队伍的稳定。加强工会工作和共青团工作，实施送温暖工程，积极解决职工“食、住、行”的困难。在团员青年中扎实开展“发挥青年作用、展现青年风采、提高青年能力、拓展青年发展”主题活动。

上海奉贤燃机发电有限公司

概况

上海奉贤燃机发电有限公司（简称奉贤燃机公司）位于上海市奉贤区金汇镇，成立于2004年9月1日，为中外合资企业，属节能环保电厂，是上海市配合国家“西气东输”建设的发电企业之一。2007年11月28日，中国华电集团公司（简称华电集团）收购上海柘中集团公司80%的股份（含中国华电香港有限公司收购的40%股份），从而实现了华电集团在沪装机“零”的突破。

奉贤燃机公司规划容量228万kW，其中一期规划4×18万kW 9E级燃气—蒸汽联合循环发电机组，二期规划2×39万kW 9F级燃气—蒸汽联合循环发电机组，三期规划2×39万kW 9F级燃气—蒸汽联合循环发电机组。一期工程于2004年3月开工建设，2005年7月25日，一期1号、2号、3号机组投入商业运营，2006年1月5日，一期4号机组投入商业运营。截至2008年12月31日，奉贤燃机公司拥有4套9E级燃气—蒸汽联合循环发电机组，总装机容量72万kW。

奉贤燃机公司下设总经理工作部、财务资产部、计划营销部、安全生产部等4个部门，现有正式员工43人，是上海电网的主力调峰电厂。

领导人员

董事长：葛建国

副董事长：蒋辉辉

董事：李增昉、庄彩丽、侯星恒

监事：曹晓峰、蔡雀珏、朱梅红

总经理：顾金芳

副总经理：吴强、苏保兴

主要领导人员变动情况：2008 年 3 月 25 日，葛建国担任奉贤燃机公司董事、董事长，2008 年 3 月 28 日，顾金芳担任奉贤燃机公司总经理。

年度业绩

2008 年 1 月 1 日，奉贤燃机公司完成财务管理移交，至此奉贤燃机公司完全纳入华电集团管理。2008 年，奉贤燃机公司完成实际发电量 3.85 亿kW·h；完成替代发电量 14.15 亿kW·h；完成发电厂用电率 3.23%；完成供电煤耗 309.42g/(kW·h)；全年产值达 4.7 亿元；实现利润 8854 万元，上缴税收 3943 万元。

经营管理

基础管理方面，奉贤燃机公司充实管理队伍，健全管理组织体系，2008 年开展了“基础管理年”活动，结合华电集团“对标管理年”活动，在短短几个月时间里完成了近 70 项规章制度的编制工作，初步建立了一套符合华电集团管理要求和自身实际的基础管理规章制度体系。

生产管理方面，奉贤燃机公司加强设备管理，完成上、下半年各一次的大型检修工作，消除安全隐患；加强环境治理和节能降耗工作，努力消除噪声，降低能耗水平，2008 年厂用电率、供电煤耗等方面较 2007 年有大幅提升。同时，奉贤燃机公司积极履行国有企业的社会责任，特别是在“抗冰保电”和“奥运保电”期间，克服种种困难，共启停机组 476 台次，一次成功率为 100%，较好地完成了上海电网的调峰任务，在关键时期发挥了关键作用。因奉贤燃机公司在“抗冰保电”中的良好表现，上海市经委还特向华电集团发出了感谢信；在“奥运保电”期间，奉贤燃机公司加强应急管理，和地方消防支队一起组织开展了大型联合消防演习等实战演练活动，得到部队和地方政府的高度评价，华东电监局将此次活动作为华东区域奥运保电先进事例上报国家电力监管会员会。

市场营销方面，奉贤燃机公司积极争取合理的开机和备用方式，切实做好节能调度，争取各类政策补贴，确保经营效益最大化；紧紧抓住 2008 年国家发展改革委两次调整电价的有利时机，积极与上海市发展和改革委员会、物价局沟通，据理力争，最终使奉贤燃机公司上网电价从 0.524 元/(kW·h) 上调至 0.629 元/(kW·h)。

项目发展

奉贤燃机公司在 2008 年中梳理完成一期项目核准材料，并完成了二期工程初步可行性研究工作，利用已有土地资源优势，多渠道联系沟通，积极争取天然气源，落实二期项目各项必备条件。

党的建设、精神文明建设、企业文化建设

移交之初，面对生产状况、办公环境与生活条件十分简陋的状况，奉贤燃机公司大力改善工作生活环境，加强后勤保障，丰富员工业余文化生活，并以多种形式加强宣传教育，听取员工意见，消除员工疑虑，增强员工对企业的认同感和归属感，实现平稳移交，形成良好的工作开端。

奉贤燃机公司高度重视精神文明建设，努力加强党建工作。在奉贤燃机公司党的基层组织尚未成立的情况下，成立了临时党小组，并实现党小组活动正常化，努力增强党员干部的素质能力。建立党风廉政建设责任制管理机制，切实落实党风廉政建设责任制，华电集团对司党风廉政建设责任制的考核结果为“优秀”等次。

针对公司由民营企业转变为国有企业，企业员工构成多样化的实际，为提高员工对华电文化的认同度，奉贤燃机公司及时启动了企业文化建设工作。一方面，积极宣贯华电集团的经营理念，结合厂区环境整治，做好视觉识别系统的规范化应用和推广工作；另一方面，努力培育、提炼与《华电宪章》一脉相承的、有奉贤燃机公司特色的企业文化体系。

上海华港风力发电有限公司

概况

上海华港风力发电有限公司（简称华港风电公司）于 2007 年 3 月 19 日注册成立，由中国华电集团新能源发展有限公司与上海环境集团有限公司分别按照 50%、50% 的股比共同出资建设。截至 2008 年底，华港风电公司拥有员工 10 人，下设综合管理部和工程管理部 2 个部门。

华港风电公司老港项目一期工程分别安装 1500kW 的风力发电机组 13 台，总装机容量为

1.95 万 kW。

领导人员

董事长：刘广登

副董事长：霍广钊

董事：毕建军、李铭裕、荣庆

监事会主席：郭克亮

监事：段周生、顾士贞

总经理：毕建军

副总经理：李铭裕

主要领导人员变动情况：2008 年 8 月 27 日，刘广登、李铭裕担任华港风电公司董事，刘广登担任华港风电公司董事长（法定代表人）。

项目发展

2008 年 1 月 30 日，华港风电公司老港项目一期工程取得上海市电力公司接入系统可行性研究报告审查意见的通知；2008 年 2 月 21 日，取得上海市环保局环境影响报告的批复；2008 年 7 月 8 日，取得上海市发展改革委核准报告的批复。2008 年 8 月 8 日，项目开工建设。

上海通华燃气轮机服务有限公司

概况

上海通华燃气轮机服务有限公司（简称通华公司）成立于 2005 年 2 月，由上海华电电力发展有限公司和中国技术进出口总公司发起，并由上海华电电力发展有限公司、中国技术进出口总公司、杭州华电半山发电有限公司、张家港华兴电力有限公司、江苏华电戚墅堰发电有限公司、江苏华电望亭天然气发电有限公司分别按照 31%、29%、10%、10%、10%、10% 的比例共同出资组建，是国内首家以重型燃气轮机用户为主要服务对象的有限责任公司，其范围涉及国内引进的 9F 系列重型燃气轮机电厂以及 9E、6B 等各系列燃机电厂，同时为燃气轮机电厂提供备品备件采购、虚拟仓库管理和技术商务服务。

截至 2008 年底，通华公司共有员工 11 人，下设采购服务部、检修服务部、市场开发部、总经理工作部、财务部等 5 个部门。

领导人员

董事长：毛锡书

董事：吴多誉、蒋洪德、孔庆甫、王顺国、齐崇勇、彭旻、陈文炎、杨惠新、徐国飙、徐峥嵘

监事：朱建平、蔡雀钰、朱晓冰、高志祥、陈洁宇、温厚磊

总经理：毛锡书

常务副总经理：张粟一

副总经理：王学勤

年度业绩

2008 年，通华公司完成销售收入 9154.96 万元，实现利润 401.26 万元。

生产经营管理

2008 年，燃机电厂经营环境趋紧，设备发生缺陷较多，部分电厂机组设备发生重大事故。针对这些情况，通华公司积极应对，及时采取果断措施，为燃机电厂做好服务。在燃机备件采购和返修服务方面，2008 年共为电厂签订燃机备件采购合同 1250 万美元及 30719 万元人民币，签订销售合同 37969 万元人民币。通华公司利用虚拟仓库的优势，根据电厂用户要求积极进行备件调配，2008 年共完成备件调配工作 26 次，调配备件的总金额超过 850 万元。在股东电厂突发压气机重大事故的情况下，通华公司积极参与电厂和 GE 公司的谈判，为电厂出谋划策、创造条件解决困难，为用户顺利解决燃机转子返修难题。

通华公司在燃机自主检修方面做了大量的工作，如举办燃机检修研讨会，组织电厂人员参加燃机检修培训；实施了漕泾电厂 IBH 改造项目和油泵修理项目。为开拓 9E 燃机市场，通华公司组织上海奉贤燃机电厂和武昌燃机电厂与 GE 公司进行了 PSA 协议谈判，并为福建晋江电厂签订了初始备件合同，参与福建晋江电厂与 GE 公司的 MMP 协议谈判。

2008 年，通华公司为印尼苏娜拉亚火电厂 8 号机组项目和望亭 2×66 万 kW 项目的部分辅机开展招标工作；完成了印尼项目 8 批辅机共 118 个设备标段的招标及合同谈判工作，累计完成采购金额约 53000 万元。望亭项目完成辅机招标 25 个项目，中标金额达 1200 万元。

党的建设、精神文明建设、企业文化建设

通华公司在日常经营中不断完善各项规章制度，2008 年完成了公司 ERP 系统的建立，并正式投入使用。积极参加上级公司组织的各类活动，组织全体员工参加“‘五五’普法知识竞赛”活动，召开党员民主生活会，在四川汶川地震发生

后，第一时间组织员工参与捐款活动。

中国华电集团公司江苏分公司

概况

中国华电集团公司江苏分公司（简称华电江苏分公司）成立于2003年4月20日，是中国华电集团公司（简称华电集团）在江苏省的派出机构。按照华电集团的授权，负责华电集团在江苏省的发展规划、项目前期、工程建设、安全生产、经营管理、公共关系、精神文明等方面的领导、协调工作。

截至2008年12月31日，华电江苏分公司可控装机容量308万kW。按照华电集团授权，管理望亭发电厂（简称望亭电厂）、江苏华电扬州发电有限公司（简称扬州公司）、江苏华电戚墅堰发电有限公司（简称戚电公司）、江苏华电句容发电有限公司（简称句容公司）、江苏电力发展股份有限公司（简称江苏电力股份公司）5个全资和控股公司；参与管理常州苏源发电有限责任公司、常州华源发电有限责任公司、苏州工业园区发电有限责任公司3个参股发电企业，管理国电南京自动化股份有限公司和华电煤业集团有限公司华东分公司的党群组织。

华电江苏分公司本部设有综合管理部、计划发展部、安全生产部、市场营销部、财务管理部5个部门。

领导人员

总经理、党组副书记：顾干

党组书记、副总经理、纪检组长、工委主任：朱家全

党组成员、副总经理：戴军

主要领导人员变动情况：2008年12月8日，朱家全任华电江苏分公司党组书记。

区域年度工作业绩

2008年，完成发电量155.38亿kW·h；综合供电煤耗314.07g/(kW·h)（煤机），综合厂用电率5.81%。

区域生产经营管理

2008年，面对自然灾害、奥运保电、燃料供应紧张等新形势，机组启停频繁、煤机关停拆除、燃机突发故障、基建任务繁重等新情况，华电江苏分公司认真贯彻落实国家和华电集团关于安全生产的一系列要求与部署，坚持“强化超前防范，严格过程管理”的安全理念，全面开展安全生产对标管理，层层落实安全责任、制度、考核、监察及各项防范措施，不断提升安全管理规范化、标准化工作水平。以“奥运保电”为重点，深化无违章创建活动，扎实推进隐患治理年、安全性评价、季节性安全大检查和安全生产百日督查，规范应急管理机制，完善安全生产技术保障体系，提高员工安全意识和技能。望亭电厂2台油机和戚电公司、扬州公司共3台22万kW煤机拆除工作安全、有序进行。3家发电企业均进入安全生产长周期，安全生产无事故天数均创历史新高，其中，扬州公司截至2008年12月31日连续安全天数达3445天。强化技术监督、检修管理和设备管理工作，优质、高效地完成9次机组检修。以节能评价为手段，抓住电量、煤耗、厂用电率、油耗、环保等关键指标，强化对标分析，挖掘机组节能潜力，实施节能技改，设备经济性、可靠性进一步提高。抓好多经、交通运输、发承包项目及安全保卫工作，华电江苏分公司系统形成良好的大安全格局。

2008年，华电江苏分公司克服自然灾害、燃料资源和运力紧张、煤价飙升、机组利用小时大幅下降、资金紧缺等不利因素，以“控亏、减亏”为主线，围绕“三电”、燃料和资金等要素，全方位深化“对标管理年”活动，减亏效果明显。第一，做好“三电”工作。开展健康有效的市场营销活动，积极争取电量计划，优化区域电量结构，确保发电效益最大化。全年争取到双边交易、关停机组补偿、煤机替代燃机发电等电量8.42亿kW·h。第二，加强燃料管理。发扬“四千四万”精神，想方设法“保量、提质、控价”。加强与矿点、路局等各方面的协调沟通，千方百计保障供应，全年共组织煤炭503.6万t，保证了发电正常用煤，未发生缺煤减负荷、停机情况。加强采制化、接卸、验收及掺配等管理，有效控制港厂、矿厂、厂炉热值差，降低燃料成本，以对标管理为抓手，以燃料管理“达标、创优、建示范活动”为载体，强化厂内燃料管理，努力降本减亏。扬州公司荣获华电集团“燃料管理示范电厂”称号；望亭电厂荣获华电集团“燃料管理优秀发电企业”称号。第三，创新财务管理。2008年因煤价飙升，燃料成本大幅上升，煤电联动不能到位，加上8

月份以后国际金融危机影响导致电力市场持续回落，区域内各发电企业均出现政策性巨额亏损。华电江苏分公司积极应对，牢固树立“过紧日子”的思想，强化预算管理，严控预算外支出，“三项费用”在年初预算的基础上压缩13.3%；创新理财思路，拓展融资途径，加强资金运作，提高资金效率，在确保货币供应量的前提下，努力消化融资成本的上涨因素，全年节约财务费用2021万元；积极利用和争取政策，获取地方政策性收费减免和节能技改奖励、环保补助等各类政策性补贴，有力地缓解了减亏压力。

区域项目发展

以句容项目为龙头，全力推进项目前期工作。经反复协调和艰难努力，戚电公司、扬州公司3台22万kW机组实施关停，句容公司“上大压小”一期2台100万kW机组项目的“路条”在积极催办中；戚电公司利用“川气东输”的契机，在原址扩建2台20万kW 9E级燃机供热项目，2009年初通过核准；扬州公司原址“上大压小”60万kW级改建项目相继取得华电集团和扬州市人民政府同意开展项目前期工作的批复文件，华电江苏分公司通过购买常源（苏源）小容量，落实了项目“压小”容量，该项目已列入江苏省发展改革委2009年“上大压小”计划；按照华电集团要求，开展江苏省内核电厂址普选工作，完成《江苏省内核电厂址普选报告》；配合华电集团编制沿海区域发展战略规划。

重点做好望亭电厂2台66万kW改建工程基建管理工作。以“质量提高年”活动为抓手，克服设备涨价、交货迟、天气恶劣等不利因素，狠抓安全、质量、工期、造价，工程进度按照计划稳步推进。2008年12月28日，3号锅炉水压试验一次成功，出线及煤码头建设年内取得重大突破。

2008年10月，为句容项目关停的戚电公司、扬州公司3台22万kW机组通过国家发展改革委“压小办”的核查确认。

改革发展

华电江苏分公司按照华电集团总体部署，围绕做强、做大、做好、增强生机活力，不断推进改革创新。一是加强劳动定员管理。逐步按照定员组织生产，研究人力资源在华电江苏分公司系统内的优化配置。重视员工的技术业务素质、思想道德素质、科学文化素质的提高，组织生产准备人员系统培训，为新项目发展做好人才储备。积极探索建立劳动用工、岗位竞争的有效机制和业绩评价体系，用发展和改革的办法减员，提高全员劳动生产率。二是进一步推行预算、考核、薪酬三位一体的绩效目标管理，完善企业和员工收入决定机制，“效益增、收入增；效益降、收入降”的观念逐步深入人心。三是深化薪酬分配制度改革。创新思路，探索企业内部分配制度改革，完善企业内部薪酬分配体系，努力构筑企业、领导人员与员工相互协调的收入分配机制。四是积极推进检修体制改革。扬州公司针对发电检修市场竞争日趋激烈、外部市场开拓艰难的特点，结合企业检修队伍现状，继续推进检修体制改革工作。五是继续收购江苏电力股份公司资产，使华电集团对其控股达到65.12%，进一步增强了华电江苏分公司的整体抗风险能力。

党的建设、精神文明建设、企业文化建设

按照“围绕发展抓党建，抓好党建促发展”的指导思想，加强和改进党的建设，进一步规范组织建设，健全党建工作制度，提升标准化建设水平。以“四好”领导班子创建和“讲党性、重品行、作表率”活动为载体，着力加强两级领导班子建设，切实提高领导班子领导科学发展、攻坚破难的能力；开展党员主题实践活动，发动广大党员干部在急难险重的工作中发挥作用、作出表率。在抗震救灾活动中，华电江苏分公司系统捐款、交纳“特殊党费”112.3万元；加强反腐倡廉建设，认真贯彻华电集团《建立健全惩治和预防腐败体系2008～2012年工作规划实施方案》，落实“国有企业领导人员廉洁自律七项要求”，制订《法制工作三年规划》，深化“依法经营，遵纪守法”主题实践活动，不断推进领导干部廉洁自律，查办违规违纪案件，效能监察，构建惩防体系，从源头上防治腐败工作；统筹推进“文明单位”、“工人先锋号”、“五型班组”和“青字号”等系列创建活动，举办以节能降耗、提升指标水平等为主要内容的各类技能培训、练兵比武、劳动竞赛以及文体活动，华电江苏分公司荣获华电集团第一届“华电杯”普法知识竞赛第一名；大力推进企业文化建设和创新，宣贯华电集团文化理念，完善各单位企业文化体系，加强企业网站建设，扩大新闻宣传效应；围绕“控亏、减亏、扭亏”，深化形势任务教育，创新思想政治工作，广泛开展各种主题教育活动，保证了队伍稳定与企业和谐。

江苏华电戚墅堰发电有限公司

概况

江苏华电戚墅堰发电有限公司（简称戚电公司）前身为始建于1921年的戚墅堰发电厂，1999年4月改制成公司制企业，2002年12月划归中国华电集团公司（简称华电集团），成为华电集团控股公司，2003年9月更名为江苏华电戚墅堰发电有限公司。戚电公司经历了多次扩建发展，1992年和1993年，两台20万kW燃煤发电机组相继投产；2000年和2001年分别进行节能增容改造，每台机组出力达22万kW；2005年，公司两台39万kW燃机投产运行；2008年，戚电公司两台22万kW燃煤机组响应国家节能减排、“上大压小”政策实施关停，公司现装机总容量为78万kW。

戚电公司位于江苏省常州市东郊，占地面积122万m^2，临近常州500kV政平变，在电网结构中处于华东和江苏电网的负荷中心，是华东电网的骨干调峰电源之一。戚电公司下设总经理工作部、策划营销部、财务部、人力资源部、生产技术部、安全环保部、工程建设部、党委工作部、监察部、审计部、武装保卫部、工会办公室、发电部、燃料部、检修部、物资部、后勤部、多种经营部等18个部室。截至2008年底，戚电公司拥有员工1630人。

领导人员

董事长：赵永仁

副董事长：姜忠泽

董事：褚玉、王锡南、戴军、陈耀庭、赵兴才、吕骏、闻捷、叶娟、葛建国

董事会秘书：史军

监事：朱家全、王萍娟、姜和平、赵伟中、马文胜、刘志军

监事会主席：王萍娟

总经理：唐健

党委书记：钱大阜

副总经理：周维中

工会主席：刘志军

总工程师：石万里

总会计师：郁正中

主要领导人员变动情况：2008年2月，唐健任戚电公司总经理。

年度业绩

2008年，戚电公司完成全口径发电量42.76亿kW·h，比华电集团年度计划多发4.78亿kW·h；煤机完成全口径电量19.76亿kW·h；燃机完成发电量23亿kW·h。煤机发电平均设备利用小时3037h，燃机平均设备利用小时2949h，比全省平均利用小时高128h。综合供电煤耗286.68g/(kW·h)，其中煤机完成374.2g/(kW·h)，燃机完成239.81g/(kW·h)。综合厂用电率完成5.58%，其中煤机完成10.38%，燃机完成2.79%。公司全年累计亏损7818万元，比华电集团调整的经营目标少亏损2182万元。电费回收率完成100%。

生产经营管理

戚电公司坚持“安全第一、预防为主、综合治理”的安全生产方针，强化安全目标控制力度，严格安全考核制度，深入推进反违章工作的开展，保证设备安全健康，完成了抗击冰雪灾害、奥运保电等重大安全稳定工作。戚电公司贯彻落实国家“上大压小”政策和华电集团发展战略要求，实施两台22万kW煤机机组的关停拆除，积极稳妥地开展系统改造及拆除、退役设备资产处理和人员安置稳定工作。戚电公司积极应对和处理1号燃机压气机转子故障，强化运行基础管理、设备检修管理，严格执行“两票三制”，确保在运机组安全稳定，保持了长周期的安全生产纪录。截至2008年底，连续安全生产达1602天。

戚电公司克服燃煤价格持续上涨、天然气供应受限等生产经营压力，外拓市场，内强管理。积极开展市场营销工作，精心组织跨省区双边交易、电量的替代，争取电量计划的最大化，加强落实天然气的供应，协调电网、气网多方关系，营造良好外部经营环境。同时强化内部管理，挖潜增效，制订“过紧日子”的目标，切实落实措施，严格、有效地控制各类费用。深入开展对标管理活动，加强预算管理、内部审计和效能监察管理，全面提升企业生产经营管理水平。

项目发展

戚电公司以“创建常州清洁能源基地、构筑华电环保电站典范”为目标，利用“川气东输”的契机，开展建设“E级”燃机热电联产项目。2008年3月，与江苏省国信集团公司签订合作意向协议，2008年9月，项目通过了可行性研究审查。为促进项目投产后热力资源的供应，戚电公司协助常州市经济贸易委员会、发展和改革委员会推进常州城东集中供热、组建热网公司工作进程。同时，按照华电集团和华电江苏分公司的部署，戚电公司还着力配合做好华电句容电厂的前期筹建工作。

内部改革

根据煤机关停的生产形势变化，戚电公司及时制订关停人员分流安置方案，按照统筹兼顾、积极稳妥的原则，组织好人力资源的分流、调配、培训工作，保障了职工队伍的稳定。戚电公司把建立人才开发培养机制、提高员工整体素质作为一项战略任务，以“稳定生产、适应发展、培养人才”为原则，结合句容发展项目、燃机热电联产发展项目和外部市场开拓工作，加快人才培训开发。戚电公司建立健全了人力资源数据库，开展各类专业培训，着力建设高素质管理人员队伍、专业技术人员队伍和技能型工人队伍。

党的建设、精神文明建设、企业文化建设

围绕企业中心工作，戚电公司进一步提升党建和精神文明建设水平，大力营造团结奋进、脚踏实地、从我做起的良好氛围，为完成企业各项工作任务提供了坚实的思想基础和精神动力。结合企业生产现状、面临的复杂生产经营形势和新一轮发展跨越的机遇，组织开展“过紧日子、谋发展事”大讨论活动，引导员工认清面临形势，坚定发展信心。通过开展“学习、实践、创新”主题实践活动，进一步推进基层党组织标准化建设水平；扩大劳模先进的影响力和带动力，创建“徐健创新工作室”，为培养创新技能人才创造平台。戚电公司大力推动“五五”普法依法治企工作，加强法制宣传教育阵地建设，营造民主、法治、廉政氛围，确保依法治企理念贯穿于企业决策、经营、管理的全过程。戚电公司充分发挥工会、共青团组织的作用，开展形式多样的劳动竞赛活动，活跃气氛，鼓舞士气，进一步增强企业凝聚力、向心力；积极组织爱心慈善公益活动，组织向四川地震灾区及“和华”基金捐款等活动，体现国有企业的社会责任意识。

江苏华电扬州发电有限公司

概况

江苏华电扬州发电有限公司（简称扬州公司）位于江苏省扬州市东北郊，前身为始建于1958年的扬州发电厂。1999年4月，扬州发电厂整体改制为扬州发电有限公司。2002年12月31日，扬州公司划归中国华电集团公司（简称华电集团），江苏电力公司所属55.29%的国有资产全部移交华电集团管理。2003年9月28日，扬州公司更名为江苏华电扬州发电有限公司。2008年9月，根据华电集团在江苏的战略发展规划，关停扬州公司4号机组用于句容电源项目压小容量，公司总装机容量为88万kW。

截至2008年底，扬州公司下设总经理工作部、党委工作部、工会办公室、人力资源部、财务部、策划营销部、生产技术部、人武保卫部、安全环保部、监察审计部、燃料管理部、扩建工程处等12个职能部门，以及发电部、燃料生产部、汽机分公司、锅炉分公司、电气分公司等10个生产部门，在册员工总数为1448人。

领导人员

董事长：赵永仁

副董事长：朱元豪、周晓霞

董事：赵永仁、陈宗法、刘传柱、褚玉、顾干、孙志宏、蔡余良、沈泉、吕秀泉、陈祥福

监事会主席：朱家全

监事：陈图松、樊洪、叶娟、许卫国、朱八寅、吉立东

总经理：孙志宏

党委书记：洪顺荣

副总经理：王武仕、柳晓

纪委书记、工会主席：吉立东

总工程师：宋成

年度业绩

2008年，完成全口径发电量54.09亿kW·h，实现主营业务收入17.38亿元，经营利润总额−2.95亿元，综合供电煤耗347.48g/(kW·h)，综合厂用电率7.06%，安全长周期纪录达3445

天，连续9年实现全年无事故。

生产经营管理

2008年，自然灾害严重、燃料供应紧张、煤质下降、机组启动频繁及奥运保电等新形势、新任务对安全生产构成了新的威胁。扬州公司积极落实安全管理“两高两低”的工作要求，完善应急管理工作，制订落实机组防“非停”措施，保持了长周期安全生产局面。完善设备检修规范化管理，深化“无渗漏机组”创建活动，狠抓过程管控，严格质量验收，较好地完成了6号、7号机组扩大小修及日常维护工作，进一步提高了设备的可靠性。坚持履行社会责任，完善环保设施，加强监管，全年污染物全部达标排放，未发生一起污染事故，平均脱硫效率在92%以上，投运率在99%以上。

面对不断上涨的发电成本、不断扩大的亏损额度、不断紧张的资金形势，扬州公司围绕“控亏、减亏”目标，群策群力，内外并举，在2008年全年燃料成本上涨4.6亿元的情况下，通过多渠道增收节支，消化成本1.43亿元。积极落实燃料重点计划兑现，加大市场煤采购力度，确保不发生缺煤停机事故；加强风险防范，不断调整供应结构，强化采购、运输、交货、接卸、掺配等环节管理，控制燃料成本。科学筹划经济发电，根据煤价变化，适时选择电量替代与被替代，提高电量边际效益；积极公关争取电价，自2008年2月起结算电价调增0.003元/(kW·h)，年增加收益1146万元。加强成本控制，将华电集团下达的三项费用下浮15%作为年度控制目标，自我加压，倒逼利润；通过争取节能技改、财政贴息等各种政策补助，实现减亏1793元。强化资金预算管理，合理分配调度资金；创新融资手段，通过“银团电费保理”、“爱心基金”、新增贷款等平衡资金结构，保障生产经营需求。大力实施节能降耗，对6号、7号机组汽轮机实施轴封、汽封改造和热力系统优化，两台机组年平均发电煤耗下降4~5g/(kW·h)；对6号、7号锅炉一次风机、吸风机电动机实施高压变频改造，平均节电效率近30%。

项目发展

全面推进原址建设1×60万kW级机组“上大压小”工程前期工作。2008年3月相继取得华电集团和扬州市政府同意开展项目前期工作的批复文件。项目被华电集团列为江苏后续发展的重点，被扬州市政府列为市重大项目。6月，项目初步可行性研究报告编制完成，报告所需支持性文件和协议已办理完毕，具备审查条件。8月，中国华电集团公司江苏分公司（以下简称华电江苏分公司）、扬州市发展改革委分别行文上报江苏省发展改革委请求审查。积极落实项目所需“压小”容量，8月，华电集团在江苏省内购买了16.02万kW小机组容量，并签署关停小火电机组“五方协议”，用于公司项目发展。10月，项目“上大压小”工程实施方案上报江苏省发展改革委和华电集团。

根据华电集团战略部署和华电江苏分公司的发展要求，积极做好4号机组关停相关工作，配合华电句容项目争取“路条”。9月，签署了4号机组关停“五方协议”，10月15日，完成国家发展改革委“压小办”的现场核查工作。

内部改革

积极探索与公司发展相适应的人才配置调控体系和管理机制，科学编制人力资源规划，加强人才需求的总量预测和结构分析。根据公司生产经营管理工作的实际及“四支队伍”建设的需要，对员工岗位配置进行全面优化，促进人才队伍建设。以按定员组织生产为契机，继续完善工作分析，优化岗位设置，完善岗位规范。全面贯彻落实《劳动合同法》，加强用工管理。完善绩效管理办法，进一步发挥薪酬思维激励约束作用。

党的建设、精神文明建设、企业文化建设

加大两级“四好”班子创建力度，健全党员目标责任制度，举办党员中层干部党校轮训班，开展“党员尽义务，岗位展风采”专题组织生活等活动；制订党支部标准化建设方案，开展党建特色工作展示交流活动，加强党风廉政建设，建立廉洁从业长效机制，深入开展效能监察，确保企业生产、经营、政治和形象安全。

加强理论学习和形势任务教育。开展贯穿全年的“艰苦创业，和谐奋进”主题教育活动。开展“三个为什么、三个怎么办”大讨论，扬电老照片征集巡展，长征精神教育活动；围绕止亏、减亏，迎峰度夏和奥运保电，开展“挖潜减亏，党员先行”党员主题实践、“勤俭节约、挖潜增效”群众性创新创效、“直面挑战、共渡难关”征文等活动，把职工的思想和行动统一到公司止亏、减亏的工作部署上来。

加强文明创建管理，推进“五五”普法工作。开展“文明新风家庭”评比、“1＋1”系列［社企共建、捐资助学、文明共建、党建带工（团）建］文明实践活动。2008年全年参加各种慈善捐款37.8万元，党员交纳抗震救灾“特殊党费”11万元，组织85名员工献血。结合纪念改革开放30周年，举办首届职工趣味运动会、员工书画影展、文学征文等，鼓舞士气，振奋精神。

开辟《华电宪章》宣传长廊、宣传专栏，编印《和谐文化手册》和《班组文化手册》，完善子文化体系。通过建设安全文化、廉洁文化、运行文化、家庭文化宣传长廊，将“三力”文化的内涵根植于员工内心。对“扬电主页”进行改版，加强网络发稿管理。围绕重点工作，采写系列深度报道，在系统内引起较大反响。2008年1～11月，在《中国电力报》、《中国华电》等市级以上报刊网站发表稿件200余篇。

望亭发电厂

概况

望亭发电厂（简称望亭电厂）位于江苏省苏州市相城区望亭镇，始建于1956年10月，是国家“一五”期间建设的69个中心电站之一。1963年4月前为上海电业管理局直属厂，之后为华东电业管理局直属厂。2002年12月国家实施电力体制改革，望亭发电厂划归中国华电集团公司。2004年2月，以望亭电厂资产为基础，在上海市黄浦区注册成立了上海华电望亭发电有限公司，并于2004年8月更名为上海华电电力发展有限公司（简称上海华电），与望亭电厂实行“一套机构、两块牌子”。

截至2008年底，望亭电厂装机总容量为142万kW，分别为2台39万kW的燃气机组和2台30万kW级燃煤机组。电厂下设办公室、营销策划部、生产技术部、改建工程处、前期办公室、安全监察部、财务资产部、人力资源部、政治工作部、监察部、审计部、物资管理部、保卫部、运行部、检修部、燃料部、土建维护部、生活服务部、家退委、实业公司等20个部门，职工总数为1923人。

领导人员

董事长：杨家朋

董事：陈斌、赵永仁、陈海斌、钱洪根

监事会主席：朱家全

监事：王志鹏、徐继荣

厂长（总经理）：陈海斌

党委书记：钱洪根

副厂长（副总经理）：齐崇勇、杨惠新、汪鸣飞、朱卫风、彭彤宇

纪委书记、工会主席：王振

总工程师：林伟

年度业绩

2008年，望亭电厂完成发电量58.51亿kW·h，由于政策性原因累计亏损15949.85万元；煤机完成综合供电煤耗340.1g/(kW·h)；燃机完成综合供电煤耗239.2g/(kW·h)；综合厂用电率完成4.87%。

生产经营管理

望亭电厂牢固树立“大安全”观，把安全生产作为各项工作的重中之重。通过层层签订安全生产责任书，认真开展“春季、秋季安全大检查”、“隐患排查治理”、“无违章创建”、“迎峰度夏、防台防汛”、“奥运保电”、“安全性评价”等一系列安全生产专项活动，进一步强化职工安全意识，建设本质安全型企业。继续深化应急管理，对厂级应急预案、班组应急处置方案进行补充完善，并组织人员演练，提高安全防范能力和应急水平。在厂内4台机组连续大、小修，工程建设全面铺开，各项工作异常繁忙，燃煤紧张、煤质大幅度下降的情况下，经受住了冰雪灾害、四川汶川地震等灾害事件的考验，2008年全年实现三个“百日安全无事故”，未发生机组“非停”，连续安全天数达1940天，创历史新高，圆满完成了各个重大节日、重要会议及奥运期间的安全保电任务，被江苏省经济贸易委员会授予“电力迎峰度夏突出贡献单位”荣誉称号。

受外部金融形势的影响，望亭电厂经营管理面临前所未有的巨大压力和挑战。全体干部职工紧紧围绕“三电”、“三气”、“四煤”等中心环节，积极开展对标管理，努力破解经营难题。建立了完善的对标体系和管理机制，将生产、经营和发展三大指标进行逐级分解，定期对电量、煤耗、厂用电率等关键指标进行分析，对照行业先进查找差距原因，落实措施，积极整改。2008年全年完成发电量58.51亿kW·h，提前11天完成年度电量计划。根据燃料供求形势变化，积极调

整采购思路，严格燃煤合同管理，加强燃料采制化工作，坚决抵制劣质煤，保证入厂煤质量，控制热值差。严格预算管理，控制费用支出，全年“三项”费用节约15%以上。

积极开展节能环保技改工程建设。望亭电厂年内实施了14号机组脱硫、14号机组电除尘等一系列环保技改项目，完成率达100%。选派精干人员参与14号机组脱硫技改工程的全过程管理和调试工作，工程仅耗时6个月，全年设备投运率达100%，脱硫效率在90%以上，创造了华电工程脱硫项目EPC工程的多项第一。设备投产后年内减少SO_2排放约3000t。大力开展节能降耗工作。年内投资1100万元对14号机组发电机进行改造，取得1万kW容量增量。对14号机组凝汽器进行改造，相同工况下提高真空度1kPa。14号机组微油点火系统改造后，机组每次冷态启动可节约助燃油60t；两台凝升泵经过变频改造后，每年可节约厂用电120万kW·h；空气预热器改造后，漏风率下降了近10个百分点。根据热力试验结果，14号机组大修后供电煤耗比修前下降10g/(kW·h)。

项目发展

望亭电厂坚持科学发展观，注重发展规模、质量、效益相统一，积极推进各项工程建设。全厂大力开展“质量提高年”活动，围绕“安全、质量、进度、造价”四大目标，克服场地小、任务重、时间紧、战线长等困难，以及暴雪天气、四川汶川地震、梅雨季节给施工及设备供货带来的不利影响，抓紧设备、图纸催交工作，全力以赴抓好66万kW改建工程及配套工程建设。2008年内完成了3号锅炉水压试验等进度目标。认真做好生产准备工作，把好机组建设、调试、投运的各个关口，及时了解掌握设备性能，严格监督安装、调试质量，做好各项验收、交接，为机组“投产即稳定”奠定良好的基础。另外，望亭电厂还积极推进太仓、如皋、吴江等前期项目，并做好厂内12号、13号油机的拆除工作。

党的建设、精神文明建设、企业文化建设

加强党建和精神文明建设。望亭电厂深入学习实践科学发展观，积极开展形势任务教育，充分发挥各级党组织和广大党员的“四个作用”。积极开展两级“四好”领导班子建设、党员“四无”责任区活动。建立、健全惩治预防腐败体系，扎实开展专项效能监察，增强干部职工廉洁自律意识，确保企业政治、经济安全。坚持“人才强企”战略，抓好职工教育培训。加强企业文化建设，宣贯“卓越和谐”文化理念，实现企业与职工协调发展。组织开展“抗震救灾”募捐活动，累计捐款44万余元。选树榜样，发挥示范带头作用，厂长陈海斌被评为“苏州市十大杰出青年”，电厂荣获“2007～2008年度全国‘讲理想、比贡献’活动先进集体”称号。

江苏华电望亭天然气发电有限公司

概况

江苏华电望亭天然气发电有限公司（简称望亭天然气公司）位于江苏省苏州市相城区望亭镇望亭发电厂内，由中国华电集团公司（简称华电集团）与上海电力股份有限公司共同出资建设，于2004年3月18日注册成立。2006年，华电集团将所持有的55%股权划给上海华电电力发展有限公司。

望亭天然气公司装机容量78万kW，引进两台美国GE公司生产的39万kW 9F级燃气—蒸汽联合循环发电机组，是国家“西气东输”能源战略下游配套项目。两台机组于2004年1月18日开工建设，并分别于2005年9月和12月先后投产发电。截至2008年底，望亭天然气公司下设办公室、安全监察部、计划发展部、营销部、财务部、物资管理部、生产技术部、人力资源部、审计部、监察部等10个部门，员工总数410人。望亭天然气公司管理机构与望亭发电厂管理机构合署办公。

领导人员

董事长：陈海斌

副董事长：陆得仁

董事：丁立旗、杨惠新、罗慧敏、姚锦康、朱卫风

监事会主席：陈文灏

监事：钱洪根、王迅

总经理：陈海斌

副总经理：齐崇勇、姚锦康、朱卫风

年度业绩

2008年，望亭天然气公司完成发电量22亿kW·h，由于政策性原因累计亏损3765.46万

元，完成综合供电煤耗 240.16g/(kW·h)，综合厂用电率 2.57%。

生产经营管理

2008 年，望亭天然气公司积极开展电力营销，在天然气供气严重不足、利用小时大幅下降的情况下，加强与电网和中石油管道公司的联系，尽可能地争取气量多发电。全年燃机利用小时达 2820h，在江苏省内 4 家燃机电厂中排首位。同时，密切关注气电联动走向，争取到了 7 厘电价，实现了与省内燃机标杆电价的并轨。切实抓好财务预算工作，严控各项成本费用。望亭天然气公司于 2008 年初完成了 1 号机组的扩大性小修，成功更换了存在制造缺陷的汽机高、中压缸转子，使高压缸效率提高了 0.51%，中压缸效率提高了 0.04%。针对供气紧张和电量需求变化导致两台机组频繁启停的状况，望亭天然气公司及时安排消缺性维护，抓住机组停机间隙消除各类隐患，并对设计缺陷进行技术改造，提升机组的安全可靠性。做好机组压气机 R0 级叶片的运行跟踪，完成 2 号燃机压气机 R0 级叶片的更换，确保了压气机的安全稳定运行。优化燃机检修周期，提出了错时检修的理念，进一步节省检修费用。截至 2008 年底，望亭天然气公司连续安全生产 1509 天。

党的建设、精神文明建设、企业文化建设

望亭天然气公司组织全体党员干部认真学习贯彻党的十七大和十七届三中全会精神，充分发挥党的政治优势，发挥党支部的战斗堡垒作用和党员的先锋模范作用。切实加强党风廉政建设，建立惩防腐败体系。开展了贯彻落实国有企业领导人员廉洁自律七项要求活动；组织公司干部和关键岗位员工接受警示教育，增强廉洁自律意识。望亭天然气公司大力推进精神文明建设，努力营造积极向上的企业氛围。深入开展形势任务教育，切实加强和改进宣传、舆论工作，增强员工的责任感和使命感，为完成全年各项工作任务提供坚强的政治保证和智力支持。望亭天然气公司坚持“人才强企”，抓好培训工作，着力提升队伍素质。举办专题培训班，有针对性地开展各类技术和管理培训。利用年内机组检修和设备维护的契机，不断培养各类技能人才，积极开展练功比武，提高员工队伍整体素质。

江苏电力发展股份有限公司

概况

江苏电力发展股份有限公司（简称江苏电力股份公司）于 1993 年 8 月 28 日经江苏省体改委［体改生（1993）224 号］批准组建，并于 1993 年 11 月 29 日注册成立，主要从事电力投资和经营业务，是江苏省首批规范设立的股份制企业。2002 年底，国家实施电力体制改革，将江苏电力股份公司 25.5% 的股权划归中国华电集团公司（简称华电集团）；2006 年 8 月 31 日和 2007 年 4 月 19 日，华电集团通过两次并购，所持股份比例上升至 51%，成为江苏电力股份公司第一大股东。

截至 2008 年底，江苏电力股份公司拥有权益发电装机容量 57.05 万 kW，今后 5 年，将根据江苏境内后续几年预计增加的电源项目，适时开发新的投资项目，以期培育新的经济增长点，到 2013 年，力争利润总额达到 2 亿；净资产收益率不低于 10%；资产负债率为 50% 左右。江苏电力股份公司下设综合管理部、财务管理部、经营发展部、资源管理部等 4 个部门，在册员工总数为 18 人。

领导人员

董事长：赵永仁

副董事长：张登楼

董事：顾干、陈宗法、周苏军、王锡南、潘春大

监事会主席：薛启华

监事会副主席：李长旭

监事：王晓萍、朱家全、汤滨

总经理：刘寅洁

总会计师：黄厚仁

年度业绩

2008 年，江苏电力股份公司完成权益发电量 31.09 亿kW·h，上网电量 28.87 亿kW·h；全年实现利润总额 7954.48 万元，完成考核目标的 118.72%；期末净资产 66834.36 万元，平均净资产收益率 12.08%；期末总资产 73669.40 万元，总负债 6835.04 万元，资产负债率 9.28%；期末流动资产 1196.89 万元，完成考核目标。

生产经营管理

江苏电力股份公司大力推行项目负责人制，

加强对项目公司的管控和服务；做好参股的无锡新华发电有限公司、常州苏源发电有限公司和常州华源发电有限公司的小火电机组关停工作，妥善处理设备转让、员工安置等问题，截至2008年底，无锡项目问题基本解决，常州项目后期处置工作仍在进行之中。

2008年实现投资收益9139.08万元，其中：

按权益法核算的投资参股项目，投资收益为5745.5万元。其中，江阴苏龙发电有限公司投资收益为5960.19万元，海门鑫源环保热电有限公司权益收益为87.2万元，扬州港口污泥发电有限公司权益收益为-301.89万元。

按成本法核算的投资参股项目，收回投资分红3393.58万元。其中，无锡新华发电有限公司分红340万元；南京华润热电有限公司分红1435.11万元；常州华源发电有限公司分红403.47万元；常州苏源发电有限公司因关停处置账面调整，2008年未作分配；华能淮阴第二发电有限公司分红840万元。

项目发展

2008年5月，华电句容发电有限公司正式注册成立，江苏电力股份公司占29%的股份，投入首期注册资金870万元。

2008年10月，江苏电力股份公司在北京产权交易所竞拍收购华电集团所持有的常州苏源发电有限公司、常州华源发电有限公司各17%的股份，总价合计3991万元。至此，江苏电力股份公司拥有以上两家公司各35%的股权。

2008年11月，江苏电力股份公司在上海联合产权交易所挂牌出售华能淮阴发电有限公司10%的股权，12月11日，与华能国际电力股份有限公司签订产权交易合同，转让价格为评估价格6743.66万元。

内部改革

江苏电力股份公司建立与现代企业制度要求相适应的、科学规范的、符合华电集团和江苏电力股份公司发展战略的企业人事管理机制，建设高素质的员工队伍。领导干部的管理：坚持以产权为依据，管理资产与管理人事相结合；坚持党管干部，坚持德才兼备、任人唯贤、群众公认，坚持以业绩为导向，激励与约束相结合。员工管理：坚持以江苏电力股份公司战略为主导，满足发展需要。坚持规范管理、实现精简高效；坚持系统内人力资源优化配置（严格控制系统外人员调入），根据投资管理的需要实行一人多岗、一岗多能的岗位设置。具体执行华电集团有关规定。

江苏电力股份公司的薪酬分配执行华电集团绩效目标管理办法。企业实行工资总额控制，领导人员执行年薪制。企业工资总额与经济效益挂钩，领导人员年薪与企业利润挂钩，实行绩效管理、业绩考核、薪酬分配一体化。

党的建设、精神文明建设、企业文化建设

江苏电力股份公司认真贯彻落实华电集团惩防体系五年规划，进一步健全完善惩防体系，创新反腐倡廉工作机制，加强效能监察和廉洁自律教育；深入开展“四好”班子创建活动，切实加强领导班子建设；开展治理商业贿赂专项工作，对照落实廉洁自律七项要求，清查领导岗位兼职取酬的情况，确保领导人员依法经营和廉洁从业；结合自身的经营特点，制订了“法制工作三年工作目标”，推进法制建设，促进公司依法经营、依法治企各项工作的顺利开展；定期参加电力监察学组的理论研讨会，学习交流纪检监察的最新理念，探索防腐倡廉的有效途径。

江苏电力股份公司全力做好抗震救灾工作，组织员工捐款捐物，动员青年同志踊跃义务献血，党员主动交纳特殊党费，做好后方援助，以各种形式支援灾区人民；举办“抗震救灾知识竞赛”，提高员工应对自然灾害的能力；组织员工学习阅读《我为谁工作》、《态度决定一切》等系列励志丛书，就如何正确处理苦与乐、得与失、名与利的关系展开交流、讨论；开展以学习《华电宪章》为主要内容的“对照先进找差距，爱岗敬业讲奉献”专题学习交流活动；组织员工参观爱国主义教育基地，激发员工的爱国热情；动员职工人人参加“五五”普法教育，增强企业和员工懂法守法意识；积极参与华电江苏分公司组织的划龙舟、游泳比赛等活动，并组织了乒乓球比赛、登山健身等一系列文体活动，极大地提高了公司的凝聚力和团队协作精神，进一步深化了企业文化建设。

江苏华电句容发电有限公司

概况

句容项目厂址位于江苏句容市下蜀镇境内，

处于经济最发达的长江三角洲沿江基础产业带的苏南负荷中心，具有较好的深水岸线和便利的交通优势，厂址条件优越，拟同步建设烟气脱硫、脱硝装置，是经济和环境双赢的项目。项目规划建设4台100万kW超超临界燃煤机组，其中一期2台100万kW机组计划于2010年开工建设，2012年实现投产。

依据《中华人民共和国公司法》等有关法律规定，由中国华电集团公司（简称华电集团）、江苏电力发展股份有限公司、江苏华电戚墅堰发电有限公司、江苏华电扬州发电有限公司、上海华电电力发展有限公司等5家单位共同出资设立江苏华电句容发电有限公司（以下简称公司），并于2008年6月6日召开首届股东会、董事会和监事会，会议选举杨家朋先生为公司董事长，2008年6月16日正式注册成立公司。截至2008年底，公司拥有员工31人，下设综合管理部、工程管理部、计划营销部、财务管理部等4个部门。

领导人员

总经理：丁立旗

副总经理：冷寅、王永生、乐俊、周明华

工程管理

2007年5月和6月，华电集团和江苏省发展改革委分别行文上报国家发展改革委《关于开展江苏华电句容“上大压小”2台100万kW机组工程项目前期工作的请示》（中国华电计［2007］698号）、《江苏省发展改革委关于上报江苏华电句容电厂2台100万kW上大压小项目实施方案的请示》（苏发改交能发［2007］638号），申请以“上大压小”方式开展句容项目前期工作，“压小”机组容量为江苏和省外共计100万kW。

由于2008年发生特大雪灾造成局部地区电网瘫痪、四川汶川地震、国际金融危机等诸多因素的影响，增加了取得“路条”的难度。在华电集团的领导和支持下，在华电江苏分公司、戚电公司和扬电公司的多方努力下，完成了压小机组“五方协议”的签订工作，取得了江苏省经济贸易委员会支持句容项目的复函和江苏省电力公司的“关停确认单”。2008年10月中旬，完成了国家发展改革委对关停机组的核查工作。

江苏华电如皋发电厂筹备处

概况

2007年12月26日，根据中国华电集团公司江苏分公司《关于成立江苏华电太仓、如皋项目筹建处及汪鸣飞等职务任免的通知》（中国华电苏［2007］97号）文件，成立江苏华电如皋发电厂筹备处，由望亭发电厂负责组织开展如皋项目前期工作。

该项目位于江苏省如皋市如皋港，工程规划装机8台100万kW燃煤机组，其中一期规划建设2台100万kW燃煤机组。

领导人员

筹备处主任：彭彤宇

筹备处副主任：吴坤林

工程建设与管理

积极开展项目前期工作。2008年4月16日，望亭发电厂与中交第三航务工程勘察设计院有限公司签订《华电如皋电厂煤码头工程预可行性研究报告》，与长江水利委员会水文局长江口水文水资源勘测局签订《华电如皋电厂2×100万kW机组工可阶段煤码头工程防洪评价专题研究》。

加大与如皋市政府的沟通力度，积极寻求政府支持。2008年3月10日，如皋市长江镇人民政府发文，同意按照项目一、二期建设4×100万kW机组的规划，所需岸线从国鼎管桩上游开始上溯520m，申报建设5万t和3万t级码头各1座，取水口继续上溯到流槽处安排。

太仓华电开发建设有限公司

概况

太仓华电开发建设有限公司（简称太仓华电）注册成立于2004年8月18日，其中上海华电电力发展有限公司控股51%、雅鹿集团股份有限公司（原名为江苏新雅鹿）参股49%，主要从事苏州港太仓港区六期围滩吹填工程的开发建设。该工程项目起步于2004年3月，最初设想建设望亭发电厂（上海华电电力发展有限公司）66万kW超超临界机组配套的煤炭中转码头。同年8月16日，中国华电集团公司下达《关于在苏州太仓港投资开发三公里长江岸线的批复》（中国华电计［2004］

586 号）。2004 年 8 月 21 日，太仓华电与太仓港港口开发区管委会签订了《围滩造地项目投资协议书》，确定了对太仓港新泾河口上游三公里长江岸线的开发权。此后，太仓华电相继完成了对长江三公里岸线进行围滩吹填的各类支撑性文件的取证和审查；2005 年 7 月 20 日，围滩吹填项目获江苏省发展和改革委员会核准，集团公司批复的围滩吹填工程投资概算为 56758.98 万元。

2005 年 11 月 19 日围滩吹填工程开工，2007 年 1 月工程交工验收，2008 年 2 月 26 日（经过一年期自然沉降后）工程竣工。

领导人员

董事长：陈海斌

副董事长：顾振华

董事：杨惠新、汪鸣飞、包洪兴

监事会主席：吴振刚

监事：王迅

总经理：汪鸣飞

生产经营管理

截至 2008 年底，工程总投资累计完成 52675.27 万元，完成概算的 92.8%。竣工验收通过后，六期围滩吹填工程进入日常维护期，对因长江潮汛和风浪引发的缺陷进行消缺。

项目发展

2006 年，交通运输部和江苏省政府对太仓港规划进行了调整，太仓华电拥有的这段岸线被规划为集装箱码头预留发展岸线，不能建设煤炭转运码头或煤电项目。此后，太仓华电委托中交第三航务工程勘察设计院编制了集装箱码头投资咨询报告，该报告认为集装箱码头项目的投资时机应在 2015 年以后。据此，太仓华电已向上级提交对苏州港太仓港区六期围滩吹填工程地块进行处置的方案，目前正与太仓港港口开发区管委会就地块的回购工作进行积极协商。

江苏华电太仓项目筹建处

概况

根据中国华电集团公司 2007 年 10 月 7 日会议精神，中国华电集团公司江苏分公司（简称华电江苏分公司）发文成立了江苏华电太仓项目筹建处（简称太仓项目筹建处），负责在太仓港区后续项目的开发，并在政府指导下，结合华电集团的实际进行项目开发建设。

针对后续项目开发，经过详细的调研收资和方案策划，华电集团和华电江苏分公司初步同意太仓项目筹建处提出的在太仓浏家港开发建设 IGCC 项目，将煤炭装卸码头、煤气化设施、二甲醚生产与发电设施一并考虑。

2008 年 7 月 8 日，太仓项目筹建处正式挂牌成立。

领导人员

主任：汪鸣飞

工程建设与管理

2008 年初，太仓项目筹建处制订了《太仓华电开发建设有限公司 IGCC 项目投资开发计划》。

2008 年 3 月 18 日，太仓项目筹建处邀请了浙江省电力设计院、中石油南化设计院、中国华电集团公司望亭发电厂（简称望亭电厂）有关专业人员以及地方有关人员参加了 IGCC 项目宣介会，向太仓市政府有关部门宣传介绍了 IGCC 技术发展情况和节能减排及环保优势，得到了太仓市政府及下属发展和改革委员会、规划局、环保局、港区管委会的充分肯定。

2008 年 4 月 11 日，望亭发电厂向华电江苏分公司呈报了《关于开发太仓浏家港长江岸线某地块用于 IGCC 项目的请示》（望电工［2008］59 号）。

2008 年 4 月 29 日，太仓项目筹建处与浙江省电力设计院、中石油南化设计院进行了项目核心方案及报批初步策划工作。

2008 年 5 月 18～19 日，邀请了江苏省有关环境评审专家对项目前期环评事项进行了研究，提出了咨询意见。

2008 年 5 月 27 日，华电集团下达《关于开展太仓浏家港美孚码头下游 IGCC 项目前期工作的批复》（中国华电计［2008］839 号）。

根据华电集团的批复要求，太仓项目筹建处于 2008 年 7 月 3 日就 IGCC 项目开发与太仓港开发区管委会签订项目投资意向协议书；2008 年 7 月 7 日，正式委托浙江省电力设计院编制初步可行性研究报告；2008 年 9 月 3 日，委托江苏省环科院环境科技有限责任公司编制环境影响预评估报告；2008 年 10 月 6 日，委托江苏省电力设计院编制项目接入系统的初步可行性研究报告。

2008 年底，编制完成了《江苏华电太仓年产

100 万 t 二甲醚及燃机联合循环发电项目初步可行性研究报告》初稿。

中国华电集团公司浙江分公司

概况

中国华电集团公司浙江分公司（简称华电浙江分公司）于2003年4月23日在杭州成立，是中国华电集团公司（简称华电集团）在浙江省的派出机构。按照华电集团的授权，负责华电在浙江省的“发展规划、安全生产、市场营销、项目前期、工程建设、公共关系、党建工团”等方面的领导、管理、协调和服务。华电浙江分公司总体发展战略：以科学发展观为指导，以服务浙江经济建设、发展华电在浙江的事业为目标，以“价值思维”为导向，坚持“突破发展、提升效益、强化管理、确保稳定”的工作方针，坚持“做强存量”和“做大增量”两手抓，坚持企业发展和员工发展相协调，坚持优化结构、建并结合，大力发展清洁能源和新能源，努力建设“科技领先、节能环保、效益突出、和谐稳定”的国内一流发电企业，全面构建华电浙江绿色能源的发展格局。

截至2008年底，华电浙江分公司拥有可控装机容量177.95万kW，在册员工2132人，具有火电、水电、天然气发电等多种能源结构，是浙江省电力建设发展的一支重要力量。

按照华电集团授权，华电浙江分公司负责管理杭州华电半山发电有限公司、浙江华电乌溪江水力发电厂、杭州闸口艮山门电厂留守管理处3个全资和控股企业，参与管理中核集团三门核电有限公司、浙江钱清发电有限责任公司2个参股企业，管理国电机械设计研究院、浙江杭钻机械制造股份有限公司2个华电企业的党群组织。

华电浙江分公司本部组织机构设综合办公室、计划发展部、生产运营部共3个部门。

领导人员

党委书记、总经理：赵志学

党委委员、副总经理：马志明

党委委员：张志平、方正亚、叶水泉、丁洪焜

区域年度工作业绩

2008年，华电浙江区域遭遇冰雪灾害、煤价飙升、电煤紧张、燃气不足、来水偏少等多种困难，经受了国际金融危机的严峻考验。华电浙江分公司在华电集团党组的正确领导下，团结一致、奋发作为、内强管理、外创环境，狠抓安全生产，实施对标管理，不断开拓市场，努力提升效益，积极应对了各种困难和挑战，圆满完成了年度各项目标任务。完成发电量57.2亿kW·h，同比下降10.49%；利润总额4779万元，是华电系统少数盈利区域公司之一；综合供电煤耗278.5g/(kW·h)，同比下降7g/（kW·h)；综合厂用电率4.33%，同比上升0.11个百分点。

华电浙江分公司荣获2008年度华电集团“扭亏增盈工作先进单位”、“文明单位”、“党风廉政优秀等次”荣誉称号。

区域生产经营管理

安全生产基础持续巩固。2008年，面对复杂严峻的内外部形势，华电浙江分公司千方百计抢发电，全力以赴增燃气、保电煤，全体干部员工积极弘扬“顾全大局、高度负责、拼搏奉献、勇挑重担”的抗灾保电精神，严格执行调度命令，为电网安全供电提供了可靠支撑，确保了发电利用小时高于“三同”，圆满完成了抗灾保电、迎峰度夏、防汛抗台和奥运保电等各项生产攻坚任务，得到了地方各级政府的充分肯定和表扬。

深入贯彻“安全第一、预防为主、综合治理”的方针，严格落实各级安全生产责任制，加强对基层单位的指导督查，做到规范管理、科学防控。全面开展了“隐患治理年”、“无违章创建”活动，健全规章制度，强化监督考核，确保了安全生产“可控、在控”。深入开展春、秋季安全大检查和安全生产百日督查专项行动，坚持“边检查、边整改”的原则，共排查消除设备隐患678项，为设备长周期健康稳定运行提供了可靠的保证。加强反违章督查力度，持续开展“无违章创建”活动，华电浙江分公司制定了《反违章管理实施细则》、《无违章创建奖惩考核办法》，规范安全生产作业行为，有效杜绝人为责任事故，推进本质安全型企业建设。

加强安全应急管理。立足“防大汛、抗大灾”，组织开展了半山发电有限公司火灾事故消防演习、乌溪江水力发电厂大坝防汛综合演练，完善各类应急预案，提高了应对突发事件的快速处

置能力。以安全度汛为重点，做好雨情、汛情预测，加强值班保卫，成功抵御了“蔷薇”强台风侵袭，取得了防汛和发电的双赢。

对标管理促进降本增效。深入开展“对标管理年”活动，把对标管理贯穿到生产经营发展的全过程。建立了对标指标体系和标杆值，层层分解落实，瞄准先进、差错纠弊、持续改善，通过对生产、计划、财务、燃料等各类关键性指标跟踪分析，重点掌握电量计划、电价执行、成本支出、煤炭价格和利润完成情况，对设备运行状况和预算执行情况实行动态考核，全面节支增收，优化各项指标。针对电煤紧张、煤质下滑的状况，采取专人专职专事，赶赴山西、安徽、秦皇岛等煤炭生产和运输基地，千方百计拓宽进煤渠道，想方设法组织质优价低的电煤，落实重点合同煤兑现率。加强入厂、入炉煤的验收和掺配，使热值差、供电煤耗和厂用电率均低于年度考核目标。把节水降耗作为指标突破的关键，科学调度水库，努力降水耗、增发电，全年水能利用提高率5.76%，增发电量2604万kW·h。截至2008年12月31日，半山发电有限公司连续安全日达4257天，乌溪江水力发电厂连续安全日达3143天。

厉行勤俭节约，严格控制成本。大力推行精细化管理，开展全员节能行动，压缩可控成本，实现年度管理费支出比预算降低10%。强化审计监督，保证资金安全。深入开展“一改三查”活动，加强对重点领域、重点环节的财务分析和资金管理，采取有效策略，规避财务风险，进一步健全了法律风险防范机制，提高了依法经营管理水平。积极配合系统内外审计部门做好华电浙江企业的审计调研工作，年内顺利通过各项审计，2008年7月半山发电有限公司64%的股权由华电集团划归华电国际公司。

加强对外协调，争取效益最大化。华电浙江分公司和各单位上下联动、形成合力，加强与省发改委、经贸委、物价局、气网公司、省网调度等相关部门的协调沟通，想方设法落实电量、气量等关键性指标，做好电价疏导。经过多番努力，使半山发电有限公司燃机电价于2008年2月、8月两次上调，共上调10.5分/(kW·h)，达到0.635元/(kW·h)；煤机电价于2008年7月、8月两次上调，共上调4.62分/(kW·h)，达到0.509元/(kW·h)；妥善解决了煤价飙升后替代电量难以落实的问题，在实现部分内部替代发电的基础上，将剩余替代电量指标顺延至下一年度，最大限度地保证了企业利益；乌溪江水力发电厂加强与省网调度的协调沟通，抢抓时机多发电，主动扭转了全年来水偏少的困难局面，为确保完成年度经营目标创造了良好的条件。

区域项目发展

华电浙江分公司坚持以发展为第一要务，实施“新能源起步”的战略方针，在浙江省经济发展迅速、电源点竞争激烈的形势下，紧紧抓住国家大力发展绿色能源的战略机遇，发扬“三千”精神，迎难而上，积极争取浙江沿海地区新能源项目，努力形成“火、水、气、风”并举的多种能源发展格局。

根据华电集团战略思路的调整，紧紧抓住浙江地处沿海经济发达地区的战略机遇，对区域发展规划进行修编，在充分论证的基础上，修订完善了浙江区域“十一五”、“十二五”电源发展规划，加强与国家有关部委、华电集团、省发改委和地方有关部门的汇报、协调与沟通，积极推进舟山风电项目、半山IGCC项目、半山燃机二期项目和其他电源项目前期工作。

舟山风电项目一期8×1500kW长白风电场已取得规划用地红线图，地方电网公司已出具接入系统意见，各项前期工作正全面推进；二期20×1500kW小沙风电场测风工作基本完成，华电浙江分公司委托国电机械设计研究院编制初步可行性研究报告，并积极推进各项前期工作。

半山IGCC项目已完成厂区“四通一平”工作，基本完成燃机、汽轮机、余热锅炉等主设备的合同谈判工作，并已具备签订合同的条件，同时“863”关键技术研发进度完全满足工程前期工作的要求。由于国家能源体制改革和科技示范项目整体考虑等原因，国家发改委“路条”尚未取得。

半山燃机二期项目自2004年起开展前期工作，省发改委已将该项目列入省“十一五”电力规划备选项目。除尚未取得供气承诺外，各项工作取得新进展。已完成项目初步可行性研究报告，取得土地规划红线图，通过水土保持方案评审和水资源论证。由于西气东输二期工程2008年已全线开工，2010年将建成通气，待气源落实后该项目即可启动。

此外，华电浙江分公司积极开展核电、火电和新能源项目的选址调研。根据核电前期工作周期长、投资大的特点，委托浙江省电力设计院开展省内核电规划选址工作，并实地调研了浙江三门、玉环、苍南等地核电场址。

改革发展

2008年，华电浙江分公司认真落实华电集团"区域统一管理"的要求，规范和强化分公司本部管理职能，寓管理于服务中。坚持以业绩为导向，根据华电集团绩效目标考核管理标准，进一步完善了责任考核体系和管理标准体系。深化内部改革，完善内控制度。各单位对业绩考核、劳动用工、财务审计、职工福利等方面制度进行了修订和完善，做到管理强化、细化、规范化，进一步提高了内部管理水平和整体工作效能。大力实施"人才强企"战略，积极开展各类专业培训和技术比武，为企业可持续发展提供有力的人才支撑。

加强稳定工作，以确保迎峰度夏和"平安奥运"为重点，深入开展不稳定因素和矛盾纠纷大排查，确保政治安全和形象安全。华电浙江分公司按照"谁主管、谁负责"的原则，严格落实各级稳定工作责任制，及时部署稳控措施，从源头上抓好治理。坚持政工例会制度，加强职工思想动态分析，做好信访、疏导和调研，在政策允许的范围内尽可能解决职工关心的热点、难点问题。针对闸口艮山门留守处80套住房的遗留问题，华电浙江分公司专门成立了专题调研组，广泛听取离退休老同志的意见，认真梳理原始材料，掌握相关文件政策，澄清事实，消除疑惑。积极争取华电集团的理解支持，落实了留守处离退休人员补偿资金利息使用方案，提高了离退休职工的待遇。各单位立足实际、筹措资金，妥善解决了退休职工待遇、人员分流等敏感问题，确保了职工队伍的和谐、稳定。

党的建设、精神文明建设、企业文化建设

2008年，华电浙江分公司以争创"四好"领导班子为抓手，加强各级领导班子建设，发挥党委的政治核心作用。抓好浙江区域副厂处级以上干部学习贯彻十七大精神轮训，召开了各级领导干部年度民主生活会；华电浙江分公司党委会前广泛开展了民主测评，群众满意度达98.55%。严格落实党风廉政建设责任制，深入贯彻廉洁自律"七项要求"，进一步树立了领导干部勤勉敬业、廉洁高效的良好形象。全面开展了"抗震救灾"党员专题组织生活、党员民主评议，党员参与率达100%；组织人事部门开展了"讲党性、重品行、作表率"活动，党员队伍整体素质进一步提升。

深入贯彻华电集团《惩治和预防腐败体系五年工作规划》和《实施办法》，把《任务分解表》落实于生产经营各个环节。加强廉洁警示教育，做到廉洁文化"进班子、进厂区、进岗位、进家庭"。深入开展"五五"普法教育中期督导自查，举办了《物权法》专题讲座、"华电杯"浙江分公司"五五"普法知识竞赛，并获得华电集团华东片区复赛第二名，促进员工"学法、知法、懂法、用法"，提高了全员廉洁意识和防腐拒变能力。

坚持"两手抓、两手硬"的方针，华电浙江区域全面开展争创华电集团"文明单位（标兵）"活动；持续开展"两优两先"、"文明部室"、"文明班组"、"优秀员工"等评选表彰活动，营造了"比、学、赶、超"的浓厚氛围。半山发电有限公司开展创建"全国精神文明建设工作先进单位"工作；乌溪江水力发电厂保持了"全国文明单位"称号。

加强企业文化建设。广泛开展了《华电宪章》宣贯活动，大力弘扬"务实创新、和谐超越"的华电精神，举办了专题讲座、问卷调研、主题征文；组织开展了"华电杯"浙江分公司职工篮球赛、羽毛球赛、乒乓球赛、桥牌和象棋赛，营造了团结奋进的良好氛围。积极选送浙江区域优秀选手参加华电集团和地方组织的大型文体活动，乌溪江水力发电厂、半山发电有限公司分别获得浙江省直机关纪念改革开放30周年文艺会演一等奖和三等奖，树立了华电浙江的良好形象。

充分发挥工团作用。深入开展创建"工人先锋号"、创建"号、手"等活动，引导广大职工为企业发展建功立业。健全职代会制度，广泛征集职工的意见建议，及时落实解决企业生产经营发展中的重大问题和职工关心的热点难点问题。坚持党建带团建，为青年成长成才、岗位建功积极搭建平台。各单位持续推进"青工技能振兴计划"，广泛开展了青工技术比武、创新创效、岗位练兵等活动，进一步提升了青工队伍素质。

广泛开展公益活动，关心困难职工生活。华

电浙江分公司和各单位持续开展“送温暖、扶贫帮困和文明共建”活动，受到地方政府和百姓好评。2008年共登门走访慰问困难职工和离退休职工516人次，送去慰问金和慰问品共计23万余元，使广大职工切身感受到了华电大家庭和各级党组织的浓浓关爱。全面开展“和华”爱心基金职工捐款活动和“抗震救灾、情系四川”职工捐款活动，华电浙江区域职工先后以捐款捐物、交纳“特殊党费”、“特殊团费”、报名献血等方式，为灾区人民和社会奉献爱心，两次捐款共计106万余元，充分体现了华电人服务社会、回报社会的高尚情怀。

杭州华电半山发电有限公司

概况

杭州华电半山发电有限公司（简称半电公司）位于杭州市北部的京杭大运河畔，是国内首座百万千瓦级的燃气电厂，也是浙江电网的重要统调电厂和杭州市的保安电源。

半电公司前身为杭州半山发电厂，始建于1959年。2000年1月1日完成公司制改制。2002年12月29日，根据国家电力体制改革的需要，由浙江省电力公司控股的64%股份划归中国华电集团公司（简称华电集团）所有，投资方变更为中国华电集团公司和浙江省电力开发公司（浙江省能源集团公司）。2005年1月1日起正式更名为杭州华电半山发电有限公司。2008年7月，华电集团将所持有的全部公司股份转让给华电国际电力股份有限公司，半电公司由华电国际股份有限公司控股管理。2008年10月起，华电国际股份有限公司副总经理王文琦担任半电公司董事长。

半电公司先后经历5次基建、扩建工程。一期工程安装1台1.2万kW国产中温中压燃煤机组（1号机组），于1963年8月建成投产，1999年6月18日退役并拆除；二期工程安装2台5万kW国产高温高压燃煤机组（后改名为12号、13号机组），分别于1976年5月和1977年11月建成投产，2007年6月25日关停并拆除；三期工程建设1台12.5万kW超高压燃煤机组（4号机组），于1984年8月建成投产；四期工程再建设1台12.5万kW超高压燃煤机组（5号机组），于1996年7月建成投产；此后，4号、5号机组分别于2001年和2002年经过汽轮机通流部分改造，额定出力分别提高到13.5万kW和13万kW。半电公司引进德国湿法脱硫技术，于2001年3月完成了2台12.5万kW机组的烟气脱硫环保项目。该项目为国家推广的电厂脱硫示范项目，被评为国家“九五”期间优秀技改项目和国家环境保护百佳工程。五期工程建设3台39万kW燃气发电机组，主设备选用美国通用电气（GE）公司的9F级燃气机组。3台机组分别于2005年8月、11月和12月移交生产，半电公司也由此成为国内首座百万千瓦级的燃气发电企业。目前，半电公司总装机容量为143.5万kW，其中2台燃煤机组装机容量分别为13.5万kW和13万kW，3台燃气机组均为39万kW。

半电公司下设总经理工作部、财务部、审计部、人事部、政治部、纪检监察办公室、安全保卫部、生产技术部、生产营运部、燃料分理处、物资部、发电部、汽机部、电气热工部、锅炉部、综合部、燃料部等部门；半电公司根据华电集团文件要求，以“以厂代建”模式设立了浙江半山IGCC发电工程筹建处，在筹建处内设立综合办公室、工程管理部、经营管理部、物资供应部、质量安全部共5个职能部门。

2008年底，半电公司职工总数为1222人，其中男职工人941人，占总数的77.0%；女职工281人，占总数的23.0%。职工平均年龄为42岁。

领导人员

董事长：王文琦

副董事长：朱松强

董事：金树成、赵志学、汪明波、何旭东、马志明

监事会主席：毛申良

监事：王会萍、张志平

总经理：马志明

党委书记：张志平

副总经理：蔡志平、李卫军、孔庆甫

工会主席：翁国成

总工程师：朱达

总会计师：柴梅昌

年度业绩

2008年，半电公司主要生产经营指标完成情况如下：

（1）全年实现利润总额4717.12万元。

（2）完成发电量52.41亿kW·h，为年度考核目标值的100.2%，其中燃煤机组完成17.68亿kW·h，燃气机组完成34.73亿kW·h；实现综合供电煤耗277.7g/(kW·h)，完成华电集团277.71g/(kW·h)的考核目标值。

（3）期末应收电、热费余额完成5321.59万元，低于华电集团下达的24794万元的控制目标值；年末流动资产占用额完成3.70亿元，低于华电集团下达的4.65亿元的考核目标值，电、热费回收率达100%，均圆满完成了华电集团的控制目标值。

（4）二氧化硫减排绩效0.3g/(kW·h)，完成0.65g/(kW·h)的考核目标值。

（5）安全生产持续稳定。截至2008年底，累计安全日为4257天；年内非计划停运累计0次，完成了小于4次的考核目标。

生产经营管理

2008年，半电公司深入开展安全生产“隐患治理年”活动，加强组织领导，完善制度措施，狠抓责任落实，圆满完成抗冰保电、奥运保电任务，安全生产保持平稳态势。在严峻的外部形势下，半电公司继续立足内外结合的经营策略，对外重点做好电价疏导、电量计划安排、煤炭供应保障和天然气气量争取等影响经营效益的关键工作；对内深入挖潜，重点在燃料管理、检修管理、资金管理等关键环节上挖潜增效，努力缓解燃煤成本上涨带来的沉重压力。半电公司利用华电集团对标信息发布平台，合理选取标杆，突出抓好指标优化，定期分析差距，采取有效措施。在发电利用小时下降、煤质下降等诸多不利条件下，较好地完成了煤耗、综合厂用电率等各项全年关键指标。

2008年，半电公司深入贯彻华电集团节能减排工作的一系列部署和要求，进一步完善节能减排指标体系、监测体系，实现主要指标实时监督。实施节能减排专项考核，强化员工节能减排意识。优先安排节能、环保项目，重点实施了微油点火、脱硫DCS改造等相关技改项目。积极开展“一改三查”依法经营活动，探索改进绩效管理模式，试行“星级”技术人员评选，完善业绩考核体系，不断提高员工工作积极性。半电公司还积极做好与华电国际的衔接工作，使股权转让前后各项工作平稳过渡。

2008年，IGCC项目前期工作取得较大进展：通过了华电集团投资审核委员会的审核；用水、用地、规划、建设等已取得批文；接入系统、水保、安全评价等已通过评审；环评、职业病防治报告已编制完成；施工厂区“四通一平”工作已经完成；六大主设备的合同谈判已完成，具备合同签订的条件。在“863”课题研发方面，半电公司积极协调各课题组配合设计院完成性能优化工作，部分研究成果已落实在工程对应的招标书中。

党的建设、精神文明建设、企业文化建设

2008年，在华电集团党组和华电浙江分公司党委的领导下，半电公司党委科学审视企业面临的形势任务，牢牢把握定位，依法履行职责，坚持融入中心促发展，突出特色强党建，创新文化带队伍，以人为本构和谐，为全面完成年度生产经营目标提供强有力的思想政治保障和文化支撑。半电公司荣获“全国精神文明创建工作先进单位”、华电集团公司“文明单位标兵”、“党风廉政建设考评优秀”等奖励，公司党委获得“省直机关先进基层党组织”荣誉称号。

半电公司深入开展“四好”领导班子创建工作，干部队伍建设得到加强；深入开展“五好党支部”创建活动，安排公司全体党员分批参加省委党校举办的“学习贯彻党的十七大精神”专题集中轮训，党建工作标准化和先进性水平得到提升；认真贯彻落实《建立健全惩治和预防腐败体系2008～2012年工作规划》实施方案，党风廉政建设不断加强；运用《半电报》、公司网站、宣传橱窗、华电网站等载体，加强信息传递和交流沟通，充分发挥宣传工作内聚人心、外树形象的作用，获得“集团公司优秀记者站”称号；抓好企业文化宣贯和文明单位创建，组织《华电宪章》及企业文化知识竞赛、“五五”普法教育活动和安全生产征文活动，认真开展纪念建厂50周年系列活动，获得“全国电力行业企业文化成果优秀奖”；积极参加社会公益活动，为华电集团“和华”爱心基金捐款17万元，开展“抗震救灾，情系四川”爱心捐款和交纳特殊党费、特殊团费活动，为四川汶川地震灾区捐款37万余元；公司工会认真履行职能，加强民主管理。落实职代会制度和厂务公开制度，荣获“华东电力系统先进职工之家”称号；公司团委荣获第九批“中央企业五四红旗团委创建单位”、“省级青年文明号”荣誉称号。

浙江华电乌溪江水力发电厂

概况

浙江华电乌溪江水力发电厂（简称乌溪江电厂）位于浙江省衢州市境内，是中国华电集团公司内部核算单位，下辖湖南镇电站和黄坛口电站，是国有大型二类水力发电企业、浙江电网的主力调峰电厂。

截至2008年底，乌溪江电厂装机容量34.45万kW，分别为2台2.6万kW发电机组，1台4.25万kW发电机组，3台5万kW发电机组和1台10万kW发电机组。截至2008年12月31日，全厂在册职工565人，其中大学本科及以上学历162人，占总人数的2.9%；大专文化程度157人，占总人数的27.8%。现有各类专业技术人员人235人，其中，高级职称27人，中级职称103人，初级职称105人。经技能鉴定确认高级技师2人，技师9人，高级工125人，中级工58人，初级工2人。电厂下设厂办公室（包括综合档案室）、财务产权部、纪检监察室、审计室、人力资源部、政治部、保卫部、计划规划部、安全监察部、运行部（包括信息中心）、技术设备部、综合产业部、青工部、工会等14个部室。

领导人员

厂长：张士军

党委书记：方正亚

副厂长：刘树土、王建义

党委副书记：陈绍龙

纪委书记：陈绍龙（兼）

工会主席：周伟华

总经济师：徐根发

总工程师：金林正

年度业绩

2008年，乌溪江流域全年来水量17.21亿m^3，为多年平均值的69.9%；降雨量1395.5mm，为多年平均值的81.13%。在极其艰难的条件下，企业完成发电量4.78亿kW·h，完成了计划电量的102.12%；实现利润1478.27万元，完成绩效考核关键指标——利润的105.59%。水能利用提高率完成5.76%，节水增发电量2604万kW·h，完成了集团公司下达的5%的考核指标。综合厂用电率1.648%；生产厂用电率0.5%，比考核值（0.6%）下降0.1的百分点，创历史最低。电费回收率达到100%，期末流动资产占用额11158万元，应收电费余额2322万元。以上要素指标都完成了集团公司下达的考核值。企业连续安全生产日达3143天。

生产经营管理

2008年，乌溪江电厂启动并实施了湖站2号、5号机组减振增容技术改造工作，全面完成了集团公司下达的大修、技术改造、科技、信息化及小型基建项目。在抗击自然灾害中成绩突出，在年初冰雪灾害面前，乌溪江电厂以保人身、保设备、保发电为重点，全厂上下快速反应、全力应对，领导干部靠前指挥，大力弘扬“顾全大局、高度负责、全力应对、拼搏奉献、勇挑重担”的抗灾保电精神，保证了全厂发供电设备的安全稳定运行，有1人荣获集团公司“抗灾保电先进个人”的光荣称号；四川汶川地震发生后，乌溪江电厂踊跃向灾区捐款捐物奉献爱心，共捐款16万余元，交纳特殊党、团费6万余元，捐献衣物300余件，以实际行动支援了全国抗灾工作。对标管理活动扎实开展，把对标管理贯穿于生产、经营和发展的全过程，以“对照先进、查错纠弊、持续改善、不断超越”为主题，有效开展了对标管理活动。强化内控管理，防范经营风险。强化资金管理，加强成本控制，全面推进预算管理，严格按预算控制成本，做好费用预算落实与反馈工作。完善管理制度，提升督查力度。2008年，先后制定和修订了《中层干部管理实施办法》、《部门业绩考核办法》、《中层干部业绩考核办法》、《职工业绩考核办法》、《职工带薪休假管理标准》、《劳动防护用品管理标准》、《社会化用工管理办法》等规章制度。在完善制度的基础上，加大了制度执行情况的检查和督导力度，关于职工考勤、加班加点、请假销假、离岗登记当中出现的不规范的行为和做法都及时纠正，使制度的严肃性逐步得到了维护，管理工作更加规范、有序。坚持常态管理，顺利通过了三标一体化管理体系复审，为企业又争取到了一张强有力的“通行证”；清理社会用工，防范长远风险，根据企业实际情况，下发了综合产业《社会化用工管理办法》，明确规定了用工的管理部门、批报程序、岗位、待遇、用工周期和用工考核，2008 年末还开展了社会化用工“回头看”工作，理顺了综合产业的社会化用工关系，进一步增强了综合产业依法经营、依法管理的能力，防范了企业的长远风险。

党的建设、精神文明建设、企业文化建设

乌溪江电厂党委充分发挥党的政治优势，不断增强企业应对困难挑战、推动科学发展的能力。认真履行“三重一大”、三项谈话、领导干部述职述廉制度，企业反腐倡廉建设和惩防体系建设取得积极进展，精神文明和企业文化建设取得新的成效。工会、共青团工作进一步加强，组织的纽带作用全面激活，厂务公开和职代会制度进一步完善。把“四好”班子创建放在三个文明建设的首位，同时抓好中层二级领导班子建设，以此推动各项工作全面开展。开展了“凝心聚力、奉献乌电”和“遵章守纪、勤政廉政”主题教育活动。认真开展“强核心、固堡垒，全面提升支部标准化建设水平”活动。组织党员、群众参与抗冰保电及抗震救灾，切实履行了政治责任和社会责任。推出了“廉政家书”、“廉内助问卷”、“惩防体系QC 课题”等创新做法。深入开展领导人员廉洁自律“七项要求”活动，党廉考核连续 5 年都达到了“优等次”。

同时，乌溪江电厂不断丰富、发展“超越”文化体系，推动“和谐企业”建设。积极参与“无偿献血”、“军民共建”、“村企共建文明”等公益事业。利用50 年厂庆的契机，形成了一系列企业文化成果，厂史陈列回顾了 50 年的风雨历程，形成了图文并茂的企业理念、廉洁理念、安全理念。印制了 5 本企业文化系列丛书、企业形象画册和纪念邮册，拍摄了形象宣传片。结合企业实际和文化底蕴创作了厂歌《浙西明珠》，达到了“内建队伍、外树形象”的效果。坚持厂务公开，让职工“知厂情、管厂事、当厂家”，使职工民主参与和民主管理的权利进一步得到落实，党群、干群关系更加融洽。乌溪江电厂先后荣获“全国第二批全国文明单位”、“全国青年文明号”，集团公司“优秀发电企业”、“安全生产先进单位”、“文明单位标兵”、“党风廉政建设优等次”、“先进工会”等国家级、省部级荣誉。

杭州闸口艮山门电厂留守管理处

概况

杭州闸口艮山门电厂留守管理处（简称留守处）由原杭州闸口发电厂和杭州艮山门电厂留守管理处两个单位合并组成，是中国华电集团公司的全资内部核算企业。杭州闸口发电厂始建于1929 年，装机总容量为 4.7 万 kW。1989 ~ 1998 年所有机组相继停役。杭州艮山门发电厂始建于1919 年，装机容量为 1.2 万 kW，1997 年 8 月停役。两家电厂不仅为促进地方经济发展作出了重大贡献，还为浙江省电力工业培养了大批人才。

留守处下设办公室、财务科、政工退管科、综合科等4 个科室。截至 2008 年底，管理处在册职工 72 人，其中在岗 37 人，待岗 26 人，内退 9 人。

领导人员

党总支书记兼副主任（主持工作）：项洪高

副主任兼工会副主席：章建民

生产经营管理

留守处虽然已没有了发电生产的任务，但其他管理工作与发电企业基本相同，因此不断完善各项管理制度、规范管理，依然是留守处控制成本、预防腐败、维护稳定的重要手段。2008 年初，留守处领导班子提出了振奋精神、规范管理、强化服务、确保稳定的工作目标，从教育引导全体干部职工转变观念，树立全局一盘棋的思想，努力开创留守处工作的新局面入手，在执行各项制度的过程中不断做好完善和规范工作，使留守处的管理水平有了较大的提高。

2008 年，留守处在规范、合法、节俭的经营管理模式下，较好地完成了集团公司下达的预算目标，并通过规范管理、强化服务，使本处的稳定形势有了较大的改观。2008 年，留守处接待来信来访同比下降了 50% 以上，为华电浙江区域的总体稳定作出了努力。

党的建设、精神文明建设、企业文化建设

2008 年，留守处在集团公司和华电浙江分公司的正确领导下，以邓小平理论和“三个代表”重要思想为指导，认真学习实践科学发展观，紧紧围绕如何搞好离退休职工管理和服务工作这个大局，留守处明确了“认清形势，转变观念，自强素质，重在参与”的发展思路。

按照华电浙江分公司党委的统一部署，着重抓好党员政治理论学习，组织党员认真学习党的十七大精神，根据留守处工作实际，要求深刻理解和正确把握构建社会主义和谐社会的重要意义和以确保留守处大局稳定为前提来学习和提高。在建党87周年之际，留守处党总支安排了党的十七大精神和党章学习对照月，重点学习党的十七大报告提出的一系列新思想、新观点、新举措、党章的新内容和构建和谐社会的有关内容，进一步巩固共产党员先进性教育和民主评议党员活动的成果。

在抗击冰雪灾害和抗震救灾斗争中，通过广泛宣传和讨论，极大地激发出党员干部和职工群众的爱国热情，在党员领导干部的带领下，全体党员和群众多次为灾区献出了爱心，全体党员还积极交纳特殊党费，共募集爱心款9000余元。

在党风廉政建设工作中，留守处以建立健全教育、制度、监督并重的预防腐败体系为基础，认真执行《党风廉政建设责任书》。党总支分别与各部门负责人签订了廉政建设责任书，通过责任书将软任务化为硬指标，使党风廉政建设工作与干部使用考核相结合，一级对一级负责，层层抓落实；同时，用设立了廉政建设举报箱和留守处处务公开栏的形式，自觉接受职工监督，使留守处的党风廉政建设工作迈上了新台阶。

浙江半山IGCC发电工程筹建处

概况

根据中国华电集团公司（简称华电集团）2007年2月5日《关于成立浙江半山IGCC工程筹建处及马志明等任职的通知》（中国华电人［2007］144号）精神，成立浙江半山IGCC发电工程筹建处（简称半山IGCC筹建处），具体负责半山IGCC科技项目的科技攻关、项目前期和基本建设等工作。半山IGCC筹建处下设综合办公室、工程管理部、经营管理部、物资供应部、质量安全部5个部门；在册员工34人，其中大学本科18人，大专10人；各类专业技术人员29人，其中高级职称6人，中级职称19人，初级职称4人。

浙江半山IGCC发电示范工程位于杭州市拱墅区，是利用杭州华电半山发电有限公司已退役的一期1台1.2万kW机组和二期2台5万kW机组拆除后的场地进行建设。2007年1月15日，国家科技部下发了《关于“十一五”国家863计划先进能源技术领域“以煤气化为基础的多联产示范工程”重大项目课题“20万kW级IGCC关键技术研究开发与工业示范”立项的通知》，将开发拥有自主知识产权的20万kW级IGCC模块技术和成套技术。该项目装机容量约为23.5万kW，燃机拟采用E级的燃气轮机，单机容量约为13.2万kW；余热锅炉拟采用三压再热自除氧卧式自然循环余热锅炉；汽轮机拟采用三压进汽无回热纯凝机组，单机容量约为10.5万kW。工程的静态投资约20亿元。截至2008年底，累计支出5099万元。

领导人员

主任：马志明（杭州华电半山发电有限公司总经理）

副主任：蔡志平（杭州华电半山发电有限公司副总经理）、柴梅昌（杭州华电半山发电有限公司总会计师）

工程建设与管理

2008年，半山IGCC筹建处在华电集团的领导下，继续推进半山IGCC发电示范工程科研及项目前期工作，工程建设得到了浙江省政府、浙江省发展和改革委员会及杭州市政府的大力支持。

2008年1月24日，浙江省发展和改革委员会转来《浙江省发改委对吕省长2007年1259号办理通知单的办理意见》，已初步确定全国第一批五个IGCC发电示范项目，半山IGCC发电项目是其中之一，并不占用年度燃煤火电规模。

2008年2月21日，华电集团在北京召开“半山IGCC发电示范工程项目情况汇报会”，华电集团副总经理邓建玲，筹建处主任马志明，副主任蔡志平及各课题单位专家等30多人参加了会议。

2008年2月27日，半山IGCC筹建处副主任蔡志平参加“863计划以煤气化为基础的多联产示范工程”重大项目办公室在北京召开的“关于863以煤气化为基础的多联产示范工程重大项目示范工程课题进展汇报会”。

2008年3月14日，赴北京向国家环保总局环评司审查处处长梁鹏汇报，请求安排半山IGCC项目环评审查，并与绿创公司商谈委托编制IGCC噪声专项报告问题。

2008年4月2～3日，半山IGCC筹建处副主任蔡志平随华电集团副总经理邓建玲等人参加科技部组织考察团，对山东兖矿 IGCC 发电厂进行学习考察。

2008 年 4 月 15 日，半山 IGCC 发电示范工程设备谈判工作开始，主要是空分、气化炉、余锅、废锅、燃机、汽轮机等主机设备。

2008 年 6 月 24 日，半山 IGCC 筹建处副主任蔡志平赴京参加华电集团对于 IGCC 项目投资决策的审查会议，项目通过审查。

2008 年 7 月 4 日，半山 IGCC 筹建处在杭州召开了“浙江半山 IGCC 发电工程项目第五次课题协调会”，华电集团科技环保部处长严新荣出席了会议。会议由半山 IGCC 筹建处副主任蔡志平主持。

2008 年 7 月 17 日，水利部太湖流域管理局下发了 IGCC 项目取水申请和排污口设置的批复。

2008 年 8 月 26 日，半山 IGCC 筹建处副主任蔡志平赴山东参加华电国际股份有限公司召开的 2008 年“年中基建座谈会”，就工程现状请华电集团及华电国际股份有限公司给予支持，协助早日取得“路条”。

2008 年 8 月 29 日，华电集团在北京召开“半山 IGCC 发电示范工程项目情况汇报会”，华电集团副总经理邓建玲，科技环保部主任张东晓、处长严新荣、张东，计划发展部周苏军，工程建设部郭春彦，安全生产部毕诗方，总经理工作部张长胜，各课题承担单位成员，国家科技部“863”计划办公室成员及半山 IGCC 筹建处主任马志明、副主任蔡志平等 30 人参加了会议。

2008 年 10 月 16 日，半山 IGCC 项目在北京通过了为期一周的科技部“863”项目审计。

2008 年 11 月 20 日，华电集团在北京向科技部汇报半山 IGCC 课题进展和合同情况，华电集团科技环保部主任张东晓和筹建处领导马志明、蔡志平等参加了会议。

2008 年 12 月 8 日，科技部“863”重大课题办公室在杭州对半山 IGCC 课题项目进行中期检查，科技部高新司能源处处长尉迟坚、中科院高技局副局长肖云汉及有关专家参加了检查。

其他重大事项和情况

IGCC 厂区内的“四通一平”工作已基本完成。

由于国家发展改革委“关于同意半山 IGCC 发电示范工程项目开展前期工作”的批文尚未下发，无法开工建设，前期工作处于等待状态。

中国华电集团公司安徽分公司

概况

中国华电集团公司安徽代表处（简称安徽代表处）于 2006 年 2 月 18 日在合肥市成立，是中国华电集团公司在安徽省的派出机构。安徽代表处按照华电集团的授权，负责华电集团在安徽省的生产经营管理、项目前期、协调服务等工作。华电国际电力股份有限公司安徽分公司与安徽代表处同日成立，一套班子，两块牌子，合署办公。

2007 年 1 月 26 日，成立中共中国华电集团公司安徽代表处党组。2007 年 12 月 25 日，安徽代表处更名为中国华电集团公司安徽分公司（简称安徽分公司），职责、编制和内设机构未作调整。中共中国华电集团公司安徽代表处党组更名为中共中国华电集团公司安徽分公司党组。

安徽分公司成立后，始终牢固树立和贯彻落实科学发展观，按照“内抓管理、外拓市场、整合资源、争取政策、谋求发展”的工作思路，积极务实地开展工作，实现了又好又快健康发展。截至 2008 年底，华电集团在皖投运装机容量达 341.5 万 kW，是区域内第三大发电公司。

领导人员

总经理：徐旭

党组书记：张光达

区域年度工作业绩

2008 年，安徽分公司实现了芜湖 2 台 66 万 kW 机组、宿州生物质能 2 台 1.25 万 kW 机组“双投”，六安二期 1 台 60 万 kW 机组获得国家发展改革委“路条”，与淮南矿业（集团）有限责任公司（简称淮南矿业）签订了增资扩股协议，淮南矿业参股 30%，保供煤量 50%，实现了安徽首家煤电企业间的战略合作。全年完成发电量 101.99 亿 kW·h，同比增长 73.56%；实现销售收入，综合供电煤耗 338.7g/(kW·h)，较 2007 年降低 15.2g/(kW·h)，上网电价，电费回收率达 100%。

区域生产经营管理

2008 年，安徽分公司积极、有效应对严重自然灾害和发电燃料成本大幅上升、经营环境日趋紧张的严峻形势，以经济效益为中心，抢抓机遇谋发展，多措并举增效益，创新机制强管理，科学经营防风险。通过加强与华电煤业的沟通和协调，积极组织实施煤炭调运，努力优化来煤结构，提高来煤质量，确保了煤质、煤种、煤量满足生产发电需求。根据煤源状况，积极加强机组燃煤掺配烧工作的研究，最大限度地降低了煤耗，提高了机组的经济运行水平。加强煤炭成本与边际贡献的动态分析，科学确定机组启停，优化运行方式，确保了发电效益最大化。加大与政府和电网部门的沟通协调力度，争取有利政策，竭力协调皖电东送机组电量，安徽华电宿州发电有限公司成功替代电量8亿kW·h，增加收益3680万元；12月又超发2亿kW·h，结算电价不低于0.38元/(kW·h)。芜湖1号机组脱硫电价投产后即获批复，宿州生物质能发电有限公司秸秆电价提前落实到位。积极协调安徽池州九华发电有限公司、安徽华电六安发电有限公司超发电量的合理结算电价，争取到了近6亿kW·h的超发电量执行同期省内标杆电价，增加收益约5000万元。

区域项目发展

全国首台套超超临界66万kW级机组——芜湖1号、2号机组顺利实现"双投"；宿州生物质能2台机组实现"双投"。华电集团在安徽投运装机容量共341.5万kW，成为区域内第三大发电公司。

六安二期1台机组进入国家规划审批程序，已经获得国家发展改革委"路条"。积极推进煤电合作，2008年5月16日，华电国际与淮南矿业签订了战略合作框架协议；10月9日，安徽华电芜湖发电有限公司（简称芜湖公司）增资扩股协议签订，完成了安徽省内第一个煤电企业间的合作，为芜湖公司以后的经营发展提高了相对竞争力和奠定了良好的基础。

抓住安徽作为能源大省的有利条件，加大煤炭及新电源项目的开发力度。积极与亳州市政府和淮北矿业进行沟通、协调，已就亳州矿区及涡阳工业园项目开发合作达成初步意向。

党的建设、精神文明建设、企业文化建设

安徽分公司结合区域工作实际，以认真学习和深入领会十七大精神为重点，加强理论武装工作，不断提高机关党员干部的政策水平和理论素养；以夯实"四好"领导班子创建基础工作为重点，加强机关党的建设，不断提高党建工作水平；以华电文化宣贯和文明单位创建为重点，加强企业文化和精神文明建设，不断提高机关员工的凝聚力和向心力；以形成华电安徽发展良好的舆论环境为重点，加强宣传和思想政治工作，不断提高华电安徽的区域影响力；以华电国际"廉洁文化推广年"活动为抓手，认真落实党风廉政建设责任制，全面加强惩防体系各项基础工作，通过签订责任书、交纳廉洁从业抵押金、开展警示教育活动、建立健全规章制度等多种途径，不断提高党员干部的廉洁从业意识。

四川汶川地震发生后，安徽分公司积极发扬"一方有难、八方支援"的优良传统，累计向灾区捐款超过39.5万元，交纳"特殊党费"12.8万元。

安徽华电宿州发电有限公司

概况

安徽华电宿州发电有限公司（简称宿州公司）位于安徽省宿州市符离镇，于2003年9月注册成立，是中国华电集团公司的控股企业，由华电国际电力股份有限公司和安徽宿州华源电力有限责任公司分别按97%、3%的比例投资兴建。宿州公司规划装机总容量为320万kW，其中一期2台60万kW机组于2005年5月28日开工建设，并分别于2007年10月和11月投产发电，是安徽省"861"计划项目和"皖电东送"规划项目，为华东电网直调电厂；二期规划建设2台100万kW超超临界燃煤发电机组。

截至2008年底，宿州公司下设综合管理部、计划经营部、生产技术部、安全监察部、党群工作部、财务部、运行调度部、二期工程管理办公室、发电部、维护部、燃料部、燃料管理办公室、物资分公司共14个部室（公司）。公司共有员工335人（含华电宿州生物质能发电有限公司11人），其中本科及以上学历120人、专科学历105人，高级职称9人、中级职称42人。

领导人员

董事长：白桦

董事：高士宏、徐旭、李秀财、郭爱国

监事会主席：兰国芹

监事：钱莉、王新华、吴庆生

总经理：李秀财

党委书记：闫仲军

副总经理：闫仲军、吴庆生、张代新、斯萍、徐瑞华

纪委书记、工会主席：吴庆生

总工程师：吕顺喜

年度业绩

2008年，宿州公司完成发电量54.56亿kW·h；供电标准煤耗完成321.48g/(kW·h)，比年度计划降低4.89g/(kW·h)；综合厂用电率完成6.62%；入厂、入炉热值差完成937J/g；实现销售收入19.71亿元，利润总额-2.66亿元；实现连续安全生产486天。

生产经营管理

宿州公司致力于建立健全安全生产长效机制，全面落实安全生产责任制和各项制度措施，加强安全技能培训认证，深入开展季节性安全检查、百日安全督查、无违章创建等活动，加大隐患排查治理力度，安全基础日趋巩固。规范值班管理，严格"两票三制"，顺利完成奥运和迎峰度夏等保电任务。加强维护人员的岗位练兵和技能培训，于2008年11月全面接管设备维护工作，实现了自主维护。圆满完成1号机组大修、2号机组小修等任务，1号机组大修成功实施检修全过程规范化管理和FAM检修管理试点工作。深入开展小指标竞赛，不断加强耗差分析管理，优化燃烧调整，成功实施汽轮机单阀控制向顺序阀控制的转换，公司节能工作得到了集团公司节能查评专家组的高度评价。2008年7月20日，一期工程竣工环境保护顺利通过国家环境保护部验收；2008年7月23日，一期工程竣工达标投产，以优异成绩顺利通过集团公司的检查。

树立对标管理思路，参照集团公司标杆体系，结合"皖电东送"机组指标，实时发布公司三级指标体系、标杆体系和指标信息，促进查找差距，持续改进。以"三电"工作为核心，努力做好电力营销。2008年6月20日，实现上网电价按371元/(千kW·h)结算的目标，增加收入6385万元。加强与华东电网公司的沟通、协调，结合公司实际情况，合理安排电量计划，2008年9月探索实施替发上网电量8亿kW·h，增收3100万元；2008年10月，获得交易电量2.99亿kW·h，超额完成华东电网年度计划指标，并确定了2009年62.4亿kW·h的电量指标。加强燃料管理和煤炭供应，积极应对煤炭市场复杂多变的形势，建立以边际贡献为基础的煤价动态分析机制，广开进煤渠道，在保证发电用煤的情况下，努力提高煤质，降低煤价。加强技术攻关，成功接卸C63车型，增强运力保障。在2008年全年重点合同计划仅占全年总量30%的情况下，全年采购煤炭295.3万t，基本保证了煤炭供应。加强成本分析，大力压缩可控费用，完成华电国际下达的年度计划。合理安排融资进度与额度，提前置换10.5亿元的短期贷款，规避了金融风险。及时获取国家财政贴息信息并协调实施，增加利润330万元。

项目发展

宿州公司二期工程所需的支持文件，除土地未取得国土资源部的预审意见外，其余国家级文件已经全部取得，具备了上报核准条件。2008年11月7日，安徽省委、省政府印发《关于加快皖北和沿淮部分市县发展的若干政策意见》（皖发[2008]21号），明确提出火电项目优先在皖北布局，同时，国家电网公司积极推进"皖电东送"二期工程"淮南—上海"特高压输电项目，公司二期工程发展优势明显。

内部改革

2008年5月15日，宿州公司制定并印发《绩效奖金发放指导意见》，实施以绩效为依据的绩效奖金发放模式，调动了职工工作的积极性和主动性。2008年9月1日，修订沿用的基建时期《岗位序列》，建立符合生产运营实际的岗位序列。

党的建设、精神文明建设、企业文化建设

2008年，宿州公司党委紧紧围绕中心任务，结合实际，开展怎样干好本职工作大讨论和深入学习实践科学发展观等富有特色的活动，稳步推进党建、宣传思想工作、精神文明建设和工团工作，为公司实现从工程基建到生产运营的平稳过渡提供了强有力的政治保证和精神动力，实现了两个文明的协调发展。2008年3月13日，宿州公司召开成立后的首次党建暨精神文明建设工作会议，提出了政治工作"一必须三统一"的基本原则。深入开展"强核心、固堡垒，全面提升基层党组织标准化建设水平"、"对标管理、我为先锋"、"四好"领导班子创建等活动，不断加强党的建设。扎实开展深入学习实践科学发展观活动，紧紧抓住"提高在'皖电东送'格局中的竞争力"

的主题，精心组织，扎实推进，在转变观念，解决突出问题，推进控亏、扭亏等方面突出实践特色，取得了实实在在的成效。开展“反腐倡廉警示月”和“贯彻落实国有企业领导人员廉洁自律七项要求”等活动，党风廉政建设成效明显。深入开展“怎样干好本职工作”大讨论活动，组织讨论会52场，撰写文章216篇，公司干部员工积极性和工作能力显著增强。积极组织向灾区献爱心活动，募集善款5.04万元，交纳“特殊党费”5.96万元，为病困员工捐款5.1万元。经过努力，宿州公司获得“安徽省文明单位”、“中国华电集团公司优秀记者站”、“省级青年文明号”等多项荣誉。

安徽池州九华发电有限公司

概况

安徽池州九华发电有限公司（简称池州公司）位于安徽省池州市贵池区江口，于2003年7月18日注册成立，注册资本金6.4亿元人民币。1992年4月成立池州电厂筹建处，开始筹建工作；1994年9月，国家计划委员会以计交能［1994］1190号文批复立项。一期工程2×30万kW机组（1号机组于2005年9月11日投产发电，2号机组于同年12月8日投产发电）于2003年6月获得国家发展改革委批准，同年11月18日正式开工建设。该工程由中国华电集团公司控股40%（2004年4月转让给华电国际电力股份有限公司）、安徽省能源集团有限公司参股35%、申能（集团）公司参股20%（2004年4月转让给申能股份有限公司）、安徽康源电力集团有限责任公司参股5%共同建设。国家电力规划设计总院批准的静态概算为26.65亿元。

池州公司下设总经理工作部、财务部、安全保卫部、计划经营部、物资供应部、政工部、生产技术部、运行部、设备维护部、二期筹建办公室。截至2008年12月31日，公司在册员工214人。其中，大学本科学历56人，大专文化程度80人；各类专业技术人员107人，高级职称4人，中级职称43人，初级职称60人。

领导人员

董事长：王文琦

副董事长：吴优福、余永林

董事：徐旭、汪明波、兰国芹、卢浩、朱浩东、戴旭敏、李真、郑昇

监事会主席：刘先军

监事：殷晓风、蒋骏玫、贲晓、关新林

总经理：郑昇

党委书记：关新林

副总经理：梁帮平、陈克柏

纪委书记、工会主席：边向东

董事会秘书：徐礼赟

年度业绩

2008年，池州公司完成发电量28.75亿kW·h，完成年度考核发电量计划（32亿kW·h）的89.84%；完成主营业务收入87591万元，实现利润－21881万元；完成综合供电煤耗345.48g/(kW·h)，不含脱硫综合供电煤耗342.37g/(kW·h)，同比下降0.27g/(kW·h)；完成综合厂用电率7.10%，不含脱硫为6.24%。

生产经营管理

设备可靠性继续提升。结合2号机组B修、1号机组C修，消除了影响机组稳定运行的隐患；全面推进点检定修管理，加强技术监督管理，设备可靠性有较大提高，电气继电保护投入率和热工保护投入率均为100%，动作正确率100%，设备等效可用系数达91.67%；2008年全年，锅炉“四管”及其他承压部件无泄漏，未发生考核非计划停运事件，为多发电创造了有利条件。

节能减排工作扎实推进。完成了循环水泵改造、锅炉气化小油枪完善等节能技改项目，节能减排工作取得了良好成效。2008年全年完成发电煤耗321.02g/(kW·h)，较2007年下降1.15g/(kW·h)，不含脱硫综合供电煤耗同比下降0.59g/(kW·h)。环保工作得到落实，全年实现了废气、废水的达标排放，其中脱硫设施正常投运率为98.37%，脱硫效率达92.74%，全年SO_2减排量约1.3万t，获得安徽省首届“环境友好性企业”称号。

扎实做好外部营销。一是加强与电力调度部门、兄弟电厂的沟通、联系，积极争取电量计划，在有边际效益的前提下积极寻求替代发电合作，2008年全年落实替代电量1.7亿kW·h，落实华东跨区交易电量0.36亿kW·h，超发电量约2.7亿kW·h，市场营销开拓能力不断提升。二是加强电费回收工作，全年电费回收比例达100%。三是

多方积极、客观反映企业当前存在的困难，获得省市政府和省经委等有关方面的政策支持，减免了部分水资源费、河道维护费，争取环保财政资金30万元支持等，在一定程度上缓解了经营压力。

燃料管理持续改进。一是千方百计多方筹集煤源，保证了发电用煤的及时供应，避免了无煤停机现象的发生。二是确立科学、灵活的自购煤定价机制，综合标煤单价继续保持了较低水平。三是加强采制样管理和燃料效能监察，维护公司利益。四是加强煤场管理和掺配掺烧工作，在降低发电成本的同时，保障了锅炉燃烧相对稳定。

进一步加强内部管理。推行全面预算管理，开展降本增效，努力降低管理成本；拓宽融资渠道，克服融资困难，保障了资金供应和企业的正常运转；积极开展税收筹划，有效降低了财务成本；加强物资采购管理，合理控制库存，有效降低了采购成本；努力减少修理费、材料费和一般管理费用的支出。

内部改革

池州公司积极发挥绩效管理作用，修订完善了十多项绩效考核制度，使考核体系更加健全，考核工作细致、严密，有效提高了组织执行力。

党的建设、精神文明建设、企业文化建设

池州公司党委发挥政治核心作用，以创建“四好”领导班子、加强党支部月度考核和完善政工例会制度为突破口，全面加强党组织标准化建设，严格执行民主生活会、中心组学习和政工例会等制度，不断增强思想政治工作的针对性，党建思政工作水平迈上了新台阶。继续开展与市检察院之间的“检企廉政共建”工作，促进了班子和党员的作风建设，为企业政治安全、形象安全提供了强有力的保障。党委积极融入中心做好重点工作，以“对标管理，我为先锋”主题实践等活动为契机，在对标管理、燃料管理、抗灾保电、机组检修等方面发挥积极作用。

坚持“标本兼治、综合治理、惩防并举、注重预防”的方针，致力于构建惩防体系，从健全组织、加强教育、完善制度、强化监督等方面入手，狠抓党风廉政建设，营造了廉政建设的浓厚氛围，企业发展呈现出良好的态势。2008年，没有接到1封群众举报信，没有发生1次员工上访事件，干部、员工遵纪守法率达到了100%。

积极开展文明创建工作，通过创建，规范了员工行为，提高了员工素质。四川汶川地震后，全体员工踊跃为四川地震灾区捐款69620元，献血4000mL，党员、团员积极交纳“特殊党费”、“特殊团费”21750元，支持灾区恢复生产重建家园。2008年，池州公司荣获第八届安徽省“文明单位”称号，继续保持了华电集团“文明单位”荣誉称号。

安徽华电六安发电有限公司

概况

安徽华电六安发电有限公司（简称六安公司）位于安徽省六安市裕安区城南镇，是中国华电集团公司的控股企业，也是安徽省西部电网的重要支撑，公司于2003年9月8日注册成立。

六安公司一期项目为2×13.5万kW循环流化床燃煤发电机组，总投资12.2亿元人民币，由中国华电集团公司、安徽力源电力发展有限责任公司、安徽明都投资集团有限责任公司分别以60%、35%、5%的比例出资建设。2台机组分别于2005年12月21日和2006年6月23日建成投产。二期项目规划建设2×60万kW超超临界燃煤发电机组。2008年3月，经省长办公会研究确定，六安公司1台60万kW超超临界燃煤发电机组作为安徽省2008年燃煤火电备选项目上报国家发展改革委，2008年12月9日获得“路条”。

六安公司实行董事会下的总经理负责制，下设总经理工作部、信息协调办公室、人力资源部、企划部、二期工程管理处、党群工作部、财务部、保卫部、安全生产部、机务综合队、热电队、燃料部、运行部、物资部等14个部室。在册员工总数183人，其中，研究生3人，大学本科51人，大学专科90人；高级职称7人，中级职称30人，初级职称21人；技师5人、高级工15人。

领导人员

董事长：徐旭

董事：徐旭、安同溪、汪明波、羿媛、孟宝林、马立飞、刘家新

监事：戴国华（召集人）、王新华、马恒康

总经理：李延群

党委书记兼副总经理：杨春平

副总经理：王迎东、陈勇

纪委书记兼工会主席：薛玉强

年度业绩

2008年，六安公司全年累计完成发电量12.67亿kW·h，完成年度承包值的106.6%；完成综合供电煤耗率376g/(kW·h)，同比降低0.77g/(kW·h)，比年度承包值低1.3g/(kW·h)；完成综合厂用电率9.97%，同比降低0.02个百分点，比年度承包值低0.13个百分点；完成入厂、入炉煤热值差479.72J/g，比年度承包值低22.28J/g；完成入炉煤标准煤单价658.05元/t，与安徽地区平均值816.79元/t（不含税）相比，降低158.74元/t。据此测算，全年共减少亏损6800万元。

生产经营管理

认真组织开展“对标管理年”活动。制订实施方案，成立了经营管理、安全生产、节能减排、燃料管理和项目前期工作等5个专业组，分专业组建立指标标杆体系、指标分析体系和《年度综合计划》及考核办法。形式多样的对标管理活动成效显著。同时，以对标管理为主线，确立安全目标，制订保障措施，实施责任分解，全面落实各级人员安全生产责任制。先后组织开展了春、秋季安全大检查、“无违章创建”、“安全生产活动月”以及“安全生产百日督查”等活动。2008年全年，六安公司未发生人身、设备事故和重大火灾及恶性误操作等事故，安全生产形势总体平稳。

围绕影响发电成本的主要因素，构建市场营销、资金管理、燃料管理三大网络，定期分析，采取措施，积极应对。抓住上半年抢发电量的大好时机，将2号机组大修调整到下半年进行，保证2台机组长时间运行。加强与地方政府及电网等相关部门的沟通联系，充分利用安徽省峰谷电价政策，提高峰段电量，合理调度，经济运行。全年上网电价比安徽电网统调火电机组平均上网电价高0.979元/(千kW·h)，电费回收率达100%。电煤工作按照“保证供应、提高煤质、控制煤价”的要求，加强与重点矿方的沟通，先后签订了80万t电煤合同。六安公司多次分赴北京、山西晋城和淮南进行沟通、协调，保证了重点合同的落实，为公司全年减少亏损奠定了良好的基础。

切实加强干部管理，定期对公司中层干部、管理人员、班组长工作情况进行考察，结合工作实际对部分人员岗位和岗级进行调整；率先在公司内部对运行部副主任、运行部副值等岗位实施公开竞聘，为员工提供了展示自我的机会，营造了积极向上的良好氛围。

积极探索创新用工机制。根据华电国际工作业务归口情况及部门设置情况，对公司相关部门进行了撤并。制订完善了公司岗位序列，对所有员工进行了优化配置。加大对外聘员工的管理力度，班组建制、日常管理按照公司“班组建设管理标准”进行规范管理，实行部门领导包班制度。开展多种形式的教育培训工作。专题讲座、技术问答、跨专业学习、签订师徒合同、技术比武等学习活动，以及在集控运行和检修维护岗位开展岗位技能和全能值班等形式的教育培训，均取得良好效果。

项目发展

在确保一期2×13.5万kW机组安全生产的同时，六安公司始终把二期项目作为工作的重中之重，千方百计加以推进。在国家和省市领导的关怀支持下，在华电集团、华电国际的领导下，项目工作几经周折终于取得突破性进展：2008年12月9日，二期项目1台60万kW级机组获得国家能源局“路条”。目前，项目所有核准所需材料已全部齐备，安徽省发展改革委和华电集团已同时上报国家发展改革委申请项目核准。

党的建设、精神文明建设、企业文化建设

六安公司党委按“四好”领导班子创建要求，定期组织开展党委中心组学习、领导干部民主生活会、领导干部双重组织生活会、“三会一课”等活动，切实加强领导班子思想建设和作风建设。围绕企业中心工作，在全体党员中开展“发挥五带头作用、争当对标管理先锋”的党员主题实践活动。

围绕加强领导干部作风建设和效能监察两个工作重点，以全面落实党风廉政建设责任制为龙头，认真履行党内纪律检查和行政监督职能。按照年度目标和责任分工，将党风廉政建设责任分解到相关部门和单位，从而建立起良好的党风廉政建设的责任分解和责任传递机制。开展以“教育倡廉、读书思廉、活动兴廉、先进引廉、家庭助廉、载体传廉、制度保廉”为内容的廉洁文化建设活动和系列精神文明创建活动，全年累计捐款捐物达20多万元。公司荣获2008年第八届“安徽省文明单位”称号。

加强企业文化建设，不断增强企业相对竞争力。六安公司以《华电宪章》和华电国际企业文化的宣贯为主线，全力培育“一主多元”的企业文化理念，以“凝聚人心、增强素质、共促发展”为出发点，将“人人尽责、事事规范、处处做细”的工作理念深深植入每个职工的思想中，形成了职工忠于企业、规范办事和精细管理的良好局面。

安徽华电芜湖发电有限公司

概况

安徽华电芜湖发电有限公司（简称芜湖公司）是华电国际电力股份有限公司（简称华电国际）的控股公司，位于安徽省芜湖市三山区保定下团洲。芜湖公司成立于2004年6月8日，由中国华电集团公司和安徽省繁昌县建设投资有限公司（简称繁昌建投）按照95%∶5%的比例投资建设。2006年4月3日，集团公司将其在芜湖公司的股权转让给华电国际，同年12月30日，通过国务院国资委的批复。2008年10月9日，华电国际、淮南矿业（集团）有限责任公司（简称淮南矿业）、繁昌建投签署增资扩股协议，芜湖公司通过增资扩投的方式引入新股东淮南矿业，华电国际、淮南矿业、繁昌建投的股权比例变更为65%∶30%∶5%。

芜湖公司一期2×66万kW超超临界燃煤发电机组工程于2005年12月31日获得国家发展改革委核准，2006年8月18日正式开工建设，1号、2号机组分别于2008年6月24日、12月20日投产发电；二期规划建设2×100万kW超超临界燃煤发电机组，工程项目前期工作已全部完成，具备核准条件。

芜湖公司下设总经理工作部、计划发展部、人力资源部、政治工作部、财务部、工程部、生产管理部、物资管理部、检修维护部、发电部、燃料管理部、安全监察部等12个职能部门。截至2008年12月31日，芜湖公司共有员工324人。其中，大学本科及以上学历102人，大专文化程度152人；各类专业技术人员84人；高级职称18人，中级职称49人，初级职称49人；经技能鉴定确认的技师及以上12人，高级工28人，中级工14人，初级工3人。

领导人员

董事长：白桦（法定代表人）

副董事长：牛占奎

董事：白桦、牛占奎、包晓明、谢炜、汪明波、刘建云、朱明

监事会主席：魏爱云

监事：魏爱云、李懋、胡忠布、魏毅、彭道元

董事会秘书：李永学

总经理、党委书记：刘建云

副总经理：张力、王建烨、牟爱政、朱明

纪委书记、工会主席：魏毅

总工程师：黄坚

主要领导人员变动情况：2008年4月30日，刘建云任芜湖公司总经理。

年度业绩

芜湖公司一期工程建设通过坚持“抓安全、促质量、保进度”，各项目标顺利实现，2008年实现了“双投产”，基建安全生产共计855天。工程建设中，两台机组均实现了锅炉水压试验、倒送厂用电、锅炉吹管、点火、冲转、并网、168h满负荷试运行“七个一次”成功和“三无”、文明、绿色启动。通过有效运作质保体系和监督体系，严格做到工程质量“三级管理”、“四级验收”，实现了工程土建、安装、调试验收合格率均为100%，优良率为100%，机组建设质量、施工工艺达到优质工程标准。两台机组168h满负荷试运行期间，保护、自动、主要仪表投入率均为100%；平均负荷率均超过100%；机组真空严密性最好为0.02kPa/min；汽轮机满负荷最大轴振为48μm；脱硫工程与主体工程同步进入试运行，实现了“三同时”，各项试运指标均达到或超过设计值。工程造价控制在集团公司批复的执行概算内，单位造价处于同类型机组的先进水平。

生产经营管理

安全管理上，实施《芜湖公司安全管理评估实施方案》，查找安全管理薄弱环节，落实整改措施；加强执行“两票三制”，生产人员全部通过安全技能培训认证考试；大力开展各类安全管理活

动和安全检查，严格违章考核；结合雨季防汛工作，组织了防汛应急预案演练。安全事故应急管理能力和员工的安全意识不断加强，截至2008年12月31日，实现安全生产189天。

生产运营上，按照“自主运行、自我维护”生产体制要求，做好了由工程建设转生产运营的各项准备工作。2008年11月20日，一期工程超超临界CDM（清洁发展机制）项目获得了国家发展和改革委员会的批准，为芜湖公司发挥机组优势、增发电量、提高效益提供了良好的机遇。2008年完成发电量5.83亿kW·h，综合厂用电率6.24%，上网电量5.49亿kW·h，综合供电煤耗326.84g/(kW·h)。

经营管理上，树立“大经营”理念，建立了营销、燃料、资金三大管理网络，定期召开三大管理网络会议，形成模板化、精细化、经常化的经营管理机制。加快脱硫电价的报批工作，1号机组2008年8月29日脱硫验收取得国家环境保护部的批复，执行电价为0.398元/(kW·h)。开展与淮南矿业的合作，淮南矿业确保芜湖公司每年50%的供煤量（约150万t），使燃料供应有了根本保证。

党的建设、精神文明建设、企业文化建设

开展“讲党性、重品行、作表率”及“对标管理、我为先锋”等主题实践活动，执行党委中心组理论学习制度，设立意见箱、实行总经理接待日、开展员工思想动态分析等，大力实施厂务公开和民主管理，拓宽干部员工谏言献策和实施监督的渠道，提高了领导班子决策的科学性。以构建惩治和预防腐败体系为主线，深入开展“廉洁文化推广年”和“依法经营，廉洁从业”主题教育活动，认真落实党风廉政建设责任制，开展“检企共建”活动，深化反腐倡廉教育，邀请检察院专家进行专题讲座，并组织廉政谈话，提高了党员干部廉洁自律意识，确保了芜湖公司工程优质、干部优秀。开展了“安康杯”竞赛、“庆投产、迎七一”和“增收节支、挖潜增效”合理化建议活动，充分调动了广大干部员工建功立业的积极性。举办“迎奥运、展风采”系列文体活动，丰富了员工文化生活。开展“抗震救灾，爱心捐款”等扶贫救困活动，共捐款15万元，树立了企业良好的社会形象。

华电福建发电有限公司

概况

华电福建发电有限公司（简称华电福建公司）成立于2004年10月25日，注册资本18亿元人民币，是中国华电集团公司的全资子公司。按照华电集团的委托与授权，华电福建公司依法对福建省内全资及参控股单位行使出资人职能和管理职责，并负责华电集团在福建发展战略的实施。华电福建公司本部设总经理工作部、计划发展部、人力资源部、财务资产部、安全生产部、工程建设部、市场营销部、政治工作部、监察审计部等9个部门。截至2008年底，华电福建公司共有全资及参控股管理单位22家，员工总数6498人（其中女性员工1757人），可控装机容量532万kW（水电207万kW、火电325万kW），资产总额172亿元，是福建省内最大的国有发电企业。

领导人员

董事长：辛保安

董事：彭兴宇、杨家朋、黄宪培、黄少雄

监事：李长旭、徐磊

党组成员、总经理：黄宪培

党组书记：黄少雄

党组成员、副总经理：杨富春、李立新

党组成员、副总经理、纪检组组长、工会主席：陈瑞兴

年度工作业绩

2008年，华电福建公司全年完成发电量167.36亿kW·h（含对外转让替代发电量11.36亿kW·h），同比减少4.36%；综合供电煤耗340.74g/(kW·h)，同比下降8.17g/(kW·h)；综合厂用电率4.64%，同比下降0.18个百分点；SO_2排放绩效1.80g/(kW·h)，同比下降0.86g/(kW·h)；实现利润总额-2.79亿元；新投产火电机组120万kW，回购水电机组13万kW。

生产经营管理

抗击冰灾和奥运保电取得重大胜利。2008年初，福建省西北地区遭受了罕见的低温雨雪冰冻灾害的袭击。面对突如其来的灾害，华电福建公司迅速作出反应，果断决策，精心部署。各单位第一时间启动应急预案，加强设备的巡视和维护，及时消除安全隐患，确保电力供应安全可靠。针

对电煤供应紧张的状况，各火电单位想方设法提高电煤库存，全力保障发电用煤需求。在闽北电网濒临解列的危急时刻，福建华电邵武发电有限公司（简称邵武公司）购买下水煤开机保电，确保了闽北八县市的春节用电和鹰厦铁路的安全运行。池潭等山区水电厂孤网运行，确保了周边县乡供电。华电福建公司获得了福建省政府“抗冰保电先进集体”荣誉称号。奥运期间，正值防汛、抗台风、迎峰度夏、电煤供需最为紧张的关键时期，华电福建公司系统上下认真履行责任，把奥运保电作为一项重要的政治任务，各单位加强组织领导，完善保障措施，及时应对突发事件。在煤价持续高位、资金严重短缺的情况下，各火电厂尽最大能力储备电煤，全力做好电力供应保障。在沿海火电厂中，福建华电可门发电有限公司（简称可门公司）储煤最多、工作扎实到位，被福建省政府誉为奥运保电的“定海神针”。各单位坚决贯彻执行省委、省政府和华电集团的工作部署，充分发挥中央企业骨干带头作用，圆满完成了保煤、保电、保安全任务。

安全生产总体平稳。以“隐患治理年”和“无违章创建”活动为主线，扎实开展安全生产星级企业、安全性评价、安全生产百日督查等活动，安全管理基础进一步夯实。强化专业管理和技术监督，规范技改、大修管理，加大对重大设备缺陷的跟踪和协调力度，设备管理不断加强。严格落实“安全第一，常备不懈，以防为主，全力抢险”的要求，扎实有效开展防汛、抗台风及大坝、灰坝安全管理。认真开展节能评价，抓好环保设施运行和节能技术改造，对煤耗、厂用电率等关键指标实施全过程管理，较好地完成了华电集团下达的各项能耗指标。不断完善应急机制和预案，应急管理进一步加强。华电福建公司系统2008年全年累计发生“非停”13次，比华电集团下达的指标减少16次，闽东、池潭、贡川、西门等12家单位实现全年无“非停”；华安、南靖、安砂等6家单位连续安全生产超过3000天；基建安全实现“双零”目标，可门公司连续安全施工1831天；成功抵御了“海鸥”、“凤凰”等台风的袭击，防汛、抗台风工作取得全面胜利。各单位持续保持总体平稳的安全局面，为各项工作的有序开展奠定了坚实的基础。

扭亏、减亏、控亏取得实效。大力抓好电量和电价工作。按照整体利益最大化原则，统筹运作好电量替代，2008年全年共完成替代电量22.69亿kW·h，其中内部替代11.33亿kW·h，外部替代11.36亿kW·h，实现收益约1.8亿元。在海运煤价格大幅上涨、替代收益空间缩小、沿海主力火电厂替代发电意愿大幅下降的情况下，邵武公司完成替代电量10.4亿kW·h，2008年全年减亏7000万元以上。积极争取政府部门的理解和支持，电价调整取得实效，火电单位上网电价提高4.33分/(kW·h)，华安、安砂、池潭等3家水电厂上网电价各上调1.5分/(kW·h)，电价调整全年增加收益2亿元，一定程度上缓解了火电单位煤价上涨增支的压力。科学安排火电、水电营运方式。面对电煤供应紧张和煤价持续高位的不利局面，华电福建公司在全力保障电煤供应的同时，一方面努力提高重点合同煤兑现率，积极争取省内电煤优惠政策，强化燃料内部管理，千方百计降低燃料成本；另一方面按照“一厂一策”分类指导的原则，实施“以煤定电”和“以电定煤”策略，优化发电，减少亏损。精心做好水电经济调度，合理进行洪前预腾库、洪尾拦蓄、汛末回蓄及梯级水能综合利用，大力提高水能利用率。福建棉花滩水电开发有限公司、闽东水电开发有限公司充分发挥水库调蓄功能，节水增发效益明显。在来水偏枯的情况下，按照华电福建公司的统一部署，各水电单位充分挖掘潜力，实现了较好的盈利，为华电福建公司整体控亏发挥了重要作用。认真落实“过紧日子”的要求，大力实施降本增效。公司系统全年费用压缩16%，节约成本6500万元。充分利用好国家政策，争取了财政部流动资金贷款贴息1400多万元。积极争取政府的支持，永安、漳平、邵武公司缓缴水资源费2000多万元。

资金供应和企业信用保障有力、有效。加强现金流量调度管理，做好资金筹集和安排。2008年全年共筹集资金69亿元，保持电费100%回收，有力保障了生产经营、工程建设、项目投资、资产收购等资金需求。对永安、漳平、邵武公司实施现金流在线监控，有效保证电煤资金。积极创新融资方式，综合运用信托贷款、票据结算煤款、应收账款保理、融资租赁等金融工具，资金压力得到有效释放。可门公司在煤电价格严重倒挂、发电亏损的情况下，仍然保证了二期工程建设资金需求，为顺利实现“双投”提供了有力保障。

加强资金集约化管理，加大资金扶持力度，先后化解了邵武、漳平、永安、金湖、高砂、城关、闽兴等单位资金链断裂风险，充分发挥了华电福建公司机关本部“资金救命池”的作用。加强内控管理，巩固“依法经营，遵纪守法”主题实践活动成效，扎实开展效能监察、“一改三查”、专项审计等活动，风险防控得到有效加强。面对邵武公司持续亏损、财务状况恶化及债务风险加剧等问题，争取了解决经营困难的“一揽子”方案和银行债务重组方案，为其持续经营和债务偿还提供了有力保障。

项目发展

严格按照华电集团基建管理要求，科学统筹，稳步推进工程建设。可门二期两台 60 万 kW 机组顺利实现“双投”，各项指标优良。永安、漳平项目有序推进。在建项目均未发生安全事故，实现了可控、在控。周宁水电站工程荣获 2008 年度“国家优质工程”和“中国电力优质工程”荣誉。参股项目福清核电一期两台 100 万 kW 机组正式开工建设，莆田 LNG 电厂首台 35 万 kW 机组顺利投产发电。

坚持发展为第一要义，积极运用改革创新的思路和办法，破解发展中遇到的难题。紧紧抓住“上大压小”机遇，获得政府支持，争取了福州市上百家工业企业小燃油机组和恒发电厂两台 5 万 kW 机组的关停指标，不仅解决了可门 4 号机组的“压小”容量指标，而且落实了恒发电厂三年替代发电指标。提前关停永安、漳平共 60 万 kW 机组，主动“压小”，积极创造“上大”条件。永安改热电联产项目获得了福建省发展改革委的批复，泉州项目前期工作已基本完成。

拓展发展方式，大力推进资产重组。增强对优质水电资产的控制力，成功完成华投股权收购、古田溪二级电站资产回购、福建闽兴水电有限公司股权增持；有效盘活存量资产，顺利进行尤溪流域公司、斑竹公司股权挂牌转让。

改革发展

认真落实《劳动合同法》，规范劳动用工管理。印发规范岗位管理、劳动用工管理和岗位类别划分等管理制度，指导督促各单位开展清理混岗、理顺劳动关系等规范管理整改工作，促进公司系统提高依法用工管理水平。

优化人力资源配置，确保员工队伍稳定。积极探索机组关停企业人员分流安置渠道，2008 年通过公开招聘、定向调配等方式向可门公司、闽东公司、西门公司、棉花滩公司等配置分流 150 名员工。

积极稳妥地推进改制改革工作。制订了华电福建公司基层企业改制重组规划，编写了《华电福建发电有限公司检修管理体制改革方案》、《瑞新集团公司规范管理方案》，有效落实邵武公司经营困难的“一揽子”解决方案。

党的建设、精神文明建设、企业文化建设

认真学习贯彻党的十七大精神，加强党的建设，深入开展党建信息化和提高党员素质等活动，党组织活力进一步增强。加强基层党组织和党员队伍建设，主动融入企业中心工作，党组织政治优势和党员的作用得到充分发挥。认真落实“四突出、四加强”纪检监察工作思路，不断加强廉洁从业、程序化监督等工作，积极推进惩治和预防腐败体系建设。深入开展“四好”领导班子创建和“讲党性、重品行、作表率”活动，做好基层党委、纪委换届工作，组织建设和领导班子建设进一步加强。加强企业法制建设，扎实开展“五五”普法，承办华电集团首届“华电杯”普法知识竞赛。加强企业文化建设，充分发挥工会等群团组织的“桥梁纽带”作用，广泛开展“迎奥运、讲文明、树新风”、“牵手”送温暖、纪念改革开放 30 周年等活动，文明创建活动丰富多彩。踊跃向地震灾区捐款捐物，金额共计 247 万元，以实际行动支援灾区重建。面对国家大事多、要事多、敏感问题多的特殊形势，加强思想政治工作，认真落实稳定责任，及时排查和消除不稳定因素，确保了企业和员工队伍的和谐、稳定。华电福建公司获得了国务院国资委授予的“中央企业思想政治工作先进单位”荣誉称号。

福建华电可门发电有限公司

概况

福建华电可门发电有限公司（简称可门公司）位于具有天然良港之称的福建省福州市连江县可门港区，于 2003 年 9 月 18 日成立，是华电福建发电有限公司的全资子公司。可门公司规划装机容量 540 万 kW，一期工程为 2 台 60 万 kW 机组，

2003年12月开工建设，分别于2006年8月3日和12月4日实现商业运营，标志着中国首批、华电首台超临界燃煤发电机组正式投产；二期工程为2台60万kW机组，2006年8月开工建设，分别于2008年8月23日和11月20日实现商业运营。截至2008年底，可门公司下设总经理工作部、政治工作部（纪检监察部）、人力资源部、计划经营部、财务资产部、生产技术部、安全监察部、工程部、物资供应部、发电运行部、设备维修部等11个部门，在册职工284人。

领导人员

董事长：黄宪培

董事：黄少雄、李立新、陈瑞兴、王世勋

监事会主席：林茂绩

监事：林斌、王凤峨

总经理：王世勋

党委书记：王凤峨

副总经理：仇甜根、纪长久、张帆

纪委书记、工会主席：黄勇峰

总工程师：冯英山

年度业绩

2008年，可门公司完成二期工程基建生产任务。3号、4号机组分别于2008年8月23日和11月20日实现商业运营，为华电集团2008年完成850万kW、福建公司装机容量突破500万kW作出了贡献。同年完成发电量70亿kW·h；综合厂用电率5.66%；综合供电煤耗316.61g/(kW·h)，同比下降0.53g/(kW·h)。环保设施投运率100%，除尘效率99.8%，脱硫效率97%以上，NO_x排放浓度控制在320mg/m^3以内，均优于环评标准和国家标准。

生产经营管理

可门公司以“无违章创建”和“隐患治理年”为主线，努力构建本质安全型企业，实现连续安全生产882天，连续安全施工1831天，创福建电力基建安全生产历史最好纪录。扎实开展防汛、防台风预案演练，成功抵御“海鸥”、“凤凰”等台风的袭击。提高设备健康水平，精心组织1号、2号机组大修，修后的各项技术经济指标均优于修前。1号锅炉热效率由93.25%提高到93.45%，汽轮机效率由46.06%提高到46.57%，发电煤耗下降2.6g/(kW·h)。2号机组可靠性比修前好，经济性有较大提高。

按照保煤、保电、保安全的原则，可门公司尽自己的最大能力储备煤炭，确保了奥运保电、迎峰度夏期间电力正常供应，得到福建省政府的高度赞誉，被誉为奥运保电的“定海神针”。树立价值思维理念，加强电力市场营销，有效开展电价工作，按照“以煤定电”和“以电定煤”的策略，严格把好超边际贡献煤价发电。深入开展对标管理，严把入厂煤质关，加强锅炉燃烧调整工作，优化运行工况，千方百计降低燃料成本，减亏、控亏取得成效。加强与金融机构的合作，多渠道融资，在煤电价格严重倒挂、发电亏损的情况下，仍然确保了生产经营及二期工程建设资金需求。

项目发展

2008年，可门公司基本建设任务是实现3号、4号机组“双投”。可门公司严格按照“优选、精建、严管”的要求，坚持“安全为天、质量为本、敢为人先、效益至上”的基建理念，瞄准高水平达标争创“鲁班”奖的目标，强化“以过程的精品，确保工程精品”的意识，高标准、严要求规范管理，规范施工。面对设备供货滞后，可门公司领导和物资部门不间断地奔赴厂家进行设备催交，保证了设备按时供货。针对循环水泵房开工延迟、水泵房防渗墙地质复杂、施工难度大等影响工期情况，可门公司及时进行科学论证和分析，合理调整工序和方案，采取24h不间断工作，抢回了工期，为实现两台机组“双投”奠定了基础。新机整启期间，可门公司按照高标准启动、高水平移交及调试大纲的要求，精心调试、精心操作，3号、4号机组分别于8月23日、11月20日转入商业运行。在华电集团组织的年度达标投产验收中，3号机组得分率为95.59%，4号机组得分率为94.95%。

党的建设、精神文明建设、企业文化建设

可门公司坚持发挥政治优势，主动融入生产经营中心，发挥管理作用，创新党建和思想政治工作，党组织活力进一步增强，领导干部和党员的作用得到充分发挥。成立了可门公司工会，高标准、高质量地召开了第一次工会会员代表大会暨首届职工代表大会。成功举办了二期工程“双投”文艺晚会，凝聚了人心，展现了可门公司风采。努力改善员工生活环境，重视员工福利待遇，二期值班公寓开工建设，“和园”与“谐园”两个生活区的全体职工统一在新食堂就餐。利用现有空地建设的足球场、篮球场、网球场均投入使用。建立岗位竞聘机制，开展了中层正职、副职、主任、副主任工程师和全员竞聘活动。面对2008年冰冻灾害、煤价暴涨以及经济下行引发的电量锐减等重大挑战，可门公司上下不畏艰难、同舟共济，保持了队伍人心思进、奋发有为的良好风貌。

福建棉花滩水电开发有限公司

概况

福建棉花滩水电开发有限公司（简称棉花滩公司）于1995年11月注册成立，注册资本金达8亿元，由福建省电力有限公司（2003年所持股份划归中国华电集团公司）、福建省投资开发集团有限责任公司、龙岩市水电开发有限公司分别按60%∶22%∶18%的比例出资组建。棉花滩公司集电力资源开发和生产运行管理于一体，公司总装机容量67万kW，下辖棉花滩水电厂（装机容量4×15万kW）和白沙水电厂（装机容量2×3.5万kW）。

棉花滩公司按现代企业制度精简高效原则运作，下设综合管理部、计划发展部、财务部、生产技术部、安全监察部、党群工作部、监察审计部等7个部门。电厂按“无人值班、少人值守”及“建管合一”的模式进行建设管理和生产。公司现有本科及以上学历80人，高级职称14人，中级职称47人。

领导人员

董事长：黄宪培

副董事长：谢荣兴、严金静

董事：黄少雄、杨为城、林茂绩、林毅、肖小民、丁勇明、杨毅平（职工董事）

监事：罗志青、彭锦光、苏永全、苏城远（职工监事）

总经理：杨为城

党委书记：杨毅平

副总经理：丁勇明、马卡安、林福胜

纪委书记、工会主席：詹天津

年度业绩

2008年，棉花滩公司完成发电量17.56亿kW·h；实现售电收入56548万元；实现利润19690万元，超额完成了中国华电集团公司（简称华电集团）下达的目标任务。

生产经营管理

棉花滩公司建立了以安全生产为主的质量监督保证体系和安全监察体系，以安全性评价为平台，构建企业安全文化。加强“两票三制”生产保证体系运作，建立系统有效的设备台账、缺陷管理，设备巡视检查制度和水库调度等制度，实行设备主人责任制，推进和完善标准化管理，实行“检修文件包管理”和“检修项目OK单”制度等。机组在迎峰度夏中发挥了良好的调峰、调频作用，设备各项可靠性指标均达到或超过优秀发电企业要求和并网运行管理考核要求。截至2008年12月31日，实现连续安全生产2821天。

大力开展“三电”工作。棉花滩公司一手抓电量增发、一手抓电价稳定、一手抓电费回收，“三管齐下”，确保“发得多”、“卖得好”、“收得回”。在电量最大化方面，主要从科学调度、降低水耗、洪水资源化、将水文与气象密切结合、在洪水期间机组超出力运行和降厂用电等几方面开展工作，取得很好的效果：2008年，在水库来水总量比上年同比减少11.6%的情况下，实际发电总量却比2007年增加1.27%，节能电量达到8590万kW·h，全年电量超额完成。电价、电费回收工作通过长期艰苦和有效的沟通协调，也取得显著成效：棉花滩水电厂上网电价保持相对稳定；电费回收及时，回收率继续保持100%，连续几年来均未出现陈欠电费。

大力开展对标管理活动，加强资金运作，降本增效。棉花滩公司加强政策研究，用足、用透政策有利面，加大资金运作效率。强化全面计划和预算管理，加强成本控制，通过严、细、实的管理，开源节流并举，科学合理进行资金运作、节约财务费用，实现降本增效，提升经营成果。

项目发展

龙岩核电项目取得重大突破。2008年9月10日，棉花滩公司与龙岩市政府签订了核电开发协议。在各方的大力支持下，前期工作快速推进，已完成厂址踏勘和厂址初选报告编制，完成大件运输专题论证报告的编制，取得了相关支持性文件，明确了承接项目初步可行性研究单位，为加快推进下一步工作奠定了基础。漳州火电项目前期工作取得较大突破，当地政府已将该项目上报福建省发展改革委审核，基本稳固了漳州区内较优良的电源点。区域内优质水电项目吸收工作有序推进。

内部改革

为实现“平安、和谐、效益、发展”的目标，加强科学管理，实现可持续发展，2008 年 9 月，棉花滩公司对管控模式及组织机构进行了优化，进一步明晰了部门职能，优化了工作流程，从而进一步提升了管理水平，提高了工作效率。

党的建设、精神文明建设、企业文化建设

棉花滩公司的党建工作以抓好自身建设和基础管理为重点，改革创新党的建设工作，创建“四好”班子，以制度建设为基础，按照上级党组织的工作部署和要求，加强公司党建工作，充分发挥党委的政治核心作用、党支部的战斗堡垒作用和党员的先锋模范作用。

棉花滩公司进一步提高精神文明单位创建水平，在连续多年荣获华电集团“文明单位标兵”的基础上，按照创建省级文明单位的工作标准，结合棉花滩公司实际，大力开展系列创建活动，取得明显实效。2008 年继续保持“福建省文明单位”荣誉称号。

棉花滩公司提升“平安、和谐、效益、发展”的理念，落实各项企业文化工作部署，以构建“和谐企业”为主题，开展创建“学习创新型企业”的活动，紧紧围绕和谐文化、安全文化、廉洁文化三个重点，丰富和完善具有公司特色、促进和谐、推动发展的企业文化。

闽东水电开发有限公司

概况

闽东水电开发有限公司于 1997 年 3 月在宁德市注册成立，由华电福建发电有限公司、闽东能源投资有限公司和福建省亿力电力（集团）股份有限公司三方股东分别以 51%、29% 和 20% 的股份比例投资组建，主要负责穆阳溪芹山、周宁梯级水电站的开发建设及生产运营工作。

闽东水电开发有限公司所辖有穆阳溪一级芹山水电站和二级周宁水电站，是福建省“九五”、“十五”重点建设项目，总投资 19.3 亿元，总装机容量 32 万 kW，水库总库容 3.14 亿 m^3，设计年发电量 7.6 亿kW·h。其中，一级芹山水电站装机容量为 2×3.5 万 kW，投资 7.3 亿元，两台机组于 2000 年 3 月正式投产发电；二级周宁水电站装机容量为 2×12.5 万 kW，投资 12 亿元，两台机组于 2005 年 4 月正式投产发电。

闽东水电开发有限公司下设综合管理部、党群工作部、计划经营部、财务资产部、生产技术部、安全监察室、周宁运行维修部、芹山运行维修部、水工水务部等 9 个部室。

领导人员

总经理：黄南山

党委书记：罗志伟

副总经理：郭伟文

副总经理：苏宜健

纪委书记、工会代主席：黄森炎

年度业绩

2008 年，完成发电量 7.11 亿kW·h，实现利润 4500 万元，综合厂用电率 0.95%，水能利用提高率 16.6%，电费回收率 100%；全年安全生产无事故。

生产经营管理

1. 抗灾保电作出重要贡献

在 2008 年初持续的低温雨雪冰冻天气中，福建电网两条 500kV 华东电网联络线中断，造成省网孤立运行，闽东水电开发有限公司两级电站成为省网调峰调压、保供电的主力电厂。公司调动一切力量抗灾保电，切实履行国有企业的政治、经济和社会责任，为抗灾保电作贡献。在全国“两会”召开和北京奥运会期间，公司服从省调安排，推迟了周宁电站机组小修时间，为电网顶峰、调峰，确保电力供应安全可靠，圆满完成了保电任务。

2. 安全生产持续提升

以争创“五星级”安全企业为目标，深入开展“无违章创建”活动。周宁运行维修部在安全生产和“无违章创建”活动中表现突出，荣获华电集团“2008 年度安全生产先进集体”和福建公司“无违章车间”称号。周宁电站发电机机架结构稳定性分析与治理科研项目经过项目组成员的共同努力，科研成果荣获华电集团科技进步二等奖，这对于国内解决特高水头、大容量混流式水轮发电机组的相关问题具有极高的价值。公司面对“海鸥”、“凤凰”、“森拉克”、“蔷薇”等强台风的袭击，做到早动员、早布置、早应对，加强沟通汇报，落实防汛规章制度和应急预案，加强水工建筑物的管理，确保了大坝安全运行、可控、在控。成功抵御了第8号强台风“凤凰”的袭击，台风期间两级电站未发生弃水，实现全年安全度汛。2008年2月23日，公司以小机带大机，“周宁电站——大唐电厂”福建电网黑启动试验取得圆满成功，确立了闽东水电开发有限公司周宁电站在防止电网瓦解、崩溃，造成大面积停电时的重要地位和应急能力。2008年，公司被华电集团授予“先进企业”、“安全生产先进单位”，并继续保持了华电集团“优秀发电企业”称号。

3. 经营管理取得成果

面对穆阳溪流域来水偏枯的情况，积极与地方政府和省网调度，充分发挥芹山电站多年调节龙头水库的调节功能，全力优化水能利用，做好两级电站的科学调度，两级电站2008年全年节水总量达到17607万m^3，增发电量10321万kW·h，水能利用提高率16.6%，节水增发效益明显。公司积极组织周宁电站工程创优工作，经过各参建单位的共同努力，周宁电站荣获“国家优质工程奖”和“中国电力优质工程奖”。

4. 管理机制创新取得成效

实现了生产运营管控模式改革后的平稳过渡，各项生产经营管理活动更加规范、有序，为公司安全生产、提高经营业绩打下了坚实的基础，整项改革工作取得成功。

党的建设、精神文明建设、企业文化建设

闽东水电开发有限公司党委坚持融入中心抓党建、抓好党建促发展，充分发挥党委的政治核心作用、党支部的战斗堡垒作用、党员的先锋模范作用和干部的引领示范作用，深入开展“四好”领导班子建设工作，圆满完成了公司党委、纪委换届工作。惩防体系建设扎实开展，保持风正气顺的良好局面。“零和”安全文化荣获“2008年度全国电力行业企业文化成果优秀奖”。公司网站、公司报《高山明珠》，得到了广大读者的好评。2008年，公司继续保持华电集团“文明单位”、“‘四好’领导班子先进集体”荣誉称号；被华电福建公司授予“文明单位标兵”和焦城区“2006~2008年度文明单位”、“四川汶川地震灾区赈灾先进单位”等荣誉称号。华电福建公司党组宁德市直党工委分别授予公司党委“先进党委”、“先进基层党组织”荣誉称号。

福建华电邵武发电有限公司

概况

福建华电邵武发电有限公司（简称邵武公司）前身为福建省邵武电厂，始建于1965年，2000年3月改制为福建闽能邵武发电有限公司，由福建省电力有限公司和福建亿力电力（集团）股份有限公司（简称亿力公司）分别按照60%、40%的股份比例共同出资组建，成为福建省第一家公司制改革的火电企业。

2002年底，国家电力体制改革，邵武公司划归中国华电集团公司（简称华电集团），并于2003年8月更名为“福建华电邵武发电有限公司”。邵武公司装机规模为2台12.5万kW燃煤发电机组，分别于1998年3月和1998年9月投产发电。公司下设总经理工作部、企管部、人力资源部、财经部、生技部、安保部、物资供应部、政工部、工会工作部、监察审计部、综合产业部、发电部、检修部、燃料部等14个部门。截至2008年底，邵武公司在册员工368人，其中专科以上学历175人，占员工总数的48%；中级职称37人，占员工总数的10%；高级职称10人，占员工总数的3%。

领导人员

董事长：杨富春

董事：陈瑞兴、林文彪、曾立裘、王志勇、黄根发、谢一工、王传桂

监事召集人：罗志青

监事：田晓枫

总经理：王志勇

党委书记：黄根发

副总经理：蔡明贵、卢功庆

纪委书记兼工会主席：许炎松

总工程师：徐建兵

年度业绩

2008年，邵武公司完成电量14.34亿kW·h，其中自发电量4.72亿kW·h，置换电量9.62亿kW·h。受煤价大幅飙升、置换电量边际利润大幅下降、抗冰保电多支出2926万元的成本以及财务费用增加等因素的影响，公司当年亏损6090万元。

生产经营管理

2008年初，闽北遭受50年不遇的持续低温雨雪冰冻灾害袭击，邵武公司作为闽北唯一的火电

厂，积极履行社会责任，动员一切资源和力量抗冰保电，2台12.5万kW机组安全稳定运行，保证了闽北8个县市春节期间的用电及鹰厦电气化铁路的电源供应。邵武公司的抗冰保电工作得到了华电集团及福建省政府的高度赞扬。

2008年6月26日，福建省经济贸易委员会和福建省物价局联合下发了《关于印发福建华电邵武发电有限公司机组作为省电网应急备用电源实施方案的通知》（闽经贸能源［2008］393号，简称393号文），明确邵武公司2台12.5万kW机组作为福建省电网应急备用电源运营至2018年。

邵武公司围绕应急备用电源定位，调整经营策略，在履行好“应急”职责的同时，积极制定并实施贯彻落实“393号文”，努力减亏、控亏。一是经营管理方面。加强电力市场营销，力争电量置换总量最大化，减少自发电量，确保交易结算电价，2008年全年转让替代实现收益7912万元，未转让替代发电量指标结转至2009年，2008年7月1日、9月1日两次实现电价上调。做好融资和现金流管控工作，与中国建设银行股份有限公司邵武支行达成4年期还本免息债务重组协议，减轻资金压力并实现了3000万元的免息，最大限度地降低了资金成本，化解了现金流中断危机。全面开展对标管理，深入挖潜增效，将对标工作融入预算管理，最大限度地实现可控成本的压缩；开展“对标创优”竞赛活动，优化机组运行方式；加强沟通，寻求理解和支持，实现缓缴水资源费和部分税费的免缴、缓缴或延期缴纳。二是安全生产方面。遵循应急发电原则，编制《机组应急备用保养防腐实施细则》，保证了设备健康和具备随时开机的条件，初步形成了全面、全员、全过程抓安全生产的态势和持续改善的长效机制。2008年，应急备用机组已成功应急启动4次，均能满足电网要求，做到“应发必发、发必发好”。截至2008年12月31日，企业实现连续安全生产4210天，邵武公司被评为华电集团“安全生产先进单位”。三是燃料管理方面。在保证供应的基础上，想方设法提高煤质，控制煤价，降低热值差，努力降低燃料成本，在四川汶川地震、北京奥运会、残奥会等特殊敏感时期，确保了电煤供应，未出现缺煤停机。四是人力资源管理方面。积极探索建立与企业生存发展相适应的人力资源管理机制，根据生产实际，认真开展新一轮“三定”（定编、定岗、定员）工作，运行值班方式改“五班四运转”为“四班三运转”，压缩合并管理人员职数及岗位，减少劳动用工总数；积极开展有针对性的业务培训、演练，提高人员素质，满足应急备用发电生产经营的要求。

党的建设、精神文明建设、企业文化建设

充分发挥企业党委的政治核心作用、党支部的战斗堡垒作用、领导干部的模范带头作用和党员的先锋模范作用，深入开展“四好”班子创建，坚持“三会一课”制度和开展“红旗党支部”竞赛，创新推出党员“一带三”活动，强化党员“五个必须”的要求，充分发挥党员在确保“四个安全”中的先锋模范作用，促进企业党建工作的深入展开，公司党委被华电福建发电有限公司党组授予“先进党委”荣誉称号。认真落实党风廉政建设责任制，推行“做人廉为首，做事廉为先”的廉洁理念，坚持设立中层及以上干部“廉洁自律笔记卡”，创新开展党风廉政建设危险点分析预控活动，深入、持续地推动党风廉政建设。

强化思想引导和宣传工作，把握正确的舆论导向，围绕企业工作中心，在员工中开展“领会精神谋策略，共克时艰求发展”主题实践活动和“集智·举力·献策”专题合理化建议等活动，引导员工坚定信心、转变观念、共同谋求企业的经营和发展。同时，积极倡导文明新风，共筑社会和谐，通过座谈会、知识竞赛、图片展览、职工运动会等多种形式，深入开展学习贯彻党的十七大精神、纪念改革开放30周年、迎奥运等宣传教育活动，提高员工的思想道德修养。积极开展“心系灾区，共渡难关”的爱心捐款活动和抗震救灾“特殊党费”的交纳活动，共向灾区捐款5万元，交纳“特殊党费”2.19万元。

深入学习贯彻华电集团企业文化体系《华电宪章》，结合企业实际，提炼形成以“和衷共济，创新超越”为企业精神、“以人为本，员企共赢，奉献社会”为企业价值观等十大企业文化理念体系，编制企业文化理念手册，完善企业文化长廊，企业价值理念得到更广泛的认同。2008年，公司被授予“华电福建发电有限公司文明单位”荣誉称号，并顺利通过了“第十届省级文明单位”的验收。

福建华电漳平火电有限公司

（福建华电漳平发电有限公司）

概述

福建华电漳平火电有限公司（简称漳平火电公司）成立于1986年8月4日，装机容量为2×10万kW，福建华电漳平电厂龙岩分厂装机容量为2×1.2万kW（已于2007年1月1日正式关停），2008年11月30日，根据国家“节能减排、上大压小”政策要求，漳平火电公司2台10万kW机组关停。福建华电漳平发电有限公司（简称漳平发电公司）为闽港合作企业，装机容量为2×10万kW，1992年11月6日注册成立，1994年11月7日正式进入商业运行。2008年12月23日，根据国家“节能减排、上大压小”政策要求，漳平发电公司2台10万kW机组关停。

漳平火电公司下设总工室、总经理工作部、财务部、人力资源部、生产营运部、安全监察部、项目部、工会、政工部、监察部、审计部、发电部、燃料部、维修部、综合产业监管委员会、综合产业财务部等16个部室。漳平发电公司的日常经营管理和行政管理工作由漳平火电公司负责，除专设财务部、生产部、办公室外，其他机构均不设立。截至2008年12月31日，在册全民职工总人数为1170人，其中漳平火电公司884人（含漳平发电公司定员315人），龙岩分厂286人。研究生学历4人；大学本科学历158人，约占总人数的14%；大专文化程度300人，约占总人数的26%。现有各类专业技术人员303人，高级职称13人，中级职称100人，初级职称190人。经技能鉴定确认的高级技师4人，技师38人，高级工307人。

领导人员

1. 福建华电漳平火电有限公司

董事长：黄宪培（法定代表人）

董事：李立新、罗文辉

监事会主席：罗志青

监事：黄春喜、付春红

总经理：罗文辉

党委书记：郑志泰

副总经理：吕碧辉、邱国华、郑志文、黄文洪

纪检书记、工会主席：黄春喜

总会计师：吴瑞琴

2. 福建华电漳平发电有限公司

董事长：黄宪培（法定代表人）

副董事长：黄友嘉

董事：李立新、林茂绩、罗文辉

总经理：罗文辉

年度业绩

2008年，受全网电力需求下降影响及煤炭价格大幅攀升等因素影响，经营亏损。全年累计发电量124557.6万kW·h，同比减少24.31%，其中漳平火电公司发电39300.32万kW·h，漳平发电公司发电85257.28万kW·h。综合供电标准煤耗：漳平火电公司累计完成423.13g/(kW·h)，同比减少1.62g/(kW·h)；漳平发电公司累计完成424.69g/(kW·h)，同比减少2.03g/(kW·h)。发电油耗：漳平火电公司累计完成3.46g/(kW·h)，同比减少1.16g/(kW·h)；漳平发电公司累计完成2.48g/(kW·h)，同比减少2.0g/(kW·h)。全年完成利润-2120.28万元，其中漳平火电公司完成利润-2103.45万元，漳平发电公司完成利润-16.83万元。

生产经营管理

2008年是推进华电集团做强、做大、做好，推进福建公司“保六争八”发展目标的重要一年，也是漳平火电公司改革、创新、发展的关键之年。漳平火电公司围绕“3381”工作思路，坚持以“三大责任”、“四大安全”为要务，围绕经营任务、基建任务、政治任务，以对标管理为核心、以改革创新为动力、以提高人员素质为保障，进一步解放思想、统一认识、负重拼搏，全力推进公司各项工作，在严峻的形势下取得了较好的经营成果，各项工作取得较大进展。

安全生产上，漳平火电公司以创五星级安全企业为目标，不断筑牢安全基础，截至2008年12月31日，实现连续安全生产4362天，创建厂以来最高安全纪录。完善了42个安全管理规章制度，制定了“无违章车间”、“无违章班组”考评办法，将反违章安全网横到边、纵到底分散到两头，撒向公司的每个角落；加强专项检查，落实各项整改，形成闭环管理。漳平火电公司总计下达整改项目407项，已完成整改项目285项；同时，加强设备技术监督，加大设备整治力度，进一步构建

严密有效的安全防范体系。

经营管理上，全力做好保煤、保电工作，扎实开展“对标管理年”活动，千方百计降低成本，挖潜增效。用足政策，多方沟通，取得了新罗、永定、漳平三地政府的煤炭补贴5000多万元，大大降低了公司的燃料采购成本；建立相关的指标体系、奖惩机制和“对照先进、查错纠弊、持续改善、不断超越”的长效工作机制，通过对标进一步提升了公司的盈利能力；加强预算刚性，对各项费用支出严格按预算执行，合理控制各项费用支出，努力降低经营管理成本；强化节能降耗，重视锅炉燃烧调整，全面推进少油助燃工作。

项目发展

在上级部门的直接领导下和各级政府的关心支持下，漳平火电公司2×30万kW机组“上大压小”工程前期工作和施工准备工作取得了较大进展。2008年完成了项目核准所需的全部支持性文件，核准报告书递交国家发展改革委。施工建设安全有序，认真履行“四控一协调”，做好施工准备、安全文明、质量工艺和创优“四个策划”。截至2008年底，零米以下基础工程建设基本完成，三大主机及前三批主要辅机招标工作已完成并签订了合同。严格预算计划管理，并根据工程进度合理安排资金，有效地控制好工程造价，项目累计完成总投资2.3亿元。

内部改革

2008年，漳平火电公司加强人力资源管理，理顺劳动用工关系，以满足公司人才需求为导向，通过创新人才管理机制，增强企业的活力和竞争力。加快人才培养，为公司发展提供可靠的人力资源保障，并积极做好“上大压小”机组关停后人员的分流安置方案。

积极、稳妥地推进各项机制、体制改革，创新企业人才管理。漳平火电公司制定并出台了《福建华电漳平火电有限公司非在岗人员管理办法》及《福建华电漳平火电有限公司特殊长假人员管理办法》，为老机组关停后的人员分流做准备；加强干部管理，建立干部能上能下的管理机制，出台了《福建华电漳平火电有限公司中层干部管理补充规定》；深化分配机制和用工机制改革，进一步规范劳动用工管理、规避劳动用工风险；积极推进机构改革和人力资源整合，撤销了保卫部和企管部，将其职责划分至别的职能部室，整合资源，提升机关工作效能。

加强人才队伍建设。漳平火电公司以企业发展战略为统领，突出能力建设，加强人才培养。一是突出抓“四好”领导班子建设，加强各级领导干部的管理能力培养；二是加强岗位技能训练，提升员工素质；三是加快2×30万kW机组工程项目生产准备人员的培训，为公司发展提供可靠的人力资源保障。

党的建设、精神文明建设、企业文化建设

漳平火电公司加强领导干部的队伍建设及支部工作标准化建设，提升党建工作效能；开展了“与奥运同行”、“心系灾区”等主题实践活动，激发和增强了员工的爱国、爱党、爱企、爱岗情感；完善构建惩防体系，促进党风廉政建设工作向纵深推进。

漳平火电公司以申报福建省第十届文明单位为契机，以开展“与奥运同行、树文明新风”系列活动为载体，强化文明创建活动。2008年底顺利通过了“福建省文明单位”的验收考评。

漳平火电公司制订并实施了《漳平火电公司2008～2012年企业文化建设规划》，大力宣贯华电集团企业文化理念，开展企业文化品牌名称征集活动，进一步完善漳电企业文化体系，初步确立了漳电“三环”文化品牌。2008年，漳平火电公司荣获“中国电力行业企业文化软实力十佳品牌企业”称号，通过了“福建省企业文化建设示范单位”的验收考评。

福建华电永安发电有限公司

概况

福建华电永安发电有限公司（简称永安公司）位于福建省永安市东北郊兴平村，前身为福建永安火电厂，2007年9月24日，该厂由内核电厂改制为有限公司，更名为“福建华电永安发电有限公司”。公司原有装机容量35万kW，分别为2台2.5万kW机组，2台5万kW机组，2台10万kW机组。其中，一期机组退役后实施热电联产改造，并于2002年12月有偿转让，由永安亿力热电有限公司经营；二期机组于2005年1月1日起，至2007年12月31日由厦门瑞新投资有限公司租赁经营，2008年1月1日起由永安公司自营。2005年8月24日，两台机组停运，并分别于2006年8

月、2007年10月与电网解列，两台机组与电网连接的设备于2007年10月全部拆除；2002年12月29日，三期机组划归中国华电集团公司（简称集团公司）；2008年11月，2台10万kW机组与电网解列，正式停运。

截至2008年底，永安公司在册员工为1092人（不包括离退休员工363人）。其中，大学本科学历99人，占总人数的9.1%；大专学历215人，占总人数的19.7%；各类专业技术人员312人，其中高级职称17人，中级职称113人，初级职称182人。经技能鉴定确认的高级技师26人，技师140人，高级工241人。

2008年初，永安公司直面急剧变化的电煤市场，深入分析研究国家政策和经济发展形势，积极谋求科学发展良策，领导班子经过审慎研究讨论，提出了“发展热电联产、壮大检修业务、介入煤炭产业”三大战略。同时，继续推进2×30万kW“上大压小”项目核准前期工作。

领导人员

董事长：黄宪培

董事：李立新

监事会主席：罗志青

监事：陈承鉴、骆顺花

总经理：黄彪斌

党委书记：蔡美煌

副总经理：姜庆全、沈家铨、陈群

工会主席兼纪委书记：陈承鉴

年度业绩

2008年，永安公司全年发电量完成6.01亿kW·h，同比下降17.63%，完成华电福建发电有限公司（简称福建公司）下达自发电指标8.6亿kW·h的69.88%；替代电量交易完成6.086亿kW·h，完成福建公司下达替代发电量指标8亿kW·h的76.13%，其中，5号、6号机组替代电量交易完成2.476亿kW·h，3号、4号机组替代电量交易完成3.61亿kW·h；供电煤耗完成423.51g/(kW·h)，同比下降2.49g/(kW·h)；发电油耗率完成2.38g/(kW·h)，同比下降1.13g/(kW·h)；厂用电率完成9.57%，同比上升1.05%。

2008年，永安公司面对的经营形势十分严峻，公司全力扭亏、减亏，完成了福建公司下达的经营利润目标，电费回收率达100%；至年末连续安全生产3739天，创历史最高纪录。

2008年，永安公司荣获“中国电力行业企业文化软实力示范基地”、“中国华电集团公司第一届‘华电杯’华南赛区普法知识竞赛优秀奖”、“福建公司先进党委”、“永安市先进党委”等称号，继续保持了“福建省文明单位”、“福建省思想政治工作优秀企业”称号。

生产经营管理

积极推进安全生产对标工作，全面开展“安全生产百日督查”、“无违章创建”活动，认真落实迎逢度夏和奥运保电方案，千方百计保煤、保电、保供热。成立基建工程安全委员会，建立安全管理制度，确保2×30万kW“上大压小”项目前期安全管理步入正轨。

开展“对标管理年”活动，采取各种措施，全方位加强经营管理，全力扭亏、控亏。重点开展了生产指标对标管理，发电煤耗完成382.99g/(kW·h)，油耗完成2.38g/(kW·h)，创历史最好水平，其中6号锅炉关停前实现了全脱油燃烧。加强“三电”工作，根据市场实际情况，及时调整发电策略，积极推动置换电量，减轻了经营压力。抓好“四煤”工作，积极应对市场变化，统筹协调煤炭调运，优化采购策略和进煤结构，努力提高煤质，尽最大努力控制煤价。同时，继续强化设备泄漏的综合治理工作，采取切实可行的措施。2008年3月，通过了福建公司组织的“无泄漏工厂”的复查，继续保持了“无泄漏电厂”称号。强化资金管理，以厉行节约、成本控制为原则，压缩“三项”费用，严格控制材料和大修费用。

项目发展

2008年1月，永安公司2×30万kW“上大压小”项目可行性研究已收口，同时将纯凝机组变更为热电机组。2008年11月27日，5号、6号机组正式停运，待国家能源局关停核查组进行关停确认。项目核准申请报告分别由福建省发展改革委及集团公司上报国家发展改革委。施工准备工作全面铺开，按照集团公司“安、快、好、省、廉”和“三达标”的工程建设要求，克服建设资金困难的影响，围绕“四控、两管、一协调”，落实工程现场进度、优化工程设计、招投标及合同管理、安全文明施工管理、质量工艺管理、达标创优策划、基建对标管理及工程“质量提高年”

活动，取得较大进展。工程投资额完成2.64亿元。

内部改革

根据集团公司《中国华电集团公司常规火力发电厂劳动定员标准》和福建公司《关于进一步规范岗位管理的通知》的要求及永安公司生产经营、项目发展的需要，以建立现代企业制度为目标，针对公司原有机构设置中存在的问题，对机构设置进行改革调整，力求建立组织扁平、机构精简、职责明晰、运转协调的组织管理体系。2008年10月，完成永安公司组织机构调整方案。调整前，组织机构设置16个部门，其中设置11个职能部室：总经理工作部、党委工作部、人力资源部、财经部、生产管理部、营销部、安监室、经营发展部、综合管理部、保卫部、工会办（含离退办），3个生产部门：检修部、发电部、燃料部，1个“上大压小”工程项目部；调整后，组织机构设置14个部门，其中设置10个职能部室：总经理工作部、财经部、安全监察室、生产管理部、人力资源部、综合产业部、党委工作部（含纪检监察室、团委）、保卫部、物资部、工会办（含离退办），2个生产部门：检修部、发电部，1个“上大压小”工程项目部，1个生产准备部。

同时，结合公司组织机构调整，本着“德才兼备、以德为先、民主公开、竞争择优”的原则，在公司范围内进行中层管理岗位的公开竞聘，提高干部队伍素质，增强干部队伍活力。机构调整后，中层职数由原来的55人减为43人，下降22%。主业中层管理岗位共设31个，其中正科级岗位23个，副科级岗位8个；向综合产业推荐设置中层管理岗位12个，其中正科级岗位9个，副科级岗位3个。为稳步推进永安公司机构改革，同步制订了《退出中层管理岗位的干部有关管理办法》。

党的建设、精神文明建设、企业文化建设

加强“四好”领导班子长效机制建设，全面贯彻落实“三重一大”制度，党政领导班子双向参与、集体研究讨论企业生产经营、改革发展、干部任免、党建文明等重大事项，充分发挥领导班子的整体功能。紧紧围绕企业三大战略思考，深入开展“我为项目发展做什么”大讨论活动，组织员工自觉立足岗位，为项目发展作奉献；编印《永安市集中供热服务指南》，进一步培育和壮大供热市场；广泛开展“我的对标故事”征文活动，宣传和展示广大干部员工在对标管理年活动中的艰辛努力和聪明才智，充分发动和依靠广大干部员工。认真贯彻落实《2006～2008年企业文化建设规划》，以《华电宪章》为统领，以和谐文化、安全文化、经营文化、廉洁文化、执行文化、创新文化为重点，结合企业形势变化进一步丰富完善“圆”式文化体系建设。结合学习、宣贯《华电宪章》企业文化知识竞赛活动，组织开展敬业明星、安全明星、节能明星、创新明星、道德明星等“五星”活动。在2008年电煤严重倒挂、煤炭供应异常紧张的情况下，出色地完成了抗冰保电、抗震救灾、迎奥维稳和迎峰度夏等各重要时期的进煤保电任务。2008年，永安公司蝉联“福建公司先进党委”、“永安市先进党委”及“中国电力行业企业文化软实力示范基地”荣誉称号，继续保持了“福建省思想政治工作优秀企业”称号。

福建省古田溪水力发电厂

概况

福建省古田溪水力发电厂（简称古田溪水力发电厂）位于古田县东郊5km处的半坑亭，是华电福建发电有限公司的内部核算企业。古田溪水力发电厂总装机容量为14.6万kW，由一级、三级、四级3个梯级电站组成，在福建电网中担负着调峰、调频、调压和事故备用任务。其中，一级电站地下厂房一期主体工程是国家第一个五年计划重点工程，该工程于1951年3月开工，1956年3月第一台机组投产发电，1973年12月，各梯级电站机组全部投产。

古田溪水力发电厂下设厂长工作部、政工部、财务与资产管理部、人力资源部、安监部、监察部、生产部、计划发展部、离退休管理部、多种产业部、运行部、维修部、调度部等13个部室（车间）。截至2008年底，古田溪水力发电厂在册职工总数为625人。其中，研究生4人，大学本科学历98人，大专文化程度207人；现有各类专业技术人员255人，其中高级职称12人，中级职称83人，初级职称160人；高级技师9人，技师72人，高级工152人。

领导人员

厂长：叶开云

党委书记：叶子国

副厂长：林自标、兰石发

纪委书记兼工会主席：谢立辉

年度业绩

2008 年，古田溪水力发电厂累计完成发电量 4.7757 亿 kW·h，完成财务预算调整后 4.6 亿 kW·h的 102.17%；累计上网电量 47044.13 万 kW·h，同比下降 1.47%；全厂累计发电设备平均利用小时为 3271.03h，同比下降 1.57%；实现销售收入 8229.82 万元，其他业务利润 962.77 万元；完成年度考核利润 205.23 万元，同比增长 221.03%；集体资产保值、增值率达 103%。

2008 年实现 4 个安全生产百日，连续安全生产 928 天；等效可用系数为 96.02%；等效强迫停运系数为 0%，非计划停运次数为 1 次；主辅设备完好率达 100%，保持设备完好率 100%，自动装置及继电保护装置投入率均达到 100%，线路保护动作正确率为 100%。防汛设备、设施完好率为 100%，大坝安全监测设施完好率达 99.6%。

生产经营管理

扎实开展创建安全生产星级企业活动，进一步完善安全生产技术保障体系、监控体系、制度体系、安全性评价体系及责任体系。从现场规范化管理抓起，努力建设本质安全型企业。先后制定并实施了《2008 年度安全生产目标管理》、《交通车辆管理规定》、《无违章创建工作实施细则》、《安全生产星级企业评价实施细则》等，规范安全生产管理工作，形成安全生产工作的约束机制。年内根据省公司下达的年度技改、大修理计划，全厂共分解下达 3 批技改、大修理项目 47 项，其中重点技改项目 2 项，分别为古田溪 110kV 联一至联四线改造及四级 1 号机组更新改造工程，均为跨年度实施项目。截至 2008 年 12 月 31 日，110kV 联络线已完成联一线、联三线及联四线的改造，四级 1 号机组更新改造工程已进入新机组进场安装阶段。

以企业经济效益为中心，在全厂范围内开展“对标管理年”活动，提出“确定一个目标、建设一个体系、创建四个团队、开展四种分析”的“1144”总体要求，建立全厂对标指标体系，并收集近 10 年指标体系指标值，同时根据上级主管部门的要求初步建立 2008～2010 年指标体系的标杆值。继续加强成本过程控制，将 2008 年全年费用节约目标作为各部门的成本控制目标，将成本中的材料费、可控管理费等各项指标分解至各部门，并进一步分解为人员额，建立人均一般管理费用对标小体系。三项费用比省公司调整后的目标节约 12%。

内部改革

2008 年，对机关相关部室职能进行了优化配置，撤销生产运营部，成立生产部和计划发展部；先后对生运部、政工部、人资部、监察部、调度部、运行部等部门的管理职能进行了调整；对部分岗位进行合并，较好地理顺了部门的职能；进一步明确管理界面，提高了工作效率。

党的建设、精神文明建设、企业文化建设

以创建福建省第十届文明单位和集团公司文明单位为契机，将文明单位创建工作纳入企业发展战略的总体目标，健全评价考核体系，确保文明创建的各项工作落到实处。年内完成了党委、纪委和工会的换届工作。以党风廉政建设责任制为抓手，积极推行常态效能监察和监督程序化工作，培育具有古电特色的廉洁文化核心价值理念，稳步构建教育、制度、监督并重的惩治和预防腐败体系。

积极响应集团公司和福建省公司党组的号召，发扬“一方有难、八方支援”的精神，支援四川汶川地震灾区的抗震救灾工作，发动全厂干部职工捐款近 18 万元，发动全厂党员交纳“特殊党费”2.1 万元，发动全厂团员青年为“扬起希望——汶川地震专项救助基金”捐款 0.47 万元。以创建福建省企业文化示范基地为契机，修订了企业文化实施方案、和谐文化建设方案。在《华电宪章》的总体框架内，继续深入推进“和”文化子体系运作。年内承办了集团公司第一届“华电杯”普法知识竞赛，引起较好反响。

福建省安砂水力发电厂

概况

福建省安砂水力发电厂（简称安砂电厂）位于福建省永安市安砂镇，是华电福建发电有限公司（简称华电福建公司）全资内部核算企业。安砂电厂装机容量为 11.5 万 kW，1975 年 10 月第一台机组投产发电，1978 年 10 月第三台机组投产发电，同年 12 月通过竣工验收。2008 年下半年，根据集团公司和华电福建公司有关文件通知，安砂电厂进行企业改制工作，由原独立法人单位改制为华电福建公司的分公司。2008 年 12 月 31 日，经永安市工商行政管理局核准，改制后企业全称为华电福建发电有限公司安砂水力发电厂。

安砂电厂下设厂长工作部、人力资源部、财务部、计划部、政治工作部、监察室、生产技术部、安监部、发电部、水库调度中心等 11 个部门。截至 2008 年底，全厂在册职工 301 人，其中大学本科 80 人；大专 112 人，占总人数的 63.8%；高中级职称 44 人，初级职称 90 人；高级技师 5 人，技师 19 人，高级工 70 人。

领导人员

厂长：陈炳达

党委书记：陈文新

副厂长：陈盛玉、蔡毅平

纪委书记兼工会主席：方坤泉

年度业绩

2008 年，安砂电厂完成发电量 4.86 亿 kW·h、上网电量 4.80 亿 kW·h，实现销售收入 6875.69 万元、利润 1784.99 万元。

生产经营管理

以“安全隐患排查”和“无违章创建”为主线，倡导“安全在于规范，规范在于落实，落实在于细节”的工作理念。狠抓设备管理，自主开发《定期工作闭环管理系统》，现场“三漏”治理工作取得进展，获华电福建公司“无泄漏电厂”称号；开展“安全隐患排查”活动，更换部分运行 30 多年的老旧设备，发现各类缺陷 270 条，处理及时率达 100%；深化“无违章创建”活动，每季度对部门、班组进行检查和考核；实施“3 号机组规范性大修”解说片全过程拍摄，解决新老人员交替而出现的技术断层问题。截至 2008 年 12 月 31 日，实现连续安全生产 4350 天，创历史最高纪录。

经营管理上，坚持开源、节流并举。利用煤电联动政策，电价工作取得进展，2008 年 7 月 1 日起，上网电价调增 0.015 元/(kW·h)。重视节水增发电措施的落实，年度水能利用提高率达 20.7%，年增发电量 8345 万 kW·h。开展对标管理、对标效能监察活动；加强成本控制，实现年度三项费用在年初预算的基础上压缩 10%。规范劳动用工管理，创新人才激励机制，出台《生产部门员工岗位浮动晋级管理办法（试行）》。

党的建设、精神文明建设、企业文化建设

从创建“四好”领导班子和提高党员素质着手，落实《领导班子下基层调研制度》，启动“党委中心组成员每年精读一本书、作一次专题发言、写一篇理论文章”专项活动。开展“讲党性、重品行、作表率”和“党员对标管理、素质登高计划”活动，推行支部党课观摩、党风廉政监督员群众聘任制。围绕“一主线、四突出、四着力”，加强党风廉政建设，即以企业中心任务为主线，突出党风廉政建设，着力加强党员干部的廉洁自律；突出廉洁文化建设，着力加强廉洁从业教育；突出危险点预控，着力加强预防和监督机制建设；突出对标效能监察，着力加强服务企业中心功能。

开展以“创建文明单位、文明班组、文明家庭，争做文明职工”活动为主线的职工素质工程，定期组织职工代表巡视安全生产和综合产业发展。组织“心系灾区、共渡难关”献爱心捐款与交纳特殊党费、特殊团费活动。精心办好“一报、一网、一屏”，编印《“5S”管理手册》，开展廉洁文化“进班子、进厂区、进岗位、进家庭”的“四进”工程活动，组织“安全家书征集”、“安全知识竞赛”，努力打造“整洁有序、规范高效”的“5S”文化、“清廉从业、恪尽职守”的廉洁文化和“珍惜自己、关爱他人”的安全文化。2008 年，继续保持集团公司“文明单位”称号，荣获华电福建公司“文明单位（标兵）”荣誉称号。

福建省池潭水力发电厂

概况

福建省池潭水力发电厂（简称池潭水电厂）位于福建省三明市泰宁县境内，是闽江干流金溪支流的龙头水电厂，也是中国华电集团公司（简称集团公司）全资内部核算企业。池潭水电厂装机容量为 10 万 kW（2×5 万 kW），分别于 1980 年 5 月、10 月建成投产，电厂以发电为主，兼有防洪、灌溉等重要功能，多年平均发电量为 5.0 亿 kW·h。池潭水电厂水库属福建省富屯溪水系，为闽江源头。坝址控制流域面积为 4766km^2，占金溪流域面积的 66%。水库正常高水位为 275m，汛后回蓄水位 276m，相应库容达 7.35 亿 m^3，为不完全年调节水库。

池潭水电厂下设厂长工作部、人力资源部、党群工作部、监察审计部、财务资产部、生产技术部、安全监察部、发电部、检修维护部、金溪流域水库调度中心、扩建项目部、池电发展总公司等12个部门。截至2008年底，池潭水电厂职工总数为265人。大专及以上学历158人，其中硕士研究生1人，研究生1人，硕士生3人，本科77人；各类专业技术人员139人，其中高级职称9人，中级职称54人，初级职称76人；高级技师3人，技师12人，高级工12人。

领导人员

厂长：黄金其

党委书记：徐瑞平

副厂长：杨炳良、魏成伟

纪委书记、工会主席：李业全

年度业绩

2008年，池潭水电厂完成发电量4.8亿kW·h、上网电量4.75亿kW·h，实现销售收入6776万元、利润1996万元。

生产经营管理

坚持“安全第一、预防为主、综合治理”的电力安全生产方针，落实全员安全责任制，实施水电厂标准化和全过程安全管理，完善并坚持行之有效的安全规章制度。深入开展隐患治理、安全百日督查，设备得到较好整治。大力开展“无违章创建”活动，充分发挥三级安全网作用，采用安全监察值日、现场走动式的安全监察管理方式，坚持不懈、深入开展反违章工作，使违章现象得到了遏制。圆满完成了抗击“冰雪”灾害、“两会”及奥运期间的安全生产和保电任务。2008年全年未发生非计划停运、障碍及以上事故，安全生产基本保持平稳态势。

深入开展成本控制、节能降耗等指标的对标管理，全年厂用电率同比下降0.03个百分点，综合厂用电率同比下降0.12个百分点，三项费用同比减少15%。水量利用率接近100%，水能利用提高率11.09%，节水增发电量4793万kW·h。2008年7月1日，池潭水电厂上网电价上调15元/(千kW·h)，调整后上网电价为170元/(千kW·h)。

项目发展

经过努力，池潭水电厂1台5万kW扩建项目前期获福建省政府特批后，先后取得防洪规划同意书、流域规划同意书、安全预评价三个批文和水资源论证报告通过审查。因政策等因素，2008年7月，池潭水电厂1×5万kW扩建项目进行暂缓。

党的建设、精神文明建设、企业文化建设

深入开展党员干部“强核心、固堡垒、全面提升基层党组织标准化建设水平”活动，扎实做好党委、纪委换届工作，顺利召开第七次党员大会。开展系列主题活动纪念建党87周年和改革开放30周年。

开展“迎奥运、讲文明、树新风”系列健身活动，成功承办了华电福建公司羽毛球比赛，在华电福建公司举办的气、排球比赛中获得了第一名，展示了企业的良好形象，提升了企业的凝聚力。

初步提炼出了包含“安全文化、廉洁文化、制度文化”等内容的“山水”文化理念，逐渐打造出体现企业时代精神的“山水”文化品牌。2008年5月，创办厂刊《池电山水》。四川汶川地震发生后，全厂职工、党员、团员共657人次向灾区捐款及交纳特殊党、团费11万多元，以实际行动支援灾区重建。

中国华电集团福建华安水力发电厂

概况

中国华电集团福建华安水力发电厂（简称华安电厂）成立于1971年1月，厂址位于九龙江北溪中游华安县境内。华安电厂装机容量为4×1.5万kW，于1971年开工建设，1979年10月1日全部建成投产，电厂库容520万m^3，库区流域面积6880km^2，属不完全日调节水库，引水系统由明渠、暗涵、无压洞、有压洞、渡槽等组成，全长8.92km，平均年发电量3.6亿kW·h，设备平均年利用小时约6000h。

华安电厂下设综合管理部（含办公室、人资部、信息中心）、策划营销部、财务与资产管理部、党群工作部、安全监察部、生产技术部、发电部、检修部、扩建项目公司、电力发展公司等10个部室。截至2008年底，该厂在册职工306人（含集体工20人）。其中，大学本科及以上学历71人，约占总人数的23%；大专文化程度98人，约占总人数的32%；中专及以下学历137人，约占总人数45%。现有各类专业技术人员187人，高级职称6人，中级职称49人，初级职称132人。经技能鉴定确认的技师22人，高级工49人，中级工20人。

领导人员

厂长：徐孝峰

党委书记：张德照

副厂长：赵云星、邹南城

党委副书记、纪委书记兼工会主席：陈英辉

年度业绩

2008年，华安电厂完成发电量3.83亿kW·h，完成年度目标的101%，实现利润总额1139万元。

生产经营管理

始终坚持“安全第一、预防为主、综合治理”的方针，突出抓好“隐患治理”和“无违章创建”工作，大力实施生产现场规范化整治，修订并发布26个规程标准，修订并完善35个专项应急预案，修编80个现场应急处置方案，夯实安全基础；以安全生产6000天为契机，组织开展“治理隐患、防范事故”为主题的“安全月”系列活动，强化安全文化的渗透，构建防范体系；深入开展“无违章创建活动”，首次出台《华安电厂无违章创建工作考评办法》并组织实施；抓好设备改造，合理规划技改项目，实施并完成了10项技改项目，提高了设备自动化水平；实现全年安全无事故。截至2008年12月31日，实现连续安全生产6212天，年内实现4个百日无事故，再次刷新了该厂安全生产的最高纪录，荣获集团公司“安全生产先进单位”称号。

华安电厂不断进行管理创新，抓好开源与节流两条主线，对外抓好市场营销，最大限度争取合理的电价水平，拓展效益空间，2008年下半年，电价由原来的0.155元/(kW·h）提升至0.17元/(kW·h)；对内深化对标管理，各项经营指标有了显著的提升，其中综合厂用电率为建厂以来的最好水平；科学利用水能，实现动态控制库水位，实现节能多发电；大力开展营运改善，努力降本增效，强化成本控制，实施依法经营，深入开展“依法经营，遵纪守法”主题实践活动，落实“一改三查”各项措施，规范主业与综合产业关联交易，实现企业效益最大化。

项目发展

华安电厂全力推进2台单机容量为4万kW机组的扩建工程。2008年，各单项专题全部通过审批，得到批复文件或备案，所取得的支持性文件有：防洪同意书及流域规划同意书均通过了福建省水利厅的审查、批复；水资源论证专题通过了福建省水利厅的审查、批复；林地预审通过了福建省林业厅的审查、批复；工程项目安全预评价通过了福建省安监局的审查、批复和备案；可行性研究报告通过了福建省经济贸易委员会的审查、批复；土地预审取得了福建省国土资源厅的预审、批复；库区移民安置专题得到福建省移民局的正式批复和确认；环评报告通过了福建省环保局的审查。接入系统通过了福建省电力公司的审查、批复，项目已上报福建省发展改革委，正待核准。在抓好项目核准的同时，积极开展开工的前期准备工作，征地谈判进展顺利，工程招投标、项目融资等正有序进行，举行了项目奠基仪式，树立了良好的企业形象。

内部改革

2008年，华安电厂稳妥推进改革，规范岗位管理，完善员工手册内容，规范用工形式，明确主业、综合产业岗位类别划分，清理集体工在主业混岗现象；规范综合产业劳务用工关系，综合产业的外聘人员采用劳务派遣的用工形式。

党的建设、精神文明建设、企业文化建设

深化党建、文明建设。继续开展省级文明单位、集团公司文明单位创建工作，深入推进“平安企业”建设，出台和谐党建、和谐企业建设实施意见，围绕组织坚强有力、党员作用突出、工作得到促进、职工群众满意的总体目标，组织开展了“荣辱与共、构建和谐、共谋发展”大讨论及“爱心·和谐·奉献”文艺会演等系列活动，勇担社会责任，积极献爱心，踊跃向四川汶川地震灾区人民捐款捐物，捐款金额共计103830元(其中交纳“特殊党费”30870元）。强化党风廉政建设，开展关联交易、对标管理等专项效能监察工作；完善党风廉政建设相关制度和办法；组织党员干部及重要敏感岗位人员参观漳州市廉政建设教育基地（即漳州监狱），听服刑人员现身说法及定期收看廉政电教片等，不断增强党员干部职工拒腐防变的意识和能力，确保企业健康发展。

坚持以人为本，构建和谐文化。以改革开放

30年、厂安全生产6000天、迎奥运为契机，以“提升素质，和谐奋进”为主题，开展“和谐大家谈”、《华电宪章》宣贯活动，更新企业文化走廊，编制企业文化手册等，全面推进和谐企业建设。

中国华电集团福建南靖水力发电厂

概况

中国华电集团福建南靖水力发电厂（简称南靖水电厂）位于福建省漳州市九龙溪西溪支流船场溪中游的南靖县境内，是中国华电集团公司（简称集团公司）子公司华电福建发电有限公司下属内部核算企业。南靖水电厂坝址控制流域面积610km^2，水库库容0.005亿m^3，为渠道引水式电站。引水渠道长逾11.7km，设计水头110m，装有2台1.25万kW混流式水轮发电机组，并入福建省电网运行，年设计发电量8240万kW·h。电厂于1958年破土动工，1969年10月投产发电。

南靖水电厂下设综合管理部、财务资产部、政治工作部、生产运营部、安全监察部、发电部、检修部、团委等8个部室。南靖水电厂现有员工198人。其中，研究生1人，本科34人，大专70人；高级职称4人，中级职称28人，初级职称84人；高级技师2人，技师19人，高级工24人。

领导人员

厂长、党委书记：陈仪明

党委副书记、纪委书记、工会主席：林明双

副厂长：陈友云、陈琳

年度业绩

2008年，南靖水电厂完成发电量9041.4万kW·h，为年度考核目标值的95.2%；利润总额225万元，为年度考核目标值的118.4%，继续保持盈利；全年安全生产无事故，实现年度内4个安全百日。

生产经营管理

南靖水电厂以本质安全为目标，以“三抓、三推、三创”为核心载体，加强设备设施巡检、整治，按照检修文件包标准实施2号机组、监控系统等改造，投入22万元对治安监控系统、标识牌等安全设施加以完善。组织开展了18项专项安全检查、16次对照自查等隐患排查活动，做好危险点分析及预控，2008年全年下达安全整改1260项，整改完成率达98.8%。累计发现缺陷276条，处理及时率、消除率均为100%。加强“三漏”治理，2008年4月被福建公司授予“无泄漏电厂”称号；修订《本质安全人考评办法》，开展塑造想安全、会安全、能安全的本质安全人活动，引导员工树立“安全人格”；强化以生产安监管理网为载体的管控机制，落实各级领导、专业人员和生产员工现场查违章制度，建立现场查违章、违章查根源、根源查管理、管理查落实的闭环流程，推进“无违章创建”工作；加强综合产业、交通、消防、施工安全监管，确保安全与效益两不误。截至2008年12月31日，南靖水电厂连续安全生产5555天，安全纪录位居集团公司系统第二位，连续三年获得集团公司“安全生产先进单位”和福建公司“安全生产五星级企业”荣誉称号。

南靖水电厂推行精确管理理念，深化“5F”管理法，开发了工作计划管理系统，建立了管理科学化、流程精细化、参数具体化、过程透明化的动态管理机制。开展“对标管理年”活动，持续改善营运，一方面抓好节流，降低成本，办公费、差旅费、运输费比2007年的降幅均在10%以上；另一方面，注重开源，提高水能利用率，提升最大发电效益，全年节水多发电1685.85万kW·h，增发率为23%。通过修旧利废，收回了残值近85万元；引导员工创新实践，推进思维理念、管理模式、运作流程、技术方法的改进提升，并拨付7.98万元对43项创新成果进行奖励。

南靖水电厂倡导“求生必须求知”的学习理念，改变过去“模具化生产”人才的传统做法，建立培训与待遇、评优评先、竞聘上岗相挂钩的机制，促使员工主动学习。抓好“三种人”（本质安全人、优秀员工、优秀共产党员）、“六支队伍”（领导干部、技术带头人、安全监督员、项目负责人、廉洁监督员、兼职教师）建设，促进员工与企业协调发展；改进员工绩效考评，健全以业绩为导向的评价体系，促进员工工作能力和工作水平的提升；规范用工管理，198名全民工依法与主业签订劳动、岗位聘用合同，其中70名支援综合产业人员全部签订了三方借用协议。

党的建设、精神文明建设、企业文化建设

南靖水电厂致力于党建管理精细化，出台《党员月度考核办法》，敦促党员履行好义务，发挥先锋模范作用；实行《党员“一带二”结对挂

钩制度》，搭建党群沟通“连心桥”；推行《党员“政治生日”制度》，强化党员宗旨意识；以党建信息管理系统为平台，推进政治对标管理，促进党建工作规范化；抓好政治理论学习，实行辅导员跨部门宣讲；围绕“做三力表率、当靖电先锋”主题开展实践活动，增强党支部活力。

南靖水电厂加强民主监督，抓好党风廉政建设危险点预控分析，逐级签订党风廉政建设责任状、遵纪守法承诺书，严格执行廉洁承诺抵押金、述廉议廉、廉洁谈话制度，轮换调整重点敏感岗位人员，选聘一批兼职党风廉政建设监督员，与南靖县检察院联合设立“检察工作室”，重要节假日发送廉洁短信，构筑“3＋2”惩治和预防腐败体系。

南靖水电厂不断深化“三力”文化建设，丰富企业内涵。加强安全文化建设，举办第二届安全生产运动会，促进安全文化落地生根，不断提升安全力；加强执行文化建设，实行软激励（荣誉激励）与硬考核（闭环控制）双管齐下，不断提升执行力；加强和谐文化建设，培育“心廉行廉、干事干净”的理念，编印《廉洁文化手册》，推进廉洁文化进班子、进部室、进家庭。开展矛盾纠纷排查调处，为员工办好事、实事，每月组织开展群体性文体活动，全年慰问病、困、退、一线职工245人次，发放慰问金12.75万元。开展“牵手——爱心·亲情”系列行动，发动员工向四川汶川地震灾区捐款57737.4元，向“和华基金”捐款2万元，筹集33万元支援库区村庄的水泥公路建设。加强公关宣传工作，在各类媒体上发表的文章数位居福建公司系统前列，不断提升电厂和谐力。

南靖水电厂工会围绕“为发展助力，为华电建功”的主题，开展优秀班组创建、“一法三卡”、“工人先锋号”、“我要对标”合理化建议、“百万职工查隐患”等活动，2008年荣获福建省“‘安康杯’竞赛先进单位”称号，连续5年获得省级及以上“安康杯”竞赛先进；坚持党建带团建，发挥共青团网的阵地作用，集中开展“青年月”系列活动，组建青年突击队在2号机组更新、增发电工作中建功立业；实施“巾帼建功立业”、“女职工标兵岗”工程，增强女工组织的凝聚力和影响力，发挥“半边天”作用。

华电厦门电厂

概况

华电厦门电厂（简称厦门电厂）原名厦门杏林电厂。1958年9月，厦门市因创建杏林工业区而建设2台0.6万kW火力发电机组，1959年8月21日动工，12月27日1号机组简易投产发电，1963年7月12日2号机组移交生产。1973年福建省计委向国家计委、水电部申请扩建2台2.5万kW机组，1977年10月主厂房破土动工，1980年8月19日2台扩建机组全部建成发电，并入福建电网运行。至此，全厂装机容量达到6.2万kW，成为福建电网的主力厂之一。

厦门电厂下设党群工作部、行政事务部、纪检监察部、安全监察部、资产经营部、人力资源部、检修事业部、瑞新热电项目部、多种产业办公室等9部室。

截至2008年12月31日，该厂在职员工400人（含集体所有制职工15人），其中本科61人，大专122人，高级职称13人，中级职称57人，初级职称104人；离退休人员353人；办理内部退养111人。

领导人员

厂长、党委书记：陈伟民

副厂长、党委委员：郭顺德

纪委书记、工会主席、党委委员：林志强

总工程师、党委委员：崔文健

助理调研员：楼六水

年度业绩

厦门电厂机组关停后，置换电量收入成为企业主营业务收入。福建省电力公司（简称福建公司）下达2008年置换发电量指标2.5亿kW·h，但因煤价上涨幅度太大等原因，实际成功置换1.25亿kW·h，主营业务收入4564.1万元，主营业务成本7470.87万元，全年利润总额－1401.93万元。根据福建公司安排，2008年下半年的置换电量结转到2009年。

除上述指标外，厦门电厂全面完成了福建公司下达的年度生产安全、环保、经济安全、党风廉政建设、企业稳定和形象安全等绩效指标。

生产经营管理

厦门电厂认真贯彻落实“安全第一、预防为

主”的方针，以推进“无违章创建”和实现本质安全型企业为目标，抓好“隐患治理年”各项工作。开展“安全百日督查”、“百万职工查隐患”、“安康杯”竞赛、“奥运”保煤保电、迎峰度夏等安全生产主题活动，营造了“无违章创建”的良好氛围。截至2008年12月31日，全厂实现连续安全生产2338天，实现全年无事故和4个安全百日。

在向业主承接热电厂生产运行和维护方面，没有发生因该厂人员主观责任造成的电力生产人身死亡事故，人身重伤事故，有同等及以上责任的重大交通事故，重大电网、设备事故，特别重大事故，火灾事故，恶性电气误操作事故，环境污染事故及对社会造成严重影响的事故，重大的热网事故等合同规定的事故；发电设备事故率、非计划停运次数均为零。

内部改革

厦门电厂坚持以人为本、积极稳妥、规范操作的原则，合理配置分流人员。重新整合内部组织机构和人力资源，厂属部门从20个整合为12个，进一步理顺了管理流程，明确了管理职责。鼓励员工参与系统内新建项目人员配置，采取企业内部离岗退养、自谋职业等方式分流安置员工。

强化技能培训，推进人才开发。组织生产运行人员“低岗学高岗”、“全能值班员”培训，组织检修维护人员“一专多能”、“一岗多证”的培训，一次通过率达98.1%，保证了生产一线对生产技能人员的岗位要求。开展生产对标管理、技术创新、管理创新、经营创新、提高工作效率和企业效益为主要内容的劳动竞赛，通过“以赛带训”，提高员工技能水平，加快培养一大批知识型、技能型、复合型人才。

制定了绩效目标管理办法，将年度工作绩效目标分为安全、经营、党风廉政建设、保障四大部分，细化分解下达给各部门，传递压力、落实责任，增强了职工的危机感，调动职工的积极性和创造性。

规范劳动用工管理。严格按照相关规定做好劳动安全卫生管理、劳务派遣管理、职工带薪休假使用的监督管理等工作。编写了全厂13个部门、45种岗位类别、206个岗位的岗位说明书，明确了任职条件，落实了岗位责任。推行特殊敏感岗位人员定期换岗制度，使特殊时期的劳动用工管理得以进一步规范。

党的建设、精神文明建设、企业文化建设

建立健全“四好”领导班子创建的长效机制，落实创建工作的各项措施。开展“强核心、固堡垒，全面提升基层党组织标准化建设水平”活动，落实党建责任制。加强党组织建设党员教育管理，抓党委会、党支部、党小组三级组织建设，强化对党建工作的检查、指导、考核。坚持“三会一课”制度，每季度组织一次全厂党员集中教育，加强对积极分子的培养、教育、考察和发展党员。构建惩防体系，推进党风廉政建设，组织党员领导干部学习《工作规划》，开展中层以上领导干部廉洁自律七项要求自查活动，推进廉洁文化“进班子、进厂区、进岗位、进家庭”四进工程，制定并完善监督程序化体系和党风廉政建设危险点分析预控制度，开展燃料采制化岗位和多经公司业务员等特殊敏感岗位定期轮换。加强创建文明单位的宣传，倡导全体职工积极参与文明共建活动，开展创建文明部室、文明班组和文明职工活动，通过塑造先进典型，形成了争先创优的良好氛围。

2008年，厦门电厂顺利通过了“福建省第十届文明单位”检查考核并继续保持称号，获得“福建公司文明单位”、“福建公司先进基层党委”荣誉称号。

其他重大事项和情况

机组关停后，厦门电厂保留福建公司内部核算单位的管理体制，根据国家电力监管委员会颁发的《承装（修、试）电力设施许可证》，积极拓展电力检修和安装业务市场，逐步由生产经营型转变为技术服务型企业。

华电福建发电有限公司
湄洲湾电厂运行分公司

概况

华电福建发电有限公司湄洲湾电厂运行分公司（简称为湄洲湾公司）成立于2000年9月，前身为福建省电力有限公司湄洲湾火电运行分公司，系华电福建发电有限公司的内部核算单位。依据中国华电集团公司与湄洲湾电厂业主——福建太平洋电力有限公司签订的湄洲湾电厂《运行维修修改协议》，负责湄洲湾电厂的运行维修工作。

2004 年 4 月 5 日，公司更名为“中国华电集团公司福建莆田湄洲湾电厂运行分公司”，2007 年 9 月 28 日，正式更名为“华电福建发电有限公司湄洲湾电厂运行分公司”。

湄洲湾电厂位于福建省莆田市，拥有 2 台净上网功率为 36.2 万 kW 的燃煤发电机组，总投资 6.55 亿美元。湄洲湾电厂是集工程设计、采购、施工和移交为一体的 BOT（Build Operate Transfer）工程，也是获国家批准的第一个全外资电厂，是中国获得亚洲开发银行第一个有限追索权及私营企业贷款的独立发电厂。1998 年 3 月电厂开工建设，2001 年 3 月首台机组投产发电，2001 年 5 月 2 号机组投产发电。2004 年 6 月 11 日，中国华电集团公司与湄洲湾电厂业主——福建太平洋电力有限公司签订湄洲湾电厂《运行维修修改协议》。2006 年 3 月，电厂由马来西亚云顶集团全资控股。

截至 2008 年底，湄洲湾公司在册员工 218 人。其中研究生 1 人，硕士学位 3 人，大学本科学历 81 人，大学专科学历 69 人。各类专业技术人员中，高级职称 13 人，中级职称 68 人。公司下设行政管理部、发电部、维修部、安全监察部、企业文化部、关联部 6 个部门。

领导人员

总经理：阮存钦

党委书记：肖寅生

副总经理：龚黎明、章清奇

纪委书记、工会主席：叶隆章

总工程师：陈崇民

年度业绩

2008 年，湄洲湾公司完成发电量 32.55 亿 kW·h，综合厂用电率为 7.11%，机组发电标准煤耗 310.41g/(kW·h)，供电标准煤耗 334.19g/(kW·h)，机组设备利用小时数 4176h。

生产经营管理

强化制度执行力，落实安全生产责任制，完善监督、整改、跟踪、反馈为一体的安健环闭环管理体系。灵活安全生产考核激励机制，加大安全生产考核与究责力度，形成“人人参与安全”的管理氛围。

深化反违章工作力度，严抓外用工管理与“两票三制”的落实，防人身事故；严抓设备缺陷消除率与设备技改完成率，防设备事故；严抓锅炉管道超温，防机组非计划停运；重抓车辆维护与保养、驾驶员安全教育，防交通事故；重抓消防宣传与演习、火灾隐患排查与整治，防火灾事故，努力夯实安全管理基础。

结合机组大修工作，加强设备治理与技术改造，消除设备隐患，提高机组运行可靠性。加强机组关键运行指标的监控，开展运行小指标竞赛活动与技术分析、交流活动，进行锅炉燃烧调整试验，优化机组运行方式，降低机组发电成本。

精细管理，推行备品备件库存动态管理，加大备品国产化力度，有效降低检修材料费用。科学使用管理软件，强化计划、财务、库存一体化管理，提高经营管理水平。

党的建设、精神文明建设、企业文化建设

紧密联系外资电厂运行维修工作实际，充分发挥党组织的政治核心作用，广大党员努力践行企业宗旨与价值观，为业主和营运者创造经济与安全效益。2008 年 5 月，湄洲湾公司跨入“全国模范职工之家”的行列；2008 年 7 月，湄洲湾公司党委再次荣获莆田市委授予的“先进基层党组织”荣誉称号；2008 年 9 月，中国华电集团公司召开的第二届思想政治研究会年会暨常务理事会上，湄洲湾公司的《紧密联系外资电厂实际，不断推进分公司政治工作的改革创新》一文获得“思想政治工作优秀研究成果二等奖”。

福建省龙岩万安溪水力发电有限责任公司

概况

福建省龙岩万安溪水力发电有限责任公司（简称万安溪水电公司）总部设在福建省龙岩市市区，生产厂房位于龙岩市新罗区万安镇红光村，为九龙江支流北溪龙头水电厂。主营业务为电力生产和电力设备检修，注册资本 4000 万元，股东由福建华电投资有限公司、龙岩市国有资产投资经营有限公司、龙岩市新罗水电建设发展有限公司、龙岩市万业投资有限公司、福建中闽能源投资有限责任公司 5 家单位组成。电厂于 1991 年 10 月开工建设，1994 年 10 月投产发电，1995 年 11 月工程竣工验收。1994 年 5 月成立福建省龙岩万安溪水力发电厂，1998 年 1 月改制成立福建省龙岩万安溪水力发电有限责任公司。

万安溪水电公司安装1.5万kW混流式水轮发电机组3台，总装机容量4.5万kW，设计多年平均发电量1.357亿kW·h，在电力系统中担负调峰和事故备用。水库库容2.28亿m^3，有效库容1.68亿m^3，具备多年调节性能。

万安溪水电公司实行董事会领导下的总经理负责制，下设10个职能部门，分别为总经理工作部、人力资源管理部、财务资产管理部、党群工作部、信息中心、发电管理部、生产技术管理部、安全监察部、多种经营管理部、行政管理部。公司在册员工149人，其中管理人员33人，专业技术人员43人，生产人员50人，服务及其他人员23人；大学专科以上学历98人，中专及以下学历51人。员工平均年龄39岁。拥有高级工程师4人，中级专业技术资格员工29人，高级技师1人，技师2人。

领导人员

总经理兼党委书记：邓杰

党委副书记、纪委书记兼工会主席：林文胜

副总经理：郭生波、黄建木

年度业绩

2008年，在流域平均降水量为多年平均值的84.4%、来水量仅为多年平均值的86%的情况下，万安溪水电公司完成发电量13485万kW·h，实现利润总额771.75万元，连续4年大幅盈利。全年实现3个百日安全无事故，蝉联“全国‘安康杯’竞赛优胜单位”称号。精神文明建设成果突出，公司荣获华电福建公司系统“文明单位”称号，保持“福建省第九届文明单位”称号并申报“福建省第十届文明单位”。公司党委荣获华电福建公司党组授予的“先进基层党委”和龙岩市直机关党工委授予的“优秀基层党组织”称号，公司工会荣获全国模范“职工之家”称号。

生产经营管理

紧紧围绕公司年度经营业绩目标，积极应对来水偏少、设备健康水平下降、外部环境挑战等不利因素，扭住以安全生产为基础、以经济效益为中心，优化部署，攻坚克难，努力多创效益。

深入推进对标管理。2008年初启动对标管理，成立了对标工作领导小组，制订了对标管理实施方案；制订了对标指标体系和标杆值；重点开展了电量结构指标对标等活动。对标工作实现动态管理、季度反馈、滚动部署，取得了初步成效。

安全生产力保发电。认真抓好2008年初低温雨雪极端天气、迎峰度夏以及奥运期间安全生产工作，落实预案，圆满完成特殊时期保发电任务。强化设备的隐患排查治理，常化开展流域安全竞赛，开展了闽西南片区互查、技术监督检查、百日安全督查等专项检查活动，及时完成隐患整治。制定了《无违章车间及无违章班组考评办法》，深入开展反违章工作。制定了《交通安全管理实施细则》，全面加强安全保卫、消防工作，构筑大安全格局。

科学调度争创效益。面对偏枯水情，把着力点放在科学调度上。每季、每月根据水情预测和天气趋势分析，统筹蓄水与发电，精心编制季度发电计划和月度发电方案。通过组织在各班组间开展峰平谷电量小指标竞赛等各种活动，促进多发峰电，积极优化电量结构，2008年全年基本实现了“多发峰电，不发或少发谷电”的部署。

加强电力营销协调外部环境。有针对性、有策略地开展灵活有效的营销工作，密切与调度部门的沟通联系，确保实现理想的发电调度安排，尤其在第四季度电力需求下降的局面下，保障了发电部署不受影响。进一步稳固与福建省物价局、经贸委、电监办等部门的有效沟通。

强化成本费用管理。全面落实两全管理，费用预算控制实行分解落实制，明确责任，层层传递压力。每月在司务会上检查反馈各项费用支出情况，及时纠偏，使各项费用支出可控、在控。严格控制成本费用支出，三项费用比预算压缩10%。重视抓好资金调度，优化安排资金支出。与银行协商新增融资渠道，进一步提高资金安全保障程度。

内部改革

根据新《中华人民共和国劳动法》和上级单位有关文件，开展了劳动用工全面自查，进一步规范劳动用工。制定了《劳动用工管理暂行办法》，重新划分内部岗位类别，组织全体员工重新签订了《劳动用工合同》，保证用工合法、合规。对全部岗位编制了岗位说明书和员工手册，制订了精确到岗位的内部工作考核体系，完善劳动管理，实现量化衡量，精准考核。

党的建设、精神文明建设、企业文化建设

深入开展“四好”领导班子创建，组织开展了“讲党性、重品行、作表率”专题学习活动、

"强核心、固堡垒"和"红土先锋"等主题实践活动，有效发挥公司各级党组织和党员干部的"四个作用"。层层分解、落实党风廉政建设责任制，实施廉洁文化"四进"工程（进班子、进厂区、进岗位、进家庭）。深入、细致地做好职工思想政治工作，有效保持队伍稳定。

紧贴公司生产经营工作，积极开展文明创建系列活动。加大职工生活、文体设施投入，修建了"职工之家"等设施，改善员工工作生活环境。职工文明教育面达到100%，文明职工率达98%以上。持续开展企业文化理念和行为规范教育，增强企业凝聚力。积极履行社会责任，公司干部职工向四川汶川地震灾区捐款3.75万元，公司党员交纳"特殊党费"1.08万元。开展"牵手老区"活动，文明帮扶挂钩万安镇红光村。公司共青团开展"牵手学子"活动，坚持资助万安镇两名贫困学生上大学。

华电福建省高砂水电有限公司

概况

华电福建高砂水电有限公司（简称高砂水电公司）以水力发电为主，所属电站位于福建省闽江流域沙溪支流的高砂镇，在沙县城关下游14km处，为沙溪流域安砂电站下游第九级梯级水电站，电站装机容量为4×1.25万kW，设计年利用小时数为4000h，年设计发电量2亿kW·h。作为福建省内首家采用灯泡贯流式机组的电站，1995年7月31日，高砂水电公司所属电站首台机组投产，1996年6月全部投产发电。高砂水电公司现由福建华电投资有限公司、三明市悦达物资有限公司、三明博源投资有限公司、福建投资开发总公司4家公司持股，股权比例分别为36%、35%、26%、3%，注册资本金为6600万元。

高砂水电公司下设总经理工作部、人力资源部、党群部、纪检监察室、财经部、生产策划部、安全监察部、发电部、检修部、物资管理部、项目开发管理部、物业管理部。截至2008年底，公司共有正式职工130人，其中中共党员40人。大专以上文化程度84人，中专文化程度26人，分别占公司职工总人数的65.6%和20.3%；高级职称4人，中级职称18人，初级职称33人，分别占职工总人数的3.1%、14.06%和25.8%。

领导人员

党委成员、总经理：陈福喜

党委书记、工会主席：乐开端

党委成员、生产副总经理：林春莺

党委成员、行政副总经理、纪检书记：曹运伟

年度工作业绩

2008年，面对来水量不足、主设备运行不稳定、设备存在严重缺陷和老化的安全隐患，以及国家宏观经济政策调整、银根紧缩等异常严峻的经营形势，高砂水电公司员工上下同心，积极应对，发扬艰苦创业精神，强化安全生产管理，狠抓设备整治，努力做好经营管理工作及企业党建、精神文明建设工作。全年完成发电量18394.6万kW·h，完成销售电量17861.45万kW·h，实现利润总额1030.45万元，完成净利润718.07万元，净资产收益率10.58%，资产负债率62.40%，资产保值增值率101.19%，厂用电率0.78%，与上年基本持平，实现4个安全百日。2008年，公司荣获"华电福建公司系统2007年度文明单位"、"华电福建公司系统2007～2008年度先进基层党委"、"创建'四好'领导班子先进集体"称号，公司党风廉政建设考评获"优秀"等次。

生产经营管理

1. 夯实安全基础，保持安全生产态势平稳

2008年，高砂水电公司以"隐患治理年"活动为载体，以"无违章创建"工作为抓手，努力夯实企业安全基础。公司认真落实安全生产责任制，狠抓安全生产的超前管理和全过程控制，完善安全生产规章制度；通过"无违章班组"的创建，强化班组建设；通过开展突发事故应急处置等38个应急预案的演练，提升员工应对自然灾害、突发事故的应急处置能力；重视安全文化建设，提炼形成了"安全、责任、和谐"的企业核心价值观，开展了安全家访等活动，将安全管理的触角向员工家庭延伸，强化了大安全理念。

2. 加强设备整治，提高设备健康水平

2008年，高砂水电公司将设备整治作为重点工作，坚持按检修维护和技改相结合的原则，认真落实大、小修计划，共完成1号机组转轮叶片更换、1号机组定子改造等20个大、小修项目。认真抓好设备缺陷管理制度的落实，加强设备消缺工作，对3号机组受油器异常摆动等重大缺陷

及时组织分析和处理，为设备安全稳发创造条件。

3. 强化对标管理，优化经营成果

2008年，积极推进“对标管理年”活动，通过与系统先进水平及公司历年最好水平对标，下达全年的对标值，做到每月指标有比较、有落实。严格规范会计核算工作，强化合法合规经营理念；缩短电费回收期，提高资金的使用效率。在国家宏观经济政策调整的情况下，成功地续贷1500万元；另外，及时调整贷款长、短期结构，充分利用原有五年期贷款下浮10%的优惠，将短期调整为长期，减少财务费用支出近60万元。

4. 创新管理机制，提升企业管理水平

2008年，高砂水电公司以开展“深化管理年”活动为主线，及时完善规章制度，加大制度的执行力度。出台了《稳定工作管理标准》等3个新标准；加大督查、督办工作力度，对周一行政会议工作完成情况进行督查公布，并将结果纳入月度经济责任制考核，实现了偏差管理、闭环控制；抓好企业效能监察工作，制订月度效能监察计划，每月确定一个重点，并有针对性地开展效能监察，提高企业的“两效”。

5. 规范用工管理，加强人力资源建设

高砂水电公司认真贯彻实施《劳动合同法》，签订了全员的《劳动合同》和《岗位聘用合同》，并清理主业、集体工混岗问题，规范了劳动用工关系。狠抓员工培训，制订并下发了《员工教育培训计划》，通过送出去、自行培训等方式进行了岗位适应性培训、岗位取证培训；公司结合2007年《“四个二”人才工程实施办法》的规定，评选出8名人才；检修电气班获三明市“工人先锋号”称号，推荐王文华同志参加三明市金牌工人评选，并获得三明市“金牌工人”称号，激励了员工，为企业的长足发展提供了人力资源保障。

党的建设、精神文明建设、企业文化建设

高砂水电公司高度重视领导班子和干部队伍建设，以创“四好”班子为目标，加强班子的思想政治建设，努力发挥党组织在企业的政治核心作用。全面加强党风廉政建设，采取了“人盯人、手插手、心贴心”的措施，加强重点岗位的管理和易腐败危险点预控；开展以“三从四德”为主要内容的廉洁文化教育活动；开展创新、创优、创安、创效、创学为主题的“五创”文化建设活动，推进企业文化建设；开展“心系灾区、共渡难关”等爱心捐款活动；与沙县城关水电有限公司联合举办华电集团在沙企业“迎奥运、促和谐”运动会，参加福建公司和县机关举办的运动会，促进了与兄弟单位的交流，丰富了职工的业余文体生活。

福建省沙县城关水电有限公司

概况

福建省沙县城关水电有限公司（简称城电公司）由福建华电投资有限公司、沙县城市建设投资公司和福建中闽能源投资公司共同投资经营的中型水力发电合资企业，股权比例分别为40%、35%、25%，注册资本金为6600万元。发电厂位于沙县城关上游约4km的沙溪干流上，是沙溪流域梯级水电站之一，是发电和航运相结合的中型枢纽工程，电站安装3台灯泡贯流式水轮发电机组，总装机容量48MW，年设计平均发电量1.74亿kWh，工程总投资31750万元。城电公司下设总经理工作部、党群部、人力资源部、财经部、生技部、安全监察部、发电部、检修部、发展部、物资供应部等10个部门，现有员工121人。

领导人员

总经理：汤海怀

生产副总经理：黄美信

行政副总经理：杨东华

年度工作业绩

截至2008年12月31日24时，城电公司实现连续安全生产2465天，实现本年度4个安全百日。累计完成发电量17916万kW·h，利润总额750.22万元，净利润492.15万元。

生产经营管理

全面落实责任制，建设本质安全型企业。城电公司坚持“安全第一、预防为主，综合治理”的方针，按照集团公司“四大安全”和安全工作“三个第一”的要求，以构建本质安全企业、实现安全生产长治久安为目标，以全面落实安全生产责任制为核心，以狠抓规章制度落实、规范管理基础工作、提高专业管理水平、控制设备非计划停运次数为重点，继续用制度约束和文化浸润的刚柔两手，提升员工综合素质，营造安全和谐氛围，促进反违章、防汛防台、隐患排查治理、安全管理和应急管理工作水平的提高。

提升管理水平，追求卓越的现代经营管理。城电公司认真贯彻执行股东会、董事会有关决议，紧紧围绕年度经营绩效目标开展工作，强化预算管理和资金管理；认真做好到期贷款置换和电费回收工作。加强各项基础管理，推动企业现代化管理，组织贯彻企业法规。对安全生产技术、人员培训、计算机应用、科技情报网等工作进行综合管理；继续加强档案管理，严格按照国家二级档案管理和“两标”要求，认真做好各项档案管理工作及其迎接国家二级档案管理复查的准备工作。较好地完成了2008年度各项工作任务。

加强法制化建设，落实预防和监督。积极开展“五五”普法活动，认真做好维护稳定工作。城电公司充分运用思想政治工作手段、经济手段、法律手段综合治理，对可能发生的不稳定事件提前掌握动态，逐一采取针对性的稳控措施。坚持重大节假日、主汛期和特殊敏感时期值班和领导带班制度。加强汛期值班管理，党政主要领导参加值班，确保安全度汛。加强企业网络监控和管理，完善企业内部上网信息审批制度，加强网络保密管理。加强与地方政府的联动，主动把本企业稳定工作纳入地方维稳工作的总体格局，形成地企联动、协同处置机制。

党的建设、精神文明建设、企业文化建设

2008年，城电公司党委坚持以邓小平理论和“三个代表”重要思想为指导，深入贯彻落实科学发展观和胡锦涛总书记在中央党校重要讲话精神，积极开展“强核心、固堡垒，全面提升党组织标准化建设水平”活动，落实好先进性长效机制文件，积极推进党风廉政建设。

城电公司充分征求广大职工意见基础上印发并实施第二个企业文化建设五年规划，为创建具有“城电”特色的企业文化奠定基础。

宣贯华电宪章，构建企业精神。6月，开展《华电宪章》及企业文化知识竞赛活动，全面深入地理解集团公司企业文化体系的内容，使广大员工理解公司使命的内涵、明确公司发展的战略目标，认同公司核心价值观，让“诚信、高效、合作、服务、环保”的公司形象更加深入人心，用员工守则规范行为。

建设平安城电，开展综治工作。制定综治工作计划，严格落实年度综治工作任务，与各部门签订社会治安综合治理责任书。加强对厂房、生活区要害部位的保卫和监管力度，认真做好节前的安全检查，落实公司领导带班、部门领导值班的值班制度。认真做好对确保“两会”期间安全发电和稳定工作。汛前，加大力度对库区周边的社区、学校、企业的库区安全管理规定宣传，积极支持和参与街道、居委会平安社区创建工作，营造安全舒适的生产生活环境。

加强宣传思想工作。充分利用《城电之窗》、互联网、局域网、宣传栏等多种载体，发挥宣传效能，积极对外投稿，提高宣传报道的深度和广度，营造良好的舆论氛围；同时还积极深入库区沿岸进行防汛宣传，认真履行社会责任，提高公司的社会形象。

福建省金湖电力有限责任公司

概况

福建省金湖电力有限责任公司（简称金湖公司）成立于2001年9月18日，由原将乐孔头水电有限公司吸收合并原泰宁良浅水电有限公司、泰宁北溪水电投资有限公司、将乐范厝水电有限公司后更名而成。公司注册资本1亿元，总资产9.62亿元，净资产1.84亿元。股东方包括福建华电投资有限公司（股权比例37.65%）、泰宁县国有资产投资营运有限公司（股权比例23.31%）、将乐县国有资产营运有限公司（股权比例21.66%）、厦门高雷克投资有限公司（股权比例12.38%）、中国水利水电第十六工程局有限公司（股权比例5%）。总装机容量18.825万kW，下辖良浅水电站（3万kW）、大言水电站（3.2万kW）、孔头水电站（4.05万kW）、范厝水电站（3.6万kW）、高唐水电站（4.2万kW）、北溪梯级水电站（0.775万kW）。

金湖公司下设总经理工作部、财务部、人力资源与教育培训部、政工部、纪检监察审计部、工会办公室、生产技术部、安监部、集中控制部、营销管理部、计划工程部、行政部、物资供应部、综合发展部、生产运营一部、生产运营二部、生产运营三部、北溪项目部等18个部室，全面承担公司生产经营管理职能。截至2008年12月31日，公司共有员工361人，其中高级职称10人，中级职称 38 人，初级职称 135 人；高等学历 227 人，中等学历 44 人；35 岁以下职工 113 人，35～45 岁职工 180 人，45 岁以上职工 68 人。

领导人员

总经理：邹宣永

党委书记：车德平

副总经理：黄沧海、卢相国

纪委书记、工会主席：黄勇峰

年度业绩

截至 2008 年 12 月 31 日，金湖公司累计完成年度发电量 73214.73 万 kW·h，上网电量 71882.24 万kW·h，实现销售收入 18497.56 万元、利润总额 490.56 万元、净利润 418.66 万元。实现连续安全生产 2478 天（其中，良浅 5338 天，大言 1474 天，孔头 3738 天，范厝 2478 天，高唐 500 天），公司实现全年无非计划停运。未发生严重违法违纪案件，未发生有损集团公司、企业形象，造成严重社会影响和不利于稳定的事件。

生产经营管理

2008 年，金湖公司以全面提升流域管控能力为目标，深化“四位一体”机制建设，强化员工能力建设，炼大电素养、立大电风范，打造优秀团队，较好地完成了安全生产、资产经营、廉政建设三大业绩。通过“严、细、实”狠抓安全生产，实施“十比”站际竞赛、设备主人制、缺陷管理等制度，流域安全生产得到了显著的提升，公司 22 台机组实现了全年无非计划停运的良好纪录，各站安全生产纪录创出新高。重点抓好费用控制、工作计划、工作考核等常项工作，公司的各项费用得到了有效控制，年度各项费用比计划降低 10% 以上，有效地节约了运营成本开支。教育培训基地实施“走出去”的发展战略，全年培训各类学员 1500 多人次，得到了上级主管部门和地方行业管理部门的高度认可。

项目发展

继高唐水电站 2007 年实现“双投”后，虽有较好的融资平台，但资源有限，暂时没有项目开发和发展的前景。

内部改革

2008 年 9 月，金湖公司酝酿已久的“四位一体”改革方案出台，公司开始新一轮岗位公开双向选择。公司所有岗位均进行重新设定岗位任职条件、薪级待遇，核心就是突出技能在岗位工作中的比重，降低学历在薪酬体系中的比重，更加强调岗位的实际工作能力和实操技能，实现能力与待遇相挂钩。此次的岗位双向选择涉及全公司 340 多个岗位，除中层以上领导由公司直接调整外，其余岗位均全面公开双向选择。

党的建设、精神文明建设、企业文化建设

2008 年，金湖电力公司围绕“11137”中心工作，深入学习贯彻党的十七大精神，实施“素质工程”，提升创造业绩水平；实施“保障工程”，切实维护企业稳定；实施“廉政工程”，建立企业惩防体系；实施“文化工程”，提升企业文化软实力；实施“先锋工程”，不断改进思想政治工作方法；实施“三德工程”，促进文明创建上水平；实施民主工程，努力构建和谐金电家园，全面提升企业党建水平，创新文化建设，推动文明创建工作上台阶，为促进金湖电力的可持续发展，构建一流水电流域公司，共筑和谐金电大家园提供可靠的政治保证和强大的精神动力，推进又好又快发展。公司党委同时被中共福建省委和中共三明市委授予“先进基层党组织”荣誉，公司被集团公司评为“纪检监察工作先进单位”。

福建省永安贡川水电站有限公司

概况

福建省永安贡川水电站有限公司（简称贡川水电公司）于 1998 年 3 月注册成立，初始注册资本 7938 万元。贡川水电站于 1998 年 9 月正式开工，2001 年 3 月正式投产发电。现注册资本为 5000 万元，装机容量达 4.3 万 kW，属华电福建发电有限公司控股发电企业，主营业务为水电站开发、电力生产销售，设计年发电量为 1.67 亿kW·h。

贡川水电公司实行董事会领导下的总经理负责制，下设总经理工作部、政治工作部、财务资产部、生产经营部、安全监察部、计划发展部 6 个部室。公司在册职工 29 人，其中硕士学历 1 人，本科学历 13 人，专科学历 13 人，其他 2 人；获得高级职称 2 人，中级职称 9 人，初级职称 13 人；获国家注册安全工程师执业资格的职工 6 人；获注册造价师执业资格的职工 1 人。

领导人员

总经理：王素亭

党委书记：陈清德

副总经理：周道宁

年度业绩

2008年，贡川水电公司实现利润总额351.77万元、净利润263.83万元；完成发电量1.44亿kW·h；上网电量1.41亿kW·h；耗水率40.46m^3/(kW·h)；电费回收率100%；实现销售收入4087.27万元。主设备一类率100%，辅助设备完好率100%。

实现年度安全生产4个百日无事故，实现连续安全生产2846天，创历史新高，生产安全、环保安全、经济安全、党风廉政建设和企业稳定与形象均圆满完成董事会和华电福建发电有限公司下达的年度安全生产目标。

生产经营管理

1. 安全生产保持平稳态势

安全基础进一步夯实。贡川水电公司认真贯彻执行“安全第一、预防为主、综合治理”的方针，把安全生产作为企业生命线。2008年初，安委会提出了11项安全计划目标和18项目标要求，相应制订了35项保证措施，并层层分解、落实到责任人，做到安全管理横向到边、纵向到底，形成全员、全面、全过程抓安全生产的良好态势，实现安全生产可控、在控。积极开展“无违章车间”创建活动。成立了公司“无违章车间”创建组织机构，修订了“无违章车间”创建管理实施细则和考评评分细则。认真开展安全生产月活动，提升安全文化氛围。公司把安全月活动与“安康杯”活动紧密结合起来，与抗震救灾、防汛抗台、应急管理、隐患排查治理、迎峰度夏、迎奥运保电、安全文化宣传教育等重要工作相结合，开展形式多样、行之有效的安全学习和培训教育活动，加大安全生产宣传力度，围绕主题，营造“关爱生命、杜绝违章”的良好安全文化氛围，推动安全生产各项工作的落实。不断强化技术监督管理。一年来，制定了技术监督标准监督项目34项、非标准项目26项，为强化现场的技术监督管理提供了良好的技术支持。突出重点，应对防冻抗灾保发电。2008年初，福建电网遭遇了多年来罕见的冰灾袭击，公司积极组织全员力量，提高认识，保持高度警惕，积极应对，突出防冻减灾重点，超前防范。加强大坝安全管理，落实防汛五项措施，确保安全度汛。水情测报系统畅通率达97.8%，可用度为91.7%。实现2008年度安全度汛。积极做好大坝定检工作，定检结论为贡川电站大坝为合格坝。

2. 强化对标管理和预算管理，经营管控成效显著

2008年，贡川水电公司节水增发电量1934万kW·h，创直接经济效益550万元；水能利用提高率完成了13.4%；管理费用比上年降低了10%。

3. 高质量完成机组大修任务，合理安排检修资金

1号机组大修工期比原计划的95天提前了3.5天圆满完成；完成检修标准项目7项、自控项目6项，合计计划资金211万，实际完成大修资金198万元，资金完成率达96.66%，年度项目完成率100%。

4. 狠抓科学调度，力争效益最大化

在全年来水偏枯、实际入库水量与2007年同比减少15.04%的不利客观条件下，全年平均库水位为157.37m；2台机组年平均发电设备等效可用系数为85.74%，比目标值提高了1.32%。

5. 精心部署技改项目，设备健康水平不断提高

2008年技改完成一般项目5项、信息化项目2项、特殊项目1项、自控项目7项、零星购置4项，技改完成率达100%。

6. 增强培训实效性，打造高素质的员工队伍

坚持科学人才观，积极推进“人才强企”战略。2008年，组织职工参加岗位资格、岗位适应性培训共计47人次，组织现场培训、安全培训等各类培训共计499人次，技术比武及预案演习3场次。全员培训完成率达100%。公司现有6人持有全国注册安全工程师执业资格证，占公司总人数的21%。

党的建设、精神文明建设、企业文化建设

深入开展“四好”领导班子和“文明单位”创建工作。贡川水电公司认真贯彻落实集团公司和华电福建公司的有关文件精神，积极开展“四好”领导班子和“文明单位”创建活动。2008年，公司被三明市推荐为福建省第十届“文明单位”。几年来公司党员干部没有发生违法、违纪现象。2008年，公司及员工先后向“和华”基金、

结对帮扶户以及“牵手”行动捐款共计10610元。在“心系灾区、共渡难关”捐款活动中，共收到捐款38100元，人均520元，党员人均达1440元。

福建闽兴水电有限公司

概况

福建闽兴水电有限公司（简称闽兴水电公司）由福建华电投资有限公司和南平市兴水防洪工程投资有限公司等8家股东单位共同出资组建，于2000年1月13日注册成立，主要从事中小型水电站的开发建设、经营管理，目前拥有两座中型水电站，总装机容量为10.38万kW。其中，峡阳水电站装机容量为3×1.46万kW，于2002年8月全面投产发电；照口水电站装机容量为3×2万kW，于2006年9月全面投产发电。

闽兴水电公司实行董事会领导下的总经理负责制，领导班子设总经理1人，副总经理2人，支部副书记兼工会主席1人。公司现有在册职工28人，其中华电系统在编职工17人，公司股东单位委派职工1人，池潭水电厂借调2人，劳务派遣用工8人。

领导人员

总经理：廖燕说

支部副书记兼工会主席：蒋寿泉

基建副总经理：陈连明

生产副总经理：陈天宇

年度业绩

2008年，闽兴水电公司全年发电量为41122.87万kW·h，完成年度计划41000万kW·h的100.3%；实现利润总额1715.35万元，完成年度预算1400万元的122.53%；实现净利润1283.32万元，完成年度预算1050万元的122.22%；综合厂用电率为2.24%，比预算下降0.03个百分点；年末资产负债率为82.85%，比年初85.78%下降了2.93个百分点。

内部改革

由于体制原因，闽兴水电公司现有华电在编人员由基建期在册地方股东方派出员工和原电力系统单位借调人员组成。根据中国华电集团公司（简称集团公司）（中国华电人函［2003］68号）文件的批复，同意公司进编管理人员16人。2003年12月，公司顺利完成已批复进编人员中15人的进编工作；同时，集团公司对公司的领导班子进行了调整，调入公司领导2人。目前，公司共有华电在编职工17人。

2006年12月，经公司党政联席会议研究决定，对公司内部机构及人员进行改革，以满足公司今后工作与发展需要。成立了总经理工作部、人力资源部、生产技术部、安全生产监察部、党群工作部、基建管理部（非常设机构）。

根据《福建闽兴水电有限公司薪酬制度实施方案》，公司实行年薪制、岗位绩效工资制为主，协议工资制为辅的薪酬分配制度。公司领导人员实行年薪制，年薪由福建公司统一核定、下达；公司中层及以下员工实行岗位绩效工资制，包括岗位绩效工资和基础薪金，其中岗位绩效工资又由岗位薪金、绩效奖金、特殊津补贴三个单元组成；公司劳务派遣用工实行协议工资制，主要依据当地市场劳动力工资价位协商确定报酬。

党的建设、精神文明建设、企业文化建设

闽兴水电公司党支部成立于2001年底，现有党员12人。打造特色“理念树廉”、“亲情助廉”、“友情帮廉”、“氛围融廉”、“监管督廉”、“文娱导廉”的“六廉”特色廉洁文化。以“勿以恶小而为之，勿以善小而不为”、“公心处事，秉承清廉”为共同格言，以“守规向廉，和谐共荣”为文化理念建立一个“我不伤害别人和我不被别人伤害”的机制，营造“企兴我为，企盛我荣”的工作氛围。

其他重大事项和情况

获得集团公司“投产立功单位（照口水电站）”、“基建安全先进单位”和“金融动作暨资金结算管理工作优胜单位”，省重点办“重点项目建设先进集体”，华电福建公司“基建工作先进单位”、“机组投产功臣单位”、“文明单位”、“创建四好领导班子先进集体”、“先进单位”，南平市人民政府“工业纳税大户”等荣誉称号。

2008年11月，经公司股东会第二十一次会议批准，福建华电投资有限公司收购厦门力泉技术经济开发股份有限公司所持有公司12%的股权、福建太禹投资（集团）有限公司所持有公司9%的股权、南平市益能投资有限公司所持有公司8%的股权。本次股权收购后，福建华电投资有限公司持有公司59%的股权，形成绝对控股。

2008 年，公司照口水电厂维护班荣获福建省总工会授予的“工人先锋号”称号。

福建华电储运有限公司

概况

福建华电储运有限公司（简称储运公司）位于福州市连江县可门港区上宫洋，系华电煤业集团有限公司（简称华电煤业）的控股企业。2004 年 12 月 31 日公司注册成立，注册资本金为 3 亿元，由华电煤业、福建省交通运输（控股）有限公司、福建集兴贸易有限公司分别以 56%、34%、10% 的出资比例共同组建而成，主要负责建设和经营“福建华电可门储运中心工程”，是中国华电集团公司第一个港口物流项目。

储运公司下设总务人资部、财务资产部、企划公关部、经营发展部、生产运营部、技术设备部、工程建设部、安全质量部等 8 个部门。截至 2008 年 12 月，公司在册员工总数为 119 人，其中本科人及以上学历 37 人；各类专业技术人员 16 人，高级职称 9 人，中级职称 14 人，初级职称 11 人。

领导人员

总经理：林金珍

副总经理：吴先孟

主要领导人员变动情况：2004 年 11 月，林金珍任储运公司总经理。

生产经营管理

工程设计上，按照“安全可靠、中等适用”的要求抓好工程设计。选择资质等级高、信誉好、业绩优的勘察设计单位；对提供的图纸进行严格审查；通过召开工程建设设计联络会、设备技术联络会等形式，做好与设计、监理、设备监造、设备安装等单位的沟通；严把工程设计变更工作，保证工程的质量、进度和造价。

工程建设和管理过程中，牢固树立“诚信、和谐、细节、精品”的管理理念，建立工程质量安全的监督与保证体系；健全质量管理机构，加强对质量监督重点部位实施全过程跟踪；按“从严管理、从严考核”的要求，加强细节管理、施工质量的检查考核、质量的预控；以开展“对标管理年”和“质量提高年”活动与水运工程质量通病治理有机结合，保证工程的施工质量。2008 年 9 月，在福建省交通质量监督站各单位工程的质量核验中，码头各单位工程均被核验为“优良工程”，土建各单位工程均达到“合格”。

工程安全方面，坚持贯彻“安全第一、预防为主、综合治理”的方针，树立“安全是根、平安是福”的安全理念，建立有效的动态管理机制，安全预警、安全奖惩机制，事故快捷控制、处理体系。完善安全生产责任、保证、监督、技术体系，健全安全网络和安全制度，规范安全工作流程。截至 2008 年 12 月 31 日，未发生各类事故，实现了安全生产责任制中确定的安全目标。

工程进度控制上，编制工程网络计划，按工程里程碑节点工期倒排进度；定期组织施工单位、监理单位召开周例会、月度协调会，分析检查落实工程周、月计划工作；合理调配工程资金，保证工程资金及时、有效；在工程的实施过程中，严格按照进度计划加强跟踪、落实，确保提前三个月竣工，投入生产试运营。

工程造价上，按照“公正、公平、公开”的原则，做好工程招标的组织工作。认真执行概算，确保各项工程不超过初步设计概预算；认真组织编制招标文件，施工标段采用概算下浮招标，固定总价合同，有效地解决加快工程建设与施工图滞后提供的矛盾；周密组织，按照法定程序进行开标、评标；严把工程签证及设计变更，确保造价控制。经统计，工程实际投资约 12.6 亿元，比概算 13.8 亿元节约 1.2 亿元。

项目发展

“福建华电可门储运中心工程”拥有可门作业区 8～11 号等 4 个泊位和 1 个用于建设大型散货堆场的上宫洋垦区，码头岸线总长度达 1251m，是福建省政府“十一五”现代物流业建设项目。按照“整体规划、分布实施”的原则，该工程分三期建设：

一期工程为建设可门港 10 号、11 号煤炭泊位，已于 2008 年 9 月 30 日建成投产，总投资 13.8 亿元。公司一期同时配套参股可门疏港支线铁路建设，与温福铁路连接，计划于 2011 年建成投运。工程完工后，可实现水水中转、水铁中转和水陆中转。

二期工程为建设与一期工程相配套的上宫洋

垦区大型散货物流中心。该中心填海造地总面积为96万m^2，建成后可实现年散货转运量900万t、加工量600万t。该工程采用“总体规划、陆域一次形成、堆场分期分步实施”的方案进行开发建设，项目建成后可大大提升公司的物流中转和散货加工能力。

三期工程为规划建设8号、9号大型矿石泊位，规划建设一个为30万t级的散货卸船泊位和一个10万t级的散货装船泊位，预计工程投资为20亿元左右，年吞吐量可达3000万t。

福建华电可门储运中心工程全部建成投运后，年散货吞吐量可达4000万t，将成为我国东南沿海集储存、中转、混配加工为一体，兼营煤炭、矿石的大型现代化干散货集散中心，辐射闽、粤、湘、赣和台湾地区。

中国华电集团公司湖北分公司

概况

中国华电集团公司湖北分公司（简称华电湖北分公司）成立于2003年3月26日，是中国华电集团公司在湖北省的派出机构，负责对华电集团在湖北省的内部核算单位、合资和控股发电企业进行管理、协调和服务。截至2008年底，华电湖北分公司拥有7家控股企业和一家参股企业，运行装机容量326万kW，占湖北省全口径装机容量4327万kW的7.53%，资产总额127亿元，在建机组187.5万kW。员工2430人。7家控股企业分别是：湖北华电襄樊发电有限公司（简称襄樊公司，运行容量240万kW）、湖北西塞山发电有限公司（简称西塞山公司，运行容量66万kW）、湖北华电西塞山发电有限公司（简称华电西塞山公司，在建机组136万kW）、湖北华电黄石发电股份有限公司（简称黄石公司，运行容量20万kW，在建33万kW热电联产机组）、湖北华电武昌热电有限公司（简称武昌热电公司，在建18.5万kW燃机）、湖北汉源电力开发公司（简称汉源公司）、湖北金源水电发展有限公司（简称金源公司）。

2008年底，华电湖北分公司本部设7个部室，分别是综合管理部、计划发展部、人力资源部、财务部、安全生产部、市场营销部、政治工作部。

领导人员

总经理、党组成员：苟伟

党组书记：王幼平

党组成员、副总经理：章明、柯国华、骆民强

主要领导人员变动情况：2008年3月16日，骆民强任华电湖北分公司党组成员、副总经理。

区域年度工作业绩

2008年，区域完成发电量136.54亿kW·h，同比增长40%；完成发电设备利用小时为4188h，比全省统调火电平均利用小时4079h高109h；完成综合供电煤耗337.65g/(kW·h)，同比下降2.54g/(kW·h)；完成综合厂用电率6.43%，同比下降0.3个百分点；全年亏损4.97亿元。

区域生产经营管理

2008年，华电湖北分公司。受特大自然灾害和复杂多变的国内外经济形势影响，经营出现较大亏损、电煤供应空前紧张、利用小时大幅下滑、资金链面临随时断裂风险。面对严峻的经营形势，分公司通过加强管理、深入对标、内部挖潜、外争政策，广大干部职工的经营意识、市场意识、危机意识和责任意识得到加强。分公司积极履行社会责任，圆满完成抗冰保电、抗震救灾、奥运保电等重大任务；踊跃向灾区捐款，以实际行动支援全国抗灾工作，展示了华电企业顾大局、负责任的良好形象。分公司坚持以科学发展观统领全局，认真贯彻落实集团公司各项工作部署，深入开展对标管理年和财务管理年活动，开创了各项工作的新局面。

安全生产保持稳定。狠抓各项制度和措施落实，全面开展安全生产对标管理，深入开展“隐患治理年”、“无违章创建”和春、秋季安全大检查等活动，强化设备管理、应急管理等各项基础性管理，安全生产保持稳定局面。分公司系统未发生一般及以上事故。各发电企业年内全部实现3个百日安全无事故。黄石公司实现安全生产累计超过3000天，在集团公司同类机组中排名第一。抗灾保电取得全面胜利，奥运保电任务圆满完成。

对标管理年和财务管理年活动扎实开展。在全面实施对标管理的基础上，开展了以降成本、控风险、促发展为主要内容的财务管理年活动，并以此促进对标管理年活动的开展，取得了明显成效。西塞山公司充分发挥指标控制体系、指标评价体系和管理控制体系的作用，形成了“建标、对标、达标、创标”的良性循环，一期两台33万kW机

组累计完成综合供电煤耗332.22g/(kW·h)，同比下降1.78g/(kW·h)，继续名列集团公司同类型机组第一、第二名。黄石公司在对标管理中做到了“月对标、周落实、日算账”，强化了全员成本控制意识。襄樊公司紧紧抓住设备管理和运行管理两条主线，部分关键运营指标进一步改善。

经营管理进一步加强，挖潜增效取得明显效果。及时跟踪市场变化，千方百计争取和落实电量，区域全年设备利用小时比全省统调火电平均利用小时高109h。积极实施系统内外电量转移，其中，武昌、黄石公司关停机组通过电量转移，累计实现区域增收5400多万元。抓住国家实行煤电联动和疏导电价的政策机遇，促使全省两次煤电联动上网电价上调4.3分/(kW·h)，武昌热电公司燃机上网电价确定为0.73元/(kW·h)，区域146万kW装机脱硫电价提前走入全省销价。燃料管理得到加强。进一步规范燃料基础管理，加强对各单位燃料采购、入厂验收、入炉管理、储存保管、成本核算、统计分析等方面的管理和监督。通过加大力度开辟渠道、调整结构、加强管理等措施，控制了煤价过高涨幅。加强成本控制，实现降本增效。三项费用在年初预算基础上压缩了10%～15%，并得到了很好控制。积极争取地方政府支持，减免、减缓政策性收费，缓解经营压力，提高经济效益。监察、审计、财务稽查、法律监督等内控机制建设和风险防范工作进一步加强。

区域项目发展

发展速度进一步加快。紧紧围绕分公司“十一五”实现装机容量500万kW的发展目标，推进项目前期和建设工作。全力推进工程建设：黄石公司“上大压小”热电联产项目获得国家发展改革委核准并正式开工建设；西塞山二期项目一台机组取得国家发展改革委“路条”。狠抓工程设计优化，在输灰系统、脱硫工程、煤场、循环水管线优化等方面取得丰硕成果，积累了宝贵经验。区域战略结构调整起步，沼气发电项目、北煤南运项目、核电前期工作取得进展。

改革发展

区域检修体制改革取得较大进展。启动区域检修体制改革工作，成立湖北华电电力工程有限公司筹备组，完成了体制改革方案，并开展了公司组建的各项前期工作。管理体制进一步理顺。分公司进一步加强了区域管控力度，积极稳妥地推进燃料体制改革和工程建设三级管理体系改革，强化了区域燃料管理和工程管理的主体责任。解决了襄樊公司“一厂两制”问题，完成了公司吸收合并的全部法律手续和资产整合工作，理顺了生产管理体制，管控模式与分公司进一步对接。积极推进区域资产重组。研究并启动了区域水电开发平台的整合工作。深入研究黄石区域资产重组效益预测和评价，积极推动相关工作。

党的建设、精神文明建设、企业文化建设

根据集团公司统一部署，坚持高起点定位，高标准要求，积极指导和帮助襄樊公司认真开展好学习实践活动试点工作。襄樊公司立足“真懂真信真用”，坚持“边学边查边改”，做到“规定动作不折不扣、自创动作有所创新”，学习实践活动成效初显。

认真开展“三树三促一确保”党内主题实践活动，进一步发挥党组织和党员领导干部“四个作用”。积极推进区域发电企业党建及思想政治工作创新发展，西塞山公司“三入三赢”党建工作模式受到高度关注。加强反腐倡廉教育，深入推进惩治和预防腐败体系建设。紧紧围绕企业生产经营中心工作开展效能监察，2008年分公司系统共完成专题效能监察14项，涉及企业生产经营、关联交易、工程基建、资产处置等方面，有效提升了企业的规范高效运作。加强文明创建工作，推进和谐企业建设。分公司首获集团公司文明单位称号，西塞山公司首次进入集团公司文明单位标兵行列。加强企业文化建设，大力开展《华电宪章》宣贯，积极推进分公司企业文化体系建设，华电文化理念得到广大员工的进一步认同，文化凝聚力和感召力进一步增强。紧紧围绕区域改革发展中心任务，加大宣传力度，强化先进人物选树和典型事迹的宣传，营造了积极向上的舆论环境，展示了分公司的良好形象。

加强所属企业领导班子管理和后备干部培养，干部队伍建设初见成效。突出薪酬的业绩导向作用，加强区域薪酬管理。积极推进按定员组织生产的相关准备工作，完成了襄樊公司劳动定员核定，启动了西塞山公司脱硫技改项目的人员配置，劳动组织管理逐步规范。坚持“人才强企”战略，研究制订人力资源培训计划，引导各企业分层次、分类别、分专业开展专业培训项目。在集团组织的火电机组集控运行技能大赛中，2 名同志获得大赛铜牌，3 名同志获得集团公司技术能手称号；在湖北省 30 万 kW 级火电厂运行调度比武大赛中，西塞山公司获得团体第一和个人第一的好成绩。

湖北华电襄樊发电有限公司

概况

湖北华电襄樊发电有限公司（简称襄樊公司）注册资本 11.85 亿元，由中国华电集团公司、湖北汉源电力开发有限公司按 65% 和 35% 的比例持股。

襄樊公司拥有装机容量 2400MW。一期 4 × 300MW 亚临界机组于 1997 年开工建设，1999 年投产发电，工程总投资 52 亿元；二期 2 × 600MW 超临界机组于 2005 年 5 月 28 日开工建设，2007 年 5 月 23 日建成投产，工程总投资 39.2 亿元。

一期、二期公司在 2007 年底以前是两家独立的法人，一期法人名称为“湖北襄樊发电有限责任公司”，控股方为国网新源控股有限公司；二期法人名称为“湖北华电襄樊发电有限公司”，控股方为中国华电集团公司。2007 年 12 月 23 日，作为“647 项目”之一，一期公司的安全生产责任和管理权移交中国华电集团公司。2008 年 9 月 26 日，国网新源控股有限公司与中国华电集团公司就一期 65% 股权转让事宜达成协议，一期资产移交正式启动。2009 年 1 月 8 日，一二期资产整合顺利完成，二期公司吸收合并一期公司，一期公司注销。

襄樊公司的经营范围包括：电力项目的开发、投资、建设和经营，电能的生产和销售，电厂废弃物的综合利用及经营，电力技术咨询、服务，电力物资、设备采购。公司的主要产品是电能。

截至 2008 年 12 月 31 日，襄樊公司共有全民在职职工 476 人，退休职工 18 人。

领导人员

公司董事长：苟伟（法定代表人）

总经理：王晓林

党委书记：彭光明

副总经理：杨立辉

副总经理：李风亮

副总经理：刘汉斌

副总经理：张建农

纪委书记：陈丹

工会主席：杨传华

总工程师：张首武

总会计师：刘英

主要领导人员变动情况：2008 年 3 月，王晓林任襄樊公司总经理。

年度业绩

2008 年，襄樊公司未发生一般及以上设备事故，未发生轻伤及以上人身事故，未发生违法违纪案件及其他有损公司形象的事件，累计实现安全生产 943 天。

全年完成发电量 88.4 亿 kW · h，完成利润总额 -4.95 亿元。其中 60 万 kW 机组利用小时 3975h，高于全省同类机组平均利用小时 385h。

全年累计完成供电煤耗 334.16g/(kW · h)，其中一期完成 351.0g/(kW · h)，二期完成 319.8g/(kW · h)。

生产经营管理

2008 年，襄樊公司安全生产局面逐步好转，生产经营指标逐步改善，各项工作正在朝着好的方向发展。

（1）积极推进管理融合和资产合并工作，理顺管理体制。2008 年，公司完成了一期、二期资产整合和吸收合并工作，从根本上解决了“一厂两制”问题。集团公司的管理理念和分公司的管理要求在公司范围内得到了全面、深入的贯彻，“做华电人、讲华电话、干华电事”的氛围已经形成，公司基础管理素质和凝聚力明显提升。

（2）狠抓安全生产工作，保持安全生产的稳定局面。2008 年，公司圆满完成抗冰保电、抗震救灾、奥运保电、迎峰度夏、防洪度汛等各项工作任务，年内实现 3 个百日安全无事故，被集团公司评为“2008 年度安全生产先进单位”。

（3）加强经营管理工作，实现效益最大化。全年落实计划外电量 11.8 亿 kW · h；60 万 kW 机组利用小时创全省同类型机组最好水平；全年电费回收率完成 100%；全年共融资 29.23 亿元，减少财务费用 1684 万元；推行成本管理定额化，压缩会议、车辆、招待、办公费用开支，管理费在预算基础上大幅下降。

（4）大力开展营运改善工作，提高安全经济运行能力。4 号机组大修后汽轮机热耗下降了 336.4kJ/(kW · h)，锅炉效率提高 0.807%，大修后连续运行 190 天（截至 12 月 31 日）。

（5）深入开展学习实践科学发展观试点工作，取得明显成效。员工的精神面貌有了极大改观，战胜困难的决心和信心大大增强，基础管理工作得到梳理和加强，各项减亏控亏措施得到贯彻落实。

（6）深入开展对标管理工作，管理流程逐步优化，生产经营指标逐月好转。

（7）加强党建和思想政治工作，增强了发展的内在动力。

项目发展

按照国家节能减排政策要求，启动一期 4×300MW 机组脱硫改造工作。

内部改革

2008 年，随着襄樊公司融入华电大家庭，公司在分配、薪酬等方面与集团公司相关政策进行了全面接轨。一是公司培训费计提比例按集团公司相关政策要求调整为 1.5%；二是公司医疗保险由华中电网有限公司管理转为华电集团公司湖北分公司管理，相关政策进行了调整，单位缴纳的基本、补充医疗保险计提比例由 8%、2% 调整为 6%、4%，职工享受的医疗保险待遇也发生相应变化，执行湖北分公司相关政策；三是企业年金存量资金于 2008 年 11 月底归集到华电集团公司社保中心管理，并按集团公司相关政策与要求通过了《关于印发〈湖北华电襄樊发电有限公司企业年金实施办法〉的通知》，于 2008 年起执行；四是配合“对标管理年”活动，增设了对标管理奖。

2008 年 10 月，襄樊公司着手准备体制改革工作。2008 年 11 月，按集团公司批复的襄樊公司定员标准和《集团公司劳动定员标准》文件要求，启动以“按定员组织生产”为核心的体制改革，并完成了配套制度的建设工作。

党的建设、精神文明建设、企业文化建设

2008 年是襄樊公司融入集团公司的第一年，襄樊公司党委围绕企业生产经营任务，以开展学习实践科学发展观活动试点工作为契机，融入中心做工作，进入管理起作用，充分发挥基层党组织的政治核心作用，为推动襄樊公司科学发展提供了强劲的精神动力和组织保障。

襄樊公司党委通过组织开展知识问答、演讲比赛、外出学习、文艺汇演等活动，宣传华电企业文化，树立价值思维理念，引导广大干部员工转变思想、更新观念，适应新管理体制要求，全面融入华电大家庭。

学习实践活动试点工作中，襄樊公司经过学习调研、分析检查、整改落实三个阶段 11 个环节的工作实践，查找制约企业科学发展的突出问题，制订了切实可行的整改措施，逐步解决了影响企业和谐发展的瓶颈难题和员工关注的热点问题，开创了襄樊公司科学发展新局面。

湖北西塞山发电有限公司

概况

湖北西塞山发电有限公司位于湖北省黄石市东郊的西塞山麓，是中国华电集团公司旗下的中外合作企业。公司由湖北华电黄石发电股份公司（股权比例 50%）、美亚黄石电力有限公司（股权比例 49%）和黄石市投资公司（股权比例 1%）于 2000 年 10 月 18 日共同投资设立。

公司现有装机容量 76 万 kW，其中新装机 2×33 万 kW 燃煤发电机组，华电黄石公司将其 209 号机组（20 万 kW）的一半作为实物投资 10 万 kW（委托华电黄石公司运行）。2 台机组分别于 2004 年 7 月、12 月投产发电，该工程被国家水利部评定为 2008 年全国生产建设项目水土保持示范工程，由中国投资协会评为“优质投资项目”。

截至 2008 年底，公司有员工 216 人，平均年龄 35.6 岁。其中，本科以上学历 99 人，占员工人数的 45.83%，中级以上职称 77 人（含高级职称），占员工人数的 35.65%，高级技师（含高级工）55 人，占员工人数的 25.46%。公司下设计划经营部、综合部、商务部、财务部、运行部、安生部、检修部和政工部 8 个部门。

领导人员

董事长、党委书记：刘扬志

副董事长：梁鹤銮

董事：王幼平、柯国华、邹向举、卢冶、陈永善、谢文彦、宋方奇

总经理：钱勇

副总经理：王新民

财务负责人、党委委员：左自海

纪委书记、工会主席：窦洪华

总工程师：黎亚兵

主要领导人动变动情况：2008 年 3 月，王晓林离任，刘扬志继任公司董事长、党委书记，赵

钧继任副总经理；柯国华接替张涛担任公司董事。

年度工作业绩

2008年，公司完成发电量40.24亿kW·h，完成年计划的99%；发电设备利用小时5399h，居全省同类机组第二；综合供电煤耗332.22g/(kW·h)，同比下降1.75g/(kW·h)，继续名列集团公司同类型机组第一、第二名；实现利润3664万元；实现了“零事故”目标。

生产经营管理

取得抗灾保电和奥运保电的胜利。2008年自然灾害频发，煤炭供应极度紧张，煤价持续飙升，生产经营经受了前所未有的严峻考验。在困难面前，公司全体上下团结一心，秉承高度的责任感和使命感，攻克难关。一是千方百计做好“四煤”工作，在煤炭资源极度紧张的情况下全力以赴抢煤保电，努力做到“保量、控价、提质”；二是奋力拼搏，全力以赴抗击雪灾，维护了机组安全稳定运行，此项工作得到了省政府、省电网公司的充分肯定；三是众志成城抗震救灾，公司以“保人身、保设备、保电网”为首要任务，确保设备稳定运行，公司携全体员工向地震灾区捐款逾百万元，党员向灾区交“特殊党费”23880元，积极支援抗震救灾和灾区重建家园；四是胜利完成了奥运保电和迎峰度夏任务。

安全保障能力不断增强。一是以构建“西电”特色的安全文化为先导，倡导“安全是企业效益的基石，安全是员工幸福的根本”的安全理念；二是追求实效，认真开展春、秋季安全大检查、安全隐患排查治理和迎峰度夏专项检查等活动；三是标本兼治，全面推进无违章创建工作，提出了创“无违章班组”、创“无违章部门”、“无违章企业”工作目标；四是重视应急管理，完善应急预案体系和突发事件快速反应机制，扎实有效开展实战演练，提高了应急迅速处置各类突发事件的能力，保证了极端恶劣气候下的安全生产。公司继续保持安全运行良好态势。未发生一般及以上设备事故，未发生轻伤及以上人身事故，未发生影响员工健康的事件，未发生影响社会的环保事件，污染物均达标排放。截至2008年12月31日，已实现连续安全生产1645天。

公司盈利能力有所提升。一是市场营销工作取得丰硕成果，2008年公司共争取到发电量调整计划35.72亿kW·h，在第三轮煤电联动中，基本电价分别上调2.3分/（kW·h）和2分/（kW·h），超发及协议电价还争取到1.1分/（kW·h）加价，电网管理费从2008年7月1日起减半执行，为全年减亏增盈创造了良好条件。二是深入开展“财务管理年”活动，以全面预算管理为龙头，重点加强三项费用等可控费用管理，形成了从领导到员工全员参与、集思广益、群策群力，挖潜提效的良好态势，除燃料成本因市场因素有所上升外，材料费、修理费已达到集团公司优秀水平。积极开展资金运作，优化负债结构，既保证了现金流稳定、充足，又通过提前还贷降低了财务费用。资产负债率保持在65%～66%，现金流量充足。

经济指标持续优化。一是落实技术责任制，强化设备指标统计分析，实时掌握设备的动态变化，力争设备运行最高效；二是严格设备缺陷管理，积极推行缺陷分析制，做到事前控制，力求设备运行最可靠；三是深化点检定修管理，变设备“坏了再修”为“早期预警”，有效防止了设备过维修和欠维修，经济指标得到改善，检修费用得到有效控制；四是利用下半年煤价高、电力需求不旺的有利时机开展了2号机组大修，在规定的45天工期内，实现了“优质、高效、安全、低耗、文明”的大修目标，修后机组主要经济指标得到显著提高；五是认真开展对标管理年活动，总结出了“日事日毕工作法”、设备管理“三要素”、机组滑压运行、锅炉变氧量运行等先进的管理经验，形成了“建标、对标、达标、创标”的良性循环。机组各项指标持续保持和稳步改善，主、再热汽温、飞灰等指标持续在接近设计值和优于设计值下运行，供电煤耗、厂用电率均再次刷新了历史记录。

项目发展

按照国家环保局和集团公司要求，经过两年的前期筹备，公司2×33万kW燃煤机组脱硫设施主体工程于2008年9月正式开工建设。该工程在原预留脱硫场地进行改造，采用石灰石（石膏）湿法脱硫工艺，一炉一塔方式配置，设计脱硫效率为≥96%，装置可用率≥98%。工程由中国华电工程公司采用EPC总包模式建设，工程静态投资12604万元。截至2008年底，工程已完成计划总投资的40.6%，预计于2009年7月完成168h试运。项目建成后，每年将年减少SO_2排放约1.1万t，具有良好的环境效益、社会效益和经济效益。

党的建设、精神文明建设、企业文化建设

公司党委结合中外合作企业的特点，坚持“围绕中心、凝聚人心、强化核心”，积极探索推进公司党建工作的有效途径和方法。以加强党员干部思想政治建设为关键，以建立健全党组织充分发挥政治核心作用的有效机制为重点，以加强党的基层组织和党员队伍建设为基础，从思想、组织、作风和制度上全面加强和改进公司党的建设，为促进公司履行“三大责任”、提升“三大业绩”提供强有力的政治保证和组织保证，党建工作向特色迈进，逐步形成了企业所需、股东所理解、员工所欢迎的有中外合作企业特色的文化体系。“三入”、“三赢”的党建工作经验受到了国务院国资委党建工作局的重视宣传。

湖北华电西塞山发电有限公司

概况

湖北华电西塞山发电有限公司于2007年8月15日注册成立，由中国华电集团公司和黄石市城市建设投资公司共同投资，投资比例分别为99%和1%，拟建2×60万kW级超超临界燃煤发电机组，工程静态投资约为43.9亿元。第一台机组已于2008年12月7日取得国家发展和改革委员会同意开展前期工作的“路条”。目前项目核准所需的各种支持性文件已取得，项目核准申请报告已报出，力争于2009年6月之前取得核准，第二台机组力争于2009年取得路条，两台机组计划于2010年实现优质双投。

领导人员

董事长：张涛

董事：王幼平、骆民强、郭春彦、刘扬志

监事：李长旭、李建新、窦洪华

总经理：刘扬志

副总经理：郝忠义

财务总监：左自海

工程建设与管理

以优化工程方案为手段，合理控制工程造价。一是重点抓好招标、合同管理，在集团公司年中造价检查和年度绩效目标检查中获得了较好评价；二是抓好过程控制，开展工程方案优化，严格设计变更管理，通过大量方案优化工作，节省工程投资数千万元；三是为了贯彻和落实2009年2月12日集团公司西塞山项目现场协调会精神，进一步加大设计优化力度，项目公司组织总包和设计院到外高桥第三发电公司调研收资，提出设计优化新课题。

以创新安全管理模式为抓手，实现安全施工可控、在控。全面落实工程建设“安全五同时”，根据“小业主、大监理加EPC总承包”的模式建章立制，确保工程建设以项目公司为核心领导，以总包商为现场管理主体，以施工单位为实施主体，充分发挥监理的安全监督作用，建立健全安全管理网络机构，探索出具有项目特色的安全文明施工管理模式。一是强化安全文明施工日常管理，安全工作凡事有人管、凡事有据可依、凡事有据可查、凡事有人考核；二是各级安全培训与教育常抓不懈，大大提高了参建人员的安全意识和“三不伤害”能力，使施工现场各类违章现象大大减少；三是建立应急管理体系和隐患排查长效机制，积极开展无违章创建和隐患治理年工作，将安全活动同安全专项检查有机结合，提高了公司、参建单位的安全管理水平和施工人员的安全意识；四是层层签订安全目标责任书，将安全责任落实到人，实行严格的现金考核制，将安全责任与个人利益紧密结合，有效遏制了不安全行为，同时加强对其他项目不安全事件的剖析，举一反三，防患未然。

以确保“鲁班奖”、争创“国优金奖”为目标，全面提高施工质量。以“质量提高年”活动为契机，坚定确保“鲁班奖”、争创“国优金奖”目标，将“四个策划”放在工程建设的首位，建立项目公司、监理、总包三位一体的质量管理体系，在省质监中心站的领导下，加强工程质量管理，确保工程质量可控在控。

以项目融资为保障，确保建设资金充足。2008年恰逢货币政策由“稳健”转为“从紧”，国家加强金融调控，由于项目尚未核准，融资异常困难。为及时足额保证工程建设的资金需求，我们一方面积极向各大银行介绍项目的优势和前期资金需求，力争取得银行对项目的支持；另一方面以“财务管理年”为契机，通过贷款利率下浮、协定存款、承兑汇票等措施积极降低财务费用。

湖北华电黄石发电股份有限公司

概况

湖北华电黄石发电股份有限公司（简称黄石公司）是由集团公司控股的国家大型二类发电企业，始建于1945年，“一五”期间为中南第一大电厂，是湖北省首家电力股份制改造试点企业。公司现有运行装机容量1×200MW（其中，公司以1×200MW机组一半资产投资控股湖北西塞山发电有限公司2×330MW容量）。

60多年来，企业的改革发展历经了四次跨越：1993年，首开湖北集资办电先河，新建沈家营发电厂200MW机组，公司一跃成为大型二类发电企业，实现了首次跨越；1995年，公司率先实施电力企业股份制改造，实现了第二次跨越；2002年8月，公司与美国PSEG公司合作，盘活存量资产、吸引外资、异地建设“大代小”技改项目（湖北西塞山发电有限公司），实现了第三次跨越；2008年9月，抓住国家“上大压小”和黄石呼唤城市集中供热的历史机遇，坚决关停小火电机组总容量为25万kW，利用关停机组场地，建设1×300MW热电联产项目，实现了第四次跨越。

截至2008年底，公司在册职工1146人，离退休职工1018人。其中大学本科及以上学历93人，约占总人数的8.12%；大专483人，约占总人数的42.15%。高级职称21人，中级职称92人；高级技师4人，技师77人，高级工271人。公司下设总经理工作部、计划发展部、人力资源部、财务资产部、政治工作部、纪委、监察审计部、工会、总工办、安全培训部、生产技术部、物资供应部、发电部、检修部、西塞项目部、燃料部、燃料购运部、出灰部、改扩建工程处、离退休管理部、武装保卫部等21个部门。

领导人员

董事长：章明

监事会召集人：陈洪怀

总经理：邹向举

副总经理：刘尧平、应伟、李文波

纪委书记、工会主席：陈洪怀

总工程师：刘尧平

主要领导人员变动情况：2008年4月27日，章明在公司四届二次董事会上当选董事长。

年度业绩

2008年，完成发电量12.46亿kW·h，实现销售收入39570万元，完成综合供电煤耗366.37g/(kW·h)，完成厂用电率6.48%；完成机组平均利用小时6262h，实现利润－3006.75万元（扣除对西塞电厂的投资收益1979.47万元，公司利润总额－4986.22万元）。

生产经营管理

公司以单机运行和热电项目建设双安全为主线，确保了安全生产局面持续稳定。一是在“抗冰保电”、“奥运保电”和“迎峰度夏”期间未发生缺煤停机和非计划停运，受到了湖北省政府和省经委的高度肯定；二是大力开展“隐患治理年”和“无违章创建”等安全活动，全年排查出各类重大设备隐患39项，完成了检修项目495项，机组安全可靠性大大提高；三是以节能评价为契机，确保了供电煤耗等重要指标全面下降；四是克服场地狭小、生产基建交叉进行等困难，老厂房拆除、输煤系统改造、110kV变电站改造等工作顺利进行。2008年，机组全年无“非停”，创公司最高记录；截至12月31日，实现连续安全生产3108天。

公司以成本控制为核心，控亏工作成效显著。燃料管理确保成本得到有效控制：一是全年重点合同兑现率同比上升7.09%，确保了高热值优质煤炭供应，改善了锅炉燃烧工况，有效控制了标准煤单价；二是加强燃料专业管理人员业务培训和职业道德教育，实行采制样岗位交接制；投运入厂煤机械取样装置，购置了激光盘仓仪；加强效能监察，坚持纪委和有关部门参加燃料盘仓和入厂煤入炉煤样抽查。1~12月，公司入厂入炉煤热值差为314kJ/kg，比2007年下降303kJ/kg，为公司控制亏损奠定了坚实基础。

公司高度重视电力市场营销。年初通过积极寻求湖北省经委和电网公司的理解支持，争取到较高的年度计划。在冰雪灾害天气时多发和满发，又获得了0.44亿kW·h的奖励电量计划。在煤电联动电价普调2.3分/(kW·h)的基础上，落实了脱硫上网电价1.5分/(kW·h)。全年电费回收率完成100.15%，为企业生产经营正常运转提供了良好的资金保障。

公司扎实推进对标管理，建立月对标、周落实、日结算的对标管理体系，形成自上而下、层层负责的对标管理网络，确定了4项一级指标和67项二级指标组成的对标管理指标体系，实现了以指标保目标的对标闭环管理。通过对标管理，主要生产技术指标实现持续优化：1～12月，厂用电率低于计划值0.72%，综合厂用电率较计划下降1.15个百分点；供电煤耗、综合供电煤耗分别比绩效目标降低0.79g/(kW·h)、1.72g/(kW·h)。

项目发展

2008年4月11日，公司1×300MW热电联产项目获得国家电网公司对工程接入系统的批复。7月22日，国家发展改革委以发改能源［2008］1867号文下发公司1×300MW热电联产项目核准批复；9月26日，项目正式开工建设，预计2010年5月建成投产。

内部改革

按照集团公司的统一部署，公司强化全员培训，加大人才储备，为按新定员标准组织生产做好准备：一是根据湖北区域资源整合需要，制订和启动了《储备输出人员配置方案》和《储备输出人员培训实施方案》；二是加强储备人员培训，针对西塞二期、热电项目等人员需求，对集控运行、检修维护等储备人员进行了测算配置，完成22名转岗人员培训；三是加强全能值班员培训，组织两批次共60人为期3个月的脱产全能值班员培训，分两批组织41人在襄樊公司进行30万kW仿真机培训；四是举办管理人员培训班和对标管理知识讲座；五是开展公司第三届聘用技师、第四届“双优”和第三届“青优”评比活动，进一步加大人才激励力度。

党的建设、精神文明建设、企业文化建设

黄石公司党建工作按照“围绕中心，服务大局，提供保障”的工作思路，结合企业实际，各项工作扎实推进。一是开展“树形象、创佳绩、促发展”党内主题实践活动，党员先锋模范作用得到进一步示范和发挥，基层党组织建设得到加强；二是大力开展“工人先锋号”创建、“创新、创效、创优质服务”劳动竞赛、创建特色班组、知识型职工等活动，员工主动奉献意识显著增强；三是以项目发展为重点，加大对外宣传工作力度，营造了企业发展宽松的外部环境，赢得了各级政府、部门和广大市民对项目的关注、理解和支持；四是把握载体，创新形式，企业文化建设扎实有效。组织“迎奥运、讲文明、保安全、促发展”千人签字仪式，举办第十三届职工体育运动会活动，企业团队精神和凝聚力显著增强。

2008年，公司继续获集团公司文明单位称号，获湖北分公司先进单位称号，公司工会首次荣获集团公司先进工会称号。

湖北华电武昌热电有限公司

（湖北华电武昌热电厂）

概况

湖北华电武昌热电有限公司（简称武昌热电公司）位于湖北省武汉市武昌区临江大道，负责湖北华电武昌热电厂利用天然气改扩建工程的建设和营运。湖北华电武昌热电厂前身为始建于1946年的湖北省武昌热电厂，原属湖北省电力公司，2002年12月电力体制改革后，划归中国华电集团公司。湖北华电武昌热电厂装机容量为1.2万kW。2005年10月28日，根据国家发展改革委［2005］50号文件精神，该厂小火电机组正式停产。

2006年5月19日，武昌热电公司注册成立，由集团公司、武汉开发投资有限公司分别按照90%和10%的比例出资，规划建设2台17.5万kW级燃气－蒸汽联合循环机组。一期工程1台18.5万kW燃气－蒸汽联合循环机组于2006年7月开工建设，2007年9月完成主体工程安装。截至2008年底，公司在册员工388人，其中在岗人员106人，离岗人员64人，内退人员218人。离退休人员358人。在岗人员中，具有大学本科学历27人，大专文化程度57人；高级职称7人，中级职称15人；高级技师1人，技师7人，高级工28人。公司下设总经理工作部、计划物资部、人力资源部、财务部、安全生产部、政治工作部、运行维护部、综合管理部等8个职能部门。

领导人员

董事长：柯国华

董事：周苏军、毕诗方、董浩、李建中、袁用武、刘耀庭

监事会主席：李建新

监事：姚可、肖建平

总经理：袁用武

党委书记：刘耀庭
副总经理：朱峰
纪委书记：戴煜华
工会主席：肖建平

主要领导人员变动情况：2008年5月27日，柯国华任武昌热电公司董事长。

年度业绩

2008年，湖北华电武昌热电厂实现利润总额1342万元。

生产经营管理

2008年，武昌热电公司以建设“和谐武电”为目标，以科学发展观为指导，扎实推进各项工作。坚持“安全第一，预防为主”方针，努力夯实安全生产基础，积极落实“隐患治理年”和安全专项整治工作，开展安全文化教育，推进安全生产标准化，规范现场作业。为保证机组设备历久常新，根据季节特点研究制订了一系列保养方案，先后对余热锅炉、燃机、汽机、循环水系统采取加药、充氮、防冻、放水等有效措施。对机组在操作演练及分系统调试中发现的缺陷进行消缺处理，所调试的系统质量均在优良、合格范围内。在确保基建工程现场安全的同时，强化安全保障体系，建立健全应急预案管理体系，加强现场落实与演练，加强交通、消防等方面的安全管理，保证了“汛期”、“奥运”等重要时期的安全稳定。截至2008年12月31日，实现安全施工866天。

武汉市天然气公司负责承建的天然气供气管道由于涉及武汉市三条主干线道路建设、近17万m^2的民房拆迁及多座高压铁塔的改迁等工作，工程迟迟未能完工，严重影响机组按期投产发电。公司将推进管道建设视为己任，2006年8月~2008年底，公司先后20余次向省、市政府及相关部门呈递紧急报告，恳请得到支持和帮助。2007年即抽调人员成立管道建设敦促小组，每日深入施工现场，跟踪掌握工程进展状况。每周向武汉市政府和集团公司、湖北分公司书面汇报管道建设情况。将天然气管线分为4段，4位公司领导每人一段各负其责，加大敦促力度。每周定时召开碰头会，掌握管道工程进展状况，研究部署下一步工作。2008年，武汉市常务副市长三次召开专题协调会议，多次作出批示。经调动一切积极因素，先后帮助天然气公司协调解决了临江大道段开工建设、高压管道动车段管线调整等多个困难，为武汉市天然气公司进行管道铺设开展大量卓有成效的工作。截至2008年12月31日，全长约39.6km的天然气管线已完成28.84km，占管道全长的72.8%。其中，次高压管道全长约16.45km，已完成8.49km，在建3.76km，未建4.2km；高压段管道全长约23.15km，已完成20.35km，在建1.8km，未建1km。

为了使燃机电价达到合理水平，2006年武昌热电公司即开始筹备制订电价方案。2008年4月公司将电价报告正式上报湖北省物价局。2008年8月，省物价局初步核定燃机上网电价和与之相应的上网容量。根据国家清洁发展机制，公司与英国环境投资有限公司签署了碳资源减排量（CERs）购买协议，完成CDM项目的国内审批、挪威船级社的审定等工作，提交国际清洁发展机制执行理事会注册，并于2008年9月15日挂网公示。

为实现基建与生产的无缝对接，公司每月组织全体运行维护人员进行一次岗位考试，选拔优秀人才推荐到主要岗位。完成大庆燃机仿真培训和热工、电气人员专业技术培训等工作，全年共组织开展各种培训活动70余次，培训人员1170人次。完成安全技术管理标准及规章、岗位职责等修编，进行运行规程审核、系统图绘制、安全手册编写等工作。积极与武汉市天然气公司洽谈《天然气供用气合同》及其他相关事宜，努力争取有利条件。做好与武汉德威热力股份有限公司修订《供热合同》等工作，并敦促其加快热网建设，使发电、供热同步实施。依照法律法规和行业标准，整理制定综合管理、经营管理、党群管理、生产管理、安全管理规章制度130余件，于2007年12月颁布实施，同时加大制度执行力度，以规范化管理促进企业健康发展。

党的建设、精神文明建设、企业文化建设

武昌热电公司认真开展“四好”领导班子创建活动，全面部署学习贯彻党的十七大精神和纪念改革开放30周年系列活动。加强思想政治工作和企业文化建设，开展“自强不息、顽强拼搏、图强报国”的企业文化和形势任务宣传教育。始终坚持以精神鼓舞人、以文化凝聚人、以发展吸引人，营造了良好的内部环境。结合企业实际，在公司范围内开展以“开机我们准备好了吗?”为主题的讨论和征文活动，促使广大员工增强责任感、紧迫感和使命感。

湖北华电荆沙发电厂筹备处

概况

2008 年 4 月 23 日，中国华电集团公司批准成立湖北华电荆沙发电厂筹备处，编制暂定 4 人。由湖北金源水电发展有限公司总经理张贤哲兼任湖北华电荆沙发电厂筹备处主任。

湖北华电荆沙发电厂筹备处工作人员都是从华电湖北分公司下属企业借调，人数有限，未设立党的基层组织和相关机构。

湖北华电荆沙发电厂拟建于长江中游的荆州市江陵县境内，地处湖北省中南部的江汉平原，紧邻长江。5 月，集团公司发文同意湖北华电荆沙发电厂项目规模容量按 2×600MW+4×1000MW 规划，一期按 2×600MW 级超超临界机组考虑，保留扩建余地。

1988 年，原湖北省电力局委托中南电力设计院按规划总容量 1200MW、首期工程装机 2×300MW 为荆沙发电厂进行规划选址。1994 年，中南电力设计院再次受湖北省电力局委托，重新按规划容量 2400MW、首期工程装机 2×600MW 进行规划选址。2003 年，中国华电集团公司与湖北省人民政府签订《荆沙火电厂合作开发协议书》。华电湖北分公司委托中南电力设计院按规划容量 2400MW、首期工程装机 4×600MW 为荆沙发电厂进行规划选址，并由原湖北华电武昌电厂协助中南电力设计院开展初步可行性研究报告编制工作。2004 年，电力规划设计总院组织审查、通过中南电力设计院编制的初步可行性研究报告。考虑到当时的电力市场形势，荆沙发电厂项目被华电集团公司作为在湖北发展的电源储备点。

工程建设与管理

2008 年 5 月，湖北华电荆沙发电厂筹备处协助中南电力设计院完成了荆沙发电厂项目初步可行性研究报告编制工作；电力规划设计总院组织审查、通过中南电力设计院编制的初步可行性研究报告。6 月，电力规划设计总院发出电规发电[2008] 241 号文件《关于湖北华电荆沙发电厂工程初步可行性研究报告的审查意见》。

2008 年 11 月，湖北省十一届七次人大常委会通过了湖北省发展改革委提交的《湖北省“十一五”经济和社会发展规划中期评估报告》，报告中将湖北华电荆沙发电厂项目调整为“十一五”后期发展项目，荆沙发电厂项目正式列入湖北省“十一五”能源发展规划。

2008 年 9 月 2～3 日，湖北省委书记罗清泉在湖北省荆州市会见集团公司党组成员、副总经理程念高，并一同视察湖北华电荆沙发电厂备选厂址。

中国华电集团公司湖南分公司

概况

中国华电集团公司湖南分公司前身为中国华电集团公司湖南代表处。华电湖南代表处成立于 2003 年 10 月 20 日，作为中国华电集团公司在湖南的派出机构，负责华电集团在湖南省的发展规划、项目建设、生产经营管理、电力营销、协调服务等工作。2007 年 12 月 21 日，经华电集团党组研究决定，湖南代表处更名为湖南分公司。

截至 2008 年底，分公司系统共有 3 家发电企业，分别是：湖南华电石门发电有限公司（简称石门公司），装机 2×30 万 kW 燃煤机组；湖南华电长沙发电有限公司（简称长沙公司），装机 2×60 万 kW 国产超临界燃煤发电机组；湖南华电常德发电有限公司（简称常德公司），规划建设 2×66 万 kW 超超临界燃煤机组。中国华电煤业集团有限公司于 2008 年 5 月在湖南成立了办事处。郴州仰天湖风电项目于 2008 年 8 月获湖南省发展改革委核准，核准装机容量 3.63 万 kW。截至 2008 年底，华电集团在湘在运总装机容量 180 万 kW，占湖南全省统调装机总量的 9.27%，占全省统调火电装机总量的 15.33%。预计到“十一五”末，华电集团在湘发电装机容量达到 183.63 万 kW，资产总额达到 73 亿元，发电量达到 64 亿 kW·h，发电收入达到 23 亿元，利润总额达到 1.5 亿元，资产负债率控制在 88.9% 以内。

2008 年，华电湖南分公司加强了分公司本部的机制建设，共设综合管理部、计划发展部、市场营销部三个部门，明确了部门职责分工。分公司本部在册正式员工 10 人。

领导人员

总经理、党组书记：李学军

副总经理、党组成员、纪检组长、工委主任：

周晓鸥

区域年度工作业绩

2008 年，华电湖南分公司系统未发生生产基建较大及以上安全事故，未发生企业经营和领导人员违法违纪案件，未发生对企业形象和稳定造成不利影响事件。公司共完成发电量 56.22 亿 kW·h；合计亏损 6.21 亿元；完成供电煤耗 337.76g/(kW·h)；完成厂用电率 6.49%。

区域生产经营管理

2008 年，面对特大冰雪灾害、发电燃料成本大幅上升、世界金融危机对实体经济的影响导致发电利用小时下滑、湖南罕见的冬汛等不利形势，华电湖南分公司和区域各单位坚决贯彻华电集团决策部署，始终把安全生产、保障电力供应作为神圣职责，将价值思维的理念贯穿工作主线，落实"对标管理年"活动要求，狠抓控亏减亏，千方百计筹措资金，在极其困难的情况下基本保证了企业的正常经营。

1. 抗冰保电取得全面胜利

2008 年初湖南省遭遇了百年不遇的特大冰雪灾害，华电集团在湘企业的安全生产受到严重威胁。分公司上下立足保大局、保电网、保安全，全力以赴抗冰保电。在省委省政府和华电集团的正确领导下，各级领导深入一线、靠前指挥，全体员工连续作战、奋勇拼搏，确保了机组安全稳定运行，为支撑省会长沙和湘西北地区的电力供应作出了重大贡献，切实履行了央企的政治、社会责任，赢得了省市领导、政府部门和社会各界的高度评价，树立了华电集团良好的社会形象。

2. 安全局面保持平稳

围绕奥运保电和迎峰度夏等重大任务，区域各单位坚持贯彻"安全第一，预防为主，综合治理"的方针，全面落实安全主体责任，千方百计保持安全生产局面持续稳定。各单位加强安全管理基础性工作，完善安委会和安全监督网络，建立健全安全管理制度。认真开展安全性评价、安全大检查、"无违章创建"、"隐患治理年"活动以及安全生产百日督查专项行动，促进安全管理水平的提高。区域企业创造较长安全周期，截至 2008 年底，石门公司安全生产 1190 天，长沙公司安全生产 436 天。

3. 逐步完善生产管理

区域两发电企业实现了由基建向生产经营的转型，进一步完善生产管理体制，理顺管理关系。加强运行和设备管理，强化技术监督，落实机组防"非停"措施，在电煤价格大幅上涨、电煤供应持续紧张的情况下，千方百计保发电、保稳定。长沙公司作为华电集团 8 家点检定修试点单位之一，建立完善了点检定修标准，实现了点检定修信息化管理，点检率达 90% 以上，走在系统的前列。石门公司针对委托运行的实际情况，不断探索和优化委托运行管理模式，在燃料管理、脱硫维护等方面逐步掌握一定的主动权。

4. 深入开展对标管理年活动

以"对照先进、查错纠弊、持续改善、不断超越"为主题，分公司认真开展对标管理年活动。区域各单位相继出台《对标管理年活动实施方案》和《对标指标责任分解》，成立对标管理领导小组和工作机构，把对标管理任务落实到公司、部门、班组，实行层层对标。分公司综合全省情况，将各单位阶段性生产经营、发展指标的完成情况进行对比分析和通报，特别将电量计划完成率和各项能耗指标与省内同类机组进行横向对比，查找差距，分析原因，研究对策，制定措施。通过对标管理与小指标竞赛、绩效考核相结合，落实指标控制责任，提高节能降耗水平。长沙公司供电煤耗由最高时的 350g/(kW·h) 下降到 328.55g/(kW·h)，助燃耗油由最高时的 100t/月下降至零。石门公司 2008 年综合供电煤耗比上年降低 7.75g/(kW·h)，耗油量比上年减少 50%。

5. 进一步强化经营管理

一是积极应对煤炭市场的形势变化，加强了煤炭调运和管理工作，尽量避免缺煤停机。区域各单位到湖北、河南、山西等地走访铁路、煤炭管理部门和重点煤矿，领导班子成员分头深入矿区，进一步协调关系。长沙公司在着力抓好铁路运输的同时，及时开通水运简易码头，为储煤保电开辟多种渠道。石门公司从 2008 年 3 月起，自行管理燃料采制化及煤场，对于有效控制成本，最大限度提高公司的经济效益提供了有力保障。二是加强"三电"工作的组织领导，加强与省经委、省电力公司的沟通，千方百计争取和落实电量计划。通过 2 次调整电价，为分公司系统减少亏损 6880 万元。加大电费结算工作力度，承兑汇票支付比例由以往的55%，下调至全年不到35%，到12月末提前结零（营销口径）。三是坚持内部挖潜，强化预算管理，各单位固定成本得到较好的控制。四是积极争取落实财税政策。2008年，分公司系统共获得各种政策性税费减免、补贴和环保专项奖励合计1.3亿元。

区域项目发展

深入贯彻华电集团“调整产业结构、优化产业布局、优化电源结构”的指示精神，用价值思维理念指导发展工作，重新评价所有项目，研究优化结构的有效途径。努力争取省内风电和水电资源，探讨参股煤炭企业。火电方面，常德2台66万kW燃煤机组项目工程，已由湖南省列入“十一五”电力发展规划，并上报请求核准，工程初设已经通过审查，已列入湖南“十一五”电力发展规划，可研报告已通过电力规划设计总院审查，项目核准所需文件已全部取得施工准备，项目建议书及申请报告已上报国家能源局；永州2台60万kW项目工程，可研已通过审查，已并列入湖南“十一五”电力发展规划，具备核准评优条件，可研报告于2006年9月通过电力规划设计总院审查，项目评优所需文件已全部取得，评优申请报告已上报省发改委；长沙二期项目初可研报告已编制完成；石门三期已完成铁路接轨方案预可审查，取得省环保局以及市县国土、规划部门关于初步选址的批文，项目初可报告基本编制完成。风电方面，郴州仰天湖风电项目于2008年8月获湖南省发展改革委核准，是湖南省第一个被核准的风电项目，一期装机容量3.63万kW。永州江华风电项目已完成建塔加密观测，并委托进行可研工作。在水电和煤电联营方面，积极争取开发、收购省内水电有关资源，开展项目调研或战略投资的谈判准备工作。煤电联营方面。对省内有关煤炭企业进行考察，对拟出资参股煤矿进行研究。在核电方面，完成核电项目选址工作。

党的建设、精神文明建设、企业文化建设

认真学习党的十七大、十七届三中全会精神，深刻领会中央企业党建工作会议和华电集团纪念建党87周年视频会议精神，领导干部的政治理论素质进一步提高，把握全局、应对复杂局面的能力进一步增强。成立分公司党组、纪检组和工委，健全完善各单位党组织设置，切实加强党的组织建设。2008年6月，召开分公司党组第一次扩大会议，确定了分公司党组工作的指导思想、重点任务，对区域企业党建工作提出明确要求，为华电在湘事业又好又快发展提供了强有力的精神动力和组织保障。开展了“抗灾害，保发电”、“对标管理，向我看齐”党员主题实践活动，进一步发挥了企业党组织和广大党员的“四个作用”。贯彻落实廉洁自律“七项要求”，深入学习《建立健全惩防体系五年规划》，加强了党风廉政建设，增强党组织的凝聚力，提高防范经营风险意识。着力加强员工队伍的素质建设、工作作风建设，进一步提高各级人员的综合素质和工作水平，员工队伍呈现出积极向上、团结凝聚的良好风貌，企业内部和谐稳定。

湖南华电长沙发电有限公司

概况

2008年是湖南华电长沙发电有限公司（简称长沙公司）由基建转入生产运营的第一年，全体干部员工众志成城，攻坚克难，战胜了冰雪灾害和煤荒，克服煤价不断上涨、重点煤炭合同量少以及生产运营第一年出现的各种困难。长沙公司下设总经理工作部、政治工作部、人力资源部、财务资产部、计划经营部、物资管理部、安全监察部、生产技术部、燃料管理部、发电运行部、设备维护部等11个部门。2008年，长沙公司职工总数为246人。其中，研究生学历6人，本科学历105人，专科学历107人；高级职称17人，中级职称58人，初级职称47人；高级技师1人，技师14人，高级工37人。

2008年，长沙公司共完成发电量39.49亿kW·h，调煤230万t，全年未发生轻伤及以上人身设备事故。截至2008年12月31日，实现安全生产1111天，其中安全运营435天。在冰灾期间，公司1号机组稳定运行，担负起长沙市近50%用电负荷，确保湖南省两会顺利召开，满足了长沙市民春节期间用电需求；迎峰度夏期间，扭转长沙市拉闸限电被动局面，确保长沙市供电安全，关键时刻发挥电源支撑作用，赢得了省、市领导和人民群众的高度赞誉，树立了华电在湘企业良好的社会形象。荣获了集团公司“抗灾保电先进单位”、长沙市“抗冰救灾工作先进集体”、长沙市“先进基层党组织”等荣誉称号。

领导人员

董事长：彭兴宇

董事：李学军、魏泽黎、郭召松、李又红

监事会主席：李红淑

监事：李国明、潘堃

总经理：李又红

党委书记：龚荣祥

副总经理：龚荣祥、王廷钦、匡爱钧

党委副书记、纪委书记、工会主席：汪学斌

年度业绩

2008 年，完成发电量 39.49 亿 kW·h，比集团公司年初计划少发 20.08 亿 kW·h；综合供电煤耗完成 338.75g/(kW·h)，比集团公司考核指标高 7.94g/(kW·h)。SO_2 排放绩效 0.70g/(kW·h)，比集团公司考核指标低 0.02g/(kW·h)；综合厂用电率完成 6.80%，比集团公司年初计划高 0.51%；亏损 3.95 亿元。

影响业绩的主要原因有：受冰灾、电煤供应紧张及年末秋汛等共同影响，导致未完成集团公司年初电量计划；煤种变化、汽轮机汽耗高及循环水积沙等影响供电煤耗上升 10g/(kW·h)；煤价上涨增加燃料成本 2.95 亿元。

生产经营管理

1. 安全生产管理

（1）夺取了抗冰保电工作的全面胜利。在冰冻灾害期间，长沙公司室外设备受损、库存煤低于最低警戒线、煤炭运输通道基本瘫痪。公司各级领导，坚持深入一线，靠前指挥，四面出击调运煤炭，千方百计确保 1 号机组稳定运行，担负起长沙市近 50% 用电负荷，发挥了电源支撑作用，树立了华电集团在湘企业良好的社会形象。

（2）安全生产局面持续平稳。通过深入开展隐患治理活动，全年累计自查隐患 571 项，整改项目 571 项，整改率 100%。2008 年 8 月 14 日，以集团公司内新建项目中名列第一的成绩通过了首次安全性评价。全年未发生人身轻伤及以上事故。

（3）对标管理初见成效。建立对标管理体系，开展对标管理活动，供电煤耗由最高 350g/(kW·h)降到 328.55g/(kW·h)，助燃耗油由最高 100t/月降到零，大部分经济运行小指标达到设计值，节能专家组给予了高度评价。

（4）点检定修和技改工作深入推进。长沙公司是集团公司 8 家点检定修试点单位。2008 年，公司编制完成检修作业文件包 137 个，设备和系统点检标准 178 个，设备台账 542 个，设备技术标准 202 个，设备给油脂标准 235 个，设备“四保持”标准 208 个，建立了热工和电气定值清册、保护逻辑图、二次接线图。5 月 1 日，点检定修系统正式上线运行，实现了信息化管理。做到了定人、定点、定标准点检，点检率达 90% 以上。

（5）高质量完成 2 号机组计划小修。2008 年 5 月 15 日公司 2 号机组开始为期一个月的计划性小修，小修共完成标准项目 511 项，特殊项目 13 项，技改项目 29 项。7 月 6 日实现修后一次启动成功，设备健康水平大幅提升。

（6）环保设施运行稳定。公司非常重视环保设施的运行和维护工作，并视为第四大主机。公司脱硫系统于 6 月 23 日通过国家环保部的环保验收。2008 年脱硫投运率为 98.2%，脱硫效率始终保持在 93% 以上。脱硝系统投运率和效率优于设计值。

2. 经营管理方面

（1）向政策要效益成效显著。2008 年，公司共收回增值税退税款 7265 万元，取得财政贴息 546 万元，地方税费减免 60 万元。取消 11 亿 kWh 协供创元铝业短期购售电合同，为公司增加电费收入 726 万元。解决了 1 号机组出线关口表计量设置不合理产生的不合理购网电费问题，年减少购网电费约 300 万元。争取政府调煤保电补贴 2900 万元。

（2）燃料管理工作逐步规范。2008 年 1 月成立燃料管理部，完成燃料管理规章制度的编写、整理、修订和审核。招聘补充燃料采制化人员 18 人，并将入厂、入炉煤采制化分设，确保有效监督。完善燃料管理机构和设施，新建汽车采制化楼和汽车衡。同时严把入厂煤验收关，强化厂内燃料管理，2008 年度煤场没有亏煤，入厂、入炉煤热值差得到有效控制，未发生错样和漏样现象。

（3）多措并举确保煤炭供应。2008 年全年煤炭重点合同只有 45 万 t，仅占需求计划的 17%。公司依托华电集团煤业公司“五统一”煤炭调运优势，加大省外市场煤的采购调运力度。利用靠近湘江优势，建成临时水运码头，开辟水运渠道，使云贵川和部分山西、河南等的煤炭能顺利沿湘江到达码头。同时开辟汽车煤运输通道，全年共计调煤 230 万 t，基本满足公司发电用煤需求。

（4）各项费用可控在控。其中，材料费完成 1473 万元，比年初预算 2600 万元节约 1127 万元；修理费完成 608 万元，比年初预算 2752 万元节约 2144 万元；其他费用完成 5076 万元，比年初预算 5446 万元节约 370 万元。

党的建设、精神文明建设和企业文化建设

长沙公司党委组织开展中层干部、党员理论学习，积极做好党员培训，认真学习贯彻党的十七大和十七届三中全会精神。全面落实集团公司党的先进性建设推进会议精神，开展保持共产党员先进性四个长效机制和“强核心、固堡垒，全面提升基层党组织标准化建设水平”活动。积极开展“卓越和谐之轮”企业文化体系宣贯工作，在企业营造良好的文化氛围。开展创“双优”活动，活动取得良好效果，在苏州地区得到推广。积极开展构建惩防腐败体系工作，促进领导干部廉洁自律。积极组织开展丰富多彩、健康有益的职工文化体育活动。进一步丰富职工业余文化体育生活。

湖南华电石门发电有限公司

概况

湖南华电石门发电有限公司（简称石门公司）位于湖南西北常德市石门县，系中国华电集团公司的控股企业。石门公司于 2003 年 8 月 29 日登记注册成立，注册资本金 4 亿元，按现代企业制度，采用在董事会领导下的总经理负责制方式运作。

石门公司下设总经理工作部、计划部、财务部、安全生产部、市场与运行交易部、燃料管理部共 6 个职能部门。公司管理人员定员 70 人，机组运行和日常维护人员主要雇佣大唐石门发电公司人员，公司实际在册管理员工总数 48 人。人员结构：研究生 2 人，大学本科 29 人，大学专科 16 人，高中 1 人；具有高级职称 12 人，中级职称 20 人，初级职称 12 人。

在集团公司发展战略总体框架下，石门公司力争实现全面协调、可持续发展，创建安全本质型、资源节约型、环境友好型、投资效益型的优秀综合能源公司。

企业发展愿景：力争控股 1 ~ 2 家煤矿，力争将石门电厂三期 2 × 1000MW 工程列入国家“十二五”电力发展规划，以此为发展平台，把企业做大做强做好，把公司建设成为集煤电一体的综合能源公司。

石门公司装机规模为 2 × 300MW 燃煤发电机组，采用开式循环系统，同步建设脱硫装置。第一台机组于 2005 年 9 月 29 日投产发电，第二台机组于 2006 年 3 月 23 日投产发电。石门公司是集团公司在湘的第一个电源建设项目，是在湖南区域第一个同步建设脱硫设施的电源建设项目。石门公司第二台机组投产发电也是集团公司装机容量突破 4000 万 kW 的标志性机组。截至 2008 年 12 月 31 日，石门公司已实现连续安全运行 1191 天，累计发电 52 亿 kW · h。

领导人员

董事长：杨家朋

党委书记、总经理：王继弘

党委成员、副总经理：郭里新

党委成员、副总经理：王新

纪检书记：王新（兼）

工会主席：郭里新（兼）

年度业绩

2008 年初，我国南方大面积冰灾，导致湖南电网 500kV 五民线倒塔，岗市变电站 500kV 系统过载，为保障系统安全，公司按调令停运备用，双机被迫停运近 1 个月。2008 年四季度，湖南省遭遇 57 年一遇特大秋冬汛，水电大发，多数水电站满发并弃水，火电机组大量停机备用，公司双机又被迫停运近 1 个月。2008 年，全国电煤价格的持续飙升，金融危机造成的电力负荷大幅下降，全国火电企业全线亏损。在极其困难的局面下，石门公司力克时艰，完成发电量为 16.73 亿 kW · h，完成利润 - 20269 万元；公司综合供电煤耗 337.02g/(kW · h)，同比降低 7.75g/(kW · h)（节约生产成本约 3500 万元）；耗油量 1090.24t，同比减少 50%；二氧化硫减排绩效 0.50g/(kW · h)，比集团公司下达的责任目标降低 0.20g/(kW · h)。公司安全指标实现了人身死亡事故“零目标”，成功杜绝七种责任事故。从投产第一天起至 2008 年 12 月 31 日止安全生产已持续 1191 天，实现了从基建到生产连续 6 年安全零事故。公司全面完成了集团公司下达的党风廉政建设目标，没有出现违法违纪现象，没有违反财经纪律问题，以良好成绩通过了集团公司年度党风廉政建设考评。

2008 年，公司先后荣获集团公司“安全生产先进单位”、“节能减排先进单位”、“文明单位”等荣誉称号；荣获湖南省“调煤保电先进集体”、“湖南省企业 100 强”等荣誉称号；荣获常德市“十强工业企业”、“先进基层党组织”等荣誉称号。石门公司安全生产部被集团公司授予 2008 年“安全生产先进集体”荣誉称号。

生产经营管理

石门公司紧紧围绕集团公司发展战略，用科学发展观加快改革创新步伐，重点突出公司管理的提高和业绩的提高，按照“围绕一个中心（经济效益）、把握两个要素（安全生产、管理创新）、提升三个能力（员工个人综合能力、企业抗干扰能力和协调发展能力）、着力四个管理（生产管理、燃煤管理、财务管理、勤廉管理）”的工作思路，稳步推进工作。在安全管理上，将“安全第一，预防为主，综合治理”的方针贯穿到生产经营的各个环节，始终坚持“安全与效益共存、制度落实与设备整治相融”的安全理念，深入开展“无违章创建”工作，强化现场管理，落实安全措施，做到安全管理无死角，充分体现了安全是第一效益。在生产管理上，加大设备治理与技改力度，重点完成 4 号机组大修、3 号机组小修工作，保证机组长周期稳定运行。强化对脱硫、除尘设施全过程管理和对脱硫在线监测、电除尘控制系统的改造，公司成为湖南区域火电企业节能降耗减排排头兵。在企业内部管理上，推行“以财务预算管理为主线，以目标管理、绩效考核和用工改革为手段”的动态管理体系，通过开展对标管理和“贯标认证”工作，充分调动全体员工的积极性和创造力，对于加强核算、降低成本起到积极的作用。在经营管理上，持续加强“三电”、“四煤”管理，强化营销职能，拓展更加宽松和谐的市场环境，确保计划电量、电价的到位和电煤的供应。在廉政教育方面，健全各种廉政制度和监督约束机制，开展“倡廉诺廉、谈话促廉、述廉评廉”等廉洁从业主题教育活动，打造一支勤政廉政的干职队伍。

2008 年初在抗击湖南区域特大冰雪袭击时，石门公司两台机组向电网提供 120 万 kW 的电量（含大唐石门电厂两台 30 万 kW 机组，湖南全网负荷最低仅 430 万 kW），为战胜冰灾作出重大贡献，并实现了当月盈利将近 1500 万元。

内部改革

2008 年间，石门公司采取改革创新举措，全面开展对标管理和贯标认证工作，将预算管理、绩效管理、廉政建设等各项管理工作全部纳入对标管理体系；适时调整部门机构并强化部门职能，率先在集团系统火电企业设置“运行与市场交易部”，在狠抓运行监督管理同时，不断强化电力市场营销职能，使公司在争取计划电量和理想电价、协调调度、争取开机方面取得了明显成效。

党的建设、精神文明建设、企业文化建设

石门公司于 2005 年 5 月由集团公司批准成立党组织，按属地管理原则由中共湖南常德市委代管，在党员先锋模范作用方面建立了长效机制，充分发挥了党组织的战斗堡垒作用。在精神文明建设活动中，把握用语文明、工作文明、环境文明三个环节，注重氛围培养，塑造整体形象，同时积极开展创建“四好”班子活动，领导班子达到“政治素质好、经营业绩好、团结协作好、作风形象好”的要求，以榜样的力量带动整体。公司努力加强自身企业文化建设，营造融洽的干群关系、和谐的生产生活环境，保障了职工队伍的稳定。

湖南华电常德发电有限公司

概况

2003 年 10 月 22 日中国华电集团公司与常德市政府签订了合作协议，共同投资建设常德电厂项目。2006 年 4 月 7 日注册成立湖南华电常德发电有限公司（简称常德公司），由中国华电集团公司与湖南省常德市经济建设投资集团有限公司分别按 90%、10% 的比例共同投资建设。

常德公司规划装机容量为 332 万 kW，其中一期工程建设 2 台 66 万 kW 超超临界燃煤机组，并预留扩建 2 台 100 万 kW 超超临界燃煤机组建设条件的场地。项目前期筹备阶段，常德公司和湖南华电石门发电有限公司合署办公，属两块牌子，一套人员。2007 年 5 月，常德公司与湖南华电石门发电有限公司实现体制分离，独立办公。截至 2008 年年底，常德公司共有员工 22 名，下设总经理工作部、财务部、计划营销部、安全监察部、工程物资部、生产准备部等部门。

领导人员

董事长：李学军

董事：李学军、赵学雁、周晓鸥、张秀敏、龙革安、刘凡荣、马玉斌

董事会秘书：潘涛

监事会主席：王剑波

监事：梁明华、高传生

总经理：赵学雁

副总经理：基建副总经理李晓明、经营副总经理周忠于

主要领导人员变动情况：2006年3月27日，杨家鹏任董事长，赵学雁任总经理。

生产经营管理

2008年底，常德项目已完成全部前期报批文件批复工作，并列入湖南省“十一五”后三年火电发展规划。

项目于2007年10月正式启动施工准备工作，至2009年底，主厂区征地、铁路征地、主厂区及水泵房租地工作已经完成并已交付使用。初步设计工作已经完成，施工图设计工作正在开展。主机设备及第一至四批辅机已完成招标工作并签订供货合同。工程监理已进场进行本工程的监理工作。厂区“五通一平”工作全部完成，施工生产、生活临时设施全部建成。

党的建设、精神文明建设和企业文化建设

常德公司积极发挥党组织的政治核心作用，2007年10月按属地管理原则，由湖南省常德市经委党委批复，成立了临时党支部。在项目施工准备阶段，充分发挥党组织的战斗堡垒作用和党员的先锋模范作用，在项目建设上理清了思维，明确了发展目标。结合项目实际，制定完善党建工作制度，加强领导班子建设和党员队伍建设。大力推进精神文明建设和企业文化建设，培育和引导员工树立艰苦创业、共渡难关的良好品质，增强了企业的凝聚力和向心力，促进了企业和谐稳定发展。

中国华电集团公司河南分公司

（华电国际电力股份有限公司
河南分公司）

概况

中国华电集团公司河南分公司、华电国际电力股份有限公司河南分公司（简称华电河南分公司）位于河南省郑州市，成立于2007年12月，是中国华电集团公司在河南省的派出机构，按照集团公司的授权与委托，负责集团公司在河南地区的发展规划、项目前期、市场营销和协调服务工作。华电国际河南分公司是华电国际在河南的分支机构，负责华电国际在河南省的宏观经济形势分析、相关政策研究、电力营销、燃料采购调运组织协调、公共关系协调等工作，并配合做好项目前期、项目公司筹建和在建工程项目管理工作，协助华电国际管理、指导和监督本区域企业的安全生产、经济运行、财务运作和人力资源等工作。

目前，华电集团在河南省已建成和将建设的电源项目共有4个。华电新乡发电有限公司是华电集团在河南的第一家发电企业，成立于2003年8月28日，一期工程两台66万kW机组已于2007年投产发电。华电漯河2×30万kW热电联产项目，是国家“十一五”规划重点电源建设项目，于2008年6月6日获得国家发改委核准，于7月16日开工建设。华电渠东2×30万kW热电联产项目，是河南省“十一五”规划的能源类城市热电联产建设项目，于2007年11月3日取得国家发改委“路条”，已经进入国家发改委核准阶段。华电洛阳电源项目筹备处，负责华电在河南的核电发展工作，目前核电前期工作正积极推进。

领导人员

总经理、党组书记：王存洲

副总经理：白长青

主要领导变动情况：2008年4月，白长青任公司副总经理。2008年5月公司党组成立，总经理王存洲兼公司党组书记。

区域年度工作业绩

2008年度，河南分公司共完成发电量55.3464亿kW·h，完成年度承包计划的72.29%；在基础电量减少的情况下，累计上网电价完成285.58元/千kW·h（不含税），比年度承包计划284.1元/千kW·h高1.48元/千kW·h；累计入炉煤折标煤单价完成730.08元/t（不含税），比年度承包计划522.27元/t高207.81元/t。由于受煤价暴涨影响比承包计划增加成本支出3.547亿元左右，累计亏损3.99亿元。

项目发展取得积极进展，漯河2×33万kW热电联产项目核准请示上报后，安排专人催批，于

2008年6月6日获得国家发展改革委核准，于7月16日开工建设。渠东2×33万kW热电联产项目获得了国家发展改革委核准。突出价值思维理念，加强预期效益分析，对河南省潜在的煤炭资源、电热力资源情况进行了调研，编制区域发展规划，为下一步有的放矢开展工作奠定了基础。

区域生产经营管理

安全生产可控在控。2008年，区域内公司没有发生生产、基建安全事故，没有发生企业经营和领导人员违法和严重违纪案件，没有发生对企业形象和稳定造成严重不利影响事件，实现生产安全、经济安全、政治安全、形象安全。新乡公司两台新机，设备状况良好，生产运行稳定，与华电系统同期机组相比，非停较少。新乡公司通过对1号机组脱硫、电除尘系统中存在的缺陷进行改造，优化了能耗指标，供电煤耗（修正后）降低了13.17g/(kW·h)（600MW工况下），进一步提高了机组经济稳定性。漯河项目大力加强施工安全管理工作，实现了基建安全稳定，质量可控在控；截至目前，工程进展顺利，外围工程也已全面开展。在国家审计署开展的电力专项审计中，通过共同积极做工作，新乡公司由河南省电力项目专项审计单位转为调查单位；漯河项目施工准备情况，也通过了审计检查。四川汶川大地震没有对区域内单位造成影响，各单位保持了平稳稳定。在北京奥运期间，各单位严抓严控，认真执行安全稳定日报制度，做到了信息畅通、上下联动，没有发生影响安全生产和企业形象的事件。

经营管理逐步提升。2008年，先后经历了冰雪灾害、煤价暴涨、煤量不足、奥运保电、金融危机、社会电力需求下降等不利形势，给火电企业经营造成很大困难。新乡公司通过深入开展对标管理活动，有效运作三大网络，拓展环境，内强管理，外争政策，为改善经营状况做出巨大努力。电量方面，坚持效益最大化原则，在煤价飙升，没有边际利润的情况下，通过多次与省发展改革委和省电力公司沟通协调，取消了7.8亿kWh低价替发电量；通过合理安排机组大修和运行方式，减少没有边际效益发电量5亿kWh，减少损失1000万元左右；在煤炭价格回落、电力负荷下降的情况下，积极争取月度发电量计划和完成率，新乡公司从11月底开始双机运行。电费方面，通过与郑州电监办、省电力公司积极协调，新乡公司1号、2号机组获得2007年试运行期间电费补偿2000多万元；每月电费都能够及时结算，减少了资金占用。煤炭方面，通过千方百计落实煤量、控制煤价，实现在同区域、同运输方式下煤价最低；通过省政府和省发展改革委积极协调，新乡公司和漯河公司分别与河南区域大型煤炭集团公司签订了2009年电煤运需重点合同意向。热用户方面，漯河公司和渠东项目，都分别与大热量用户签订了供热协议。外部环境方面，华电在豫企业已经逐步与省政府、省发展改革委、省电力公司、电监办等建立起良好关系，构建了沟通协调机制，为各项工作的开展奠定了良好基础。通过共同积极努力，新乡公司一期工程取得了国家环保验收批文；两台机组额定容量由60万kW确认到66万kW；省环保局同意在1号机组大修中取消脱硫系统中的GGH加热系统，为脱硫系统的安全稳定经济运行打下了坚实基础，每年可节约费用1000万元左右。

区域项目发展

在充分调研的基础上，分公司完成了区域发展规划编制工作，并上报华电国际公司，为区域发展确立了方向，明确了目标。漯河2×33万kW热电联产项目核准请示上报后，安排专人催批，于2008年6月6日获得国家发展改革委核准，于7月16日开工建设。渠东2×33万kW热电联产项目获得了国家发展改革委核准；着眼企业生产运营效益，及时调整设计煤种，积极落实供热负荷，努力办理项目核准各项支持性文件，该项目核准批复文件正在国家发展改革委会签中。新乡公司二期2×100万kW机组扩建工程已具备初可审查条件。在核电方面，通过半年多来的艰苦努力，省政府和省发展改革委从当初的不积极态度逐步转变为认可和大力支持，达到了上级公司提出的“争取政府支持、加快前期进度”的要求。在河南省发展改革委、洛阳市政府的大力支持，洛阳核电项目已经组织进行了厂址的现场勘查工作，组织编写完成了厂址普选报告并通过评审，得到了上级公司高度肯定。在煤炭项目发展方面，在对全省资源调查的基础上，对新乡卫辉陈召新煤田项目、安阳超越集团伦掌煤田项目进行了投资评估，对鹤壁石林煤矿、商丘柘城胡襄煤田项目、洛阳煤炭控股开发和配套工业项目开展了初步调研。

河南省煤炭储量大、产量高，经济发展迅猛，电力需求旺盛，为集团公司在河南做强做大奠定了基础、创造了条件。华电河南分公司坚持以经济效益为中心，按照“以电为主，上下延伸”的发展策略，致力于煤电综合发展，规划到“十二五”末，集团公司在豫装机容量超过 400 万 kW，煤炭保障率达到 30% 。

改革发展

分公司成立后，结合工作需要，制定发布实施了一系列管理制度，实现科学化、规范化、制度化管理。

党的建设、精神文明建设、企业文化建设

公司使命：贯彻华电战略　致力经营发展　服务基层企业

企业愿景：华电先进　区域领先

企业精神：高质　高效　高远　高厚

核心价值观：追求效益规模质量　致力做强做大做好

企业宗旨：以人为本　和谐发展

华电新乡发电有限公司

概况

华电新乡发电有限公司（简称新乡公司）位于河南省新乡市辉县市境内，于 2003 年 8 月 28 日注册成立，由集团公司和新乡投资集团有限公司按 9:1 的比例共同出资组建，是全国形成联网的重要电源支撑点，具有较好的区位优势。

新乡公司规划装机容量为 3320MW，其中一期工程建设 2 台 660MW 超临界燃煤发电机组，二期工程建设 2 台 1000MW 超超临界燃煤发电机组。2005 年 3 月 11 日，一期工程通过国家发展改革委核准，并于同年 8 月 28 日开工建设。2007 年 4 月 19 日，1 号机组顺利通过 168h 满负荷试运行；2 号机组于 2007 年 8 月 22 日通过 168h 满负荷试运行。

截至 2008 年底，公司在册员工为 325 人，平均年龄 34 岁。其中大学本科及以上学历 132 人，约占员工总数的 41% ；大专学历 106 人，约占员工总数的 33% ；中专学历 55 人，占员工总数的 17% 。现有各类专业技术人员 142 人，其中高级职称 11 人，中级职称 50 人，初级职称 81 人；高级技师 3 人，技师 11 人，高级工 54 人，中级工 50 人。公司下设总经理工作部、计划经营部、人力资源部、财务部、生产技术部、安全监察部、党群工作部、运行管理部、物资供应部、行政工作部、燃料部、汽机维护分场、电气维护分场、锅炉维护分场、热控维护分场、综合分场、宝山二期办公室等 17 个部室。

领导人员

董事长：白桦

董事：王振慧、王存洲、郭爱国、王凤蛟

监事：兰国芹、刘海成、潘成勇

董事会秘书：王健

总经理：王凤蛟

党委书记：郭荣兴

副总经理：潘成勇、丁合水、郭金瑞

纪委书记、工会主席：潘成勇

总工程师：王健

主要领导人员变动情况：2008 年 3 月 28 日，郭荣兴任新乡公司党委书记。

年度业绩

2008 年，完成发电量 55.346 亿 kW·h；实现发电营业收入 14.81 亿元；入炉煤折标准煤单价完成 730.08 元/t，比年度预算计划高 207.81 元/t；综合供电煤耗完成 329.97g/(kW·h)，较年度承包指标高 3.4g/(kW·h)；厂用电率完成 6.29% ，较年度承包指标低 0.28 个百分点。由于煤价高位运行、标杆电价执行严重不到位等因素影响，公司全年亏损 3.986 亿元。截至 2008 年底，公司实现连续安全生产 622 天。

生产经营管理

严格落实三级安全生产责任制，建立健全安全生产管理制度，积极开展安全大检查、隐患排查治理、无违章企业创建、安全生产月和消防、防汛演练等活动，夯实安全生产基础，圆满完成奥运保电和迎峰度夏任务。加强现场安全设施治理，顺利通过了一期工程安全设施竣工验收。坚持月度安全分析例会制度，严格按照“四不放过”原则分析处理不安全事件，加大违章查处和安全文明生产整治力度，实现了安全生产闭环管理。

加强生产管理，着力提高生产管理水平。一是以机组大小修为契机，加强设备管理，认真落实设备主人责任制。二是积极开展技术监督，加大技术监督投入，完善设备配置，认真落实“两措”计划。三是加强环保和节能技术改造，进一步提升机组节能降耗和环保减排能力。四是严格执行“两票三制”，强化运行管理，坚持开展危险点分析、事故预想和反事故演习，实现运行操作零差错。

坚持以效益为中心，牢固树立“大经营”理念，加强生产成本分析，强化经营要素管理，经营管理水平持续提升。一是强化市场营销管理。建立健全市场营销网络和领导机构，定期组织召开市场营销网络会议，研究分析市场形势，及时测算发电边际成本，坚持多发有边际贡献的电量；积极优化电量结构，着力提高电量计划兑现率和峰谷电量比，有效控制亏损。二是进一步加强燃料管理。积极拓展煤源，丰富进煤手段，加强驻矿催交，在保证供应的基础上最大限度地降低采购成本。严把煤炭验收关，将廉政条款和掺假扣罚条款附加进煤炭采购合同，同时加强燃料验收接卸、计量、采制化和热值差管理，改善硬件设施，强化业务培训，稳步提升燃料管理水平。三是加强财务预算管理，严格费用控制。坚持月度经济活动分析制度，及时纠正预算偏差，使各项指标处于受控状态。密切关注公司现金流状况和资产负债率，积极研究金融信贷政策，加强银企合作，同时严格资金使用审批程序，确保了财务状况良好。

项目发展

2008 年 3 月，完成二期 2×1000MW 机组《初步可行性可研报告》编制，同时，初可研阶段支持性文件全部落实。

党建、精神文明建设和企业文化建设

积极推进党建和精神文明建设，坚持围绕中心、服务大局，充分发挥政治核心作用，有力地凝聚各种积极因素，有效地处理各种矛盾与关系，引领企业科学发展。深入开展“四好班子”创建活动，大力推进党支部建设，积极发挥党组织“四个作用”，班子凝聚力强，干部员工团结好，华电在豫知名度、美誉度不断提高。以人为本，注重引导，加强企业文化的融合提炼，形成“兼容致和、求实拓新”的企业精神。

2008 年，新乡公司被华电集团公司、郑州电监办、辉县市政府评为“安全生产先进单位”，并被集团公司评为“燃料管理‘达标、创优、建示范’优秀企业”，同时，被新乡市授予“财政贡献显著企业”荣誉称号。公司党委被河南省委和新乡市委评为“五好”基层党组织。

中国华电集团公司广东分公司

概况

中国华电集团公司广东分公司（简称广东分公司）党组于 2008 年 5 月 9 日正式成立，下属三个前期项目单位，分别是广东华电徐闻发电厂筹备处、华电韶关火电项目筹备处、广东华电电白热电项目筹备处，区域管理两个单位，即广州大学城华电新能源有限公司和肇庆发展电力有限公司。广东分公司机构设置为综合管理部、计划发展部，本部人员共 9 人。

领导人员

总经理、党组书记：尹正军

区域年度工作业绩

2008 年，广东分公司顺利完成湛江徐闻项目初可研并通过中咨公司审查，并立即将审查结果上报省发展改革委。目前已取得县市级批文 18 份。集团公司与韶关市政府签订了项目建设合作协议，广东分公司同步委托广东省电力设计研究院对韶关项目进行初可研工作。广东分公司与电白县政府签订华电电白项目开发协议；与茂名市北山岭港区建设指挥部办公室签订了《合作备忘录》。目前已经完成鸡打港建港条件的测量和钻探工作，并对建港条件进行研究评价说明。

广东分公司积极配广东省发展改革委将 2008 年拟新开工项目行文（粤发改能［2008］324 号）上报国家发展改革委，共 8 个项目，肇庆电厂项目排名第二。11 月 25 日，广东省发展改革委再次向国家发展改革委发文，请求同意肇庆项目开展前期工作。

广州大学城华电新能源有限公司场平开始施工，各项基础施工全面展开，整个工程安全、质量、文明施工控制较好。目前，该项目接入系统方案通过省网公司的审查批复。

2008 年 3 月，江门新会银湖湾湿地风电项目开始测风。

区域项目发展

徐闻项目已经取得湛江市环保局承诺排污指标（4800t/年）的批文。在煤源调查方面，该项目已取得了供煤意向、供应量承诺函和秦皇岛港务局同意提供中转服务的复函，签订了海运协议，已完成煤种及煤质数据报告分析，编制了煤炭资源及运输报告并报煤业集团。电厂部分可研已基本结束。

韶关项目初步可行性报告已基本编制完成，正在进一步落实煤炭资源及运输论证和热电联产规划。始兴县、浈江区产业园区热电联产规划已经编制完成。乐昌市热电联产规划正在启动中。

肇庆项目接入系统已得到批复，已完成项目建设用地（68.87hm^2）的征用谈判、主体工程勘察设计和配套码头勘察设计的公开招标、主设备招标文件的审查、施工现场通电通水方案的预算编制和设计委托。

2008年6月，经集团公司批准，广东分公司成立了广东华电电白热电项目筹备处（由徐闻项目筹备处人员兼职），目前常驻人员已进驻茂名市。近期首先以建设5万t级码头港口项目为依托，开展建港研究，占有港口资源；进一步落实港口和煤电项目的开发权。

党的建设、精神文明建设、企业文化建设

加强党建工作和队伍建设，发挥好党组织和广大党员的“四个作用”。加强反腐倡廉工作，突出抓好领导人员廉洁从业教育和监督。创新干部管理体制，靠业绩用人，选拔想干事、能干事、会干事、干成事的人到重要领导岗位上来。加强员工培训，提高员工素质。

广东华电徐闻发电厂筹备处

概况

广东华电徐闻发电厂筹备处（简称徐闻筹备处）成立于2007年12月7日，2007年12月20日，集团公司任命马瑞东为徐闻筹备处主任。徐闻筹备处设有综合部、计划部两个部室，共有人员3人（均为从华电国际电力股份有限公司邹县发电厂借调人员），其中综合部2人，计划部1人。

广东省是集团公司优化区域结构的重点发展区域。2007年11月16日，集团公司与广东省湛江市徐闻县政府签订投资协议，项目规划总容量为6台1000MW机组，计划一期工程建设2台1000MW超超临界燃煤汽轮发电机组。

徐闻县位于中国大陆最南端，与海口市隔海相望，距离湛江市约150多km，距离海口市约18海里；属热带季风气候，年平均气温23℃，三面环海，交通便利，有207国道和粤海铁路贯穿南北，376省道东西相连，南部有汽车轮渡港口（海安港）和火车轮渡码头（粤海铁路轮渡码头）。海安港是中国大陆通往东南亚各国航线最短的港口，可连通香港、澳门、日本、韩国和东南亚各国，乘船到海口机场可飞往国内外各地。

初可研报告通过审查。2008年1月24日～26日，委托中国国际工程咨询公司组成项目专家组在海口市召开了“广东华电徐闻发电厂（2×1000MW）工程初步可行性研究报告”审查会，广东省经济贸易委员会、广东省电网公司、湛江市人民政府、湛江市发展改革委、徐闻县政府等有关部门共29家单位的代表参加了审查，于1月底完成项目初可研审查，并已上报省发展改革委。

可研报告已完成。初可研报告通过审查后，徐闻筹备处委托广东省电力设计研究院及中交第四航务工程勘察设计院有限公司开展可研工作。在项目可研工作开展过程中，尤其在选址方面，先后对朋僚角、排尾角、黑土角、龙塘石湾几处预选厂址进行勘查比选，历经6个多月，做了大量工作，最后确定徐闻县博赊港作为厂址。随后，徐闻筹备处采取两条线同步推进的办法，一方面做好申请批文的工作，另一方面加快项目可研的进程。目前，已取得可研所需的市县级所有批文共18份，并取得湛江市环保局承诺排污指标（4800t/年）的批文。煤源方面，已取得供煤意向、供应量承诺函和秦皇岛港务局同意提供中转服务的复函，签订了海运协议，煤种及煤质数据报告分析已完成，编制了煤炭资源及运输报告，并报煤业集团审查。可研报告完成后，将根据集团公司安排部署完成审查。

在抓好可研工作的同时，徐闻筹备处委托有关单位进行各专项勘探，准备专题报告的编制。2008年底，地质灾害危险性评估报告及压覆矿产资源评估报告、地震安全性评价报告、厂址陆地工程勘探、港口海域勘探、海域潮流、潮位、波浪等水文观测，泥沙动力试验、温排水数学模型试验，波浪、潮流数学模型试验和泥沙回淤计算等专题报告均已完成。

2008年5月4日，集团公司投资审核委员会对徐闻项目进行了投资审核，认为徐闻项目的建设符合集团公司的发展战略，项目建设是可行的，应该给予支持。

工程建设与管理

工程处于前期阶段，未开工建设。

广东华电韶关火电项目筹备处

概况

广东华电韶关火电项目筹备处（简称韶关筹备处）成立于2008年5月26日，2008年10月21日，集团公司任命许如平同志为韶关筹备处负责人。同年11月筹备处正式组建，编制暂定5人。人员采取从系统内借用的方式解决，分别来自安徽池州九华发电有限公司、华电安徽宿州发电有限公司和华电江苏扬州发电有限公司。韶关筹备处设有综合管理部、计划发展部两个部室，共有人员3人，其中综合管理部1人，计划发展部2人。

广东省是集团公司优化区域结构的重点发展区域。2008年5月5日，集团公司与广东省韶关市人民政府政府签订《华电韶关火电项目合作建设协议书》，项目分别在韶东、韶北规划总容量为4台600MW机组，计划一期工程建设2台600MW超超临界燃煤汽轮发电机组。

韶关筹备处以科学发展观为统领，克服前期工作急于求成的思想，深入开展项目调研分析。通过对广东省和韶关市社会经济发展规划、能源及产业政策等因素的综合调研分析，得出在广东开展纯火电项目建设可能性基本没有。因此，项目推进思路及时进行调整，并得到了集团公司和广东分公司支持，将规划调整为分别围绕韶关市（南雄市、浈江区、乐昌市、始兴县）四个工（产）业转移园区规划热电冷联供项目。这样，项目既符合国家能源政策，有利于项目核准，又为地方节能减排、保护改善环境，在实现区域经济环境可持续协调发展等方面具有重要意义。

工程建设与管理

工程处于前期阶段，未开工建设。

中国华电集团公司广西分公司

概况

中国华电集团公司广西分公司（简称广西分公司）是中国华电集团公司在广西壮族自治区设立的分支机构。广西分公司成立于2008年1月8日，负责华电集团在广西区域的发展规划、项目前期、电力营销和协调服务等工作。现设有综合管理部、计划发展部和市场营销部等3个职能部门，共8名在册员工。

截至2008年底，华电集团在广西区域内共有一家火电厂（贵港电厂）和一个项目筹备处（北海能源项目筹备处）。其中，贵港电厂是华电集团在广西的第一个投资项目，也是目前唯一的一个电源点，两台2×600MW燃煤机组（2008年12月31日，经机组扩容变更到2×630MW）分别于2007年2月和6月投入商业运营。填补了华电集团在广西的空白，为华电集团在华南地区的发展打下了坚实的基础，为地方经济社会发展作出了重大贡献，树立了华电集团在广西的光辉形象。

2008年1月10日，中国华电集团公司与北海市人民政府签订了《关于开发港口、电力项目的框架协议》。为落实协议精神，抢抓广西北部湾经济开发历史机遇，2008年3月成立广西北海能源项目筹备处，负责推进北海风电、合浦能源一体化项目的各项前期工作。目前各项工作正稳步推进。

领导人员

总经理、党组书记：彭锋

区域年度工作业绩

2008年，受南方冰冻雨雪灾害、煤价、金融危机等外部环境影响，贵港电厂陷入了生产经营困境。面对巨大经营压力和严峻形势，广西分公司主动承担起责任，与贵港电厂共渡难关。一是全力做好电力营销。加大“三电”工作力度，积极与自治区经委、电网公司等部门沟通联系，争取年度、月度电量计划；创造条件，安排好集团公司职能部门与地方政府、电网公司领导的会见，为电厂创造更有利的外部环境；与调度时刻沟通，利用一切机会争取日负荷。二是精心指导帮助。由总经理亲自带队，派出精干力量到电厂协助集团公司生产经营指导组工作，利用对电厂较为熟悉优势，充分发挥特长，从生产、经营、管理等方面提供全面的指导和帮助。三是全面协调服务。不断加大工作力度，积极与自治区有关部门进行协调和沟通，得到在年初抗冰灾期间多发电的政府补贴；利用已掌握的有利资源，加强与当地铁路部门沟通，确保贵港电厂燃煤运输通畅；时刻与自治区经委、物价局、电网公司、电监办等部门保持密切联系，为电厂争取更多实际利益。通过共同努力，争取到区内同类机组较高电量计划，能耗指标得到根本改善，员工队伍信心得到增强，管理水平有了较大提高，实现了2008年减亏3000多万元。

2008年底启动的沿海区域规划的编制工作是集团公司的一项重点工作，对华电集团在广西的发展意义重大。根据华电集团的部署和安排，分公司积极组织，充分调动各方有利因素，对本区域的发展规划进行了编制，提出了“紧密结合广西经济发展热点，重点在沿海、沿江布局临港大型综合电源项目，迅速在风电等新能源领域有所突破，积极在水电领域寻找并购机会，继续在广西沿海和内陆开展核电选址工作”的发展思路。目前，广西区域的发展规划已按时编制完成。

区域项目发展

根据华电集团年初下达的项目前期工作计划，广西分公司积极开展项目的前期工作，现已初步形成以北海西场（20万kW）和玉林大容山（5万kW）两个已取得“路条”的风电项目为突破口，北海合浦铁山港东岸能源一体化项目（港口可建4×10万t加2×5万t和一个5000t码头、火电8×100万kW、电解铝、铝加工）为重点，核电选址开发为长期发展战略，小水电以及其他生物质能发电等为补充的全面发展格局。

合浦综合能源项目。目前，公司已完成了《广西华电合浦综合能源项目群总体规划》的编制（圈定了1.65km海岸线及7.99km^{2}腹地土地的蓝线图，已经列入北部湾发展规划和广西港口布局总体规划），总体规划已上报华电集团待审；火电项目一期2台66万kW机组完成初可研报告的编制，正在上报华电集团内审；通过对北海市和玉林市龙潭产业园区域的调研，港口及储运中心项目（规划为4个10万t级散货泊位、2个5万t级的通用泊位和1个5000t级重件泊位）一期工程吞吐量已基本落实，完成了初可研报告的编制，已通过华电集团内审，待进行可研阶段工作。

西场风电项目。该项目位于北海市合浦县西场镇沿海滩涂一带，属于海上潮间带项目，规模为20万kW，分4期建设。一期5万kW已完成可研报告的审查，已取得所有支持性文件，正在上报核准。

改革发展

在华电集团优化三级管控体系的基础上，进一步推进区域管控模式创新，按照“责权利相统一”、“提高效率，形成合力”的原则，发布了《关于规范区域管理有关事项的通知》，进一步规范区域管理，明确各下属单位的功能定位和权责关系，提高管理效率，形成整体合力。

经营管理

在抓好项目推进、市场营销的同时，分公司还切实按照现代企业制度要求，狠抓基础管理，不断提升管理水平。

制度化管理：完善了岗位工作标准，财务管理、计划发展、综合事务等相关管理制度，根据工作实际建立了保密管理、信息管理、前期费用管理等制度，并进行了试行发布。

信息管理：重视信息化建设工作，正加快完善分公司广域网建设和视频会议系统的建立。

财务管理：严格按照集团公司核准的资金使用计划，坚持从严从细审核，严格控制办公经费的支出，并定期进行银企资金核对，确保分公司资金安全、完整。

档案管理：建章立制，规范档案管理，加强对分公司日常办公中形成的文件、合同、资料、音像和计算机信息等资料，分门别类进行整理和归档保管。

人力资源管理：积极探索劳动用工、干部人事管理制度，实行劳动用工聘用制，同时引进竞争上岗和考核机制；实行以岗位薪点工资为主的工资分配制度，建立以品德、知识、能力和业绩为导向的考核评价体系。严格执行集团公司工资管理办法和工资总额调控计划；加强职工基本养老、失业、医疗保险、工伤生育等社会保险工作。

职工培训工作：结合自身实际，在人员少、任务重的情况下因地制宜开展培训工作。培训工作以岗位业务知识培训为主要内容，以送培为主要方式，积极落实集团公司培训计划要求。

党的建设、精神文明建设、企业文化建设

1. 思想政治工作扎实开展

在华电集团党组的正确领导下，分公司党组紧紧围绕发展、协调、服务三项主要任务，充分发挥党组织的政治核心和党员的先锋模范作用，扎实有效开展思想政治工作，取得了较好的成绩。

及时成立党组织，为思想政治工作提供组织保障。2008 年 5 月，华电集团党组和自治区党委组织部分别下文同意成立分公司党组。随后，根据分公司的实际情况，经自治区直属机关工委批复成立了分公司机关支部，选举产生了支部书记，完善了机关支部组织机构。现分公司机关支部共有党员 7 名，其中支部书记 1 名，兼职党务人员 1 名，预备党员 1 名。

加强领导班子建设。分公司坚持党委中心组学习制度，不断提高领导班子政治素质、理论水平，提高了解政策、把握政策、运用政策的能力，坚持党管干部原则，以绩效为中心，注重德才兼备，创新考评机制，基本构建成了符合分公司实际的“四位一体”干部管理体系。围绕前期项目发展大局，在源头上下功夫，防微杜渐，不断推进党风廉政建设。党建工作正扎实有序展开和推进。

积极为灾区捐款、缴纳特殊党费，以实际行动支援灾区。分公司党组和机关支部高度重视“四川”汶川地震的抗震救灾工作，采取有效措施履行社会责任。一是做好四川灾区职工的稳定工作，要求贵港电厂党委做好安抚工作，保持队伍稳定，及时汇报情况。二是在第一时间号召在桂全体职工为灾区捐款，共筹得善款 50896.5 元。三是号召党员缴纳“特殊党费”支援灾区。分公司、贵港电厂和北海筹备处 78 名党员共交纳“特殊党费”21850 元。

2. 切实关心和解决职工困难，稳定职工队伍

2008 年成立的分公司维护稳定工作领导小组，专门负责广西区域职工稳定工作，并下设办公室具体负责执行。领导小组和办公室各成员及时研究讨论突出问题，制定措施和解决办法，稳定职工队伍。2008 年，华电集团广西地区各单位未发生人员参与邪教、敌对势力和台独等的破坏活动；未发生职工离退休的身份待遇问题和人员分流老厂关停后的职工队伍稳定问题；无移民拆迁问题；不存在个人和集体上访苗头和类似不稳定分子的隐患。

3. 企业文化建设

进一步完善分公司《集团公司理念贯彻和行为规范》、《职工手册》、《职工行为规范》，并在工作区域内狠抓落实，对外维护“中国华电”的良好形象。

其他需要记述的重大事项和情况

2008 年 3 月 27 日，华电广西分公司在南宁市举行隆重的揭牌仪式。原华电集团总经理曹培玺和广西壮族自治区副主席林念修共同为分公司揭牌。

2008 年 4 月 23 日，分公司正式入驻南宁市金源 CBD 现代城办公。

中国华电集团贵港发电有限公司

概况

中国华电集团贵港发电有限公司（简称贵港公司）是集团公司的全资公司，于 2003 年 9 月 18 日注册成立。总装机容量 1200MW，2008 年 12 月 31 日经广西壮族自治区经委同意，将铭牌出力修改为 2×630MW。2008 年 2 月起，贵港公司生产管理、运行和维护工作委托中国华电集团发电运营有限公司广西贵港分公司开展。截至 2008 年 12 月 31 日，贵港公司共有员工 303 人，平均年龄 32 岁，研究生及以上学历 5 人，大学专科及以上学历 252 人，中专及以下学历 46 人。公司设总经理工作部、党群工作部、人力资源部、财务资产部、计划营销部、生产管理部、生产技术部、前期工作部、安全监察部、燃料管理部、物资供应部、发电部、设备维护部、燃料运行部等 14 个部门。

领导人员

党委书记、总经理：宋超翼

副总经理：贺庆

纪委书记、工会主席：叶中

年度业绩

2008 年，面对自然灾害频发、煤价大幅攀升、发电利用小时大幅下降，金融危机影响，市场煤计划电等严峻局面，企业经营遭遇了前所未有的困难。公司上下团结一致，以科学发展观为指导，实现了半年稳定生产的目标，基本完成集团公司下达的控亏目标，保证了员工队伍稳定和公司的安全生产稳定，累计完成发电量 36.17 亿 kW·h；

累计上网电量33.63亿kW·h；完成主营业务收入10.03亿元，上交税金6376.37万元。

生产经营管理

（1）安全管理不断完善，安全生产保持稳定。始终坚持贯彻“安全第一、预防为主，综合治理”的方针，落实“四个凡事”标准，实行安全工作目标化闭环管理。针对生产实际，注重预防，认真细致做好日常安全管理，通过安全知识培训、宣传橱窗等加强安全宣传教育，提高全员安全意识和安全技能；细化对基层班组的监督、检查和考核，夯实安全基础；完善公司安全管理主体构架、落实安全生产责任制；强化“两票”管理，杜绝无票作业；深入开展隐患治理年、安全生产百日督查和无违章创建活动，结合防汛、安全月、春秋检、安全性评价自查评和华电集团公司安全综合初查评等工作，做到了有计划、有组织、有措施，标准明确、责任落实、物资到位。

（2）狠抓设备治理和维护，机组各项指标不断改善。针对机组设计、施工和设备质量存在的问题，大力进行技术改造，对1号、2号锅炉折焰角处的吹灰器进行改造，彻底解决折焰角处积灰、垮灰导致锅炉灭火问题；两台锅炉加装卫燃带，提高了机组在低负荷情况下锅炉稳定燃烧的能力，同时为锅炉适应燃用多煤种创造了条件，机组运行稳定性得到提升。抓好机组的日常消缺及维护工作，认真执行预防性维护制度，设备可靠性稳步提高；以突出处理设备重大缺陷、排查设备隐患、恢复设备设计性能参数和提高机组节能降耗水平为重点，精心计划，周密部署，加强组织协调和过程控制，圆满完成机组大小修工作。

（3）燃料管理水平稳步提高。与华电煤业集团积极协调，确保燃煤供应。在年初雨雪冰冻灾害中，承担好央企社会责任，克服了主要煤源地“封关”的不利情况，与政府相关单位加强协调，主动出击，赴贵州实地调研、寻找煤源，并积极拓展海运进煤渠道，多种措施保证燃煤供应。10～12月，分别同贵州水城矿务局、六枝工矿和盘江煤电集团签订了重点合同或中长期供需协议，为公司今后的燃煤供应和煤质稳定提供了保障。

（4）经营管理水平不断提高。积极沟通，争取支持，做好“三电”工作。进一步加强财务管理，有效规避资金风险，确保资金供应，严格控制费用支出，确保了公司正常经营。

内部改革

积极探索管理模式、经营方式的改革，引入先进的管理理念，提高企业管理水平。根据企业发展和经营模式变化，及时调整机构设置，配备专业人员。公开选拔聘用专业工程师，充实设备维护、发电部的技术力量；实施绩效考核办法，规范薪酬分配；规范公司劳动用工，签订劳动合同，化解用工风险。

党的建设、精神文明建设、企业文化建设

努力打造讲原则、重感情、团结协作的“四好”班子；坚持党管干部原则，修订《公司中层干部管理办法》及相关考核制度完善干部管理；加强基层党支部建设和职工思想政治工作；组织“变困境为机遇，抓管理促发展”、“工作质量是企业生命”等一系列特色活动，鼓舞了士气；积极探索建立健全惩防体系，开展党风廉政建设教育，重点开展燃煤效能监察和案件查处工作。2008年，未发生领导班子成员违法和严重违纪案件；未发生职工违法和严重违纪的问题；未发生导致严重损害华电集团和公司社会形象的事件；积极落实职代会制度，大力推行司务公开，确保职工参与企业管理的民主权利。通过民主程序完成公司董事会职工董事、监事会职工监事选举推荐。积极推进企业文化建设，成功举办了“和谐之春”系列活动、“为奥运祝福，为大修加油文艺晚会”等大型文体活动，丰富职工业余文化生活。在四川汶川地震后，积极慰问受灾职工，组织捐款36196.5元，缴纳特殊党费21850元，凸现人文关怀。大力开展“青年文明号”创建活动，发电部、设备维护部、燃料运行部被命名为贵港市“青年文明号”。

广西华电北海能源项目筹备处

概况

2008年3月15日中国华电集团公司下发《关于成立广西华电北海能源项目筹备处的通知》（中国华电人［2008］425号），正式成立广西华电北海能源项目筹备处（简称筹备处）。筹备处的主要职责是：根据国家、地方政府和集团公司的有关规定，按照国家关于基本建设的程序，积极开展广西北海火电、核电、风电以及港口项目的各项前期工作，使项目尽快获得国家核准并开工建设；

积极与各级政府部门及有关单位进行联系和沟通，协调处理好各方关系，确保项目筹备工作顺利进行。筹备处内设综合管理部和项目发展部两个部门，人员编制10人，2008年有员工8人，其中在编员工5人（都是借调人员），聘用员工3人。筹备处副主任（主持工作）：陈金弘。

北海能源项目包括：

1. 综合能源项目

项目选址在广西壮族自治区北海市合浦县白沙镇。规划建设港口码头、火电、电解铝及铝加工等项目。港口项目：泊位码头工程的建设规模为4个10万t级散货泊位，设计吞吐量为2400万t/年；2个5万t级通用泊位，设计吞吐量450万t/年。1个5000t级重件泊位，设计吞吐量10万t/年。火电项目：规划装机容量按2×660MW+6×1000MW国产燃煤机组规划，分期建设，一期工程建设2台，装机容量为2×660MW国产燃煤机组。电解铝及铝加工项目：建设规模为50万t/年电解铝，30万t/年原铝深加工。规划总占地面积798.76hm^2。发展规划：2009年开工建设综合能源项目码头一期工程2个5万t级通用泊位，2010年投入运营。2010年开工建设火电一期工程，建设2×660MW国产燃煤机组，2012年投产发电。2010年开工建50万t/年电解铝项目，与电厂一期工程同时建成。

2. 风电项目

华电合浦西场风电场工程位于广西壮族自治区北海市合浦县西场镇东南侧沿海潮间带的滩涂区域，北接大陆、南靠大海。西场风电场规划场址总面积约40km^2，总装机容量约200MW。工程分4期建设。一期工程拟安装24台单机容量2000kW风力发电机组，装机容量48MW。代表年年上网发电量9126万kW·h，年等效满负荷利用小时1901h，一期工程永久占地42.05亩。计划2009年9月开工建设，2010年6月投产发电。二、三、四期连续建设。

其他重大事项和情况

2008年3月15日，广西华电北海能源项目筹备处成立。

2008年7月29日，中国华电集团公司副总经理邓建玲到筹备处视察工作。

2008年8月13日，中国华电集团公司副总经理陈飞虎到筹备处视察工作。

华电云南发电有限公司
（中国华电集团公司云南公司）

概况

华电云南发电有限公司（简称华电云南公司）是集团公司的全资子公司，成立于2005年6月28日，与中国华电集团公司云南公司实行“一套班子、两块牌子”，合署办公。公司注册资本金4亿元人民币。华电云南公司以华电集团在云南的以礼河电厂、昆明电厂、巡检司电厂、绿水河电厂、石龙坝电厂以及昆明公司、巡检司公司、镇雄公司的权益组成。

截至2008年底，公司装机容量达到159.3万kW（火电120万kW，水电39.3万kW）。

领导人员

董事长：任书辉

总经理：冯海鹏

党组书记：郭世明

副总经理、纪检组长、工会主席：杨灿光

副总经理：王贵彦、曲振尧

年度工作业绩

2008年，公司完成发电量67.15亿kW·h，同比下降16.65%；发电机组平均利用小时4026h，同比下降1285h；供电煤耗358.71g/(kW·h)，同比下降10.01g/(kW·h)；厂用电率完成6.85%，同比上升0.2%。完成利润总额-5.71亿元。基建投资16.32亿元。关停发电容量20（10×2）万kW。

生产经营管理

始终坚持“安全第一、预防为主、综合治理”的方针，面对燃料供应紧张、煤价上涨、煤质下降等诸多困难，认真做好安全管理和设备运行，确保了安全形势的总体平稳。

深入开展“隐患治理年”、“无违章创建”活动，切实抓好防洪度汛工作，加强水电站大坝、火电厂灰坝的汛期管理和除险加固工作，认真落实生产、基建等应急抢险方案，加强技术监督、检修维护和运行管理，提高设备可靠性，保证机组出力，新机组“非停”明显下降，全年“非停”总数为6次，同比下降18次。所属5家发电企业年内实现3个百日安全周期。

狠抓“三电”、“四煤”工作，组织各单位与云南电网公司签订《购售电合同》，安排合理运行调度方式，努力抢发电量。加强电费回收工作，电费回收率实现100%。针对年初出现供煤偏紧的局面，调动各方面积极性确保电煤供应。加强预算管理及经济活动分析工作，突出业绩导向，落实经营责任，制定财务管理规章制度，进一步规范财务管理，积极筹措资金，保证生产和项目建设的资金需要。加强成本、费用目标管理和过程控制，努力降低成本和三项费用。

按照“对照先进、查错纠弊、持续改善、不断超越”的要求，开展对标管理活动，加强过程控制，不断细化指标。巡检司发电公司主要指标明显提高，“非停”仅发生1次，同比减少12次，燃料管理得到加强。昆明发电公司班子调整后，重点抓好安全文明生产，热值差和煤耗明显下降，内部管理得到加强，外部运营环境进一步改善。以礼河发电厂汛期充分利用区间来水发电，2008年年末毛家村水库水位达2223.24m，比上年同期高11.71m，多蓄水1.85亿m^3，多蓄能5.2亿kW·h，经营状况得到改善。绿水河发电厂加强设备管理，做到枯期不弃水，汛期不临检，安全文明生产保持良好态势。石龙坝发电厂积极争取税收减免政策，增值税率从17%降至6%，每年可减少税费70多万元，发电量1243.12万kW·h，为近10年来的最好水平。

突出业绩导向，落实经营责任，制定财务管理规章制度，加强预算管理及经济活动分析工作，进一步规范财务管理。坚持“预防为主、违规必究、防控结合”的原则，严肃财经纪律，加强财务监督，保证资金安全。加强审计监督工作，积极进行审计意见整改，努力控制经营风险。

项目发展

公司围绕确定的电源项目，进一步落实建厂条件，加大项目催批力度和核准文件的准备。镇雄项目1号、2号机组取得了国家能源局同意开展项目前期工作的“路条”和国土资源部建设项目用地预审批文，进入了国家发展改革委的核准程序。3号、4号机组完成可研审查和优选报告，取得全部省级支持性文件。鲁地拉项目取得国家能源局同意开展项目前期工作的“路条”和云南省“封库令”，取得了接入南方电网和建设用地预审的批复。

加大新能源的开发力度。通过调研、踏勘，在蒙自县、个旧市、弥勒县、永仁县等地初步选定4个风场，安装了9座测风塔，开展测风、风能源评价等工作。在永仁县安装了太阳能辐射观测站。完成了滇池淤泥焚烧发电项目初步可行性研究报告，并通过了专家咨询论证。

根据中国华电集团公司关于“十一五”期间关停小火电机组方案的要求，2008年6月19日，华电云南公司组织爆破拆除了昆明发电厂两台10万kW机组冷却塔，提前2年实现了华电集团云南区域关停30万kW火电机组的节能减排目标。昆明发电厂提前关停后，每年将减排$SO_2$1.2万t，减排烟尘990t，减排氮化物2614t，按同等发电量转移到60万kW机组折算，每年可节约原煤30万t。节能减排工作得到国家发展改革委副主任、国家能源局局长张国宝高度评价。

改革发展

开展“四好”领导班子创建活动，全面加强各级领导班子和干部队伍建设，注重加强领导班子的领导力、执行力和战斗力。坚持德才兼备、业绩导向的用人制度，引导领导干部努力做到政治上靠得住，工作上有能力，能干事，干成事。经过民主推荐和组织考核，建立健全后备干部队伍。加强干部教育管理，积极组织相关人员参加集团公司干部培训。对昆明、巡检司、绿水河、以礼河及石龙坝等单位的领导班子进行调整，共调整正、副处级干部24人·次，取得较好的效果。建立了效益、安全、发展三大绩效为主体的绩效目标体系，对企业工资总额和领导人员年薪分配进行管理。

认真解决上大压小、关停小火电机组的人员分流安置，向新项目配置员工108人。加大员工培训力度，组织参加各类培训人员2190人·次。

党的建设、精神文明建设、企业文化建设

公司2008年上半年先后举办了两期厂（处）级领导学习党的十七大精神培训班，继续深入开展以党的十七大精神为主要内容的学习教育活动。

在抗冰保煤保电工作中，在云南省因缺煤停机370万kW的情况下，公司下属火电厂没有一台机组停机，以实际行动自觉履行了国有企业的政治责任和社会责任。

根据云南省委的统一部署，在公司所属各单位开展了“解放思想、深化改革、转变观念、科学发展”大讨论活动，围绕当前少数领导干部存在6种落后思想状态和3个主题开展。组织了云南公司“解放思想、转变观念，对标管理、真抓实干”主题巡回演讲团到基层单位进行了巡回演讲。

云南华电巡检司发电公司（厂）发电运行部党支部被评为“云岭先锋”先进党支部，绿水河发电厂旅游公司经理王万达被评为优秀共产党员。

共有3717名职工向受灾较严重的昭通市镇雄县捐赠578699元和1950件衣物（其中企业捐款50万元）。

华电云南公司系统3120人参与了“和谐华电 奉献爱心”捐款活动，共向“和华”爱心基金捐款人民币225936.9元。

针对四川汶川地震特大自然灾害，各单位捐款合计447247.7元，公司系统871名党员缴纳“特殊党费”202255.2元。为“扬起希望基金”募集资金11031.5元。全年各项捐赠合计126.29万元。

公司进一步推动企业廉洁文化建设。各单位通过警示教育、知识竞赛、检企共建、助廉座谈会、观先进性教育影片和电视片、理论研讨、文艺演出、上党课等，对全体党员领导干部、共产党员和职工群众进行党风廉政建设和反腐倡廉宣传教育，在公司系统形成了“以廉为荣、以贪为耻、风清气正、和谐团结”的良好氛围。认真落实廉洁谈话制度。谈话20余人·次，任前廉洁谈话14人·次。公司14名2006年后新上任的副处级领导干部分别以书面形式表明廉洁自律的决心和态度。

公司工会按照“围绕一个中心，增强两个意识，抓好七项工作”的工作思路，积极促进企业发展与员工发展的和谐统一。开展创先争优活动。昆明发电公司发电部等四个集体被云南省总工会授予2008年“云南省工人先锋号”荣誉称号。云南华电巡检司发电公司维护部锅炉维护班副班长朱纪恩同志被云南省政府授予“云南省劳动模范”称号。

举办首届职工运动会，先后开展排球、羽毛球、乒乓球、桥牌、围棋、象棋等六项比赛。

下发《关于进一步加强网络宣传工作的实施办法》，明确了公司网络新闻宣传工作的指导思想和七条主要措施，对中国华电网站的投稿进行了量化安排，并制订了相应的奖励办法。

下发《接受新闻媒体采访规定》，对接受新闻采访、加强新闻报道提出基本要求，规范接受新闻媒体采访的程序。

公司举办2008年宣传工作培训班。来自公司各基层单位及怒江公司、华电煤业云南分公司的30名学员参加了培训。

公司策划组织了昆明发电厂两台10万kW机组关停爆破拆除仪式的宣传工作。中央电视台、新华社、人民日报、中央人民广播电台、经济日报、工人日报、中国环境报、中新社、云南日报、云南电视台、云南人民广播电台、云南网、昆明日报、昆明电视台等16家媒体进行了现场报道，国内主流媒体和国内各大网站都在第一时间进行了报道。

云南公司记者站已连续4年荣获集团公司“优秀记者站”和“十佳记者”荣誉称号。

云南金沙江中游水电开发有限公司

概况

云南金沙江中游水电开发有限公司（简称金沙江中游公司）是经国务院批准同意，由中国华电集团公司、中国华能集团公司、中国大唐集团公司、汉能控股集团有限公司以及云南省投资控股集团有限公司按33%∶23%∶23%∶11%∶10%的股比，依照《中华人民共和国公司法》组建的大型水电流域开发公司。金沙江中游公司注册资本金为30000万元，成立于2005年12月16日。

金沙江中游公司主要任务是：遵照国家的产业政策，本着“流域、梯级、滚动、综合”开发的原则，开发建设和经营管理金沙江中游梯级水电站；统一流域规划和前期工作；统一负责流域内各投产电站的运行调度。努力提高经济效益和社会效益，为股东获取合理的投资收益。公司的核心业务是水电开发建设和生产运营。

2002年4月原国家计委组织审定《金沙江中游河段水电规划报告》，按“一库八级”方案开发，即龙盘（上虎跳峡）、两家人、梨园、阿海、金安桥、龙开口、鲁地拉和观音岩，总装机容量2058万kW，年发电量833亿kW·h。金沙江中游公司全资建设和管理龙盘、两家人、梨园、阿海水电站；参股建设鲁地拉、龙开口、观音岩、金安桥水电站，参股比例分别为17%、3%、16%、12%。

按照金沙江中游公司章程、发起人协议书和组建会商纪要三个基本文件，公司组建股东会、董事会、监事会、技术委员会、财务委员会。根据公司董事会批准的机构设置方案和工作需要，截至2008年底，公司设置总经理工作部、人力资源部、计划发展部、财务及资产管理部、移民环保部、基本建设管理部（下设安全监察室、合同管理处、工程技术处）、机电物资部、政治工作部（下设监察审计室）8个职能部门，阿海水电站建设公司、梨园水电站建设筹备处、龙盘水电站建设筹备处、集控中心筹备处及滇中调水工程筹备处等5个二级单位，还设有北京联络处、丽江办事处。

截至2008年底，金沙江中游公司共有员工107名，其中研究生学历18人，本科学历84人，专科学历4人；教授级高级职称10人，高级职称29人，中级职称47人，初级职称12人，平均年龄36.3岁。

截至2008年底，金沙江中游公司资产总额55.59亿元，负债总额45.25亿元，所有者权益10.34亿元，资产负债率81.4%。

领导人员

董事长：云公民（2008年8月25日，金沙江中游公司董事长由曹培玺更换为云公民）

监事会主席：刘海建

党组书记、总经理：高盈孟

党组成员、副总经理：张向明、陈侃

党组成员、副总经理、纪检组组长、工会主席：杨贵平

党组成员、总工程师：黄志斌

党组成员、总会计师：张嘉军

党组成员、总经理助理：王鹤鸣

年度工作业绩

2008年，在云南省委、省政府、华电集团和公司董事会的正确领导下，金沙江中游公司认真学习贯彻党的十七大精神，全面贯彻落实科学发展观，积极应对冰雪灾害、工地气候异常连续阴雨、原材料价格上涨、融资困难、西藏“3·14”事件、“5·12”汶川地震影响等诸多不利因素，努力协调各种复杂的外部关系，攻坚克难，全力推进各项工作，取得了较好成绩。

2008年，计划投资29.34亿元，实际完成34亿元。

阿海电站项目核准工作公司可控部分全部完成，项目核准报告已上报国家发展改革委待批；筹建期工程基本完成，即将全面进入主体工程施工阶段。

梨园水电站项目核准工作取得积极进展；筹建工作按计划推进，导流洞工程双洞贯通，实现了施工转序。

金沙江中游龙头水库比选工作有序开展，三个坝址预可研报告已完成；公司滇中调水工程筹备处正式成立。

移民安置“16118政策”有力推动各项目建设，阿海、梨园电站施工区移民搬迁已完成，并确保了施工区、移民安置点的稳定。

流域公共规划工作取得实质性进展，与项目核准密切相关的流域公共规划工作全部完成。

基建安全、质量在控、受控，总体形势平稳，没有发生基建安全、质量事故。

项目发展

金沙江中游公司成立后，立即着手开展项目的预可研、可研工作，确立了“以项目核准为中心”的总体工作思路。2008年，阿海、梨园项目核准工作，龙头水库比选工作取得积极进展。

截至2008年底，阿海项目核准工作公司可控部分已全部完成。完成了项目核准规定的移民工作；汶川地震后，按国家有关新增要求完成了防震抗震专题报告并通过审查；取得了阿海电站可研报告审查意见；取得了国家环保部对环保报告的批复。经过多方协调，制约项目核准的水保工作取得较大突破，水保报告2008年7月已上报水利部，长江委已将修编后的金沙江干流综合规划报告上报了水利部，待水利部有明确意见后，即可批复水保及规划符合性论证、防洪论证、水资源论证报告。项目核准申请报告已上报国家发展改革委待批，中咨公司已组织完成了阿海电站项目申请报告移民、环保专题评估及综合评估工作。

梨园水电站项目核准工作快速推进，2008年5月取得了云南省政府颁布的“封库令”；移民规划大纲已通过审查，规划报告审查会已召开；防震抗震报告已通过审查；水保报告已通过咨询；取得了国土资源部关于土地预审的批复意见；取得了建设部关于风景名胜区边界调整的批复意见；可研阶段枢纽布置、施工总布置规划及特征水位选择等枢纽部分专题已经完成技术咨询或审查；

环评、水资源论证、防洪论证及规划符合性论证报告编制工作进展顺利。

金沙江中游公司按照《国家发展改革委办公厅关于委托对金沙江虎跳峡河段开发方案进行深入研究论证的通知》及2007年11月召开的工作启动会的要求积极配合水规总院、协调组织地方政府及各参与设计、科研的单位开展工作。工作启动后，由于比选工作涉及藏区，受西藏“3·14”事件和保奥运会安全要求影响，水规总院在4月将原计划6月提出报告的时间推迟到10月。10月，国家发展改革委要求开展的三个比选坝址开发任务与综合利用效益分析专题、建坝可行性研究专题、开发方案建设征地移民安置专题和开发方案环境保护与景观综合开发专题等四大专题全部完成并已提交水规总院。

金沙江中游公司在确保安全、质量的基础上积极推进阿海、梨园电站的施工筹建，在筹建过程中高度重视环保、水保等工作，认真落实“三同时”要求，并根据国家要求，不断加快项目建设土地、林地征占用手续的办理，做到土地、林地手续不完备不动工，确保合法合规建设。

2008年，阿海项目共完成基建投资12.71亿元，为年度投资计划12.15亿元的104.67%。1号导流洞已成功分流，2号导流洞满足汛前投运的要求；新源沟砂石加工系统及左岸上游混凝土拌和系统一期工程投入运行；左右岸坝肩开挖工程已基本完工；左岸辅线公路已建成通车，右岸进场主线公路路基工程已基本完成；阿海金沙江大桥左、右岸桥台混凝土浇筑已结束；施工供电工程已完成。

2008年，梨园电站全年共完成基建投资6.03亿元，占年度投资计划（5.37亿元）的112.25%。1号、2号导流洞上导洞已贯通，转入洞身中下部开挖；进场公路路基已完成，转入路面施工；上、下游索道桥已建成投运；右岸砂石加工及混凝土生产系统已投产；右岸低线施工便道工程已完工。

改革发展

2008年，金沙江中游公司不断加强执行力建设，印发了在公司管理中强调服务承诺、首问责任、限时办结“三项要求”的规定，形成了党组会及总经理会、总经理办公会、周一工作碰头会、部门工作安排会四级会议制度，分级布置、重点督办、滚动考核，做到了事前有安排、事中有检查、事后有考核，责任明确，奖惩分明，各级干部员工执行力得到切实提高，在改善服务质量、提高工作效率上取得了明显的进步。

根据流域梯级开发规划，制定了公司人力资源总体规划。根据实行情况，修改完善了请假休假、岗级管理、通用工种管理、管理岗位毕业生管理办法等多项制度，修订了员工手册和员工岗位职责，提高了制度的科学性、公平性和可操作性。为充分调动建管单位的积极性，调整了对建管单位考核的方式，制订了建管单位绩效目标管理办法。培训工作进一步规范化，举办了两次集中培训，多人参加政府部门和华电集团组织的培训，为提高员工素质发挥了积极作用。全年进行了3次公开招聘，共引进员工24人。

受国家宏观调控及金安桥水电站未核准事件影响，金沙江中游公司融资工作面临巨大压力。为此，金沙江中游公司在认真做好资本金到位落实工作基础上，切实加强同银行的沟通协调，与多家银行建立了良好的银企合作关系，为阿海项目核准取得了多家银行出具的贷款承诺函，并实现贷款增量26.45亿元，确保了现场筹建、移民安置、机电物资储备及公司可持续发展的资金需求。基本完成了基建投资管理办法的编制，进一步规范了合同管理、招标管理。坚持内部挖潜，树立价值思维和过紧日子思想，从严控制各项费用，严格预算管理，不断提高成本管理水平，全年各项预算管理指标控制情况良好。按华电集团要求，认真开展了“依法经营”活动、“一改三查”活动，启动了对标管理活动。

党的建设、精神文明建设、企业文化建设

2008年，金沙江中游公司党的建设、精神文明建设、企业文化建设得到进一步加强。成立了公司纪检组，组建了阿海水电站建设公司和梨园水电站建设筹备处的纪检机构。加强对团员青年的思想引导，做好“双向培养”工作，积极推荐优秀的团员青年骨干加入党组织，全年共发展新党员6名。雪灾、地震灾害发生后，公司积极响应党中央、国务院号召，组织公司干部员工为地震灾区、抗击冰雪灾害等共捐款、缴纳特殊党费20多万元，人均捐款2000元以上，以实际行动支援了抗灾工作，较好地履行了国有企业的社会责任、政治责任。

公司认真学习党的十七大精神和中纪委十七届二次全会精神，认真执行华电集团关于廉洁从业的有关制度和规定，把预防作为廉洁从业的第一要务来抓，努力建立健全监管制度和机构，努力规范招标和物资采购工作。2008 年 2 月，公司与云南省检察院联合成立了预防职务犯罪领导小组，充分借助检察机关的力量为公司的健康发展提供支持。全年各项工作中没有发现违法违纪事件。

2008 年，金沙江中游公司企业文化建设取得初步成果，拟定了《金沙江中游水电宪章》，确定了企业标识，编制了企业 VI 手册，初步建立了公司企业文化体系。

其他重大事项和情况

2 月 18 日，金沙江中游公司召开 2008 年工作会议暨纪检监察、安全生产工作会议。

3 月 31 日 ~4 月 4 日，时任华电集团党组书记、总经理的曹培玺，党组成员、纪检组长迟文江一行对金沙江中游梯级电站进行工作调研。

4 月 12 日，金沙江中游公司 2008 年股东会暨一届六次董事会、监事会在北京召开。

5 月 6 日，华电集团党组成员、副总经理邓建玲一行到金沙江中游公司进行工作调研。

5 月 23 日，金沙江中游公司举行向“5・12”四川地震灾区捐款活动。公司全体 95 名员工共捐款 74662 元，人均捐款 786 元。

6 月 7 ~ 13 日，全国人大常委会副委员长、九三学社中央主席韩启德，全国政协副主席、九三学社中央副主席王志珍率九三学社中央考察团到云南进行水资源开发利用调研。

7 月 1 日，金沙江中游公司党组召开庆祝建党 87 周年纪念表彰大会。

8 月 1 ~ 3 日，省委常委、常务副省长罗正富率省发展改革委、省移民局等有关部门及相关州市政府主要领导，对金沙江中游部分水电建设项目进行了现场调研。

8 月 8 日，金沙江中游公司 2008 年年中工作会在昆明召开。

8 月 22 日，金沙江中游公司滇中调水工程筹备处成立。

9 月 25 日，金沙江中游公司党组书记、总经理高盈孟，党组成员、副总经理张向明、杨贵平及公司部门负责人及专家代表团到丽江参加中共丽江市委 2008 年第十二次常委会议，向丽江市委、市政府、市人大、市政协主要领导作了题为“贯彻落实科学发展观，抓好龙头水库比选工作”的专题汇报。

11 月 22 ~ 24 日，华电集团专家委员会主任、公司高级顾问贺恭在金沙江中游公司党组书记、总经理高盈孟陪同下，对龙头水库选址进行了调研。

12 月 1 日，金沙江中游公司 2008 年第二次临时股东会暨第一届董事会、监事会第七次会议在北京召开。

12 月 21 ~ 23 日，国家环保部环评司司长祝兴祥一行对金沙江中游水电开发进行了调研。

云南华电怒江水电开发有限公司

概况

云南华电怒江水电开发有限公司（简称华电怒江公司）成立于 2003 年 7 月 10 日。截至 2008 年底，华电怒江公司股权构成为：集团公司 51%、云南省投资控股集团有限公司 20%、华润电力控股有限公司 14%、云南省电力投资有限公司 10%、云南省送变电工程公司 5%。经营范围是怒江干流水能资源梯级开发的投资和建设，水电厂的运营管理，电能的生产和销售，水利水电工程技术咨询服务和水利水电物资、设备采购。

成立六库水电站建设公司和马吉水电站筹建处，在规划发展部下设立征地移民办公室，将总经理工作部和政治工作部分开运作。截至 2008 年底，华电怒江公司设有总经理工作部、人力资源部、财务资产部、计划合同部、规划发展部、工程建设部、机电物资部、政治工作部 8 个机关职能部门和六库水电站建设公司、赛格水电站筹建处、亚碧罗水电站筹建处、马吉水电站筹建处、六丙公路建设公司 5 个下属单位。水电流域公司管理架构基本形成。2008 年底，华电怒江公司共有员工 94 人，其中研究生学历 11 人，本科学历 62 人，专科学历 10 人，中专及以下 11 人；教授级高工 4 人，高级职称 28 人，中级职称 26 人；平均年龄 37.3 岁。此外，聘请国内水电建设领域 9 位知名专家（3 位院士、2 位勘测设计大师、4 位教授级高工）成立华电怒江公司专家委员会，为开发怒江水电资源储备人才，搭建技术支持平台。

高度重视教育培训工作，全年共举办内部培训14班次，参培人员288人次，送出培训60人·次，促进员工队伍素质的提高。

怒江中下游水电规划开发建设13个梯级电站，从上至下分别为松塔水电站（420万kW）、丙中洛水电站（160万kW）、马吉水电站（420万kW）、鹿马登水电站（200万kW）、福贡水电站（40万kW）、碧江水电站（150万kW）、亚碧罗水电站（180万kW）、泸水水电站（240万kW）、六库水电站（18万kW）、石头寨水电站（44万kW）、赛格水电站（100万kW）、岩桑树水电站（100万kW）、光坡水电站（60万kW）。其中，松塔、马吉为龙头水库，故称为"两库十三级"。怒江中下游13个梯级规划装机容量2132万kW，保证出力778.87万kW，年发电量1029.6亿kW·h。《怒江中下游水电规划》推荐近期开发马吉水电站、亚碧罗水电站、六库水电站和赛格水电站，即"一库四级"，"一库四级"规划装机容量718万kW，年发电量329.8亿kW·h。

华电怒江公司以"开发一条流域、促进一方经济、保护一片环境、造福一地群众、构建一方和谐"为公司使命，以"绿色水电、和谐怒江、企地共赢"为公司宗旨，按照"流域、梯级、滚动、综合"的原则开发怒江中下游水电资源。

2008年，华电怒江公司确定了"内强管理，外营环境，以六库电站核准和怒江中下游水电规划完善促批为中心，以'一库四级'工程实施方案和施工准备为重点，继续全面推进其他梯级勘测设计"的年度工作思路，全面贯彻落实集团公司2008年工作会议精神及华电怒江公司二届四次董事会决议，紧紧围绕《国家发展改革委办公厅关于怒江水电开发有关问题的通知》（发改办能源［2008］243号）精神开展工作，认真开展怒江水电开发与怒江流域生态环境保护及经济社会和谐发展的研究工作，深入论证怒江水电开发的利弊得失，努力开展六库水电站核准和"一库四级"实施方案促批工作，各方面工作均取得长足进步。

领导人员

董事长：程念高

副董事长：刘海建

董事：罗锦华、罗小黔、张泽星、周游、刘建华、陈运龙、陈伊恂、杨家昌

职工董事：张建新

监事会主席：李长旭

监事：阮金水、卜繁森、于涛、杨俊

职工监事：李文仲

总经理、党组成员：张泽星

党组书记：周游

副总经理、党组成员：张建新、邓平强、杨万华、黄辉

党组成员、纪检组长、工会主席：黄国庆

生产经营管理

突出制度建设，制定和修订《会计基础工作管理办法》、《综合计划管理办法》、《本部部门职责方案》、《基本建设项目管理办法》、《安全管理体系大纲》、《内部审计暂行规定》、《档案管理暂行规定》、《保密工作办法》等规章制度共50余项，初步建立起以全面预算和综合计划为核心的管控体系。

华电怒江公司围绕六库水电站核准和"一库四级"实施方案促批做了大量艰苦细致的工作，促成国家部委和云南省职能部门相继出台多份关键性文件：2008年1月，国家发展改革委办公厅印发《关于怒江水电开发有关问题的通知》，同意规划建设六库水电站，标志着六库水电站成为怒江中下游首个获得开发建设"路条"的项目；3月，国家发展改革委发布《可再生能源发展"十一五"规划》，将怒江列为我国第5大水电基地，提出要积极推进怒江水电基地开发建设，开工建设包括怒江六库和赛格在内的一批水电站；6月，云南省发展改革委印发《关于保持怒江水电开发相关工作有序进行的通知》，首次以正式文件明确华电怒江公司对怒江水电的开发权；10月，云南省移民开发局印发《云南省怒江中下游水电开发移民安置指导意见》，怒江流域移民安置政策正式出台。六库水电站取得正常蓄水位选择及施工总布置规划、水资源论证、用地预审、地震安全性评价、接入系统等方面的核准支持性文件。另外，规划符合性论证及防洪评价报告通过长江水利委员会审查，环评报告公众参与活动顺利结束。截至2008年底，六库水电站核准所需的28项支持性文件取得18项，除"封库令"和相关水库专题以及环评报告未取得批复外，其余文件已全部通过

审查或获得批复。

项目发展

亚碧罗水电站《可研阶段施工总布置规划专题报告》，马吉水电站预可行性研究阶段《枢纽布置初步研究专题报告》、《拱座稳定初步分析专题报告》、《坝基岩体质量分类及建基面初步研究专题报告》、《拱坝坝肩稳定初步研究专题报告》、《坝址区两岸高边坡稳定性初步评价专题报告》及《预可行性研究报告》编制完成并通过业务主管单位咨询，取得咨询意见。马吉水电站可行性研究阶段《勘测设计科研大纲》通过华电怒江公司组织的专家咨询。

开展了“三江并流”世界遗产地与怒江水电开发关系研究，怒江中下游梯级水电开发对下游萨尔温江的影响研究，怒江水电开发的目的和意义、可能带来的问题及相关措施研究，“一库四级”水电开发带动怒江流域产业发展专题研究，移民安置长效补偿机制在“一库四级”的实施方案研究，怒江中下游水电开发区域植被恢复与生态重建规划，怒江中下游水电开发野生动物保护与恢复规划，怒江水电开发后续产业及相关政策研究，怒江中下游水电开发生态保护规划 9 项专题研究，截至 12 月 31 日，绝大部分专题研究报告已经完成并通过咨询。

党的建设、精神文明建设、企业文化建设

成立华电怒江公司党组纪检组和机关党委，进一步加强党建工作和党风廉政建设。成立华电怒江公司工会委员会，召开第一次工会会员大会，选举产生第一届工会委员会和经费审查委员会。

积极参与社会帮扶，抓好定点挂钩扶贫工作，组织“抗震救灾”捐款和“送温暖、献爱心”活动。向怒江雪灾受灾群众捐款 30 万元，组织员工向集团公司“和华爱心基金”捐款 13920 元、向四川汶川地震等灾区捐款 79010 元，衣物 93 件。捐资 154.64 万元建设怒江州福贡县老姆登、知子罗林果基地。公司荣获云南省委省政府“2007 年度社会扶贫先进集体”称号。

其他重大事项和情况

2 月 20 日，华电怒江公司召开 2008 年度第一次股东会暨二届四次董事会、监事会会议。

4 月 4 日，集团公司党组书记、总经理曹培玺一行赴云南调研，要求华电在滇企业抓紧开展怒江、金沙江中游、镇雄等项目的前期工作，尽快落实六库、镇雄等项目核准的基本条件。

5 月 6 日，集团公司邓建玲副总经理一行到华电怒江公司进行工作调研，要求华电怒江公司努力推进怒江水电开发前期工作。

5 月 9 ~ 18 日，国务院参事室郭廷结、叶汝求、任玉岭一行赴怒江实地考察调研流域生态保护与水资源开发利用等有关问题。

5 月 11 日，华电怒江公司总经理张泽星拜会南方电网公司副总经理王久玲，双方通报了工作进展和近期工作推进情况，就一些相关衔接工作、技术准备工作进行了协商。

8 月 1 日，华电怒江公司召开 2008 年中经济活动分析会。会上，公司与下属单位分别签订绩效目标责任书和党风廉政建设责任书。

8 月 6 ~ 7 日，集团公司党组成员、副总经理、华电怒江公司董事长程念高一行赴云南调研，要求华电怒江公司加大力度促进《怒江中下游水电开发移民安置意见》审批。

8 月 6 日，华电怒江公司召开专家委员会成立大会。专家委员会由 3 位中国工程院院士、2 位勘测设计大师、4 位教授级高级工程师组成，马洪琪院士担任主任委员，谭靖夷院士担任顾问。

8 月 19 日，华电怒江公司召开工会第一次会员大会。大会选举产生公司工会第一届委员会和经费审查委员会，黄国庆当选工会主席。

8 月 21 日，中共云南省委副书记、省长秦光荣率领云南省发展改革委等省主要职能部门负责人以及怒江州政府主要领导到华电怒江公司现场办公，对推进怒江水电开发作了重要部署。

9 月 10 日，华电怒江公司总经理张泽星拜会长江水利委员会主任蔡其华，双方就怒江水电开发的有关问题交换了意见。

11 月 16 日，集团公司副总经理任书辉到云南调研，要求华电怒江公司继续开展“一库四级”施工准备。

12 月 8 日，华电怒江公司召开 2008 年度第二次股东会暨二届五次董事会、监事会会议。

云南华电鲁地拉水电有限公司

概况

云南华电鲁地拉水电有限公司（简称鲁地拉

公司）是由集团公司、云南金沙江中游水电开发有限公司、云南省投资控股集团有限公司按 75%、17%、8% 的股比共同投资组建的水电建设公司，2006 年 4 月 10 日注册成立，负责金沙江鲁地拉水电站的开发建设和建成后的运行管理。

截至 2008 年 12 月 31 日，鲁地拉公司部门设置总经理工作部、财务资产部、计划合同部、工程建设部、安全技术部、机电物资部、移民环保部 7 个部门，正式员工 34 人。

鲁地拉水电站位于云南省大理州宾川县和丽江市永胜县交界的金沙江中游干流河段，是中游河段规划“一库八级”的第七级电站。工程主要任务是发电，水库正常蓄水位 1223m，总库容 17.18 亿 m^3，具有日调节性能。电站总装机容量 2160MW，多年平均发电量 99.57 亿 kW·h。枢纽工程由碾压混凝土重力坝、坝身泄洪、右岸引水发电系统等建筑物组成，最大坝高 140m。工程 2007 年 3 月开始筹建，计划于 2013 年首台机组发电，2015 年竣工。

领导人员

总经理、支部书记：周卫东

副总经理、总工程师：魏永新

副总经理、工会主席：侯建刚

副总经理：于文革

工程建设与管理

2008 年基建投资计划 13 亿元，实际完成基建投资 134387.44 万元，完成年度计划的 103.4%。截至 2008 年 12 月 31 日，鲁地拉公司累计完成基建投资 195363.81 万元。

2008 年，各股东方注入资本金 26000 万元；截至 2008 年 12 月 31 日，累计注入资本金 39000 万元。

截至 2008 年 12 月 31 日，鲁地拉公司带息负债余额总计 18.55 亿元。

2008 年 4 月 17 日，取得南方电网公司关于同意金沙江鲁地拉水电站接入南方电网的复函；4 月 29 日，取得国土资源部关于金沙江鲁地拉水电站建设用地预审的批复；9 月 19 ~ 20 日，电站水土保持方案报告书通过水规总院的技术评审；12 月 13 ~ 14 日，电站工程防震抗震报告通过水规总院组织的审查；12 月 26 ~ 28 日，鲁地拉水电站可行性研究报告通过水规总院和云南省发展改革委组织的审查；12 月 31 日，鲁地拉水电站项目申请报告上报国家发展改革委。

2008 年 4 月 1 日，集团公司党组书记、总经理曹培玺，集团公司党组成员、纪检组长迟文江视察鲁地拉水电站。2008 年 6 月 20 日，集团公司总经理、党组副书记云公民，党组成员、副总经理邓建玲视察鲁地拉水电站。2008 年 8 月 1 日，中共云南省委常委、常务副省长罗正富视察鲁地拉水电站。

鲁地拉水电站施工区涉迁人口 1400 人，到 2008 年 10 月 31 日全部搬迁完成，均为一次性搬迁，永久安置。2008 年 11 月 26 ~ 28 日，金沙江鲁地拉水电站移民安置规划报告通过水规总院会同云南省移民开发局组织的审查；12 月 27 ~ 28 日，移民规划报告通过核定审查。

2008 年完成大坝土建及金属结构安装、砂石加工系统、厂房桥机制作与安装、钢材采购、环保水保监理等 19 个项目的招标评标工作，招标金额 11 亿元。

对外交通公路于 2008 年 12 月底全线具备通车条件，场内交通网于 2008 年 10 月 31 日基本形成；导流洞工程于 2008 年 11 月完工，12 月 16 日实现分流；业主营地和承包商营地 2008 年 11 月底建成入住；施工供电系统、成品油库、火工材料库等其他辅助工程相继完工投入使用，为电站主体工程开工创造了条件。

截至 2008 年 12 月 31 日，印发实施管理制度 71 个，其中综合管理制度 16 个（含人事、薪酬、纪检监察工作管理制度），财务管理制度 6 个，计划合同管理制度 5 个，工程建设管理制度 17 个，机电物资管理制度 5 个，安全技术管理制度 21 个，档案管理制度 1 个。

2008 年 5 月 6 日，鲁地拉公司 2008 年股东会暨第一届董事会第五次会议和第一届监事会第三次会议在昆明召开，审议通过了 2008 年的基建投资计划为 13 亿元，明确年度工作目标为：力争项目核准和实现大江截流。

云南华电昆明发电有限公司

概况

2008 年，云南华电昆明发电有限公司全体干部员工发扬爱岗敬业、永不言败的企业精神，积极进取，扎实推进各项工作。以实施华电集团公司对标管理年和“7356”战略为契机，以对标管理为手段，建立“对照先进、查错纠弊、持续改善、不断超越”的长效工作机制。公司积极响应国家“节能减排”号召，在国家和省政府以及集团公司的统一部署、安排下，云南昆明发电厂于2008年5月31日提前2年关停2×100MW燃煤机组，并于6月19日爆破拆除冷水塔，为云南省节能减排工作作出巨大贡献，得到国家发展改革委和云南省政府的肯定。

领导人员

根据集团公司文件中国华电人［2008］773号文《关于曹云川等职务的任免的意见》，2008年5月16日由曹云川同志担任公司（厂）总经理（厂长），杨彪同志不再担任公司总经理（厂长）。

根据集团公司党组文件中国华电党［2008］108号《关于刘桂荣同志的任免的通知》，2008年12月11日刘桂荣同志不再担任公司（厂）党委书记。

根据中共华电云南发电有限公司党组文件华电云司党［2008］14《关于余江云等同志职务任免的通知》，2008年12月8日余江云同志担任公司（厂）党委副书记（主持工作）。

根据华电云南发电有限公司文件华电云司人［2008］45《关于余江云等职务任免的意见》，2008年12月8日余江云、张梦涛、杨林昆、徐志明同志不再担任公司（厂）副总经理（副厂长），由李涛、郑炳彪同志担任公司（厂）副总经理（副厂长）。

年度业绩

2008年，昆明发电厂完成发电量3.13亿kWh，厂用电率12.73%，发电标准煤耗率448.83g/（kW·h），设备利用小时3756.23h，发电总成本16456.06万元，售电单位成本602.4元/（MW·h），发电总产值8070.61万元。云南华电昆明发电有限公司完成发电量21.22亿kW·h，厂用电率7.15%，发电标准煤耗率338.52g/（kW·h），设备利用小时3536.85h，发电总成本75071.5万元，售电单位成本374.6元/（MW·h），发电总产值51348.43万元。

生产经营管理

2008年，公司全年为保证机组稳定运行，耗用燃油量共计11117.8t。组织完成了1号、2号锅炉汽轮发电机组A级检修工作。在全体干部员工的一致努力下，截至2008年12月31日，未发生人身和设备事故，顺利实现3个安全生产百日记录，安全生产达1202天，全年“非停”总次数为5次（云南昆明发电厂3次，云南华电昆明发电有限公司2次）。

开展安全生产百日督查专项行动，专项重点整治影响安全生产的重点难点问题，确保北京奥运、残奥会期间安全生产稳定。

委托北京索思康特顾问管理有限公司对昆明二电厂一期2×300MW工程安全设施“三同时”进行现场验收评价；向中国安全生产科学研究院递交《关于云南华电昆明发电有限公司昆明二电厂一期（2×300MW）工程安全验收的申请函》（华电昆发［2008］218号）文，申请正式验收。

公司下发《关于成立公司降低锅炉熄火及减少用油领导小组等有关事项的通知》（华电昆发［2008］81号文），锅炉熄火次数和燃油消耗数量大幅下降，公司安全生产逐步走向正轨。

成立交通安全管理委员会，进一步加强交通安全管理工作，明确管理部门及职责要求。接受华电云南发电有限公司安全性评价专家组对云南华电昆明发电有限公司进行的安全性评价专家复评。

公司完成1号机组凝结水泵与一次风机电机变频改造，进一步降低厂用电率；完成汽轮机汽封改造、优化改造小油枪点火系统，取得较好的节能效果。

项目发展

公司下发华电昆发［2008］244号文《关于成立公司现场宿舍建设管理部的通知》，得到中国华电工［2008］1800号文《关于云南华电昆明发电有限公司2×300MW工程修建职工宿舍（现场公寓）的批复》，开始进行职工现场宿舍的建设工作。

内部改革

云南昆明发电厂2×100MW机组于2008年5月31日关停，6月公司（厂）本着确保职工队伍稳定、统筹规划，分级实施的原则完成云南昆明发电厂2×100MW机组在职员工794人第一阶段的人员分流配置工作。公司（厂）组织机构调整设置相应的16个部门（2×300MW机组定员内设置14个部门，2×300MW机组定员外设置2个部门），截至2008年12月底，公司（厂）共有在职员工953人。

根据华电昆发［2008］92号《关于成立公司老厂管理处的通知》，公司成立老厂管理处，组织开展云南昆明发电厂2×100MW机组关停后的资产处置、资产留守及安全保卫、变电站运行值班、土地规划利用、综合事务、财务核算、人员转岗培训和管理等专项工作。

公司全面开展技术技能基础培训、岗位培训、轮岗培训、职业技能鉴定培训及各种岗位适应性培训，以适应300MW及600MW机组运行队伍的需要。

召开燃料管理部副主任岗位竞聘演讲答辩会，3名应聘者参加了演讲答辩，最终发电部杨玉坤通过竞聘以优秀的成绩担任燃料管理部副主任。

为了华电在滇的发展，公司统筹安排合理调配，向镇雄公司输送了80名优秀员工。2008年12月18日，公司总经理曹云川在厂会议室主持召开了镇雄公司招聘人员欢送座谈会。

党的建设、精神文明建设、企业文化建设

2008年，公司工会对两厂管理整合后组建成立的6个基层工会组织进行了换届，其中有3个基层工会组织设置了专职工会主席；针对老厂关停后，及时组建成立了老厂管理处基层工会组织。深入班组和工作现场做好宣传、引导，同时积极妥善协调和处理好各种矛盾和问题，确保了在机组关停人员分流期间职工队伍的稳定。

召开一届一次职工代表大会，审议通过了总经理工作报告；对涉及企业发展和职工切身利益的《经济责任制考核实施办法》、《薪酬管理办法》等重大问题进行了审议、讨论；对公司（厂）领导及中层干部进行了民主测评。针对老厂关停人员分流方案、分流情况、岗位设置、岗级等涉及职工切身利益的项目进行及时公开，对职工反映情况积极做好宣传、解释、引导工作；对个别有特殊困难的职工，主动与有关部门协商给予妥善解决，确保员工队伍稳定。

第4轮集体合同的续签报告获省劳动和社会保障厅通过。

积极为在岗职工和离退、退养职工办理了第5期医疗互助，在岗职工的参加率达100%。公司领导看望慰问生病住院、长病在家、困难职工等107人，购买慰问品费及发放困难补助金38156元；召开公司（厂）老领导、离休老干部、历届劳动模范座谈会，并发放了慰问金和慰问物品。

组织开展拔河比赛、羽毛球比赛、乒乓球比赛等，并选拔选手参加云南公司工会举办的排球、羽毛球、乒乓球、围棋、象棋、桥牌等比赛。承办了云南公司羽毛球比赛及桥牌比赛，并荣获羽毛球女子团体第一，侯亚星获羽毛球女子单打第一名；获乒乓球女子团体第三名，孟菱获乒乓球女子单打第二名；赵森获象棋第一名；衣保国获围棋第一名；为公司（厂）赢得了荣誉，彰显了昆电职工的精神风貌。

定期对基层党组织的党建工作进行检查，督促基层党组织认真落实好党支部的“三会一课”制度、党员民主评议制度、“创先争优”制度及“双目标”管理考核制度。认真抓好民主评议党员及创先争优工作，全公司共有434名党员参加了评议，占党员总数96%，评出优秀党员21人，优秀党务工作者4人，先进党支部3个，先进党小组4人。受到华电云南公司党组表彰的优秀党员5人，优秀党务工作者2人，先进党支部2个。

针对南方温雨雪冰冻灾害及四川汶川地震，261名党员共交纳“特殊党费”38341元。

发电部被评为云南省“工人先锋号”；300MW集控室获得省级“青年文明号”称号。

其他重大事项和情况

2008年3月13日，召开一届一次职工代表大会。

2008年6月19日，举行集团公司云南昆明发电厂2×100MW机组关停仪式。国家能源局局长张国宝，云南省人民政府秦光荣省长，云南省人民政府常务副省长罗正富，集团公司总经理云公民，云南省人民政府副省长和段琪，云南省经委主任刘邵等领导参加了关停仪式。

2008年2月，动员职工对云南受灾地区捐款、捐物；向灾区捐款12216元、衣物、棉被1732件；4月，向集团公司“和华”基金捐款，全公司共捐款54966元；5月，向四川汶川地震灾区捐款，共捐款82063元。

云南华电巡检司发电有限公司

（中国华电集团公司云南巡检司发电厂）

概况

云南华电巡检司发电有限公司（厂）位于云

南省红河州弥勒县巡检司镇，装机容量为2台300MW循环流化床（CFB）锅炉机组，由中国华电集团公司出资65%，云南省投资公司出资35%建设。2008年，云南华电巡检司发电有限公司（厂）按照“一打基础（2008）、二上台阶（2009）、三步创三星（2010）”的三年目标和“打赢安全生产经营翻身仗”的年度目标，切实转变思想观念，突出抓好管理机制创新和改革，突出抓好机组的安全生产和设备治理，牢固树立“度电必争”的意识，稳步走出了“三步走”目标的第一步。创造了2008年发电量同比增长77.3%、非停指标优越、全年无事故，连续安全运行701天、CFB机组连续运行180天的好成绩。

截至2008年底，公司有员工897人，下设总经理工作部、人力资源部、财务资产部等13个部门。

领导人员

总经理：孙和

党委书记：柳汉康

副总经理：史俊、张石华、李家云

纪委书记：白筱买

总工程师：徐永林

工会代主席：吴晶

年度业绩

2008年，云南华电巡检司发电有限公司（厂）完成发电量27.01亿kW·h，同比上升77.3%；综合厂用电率10.75%；发电标准煤耗率314.53g/(kW·h)，同比下降3.5%；设备利用小时4502h，同比下降6.77%。

安全生产保持平稳态势，有效遏制了“非停”。理顺管理关系、实施管理变革、创新管理体制，实施绩效奖金分配与上网电量挂钩并向一线倾斜，调动了广大员工的积极性。牢固树立“电量就是效益”和“度电必争”的意识，发电量创投产历史新高。7号机组通过达标投产复检，扩建工程通过环境保护竣工验收。荣获集团公司“文明单位”、“安全生产先进单位”称号。

生产经营管理

安全管理。以建立健全和落实各级安全责任制为核心，以“消除隐患、夯实基础”为基点，从增强员工安全意识、提高安全技能、遵章守纪着手，围绕“设备是基础，管理是关键，人员是保证”三个关键重点环节，认真组织开展“隐患治理年”、“安全生产月”等活动，抓好安全生产百日督查和“无违章创建”工作，扎实做好迎峰度夏。实施公司（厂）领导参与的班组安全学习制度。加大现场安全督查和违章考核力度，落实安全性评价复评整改工作。通过扎实有效的工作，确保了冰冻雨雪极端异常气候等重大自然灾害和奥运会、改革开放30周年等国家重大活动期间的安全发供电，全年没有发生安全考核事故。

生产管理。围绕提高设备的可靠性和经济性，对非金属膨胀节等设备进行治理和技术改造；积极开展对标管理和生产小指标竞赛，坚持向运行方式和指标要效益，努力优化机组运行方式。对掺烧非设计煤种后锅炉燃烧不稳定、设备磨损大、故障多、运行可靠性下降等问题组织攻关燃烧配比方案，把机组运行维护工作关口前移；与当班调度争取负荷，科学加减负荷，争取多发多供。加强对设备检修维护，完善缺陷闭环管理，努力降低设备的检修率和返修率。

节能减排。通过静电除尘器、凝结水泵变频控制、引风机叶轮改造等节能改造项目推进节能工作，6号锅炉除尘器电源及控制部分技术改造后，厂用电率下降0.03%、供电煤耗下降0.13g/(kW·h)；6号机组凝结水泵变频改造后，在60%负荷以下节电幅度为49%；通过在低负荷时停单侧风机、单台水泵运行，厂用电率下降0.16%，供电煤耗下降0.641g/(kW·h)。通过在低负荷时停单侧风机、单台水泵运行，全年优化运行节电534.57万kW·h。综合供电煤耗同比下降2.28g/(kW·h)。二氧化硫排放完成1.52g/(kW·h)，比绩效目标值降低12.1%。

燃煤管理。在燃料“量、质、价”上推行精细化管理和过程控制，优化进煤结构，提升燃料热值。建立生产部门、财务部门、燃料管理部门、监察部门定期联系制度和定期盘点、定期分析制度。全年共耗用原煤252.73万t，入厂煤发热量为10297kJ/kg，热值差为0.473mJ/kg，煤场略有盈煤。

经营管理。全面推行预算管理。制订预算执行方案，加强预算执行刚性，把可控成本作为关键指标进行跟踪控制。通过成本预测，确定具有挑战性的成本控制目标并严格控制开支，实现财务管理从事后核算转换到事前预算。抓好预算执行分析，细化预算控制措施，加强过程控制，建立预警机制，挖掘内部潜力。创新财务管理，重点加强现金流量管理，确保资金链不断裂。积极融资，调整贷款结构，减少财务费用。通过各项措施，实现了控亏、减亏的目标。

内部改革

公司从理顺管理关系、实施管理变革、创新体制入手，出台了涉及安全生产、经营管理等方面的共34个规范性管理规章制度，建立健全奖惩和约束机制，实施了绩效奖金与当月上网电量挂钩的科学考核机制，员工牢固树立了“电量就是效益”和“度电必争”的意识，激发一线员工的工作积极性。加大各项管理工作的检查力度，严格实施考核，提高管理成效。

坚决实施“人才强企”战略，结合安全生产、经营管理的需求，调整人力资源开发、培训管理工作思路，按照“需要什么人才、培养什么人才”的原则，完善人才培养、使用、考核、激励办法，制订培训效果评价体系。加快对中层管理人才履职情况的跟踪、评价、考核、激励和奖惩，遵循效益优先，贯彻“责利对等、绩效挂钩、打破平均、重奖重罚”的原则，体现按劳分配，打破平均主义，激发员工的工作积极性、创造性。

党的建设、精神文明建设、企业文化建设

公司（厂）党委以融入中心、服务大局为立足点，紧紧围绕“打赢安全生产经营翻身仗”中心工作，以创建思想政治工作优秀企业、“四好领导班子”、文明单位为目标，扎实开展党建工作。组织开展解放思想大讨论等活动，促进了干部员工思想观念的不断转变，保证了员工队伍的和谐稳定。党组织和党员的先进性在对标管理、遏制“非停”、抢发电量、节能降耗等工作中得到充分体现。荣获集团公司优秀基层党组织荣誉称号。

华电云南发电有限公司以礼河发电厂

概况

华电云南发电有限公司以礼河发电厂（简称华电云南以礼河电厂）成立于1960年6月，位于云南省会泽县境内，系华电云南发电有限公司全资内部核算企业。2008年8月18日以礼河电厂的名称由中国华电集团公司云南以礼河发电厂，变更为华电云南发电有限公司以礼河发电厂。

2008年华电云南以礼河电厂设置为八部、四分场、两公司和一医院，即厂长工作部、生产计划部、安全监察部、人力资源部、财务资产部、企业发展部、监察审计部、党群工作部、发电分场、检修分场、水工清淤分场、物资运输分场、实业公司和职工医院。

2008年末，华电云南以礼河电厂员工人数为967人，比年初下降32人，员工人数实现负增长；认定专业管理人才5名，高级技能人才9名；全年共培训员工800多人·次。

华电云南以礼河电厂总装机容量32.15万kW，分四级滚动开发：一级毛家村，二级水槽子，三级盐水沟，四级小江。1956年7月开工，1958年8月第一台机组发电，1972年11月4个电站全部竣工，电站厂房均为地下式，共利用水头1413.2m。

领导人员

厂长：钱伟

党委书记：王绍奎

副厂长：巩光耀、任宗良、钱兴宏

工会主席：左国华

纪委书记：孙昌明

主要领导人员变动情况：2008年5月15日，钱伟任华电云南以礼河电厂厂长。

年度业绩

2008年，华电云南以礼河电厂，全年没有发生考核及以上事故，累计安全生产2322天；完成发电量11.7亿kW·h，完成计划发电量的109.7%；上网电量11.31亿kW·h，比2007年增长11.8%；年末毛家村水库水位2223.27m，比2007年高11.72m，多蓄水18519万m^3；综合厂用电量3874.16万kW·h，综合厂用电率3.31%，比计划3.65%下降了0.34个百分点；实现利润3240.61万元，超额完成利润2440.61万元，同比增加2235.37万元，实现净利润3102.93万元；全员劳动生产率19.81万元/(人·年)，比2007年提高4.42万元/(人·年)。

生产经营管理

一是厂党政主要领导与各单位、部门签订“安全生产、资产经营、党风廉政建设”三项责任书，实行“自下而上保指标、自上而下保效益”的经营理念。二是把绩效奖金分配权下放到各单位、部门，并与当月的工作挂钩。三是抓好“三电”工作，使枯平期电价由原来的0.17元/

(kW·h)，上涨到0.187元/(kW·h)。四是加强预算管理，严格控制成本，分解成本目标，加大考核力度。五是认真落实“满发不临检、区间不弃水、效率最大化”的生产理念。在节能、厂用电、利用区间水量方面开展对标管理。通过控制农灌用水、上游补水等措施，2008年累计比2007年同期节约农灌用水386.5万m^3。六是完成主设备大修7台，小修15台、辅助设备检修13台(项)、技改项目24台(项)、两次总停工作、处理设备缺陷210项。

2008年，华电云南以礼河电厂举办了首台机组发电50周年庆典系列活动：编写了50万字的《以礼河发电厂志》；编印了《辉煌50年》文集；制作了《厂史上的今天》台历；摄制了《乌蒙明珠》专题纪录片；举办了女职工手工工艺品展览。

内部改革

制定了《云南以礼河发电厂2008~2010年人力资源优化配置实施方案》、《以礼河发电厂岗位动态管理办法》、《以礼河发电厂员工带薪年休假实施细则》、《以礼河发电厂离岗休养离岗培训人员回厂工作管理办法》；修订了《云南以礼河发电厂“人才强企”长效机制管理办法》等办法；实行超员输出人员储备和二次人员后备，超员输出储备共有153人。

党的建设、精神文明建设、企业文化建设

举办了2008年入党积极分子培训班，全年共发展新党员8名；进行了民主评议党员活动；开展“创先争优”活动，共评出先进党支部3个，优秀党员25名，优秀党务工作者3名；参加了集团公司党建工作培训班；继续开展文明单位创建和“十好职工”、“十佳班组”的评选活动，完成了集团公司文明单位申报工作。696名员工共向我国南方雨雪冰冻灾害地区捐款1.8837万元，捐献衣物67件；567名员工向“和华基金”捐款共计捐款6.5万元；1068名员工向四川汶川地震灾区捐款14.02655万元，184名党员交纳“特殊党费”4.482万元，团员交纳“特殊团费”0.17万元。

建立健全企业文化建设组织机构，成立领导小组和工作小组；对安全文化建设纲要进行讨论修改、提炼，颁布了“和谐文化理念”、“廉政文化理念”；开展企业文化大讨论活动；制作了《华电宪章》和以礼河电厂企业文化理念宣传板，在主要生产、办公场所进行了企业理念上墙工作。

华电云南发电有限公司绿水河发电厂

概况

华电云南发电有限公司绿水河发电厂(简称华电云南绿水河电厂)位于云南省红河州蒙自、屏边、金平、河口、个旧等四县一市交界的个旧市蔓耗镇，电站于1958年开工建设，总投资7700万元，是我国自行设计、制造、施工安装和运营管理的一座中型水电站。电站分为二级开发，共有8台发电机组，一级电站装机容量4×2000kW，二级电站装机容量1×12500kW+3×15000kW，总装机容量为65500kW。首台机组于1972年10月投入运行，并于1977年10月全部建成投产，年平均发电量3.3亿kW·h。

华电云南绿水河电厂为集团公司内部核算单位，截至2008年底，电厂职工总数为364人。其中本科及以上学历34人，大专85人，占职工人数的32.7%；各专业技术人员39人，高级职称3人，中级职称26人，技师9人，高级工61人。机构设置为厂长工作部、政治工作部、财务资产部、生产运营部、安全监察部、人力资源部、纪检监察审计室、发电分场、检修分场、综合分场，简称“六部一室三分场”。

领导人员

厂长：杨雄伟

党委书记：曾蜀云

副厂长：万有奎、杨俊梅

纪委书记、工会主席：何绍平

主要领导人员变动情况：2008年5月16日，杨雄伟任华电云南绿水河电厂厂长。

年度业绩

2008年，完成发电量3.96亿kW·h，同比增长9.2%；上网电量3.91亿kW·h，同比增长9.4%；实现利润总额502.80万元；设备平均利用小时6043h，综合厂用电率1.32%；实现连续安全生产3673天。

生产经营管理

2008年，华电云南绿水河电厂新编了《绿水河发电厂创建“无违章部门”管理办法》、《绿水河发电厂创建“无违章部门”标准》、《绿水河发电厂应急预案汇编》、《绿水河发电厂一、二级站110kV升压站管理规定》等安全生产管理制度；

组织了“火灾事故专项应急预案”演练及人员触电紧急救援中的“心肺复苏”演练；开展了“隐患排查治理”、“无违章创建”、“对标管理”、“二十五项反措”等一系列安全生产管理的专项行动；规范了消防管理，调整完善三级防火机构人员，全面加强安全生产管理。

完成一级站110kV断路器新装、二级站3号、4号发电机励磁系统改造、一级站110kV绿三线光纤保护安装、二级站6kV607开关更换、二级站供排水系统改造、一、二级站集中控制系统改造等9项技术改造。同时，对一级站2号、3号机组进行D级检修，一级站1号、4号机组和二级站进行1～4号机组A级检修，消除了2007年度运行中发现的缺陷。按《发电厂设备检修导则》、《电力设备预防性试验规程》要求对设备进行检修，对磨损严重的过流部件进行焊补、打磨、加工修复处理。

修订资金管理办法，完善内控管理制度，制定年度《生产成本计划》、《材料、费用目标控制管理办法》、《电话费限额管理办法》；严格账务核算。严格执行财务预算，成本费用控制。同时完善合同管理、资金审批管理等相应管理制度，规范和完善主辅业间关联交易行为，保证资金安全。

内部改革

组织开展全厂范围内岗位岗级梳理规范工作并酝酿成熟薪酬制度，形成《华电云南发电有限公司绿水河发电厂薪酬管理制度》、《华电云南发电有限公司绿水河发电厂岗位岗级梳理规范》初稿。

党的建设、精神文明建设、企业文化建设

在2007年设立的6个基层党支部基础上，成立了实业公司泗南江项目部临时党支部和综合分场党支部，完善党支部组织机构，并在民主评议、组织发展方面将党建工作纳入制度化。重新修订中层干部系列管理制度，下发中层干部考核、任用、培训等10个系列管理制度。举办中层干部培训班，深入开展“讲党性、重品行、作表率”、“我为构建和谐企业作贡献”、“党风廉政教育月”等党建活动，促进党建、党风廉政工作与生产经营有机结合。

在企业文化建设方面，开展了创建文明部室、文明班组、文明员工等活动，激发职工岗位作奉献的精神；利用《中国华电》、《云南电业》、《红河日报》等杂志及网络等新闻媒体宣传企业形象，出版《绿水河》内部报刊、橱窗、展版、大小标语，宣传职代会精神、安全生产十周年、对标管理、岗位岗级梳理等方针政策和精神。

中国华电云南发电有限公司石龙坝发电厂

概况

中国华电集团公司云南石龙坝发电厂（简称石龙坝发电厂），位于云南省昆明市西山区海口螳螂川上游，距省城昆明42km，占地面积213亩，系集团公司内部核算企业。

1984年，电站恢复发展成为“文物、教学、旅游、发电”的综合型电站；1987年，被命名为“昆明市重点文物保护单位”；1992年，被命名为“昆明地区中国现代史和国情教育基地”；1993年，被命名为“云南省重点文物保护单位”；1997年4月，被命名为“云南省爱国主义教育基地”；2006年6月，被国务院命名为“全国重点文物保护单位”；2008年12月12日，被昆明市挂牌命名为“水电博物馆”。2008年8月27日，更名为“华电云南发电有限公司石龙坝发电厂”。设两办（党办、厂办）、生技科、人事科、财务科、行政科、供应科、运行车间、劳动服务公司8个科室部门。

截至2008年12月31日，全厂在册职工总数56人，其中在职职工49人（含系统借调2人，南方电网借调1人）。大学8人，大专16人；高级职称1人，中级职称8人，初级职称6人；技师1人，高级工10人，中级工3人，初级工13人。2008年5月调华电云南怒江公司1人；6月借调华电云南公司1人。

领导人员

厂长：张明

副厂长、纪检委员：田井华

书记、工会主席：严思康

宣传委员：余春淮

主要领导人员变动情况：2008年5月，张明任石龙坝发电厂厂长。

年度业绩

2008年，石龙坝发电厂全面超额完成公司下达的生产经营任务。文物管理、文化建设取得新成果，实现石龙坝“水电博物馆”的挂牌。各项管理工作进一步改善，职工收入得到提高，职工队伍更加稳定，干部职工信心倍增，为团结一心，战胜困难，全面完成2009年各项目标任务奠定了坚实的基础。

年内实现三个百日安全长周期，没有发生生产（交通）安全事故，两票合格率100%，安全生产日累计3149天。

实现利润7328元，同比增加219.91%；实现收入913.6万元，同比增加34.08%；流动资产占用完成13.5万元，同比降低43.88%。

完成发电量1243.12万kW·h，同比增加34%，完成年初生产计划（600万kW·h）的207.17%；完成综合厂用电率1.84%；发电设备平均利用小时2071h，较上年增加705h。

生产经营管理

1. 实现新老领导班子的平稳过渡

2008年5月，华电云南公司党组调整了石龙坝厂领导班子队伍。在新领导班子的带领下，企业进一步加强了体制和机制创新，充分调动了广大员工的积极性、主动性和创造性，我厂安全生产业绩突出，环境治理成效显著，经营管理得到改善，制度建设稳步推进，员工收入得到进一步提高，队伍更加和谐稳定。

2. 生产管理得到加强

进一步夯实安全生产基础。成立应急管理、反违章、防汛、隐患排查、对标管理等组织机构，并按集团公司要求认真开展各项工作，圆满完成奥运期间保电保安全工作；修编年度防汛预案、安全生产隐患排查专项工作实施方案、春季和秋季安全大检查实施方案，并安排防汛值班人员和应急管理联系人员，在节假日期间专门安排安全生产值班人员；进一步完善安全生产规章制度，健全修编部分应急专项预案，完善反违章管理制度和职工三级违章档案；按照集团公司及云南公司的要求认真开展“安全生产月”活动，以安全月活动为契机，以开展安全知识竞赛、图像资料教育、现场演示等多种形式，在干部员工中大力宣传安全生产的重要性；加强交通安全管理，全年未发生交通安全事故；重视消防安全及治安保卫工作，及时检查更换到期的消防器材；开展防火、防盗警示宣传教育，不断增强职工群众安全防范意识。

抓好大修、技改工作。2008年共完成大修项目16项，即引水渠大修、2号组机扩大性大修、拦污栅大修、办公楼庭院及地面大修、引水渠边坡大修、滚龙坝拦河闸大修等项目。技改项目完成四项，即新装生活区和生产区的视频监视系统、厂消防水系统改造、更换35kV线路出口TV改造、前池进水口闸门启门机改造。

突出重点，合理利用水资源，充分调动职工的积极性，多发多供。主动加强同滇池管理部门交流沟通，在保证防洪要求的前提下，合理调整滇池排水，充分利用水资源。组织生产技术人员分析机组运行情况，保证机组以合理方式经济运行，提高了负荷率。加强设备巡视检查，重点加强对设备危险点的巡查，“勤维护、勤调整”。开展“发电量目标考核激励机制”、“班组发电量竞赛”活动，调动职工积极性，在一线员工中确立了多发多供的价值理念。

内部改革

用足用好政策。多次与国税局昆明市直属分局进行沟通，获准执行“一般纳税人按简易办法征收增值税”政策，使增值税率由17%下调为6%，减少11%，并从7月正式执行。仅2008年，就减少增值税38万元，预计今后每年将减少70多万元。修编了《石龙坝电厂资金管理办法》、《石龙坝电厂合同管理办法》，加强预算管理及经济活动分析。

开展激励长效机制建设，规范办事流程，提高工作效率，实现管理出效益的目的。开展健全和完善规章制度建设的工作，先后制定《调整交通安全学习管理办法》、《调整职工交通车试行办法》、《中层干部任内考核办法》、《费用支出管理规定》、《接待管理办法》等17项规章制度。

党的建设、精神文明建设、企业文化建设

开展廉洁自律教育，狠抓源头治理和领导班子的廉洁自律。一是健全和完善纪律检查、审计监督、效能监察、民主监督等监督网络，有效发挥监督作用；二是深入学习贯彻《企业领导人员廉洁自律若干规定的实施办法》、《企业领导人员依法经营、廉洁从业知识》、《党风廉政建设实施细则》、《党风廉政建设责任追究实施办法》、《“三重一大”实施办法》、《建立健全教育、制度、监督并重的惩治和预防腐败体系实施纲要》、中纪委第十七届二次全会精神及胡锦涛总书记的重要讲话，不断提高广大党员和干部的廉洁意识；三是开展《依法经营、遵纪守法主题实践活动》

及测试工作，合格率达90%以上；四是对全厂中层干部进行了民主测评，五是党组织同中层及以上干部签订《领导干部廉洁自律承诺书》10份。通过廉洁教育活动，进一步增强广大党员特别是党员领导干部遵纪守法观念和廉洁自律意识，全年未发生企业经营和领导人员违法、严重违纪案件，未发生对企业形象和稳定造成不利影响的事件。

开展先进性教育活动。开展“民主评议党员和创先争优”活动，表彰“优秀党员”2名，受华电云南公司表彰的“优秀党员”1名。

维护稳定工作取得成效。积极向上级反映“九五房改”遗留问题，争取工作指导和帮助；先后5次召开维护稳定工作座谈会，通报国际国内形势、华电在云南的发展、厂生产经营等情况，听取退管会及老同志们的意见或建议；改善老年活动环境，为离退休退养职工新配置了彩色电视机和音响设施，“老有所学、老有所养、老有所乐”的和谐环境；工会组织开展“送温暖、迎国庆”文体活动，组队参加云南公司迎奥运文体活动，组织向镇雄冰灾地区、向四川汶川地震灾区捐款捐物等社会公益活动；主动帮助没有生活来源的家属及子女办理城镇居民医疗保险、城市最低生活费用等事项；为全厂离、退休、退养及在职职工进行体检；生产生活区域环境整治、和平花园改造开放、着力解决关系职工群众切身利益的突出问题和群众关心的热点和难点问题，维护了队伍的稳定。

抓好思想政治和宣传工作，用正确的舆论引导激励干部和职工。荣获2008年度华电云南发电有限公司新闻宣传工作“二等奖”、新闻宣传工作“先进个人”1名、“优秀工会干部”1名；荣获华电云南发电有限公司“先进集体”荣誉称号部门2个；荣获华电云南发电有限公司“先进生产（工作）者标兵”1名；荣获华电云南发电有限公司“安全生产先进个人”1名；荣获集团公司“安全生产先进个人”1名。

云南华电镇雄发电有限公司

概况

云南华电镇雄发电有限公司（简称镇雄公司）于2003年11月18日注册成立。出资比例为中国华电集团公司62%、云南省开发投资集团有限公司35%、云南东源煤业集团有限公司3%，公司负责建设、管理、运营云南华电镇雄电厂。

根据公司章程规定，公司设股东会、董事会和监事会，股东会是公司的权力机构；公司内设职能管理部门7个，即总经理工作部、计划发展部、财务资产部、工程技术部、人力资源部、安全环保部、生产运营部。截至2008年底，公司从业人员36人。公司员工中硕士2人，大学本科学历20人；高级以上技术职称7人。

云南华电镇雄电厂初期规划容量为4×600MW，采用一厂两站布置方式，1号、2号机组布置于塘房，3号、4号机组布置于堵勒坪，并分别留有扩建余地。塘房厂址1号、2号机组建设2×600MW超临界“W火焰”锅炉燃煤发电机组。

镇雄当地拥有丰富的无烟煤资源，全县预测储量为74亿t，其中工业储量45亿t，煤质为高发热量、低灰、中低硫无烟煤，具有建设大型煤电基地的资源条件，是国家发展改革委、国土资源部确定的云贵煤炭基地的重要组成部分。按照中国华电建设大型综合能源集团的战略，镇雄公司正在努力打造“以电为主，煤电一体”的综合能源企业。电厂投资三方分别以36%、26%、38%的比例投资建设镇雄煤田北部井田的朱家湾、长岭、塘房三对矿井，设计年产量240万t/年，形成煤电联营的开发建设格局。

领导人员

董事长：曲振尧

副董事长：刘一农

董事：曲振尧、刘一农、宁伯荣、朱德明、田勇、王汉武、李宇

监事会召集人：阮金水

监事：阮金水、符春菊、徐天和、杨成举（职工监事）

副总经理：王汉武（主持工作）、李义、张红卫

书记：李义（兼）

主席：李义（兼）

年度业绩

镇雄电厂1号、2号机组项目2008年10月11日获得“路条”，即国家能源局《关于同意云南华电镇雄电厂新建工程开展前期工作的复函》（国能局电力函［2008］90号）；12月，获得国土资源部关于项目用地预审的批复。至此，镇雄项目

2008年获得项目核准所需的全部支持性文件。国家发展改革委受理了项目核准申请报告，镇雄电厂进入核准程序。

3号、4号机组已列入云南省“十一五”电力规划，可研报告已通过国家电力规划设计总院的审查，并取得云南省国土资源厅、环境保护局、建设厅、长江水利委员会、云南电网公司等省级文件，编制完成了厂址地质灾害评价、压矿评估并取得省国土厅备案证明，有关接入系统、环评报告、水资源论证报告正在编制。

在集团公司的指导下，完成了镇雄电厂工程“质量工艺策划方案”、“安全文明施工策划及实施方案”、“工程创优策划方案”、“施工准备策划方案”等四个方案的编制；完成了工程质量验收管理、工程设计变更管理、安全文明施工管理等32项工程管理制度的编制，为抓好工程的安全、质量、进度、造价创造了条件。

2008年4月，云南省国土厅批复了镇雄电厂主厂区300亩临时用地，主厂区征地工作于5月底启动，10月底顺利完成主厂区全部农户（382户）的拆迁工作。现场征地拆迁结束后，工程立即组织开展“四通一平”工作，主厂房基坑开挖于2008年10月底完成，截至2008年12月底，完成厂区土石方工程62.5万m^3，挡墙砌筑完成9230m^3，施工临时用电、用水满足开工建设的需要，施工通信已经签订协议，主厂房桩基工程、场地平整工作于11月启动。

配套工程稳步推进。进场公路于2008年9月通过昭通市交通局主持的竣工验收。配套的林口水库工程于2008年11月初完成大坝面板浇筑，淹没区拆迁工作按计划推进，搬迁工作基本结束，为2009年大坝下闸蓄水创造了条件。

生产经营管理

确定了生产运营管控模式。2008年，镇雄公司实地调研了芜湖、长沙、贵港等电厂，编制了《生产运行方式建议方案》；结合镇雄项目的进展情况，编制了《生产准备计划》并通过了华电云南公司组织的审查。2008年11月，华电云南公司正式批复确定镇雄项目1号、2号机组运行采用自主运营、大小修采用对外委托的生产管控模式。

完成了第一批生产准备人员的招聘工作。2008年10月开始在华电云南区域范围内进行第一批生产准备人员的招聘工作，12月人员全部到位。

生产准备人员的培训工作正式启动。2008年12月，第一批生产准备人员就位后，公司正式启动了生产准备人员的培训工作。

党的建设、精神文明建设、企业文化建设

根据中国共产党章程规定和华电云南公司机关党委的批复，镇雄公司于2004年5月成立党支部；根据《工会法》、《企业工会工作条例》及华电云南公司工会工作委员会的批复，镇雄公司于2007年3月成立企业工会。

其他重大事项和情况

2008年1月26日11时，电厂配套林口水库大坝填筑比内控工期提前5天顺利封顶。

2008年3月16日，云南省副省长和段琪到镇雄电厂调研。

2008年4月17日，镇雄公司全体员工积极响应集团公司号召，全部员工32人共向“和华”爱心基金捐款4035。

2008年5月16日，镇雄公司全部员工34人向四川汶川地震灾区捐款5500元人民币。镇雄公司党支部17名党员共交纳“特殊党费”9800元，支援四川地震灾区人民抗震救灾，重建家园。

2008年6月14日，中共云南省委常委、常务副省长罗正富到华电镇雄电厂工地现场调研。

2008年6月29日，电厂进场公路建成通车，为进一步推动电厂主体工程的施工准备提供了有力保障。

2008年9月23日，华电云南公司与昭通市委市政府就加快推进镇雄项目建设的有关问题进行了座谈。

2008年10月11日，国家能源局下发了《关于同意云南华电镇雄电厂新建工程开展前期工作的复函》（国能局电力函［2008］90号），标志着镇雄电厂新建工程前期工作进入新的阶段。

贵州乌江水电开发有限责任公司

（中国华电集团公司贵州公司）

概况

贵州乌江水电开发有限责任公司前身为乌江水电开发公司。乌江水电开发公司是1990年经国务院同意，原国家能源部、国家计委批准，于1992年正式成立的我国第一家流域水电开发公司，1999年改制为贵州乌江水电开发有限责任公司

（简称乌江公司），产权比例为国家电力公司51%，贵州省49%。乌江公司主要负责乌江干流的洪家渡、东风、索风营、乌江渡、构皮滩、思林、沙沱7个水电站的开发建设和经营管理工作。2002年12月，根据国家电力体制改革总体安排，原国家电力公司拥有的乌江公司51%的股权整体划转集团公司。

中国华电集团公司贵州公司（简称华电贵州公司）于2003年2月成立，是中国华电集团公司在贵州省的派出机构。2007年1月9日，华电集团对乌江公司、华电贵州公司进行管理整合，两公司实行“一套机构、两块牌子、合署办公”，原有人员全部合并管理。新的公司管理机构除负责管理经营乌江公司所属资产外，还合并华电贵州公司职责，负责华电集团在贵州省的生产经营管理、发展规划、电力营销、协调服务等工作。

乌江公司（华电贵州公司）共有下属企业37家，其中全资企业13个，控股企业8个，参股企业16个。总装机容量为1381.5万kW，全资拥有装机容量956.5万kW。发电装机容量分布情况见表1～表3。

表1　已投产发电装机容量分布情况

序号	已投产发电厂	装机容量（万kW）
1	遵义发电公司	25
2	清镇发电公司	40
3	大龙发电公司	60
4	大方发电公司	120（占45%股权）
5	洪家渡发电厂	60
6	东风发电厂	69.5
7	索风营发电厂	60
8	乌江渡发电厂	125
9	清水河大花水电站	20（30%股份）
合计		579.5

表2　在建项目装机容量分布情况

序号	在建项目	装机容量（万kW）
1	构皮滩水电站	300
2	思林水电站	105
3	清水河格里桥水电站	15（30%股份）
4	毕节热电厂	30（92%股份）
合计		450

表3　拟建项目装机容量分布情况

序号	拟建项目	装机容量（万kW）
1	沙沱电站	112
2	塘寨项目	120（90%股份）
3	桐梓项目	120（86%股份）
合计		352

此外，公司还参股贵州黔源电力股份有限公司（319.2万kW，12.01%股份）、彭水电站（175万kW，12%股份）、华电煤业公司（9.62%股份）、华电财务公司（6.25%股份）、华电招标公司（15%股份）、华信保险公司（10%股份）、华电置业公司（5%股份）、贵州江葛水泥公司（60%股份）、遵义铝业公司（26.912%股份）、中铝遵义氧化铝有限公司（33%股份）、乌江监理公司（70%股份）等。

领导人员

董事长、党委副书记：张志孝

总经理、党委委员：金泽华

党委书记、副董事长：熊宇

副总经理、党委委员：杨宝银、何光宏

工会主席、党委委员：王汉生

副总经理兼总会计师、党委委员：罗涛

总经济师、党委委员：向长钧

年度工作业绩

2008年，乌江公司（华电贵州公司）共完成发电量257.57亿kW·h，为年度目标246.79亿kW·h的104.37%，同比增长11.3%，约占全贵州省发电量的27.7%；火电综合供电煤耗356.78g/(kW·h)，同比降低7.84g/(kW·h)，水电耗水率3.93m^3/(kW·h)，同比增长0.01m^3/(kW·h)；发电设备平均利用小时4445h，其中火电5843h，水电3421h，与贵州电网统调机组相比，火电高879h，水电高183h；实现销售收入56.93亿元，为年度计划的106.99%；利润总额6.31亿元，为年度计划的105%，其中水电7.39亿元，火电-1.08亿元。资产总额达394.15亿元，比年初增长22.72%。

生产经营管理

乌江公司（华电贵州公司）在年初送出通道受阻，前三季度电煤供应紧张、煤价暴涨，四季度利用小时大幅下降，各项政策性收费增加等不利情况下，进一步强化效益观念，树立价值思维，增强成本意识和市场意识，树立“过紧日子”、“准备过冬”的思想，做了大量扎实有效的工作，取得了比预期更好的经营业绩。一是全力以赴抢发电量，努力实现机组稳发、满发、多发。充分利用有利条件，保证负荷稳定，提前23天完成全年水火电发电量计划。水电发电量首次突破100亿kW·h，达到114.42亿kW·h，提前104天完成全年水电发电任务。二是加强政策研究和协调工作，及时对电价调增和煤电价格联动政策制定情况进行跟踪，抢抓“西电东送”、“煤电联动”等电价调整机遇。通过努力，公司所属水电企业上网电价为新机组0.2474元/(kW·h)，调增0.019元/(kW·h)，老机组0.2374元/(kW·h)，调增0.028元/(kW·h)；所属火电企业上网电价调增后，清镇为0.3244元/(kW·h)，遵义为0.3004元/(kW·h)，大龙为0.3511元/(kW·h)，大方为0.3281元/(kW·h)。积极争取财税政策，公司连续第7年获得基建项目财政贴息，全年获得贴息约8150万元，累计已获得近4亿元；获得雪凝灾害政府补助300万元、环保补贴1575万元、流动资金贷款财政贴息986万元。此外，与黔源公司的协同效应争取到水资源费流域梯级递减政策，全年节省支出1400万元。大方发电公司、清水河公司、清镇发电公司相继取得享受“西部大开发”所得税优惠政策资格。三是强化融资管理和预算管理，提高资金使用效率和预算管理水平。启动会计核算集中模式，完善会计核算和财务管理体系。进一步强化资金管理，提高资金使用效率，确保“有钱过冬”。拓宽融资渠道，优化筹融资方式，通过长、短期贷款的置换优化债务结构，成功发行第一期5亿元建设银行“利得盈”产品，有效控制了资产负债率。四是严格控制成本和非生产性支出，营造全员过紧日子的思想和氛围。取消了集团公司已经批复的大楼装修项目、部分车辆购置计划和出国计划。根据市场情况及时调整燃料采购策略，保持合理库存，争取合理价格，严把煤质关，确保燃料供应和采购价格的基本稳定，切实降低燃料采购成本。

项目发展

2008年，乌江公司（华电贵州公司）加强管理、统筹安排，各项目工作稳步推进。一是进一步加强设计、施工、管理、筹资四个方面的优化工作，加大设备的催交监造。二是加大项目前期工作力度，积极配合地方政府和相关部门做好环保、征地、移民安置和稳定工作，积极推进移民复建工程建设，为项目发展奠定了基础。三是抓好建设工地安全保卫和稳定工作，督促施工单位按时发放民工工资，切实维护民工的合法权益，确保建设工地和谐稳定。四是以实现“达标投产”，争创“鲁班奖”为契机，总结经验，推广成功的先进技术成果，工程建设管理水平进一步提高。构皮滩（5台60万kW水电机组）、思林（4台26.25万kW水电机组）水电站工程建设取得突破性进展，为机组投产发电奠定了基础；毕节循环经济项目（2台15万kW热电联产循环流化床机组）已进入到机组安装、调试阶段；沙沱（4台28万kW水电机组）水电项目，塘寨、桐梓（各4台60万kW火电机组）火电项目前期工作顺利推进；洪家渡水电站（3台20万kW水电机组）荣获2008年度中国建设工程鲁班奖（国家优质工程）和第八届中国土木工程詹天佑奖；索风营、思林电站鱼类增殖放流站建设工作积极推进。2008年12月25日，索风营鱼类增殖放流站建成并正式投入运行，标志公司在科学发展和生态文明建设方面迈出了新的步伐。

改革发展

乌江公司（华电贵州公司）通过变更名称、增资扩股、整合水电业务、增加经营范围等方式，顺利组建贵州华电乌江电力工程有限公司。2008年4月11日，贵州华电乌江电力工程有限公司揭牌，标志乌江公司（华电贵州公司）检修体制改革迈出新的步伐。

乌江公司（华电贵州公司）在煤炭项目开发上取得重要进展，已与有关地方政府、煤矿企业达成多个大型煤矿开发、煤电联营、大型储煤场建设等合作意向。

乌江公司牵头完成《贵州乌江水电开发环境影响后评价研究报告》，为我国流域水电开发与生态环境保护的协调发展提供了科学依据。

乌江公司系统各单位工资实行集中管理，充分发挥公司管理调控功能，理顺公司内部分配机制，较好地实现工资提取和发放进度与利润完成进度相匹配；各单位岗位体系总体平衡、待遇向生产一线、向边远地区和大容量机组倾斜。

乌江公司实行“集中核算、统一管理”的集

约化管理模式，将所有财务核算归集到公司会计核算中心，使资金的管理更加合理，资金使用效率更高。

党的建设、精神文明建设、企业文化建设

2008 年，乌江公司（华电贵州公司）党委坚持围绕中心抓党建，积极探索新形势下党建工作的新思路和新途径，以学习贯彻党的十七大精神为重点，以创建“四好”领导班子为抓手，以开展“五好”党组织建设活动为手段，以提升企业“软实力”和构建和谐企业为目标，扎实推进党建工作，切实加强企业领导班子和干部队伍建设，切实加强企业基层党组织和党员队伍建设，狠抓反腐倡廉工作，党组织战斗堡垒作用和党员先锋模范作用进一步显现，工会、共青团等群团组织的作用进一步发挥，职代会制度建设进一步加强，企业凝聚力和和谐稳定工作进一步夯实。通过举办企业管理人员、党支部书记、纪检监察人员、基层工会干部培训和厂（处）级干部学习贯彻十七大精神培训，各级领导干部的领导能力和管理水平得到较大提高，队伍建设得到进一步加强。

公司系统精神文明建设取得了优异成绩。在抗冰保电和抗震救灾工作中，公司共捐款达 600 多万元，展示了良好的社会形象。为纪念改革开放 30 周年，公司于 12 月 26 日举办了“和谐发展、共创辉煌”大型职工合唱比赛。2008 年，乌江公司荣获集团公司“先进企业”称号；公司系统多家单位、集体和多位同志获得集团公司优秀发电企业、文明单位、安全生产先进单位（集体）、先进集体、先进个人和安全生产先进个人的表彰；构皮滩电站建设公司等 3 家单位荣获贵州省“五一劳动奖状”，杨应菊同志荣获全国“五一劳动奖章”，吴元东等 4 人荣获贵州省“五一劳动奖章”；乌江渡发电厂荣获全国“文明单位”称号，多家单位荣获贵州省“文明单位”称号；东风发电厂荣获贵州省首家“五星级档案管理企业”称号。

其他重大事项和情况

在 2008 年初的大面积持续雨雪冰冻灾害中，乌江公司（华电贵州公司）全体干部职工团结协作，服从调度指挥，采取积极有效措施保障煤炭供应和电力生产，确保了安全稳定运行。在贵州电网分列运行时，分别承担起支撑东部、北部和中部电网运行和调频、调压的艰巨任务。受灾期间，公司每天电量占全省的 40% 以上（含省外返送电量），特别是在中、东、北部孤网运行中，承担了近 70% 的负荷。公司荣获国务院国资委授予的“2008 年抗雨雪冰冻灾害先进集体”称号；省委、省政府授予的全省“抗凝冻、保民生集体记一等功”；中国华电集团公司授予的“抗冰保电先进集体”；构皮滩发电厂曹罡被国务院国资委评为“抗冰保电先进个人”等荣誉。

2008 年 8 月 11 ~ 13 日，中国华电集团公司总经理、党组副书记云公民在乌江公司董事长张志孝、总经理金泽华、党委书记熊宇的陪同下，先后到乌江渡发电厂、清镇发电公司调研。调研期间，云公民会见了贵州省委副书记、省长林树森，省委常委、省委组织部长张少农。

2008 年 9 月 18 ~ 21 日，中国华电集团公司总经理、党组副书记云公民在乌江公司董事长张志孝、总经理金泽华、党委书记熊宇的陪同下，先后到位于毕节地区的贵州大方发电有限公司、贵州华电毕节热电有限公司调研，并出席毕节试验区成立 20 周年庆典活动。

贵州黔源电力股份有限公司

概况

贵州黔源电力股份有限公司（简称黔源电力公司）成立于 1993 年 10 月 12 日，是经贵州省体制改革委员会批准，由贵州省电力投资公司、国能中型水电实业开发公司、贵州新能实业发展公司、贵州省普定县资源开发公司联合发起，以定向募集方式成立的股份有限公司。2002 年 12 月，贵州省电力投资公司拥有的黔源电力公司股权整体划转集团公司。2005 年 3 月 3 日，黔源电力公司在深交所挂牌上市，股票简称“黔源电力”，股票代码 002039。黔源电力公司法人股东股比情况是：中国华电集团公司 13.30%，国投电力公司 12.90%，贵州乌江水电开发有限责任公司 12.01%，贵州省开发投资公司 5.37%，贵州新能实业发展公司 1.34%。

截至 2008 年底，黔源电力公司本部设 9 个部室，分别是办公室、人力资源部、财务资产部、计划经营部、战略发展部、安全生产部、党群工作部、证券业务部、审计监察部；员工总数为 380 人，其中，专业技术人员 182 人，占员工总数的 47.9%。

2008年，黔源电力公司所属企业共6家，其中，专业管理公司1家——贵州黔源发电运行公司，负责黔源电力公司已投产电厂的生产管理；全资企业1家——贵州黔源普定分公司；控股企业4家，分别是贵州北盘江电力股份有限公司（黔源控股51%）、贵州黔源引子渡发电有限责任公司（黔源控股95%）、贵州北源电力股份有限公司（黔源控股75.5%）、贵州西源发电有限责任公司（黔源控股30%）。贵州北盘江电力股份有限公司负责贵州北盘江干流梯级流域水电开发，在建规模258万kW，分别是光照水电站（104万kW）、董箐水电站（88万kW）、马马崖水电站（66万kW）；贵州北源电力股份有限公司负责贵州芙蓉江干（支）流梯级流域水电开发，规划装机容量约为30万kW；贵州西源发电有限责任公司负责北盘江干流上游善泥坡等项目（18.5万kW）的开发。

2008年，黔源电力公司资产规模达122.23亿元；投产装机规模1559MW，其中光照发电厂104万kW，引子渡发电厂36万kW，普定水电站8.4万kW，鱼塘水电站7.5万kW。

领导人员

董事长：张志孝

副董事长：岳鹏

董事：陈宗法、陈实、金泽华、江华、赵家兴、向光辉、张志强、喻啸、袁建三、冯励生、张建贤、李春杰、周立业

监事会召集人：曲立新

监事：金树成、罗涛、封仁人、罗亚芬、蔡登、黄静、罗远惠、周启明

董事会秘书：刘明达

总经理：张志强

党委书记：刘靖

常务副总经理：刘明达

副总经理：李洪泉、刘俊、陈均华

年度业绩

2008年，黔源电力公司装机容量增加104万kW，增长200.39%；发电量32.5亿kW·h，同比增长116.67%；营业收入7.23亿元，同比增长135.24%。利润总额1.68亿元，同比增长853.20%；净利润1.21亿元，同比增长765.92%。每股收益0.86元，增幅765.83%；每股净资产4.29元。

全年平均利用小时完成3452h（不含光照发电厂），其中：普定水电站4998h，引子渡水电站3159h，鱼塘水电站3126h。系统各电厂（站）耗水率继续保持较好水平，其中：普定水电站7.9m^3/(kW·h)，引子渡发电厂4.08m^3/(kW·h)，鱼塘水电站8.3m^3/(kW·h)，光照发电厂2.84m^3/(kW·h)。综合厂用电率继续保持较好水平，比年计划和去年同期降低，其中：普定水电站1.58%，引子渡水电站0.58%，鱼塘水电站1.04%，光照发电厂0.72%。

生产经营管理

2008年，黔源电力公司全面开展安全生产目标管理，安全工作规范化、标准化水平不断提升。持续深化无违章创建活动，反违章工作力度不断加大。扎实推进隐患治理年和安全生产百日督查，例行春秋季及防汛安全检查工作，努力消除安全隐患。从组织领导、管理措施、制度落实、安全防范、检查督促等方面采取有力措施，促进了各级安全生产责任制的落实，各发电厂（站）开展了发电企业安全性评价工作，加大了安全管理、生产设备及劳动安全作业环境改造力度，有效地促进了公司的安全生产。全年未发生一般及以上事故，取得良好成绩。

2008年，黔源电力公司在财务费用增加、资金压力增大的情况下，可控成本费用指标较去年同期均有不同程度下降。同时，努力挖掘增效，优化水库梯级调度，提升水能利用效率，提高了盈利水平。2008年，各流域来水情况较好，发电量突破32亿kW·h，在2007年基础上实现翻番。

项目发展

2008年，黔源电力公司累计完成投资21.48亿元。其中：光照水电站6.32亿元；董箐水电站12.98亿元；马马崖一级水电站0.54亿元；鱼塘水电站0.33亿元；清溪水电站1.04亿元。

2008年，光照水电站实现“一年四投”目标，投产装机容量104万kW（4台机组分别2008年8月5日、10日、10月27日和12月18日完成72h试运行，投入商业运行）；清溪水电站基本实现了工程节点目标，达到预期形象面貌。2008年12月，董箐水电站核准申请上报国家发展改革委，等待核准批复；2008年9月，马马崖水电站取得省政府的“封库令”；2008年5月，善泥坡水电站取得开展前期工作的“路条”；2008年8月，牛都

水电站获贵州省发展改革委核准。

内部改革

2008年，黔源电力公司加强股权管理，通过受让股权、增资注册资本金、协商置换股份等方式增大控股子公司的持股比例，进一步增强了对控股子公司的控制力。目前，黔源电力公司对北盘江公司的控股比例从35%增加至51%，实现绝对控股；在北源公司拥有的股份从41%增加到75.5%。

党的建设、精神文明建设、企业文化建设

黔源电力公司党建工作坚持围绕中心、融入管理、服务发展的指导思想，坚定"全覆盖、正常化、有实效"的工作思路，配合行政抓好改革创新、提升业绩、促进发展等重点、难点工作，把统一思想与稳定队伍、安全生产与提升业绩、理顺关系与化解矛盾作为党委工作的出发点和落脚点，充分发挥了党组织的政治核心作用、组织保障作用和监督作用。公司加强领导班子建设，开展创建"四好"领导班子活动，实行领导干部廉洁承诺制度，加强反腐倡廉教育，预防关口前移，着力"七个"坚持。建立健全惩治和预防腐败体系，常年开展"廉风伴我行四个一"警示教育活动。

加强人才队伍建设，推进公司系统人力资源优化配置。开展班组建设，有效提升生产单位安全生产管理水平。大规模培训职工队伍，提升员工技能和素质，不断提高工作效率和工作质量。开展"学习创新型企业活动"，营造浓厚的学习氛围，员工自主学习能力和创新能力不断增强。制订《黔源电力公司企业文化建设三年规划》，逐步建立适应公司改革创新，符合企业发展战略，遵循文化发展规律，体现员工根本利益，具有黔源电力公司特色的企业文化体系。

乌江渡发电厂

概况

乌江渡发电厂是我国在岩溶地区修建的第一座高坝大型水电厂，是乌江流域滚动开发的母体电站，电站于1970年4月正式动工，1983年1月3台机组全部并网发电，原装机容量63（3×21）万kW。2003年12月扩建工程两台25万kW机组顺利投产，2005年6月3台老机组增容改造任务圆满完成，全厂总装机容量达到125万kW，是集团公司及贵州省的第一个百万千瓦级水力发电厂，设计多年平均发电量40.59亿kW·h，在贵州电网中肩负着调峰调频、黔电送粤潮流调控主力发电厂的重任。

乌江渡发电厂下设厂长工作部、政治工作部、工会办公室、计划财务部、人力资源部、生产技术部、安全监察部、发电部、水工部、机电维护部、总务部等11个部室。

2008年，乌江渡发电厂相继荣获"全国文明单位"，国务院国资委党委"先进基层党组织"和集团公司"'四好'领导班子先进集体"、"安全生产先进单位"、"优秀基层党组织"等称号；2008年度继续保持集团公司"优秀发电企业"、"文明单位标兵"称号，荣获乌江公司（华电贵州公司）"'五好'基层党委"，遵义市"2008年抗凝救灾工作先进集体"等荣誉称号；在荣获"全国大型水电厂（站）劳动竞赛先进单位"的同时荣获"全国大型水电厂（站）劳动竞赛突出贡献奖"，树立了企业良好社会形象。企业在册职工总数508人。

领导人员

厂长：彭鹏

党委书记、纪委书记、工会主席：亓德利

经营副厂长：刘小明

生产副厂长：宋发文

年度业绩

截至2008年12月31日，乌江渡发电厂全年累计完成发电量41.31亿kW·h，12月5日年累计发电量突破了40亿kW·h（12月17日突破40.58亿kW·h，超过了扩机增容设计的40.56亿kW·h多年平均发电量，时段和全年发电都实现了"双突破"），为创建厂以来的历史最好纪录，长周期连续安全生产1373天；全年完成产值8.27亿元，水能利用提高率5.44%，超过集团公司5.0%的创优标准，设备等效可用系数定额完成率105.21%。

生产经营管理

2008年，乌江渡发电厂通过深入开展对标、继续推行"三标一体化"管理体系运行、认真开展《企业标准》整合修订和企业现代化成果立项、不断加强内部控制和监督等各项管理工作，使企业内部管理机制更为协调，管理效益和工作质量不断提高，企业“经营”业绩大幅提升。

党的建设、精神文明建设和企业文化建设

2008年，在党建工作中积极推行对标管理活动，拓宽集团公司对标管理年活动的范围和内涵，深入开展精神文明建设，不断推进企业文化建设。通过深入科学发展观和十七大精神的学习，加强了职工对新时期党的路线方针政策的理解，结合开展学习抗冰救灾和抗震救灾先进英雄事迹活动，积极开展“三观、三德、三义”和理想信念教育，坚持开展“青年文明号”创建活动，全面开展“先进班组”创建活动和班组对标管理，有效提升了班组建设水平，加强《华电宪章——中国华电集团公司企业文化体系》的学习和宣贯工作，进一步规范华电企业形象识别系统建设。

其他重大事项和情况

1. 加大教育培训力度，推进多层次人才成长

坚持“以人为本”的方针，立足人力资源实际情况，不断完善职工教育培训机制，不断提高各岗位的管理水平和技能水平。根据年度培训计划和岗位培训实施细则，年度申报的《大力推动“人才强企”战略，构建人力资源高效发展模式》获贵州省电力行业协会企业管理现代化创新成果三等奖。严格遵照干部选拔程序，坚持德才兼备原则，以提升管理素质为根本，以实践锻炼为措施，健全干部培养选拔机制，补充完善后备干部队伍。

2. 抗击自然灾害，圆满完成奥运保电任务

在2008年南方雨雪冰冻灾害以及四川汶川地震中，胜利完成了保障贵州北部和中部供电的重任，并主动为灾区捐款捐物和交纳“特殊党费”14万余元，捐献衣物和其他物品数百件。荣获遵义市“2008年抗凝救灾工作先进集体”荣誉称号；曹罡获中央企业“抢险抗灾先进个人”和集团公司“抗灾保电先进个人”称号，卓朝喜、陈发军获遵义市直部门（含驻遵单位）“抗凝救灾先进个人”称号。

奥运期间，全厂上下精心制定保电措施，认真落实每一项工作，注重抓好每一个细节，不放过每一个缺陷，以高度的政治责任感和事业心，圆满完成了奥运保电任务，切实履行了企业的政治责任和社会责任。

索风营发电厂

概况

索风营发电厂地处贵州省修文与黔西县交界的乌江干流六广河河段，隶属贵州乌江水电开发有限责任公司，为乌江流域梯级开发的第三级电站，是贵州省“四水四火”工程项目之一，是落实西部大开发战略、实施“西电东送”的重点工程之一。电站装机容量3×20万kW，年平均发电量20.11亿kW·h。主要以发电为主，同时承担系统调峰、调频和事故备用，兼顾灌溉、养殖、旅游等综合效益。大坝为混凝土碾压重力坝，坝高115.8m。水库库容为2.01亿m^3，正常蓄水位837m，为日调节水库。工程自2001年1月筹建，2002年7月26日开工，2002年12月18日截流，2005年8月17日首台机组投产发电，同年12月23日第2台机组建成投运，2006年6月6日，第3台机组投入商业运行。淹没耕地1557亩，迁移安置人口1320人，工程概算动态总投资31.25亿元。工程具有“移民少、工期短、投资省、环保好”的特点。

索风营发电厂成立于2005年6月9日，电厂职工92人（其中建设公司15人），平均年龄35岁。文化结构为：本科及以上学历42人，大学专科学历30人，占职工人数的93.5%。其中具有高级任职资格者5人（含高级技师1人），占职工人数的6.4%；具有中级任职资格者有21人（含技师1人），占职工人数的27.2%。电厂下设厂长工作部、党群工作部、计划财务部、生产技术部、安全监察部、运行维护部、水工部和后勤物资部。

领导人员

索风营发电厂厂长兼党委书记：刘玉刚

索风营发电厂副厂长：令狐昌仁

索风营电站建设公司副经理：田应富

索风营发电厂党委副书记、纪委书记、工会主席：胡明玉

年度业绩

2008全年完成发电量22.4亿kW·h，完成年计划的137.73%，首次突破设计年平均发电量（20.11亿kW·h）。实现连续安全生产1232天。未发生各类障碍、“非停”及以上事故。全年等效可用系数93.99%，主汛期等效可用系数定额完成

率为105.3%。水库运行指标：入库水量131.5829亿m^3，发电水量126.9475亿m^3，溢洪水量4.7597亿m^3，年底库水位833.69m。

生产经营管理

在安全生产管理方面，总结提炼出“以文化促安全，以安全保发展”的安全理念，建立、完善了厂、部门、班组三级安全管理网络和三级劳动保护网络的硬性管理安全保障体系和监督体系，明确生产监督、生产指挥、生产执行三大系统的权限职责。建立健全安全生产管理制度，开展安全生产的宣传教育培训和安全文化建设活动，将“安全是第一责任，安全是第一工作，安全是第一效益，安全是第一业绩”大安全理念贯入职工脑海。编制《凝冻雪灾应急预案》、《二次系统网络与信息安全应急预案》、《计算机监控系统应急预案》、《通信系统中断应急预案》4个专项预案及多个现场处置方案。明确应急委员会各级组成人员的职责，定期组织对应急预案进行评审、演练、修订和发布，确保预案在应急过程中的实效性。创新了设备的巡检模式（日巡检、月巡检、周巡检）。

经营管理方面，积极开展“制度，执行，提升”管理主题活动。以“规范化管理、程序化运作、制度化约束、文明化办公”为目标，全面梳理、修订完善了企业管理标准体系，各项工作进一步规范，企业管理水平和中层干部的执行力进一步提升，从而提高全厂干部、职工的遵纪守法意识，推进了依法治企进程。

着力搞好工程建设工作，有效控制工程进度。加强对2号危岩体施工管理，结合Dr^2现场地形地质条件优化设计，确保Dr^2危岩体安全施工，有效控制了工程进度。重点完成进厂公路回头弯段变形治理工程等尾工工程。高质量完成达标投产考核验收的各类报告、资料的收集、整编工作，做好枢纽、消防、劳动安全与工业卫生、水土保持、环境保护、竣工决算等专项验收准备工作。备受国家环保总局关注的乌江公司索风营鱼类增殖放流站于2008年12月建成投产。

党的建设、精神文明建设、企业文化建设

电厂制定和颁布了《索风营发电厂开展“四好”领导班子建设实施细则》。在文明单位创建中，提出“文明创建与安全生产相结合，‘文明创建与四好班子’相结合、文明创建与党的基层组织建设年活动相结合”，以文明创建活动的成绩检验“四好班子”建设、党建工作标准化建设及安全生产的实际效果。厂党委和两个党支部全部达标，生产党支部被评为贵州乌江水电开发有限责任公司“五好”党支部。党风廉政建设为优秀，达到中国华电集团公司“‘四好’领导班子先进集体”标准。坚持精神文明、政治文明建设和物质文明建设三个文明一起抓，努力营造崇尚文明、关系和谐、思想健康、干事创业的良好氛围。继续保持中国华电集团公司“文明单位”称号。高度重视企业文化建设，加大企业文化宣传力度，塑造独特“索电”文化。提出并实施了“人本政工”理念，建立起“人企合一”的良好氛围。提炼出了绿色文化、安全文化、和谐文化、人本文化及廉政文化。通过文化长廊展示企业风采、精神面貌、生产经营、生态文明、文体生活等方面的情况，编制了企业文化画册《乌江潮涌》，承办和参加了贵州省企业文化研究会在该厂举办的“企业文化建设培训班”。对外新闻报道数量和覆盖面大大提高，其中《工人日报》、《中国电力企业管理》、《中国华电》、《贵州电业》、《企业文化天地》等杂志33篇（介绍该厂生态文明建设经验性文章3篇）。2008年6月，该厂被贵州省企业文化研究会命名为“贵州省企业文化示范基地”。

构皮滩发电厂

概况

构皮滩发电厂位于贵州省余庆县境内，上距乌江渡水电站137km，下距河口涪陵455km，控制流域面积43250km^2，多年平均径流量226亿m^3。工程开发的主要任务是发电，兼顾航运、防洪及其他综合利用。水库总库容64.51亿m^3，调节库容31.54亿m^3，正常蓄水位高程630m。地下电站装机容量5×60万kW，保证出力75.18万kW，年发电量96.67亿kW·h，是贵州省实施“西电东送”战略的标志性工程。该工程列入“十五”计划国家重点工程，是中国华电集团公司最大的在建工程。

构皮滩发电厂拦河大坝为混凝土抛物线型双曲拱坝，坝顶高程640.5m，河床建基面高程408m，最大坝高232.5m，为岩溶地区亚洲第一、世界第三的高拱坝。坝身布置6个溢流表孔、7个泄洪中孔、2个放空底孔组成坝身泄洪建筑物。地下电站布置在右岸山体内，主要由进水口、引水隧洞、主厂房、主变洞、调压室以及尾水隧洞组成，主厂房最大开挖尺寸为 230.45m × 27m × 75.32m。防渗帷幕采用垂直防渗帷幕，左右岸分别设 4 层和 5 层灌浆平洞。

工程施工总工期 9 年 2 个月（不含工程筹建期），总投资 138.42 亿元。设计主要工程量为：土石方明挖约 1700 万 m^3，洞挖 300 万 m^3，石方填筑 62 万 m^3，混凝土 520 万 m^3，金属结构制作安装 2.93 万 t，帷幕灌浆钻孔进尺 33.9 万 m。

截至 2008 年 12 月 31 日，构皮滩电站建设公司及发电厂在册职工共 121 人。其中大学本科及以上学历 73 人，大专学历 35 人，中专学历 5 人。各类专业技术人才 61 人，高级职称 10 人，中级职称 39 人，初级职称 32 人。

按照两块牌子、一套人马的设计思路，构皮滩电站建设公司下设办公室，党群工作部、安全建设管理部、安全生产委员会办公室、工程技术部、机电物资部、计划部、财务部等 8 个部室。构皮滩发电厂组织机构拟按综合办公室、计划财务部、党群工作部、生产技术部、安全监察部、运行发电部、设备维护部、水工部等 8 个部室设立。

领导人员

建设公司经理：杨宝银

厂长、建设公司党委书记、常务副经理：谌波

建设公司副经理：梁英、杨新伟

副厂长：卓朝喜

主要领导人员变动情况：

3 月，时任构皮滩电站建设公司经理黄辉同志因工作需要调离。

3 月，乌江公司（华电贵州公司）副总经理杨宝银同志兼任构皮滩电站建设公司经理职务。

5 月，时任构皮滩电站建设公司党委书记、副经理陈启湘同志因工作需要调离。

5 月，原乌江发电厂副厂长卓朝喜同志赴构皮滩发电厂任副厂长职务。

年度业绩

构皮滩电站概算总投资 138.42 亿元，截至 2008 年底已累计完成工程投资金额 106.2 亿元，占总投资的 76.72%；2008 年累计完成投资 27.73 亿元，占 2008 年度投资计划 23.88 亿元的 116.12%。签订合同 174 项。完成土石方开挖 40.01 万 m^3，混凝土浇筑 119.32 万 m^3，钢筋制安 2.77 万 t。

截至 2008 年底，大坝最高坝段浇筑至 EL640.5m，最低坝段浇筑至 EL617m，累计浇筑混凝土约 262.9 万 m^3，占设计工程量的 96%。水垫塘累计完成混凝土浇筑 50 万 m^3。

电站进水塔结构混凝土浇筑完成，5 套快速工作门和 1 套检修门均拼装完成；引水隧洞混凝土衬砌除压力钢管凑合节段外全部完成；主厂房 5 号 ~3 号机组段混凝土浇筑完成，2 号机组段蜗壳钢筋制安完成，混凝土浇筑至 EL414.5m，1 号机组段混凝土浇筑至 EL428.1m，累计完成结构混凝土浇筑 9.3 万 m^3；5 号机转子已吊装就位，已进入总装调试阶段，4 号机开始转子叠片，3 号机定子吊装就位。尾水出口工程仅剩余围堰拆除及部分防冲处理未完。渗控工程累计完成帷幕钻灌约 33.7 万 m。结构混凝土浇筑和隧洞固结灌浆已全部完成。通航建筑物第一级升船机一期开挖全部完成。

主要节点完成情况：

6 月 5 日，5 号机组尾水调压井井筒段混凝土及发电机层混凝土浇筑完成。

6 月 19 日，5 号机组定子铁芯成功吊装。

9 月 3 日，5 号发电机定子线棒开始下线。

10 月 7 日，4 号机组定子铁芯成功吊装就位。

10 月 9 日，2 号机蜗壳完成水下埋件安装的目标。

10 月中旬，5 号机转子开始叠片施工。

10 月 30 日，首台主变压器运抵地下厂房。

10 月 31 日，构皮滩电站首台水轮机转轮安全运抵厂房安装间。

11 月 28 ~29 日，左岸 1 号导流洞及右岸 3 号导流洞成功下闸，12 月 1 日，导流底孔开始过流。

12 月 31 日，5 号机转子组装完成并吊装成功。

工程管理

2008 年春节期间，受罕见雪雨凝冻气候影响，构皮滩电站工程建设和职工生活面临严峻考验，在停水停电、通信不畅、交通受阻、物资匮乏的情况下，建设公司（电厂）在乌江公司、华电贵州公司党组的坚强领导下，带领全体参建单位团结协作，顽强奋战、全力以赴地开展御严寒、保安全、促稳定工作，确保工程抗灾期间各项工作

紧张有序开展，切实履行了政治责任和社会责任，充分展示了构皮滩电站建设者们特别能吃苦、特别能战斗、特别能奉献的风采。受到乌江公司、华电贵州公司及地方各级政府的高度赞扬和好评。

2008年，构皮滩电站主体工程全面进入施工高峰，工程全面转入混凝土浇筑及机电、金结安装阶段，技术含量和质量要求高，交叉作业干扰突出、施工强度大，这对建设公司的管理水平、各施工辅助系统运行、设备物资供应保障及重大施工技术方案的研究审查等都提出了更高要求。建设公司（电厂）全体员工齐心协力，以务实的工作态度、顽强的工作作风、饱满的工作热情，克服了因雪凝天气造成的近两个月的工期影响，既定工作目标没有改变，圆满完成了各项工作任务。

电力建设工程质量监督总站组织巡视组对构皮滩水电工程进行了第六次质量监督现场巡视，认为“构皮滩电站工程建设总体顺利，工程正朝着下闸蓄水和首台机组启动目标推进”。构皮滩电站建设公司发挥“服务、协调、督促、管理”的管理职能，坚持“设计、监理、施工、业主”四位一体的管理理念，进行“设计、施工、工期、投资”四个优化，使得安全、质量、环保、工期、投资得到有效控制。同时，以人为本，围绕“和谐环保，促达标投产；精工建设，创鲁班大奖”的建设目标，在全工区组织了一系列“安康杯”主题活动，各项管理工作顺利推进。2008年，荣获华电集团先进集体、安全生产先进单位、基建先进单位等荣誉称号。

党的建设、精神文明建设和企业文化建设

结合华电集团公司对领导干部素质工程的有关要求，积极开展创建“四好”领导班子先进集体活动。组织党员领导干部深入学习贯彻领会党的十七大精神，深入学习全国“两会”精神和胡总书记在十一届全国人大一次会议上的讲话。集中学习集团公司转发的精神，学习和掌握现代企业管理知识、政策法规知识、市场经济的新知识、新理念及专业技术知识，不断提高领导干部的政治理论素质和业务素质。切实把各级领导干部锻炼成为政治素质好、经营业绩好、作风形象好的干部队伍。

严格执行个人重大事项报告制度、个人收入申报制度，强化党员领导干部廉洁自律工作。在全体职工大会上与各部门负责人签订《党风廉政建设责任书》，把党风廉政建设工作与行政管理工作一起安排部署，把党风廉政建设的重点放在领导干部身上，努力起到辐射和带动作用，进一步建立健全监督约束机制。坚持抓好党风廉政建设日常教育，把警示教育与日常工作结合起来，针对不同工程时期的重点工作，开展有针对性的超前教育，提出了明确要求，加强监督检查。

围绕工程建设工作，加强对人、财、物的管理，进一步规范财务资金管理、设备物资采购程序，从源头上治理和预防腐败。组织工程建设管理人员学习党风廉政建设的有关规章制度和文件，组织职工观看“职责与犯罪”警示片，并邀请余庆县检察院、反贪局有关人员到工地召开预防职务犯罪座谈会，所有部门中层干部及重点岗位人员参加会议。到目前为止，建设公司（电厂）无一例违法违纪案件发生。

生产管理

由于刚进入生产运行时期，通过周密安排，构皮滩发电厂扎实开展生产准备、整章建制、人员培训，以及开展安全专项检查考评和安全督导等工作，顺利实现了基建与生产无缝连接。

7月31日，构皮滩发电厂首台机组（5号机组）投入商业运行，标志着华电在役水电装机突破1000万kW；11月22日第三台机组（3号机组）投产标志着华电在黔装机突破1000万kW；12月29日最后一台机组（2号机组）顺利完成72h试运行，具备并网发电条件，为大型水电站、特大型机组群年投产发电提供了成功经验。投运设备运行稳定，各项生产管理工作有序开展，成功接管了特大型新型水力发电厂的生产运行维护工作。

全年未发生较大及以上安全生产事故，11月18日，构皮滩发电厂顺利实现第一个100天安全生产记录。

党的建设、精神文明建设和企业文化建设

构皮滩电站建设公司党委着眼于抓好党的思想建设、组织建设和作风建设等党的建设入手，推进堡垒工程，紧紧围绕集团公司党组“大纪检、大监督”的理念抓党风廉政建设，围绕构建惩防腐败体系这一主线，紧扣教育、制度、监督三个重点环节，拓展从源头上防止腐败领域，巩固和升华构皮滩电站的传统廉洁文化。

文化是企业之魂。构皮滩电站建设公司领导

班子带领全体干部职工，认真学习领会、全面贯彻落实《华电宪章》和价值思维理念，按照集团公司“一主多元、各具特色”的方针，坚持以人为本，以尊重人、培养人、激励人为着力点，以创新和卓越为助推器，以思想领先、行动争先为牵引，以创建集团公司安全文化示范企业为突破口，积极推进视觉识别、理念识别、行为识别三大系统的建设，全面培育、提炼有构皮滩特质的安全文化、廉洁文化、团队文化、和谐文化，为提炼和推进企业文化奠定了坚实基础。

“两手抓、两手都要硬”，就是要突出精神文明的管理属性，纳入企业管理和发展战略的组成部分，把文明创建贯穿于生产、建设的全过程。有针对性地按照华电集团“评先创优”工作管理办法的规定，根据“评先创优”工作奖项设置计划目录，围绕中心工作，以争先创优为载体，广泛开展以创建“文明单位”、“五一劳动奖状”、“安康杯竞赛”为重点的系列创建活动，为争创鲁班工程大奖、争创星级发电企业奠定基础。

思林发电厂

（思林电站建设公司）

概况

2003年12月15日，成立思林电站筹建处（黔乌司［2003］12号文），开始工程施工准备工作。

2007年7月25日，撤销思林电站筹建处，成立思林电站建设公司。建设公司下设七部一室，分别是综合办公室、党群工作部、计划合同部、财务部、工程管理部、机电物资部、安全生产与环境保护部、移民项目部。截至2008年12月31日，共有职工32人；思林电站建设公司领导班子成员共5人，经理段伟、党委书记张建华、副经理龚朝蜀、李朝新、陈龙。

2007年8月10日，思林发电厂成立（中国华电人［2007］1179号文），马习耕任厂长。建厂初期，与建设公司实行“一套人马，两块牌子”建管结合的管理模式。思林发电厂下设六部一室，分别是综合办公室、党群工作部、计划财务部、生产技术部、发电维护部、安全环保部、水工部。截至2008年12月31日，共有职工85人。

思林发电厂位于贵州省思南县境内的乌江中游河段，为乌江干流规划梯级电站的第八级。电站距上游构皮滩水电站89km，距下游沙沱水电站115km，距贵阳市直线距离328km。思林发电厂以发电为主，其次为航运，兼顾防洪、灌溉。水库正常蓄水位EL440m，相应库容12.05亿m^3，调节库容3.17亿m^3，防洪库容1.84亿m^3，死水位431m。

思林发电厂枢纽由碾压混凝土大坝、泄洪建筑物、右岸引水发电系统和左岸通航建筑物等组成。大坝为碾压混凝土重力坝，最大坝高117m；坝顶长度310m；泄洪消能建筑物由坝身7个表孔（孔口尺寸13m×21.5m）、1个底孔（孔口尺寸5×6m）以及戽式消力池组成。引水发电系统布置在右岸，主要由进水口、引水隧洞（一机一洞）、主厂房、主变洞、尾水隧洞（一机一洞）、出水口等建筑物组成，厂房内安装4台单机容量为250MW的混流式水轮发电机组；通航建筑物布置在左岸，由上游引航道、中间通航渠道、升船机本体段和下游引航道等建筑物组成。采用全平衡卷扬提升式垂直升船机，按500t级船舶过坝设计。地面开关站布置在右岸451.7m高程平台，思林发电厂拟采用500kV一级电压接入系统。

工程建成后，思林发电厂保证出力303.6MW，多年平均发电量40.64亿kW·h，水库形成约89km的深水航道，可极大地改善乌江干流的通航条件。

工程概算总投资76.4亿元。

计划2009年底全部机组实现投产发电。

领导人员

厂长：马习耕

年度业绩

2008年，实现了重大安全事故和人员伤亡事故零目标和安全度汛工作目标；截至2008年12月，大坝左右岸非溢流坝段浇筑至坝顶EL452m，溢流坝段混凝土浇筑至EL449m，部分溢流坝段浇筑至EL452m，累计完成混凝土浇筑105.5万m^3，占合同量的98%，单元工程合格率为100%，主体工程达到优良；主厂房1号机组座环安装完成；2号机组蜗壳挂装完成；3号机组蜗壳层混凝土浇筑完成；4号机组混凝土浇筑完成，正准备进行转子吊装；开关站及中控楼开挖全部完成，混凝土浇筑完成总量的85%；4号机组转子已组装完毕，监控系统已生产完毕，机电安装进度满足2009年初首台机组投产发电要求，工程总体进度满足总工期目标的要求。

工程开工至2008年底，累计完成工程投资51.56亿元。

生产经营管理

在工程管理过程中，建设公司坚持抓好工程方案的优化工作。地下厂房混凝土坚持免装修工艺；厂房安装间地板面层混凝土采用角钢镶边工艺，利于施工质量控制，提高了地面平整度；进水口排架、隔流堤等部位混凝土施工，定型模板拉模筋采用锥形埋头螺杆与拉筋丝口连接工艺，保证了混凝土的外观质量。座环基础高程由原厂家设计的加垫片调整更改为楔子板调整，保证了安装调整精度，同时节约了工期；蜗壳挂装采用“混凝土支墩+千斤顶”支撑结构形式，挂装精度优于厂家设计的单点固定方式；对左、右岸导流洞堵头后洞身混凝土衬砌进行优化，节省投资约1088万元；对引水发电系统进水口、出水口混凝土进行设计优化，节约混凝土约8万m^3，减少投资约3532万元；土石过水围堰高47m，采用高压双管砂浆堵漏技术，确保了闭气成功；对大坝建基面进行了优化，节省投资约1902万元，节约工期2个月。

思林电站工程建设实行项目管理模式。思林电站建设公司是乌江公司派出机构，具体履行授权范围内的建设管理职能。

2008年度达标投产考核组对思林水电站工程进行了达标投产年度考核，安全文明施工管理得分率为94.9%；

2008年6月，贵阳电监办电力工程安全生产百日督查专项行动检查组对思林电站进行检查后，评价思林水电站工程建设“安全生产形势总体平稳，安全文明施工处于受控、在控状态”；

2008年8月，国家电力质量监督总站思林水电站工程质量监督巡视组对思林电站进行检查后，评价思林水电站工程建设“安全生产形势总体平稳，文明施工和环境保护的管理水平在不断提高”；

2008年8月，国家水电工程质量监督总站对思林电站进行质量监督巡视检查，专家组认为：思林电站工程质量管理体系健全，各项规章制度基本得到贯彻落实，体系运行正常，工程质量处于受控状态，相关已完工程质量满足设计和规范要求，质量合格，相关工程形象基本满足导流洞下闸封堵的要求；

2008年8月，水利水电规划设计总院对思林电站进行了下闸蓄水阶段工程安全鉴定工作，专家组形成安全鉴定报告：思林水电站工程建设推行以质量为前提，以质量、进度、投资控制为中心，以合同管理为基础的项目管理模式；采用施工单位自检、监理单位控制抽检、思林建设公司监督协调和检查考核、电力建设质量监督总站巡视检查和评价的质量管理体系，对工程实施全过程的质量控制。工程施工质量处于受控状态。工程建设质量管理和质量控制体系运行正常，已完土建工程施工质量、金属结构制作与安装质量、监测仪器设备质量符合设计要求和合同文件的规定。

项目发展

生产准备工作总体目标为顺利接管思林电站，实现工程建设到运行管理的“无缝过渡”，确保机组投产安全、经济运行，取得预期的经济效益。

建立健全各项管理制度、标准、规程，使投产初期电厂各项工作实现“凡事有章可循，凡事有人负责，凡事有人监督，凡事考核落实”的规范化管理轨道。完成了《思林发电厂筹备方案》编制；完成了《思林发电厂管理标准》编写大纲、《思林发电厂技术规程》编写大纲、《思林发电厂现场安全工作规程》初稿、《思林发电厂调度管理规程》初稿。

抓好运行维护和生产管理各层次人员的培训工作，尤其是利用机电设备选型订货、出厂验收、安装调试机会组织生产运行人员的培训，充分熟悉设备，减短或消除运行维护人员接管思林发电厂后与机电设备的“磨合期”，造就一支一专多能、能打硬仗的干部职工队伍。编制了2008年生产人员技能培训计划和取证工作计划，已完成思林发电厂运行值长贵州电网受令资格认证培训工作。

参与工程建设全过程管理，积极参与工程技术方案讨论、工程质量验收，把好工程质量关，实现“达标投产”，为投产后早日创建“优秀发电企业”打下坚实的基础。

认真组织、积极参与机电及金属结构设备设计、招标、监造、安装、调试等管理工作，消除设备制造、安装过程中产生的“先天”缺陷，为机电设备安全稳定长周期运行创造条件。

完善生产生活设施和物资准备。

抓好办公自动化和信息化管理建设。

沙沱电站建设公司

概况

沙沱电站建设公司（简称沙沱公司）成立于2007年6月，电站位于贵州省沿河县城上游约7km处，距遵义市266km，至乌江口河道里程为250.50km，下游有彭水电站，上游有思林电站。

沙沱电站装机容量为112（28×4）万kW，平均年发电量45.52亿kW·h；电站水库正常蓄水位365.00m，相应库容7.70亿m^3，总库容9.10亿m^3，其中防洪库容2.09亿m^3，调节库容2.87亿m^3，属日调节水库。电站于2005年10月开始筹建，计划于2012年12月建成投产。截至2008年底，沙沱公司共有职工21人，公司下设办公室、政工部、财务部、计划合同部、安全环保部、工程管理部、机电物资部7个部门。

领导人员

经理：吴元东

党委书记兼工会主席：江海珠

副经理：郭定明、王雷

贵州乌江公司派驻沙沱公司纪检监察员：邓朝伦

年度业绩

2008年3月15日，进行了大坝第一仓混凝土浇筑；3月18日，上下游围堰成功闭气；3月20日，顺利进行了碾压混凝土工艺性试验；4月25日，开仓大坝第一仓碾压混凝土施工；5月15日，上下游围堰过流保护全面完成，实现了2008年防洪度汛面貌的第一个节点目标；5月23日，10号坝段全线浇筑至307高程；8月29日，成功将右岸基坑涌水通道封堵，取得了滴水不漏的效果，为右岸混凝土施工创造了有利条件；12月24日，沙沱水电站大坝左岸第一仓混凝土，3号坝段垫层混凝土正式开仓浇筑。年底进场公路顺利通车。

沙沱公司严格按照“高、严、细、实、新”五字工作要求，建立和完善安全生产体系。不断提高员工安全生产意识，加大整改力度，狠抓安全文明施工，坚持把安全放在第一位，有效地促进了安全生产形势的平稳发展。实现了年度“安全事故为零”的目标，保证了工程建设的顺利进行，连续4年实现了人身死亡“零”事故的目标。

吴元东同志2008年度荣获“贵州省五一劳动奖章”、贵州省国资委“抗冰救灾”先进个人和中国华电“抗冰保电”先进个人称号。

生产经营管理

2008年，公司克服了年初凝冻灾害、一期基坑严重涌水、11月枯水期罕见洪水灾害及移民征地等困难，工程建设依然有序进行，工程质量管理体系、安全保证体系和监督网络管理体系完善并运行正常，安全文明施工和环境保护规章制度健全，安全生产处于可控状态；砂石系统污水零排放和循环利用，植被得到有效保护，工程进展总体顺利。

通过年度质量监督和达标投产，专家组认为：沙沱电站建设工程安全、质量、投资等均处于受控状态，无质量、安全事故，招、投标、计划投资等合同管理工作合法，归档资料齐全规范，通过客观公正评价考核，综合评分94.1分。5月23日，乌江公司（华电贵州公司）召开2008年公司档案工作会议，沙沱电站建设公司获公司建设口档案工作目标管理综合考评第一。

沙沱公司严格按照“百年大计、质量第一”的质量方针和“质量一票否决制”的质量要求，在加强质量管理体系建设的同时，认真落实“三级”质量检验制度，避免了因质量不稳定因素给工程质量带来的问题，杜绝了质量事故的发生。以合同管理为纽带，规范了合同管理，理顺参建各方关系，2008年度已经执行完成的合同共有74个，工程累计投入8.71亿元。工程优化节约资金超过1亿元。

党的建设、精神文明建设、企业文化建设

沙沱公司以深入开展“四好”领导班子，“支部标准化”创建活动为有效载体，坚持“德才兼备、群众公认、注重实效”的用人标准，大力加强领导班子和干部队伍建设，加强领导干部的思想政治建设和能力作风建设，认真开展廉洁从业和廉洁文化建设，全面落实制度、教育、监督并重的惩治和预防体系，确保领导人员依法经营和廉洁从业。充分发挥支部的战斗堡垒作用和党员的先锋模范作用，党员干部始终牢记“两个务必”，发扬团结、廉洁、务实的好作风，深入开展党风廉政建设，带领员工不断开创公司发展的新局面。

坚持以人为本，把建设“制度沙沱、简单沙沱、快乐沙沱、幸福沙沱”作为理想目标，不断推进企业文化建设，创建简单、快乐、和谐的工作生活环境，以增强员工主人翁意识和企业凝聚力，营造和谐氛围，构建和谐工区。

贵州华电毕节热电有限公司

概述

贵州华电毕节热电有限公司（简称毕节公司），位于资源丰富的毕节试验区，于2006年7月成立，前身为贵州头步发电厂。由华电贵州乌江水电开发有限责任公司、毕节地区信泰投资有限公司、贵州光大联合投资有限公司按92%、5%、3%的股比共同出资建设。一期工程建设两台15万kW循环流化床供热机组，于2006年11月开工建设。是贵州省第一台使用大容量循环流化床锅炉、第一家区域热电联产电厂。

毕节公司设总经理工作部、政工部、工会、监察审计部、财务资产部、人力资源部、物资供应部、安全监察部、工程建设部、生产技术部、工程扩建办、生产准备部、维护部、治安保卫部、后勤服务部15个部门。截至2008年12月31日，毕节公司在册员工总数269人。其中，研究生1人，大学本科学历39人，约占总人数的14%，大专文化程度141人，约占总人数的52%。现有各类专业技术人员71人，其中高级职称3人，中级职称13人，初级职称55人。经技能鉴定确认高级工16人，中级工62人，初级工92人。

领导人员

董事长：金泽华

董事：韩伟、杨革新、李荣、袁纯、张立华、郑时国（职工董事）

监事会主席：李智

监事：皮显超、刘丽红（职工监事）

总经理、党委书记：杨革新

副总经理：李煜涵

副总经理：赵良文

工会主席、纪委书记：吕远林

年度业绩

2008年，毕节公司严格按照中国华电集团公司“安、好、快、省、廉”和“一高两优三达标”的要求，统筹兼顾、合理安排，不断强化对工程安全、质量、进度的过程管理。对内对外积极采取措施，全力加快推进工程建设进度：一方面与总承包单位、各施工单位沟通协调，及时解决现场建设问题；另一方面与地方政府、供电部门、设计单位、物价部门、周边用热企业等协调贮煤、煤场扩建、并网、供热合同签订、供热管网设计、电价热价确定等相关事宜，进一步确保了工程建设和1号机组试运的顺利进行。

毕节公司1号机组于3月15日汽包吊装就位；7月1日水压试验合格；7月11日烟囱封顶；7月19日发电机定子吊装就位，9月1日冷却水塔施工到顶；10月20日开始分布试运转；10月27日汽轮机扣盖结束；10月31日厂用系统带电一次成功；12月1日锅炉首次点火吹管；12月22日实现正式点火整套启动试运；12月23日发电机首次并网成功。

公司2号机组于12月5日实现锅炉水压试验一次成功，计划于2009年上半年投运。

生产经营管理

毕节公司及时开展“四早（早介入、早熟悉、早把关、早解决）”工作，力争设备投运前处于优良状态；按照首台机组投产目标，全面开展生产准备培训工作，在年初结束培训的基础上，分别组织电气运行人员、燃料管理人员、锅炉运行人员进行培训，并在现场邀请三大主机厂家技术人员现场培训讲课，为机组的分部试运和整套启动试运、机组投运进一步奠定基础；多渠道进行技术储备，积极参与中电联领导的CFB技术协会的学习培训和活动，及时编制毕节设备手册和同类型机组典型事故案例汇编；增强超前意识，抓好“四煤（煤价、煤量、煤质、煤源）”工作，保证机组投产用煤。公司班子及燃煤工作人员认真分析研究电煤供应形势，广集思路，千方百计储煤，为机组正常启动和移交后的生产提供了有力保障。

毕节公司在抓安全管理的过程中，从制度、措施、培训、安全活动等多方面着手，狠抓安全生产责任制的落实，同时以“零违章、零缺陷、零事故”为重点，提高人员安全生产意识、责任心和技术水平。

毕节公司工程 2×150MW 循环流化床机组建设实行总承包制，公司明确工程建设安全管理的三大原则，建立健全安全管理的十余项专项规章制度，制定基建、政治、经济、形象四大安全责任制实施办法，推行责任制制度，有效实现安全管理闭环控制。

毕节公司年内工程建设安全的总体情况比较平稳，未发生任何人身事故和设备事故（含火灾及交通事故），未发生环境污染事故，未发生对社会有负面影响的安全事件。工程建设的安全管理工作处于可控、在控状态。

项目发展

在抓好 2×150MW 热电工程建设的同时，在地方政府的大力支持下，积极谋划毕节杨家湾 2×660MW 坑口电厂建设。已列入省规划，可研报告已经电规总院审批，取水许可已获长江水利委员会批准。

内部改革

2008 年，毕节公司实行了干部聘用制度，把干部“能上能下，认贤不认亲”的理念向公司大力推广，使公司广大员工形成了真抓实干、努力向上的良好工作氛围，树立起受聘干部的危机意识和理念，取得了较好的成效。

党的建设、精神文明建设、企业文化建设

毕节公司紧紧围绕集团公司工作会上提出的“贯彻战略、统筹全局，加强学习、提升能力，攻坚破难、勇创佳绩，真抓实干、求真务实，以身作则、当好表率”要求，以创建政治素质好、经营业绩好、团结协作好、作风形象好“四好”领导班子为目标，有效推进党的建设和精神文明建设工作，发挥了党组织的政治核心、战斗堡垒、先锋模范、监督保证作用。

加强学习教育，提升干部、党员素质，坚持中心组、中层干部学习制度，全年学习近 50 个学时。

以“基层党组织建设年”活动为党建工作重点，结合公司实际大力开展活动，以制度化、标准化要求，建立健全基层组织、做好发展党员工作；2008 年，生产准备党支部荣获公司“五好”基层党支部称号、4 名优秀一线职工光荣加入中国共产党。

加强党风廉政建设，建立防惩腐败的和治理商业贿赂的长效机制。以工程建设为重点，构建惩防体系，预防教育双管齐下，党风廉政建设责任制考核获得优秀。

加强企业文化建设。在“爱厂敬业　求实创新”的企业精神的指引下，公司全体员工严格按照集团公司要求，以建设“一高两优三达标”为目标，认真开展好各项工作。

正确处理公共关系，树立企业良好形象。2008 年，公司紧紧把握毕节试验区成立 20 周年这一契机，认真策划并积极配合参加地方政府的各项活动，进一步加强了与地方政府的沟通；各级领导对现场多次视察，加强了各界对毕节工程的重新认识，使项目得到了更多的关注和支持，企业认知度不断提高、软实力得到增强，塑造了华电在黔企业的良好形象，荣获试验区活动先进单位。

贵州大方发电有限公司

概述

贵州大方发电有限公司（简称大方公司）位于贵州省大方县大方镇新铺村，于 2003 年 8 月 26 日正式注册。大方公司由中国华电集团公司、贵州中水能源股份有限公司、兖矿贵州能化有限公司根据《中华人民共和国公司法》及相关法律、法规的规定，本着平等互利、风险共担的原则，按 45%∶30%∶25% 的比例共同出资组建。

大方公司现有装机为 4×300MW 机组，是贵州省“十五”规划的重点建设项目之一。工程于 2004 年 11 月 28 日正式开工建设，是贵州省第二批“四水六火”电源建设项目中首家获得核准的项目。公司于 2006 年提前实现“双投”目标，2007 年再次实现“双投”；项目建设整体比合同工期提前 5～6 个月完成，并实现了当年投产当年盈利的工程管理目标。公司 4 台机组的建成投产，为集团公司装机容量突破 5000 万 kW 及集团公司成立 4 年实现装机容量翻一番的历史性跨越作出了重要贡献，4 台机组已通过集团公司达标投产验收。公司自 2006 年首台机组投产以来，已累计发电 112.25 亿 kW·h，上缴利税 2.53 亿元，为西电东送、促进地方经济发展作出了积极贡献。为引领公司朝着更高的目标迈进，按照国家的产业政策和电力市场的变化，大方公司启动二期工程，拟建2台660MW机组。

大方公司自投产以来，坚持自觉履行社会责任、建设资源节约型、环境友好型企业的发展思路，坚持用科学发展观指导各项工作。2008年，公司在继续保持“集团公司文明单位”荣誉称号的基础上，还荣获了“集团公司安全生产先进单位”的荣誉称号。

大方公司下设总经理工作部、政治工作部、人力资源部、财务资产部、计划营销部、监察审计部、后勤管理部、物资供应部、生产技术部、安全监察部、工程建设部、燃料管理部、发电部、生产维护部共14个部门。截至2008年底，大方电厂在册员工总数为372人。其中，研究生3名、本科109名、大专186名；中专及以下74人。高级职称12人，中级职称25人，初级职称23人，技师5人，高级工104人。

领导人员

董事会：

董事长：张志孝

副董事长：谭志全、管志召

董事：金泽华、何光宏、曹阳、林华、李智勇、曹景玉

董事会秘书：邓冰山

监事会：

监事会召集人：邓明礼

监事：李红淑、李智、周伟、苏立玲

总经理：曹阳

党委书记：肖维林

党委副书记、纪委书记、工会主席：马启龙

副总经理：曹景玉、樊胜、明强

主要领导人员变动情况：2008年3月，肖维林任公司党委书记。2008年3月，樊胜、明强任公司副总经理。

年度业绩

2008年完成发电量56.79亿kW·h，同比增加9.96亿kW·h，增幅21.27%；全年实现销售收入138357万元，同比增加34422万元，增幅33.12%。

生产经营管理

2008年年初，大方公司面临了贵州50年不遇的雪凝灾害，造成500kV输电线路损坏，致使4台机组全停长达42天。在严重的自然灾害面前，公司领导带领全体员工心往一处想，劲往一处使，在供电、供水中断的情况下，全体员工众志成城，坚守岗位，“保设备、抢电煤”，在这次抗击雪凝冰冻灾害战斗中充分展现了坚韧的战斗力和良好的精神状态，使公司损失降到最低。从3月5日开始5天时间内，4台机组在电网恢复输电的情况下相继顺利启动，取得了抗冰保电工作阶段性的胜利。在经营管理方面，面对煤炭供应总量不足，煤价持续上涨，燃料单位成本大幅上升日益严峻的形势下，公司一方面精心组织生产经营管理的各个环节，通过加强对标管理，努力实现降本增效；另一方面积极协调地方各有关部门，努力拓宽购煤渠道；落实机组脱硫电价，加强电费回收力度。安全生产方面，通过一系列行之有效的措施，公司安全生产继续保持良好态势，为其他各项工作的开展奠定了坚实的基础。截至12月31日，安全生产天数达到893天，公司安全生产处于可控、在控的良好局面。

党的建设、精神文明建设、企业文化建设

2008年，大方公司进一步加强党的建设，继续抓好党员先进性长效机制建设，广泛开展了“落实科学发展观，永葆先进性，践行三三四”实践活动。继续以构建惩治和预防腐败体系为重点，加强反腐倡廉建设，突出抓好燃煤管理、招投标管理、资金管理、物资采购等腐败现象易发重点环节有关人员的廉洁从业教育和监督，继续深入开展治理商业贿赂专项工作，确保公司政治安全。加强和完善公司企业文化建设，加强精神文明建设和思想政治工作，深入开展“争先创优”活动，充分发掘、宣传先进典型；发挥工会和共青团作用，进一步加强民主管理，积极推进厂务公开；广泛开展“送温暖、献爱心”活动，丰富职工文化活动，完善后勤保障各项措施，逐步营造一个工作舒心、生活幸福的和谐环境。

初步形成了以“三超”（超前思考、超前规划、超前落实）和“四精”（每一个步骤都要精心，每一个环节都要精细，每一项管理都要精确，每一项工作都是精品）为核心的企业文化体系：

企业精神：诚信、敬业、图强、争先

企业使命：服务股东，回报社会

企业愿景：华电先进，国际一流

经营理念：外拓市场，精细管理，利润为本

发展理念：抢抓机遇，做强做大

安全理念：安全是第一责任、第一要务、第

一效益

人才理念：人人都是人才，人人都能成才

团队理念：朝气蓬勃，意气风发

贵州华电大龙发电有限公司

概况

贵州华电大龙发电有限公司（简称大龙公司）位于贵州省铜仁市，系集团公司全资公司。大龙公司前身为贵州铜仁地区大龙发电厂，于 1976 年 2 月注册成立，装机容量为 2×1.2 万 kW 燃煤发电机组，根据国家产业政策，于 2004 年 12 月 31 日两台机组正式关停。2003 年 12 月，集团公司在大龙发电厂原有资产基础上，注资 1000 万元注册成立贵州华电大龙发电有限公司，实行公司制改组，步入公司化运作的轨道。

大龙公司现有装机容量为 2×30 万 kW 机组，于 2006 年 10 月全部建成投产。作为贵州东部电网末端的电源支撑点，自机组投产以来，已累计发电达 110 亿 kW·h，上缴利税 3.5 亿元，为贵州西电东送和地方经济社会的发展作出了突出贡献，有力地保障了贵州东部铜仁、凯里、都匀地区负荷快速增长，湘黔、渝怀铁路供电以及向相邻周边省区湖南怀化、吉首和重庆黔江地区送电的需要。根据企业的发展战略目标，大龙公司还留有二期 2×60 万 kW 机组的扩建场地。

大龙公司下设总经理工作部、人力资源部、财务资产部、计划经营部、生产技术部、安全监察部、发电部、燃运部、设备管理部、环保设备部、燃料管理部、政治工作部、团委（青工部）、监察审计部、物资合同部、综合产业公司等 16 个部门。截至 2008 年底，大龙公司在册职工共 431 人。

领导人员

董事长：张志孝

董事：张志孝、何光宏、罗来友、王建生、彭亿强（职工）

监事：罗涛（监事会主席）、李智、祝捷（职工）

董事会秘书：姚建华

总经理：罗来友

党委书记、纪委书记：王建生

副总经理：李润林

副总经理：张元辉

工会主席：彭亿强

总工程师：饶宏

主要领导人员变动情况：2008 年 3 月 31 日，王建生任大龙公司党委书记、纪委书记。

年度业绩

2008 年，大龙公司完成发电量 41.0542 万 kW·h，提前 21 天完成集团发电任务；综合供电煤耗完成 344.85g/(kW·h)，比集团公司计划低 3.14g/(kW·h)；综合厂用电率完成 6.92%，较计划低 0.26 个百分点；设备平均利用小时完成 6842h，比贵州火电机组平均利用小时数 4964h 高 1878h；全年销售收入累计实现 10.6 亿元，完成了贵州公司调整后的利润目标。

生产经营管理

（1）安全生产局面保持稳定。围绕抗灾保电、奥运保电和迎峰度夏等重大任务，全面落实安全生产责任制，夯实安全基础，圆满完成集团公司、贵州公司下达的安全生产任务，实现 860 天长周期安全生产，年内实现 3 个百日无事故记录。

（2）三次“黑启动”创全国先例。2008 年初，面对百年不遇的冰雪凝冻灾害，在贵州东部电网瓦解的危急时刻，先后三次成功实施“黑启动”，力撑东部孤网安全运行，受到了国务院国资委、地方各级党委政府和集团公司的嘉奖。

（3）生产经营指标进一步优化。通过扎实开展对标管理，形成独具特色的“以市定价，以价保量，以量保质，以质降价”的燃料管理理念，全年累计进煤 220 万 t，平均热值差 438.55kJ/kg，标准煤单价差 19.6 元/t，水分差 0.01%，指标名列贵州省第一和集团公司前 10 名，扭转燃料管理被动局面。设备利用小时位列全省同类型机组第一名，3 月创造 4.51 亿 kW·h 单月发电纪录，1514.8 万 kW·h 单日发电记录，实现公司有史以来首月超日历数发电。通过对机组大修、燃烧系统和真空系统技术改造，煤耗同比下降 10g/(kW·h) 以上，节能降耗水平排名前茅，在国家发展改革委下达 2008 年节能技术改造财政奖励项目实施计划第一批名单中，公司 2008 年节约标准煤 4.11 万 t，获得国家财政奖励 1027 万元。

（4）实现管理体制机制创新。完善二级管理机构，修订完善管理制度 159 项、工作标准涉及 16 个部门共 186 个岗位、《规程》12 本，平稳接管检修维护工作，提升企业执行力和工作效率，细化财务管理，有效控制成本，规范招议标管理，劳动用工更加科学规范。

（5）队伍建设成效显著。加快人力资源开发，开展各类技能、技术培训达3400余人·次；完善干部管理办法，建立科学的人才评价机制，公开选拔培养锻炼人才，实现企业和员工的同步协调发展。

（6）经营环境持续改善。2×300MW机组工程于8月18日顺利通过国家发展改革委的核准；电价上调工作取得突破性进展；完成二期（2×600MW）扩建工程初步可行性研究报告的编制工作，全年共争取各类补贴上千万元。

党的建设、精神文明建设、企业文化建设

2008年，按照“12342”的党建工作数字化目标，围绕公司经营和安全生产中心，开展四好领导班子和文明单位创建，夯实党支部工作、团支部工作、班组建设三个基础，推进党组织、党风廉政、企业文化、和谐企业建设，逐步解决职工住房困难和职工收入低两大难题，以“和谐、认真、拼搏、创新”的企业精神为动力，党政一心和谐共事，企业党建工作目标顺利推进，公司难点问题逐一破解，成功应对了黔东电厂的恶意抢夺导致人才流失、煤价高涨事件，建成了团结和谐的员工队伍，增强了职工的成就感、荣誉感、幸福感和归属感。

2008年，大龙公司精神文明建设成绩显著，先后获得贵州省委省政府命名表彰的省级文明单位、全省抗灾保电一等功，集团公司表彰的安全生产先进企业、抗灾保电先进单位、营销工作先进企业、燃料管理优秀企业等多项荣誉称号，多人次受到各级的表彰奖励，总经理罗来友同志还获得国资委表彰的“抗灾保电优秀共产党员”的殊荣。

其他重大事项和情况

2月8日，贵州省委常委、宣传部部长谌贻琴在地、县领导的陪同下，到公司检查抗灾保电工作情况，并对职工进行新年慰问。

4月22日，贵州省委省政府召开“抗凝冻、保民生”工作表彰大会，公司荣获集体一等功、总经理罗来友荣获个人一等功。

4月29日，国务院国资委在京召开2008年中央企业抗击雨雪冰冻灾害表彰大会，公司总经理罗来友荣获优秀共产党员荣誉称号。

5月7日，集团公司党组成员、副总经理辛保安到公司调研。集团公司人力资源部副主任江炳思、工程建设部副主任霍利、安全生产部处长郭召松、乌江公司董事长张志孝、总经理金泽华、党委书记熊宇陪同调研。

5月18日，集团公司原总经理贺恭来铜仁视察，为公司题词“明珠璀璨，光耀黔东”。

6月7日，集团公司党组成员、副总经理任书辉在集团公司工程建设部主任耿元柱、贵州公司总经理金泽华的陪同下到铜仁调研。

8月13日，贵州省常务副省长王晓东到公司视察工作。铜仁地委书记廖国勋、地区行署常务副专员熊德威、乌江公司副总经理何光宏等领导陪同调研。

8月18日，国家发展改革委下发了《国家发展改革委关于贵州大龙电厂改扩建工程项目有关问题的批复》（发改能源［2008］2180号文），公司2×300MW项目通过国家发展改革委核准。

11月4日，贵州省人大副主任肖永安来公司调研。

贵州华电清镇发电有限公司

概况

贵州华电清镇发电有限公司（简称清镇公司），位于贵州省清镇市境内，距贵阳市31km，其前身为贵州清镇电厂，始建于1958年6月，1970年7月1日首台机组投产发电。至1989年11月，共完成一、二、三期工程8台机组的建设，总装机容量65.8万kW。

2003年清镇电厂划归集团公司，2005年改制为“贵州华电清镇发电有限公司”。按照中央和集团公司战略部署，公司一期4台32MW机组于2004年关停，二期2台65MW机组于2007年6月关停。

截至2008年底，公司在运行机组2×200MW。职工人数1301人，其中大专以上学历539人，占职工数的41.43%；中级职称以上123人，占职工数的9.5%；高级技师（含高级工）359人，占职工数的27.6%。

公司下设总经部、生技部、调度室、安监部、人资部、财务部、企划部、燃管部、政工部、纪监室、保卫部、离退休工作部、运行分场、检修分场、燃运分场、鑫能工程贸易有限公司（下属物业管理部、运输服务部、职工医院）。

领导人员

总经理：柳邦家

党委书记：刘仕明

纪委书记、工会主席：谢东

副总经理：张福、陈治国、马忠

年度业绩

2008年，清镇公司完成发电量26.58亿kW·h，供电煤耗381.21g/（kW·h），综合厂用电率为8.99%，设备等效可用系数90.04h，实现利润4042万元。

生产经营管理

2008年，清镇公司按照“安全第一、预防为主、综合治理”和标本兼治要求，建立大安全体系，全面推进安全管理科学化、规范化、系统化、制度化、标准化进程，确保设备安全、经济、稳定运行。同时加强设备精细化管理，抓好设备消缺，强化检修全过程管理，提高设备利用小时，确保机组安全可靠经济运行。截至2008年底，实现连续安全生产3166天。保持了集团公司“安全生产先进集体”称号。

在经营管理方面，清镇公司建立大财务管理体系，严格控制“三煤”的量、质、价，降低燃料成本，建立煤炭市场的信息快速反馈机制，实现公司利润目标。同时按照“对照先进、查错纠弊、持续改善、不断超越”的对标管理机制，深挖潜力，降低成本，推进精细化管理，保持经济运行效率、效益，增强企业在电力市场的竞争实力。此外还加强服务意识，丰富产品种类，理顺规范产品价格，建立各项销售奖励机制，拓宽经营渠道，发展安置型与效益型相结合的辅业，做大做强多经产业。保持了集团公司“先进集体”称号。

项目发展

清镇公司2007年在提前关停两台6.5万kW机组后，组建了2×60万kW项目公司（贵州华电塘寨发电有限公司），取得国家发展改革委同意开展前期工作的函，并取得项目核准必备的各项支持性文件批复，核准申请报告待国家发展改革委审批，“四通一平”工作基本结束。

党的建设、精神文明建设、企业文化建设

清镇公司党委扎实开展党的基层组织建设年活动和“双达标”工作，开展了争创“五好”、“三强”、“六先”活动和党建工作示范点、党员示范岗、党员责任区等活动，公司9个党支部有7个达标，有14名党员受贵阳市及省公司以上的表彰，党员杨应菊获全国“五一劳动奖章”。

在2008年初发生的凝冻灾害中，公司共组织4995人·次清卸火车冻煤1800车，发电3亿kW·h，支撑起贵州中部电网50%的用电负荷。公司荣获国务院国资委中央企业2008年抗击冰雪“先进基层党组织”、集团公司“抗灾保电”先进单位、贵阳市、清镇市“抗凝冻、保民生工作突出贡献集体”等光荣称号。四川汶川地震发生后，公司党员、职工共捐款33.3万元。在“交纳‘特殊党费’，支援抗震救灾”活动中，共交纳“特殊党费”116672元。

以文明创建为载体，大力推进企业文化建设。清镇公司根据建立分支文化的要求，在各二级机构包括班组中，就单位的“形象理念”、“管理理念”、“工作作风、安全生产”四个文化要素进行归纳提炼。共有19个部门和40个班组参加，征集企业文化要素177条。公司各层级的企业文化理念形成，构建起了完整的公司企业文化体系。2008年，清镇公司获得了集团公司“文明单位标兵”，同时保持了集团公司“纪检监察先进集体”等称号。

其他重大事项和情况

1月27日，清镇公司干部员工抗冰保电，连续10天冒着严寒，奋战在卸煤一线，确保电煤储备。集团公司副总经理任书辉到清镇公司慰问调研。

1月31日，贵州省委常委、贵阳市委书记李军到清镇公司视察抗冰保电工作。

2月8日，集团公司总经理曹培玺到清镇公司慰问并督导抗冰保电工作。

3月5日，集团公司副总经理陈飞虎到清镇公司塘寨项目施工现场检查指导工作。

5月9日，集团公司副总经理辛保安到清镇公司调研。

8月13日，集团公司总经理云公民一行，到清镇公司看望运行员工，并对塘电公司工程建设进行调研活动。

贵州华电遵义发电有限公司

概况

贵州华电遵义发电有限公司（简称遵义公司）位于历史名城贵州省遵义市南郊洛江河畔，始建于1958年8月，前身为遵义发电厂，1998年按总厂制运作，下设遵义、黔北、金沙三个分厂；2002年11月电力体制改革后，遵义发电总厂划归中国华电集团公司，成为其全资子公司，属国有企业，2005年6月，因企业改制重组，正式更名为贵州华电遵义发电有限公司。遵义公司现有装机容量250MW。

遵义公司下设总经理工作部、生产技术部、安全监察部、财务部、人力资源部、计划部、监察审计部、党群工作部、保卫部、工程部、运行分场、检修分场、维护分场、燃料公司、后勤服务部。在职职工594人（其中内退职工89人），离退休职工637人。其中，研究生3人，本科77人，专科160人，中等职业教育57人，技校115人，高中及以下182人；具有高级职称7人，中级职称29人，初级职称123人；高级技师2人，技师12人，高级工106人，中级工19人，初级工及以下206人。

领导人员

董事长：张志孝

总经理：李同策

副总经理：周华庆、祝宜江、郑泽芬

总工程师：景晓波

监事：罗涛、李智、冷黔湄

监事会召集人：李智

董事会秘书：张一欣

年度业绩

2008年，公司完成发电量18.72亿kW·h；上网电量16.88亿kW·h；综合厂用电率完成9.81%；综合供电标准煤耗率为388.39g/(kW·h)，较2007年同期下降了5.78g/(kW·h)；发电设备平均利用小时为7487h。

遵义公司开展隐患治理年、安全生产百日督察、节日季节性安全大检查、无违章创建、奥运会保电等活动，达到深化管理、完善制度、强化监督的目的，保持了安全生产的良好发展态势。同时，在公司内部按照工作岗位和工作性质的不同，全员均交纳安全风险抵押金并在年终认真兑现奖惩，使安全生产与职工利益挂钩，进一步夯实了安全生产基础管理工作；同时以“零违章、零缺陷、零事故”为重点，提高人员安全生产意识、责任心和技术水平，从人员和设备两方面来抓好安全生产工作，进一步提高了设备的健康水平，夯实了安全生产基础，确保了企业的长治久安。

遵义公司把防“四管”、机外管和炉外管爆漏、继电保护、热工保护误动、汽轮机振动、电气接地网的检查和监督工作放在技术监督和生产管理的重要位置，严格遵照电气部分“逢停必扫”的原则，加大了对电气一、二次设备的定期检查、维护、清扫及检测工作；坚持对锅炉受热面、承压部件、磨损部件做到逢停必检；2008年下半年合理安排两台机组临修消缺；每次停炉时，“四管”防磨防爆小组组织技术骨干对炉外管及炉内“四管”进行认真检查。

截至2008年12月31日，遵义公司连续11年实现全年安全生产目标：没有发生人身伤亡事故和火灾事故，没有发生电厂垮坝事故、恶性误操作事故以及造成严重社会影响的电力生产安全事故，实现安全生产长周期4276天，确保了生产安全、经济安全、政治安全和形象安全。

生产经营管理

在经营管理上，2008年遵义公司从“三电”工作和营运改善工作等方面着手，以财务工作为龙头，认真执行国家财经法规和制度，全面加强预算管理，强化预算控制，提高资金使用效益，完善内控制度，夯实财务基础，完成全年的营运工作目标。实现对企业的生产经营管理的各个环节进行全过程、全方位的控制，保证了全年经营目标的顺利完成。在燃煤市场上认真进行动向分析，采取多项措施做好燃煤采购的准备工作，保证燃煤的正常供给。遵义公司在设备检修维护、系统调峰等方面做了大量耐心细致的工作，尽量使两台机组满发、稳发，保证了发电任务的完成。同时，在全公司范围内认真开展对标管理工作，继续完善省煤节电、节能降耗、增收节支为主要内容的成本管理责任制，继续执行分级管理、分级承包、超支受罚、节约分成的经营承包管理办法，使公司综合厂用电率、综合供电煤耗等指标下降，取得了明显的经济效益。

项目发展

电煤紧张时，遵义公司积极和政府沟通协调，争取政府的关心和支持。及时将各煤矿产、销等数据反馈给政府，由政府部门协调电煤供应。深入煤矿进行实地调查，做到储煤先购、有煤即购、无煤预购，通过积极主动与矿方沟通、收集意见，帮助煤矿解决一些实际困难，稳定传统供煤大户，确保进煤量。抽调人员驻站守矿，配合当地统征办等职能部门加大对外运煤的监督工作，有效杜绝电煤外流现象。

煤炭市场供大于求后，遵义公司本着“限量、提质、降价”的原则，及时向政府汇报电煤市场变化情况，召开座谈会与煤矿企业进行沟通交流，得到了煤矿企业的理解和支持，保持了良好的供需关系。

内部改革

2008年，遵义公司根据《贵州华电遵义发电有限公司2008年度培训计划》和《2008年遵电公司岗位培训实施细则》的内容要求，通过继续开展“创建学习型企业，争当知识型职工”等活动，采取多种形式，突出强化职工的业务技术培训和专业技术人员的继续教育工作，共举办了“迎奥运、促和谐”岗位技术比武活动、消防知识培训讲座、现场救护知识讲座、职工医疗保险知识讲座、交通法规知识培训讲座、新员工入职教育培训等各类培训班9期，培训职工442次，全员培训率达83%，外派50多人·次到省内外参加各种各类培训、调考、比赛等活动。

2003年开始，遵义公司将桐梓电厂作为遵电异地技改项目，桐梓电厂项目建设规模为1200MW，建设内容为2×600MW燃煤机组，拟定总投资为50亿元人民币。属贵州省“十一五”期间的重点建设项目，已列入贵州省第三批电源项目建设规划。2006年3月15日注册成立贵州华电桐梓发电有限公司；2006年4月完成工程设计招标并得到集团公司批复；2006年6月与中标单位西南电力设计院签订了工程设计合同；2006年7月与电厂工程配套建设的煤矿、运煤公路、水库建设等也进展顺利，主厂区征地、农户搬迁工作已全部完成；可研审查预收口会2006年11月14日在北京举行并顺利通过审查；2006年12月1日主设备招标工作在北京进行；2007年1月西南电力设计院开始本工程的初步设计工作，2007年3月完成初步设计工作，并于2007年4月由电力规划设计总院组织进行了预审查；2007年4月进行可研预收口审查；2007年5月四大管道已完成招标；2007年6月完成主厂区平场、天门河河道整治、厂内公路、进厂公路、玛瑙河改道工程招标工作。2007年9月第一批辅机设备完成招标工作。2008年3月新建项目工程管理制度的编制和内部会审工作完成，其中管理程序21篇、安全文明施工管理18篇、工程管理制度25篇、计划及物资管理6篇、档案管理4篇、补充专用工具管理1篇；2008年5月第二批辅助设备招标文件编制和会审工作完成，主要集中在供水、输煤、热控、除灰系统；2008年6月质量工艺管理策划编制工作完成。

党的建设、精神文明建设、企业文化建设

2008年，遵义公司以围绕生产经营工作为中心，以科学发展观为指导，严格按照“强核心、固堡垒”及基层组织建设有关活动要求，不断强化班子建设、创新工作机制、完善工作制度、狠抓工作落实，扎实开展“四好”领导班子创建活动及党风廉政建设工作，坚持党建工作做到与生产经营工作一起部署、一起落实、随机检查、严格考核，切实加强了基层党组织标准化建设工作，为公司的依法经营管理和谋求发展营造了良好的政治环境。

一是创新党建工作方式，探索新形势下企业党建工作的新途径、新方法。继续巩固和加强党的基层组织建设，发挥基层组织在生产经营中的能动作用；逐步改变党员教育模式，促进党员学习党的理论知识；改进对党员党性评价方式，以更加细化、量化的方式对党员进行评价和考核；采取多种形式让党员参与企业党建工作，企业的重大决策，为企业的改革发展献计献策。

二是把党风廉政建设、反腐败工作以及效能监察工作有机结合起来，在抓好日常工作的基础上，认真抓好领导干部作风建设。进一步完善和落实党风廉政建设责任制，层层分解落实责任并抓好监督落实；认真开展反腐倡廉教育，进一步增强干部职工的廉洁自律意识。

三是加强群团工作，加大宣传力度，鼓舞职工士气。向四川汶川地震灾区先后捐款17万多元，为灾区人民贡献了一份爱心。开展职工游泳、钓鱼、篮球、歌咏比赛，展示了遵电公司健康、积极、进取的精神风貌和企业形象。

遵义公司积极推进企业文化建设，对企业文化建设制定了长期规划和实施办法，形成了五十六字企业文化特色，即“思想工作启迪人，电力报国鼓舞人，企业精神塑造人，厂规厂纪规范人，文明环境改造人，文体活动陶冶人，典型示范教育人，目标利益激励人”和十六字的企业精神，即“同心同德、全力奉献、立足发展、振兴遵电”。2008 年，遵义公司分别获得了华电集团公司授予的“文明单位”、“安全生产先进单位”、“先进集体”称号；总经理李同策、维护分场热控班施工组长李芳智，分别被贵州省总工会授予贵州省“五一劳动奖章”等荣誉称号。

贵州华电塘寨发电有限公司

概况

贵州华电塘寨发电有限公司（简称塘电公司）于 2007 年 8 月 10 日正式成立，注册资本 3000 万元，属非自然人出资有限责任公司，股东组成及股比分别为：贵州乌江水电开发有限责任公司 90%、贵州枣矿能源有限责任公司 10%。法定代表人张志孝。

塘电公司下设总经理工作部、计划部、工程部、财务部、安全保卫部、生产准备部 6 个部门，共有工作人员 39 人，生产准备人员 116 人。塘电公司位于贵州省清镇市王庄乡塘寨村，距贵阳市中心 72km。

塘电工程是贵州华电清镇发电有限公司的异地改建工程，规划建设 4 × 600MW 国产超临界“W”型火焰凝汽式燃煤机组，本期建设 2 × 600MW 机组，同步建设石灰石—石膏湿法烟气脱硫装置，预留脱硝空间，并留有扩建条件，三大主机由哈尔滨电站集团提供。工程动态总投资为 44.51 亿元。

配套煤矿主要是贵州省清镇市新店镇煤炭主矿区 3 大矿井（年产能力 240 万 t），距电厂 5km，具有坑口电厂优势。

塘电工程由河北省电力勘测设计研究院、贵州电力设计研究院联合设计，由湖北中南电力工程建设监理有限责任公司负责本工程的监理工作。工程建设目标：“高标准达标投产，确保中国电力优质工程，创建电力工程鲁班奖”。

领导人员

董事长：张志孝

监事会主席：罗涛

总经理：柳邦家

副总经理：张福

年度业绩

塘电公司在取得国家发展改革委《关于同意贵州华电清镇发电有限公司“以大代小”异地改建工程开展前期工作的函》后，着手开展“五通一平”、主体工程和主辅设备招标及同步开展设计等工作。

招标方面：2008 年完成了Ⅰ～Ⅴ标段主体工程招标及合同签订，完成了一～三批辅机的招标及合同签订（注：2007 年 6 月和 10 月分别进行了主设备招标及合同签订工作）。

设计方面：2008 年 1 月 14～16 日，完成锅炉设计审查会；6 月 18～19 日，完成主体工程“司令图”审查；12 月 24 日，完成脱硫系统初步设计内部审查。

“五通一平”：经过精心组织和周密安排，于 2008 年 6 月按时完成了项目“五通一平”工作。

达标创优方面：成立了相应的组织机构，明确了工作职责，建立健全了各项管理制度；围绕工程建设目标，编制了《创优策划方案》，并切实抓好落实；为提高机组的综合性能指标，全面启动了设计优化工作。

项目申报：2008 年 5 月 6 日取得工程环境影响报告书的批复，至此项目核准必备的 26 个支持性文件已全部取得。5 月 26 日完成了《项目申请报告》的编制，并由贵州省发展改革委和中国华电集团共同向国家发展改革委递交了《项目申请报告》。

对外协调：加强与政府部门的沟通与协调，对大件运输道路改造、铁路、配套煤矿建设等相关事宜达成了共识。

生产经营管理

认真组织编制投资计划、资金计划和项目年度、季度等工作计划，并按规定上报和抓好落实。

以集团公司批准概算及各标段合同为依据，在造价咨询公司的配合下，全过程归口管理工程造价，完成工程进度和竣工结算审核等工程建设的全过程造价管理工作。

建立健全财务制度，规范了各项经济行为。财务提前进入物资管理流程，并建立了备品备件及甲供材、验收、发出的库存物资账，按月稽核监督，做到账实相符。

加强资金筹集和使用管理，紧紧围绕“最大限度降低筹资费用”这一中心，进行大量扎实细致的工作，提高资金使用效益。

成立了安委会及三级安全管理网络，严格执行国家、行业、集团公司及乌江（贵州）公司的安全管理规定，坚定不移地贯彻“安全第一，预防为主，综合治理”的安全方针，制定了年度安全文明施工目标，与施工单位签订了年度安全责任书，明确了三级安全责任制。加强安全教育和培训工作，建立健全了各项管理制度，并加强了制度的执行力。认真开展专项安全检查、季节性安全大检查和“安全生产月”活动，进一步夯实安全基础，营造了一个良好的安全文明施工局面，全年无人身轻伤及以上事故发生。

为加强档案管理工作。塘电公司成立之初就设立了由总经理分管，总经部主任主管，专职档案管理人员具体负责的档案工作机制，成立了由业主、监理和参建单位组成的三级档案管理网络。组织召开了档案工作会议，对工程建设的档案管理工作提出具体要求，统一工程建设过程中形成的文件资料的样式，进一步规范了档案工作。加强对专兼职档案员、资料员的培训工作，为做好档案工作打下了坚实基础。

按集团公司 PMIS 信息管理要求，及时准确地完成了 PMIS 系统安装及相关信息录入工作。

内部改革

2008 年，塘电公司先后组织两期理论培训班，培训人员为生产准备部的运行和检修人员，同时运行人员还进行仿真机培训，并到长沙和大方电厂跟班实习，受训人数为 80 人。

其他重大事项和情况

1 月 6 ~ 8 日，由集团公司招标公司组织，在贵阳进行了第一批辅机招标。

2 月 26 ~ 28 日，受塘电公司委托，由华电集团招标公司组织，在贵阳进行了主体工程招标工作。

3 月 27 ~ 29 日，由华电集团招标公司组织，在贵阳进行了第二批辅机招标。

5 月 8 日，取得国家环境保护部《关于贵州华电清镇发电有限公司异地技改 2 × 600MW 工程环境影响报告书的批复》（环审［2008］108 号）。

5 月 21 日，取得电力规划总院可行性研究报告审查意见（电规发电［2008］207 号）。

5 月 26 日，贵州省发展改革委和中国华电集团共同向国家发展改革委递交了《项目申请报告》。

5 月 30 日，取得贵州省贵阳公路管理局《关于贵州华电塘寨发电有限公司增设平面交叉道口的许可》（筑路通［2008］48 号），为本项目初设收口提供了条件。

6 月 27 日，塘电公司取得南方电网《关于对清镇电厂“以大带小”异地技改 2 × 600MW 工程接入系统补充设计调整后有关问题的批复》（南方电网计［2008］60 号）。

6 月 30 日，贵州乌江水电开发有限责任公司接受清镇发展投资有限公司持有的塘电公司 10% 的股份转让，至此贵州乌江公司持有塘电公司 90% 股权，贵州枣矿能源有限责任公司持有塘电公司 10% 股权。

7 月 16 日，塘电公司分别与贵州电建二公司、四川电建三公司举行了主体工程Ⅰ、Ⅱ标段建筑安装施工合同签字仪式。

7 月 29 日 ~ 8 月 1 日，受贵州华电塘寨发电有限公司委托，由华电集团招标公司组织，举行了第三批辅机招标。

10 月 22 日，塘电公司分别与黑龙江火电一公司、贵州电建一公司和河北亿能烟塔公司举行了主体工程Ⅲ、Ⅳ、Ⅴ标段建筑安装施工合同签字仪式。

贵州华电乌江电力工程有限公司

概况

贵州华电乌江电力工程有限公司（简称贵州工程公司）的前身是贵州华电电力检修有限公司，于 2006 年 11 月 8 日经集团公司批准成立，是集团公司检修体制改革试点的首批区域性检修公司。

2008 年 4 月 3 日，贵州华电电力检修有限公司改组为贵州工程公司，定位为贵州区域检修公司。调整了股东会、董事会、监事会、经营管理层，并按精干、高效原则设置了内部组织机构。下设办公室、党群工作部、计划财务部、安全生产部、水电工程部、火电工程部等 6 个部门，拥有正式员工 24 人，其中：高级工程师 5 人，工程师5人，会计师、经济师、政工师、馆员各1人，助理级职称7人。

2008年3月18日，经集团公司党组研究决定，成立中共贵州华电电力检修有限公司委员会；8月24日，中共贵州华电电力检修有限公司委员会更名为中共贵州华电乌江电力工程有限公司委员会。

领导人员

董事长：何光宏

副董事长：邹建国

董事：侯伟、郭劲松、朱正义

监事会主席：汪和平

监事：袁纯、汪洋

总经理：郭劲松

党委书记：龚良俊

副总经理：朱正义

主要领导人员变动情况：2008年3月18日，龚良俊任中共贵州华电电力检修有限公司党委委员、书记；12月29日，龚良俊任中共贵州华电乌江电力工程有限公司委员会委员、书记。

年度业绩

承接华电在黔火力发电企业1台·次机组A修、1台·次机组B修、10台·次机组C修、1次项修和现场安全文明生产治理工作；承接华电在黔水力发电企业4台·次机组A修和2台·次机组C修工作。

在外部市场开拓方面，承揽广西贵港电厂1号机组锅炉及辅机部分扩大性C修和国电安顺发电有限公司4号机组B修部分工作。

生产经营管理

2008年3月18日，召开股东会、董事会、监事会，完成修改公司章程、增加经营范围、增加注册资本、变更公司名称等事宜。

4月3日，经集团公司批准，贵州华电电力检修有限公司改组为贵州工程公司，实现了集团公司在黔检修资源的管理整合。

4~6月，根据集团公司检修体制改革工作安排，组织制订区域检修公司薪酬分配、费用结算、用工管理、市场协调、安全生产绩效考核等管理制度，对检修体制改革的具体实施进行积极探索。

7月2日，成立“贯标”工作领导小组，任命管理者代表和职业健康安全员工代表，启动贵州工程公司GB/T19001、GB/T 24001、GB/T 28001宣传贯彻工作，着手建立质量、环境和职业健康安全管理体系，并于12月16日通过专业认证机构的认证审核。

开发检修仿真管理信息系统，把检修人员培训、检修准备、检修过程管理、检修评价等融入系统，形成检修工程数据库，使检修工作在安全、质量、工期、造价等方面实现程序化、规范化。

开发全面预算管理系统，把经营预算、费用管理、合同管理、成本控制、数据分析纳入系统，强化经营业务的预算管理和监督控制。

实施灵活的用人机制。在检修工程中实行项目经理负责制，有效沟通业主和施工队伍的关系，认真组织开展检修任务；积极与水、火电施工单位和检修人员相对充裕的发电企业协调，利用外部工程管理和技术力量，对部分检修工程实行劳务外包；对一些内部没有的特殊工种技能人员，引入劳务派遣公司开展劳务委托。

在检修工程开工前，制订切实可行的组织措施、安全措施和技术措施，确保检修工程按照检修标准、工艺要求、安全要求完成。加强外协工程管理，严格按规定与施工队伍签订安全生产协议和技术协议，认真组织开展季节性和专项安全检查活动。

根据出车频率高的特点，把交通安全作为重中之重的工作来抓。坚持驾驶员每周安全学习制度，对驾驶员实行安全教育培训制度，特别是在检修工程开工前，针对现场道路情况，对驾驶员进行路段路况、交通情况的重点交代，提出注意事项，确保安全驾驶。

党的建设、精神文明建设、企业文化建设

2008年4月，贵州工程公司党委成立，建立健全干部考核评议、党风廉政建设、企业文化建设、创建文明单位、四好领导班子等非常设机构。

2008年12月，选举成立基层党支部。

中国华电集团公司四川公司
（华电四川发电有限公司、华电金沙江上游水电开发有限公司）

概况

中国华电集团公司四川公司（简称华电四川公司）成立于2003年3月23日，是集团公司在四川设立的分公司，按照华电集团的委托和授权，负责华电集团在四川省的发展规划、项目前期、工程建设、安全生产、经营管理、公共关系等方面的领导、协调工作。华电四川发电有限公司成立于2004年11月8日，是以华电集团在四川的宝珠寺电厂等6家内部核算电厂全部资产和西溪河水电开发有限公司等9家控股企业为基础组建的有限责任公司，是华电集团的全资子公司。华电金沙江上游水电开发有限公司成立于2006年4月28日，由华电集团出资55%、华电四川发电有限公司出资25%、华电国际电力股份有限公司出资20%组建，主要负责金沙江上游水电资源开发建设和管理。2007年10月，华电集团决定对四川区域资产的管理关系进行整合，中国华电集团公司四川公司、华电四川发电有限公司、华电金沙江上游水电开发有限公司实行“一个机构，三块牌子，合署办公”，进行统一管理。

华电四川公司共有20家企业，装机容量540.75万kW，是四川省装机容量最大的区域发电公司。其中火电装机440万kW，约占四川火电总装机容量的40%，担负着保证四川枯期电力供应的重要责任。

华电四川公司本部共设置10个部门，分别是总经理工作部、计划发展部、安全生产部、工程建设部、市场营销部、金沙江上游前期部、财务资产部、人力资源部、监察审计部、政工部。

2008年，华电四川公司对面临的优势和劣势、机遇和挑战进行了科学分析，研究提出了今后一个时期科学发展思路，即：以增强核心竞争力为主线，以经济效益为核心，以安全稳定为前提，以市场需求为导向，大力发展水电，优化发展火电，积极开发新能源，优化发展上下游产业，建并结合，优化结构，外创环境，内强素质，改革创新，以人为本，努力把公司建设成为以水电为主具有综合竞争力的能源企业。明确了今后一个时期的发展目标，即：到2013年，发电装机容量1000万kW，水电比例达到50%，销售收入120亿元，利润10亿元，净资产收益率8%；到2020年，发电装机容量2000万kW，水电比例达到75%，销售收入300亿元，利润30亿元，净资产收益率10%。

华电四川公司所属运行企业、在建项目、规划建设项目见表1~表3。

表1　华电四川公司所属运行企业

编号	单　　位	装机容量（万kW）
1	华电四川发电有限公司宝珠寺水力发电厂	70
2	华电四川发电有限公司内江发电厂	52
3	华电四川发电有限公司宜宾分公司	30
4	华电四川发电有限公司攀枝花分公司	20
5	四川华电黄桷庄发电有限公司	40
6	四川华电攀枝花三维发电有限责任公司	27
7	宜宾发电有限责任公司	25
8	华电四川发电有限公司磨房沟发电厂	3.75
9	四川华电紫兰坝水电开发有限公司	10.2
10	四川广安发电有限责任公司	240
11	四川华电杂谷脑水电开发有限责任公司	22.8
合计		540.75

表2　华电四川公司在建项目

编号	单　　位	装机容量（万kW）
1	凉山州西溪河流域梯级水电站	44
2	凉山州木里河流域梯级水电站	117.94
3	阿坝州杂谷脑河流域梯级水电站	51.3
4	甘孜州大渡河泸定水电站	92
5	宜宾珙县电厂	120
合计		425.24

表3 华电四川公司规划建设项目

编号	单　　位	装机容量（万kW）
1	金沙江上游川藏段梯级水电站	898
2	金沙江上游支流水电站	150
3	岷江航电龙溪口水电站	34
4	岷江航电东风岩水电站	18
5	俄日河梯级水电站	27.9
6	绰斯甲河蒲西水电站	11.7
7	安宁河流域梯级水电站	10
8	日古日达河域梯级水电站	8
合计		1157.6

领导人员

党组书记、总经理：杨清廷

党组成员、副总经理、工会主席：代先荣

党组成员、副总经理、纪检组组长：李巧模

党组成员、副总经理：胡贵良、朱荣华、蒋晓明

党组成员、副总经理、总工程师：夏一勇

总会计师：冯荣

年度工作业绩

2008年，华电四川公司全年完成发电量135.69亿kW·h，同比减少56.43亿kW·h，下降29.37%。火电厂综合供电煤耗368.1g/(kW·h)，同比下降2.97g/(kW·h)。火电厂综合厂用电率9.4%，同比上升0.43个百分点；水电厂综合厂用电率1.06%，同比下降0.01个百分点。综合标准煤单价561.96元/t，同比增加133.41元/t，增长31.13%。主营业务收入42.85亿元，同比减少12.32亿元，下降22.34%。亏损9.26亿元，利润同比减少9.94亿元。

2008年，华电四川发电有限公司全年完成发电量67.43亿kW·h，同比减少41.07亿kW·h，下降37.85%。火电厂综合供电煤耗401.91g/(kW·h)，同比上升4.19g/(kW·h)。火电厂综合厂用电率11.71%，同比上升0.81个百分点；水电厂综合厂用电率0.92%，同比上升0.09个百分点。综合标准煤单价538.89元/t，同比增加124.46元/t，增长30.03%。主营业务收入23.79亿元，同比减少9.19亿元，下降27.87%。亏损2.28亿元，利润同比减少2.8亿元。

生产经营管理

2008年，华电四川公司狠抓抗震救灾、安全生产、电力营销、电煤供应、扭亏增盈等工作，企业管理水平进一步提升。

全力抓好抗震救灾。红叶二级、薛城电厂于11月15日恢复发电，狮子坪、古城电站已恢复工程建设。同时，公司系统积极支援社会救灾，集团公司系统共计捐款6103万元，其中华电四川公司捐款821万元，召集青年志愿者1304名参与抗震救灾。华电四川公司、杂谷脑公司等5家单位被国务院国资委授予“中央企业抗震救灾先进集体”，宝珠寺电厂被党中央、国务院、中央军委联合表彰为“全国抗震救灾英雄集体”。

努力保证安全生产。坚持“安全第一，预防为主，综合治理”的方针，全面落实安全生产责任制。深入开展安全文明生产标准化管理，加强安全教育培训，扎实开展无违章企业创建、隐患排查治理年、安全生产月、春秋季安全大检查和“贯彻法规、落实责任”等活动。认真抓好设备检修、技术改造、技术监督和环保设施运行维护管理，切实抓好新投产机组安全稳定运行，高度重视工程建设安全，切实搞好防洪度汛、迎峰度夏、交通安全和消防管理，组织进行应急预案的修编和演练，努力提高安全管理水平，公司系统安全生产形势总体平稳。

积极争取落实政策。积极应对节能调度，及时提出确保火电企业正常生产经营的建议，得到国家发展改革委、省委省政府领导及有关部门的重视和支持。两部制电价和低限利用小时补偿工作取得积极进展，四川电煤供应调节基金管理办法已出台实施。落实小火电机组关停电量补偿资金9177万元。落实小火电机组关停财政奖励8061万元。落实国家抗震救灾资金投入24400万元。落实流动资金贷款财政贴息1770万元。落实基建项目政策性贷款财政贴息2784万元。落实攀枝花公司土地使用税减免和三维公司增值税返还1959万元。第三次煤电价格联动2.09分/(kW·h)，8月20日起火电上网电价上调1.5分/(kW·h)，增加收入12951万元。通过争取落实政策共增加收入61102万元。

切实抓好电煤供应。按照“保量、提质、控

价”的原则，精心组织，加强协调，积极落实煤源，优化调运，千方百计保证电煤供应。积极协助推进电煤供应调节基金管理办法的实施，力争达到预期效果。争取各级政府加快煤矿复产验收进度，提高煤炭产能，打击掺杂使假，努力控制煤炭外流，加大省外电煤组进力度。扎实开展电煤丰存枯用工作，提前完成丰存枯用计划。抓住煤炭供应从紧张转向缓和、煤炭价格回落的有利时机，控制电煤价格，提高电煤质量，优化供煤结构，合理控制库存。加强煤场管理，杜绝煤炭自燃，减少存煤损失。

努力加强企业管理。深入开展对标管理，加强组织领导，制订实施方案，完善对标体系，细化工作措施，强化过程管理。重点抓住煤耗、厂用电率、三项费用及机组利用小时等关键指标，切实解决生产经营中的突出问题，努力优化各项指标，确保对标管理工作取得实效。制订扭亏增盈计划，落实扭亏增盈措施，努力改善经营状况。开展“依法经营、遵纪守法”主题实践活动，强化效能监察和审计监督，努力提升公司依法经营和规范管理水平。按照“凡事有人负责，凡事有章可循，凡事有据可查，凡事有人监督”的要求，完善管理流程，建立健全制度，切实改进和加强企业管理。深入开展燃料供应和管理专项整治活动，加强人防，完善技防，健全制度，强化考核，不断提高燃料管理水平，努力实现燃料管理规范化、科学化、制度化。

项目发展

坚持大力发展水电，慎重发展火电，积极开发新能源，加大煤炭开发力度，努力提高发展质量和效益。积极开展金沙江上游川藏段、木里河、西溪河、金沙江上游支流等水电项目和宜宾珙县项目前期工作。金沙江上游水电规划和流域规划环评报告已编制完成，部分梯级电站预可研基本完成。泸定水电站于1月大江截流。宜宾珙县2×60万kW、攀枝花三维公司2×13.5万kW、宜宾公司1×15万kW项目和木里河俄公堡、西溪河青松电站获得核准。取得俄日河27.9万kW、绰斯甲河蒲西11.7万kW、安宁河下游10万kW和日古日达河8万kW共57.6万kW水电资源开发权。积极争取岷江东风岩、龙溪口航电项目及大渡河先锋、老鹰岩和西藏雅鲁藏布江中游巴玉、大古水电资源开发权。广安龙滩煤矿已经投产，参股开发宜宾新维煤矿取得积极进展。切实加强工程建设管理，工程安全、质量、进度、造价处于可控在控。杂谷脑古城、狮子坪电站已恢复工程建设。西溪河、木里河流域各电站建设积极推进。珙县电厂于6月开工建设。

改革发展

深化燃料管理体制改革，充分调动各方积极性。积极推进公司系统人力资源优化配置，制定人员输出储备培训方案，培训输出储备人员838人，从后勤转岗生产151人。

党的建设、精神文明建设、企业文化建设

建立健全党的先进性建设长效机制，以创建“四好”领导班子活动为载体，把提高思想政治素质放在首位，把加强能力建设作为关键环节，把改进作风建设作为重要内容，切实加强领导班子建设。加强后备干部培养，加大交流任职力度。加强人才队伍建设，实施“人才强企”战略，搭建培养、吸引和使用人才的平台。开展“五型”班组创建活动，举办各类培训班，有效提高员工综合素质。深入开展贯彻落实国有企业领导人员廉洁自律七项要求活动，积极构建惩防体系，着力建设廉洁文化，认真开展反腐倡廉工作。大力开展形势任务宣传教育活动，切实加强精神文明建设、企业文化建设、和谐企业建设和思想政治工作，开展文明单位创建、职工技能比赛和文化体育活动，努力为公司改革、发展、稳定营造和谐环境。认真履行社会责任，积极参与四川省惠民行动和西藏自治区社会主义新农村建设，树立华电集团良好的社会形象。

四川广安发电有限责任公司

概况

四川广安发电有限责任公司（简称广安公司）成立于2006年6月1日，由华电国际电力股份有限公司持股80%，四川巴蜀电力开发有限公司持股20%。现有装机容量240万kW。实行董事会领导下的总经理负责制。设有总经理工作部、人力资源部、计划经营部、市场营销部、财务资产部、生产综合管理部、发电部、维修部、安全监察部、工程项目部、政治工作部、工会办公室、审计监察部、武装保卫部、物资供应部、燃料管理部、燃料供应部、行政事务部等18个部门；共有员工

866 名。

领导人员

董事长：钟统林

副董事长：蒋国俊、王文琦

董事：代先荣、陈存来、杨飞、周其平、王小红、唐小兰

董事会秘书：陈涛

监事会主席：魏爱云

监事：陈燕、丁胜民、李纯洲、吕霞

年度业绩

截至 2008 年 12 月 31 日，广安公司连续安全生产 791 天。全年完成发电量 65.74 亿 kW·h，上网电量 60.75 亿 kW·h，综合供电煤耗 343.02g/(kW·h)，综合厂用电率 7.60%。实现销售收入 18.27 亿元，利润总额 -6.03 亿元，资产负债率 80.52%。

广安公司获“全国精神文明建设工作先进单位”、集团公司“安全生产先进单位”、“企业文化建设优秀单位”、“信息化工作优秀企业”、华电四川公司“对标管理工作先进单位”等荣誉称号。

生产经营管理

1. 切实加强安全管理，确保安全稳定

广安公司始终将安全生产作为基础工作，常抓不懈。编制完善安全管理制度、应急管理机制和预案；加强员工安全意识教育，树立大安全观；加大安全生产考核和责任追究力度；大力开展“隐患治理年”、春秋季安全检查、“无违章创建”等活动，扎实抓好奥运保电工作；加强生产技术管理，加强设备维护，提高设备健康水平。公司全年安全形势稳定。

2. 外拓市场，内控成本，努力增收节支

拓展煤源，狠抓煤质。公司年耗煤 550～600 万 t。为解决电煤紧缺的瓶颈问题，面对冰灾及地震等自然灾害，公司采取措施，加强同政府部门的沟通联系，增进同广能集团等国有大矿的合作，保证本地电煤供量；对市外煤采取随行就市策略，加强运力协调，增加境外进煤量。利用第四季度电煤供需缓和时机，按“保量、提质、控价”的原则，在确保电煤供应同时降低燃料成本。在煤质管理方面，全面实行机采，完善“技防”；实施燃料管理体制改革，将原燃料部分为燃料管理部和燃料供应部，成立煤监组，加强“人防”。全年共进煤 459.4 万 t。

围绕“三电”，努力增收。加强电力市场营销，委派专人与政府相关部门、省电网公司沟通协调，扩大市场份额；积极应对节能调度，加强与调度的联系，抓住一切机会抢发电量，提高峰谷比，使结算电价尽可能接近批准电价；将两次电价上调政策落实到位，全年平均售电电价 351.25 元/(MW·h)，同比增加 15.57 元/(MW·h)；做好机组的维护保养工作，保证随时启动。全年电费回收率 100%，陈欠电费收回 636 万元。

严控成本费用，确保资金安全。各部门参与费用管理，各项费用比预算节约 25%；加强资金管理和融资管理，争取信贷优惠政策，努力降低综合贷款利率；争取到三期执行西部大开发优惠税率。

3. 开展对标管理年活动，提升核心竞争力

根据集团公司、华电四川公司的部署，加强“对标管理年”活动的组织领导，制订方案，建立完善对标管理体系，落实对标管理要求，将对标管理与日常生产分析结合起来，加强节能降耗管理，加大指标考核力度，深挖设备潜力，提高机组安全经济运行水平。全年多项生产技术指标得到优化。

全面修订、完善公司管理制度，加强宣贯，强化执行力建设；加强“五型”班组建设，加快信息系统建设，生产、经营主要指标实现实时信息化监管。

4. 做好基建收尾工程，各项工作顺利推进

广安公司 6 号机组高水平通过集团公司达标投产检查；三期工程通过环保竣工验收并荣获“中国电力优质工程”奖和“天府杯”优质工程金奖。

5. 抓住工作重点，强化依法经营意识

认真开展集团公司“依法经营，遵纪守法”主题实践活动以及“一改三查”依法经营活动，围绕风险隐患、关联交易、成本列支、招投标等工作重点，增强了党员干部的遵纪守法意识，提高了全员依法治企、依法经营、依法管理的能力。

6. 做好抗震救灾相关工作，确保员工队伍稳定

2008 年 5 月，汶川特大地震发生时，保证了两台 60 万 kW 机组高负荷稳定运行，公司三期运行二值获国务院国资委“抗震救灾先进集体”称号；震灾发生后，公司积极组织参与抗震救灾工

作，及时向灾区支援约39万元救灾物资和款项。公司内部采取多项措施振奋员工精神，为员工排忧解惑；在企业经营十分困难的情况下，积极为员工办实事，确保员工队伍稳定。

党的建设、精神文明建设、企业文化建设

2008年，广安公司党建工作坚持以“中心牵引，文化导向，队伍领头，推动发展”为导向，强力推进了各项工作的开展；着力提升干部素质，对中层及以上干部进行对标管理专题培训；积极开展四好班子建设活动，切实增强创建工作的针对性、实效性；加强党建工作，积极推动了“定点联系”、“党建工作绩效考评”、“党员当先锋主题竞赛”、“党员量化考评”、“党务公开”等工作；开展“强化纪律，提升执行力”活动，提升全员组织纪律意识；开展了廉洁文化各项活动及“安全文化节”活动；加大企业文化建设力度，不断推进和谐企业建设。

中国华电集团公司四川宝珠寺水力发电厂

（四川紫兰坝水电开发有限责任公司）

概况

中国华电集团公司四川宝珠寺水力发电厂（简称宝珠寺电厂）成立于1996年10月，是集团公司全资内核电厂；四川紫兰坝水电开发有限责任公司（简称紫兰坝公司）成立于1998年9月，是华电四川发电有限公司控股65%的有限公司。为提高管理效率，两单位于2007年11月实现管理整合，实行“一套班子，两块牌子”的统一管理模式。

宝珠寺电厂所辖宝珠寺电站位于白龙江下游，装有4台混流式机组，单机17.5万kW，总容量70万kW，库容25.5亿m^3，其中调节性库容13.4亿m^3，具有不完全年调节能力，承担着四川电网调峰调频和事故备用重任。1996年首台机组发电，1998年全面投产，截至2008年底，累计发电149.4亿kW·h。宝珠寺电厂下设厂长工作部、计划发展营销部、人力资源部、财务资产部、生产技术部、安全监察部、党委工作部、监察审计部、保卫处、工会办公室、宝珠寺发电部、水工部、供应处13个部门，并管理广元华电电力工程有限责任公司和广元宝珠机械电气工程有限责任公司。截至2008年12月31日，宝珠寺电厂在册职工总数为489人。

紫兰坝公司所辖紫兰坝电站，是白龙江干流梯级开发规划中的最后一级，距上游宝珠寺电站14km。紫兰坝电站装有3台贯流式机组，单机3.4万kW，总容量10.2万kW。总库容0.392亿m^3，调节性库容0.12亿m^3，可进行日调节。2006年7月、12月，1号、2号机组分别投产发电，2007年5月，3号机组投产，截至2008年底，累计发电6.21亿kW·h。紫兰坝公司将电站生产运行和检修维护工作全面委托给宝珠寺电厂管理，除专设财务资产部、工程管理部、合同管理部外，其他机构如总经理工作部、计划发展营销部等，皆与宝珠寺电厂相关部门整合，不再另设。截至2008年12月31日，紫兰坝公司在册人员为9人。

企业坚持以科学发展观为指导，以提升效益为核心，在确保宝珠寺、紫兰坝两电站安全生产、经营管理稳定的基础上，充分依托华电在川水电事业的发展，成为水电人才培训基地，并积极开拓外部委托运营和检修维护市场，实现了企业与职工的双赢。

领导人员

1. 宝珠寺电厂

厂长：龙太聪

党委书记：余跃辉

副厂长：刘庆宁、黄敏胜

纪委书记兼工会代主席：杨兵

主要领导人员变动情况：2008年5月15日，龙太聪任宝珠寺电厂厂长。

2. 紫兰坝公司

董事长：代先荣

副董事长：刘明江

董事：吴高见、符谦、胡贵良、林军、常思武、杜静芝、龙太聪

监事会主席：黄铜锁

监事：罗朝国、刘顺彬、张慧玲、魏民、韩辅绪

总经理：龙太聪

副总经理：刘庆宁、黄敏胜

主要领导人员变动情况：2008年7月18日，龙太聪任紫兰坝公司总经理。

年度业绩

2008年，受雪灾和汶川地震的严重影响，加之白龙江流域来水不理想，宝珠寺电厂和紫兰坝公司生产经营压力巨大。宝珠寺电厂一手抓抗震救灾不放松，一手抓经营核心不动摇，完成发电量13.75亿kW·h，实现利润1889万元。紫兰坝公司狠抓安全生产，加强两库联合调度，较好地完成了年度目标任务，完成发电量2.73亿kW·h，亏损1093万元。

生产经营管理

在生产管理上，始终坚持“安全第一，预防为主，综合治理”的方针，结合对标管理活动，严格落实安全生产责任制，紧紧抓住安全性评价、安全文明生产标准化管理两个载体，认真开展反违章、隐患排查和防洪度汛等各项工作，全面确保“四个安全”，有效提高了设备健康水平。

经营管理上，坚持内强管理，外争政策，狠抓“三电”工作，企业盈利能力逐步增强。宝珠寺电厂紧紧围绕企业的中心工作，强化预算管理，努力改善外部环境，积极争取税收优惠政策，突出降本增效工作。2007年减免企业所得税3008万元，经过积极争取，房产税支出减半缴纳，2008年减少房产税支出100万元。紫兰坝公司按照“内强管理，外争政策”的工作思路，从电站经济运行和政策突破两方面入手，一方面切实加强水情预测，优化调度水库，狠抓电量营销，努力改善电量结构；另一方面积极与有关部门沟通协调，争取理解和支持，力争在电价、税收等方面获得更宽松的政策，通过努力，2008年度公司所得税继续免征。

党的建设、精神文明建设、企业文化建设

强基固本，党建工作跃上新台阶。2008年11月16~17日，组织召开了宝珠寺电厂第三次党代会，提出了当前和今后一个时期的发展蓝图。“强核心，固堡垒，全面加强基层党支部标准化建设”活动进一步深化，探索实践“支部随着项目建”模式，利用“党员示范岗”、“一帮一、一带二”帮扶机制等载体，大力实施“党员先锋工程”。

坚持不懈，精神文明创建更上一层楼。加强职工思想道德、职业道德建设和荣辱观教育，积极开展全方位、全过程的精神文明创建活动。厂级文明部门、班组创建活动重点突出，责任明确，考核到位，形成了浓厚的创建氛围。完善制度，健全机制，把文明单位建设目标任务纳入企业绩效目标管理，做到与生产经营工作同规划、同部署、同考核、同奖惩。

共建共享，企业文化建设成效显著。按照全面落实科学发展观的要求，厂领导班子坚持和谐共建、共享和谐的企业文化创建思路，从增强企业竞争力和持续发展能力的战略高度出发，坚持一手抓生产经营，一手抓企业文化，“四特”队伍和“亮剑”品牌文化初现雏形。坚持用“以人为本，以厂为本，高、严、细、实，特别强调严格、认真”的企业价值观来引导、规范、熏陶、影响、凝聚职工。

其他重大事项和情况

2008年5月12日，汶川发生8.0级特大地震，地处龙门山断裂带北端的宝珠寺电站和紫兰坝电站震感强烈。宝珠寺电站当时水库水位558.52m（比死水位高0.52m），由于震动巨大，运行人员被迫紧急手动停运12F，厂用电消失。紫兰坝电站由于宝轮110kV变电站失电，致1F、2F过负荷事故停机，厂用电也消失。通过快速反应，地震后2h，宝珠寺电站厂用电恢复，2.5h，12F并网，调压带负荷；紫兰坝电站由于灾情较重，于震后4h恢复厂用电。

震后，全面加强对震后大坝坝基渗漏量，坝基扬压力、坝体变形等参数的监测。及时联系国家电监会大坝中心和西北勘测设计院进行安全鉴定，评估大坝是安全的，具备防洪度汛条件。震后对设备全面排查，针对排查结果全面治理和抢修，确保了设备可靠运行，保证了对灾区的可靠供电。目前，宝珠寺电厂及紫兰坝公司震后恢复重建工作正在开展。

2008年，宝珠寺电厂被集团公司授予“先进企业”、“优秀发电企业”、“文明单位标兵”、“安全生产先进单位”等荣誉称号。由于在抗震救灾中的突出表现，宝珠寺电厂被党中央、国务院、中央军委联合授予“全国抗震救灾英雄集体”，被中华全国总工会授予“抗震救灾重建家园工人先锋号”，被国务院国资委授予“抗震救灾先进集体”；宝珠寺电厂党委分别被国务院国资委党委和四川省国资委党委授予“抗震救灾先进基层党组织”称号。

中国华电集团公司内江发电总厂

概况

中国华电集团公司内江发电总厂（以下简称内江总厂）是华电四川发电有限公司下属的内部核算电厂，1993 年 7 月于成立，由原白马发电厂和内江电力修造厂合并组建而成，2002 年厂网分离改革后划归华电集团公司管辖。

内江总厂装机容量 520MW，分别为白马发电厂 21 号机组（220MW）、22 号机组（200MW）和高坝发电厂 11 号机组（100MW）。21 号、22 号机组先后于 1988 年 5 月、1989 年 3 月投产发电；11 号机组锅炉设备从芬兰引进，是我国建设的第一座 100MW 级循环流化床锅炉示范电站，于 1996 年 9 月投产发电。四川电力股份有限公司白马电厂 23 号机组（200MW）属国电集团公司资产，由内江总厂代管。

截至 2008 年 12 月 31 日，内江总厂共有职工 2021 人。

内江总厂下设厂长工作部、计划规划部、生产技术部、安全监察部、人力资源部、财务部、党委工作部、燃料管理部、纪监审计室、工会办公室。

内江总厂下属单位有白马发电厂、高坝发电厂、内江华电电力工程有限公司、内江电力实业（集团）公司。

领导人员

内江总厂厂长：罗平

内江总厂党委书记：蒋光全

内江总厂副厂长兼总工程师：游宏

内江总厂副厂长：钟华富、陈峰

内江总厂党委副书记、纪委书记：雷大友

内江总厂工会主席：赵志强

白马发电厂厂长：欧志全

高坝发电厂厂长：曾鸣

年度业绩

2008 年，内江总厂完成发电量 13.22 亿 kW · h，完成综合供电煤耗 409.46g/(kW · h)，实现主营业务收入 4.64 亿元。

生产经营管理

1. 安全生产形势稳定

加强安全文明生产标准化管理，认真落实安全生产责任制，保持了安全生产良好局面。认真开展隐患排查治理年、无违章企业创建、百日安全生产督查、奥运保电和迎峰度夏等工作，提高安全生产管理水平。面对突如其来的汶川特大地震灾害，干部职工沉着应对，做好“保人身、保设备、保发电”工作，跳闸的高坝发电厂 11 号机组成为四川电网地震后第一台恢复运行的发电机组。认真做好灾后设备检查、检修工作。截至 2008 年 12 月 31 日，实现连续安全生产 2395 天。

2. 认真开展对标管理年活动

加强对标管理组织领导，出台对标管理实施方案，完善对标指标体系，设立对标奖励基金，优化管理工作流程，加强职工对标管理知识培训，强化全员、全要素、全过程对标管理，确保对标管理年活动取得实效。21 号、22 号机组排烟温度较 2007 年分别下降 5.55℃ 和 2.79℃；11 号、21 号机组空气预热器漏风率较 2007 年分别下降 6.49 个百分点和 1.68 个百分点；21 号、11 号机组真空度较 2007 年分别上升 0.87 个百分点和 0.14 个百分点。

3. 认真抓好经营管理

积极做好节能发电调度政策研究、分析，巩固 11 号机组优先排序成果，全年 11 号机组运行小时达 7011h，较 2007 年多发电量 1.21 亿 kW · h。千方百计优化电量结构，努力提高机组电量峰谷比，不断提高单位发电收益。全年峰谷电量比较 2007 年上升 0.73 个百分点，平均上网电价较 2007 年增加 65.94 元/（MW · h）（不含税）。落实煤电价格联动 2.09 分/(kW · h)（含税），8 月 20 日起上网电价上调 1.5 分/(kW · h)（含税）。

认真履行企业电煤供应和管理的主体责任，修订完善《燃料管理工作规定》等规章制度，发布燃料管理和燃料监督等 12 个工作流程，认真开展燃料供应及管理专项整治活动，努力提高燃料管理水平。全年入厂煤入炉煤累计热值差：白马电厂同比下降 125kJ/kg；高坝电厂同比下降 126kJ/kg。

认真开展“一改三查”依法经营活动，规范经营管理行为。加强现金流管理，认真清理往来账款，减少资金占用，保证资金链安全。树立“过紧日子”思想，制订进一步加强成本管理、减亏控亏等工作措施，有效控制各项费用。

4. 认真开展节能减排工作

认真落实《千家企业节能目标责任书》，加大节能管理力度，11号机组年修后各项技术经济指标明显改善。统筹安排资金，实施了22号机组引风机变频器改造、更换部分空气预热器管等工作，着力解决影响机组经济运行水平问题。全力做好脱硫装置运行和维护消缺工作，提高脱硫装置投入率和脱硫效率，SO_2 排放绩效3.18g/(kW·h)。

5. 积极开拓市场

坚持“走出去”战略，积极开拓外部检修、委托营运市场，在巩固已有市场份额的基础上，进入变电站、水泥厂、煤矿等检修、调试市场；开拓新疆电力检修市场；首次实施600MW机组检修作业；开拓越南锦普电厂2×300MW循环流化床机组试运等海外营运市场。

内部改革

内江总厂采取定向招聘、精简多经后勤管理机构、政策倾斜等方式鼓励职工向主业流动，促进人力资源优化配置。

根据华电四川发电有限公司《关于设立华电四川发电有限公司内江发电厂的通知》，设立了华电四川发电有限公司内江发电厂（简称内江发电厂），并自2008年12月1日起正式营运。内江总厂的全部资产、负债、权益由内江发电厂承继；内江总厂的全体员工成建制划入内江发电厂，员工劳动合同及社会保险关系等由内江发电厂接续。

党的建设、精神文明建设、企业文化建设

全面贯彻落实党的十七大和十七届三中全会精神，开展深入学习实践科学发展观活动，不断加强党的建设。率先在四川公司系统推行党务公开和发展党员票决制。内江总厂抗震救灾临时党支部荣获国务院国资委“中央企业抗震救灾先进基层党组织”称号。全面落实党风廉政建设责任制，深入开展贯彻落实国有企业领导人员廉洁自律七项要求活动，组织中层干部、重要岗位人员开展参观监狱等形式多样的警示教育活动，保证干部队伍清正廉洁。

积极开展社会捐助、赠报扶贫、送温暖等活动，努力提升企业形象。在抗震自救的同时，内江总厂捐赠价值27万元物资，先后派出37人次参与地震重灾区救援、运送物资支援四川华电杂谷脑公司和江油发电厂、参加四川省红十字会组织的青年志愿者行动，有力支援了抗震救灾。干部员工积极向地震灾区捐款20.8万元，交纳“特殊党费”、“特殊团费”9.84万元，树立了企业良好的社会形象。

加强企业文化建设，提炼形成了具有内江发电总厂特色的企业文化理念体系，出版了《企业文化手册》。组织职工参加集团公司、四川公司文艺汇演，组织职工参加集团公司和四川省国资委桥牌比赛均荣获冠军，较好地展示了企业形象。

四川华电黄桷庄发电有限公司

概况

四川华电黄桷庄发电有限公司（简称黄桷庄公司）成立于1995年3月22日，由四川省电力公司、四川省巴蜀电力开发公司和四川省电力股份有限公司分别按照6∶3∶1的股权比例共同出资组建。黄桷庄公司主营黄桷庄电厂2台20万kW发电机组的电力产品和销售。2002年底电力体制改革后，原四川省电力公司所持股份划归集团公司，黄桷庄电厂直接委托中国华电集团公司宜宾发电总厂管理。2006年11月，集团公司将其控股的黄桷庄公司股份划转至四川公司。

黄桷庄公司所属黄桷庄电厂位于四川省宜宾市西南9km处，装机容量2×20万kW，分别于1994年1月20日和1994年10月28日投产发电。截至2008年底，黄桷庄公司在册员工为13人，下设总经理工作部、生产经营部、财务资产部等3个职能部门，主要负责公司的经营管理及日常工作。

领导人员

董事长：代先荣

副董事长：任勇

总经理：杨光华

年度业绩

2008年，完成发电量12.94亿kW·h，实现利润－8600万元，综合供电煤耗完成388.62g/(kW·h)，低于集团公司核定数0.04g/(kW·h)，同比升高10.16g/(kW·h)；综合厂用电率12.42%，同比升高2.28%；资产负债率71.15%，同比上升10.51%；净资产收益率－36.25%；资本保值增值率69.31%；脱硫投运率超过95%，SO_2 排放绩效同比有较大改善，排污费同比减少858万元；实现全年无事故，连续安全生产

1639天。

生产经营管理

黄桷庄公司将所属的黄桷庄发电厂直接委托宜宾发电总厂代管，通过与宜宾发电总厂签订《黄桷庄电厂生产管理委托协议》，明确双方的责、权、利，并通过增强协议的可操作性，强化对执行协议的监督、检查，使黄桷庄公司和代管电厂既明确分工、又齐抓共管，形成一个利益、责任有机统一的整体。

1. 安全生产方面，以创建“无违章企业”为抓手，进一步巩固安全基础

认真贯彻落实集团公司、四川公司2008年初安全工作会议精神，坚持“安全第一，预防为主，综合治理”的方针，围绕安全生产“隐患治理年”、“无违章企业创建”活动，进一步夯实安全生产基础。以反违章、防人身伤害、降“非停”和对标管理为重点，与宜宾发电总厂紧密合作，从容应对节能调度、安全生产、电煤供应的重重压力，完成抗冰保电、抗震救灾、迎峰度夏、奥运保电等各项安全生产任务，实现全年无事故。

2. “三电”、“三煤”工作，努力减亏控亏

三电方面：2008年受省内用电量严重萎缩、节能发电调度政策和新机投产等影响，黄桷庄电厂全年完成发电量12.94亿kW·h，直接影响利润减少10628.10万元。黄桷庄公司以电量为龙头，在节能调度、新机投运和经济下滑用电量减少等不利因素影响下，准确把握市场形势，内强管理，外创环境，全年发电利用小时超过“三同”水平1014h，超过省网火电平均水平110h。在争发电量的同时，努力改善电量结构，减少不合格电量，仅此两项，就使全年电价同比提高9.28元/(MW·h)。在电费回收方面，当年电费回收率达到100%，陈欠电费回收1199万元。

三煤方面：黄桷庄公司从年初开始就加强燃料管理，并作为年度重点工作之一。从年初至第三季度，电煤供应仍然十分紧张，煤炭组进困难且煤质（入厂热值不足16MJ/kg，同比下降1.28MJ/kg）严重滑坡，不同程度地影响了机组带负荷能力。全年共进煤97.57万t。贮煤最高时达23万t。年底受经济形势影响，发电量下降，存煤消耗缓慢，而市场煤价逐步下降，形成倒挂。全年单位燃料成本增加，使利润减少近6000万元。

3. 抓对标管理，进一步节能降耗

通过对标找差距，分析差距成因，落实整改措施，挖掘改善潜力，对标管理工作取得了较好成效：“非停”系数和降出力系数同比降低。脱硫投运率超过95%，SO_2排放绩效同比较大改善，排污费同比减少858。剔除（煤质、负荷率、脱硫等）客观因素影响后，综合供电煤耗同比降低4.28g/(kW·h)，厂用电率同比降低0.18%。上网电量结构改善，综合平均电价同比提高11.43元/(MW·h)。

但由于发电量同比减少近9.1亿kW·h，入炉标准煤单价同比上升125.15元/t，以及土地使用税率提高等政策性增支因素影响，年度流动资产周转率仅为1.88次，低于集团标杆值4.12次；单位容量边际贡献为269.83元/(kW·年)，低于集团标杆值390.17元/(kW·年)。

项目发展

黄桷庄公司按照四川公司确定的“大力发展水电，慎重发展火电，积极发展新能源”的思路，在继续做好投资木里河水电开发和四川华电办公大楼投资的同时，主动寻找适合公司，且资产质量较优的小型水电项目。

党的建设、精神文明建设、企业文化建设

1. 加强党员教育管理，提高党员队伍影响力

黄桷庄公司党支部主动适应新形势和新任务的要求，使党建工作渗透到生产、经营、管理等方面，通过不断提高党支部规范化建设水平，不断增强党组织的凝聚力、战斗力和号召力。黄桷庄公司党支部被评为了四川公司“先进党支部”。

2. 加强员工教育，提高员工队伍执行力

以“创建学习型企业，争当知识型员工”为载体，始终做到“六个坚持”。一是坚持组织教育的同时狠抓员工自我教育。二是坚持集中学习的同时开展讨论活动。三是坚持及时疏导积极预防，通过经常性的教育活动化解矛盾。四是坚持每年开展“优秀员工”评比，树立先进典型。五是坚持大家积极参与的互动式学习，营造“勤奋工作、愉快生活”的浓厚氛围。六是坚持执行学习计划的过程中突出阶段性教育，把做思想政治工作与促进黄桷庄公司工作目标完成相结合，既保证学习计划的完成，又能不失时机地把思想教育融入黄桷庄公司的改革发展工作中。

3. 抓党风廉政建设，确保政治形象安全

以“廉洁文化”培育活动为载体，扎实开展党风廉政建设。一是加强学习，筑牢思想道德防线。二是采取反面典型警示教育，巩固已有的创建成果。三是要求撰写心得体会，教育全体员工时刻绷紧廉洁自律这根“弦”。四是强化责任意识，层层签订党风廉政建设责任书，认真落实党风廉政责任制。五是进一步贯彻落实《实施纲要》，着眼于防范，立足于自律，组织关键点岗位人员进行廉洁从业承诺。六是制作廉洁自律漫画专栏，巩固深化黄桷庄公司廉洁文化建设。七是组织员工开展层层谈心活动。八是在公司中层以上干部办公室悬挂廉洁自律“三大纪律、八项注意”的挂牌，营造浓厚的廉洁文化氛围。

攀枝花三维发电有限责任公司

概况

攀枝花三维发电有限责任公司（简称三维发电公司）位于四川省攀枝花市西区，注册资本2.32亿元，是由集团公司、攀枝花三维实业集团有限公司、四川启明星铝业有限责任公司、四川电力设计咨询有限责任公司、攀枝花市国有资产投资经营有限责任公司分别按50%、28.1%、15%、4.3%、2.6%的出资比例，于2002年9月25日共同发起成立，投资9.286亿元（概算）建设，主要经营管理2×135MW超高压中间再热循环流化床燃煤（矸石）发电机组。截至2008年底，三维发电公司职工人数共923人。三维发电公司与四川华电攀枝花发电公司职能管理部门施行“一套班子、两块牌子”管理模式。

三维发电公司投资经营的2×135MW机组是在拆除、替代河门口电厂4×25MW机组场地上技改建设，机组建成投产后，每年将大幅减少SO_2和烟尘排放，并可逐步消化攀枝花30多年来“洗精煤”而产生的达3000多万t的煤矸石。同时新机组替代老机组容量后新增的170MW发电能力，有助于二滩电力经石板箐变电站下载攀枝花在故障或检修时，维护攀西电网的安全，特别是保证攀钢高炉、成昆电铁、西昌卫星发射基地等重要用户的稳定供电。也有助于攀枝花地区更好地消纳二滩电量，实现丰枯、峰谷互补，水火发电调节运行。

2001年11月2×135MW机组技改项目由国家经贸委《关于印发第二批重点技术改造“双高一优”项目导向计划的通知》（国经贸投资［2001］1000号）正式批准立项，被列入国家第二批重点技术改造“双高一优”项目导向计划。因国家电力体制和国务院机构改革，2003年7月四川省经贸委、华电集团公司又分别向国家发展改革委再次报送该项目可研报告书。

工程于2003年8月28日动工，两台机组分别于2005年4月29日和12月18日投入商业运行，至今保持了良好的安全生产和经济运行水平。

领导人员

董事长：李巧模

总经理：胡尚诚

副总经理、总工程师：高泽勇

副总经理：王方容、贺熹坤

总会计师：李剑

年度业绩

2008年，完成发电量12.885亿kW·h，完成四川公司年度计划8.02亿kW·h的160.6%；综合厂用电率10.70%；综合供电煤耗400.97g/(kW·h)；全年平均入厂与入炉煤热值差为0.501MJ/kg；全年实现利润－3702万元。

生产经营管理

2008年的主要工作开展情况。

（一）大力开展安全文明标准化管理达标工作，深化设备治理，夯实安全文明生产基础

1. 加强安全生产管理，不断提高安全生产工作水平

第一，加强对职工进行安全思想教育，强化安全生产意识。充分利用安全活动日、职工学习日、班前班后会等多种形式以及开展安全生产“贯彻法规、落实责任”专项整治活动，组织职工学习安全生产法律、法规，学习“事故通报”、“事故快报”、“安全简报”等安全生产文件，宣传安全生产在企业生产经营过程中的重要作用，突出安全生产的基础地位。生产系统党支部通过继续开展“星旗联创”活动，把“党员安全监督岗”同安全生产工作有机结合起来，把“一岗双责”落实到安全生产的各个环节。工会通过开展作业前的安全“三查”活动，促进职工安全意识的提

高和安全措施的完备落实。

第二，加强安全生产管理，夯实安全生产基础。一是修订完善了“各级安全生产责任制”、“安全文明生产标准化管理实施细则”、“部门安全例行工作”等制度，层层签订“安全生产目标责任书”；二是进一步深化安全文明生产标准化管理，每周组织进行检查，并将检查情况和整改要求在OA系统上公布，确保检查到位、整改到位、考核到位；三是以对标管理为契机，将安全生产对标指标分解到部门、班组，每月纳入生产计划管理，做到有完成情况分析、实施整改措施，责任明确，目标一致。

第三，强化安全应急机制，提高应急工作水平。组织进行安全生产事故救援总体应急预案、消防应急预案、防洪防汛应急预案、危险化学品泄漏应急预案等演练工作。在“5·12”和“8·30”地震发生后，组织对生产厂房、生产设备、建构筑物、灰坝等进行全面检查，并制订了切实可行的应对措施。

第四，认真开展节假日、季节性安全大检查和隐患排查治理工作。全面落实集团公司迎峰度夏工作要求，确保奥运会、残奥会期间和重大节假日的安全生产。

第五，大力开展反违章活动、隐患排查治理和安全生产月活动，积极落实无违章企业创建工作的各项要求。综合产业以星河汽车运输公司为主，狠抓安全行车和道路交通安全管理。武保部结合公司内部消防实际情况，定期开展消防检查，及时发现消防隐患并消除。中元公司高度重视临时工安全教育活动和临时工作业规定，做到技术措施和安全措施两交清，同时坚持每天的安全生产例会和每月的部门和民工安全教育活动。

第六，强化安全生产全过程管理，严格奖惩，同时联责考核管理人员，进一步增强了执行力，提高了管理效能。

2. 深入开展设备治理，确保机组安全、稳定、经济、清洁运行

一是针对输煤系统除铁效果不好，大量的铁质物进入碎煤机、炉膛及冷渣器内，加剧锤头和炉内风帽的磨损，堵塞布风板，影响冷渣器的冷却效果和排渣的情况，增设了一级高磁场的电磁铁，提高除铁效果。二是对11号、12号锅炉炉膛浇注上方1.5m、后墙4.5m、炉膛出口两侧墙及下方进行防磨喷涂处理，降低“四管”磨损速度，减少非计划停运。三是投入大量的人力物力，对12号机组冷渣器C进行换型改造，对11号锅炉冷渣器B、12号锅炉冷渣器A、B、D进行滚筒式改造。四是针对越来越大的环保压力，增加投入，修建储灰罐和污水处理系统，保证灰渣和污水不下江河，切实履行好企业的社会责任。五是完成给水泵解体大修及改造，解决给水泵的稳定运行问题。

（二）以“全面对标管理”为主线，加强内部管理，实施机构改革，提高经营绩效

一方面，严格按照四川公司要求，开展公司的对标管理工作，年初制订《攀枝花三维发电公司生产经营指标对标实施方案（试行)》，将各项生产经营指标逐项分解、层层落实。一是狠抓对标管理宣贯工作，通过各种方式大力宣传对标管理工作的目的、意义和对标管理知识，使职工充分认识开展对标管理工作的重要性，强化职工“我要对标”的理念。二是举行“企业文化、对标管理知识”竞赛答题活动和“我为‘对标’献一策”活动，充分调动广大职工的对标管理积极性。三是建立对标指标模块，完善公司对标体系，提出2008~2010年的对标目标值。四是制定了相关的奖惩办法，对发电量按峰、平、谷进行奖惩。五是强化运行管理，严格劳动纪律，确保值班质量，提出“度电必争，克煤必省”的理念，努力增加高峰及平段电量，降低低谷电量，提高电价执行率，降低发电煤耗，增加收入。各级管理人员深入现场及时了解掌握部门的安全文明生产情况，加强了双休日值班和夜间查岗的管理，加大对现场劳动纪律、值班质量、两票三制、巡回检查、重大操作到位制度等规章制度执行情况的检查力度和考核力度。通过以上措施，真正做到全员、全过程对标。

另一方面，制定《长周期安全奖励办法》、《燃料管理奖励基金管理办法》、《多经企业对外创收暂行规定》、《工程公司对外创收暂行规定》、《技术攻关奖励基金管理办法》、《企业文化建设奖励基金管理办法》等一系列激励制度，推行效益工资与发电量挂钩的改革措施。年底制定并实施《确保2008年12月安全稳发、多发奖惩管理办法》。

2008年，公司共收到对标献策75条，采纳28

条；合理化建议 109 条，采纳 42 条；开展技术攻关项目 41 项，完成 24 项；“双改双革”建议 90 条，采纳并实施 60 条；职工提出“五小”竞赛项目 144 项，经评定，采纳 35 项。

为适应企业生产经营需要，公司 5～6 月进行机构改革和全员竞聘上岗，撤并和增设了相关机构，检修专业改班组制为队制，最大限度发挥现有检修队伍的机动性和协作性，确保检修维护工作的顺利开展。

按照四川公司部署，公司制订《“五型”班组建设竞赛活动方案》，将四川公司《“五型”班组考评细则》进一步细化、量化，并制定了较高的奖励标准，对达到各型标准的班组进行奖励。经考评，信息培训部通信班达到了五型班组标准；另外，达到三型班组的 2 个；达到二型班组的 5 个；达到一型班组的 9 个。

（三）积极争取外部政策，为企业持续经营创造有利环境

2008 年 6 月 10 日，新厂取得了国家发展改革委的正式核准批复（发改能源［2008］1383 号）；7 月 9 日，又取得了资源综合利用电厂认证。

经与外部协调，自 2008 年 1 月 28 日起，新厂 12 号机组的送出接入 110kV 线路，就保证了即使在丰水期，新厂也能至少有一台机组运行，这为新厂增加发电量和持续经营奠定了基础。

公司取得 2008 年置换电量 9.127 亿 kW·h，减亏 4500 万元。

2007～2008 年，公司先后关停全部 50MW 小火电机组，获得了共计 1211 万元的淘汰落后产能中央财政补贴。

公司获得减免税赋 2473 万元。其中土地税的减免 752.7 万元；资源综合利用电厂增值税减免 1278.6 万元；资产处置免征增值税 441.7 万元。在融资环境十分严峻的形势下，不断拓展融资渠道，积极与各银行沟通、协调，确保了公司资金链不断。

（四）燃料供应与管理向精细化推进，进一步规范物资采购管理

2008 年以来，电煤价格不断攀升，特别是四川汶川地震和攀枝花地震后，煤炭产量大幅下降。同时由于四川地区各火电厂及用煤企业争抢煤炭，使得电煤供应形势异常严峻，电煤质量也不能得到保证。为确保正常生产，公司坚持燃料管理精细化管理的思路，全年调整价格 13 次，以最有利于公司利益的前提保障供应。不断加强内部管理，加强纪检部门对燃料管理工作的监督。成立煤场监督班，专门对现场的电煤验收、接卸进行监督，多渠道加强燃料监督管理。成立厂内道路交通监督班，规范运煤车辆秩序，保障运煤公路的畅通。加大煤矸石和低热值煤的掺烧比例，在保证机组出力的前提下，降低发电成本。全年煤矸石掺烧比例为 50.46%，节约燃料成本 2569 万元。

三维发电公司制定了《物资采购管理公示制度》、《物资工作人员廉洁自律规定》、《物资供应厂（商）家评估管理办法（试行）》等制度，切实加强和规范物资采购管理，封堵管理漏洞，使物资采购工作处于有效监督和控制之中。

（五）强化职工教育培训，通过各种方式提高职工理论水平和操作技能，为确保生产和人员输出打好基础

为贯彻企业发展与员工发展相协调的理念，培养和造就适应公司发展需要的员工队伍，公司修订了《教育培训管理办法》，同时制定了《人员输出储备培训管理办法》等 5 个培训管理办法，明确了培训工作目标和奖惩标准。

结合三维发电公司机构调整，加强转岗人员和高备岗培训，开展“我先上‘台阶’晋级”竞赛活动。经公司组织考试和考评，共有 66 人“上台阶”，另有 40 人受到参与“上台阶”活动奖励。

先后举办 3 个人员输出储备培训班，培训人员 130 人，其中小机组向大机组升级培训 90 人，火电向水电转岗培训 40 人。举办 2 期燃料从业人员取证培训，共培训 97 人。

为提高职工操作技能，公司举行燃料采制化人员技术比武竞赛活动。开展有焊工（业余）、起架、钳工、电工、热工、远动通信规程技术、150MW 机组运规（分机、电、炉三个专业）、燃料运行规程、化学运行、安全生产知识及法律法规等 12 个项目岗位练兵技术比武活动。

通过强化培训和技术比武，大幅提高公司职工的职业竞争能力，鼓励职工通过各种途径，参加华电系统兄弟单位岗位竞聘，输出 35 人。

内部改革

三维发电公司与四川华电攀枝花发电公司职能管理部门施行“一套人员，两块牌子”管理模

式。2008 年 5～6 月，根据生产经营实际需要进行了组织机构调整，增设了总工办、燃化部、信息培训部，分配模式按照《攀枝花发电公司工资分配制度改革实施方案》执行。

党的建设、精神文明建设、企业文化建设

落实科学发展观，不断加强党组织建设和企业文化建设，构建和谐企业氛围，维护职工队伍稳定，确保正常的生产经营秩序。

三维发电公司认真落实“政治素质好、经营业绩好、团结协作好、作风形象好”的“四好”领导班子创建要求。公司党委深入开展以“创先争优”为载体的主题实践活动，在广大职工中较好地维护了党的威信。公司纪委围绕生产经营中心工作，加强对党员干部的廉政教育，特别针对 6 月机构改革后，集中进行新聘任中层干部廉政谈话。

为切实抓好企业文化建设，在对公司企业文化建设现状进行调查、访谈、分析评估的基础上，提炼总结出了以“创业创效、创新图强”为核心价值观的“三创图强”企业文化品牌，形成“三创图强”企业文化价值理念体系；编制《公司企业文化建设职工教育》等学习资料和《企业文化员工手册》，深入开展班组文化建设，拟订了班组文化建设体系，形成《班组文化建设报告》。

三维发电公司党委通过到班组、部门、党（总）支部找职工代表座谈，倾听部门领导、党（总）支部书记的意见和建议等途径，及时了解职工思想动态，努力维护好职工队伍的稳定，保证了三维发电公司正常的生产经营秩序。

三维发电公司工会对在职代会期间收到职工代表的 12 件提案、25 条意见和建议的答复落实情况进行监督，继续抓好厂务公开和职工代表巡视督察工作，开展劳动竞赛和创建“工人先锋号”活动。检修公司热控仪表在活动中被四川省命名“工人先锋号”班组，发电部燃料运行甲班被攀枝花市命名“工人先锋号”班组。

离退办通过座谈会等形式，向离退休人员做好形势报告和分析，使离退休人员对公司的生产、经营情况有了比较清楚的认识，取得了他们对公司各项决策的理解，达成共识，进而使离退休队伍趋于稳定。

武保部认真履行职责，配合公安机关打掉 4 个长期以三维发电公司为目标的盗窃团伙，为三维发电公司挽回经济损失 20 余万元。积极调解处理好各类矛盾纠纷，特别是与相邻单位与村社的关系，防止矛盾激化，维护了三维发电公司的正当权利，保障了正常的生产经营秩序。

四川华电宜宾发电有限责任公司

概况

四川华电宜宾发电有限责任公司（简称宜宾发电公司）位于四川省宜宾市长江北岸，主要从事火力发电的生产和运营管理。宜宾发电公司的前身是宜宾发电厂，始建于 1939 年，初期为一台英国制造的次中压 6000kW 机组。1957 年扩建 2 台中温中压国产 6000kW 机组。1992 年 5 月，宜宾发电厂 3 台 6000kW 机组按原电力部要求报废退役。1993 年经恢复性大修后从事多种经营发电，直到 1999 年 6 月奉命关停。为解决宜宾发电厂职工出路问题以及充分利用宜宾电厂的土地及人力资源，原四川省电力公司决定对宜宾发电厂进行“以大代小”技术改造，2001 年 2 月 5 日，四川宜宾发电有限责任公司作为宜宾发电厂技术改造项目业主正式注册成立。四川省电力公司、宜宾市投资有限公司、东方锅炉（集团）股份有限公司三方股东按资本金分别出资 80%、10%、10%。2003 年初，宜宾发电公司划归中国华电集团公司；2006 年 6 月 1 日起，中国华电集团公司将所属股权整体划转至华电四川公司。

截至 2008 年底，宜宾发电公司总装机容量 25 万 kW，为 1 台 10 万 kW 和 1 台 15 万 kW 循环流化床机组。公司设总经理工作部、政治工作部、纪监审办公室、安全监察部、生产技术部、计划经营部、人力资源部、财务部、物资部、燃料管理部、发电车间、维护车间、物业公司等 13 个部门，现拥有在岗职工 275 名，其中大专及以上学历 183 人，高级职称 9 人，技师 12 人。全公司现有在岗党员 96 人。

领导人员

总经理：杨华刚

党委书记：余德友

副总经理、工会主席、纪委书记：姚继华

副总经理：潘健

年度业绩

2008 年完成发电量 9.44 亿 kW·h，同比减少

3.83 亿 kW·h，完成年初下达的发电目标（年初下达目标值 9.075 亿 kW·h）；全年售电量 8.35 亿 kW·h，同比减少 3.48 亿 kW·h；公司全年实现电费销售收入 25724 万元，同比减少 8494 万元；全年供热 17.5 万 t，同比增加 7.9 万 t；实现销售收入 1665 万元，同比增加 917 万元；全年利润总额 -9602 万元。截至 2008 年 12 月 31 日，实现连续安全运行 1812 天。

生产经营管理

宜宾发电公司坚持"安全第一、预防为主、综合治理"的方针，深入开展隐患排查，年初公司组织与 2 个车间 9 个部门签订了《2008 年度安全生产目标责任书》、《2008 年度消防安全管理目标责任书》等相关责任书共计 22 份。狠抓安全基础管理工作，积极开展安评、安全文明标准化管理春季和秋季安全大检查等工作。

宜宾发电公司已决定将两台机组改造成煤矸石资源综合利用机组，成立"资源综合利用电厂认定"工作小组，并积极开展工作。

宜宾发电公司从加强会计基础工作、资金营运、对标管理、成本控制、融资管理、制度建设、财务预算、内控制度、固定资产、财务报告及经济活动分析等方面的管理工作着手，以营运资金管理、筹资管理为切入点，通过与公司各职能部门团结协作，迅速、真实地反映公司生产经营成果和资产状况，将财务管理从传统意义上的报账、记账、算账上升为一项综合性管理工作。

宜宾发电公司燃煤主要来源于地方小矿，其采购定价及支付方式均按集团燃料公司"统一计划、统一订货、统一调运、统一结算、统一管理"的燃料"五统一"管理规定执行。面对价格涨幅难以控制、煤量难以组织、质量难以保证的局面，公司职能部门克服重重困难，不等不靠，主动出击找煤源，与矿方保持密切联系，同时通过健全电煤应急管理机制，强化燃煤市场调查等工作，基本保障了公司燃料的安全、稳定供应。

内部改革

宜宾发电公司牢固树立以人为本的经营理念，适应市场经济体制要求，积极引进竞争与激励机制，同时，根据 2007 年《公司绩效考核办法》试行的情况，2008 年对《公司绩效管理办法》进行了修改和完善，并制定了《公司月度绩效奖金考核管理实施办法（试行）》，进一步量化考核指标。

党的建设、精神文明建设、企业文化建设

2008 年，宜宾发电公司党委围绕公司生产经营中心工作，切实加强领导班子建设，努力创建"四好班子"。公司党委认真抓好党委班子、支部等各个层面的学习。开好两级班子民主生活会。围绕对标管理和扭亏增盈工作开展主题活动、主题宣传和形势宣传教育活动。着力推进"党员示范岗"活动逐步制度化、规范化、标准化。贯彻落实并积极开展科学发展观活动，严格按照上级领导的指示安排工作。

落实精神文明建设和企业文化建设各项任务，积极组织文明建设公益活动，开展了爱心编织活动，慰问孤残儿童、"爱心接力"志愿者活动，以及定期慰问社区孤寡老人等活动。

开展"文明细胞"建设工作。集团公司 2008 年 1 月授予宜宾发电公司"2007 年度安全文明生产达标企业"称号，授予宜宾发电公司"2007 年度文明单位"称号。四川公司 2008 年 5 月授予宜宾发电公司模范职工之家称号。

四川华电杂谷脑水电开发有限责任公司

概况

四川杂谷脑水电开发有限责任公司（简称杂谷脑公司）于 2000 年 6 月 28 日组建成立，是原国家电力公司直属的"五大一小"水电流域开发公司之一，注册资本金 5000 万元。2003 年，根据国家电力体制改革精神及公司第五次股东会决议，公司股东变更为中国华电集团公司、阿坝州国有资产运营公司、国电成都勘测设计研究院及安蓉建设总公司，杂谷脑公司更名为"四川华电杂谷脑水电开发有限责任公司"。后经第十次股东会批准，股东变更为中国华电集团公司、理县水电开发有限责任公司、中国水电顾问集团成都勘测设计研究院及安蓉建设总公司，4 家股东持股比例分别为 49%、30%、11%、10%。2008 年，杂谷脑公司召开年度第一次临时股东会，经各股东协商，同意将集团公司所持 49% 的股份转让给华电国际，其他股东所持股份不变。同时，增加杂谷脑公司注册资本金至 2 亿元。

自划归集团公司至 2007 年 4 月，杂谷脑公司直属集团公司管理，后由四川公司管理。2008 年 7

月，按照“资产所有权与经营管理权分离，区域统一管理”的原则，公司工程建设、生产经营、干部人事、项目前期等工作由四川公司管理，财务资产由华电国际管理。

杂谷脑公司是一家从事水电及其他新型清洁能源开发的具有一定实力的流域公司，主要开发建设位于四川省阿坝州境内的杂谷脑河流域各梯级电站。目前已经建成红叶二级电厂（90MW）、薛城电站（138MW），正在建设狮子坪电站（195MW）、古城电站（180MW）。

领导人员

董事长（法人代表）：王辉

副董事长：李川

董事：章建跃、王殿林、朱荣华、陈存来、伍连才、徐祝山、吴昌辉

监事：陈炜民、童玉德、文成华、丁圣民、段光红

党委书记、总经理：徐祝山

党委委员、副总经理：陈清文、马文龙、杨毅

总工程师：粟兴国

副总会计师：韦熙

副总工程师：匡世荣

副总经济师：付国元

年度工作业绩

1. 抗震救灾及恢复生产建设取得重大胜利

“5·12”汶川特大地震发生后，杂谷脑公司迅速启动突发事件应急预案，成立抗震救灾指挥部。红叶二级电厂和薛城电厂在紧急停机并启动闸首备用柴油发电机开启泄洪闸后，迅速开展生产自救，以最快的时间恢复厂用电；狮子坪、古城两电站工程建设指挥部迅速组织人员科学撤离，确保了各工作面施工人员的生命安全；转移炸药、雷管等危险品及部分重型机械设备，迅速转移档案资料，及时订制活动板房，全力保障灾后重建物资供应；认真履行社会责任，积极提供人力、物力援助地方抗震救灾。踊跃捐款捐物，党员、团员自愿缴纳“特殊党费”、“特殊团费”，积极支援灾区。薛城电厂、红叶二级电厂分别于11月14日、11月15日并入四川电力系统主网发电。狮子坪、古城电站建设已全面恢复。公司工作、生活秩序已完全恢复正常状态。公司抗震救灾工作得到了集团公司、四川公司各级领导的充分肯定和高度赞扬。荣获全国总工会“工人先锋队”、集团公司“中央企业抗震救灾先进集体”等荣誉称号。

2. 安全生产经受住严峻考验

杂谷脑公司按照“有意、有心、有为”的安全理念，积极开展安全生产管理、监督工作。不断完善安全管理制度，强化安全督察，加大安全管理和监督考核力度，高标准、严要求开展隐患治理工作。公司的安全施工、安全生产水平不断提高，安全形势稳定。截至2008年底，红叶二级电厂已连续安全生产2261天，薛城电厂连续安全生产386天。公司未发生重大交通事故、火灾及其他人为安全事故，顺利实现全年安全零事故目标。

面对2008年杂谷脑河来水偏枯、特大自然灾害等对电力生产带来的不利因素，杂谷脑公司充分利用各种有利条件，深入开展电力生产营销工作。一是科学调度，精心运行，努力克服震灾影响，确保正常发电期间高水平的发电量。二是加强设备管理，严格遵守设备操作制度，切实做好设备检修技改和设备消缺工作，努力提高机组利用小时，为满发、多发创造有利条件。三是与省、州级电网公司等相关职能部门积极沟通协调，为电力生产和营销创造良好的外部环境，电力营销工作取得较好成绩。四是狠抓电费回收工作，公司全年应回收电费9050万元，营销口径回收率100%。五是切实降本增效，着力降低生产经营成本，严格控制各项财务费用，努力改善公司经营状况，取得了较好的成绩。

受地震影响，杂谷脑公司年度生产经营受到重创。从2008年5月12日~11月14日超过半年时间未能正常发电，与2007年同期相比，两电厂全年损失电量约7.26亿kW·h。杂谷脑公司2008年全年发电量2.52亿kW·h，完成考核目标的27.65%；全年上网电量2.45亿kW·h，完成考核目标的27.40%；全年厂用电率0.58%，综合厂用电率2.88%，分别高出考核值0.33%和0.88%。全年主营业务收入7759.23万元，主营业务成本8628.37万元，财务费用8571.73万元，全年亏损12399.08万元。

3. 工程建设进展顺利

杂谷脑公司积极营造健康、和谐的建设环境。鼓励优化设计、优化施工，严格控制工程变更。受地震影响，狮子坪、古城两电站主体工程、施工供电线路、部分施工设备设施、场内外交通道

路都受到损坏。同时，由于两电站工程地质条件异常复杂，Ⅳ、Ⅴ类围岩所占比例大大超过设计值，导致制约两电站发电工期的隧洞工程开挖、支护难度加大，加之如狮子坪4号支洞下游恶性塌方、震后大坝灌浆廊道开裂及古城电站7号支洞上游开挖支护难度大、压力管道受断层影响施工难度增加、震后厂房后边坡变形等一系列不利影响，两电站工程总体施工计划和发电节点目标有所滞后。面对以上困难，公司及时组织技术力量到现场察看，进行技术攻关，讨论制订最优方案。会同参建各方“会诊”，加大管理人员、机械设备各方面投入，细化并落实施工计划，最大限度地缩短直线工期，使两电站各标段施工进度基本在控。两电站将确保在2009年底分别实现“三投”目标。

生产经营管理

2008年，杂谷脑公司以集团公司“对标管理年”活动为契机，以提高管理水平为目标，深入扎实开展对标管理活动。一是强化组织领导。成立了以总经理为组长的对标管理领导小组，领导亲自抓协调、抓督促，亲自策划组织活动的开展，及时总结对标管理新做法、新经验，切实解决对标管理出现的问题。二是重视技术培训。以学习文件、网站宣传、会议发动等多种形式对员工进行培训，增强员工实施对标管理的自觉性和主动性。组织杂谷脑公司全体员工进行对标管理知识考试，强化对标管理意识。三是细化指标，落实责任。逐级建立动态的对标指标体系，做到保证措施、责任人员、监督考核“三到位”，切实做到人人有指标，层层抓落实。四是精心组织，务求实效。紧密结合公司业务流程、管理环节，把经营管理工作的重点、难点作为对标管理的突破口，及时制定措施，狠抓落实，确保成效。

党的建设、精神文明建设、企业文化建设

杂谷脑公司认真贯彻落实党的“十七大”精神，切实加强党的思想建设、组织建设、作风建设、制度建设和反腐倡廉建设。一是坚持加强政治学习。坚持全员学习和中心组学习相结合，努力提高党员领导干部党性修养和防腐拒变能力。公司经营班子坚持每月开展专题学习会，及时、认真学习党的有关政策和集团公司党组、四川公司党组有关文件精神，并认真贯彻落实。二是深入开展党风廉政建设。建立党风廉政制度、监督、考核长效机制。完善公司《廉洁从业细则》、《领导任期经济责任审计实施细则》等相关制度，编制公司《廉洁文化手册》。公司全年未发生党员干部违法、违纪及职工违法现象，继续保持集团公司“党风廉政建设优秀单位”荣誉称号。

同时，杂谷脑公司大力加强企业文化建设，“融合，共创，同享”的企业核心价值体系不断完善，“以和为贵，以事为先”的企业精神深入人心，员工的向心力和凝聚力不断加强。文明创优工作成绩进一步巩固，继续保持集团公司“文明单位标兵”荣誉称号，正积极开展争创四川省“文明单位”准备工作。

中国华电集团公司宜宾发电总厂

概况

中国华电集团公司宜宾发电总厂（简称宜宾总厂）位于四川省宜宾市西南方9km处的金沙江畔。宜宾总厂于2003年2月21日加入集团公司，是集团公司的内部核算单位，装机容量为600MW，拥有固定资产近18亿元，为四川电网主力电厂之一。

宜宾总厂成立于1993年1月，由原宜宾发电厂、豆坝发电厂和当时在建中的黄桷庄发电厂（国家“八五”重点工程）组建而成，是四川电力系统首家成立的区域性火力发电总厂。1995年4月，黄桷庄发电厂改制为黄桷庄发电有限公司，成立独立法人。控股方四川省电力公司授权宜宾发电总厂为代管单位，具体负责黄桷庄电厂的生产运行及维护管理工作。2002年12月，根据宜宾发电厂实际情况，四川省电力公司决定（川电人资［2002］173号文件），自2002年12月1日始，宜宾发电厂和宜宾发电总厂脱离管理关系。

宜宾总厂所属豆坝发电厂位于宜宾县安边镇豆坝村金沙江畔，距宜宾市城西23km。按照国家节能减排要求和关停小火电机组计划，豆坝发电厂2号机组（50MW）于2006年底关停，1号机组（50MW）于2007年底关停，3号、4号机组（100MW）于2008年3月15日关停。豆坝电厂已成为机组全部关停的空壳电厂。黄桷庄电厂位于宜宾市西南方9km，现装机容量为2台200MW机组，是国家“八五”重点工程。

截至2008年底，宜宾总厂下设厂长工作部、生产技术部、安全质量监察部、人力资源部（教育培训中心）、财务部、计划规划部、燃料部、党委工作部（宣传新闻中心）、工会办、监察审计部、行政部，同时下辖豆坝电厂留守处、黄桷庄发电厂、宜宾华电电力工程公司、宜宾旭能实业集团有限公司，职工总数为1722人。

领导人员

总厂厂长：张让广

总厂党委书记：向友成

总厂纪委书记、工会主席：郑修国

总厂副厂长：谷峰、刘白天、何守光、张吉强

黄桷庄电厂厂长：方万兴

年度业绩

2008年，完成发电量15.41亿kW·h，实现利润3844万元，较年初四川公司下达的扭亏增盈指标-1802万元，增加利润5646万元。完成厂用电率11.72%、综合供电煤耗393.48g/(kW·h)。

生产经营管理

宜宾总厂始终把安全生产放在首位，扎实开展安全生产“隐患治理年”和“对标管理年”各项工作，全面落实安全生产责任制，切实抓好人身安全和设备安全。进一步优化整合安全监察人员队伍，提高安全监察人员待遇，推行安全监察人员调考和绩效评估量化考核等措施。创新提出并认真落实“安全生产要做到双保险、三保险及多保险”、“安全工作中拒绝做三种危险的人”、“没有安全就没有发展”等安全文化理念，营造了“我要安全、我懂安全、我保安全”的安全氛围。做到安全生产压力层层传递、制度保证严密有效、安全教育持之以恒、监督检查严格细致、齐抓共管形成合力。2008年，取得了宜宾总厂自成立以来的首个安全生产1000天，荣获集团公司、四川公司“安全生产先进单位”称号，开创了安全生产的新局面。截至2008年12月31日，全厂实现无事故安全纪录1226天。

坚持全员、全要素、全过程对标，将活动延伸到部门、班组和岗位，形成了层层有指标、人人有目标的对标链条。强化运行管理，积极应对节能调度，做好备用机组的维护保养工作，抓住一切机会抢发、优发电量。重视并加强燃料管理，及时调整进煤方案，加大存煤管理和市场分析，确保电煤供应，保证了机组的正常运行；在第4季度长达70天没有发电任务的情况下，启动防止存煤自燃的应急预案，煤场堆温得到了有效控制，未发生自燃现象。

2008年，面对豆坝电厂全面关停、收入来源减少、补偿政策不确定等困难，加强与省、市各级部门的沟通、协调。经过多方努力，争取到关停小火电机组电量补偿4615万元，淘汰落后产能财政奖励资金6750万元及2007年关停1号机组财政奖励100万元。

项目发展

大力发展水电、煤炭等产业，在甘洛水电站已取得较好的经营业绩的基础上，开展宗佑煤矿15万t技改工程建设和格闹河水电公司云贵桥电站建设和核准工作。

党的建设、精神文明建设、企业文化建设

宜宾总厂坚持以安全生产经营工作为中心，在生产经营活动中积极探索企业党建工作新途径：以创建“四好”领导班子为契机，强化“五种意识”，增强班子合力；夯实党建基础，健全党建管理体系，狠抓党风廉政建设，全方位构建惩防体系；把发挥党组织和党员的“四个作用”作为着力点，积极开展“创先争优、党员突击队、党员示范岗”和“为抗震救灾作贡献、为灾区人民献爱心”活动；切实抓好党建带工建、党建带团建工作，充分发挥群团组织的主力军作用；开展丰富多彩的文体活动，重点协助四川公司，完成了在总厂举办的职工篮球比赛。

宜宾总厂以培育企业共同价值观为核心，致力于企业文化理论和实践的探索，以大文化和大管理的视觉，从文化的多元性和管理的多样性中寻找融合点，全方位构筑经济文化一体化的企业文化，把文化的传播、引导、启迪、教育功能注入企业管理中。走出了一条“以文育人、以文兴企、人企共赢”的文化兴企之路，形成“共建美好家园、共塑美好形象、共创美好未来、共度美好人生”、“共享工作快乐、共享劳动成果、共享集体荣誉、共享美好生活”、“个人愿景、家庭愿景、团队愿景、企业愿景”的“四共”、“四享”、“四愿”协调发展的宜电“共好”文化。

华电四川发电有限公司磨房沟发电厂

概况

华电四川发电有限公司磨房沟发电厂（简称磨房沟发电厂）地处四川省凉山彝族自治州。始建于1964年，1973年1月建成发电，为国家“三线建设”重点工程锦屏电站提供施工电源，是雅砻江流域水电资源开发的第一座水电站，是用天然溶洞泉水发电的高水头引水式水电站，拥有3台1.25万kW水电机组，总装机3.75万kW，年设计发电量2.34亿kW·h，建厂至今，已累计发电40多亿kW·h，创产值近4亿元，为攀西地区工农业生产、西昌卫星发射基地安全供电做出了突出贡献，先后获国务院、电力工业部、四川省“民族团结进步先进集体”、四川省“社会治安综合治理模范单位”、集团公司和四川公司“文明单位”、四川省“最佳省级文明单位”等荣誉称号，被誉为“凉山明珠”。

2008年，磨房沟发电厂管理水平不断提高，经济效益稳定，精神文明建设成果丰硕，保持“中国华电集团公司文明单位”、“华电四川公司文明单位”、“华电四川公司安全文明生产达标企业和无违章企业”等荣誉称号，继连续14年保持“省级文明单位”称号后，被四川省委省政府正式命名为“最佳省级文明单位”。

2008年底，磨房沟发电厂下设厂长办公室、生技处、安监处、劳人处、财务处、营销处、纪检监察审计处、党委工作部、工会、政策法规处、保卫处、行政处、培训中心、退管处14个处（室）和运行生产分场、电力工程及多种经营两个公司。企业在册职工250人，其中专业技术人员101人，有中、高级技术职称者51人，中专及以上学历227人。

领导人员

厂长：栗兴国

厂党委副书记、纪委书记兼工会主席：杨建华

副厂长：邱宁

主要领导人员变动情况：2008年12月11日栗兴国调离，由谢斌任磨房沟发电厂厂长。

年度业绩

2008年，安全生产形势稳定，没有发生设备事故、重大火灾、电厂垮坝和恶性误操作事故，再次实现了“零非停”，顺利完成了全年各项安全生产目标。截至2008年12月31日，全厂实现安全生产3401天。全年共实现利润总额1031万元。

生产经营管理

2008年，磨房沟发电厂认真落实安全生产责任制，深入开展“隐患治理年”活动，认真开展无违章企业创建、安全文明生产标准化管理等工作；有针对性地开展员工安全技术专项培训，提高员工安全素质；重视设备治理和文明生产整治，进一步完善缺陷管理制度，全年未发生一起恶性误操作事故；采取各种措施提高设备巡检质量，提高设备运行可靠性；重视防汛、交通、消防等安全，修订完善各项应急预案，并开展实地演练，提高各级人员应对能力；广泛开展安全生产知识宣传教育，使安全文化理念深入人心，确保了安全生产工作的可控、在控，安全生产保持良好态势。

2008年，围绕集团公司“对标管理年”活动的开展，认真组织实施企业营运改善，采取积极的措施，以“对照先进、查错纠弊、持续改善、不断超越”的对标管理机制来自我加压。始终坚持以效益为中心，在来水断流无发电收入困境依然持续的情况下，按照“全面推进、重点突破”的原则，紧密结合自身实际，采取积极有效措施，一方面挖掘内部管理的潜能，倡导节约，管控成本，不断规范财务管理，不断强化内部控制，依法治企，进一步规范经营，确保了利润目标顺利实现。同时，外争索赔，积极向二滩公司锦屏建设管理局开展索赔工作，努力增收节支，扩大降本增效的成果。2008年共实现利润总额1031万元，超额完成四川公司下达的1029万元扭亏增盈利润考核目标。

项目发展

2008年，磨房沟发电厂仍把外谋发展、内强素质、力保企业和谐与稳定当作重中之重工作来抓。

一是积极实施“走出去”战略，狠抓员工培训，为自身发展壮大和华电在攀西水电发展做好人才储备，为企业将来的发展打下了坚实的基础。二是坚持以做强做大华电事业为己任，结合优势，积极在凉山州及周边地市寻找新的水电开发项目。2008上半年，积极主动多次深入米易、攀枝花等

地，就米易县安宁河下段开发权问题与米易县政府、攀枝花市发展改革委以及相关职能部门进行多次磋商，最终协助四川公司于5月20日取得安宁河下游米易县境内城南电站尾水至湾滩电站回水河段的丙海、垭口和楠木三级电站总装机约10万kW的水电项目开发权。三是努力对外拓展，凭借多年来积累的水电建设、变电站运行方面丰富的管理经验和吃苦耐劳的优良作风，于2008年10月成功取得了木里河立洲、沙湾和卡基娃三个施工变电站的委托代管项目；西昌华电电力工程有限公司在确保主厂安全检修生产基础上，发挥优势，努力拓展外部业务，通过积极主动的优质服务，树立了良好的华电企业形象，2008年主营业务总收入实现523.82万元，同比增加168.87万元，增长47.58%，为下一步继续拓展市场奠定了良好基础。厂多经公司顶住困难，抢抓机遇，积极拓展外部市场，取得一定成绩。

党的建设、精神文明建设、企业文化建设

围绕中心抓创建，抓好创建促发展。坚持不懈地把精神文明及党建工作放在突出位置，认真制订年度精神文明建设工作计划，完善创建措施和方案，广泛开展文明单位创建活动，坚持开展两年一度的文明细胞工程评选表彰活动，充分发挥党组织的政治核心作用，使其在维护企业和谐稳定、提升企业凝聚力、调动员工积极性方面发挥了重要作用，精神文明建设硕果累累，“四个文明”建设协调发展，文明单位创建工作再上新台阶。11月25日，被四川省委省政府命名为“最佳省级文明单位”，继续保持集团公司、四川公司文明单位荣誉称号。

坚持以确保企业稳定为重点，加强思想政治工作。认真抓好队伍建设，进一步加强员工政治理论和业务知识学习培训，不断提升员工思想道德素质和职业道德水平；利用各种载体，加强形势任务宣传教育，充分发挥思想政治工作优势，坚持季度职工思想动态分析制度，特别是围绕“藏独”事件、北京奥运会和纪念改革开放30周年等重要事件开展了摸排不稳定因素和思想动态分析活动，排查不稳定因素，针对员工关心的热点难点焦点问题，及时做好化解矛盾、理顺情绪工作，确保企业和谐稳定。

加强企业文化建设，在西昌生活区新建立了员工阅览室和文体活动室，进一步改善、提高职工工作生活环境；外塑形象，内求团结，积极开展爱心帮扶和送温暖活动，认真履行社会责任，彰显华电形象，为促进企业和谐、稳定和科学发展营造了良好的舆论环境；以文化建设陶冶人，大力宣贯《华电宪章》、四川公司和磨电企业文化理念体系，倡导“砺志、践行、尚真、拓新”磨电精神，积极组织参加公司系统的文体赛事，开展形式多样的文体活动，丰富员工文化生活。2008年1月，磨房沟发电厂选送的舞蹈《火颂》代表华电四川公司参加了集团公司成立五周年庆典晚会，得到了一致好评。10月底，厂男子篮球队参加了华电四川公司在宜宾发电总厂举办的首届篮球比赛，取得第一名。

四川华电攀枝花发电公司

概况

四川华电攀枝花发电公司（简称攀枝花公司）于1999年3月28日在撤并原攀枝花、河门口、新庄电厂基础上组建而成，2002年底电力体制改革后划归中国华电集团公司管理，2003年更名为四川华电攀枝花发电公司。2004年11月划入四川公司。

攀枝花电厂原名渡口发电厂，亦称501电厂。1964年9月筹建。一期2台2000kW机组于1965年7月全部竣工投产。二期3台1.2万kW发电机组于1967年建成发电。1974年底，2×2000kW机组拆迁后，发电容量3.6万kW，隶属原渡口电业局，1987年在渡口电业局撤销之后更名为攀枝花发电厂，隶属于原四川省电力工业局。1999年3月归并攀枝花发电公司后，更名为攀枝花发电公司攀枝花站，归属四川省电力工业局管理。

河门口发电厂亦称502电厂。1964年开始筹建，一期4×2.5万kW机组于1967年4月开始安装，1970年6月一期工程全部竣工投产。1971年二期2×5万kW机组工程开始安装，1972年12月首台5万kW高温高压双水内冷汽轮发电机组装毕发电。由于受到“文化大革命”的干扰，第二台机组被迫缓建，延迟至1985年4月才建成投产。至此河门口发电厂总体规划完成，发电能力20万kW，隶属原渡口电业局。1987年在渡口电业局撤销之后隶属于原四川省电力工业局。1999年3月攀枝花发电公司成立后，归并攀枝花发电公司，更名为攀枝花发电公司河门口站，归属四川省电力工业局管理。

新庄发电厂亦称503电厂。20世纪60年代中叶，开始筹建。1968年9月洞室全面开挖。1971年完成洞室挖掘任务并开始机组的安装。1974年12月1号机组安装完成并试转。1975年4月正式移交生产。1977年4月2号机组装毕发电，总装机容量10万kW，隶属于原渡口电业局。1987年在渡口电业局撤销之后隶属于原四川省电力工业局。1999年3月该厂归并攀枝花发电公司，更名为攀枝花发电公司新庄站，归属四川省电力工业局管理。

以上三厂于2002年底电力体制改革后划归集团公司管理，2004年11月划入四川公司。

攀枝花公司于1999～2007年按国家规定先后共关停33.6万kW小火电机组，现已无在役运行机组。攀枝花公司保持了“四川省文明单位”、中国华电集团公司“文明单位”称号及“扭亏增盈突出贡献奖”。2006年，攀枝花公司设8部2室1处共11个职能部、处、室，生产设发电部及攀枝花法拉电力检修有限责任公司，多经组建三维实业集团公司。

攀枝花公司面对已无在役运行机组的严峻形势，立足地方经济发展和用电发展趋势，实施2×300MW循环流化床燃煤（矸石）机组异地扩建工程，项目已列入四川省“十一五”中后期规划。2007年8月18日，国家发展改革委以发改办能源［2007］1985号《国家发展改革委办公厅关于2007～2010年煤矸石综合利用电厂项目建设有关事项的通知》正式批复该公司2×300MW煤矸石发电厂项目，建设时序2009年。项目初步可行性研究报告已通过中咨公司专家组审查，正在进行可行性研究报告编制前的收资工作。

领导人员

总经理：胡尚诚

党委书记：李显东

副总经理、总工程师：高泽勇

副总经理：王方容、贺熹坤

纪委书记、工会主席：郑世奉

总会计师：李剑

年度业绩

因所有机组已经关停，2008年，无生产指标。

经过上下、内外的共同努力，公司取得2008年置换电量9.127亿kW·h，减亏4500万元。

为贯彻国家淘汰落后生产能力和落实节能减排政策，公司先后关停全部50MW小火电机组，获得了共计1211万元的淘汰落后产能中央财政补贴。

生产经营管理

2006～2007年的主要工作开展情况。

因已无主营业务，所有工作都围绕攀枝花三维发电有限责任公司开展。

内部改革

四川华电攀枝花发电公司与攀枝花三维发电有限公司职能管理部门施行一套人员两块牌子管理模式。2008年，根据生产经营实际需要进行了组织机构调整，增设了总工办、燃化部、信息培训部，攀枝花华电电力工程公司对内变更为检修部。分配模式上按照《攀枝花发电公司工资分配制度改革实施方案》执行。

主要经营管理经验

及时分析把握政策、形势的变化，争取各种外部政策的具体落实，是增加企业经营效益的重要工作。加强班组建设适时开展机构改革，有效提高工作效率，确保各项工作顺利开展。做好安全文明标准化管理，做好职工技术业务培训工作，及时掌握职工的思想动态，开展扎实的思想政治工作，凝聚人心，坚定信念，稳定职工队伍，走出经营困境。

华电四川发电有限公司
五通桥发电厂

概况

四川华电五通桥发电厂（简称五通桥电厂）位于四川省乐山市五通桥区，其前身为1970年1月由5501生产筹建处（内厂）与岷江电厂金粟桥发电所（外厂）合并组建的五通桥发电厂，总装机容量11.2万kW。2003年5月，五通桥发电厂更名为四川华电五通桥发电厂，2004年12月划归华电四川发电有限公司。2007年11月更名为华电四川发电有限公司五通桥发电厂。

按照国家有关政策，五通桥发电厂2台5万kW机组已于2006年底正式关停。截至2008年底，五通桥发电厂下设综合部和离退休管理办公室，现有职工245人，其中在岗职工17人，内部退养职工 206 人，协议离岗职工 22 人。

领导人员

厂长：谢斌

党委书记：肖活力

纪委书记、工会主席：熊献伟

副厂长：周智勇、李少虎

主要领导人员变动情况：谢斌于 2008 年 12 月 12 日调离五通桥电厂，由肖活力主持厂行政工作。

年度业绩

2008 年实现利润 92.34 万元，完成了四川公司下达的企业经营目标。

生产经营管理

机组关停以后，五通桥发电厂把关停机组资产处置作为工作的重点认真加以落实，在华电四川公司的指导下，在五通桥电厂党委的坚强领导下，精心组织，周密安排，经留守处全体人员的共同努力，对关停机组资产进行了清理、登记、评估，形成了《华电四川发电有限公司五通桥发电厂 2 × 50MW 关停机组拆除及资产处置方案》，报华电四川公司批准后，积极组织实施，编制了《华电四川发电有限公司五通桥发电厂 2 × 50MW 关停机组拆除及资产处置招标文件》。对预报名投标的 32 家废旧金属回收单位进行了严格的资质审查，对符合资质条件的 25 家单位按规定程序发出了正式的投标邀请书，出售了《华电四川发电有限公司五通桥发电厂 2 × 50MW 关停机组拆除及资产处置招标文件》。2008 年 8 月 13 日召开开标大会，共有 17 家单位到现场投标，当即对 16 家单位的投标进行开标（其中 1 家手续不完备未予开标），并组织专家对开标大会收到的《投标书》按《华电四川发电有限公司五通桥发电厂 2 × 50MW 关停机组拆除及资产处置招标文件》规定进行认真评审，成都市华英平和废旧回收有限公司以 2507 万元报价最终被评标专家组推荐中标。2008 年 8 月 29 日，在满足招标投标文件约定的基础上，经平等协商与成都市华英平和废旧回收有限公司签订了《华电四川发电有限公司五通桥发电厂 2 × 50MW 关停机组拆除及资产处置合同》。在资产处置过程中，五通桥发电厂严格遵守国家、华电集团公司资产处置和招投标的相关规定，自始至终加强廉洁教育，完善制约机制，强化过程监督，确保了相关人员遵纪守法，确保了资产处理依法、合规进行，做到了国有资产不流失、人员不违纪，实现了国有资产处置效益最大化。

党的建设、精神文明建设、企业文化建设

五通桥发电厂领导班子重视对内部离岗退养职工、协议离岗职工的思想教育和管理，努力做好离退休职工的日常服务工作。离退休管理部门工作人员积极按计划以活动组为单位每季度组织退休、内退、协议离岗职工开展兴趣活动，厂领导利用集中活动的机会及时通报公司的生产经营情况和留守处的工作情况，对生病住院的职工都派人到医院探望、慰问，积极协助异地居住职工办理医疗费用报销等服务工作，使他们老有所养、老有所乐，真切地感受到企业对离岗退养职工、协议离岗职工在政治、生活诸方面的关心，从而进一步理解、支持企业的各项工作，确保了企业的稳定。

积极开展抗震救灾、恢复重建工作。“5 · 12”汶川特大地震发生后，五通桥发电厂及时对抗震救灾工作进行安排部署，对办公及职工生活区建筑物进行安全排查，对居住重灾区及其周边地区的职工都及时进行电话联系，了解职工及其家庭的受灾情况。组织动员职工向灾区同胞献爱心，全厂职工积极响应厂党委、厂行政、厂工会的倡议，踊跃向灾区捐款 28000 余元，116 名党员还以缴纳“特殊党费”的方式向灾区捐款 10520 元。

坚持对员工进行日常行为规范教育，扎实开展党的先进性建设和“创先争优”、“检企合作预防职务犯罪”等活动，企业领导人员严格遵守党风廉政规定，厂级领导和中层干部未发生任何违法违纪行为，企业党风廉政建设经华电四川公司考核，综合评价为优秀。

四川华电西溪河水电开发有限公司

概况

四川华电西溪河水电开发有限公司（简称西溪河公司）由四川公司（投资比例 66%）和四川西昌电力股份有限公司（投资比例 34%）共同出资，于 2003 年 11 月 27 日在凉山州注册成立，负责西溪河流域水电资源开发和电站运行管理。

西溪河公司下设总经理工作部、财务部、计划合同部、工程技术部 4 个职能部门和洛古、联补、地洛、青松 4 个工程管理项目部。

西溪河是金沙江下游左岸一级支流，穿越昭

觉、布拖、金阳三县，流域面积2902km²，河道全长174km，落差2773m。干流规划为二库五级，总装机容量47.3万kW，总投资约50亿人民币，年发电量22.0亿kW·h，通过四川省网供电。电站实行同步启动分步实施的开发方案，首期开发第二级洛古电站（2台5.5万kW）、第三级联补电站（2台6.5万kW）和第四级地洛电站（2台5万kW），近期开发第五级青松电站（2台5万kW），远期开发第一级库依电站（3.3万kW）。

截至2008年底，西溪河公司共有职工215人。其中，华电员工141人，外聘员工74人。全部职工中基建人员105人，生产人员65人，社会通用工种人员45人。

领导人员

董事长：杨清廷

副董事长：谭志红、胡贵良

董事：冯荣、李九成、罗俊、罗诚、林军、栗兴国

监事：兰翔、陈世兵、杜静芝、史志卫、李邦志

总经理、党委书记：李九成

副总经理：栗兴国、杨克燕、吴福全、陈忠勇

年度业绩

西溪河公司以“对标管理年”、“质量提高年”为契机，按照“四个凡是”的要求和“高严细实”的工作标准，进一步理顺管理流程，建立健全管理制度，切实改进和加强西溪河公司管理。项目管控模式进一步优化；全面推行了绩效工资制；初步开展了对标管理工作；扎实开展效能监察和纪检监督；加强法制建设；加强电力营销各环节的沟通协调，建立起理解支持的良好工作关系，为实现电站投产后多发电、优化电量结构等电力营销工作奠定了坚实基础。

生产经营管理

工程建设安全、质量、进度、投资基本受控。洛古电站：大坝基本达到EL2031，完成总量的84%；2008年9月23日引水隧洞全线贯通；10月底厂房封顶，1号、2号机主机部分安装完成，主变压器、蝶阀室桥机就位，升压站土建完成，安装完成50%。联补电站：2008年6月24日通过大坝下闸蓄水及机组启动和线路启动验收工作；6月17日～8月17日完成压力钢管焊缝处理和隧洞消缺工作。地洛电站：闸坝基本达到设计高程；2008年11月8日引水隧洞全线贯通；1号机组已移交机组安装工作面，2号机段已完成发电机机墩混凝土浇筑，副厂房已封顶；GIS楼土建完成75%。青松电站：2008年12月获得核准，正积极开展设计优化等前期工作。

稳步推进移民征地工作。2008年度征用各类土地266亩；洛古电站完成移民搬迁完成9户，共27人；库区清理完成50%；移民生产安置工作正在落实中。

全面开展生产准备工作。西溪河公司生产管控模式和定员已确定，生产现场吃住行条件基本具备；生产管理规程规范（初稿）已经出台，联补电站生产工器具已配置到位，备品备件和维护材料已安排采购，仪表校验标准室和流域综合管理库房已建成投入使用；培训工作多层面、多渠道、多批次、多形式全面展开。

项目发展

公司秉承“立足凉山，做强做大做好”的发展思路，在抓好西溪河流域开发的同时，积极协助华电四川公司寻找凉山州其他中型水力资源的洽谈和实地踏勘工作，2008年10月正式签订了爱治日窝河合作开发协议。

党的建设、精神文明建设、企业文化建设

2008年，西溪河公司深入贯彻党的十七大精神，学习实践科学发展观，积极运转党员先进性建设长效机制，充分发挥惩治预防体系的惩防功能，深入开展“一个党员一面旗”、“党员示范岗”等活动，不断加强党的思想、组织、作风、制度和反腐倡廉建设。

大力加强精神文明建设。认真履行社会责任，积极加入支农惠民行动和新农村建设，公司为三县捐资建桥修路建学校医院660万元；企业文化蓬勃开展，和谐工地、和谐企业、和谐环境初步建立，树立了良好的社会形象，社会影响力正在加大。2008年，西溪河公司荣获凉山州文明单位（标兵）称号。

切实加强企业文化建设。按照集团公司“一主多元、各具特色”的企业文化建设原则，构建“四位一体、诚信合作”的工地文化，带出“班子团结、员工进取”的一支队伍，培育“事业心、敬业心、进取心”的“三心”从业理念，构筑了惩防体系和“常修为政之德，常怀律己之心，常

思贪欲之害，常戒非分之想”的“四常”廉洁文化。

全面加强工会工作。完善职工代表大会制度，充分发挥工会“维权、建设、参与、教育”的四大职能以及桥梁纽带作用，切实维护职工权益；围绕“保发电”主题，积极开展“比贡献，保发电”等丰富多样的劳动竞赛活动和职工喜闻乐见的文化娱乐活动，有力地助推了工程建设。

四川华电木里河水电开发有限公司

概况

四川华电木里河水电开发有限公司（以下简称木里河公司）于2005年11月在四川省凉山州西昌市注册成立，由华电四川发电有限公司（出资65%）、四川黄桷庄发电有限责任公司（出资25%）、凉山金源电力开发公司（出资5%）和四川西昌电力股份有限公司（出资5%）共同出资组建。公司负责凉山州境内木里河流域上通坝、卡基娃、俄公堡、立洲等四个电站以及木里河支流电站开发的资金筹措、建设管理、生产运营和贷款偿还等工作，四个电站的开发建设、投产运营对摸索华电中型流域水电开发建设管理模式，培养储备水电开发建设管理人才，改善华电在川资产结构、提升水电比重，以及充分发挥凉山州水电资源优势，促进地方经济和社会发展，积极响应国家西部大开发及川电东送的号召，都将起到积极的推动作用。

木里河流域是雅砻江中游右岸最大支流，根据规划报告，该河段开发方案为“一库六级”，自上而下为上通坝、卡基娃、沙湾、俄公堡、固增、立洲等六个水电站，规划总装机容量147万kW，多年平均发电量66亿kW·h。木里河公司负责开发建设的上通坝、卡基娃、俄公堡、立洲等四个电站的可研设计总装机容量为117.94万kW，多年平均发电量49.05亿kW·h。

（1）上通坝水电站。上通坝水电站采用引水式开发，多年平均流量85.9m^3/s。电站大坝为混凝土重力坝，最大坝高28m，设计装机容量24万kW，多年平均发电量为10.948亿kW·h，工程静态总投资19.47亿元。具有日调节性能。工程建设总工期为48个月。

（2）卡基娃水电站。卡基娃水电站采用混合式开发，多年平均流量99.9m^3/s。电站大坝为面板堆石坝，最大坝高171m，在国内同类型大坝中排名靠前，为四川省最高坝。设计装机容量45.24万kW（含1.24万kW生态流量小机组），多年平均年发电量16.51亿kW·h，工程静态总投资41.96亿元。工程建设总工期为69个月。卡基娃水电站具有年调节能力，对下游梯级电站的补偿效益突出。

（3）俄公堡水电站。俄公堡水电站采用引水式开发，多年平均流量115m^3/s。电站大坝为混凝土闸坝，最大坝高15m，设计装机容量13.2万kW，多年平均发电量为6.07亿kW·h，具有日调节性能。工程静态总投资14.69亿元，工程建设总工期为42个月。

（4）立洲水电站。立洲水电站采用混合式开发，多年平均流量130m^3/s。电站大坝为碾压混凝土双曲拱坝，最大坝高132m，是目前在建的世界第二高碾压混凝土双曲拱坝，设计装机容量35.5万kW（含1万kW生态机组），多年平均年发电量15.52亿kWh。具有季调节性能。工程静态总投资30.16亿元。工程建设总工期为64个月。

木里河公司2008年计划投资86000万元，实际完成投资50064万元，截至2008年底累计完成投资87461万元，

木里河公司机构设置为“四部四分公司”，即：总经理工作部、财务部、计划合同部、工程技术部，以及卡基娃、立洲、上通坝、俄公堡四个电站建设分公司。截至2008年底，木里河公司共有华电在册正式员工117人，其中：基建78人，生产准备39人。

领导人员

党委书记、总经理：胥洪远

党委委员、副总经理：刘强

副总经理：柏子伦

主要领导人员变动情况：党委委员、副总经理刘强于2008年5月到任。原木里河公司党委委员、副总经理廖朝雄于2008年4月调离。

项目发展

2008年汶川特大地震发生后，四川水电开发在专题设计和审查等方面均受到较大影响，且增加了抗震防震专题。在极为艰难的情况下，木里河公司各级人员不怕吃苦、不怕受罪、连续跟踪，迎难而上进一步加大了相关专题的跟踪力度，积

极主动向水规总院和省地震局、省发改委、省移民办、国家发展和改革委员会等各级有关部门汇报，争取理解、支持和帮助，使移民安置大纲和抗震防震专题在审查解冻后第一批通过审查。

2008 年 4 月 23 ~ 30 日，立洲、卡基娃水电站环境影响报告书通过由国家环保部环境工程评估中心组织的审查；6 月 5 日，俄公堡水电站环境影响报告书通过由四川省环境保护局委托四川省环境工程评估中心在成都组织的审查；10 月 7 ~ 8 日，《木里河俄公堡电站工程初步设计报告》通过由四川省工程咨询研究院组织的评审；9 月俄公堡电站防震抗震研究设计专题报告通过评审；11 月 18 ~ 21 日，木里河立洲和卡基娃水电站防震抗震研究设计专题在北京分别通过水电水利规划设计总院主持的审查；12 月 1 日，木里河俄公堡水电站移民安置规划专题通过四川省移民办主持的审查；12 月 29 日，四川省人民政府下达上通坝水电站封库令。全年共完成 38 个专题的编制，审查通过了其中的 34 个专题。

俄公堡水电站于 2008 年 12 月 22 日通过省发展和改革委员会核准；卡基娃、立洲水电站于 12 月初取得国家发展和改革委员会路条，并作为“先移民后建设”水电开发新方针试点。木里河公司荣获“中国华电集团公司前期工作先进单位”称号。

工程建设与管理

木里河公司始终坚持“安全第一、预防为主、综合治理”的大安全方针，结合木里河流域特殊的建设环境和条件，强化分级安全生产管理，重制度、重细节、重坚持。

进一步健全安全管理机构，完善制度，规范管理。根据工程管理人员变动情况及时调整了木里河公司安全生产委员会，成立以各电站建设分公司为主体，设计、监理、施工单位共同组成的安全生产执行委员会，完善了两级安全生产监管机构，落实了各级人员的安全生产责任。结合工程建设实际，2008 年制定印发了《木里河流域电站及道路工程安全管理办法（试行）》、《工程建设安全生产措施费使用管理规定（试行）》、《工程建设质量管理规定》及《工程建设质量奖惩办法》等安全质量管理规章制度，安全文明生产管理水平不断提高。

认真组织开展专项安全检查。结合邻近工程施工中发生气体中毒事件的突发情况，木里河公司立即组织各电站建设分公司和工程参建单位对隧洞施工中的薄弱环节进行专项检查，并整改落实检查中发现的问题。按照四川公司工程部的统一安排，认真组织开展了春季、秋季安全大检查和安全生产月活动，安全监督机构多层次排查纠正安全隐患，巩固了安全生产的良好局面。

切实加强应急管理。制定完善了公司突发事件、森林防火、防洪度汛等各类应急预案。2008 年 3 月 14 日下午，立洲电站建设分公司成功组织扑灭了因学生放学途中在立洲大桥桥头玩耍时引发的山火，受到木里县政府和当地百姓的表扬。

加强旁站监理，狠抓原材料环节管理，严格材料质检、样品抽检。强化业主的监督作用，各电站建设分公司配备专职或兼职的物资管理专责，落实质量监管职责，防止不合格的原材料应用到工程建设中。

及时启动应急预案，积极组织抗震救灾。“5·12”汶川特大地震发生后，在中国华电集团公司和四川公司的统一部署下，木里河公司第一时间启动应急预案，组织开展抗震救灾工作。各电站建设分公司和参建单位对工程建设现场进行了全面的专项检查，重点清查地震对桥梁、涵洞、交通洞、导流洞和原有山体滑坡造成的影响，积极应对因地震原因导致的水泥、钢材涨价和燃油供应紧张等复杂局面，认真分析因原材料涨价及施工人员返乡救灾对工程进度和造价可能造成的影响，制定落实保安全、保质量、保进度的各项工作措施。因组织得力，措施得当，木里河公司员工和工程参建者无一人伤亡，公司财产及在建工程没有受到较大破坏，工程进度受到的影响较小。

截至 2008 年年底，木里河公司没有发生安全责任事故和质量事故，工程质量保持了优良水平。木里河公司和立洲电站建设分公司均荣获“华电四川公司安全生产先进集体”。

公司坚持“强业主、大监理、优设计、精施工”的指导思想，强化参建单位“三方为一方”、“三方保一方”和“四位一体”的工程建管理念，克服施工公路与主体工程同步建设、雨季阻碍、木里县政府对安定桥断道施工 1 个月带来的不利影响，努力协调立洲和卡基娃电站施工准备工程面临的移民征地难题及材料供应等困难。狠抓进度控制，落实进度计划，开展施工质量、进度评比，主体工程进展迅速。截至年底，立洲电站：导流洞开始压水试验，具备大坝截流条件，闸门及启闭机已进行了出厂前验收，具备安装条件；坝区左岸1号交通洞完成了进出口衬砌和路面混凝土浇筑；临时砂石加工系统开始供应骨料；引水隧洞1~7号施工支洞累计掘进2868余m，完成总量的54.12%，3号施工支洞已进入主洞施工。卡基娃电站：导流洞进展迅速，进、出口段合计掘进606m，完成总量的61.15%；场内交通施工进展顺利，已基本成型；则窝沟沟水处理工程排水洞累计掘进90m，完成总量的11.16%；瓦朗沟沟水处理工程排水洞累计掘进150m，完成总量的19.29%。俄公堡电站：引水隧洞完成招标工作，五家施工单位已全部进场，完成开工准备工作。

党的建设、精神文明建设、企业文化建设

木里河公司根据公司+分公司的管控模式，结合公司党员分布情况，进一步加强党的基层组织建设，对党支部进行调整，成立机关党支部、上通坝建设分公司党支部、卡基娃建设分公司党支部、俄公堡建设分公司党支部和立洲建设分公司党支部，党的基层管理工作得到进一步规范和加强，党员干部在项目核准、工程建管和抗震救灾中的模范带头作用得到充分发挥。公司与中干及主管签订党风廉政建设责任书，交纳廉政保证金，大力开展企业文化和廉洁文化建设，提炼企业管理精髓和廉洁理念，制作廉洁从业警示座牌，在机关和生产现场安装举报箱、意见箱，邀请专家举办廉洁从业讲座，对施工供电和业主永久营地等重点项目实施效能监察，开展日常性的廉政打招呼和集体谈话等工作，不断强化干部员工的廉洁从业意识。以“四好”班子建设为抓手，制定、落实创建规划，带动员工队伍建设，大力发掘人才、培养人才，大胆使用人才。随着员工队伍不断壮大，公司领导在各种会议上均要求各级管理人员树立团结协作、坚韧不拔、胸怀宽广、善待他人、欣赏别人的意识，耐住寂寞踏踏实实做事，守住底线干干净净做人。

成都华电三源热力有限责任公司

概况

成都华电三源热力有限责任公司（简称三源热力公司）地处成都市建设南路，其前身为成都电业局热网管理所，始建于20世纪50年代末期，与成都热电厂同期建成投入运行。1996年，四川省电力公司、四川蜀电集团有限公司、四川嘉陵电力有限公司共同出资，将热网管理所改制为成都三源热力有限责任公司。2003年1月，四川省电力公司所持有的成都三源热力有限责任公司51%股份划归集团公司。2006年6月，华电集团将所持股份划归华电四川公司。

三源热力公司是西南地区热力销售历史最长，规模最大的城市集中供热能源企业，由四川嘉陵电力有限公司提供热源，通过公司热力管网的输、配，为成都纺织、制药、烟草、造纸、洗涤、餐饮、医院、学校及建材加工、汽车制造等企事业单位提供常年不间断的生产和生活用热。公司拥有热力管道11000余m，热力配汽站11个，热网覆盖成都市东郊。

截至2008年底，三源热力公司下设综合管理部、生产发展部、营销计划部、财务资产部，员工23人。

领导人员

总经理、党支部书记：张高学

副总经理：吴江

年度业绩

2008年，三源热力公司年销售收入完成全年目标计划的102%，利润完成目标任务的584.11%。

生产经营管理

三源热力公司以建立现代企业制度为核心，以公司战略为统领，以提高经济效益为中心，以加强企业管理为重点，深入开展对标管理年活动，积极应对热用户急剧下降。2008年12月，四川嘉陵电力有限责任公司停止供汽，三源热力公司失去热源，进入关停清算程序。

四川华电珙县发电有限公司

概况

四川华电珙县发电有限公司（简称珙县公司）位于四川省宜宾市珙县孝儿镇天堂坝，距宜宾市约120km。珙县公司依托国家开发筠连煤田和金筠铁路的“煤、电、路”优化配置，距国家批准开发建设的筠连矿区仅20~40km，为典型的煤电联营坑口电厂。规划建设一期2×60万kW、二期2×100万kW，留有再扩建2×100万kW发电机组条件。采用分期建设，一期工程选用世界先进的60万kW超临界、“W”火焰炉发电机组，同步建设全烟气脱硫装置，其中一台建设脱硝装置，另一台预留脱硝装置接口。工程概算总投资48.23亿元。

珙县电厂一期2×600MW工程于2003年正式开展项目可行性研究工作；2007年10月5日取得国家发展改革委同意开展前期工作的“路条”；2008年6月10日，珙县发电厂“上大压小”新建项目取得了国家发展改革委正式核准；2008年6月26日，举行开工典礼。珙县电厂一期工程是“5·12”地震灾害后获得国家发展改革委核准并开工的四川第一个重大项目，计划于2011年实现“双投”。

截至2008年底，珙县公司在册职工总数为148人。机构设置10部，分别为总经理工作部、工程建设部、计划经营部、规划发展部、安全监察部、人力资源部、财务部、物资部、生产准备部、监察审计部。

领导人员

总经理：张让广

副总经理：刘白天、彭宏刚、谷峰

年度业绩

按照“建好珙电、成就宜电”的要求，珙县电厂基础建设进展顺利。截至2008年12月底，已招标确定了项目建设的设计、监理、施工单位；已完成锅炉、汽轮机和发电机三大主机设备合同签订工作；已完成四大管道，第一批、第二批、第三批、第四批、烟气脱硫工程设备、脱硝系统工程设备的合同签订工作。基本完成全厂的场平工作，累计完成土石方量420万m^3，完成主厂房基础、汽轮机底板基础、锅炉基础和烟囱基础的浇筑工作，厂区道路、污水和雨水干管、截洪沟、进厂公路大桥正在加紧施工中。累计完成投资近10亿元。

生产经营管理

在工程建设和管理中，珙县公司坚持按照“安、快、好、省、廉”和投产、效益、效率“三达标”的要求，进一步优化工程设计，在保证安全的前提下，优化图纸，节约投资，努力使珙县电厂工程真正做到指标最优、安全可靠、投资最省。

加强施工组织，积极稳妥推进工程建设，加强重点项目、重要机具、关键节点的管理，确保工程的安全、优质。充分利用目前的有利时机，继续坚持以各类人员岗位培训为重点，大力实施“一岗多技、一专多能”的复合型培训工作，努力培训出一大批合格的经营管理人员、专业技术人员和生产技能人员，满足珙县电厂安全生产需要。

中国华电集团公司陕西分公司

概况

2008年底，华电集团在陕西区域装机容量共264万kW，占陕西电网统调总装机容量的17.33%，居五大发电集团在陕装机容量第2位。

华电集团在陕西区域内控参股的企业及项目分别是：

中国华电集团公司陕西分公司（简称陕西分公司），原为陕西代表处，成立于2007年4月6日，同年12月25日更名为中国华电集团公司陕西分公司，是集团公司在陕西省设立的派出机构，设综合管理部、市场营销部和计划发展部三个部门。主要负责华电集团在陕西省的发展规划、项目前期、电力营销和协调服务等工作。

华电煤业集团公司陕西分公司（简称煤业分公司），负责区域内的煤炭调运计划、煤炭采购合同的签订及煤矿结算工作。

陕西华电蒲城发电有限责任公司（简称蒲电公司），集团公司投资占65%，陕西省投资集团（有限）公司投资占35%，装机容量132万kW。

陕西华电蒲城第二发电有限责任公司（简称蒲电二厂），由集团公司全资投资，装机容量132万kW。

陕西华电榆横煤电有限责任公司电源部分：规划容量732万kW。一期拟建2×66万kW燃煤空冷超临界机组。由华电煤业控股95%，榆林矿业集团参股5%，项目概算47亿元。配套小纪汗煤矿：华电煤业和榆林矿业集团各投资50%。一期工程建成后，生产规模为1000万t/年。煤矿概算投资48亿元。

陕西华电杨凌热电有限公司（简称杨凌热电），规划装机容量132万kW，一期拟建设2×33万kW供热机组。

中国华电集团公司安康电厂筹建处，安康项目拟建容量4×100万kW机组，分两期建设。一期工程计划建设2×100万kW机组。后期建设2×100万kW机组。

西安热工研究院有限公司，集团公司参股12%股份。

陕西中能煤田有限公司榆阳煤矿，为已投产煤矿项目，煤矿地质储量约8亿t，生产规模300万t/年。资产总额10亿元，华电煤业集团公司参股33.5%。

陕西煤业集团黄陵建庄矿业有限公司，在建煤矿项目。地质储量约3.1亿t，规划生产规模240万t/年。预计项目在2010年上半年竣工投产。概算投资12亿元，华电煤业参股30%。

领导人员

总经理、党组书记：许波

副总经理、党组成员、纪检组长、工委主任：张处放

区域年度工作业绩

2008年，蒲电公司完成发电量66.77亿kW·h，同比少发3.87亿kW·h；综合供电标准煤耗率350.72g/(kW·h)，同比下降0.06g/(kW·h)；综合厂用电率7.36%，同比降低0.19个百分点；实现利润－42889.98万元。

杨凌热电于11月13日建成3台20t/h启动锅炉，并向杨凌示范区供热。

区域生产经营管理

在生产管理方面，按照集团公司“隐患排查治理年”的总体部署，加强区域安全生产监督，指导蒲电扎实开展春、秋两季安全大检查、安全生产月、百日督查、隐患排查等专项活动，加大反违章整治和设备隐患排查，堵塞安全管理漏洞；坚持每月安全生产例会制度，分析检查安全形势和问题。截至2008年底，蒲电公司安全生产总体平稳，生产、基建均未发生责任性的人身和设备方面的不安全事件，实现了4个百日安全生产周期，安全生产1302天，创造了新的安全生产纪录。

杨凌热电3台20t/h启动锅炉工程自2008年5月24日开工，到11月13日工程竣工，实现了施工全过程无事故，连续安全施工174天。

在经营管理方面，紧密围绕“三电”、“四煤”工作，建立与省政府相关部门、网、省电力公司的沟通协调机制，全力支持帮助蒲电公司积极争取电量和煤炭补贴政策。促进蒲电公司获得煤炭补贴21元/t，电量计划落实。协调华电煤业集团陕西分公司，落实区域内的煤炭调运计划、煤炭采购及结算工作。2008年直供煤的电厂3家，协供煤的电厂14家，完成煤炭调运量1179万t。

杨凌热电按照“保本微利”原则，采取来料加工方式，为杨凌示范区供热。

区域项目发展

贯彻落实集团公司年中会议精神，变“要我发展”为“我要发展”，启动编制《华电陕西区域发展规划》，积极争取省政府对发展规划的认可与支持。发挥陕西分公司协调优势，加强与陕西省委、省政府及各级地方政府的沟通联系，建立了良好的沟通协调机制，不断加快基建和项目前期工作进程。1月11日，华电集团公司与陕西杨凌示范区管委会共同签署了杨凌热电联产项目合作意向书。同日，陕西省政府、重庆市政府与华电集团公司三方签订合作建设安康电厂协议书。1月20日，省发展改革委将榆横项目列入陕西省2008年开工盘子，并上报国家发展改革委。10月10日，陕西省政府、重庆市政府和华电集团公司共同签发陕西安康火电向重庆送电前期工作请示，上报国家能源局。10月14日，华电集团与榆林市政府签订了战略合作框架协议。12月19日，陕西省发展改革委向国家发展改革委提出杨凌热电公司2×33万kW项目“路条”申请。榆横公司电源项目4月28日工程顺利奠基。

按照集团“安快好省廉”原则，加强蒲电三期工程的协调管理。每月召开基建协调会议，主要领导不定期到现场监督检查，及时协调解决存在问题。协调各参建单位和东汽厂的关系，加强施工技术力量，最大限度减少冰雪、地震灾害对工期的影响，加快工程进度。蒲电公司5号机组于12月5日完成168h试运行，6号机组于12月29日完成168h试运行，于年内实现“双投产”。

改革发展

研究制订区域人力资源规划，优化人力资源配置；按照“民主、公开、竞争、择优”的原则，通过系统内其他区域，重点从蒲电公司借调部分人员，充实本部人员、榆横煤电公司、杨凌热电公司和安康电厂筹建处人员。

党的建设、精神文明建设、企业文化建设

在党的建设方面，协助集团学习实践活动第

三指导组完成蒲电学习实践试点活动任务。4月30日，根据工作需要，经集团公司党组研究，并征得中共陕西省委同意，成立了中共中国华电集团公司陕西分公司党组，许波、张处放任党组成员，许波任党组书记。设立中共中国华电集团公司陕西分公司党组纪检组，张处放任纪检组组长。成立中国华电集团公司陕西分公司工会工作委员会，张处放任主任。

陕西分公司党组成立后，分别成立了分公司机关党支部、杨凌热电公司临时党支部、核电培训班临时党支部。健全完善《中心组学习制度》和《“三会一课”制度》，制订全年中心组学习计划，每月坚持中心组学习制度。组织华电集团在陕各单位负责人及中层以上干部60人，参加十七大精神学习培训班，着力提高领导干部的能力，为华电集团在陕单位提供了有力的组织保证和思想保证。

在抗震救灾保电工作的关键时期，分公司领导深入生产一线，沉着应对、靠前指挥，保证安全生产、生活秩序和队伍稳定。组织广大党员群众积极踊跃参加捐赠活动，分公司本部为灾区捐款13800元。华电集团在陕企业528名党员，以交纳“特殊党费”的形式共为灾区捐款11.01万元。分公司协助华电集团完成向陕西地震灾区捐款100万元的任务，得到省委、省政府的高度评价。

在“七一”党的生日前后，开展形式多样的纪念活动和教育活动，动员广大党员干部坚定理想信念，发挥先锋模范作用，全力以赴完成全年的各项目标任务。组织全体党员收看了集团庆祝建党87周年视频会议，学习领会会议精神。召开机关党支部“共产党员和中央企业在抗震救灾中的责任与义务”专题组织生活会，分公司主要领导还分别参加了蒲电公司和煤业分公司“双先”总结表彰大会和建党87周年庆祝活动。

陕西分公司受集团公司人资部委托，积极做好集团公司第一期核电培训班的组织协调工作，成立临时党支部，为培训班配备专职班主任兼临时党支部书记，制定管理制度，为学员们营造良好的学习、生活环境。分公司领导多次到学校询问学员的学习、生活情况，关心支持培训班的工作。到9月19日圆满完成为期4个月核电班的组织协调工作，达到了预期的学习效果。

根据华电集团的统一部署，于10月29日按时召开党员领导干部民主生活会，积极有效开展批评和自我批评，加强团结，凝心聚力，进一步提高了各级领导班子的战斗力。

在精神文明建设方面，认真贯彻落实依法治企和以德治企相结合的基本方略，围绕项目发展，创办《华电在陕西》内部报纸、出版画册，制定区域新闻宣传报道制度，搭建区域宣传、交流的平台，强化新闻宣传工作，加大宣传力度，树立华电集团在陕西的良好形象，积极营造良好发展的氛围。

加强企业文化建设，开展了《华电宪章》、VI视觉识别系统等具有华电集团特色的企业文化宣贯活动，把华电集团的价值理念贯穿到各项管理中，构建员工认同、具有陕西特色的企业文化，初步形成了与华电集团相统一而又符合陕西特点的企业精神、发展战略和奋斗目标，为项目发展和员工自我价值的实现提供智力支持。

陕西华电蒲城发电有限责任公司

概况

陕西华电蒲城发电有限责任公司（简称蒲城公司）是由集团公司控股（65%）、陕西省投资集团（有限）公司参股（35%）的大型火力发电企业，位于陕西省蒲城县孙镇，距西安140km，紧邻西延铁路和西禹高速公路。蒲城公司下设总经理工作部、劳动人事部、计划发展部、财务部、政治工作部、纪委（监察）室、审计室、工会、创建办、信通部、生产技术部、安全监察部、科技环保部、工程部、发电部、发电二部脱硫分场、汽机分场、锅炉分场、电气分场、热工分场、化学分场、水灰分场、燃运分场、燃料管理部、物资公司、保卫部、离退办、电力实业有限责任公司等29个部、室、分场。

蒲城公司规划装机容量为264万kW，分三期工程建设。一期工程为2×33万kW燃煤直流炉汽轮发电机组；二期工程为2×33万kW引进型国产燃煤机组；三期2×66万kW机组扩建工程于2007年5月15日经过国家发展改革委核准建设，计划2008年内实现双投，工程总投资41亿元。

截至2008年底，蒲城公司在册职工总数为2219人。

领导人员

公司董事长：姜家仁

副董事长：袁知中

董事：褚玉、刘永红、张淑娟、刘明杰

监事会召集人：王晓实

监事：刘明华、陈勇

总经理：刘明杰

党委书记：高福斌

副总经理：张王西、李志龙、王宝林、张新安

纪委书记兼工会主席：陈勇

总工程师：李焱

总会计师：宋建平

主要领导人员变动情况：2008 年 2 月 26 日，刘明杰任电蒲城公司总经理。

年度业绩

2008 年，完成发电量 66.7742 亿 kW·h，同比少发 3.8666 亿 kW·h；综合供电标准煤耗率 350.72g/(kW·h)，同比下降 0.06g/(kW·h)；综合厂用电率 7.36%，同比降低 0.19 个百分点；利润 -42889.98 万元。蒲城公司继续保持集团公司文明单位称号，财务部荣获集团公司 2008 年度先进集体称号。

生产经营管理

2008 年，蒲城公司认真贯彻落实华电集团发展战略，全面落实公司 2008 年工作会议各项部署，积极化解冰雪地震灾害的影响，沉着应对煤价上涨、融资紧张的市场形势，围绕创建华电优秀企业的工作主线，以经济效益为中心，以控亏减亏为重点，利用对标管理的科学手段，统筹抓好生产经营、安全文明生产治理、节能减排等三大任务，生产经营指标进一步改善，安全生产局势平稳，员工队伍和谐稳定。

加强安全管理，始终坚持“安全第一、预防为主，综合治理”的方针，按照集团公司“隐患排查治理年”的总体部署，扎实开展春、秋两季安全大检查、安全生产月、百日督查、隐患排查等专项活动，从“创建无违章部门、无违章员工”入手，加大反违章整治和设备隐患排查，堵塞安全管理漏洞，落实各级安全责任制。截至 2008 年 12 月 31 日，安全生产实现了 4 个百日安全生产周期，安全生产 1302 天，创造了新的安全生产纪录。

狠抓设备管理和文明生产治理，按照集团公司“振奋精神、苦干两年，建成窗口、展现形象”的要求，出台了中长期治理规划，制定了生产设施规范细则，坚持定期维护性治理和集中整治相结合，对一期、二期机组进行了为期半年的系统治理。

在经营管理中，坚持“依法经营，依法治企”的原则，以经济效益为中心，以市场分析为导向，以燃料管理为重点，强化资金运作，外争政策，内强管理，全力控亏减亏。加强政策研究，争取各项政策补贴累计 7053 万元；加强燃料管理，入厂与第三方化验热值差较去年下降了 0.28MJ/kg，水分差控制在 0.2% 以内；通过强化燃料内部管理，入厂入炉煤热值差较去年下降了 0.33MJ/kg，有效降低了燃料成本；加强电力营销，落实电量计划，全力推动煤电联动工作，两次调整电价 3 分/(kW·h)，全年增收 7000 万元；提高电费回收率，应收电费余额 1.5 亿元；加大融资力度，置换贷款 11.25 亿元，缓解了短期偿债压力，严格执行全面预算管理，财务费用比预算节约 383.79 万元。

项目发展

蒲电三期 2×660MW 机组工程于 2007 年 5 月 15 日被国家发展改革委核准，并于 2007 年 6 月 20 日正式开工建设，两台机组分别于 2008 年 12 月 5 日和 12 月 29 日顺利完成 168h 试运行，实现了双投目标。

二期脱硫改造工程于 2007 年 10 月正式施工，2008 年 11 月 10 日通过省环保局环保竣工验收。

内部改革

深化体制机制改革，根据市场形势和工作实际，设立燃料管理部。根据环保减排需要，成立脱硫分场，加强脱硫系统管理，确保减排任务完成。根据三期工程新机试运需要，成立发电二部，从组织上确保新机运行安全稳定。

党的建设、精神文明建设、企业文化建设

以集团公司设立学习实践科学发展观试点活动为契机，结合实际制订了切实可行的《学习实践活动实施方案》，加强学习、调研、定措、整改各个环节的控制，广泛开展深入调查研究工作，形成了 10 份调研报告。并按照边学边查边改的方法，针对检查分析的问题进行了全面整改。

加强企业文化建设，重新修订企业文化建设三年规划，积极宣贯《华电宪章》，组织企业文化

知识讲座，深入开展了“爱岗敬业、诚实守信”主题教育活动，以“弘扬蒲电精神，当好蒲电主人”为主题，开展了“树立一种新理念、掌握一门新技能、提出一条新建议、攻关一项新课题、创造一份新效益”为主要内容的“五个一”活动，提高企业向心力和凝聚力，为蒲城公司各项工作的完成创造和谐健康、积极向上的软环境。

陕西华电榆横煤电有限责任公司

概况

陕西华电榆横煤电有限责任公司（简称华电榆横）于2007年3月28日注册成立，由华电煤业和榆林矿业集团有限公司（简称榆林矿业）共同出资组建。华电榆横负责华电榆横煤电一体化项目的建设和运营，参股建设榆横铁路专用线和王圪堵水库。

华电榆横下设榆横电厂和小纪汗（汉）煤矿，管理上隶属于中国华电集团公司的全资管理单位华电煤业集团有限公司。

华电榆横主要经营电力项目以及煤炭项目的开发、投资、建设和经营；电能及煤炭的生产和销售；电厂废弃物的综合利用及经营；电力技术咨询、服务、电力物资、设备采购；煤炭采购。

华电榆横实行煤电一体化的管理运营模式，实行生产企业的内部核算管理模式，生产运营以外职能（人事、财务、营销、经营）由公司统一管理。

发电厂拟采取委托运营管理方式，煤矿采取自主运营管理方式。发电厂的生产运营拟委托中国华电集团发电运营有限公司承接。

陕西省发展改革委截至2008年底，华电榆横在册职工总数为71人。下设总经理工作部、财务资产部、计划经营部、电建工程部、安全监察部、矿建工程部共6个部室。

按照集团公司建设8个500万kW级火电基地的发展目标和煤业集团打造“四大煤炭基地”战略构想，争取10年三大步，把华电榆横煤电公司建成500万kW级装机和千万吨煤矿的煤电基地。第一步，到2011年，电厂投产132万kW，1000万t煤矿建成投产，控股建设煤矿铁路专用线，参股建设榆横铁路和王圪堵水库；第二步，到2013年，电厂二期两台100万kW机组建成投产，电厂装机332万kW，煤矿产能形成3000万t在建（投产）规模；第三步，到2017年，电厂三期工程投产，形成532万kW装机容量，煤矿建成5000万t煤炭基地，开发建成发煤站、洗煤厂，逐渐形成煤电一体、物流畅通的大型煤电基地。

工程规划建设容量为2×660MW+6×1000MW的燃煤发电机组和年产1000万t的煤炭项目（华电煤业集团公司和榆林矿业集团公司在电厂和煤矿项目的投资比例分别为95:5和50:50），分三期建成。其中一期建设2×600MW级超临界空冷燃煤机组，于2008年4月28日举行奠基仪式，计划2011建成发电，计划投资47亿元。电厂配套项目小纪汗煤矿设计规模1000万t/年，与电厂近期规划耗煤量匹配并同步建设，项目包括煤矿、洗煤厂、铁路专用线三部分，计划投资48亿元。2008年12月15日，由榆林市榆阳区政府组织举行进场仪式，计划2011年建成投产。

领导人员

董事长：丁焕德

副董事长：白万华

董事：李强德、孙维正、王志军、王秀林、王志元

监事会召集人：王瑞天

监事：卢琦、杨云

总经理：王秀林

党委书记：王秀林

副总经理：梁彦鸿、李吉星、王志元

年度业绩

陕西省发展改革委在2008年初和年末先后将电厂和煤矿开展前期工作的请求文件上报国家能源局，目前待批。

电源项目：2007年12月施工队伍进场，2008年4月28日陕北能源化工基地第六次领导小组会议期间工程奠基。

煤矿项目：截至12月10日，精查勘探139个钻孔、6个主井检查孔、1个风井检查孔，1个副井检查孔全部完成，野外工作结束。

11月28日，榆阳区政府专门召开了项目协调会，同意公司开展土地预征和场地平整工作，12月15日举行小纪汗进场仪式，年底南部场地场平工作结束。

在集团公司2009年工作会议上，公司电建工程部获集团公司“基建先进集体”，李润平、阴占

明获集团公司基建先进个人，黄长虹获集团公司安全生产先进个人。在华电煤业集团2009年工作会议上，公司获2008年度华电煤业“先进集体”荣誉称号。

生产经营管理

完善制度，规范华电榆横管理工作。华电榆横制定并下发了82项管理制度，并于5月汇编成册。9月下旬，又下发安全管理制度专项手册，为工程建设的安全管理工作提供了制度上的有力保障。

优化设计，注重造价控制。按照工程创“鲁班奖”和节能设计示范工程的要求，既要保证设备的技术要求，又要确保费用能够得到有效控制。已经完成三大主机、四大管道、空冷岛、第五批主要辅机的招标工作，签订合同191项，总金额31.71亿元。

控制费用，加强资金监控分析。建立以基建投资预算、资金预算、费用预算为主的全面预算管理体系，对预算执行状态实时监控，与业绩考核机制紧密对接，将约束与激励相结合，提高预算管理的刚性和指导性。

协调沟通，打通融资通道。公司一方面积极向股东双方汇报面临的困难，多次行文申请项目资本金按比例同时到位；另一方面多次派专人前往北京与集团公司有关部室进行专题汇报，申请集团公司提供担保，同时加强与各银行的多渠道沟通，争取银行提供贷款。2008年，共到位资金74000万元，其中：资本金29000万元，融资45000万元。完成投资75058万元。

项目发展

2008年1月21日，陕西省发展改革委向国家发展改革委呈报《关于上报陕西省2008年燃煤火电备选项目的请示》。其中，华电榆横煤电一体化项目（按照2×60万kW核准，占2009年一台机组容量）获2008年开工条件。

内部改革

为了优化劳动组织机构，提高劳动效率和管理水平，确保电厂项目和配套煤矿项目前期和基建期各项工作的顺利完成，公司请示华电煤业对公司机构进行增设和职能调整，在原有总经理工作部、计划经营部、财务资产部、基建工程部的基础上，增设安全监察部、监察审计部、矿建工程部三个部门，明确了各部门的职责，同时原基建工程部更名为电建工程部。

党的建设、精神文明建设、企业文化建设

按照集团党组要求，召开了华电榆横年度党员领导干部述职述廉和民主生活会。华电榆横申请成立临时党委已获华电煤业集团党组和榆林市委组织部批准。召开了党员大会，选举成立了第一届临时党委。

华电榆横正从抓好“生产安全、经营安全、政治安全、形象安全”的高度，加强党风廉政建设。与员工签订了廉洁从业目标责任书；组织召开了“廉洁从业、从我做起”专题会议，组织员工学习集团公司廉洁从业“三大纪律、八项注意”，观看“抵制诱惑警示录”拒腐防变教育片；组织员工赴陕西省第四监狱接受现身说法教育。

陕西华电杨凌热电有限公司

概况

陕西华电杨凌热电有限公司（简称华电杨凌公司）位于陕西省杨凌示范区，东距西安市82km，西距宝鸡市86km，紧邻陇海铁路和西宝高速公路。华电杨凌公司前身是陕西华电杨凌发电厂筹备处，2008年1月14日经华电集团党组研究决定成立。2008年8月18日，集团公司下发《关于成立陕西华电杨凌热电有限公司的通知》，9月24日华电杨凌公司在杨凌工商行政管理局登记注册，由中国华电集团公司控股90%、杨凌鑫诚基础设施投资有限公司参股10%。

华电杨凌公司下设综合管理部、前期计划部、工程技术部、生产准备部4个部室，分别对各项工作具体负责。

领导人员

总经理：王勇彬

副总经理：裴小明

总经理助理兼工程技术部主任：李文军

副总工程师：张恒毅

年度业绩

2008年1月11日，集团公司与陕西杨凌示范区管委会共同签署了杨凌热电联产项目合作意向书。

根据意向书约定，陕西华电杨凌项目计划分三步实施。第一步：2008年4月开工建设、10月底前先期建成符合国家环保要求的中温中压燃煤供热锅炉，作为杨凌燃机热电厂（1×55MW）关停后两年的替代热源，将来作为陕西华电杨凌热电厂（2×330MW）的启动锅炉使用。第二步：按照“上大压小”模式，关停杨凌现有燃机热电厂（1×55MW）后，于2009年开工建设一期工程2×330MW亚临界燃煤供热机组。工程建成后将替代杨凌示范区176台分散的小锅炉，为示范区提供可靠的电力和热力保障。第三步：根据陕西电力负荷增长的需要，二期工程（2×1000MW）预计于“十二五”期间适时建设。

项目发展

华电杨凌公司按照“特事特办、急事急办”的原则，打破常规，先期建设原本作为2×330MW供热机组配套项目的启动锅炉。实现连续安全施工162天，提前2天完成了建设任务。11月13日，启动锅炉建设工程顺利通过由示范区发改局、经贸局组织相关单位进行的验收，具备向示范区供热条件。

为确保启动锅炉建成后安全稳定地向杨凌示范区供热，参照《中国华电集团公司新建火电机组生产准备工作管理规定（A版）》，从五方面积极开展启动锅炉的生产准备工作：一是6月配齐启动锅炉16名运行人员；二是7月开始，采取理论学习，聘请专业教师、设备厂家技术人员讲课和赴咸阳彩虹热电公司、蒲电公司现场实习等方式，从专业理论、专业知识和基本操作技能方面，扎实开展了培训工作；三是9月组织运行人员进入启动锅炉施工现场，熟悉设备、系统，全过程地参与设备分部调试，系统带电和锅炉打压、点火、烘炉、煮炉、吹管等操作，经严格考评，16名运行人员全部具备持证上岗条件；四是9月末完成了建章立制工作，编制了启动锅炉运行规程、系统图、操作卡、报表和生产技术管理标准、生产管理制度汇编；五是10月完成了生产物资准备工作。制作了设备、阀门标志牌、安全标示牌。配齐了安全工器具、劳动防护用品及化学仪器、药品等生产需用物资。

2008年2月29日，陕西省发展与改革委员会以陕发改煤电函［2008］54号《关于杨凌示范区集中供热热源工程建设的复函》文件，批复允许陕西华电杨凌项目开展前期工作。7月17～19日，《陕西华电杨凌发电厂2×330MW工程可行性研究报告》通过中国国际工程咨询公司组织进行的审查。12月19日，陕西省发展改革委向国家发展改革委报出了公司2×330MW项目“路条”申请。

截至12月31日，2×330MW项目前期工作已取得各类支持性文件50个。其中，22个示范区文件，9个省级文件，19个其他支持性文件。

党建工作和企业文化建设

2008年8月6日，公司临时党支部成立以后，健全完善《中心组学习制度》和《“三会一课”制度》等各项党群管理制度，适时组织党员学习《党章》、《中国华电集团公司基层党支部工作条例（试行）》、《中国共产党第十七届中央委员会第三次全体会议公报》和集团公司总经理、党组副书记云公民在陕西调研期间的讲话精神等。要求公司全体党员不仅在程序上、形式上入党，在思想上、行动上也要入党，积极在六个方面做出模范：一是做坚定执行党的路线、方针、政策的模范；二是做严格执行上级各项决策、决议的模范；三是做吃苦耐劳、享受在后的模范；四是做心系群众、心系组织、心系企业的模范；五是做营造企业和谐的模范；六是做奉献企业的模范。

三个方面强化企业文化建设：一是开展了讲学习、讲正气、讲和谐、比贡献“三讲一比”活动；二是引入“6W1H”管理模式，对公司布置工作、接受工作、落实工作、汇报工作、总结工作进行了规范管理；三是围绕公司不同阶段的中心任务，积极开展宣传报道工作。

陕西安康电厂筹建处

概况

陕西安康电厂筹建处（简称安康电厂筹建处）成立于2007年1月8日。厂址位于陕西省安康市石泉县池河镇东北丘陵台地，西北距石泉县约17km，东南距安康市约90km。场地面积可满足电厂4×100万kW机组建设用地要求。截至2008年底，安康电厂筹建处共有员工8人。

领导人员

主任：张处放

副主任：王朝阳

工程建设与管理

陕西华电安康电厂规划容量4×100万kW超超临界燃煤机组，分两期建设，并留有扩建余地。一期建设2×100万kW超超临界燃煤机组，计划

2009年开工建设，“十二五”初期建成投产；二期建设2×100万kW超超临界燃煤机组，计划“十二五”期间投产。

2008年1月11日，陕西省政府、重庆市政府与华电集团公司三方签订合作建设安康电厂协议书；4月7~9日，中国国际工程咨询公司审查通过《安康电厂一期2×1000MW超超临界燃煤机组可行性研究报告》；10月，陕西省政府、重庆市政府和集团公司共同签发陕西安康火电向重庆送电前期工作请示，上报国家能源局；11月21日，西安铁路局在安康石泉县组织召开陕西华电安康电厂一期工程（2×1000MW）铁路专用线可行性研究报告审查会；12月12日，水资源论证报告审查会在武汉召开，通过了长江水利委员会专家评审。

中国华电集团公司甘肃能源项目筹备处

（甘肃华电瓜州风力发电有限公司）

概况

中国华电集团公司甘肃能源项目筹备处成立于2007年11月20日，主要负责集团公司在甘肃省能源项目的前期筹备工作。2008年11月，根据工作需要，甘肃筹备处划归中国华电集团新能源发展有限公司管理。筹备处设计划发展部和综合管理部两个部门。截至2008年底，共有领导人员1名，工作人员3名，工作人员均由甘肃华电瓜州风力发电有限公司兼职。

领导人员

主任：牛万虎

副主任：王和平

主要领导人员变动情况：2008年11月，牛万虎不再担任筹备处主任职务，王和平任筹备处副主任。

工程建设与管理

2008年2月26日，集团公司与酒泉市人民政府签署煤电运一体项目战略合作协议；5月，委托西北电力设计院编制完成《华电瓜州电厂一期4×1000MW工程初步可行性研究报告》，委托中铁第一勘察设计院完成《新建铁路柳沟至淖毛湖线预可行性研究》，并通过集团公司内部审查；9月，与兰州市安宁区签署4×330MW安宁热电联产项目投资框架协议；与甘肃发展改革委达成在酒泉、嘉峪关、张掖等地进行太阳能项目开发的初步协议，储备了能源开发项目；获得甘肃瓜州干河口第七风电场20万kW风电资源开发权；12月18日，成立甘肃华电瓜州风力发电有限公司。

对甘肃境内甘南地区及嘉峪关、张掖、武威、定西、陇南等5地市供电公司开发的小水电项目进行了详细考察和调研，提出并购方案。

青海华电大通发电有限公司

概况

青海华电大通发电有限公司（简称大通公司）于2003年8月6日在青海省工商局正式登记注册，是由中国华电集团公司与青海省投资集团有限公司按照55:45的股权比例共同出资组建、具有独立法人资格的国有控股有限公司。大通公司注册资本14125万元，主营电力项目开发、投资和建设；电能的生产和销售；电厂废弃物的综合利用及经营；电力技术咨询、服务；电力物资和设备采购业务。一期规划建设2×30万kW燃煤火力发电机组，厂址位于西宁市大通县境内，距西宁市32km。

截至2008年底，大通公司在册职工总数为189人，平均年龄30岁，其中大专以上文化程度177人，占职工总数的94%。设总经理工作部、人力资源部、政工部、计划发展部、项目发展部、财务资产管理部、生产技术部、安全监察部、纪检审计部、发电部、维护部等11个部室。

领导人员

董事长：姜家仁

副董事长：洪伟

董事：王晓实、吕锡江、李粟

监事：王吉平、赵延明、许爱民

监事会召集人：许爱民

总经理：吕锡江

党委书记、纪委书记兼副总经理：王吉平

副总经理：申玉山、贺新利

总工程师：王新元

年度业绩

2008年，完成3个“百日安全生产周期”，累计实现连续安全生产1054天；完成发电量35.81亿kW·h；综合供电煤耗348.19g/（kW·h），同比降低4.01g/（kW·h）；综合厂用电率5.82%，比集团公司下达的指标降低0.23个百分点；热值差0.501MJ/kg，同比降低0.129MJ/kg；利用小时数5968.65h，居全集团第15位，列青海省内统调火电厂第一；二氧化硫绩效0.338 g/(kW·h)，比集团公司标杆值低0.032 g/(kW·h)。

生产经营管理

大通公司建立健全对标管理组织体系，编制了《对标管理年实施方案》，确立了2008、2009、2010三年的对标目标，明确了指标体系，落实了任务与措施。逐步做到了管理上精益求精，生产上精雕细刻，经营上精打细算，工程上精耕细作，队伍上精诚团结，各方面的工作水平均得到了大幅提升，逐渐形成了“时时找标杆，处处立标杆，人人创标杆”的良好氛围。

大通公司坚持“以人为本，安全第一，预防为主，综合治理”的方针，以安全质量标准化为核心，落实安全生产“巩固提高年”活动，构筑涵盖生产、经营、党群各部门横向到边，公司、部门、班组、个人纵向到底的“大安全”管理体系。进一步加强了运行和设备管理，强化了技术监督和机组“防非停”措施的落实，建立起了“以零违章确保零事故”反违章长效机制，健全了安全生产应急响应体系，全面控制好人、设备、环境的安全，做到三者和谐统一；通过不断检查、整改、回头看的动态管理方式，使安全工作达到了闭环管理的要求，有效地遏制了违章现象及不安全事件的发生。以安评整改项目全部完成率85.5%，部分完成率14.5%，综合整改率100%和80.3%的总得分率顺利通过了集团公司安全性评价专家组的复评检查，并以安评整改工作全面细致、成效突出，得到了专家组的一致好评。

大通公司通过节能管理和技术改造，开展节能评价、小指标竞赛，推行对标管理等多种方式，加大资金与技术投入，积极落实节能减排任务，圆满完成四大环保责任目标，以95.2%的得分率顺利通过了省、市、县三级环保部门的联合验收。以整改率83.3%、得分率90.95%的好成绩顺利通过华电集团节能评价专家组的验收。

大通公司狠抓“三电四煤”核心工作，全面提升经营管理水平。2008年6月和8月，分别实现了上网电价加价0.014元/(kW·h)和0.01元/(kW·h)。2008年底，集团公司委托审计单位对大通公司结算费用进行了审核，动态投资完成总额24.59亿元，比执行概算动态投资总额节约2584万元，比批准概算动态投资总额节约1.09亿元。

项目发展

大通公司作为集团公司在青海省的唯一标志性企业，主动承担并积极谋划华电集团在青海电源建设的发展。

大通公司与青海省发展投资公司合作开展西宁热电厂一期（2×300MW）工程的前期工作，编制完成了《初步可行性研究报告》，2008年3月通过了青海省发展改革委的审查。2008年1月，集团公司与青海省果洛藏族自治州人民政府签署了《关于水电资源开展前期工作合作意向协议》，果洛州政府支持华电集团根据河流水电开发规划和电力需求开展黄河上游官仓、门堂两个水电项目资源开发的前期工作。2008年4月，大通公司代表华电集团以青华电计［2008］60号文致函青海省发展改革委要求取得长江干流通天河流域水电资源的开发权。

内部改革

大通公司对机构设置进行了优化调整，独立出了安全监察部、维护部、人力资源部、政工部、纪监审计部、项目发展部等部门，进一步理顺了工作流程，提高了工作效率，完善了监督体系，部门职能得到细化，部门作用得以充分发挥，“责权利效”更加明确，部门间的协作与集体凝聚力也进一步加强。

大通公司针对外围管理的实际情况，采取派入生产管理干部、外聘检修人员、转换管理机制等措施，减少了管理层次和管理环节，建立起了职责明确、运转协调、管理高效、“责权利”对等、一体化的管理模式，同时增强了员工的主人翁意识，调动了各方面的积极性，提高了管理效率，有效地控制了外委的生产、管理成本。

党的建设、精神文明建设、企业文化建设

大通公司秉承“海拔高，追求更高”的企业核心价值观，大力推进党建工作及精神文明单位建设，打造特色企业文化，构建和谐企业环境。

通过征文、知识竞赛、演讲比赛、征集厂歌、专题讲座、文体活动等形式，大力开展《华电宪章》的宣贯活动，进一步提高全体员工对华电集团企业文化理念的认知度和认同度，同时，在秉承和弘扬具有华电特色的价值观和企业精神的基础上，打造具有自身特色的高原企业文化体系。

通过召开不同层面的员工座谈会、问卷调查等形式，倾听广大员工的心声，对涉及员工利益、公司发展等方面的重要建议，召开党政联席会议及时进行落实解决，保证了大通公司"下情上达"信息渠道的通畅，促进了员工与企业的和谐发展。

大通公司发挥特色优势，开展丰富多彩的文体活动。2008 年 1 月，编排"撒拉舞"参加了华电集团举办的"华电情"文艺汇演；3 月组织了"巾帼建功竞赛"活动；5 月召开了趣味运动会；6~8 月开展了"迎奥运、促和谐、爱企业、做贡献"系列活动。

面对特大冰雪灾害、"5·12"四川汶川特大地震、青海青南地区特大雪灾等自然灾害，大通公司全体员工先后捐款 85000 余元，以实际行动支援了全国的抗灾工作。

中国华电集团公司宁夏分公司

概况

中国华电集团公司宁夏分公司（简称宁夏分公司）成立于 2007 年 12 月 25 日，其前身为 2003 年 8 月 13 日成立的中国华电集团公司宁夏办事处，后于 2007 年 4 月成立华电集团宁夏代表处。华电宁夏分公司是集团公司在宁夏回族自治区设立的分支机构，主要负责华电集团在宁夏的发展规划、项目前期、电力营销、协调服务等工作。宁夏分公司设置综合管理部、计划发展部两个部门。

截至 2008 年底，宁夏分公司管理的华电集团在宁夏控参股企业共有 6 家，分别是灵武发电有限公司（简称灵武公司，一期工程 2×60 万 kW 燃煤空冷机组，华电国际股比 65%）、宁东风电有限公司（简称宁东风电公司，30×0.15 万 kW 风电机组，华电国际独资公司）、宁夏发电集团有限责任公司（华电国际股比 31.11%，为第二股东）、宁夏中宁发电有限公司（2×33 万 kW 燃煤机组，华电国际股比 50%）、宁夏大唐国际大坝发电有限责任公司（大坝三期工程为 2×60 万 kW 燃煤空冷机组，华电集团股比 20%）、宁夏宁东铁路股份有限责任公司（华电国际股比 10%）。其中，灵武公司 2×60 万 kW 空冷机组是宁夏单机容量最大的火电机组。截至 2008 年底，华电集团在宁夏控股、参股企业电源总装机容量 402 万 kW，权益装机容量 205 万 kW，位居五大集团在宁夏电力市场首位。

领导人员

总经理：季军

副总经理：战中年

区域年度工作业绩

2008 年，宁夏分公司紧紧围绕"突出一项活动，完成两个核准，实现三个突破，抓好三电四煤，确保四个安全"的年度目标，抢抓机遇，科学发展，强化管理，全面提升分公司管控能力和发展水平，项目前期工作实现突破，安全生产形势保持稳定，经营管理取得显著成效，较好地完成了全年各项目标任务。

项目发展方面。灵武二期 2×1000MW 机组于 2008 年 12 月 9 日获得国家发展改革委核准；宁东风电二期 45MW 工程于 2008 年 6 月 27 日获得自治区发展改革委核准。

安全生产经营方面。宁夏分公司系统安全稳定、生产稳定、队伍稳定，没有发生对公司形象和稳定造成不利影响的事件。截至 2008 年底，灵武公司实现安全生产 571 天，宁东风电公司实现安全生产 340 天，中宁公司实现安全生产 1241 天。灵武公司全年完成发电量 75.5 亿 kW·h；设备利用小时完成 6292h，较宁夏电网 300MW 及以上机组平均设备利用小时 5880h 高出 412h；累计完成利润 16343 万元。宁东风电公司全年累计完成发电量 7722 万 kW·h；累计完成利润 401 万元，为华电国际公司首家投产、首家盈利的风电公司。中宁公司全年累计完成发电量 37.8 亿kW·h，累计完成利润 1126 万元。

区域生产经营管理

安全生产方面。宁夏分公司逐级落实安全生产责任，层层强化措施，深入开展隐患治理年、安全生产百日督查和无违章创建活动，圆满完成奥运会、残奥会、自治区五十大庆保电和迎峰度夏任务，进一步提升了安全管理水平。所属灵武发电公司被评为"2008 年安全生产先进单位"。

市场营销方面。认真履行分公司区域协调职能，面对煤炭价格大幅上升、利用小时不断下降的严峻经营环境，切实抓好"三电"工作，进一步完善了区域市场营销网络，加强沟通，千方百计提高电量计划兑现率，确保了设备利用小时区域相对最好。积极推动区域煤电联动和空冷电价落实工作，灵武公司随2008年7月3日电价调整一并争取到全国唯一的空冷电价0.15分/(kW·h)。宁东风电公司机组等效利用小时等指标居区域同类型风场前列。积极落实一期工程CDM项目收益，实现大幅度盈利目标。

区域燃料管理方面。面对区域内电煤供应严重不足的紧张状况，强化对煤炭市场的研究分析，积极向自治区主要领导和政府有关部门汇报，组织区域各单位安排专人跟踪落实煤炭供应计划，协调煤炭调运，拓宽煤炭供应渠道，优化进煤结构，提高库存，最大限度地保证了煤炭供应。

生产管理方面。灵武发电公司加强新机管理，消除设备缺陷，完成2号机组小修与1号机组大修工作，灵武一期工程被授予“中国电力优质工程奖”、“国家优质工程银奖”。宁东风电公司探索风电生产管理模式，健全完善各种安全生产管理制度，完成了一期工程30台风机240h考核性预验收工作，生产管理工作步入良性轨道。

区域项目发展

宁夏分公司牢固树立发展是第一要务的思想，着力推进项目前期工作。火电项目方面，灵武二期2×100万kW超超临界空冷机组工程于10月21日正式取得国家能源局“路条”，12月9日取得国家发展改革委核准批复，作为世界首台百万kW空冷机组和空冷装备国产化示范项目已于2008年12月27日正式开工建设。永利电厂一期2台100万kW空冷机组工程已于10月30日通过了可研收口审查，项目所需的省级支持性文件已经完全具备。

新能源项目方面。宁东风电二期4.5万kW工程于6月27日获得自治区发展改革委核准，该项目是自治区发展改革委2008年核准的第一个风电项目，已于12月6日开工建设。新的风电电源点选点进展取得突破，在内蒙古阿左旗、固原月亮山、中卫香山三处风场进行了测风分析工作，其中月亮山风场测风结论已达到风电建设条件，为宁夏风电持续发展奠定了基础。太阳能光伏发电项目进行了测光调研工作。

煤炭资源开发方面。以占有煤炭资源、回避投资风险为前提，积极开拓煤炭资源项目，实现了煤炭资源项目储备从无到有、从有到精的转变。与新汶矿业集团、宁夏发电集团的煤炭资源战略合作进一步加快。对新汶矿业集团有关矿产资源进行调研和风险分析，完成福成煤矿、长城煤矿等相关投资分析报告，并达成初步合作意向；积极参与宁夏发电集团积家井600万t/年银星矿合作开发工作，建设灵武电厂、永利电厂等华电在宁火电项目稳定的煤炭供应基地；与固原市、石嘴山市、内蒙古鄂尔多斯等地方政府达成战略合作框架协议，为后续煤炭资源开发和项目储备奠定了良好基础。

资本运营方面。抓住自治区资产重组的契机，完成参股宁夏宁东地方铁路公司。

改革发展

一是“对标管理年”活动深入开展。宁夏分公司将项目发展、效益提升和管理先进作为对标管理工作的重点内容和目标方向，加强对标管理的组织领导，层层部署落实，为实现区域经营发展业绩最优奠定了基础。二是完善分公司管理机制，建立了一系列内控管理标准，形成行政管理、项目前期管理、生产运营管理等七大类的标准体系。三是深入推行机关绩效管理工作，建立公司、部门和个人绩效管理联动机制，形成以绩效为导向的薪酬分配机制，使干部员工人人有压力，人人有动力，提高工作质量和工作效率。

党的建设、精神文明建设、企业文化建设

一是深入贯彻党的十七大精神，组织深入开展学习实践科学发展观活动，扎实推进区域党建及党风廉政建设工作，政治思想和党风廉政工作逐步加强。二是区域关系和谐，队伍保持稳定。在发展过程中，分公司注重加强与自治区党委政府、各级部门、电网公司的沟通汇报，创造有利发展的政策环境。宁夏分公司被宁夏回族自治区授予“2008年度宁东能源化工基地建设突出贡献先进单位”荣誉称号。所属公司受到集团公司和华电国际公司多项表彰，其中，灵武公司获得集团公司2008年度优秀发电企业、先进企业和文明单位等荣誉称号，宁夏分公司系统广大干部员工在工程建设和生产运营实践中，素质能力和政治觉悟进一步提高，精神面貌积极向上，队伍和谐稳定，确保了区域“四个安全”。

华电宁夏灵武发电有限公司

概况

华电宁夏灵武发电有限公司（简称灵武公司）系集团公司所属华电国际控股企业，位于宁夏回族自治区灵武市境内，选址靠近水源、煤源，是宁夏宁东重能源化工基地建设的重要组成部分和“西电东输”的重要电源支撑点。规划装机容量2×600MW＋4×1000MW，一期工程建设2台600MW燃煤空冷发电机组，分别于2007年6月8日与9月22日实现高效投产；二期工程建设为2台世界首台百万千瓦级超超临界燃煤空冷发电机组，2008年12月9日获得国家发展改革委核准，2008年12月27日工程动工，工程投资约76亿元，由西北电力设计院设计，汽轮机、发电机、锅炉三大主机由东方电气集团公司制造。

灵武公司设置总经理工作部、人力资源部、财务部、计划经营部、政工部、安全监察部、生产部、工程部、运行部、燃料部、发展部、物业管理部和物资分公司共13个部室及公司。截至2008年底，在册员工302名。

领导人员

总经理：季军

党委书记：姚贵林

副总经理：周捷、安普亮、韩超

纪委书记兼工会主席：陈立平

总工程师：郭西清

年度业绩

2008年，灵武公司紧紧“围绕一个中心，实现三个目标，抓好三个重点，突出三项活动”的工作思路，一手抓安全生产不放松，一手抓创新发展不动摇，求真务实、攻坚克难，统筹推进各方面工作：一期工程累计完成发电量75.5亿kW·h，完成设备利用小时6292h，较宁夏电网30万kW以上机组利用小时高出412h；实现利润16396万元，年度生产经营业绩名列集团系统前列；二期工程顺利实现核准并开工建设目标，为完成2009年各项里程碑建设计划奠定了坚实基础。被集团公司授予“优秀发电企业”、“2008年度先进企业”、“文明单位”和“2008年度安全生产先进单位”等荣誉称号。

生产经营管理

安全生产。始终坚持“抓工程必须抓安全，抓生产必须抓安全”的方针，层层落实安全生产责任制，以建设“本质安全型企业（工地）”为目标，以创建“无违章企业”活动为载体，强化“大安全”理念和“预防、预控”措施，超前把握安全控制关键环节，加强全员安全培训管理和生产、施工现场危险点分析，大力开展防火、防冻、防风等专项应急预案演练，严格措施审查和措施落实监督，狠抓设备可靠性治理和运行管理，加强机组环保设施的运行维护，积极探索最佳节能模式，全面落实生产现场治安保卫和消防安全措施，确保公司全年安全稳定。

经营管理。成立了电量、煤炭应急小组，按照“年度机组利用小时相对最好”和在运行机组“日利用小时相对最好”的目标要求，抓好电量计划落实与兑现工作，全年设备利用小时居宁夏电网首位；加强与自治区相关部门和电网公司沟通联系，两次煤电联动政策顺利执行到位，争取到国内唯一的0.15分/(kW·h)空冷电价政策；发挥主观能动性，千方百计组织煤源，未发生因缺煤影响机组负荷事件；狠抓煤耗管理，全年供电煤耗较2007年同期下降6.7g/(kW·h)；合理调整掺烧掺配比例，确保燃料供应满足生产经营的需求；加强市场营销、燃料、资金三大网络建设，三大网络运转日趋精细化、规范化和制度化；深入开展“增收节支，挖潜增效”活动，努力拓展企业利润空间；加强合同管理，规避了经营风险。

项目发展

在搞好一期生产运营的同时，公司始终把发展作为第一要务，发扬“三千精神”，加大工作力度，加快灵武二期2×1000MW超超临界空冷机组工程项目前期工作步伐。12月9日，该项目正式获得国家发展改革委的核准；12月25日，集团公司在京召开“争创国家优质工程金奖”启动会，确定二期工程争创国家建设最高奖“国优金奖”的质量目标，同时确立建设西部电力建设示范性工程、标志性工程和打造华电集团500万级火电基地的总体目标；12月27日，二期工程正式“破土”动工，标志着公司由百万装机正式跨入三百万装机特大型发电企业行列。

内部改革

在全厂中层干部中推行绩效管理。实现了个

人绩效与组织绩效的统一的目标，队伍绩效意识、效率意识、质量意识和标准意识增强。建立起以绩效为导向的多维薪酬激励体系，调动了干部员工的工作积极性和主动性。深入开展"创优"和"对标管理年"活动。确定了对标指标体系和年内对标标杆值，深入做好指标优化工作，确保了机组各项指标达到或接近先进水平；将"创优"和"对标管理"活动延伸到各班组、各岗位，有步骤、按计划地开展精细化知识培训，促进了班组基础管理水平的不断提高。根据公司战略和发展需要，适时成立燃料部、发展部、政工部、物业管理部，对部分班组机构也进行调整补充，公司组织机构更加精简高效、职责明晰、运转顺畅。五是大力推进人力资源优化配置。协调华电国际系统30人和2008年应届大学毕业生34人配置到位，极大缓解企业劳动用工的需求。加强信息化建设。先后组织实施生产与营销系统、环保实时监管系统、惩治和预防腐败体系管理信息系统和FAM上线工作，为公司生产和经营管理发挥了重要作用。

党的建设、精神文明建设、企业文化建设

扎实开展"四好"领导班子创建和"对标管理，我为先锋"活动，加强支部基础管理和党员教育，党建工作水平进一步提升。积极履行社会责任，在节水降耗、环保减排、二期项目方面取得的突出业绩受到了中央电视台等媒体的高度关注，企业良好形象进一步得到提升。制订了企业文化建设规划，开展安全文化、廉洁文化理念征集活动，提高员工的认同感；认真落实稳定工作责任制，跟踪解决员工关心的热点、难点问题，保证了队伍稳定；广泛开展大修劳动竞赛、青年安全示范岗等活动；不断探索物业管理新模式，物业管理和后勤服务水平得到持续提升。

华电宁夏宁东风电有限公司

概况

华电宁夏宁东风电有限公司（简称宁东风电公司）成立于2007年3月，是华电国际第一家投产发电的风电企业。公司现有员工14人，下设综合部、安全生产部、经营部等3个部门，一期工程4.5万kW风电机组于2007年全部投产发电。

领导人员

总经理：战中年

副总经理：李长军

年度业绩

2008年，宁东风电公司累计完成发电量7721.86万kW·h；上网电量7637.61万kW·h，实现利润400.8万元，投资收益率达10%，超额完成与华电国际承包利润指标；公司机组年累计等效利用小时完成1716h；全年设备利用率平均为91.31%；综合厂用电率1.09%，平均容量系数0.195，机组单位千瓦发电量、机组等效利用小时、设备利用率、负荷率等各项指标均在宁夏区域同类型风场中名列前茅。截至2008年12月31日，宁东风电公司实现连续安全生产385天，超额完成全年各项目标任务。

生产经营管理

安全生产。宁东风电公司严格落实安全生产责任制，健全和完善各类安全生产管理制度，编制了运行规程、检修规程、各类反事故预案，建立健全各类安全、技术管理档案，满足了生产管理的需要，并健全了具有风电特色的技术监督管理体系和制度。组织开展安全管理评估、安全技能培训认证、无违章企业创建等系列活动；安全生产基础进一步巩固，宁东风电公司圆满实现安全生产1周年。加大设备维护和消缺工作力度。联合设备厂家完成变桨卡塞、变频器故障等常见故障的技术攻关；依靠自身力量消除电缆下坠等重大设备隐患；独立完成了35kV电缆头的制作等技术含量的较高的工作。基本掌握发电机更换等关键技术，员工维护检修技能实现快速提升。严格标准，加强过程控制，于2008年9月完成了30台风机240h考核性验收工作。

经营管理。宁东风电公司牢固树立全员大经营理念，与各部门均签订了4项责任制承包任务，每月定期开展月度经济活动分析。将发电量、设备利用率两项指标与奖金考核挂钩，形成上下人人关心生产、人人重视生产的良好氛围。严格财务预算管理，不断加大成本"三费"控制力度。加强内部考核兑现制度，确保各项生产经营承包指标可控、在控。建立了资金、营销两大网络，强化网络运作，全年节约财务成本支出310万元。

积极采取一切措施推进CDM项目进展。通过不懈努力，一期工程CDM项目从2008年6月1日开始实现收益。努力推进二期工程 CDM 项目的前期工作，已完成二期 CDM 项目售让合同的签订工作。

项目发展

宁东风电公司牢固树立科学发展观，在管好一期生产运营的同时，积极推进二期工程进展。2008 年 6 月 25 日，宁东风电公司二期工程获得宁夏回族自治区发展改革委正式核准。截至 2008 年底，二期工程的设备、监理、施工招标工作已全部完成，塔筒、风机等设备已按合同要求投入生产，部分设备已达到交付条件。12 月 6 日，宁东风电公司二期工程三通一平工作正式启动，截至 12 月 31 日，二期工程 27km 进场道路已全部开通，完成 18 台塔基降平台。

内部改革

宁东风电深入开展岗位动态管理活动。2008 年度开展 2 次生产岗位动态管理活动，通过集中考试、考核和测评、全员竞争上岗，在生产岗位形成能上能下的良好机制，调动了员工工作学习的积极性和主动性，促进生产岗位人才快速成长。

党的建设、精神文明建设、企业文化建设

宁东风电公司深入开展了学习十七大、宣传十七大活动，初步理顺党的组织关系，党组织各项活动按照要求正常开展。公司高度重视党风建设和反腐倡廉工作，制定下发了系列党风廉政制度，不断健全完善教育、制度、监督并重的惩治和预防腐败体系。加大廉洁从业教育力度，通过廉洁从业知识答卷、交纳廉政抵押金、参观银川女子监狱、听取廉政教育报告等形式，增强了党员干部的廉洁意识。

积极创造条件改善现场职工的工作生活条件，为生产现场开通互联网，方便了办公、丰富了职工的业余文化生活；举办了第一届“和谐杯”职工乒乓球赛。

华电新疆发电有限公司

概况

华电新疆发电有限公司（简称华电新疆公司）本部下设 7 个部门，分别为总经理工作部、人力资源部、计划基建部、安全生产部、财务资产部、监察审计部、政治工作部。华电新疆公司前身为中国华电集团公司新疆分公司。2003 年 1 月 17 日，根据国家电力体制改革精神，原新疆电力公司的部分发电企业移交中国华电集团公司。同年 3 月 28 日，中国华电集团公司新疆分公司正式成立。2006 年 6 月 28 日，新疆分公司改制成为华电集团的全资子公司——华电新疆发电有限公司，负责集团公司在新疆地区发电资产的经营和管理，以及在新疆地区的发展规划、安全生产、市场营销、协调服务等工作。

华电新疆公司下辖 9 家单位，分别是新疆华电红雁池发电有限公司、新疆华电哈密发电有限公司、新疆华电昌吉热电有限公司、新疆华电昌吉热电（二期）有限公司、新疆华电吐鲁番发电有限公司、新疆华电苇湖梁发电有限公司、新疆华电喀什（二期）发电有限公司、华电新疆发电有限公司乌鲁木齐热电厂、新疆华电发电检修公司，代管新疆华电小草湖风力发电有限责任公司。区域内在运火电机组 17 台，风电机组 126 台，总装机容量 216.4 万 kW，已核准并开工容量 70.95 万 kW（其中风电 4.95 万 kW），关停小火电机组 5 台 7.3 万 kW，公司资产总额达到 70.84 亿元，是新疆最大的电源公司。

领导人员

党组书记、总经理：杨明

党组成员、纪检组组长、副总经理：曾庆锋

党组成员、副总经理、工会主席：李东政

党组成员、副总经理：武茂伟

主要领导变动情况：2008 年 3 月，杨明任华电新疆公司党组书记、总经理。

年度业绩

华电新疆公司完成发电量 131.3 亿 kW · h，同比增长 13.78%；完成综合供电煤耗 365.06g/(kW · h)，同比下降 10.55g/(kW · h)；完成综合厂用电率 7.14%，同比下降 0.61 个百分点。

生产经营管理

华电新疆公司系统围绕年度安全生产责任目标，以安全性评价整改年和隐患治理年活动为载体，以创建“无违章企业”为目标，加强设备管理，完善生产技术手段，积极推行标准化检修，设备的健康水平显著提高；狠抓安全生产责任制落实，加大安全生产考核和责任追究力度，抓住安全对标的关键环节，将零违章、零事故、零“非停”作为安全管理的标杆值，以对标促安全、保安全；认真组织开展安全大检查和“安全生产月”宣传教育活动，深入推广“危险点分析与预控”等科学管理方法，加强各项安全管理基础工作，确保安全生产可控、在控，构建安全生产的长效机制，保障奥运期间的安全稳定运行，保持了公司系统安全生产的平稳局面。华电新疆公司获得集团公司安全生产先进单位称号。在自治区2008年安全生产目标管理考核中，华电新疆公司获得958分的优秀成绩。

始终坚持内涵式和外延式发展两条腿走路，对外“转变观念求生存，主动攻坚不畏难”，对内“改变作风促和谐，凝心聚力谋发展”。积极沟通协调，争取政策支持，不断拓展市场，营造良好的外部经营环境。通过有效的营销活动，为超额完成全年发电量任务打下坚实的基础；推进全面预算管理，加强经济活动分析，强化成本控制，加大资金管理力度。充分利用区域公司优势，合理调度和使用资金，保证资金安全，防范经营风险，提高资金效率，通过与银行积极协商，采取合理调整贷款结构、下浮贷款利率等手段，降低财务费用；全面加强煤炭量、质、价的管理，严格执行集团公司燃料供应预警和价格协调制度，确保发电用煤的连续稳定供应和合理库存，努力抑制煤价进一步上升。

2008年是集团公司“对标管理年”，根据集团公司下达的54个对标指标，华电新疆公司结合实际将对标指标扩大为128个，延伸到企业安全、经营、发展和党群等各个层面，并分解细化指标，合理选取标杆，广泛开展全员、全过程、全要素对标，从而有力地促进了对标活动的深入开展。在对标管理工作中做到五个融合：同公司开展的“管理提升年”活动相融合，确保全年工作任务的完成；同公司三项责任制的检查考核相融合，保证对标工作贯穿到全方位、全过程之中；同公司开展的节能评价工作相融合，通过节能评价工作进一步优化各项指标；同乌鲁木齐热电项目投产达标相融合，努力降低建设成本，将该项目建成华电在疆的标杆工程、示范工程；同党群工作相融合，在公司系统广泛开展“我为对标作贡献”为主题的“五个一”活动。在2008年集团公司对标中，华电新疆公司多项指标成为集团公司同类机组的标杆和先进值。

2008年，公司系统各单位积极开展了创建华电优秀发电企业活动，加强了营运改善和对标工作，大力推行目标管理和业绩管理，建立生产、经营、安全三大指标管理体系，形成一套科学的考核和业绩管理流程，推动公司管理水平再上新台阶。

项目发展

深化对科学发展观和构建发展和谐型企业的认识，更新发展观念、完善发展思路、丰富发展内容、拓展发展方式、提升发展业绩，初步形成以“煤电并举，优化发展煤电；立足环保，积极开发‘绿’电；履行责任，有序拓展热电；开辟物流，稳妥参建铁路”的发展思路和格局。

加快推进乌热电、昌吉新热电、西山热电等火电基地建设，积极推进小草湖、阿勒泰、哈密、阿拉山口、达坂城等五大风电基地建设，积极配合煤业公司推进昌吉西黑山、哈密淖毛湖、沙湾等三大煤电一体化项目建设，积极开展昌吉三屯河、和田河和叶尔羌河流域水电项目的前期工作。

乌鲁木齐热电厂2×33万kW项目成为集团公司2008年第一个得到国家发展改革委核准的项目，于2008年4月8日开工建设，2009年将力争实现双投。新疆昌吉英格玛煤电一体化一期工程奇台西黑山年产600万t煤矿项目举行了奠基仪式。2008年12月3日，昌吉新热电项目取得了国家能源局批复的“大路条”。吐鲁番小草湖风电一场二期4.95万kW项目于2008年11月14日并网发电，实现了当年开工，当年建成。

内部改革

以实施按劳动定员组织生产为主线，积极引导各企业建立岗位动态管理和绩效管理机制。继续深化企业内部分配制度改革，在两家企业薪点工资制试点的基础上，2008年在系统内发电企业全面推广，更好地发挥薪点工资制的激励作用。

制定了《突出贡献人员管理办法》、《新疆公司所属企业中层岗位空缺系统内竞争管理办法》，建立和完善专业技术和技能岗位人员晋升成长机制，打破了中层干部只在本单位选拔的用人制度，有16人通过竞聘走上了中层管理岗位，实现了系统优秀人才的合理流动。

加大了改制重组步伐，顺利完成了哈密公司、喀什公司“两厂合并”改制工作。

以“产权清晰，管理规范，自负盈亏，自我发展”为原则，苇电公司全面启动综合产业改制工作，将原下属的4家综合产业公司合并为一家公司，通过科学管理，实现主辅共赢。

党的建设、精神文明建设、企业文化建设

华电新疆公司系统各级领导班子以“四好”为标准，以提升“七种能力”、全面增强企业竞争力为着力点，坚持以理论建设为根本、能力建设为重点、作风建设为基础、制度建设为保证，继续深化“四好”领导班子创建活动。公司积极探索新形势下不断加强党群工作的新思想和新途径，以党群对标管理为手段，切实加强企业基层党组织和党员队伍建设，党支部的战斗堡垒作用和党员的先锋模范作用进一步显现。在南方雨雪冰冻和四川汶川地震等自然灾害面前，企业党组织坚强有力，共产党员积极交纳“特殊党费”，以实际行动支援灾区，充分发挥了先锋模范作用。反腐倡廉建设和企业惩防体系建设取得进展。积极探索职工民主管理和现代企业制度的有效衔接，职代会制度建设得到加强。坚持把企业文化作为两个文明建设的最佳结合点，以先进的文化提升企业的核心竞争力，健康和谐的企业环境初步形成。华电新疆公司被命名为自治区级文明单位，新疆公司工会获得2008年度全国能源化学系统先进工会，华电新疆公司继续保持集团公司文明单位称号。

新疆华电红雁池发电有限责任公司

概况

新疆华电红雁池发电有限责任公司（简称红雁池公司）位于乌鲁木齐市东南8km处的东山山坡前，系集团公司控股企业，红雁池公司为集团公司的子公司，由华电新疆公司控股60%，新疆投资发展集团公司控股40%。红雁池公司规划容量1400MW，计划分二期建设。一期工程为4台200MW抽汽供热机组，分别于2000年9月、2001年4月、2003年8月和2003年12月投产。截至2008年底，在册职工总数634人。

红雁池公司下设14个二级机构，分别是总经理工作部、人力资源部、财务资产部、党群工作部、计划营销部、物资管理部、燃料管理部、审计监察部、生产技术部、发电运行部、设备维护部、燃料运行部、安全监察部、综合产业。

领导人员

总经理：罗振新

党委书记：马新

副总经理、总会计师：白延辉

副总经理：秦立新

工会主席、纪检书记：买买提·巴吾东

总工程师：任福俊

年度业绩

2008年，全年完成发电量50.78亿kW·h，同比增长12.43%。完成综合供电煤耗345.04g/(kW·h)，同比降低9.94g/(kW·h)；综合厂用电率8.02%，同比下降0.21个百分点。实现连续安全生产1328天。

生产经营管理

2008年，红雁池公司认真学习实践科学发展观，以经济效益为中心，以精细化管理为主线，以电力、热力营销为突破口，全面超额完成年度目标任务，得到了集团公司、新疆公司的高度赞誉和认可。荣获集团公司2008年度先进企业、安全生产先进单位及新疆维吾尔自治区文明单位等多项荣誉，继续保持集团公司优秀发电企业、文明单位光荣称号。

1. 对标管理精益求精，取得新成效

积极进行机组耗差分析系统建设，为运行人员的调整操作实施在线指导，改变了以往凭直观、凭经验的调整方法，优化机组经济运行方式。加强指标竞赛，科学规范竞赛标准，合理加大奖励力度，定期进行人员流动，严格执行值长和主值岗位的末尾轮岗学习制。积极开展“我为对标作贡献”主题活动，积极进行“三型”党支部创建对标试点工作。公司单位容量边际贡献、剩余收益校核值在集团公司同类型机组中排名第一；4台机组供电煤耗、厂用电率全部优于行业先进值，其中2号机组供电煤耗被列为集团公司标杆值。

2. 安全生产精耕细作，得到新加强

大力推进“无违章创建”工作，建立违章档案。认真开展隐患排查治理和百日督察活动，及时发现并消除了各类隐患共计310条。高度重视季节性检查和节日期间的安保工作，高质量完成奥运和节假日期间的保电、保热工作。顺利完成了2号、3号、4号电除尘控制系统改造，节能幅度达到74.5%。红雁池公司全年在供热增幅达

66% 的情况下，综合厂用电率反而下降了 0.21 个百分点，技术改造成效显著。

3. 经营管理精打细算，取得新突破

积极加强电量争取，全年电量突破 50 亿 kW·h 大关。严把进煤源头关，优化采购策略，科学进行燃煤掺配试验，全年入炉煤热值始终控制在 21.3MJ/kg 的指标值左右，提高了锅炉燃烧的安全性。科学调配统、地煤结构，加强共同采样管理，提高质价相符率，全年六道湾矿点共同采样热值低于入厂煤车车采样热值近 0.3MJ/kg，节约资金 120 多万元。全年完成供热量 515 万 GJ，同比增加 205 万 GJ。

项目发展

红雁池公司二期 2×300MW 等级热电联产项目除自治区发展改革委批复意见外，其他省一级文件已全部取得。土地、水保已取得国家部委批文，安评、环评和接入系统报告已上报集团公司。

内部改革

克服困难，大胆实践，设备维护部热工仪表班、电气检修班两个班组率先执行在家值班制度，为全面实施检修人员在家值班奠定了坚实的基础。

党的建设、精神文明建设、企业文化建设

继续深入开展“四好”领导班子创建活动。全面履行纪检监察审计职责，重点开展燃煤管理效能监察工作。深入推进企业文化深植年活动，大力宣贯《华电宪章》，有效促进了企业文化的“落地生根”。大力开展“工人先锋号”活动，运行二值获得全国和自治区总工会“工人先锋号”先进集体荣誉称号。积极支援抗冰保电和抗震救灾工作，踊跃交纳“特殊党费”、“特殊团费”，树立了顾大局、负责任的良好企业形象。加大宣传力度，荣获集团公司“优秀记者站”称号。

其他重大事项和情况

4 台 200MW 机组脱硫技改工程于 2008 年 9 月 3 日正式开工建设。该工程计划投资 1.7 亿元，是目前全疆投资金额最多，减排总量最大，惠及市民最广的脱硫项目。工程采用目前世界上技术最为成熟、应用最广的石灰石—石膏湿法脱硫工艺、两炉一塔配置。工程预计 2009 年 8 月底建造投产，预计可减少 SO_2 排放量 2 万 t/年，对推动乌鲁木齐市“蓝天工程”建设具有重要意义。

新疆华电哈密发电有限责任公司

概况

新疆华电哈密发电有限责任公司（简称哈密公司）位于新疆东部的哈密市，始建于 1984 年，初名为哈密第二发电厂（装机容量 2×12MW + 2×25MW），1996 年扩建后更名为哈密天光发电有限责任公司（装机容量 2×12MW + 2×25MW + 2×135MW），2003 年，哈密天光发电有限公司股份正式划归集团公司，2006 年 4 月，集团公司将哈密公司资产转交华电新疆公司。2007 年，哈密第二电厂资产顺利移交华电新疆公司，并由“一厂两制”转变为“一厂一制”，成为华电新疆公司的全资子公司。2008 年 12 月 31 日，根据集团公司改制要求，改制为华电新疆发电公司的下设分公司，并更名为“华电新疆发电有限公司哈密分公司”。

哈密公司总装机容量原为 344MW，2008 年 6 月，响应国家上大压小政策拆除了 2 台 12MW 机组和 1 台 25MW 瓦机组，现装机容量为 295MW，占地区用电量的 96%，是新疆东部的主力电源。

2006 年，哈密公司提出“四期”扩建 2×330MW 热电联产机组的项目计划，并于 2008 年 11 月接手新疆哈密英格玛煤电投资有限公司淖毛湖电源（2×660MW）的前期工作，相关前期工作正在积极推进中。

哈密公司常设总经理工作部、党群工作部、监察审计部、计划经营部、财务资产部、人力资源部、生产运营部、安全监察部、燃料部、物资供应部、运输部、发电部、检修部、燃运部、热力公司共 15 个部室。

截至 2008 年底，哈密公司在册员工 694 人（含内退），由汉族、维吾尔族、哈萨克族、蒙古族等 9 个民族组成。其中少数民族员工为 170 人，占员工总人数的 24.5%；大中专以上文化程度的员工 436 人，占员工总人数的 62.8%；其中高级职称 2 人，中级职称 29 人，初级职称 131 人。

领导人员

总经理：康振忠

经营副总经理：王树尧

纪检书记、工会主席：彭文江

生产副总经理：陈军

年度业绩

2008年，哈密公司发电量累计完成19.81亿kW·h，同比增加982.8万kW·h，增长0.5%；完成上网电量18.29亿kW·h，增长率1.0%；综合厂用电率完成7.65%，比去年同期8.11%降低0.46个百分点；设备利用小时完成6263h，与去年同期5730h相比增加533.36h；供电标准煤耗完成了383.46g/(kW·h)，与去年同期389.32g/(kW·h)同比降低5.86g/(kW·h)。截至2008年12月31日，哈密公司实现年内连续安全运行366天，跨年度长周期安全运行2001天，连续2年未发生机组非计划停运及“四管”泄漏事件，创建厂以来最好纪录。

生产经营管理

哈密公司始终以“安全是第一工作、安全是第一效益、安全是第一责任”的理念，以建立规范的制度和管理程序为基础，以抓基层、抓基础、抓薄弱环节为重点，对照标准不断改进管理工作。并通过加强生产技术管理、缺陷管理，努力提高设备健康水平，使哈密公司安全生产局面始终保持在“可控、在控”状态。2008年，哈密公司荣获集团公司年度“安全生产先进单位”荣誉称号。

在经营管理中，哈密公司加强依法经营管理力度，严格落实三项目标责任制，使成本、费用、资金流得到有效控制。在“三电”管理上狠下功夫，不断加大内控和增收管理力度，对外宏观调控合理支出费用，对内节能降耗内部挖潜。以开展“创建优秀发电企业”为目标，以“对标管理”为手段，树立标杆值，以小指标竞赛为抓手，以设备治理为突破口，积极推进“四节”（节煤、节水、节油、节电）工作深度，各项工作稳步推进，2008年12月，经集团公司创优评价组审核，4项评价指标均达标，取得优秀发电企业称号，并荣获哈密地区2008年度“纳税突出贡献企业”称号。

2008年7月，哈密公司积极响应国家和自治区“上大压小”节能减排号召关停了1号、2号、4号小火电机组，机组关停后，每年相对减排SO_2约235t，减排烟尘约112t，减排氮氧化物281t。

2008年8月，哈密公司投资740万元建设废水回用工程，投入使用后，年节水将达145.6万t，年减少SS113.03t，COD90.71t。2008年被哈密地区评为节水先进单位。

项目发展

哈密公司四期热电联产工程（2×330MW），前期扩建经过近1年的工作，各单项委托合同已基本完成，环保、安评、水保、接入系统工作报告已编制完成正式出版，具备向上级部门报审的条件，四期可研报告已编制完成正式出版。

根据集团公司部署，哈密公司于11月与新疆哈密英格玛煤电投资有限公司进行了淖毛湖电厂（2×660MW）相关前期工作的交接。现两电源前期工作已基本全部取得省一级所有单本批复及支持性文件，力争2009年达到国家核准目标。

内部改革

2008年，哈密公司坚持以人为本，科学发展的管理理念，继续深化企业制度改革，强化职能管理，进一步推进“劳动用工、干部人事和薪酬分配”三项制度改革，完成全员解竞聘工作和缺编岗位人员的招聘工作；进一步规范内部退养管理程序，使人力资源开发管理水平和员工劳动生产率不断提高。将“四好”领导班子的创建工作延伸至基层“四好”班子的创建，形成自下而上重创建的对应环节，自上而下齐抓共管的互动格局，全面提高基层及哈密公司“四好”领导班子整体水平。

党的建设、精神文明建设、企业文化建设

2008年，哈密公司认真开展“党群对标”管理活动，继续深化各级“四好”班子、“强核心、固堡垒”和“工人先锋号”工程创建工作，积极实施“党员素质登高计划”，深入开展“让党旗更鲜艳、让党徽更耀眼”、“六比六看”、“党员全年身边无差错”、“一个党员一面旗”、“党员先锋模范岗”、“转变职能部室工作作风”等活动，使哈密公司党风廉政建设目标责任落到实处，企业形成风正气顺、团结凝聚、和谐奋进的良好氛围。

加大了效能监察工作力度，坚持关口前移，重点防范，跟踪监察。同时紧密结合企业实际，制定完善《新疆华电哈密发电有限责任公司信访处理程序（试行）》等有关制度，进一步规范了工作程序，充分发挥、畅通信访举报主渠道作用，切实做好查办案件工作。2008年，哈密公司被新疆公司授予“纪检监察先进单位”称号。

哈密公司积极开展送温暖工程建设及扶贫帮困活动，2008年我国南方和四川汶川先后遭到冰雪、地震自然灾害的侵袭，哈密公司广大干部员工，两次大规模为灾区人民和困难群众捐款金额14.7万余元，同时又通过缴纳“特殊党费”、“灾区儿童爱心捐款”等特殊方式为灾区捐款达10万多元，捐赠衣物770余件。

新疆华电吐鲁番发电有限责任公司

概况

新疆华电吐鲁番发电有限责任公司（简称吐电公司）位于新疆吐鲁番地区托克逊县城西南，成立于2001年11月7日，2002年1月负责代建的单位新疆华电苇湖梁发电有限责任公司组建成立了工程筹建指挥部，正式开始筹建工作。2003年1月17日，吐电公司划归集团公司。2006年7月4日，1号机组（135MW凝汽式机组）投产发电；同年10月15日，2号机组（135MW凝汽式机组）投产发电。

公司发展战略坚持以科学发展观为指导；围绕集团公司、新疆公司发展战略；立足发电，以建成低耗高效、管理领先的现代化发电企业为长远发展目标，力争2009年创建集团公司三星企业成功，最终跻身全国一流发电企业行列。

吐电公司共设9个部门，分别为总经理工作部、党群工作部、安全监察部、财务资产部、计划发展部、生产管理部、运行部、维修部、物料供应部。在职员工252人，其中男性182人，女性70人；平均年龄29岁；汉族177人，少数民族75人；本科学历32人，大专学历110人，中专及以下学历110人；高级职称1人，中级职称11人，初级职称50人。

领导人员

总经理：刘建怀

党委书记：周小舟

生产副总经理：刘璀巍

经营副总经理：吴镝

纪委书记、工会主席：李晓莉

年度业绩

2008年，吐电公司完成发电量16.87亿kW·h，同比增长25.35%。完成上网电量15.6亿kW·h，完成综合厂用电率7.52%，同比降低0.61%。完成综合供电标准煤耗370.03g/(kW·h)，同比降低10.04g/(kW·h)。全年入厂/入炉煤热值差完成-15.86kJ/kg，同比降低355.72kJ/kg。

生产经营管理

2008年3月，吐电公司完成2号机组A级检修工作，期间通过对部分设备实施了技术改造，从经济、安全等方面保证了机组的可靠运行，其中2号汽轮机隔板汽封返厂修复，将2号汽轮机效率提高了2.0%，热耗率降低81.4kJ/(kW·h)，全厂发电煤耗较2007年同期降低6.9g/(kW·h)，取得了显著的经济效益。2号电除尘改造，将除尘效率提升到99.6%，吐电公司的烟气排放量得以可控、在控，提升了吐电公司的环保形象；成功安装1号、2号除盐水箱浮，将除盐水导电率保持在标准范围之内（电导率0.2μS/cm以下）消除了除盐水溶氧超标对凝结水系统、锅炉过热器、再热器系统的不利影响，保证了设备的安全运行。2008年9月和11月，对1号机组进行两次调停检修，消除1号机组甲侧自动主汽门门杆漏汽、1号锅炉空气预热器堵灰、1号锅炉烟气挡板卡涩、1号锅炉低再积灰、1~3电场短路等重大缺陷，确保了1号机组在迎峰度冬期间的安全经济运行。

面对经济危机，吐电公司在经营管理中，以电量争取为核心、以优先购入优质煤种为重点，压缩非生产性开支，控制“三项费用”不超标，树立过紧日子的思想。通过每月的经济活动分析找出问题，及时进行生产经营计划调整和指标纠偏，对即将超计划的费用实行预警。在原煤采购方面，吐电公司领导带头跑煤源、找矿点，与地方政府和矿主沟通协调、交涉，保障煤炭的供应。在物资采购方面，按照“同等质量比价格，同等价格比服务”的原则进行，通过“阳光采购”信息系统，实行公开招标。充分利用吐电公司物资信息平台，对现有库存进行清库盘点，备品配件做到有货不买，无货储购，急用急买，缓用缓买，减少库存。在成本控制方面，吐电公司将各项指标、费用和年度任务目标，通过《综合计划》分解到各部门，组织各部门签订《四项责任制书》，对照《综合计划》按月落实，建立相应的预警机制，对《综合计划》进行动态管理，防止各项费用超标。

项目发展

吐电公司2008年项目发展重点工作是一期工程核准、一期脱硫工程前期准备、6×660MW机组、托克逊太阳能发电前期规划、论证、收集资料。

内部改革

2008 年，吐电公司薪酬分配按照薪点制进行，建立并实施以定员定编决定岗位、岗位价值决定薪级、企业效益决定点值、绩效考核决定岗位升降为核心内容，薪酬分配以绩效为导向的薪点工资制度。

按照《四项责任制管理办法》和相关制度对各部门安全生产、经营指标、党风廉政建设、企业稳定等方面进行考核。公司与部门签订责任状，明确责任和目标；部门与岗位签订责任状，将目标和责任压力传到岗位。同时对“有突出贡献的专业人才”、“有突出贡献的课题组”、“专业技术带头人”、获得各种技术竞赛奖项的人员，在重大设备检修、抢修发挥重要作用的人员实施有侧重的奖励。

按照“收入靠贡献”的原则，吐电公司改革分配方式，给基层留有二次分配的权利，进一步调动生产人员工作热情，提高人员的工作责任心。其中运行部和维修部对薪酬分配进行创新，运行人员按照当月本值经济指标值际竞赛成绩、发电量排名、参加培训人员成绩合格率，个人当月完成的操作量次数统计进行分配。维修人员按岗位的职责大小、重要程度、技能含量、创效相关度，按照贡献大小和工作量的多少实行按岗、按能、按劳取酬的分配机制。

党的建设、精神文明建设、企业文化建设

吐电公司围绕中心，服务大局，以党建引领企业和谐发展。以创建“四好”班子为龙头，在打造一支“强班子、好班子、硬班子”上下功夫，以丰富的党建活动为载体，提高党员素质。以党的先进性建设为重点，提升党组织形象与企业形象。

以企业文化建设为主导，以共同的价值追求统一全员思想。针对员工存在的思想问题，开展形势任务教育，员工对吐电公司核心价值观由认知到认同，工作态度由观望到参与，思想感情由消极到积极。吐电公司电气检修班荣获“全国工人先锋号”称号。

积极引导员工参加社会活动，借此提高员工文明素质，树立良好的企业形象。成立职工文化体育活动协会，下设文学创作社、合唱团、篮球队、乒乓球队 4 个分会，通过开展丰富多彩、积极健康的文化娱乐活动，丰富员工业余生活。

新疆华电苇湖梁发电有限责任公司

概况

新疆华电苇湖梁发电有限责任公司（简称苇电公司）坐落于乌鲁木齐市东北郊水磨沟谷地之中，前身为苇湖梁发电厂，始建于 1953 年，是新中国第一个五年计划中 168 个重点建设项目之一，是当时新疆最大的火力发电厂，是新疆电力工业的摇篮。1993 年实施以大代小技改工程，两台 12.5 万 kW 机组分别于 1998 年和 2000 年投产发电，具备 350 万 m^2 的供热能力，使苇电公司从单一发电转变为发电供热一体化，成为乌鲁木齐市地区首家热电联产机组。2005 年，苇电公司被集团公司评为文明单位。

截至 2008 年底，苇电公司资产总额为 69964 万元，其中流动资产 26136 万元，非流动资产 43828 万元；在岗职工 608 人。

苇电公司主业机构共有 14 个职能部室，分别为总经理工作部、计划经营部人力资源部、财务部、物资供应部、燃料供应部、党群工作部、监察审计部、教育培训部、生产运营部、安全监察部、运行部、燃化部、维护部；非主业机构有华源电力安装公司和新疆诚合苇业投资有限责任公司 2 家综合产业公司。

领导人员

总经理：王毅

党委书记：杜伟

副总经理：张兰新、刘文俊

纪委书记兼工会主席：孙晓迪

助理调研员：李同舟、王思嵘

党委委员：杜伟、王毅、孙晓迪、张兰新、刘文俊

年度业绩

2008 年，苇电公司完成发电量 15.07 亿 kW·h；完成供热量 264 万 GJ；实现供热收入 3426 万元。综合供电煤耗完成 362.51g/(kW·h)，同比下降 13.01g/(kW·h)。

全年未发生重大安全生产事故、人身伤亡事故以及重大火灾事故，截至 2008 年 12 月 31 日，实现年内安全生产 365 天，跨年度安全生产

754 天。

生产经营管理

2008 年，苇电公司进行了送、引风机变频、凝结水泵变频、1 号、2 号热网疏水泵变频、1 号机组给水泵变频改造等项目，通过改为变频调速后，厂用电率较降低 0.8% ~1.0%；解决 2 号机组出力不足的重大缺陷，检修后的 2 号机组较修前热耗下降 152kJ/(kW·h)，影响煤耗降低 3.2g/(kW·h)，通过 DCS 改造，使机组自动化水平大大提高。热工和继电保护监督重点开展辅机程控和输煤程控的改造以及 1 号发电机变压器组和苇六线保护换型工作；完善了生产管理系统、办公 OA 的升级工作。

充分利用国家政策增加营业收入。苇电公司积极争取税收返还款，落实外资退税政策，积极争取税收优惠政策，2008 年下半年，供热增值税抵扣 107 万元，而且利用供热退税政策，努力收回退税款 100 万元。加强资金运作，降低财务费用，优化债务结构。2008 年，在保苇电证公司正常经营的情况下归还银行贷款 6200 万元，影响财务费用同比降低 125 万元。2008 年 12 月提前收回电费 1100 万元，使当年电费营销口径回收率达 102%。争取各种脱硫补助 791 万元。

内部改革

重新调整机构：成立计划经营部、燃料供应部、物资供应部、监察审计部、教育培训部；撤销燃煤办、物资库房检修公司独立运作，代管 158 人成建制整体划转。向乌鲁木齐热电厂输送管理及技能型人才 81 人。

经 2008 年 11 月 21 日党政联席会议研究决定，成立新疆诚合苇业投资有限责任公司。将新疆苇电热力有限责任公司、新疆金马物业管理有限责任公司、新疆臻融原科技开发有限责任公司、乌鲁木齐华声运输服务中心 4 家公司合并为新疆诚合苇业投资有限责任公司。原 4 家公司职能划归新疆诚合苇业投资有限责任公司，相关移交、变更及各项收尾工作在 2008 年 12 月 31 日前完成。自 2009 年 1 月 1 日起按照新疆诚合苇业投资有限责任公司管理方式运作。

党的建设、精神文明建设、企业文化建设

2008 年，在 1 号、2 号机组检修中，苇电公司党委号召各党支部积极开展“党员身边无事故”、党员责任区活动以及“三比三看”活动；结合自治区第十个党风廉政教育月，积极开展以“凝心聚力、和谐发展、夯实基础、服务大局”为主题的系列活动；举办纪念建党 87 周年“两优一先”表彰会；积极开展领导干部上党课活动；制订下发《党员教育培训计划》，开办了局域网“党课半小时”栏目，促进党员学习的经常化、制度化、规范化，保证学习制度的落实，提高学习教育的效果。在四川汶川地震发生后，全体党员干部、员工向灾区人民捐款 54187 元，交纳“特殊党费”55150 元、“特殊团费”1500 元。向南方雨雪冰冻灾害地区捐款 55000 元。

2008 年，苇电公司在原有企业文化的基础上，启动了重塑企业文化的建设工程，经过不断提炼、反复磨合，“自强奋进　自信创新　自我超越”的“三自”企业精神初步形成，得到广大员工的认同。截至年底，企业文化手册、卡片已经向每位员工下发，宣贯工作全面开展。

其他重大事项和情况

2008 年，苇电公司 2×125MW 机组烟气脱硫技改工程在区、市两级政府部门大力支持和苇电公司的积极努力下，投资 8000 万元的脱硫工程于 4 月 22 日在全疆首家开工建设，11 月底正式投运。系统运行稳定，各项参数正常，脱硫效果达到 95% 以上，仪表投入率、保护投入率、自动投入率均为 100%，12 月通过新疆维吾尔自治区环保部门性能验收。

新疆华电昌吉热电二期有限责任公司

概况

新疆华电昌吉热电（二期）有限责任公司系中国华电集团公司所属控股企业，位于昌吉市南工业园区内，是昌吉市集中供热的主力热源。

新疆华电昌吉热电有限责任公司前身为昌吉市热电厂，于 1992 年成立。1997 年 6 月 6 日，改制为新疆昌吉热电有限责任公司。2003 年 1 月 17 日，划归中国华电集团公司管理，股本结构变更为中国华电集团公司控股 51%，昌吉回族自治州公有资产投资管理中心参股 49%。2003 年 9 月 4 日，正式更名为新疆华电昌吉热电有限责任公司。公司装机容量 2.4 万 kW，为 2 台 C15/N12MW 抽凝汽轮机发电机组和 3 台 75t/h 次高压煤粉炉，接入新疆主电网。2008 年 6 月 29 日，为全面落实集团公司与国家环保总局和国家发展改革委签订的“十一五”二氧化硫总量削减和节能降耗目标，根据中国华电计［2008］307号文的具体要求，一期公司2×12万kW机组正式实施关停。

2003年9月23日，由中国华电集团公司控股65%，昌吉州公有资产投资管理中心参股7.5%，昌吉市国有资产经营管理中心参股7.5%，昌吉热力公司参股20%，共同出资设立了新疆华电昌吉热电二期有限责任公司，与一期公司实行“一套人马，两个机构”。二期工程装机容量为2×12.5万kW高压抽汽供热机组，二期工程2台机组分别于2006年12月18日和2007年4月22日先后建成投产，年发电量13.75亿kW·h，供热面积450万m^2。

新疆华电昌吉热电二期有限责任公司下设8部3分场，即总经理工作部、党群工作部、人力资源部、财务部、计划经营部（含市场营销部）、安全监察部、生产技术部、物资供应部、运行分场、检修分场、燃化分场。公司在册员工总数为335人。

领导人员

董事长：李东政

董事：武茂伟、石建国、黄奇勋、马德禄、杨建吉、钱厚军、王泓、李景东

监事：曹敏、黄守杰、时晓东、卡哈尔·卡德尔

总经理：水海波

党委书记：孟柯

党委副书记、纪检委书记、工会主席：卡哈尔·卡德尔

副总经理：米生禄、陈焕文

总工程师：黄庭军

年度业绩

2008年，发电量16.54亿kW·h，完成年计划的100.61%；上网电量15亿kW·h，完成年计划的100.52%；二期公司厂用电率8.83%，较年计划下降1个百分点；二期公司综合供电煤耗389.76g/（kW·h），较年计划减少8.24g/（kW·h）；设备平均利用小时6318h，同比增加499h；售热量184.97万GJ，同比增加17.35万GJ；主营业务收入3.31亿元，完成全年预算的100.91%；实现利润1150万元，完成调整后的年计划104.55%；全员劳动生产率54.15万元/（人·年），同比增加11.93万元/（人·年）。

生产经营管理

坚持安全生产责任落实到位，逐级签订《安全生产目标责任书》，落实安全生产奖惩考核制度；坚持安全意识贯彻生产全过程到位，以反习惯性违章为重点，增强广大员工的安全意识和自我保护意识，工作中严格执行“两票三制”，认真做好事故预想和危险点分析，不断完善安全监督约束机制；坚持安全教育到位，积极开展安全教育月活动，全员树立起“我要安全”的思想，形成了全方位、全过程闭环管理的安全生产工作理念。严格执行“两票三制”，强化设备治理与技术监督，开展安全性评价，实施安全全过程、全方位、全员的安全生产管理模式，严格改造安全生产责任制。

重视扭亏增盈工作，树立“降低成本就是提高效益”的思想，强化财务预算和综合计划管理，严格控制三项费用增长，严格落实三项责任制。实行竞价选煤、择机进煤、加强电煤供应管理，降低生产成本。开展营运改善、对标管理工作，眼睛向内，挖潜降耗。盘活存量资产，改善运营技师，巩固和扩大经营成果。逐级分解经营业绩责任制指标，强化全面预算管理，制订下发综合计划，牢固树立“勤俭高效”和“过紧日子”的思想，确保各项管理费用控制良好。以“四煤”工作为核心，在华电煤业新疆公司“五统一”管理模式下，认真开展燃料成本、质量、统计、管理工作，保证燃煤供应。

项目发展

三期工程项目规划建设2×30万kW等级热电联产项目，项目总投资约为27亿元人民币，同步配套静电除尘和烟气脱硫装置，达到除尘效率99.9%以上，并利用昌吉市污水处理厂中水作为电厂补充用水。三期工程占地面积约340.8亩，年供电量27.3亿kW·h，供热面积1400万m^2。目前项目已获国家环保部批复，至此，该项目核准前的水土保持、安全预评价、接入系统、环境影响报告书等分项工作已全部获得国家五部委的评审和批复文件，项目已顺利进入核准阶段。

2008年6月启动脱硫工程前期工作，目前项目初设招标、监理招标工作已全部完成，工程采用湿式石灰石—石膏湿法，两炉配一塔方式。技改项目实施后，脱硫效率可以达到95%以上，达

到第三时段排放标准，每年可以减少 SO_2 排放量 7026.8t，减少烟尘排放量 267.3t，预计 2009 年 12 月正式建成投运。

党的建设、精神文明建设、企业文化建设

公司党委围绕“对标管理年”、“安全生产管理提升年”活动，紧密结合公司改革发展实际，把党建工作融入企业中心工作中。制订印发了公司《党建对标管理工作实施方案》，开展了“让党旗更鲜艳、让党徽更耀眼”主题实践活动，“三比三看”主题教育活动和“党员责任区”活动。基层党支部分别以开展评选“星级党员”和“星级班组”、“比安全、赛指标、讲奉献”为载体活动，使支部战斗堡垒作用、党员先锋模范作用得以充分发挥，党建对标工作在新疆公司 2008 年度检查中排名前列。党委重视加强政研会工作，印刷《政研会理论成果汇编》，领导带头撰写论文，起到了表率作用，征集政研会论文 45 篇，并在各大媒体上刊稿。2008 年公司荣获了自治区级“模范职工之家”、“模范劳动关系和谐企业”荣誉称号。

新疆华电喀什二期发电有限责任公司

概况

新疆华电喀什二期发电有限责任公司即原新疆华电喀什发电有限责任公司（简称喀什公司）。喀什公司于 2000 年 7 月正式成立，位于喀什市东部少数民族集聚的浩罕乡，占地面积约 $20hm^2$。2008 年股东会议决定将新疆华电喀什发电有限责任公司与新疆华电喀什二期发电有限责任公司进行简单吸收合并，同时审议通过《关于神华能源集团有限公司股份转让的议案》；12 月 17 日，喀什公司改制重组工作结束，由喀什二期公司吸收合并喀什一期公司，实现“一厂一制”，正式合并为新疆华电喀什二期发电有限责任公司。至此，新疆华电喀什二期发电有限责任公司投资方由原来的 4 家变更为 3 家，分别为华电新疆发电有限公司、喀什地区国有资产监督管理委员会、喀什飞龙水泥有限责任公司。喀什公司注册资本 10789.98 万元，投资各方分别为：甲方（华电新疆发电有限公司）10502 万元，乙方（喀什地区国有资产管理中心）110 万元，丙方（喀什飞龙水泥有限责任公司）177.98 万元。投资各方全部以货币资金出资。公司总装机容量为 20 万 kW，分别为 2 台 2×50MW 纯凝燃煤火电机组和 2 台 2×50MW 燃煤热电联产机组，装机容量占喀什、克州电网容量的 52%。

截至 2008 年年底，喀什公司共设 13 部，分别为总经理工作部、财务部、人力资源部、计划经营部、燃煤管理部、物资供应部、党群工作部、创星办、工程部、生产技术部、安全监察部、运行部及检修部，在册员工 357 人，平均年龄 33 岁，人员由汉族、维吾尔族、回族、哈萨克族等民族组成，其中，少数民族员工占员工总数的 40%，女员工占员工总数的 35%。

2008 年，喀什公司荣获自治区文明单位、集团公司文明单位、自治区模范劳动关系和谐企业、西北电监局安全生产先进企业和喀什地区安全生产先进企业、自治区科学技术进步二等奖、喀什地区和喀什市先进企业，喀什地区先进基层工会、喀什市绿化先进单位等称号和奖项。

领导人员

董事长：曾庆锋

总经理、党委书记：李国璞

党委副书记兼纪检委书记：胡德运

副总经理：袁宏运、刘小平、曹敏

工会主席：亚森·库尔班

年度业绩

2008 年，喀什公司完成发电量 122341.16 万 kW·h，增长 34.19%；综合供电标准煤耗 430.82g/(kW·h)，同比下降 21g/(kW·h)；综合厂用电率 9.71%，同比下降 1.86 个百分点；机组设备利用小时 6117.06h，同比增加 1558.59h；累计安全运行 1146 天，年内安全运行 366 天。全年未发生人身重伤事故、一般设备事故、火灾事故、交通事故、机组“非停”事故；未发生集团公司、电网及华电新疆公司通报的一类障碍。获得西北电监局安全生产先进企业和喀什地区安全生产先进企业。

生产经营管理

2008 年，喀什公司建立“向最好学习，同最好相比，与最好同行”渐进式提升的长效机制，注重在关键环节优化管理，滚动式推进管理思路、管理方法、管理结构、管理品质的创新，通过信息化管理手段、加强制度建设和优化管理流程，把精细化管理贯穿于安全生产、经营管理、工程建设、思想政治等企业运转的各个环节和全过程。

公司员工的安全保障能力、攻坚破难能力、降本增效能力、凝心聚力能力、市场开拓驾驭等5种能力得到了锻炼和提高，确保了机组长周期安全稳定运行、发电量创历史新高、物耗水平大幅度下降、节能减排工作取得突出成就、脱硫工程建设稳步推进、职工队伍思想稳定，圆满完成抗冰雪、奥运火炬在喀什传递期间及奥运会、残奥会、喀交会、国庆节、肉孜节等重大节日的保电任务。深入开展对标工作，对标管理的成果显著：大修成果显著。喀什公司3号、4号机组大修工作首次采用检修文件包管理模式，实行W、H点和三级验收双规制质量监督验收体系，通过强化对标管理，从计划对标，各项准备充分；安全对标，强化刚性管理；质量对标，监督工作到位；进度对标，重要节点受控，圆满完成了3号、4号机组大修工作，2台机组均实现了锅炉水压试验、锅炉点火、汽轮机冲转、发电机并网4个一次成功，实现了安全、质量、工期的可控、在控，4号机组更是较计划工期提前10天完成机组大修工作。节能技改工作成效显著。喀什公司按照集团公司关于节能减排和节能评价的要求，从运行管理、设备管理、电煤管理、指标管理、节能改造项目评估5个方面入手，申请燃煤锅炉技术改造和余热余压利用技术改造两个节能减排技改项目，共获得国家节能奖励资金900余万元。经营效益显著。喀什公司以发电量为突破口，狠抓电量管理工作，发电量和设备利用小时创历史新高；积极争取政策支持，争取开行贷款在基准利率的基础上下浮10%的优惠利率，全年减少财务费用400万元。

内部改革

2008年，喀什公司制定出台《人力资源培养目标及选拔实施办法》、《员工教育培训积分管理办法》、《员工突出贡献人员管理办法》等配套办法，将员工培训与对标工作结合起来，实行员工培训对标管理。同时将员工培训工作与员工绩效考评进行有机结合，实行员工的培训积分与工效挂钩，奖学罚懒，形成以员工的发展推动企业发展的新格局。

党的建设、精神文明建设、企业文化建设

2008年，喀什公司紧紧围绕“精细化管理年”、“对标管理年”活动要求，加强党支部制度建设，作风建设。开展党支部对标管理工作，廉政建设日常化，不但在生产经营的硬性工作中实施经济指标对标管理，而且将对标体系拓展延伸到党建柔性对标体系范围，量化党建工作指标，强化党建工作质量，深化党建工作合力，对党务“软指标”实行对标“硬”管理，将党建工作“虚功做实”。

喀什公司以精神文明建设、思想政治和工会、共青团建设工作为主题，广泛开展和谐主题下的群众性文明创建活动和创建学习型企业活动，同时在领导班子和中层管理人员、重点部门及岗位中开展以清廉为本、诚信立业、自律自警、自重自省教育活动，以落实责任制为措施，以中心组学习为平台，建立健全惩防长效机制，使廉政教育和效能监察工作不断日常化。2008年，喀什公司组织开展各类劳动技能竞赛、大小修慰问、职工避暑纳凉等一系列“暖人心、稳人心、得人心”活动，把爱心送给困难职工，把热心送给大修职工，把清凉送给广大职工，保持了公司职工队伍的稳定，构建了具有喀电特色的和谐企业文化。2008年，喀什公司在抗冰雪灾害、抗震救灾捐款活动中，公司员工共计捐款60102元；开展对口支援地方教育活动，共帮扶对口学校3家，向喀什地区困难群众捐款27886元，树立了华电在南疆的企业形象，促进了精神文明建设工作的深入开展，形成了具有西域风情的喀电特色企业文化，在全体员工中形成了干事、谋发展的浓厚氛围。

华电新疆发电有限公司
乌鲁木齐热电厂

概况

华电新疆发电有限公司乌鲁木齐热电厂（简称乌鲁木齐热电厂）于2007年10月30日注册成立，系集团公司全资公司。

乌鲁木齐热电厂厂址位于新疆乌鲁木齐市水磨沟工业园，一期工程2×330MW热电联产机组于2008年4月8日正式开工建设，计划2009年9月底1号机组投产发电，11月底2号机组投产发电。工程同步安装烟气脱硫装置，配套建设热网工程，是新疆“十一五”电力发展规划和华电集团在疆重点开发的项目，也是乌鲁木齐市总体供热规划和热电联产规划中重要的热源和电源建设点。该项目是集坑口电站、热电联产、中水回用、环境保护等优势为一体的环保生态型项目。工程的建设，对区域的经济发展、提高供热可靠性、改善大气环境质量、推动中水利用具有重要意义。

二期规划建设 3×330MW 亚临界燃煤热电联产机组。

乌鲁木齐热电厂下设综合管理部、工程部、安监部、计划部、财务部、生产准备部6个部室。现有员工166人，其中基建管理人员31人，生产准备人员133人；研究生及以上1人，本科35人，专科46人。

领导人员

厂长：缪宛新

党委书记：周俐佼

副厂长：孙刚、杨其恒、王义

年度业绩

基建工程安全局面良好，工程自开工建设以来连续安全施工297天，实现了工程施工“事故零目标”。

2008年2月1日，项目取得国家发展改革委核准批复；3月10日，主厂房基础正式开挖；3月28日，主厂房基础浇筑第一罐混凝土；4月8日，举行工程开工仪式，成为自治区和集团公司首家当年核准、当年开工建设的项目。

2008年，顺利完成主厂房开挖、主厂房浇筑第一方混凝土、主厂房结构封顶、烟囱、冷却塔结顶、锅炉钢架吊装、锅炉受热面吊装、1号锅炉汽包就位等8个里程碑节点。11月25日主厂房顺利封闭。

工程建设全面执行国家电力建设强制标准，采用新技术、新设备、新材料、新工艺，全年未发生重大及以上质量事故。

2008年，乌鲁木齐热电厂累计完成投资13.48亿元，完成计划投资11.88亿元的113.5%。

项目发展

作为集团公司在疆的第一台单机容量33万kW的发电厂，乌鲁木齐热电厂，不断提高工程建设管理水平，在做好工程“四个策划”的基础上，提出了创华电安全文明施工样板工地、创北方严寒地区工期最短工程、创全国同类型机组指标最优电厂、创行业优质工程的“四创”建设目标。

安全文明施工方面，乌鲁木齐热电厂聘请国内高水平的专业性公司对现场总体布局、安全文明施工主要管理措施进行总体策划。严格按照策划方案要求实施、规范，施工现场各区域布置井然有序，整齐划一，实现了“布局模块化、环境亮绿化、道路环行化、生活整洁化、办公电子化、标识规范化、摆放定置化、设施标准化”。

乌鲁木齐热电厂组织各施工单位成立安全联合检查组，开展安全“每日检查”，做到安全问题不过夜；开展安全“每日提醒”，对次日工作重点进行提醒，做到安全意识不松懈。安全管理始终处于可控、受控状态。

质量控制方面，乌鲁木齐热电厂通过建立健全质量管理体系，细化分解质量目标，强化过程控制，提高工程建设质量水平。实行质量工艺策划，建立健全各项质量工艺标准并强制推行。实行质量互查制，保证关键质量点受控。注重工程质量监督工作，组织开展质监站和达标投产定期检查工作，严格“四级”验收，规范现场文件资料管理，加强整改落实，确保创行业优质工程质量目标实现。

进度控制方面，乌鲁木齐热电厂坚持以网络进度计划统领基建工程建设，实行分级控制，采取“以日计划保周计划，以周计划保节点计划”等措施，坚持每日晨会，强调各节点、各工序间的紧密衔接，对影响工期的关键因素及时采取措施，提前进行防范，确保设计图纸交付进度和设备交货，合理控制工期，保证里程碑节点受控，确保创北方严寒地区最短工期目标实现。

造价控制方面，乌鲁木齐热电厂在保证机组安全、可靠的基础上，优化、简化系统设计方案，从源头上控制工程造价；同时严格执行招投标制度，在保证设备质量前提下，实现设备选型性价比最优；坚持合同管理制，严把工程量签证关，严格控制、减少设计变更，保证工程造价在批准概算范围内，做到工程造价可控、在控，实现指标最优电厂。

党的建设、精神文明建设、企业文化建设

在狠抓工程建设的同时，乌鲁木齐热电厂始终高度重视加强党的建设工作，始终坚持“融入中心、服务大局、进入管理、发挥作用”，为中心工作服务、为基本建设和生产准备工作保驾护航。

乌鲁木齐热电厂开展“党建对标”工作，启动“四好”领导班子创建工作，建立健全党建工作各项规章制度，坚持中心组学习制度，班子队伍和谐。开展形式多样的廉政教育，全过程参与各类招标工作。重视新闻宣传工作，成立通讯记者站，建立了涵盖各参建单位在内的强大宣传网络。借助各种媒体进行广泛宣传，提高企业在当地和集团系统内的知名度，树立企业良好形象。加强党组织建设，成立机关党支部和生产准备党支部，积极发展新党员。注重精神感召，围绕基层实际，设计活动载体，给员工讲企业文化、职业情操，组织大学生见面会，组织辅岗人员现场参观，激发员工团结互助，积极向上，勇于挑战以及与企业休戚与共的情感和为企业奉献的工作热情。开展向灾区捐助、帮助大学生偿还助学贷款等“送温暖、爱心助困”活动，构建和谐企业。

新疆华电发电检修有限公司

概况

新疆华电发电检修有限公司（简称新疆检修公司）于2006年11月18日成立，由华电新疆发电有限公司投资控股，新疆华电苇湖梁发电有限责任公司、新疆华电红雁池发电有限责任公司、新疆华电吐鲁番发电有限责任公司、新疆华电昌吉热电二期有限责任公司和新疆苇湖梁电厂华源电力安装公司共同参股，注册资本金2400万元。经营范围为电力设备检修、维修、调试、安装、电力检修技术咨询、发电运行服务、电力物资经销等。2008年业务范围：承担苇湖梁公司机组维护工作的同时，承揽华电集团在疆各发电企业（哈密公司除外）机组外委检修工作；积极开拓系统外电站企业的检修项目。

新疆检修公司设置综合管理部、人力资源部、财务资产部、市场营销部、安全监察部、检修项目部、维护项目部和工程项目部8个部门。截至2008年底，新疆检修公司在册员工174人，其中大学学历14人，大专学历48人；高级职称2人，中级职称8人，初级职称14人；高级技师2人，技师14人，高级工49人。平均工龄21年。

新疆检修公司的发展定位是实现实体型和管理型有机结合的华电区域检修公司，打造华电电力检修品牌；三年的发展目标（2008～2010年）是抓住机遇、快速发展、打造新疆第一的电力检修品牌。第一年：规范创新，打好根基；第二年：管理升级，实力增强；第三年：扩大市场，树立品牌。

领导人员

党委书记、总经理：狄刚

党委成员、副总经理：沈一凡

党委成员、纪检书记、工会主席、副总经理：赵启民

年度业绩

2008年，新疆检修公司努力开拓市场空间，将指标层层分解与落实，实现收入2928.7万元，资产负债率18.2%，较好地完成了各项指标。

生产经营管理

1. 建立以财务管理为核心的经营管理模式

建立预算编制依据和标准，形成相应的预算管理体系，逐步开展以预算管理为核心的财务经营管理工作，并将预算控制指标逐级分解落实，与部门签订经营责任书，在项目承包责任书中细化各类成本预算指标，及时进行项目核算，定期进行预算平衡和经济活动分析工作，公司经营管理工作逐步步入以财务管理为核心的规范化轨道。

2. 积极开展市场营销工作

新疆检修公司大力开展市场营销工作，全面收集疆内各火电厂的机组状况、检修需求状况、市场价格信息以及疆内外检修劳务市场信息，重点以市场和业务拓展、合同管理、账款回收三个方面为切入点开展工作；同时积极协助华电新疆公司规范统一内部检修市场的合同范本和检修定额标准；与疆内外多家单位建立长期合作关系，逐步形成有利于公司发展的外部市场环境。

3. 建立并不断完善绩效薪酬管理体系

新疆检修公司建立6种不同形式的绩效管理和薪酬模式，对中高层管理人员实行以年度业绩绩效指标为主，月度绩效考评为辅的绩效薪酬模式；对机关一般管理人员实行月周绩效考评，并与绩效工资挂钩；对市场营销人员采取底薪加提成的薪酬模式，将合同签订额、结算额、回款额及其及时性与提成额直接捆绑；对维护项目部实行年度费用总承包，采取业主考评为主、公司考评为辅的绩效管控方式；对检修项目部实行项目承包责任制，逐级签订项目承包责任书，制订并不断完善项目评价指标体系，及时进行项目评价，并根据评价得分兑现项目承包奖，其内部作业班组实行标准量化的劳动定额结算；对新进人员采

取定期进行工作表现和技能状况鉴定的方式，动态调整新进人员岗级及薪金标准。

4. 公司实力逐步增强

资产实力增强。新疆检修公司注册资本金由成立时的360万元增加到2400万元。在资质方面，取得了质量管理体系、环境管理体系及职业健康安全管理体系的“三标一体”贯标认证证书。装备水平逐步改善，工机具的装备和管理水平进一步提高。实行集中管理、分级管控，即按四级（公司、项目部、班组、个人）制定了配备标准和相应的管理制度。建成新疆检修公司新基地，配备包括小型汽轮机、引风机、变压器、开关、阀门和泵类等实物教具，提高了检修技能培训的硬件水平。

5. 员工培训实现新突破

新疆检修公司陆续开展6个层次的员工培训，即中高层、经营人员、项目经理、班组长、员工技能（重点是检修员工）及新进人员的培训。中高层重在改变观念、开拓思路；经营人员重点加强市场营销、账款回收、合同管理、全面预算管理、绩效薪酬管理等方面的业务培训；项目经理、班组长重在改变观念的基础上掌握项目管理和班组建设的科学方法；新老员工培训重在转变作风、加强组织纪律性和提高专业技能。新工培训从入厂教育抓起，对每位新员工的技能状况进行跟踪鉴定，并依据结果进行新工岗级及薪金的评级调整。2008年底在华电新疆公司举办的职工技能（检修）比武中，新疆检修公司两个代表队（老工队和新工队）分别以总分第一名和第二名的成绩获得金奖和银奖。比武中，还摘取了一多半比赛项目的冠、亚军名次，其中有3名新工获得单项第一。

项目发展

2008年，新疆华电系统内外委检修计划14（台·次）/年，新疆检修公司在做好苇湖梁公司机组维护工作的同时，自主或分包方式完成了7（台·次）机组检修，完成检修计划50%；同时完成了系统外伊犁二电2号机组A级检修、伊犁二电1号机组C级检修和独山子汽轮机检漏项目。

在项目检修中重点从以下几方面提高了项目管理水平：

强化各级人员责任意识。项目管理逐级签订项目承包责任书，并将项目评价结果与各级人员薪金挂钩；建立健全安全保证和监督体系，逐级签订安全目标责任书，并纳入公司业绩考核体系，加强安全教育、规范安全例行工作和安全设施标准、完善安全制度、健全应急预案、深入开展无违章创建和隐患排查工作、强化危险点分析预控管理制定公司质量责任制度和质量验收制度；结合项目管理实践及引进项目管理咨询机构，运用项目管理WBS软件方法分“三级网络”确定和有效监控进度目标。

转变工作作风。编制并颁布《检修工艺纪律》、《公司反违章约法三章》、《检修作业十条禁令》、《特殊工种作业禁令》、《工地作息制度》和《项目检修生活管理规定》等项目制度，逐步实行检修作业全方位、多层次的管控模式，推行统一行为规范、列队出操、站班会、严格生活作息制度等措施。

加强检修质量激励力度。规范并及时评价开工准备工作，颁布《检修质量奖惩制度及实施细则》，从设备解体、组装、试运、启动全过程，从设备泄漏、振动、温度、效率等各项指标与业主方共同进行跟踪验证，落实到所有的主辅机设备，每一步的跟踪验证在取得业主方和公司的共同认可后及时进行奖惩，进一步强化检修人员的质量意识和责任心，实现检修维护各机组的优良质量目标，客户满意度提升。

现场文明施工水平明显改善。逐步引入和推行现场5S管理，不断提升对现场文明施工水平的建设标准和监控力度，对业主和自查发现的问题实行闭环管理，检修现场标识清晰、整治有序，文明施工水平有了明显进步。

在成本控制上重点加强三方面工作：一是对分包项目进行招议标，选择优质队伍，降低分包成本；二是建立外用工数量和班组承包奖密切挂钩的薪酬方式，此方法促使外用工数量逐年明显降低；三是通过承包责任书将各类费用指标与各级人员挂钩，成本管理水平明显提升。

党的建设、精神文明建设、企业文化建设

2008年1月，新疆检修公司成立了工会，通过职代会、厂情通报会和班组民主管理等形式，扩大基层员工对关系员工切身利益的公司主要制度和基层制度的知情权、参与权和表决权。6月成立党委，确立加强党风建设、支部建设、政工宣传和建设团青组织的近期工作目标。

针对检修项目工作性质，开展双文明工作评

比活动；加大项目宣传力度；开辟工地宣传栏、检修快讯，开展多种形式的文体活动等；重视员工思想动态，不定期多次采用调查问卷及班组走访的形式与员工开展广泛的交流和沟通，开展谈心、送温暖活动。

筹划实施企业文化建设工作，形成了长期积累、提炼、倡导和强化适应公司发展的价值观和理念的统一认识。明确公司使命是：为大型电站企业提供专业快捷、精心周到的优质服务；公司愿景是：成为西北地区第一品牌的电站服务企业。

中国华电集团公司西藏分公司

概况

中国华电集团公司西藏分公司（简称华电西藏公司）成立于2008年3月，是集团公司在西藏设立的分公司，负责集团公司在西藏地区的发展规划、项目前期、市场营销、协调服务等方面的工作。

华电西藏公司设置西藏项目部1个部门。

领导人员

总经理：杨清廷

副总经理：朱荣华

区域年度工作业绩

1. 快速完成分公司筹备工作

2008年3月，集团公司宣布成立西藏分公司。5月5日，华电西藏公司总经理杨清廷主持召开西藏分公司第一次会议，西藏分公司筹备工作正式启动。5月11日，公司副总经理朱荣华带领公司员工到拉萨开展筹备工作。公司克服了人员少、时间紧、任务重和点多面广、高原反应等诸多不利因素，分别在拉萨、北京、成都等地积极高效地开展公司组建等各项筹备工作，相继完成了公司登记注册、媒体公关宣传等工作，并于11月4日成功举办了公司揭牌仪式。

2. 认真做好区域规划发展工作

高度重视西藏地区电力市场运行工作，结合西藏地区水电资源丰富、开发比例小、电力送出困难、区域电力市场负荷较小、区域电网未形成、电力下游产品丰富等特点，认真分析形势，研究对策，明晰公司发展思路。公司积极主动收集西藏区域电力市场建设信息和资料，积极开展市场调研。7月初，编制完成《华电在藏水电开发情况的调研报告》，为集团公司研究、制定华电在藏水电开发战略规划提供有益的参考。

3. 积极落实水电项目开发权

根据西藏自治区“十一五发展战略规划”，积极向西藏自治区政府相关领导汇报，取得自治区政府领导对华电参与西藏水电开发的理解和支持。加强与西藏自治区发展改革委、西藏电力工业局协调、沟通，为落实项目开发权创造条件。11月4日，公司在拉萨举行揭牌仪式。期间，集团公司党组书记、副总经理李庆奎会见了西藏自治区党委书记张庆黎，提出由华电集团开发雅鲁藏布江中游下段巴玉、大古水电站，得到了西藏自治区党委、政府的大力支持，公司落实项目开发权的工作取得重大进展。同时，积极关注雅鲁藏布江下游水电资源开发建设，参与藏电外送规划编制工作。

4. 努力营造后续发展的宽松环境

一是加强与西藏自治区党委、政府有关部门的汇报沟通，为华电集团在西藏的发展创造良好的外部环境；二是积极协调金沙江上游水电开发所涉及的西藏侧相关工作；三是组织到西藏相关电力开发公司考察学习。

区域项目发展

以集团公司发展思路为统领，牢固树立价值思维，积极争取水电资源开发权，适时推进项目前期工作，根据西藏地区水电资源情况，制定了华电集团西藏地区近期和中长期工作目标，及时向西藏自治区党委、政府及相关职能部门领导汇报，争取更多的水电资源开发权。

十四、大 事 记

1月

1月1日

集团公司党组书记、总经理曹培玺向社会各界和公司系统发出新年贺词，表达了中国华电与社会各界携手共建和谐社会的良好愿望，同时向公司系统干部员工表达了不断开创华电事业新辉煌的美好祝愿。

1月1日

集团公司党组成员、副总经理陈飞虎到湖南华电长沙发电有限公司慰问。陈飞虎代表集团公司党组和曹培玺总经理看望了一线员工，对长沙公司在过去的一年里取得的成绩给予了充分肯定，并针对下一步工作提出了具体要求。

1月3日

集团公司与河南省洛阳市人民政府在洛阳市签署了合作开发核电项目框架协议，集团公司党组成员、副总经理程念高与洛阳市市长郭洪昌分别代表双方在协议书上签字。

1月3日

集团公司党组成员、副总经理辛保安到江苏电力发展股份有限公司调研。辛保安代表集团公司党组和曹培玺总经理向公司员工表示了节日慰问，对一年来的工作成绩给予了充分肯定，并针对下一步工作提出了具体要求。

1月4日

集团公司党组成员、华电国际公司总经理陈建华在天津会见了天津市委常委、常务副市长杨栋梁，双方就加快天津滨海新区南疆热电项目前期工作进行了交流，并表达了加强合作、双赢互利、共促天津市及滨海新区社会繁荣和经济发展的愿望。

1月9日

湖北省委书记罗清泉在集团公司党组成员、副总经理程念高陪同下到湖北西塞山发电有限公司调研。罗清泉对西塞山发电公司一期的生产经营情况及二期扩建工程前期工作给予了充分肯定。

1月11日

集团公司与重庆市政府、陕西省政府在西安签署了合作建设陕西安康电厂的协议书。集团公司党组成员、副总经理程念高出席签字仪式。重庆市副市长童小平代表重庆市委、市政府感谢陕西省政府和华电集团对重庆经济发展的支持。陕西省常务副省长赵正永表示，陕西省政府愿为华电集团、为重庆市的发展作出应有的贡献，共同努力推动安康项目早见成效。程念高表示，通过安康项目的建设，为陕、渝两地搭建共同发展的桥梁，通过能源转换实现陕、渝两地的资源互补，实现三方的互利共赢。

1月13～14日

集团公司党组成员、副总经理任书辉到四川调研。

13日，任书辉在成都会见了四川省委常委、省国资委党委书记王少雄，双方就华电在川企业有关工作和项目发展等情况进行了会谈，并表达了合作共赢、实现共同发展的愿望。

当日，任书辉会见了广安市委书记王平，市委副书记、市长王建军，副市长肖雷等，双方就确保广安公司电煤供应达成了共识。

当日，任书辉到四川广安发电有限责任公司慰问，充分肯定了广安公司成立以来所取得的成绩，要求广安公司在新的一年要着力提高煤炭保障和煤炭管理能力，着力提高市场开拓能力，着力提高设备可靠性管理的能力。

14日，任书辉到华电四川发电公司调研，对四川公司2007年各项工作给予了充分肯定，同时对华电四川公司2008年的工作提出了要求。

1月17～18日

集团公司2008年工作会议在京召开。

17日，集团公司2008年工作会议开幕。集团公司党组书记、总经理曹培玺，党组成员、副总经理陈飞虎、程念高、任书辉，党组成员、纪检组组长迟文江，党组成员、副总经理辛保安、邓建玲，党组成员、华电国际总经理陈建华，总会计师王怀书，集团公司老领导、专家委员会主任委员贺恭出席会议。国家电力监管委员会副主席王野平、国务院派驻集团公司监事会主席韩修国、国家发展改革委能源局副局长吴贵辉、中国电力企业联合会秘书长王永干等出席会议并讲话。

会议由程念高主持。会上，迟文江宣读了国务院副总理曾培炎、国务院国资委主任李荣融、国家电力监管委员会主席尤权的重要批示。曹培玺作了题为《努力创新超越，提升竞争能力，为实现公司愿景目标而努力奋斗》的工作报告。报告全面总结了集团公司2007年工作情况，提出了今后一个时期的公司战略，明确了2008年工作总体要求和目标任务，对2008年工作进行了全面部署。要求公司系统以党的十七大精神为指导，高举中国特色社会主义伟大旗帜，深入贯彻落实科学发展观，认真贯彻中央经济工作会议精神，以公司战略为统领，以提升三大业绩为中心，以增强竞争力为主线，以加强企业管理为重点，深入开展对标管理年活动，全面提高安全保障能力、发展突破能力、市场开拓驾驭能力、降本增效能力、节能减排能力、资本资金运作能力、风险防范能力，以人为本，勇于创新，真抓实干，努力超越，全面完成2008年各项工作任务。

大会对集团公司2007年度先进单位和个人进行了表彰。

18日上午，王怀书宣读了集团公司2008年1号文件《关于开展对标管理年活动的实施意见》。集团公司财务管理部、计划发展部、安全生产部、市场营销部、人力资源部分别作了专题发言。8家单位作了经验交流发言，6家单位提交了书面发言材料。

下午，曹培玺与部分企业领导人签订了2008年绩效目标责任书。陈飞虎作大会总结讲话。总结大会由辛保安主持。集团公司2008年工作会议圆满完成各项议程，胜利闭幕。

1月19日

集团公司2008年纪检监察工作会议在北京召开，会议认真传达贯彻党的十七大和中央纪委二次全会精神，集团公司党组书记、总经理曹培玺发表重要讲话。曹培玺指出，公司系统各级党组织和全体党员干部要认真学习胡锦涛总书记重要讲话精神，重点抓好惩治和预防腐败体系建设、制度建设和效能建设，把反腐倡廉建设融入发展、融入管理、融入文化，切实加强预防工作。

集团公司党组成员、副总经理陈飞虎主持会议。国务院派驻华电集团公司监事会主席韩修国、中央纪委第一纪检监察室正局级监察专员海燕、国务院国资委纪委二室主任王传夫出席会议，海燕、王传夫同志分别作讲话。党组成员、纪检组组长迟文江传达了中央纪委二次全会精神，纪检组副组长、监察部主任雷本慧代表党组纪检组作了工作报告。

1月20～21日

华电煤业集团有限公司2008年工作会议在北京召开。集团公司党组书记、总经理曹培玺对会议作出重要批示。集团公司党组成员、副总经理、华电煤业公司董事长邓建玲出席会议并讲话。

1月20～22日

华电国际电力股份有限公司2008年工作会议在安徽合肥召开。集团公司党组书记、总经理曹培玺对会议召开作出重要批示。安徽省委常委、常务副省长孙志刚出席会议并讲话。集团公司党组成员、华电国际公司总经理陈建华作工作报告。

1月21日

集团公司党组成员、华电国际公司总经理陈建华在安徽合肥会见了安徽省委常委、常务副省长孙志刚。双方就加强合作，促进安徽省经济社会发展和推进华电在皖项目达成了共识。

1月22日

国家发展改革委副主任解振华一行到国电南京自动化股份有限公司考察。

集团公司党组成员、副总经理程念高陪同解振华一行参观了具有国际一流水准的国电南自生产制造平台和高压变频实验室。解振华对华电集团大力推进节能降耗工作给予充分肯定，对国电南自在环保、节能领域作出的贡献给予高度评价。

1月22日

集团公司召开安全生产视频会议。集团公司党组成员、副总经理任书辉出席会议并作了题为《强化管理，狠抓落实，进一步做好2008年安全生产工作》的重要讲话。

会议由集团公司总经济师王日文主持。集团公司安全生产部主任姜家仁传达了1月11日全国安全生产电视电话会议精神。

1月22～24日

集团公司党组成员、副总经理陈飞虎到华电内蒙古公司慰问、调研。陈飞虎先后来到内蒙古华电包头发电有限公司、包头东华热电有限公司、内蒙古华电土右发电公司生产和施工一线，代表集团公司党组和曹培玺总经理慰问广大干部职工，了解企业生产经营及建设方面的情况，并专程走访了内蒙古电网公司。陈飞虎对华电内蒙古公司的工作给予了充分肯定，同时要求内蒙古公司要团结一致，努力完成好集团公司各项考核指标，为实现“8467”奋斗目标作出新的更大的贡献。

1月23日

集团公司召开广域网二期及安全生产与营销

实时监管系统开通试运行视频会议，集团公司党组成员、副总经理邓建玲出席会议并作重要讲话。

1 月 24 日

集团公司党组书记、总经理曹培玺在武汉会见了湖北省委书记罗清泉、省长李鸿忠，双方就华电集团在湖北的发展进行交流，并达成了共识。曹培玺就华电湖北公司在发展中急需解决的问题，与湖北省党政领导进行了深入沟通，并希望湖北省委、省政府继续对华电在湖北的发展给予大力支持和帮助。罗清泉表示，湖北省委省政府将积极关注华电在湖北的发展，创造条件和环境，一如既往地支持华电在湖北的进一步拓展。

当日，曹培玺会见了华中电网有限公司董事长谢明亮、总经理王中兴以及湖北省电力公司总经理汤文全。

当日，曹培玺到华电湖北分公司及所属企业指导抗击灾害天气保障安全发电工作，走访慰问困难职工。曹培玺指出，当前要努力克服恶劣天气带来的影响，搞好安全生产，充分履行中央企业肩负的三大责任，保障社会用电需求，树立良好的华电企业形象。

湖北省委常委、省委秘书长李明波，省政府秘书长段轮一，集团公司总经理助理、总经理工作部主任林正山，公司有关部门负责人及湖北分公司负责人等分别参加了会见、慰问和调研。

1 月 24 日

集团公司党组成员、副总经理辛保安到华电贵港发电有限公司指导抗灾保电工作。辛保安对贵港发电公司 2007 年的工作给予了充分肯定，并对今后的工作提出了具体要求。

1 月 24 ~ 26 日

集团公司总会计师王怀书到浙江、江苏指导抗灾保电工作。

24 日，在杭州华电半山发电有限公司，王怀书代表集团公司党组和曹培玺总经理向华电在浙广大干部员工致以新春的问候和祝福。对半山公司过去一年取得的业绩给予充分肯定，同时对半山公司今后的工作提出了具体要求。

24 ~ 26 日，王怀书先后到华电望亭发电厂、江苏华电扬州发电有限公司、江苏华电戚墅堰发电有限公司慰问和调研。每到一处，王怀书深入一线，看望干部职工，调研指导工作，慰问离退休老同志，向干部员工致以新春的祝福。

1 月 25 日

集团公司党组成员、纪检组长迟文江一行到青海华电大通发电有限公司指导抗灾保电工作并慰问全体员工。迟文江对大通公司的工作给予了充分肯定，同时要求大通公司再接再厉，克服不利因素，积极推进企业发展。

1 月 25 日

集团公司党组成员、副总经理辛保安到华电（北京）热电有限公司慰问和调研。辛保安分别到退休老职工家中和生产一线送去了新春的祝福和慰问，同时对北京热电公司 2008 年的工作提出了具体要求。

1 月 26 日

集团公司党组书记、总经理曹培玺在华电贵州公司《信息专报》上作出专门批示。批示深刻分析了当前的形势，明确提出了工作要求，对抗灾抢险、安全生产、保证煤炭供应等工作提出了明确要求。

1 月 26 ~ 27 日

集团公司党组成员、副总经理任书辉到贵州华电所属企业指导抗灾保电工作。任书辉分别到贵州乌江水电开发有限公司及下属集控中心、贵州华电清镇发电有限公司，看望和慰问广大职工，要求广大干部职工振奋精神，排除万难，全力夺取抗灾保电工作的最后胜利。

1 月 26 ~ 27 日

集团公司党组成员、纪检组组长迟文江先后到华电陕西分公司及陕西华电蒲城发电有限责任公司慰问职工，指导抗灾保电工作。

26 日，在华电陕西分公司，迟文江指出，陕西分公司要加强与各方面的沟通协调，进一步健全管理机制，促进各项工作再上新台阶，营造华电在陕良好形象。

27 日，迟文江赴华电蒲城发电公司，走访慰问特困职工，并对蒲电 2008 年的工作提出了具体要求。

1 月 28 日

中国华电集团资本控股有限公司 2008 年工作会议在北京召开。集团公司党组成员、副总经理陈飞虎，集团公司总会计师王怀书出席会议并分别讲话。会议回顾总结了 2007 年华电金融工作，客观分析了当前发展形势，全面部署了 2008 年金融产业各项工作。

1月28日

集团公司党组成员、副总经理程念高到华电福建厦门电厂慰问并指导抗灾保电工作。程念高对厦门电厂主动提前关停机组和确保职工队伍稳定给予充分肯定和高度评价。要求在下一阶段工作中，把安全摆在首位，转变观念，加强员工培训，为“走出去”寻找出路做好充分准备。

1月28日

华电工程公司2008年工作会议在北京召开。集团公司党组成员、副总经理、华电工程公司董事长邓建玲出席会议并作重要讲话。邓建玲的讲话总结了华电工程公司系统2007年主要工作，明确提出了2008年主要工作思路，全面部署了2008年各项工作任务。

1月28～31日

国务院派驻华电集团公司监事会主席韩修国到黑龙江调研。

韩修国对华电能源股份有限公司的工作给予了充分肯定，要求华电能源公司，既要抓电力运营和资本运营，还要抓经济效益和社会效益，要在发展思路上符合中央精神。韩修国此次调研重点是华电能源公司本部及所属的哈尔滨第三发电厂、哈尔滨热电有限责任公司和哈尔滨发电有限公司。韩修国认真听取各单位的工作汇报，并深入各单位生产现场、主控室等进行实地察看，对做好下一步工作提出了具体要求。

1月28～31日

集团公司党组成员、副总经理辛保安到四川慰问和指导抗灾保电工作。

28日，辛保安到四川华电黄桷庄发电有限公司慰问了干部员工。辛保安要求黄桷庄发电公司认真贯彻落实集团公司2008年工作会议精神，精心谋划2008年各项工作，为集团公司作出新的更大的贡献。

29日，辛保安在成都主持召开了华电四川发电有限公司第一届董事会第五次会议和华电金沙江上游水电开发有限公司第一次股东会、一届三次暨二届一次董事会。

30～31日，辛保安在成都出席了华电四川发电有限公司2008年工作会暨一届三次职工代表大会。要求四川公司认真贯彻落实集团公司2008年工作会议精神和今后一个时期的公司战略，准确把握集团公司2008年工作总体要求，抓好各项工作的落实。

1月29日

集团公司召开煤炭供应和电力生产保障工作视频会议，集团党组书记、总经理曹培玺对全力以赴加强电煤供应和电力生产进行全面部署。要求公司系统各单位继续加强领导，积极应对，明确责任，狠抓落实，做好充分的思想和工作准备，应对更大的困难和挑战，坚决做好抗灾保电工作。会议由集团公司党组成员、副总经理任书辉主持。

1月29～30日

集团公司党组成员、副总经理陈飞虎，集团公司党组成员、华电国际电力股份有限公司总经理陈建华到华电国际十里泉电厂、华电滕州新源热电有限公司、华电国际邹县发电厂等企业慰问干部职工，指导抗灾保电工作。

29日，陈飞虎和陈建华一行到华电国际十里泉电厂慰问干部职工，指导抗灾保电工作。陈飞虎对十里泉电厂2007年所取得的成绩给予了充分肯定，并结合当前生产、经营和发展形势，对下一步工作提出了具体要求。

30日，在华电滕州新源热电有限公司，陈飞虎、陈建华一行深入滕州公司二期生产现场了解生产经营情况，亲切慰问干部职工。

30日下午，陈飞虎、陈建华一行赶赴华电国际邹县发电厂，代表集团公司党组和曹培玺总经理亲切慰问该厂困难职工和生产一线职工。

1月30日

集团公司党组成员、副总经理程念高到华电云南企业慰问员工，指导节日期间保电工作。

程念高在昆明分别会见了云南省委常委、常务副省长罗正富，副省长和段琪。双方就积极推进怒江和金沙江中游项目，加强协调配合，共同努力，全面快速推进华电在云南的水、火电项目，促进云南省国民经济又好又快发展达成了共识。

程念高要求华电在滇企业顾全大局，认真抓好紧急情况下的事故处理预案，确保机组节日期间和“两会”安全稳定发电。

1月31日

集团公司党组书记、总经理曹培玺到安徽慰问干部员工，部署指导抗灾保电工作。

在六安发电公司，曹培玺对该公司积极应对冰雪灾害，全力做好抗灾保电工作给予高度评价，并代表集团公司党组向广大干部职工表示亲切慰问。针对下一步的工作，曹培玺要求，一是要确保煤炭供应；二是要确保安全；三是确保职工生活。

集团公司总经理助理、总经理工作部主任林正山，六安市市长汤林祥，常务副市长张祥安等陪同慰问和调研。

1月31日

集团公司党组成员、副总经理任书辉到华电山西企业检查指导电煤供应工作。

任书辉对华电集团在山西的发展工作表示肯定，并代表集团公司向在山西工作的华电广大干部员工表示慰问。任书辉先后到山西省经贸委、山西省煤炭运销总公司、山西省电力公司、山西焦煤集团公司和山西阳煤集团进行了走访和调研。

1月31日

集团公司工会工作委员会向公司系统奋战在抗灾保电工作一线的广大华电职工发出了慰问信。

2月

2月1日

中共中央政治局常委李克强到中国华电集团公司四川广安发电有限责任公司视察，详细了解电煤供应和电力生产情况，亲切慰问战斗在抗灾保电第一线的电力员工。李克强充分肯定了华电集团在国家电力事业发展中的重要地位，对华电集团在抗灾保电战役中，切实履行中央企业的社会责任，多种渠道组织电煤，千方百计抢发电量，全力确保电力供应以及强力推进节能减排等工作给予了高度评价。

四川省委书记刘奇葆、省长蒋巨峰，中国华电集团公司四川公司党组书记、总经理杨清廷等陪同视察。

2月1日

集团公司党组成员、副总经理任书辉到河北华电石家庄热电有限公司慰问和调研。任书辉要求石家庄热电公司要认真学习贯彻集团公司工作会议精神，确保公司的安全生产，确保经济效益不滑坡，同时抓好基建工作。

2月1日

集团公司党组成员、副总经理辛保安到北京华电水电有限公司慰问和调研。辛保安看望和慰问了离休干部以及生产一线的职工，充分肯定了北京华电水电公司的工作成绩，同时，对今后的工作提出了具体要求。

当日，辛保安到中国华电集团高级培训中心向员工致以了节日的良好祝愿。同时，要求高培中心要认真贯彻落实集团公司工作会议精神，一方面巩固提高，对标创牌，另一方面创新发展，提高绩效。

2月2日

集团公司党组成员、副总经理程念高到哈尔滨热电有限责任公司慰问和调研。程念高深入哈热公司生产现场，看望一线干部员工，同时向哈热公司的离休老干部带去了集团公司的祝福。并要求哈热公司抓好安全生产，抓好煤炭供应，抓好对标管理，抓好项目发展。

2月2日

集团公司直属工会发出紧急通知，号召全体在京职工开展向雪灾地区捐款活动，共有2173名在京单位职工参加了捐献，捐款金额256252元。

2月2～3日

集团公司党组成员、副总经理邓建玲到新疆慰问和调研。

2日，邓建玲在新疆乌鲁木齐市拜会了中共中央政治局委员、新疆维吾尔自治区党委书记王乐泉，双方就华电在疆企业有关工作和项目发展等进行了会谈，并达成了共识。

新疆维吾尔自治区党委副书记、自治区主席努尔·白克力及集团公司有关部门、华电新疆公司负责人等参加了会见。

3日，邓建玲先后到新疆华电昌吉热电公司、苇湖梁发电公司、红雁池发电公司和华电新疆公司，慰问了生产一线的广大干部员工，并给华电新疆企业的劳动模范、困难员工和离退休员工带去了新春的问候和祝福。

2月4日

集团公司总部召开春节团拜会。集团公司党组书记、总经理曹培玺作重要讲话。集团公司党组成员、副总经理陈飞虎、程念高、任书辉，集团公司党组成员、纪检组组长迟文江，集团公司总会计师王怀书，集团公司在京单位负责人、总部全体员工参加了会议。会议由集团公司党组成员、副总经理辛保安主持。

2月7日

集团公司党组成员、副总经理陈飞虎在长沙

会见了湖南省委副书记、省长周强，副省长陈肇雄。陈飞虎代表集团公司党组和曹培玺总经理对湖南省遭受50年来罕见的灾情表示亲切慰问，对湖南省政府多年来对华电集团给予的支持表示感谢。周强充分肯定了华电长沙发电有限公司在保证省会用电工作中的骨干作用，表示将继续支持华电项目，全面快速推进华电集团在湖南的发展。

当日，陈飞虎深入华电长沙发电公司生产现场，向一线干部员工带去了集团公司党组和曹培玺总经理的新春祝福。同时，陈飞虎对华电在湘企业"抗灾保电"取得的成绩给予了高度评价，并对抓好下一阶段工作提出了具体要求。

2月7~9日

集团公司党组书记、总经理曹培玺到华电在黔企业看望慰问广大干部职工，察看遭受冰冻灾害情况，部署指导抗冰保电工作。

7日，曹培玺听取了乌江公司（华电贵州公司）和黔源公司关于抗冰保电工作以及2008年工作安排情况的汇报，对华电在黔企业抗冰保电工作取得的成绩给予了充分肯定。并对下一步继续做好抗冰保电工作提出了具体要求。同时要求华电在黔企业认真贯彻落实集团公司2008年工作会议精神，确保完成集团公司下达的全年目标任务。

当日晚，曹培玺在乌江水电集控中心，详细了解了公司所属机组运行情况和在电网中的负荷情况。

8日，曹培玺在贵阳和遵义分别会见了贵州省副省长孙国强、遵义市市长慕德贵，表达了华电继续做好工作的决心，对贵州省委省政府及遵义市委市政府多年来给予华电在黔企业的支持和关心表示感谢，同时致以了新春的问候。孙国强、慕德贵对华电在黔企业为推动地方经济社会发展所作的贡献给予了高度评价。

8~9日，曹培玺到贵州华电清镇发电公司、乌江渡发电厂、贵州华电遵义发电公司进行慰问和调研。曹培玺充分肯定了各个单位在抗冰保电及各项工作中取得的成绩，对下阶段及全年工作提出了要求和希望。

集团公司总经理助理、总经理工作部主任林正山及有关部门负责人等陪同慰问和调研。

2月8日

集团公司党组成员、副总经理程念高陪同北京市副市长吉林到华电（北京）热电有限公司视察工作，亲切慰问节日期间坚守生产一线的运行员工。

2月9日

中共中央政治局常委、中央政法委书记周永康到黑龙江华电佳木斯发电有限公司视察工作，代表党中央、国务院向在节日期间一直坚守岗位、辛勤工作的电力职工表示亲切的慰问。

周永康充分肯定了华电集团的工作，同时指出，佳木斯发电公司不但保证正常的发电供热，还积极支援南方受冰冻灾害的电厂，充分体现了全国一盘棋的大局观念。

黑龙江省委书记、省人大常委会主任钱运录，省长栗战书，省政法委书记杨焕宁，华电能源股份有限公司总经理孙光等陪同视察。

2月15日

集团公司党组成员、副总经理任书辉到华电新乡发电有限公司调研。任书辉对该公司在抗灾保电工作中识大体、顾大局，采取得力措施确保机组稳定运行表示满意。同时，对做好下一阶段的工作提出了具体要求。

2月18日

集团公司党组成员、副总经理邓建玲在华电（北京）热电有限公司燃气热电工程现场，会见了德国西门子股份公司管理委员会委员、能源业务首席执行官戴恩。双方表达了加强合作，发挥自身的优势，双赢互利、共促发展的愿望。

2月18日

湖南华电长沙发电有限公司在集团公司党组的坚强领导下，抗灾保电工作取得全面胜利，即日起恢复正常生产生活秩序。

2月19日

集团公司党组书记、总经理曹培玺在北京会见了印尼国家电力公司（PLN）总裁艾迪一行，双方就共同关心的问题进行了友好会谈，并共同签署了战略合作备忘录。曹培玺表示，通过双方的精诚合作、共同努力，中国和印尼电力领域的合作发展将会迈上一个新的台阶。艾迪表示，此次战略合作备忘录的签署，为今后双方更加紧密的合作关系奠定了坚实的基础，对彼此的发展都具有重要意义。

集团公司总工程师张涛主持签字仪式，总经理助理、总经理工作部主任林正山出席了签字仪式。

2 月 19 日

集团公司党组成员、副总经理邓建玲到华电四川发电有限公司调研。邓建玲对华电四川公司2008 年的良好开局表示满意，并对华电四川公司下一步工作提出了具体要求。

2 月 21 日

集团公司召开新接收企业工作座谈会。集团公司党组成员、副总经理陈飞虎，集团公司总会计师王怀书出席会议并作重要讲话，集团公司总经理助理、总经理工作部主任林正山主持会议。会议听取了天津军粮城发电有限公司、湖北襄樊发电有限责任公司、上海奉贤燃机发电有限公司的工作汇报，就有关问题进行了讨论和研究，并明确了下一步工作要求。

2 月 21 日

集团公司 2008 年水电前期工作座谈会在昆明召开，集团公司党组成员、副总经理程念高出席会议并讲话。程念高代表集团公司党组和曹培玺总经理对公司系统水电前期工作战线的广大干部员工表示衷心感谢，并对进一步做好水电前期工作提出了具体要求。

2 月 22 日

《人民日报》在第 8 版要闻发表了《战冰斗雪谱写光明壮歌——华电集团众志成城抗灾保电纪实》一文，详细报道了公司系统不畏艰难、众志成城，全力抵御冰雪天气灾害，努力保障安全稳定发电的壮举。

2 月 24 日

集团公司党组成员、纪检组组长迟文江出席公司系统审计人员培训班开班典礼并作重要讲话。指出，要认真贯彻落实集团公司工作会议精神，紧紧围绕中心工作，着力坚持审计科学发展，着力推进审计改革创新，着力提升审计工作质量，着力加强审计队伍建设。

2 月 25 日

集团公司党组成员、纪检组组长迟文江出席集团公司学习贯彻党的十七大精神培训班开班典礼并作重要讲话。指出，公司系统领导人员要进一步增强学习的责任感和紧迫感，为把公司建设成为“国内行业前列、世界企业 500 强”的大型企业集团作出积极的贡献。

集团公司总经济师王日文主持开班典礼，系统有关单位 70 余名领导干部参加了培训班。

2 月 26 日

集团公司与甘肃省酒泉市人民政府在酒泉签署了甘肃酒泉煤电运一体项目投资框架协议书。集团公司总经济师王日文和酒泉市市委常委、副市长詹吉有分别代表双方在投资框架协议书上签字。

2 月 27 日

国务院派驻集团公司监事会主席韩修国到华电工程天津重工制造基地调研。韩修国对华电工程公司近年来的发展给予了充分肯定。同时希望华电工程在做好集团内部、外部两个市场的同时，不断积累经验，努力走向国际市场。

当日下午，韩修国实地察看了由华电工程公司总承包的神华天津南疆港装卸系统项目工地，沿途参观了由华电工程公司负责承建的天津港散货物流中心煤炭长廊胶带机输送工程。

2 月 27 ~ 28 日

集团公司党组书记、总经理曹培玺到河南调研。

27 日，曹培玺在郑州会见了河南省副省长史济春、张大卫，双方就华电集团在河南的发展进行交流，并达成了共识。曹培玺希望河南省委、省政府继续对华电在河南的发展给予大力支持和帮助，更好地为河南省经济社会发展作出贡献。史济春、张大卫表示将积极创造良好环境，一如既往地支持华电在河南的进一步发展。

28 日，曹培玺和张大卫出席了中国华电集团公司河南分公司、华电国际电力股份有限公司河南分公司的成立暨揭牌仪式，并共同揭牌。集团公司党组成员、华电国际电力股份有限公司总经理陈建华主持了仪式。河南省政府省长助理何东成等政府有关部门负责人，集团公司总经理助理、总经理工作部主任林正山等公司有关部门负责人出席了揭牌仪式。

2 月 28 日

经十届全国人大常委会第 32 次会议表决通过，第十一届全国人大代表名单于 2 月 28 日正式公布，党的十七大代表、集团公司党组书记、总经理曹培玺，华电能源牡丹江第二发电厂锅炉检修分公司焊工班焊工李华（女），贵州华电遵义发电有限公司维护分场主任杨洪波光荣当选为全国人大代表。

2月28～29日

集团公司在湖北武汉召开2008年安全生产专题工作会议，深入贯彻落实集团公司年度工作会议精神，总结2007年安全生产和节能减排工作，安排部署2008年安全生产和节能减排工作。集团公司党组成员、副总经理任书辉出席会议并作重要讲话。任书辉要求公司系统认真落实集团公司年初工作会议精神，进一步强化安全生产管理，为集团公司各项工作奠定坚实的基础。

2月29日

集团公司与英国瑞碳有限公司、瑞士信贷国际集团在北京举行绿色战略发展合作框架协议暨清洁发展机制CDM项目合作签约仪式。集团公司党组成员、副总经理邓建玲出席签字仪式并讲话，指出，华电集团将按照《中国应对气候变化国家方案》确定的应对气候变化的指导思想、原则和目标，把应对气候变化与实施可持续发展战略、加快建设资源节约型、环境友好型和创新型企业结合起来，不断推动企业做强做大做好。

3月

3月3日

中国华电集团财务有限公司召开2008年股东会暨二届五次董事会、二届二次监事会，公司全体股东代表、董事、监事参加了会议。集团公司党组成员、副总经理、华电财务有限公司董事长陈飞虎，集团公司总会计师、华电财务有限公司副董事长王怀书出席会议并讲话。会议审议并通过了公司《2007年财务决算和2008年财务预算报告》、《2007年度利润分配的议案》等。

当日，作为中国华电集团资本控股有限公司董事长和副董事长的陈飞虎和王怀书，出席了华电资本控股有限公司一届二次董事会和一届一次监事会，并作了讲话。会议审议并通过了公司《2007年财务决算和2008年财务预算报告》等。

3月3日

集团公司党组成员、副总经理任书辉到华电招标有限公司调研。

任书辉对招标公司成立四年多来的工作和取得的成绩给予了肯定，同时要求招标公司增强干好工作的使命感和紧迫感，为集团公司做强做大做好作出积极的贡献，并进一步对招标公司领导班子提出了具体要求。

3月3日

华信保险经纪（公估）有限公司2008年股东会暨二届董事会、监事会在北京召开。集团公司总会计师、华信保险经纪（公估）有限公司董事长王怀书主持会议并作重要讲话。会议讨论通过了华信保险经纪公司与公估公司《关于2007年度财务决算及2008年度财务预算的议案》以及《2007年度利润分配方案的议案》等。

3月4日

襄樊电厂二期工程“30万kW厂房装60万kW机组”设计方案的成功实施于2007年底引起了国家有关领导的高度重视，按照国务院总理温家宝的批示精神，国家发展改革委、国土资源部、国家电监会组成联合调研组，到湖北襄樊电厂进行调研。集团公司党组成员、副总经理邓建玲出席了调研汇报会。

3月4日

集团公司企业文化体系《华电宪章》正式颁布。《华电宪章》由形象识别系统、理念识别系统、行为识别系统三部分构成。

3月4～5日

集团公司党组成员、副总经理陈飞虎到华电在黔企业调研。陈飞虎认真听取了贵州乌江水电开发有限责任公司（华电贵州公司）、黔源电力股份有限公司的工作汇报，并分别对两个公司下一步的工作提出了具体要求。期间，陈飞虎深入乌江水电远程集控中心、塘寨发电公司施工工地和清镇发电公司，详细了解生产运行、工程建设及经营管理等情况。

3月4～16日

集团公司党组书记、总经理曹培玺等公司领导分别在京会见了参加“两会”的云南、宁夏、河南、贵州、辽宁、黑龙江、陕西、安徽、内蒙古、山东、江苏、青海、西藏、四川、吉林、天津、湖南、新疆等18个省（区）的党政领导，共同协商了加快发展的工作，达成广泛共识。

4日，曹培玺会见了宁夏回族自治区党委书记陈建国、政府主席王正伟和银川市市长王贵儒，就进一步加强与宁夏地区的合作进行了会谈。曹培玺希望自治区党委、政府继续支持华电在宁夏的发展，更好地为宁夏的经济发展和社会进步作出贡献。陈建国表示，自治区党委、政府将一如既往地支持华电集团在宁夏的发展。

6日，曹培玺会见了河南省省长李成玉、副省长史济春和张大卫。在会谈中曹培玺提出请河南省政府协调解决华电在河南的宝山、漯河二期项目及在洛阳开展核电前期工作等事宜，李成玉对此表示将给予支持。

7日，曹培玺会见了黑龙江省省长栗战书。曹培玺提出请黑龙江省政府对密山项目给予支持帮助，解决有关问题，争取早日核准、开工建设。栗战书表示，将作出整体规划，给予华电支持，并尽快做好密山项目核准工作。

7日，曹培玺会见了陕西省省委书记赵乐际，省委副书记、省长袁纯清，常务副省长赵正永。曹培玺提出请陕西省委、政府在榆横、安康、杨凌项目上给予支持和帮助。赵乐际、袁纯清和赵正永表示将全力支持华电推进三个项目。

9日，曹培玺会见了贵州省委书记石宗源、省长林树森。曹培玺提出请贵州省委、政府协调解决沙沱水电站、董箐水电站及塘寨电厂等项目的有关问题。石宗源表示，一定全力支持华电的工作，帮助解决存在的困难和问题。

9日，曹培玺会见了安徽省委书记王金山、省长王三运。曹培玺提出请安徽省政府协调解决芜湖、宿州等项目发展事宜。王金山和王三运表示，共同努力、合力攻关，抓好项目推动工作。

9日，曹培玺会见了辽宁省省长陈政高、副省长刘国强。提出请辽宁省政府协调解决铁岭二期、彰武项目核准事宜，并在本溪建设供热机组以及在辽宁开展相关项目前期工作上予以支持。陈政高表示，全力催办铁岭二期和彰武项目的核准事宜，做好在辽宁的发展工作。

11日，曹培玺会见了内蒙古自治区党委书记储波、政府主席杨晶和副主席赵双连。曹培玺提出请自治区政府协调解决华电土右、十二连城等项目的发展问题，储波表示，自治区党委、政府将会全力给予支持。

11日，曹培玺会见了山东省委副书记、省长姜大明。曹培玺提出请省政府协调解决莱州项目问题以及在山东开展相关项目前期工作上给予支持。姜大明表示，山东省将全力支持莱州项目的推进，并同意华电在山东开展有关项目的前期工作。

12日，曹培玺会见了江苏省委副书记、省长罗志军。曹培玺提出请江苏省政府协调解决句容项目、戚墅堰电厂燃机供热项目、扬州电厂项目以及在江苏开展相关项目前期工作等事宜。罗志军表示，江苏省将全力支持华电集团推动以上工作的开展。

12日，曹培玺会见了西藏自治区政府主席向巴平措和副主席杨海滨。曹培玺提出请自治区协调解决加快金沙江上游藏川段的开发事宜以及支持华电集团开发雅鲁藏布江的工作。向巴平措和杨海滨表示，全力支持华电在西藏的发展，全力做好西藏能源基地的建设，加快西电东送工程。

13日，曹培玺会见了青海省副省长马建堂。曹培玺提出请青海省政府协调解决开发通天河的水电资源、大通电厂的电煤供应以及电价问题。马建堂表示，青海省全力支持华电在青海的事业发展。

14日，曹培玺会见了四川省省长蒋巨峰、常务副省长魏宏、人大副主任甘道明。曹培玺提出请四川省帮助解决华电在川企业火电经营困难及继续支持华电开发金沙江上游藏川段梯级水电站等事宜。蒋巨峰等表示继续高度重视并支持华电的企业经营和项目发展工作。

15日，曹培玺会见了吉林省常务副省长竺延风。曹培玺提出请吉林省政府协调解决在吉林省有关城市选建热电联产项目以及开发风电、水电、核电等项目事宜。竺延风表示吉林省欢迎华电进入，支持华电以上项目的开发工作。

15日，曹培玺会见了天津市市委书记张高丽。曹培玺提出请天津支持华电南疆热电前期项目和军粮城电厂的发展工作。张高丽表示天津市将对华电在天津的电源项目及其他投资项目给予大力支持。

15日，曹培玺会见了湖南省省长周强。曹培玺提出请湖南省政府协调解决常德项目及长沙电厂发展等事宜。周强对华电在抗灾保电工作中的突出表现表示感谢，将全力支持华电在湖南的发展。

16日，曹培玺会见了新疆维吾尔自治区党委副书记、自治区主席努尔·白克力，自治区人大主任艾力更·依明巴海，自治区党委副书记、生产建设兵团政委聂卫国，自治区党委副书记、常务副主席杨刚，自治区副主席戴公兴。曹培玺提出请自治区协调解决有关煤电一体化项目等事宜。

努尔·白克力等表示全力以赴、创造一切条件支持华电在新疆的发展。

集团公司党组成员、副总经理陈飞虎、程念高、任书辉，集团公司党组成员、纪检组组长迟文江，集团公司党组成员、副总经理辛保安、邓建玲，集团公司党组成员、华电国际电力股份有限公司总经理陈建华，集团公司总经理助理、总经理工作部主任林正山以及有关部门负责人分别陪同会见。

3 月 5 日

集团公司党组成员、副总经理任书辉在西安会见了陕西省副省长吴登昌。任书辉希望陕西省对华电在陕项目给予大力支持和帮助。吴登昌表示将营造良好的投资环境，促进双方的共同发展。

集团公司总工程师张涛等参加了会见。

3 月 5 日

集团公司党组成员、纪检组组长迟文江先后到福建华电永安发电有限公司、福建华投西门发电有限公司调研。迟文江充分肯定了两个企业的成绩，并对下一步工作提出了具体要求。

3 月 5 ~ 11 日

十一届全国人大会议召开期间，集团公司党组书记、总经理曹培玺作为新疆团代表与全体代表一起论国是，话发展，积极建言献策。其中，曹培玺从加快电力建设步伐、大力发展清洁能源和新能源、保证电煤供应等方面提出的建议，吸引了包括新华社、《人民日报》、中央电视台、《半月谈》、《中国电力报》等多家中央媒体的采访报道。3 月 10 日出版的《半月谈》杂志《代表、委员解读政府工作报告关键词》一文中，曹培玺专门阐述了电力企业如何推进节能减排、更好地履行社会责任。3 月 11 日的《中国电力报》发表了对曹培玺的专访文章。

3 月 6 ~ 7 日

集团公司 2008 年基本建设工作会议在西安召开。会议认真总结了 2007 年集团公司基本建设工作，分析研究了当前基本建设面临的形势，对 2008 年集团公司基本建设工作进行了全面部署。集团公司党组书记、总经理曹培玺对会议作出重要批示，集团公司党组成员、副总经理任书辉出席会议并作重要讲话。

集团公司总工程师张涛，集团公司有关部门负责同志，各分支机构、基层单位主要负责人和分管基建工作的负责人等参加了会议。

3 月 6 ~ 7 日

集团公司工委一届四次全委会议在石家庄召开。集团公司党组成员、副总经理、工委主任辛保安作了题为《围绕中心，服务大局，为实现公司愿景目标建功立业》的工作报告。会议邀请全国总工会法律工作部部长刘继臣作了《劳动合同法》专题讲座。

3 月 6 ~ 9 日

集团公司总会计师王怀书率集团公司对标管理调研组先后到华电国际电力股份有限公司、华电国际莱城发电厂和望亭发电厂调研。

调研期间，王怀书提出，华电国际公司要努力成为集团公司对标管理的实践者、领跑者、创新者；希望莱城电厂在对标管理中创造先进经验，为其他单位提供借鉴；勉励望亭发电厂努力开展好对标工作。

3 月 7 日

集团公司党组成员、副总经理任书辉到陕西华电蒲城发电有限责任公司调研。任书辉对蒲电公司 2007 年各方面取得的成绩和 2008 年各项工作的进展表示满意，同时对下一步工作提出了具体要求。

期间，任书辉会见了陕西省渭南市市委书记梁凤民。集团公司总工程师张涛等陪同调研和会见。

3 月 11 日

华电置业有限公司召开安福工程“迎奥运，展风采，大干 80 天，确保实现 5·31 目标”的施工动员大会，集团公司党组成员、副总经理辛保安出席会议并作重要讲话。

集团公司副总经济师曹荫昌，华电置业有限公司、北京安福房地产开发有限公司等单位人员参加了动员大会。

3 月 11 ~ 14 日

集团公司 2008 年项目前期工作协调会在北京召开，集团公司党组成员、副总经理邓建玲出席会议并作了重要讲话。会议特邀了东北电网、华北电网、华东电网、华中电网、西北电网和南方电网等公司及相关设计院的专家参加了会议。

集团公司总工程师张涛、总经济师王日文、副总工程师胡日查、副总经济师杨家朋等参加了会议。

3 月 12 日

集团公司党组成员、副总经理、华电云南发电有限公司董事长任书辉出席并主持了华电云南发电有限公司一届四次董事会、监事会。

会议审议并通过了公司《2007 年度投融资完成情况和 2008 年投融资计划报告》、《2007 年度财务决算报告和 2008 年度财务预算报告》、《2007 年度公司利润分配方案》等。

3 月 17 日

国务院派驻集团公司监事会主席韩修国到中国华电集团资本控股有限公司调研。韩修国对资本控股有限公司各项工作给予了充分肯定，并对下一步工作提出了具体要求。

集团公司总审计师彭兴宇等陪同调研。

3 月 17 日

集团公司党组成员、副总经理、工委主任辛保安会见了以国务院国资委群工局副局长郭保民为组长的中央企业职代会制度建设督导组。郭保民对集团公司五年来，在工会工作、职代会建设以及厂务公开民主管理方面所做的工作给予了充分肯定，并就下一步工作提出了要求。

当日，辛保安主持召开集团公司《2007 年社会责任报告》征求意见会，组织总部各部门对报告讨论稿进行研究讨论。辛保安对报告编制工作给予了肯定，对审核修订工作提出了要求。

3 月 18 日

集团公司“依法经营，遵纪守法”主题实践活动座谈会在杭州召开。集团公司党组成员、副总经理陈飞虎，集团公司党组成员、纪检组组长迟文江，公司总会计师王怀书出席会议并分别作了讲话。会议由集团公司总审计师彭兴宇主持。

3 月 19 日

集团公司召开抗灾保电工作总结表彰视频会议。集团公司党组书记、总经理曹培玺出席会议并作了重要讲话，国务院国资委业绩考核局副局长刘南昌应邀出席会议并讲话。会议由集团公司党组成员、副总经理陈飞虎主持，集团公司党组成员、副总经理任书辉，集团公司党组成员、纪检组组长迟文江，集团公司党组成员、副总经理辛保安、邓建玲，公司总会计师王怀书出席会议。

曹培玺在讲话中总结了集团公司最终取得抗灾保电胜利的五条经验和“顾全大局、高度负责、拼搏奉献、勇挑重担”的抗灾保电精神，要求公司系统大力弘扬抗灾保电精神，坚定信心，迎接挑战，全面完成 2008 年各项目标任务。

集团公司总师、助理、副总师、纪检组副组长，总部副处级以上干部、在京单位党政主要负责人和受表彰的先进单位、先进个人代表在主会场参加了会议。

3 月 20 日

集团公司举行党组中心组全国“两会”精神学习扩大会。十一届全国人大代表、集团公司党组书记、总经理曹培玺介绍了“两会”的基本情况和主要体会，传达了“两会”主要精神。要求公司系统以“两会”精神为指导，全面正确地把握当前国际国内政治形势和经济形势，深入开展好“对标管理年”活动，眼睛向内，加强管理，降本增效，同时积极争取政策，把增强安全保障能力等“七种能力”落实到具体工作中，提升各级领导统筹全局、攻坚破难、开拓创新、科学管理、凝心聚力的能力，为完成今年的各项任务而努力奋斗。

来自公司系统的两位全国人大代表杨洪波和李华分别作了发言。

集团公司党组成员、副总经理陈飞虎、任书辉，集团公司党组成员、纪检组长迟文江，集团公司党组成员、副总经理辛保安、邓建玲，总会计师王怀书以及公司总部副主任以上干部，在京各专业公司、发电公司党政主要负责人参加了会议。

3 月 20 日

中国华电集团发电运营有限公司召开 2008 年股东会暨一届二次董事会、监事会。集团公司党组成员、副总经理、华电运营公司董事长任书辉主持会议并讲话。会议审议通过了《选举和更换董事的议案》、《选举和更换监事的议案》及《公司 2007 年度财务决算报告和 2008 年度财务预算报告》等。

3 月 26 日

集团公司党组成员、副总经理、华电能源股份有限公司董事长任书辉在哈尔滨主持召开华电能源股份有限公司五届十五次董事会。会议审议并通过了公司《2007 年度财务决算和 2008 年财务预算报告》、《2007 年度利润分配预案》、《2007 年度报告摘要》和《关于董事会换届的议案》等。

3月26～27日

集团公司党组成员、副总经理邓建玲到华电江苏分公司调研，并实地察看了国电南京自动化股份有限公司和江苏华电句容项目筹备处。

26日上午，邓建玲出席了上海华电电力发展有限公司二届二次董事会。

当日下午，邓建玲对江苏分公司近年来所做的工作特别是在发展方面付出的努力给予了肯定，并对下一阶段的项目发展工作提出了具体要求。期间，邓建玲分别拜访了江苏省发展改革委、江苏省电力公司的相关领导，并就集团公司在江苏地区的发展情况与各方作了交流。

3月27日

中国华电集团公司广西分公司揭牌仪式在南宁举行。集团公司党组书记、总经理曹培玺，广西壮族自治区政府副主席林念修出席揭牌仪式，共同为广西分公司成立揭牌。集团公司党组成员、副总经理辛保安主持揭牌仪式。

曹培玺在揭牌仪式上指出，成立华电广西分公司是为了进一步加快集团公司在广西的发展，更好地服务于广西壮族自治区的经济建设和社会发展。希望广西分公司按照集团公司的授权与委托，按照自治区政府的统筹规划，积极参与广西能源的开发建设。

广西壮族自治区副主席林念修表示，自治区政府将一如既往地支持华电在广西事业的发展，努力实现企业和地方的合作双赢。

广西壮族自治区政府副秘书长张振东，北海市、贵港市、玉林市等政府部门有关领导，集团公司总经理助理、总经理工作部主任林正山等出席了仪式。

当日，曹培玺在南宁会见了广西壮族自治区主席马飚、副主席林念修。曹培玺表示，华电集团下一步将加大发展力度，为不断推进富裕广西、文化广西、生态广西、平安广西的建设作出更大的贡献。马飚表示，自治区政府将加强协调，不断改善环境，大力支持华电在广西的发展。

集团公司党组成员、副总经理辛保安，集团公司总经理助理、总经理工作部主任林正山等会见时在座。

3月27日

集团公司党组成员、副总经理任书辉到黑龙江调研。

任书辉分别深入华电齐齐哈尔热电有限公司和富拉尔基发电总厂生产现场，对两个企业取得的成绩给予了充分肯定，并对下一步工作提出了具体要求。

3月29日

集团公司与山东大学举行科技战略合作协议签字仪式。集团公司党组书记、总经理曹培玺，公司党组成员、副总经理辛保安、邓建玲，山东大学校长展涛、副校长娄红祥出席签字仪式，邓建玲与娄红祥代表双方分别在合作协议上签字，辛保安主持了签字仪式。曹培玺表示，希望双方共同努力，加强沟通，构筑和谐的校企合作关系，实现互利双赢。展涛表示，在双方的共同努力下，山东大学和华电集团公司的合作一定能取得丰硕的成果。

集团公司和山东大学有关部门负责人出席签字仪式。

3月31日

集团公司在公司总部举行与新闻媒体见面会，集团公司党组书记、总经理曹培玺，公司党组成员、副总经理任书辉、邓建玲出席会议，就节能减排工作接受了新华社、《人民日报》、中央人民广播电台等媒体记者的采访。国务院国资委宣传局副局长卢卫东应邀出席见面会。会议由集团公司总经理助理、总经理工作部主任林正山主持。

曹培玺表示，华电集团将深入贯彻落实科学发展观，全面落实国家节能减排工作的有关部署和要求，确保完成公司“十一五”节能减排三大目标，为建设资源节约型、环境友好型社会发挥作用。

当日下午，部分记者还参观了华电（北京）热电有限公司燃机项目建设工地。

4月

4月1～4日

集团公司党组书记、总经理曹培玺到云南调研。

1～3日，曹培玺一行先后深入到云南金沙江中游公司所属鲁地拉电站坝址、龙开口电站坝址、金安桥电站、阿海水电站建设工地查看现场，并出席了阿海电站建设公司揭牌仪式。曹培玺指出，金沙江中游水电开发对促进云南地方经济、社会发展具有非常重要的意义，相信在各级政府的领导下，在各参建单位和各业主单位干部员工的共同努力下，金沙江中游流域开发一定会实现预期的目标。曹培玺针对金沙江中游流域开发的下一步工作提出了具体要求。

期间，曹培玺会见了大理州州委书记刘明和丽江市市长王君正，双方就金沙江中游水电开发有关情况进行了交流，达成了共识。

4日，曹培玺在昆明会见了云南省委副书记、省长秦光荣。双方就华电集团在云南的发展深入交换了意见，并达成共识。曹培玺表示将加快金沙江中游和怒江流域水电资源开发步伐，为云南电力工业和地方经济快速发展作出应有的贡献。秦光荣表示，云南省委、省政府将积极创造良好的投资条件，一如既往地支持华电集团在云南的电源建设。

当日，曹培玺出席了在昆明召开的华电集团公司云南片区座谈会并作了重要讲话。曹培玺要求华电在滇企业要确保企业安全稳定；要全力推进科学发展；要建立协调工作机制，实施走出去战略。集团公司党组成员、纪检组组长迟文江，集团公司总经理助理、总经理工作部主任林正山，公司有关部门和云南省有关部门主要负责人等分别陪同调研、会见并出席了座谈会。

4月1~2日

集团公司2008年防汛工作座谈会在成都召开。集团公司党组成员、副总经理任书辉出席会议并作重要讲话。任书辉充分肯定了公司系统2007年防汛工作取得的成绩，同时对公司系统2008年防汛工作提出了具体要求。

4月1~2日

集团公司党组成员、副总经理辛保安到黑龙江调研。

1日，在哈尔滨热电有限责任公司，辛保安对哈热公司取得的成绩给予了充分肯定，要求哈热公司领导班子要抓好班子建设，提升能力，并对哈热公司下一步工作做了部署和要求。

2日，辛保安出席了华电能源股份有限公司第一次工会会员代表大会。辛保安对华电能源工会工作给予了充分肯定，并对今后的工会工作提出了希望和要求。

4月2~3日

集团公司党组成员、副总经理任书辉先后到华电四川公司及所属四川华电杂谷脑水电开发有限责任公司调研。

2日上午，任书辉听取了四川公司今年一季度的工作情况汇报，对四川公司在严峻的生产经营形势下开展的卓有成效的工作给予了肯定，并对四川公司下一步工作提出了要求。

2日下午，任书辉深入杂谷脑公司古城电站、薛城电站、红叶二级电站、狮子坪电站详细了解工程建设和生产运行情况，对杂谷脑公司生产经营、工程建设和项目发展取得的成绩给予了肯定，对该公司下一步工作提出了具体要求。

四川省阿坝藏族自治州人大常委会主任王福耀、副州长李川，集团公司有关部门、四川公司主要负责人等陪同调研。

4月3日

集团公司企业年金理事会二届二次会议在华电集团高级培训中心召开。集团公司党组成员、副总经理、企业年金理事会理事长陈飞虎出席会议并讲话。会议审议通过了《理事会章程》、《集团公司企业年金基金2007年度财务决算报告》等。

4月7日

集团公司举行了“和华”爱心基金总部员工捐款活动。集团公司党组书记、总经理曹培玺、公司党组成员、纪检组组长迟文江、公司党组成员、副总经理辛保安，集团公司老领导、专家委员会主任委员贺恭出席活动并带头捐款，集团公司总师、助理及公司总部员工踊跃参加了捐款活动。

4月7日

集团公司党组书记、总经理曹培玺与中共中央政治局委员、新疆维吾尔自治区党委书记王乐泉在乌鲁木齐市举行会晤。双方就华电集团在新疆的电源建设、节能环保、疆电外送、城市热电联产、煤电一体化、新能源建设等工作进行了深入沟通和交流，达成了广泛共识。

自治区党委副书记、常务副主席杨刚，自治区党委常委、副主席库热西·买合苏提，集团公司党组成员、副总经理任书辉，集团公司总经理助理、总经理工作部主任林正山等参加了会见。

4月7日

中国华电工程（集团）有限公司召开2008年度第一次股东会暨第二届第四次董事会、监事会。

集团公司党组成员、副总经理、华电工程公司董事长邓建玲主持会议并讲话。会议听取并审议通过了华电工程公司所作的《2007年度总经理工作报告》等八项议程议案。

4月7~9日

中央主流媒体陆续对集团公司在科学发展，着力节能减排上取得的成就进行集中报道。

8日，中央人民广播电台在早间、晚间《新闻和报纸摘要》节目中头条播报了对公司党组书记、总经理曹培玺的采访录音。

9日，《人民日报》、《工人日报》分别从不同角度对集团公司推进节能减排、实现“竞争力飞跃”进行报道。同日，《经济日报》、《光明日报》等在头版头条对集团公司实行对标管理加快推进节能减排情况进行报道。

4月8日

新疆维吾尔自治区单机容量最大的华电新疆发电有限公司乌鲁木齐热电厂2×33万kW热电联产工程正式开工。中共中央政治局委员、自治区党委书记王乐泉，集团公司党组书记、总经理曹培玺，自治区党委副书记、自治区常务副主席杨刚，自治区党委常委、自治区副主席库热西·买合苏提等出席奠基仪式。集团公司党组成员、副总经理任书辉主持奠基仪式。

4月9~13日

国务院派驻集团公司监事会主席韩修国到华电四川公司及所属企业内江发电总厂、宜宾发电公司、宜宾发电总厂和黄桷庄发电公司调研。韩修国充分肯定了四川公司及所属企业取得的优异成绩，对下一步工作提出了明确要求。

集团公司总审计师彭兴宇陪同调研。

4月11日

“2008全国抗冰保电图片展”在北京劳动人民文化宫开幕。集团公司党组成员、副总经理任书辉，国家电监会党组成员、副主席王野平及国家电网公司、南方电网公司、华能集团公司、大唐集团公司、国电集团公司、中电投集团公司、武警水电指挥部有关领导出席开幕式并为活动剪彩。

4月11日

集团公司党校第二期中青年干部培训班在华电集团高级培训中心开学。集团公司党组成员、副总经理、集团公司党校常务副校长辛保安出席开学典礼并讲话。辛保安对参训学员在学习、党性锻炼、能力素质和提升业绩方面分别提出了希望和要求。

4月11日

集团公司总部举办《突发事件应对法》法制讲座。国家电网公司首席法律顾问、电力行业资深法律权威、能源法专家吕振勇莅临主讲，集团公司党组成员、副总经理兼总法律顾问辛保安主持讲座。

4月12日

云南金沙江中游水电开发有限公司2008年股东会暨一届六次董事会、监事会在北京召开。集团公司党组书记、总经理曹培玺，集团公司专家委员会主任、云南金沙江中游水电开发有限公司董事长贺恭出席会议并讲话。

会议同意贺恭辞去公司董事、董事长职务，选举曹培玺为公司董事、董事长，聘任贺恭为公司高级顾问。会议对贺恭同志为金沙江中游流域开发所作的重大贡献表示崇高的敬意和衷心的感谢。会议审议并通过了《总经理工作报告》、《2007年财务决算及审计情况的议案》、《2008年综合计划的议案》等。

4月15日

集团公司在京发布《2007年社会责任报告》，首次向社会各界报告企业在履行社会责任方面所做的探索与实践。集团公司党组书记、总经理曹培玺在发布会上致辞，集团公司党组成员、副总经理辛保安主持了发布会。

中共中央组织部副巡视员魏向阳，国务院国资委研究室主任彭华岗，国家电力监管委员会市场监管部主任刘宝华，全国能源化学工会主席张成富，中国电力企业联合会党组书记、常务副理事长谢振华，联合国全球契约理事会理事、中国企业联合会副理事长陈英，以及国家发展改革委、人力资源和社会保障部、环境保护部、国家电网公司、各发电集团以及新华社、《人民日报》、中央电视台、中央人民广播电台等11家新闻媒体应邀出席会议。

4月16日

全国电力系统工会工作理论研究会确定调研课题会在华电集团高级培训中心举行。会前，集团公司党组书记、总经理曹培玺前往看望了研究会名誉会长、原电力工业部部长史大桢。

集团公司党组成员、副总经理、工委主任辛

保安致欢迎词。会议传达了王兆国同志在全国总工会第19次主席会议上的讲话。中国能源化学工会副主席、研究会会长张萌萌主持会议并讲话。

4月16日

集团公司党组成员、副总经理任书辉在公司总部会见了来访的老挝能源矿产部电力局局长维拉蓬（Viraphonh Viravong）一行。双方就中国企业参与投资老挝水电项目的条件、投资环境、参与模式等有关问题交换了意见，期待双方在互惠互利的基础上，加强合作，增进友谊。

集团公司总经理助理、总经理工作部主任林正山等陪同会见。

4月17日

中共中央组织部干部五局副局长荆德建一行到公司总部，就企业领导班子思想政治建设工作进行专题调研。集团公司党组书记、总经理曹培玺与荆德建一行就集团公司领导班子思想政治建设情况、国有企业领导班子思想政治建设面临的新形势、新任务、新情况，以及有关问题进行了深入交流。

公司党组成员、副总经理辛保安，集团公司总经理助理、总经理工作部主任林正山，公司党组纪检组副组长、监察部主任雷本慧等参加了调研座谈会。

4月21日

集团公司党组成员、副总经理陈飞虎在公司总部会见了来访的摩根士丹利公司亚洲区总裁史蒂芬·罗奇先生一行。双方就全球能源发展状况、美国次贷危机等当前一些热点经济问题交换了意见和看法。同时表示将进一步加强合作，更加积极地参与国际资本市场运作。

4月21日

集团公司2008年第一期企业领导人培训班（党群管理）在华电集团高级培训中心开班。集团公司党组成员、副总经理、党校常务副校长辛保安出席开班典礼并讲话。

当日，国务院国资委党委召开全国“迎奥运讲文明树新风”礼仪知识竞赛（央视决赛）中央企业选拔赛工作视频会议，会后，辛保安对参赛工作进行了赛前动员。

4月21～22日

集团公司党组书记、总经理曹培玺到福建调研。

曹培玺一行先后查看了泉州火电厂厂址和福清核电公司厂址，并深入福建华电储运有限公司、福建可门发电有限公司检查指导工作。曹培玺对华电在闽企业所取得的成绩给予了充分肯定，针对下一步工作提出了要确保有关项目进度和生产计划如期完成、抓好四个安全、深入开展对标管理、加快发展、抓好队伍建设等五个方面的要求。

22日，曹培玺在福州会见了福建省省长黄小晶。双方表示将继续抓好华电在福建的资产运营，努力推进可门二期、永安、漳平、泉州以及福清沙埔风电等项目的前期工作，为海峡西岸经济区的快速发展作出应有的贡献，实现企业与地方经济的共赢。

福建省副省长张志南，集团公司总经理助理、总经理工作部主任林正山，公司有关部门负责人等分别参加了调研和会见。

4月21～23日

集团公司党组成员、副总经理任书辉到黑龙江调研。

21～22日，任书辉深入华电能源牡丹江第二发电厂和黑龙江华电佳木斯发电公司现场进行了查看，任书辉对两个企业在严峻的生产经营形势下所取得的工作成绩给予充分肯定，并对下一步工作提出了具体要求。

23日，任书辉主持了华电能源股份有限公司2007年度股东大会暨六届一次董事会。会议选举产生了新一届董事会、监事会成员，任书辉当选为华电能源公司董事长。会议审议通过了《2007年度总经理工作报告》、《2007年度财务决算和2008年财务预算报告》等议案。

4月22～23日

集团公司党组成员、副总经理辛保安到天津调研。

22日，在军粮城发电有限公司，辛保安希望军电公司积极融入华电大家庭，不断开拓进取，谋求更大发展，为天津市滨海新区电力和热力供应提供坚强保障。

23日，辛保安一行查看了华电工程总承包建设的神华天津输煤码头。要求华电工程要充分利用自身优势，大力开拓市场，做强做大做好华电工程各项产业。

4月23日

集团公司党组书记、总经理曹培玺在公司总

部会见了来访的俄罗斯东方能源公司总经理沙罗夫一行。双方对合作的前景、模式及相关建议进行了深入交流，并表示希望在已签订的合作谅解备忘录的基础上，尽快明确具体的落实措施，为下一步的合作创造条件。

集团公司党组成员、副总经理邓建玲，公司总工程师张涛，总经理助理、总经理工作部主任林正山以及俄罗斯东方能源公司的有关人员参加了会见。

4 月 23 日

中国华电集团新能源发展有限公司与海南省水利电力集团有限公司、海南省中电能源投资有限公司在海口签署了战略合作意向书。集团公司党组成员、副总经理邓建玲，海南省国资委主任吕宜勇出席签字仪式并讲话。

4 月 24 日

集团公司党组成员、副总经理任书辉在华电（北京）热电有限公司会见了来访的欧盟委员会欧洲政策顾问局能源和气候变化顾问组代表团卡瓦荷一行。双方就郑常庄燃气热电工程和开发清洁燃料发展机制等进行了交流并达成了共识。

4 月 24 ~ 25 日

集团公司在福州召开环境保护工作会议。集团公司党组成员、副总经理邓建玲出席会议并作重要讲话。会议要求公司系统各单位落实前期、基建、运营等环节中的环保要求，全面提升集团公司环保水平。

4 月 25 日

集团公司召开“深入开展对标管理年活动视频会议”。集团公司党组成员、副总经理陈飞虎出席会议并做重要讲话，会议由公司党组成员、副总经理任书辉主持。公司总会计师王怀书在会上宣读了集团公司对标管理年活动整体实施方案。华电国际公司和望亭发电厂分别在会上作了发言。

4 月 26 ~ 27 日

集团公司专家委员会 2008 年度第一次座谈会在山东青岛召开。会议由集团公司老领导、公司专家委员会主任贺恭主持，集团公司党组成员、纪检组组长迟文江，集团公司党组成员、华电国际公司总经理、专家委员会副主任陈建华，公司总会计师王怀书，副总经济师杨家朋以及特邀专家等参加了会议。

4 月 27 日

集团公司党组书记、总经理曹培玺在呼和浩特会见了内蒙古自治区党委副书记、自治区代主席巴特尔。巴特尔表示，内蒙古自治区党委政府将创造有利条件，与华电集团携手共进，实现企业与地方经济的共赢。曹培玺表示，华电集团将全面履行中央企业的经济、政治、社会责任，实现双方互利共赢，为内蒙古的快速发展作出应有的贡献。

集团公司总经理助理、总经理工作部主任林正山，内蒙古自治区政府秘书长乌兰巴特尔等参加了会见。

4 月 27 日

中央电视台新闻联播《高举旗帜，科学发展贯彻落实十七大精神》专题播出对集团公司党组书记、总经理曹培玺的专访。曹培玺指出，到 2010 年，集团公司的水电装机将达到 1500 万千瓦，风电装机将达到 100 万千瓦，关停小火电将达到 700 万千瓦，将为国家的节能减排作出更大的贡献。

4 月 29 日

在国务院国资委组织召开的 2008 年中央企业抗击雨雪冰冻灾害总结表彰大会上，公司所属贵州乌江水电公司等 2 个集体、孙炳福等 3 名个人、贵州清镇公司党委等 2 个基层党组织、李同策等 3 名党员受到国务院国资委表彰。

4 月 29 日

中国华电集团公司江西能源项目筹备处与江西省宜春市上高县人民政府在上高举行了上高沼气、火力发电项目合作开发签字仪式。

4 月 30 日

集团公司开展的“和华”爱心基金职工捐款活动得到了公司上下的积极响应，广大干部职工共捐款 5805804 元。

5 月

5 月 4 日

集团公司总会计师王怀书一行到辽宁华电铁岭发电有限公司调研。王怀书对铁岭发电公司生产经营和对标管理工作开展情况给予了充分肯定，对下一步工作提出了要求。

5 月 4 ~ 6 日

集团公司党组成员、纪检组组长迟文江到山东调研。

4日，迟文江听取了华电国际公司的汇报，详细了解了今年以来企业生产、经营、对标管理等各项工作开展情况，对华电国际公司取得的成绩给予了充分肯定，对下一步工作提出了要求。

5日至6日，迟文江先后赴华电国际公司邹县发电厂和华电潍坊发电有限公司调研。迟文江对两个企业取得的成绩给予了充分肯定，并对下一步工作提出了具体要求。

5月4~6日

集团公司党组成员、副总经理邓建玲到云南调研。

4~6日，邓建玲先后深入到华电云南发电公司、云南金沙江中游公司、怒江公司、昆明发电公司生产现场，分别听取了各企业今年以来的工作情况汇报，并充分肯定了各企业今年以来取得的成绩，对下一步工作提出了希望和要求。

期间，邓建玲分别会见了云南省委常委、常务副省长罗正富，副省长和段琪。双方就华电在滇电源项目的推进、整合煤炭资源以及电价政策方面进行了深入洽谈，并达成了共识。

云南省人民政府副秘书长黄立新、叶燎原及有关政府部门负责人，集团公司有关部门负责人等参加了会见。

5月5日

集团公司党组成员、副总经理任书辉到华电湖北分公司及在鄂企业调研。任书辉一行深入各基层企业现场，详细了解在鄂企业生产经营现状，看望了一线干部职工，对湖北分公司及各企业克服经营困境所取得的成绩表示肯定，并提出了下一步的工作重点及努力方向。

5月5~6日

集团公司党组书记、总经理曹培玺到陕西调研。

5日，曹培玺查看了陕西华电蒲城发电有限公司一、二期生产现场和三期工程建设工地，要求蒲城发电公司要扎实开展对标管理年活动；狠抓设备治理；确保四个安全；积极推进蒲电三期工程建设；不断加强员工队伍建设和企业文化建设。

6日上午，曹培玺对陕西分公司在发展方面做出的努力给予了肯定，要求陕西分公司在下一阶段工作中，要抓好项目前期工作；要抓好协调工作；要抓好监督工作；要抓好队伍建设工作，实现集团公司的又好又快发展。

期间，曹培玺分别接见了西北电网公司和陕西省电力公司的主要领导，就集团公司在陕西地区厂网协同发展进行了交流，并就相关问题达成了共识。

5月5~6日

集团公司党组成员、副总经理陈飞虎到安徽调研。

5日，陈飞虎听取了安徽分公司及所属企业的工作汇报，对各企业在严峻的外部条件下，保持安全生产、员工队伍稳定，取得抗灾保电胜利等给予了充分肯定，并对做好下一步工作提出了要求。

6日，陈飞虎深入查看了华电芜湖发电公司一期工程建设现场，要求芜湖公司把质量管理做实、做细、做透，抓好配套工程建设，开展系统内同类型机组基建对标。

期间，陈飞虎在合肥会见了安徽省电力公司总经理韩君、党组书记庞利民。双方就电费回收、迎峰度夏、网厂发展等交换了意见。

5月5~6日

集团公司党组成员、副总经理辛保安到湖南调研。

5日上午，辛保安在长沙听取了中国华电集团公司湖南分公司的工作汇报，对湖南分公司在年初遭遇特大冰雪灾害期间的工作给予了肯定，对湖南分公司和所属企业下一步工作提出了要求。下午，辛保安深入长沙发电公司水运码头、煤场和生产现场，看望一线员工，了解安全生产和机组运行情况。

6日上午，在常德发电公司，辛保安详细了解项目评优、对标管理、融资情况，要求常德公司积极探索委托运营的新模式，加强项目设计优化工作。

5月5~6日

集团公司党组成员、华电国际公司总经理陈建华到河南调研。

5日，陈建华在郑州会见了河南省副省长张大卫，双方就华电集团在河南的发展进行了深入交流，并达成了广泛共识。

当日，陈建华听取了华电河南分公司及华电漯河项目筹建处、渠东项目筹建处、洛阳电源项目筹建处的工作汇报，对当前发电企业面临的内外形势进行了深刻分析，并对下一步工作提出了具体要求。

6日，陈建华查看了华电新乡发电公司生产现场，亲切慰问了一线干部员工，对新乡公司实现一年双投、投产即盈利的成绩给予了充分肯定，并对下一步工作提出了要求。

期间，陈建华会见了新乡市委书记吴天君，就华电在新乡的进一步发展进行了会谈。

5月5~7日

集团公司总会计师王怀书到华电黑龙江企业调研。

王怀书先后到华电能源公司本部、华电能源公司所属佳木斯发电公司、哈尔滨热电公司、富拉尔基发电总厂和齐齐哈尔热电公司进行实地调研。王怀书深入各基层企业现场，详细了解各企业生产经营现状，对各单位所取得的成绩表示肯定，并对做好下一步工作提出了要求。

5月6~7日

集团公司党组成员、副总经理任书辉到华电四川公司及所属内江发电总厂调研。

6日下午，任书辉对四川公司在严峻生产经营形势下取得的工作成绩给予充分肯定，要求下一步工作要抓好安全生产；抓好经营管理；抓好项目发展；抓好信访稳定。

7日，任书辉查看了内江发电总厂白马电厂生产现场，要求内江发电总厂努力战胜各种困难，提升三大业绩；要抓好安全生产，确保企业安全稳定。

5月7日

集团公司党组成员、华电国际公司总经理陈建华到河北分公司调研。陈建华一行先后视察了河北华电石家庄热电有限公司、河北华电混合蓄能水电有限公司，现场踏勘了华电石热裕华工程（南郊热电）现场和鹿华工程（西郊热电）厂址，并与河北省电力公司总经理孙正运举行了会谈。

5月7~8日

集团公司党组成员、副总经理陈飞虎到江苏调研。

7日，陈飞虎深入江苏华电戚墅堰发电有限公司、扬州发电公司生产现场，详细了解了机组运行状况，要求各级领导班子要善于从大局和全局把握，统筹安排并积极推进各项工作，确保全年各项工作任务的完成。

8日，陈飞虎在望亭发电厂听取了工作汇报，并对望亭发电厂进一步搞好今后的工作提出了具体要求。

5月7~8日

集团公司党组成员、副总经理邓建玲到福建调研。

7日，邓建玲查看了泉州火电厂厂址，听取了泉州火电项目的前期工作开展情况，当晚与泉州市市长朱明举行了会谈。

8日，邓建玲实地察看了福清核电工程现场，并于当天中午，会见了福建省电力有限公司总经理李卫东，双方就上大压小、电煤供应、电价调整等进行了沟通与交流。

当日下午，邓建玲出席了福建公司工作汇报会，听取了福建公司及所属可门、永安、漳平、邵武和福建华电储运、福建华电煤业等单位的工作汇报，并作了重要讲话。

5月7~9日

集团公司党组成员、副总经理辛保安到华电贵州企业调研。

7日，在大龙发电公司，辛保安深入生产现场和职工家中了解干部职工工作和生活情况，辛保安对公司在抗冰保电中作出的贡献给予了肯定，对下一步工作提出了希望和要求。

8日，辛保安在贵阳会见了贵州省委常委、常务副省长王晓东。双方就华电在黔企业的发展、“西电东送”工程建设交换了意见并达成共识。当日，辛保安会见了贵州省委常委、省委组织部部长张少龙，相互通报了华电在黔干部管理情况。

8日和9日上午，辛保安先后到乌江梯级远程集中控制中心、贵州黔源电力股份有限公司和清镇发电公司，对三个企业取得的成绩给予了肯定，对公司目前面临的严峻形势和困难进行了分析并提出了具体要求。

5月8~9日

集团公司党组成员、纪检组组长迟文江到内蒙古调研。

8日，在华电包头发电公司，迟文江详细了解了今年以来华电内蒙古公司、华电包头公司和华电运营包头分公司的公司管理、企业生产、经营、对标管理等各项工作开展情况，对取得的成绩给予了充分肯定，对今后的工作提出了具体要求。

9日，迟文江深入辉腾锡勒风电场详细了解设备运行情况，要求以“创一流”为目标，切实开展好对标管理活动，为华电风电事业的发展奠定良好的基础。当日，迟文江深入卓资发电公司，肯定了成绩，分析了面临的形势和困难，并对下一步工作提出了具体要求。

5月9日

集团公司党组成员、副总经理陈飞虎到华电浙江分公司及所属企业调研。陈飞虎查看了杭州半山发电公司燃机生产现场、集控室和半山IGCC项目建设工地，详细了解安全生产和机组运行情况，对各项工作给予了充分肯定，对下一步工作提出了具体要求。

5月9日

由中国水力发电工程学会和中国电力报社联合主办的“中国水电发展论坛”在北京举行。集团公司党组书记、总经理曹培玺在论坛上作了题为《采取切实有效措施加快水电发展》的发言。曹培玺在发言中介绍了华电集团的水电发展情况，以及在生态环保和征地移民方面的一些有益探索，就加快水电发展提出了建议。

5月12日

集团公司党组成员、副总经理、总法律顾问辛保安做客人民网，对集团公司法制工作建设成就作了回顾。

5月12日

14时28分，四川汶川发生8.0级地震。位于震中区域的杂谷脑公司狮子坪电站因地震已造成施工单位水电五局人员伤亡。公司系统广安、内江、宝珠寺、高坝等单位因地震发生跳闸、停运等现象，紫兰坝公司输电线路受损。集团公司立即启动应急预案，成立了以集团公司党组书记、总经理曹培玺为组长，公司党组成员、副总经理任书辉为副组长的抗震救灾工作领导小组。立即下发了《关于做好抗震救灾工作的紧急通知》，要求相关企业尽快了解情况、报告企业灾情、启动应急预案，按照“保人身、保设备、保供电”的方针，采取果断措施，努力保证人员安全，尽力减少灾害损失。当日晚，公司领导和职能部门立即建立了全天24小时值班制度，确保信息畅通。并对做好下一步抗震救灾工作做了部署。

5月13～15日

集团公司党组书记、总经理曹培玺到四川部署抗震救灾工作。

13日清晨，曹培玺从大连出发赴华电四川发电公司指导抗震救灾工作。

14日凌晨，曹培玺到达成都，听取了华电四川发电公司关于震区企业当前情况的汇报，并就抗震救灾、保障员工生命安全、保证电力安全生产作了详细部署。当日上午，曹培玺前往四川宝珠寺水电厂，现场听取了受灾情况汇报，实地察看了宝珠寺、紫兰坝电站灾后厂房、大坝情况和机组生产运行情况，对该厂在地震灾害中正确处置、迅速恢复电力生产、确保企业稳定等各项工作给予充分肯定。在检查指导过程中，曹培玺代表集团公司党组与正在德阳市指挥抗震救灾的四川省副省长李成云通了电话，表示华电集团在川企业将努力保证人身和设备安全，确保电力供应，确保抗震救灾工作顺利进行。

15日，曹培玺出席了华电四川发电公司工作汇报会，高度评价了华电在川企业在抗震救灾中取得的成效，并就做好当前抗震救灾工作提出了具体要求，一是要把确保职工生命安全放在首位；二是要进一步做好预防余震工作；三是力争早日恢复安全生产；四是要加大措施，确保企业的安全生产和稳定；五是要做好后勤工作，安排好职工生活，消除后顾之忧。

集团公司总经理助理、总经理工作部主任林正山，公司总部有关部门负责人等陪同指导了抗震救灾工作。

5月13日

国务院驻集团公司监事会主席韩修国到河北分公司调研。韩修国一行参观了河北华电石家庄热电有限公司21号机组生产现场，并就发电企业面临的形势和出路进行了座谈。

集团公司总审计师彭兴宇陪同调研。

5月13日

华电国际公司2008年第一次临时股东大会暨四届二十八次董事会在北京召开。集团公司党组成员、副总经理、华电国际公司副董事长陈飞虎主持会议。会议审议通过了关于拟发行认股权和债券分离交易的可转换公司债券并上市等2项特别决议案和关于浙江、河北及四川区域部分电力资产股权转让关联交易等5项普通决议案。董事会审议通过了关于提请董事会授权办理本次分离交易可转债发行相关事宜等3项议案。

集团公司党组成员、华电国际公司董事、总经理陈建华以及股东代表、公司董事、监事出席了会议。

5 月 14 日

集团公司工委向所有受地震灾情影响的华电职工发出慰问信，向奋战在抗震救灾第一线的干部职工表示亲切慰问并致以崇高敬意，勉励广大干部员工大力弘扬一方有难、八方支援的精神，为抗震救灾作出应有贡献。

当日，集团公司总部员工开展了向四川地震灾区捐款活动。

5 月 14 日

中央企业抗震救灾工作紧急视频会议在北京召开。视频会议结束后，集团公司党组成员、副总经理任书辉通报了集团公司相关企业受灾情况和抗震救灾工作情况。集团公司党组成员、副总经理陈飞虎对做好下一阶段工作提出了要求。

集团公司党组成员、纪检组组长迟文江，公司党组成员、副总经理辛保安，公司党组成员陈建华，总会计师王怀书，集团公司总师、助理、副总师、总部各部门负责人、应急管理办公室成员出席会议。

5 月 14 日

集团公司分别向中共四川省委、四川省人民政府和中国东方电气集团公司发去慰问信并分别捐助 600 万元和 100 万元人民币用于抗震救灾工作。

5 月 15 日

集团公司党组发出《关于充分发挥政治优势全力做好抗震救灾工作的通知》，号召系统各级党组织充分发挥政治优势，确保企业安全生产与队伍稳定，为全力做好抗震救灾工作提供保障。

5 月 15 ~ 18 日

15 日，根据集团公司党组统一安排，集团公司抗震救灾恢复生产工作组抵达四川指导抗震救灾和恢复生产工作。

18 日，华电四川发电公司抗震救灾恢复生产工作组，抵达四川华电杂谷脑水电开发有限公司狮子坪电站。工作组实地察看了员工临时驻地，向战斗在地震灾区的广大干部员工表示亲切慰问，并要求狮子坪电站指挥部积极做好后勤服务工作，为下一步恢复生产创造有利条件。

当日，工作组一行赴红叶二级电厂详细查看了受灾情况。

5 月 16 日

集团公司党组召开会议，集团公司党组书记、总经理曹培玺通报了到四川公司及所属企业指导抗震救灾工作的情况，全面深入分析了当前抗震救灾工作面临的形势。指出，公司系统要高度重视，切实落实中央两次常委会精神，充分认识抗震救灾工作的艰巨性和复杂性，以高度负责的态度，把抗震救灾工作摆到当前各项工作的突出位置；各级领导班子要靠前指挥，科学应对，做好表率；要统筹兼顾，落实责任，全面抓好当前各项工作。

5 月 16 日

国务院派驻集团公司监事会主席韩修国到华电新乡发电有限公司调研。韩修国对新乡发电公司一期工程建设成绩给予高度评价，要求电力企业在当前严峻的生产经营形势不断扩大规模，提升业绩。

5 月 16 ~ 17 日

集团公司党组成员、华电国际公司总经理陈建华到安徽调研。

16 日，陈建华在合肥会见了安徽省副省长黄海嵩，双方就华电在安徽的发展进行了深入交流，并达成了广泛共识。

当日，黄海嵩和陈建华出席了华电国际电力股份有限公司与淮南矿业（集团）有限责任公司战略合作框架协议签字仪式。陈建华与淮南矿业（集团）有限责任公司董事长、党委书记王源分别代表双方在协议书上签字。

17 日，陈建华深入芜湖发电有限公司一期工程主体施工现场调研，要求芜湖公司确保一期工程达标投产、精细运营，降本增效、提升管理，塑造文化。

5 月 21 日

集团公司党组书记、总经理曹培玺到华电（北京）热电有限公司调研指导“奥运保电”工作。曹培玺察看了燃气—蒸汽联合循环机组生产现场，详细了解燃机系统生产运行情况，对北京热电在冬季供热、燃机工程建设、经营发展、队伍建设等方面所取得的成绩给予充分肯定，并勉励广大员工全面做好“奥运保电”工作，为保证奥运会胜利举办和保障首都电力、热力供应多作贡献。

集团公司党组成员、副总经理任书辉，集团

公司总经理助理、总经理工作部主任林正山，公司有关部门负责人等陪同调研。

5月21～22日

集团公司党组成员、副总经理邓建玲赴华电陕西企业调研，并代表集团公司党组和曹培玺总经理向在地震灾害中坚守岗位的华电在陕干部职工表示慰问。

21日，邓建玲对华电陕西分公司震后采取的有力措施给予了充分肯定，同时要求分公司积极组织在陕各企业做好防范余震工作，确保顺利完成抗震保电工作。当日，邓建玲看望了在西安交大参加集团公司核电培训班的学员。

22日，邓建玲深入陕西华电蒲城发电有限责任公司现场，详细了解了该公司安全生产和工程建设情况，对蒲电公司各项工作给予肯定，对做好下一步重点工作提出了要求。

5月22日

汶川大地震发生后，陕西至四川的电煤运输通道正式打通，首批3万吨电煤陆续运抵四川广安发电公司。

5月22～23日

集团公司2008年资金工作座谈会在中国华电集团高级培训中心召开。集团公司党组成员、副总经理陈飞虎出席会议并讲话。陈飞虎强调要深刻认识做好资金工作的重要意义，采取更加有力措施，为集团公司安全、经营、发展提供坚强有力的资金保障。

会议由集团公司总会计师王怀书主持。

5月24日

集团公司党组召开会议，对前一阶段抗震救灾工作进行了小结，对下一阶段工作进行了研究部署，提出了贯彻国务院国资委抗震救灾和恢复重建工作视频会议精神的六条措施。集团公司党组书记、总经理曹培玺要求，要坚决贯彻党中央、国务院和国务院国资委关于抗震救灾各项部署，充分认识抗震救灾工作的艰巨性和复杂性，加强领导，周密计划，快速推进，全力抓好抗震救灾和恢复重建工作。

5月24日

集团公司党组成员、副总经理任书辉赴四川杂谷脑公司，慰问奋战在抗震救灾第一线的员工，检查指导抗震救灾工作。

任书辉先后深入狮子坪电站、红叶二级电厂、薛城电厂、古城电站，亲切慰问了坚守工作岗位的员工，详细查看了发电设备和在建工程情况，提出要全力确保人身安全、切实安排好员工生活、安排好恢复生产工作。

5月26日

集团公司召开抗震救灾和迎峰度夏工作视频会议，深入贯彻落实国资委抗震救灾和恢复重建工作视频会议精神。集团公司党组书记、总经理曹培玺出席会议并作重要讲话。曹培玺通报了地震发生后公司系统抗震救灾情况，强调要继续把抗震救灾摆在各项工作的突出位置，以高度负责的态度，抓紧抓好。并提出，做好今年迎峰度夏工作，保证奥运期间安全生产，保证电力安全稳定运行，是当前最重要的、义不容辞的政治责任。要高度重视，突出重点，注重实效，科学管控，强化管理，确保集团公司安全生产。曹培玺深刻分析了公司今年以来生产经营情况和存在的问题，重点抓好五个方面的工作，牢固树立“大安全观”，全力确保“四个安全”；加大对标管理年活动推进力度；进一步加强经营管理；全面贯彻落实科学发展观，实现快速、健康、可持续发展；进一步加强队伍建设。

会议由集团公司党组成员、副总经理陈飞虎主持。集团公司党组成员、纪检组组长迟文江，集团公司党组成员、副总经理辛保安、邓建玲，总会计师王怀书出席会议。集团公司总部副处级以上干部、在京单位党政主要负责人在主会场参加会议；各分支机构、区域子公司及发电企业中层以上干部在分会场参加了会议。

5月26日

公司系统党员交纳“特殊党费”达到113万元。

5月26～28日

集团公司2008年合同与法律培训班在集团公司高级培训中心举行。国务院国资委政策法规局副局长于吉，集团公司党组成员、副总经理、总法律顾问、集团公司党校常务副校长辛保安出席开班典礼并讲话。

5月27日

集团公司党组书记、总经理曹培玺在公司总部会见了来访的印度尼西亚国家电力公司（PLN）总裁法米・穆达一行。曹培玺表示，要进一步加强与PLN的沟通合作，充分发挥各自优势，推动南苏门答腊煤电项目早见成效，不断增进两国友谊，实现互利共赢。法米·穆达表示，印尼政府和PLN公司高度重视南苏门答腊坑口煤电项目，高度重视与华电集团的友好合作，将进一步扩大合作领域，促进共同发展。

集团公司党组成员、副总经理邓建玲，集团公司总工程师张涛，公司有关部门及印尼国家电力公司有关部门、单位负责人参加了会见。

5月27日

集团公司党组成员、副总经理任书辉到四川宝珠寺水力发电厂、紫兰坝水电开发公司检查指导抗震救灾和迎峰度夏工作。任书辉代表集团公司党组和曹培玺总经理对坚守工作岗位的广大干部员工表示亲切慰问，同时要求各企业要坚定信心，迎难而上，努力夺取抗震救灾斗争的全面胜利。

5月27日

《华电技术》杂志第一届编辑委员会会议在集团公司总部召开，集团公司党组成员、副总经理、《华电技术》编辑委员会主任委员邓建玲主持会议并讲话。

集团公司总工程师张涛、总部及系统有关单位领导，清华大学、山东大学、华北电力大学和中科院工程热物理所有关专家和教授参加了会议。

5月28日

集团公司党组书记、总经理曹培玺在公司总部会见了来访的中国东方电气股份有限公司副总裁吴焕琪一行。曹培玺对东方电气集团在地震灾害中遇难的同胞表示沉痛哀悼，并代表华电集团八万员工向东方电气广大干部员工表示慰问。同时表示，如有需要，华电集团将会提供更多的支持，帮助东方电气集团尽快恢复生产。吴焕琪表示，在包括华电集团在内的各方面的支持下，东气人一定会擦干眼泪，挺起胸膛，积极开展灾后重建和恢复生产。

集团公司党组成员、副总经理任书辉，集团公司总工程师张涛，总经理助理、总经理工作部主任林正山等参加了会见。

5月28日

集团公司通过中国红十字会，再次向四川地震灾区捐出200万元员工捐款，用于建设一所学校和一所医院。截至5月28日17：00，公司系统单位和员工累计向地震灾区捐款超过4000万元。

5月28～29日

集团公司党组成员、华电国际公司总经理陈建华到山东调研。

28日，陈建华在山东淄博会见了淄博市委书记、市人大主任刘慧晏，淄博市委副书记、市长周清利及常务副市长王顶岐，双方就华电在淄博的发展进行了深入交流。

28～29日，陈建华先后深入察看了华电淄博热电有限公司、华电潍坊发电有限公司生产现场，对两家单位今年以来取得的成绩给予了充分肯定，并针对企业下一步工作提出了具体要求。

5月29～30日

集团公司办公室工作会议在北京召开。

集团公司党组书记、总经理曹培玺对会议作出重要批示，公司党组成员、副总经理辛保安出席会议并作重要讲话，国家电监会总监谭荣尧、国务院国资委办公厅副主任贾春曲应邀出席会议并讲话，集团公司总经理助理、总经理工作部主任林正山作工作报告。会议邀请了中国人民大学新闻学院院长助理胡百精教授就新闻危机公关进行了授课。

集团公司总经理工作部各处室负责人，各区域公司、专业公司、直属单位办公室分管领导和办公室负责人共80多人参加了会议。

5月30日

集团公司党组书记、总经理曹培玺在集团总部会见了来访的阿尔斯通电力部全球总裁朱倍贺一行。

曹培玺表示，华电集团愿意进一步加强与阿尔斯通公司在环保节能等多个领域的合作，并希望加快推进双方的合作向更广、更深领域发展。朱倍贺表示，与华电集团的合作将会加快阿尔斯通公司的发展，有利于提高阿尔斯通公司在中国的地位。

集团公司总工程师张涛，总经理助理、总经理工作部主任林正山等参加了会见。

5月30日

集团公司党组成员、华电国际公司总经理陈建华出席了宁夏宁东铁路有限公司成立大会，并到华电宁夏灵武发电有限公司进行调研。

陈建华深入灵武公司生产现场详细了解机组运行状况，亲切看望了奋战在一线的干部员工，对灵武公司下一步的工作提出了要求。

5 月 31 日

国家电监会副主席王野平到四川宝珠寺水力发电厂、紫兰坝水电开发公司慰问干部员工，检查指导抗震救灾和保电工作。王野平表示，保证灾后恢复重建电力供应是当前电力行业最大的责任，对于企业在抗震救灾保电中出现的困难和问题，电监会将积极协调帮助解决。

6 月

6 月 4 日

集团公司总部召开会议部署落实“强素质、作表率、促发展”活动。集团公司党组成员、副总经理辛保安主持会议并作重要讲话，指出，活动总体目标是“三服务、两满意”，即为公司战略实施和全年各项目标任务完成服务，为基层企业服务，为公司系统广大干部员工服务，保证各项工作让党组满意，让基层满意。

公司总部各部门负责人对活动开展提出了意见和建议。

6 月 5 ~ 6 日

集团公司党组书记、总经理曹培玺到河北省调研。

5 日下午，曹培玺与河北省委副书记、代省长胡春华，河北省委常委、常务副省长付志方亲切会谈。双方表达了加强合作，推进地方经济社会发展，双赢互利的愿望。

集团公司党组成员、副总经理邓建玲，集团公司党组成员、华电国际公司总经理陈建华会见时在座。

6 日上午，在河北石家庄举行中国华电集团公司河北分公司、华电国际电力股份有限公司河北分公司揭牌仪式。曹培玺与河北省副省长孙士彬共同为河北分公司成立揭牌，揭牌仪式由邓建玲主持，陈建华宣读了华电河北分公司成立文件及干部任职文件。

河北省、石家庄市有关部门负责人，集团公司、华电国际公司有关部门负责人，河北省电力公司及有关部门负责人等出席仪式。

期间，曹培玺深入查看了河北华电石家庄热电有限公司八期机组生产现场、河北华电石家庄裕华热电有限公司、河北华电石家庄鹿华热电有限公司工程现场，并亲切慰问了生产一线员工。

6 月 5 ~ 7 日

集团公司党组成员、副总经理辛保安到扬州调研。

5 日，辛保安在扬州会见了出席“全国思想政治工作与企业文化建设经验交流会”的全国政协常委、中共中央宣传部原副部长、中国思想政治工作研究会常务副会长高俊良，双方在热情友好的气氛中进行了广泛交流。

中国思想政治工作研究会秘书长高善罡、扬州市副市长闻道才等参加了会见。

当日，辛保安到江苏华电扬州发电有限公司调研，要求扬电公司加强抗震救灾、迎峰度夏以及项目前期等工作，努力保持企业稳定和良好的发展态势。

6 ~ 7 日，辛保安出席由集团公司承办的“全国思想政治工作与企业文化建设经验交流会”。辛保安要求系统企业认真学习借鉴其他企业的先进经验，促进思想政治工作和企业文化建设不断上台阶。

6 月 12 日

集团公司财务与燃料业务数据一体化工作现场会在华电潍坊发电有限公司召开，集团公司总会计师王怀书出席会议并讲话。王怀书全面阐述了集团公司开展财务与燃料业务数据一体化工作的重要意义，分析了此项工作存在的问题和差距，对今后工作提出了要求。

6 月 16 日

中共中央组织部副部长王尔乘、国务院国资委副主任金阳来到集团公司总部，宣布中央和国务院国资委关于集团公司主要领导调整决定：云公民任集团公司总经理、党组副书记；李庆奎任集团公司党组书记、副总经理；免去曹培玺集团公司总经理、党组书记职务，另有任用。王尔乘指出，党中央、国务院这次对华电集团主要领导的调整，是根据工作需要和整个电力企业领导班子建设的实际情况，经过通盘考虑、慎重研究作出的重要决定，是一次正常的干部交流。并充分肯定了华电集团在以曹培玺同志为首的领导班子的带领下近几年来取得的突出成绩。王尔乘介绍了集团公司新任总经理、党组副书记云公民和新任党组书记、副总经理李庆奎的情况。集团公司新任总经理、党组副书记云公民，新任党组书记、副总经理李庆奎分别作表态发言；集团公司原党组书记、总经理曹培玺主持会议并发言。

中央组织部干部五局局长高选民、国务院国资委企业领导人员管理一局局长刘强，集团公司领导陈飞虎、程念高、任书辉、迟文江、辛保安、邓建玲、陈建华、王怀书，集团公司老领导、专家委员会主任贺恭及公司总部副主任以上干部、在京直属单位主要负责人参加了会议。

6 月 16 日

集团公司在总部召开处理境外纠纷及突发事件会议。集团公司党组成员、副总经理辛保安主持会议并讲话。辛保安传达了国家商务部、外交部、国务院国资委联合召开的全国处理境外纠纷及突发事件电视电话会议精神，对集团公司处理境外纠纷及突发事件工作提出了具体要求。

集团公司总工程师张涛，总经理助理、总经理工作部主任林正山，相关部门负责人以及有关涉外企业的负责人参加了会议。

6 月 18 日

集团公司总部召开干部会议，传达学习 6 月 13 日中共中央、国务院召开的省区市和中央部门主要负责同志会议精神。集团公司党组成员、副总经理辛保安主持会议，并对公司系统学习贯彻党中央、国务院会议精神提出了要求。集团公司总工程师张涛、总经济师王日文分别原文传达了胡锦涛总书记、温家宝总理在省区市和中央部门主要负责同志会议上的重要讲话。

集团公司总部正处级以上人员，在京单位党政主要负责同志参加了会议。

6 月 18～23 日

集团公司总经理、党组副书记云公民到云南调研。

19 日，云公民在昆明先后会见了云南省委书记、省人大常委会主任白恩培，云南省委副书记、省长秦光荣，省委副书记李纪恒，省委常委、常务副省长罗正富，省委常委、省委秘书长杨应楠，副省长和段琪等。云公民表示，华电集团将加快在云南的发展，并将努力为云南地方经济社会发展作出应有的贡献。白恩培、秦光荣等对华电在云南的项目发展、节能减排、参与社会主义新农村建设等各项工作给予充分肯定和高度评价。并表示，云南省委、省政府将积极创造条件，一如既往地支持华电集团在云南的发展。

当日，云公民出席了昆明发电厂两台 10 万 kW 机组关停爆破拆除仪式。仪式由云南省副省长和段琪主持。至此，华电集团在云南省已提前关停 30 万 kW 小火电机组，占全省“十一五”关停容量的 28.6%。

当日，云公民听取了华电在滇企业的工作汇报。云公民对华电在滇企业 2008 年以来在生产、经营、发展方面取得的成绩给予充分肯定，同时要求各单位要加强与地方的沟通协调，切实履行社会责任，发挥国有企业在建设和谐社会中的作用；要做好统筹规划，积极开展项目前期工作；要加快自身发展，研究落实措施，保证电煤供应，提高设备利用小时，努力降低能耗，提高经济效益，为集团公司和地方经济社会发展作出更大贡献。

19～23 日，云公民一行先后到鲁地拉电站坝址、昆明二电厂、以礼河发电厂等现场实地察看，亲切慰问一线工作人员，详细了解企业管理、工程进度及生产运营等情况，结合各基层单位实际情况指导工作。

集团公司党组成员、副总经理邓建玲，集团公司总经理助理、总经理工作部主任林正山，集团公司有关部门负责人以及云南省有关部门负责人等分别参加了会见和调研。

6 月 23～26 日

集团公司总经理、党组副书记云公民到四川调研。

23 日，云公民在成都会见了四川省委副书记、省长蒋巨峰。云公民表示，华电集团将尽最大努力尽快恢复受灾企业生产建设，全力确保灾区电力供应，切实履行中央企业肩负的经济、政治和社会责任，努力为四川灾后恢复重建和经济社会发展作出积极贡献。蒋巨峰对云公民在上任之初亲赴华电在川企业察看灾情、指导恢复重建工作表示赞赏，对华电企业为四川省抗震救灾作出的突出贡献表示感谢，并表示，四川省委、省政府将一如既往地支持华电在川企业生产经营和发展，切实做好各项服务工作。

期间，云公民听取了华电四川发电公司的工作汇报，深入四川宝珠寺水电厂、紫兰坝水电开发公司和宜宾发电总厂（黄桷庄电厂）、宜宾发电有限公司慰问。云公民对华电四川公司抗震救灾和灾后恢复生产建设工作给予充分肯定，要求四川公司用科学发展观统揽全局，积极争取政策支持，挖掘内部潜力，控制成本支出，维护安全生产局面，防范经营风险，不断提升管理水平和经营业绩，努力建设科学管理型、质量效益型、本质安全型企业。同时对宝珠寺、紫兰坝电站和宜宾发电总厂（黄桷庄电厂）、宜宾公司提出了具体工作要求。

26日，云公民出席四川华电珙县电厂一期2×60万kW“上大压小”新建工程开工典礼并作重要讲话。云公民指出，华电集团将在四川省、宜宾市各级党委、政府和有关部门的大力支持下，全力抓好工程建设管理，力求建设一座电厂，带动一方经济，造福一方人民，富裕一方百姓。努力打造优质精品工程，向四川省和宜宾人民上交一份满意的答卷。

四川省副省长王宁宣布工程开工，四川省政府副秘书长崔广义主持了开工奠基仪式。集团公司总经理助理、总经理工作部主任林正山，公司有关部门负责人，华电四川公司负责人及四川省、宜宾市政府有关部门负责人等分别参加了会见、调研和开工典礼。

6月23日

集团公司2008年度火电机组集控运行技能大赛在华电国际邹县发电厂开幕，集团公司党组成员、副总经理辛保安出席开幕式并讲话。

开幕仪式后，辛保安实地察看了邹县发电厂四期工程生产现场，认真听取了工作汇报，对各项工作取得的成绩给予充分肯定，对下一步的重点工作提出了明确要求。

6月23日

集团公司党组成员、副总经理邓建玲到广州大学城分布式能源站调研。邓建玲提出，要明确广州大学城分布式能源站的定位；加快工程建设进度；做好人力资源调配；进一步落实项目建设资金；加大协调力度，努力创造良好的外部条件。

集团公司副总工程师胡日查及有关部门负责人等陪同调研。

6月24日

集团公司党组书记、副总经理李庆奎在公司总部会见了来访的广西壮族自治区党委常委、北海市委书记温卡华一行。

李庆奎表示，要充分发挥华电集团自身优势，履行好中央企业的经济、政治和社会责任，实现互利共赢，为地方经济的快速发展作出应有的贡献。温卡华表示，华电集团与合浦县、北海市签订的能源项目合作框架协议具有重要的战略意义，北海市愿意与华电集团加强合作，加快前期工作，促进项目早见成效。

集团公司副总经济师杨家朋以及公司有关部门负责人，北海市委常委、秘书长廖德全等参加了会见。

6月25日

集团公司2008年企业文化建设高峰论坛在华电高级培训中心举行。集团公司党组书记、副总经理李庆奎出席论坛并作重要讲话，集团公司党组成员、副总经理辛保安主持论坛开幕式。

李庆奎发表了题为《价值观管理引领华电走向卓越》的讲话，指出，华电核心价值体系可归结为八个字：诚信、求真、和谐、创新。要求公司系统准确把握企业文化建设规律，发挥核心价值体系的统领作用，使公司系统的企业文化建设蓬勃发展、齐头并进，不断开创各项工作新局面。

期间，李庆奎和辛保安还分别对华电高培中心和北京华电水电公司进行了调研，看望慰问了一线职工。

6月26日

国务院国资委党委在京召开中央企业党建工作视频会议。集团公司党组书记、副总经理李庆奎在国务院国资委主会场出席会议，公司领导陈飞虎、任书辉、迟文江、辛保安、王怀书在公司总部分会场出席会议。

国务院国资委主任、党委书记李荣融作了重要讲话。会议表彰了120个中央企业先进基层党组织、164名中央企业优秀共产党员和97名中央企业优秀党务工作者。公司系统多家企业获得集体和个人荣誉称号，并有企业代表上台领奖。

集团公司总部有关部门副处级以上党员干部，在京单位党组书记、党委书记（党支部书记）、政工部门负责同志在公司总部分会场参加了会议。

6月27～29日

集团公司总经理、党组副书记云公民到内蒙古自治区调研。

27日，云公民在呼和浩特市会见了内蒙古自治区党委书记储波，代主席巴特尔，自治区党委常委、秘书长符太增，副主席赵双连。云公民表示，华电集团将充分发挥自身优势，进一步加强与自治区各级政府和企业的合作，加快内蒙古地区新能源开发和煤电资源转化，为地方经济社会发展作出更大贡献。储波表示，内蒙古自治区党委和政府将一如既往地支持和帮助华电集团在内蒙古的发展，加强合作，实现互惠双赢。

28日上午，云公民出席了集团公司内蒙古不连沟煤矿及选煤厂（1000万t/年）开工典礼。内蒙古自治区政府副主席赵双连，国家能源专家咨询委员会主任徐锭明，中国电力企业联合会秘书长王永干等出席开工仪式并剪彩，开工典礼由集团公司党组成员、副总经理邓建玲主持。下午，云公民同鄂尔多斯市党政领导举行了会谈。

29日，云公民参观考察了蒙泰煤业集团，到内蒙古华电土右发电公司进行了调研，并出席了由集团公司捐资建设的包头美岱召中学教学楼和学生餐厅竣工落成典礼。

集团公司总经理助理、总经理工作部主任林正山，副总工程师胡日查，鄂尔多斯市副市长李世镕，中国神华集团有限责任公司总经理助理谢友泉，公司有关部门负责人，中国煤炭工业协会、中国煤炭发展研究中心、中国煤炭建设工程协会负责人等分别陪同参加了会见、开工典礼和调研。

6月30日

集团公司隆重召开纪念建党87周年视频会议。集团公司总经理、党组副书记云公民，集团公司党组书记、副总经理李庆奎，集团公司党组成员、副总经理陈飞虎、任书辉，集团公司党组成员、纪检组组长迟文江，集团公司党组成员、副总经理辛保安、邓建玲，集团公司总会计师王怀书在集团总部主会场出席会议。李庆奎在会上作重要讲话，要求公司系统广大党员进一步坚定共产主义理想信念，时刻牢记肩负的历史重任，大力发扬党的优良传统，永葆党的先进性，为做强做大做好华电事业再立新功。会议由辛保安主持。会上，华电四川公司及企业作了发言。

集团公司总部副处级以上党员干部，在京单位党政主要负责人及系统企业中层以上党员干部参加了会议。

6月30日

华电国际电力股份有限公司2007年度股东大会暨五届一次董事会在北京召开。集团公司总经理、党组副书记云公民当选为华电国际公司董事长。云公民表示，将与各位副董事长、董事一道，认真履行《公司法》、《公司章程》赋予的职权和责任，认真研究发展中面临的形势，调整优化整体结构，努力维护股东利益，实现公司发展战略。

华电国际公司2007年度股东大会审议批准了发行短期融资券、修订《公司章程》、换届选举董事会和监事会的议案；审议批准了董事会和监事会报告书、独立董事年度述职报告、经审计的年度财务报告等事项。华电国际公司五届一次董事会审议批准了有关议案和报告，会议选举集团公司党组成员、副总经理陈飞虎和山东省国际信托投资公司董事长孟凡利为华电国际公司副董事长；聘任集团公司党组成员陈建华为华电国际公司总经理。

华电国际公司股东代表、利益相关方、董事、监事、独立董事，以及华电国际公司有关人员参加了会议。

7月

7月3日

集团公司党组在总部召开“共产党员和中央企业在抗震救灾中的义务和责任”专题组织生活会。集团公司总经理、党组副书记云公民，集团公司党组书记、副总经理李庆奎，集团公司党组成员、副总经理陈飞虎、任书辉，集团公司党组成员、纪检组组长迟文江，集团公司党组成员、副总经理辛保安、邓建玲，集团公司总会计师王怀书出席会议。

集团公司总工程师张涛，总审计师彭兴宇，总经理助理、总经理工作部主任林正山等列席会议。

7月3日

集团公司总经理、党组副书记云公民在集团总部会见了来访的内蒙古呼伦贝尔市委书记曹征海一行。

云公民表示，华电集团十分重视与呼伦贝尔市的合作，希望双方发挥各自优势，精诚合作，实现互利共赢，为地方经济社会发展作出应有的贡献。曹征海希望双方进一步加强合作，加快前期规划，争取早见成效，共同开创华电集团与呼伦贝尔市的美好未来。

集团公司党组成员、副总经理程念高、邓建玲，集团公司总经理助理、总经理工作部主任林正山，公司有关部门负责人，呼伦贝尔市委副书记、市长罗志虎，市委常委、副市长白志远等参加了会见。

7 月 3 日

集团公司党建工作培训班在华电高级培训中心开班。集团公司党组成员、副总经理、集团公司党校常务副校长辛保安，国务院国资委党建工作局局长、党委组织部部长刘汉滨，国务院国资委干部教育培训中心副主任杨永志出席开班式。辛保安、杨永志分别作了讲话，公司系统各分支机构、在京专业公司及部分基层单位的党委书记、政治工作部门负责同志参加了培训。

7 月 4 日

国务院驻派集团公司监事会主席韩修国到华电集团高级培训中心调研。韩修国要求高培中心以集团公司为依托，采取科学合理的经营手段和管理方式，抓住教育培训这一核心业务，做出成绩，办出特色，搞好经营创效。

同日，韩修国一行还深入北京华电水电有限公司调研，希望北京水电公司盘活自身资源，提高创收能力，做好奥运保电工作。

集团公司总审计师彭兴宇，国务院驻派集团公司监事会办事处主任李金凤等陪同调研。

7 月 4 日

集团公司党组成员、副总经理邓建玲在集团公司总部，分别会见了来访的湖北荆州市委副书记、市长王祥喜和湖南常德市委副书记、市长卿渐伟一行。

7 月 4 日

集团公司第一届“华电杯”普法知识竞赛决赛在福建古田溪水电厂举行。国务院国资委政策法规局副局长于吉应邀出席，受集团公司党组成员、副总经理辛保安的委托，集团公司总经济师王日文出席了活动。华电江苏分公司代表队获得一等奖。

7 月 7 日

集团公司总经理、党组副书记云公民在集团总部会见了来访的西藏自治区党委副书记、常务副主席郝鹏一行。云公民表示，华电集团将继续按照双方已达成的共识，加快推进相关工作，搞好对金沙江上游流域生态环境保护性开发，为地方经济社会发展作出应有的贡献。郝鹏代表自治区区委区政府表示，金沙江上游川藏段开发条件比较成熟，将积极支持华电集团在西藏的水电开发事业。

集团公司党组成员、副总经理邓建玲通报了金沙江上游川藏段水电项目规划和前期工作进展等情况。集团公司总经理助理、总经理工作部主任林正山，公司有关部门负责人以及西藏自治区政府副秘书长孟扬等参加了会见。

7 月 7 日

集团公司总经理、党组副书记云公民，党组书记、副总经理李庆奎在集团公司总部会见了来访的武警水电指挥部主任李光强、政委贾方亮一行。

云公民希望双方继往开来、携手共进，共同为我国水电事业的发展作出更大贡献。李庆奎高度评价了武警水电部队在这次抗震救灾中所展现的良好形象。希望双方积极做好当前有关项目，共创水电事业美好未来。李光强、贾方亮表示武警水电部队将发扬优良传统，以高度负责的精神，努力推进与华电集团合作的几个项目，让合作方满意、放心。

集团公司党组成员、副总经理任书辉，集团公司总经理助理、总经理工作部主任林正山等参加了会见。

7 月 8 ~ 10 日

集团公司总经理、党组副书记云公民到山东调研。

8 日，云公民会见了山东省委常委、常务副省长王仁元。双方就华电在山东的发展及煤炭供应等交换了意见。

当日，云公民听取了集团公司党组成员、华电国际电力股份有限公司总经理陈建华的工作汇报。云公民要求华电国际公司加快结构调整，丰富发展内容，研究发展途径与方法，把规模思维转到价值思维上来，以电为主，上下延伸。同时希望全体干部员工振奋精神，克服困难，再创辉煌。

9 日，云公民察看了华电国际公司邹县发电厂运行机组和四期生产现场。云公民要求邹县发电厂要科学安排工作，保持可持续发展；要提高煤炭自给能力，实现从单纯的扩大规模到价值取向的思维转变；要振奋精神，确保在同类型发电企业中实现效益最好。

10 日，云公民在济南会见了山东省委书记姜异康。云公民希望山东省委、省政府对华电国际新建项目及煤炭供应继续给予支持和帮助，为推动山东经济发展和人民生活水平提高作出更大贡献。姜异康希望华电集团继续发挥对山东省经济发展和节能减排的推动作用，实现合作共赢、共同发展。

当日，云公民察看了华电国际公司莱城电厂生产现场，要求进一步把莱城电厂巩固好、建设好、发展好。

集团公司党组成员、副总经理陈飞虎，集团公司党组成员、华电国际公司总经理陈建华，集团公司总经理助理、总经理工作部主任林正山以及山东省委、省政府有关部门负责同志分别陪同会见和调研。

7 月 8 ~ 10 日

集团公司党组书记、副总经理李庆奎到陕西调研。

9 日，李庆奎会见了陕西省委书记赵乐际，李庆奎希望陕西省委、省政府继续关心支持华电在陕西的发展，共同为地方经济社会发展作出更大贡献。赵乐际表示，陕西省委、省政府将一如既往地支持和帮助华电在陕西的发展。

当日，李庆奎会见了陕西省委常委、常务副省长赵正永，双方就拓宽煤化工、铁路建设、新能源等多领域合作事宜进行了沟通。

期间，李庆奎听取了华电陕西分公司的工作汇报，深入安康电厂项目厂址、蒲城发电有限公司调研。李庆奎要求陕西分公司和在陕各单位用科学发展观统揽全局，积极争取地方支持，加快项目发展，同时要认真抓好各项工作，破解发展难题，优化产业结构，实现集团公司又好又快发展。

集团公司党组成员、副总经理辛保安，集团公司有关部门负责人，陕西省委常委、秘书长魏民州以及陕西网省公司负责人等分别参加了会见和调研。

7 月 9 ~ 10 日

集团公司党组成员、副总经理任书辉到华电湖南分公司及所属长沙发电有限公司调研。

9 日上午，任书辉听取了湖南分公司、华电在湘有关企业工作汇报，对湖南企业取得的成绩表示肯定。要求华电在湘企业克服困难，坚定信心，充分调动员工的积极性，全面完成全年工作任务。

9 日下午，任书辉深入长沙发电公司查看生产现场，了解安全生产及机组运行情况，亲切慰问干部职工，并就做好当前和下一步工作提出了要求。

7 月 10 ~ 11 日

集团公司党组书记、副总经理李庆奎到宁夏调研。

10 日，李庆奎会见了宁夏回族自治区党委书记陈建国，自治区政府主席王正伟、常务副主席齐同生。李庆奎表示，华电集团十分重视在宁夏的发展，希望自治区党委、政府继续关心支持华电，实现华电在宁夏又好又快发展。陈建国表示，自治区党委和政府将一如既往地支持和帮助华电集团在宁夏的发展，力争灵武二期项目早日核准、早日开工、早日投产，实现互惠双赢。

期间，李庆奎深入华电宁夏灵武发电有限公司两台 600MW 空冷机组生产现场，了解新机组投产后的运行状况。并对灵武公司下一步工作提出了具体要求。

集团公司党组成员、副总经理辛保安，公司有关部门负责人等等陪同参加了会见和调研。

7 月 11 日

集团公司党组成员、副总经理邓建玲到安徽华电芜湖发电有限公司调研。邓建玲一行深入芜湖公司一期工程现场，详细察看工程建设进展情况及奥运保电工作落实情况，并对芜湖公司下一步的发展工作提出了具体要求。

7 月 11 ~ 12 日

国务院派驻集团公司监事会主席韩修国先后到华电潍坊发电有限公司、华电青岛发电公司调研。

11 日，韩修国察看了潍坊公司生产现场。要求潍坊公司树立战胜困难的决心和信心，确保机组发电用煤，加强内部挖潜，降本增效，努力提升企业经济效益和核心竞争力。

12 日，韩修国察看了华电青岛发电公司海水脱硫、海水源热泵等生产现场，提出，要树立“过紧日子”的观念；要以对标为手段降低成本；要加强煤炭管理，保证煤炭供应；要积极争取政府部门理解支持，群策群力共渡难关。

集团公司党组成员、华电国际公司总经理陈建华，国务院派驻华电集团监事会办事处主任李金凤及公司有关部门负责人等陪同调研。

7 月 13 日

集团公司党组成员、副总经理任书辉到福建华电可门发电有限公司调研。任书辉听取了可门公司的工作汇报，实地察看了集控室、圆形煤场、7 万吨级专用煤码头，亲切慰问了一线干部员工，并对下一步工作提出了具体要求。

7 月 16 日

华电漯河一期 2 × 330MW 热电工程举行开工奠基典礼。集团公司党组成员、华电国际公司总经理陈建华出席典礼并讲话，河南省委常委、常务副省长张大卫下达开工令。

开工典礼由漯河市委副书记、市长祁金立主持。集团公司有关部门负责人，漯河市有关部门、单位，以及设计、施工、设备供应单位近 700 人出席典礼。

7 月 17 日

集团公司总经理、党组副书记云公民在集团公司总部会见了来访的内蒙古通辽市委书记那顺孟和一行，双方就能源合作等有关问题交换了意见。云公民指出，针对当前电煤供应紧张、煤价不断上涨的严峻形势，华电集团将积极转变发展思路，以电为主，加强煤炭等相关资源的综合开发。华电集团将考察研究与通辽市合作的项目，在有经济效益的前提下谋求发展。那顺孟和表示，通辽市具有较好的风电开发条件和丰富的矿产资源，欢迎华电集团考察，加强双方合作，实现互利共赢，促进共同发展。

集团公司党组成员、副总经理程念高，集团公司总经理助理、总经理工作部主任林正山，公司有关部门负责人以及通辽市市长付铁钢等参加了会见。

7 月 17 日

以国务院国资委宣传局副巡视员许明军为组长的中央企业精神文明建设检查组一行 4 人，到集团总部检查指导全国精神文明建设创建工作。集团公司党组书记、副总经理李庆奎会见了检查组一行。李庆奎表示，华电集团将进一步加强企业政治工作，推动精神文明建设创建活动深入开展，促进公司又好又快发展。

许明军代表检查组指出，华电集团总部精神文明建设工作富有成效，有力地推动了企业改革发展。

集团公司有关部门负责人等参加了汇报会。检查组还到华电（北京）热电有限公司进行了实地检查。

7 月 17 ~ 18 日

集团公司总会计师王怀书到华电四川公司调研，了解四川公司抗震救灾、生产经营和恢复重建工作情况。

王怀书听取了四川公司党组书记、总经理杨清廷及华电在川有关企业工作汇报，对华电四川企业勇对地震灾害，积极参与社会救灾，采取有效措施缓解生产经营困难给予充分肯定，并针对下一步工作提出了具体要求。

7 月 18 日

集团公司总经理、党组副书记云公民在集团总部会见了来访的印度尼西亚力宝集团公司董事长李文正一行，双方就华电集团在印尼电力及能源相关领域的合作交换了意见。

云公民表示，印尼是华电集团实施“走出去”战略的重要国家，华电集团高度重视在印尼的发展，印尼力宝集团在东南亚享有较高声誉，希望双方进一步加强交流探讨，谋求互利合作。李文正表示，印尼力宝集团高度重视与华电集团的合作，希望双方加强交流，促进共同发展。

集团公司党组成员、副总经理邓建玲，集团公司总经理助理、总经理工作部主任林正山，公司有关部门负责人以及印尼力宝集团董事李文藻等参加了会见。

7 月 18 日

国务院国资委召开的中央企业抗震救灾总结表彰大会上，公司系统共有 10 个单位和 11 名个人分别获得中央企业抗震救灾先进基层党组织、先进集体、优秀共产党员和先进个人称号。

7 月 19 日

集团公司党组成员、副总经理程念高在四川华电杂谷脑水电开发有限责任公司生产施工现场检查指导抗震救灾、恢复重建工作。

程念高一行先后深入狮子坪、红叶二级、薛城、古城电站（工地）生产和施工现场，详细察看设备设施受损情况，亲切看望一线干部员工并对下一步工作提出了具体要求。

集团公司工程建设部、华电四川公司负责人等陪同调研。

7 月 24 日

集团公司 2008 年中工作会议在中国华电集团

高级培训中心召开。集团公司总经理、党组副书记云公民，集团公司党组书记、副总经理李庆奎，集团公司党组成员、副总经理陈飞虎、程念高、任书辉，集团公司党组成员、纪检组组长迟文江，集团公司党组成员、副总经理辛保安、邓建玲，集团公司党组成员、华电国际公司总经理陈建华，集团公司总会计师王怀书出席会议；国务院派驻集团公司监事会主席韩修国，集团公司老领导、专家委员会主任委员贺恭出席了会议。

云公民作了题为《迎难而上，奋发有为，为全面推进公司又好又快发展而努力奋斗》的工作报告，总结了公司上半年工作，深入分析了公司经营发展面临的形势和存在的主要问题，提出了下一步公司工作的总体思路和重点工作任务。李庆奎作了总结讲话，提出了贯彻会议精神的部署要求。

集团公司总师、助理、副总师、纪检组副组长，各部门主要负责人，各分支机构、区域子公司及部分电厂党政主要负责人等参加了会议。

7 月 28 日

集团公司党组成员、副总经理邓建玲在华电（北京）热电有限公司会见了德国西门子能源火力发电集团燃机销售全球副总裁罗仁慈一行，双方在北京热电生产现场了解了西门子公司提供的燃机设备运行情况，并就进一步加强合作交换了意见，表示要加强交流合作，更好地推进双方合作项目的发展，实现互利双赢。

7 月 28～29 日

华电国际电力股份有限公司在济南召开 2008 年年中工作会议，集团公司党组成员、华电国际公司总经理陈建华作了题为《把握形势，强化措施，攻坚克难，全面推进公司持续健康发展》的工作报告。会议传达贯彻了集团公司 2008 年年中工作会议精神，动员干部职工进一步把握形势，强化措施，攻坚克难，全面推进公司持续健康发展。

7 月 29 日

集团公司总经理、党组副书记云公民，集团公司党组书记、副总经理李庆奎一行到华电（北京）热电有限公司检查指导奥运保电工作。

云公民指出，做好奥运保电工作是北京热电公司履行国有企业经济责任、政治责任、社会责任的具体体现，要树立“讲政治、服务首都”的理念，切实保证奥运期间机组安全稳定运行，为平安奥运作出贡献。要加强窗口建设，要强化污染治理，要拓宽就业渠道，要加强经营管理，要加强对标管理，努力使北京热电公司成为燃气发电的一面旗帜。

李庆奎要求北京热电公司，一是统一思想，提高认识，确保奥运期间安全稳定。二是加强领导，落实措施，确保奥运保电万无一失。三是加强纪律，严格要求，立足岗位作贡献。四是完善预案，加强演练，认真应对突发事件。

集团公司总经理助理、总经理工作部主任林正山，公司有关部门负责人等陪同进行了检查。

7 月 29 日

中国电力企业联合会（简称中电联）党组成员、秘书长王永干一行来到集团公司总部调研。集团公司党组成员、副总经理辛保安出席调研座谈会。辛保安表示，中电联在维护电力企业权益、促进电力行业发展方面做了大量卓有成效的工作，华电集团将一如既往地配合支持中电联的工作。王永干表示，中电联作为电力行业协会，要把会员的呼声作为第一反映信息，把会员的需要作为第一服务目标，切实维护企业的合法权益，推动电力行业健康发展。

集团公司副总工程师姜家仁，公司有关部门负责人以及中电联标准化中心主任许松林等参加了会议。

7 月 29～30 日

集团公司党组成员、副总经理任书辉，集团公司总会计师王怀书到内蒙古调研。

29 日，任书辉、王怀书听取了内蒙古公司党组书记、总经理周顺宏的工作汇报，并现场考察了不连沟煤业公司。

30 日，任书辉、王怀书先后深入华电包头公司和包头东华公司，听取工作汇报，了解安全生产、机组运行等情况，亲切慰问一线员工。

任书辉、王怀书对华电内蒙古企业今年以来取得的成绩给予充分肯定，同时对不连沟煤业公司的建设管理，包头公司的运营改制试点、包头东华公司的供热用煤等提出了具体要求。

7 月 30 日

华电招标有限公司召开 2008 年度股东会暨二届二次董事会、监事会。集团公司党组成员、副总经理、招标公司董事长程念高主持会议并讲话。程念高对招标公司在规范招标行为、加强制度建设和推进信息化建设方面取得的成绩给予较高评价，并针对今后的工作提出了具体要求。

会议审议通过了变更公司董事和监事等8项议案。

7月31日

中国华电集团资本控股有限公司召开2008年年中工作会议，集团公司党组成员、副总经理、资本控股公司董事长陈飞虎，集团公司总会计师、资本控股公司副董事长王怀书出席会议并讲话。

会议提出，华电金融产业要深入学习和实践科学发展观，努力完成全年各项目标任务，为做强做精华电金融产业奠定基础。

7月31日

集团公司煤炭工作座谈会暨华电煤业集团2008年年中工作会议在北京召开。集团公司党组成员、副总经理、华电煤业集团公司董事长邓建玲出席会议并讲话。会议表彰了集团公司系统2007年度燃料管理优秀单位、示范单位和示范区域。

8月

8月1日

集团公司总经理、党组副书记云公民，党组书记、副总经理李庆奎在公司总部会见了原国家能源部部长黄毅诚。黄毅诚就当前电煤供应和对策、新能源发展、科技创新、粉煤灰综合利用等方面发表了自己的看法。云公民、李庆奎赞赏黄毅诚的建议，表示要积极付诸实践，推动公司科学发展。

集团公司总经理助理、总经理工作部主任林正山参加了会见。

8月1日

集团公司总部举办“学习贯彻惩防体系五年规划，扎实推进惩防体系建设”辅导报告会，深入学习贯彻中央《建立健全惩治和预防腐败体系2008～2012年工作规划》。公司党组成员、副总经理陈飞虎、程念高、任书辉、辛保安、邓建玲出席报告会。公司党组成员、纪检组组长迟文江主持报告会。《工作规划》主要执笔人、中共中央纪委宣教室副主任杨小平应邀到会主讲。

8月3日

中共中央政治局常委、国务院总理温家宝专程来到华电北京热电公司郑常庄燃气—蒸汽联合循环机组现场，视察奥运电力保障工作，亲切慰问一线员工，对加强节能环保工作、推动可持续发展作出重要指示。

中共中央政治局委员、北京市委书记、北京奥组委主席刘淇，中共中央政治局委员、国务委员刘延东，北京市市长郭金龙，集团公司总经理、党组副书记云公民，党组书记、副总经理李庆奎陪同视察。

8月3～5日

集团公司党组成员、副总经理程念高到华电辽宁企业调研。

5日上午，程念高在沈阳市会见了辽宁省副省长刘国强。程念高介绍了华电集团近期生产经营和奥运保电工作情况，希望辽宁省政府继续对华电在辽企业和项目发展给予支持。刘国强表示，辽宁省政府已就落实国家煤价政策提出明确要求，并将一如既往地支持华电在辽宁的发展。

期间，程念高一行察看了辽宁华电铁岭发电有限公司生产现场，慰问了一线员工，并对下一步工作提出了具体要求。调研期间程念高主持召开了辽宁华电铁岭发电有限公司2008年股东会暨一届六次董事会。

8月4日

集团公司总经理、党组副书记云公民在集团总部会见了来访的大同煤矿集团公司董事长、党委书记吴永平一行。云公民表示，希望加强合作，发挥各自优势，形成互利共赢的合作发展模式，在当前电煤供应紧张形势下给予华电企业更多支持。吴永平表示，愿意发挥在煤炭生产管理和人才方面的优势，加强与华电集团的合作，实现互利共赢，促进共同发展。

集团公司党组成员、副总经理邓建玲，集团公司总经理助理、总经理工作部主任林正山，公司有关部门负责人及大同煤矿集团副总经理赵生龙等参加了会见。

8月4～5日

集团公司党组成员、副总经理任书辉到华电浙江分公司及浙江华电乌溪江水力发电厂、杭州华电半山发电有限公司调研。任书辉要求华电浙江企业要深入贯彻落实集团公司年中会议精神，转变观念，迎难而上，采取有力措施，巩固和提升经济效益，努力完成全年各项目标任务。

8月4~6日

集团公司党组书记、副总经理李庆奎到山东调研。

期间，李庆奎在济南分别会见了山东省委书记姜异康，省委副书记、省长姜大明。李庆奎希望山东省委、省政府对华电国际公司新建项目及煤炭供应继续给予支持和帮助。姜异康和姜大明表示，山东省委、省政府将大力支持华电集团在山东的发展，实现合作双赢。

在华电国际公司、华电国际邹县电厂、华电潍坊发电公司和华电青岛发电公司调研时，李庆奎充分肯定了华电国际公司及各企业所取得的成绩，进一步要求各单位确保安全生产和队伍稳定；努力提高经济效益；抓好队伍建设，培养好各类优秀人才。同时要求青岛公司确保奥运保电工作万无一失。

集团公司党组成员、华电国际公司总经理陈建华，公司有关部门负责人及山东省政府秘书长张万青等分别陪同会见和调研。

8月4~6日

集团公司党组成员、副总经理辛保安到华电四川发电公司及所属宝珠寺水电厂、紫兰坝水电开发公司和广安发电公司调研。

辛保安对华电四川公司取得抗震救灾和恢复生产建设重大阶段性胜利给予高度评价，要求各单位进一步贯彻落实集团公司年中工作会议精神，大力弘扬抗震救灾精神，努力完成各项目标任务。

期间，辛保安会见了广安市委副书记、市长侯晓春，市委常委、副市长蒋维君，双方就广安公司电煤供应等问题进行交流并达成共识。

公司有关部门负责人，华电四川发电公司负责人等陪同调研。

8月5~6日

集团公司总经理、党组副书记云公民到华电能源股份有限公司及所属哈尔滨第三发电厂调研。云公民要求华电能源公司贯彻落实好集团公司年中工作会议精神，加快产业结构调整；加快战略调整，建设区域性较强的上市公司和区域发展的融资平台；树立信用安全理念，加强风险防范，确保公司形象安全。

在哈尔滨第三发电厂，云公民要求哈三厂积极推进热电联产项目，增强核心竞争力，提高盈利水平，加快自身发展，建设标杆企业，为推动集团公司又好又快发展作出新的贡献。

集团公司总经理助理、总经理工作部主任林正山，华电能源公司负责人等陪同调研。

8月5~6日

集团公司党组成员、副总经理任书辉先后到华电望亭发电厂、上海奉贤燃机发电有限公司调研。任书辉要求华电江苏和上海区域企业正确把握当前生产经营形势，坚持以经济效益为中心，抓好重点工作，为完成全年各项目标任务努力奋斗。

公司有关部门负责人、华电江苏分公司和华电上海分公司负责人等陪同调研。

8月5~6日

集团公司党组成员、纪检组组长迟文江先后到华电新疆发电有限公司所属吐鲁番发电公司、乌鲁木齐热电厂、红雁池发电公司和苇湖梁发电公司调研。迟文江要求各单位贯彻落实好集团公司年中工作会议精神，加强安全生产，加快发展煤炭产业，提高经济效益，为集团的发展作出更大贡献。

8月5~7日

集团公司党组成员、副总经理陈飞虎到华电福建发电有限公司及所属可门发电公司、湄洲湾电厂运行分公司和厦门电厂等单位调研。陈飞虎对福建公司系统今年以来积极应对冰冻灾害袭击、煤价大幅上涨、经营环境日趋紧张等不利因素影响而取得的成绩给予充分肯定。同时，针对当前及今后一段时期的工作提出了具体要求。

公司有关部门负责人及华电福建发电公司负责人等陪同调研。

8月5~7日

集团公司总会计师王怀书先后到安徽华电宿州发电有限公司、六安发电有限公司、芜湖发电有限公司调研，查看生产现场，听取工作汇报，了解机组运行和生产经营情况，慰问一线员工，提出具体要求。

公司有关部门负责人，华电国际公司、安徽分公司有关负责人等陪同调研。

8月6~7日

集团公司党组成员、副总经理程念高到云南调研。

调研期间，程念高会见了云南省副省长和段琪，双方就华电集团在云南的发展进行了广泛的交流。

6日，在昆明召开的华电在滇企业工作汇报会上，程念高要求华电在滇企业进一步落实好集团公司年中工作会议的各项部署，并对做好全年各项工作提出了具体要求。

7日，程念高在昆明发电公司察看了生产现场，要求昆明发电公司千方百计控亏、扭亏，向管理要效益；搞好安全文明生产；保证电煤供应。

期间，程念高出席了怒江公司专家委员会成立大会。集团公司副总工程师胡日查，公司有关部门负责人等分别陪同会见和调研。

8月7日

集团公司党组成员、纪检组组长迟文江到华电宁夏分公司及所属华电宁夏灵武发电有限公司调研。迟文江对宁夏分公司及所属企业上半年取得的成绩给予充分肯定，对下一步工作提出了具体要求。

公司有关部门负责人和华电国际公司负责人等陪同调研。

8月9日

集团公司总经理、党组副书记云公民在公司总部会见了来访的内蒙古乌兰察布市市委书记吴永新一行。云公民表示，华电集团将加强与乌兰察布市的合作，发挥自身优势，为地方经济社会发展作出应有的贡献。吴永新表示，要进一步加强合作，实现互利共赢，推动企业与地方经济共同发展。

集团公司党组成员、副总经理程念高，集团公司总经理助理、总经理工作部主任林正山，计划发展部负责人以及乌兰察布市副市长薛培明等参加了会见。

8月11日

集团公司总经理、党组副书记云公民在公司总部会见了来访的北方通和控股有限公司董事局主席姜辉一行。云公民表示，愿意与北方通和控股公司加强交流，推动双方合作取得成功。姜辉表示，希望双方加强合作，推进共同发展，实现互利共赢。

集团公司党组成员、副总经理程念高、邓建玲，集团公司总经理助理、总经理工作部主任林正山，有关部门负责人等参加了会见。

8月11日

集团公司党组成员、副总经理程念高在集团总部会见了来访的青岛市副市长胡绍军一行，双方就华电青岛公司供热机组扩建项目有关问题交换了意见。

集团公司副总经济师杨家朋，公司有关部门、华电国际公司负责人及青岛市有关部门负责人等参加了会见。

8月11日

集团公司党组成员、副总经理邓建玲到华电内蒙古公司调研，并出席了集团公司煤炭和煤化工项目开发座谈会。邓建玲要求公司系统有关单位要积极做好煤炭和煤化工项目开发，形成煤炭开发的良好秩序和良性循环。

集团公司总经济师王日文、副总工程师胡日查等陪同调研。

8月11日

集团公司总会计师王怀书到华电河北分公司及河北华电石家庄热电有限公司、河北华电混合蓄能水电有限公司调研。王怀书充分肯定了河北各企业上半年取得的成绩，并就当前生产经营形势及有关情况与各单位进行了座谈，同时，对积极贯彻落实好集团公司年中工作会议精神，抓好下一步工作提出了具体要求。

公司有关部门负责人及河北分公司负责人等陪同调研。

8月11～12日

集团公司党组成员、副总经理辛保安到华电湖北分公司及襄樊发电公司调研。

辛保安对湖北区域安全生产、对标管理、深化改革、队伍建设等工作给予肯定，同时要求湖北分公司及所属单位贯彻落实好集团公司年中工作会议精神，努力抓好各项重点工作。

调研期间，辛保安会见了襄樊市委书记唐良智、市长李新华及常务副市长施真强，双方就襄樊公司经营发展有关问题进行了会谈。

集团公司有关部门负责人及湖北分公司负责人等陪同调研。

8月11～13日

集团公司总经理、党组副书记云公民到贵州调研。

12日，云公民听取了贵州乌江水电开发有限责任公司和黔源电力股份有限公司的生产经营等情况汇报，对华电在黔企业取得的成绩给予充分肯定。同时要求华电在黔企业，要围绕贵州能源优势，在煤炭开发等方面作文章；要打造集团在贵州及西南地区水电产业的融资平台，加快推动区域水电优先发展；要研究制定有效措施，加强对标管理，提升经营水平。

13日，云公民在贵阳会见了贵州省委副书记、省长林树森。云公民表示，华电集团将积极参与贵州的经济建设，并希望贵州省委、省政府继续对华电集团和华电在黔企业给予关心和支持。林树森表示，欢迎华电集团投资开发建设，贵州省委、省政府将继续支持华电在贵州的发展。

在黔期间，云公民一行还分别深入乌江梯级电站远程集控中心、索风营发电厂和贵州清镇发电有限公司，慰问一线职工，现场指导工作。

集团公司总经理助理、总经理工作部主任林正山，公司有关部门负责人、乌江水电公司负责人等分别陪同会见和调研。

8月12日

国务院派驻集团公司监事会主席韩修国到华电能源牡丹江第二发电厂调研。韩修国希望牡二发电厂在管理创新上发扬优良传统，积极探索市场经济条件下的国有企业管理体制，为其他企业提供先进经验。

8月12～13日

集团公司党组成员、副总经理陈飞虎到华电广西分公司及贵港发电有限公司等企业调研。陈飞虎要求各企业进一步贯彻落实好集团公司年中工作会议精神，树立“四个理念”，采取有力措施抓好设备管理和煤炭供应，努力完成全年各项目标任务。

期间，陈飞虎考察了北海合浦能源项目，对做好项目前期工作提出意见和要求。

8月12～13日

集团公司党组成员、副总经理邓建玲到华电在陕企业调研。

邓建玲要求华电在陕企业在新的机遇和挑战面前，要团结拼搏，克服困难，确保完成全年各项目标任务。

调研期间，邓建玲先后会见了陕西省发展改革委主任祝作利及陕西省安康市市长方玮峰等，并就加快华电在陕西的发展，扩大互利合作达成了共识。

8月14日

国务院派驻集团公司监事会主席韩修国到黑龙江华电佳木斯发电有限公司调研。韩修国指出，要正确认识履行社会责任与企业发展的关系，加强政策研究，提升企业自身竞争力，谋求更大的发展。

8月14日

中国华电集团公司、哈尔滨空调股份有限公司与中国电力工程顾问集团科技开发股份有限公司联合体在京举行百万千瓦发电机组空冷技术装备自主化项目合作协议签字仪式。

集团公司党组成员、副总经理程念高，国家能源局技术装备司司长李冶、副司长黄鹂，国家能源局电力司司长许永盛、副司长郝卫平，科学技术部高新技术司副司长张志宏出席协议签字仪式。

签字仪式由集团公司总工程师张涛主持，集团公司副总经济师杨家朋代表集团公司在协议上签字。宁夏回族自治区人民政府、黑龙江省人民政府、国家电网公司、中国电机工程学会、中国国际工程咨询公司、中国电力工程顾问集团公司以及集团公司有关部门和企业代表出席签字仪式。

8月15日

集团公司党组书记、副总经理李庆奎，公司党组成员、华电国际电力股份有限公司总经理陈建华到华电天津企业调研，并会见了天津市市委常委、常务副市长杨栋梁，双方就华电在天津项目发展有关情况交换了意见。

调研期间，李庆奎、陈建华听取了天津分公司、天津军粮城发电有限公司、华电南疆热电项目公司筹建处的工作汇报，并深入军粮城公司生产现场了解情况、慰问员工，同时对做好下一步工作提出了具体要求。

公司有关部门负责人及天津分公司负责人等陪同调研并参加会见。

8月19～21日

集团公司总经理、党组副书记云公民，公司党组书记、副总经理李庆奎在太原分别会见了山西省委书记张宝顺，省委副书记、省长孟学农，省委常委、常务副省长申联彬，省委常委、副省长李小鹏，副省长陈川平等，双方就进一步推动共同发展广泛深入地交换了意见。

云公民、李庆奎表示将把山西作为华电集团重要发展区域，希望山西省委、省政府继续关心支持华电在山西的发展，共同为地方经济社会发展作出更大贡献。张宝顺、孟学农表示，通过企地合作，实现互利共赢，山西省委、省政府将一如既往地支持和帮助华电在山西的发展。

云公民、李庆奎一行还深入朔州市、忻州市、太原市，与当地党政领导就发展综合性能源产业问题进行了深入探讨。

在晋期间，云公民、李庆奎一行听取了华电山西分公司和华电煤业山西分公司的工作汇报，对华电驻晋各单位近年来的工作给予充分肯定，同时指出，华电在晋企业要准确把握当前形势，充分认识集团公司战略调整的重大意义，结合山西的实际情况，适应地方战略规划，快速推进集团在山西的发展。要加强协调，分工合作，全体干部员工要克服困难，尽快开创华电山西工作新局面。

公司党组成员、副总经理邓建玲，公司党组成员、华电国际公司总经理陈建华，集团公司总经理助理、总经理工作部主任林正山等陪同会见和调研。

8 月 20 日

集团公司 2008 年上半年投产机组经验总结暨确保完成全年投产目标工作座谈会在辽宁铁岭举行。集团公司党组成员、副总经理程念高出席会议并讲话。会上，公司有关单位作了经验交流，与会人员参观了铁岭发电公司生产现场。

集团公司总工程师张涛，公司有关部门负责人以及公司系统有关项目建设单位代表参加了会议。

8 月 25 日

集团公司总经理、党组副书记云公民在呼和浩特市会见了内蒙古自治区副主席赵双连。云公民表示，希望自治区党委、政府继续支持和帮助华电集团在内蒙古的发展，共同为地方经济发展和人民生活水平提高作出更大贡献。赵双连表示，内蒙古自治区党委、政府将一如既往地支持华电在内蒙古的发展，进一步加强合作，实现互惠双赢。

集团公司党组成员、副总经理邓建玲，华电内蒙古公司负责人等参加了会见。

8 月 25 日

集团公司党组书记、副总经理李庆奎在集团总部会见了来访的中国东方电气集团公司（简称东方电气集团）总经理斯泽夫一行。

李庆奎表示，华电集团五年多的发展，得到东气集团的大力支持，双方在合作中相互理解，相互支持，在共同的事业中结下深厚友谊，相信双方的合作将更加密切，前景将更加广阔。斯泽夫表示，此次来访是东方电气集团的感恩之旅，东方电气集团将继续加强与华电集团的合作，尽全力组织生产，满足客户的供货需求。斯泽夫向华电集团赠送了写有“大爱无疆情系东方，抗震救灾共谱华章”的锦旗。

集团公司党组成员、副总经理程念高，集团公司总经理助理、总经理工作部主任林正山等参加会见。

8 月 26 ~ 27 日

集团公司党组成员、副总经理邓建玲到华电在湘企业调研。

26 日上午，在华电在湘企业工作汇报会上，邓建玲要求华电在湘企业全面树立价值思维，坚持以经济效益为中心，做好企业运营经济性测算，在电量、电价、单位燃料成本、煤炭保障和供应等各个方面采取有效措施提升企业竞争力。

当日下午，邓建玲深入察看了长沙发电公司生产现场，要求长沙发电公司全面落实科学发展观，加强生产经营管理，努力成为华中地区的示范性发电企业。

8 月 26 ~ 29 日

集团公司在华电高级培训中心召开 2008 年经营目标汇报会。集团公司党组成员、副总经理陈飞虎，总会计师王怀书出席会议，并要求系统各单位努力实现全年经营目标。公司系统 57 家企业负责同志分别汇报了 1 ~ 7 月经营目标完成情况、全年经营预测和下一步主要工作措施。

8 月 27 日

集团公司党组书记、副总经理李庆奎到中国华电工程（集团）有限公司调研。李庆奎对华电工程公司外争市场、内强管理取得的优异成绩给予充分肯定，对公司下一步的发展思路和重点工作表示赞同。针对华电工程公司今后的工作，李庆奎提出要以改革创新精神促进华电工程公司又好又快发展。

集团公司党组成员、副总经理辛保安，公司有关部门负责人等陪同调研。

8 月 27 ~ 28 日

华电国际电力股份有限公司五届三次董事会

在河北香河召开。集团公司总经理、党组副书记、华电国际董事长云公民主持会议，集团公司党组成员、副总经理、华电国际副董事长陈飞虎及华电国际董事出席会议，华电国际监事及经营班子列席会议。

会议听取了集团公司党组成员、华电国际董事、总经理陈建华所作的2008年中工作报告。云公民要求华电国际坚持科学发展观，根据董事会要求，认真分析面临的形势，着力研究发展重点，努力调整和优化结构，千方百计提升业绩，不断提高经济效益。

会议审议批准了2008年上半年发展报告等议案，听取了2008年中期财务报告的说明和审计委员会工作汇报等事项。

8月28日

集团公司党组成员、副总经理程念高到黑龙江华电佳木斯发电有限公司调研。程念高一行察看了佳木斯发电公司2×300MW供热扩建工程施工现场，提出了确保机组年底前实现“双投”目标，并认真做好各项生产准备工作的要求。

8月29日

国务院派驻集团公司监事会主席韩修国到安徽池州九华发电有限公司调研。韩修国要求九华发电公司在精细化管理上下工夫，进一步提高企业管理水平，引导员工正确看待企业发展，充分做好二期筹建准备工作。

9月

9月1日

国务院派驻集团公司监事会主席韩修国到华电安徽分公司调研。

韩修国充分肯定了安徽分公司取得的成绩，同时要求安徽分公司，要认清经济形势，主动适应各个层面的变化；要坚持与时俱进，调整发展思路，发展煤电联营；要注重政策研究，发挥区域协调职能，为企业发展创造良好环境。

9月1日

集团公司党组成员、副总经理邓建玲分别会见了陕西省副省长吴登昌，榆林市委副书记、市长胡志强，并出席了“第三届中国榆林国际煤炭暨能源产业博览会、榆林市国家能源化工基地建设成就展”。

9月2~3日

集团公司党组成员、副总经理程念高在湖北调研。

2日，程念高在湖北荆州拜会了湖北省委书记罗清泉，双方就华电集团在湖北的项目发展交换了意见。程念高表示将努力推进华电在湖北的发展，积极参与西部煤源运输通道建设。罗清泉表示，湖北省委、省政府将大力支持华电集团在湖北的项目开发和西部煤源运输铁路建设，同时希望华电集团抓紧做好荆沙电厂项目相关工作。

3日，罗清泉在程念高的陪同下实地察看了湖北华电荆沙电厂项目厂址。

9月4~5日

集团公司党组成员、副总经理程念高到华电内蒙古企业调研。

4日，程念高一行在华电煤业内蒙古不连沟煤业公司察看了煤矿施工现场，考察了正在建设的内蒙古准格尔旗大路工业园区，并出席了不连沟煤矿基建工程协调会。

5日，程念高来到内蒙古华电巴音风电场，了解项目规划和送出线路情况。程念高希望内蒙古公司发挥区域协调职能，促进风电开发和煤电联营，为集团公司在内蒙古的发展作出更大贡献。

9月8日

集团公司党组成员、纪检组组长迟文江到华电山西分公司调研。

迟文江与华电在晋单位的主要负责同志进行了座谈，要求进一步贯彻落实好集团公司年中工作会议精神，从更高层次、更宽层面考虑项目发展问题；要结合实际，采取有力措施，为公司系统煤炭供应提供支持。

9月8~9日

集团公司党组成员、副总经理辛保安到华电内蒙古企业调研。

在蒙期间，辛保安出席了集团公司在内蒙古召开的“管控模式与燃料管理体制改革”调研座谈会，并深入华电煤业内蒙古分公司和华电包头发电有限公司，听取工作汇报，辛保安要求华电内蒙古公司在“五统一”的原则下，加强燃料管理，降低供电煤耗，按照集团公司总体部署调整区域发展战略，积极推进区域管控模式改革。并进一步要求包头公司落实安全生产责任制，总结运营体制改革经验，推进企业精细化管理，发挥企业文化建设的作用。

9 月 8 ~ 10 日

集团公司总经理、党组副书记云公民，集团公司党组书记、副总经理李庆奎到新疆调研。

9 日上午，中共中央政治局委员、新疆自治区党委书记王乐泉，云公民出席了新疆华电昌吉英格玛西黑山一号矿井工程奠基仪式，李庆奎主持了仪式。王乐泉希望华电集团发挥优势，积极推进项目前期工作，争取早日开工建设。云公民表示，要加快推进项目进展，为新疆优势资源转换战略的实施和新型工业化建设贡献力量。

9 日下午，云公民、李庆奎会见了王乐泉和自治区党委副书记、政府主席努尔·白克力，希望新疆维吾尔自治区党委、政府继续支持华电在新疆的发展，华电集团将努力服务于地方经济发展和人民生活水平的提高。王乐泉、努尔·白克力表示，希望双方进一步加强合作，实现互惠共赢，自治区党委、政府将一如既往地支持华电在新疆的发展。

期间，云公民、李庆奎听取了华电新疆公司的工作汇报，并先后到红雁池发电公司、苇湖梁发电公司、新疆华电发电检修公司、乌鲁木齐热电厂调研，深入生产和建设一线，亲切慰问干部员工，详细了解企业生产经营等情况。云公民、李庆奎对新疆公司上半年取得的成绩和下半年的工作安排给予充分肯定，对下一步工作提出了具体要求。

新疆维吾尔自治区党委常委、政府副主席库热西·买合苏提，政协副主席、经贸委主任王永明，集团公司党组成员、副总经理邓建玲，集团公司总经理助理、总经理工作部主任林正山等分别参加会见、出席奠基仪式和陪同调研。

9 月 10 日

全国政协副主席、中共中央统战部部长杜青林视察了贵州华电毕节热电有限公司，对该公司在建的贵州首台大型循环流化床热电联产机组项目表示关注和肯定。

贵州省委副书记王富玉，省委常委、统战部部长龙超云，副省长刘晓凯，省政协副主席杨玉学，毕节地委书记秦如培、毕节行署专员张吉勇等陪同视察。

9 月 10 日

集团公司党组成员、副总经理辛保安到华电江苏分公司调研。

辛保安要求江苏分公司进一步解放思想，不断优化和完善区域燃料管控体制，切实加强燃料供应与管理工作，努力降本增效，实现企业效益的最大化。

9 月 11 日

新疆区域 2008 年冬季供热专项督察工作汇报会在乌鲁木齐市召开，集团公司党组成员、副总经理邓建玲出席会议并对新疆区域各热力生产单位提出了具体要求。

9 月 12 日

集团公司企业文化建设推进委员会、中国水利水电出版社、中国电力书法家协会联合举办了“贺恭《子敬诗词联句百首》首发式暨部分书法新作展”。集团公司领导云公民、李庆奎、陈飞虎、程念高、迟文江、邓建玲、陈建华、王怀书出席仪式，辛保安主持仪式。

全国政协委员、中国书协副主席邵秉仁，中国电力企业联合会理事长赵希正，中国投资协会常务副会长王文泽，全国政协委员、中国水电工程学会理事长周大兵，国家电网公司党组成员、纪检组长祝新民，中共中央候补委员、中铁股份有限公司董事长、党委书记石大华，南方电网公司党组成员、副总经理肖鹏，中国电力投资集团公司党组成员、副总经理石成梁，中电联党组书记、常务副理事长谢振华，中国水电工程顾问集团总经理晏志勇，中国水电建设集团总经理范集湘及中组部干部四局、国家发展改革委、三峡总公司、华北电力大学、中国书协、中国电力报社、中国水利水电出版社的有关领导出席了仪式。

9 月 16 日

集团公司党组书记、副总经理李庆奎，集团公司党组成员、副总经理邓建玲出席了第二届中国（太原）国际煤炭与能源新产业博览会开幕式。博览会开幕前，李庆奎出席了煤电大型企业座谈会及合作签约仪式，邓建玲代表集团公司与山西晋城无烟煤矿业集团有限公司签订了《晋城煤炭长期购销协议》。

16 日，李庆奎出席了集团公司与山西焦煤集团公司“合作建设山西沁源煤电联营项目投资协议”签字仪式。

博览会期间，李庆奎会见了山西省委、省政府领导集体并与太原钢铁集团公司董事长李晓波等举行了会谈；邓建玲出席了“21世纪煤炭、能源、环境、和谐发展高峰论坛”。

集团公司总经理助理、总经理工作部主任林正山及有关部门负责同志等陪同出席博览会及签约活动。

9月18～21日

集团公司总经理、党组副书记云公民深入华电贵州企业调研。

18日下午，云公民深入大方发电公司生产一线，指出，要加强对标管理，提升管理水平；要发挥优势，加强煤炭开发工作；要加强协调沟通，在服务地方经济社会发展中履行好企业的社会责任。

19日上午，在毕节公司现场，云公民要求参建各方把握好工程进度与质量的关系，实现建设与生产管理的无缝衔接；要加快配套设施建设，努力把企业建成资源节约型、环境友好型、社会和谐型的现代化电厂。

当日下午，云公民出席了毕节试验区成立20周年庆典活动，参加了第二届中国贫困地区可持续发展战略（毕节）论坛，并会见了出席论坛的全国政协常委、全国政协财经委副主任、北京大学贫困地区发展研究院院长厉以宁教授。

9月21～22日

集团公司总经理、党组副书记云公民到宁夏回族自治区调研。

21日，云公民在银川会见了宁夏回族自治区党委书记陈建国，自治区主席王正伟。云公民对宁夏回族自治区成立五十周年表示祝贺，对自治区党委、政府长期以来对华电集团的关心和支持表示感谢，并希望自治区党委、政府继续支持华电在宁夏的发展。陈建国表示，自治区党委、政府将一如既往地支持华电在宁夏事业的发展，希望双方进一步扩大合作范围，促进共同发展。

期间，云公民、陈建华听取了华电宁夏分公司的工作汇报，并深入灵武发电公司生产现场和1号机组大修现场，慰问干部员工，了解生产经营情况。云公民要求宁夏分公司贯彻落实好集团公司年中工作会议精神，重点把握好煤炭开发、企业发展、生产经营、企业文化和人才队伍建设等工作，推动华电集团在西北的又好又快发展。

自治区党委常委、纪委书记、秘书长刘晓滨，自治区党委常委、常务副主席齐同生，集团公司党组成员、华电国际电力股份有限公司总经理陈建华，集团公司总经理助理、总经理工作部主任林正山等分别陪同会见和调研。

9月22～25日

集团公司党组成员、副总经理程念高到华电陕西企业调研。

22日，程念高查看了陕西华电榆横煤电有限责任公司现场，要求华电榆横公司再接再厉、扎实推进各项前期工作，争取早日建成投产，为推进集团公司煤电一体化建设和榆林地区经济发展作出贡献。

期间，程念高先后深入华电榆横小纪汗煤矿场址、榆横煤电项目公司、蒲城发电有限公司和杨凌热电有限公司等单位，详细了解华电在陕项目进展及基建工作情况。程念高要求陕西分公司进一步发挥好区域协调职能，要求华电在陕企业进一步转变观念、增强效益意识，重点要抓好煤炭资源的开发，加大力度推进项目前期工作。

9月23日

集团公司党组成员、副总经理陈飞虎到青海华电大通发电有限公司调研。陈飞虎要求大通公司，要抓好安全生产；要抓好队伍建设；要抓好燃煤供应和节能降耗，要不断深化对标管理，促进节能降耗和经营管理水平的提升；要最大限度扭转企业亏损局面。

集团公司副总工程师、大通公司董事长姜家仁等陪同调研。

9月23日

集团公司在总部召开挂职干部座谈会。集团公司党组成员、副总经理辛保安出席会议并讲话。辛保安指出，要认真总结集团公司三批干部挂职工作的成功经验，同时要求第三批挂职干部在挂职结束后，以新的精神面貌、新的姿态、新的能力和水平创造更好的业绩。

9月24日

集团公司党组成员、副总经理辛保安在集团总部会见了国务院国资委党建工作局（党委组织部）副局长（副部长）卜玉龙。辛保安表示，华电集团将以深入开展学习实践科学发展观活动为契机，不断加强和改进企业党建工作，真正将政治优势转化为市场竞争优势。卜玉龙希望华电集团继续总结经验，发扬成绩，为进一步加强和改进国有企业党建工作再创新的经验。

9月25日

国务院派驻集团公司监事会主席韩修国先后到华电新能源发展有限公司、华信保险经纪（公估）有限公司调研。韩修国指出，新能源发展前景广阔，要抓住机遇，在集团发展战略的指引下，合理布局，科学发展。韩修国同时指出，华信保险经纪和公估公司是集团公司系统的重要组成部分，要进一步创新发展，为华电金融产业的发展作出更大贡献。

9月25日

集团公司总经理、党组副书记云公民，集团公司党组书记、副总经理李庆奎到广东调研。

云公民、李庆奎在会见广东省委常委、常务副省长黄龙云时，对广东省委、省政府对华电集团的关心和支持表示感谢，希望广东省委、省政府继续支持华电在粤发展。云公民、李庆奎随后与南方电网公司董事长袁懋振、总经理赵建国进行了会谈。

在粤期间，云公民、李庆奎听取了华电广东分公司的工作汇报。云公民指出，广东省是集团公司的重点发展区域，广东分公司在项目选择上要科学论证，在发展规划上要有前瞻性，推动华电在广东又好又快发展。李庆奎要求广东分公司认真领会集团公司年中工作会议精神，树立正确的价值理念，制定科学发展思路，加快华电在广东的发展步伐。

广东省政府副秘书长李春洪、广东省发展改革委主任李妙娟以及集团公司总经理助理、总经理工作部主任林正山等参加会见并陪同调研。

9月25日

集团公司党组成员、副总经理陈飞虎到华电宁夏灵武发电有限公司调研。

陈飞虎对灵武公司下一步工作提出了具体要求，要认真研究煤炭、电力、资金等市场形势；要夯实基础管理；要强化经营管理，在公司系统树立标杆；要搞好项目发展加快二期项目步伐；要超前研究煤炭长期市场，预防和化解风险。

9月25日

集团公司企业法制工作三年目标推进会议在华电集团高级培训中心召开。会议总结了集团公司成立五年来的法制工作，分析了法制工作面临的形势，部署了今后三年法制工作的目标和任务。集团公司总经理、党组副书记云公民对会议作出重要批示，公司党组成员、副总经理、总法律顾问辛保安出席会议并讲话。

会议由集团公司总经济师王日文主持。国务院国资委政策法规局有关负责人，集团公司有关部门负责人以及系统有关单位分管法律工作的负责同志参加会议。

9月25日

集团公司召开安全生产视频会议，贯彻落实党中央、国务院关于加强安全生产的部署和全国安全生产电视电话会议精神，总结前阶段安全工作，分析当前形势，安排部署下阶段重点工作。受集团公司总经理、党组副书记云公民委托，公司党组成员、副总经理邓建玲在会上作重要讲话。会议由集团公司总会计师王怀书主持。集团公司总工程师张涛传达了国务院安委会办公室《关于做好国庆节期间安全生产工作的通知》。

9月26日

集团公司总经理、党组副书记云公民，集团公司党组书记、副总经理李庆奎到福建调研。

在会见福建省委副书记、省长黄小晶，副省长张志南时，云公民、李庆奎介绍了华电集团在福建的发展情况和今后的发展思路，对福建省委、省政府一直以来关心和支持华电在福建的发展表示感谢。黄小晶表示，福建省委、省政府将继续支持华电在闽事业发展，进一步扩大合作范围，实现企业与地方经济的互利共赢。

在福建公司召开的汇报会上，云公民、李庆奎听取了华电福建公司的工作汇报，云公民要求福建公司进一步增强责任感和使命感，落实科学发展观，在价值思维的基础上形成一定规模，下大力气培养人才，实现又好又快发展。李庆奎要求福建公司大力抓好第四季度扭亏、减亏、控亏工作，抓好领导班子建设和队伍建设，在发展过程中始终保持稳定，为集团公司经营发展作出更大贡献。

云公民、李庆奎一行还深入福建华电可门发电公司、福建华电储运有限公司，察看煤码头、集控室等生产现场，详细了解企业管理、安全生产及生产运营等情况，慰问一线干部员工。

集团公司党组成员、副总经理邓建玲，集团公司总经理助理、总经理工作部主任林正山等陪同会见和调研。

9 月 27 日

在电力行业企业管理经验交流会暨第四届中国电力企业管理论坛上，集团公司获“全国电力企业管理创新成果”优秀组织奖，系统部分企业和个人受到中国电力企业联合会表彰。

10 月

10 月 7～8 日

集团公司党组成员、副总经理程念高分别深入河北华电石家庄热电有限公司、河北华电混合蓄能水电有限公司和石家庄裕华热电项目建设现场、鹿华热电项目厂址调研。

程念高重点察看了裕华热电项目建设现场，指出，要加强管理，确保工程不发生安全事故；要严把工程质量关，控制好工程造价，争创“精品”工程；确保工程按期实现“双投”。

10 月 8 日

集团公司党组书记、副总经理李庆奎在集团公司总部会见了来访的陕西省安康市委书记刘建明、市长方玮峰一行。

李庆奎表示，陕西是华电集团战略发展的重点省份，也是结构调整的着力点，希望双方加强合作，加快推进项目进展，为地方经济社会发展作出应有的贡献。刘建明、方玮峰表示，陕西省、安康市对安康项目高度重视，全力支持华电在安康的发展。

集团公司党组成员、副总经理邓建玲，集团公司总经理助理、总经理工作部主任林正山，公司有关部门负责人以及安康市委、市政府有关负责人等参加了会见。

10 月 8 日

集团公司党组成员、副总经理邓建玲出席了“煤炭开发与综合利用技术”讲座。

国家安全监管总局、煤炭科学研究总院化工研究院、北京天地华泰采矿工程技术有限公司的有关专家就“煤田地质与采矿工程基础理论与实践”、“煤化工技术发展概述”、“选煤厂工程与矿井地面生产设施”等进行了讲解。

10 月 8 日

在“全国抗震救灾表彰大会”上，华电四川宝珠寺水力发电厂被中共中央、国务院和中央军委联合授予“全国抗震救灾英雄集体”荣誉称号。

10 月 9 日

集团公司总经理、党组副书记云公民，集团公司党组书记、副总经理李庆奎在集团公司总部会见了来访的华北电力大学党委书记吴志功、校长刘吉臻一行。

云公民、李庆奎表示，华电集团将大力支持华北电力大学的发展，希望双方加强在人力资源、员工培训和技术创新等方面的合作，为我国电力事业和双方的共同发展作出应有的贡献。吴志功、刘吉臻希望双方加强沟通协调，继续保持和发展良好的关系，在更加广泛深入的领域开展合作。

集团公司总经理助理、总经理工作部主任林正山等参加了会见。

10 月 9 日

安徽华电芜湖发电有限公司增资扩股协议、华电国际与淮南矿业煤炭采购协议、淮南矿业和芜湖公司中长期煤炭采供协议签字仪式在安徽合肥举行。集团公司党组成员、华电国际公司总经理陈建华出席签字仪式，指出，签字仪式的举行，必将实现各股东方强强联合、优势互补和共同发展。

10 月 10 日

集团公司总经理、党组副书记云公民，集团公司党组书记、副总经理李庆奎到集团公司新办公大楼——中国华电大厦建设现场调研。

云公民要求切实搞好华电大厦工程收尾工作，高度重视工程质量，圆满完成新办公楼建设，确保如期顺利入住，提前做好入住后的物业管理工作。李庆奎强调要坚定信心，克服困难，团结协调，各负其责，倒排工期，加快进度，圆满完成工程建设，顺利实现入住目标。

集团公司党组成员、副总经理辛保安，集团公司总经理助理、总经理工作部主任林正山，副总经济师曹荫昌陪同调研。

10 月 10 日

集团公司党组成员、副总经理陈飞虎主持召开集团公司月度经济活动分析协调会，集团公司党组成员、副总经理程念高、辛保安，集团公司总会计师王怀书出席会议。会议听取了财务部、计划部、安生部、市场部、华电煤业集团公司关于集团公司 9 月份预算执行情况、发展情况、安全生产情况、市场营销情况、电煤管理情况的汇报。陈飞虎就集团公司前三季度的安全、效益、发展三大业绩情况做了分析，并对下一步重点工作提出了要求。

集团公司总师、助理、副总师、纪检组副组长及各部门负责人等参加了会议。

10 月 11 日

集团公司总经理、党组副书记云公民在北京会见了辽宁省委副书记、省长陈政高和副省长刘国强一行。

云公民表示，华电集团将加快结构调整，积极推进在辽项目发展，为地方经济社会发展作出应有的贡献，希望辽宁省委、省政府继续关心支持华电集团在辽宁的发展。陈政高表示，辽宁省委、省政府将努力创造良好的投资环境，加强沟通协调，加快华电在辽项目进展；同时希望双方进一步拓展合作领域，促进企业与地方经济共同发展。

集团公司党组成员、副总经理程念高，集团公司总经理助理、总经理工作部主任林正山，公司有关部门负责人，辽宁省政府秘书长上官炜星等参加了会见。

10 月 13～14 日

集团公司 2009 年电煤订货预备工作会在北京召开。集团公司总经理、党组副书记云公民出席会议并讲话。云公民指出，公司系统要高度重视电煤管理工作，充分发挥好各方面的积极性和能动性，进一步落实电煤管理责任制，理顺电煤管理流程，健全电煤管理机制，确保公司系统电煤订货工作有序高效开展。

集团公司党组成员、副总经理邓建玲，集团公司有关部门负责人，华电煤业公司负责人以及系统有关单位负责人等参加了会议。

10 月 14～16 日

集团公司总经理、党组副书记云公民到陕西调研。

14 日，集团公司与榆林市人民政府举行战略合作框架协议签字仪式，云公民与陕西省副省长吴登昌出席签字仪式。集团公司党组成员、副总经理邓建玲与榆林市市长胡志强分别代表双方在协议书上签字。

15 日，云公民在西安会见了陕西省委书记赵乐际，省委副书记、省长袁纯清。云公民表示，华电集团将把陕西作为重点发展省份，积极推进在陕项目的发展，希望陕西省委、省政府继续支持华电集团在陕西的发展。赵乐际、袁纯清感谢华电集团对陕西经济社会发展作出的重要贡献，陕西省委、省政府将努力创造良好的投资环境，促进华电集团在陕西的发展。

期间，云公民一行深入察看了小纪汗煤矿精查勘探施工现场、榆横电厂项目厂址和陕西蒲城发电有限公司，详细了解工程进展及生产运行情况。要求华电陕西企业充分利用当地资源优势，加强与地方政府的沟通协调，积极推进煤炭资源开发，努力建设成为具有较强竞争力的综合性能源企业。

陕西省委常委、省委秘书长魏民洲，集团公司总经理助理、总经理工作部主任林正山，公司有关部门及陕西分公司负责人等参加会见、出席签字仪式和调研。

10 月 14～17 日

集团党组成员、副总经理程念高到新疆调研。

14 日，程念高在乌鲁木齐会见了新疆维吾尔自治区党委常委、副主席库热西·买合苏提。程念高表示，希望自治区党委、政府继续支持华电在新疆的发展，以便更好地服务于新疆经济社会的发展。库热西·买合苏提表示，希望华电集团加快在新疆的项目发展步伐，自治区政府将一如既往地支持华电在新疆的发展。

16 日，程念高与哈密地委副书记、行署专员古丽夏提·阿不都哈德尔，地委副书记、常务副专员张文全就哈密淖毛湖煤电基地建设等事项进行了交流。

期间，程念高先后深入到新疆华电西山热电一期工程厂址、乌鲁木齐热电厂建设现场、昌吉西黑山煤电一体化建设基地、昌吉新热电三期项目厂址、哈密伊吾淖毛湖煤电基地、哈密发电有限责任公司，详细了解项目前期工作、工程建设和生产运行情况，并结合实际分别提出指导意见和明确要求。

集团公司副总经济师杨家朋等陪同调研。

10 月 15 日

集团公司在京召开确保完成年度电量目标座谈会。会议通报了集团公司 1～9 月电量完成情况、存在的问题及四季度电量计划安排，部署了确保完成年度发电量目标任务的措施。集团公司党组成员、副总经理陈飞虎，总会计师王怀书出席会议并讲话。会议由集团公司副总工程师姜家仁主持。

集团公司有关部门负责人，华电煤业集团公司以及系统有关单位的市场营销工作负责同志参加了会议。

10 月 16 日

集团公司在总部举行党组中心组“十七届三中全会精神”学习扩大会。全国人大农业和农村委员会副主任委员、农业部原常务副部长、党组副书记、十七届三中全会报告起草组成员尹成杰应邀作了全会精神学习辅导报告。在京的集团公司领导云公民、陈飞虎、迟文江、辛保安、王怀书出席会议。集团公司党组书记、副总经理李庆奎主持会议并发表重要讲话。李庆奎指出，公司系统要将贯彻全会精神与全力以赴完成全年目标任务结合起来。更加重视“经济效益、优化结构、改革创新、风险防范”四项工作，牢固树立“价值思维、产业链、有所为有所不为、统筹和优选”四大理念，制定措施，重点加以突破和解决，努力完成全年各项目标任务。

集团公司总师、助理、副总师，总部各部门正处级以上干部，在京各单位党政主要负责人共 100 余人参加了会议。

10 月 20 日

集团公司在总部召开深入学习实践科学发展观活动试点工作启动会议。集团公司党组书记、副总经理李庆奎作动员讲话，集团公司党组成员、副总经理陈飞虎、辛保安、邓建玲出席会议。辛保安主持会议并作总结讲话。

李庆奎指出，在全党开展深入学习实践科学发展观活动，是党的十七大作出的重大战略决策，对于指导实践、推动工作具有重要意义。各单位要加强组织领导，加强舆论引导，坚持统筹兼顾，思想上高度重视，行动上坚决贯彻，确保活动取得实效。

本次学习实践活动试点工作从 2008 年 10 月开始，到 2009 年 3 月基本完成，分为学习调研、分析检查、整改落实三个阶段。集团公司学习实践活动试点工作指导小组成员、办公室成员，试点单位及所在区域分支机构党政负责同志等参加了会议。

10 月 20 ~ 22 日

集团公司总会计师王怀书带领集团公司生产经营工作指导小组到湖南华电长沙发电有限公司调研。王怀书指出，长沙公司区位优势、设备优势和技术优势明显，具备较好的扭亏基础条件，要进一步落实好电力和煤炭两个市场，着力提升工作水平，推动企业健康快速发展。

指导小组初步为长沙公司确定了近期和中长期工作计划。

10 月 21 日

集团公司党组成员、副总经理陈飞虎到华电能源股份有限公司及所属哈尔滨第三发电厂调研。

陈飞虎要求华电能源公司一是要采取更加有力的措施，确保公司及所属企业实现“控亏、减亏和扭亏”目标，全面完成今年任务指标；二是坚持科学发展观，在结构优化和项目布局上做深入细致的工作；三是拓宽企业发展路子，努力打造成为综合性能源企业。

10 月 21 ~ 22 日

集团公司党组成员、副总经理程念高到云南调研。

21 日，程念高在昆明会见了云南省委常委、常务副省长罗正富，程念高对云南省委、省政府长期以来对华电云南事业的支持表示感谢，希望云南省委、省政府继续予以支持。罗正富表示将积极支持华电在滇项目发展，希望双方协调配合，实现互利共赢。

22 日，程念高带领集团公司生产经营工作指导小组到云南华电昆明发电公司调研，在分析当前企业面临的形势后，程念高提出了具体工作要求。

集团公司总经济师王日文，云南省政府有关部门负责人，集团公司有关部门负责人，云南公司及有关单位负责人等分别参加会见和调研。

10 月 23 日

集团公司总会计师王怀书到华电国际莱城发电厂调研燃料管理工作。王怀书一行深入生产现场，查看煤炭接卸、采制化等工作情况，听取相关工作汇报。王怀书对莱城电厂燃料管理工作给予充分肯定，对今后工作提出了具体要求。

10 月 24 日

陕西华电蒲城发电有限公司召开深入学习实践科学发展观活动试点工作启动会议。集团公司党组成员、副总经理、试点工作第三指导小组组长邓建玲出席会议。邓建玲从集团公司发展的战略高度，阐述了开展学习实践活动试点工作的重要意义，深刻分析了蒲电公司的历史遗留问题、面临的现实困难和发展机遇，对学习试点活动提出了具体要求。

集团公司副总工程师、试点工作指导组副组长姜家仁传达了集团公司深入学习实践活动试点工作启动会议精神；会议宣读了活动实施方案。

10 月 27 日

安徽华电宿州发电有限公司召开深入学习实践科学发展观活动动员大会。集团公司党组成员、副总经理、学习实践活动第一指导小组组长陈飞虎出席会议。陈飞虎要求宿州公司党员干部要切实增强责任感，全力以赴抓好学习实践活动，确保试点工作取得成功。

10 月 27 ~ 28 日

集团公司总经理、党组副书记云公民到澳门和香港调研。

27 日，云公民在澳门出席了第 17 届东亚及西太平洋电力工业协会大会开幕式。会议期间，云公民与日本九州电力公司副社长片山修造就相关合作等事宜进行了友好会谈，双方还就共同关注的世界环保问题等交换了意见。

28 日，云公民到华电香港有限公司位于香港的办公地，听取了香港公司近期在发展、经营、管理等方面的情况汇报，给予充分肯定。同时希望香港公司认真抓好对外投资建设，积极开展经营性业务，为实现集团公司发展战略服务。

集团公司总经理助理、总经理工作部主任林正山等陪同调研。

10 月 28 日

华电潍坊发电有限公司召开深入学习实践科学发展观活动动员大会。集团公司党组成员、副总经理、试点工作第一指导小组组长陈飞虎出席会议并讲话。针对学习实践科学发展观活动，陈飞虎要求，一是要落实责任，精心组织。二是要狠抓落实，积极创新。三是要统筹安排，确保两不误。

10 月 28 日

福建省首座 15 万吨级煤炭专用码头——中国华电集团公司福建可门储运中心 10 号、11 号码头举行竣工典礼。集团公司党组成员、副总经理程念高出席竣工典礼。程念高要求福建华电储运有限公司要努力拓展港口经营市场，为海峡西岸经济区的建设和福建省经济社会的全面发展作出新的贡献。

10 月 28 日

湖北华电襄樊发电有限公司召开深入学习实践科学发展观活动动员大会。集团公司党组成员、副总经理、试点工作第二指导小组组长辛保安出席会议并讲话。辛保安要求襄樊公司要全力以赴抓好学习实践活动，做到试点工作和企业生产经营管理、改革发展两手抓、两不误、两促进。

集团公司纪检组副组长、监察部主任雷本慧，湖北公司负责人及襄樊公司中层以上干部、党员等参加了动员大会。

10 月 29 日

集团公司党组成员、纪检组组长迟文江到华电新乡发电有限公司调研。迟文江听取了新乡公司工作汇报，并深入生产现场了解机组运行情况，对该公司 2008 年以来在项目发展、安全生产和企业管理等方面取得的成绩给予充分肯定，同时对下一步工作提出了具体要求。

10 月 29 ~ 30 日

华电国际电力股份有限公司在北京召开五届四次董事会，集团公司党组成员、副总经理、华电国际副董事长陈飞虎主持会议。董事会听取了集团公司党组成员、华电国际董事、总经理陈建华作关于公司 2008 年三季度经营情况的汇报、公司近期发展工作的汇报；审议批准了公司 2008 年度第三季度报告、关于发行债务融资工具及关于召开临时股东大会等议案。

10 月 29 ~ 31 日

由集团公司党组成员、华电国际电力股份有限公司总经理陈建华任组长的集团公司生产经营工作第六指导小组，进驻四川广安发电有限责任公司开展工作。在指导小组召开的进点启动会议上，陈建华充分肯定了广安公司 2008 年以来的工作，全面分析了集团公司当前面临的形势，阐述了指导小组成立的背景和重要意义，并提出了具体要求。

30 日，陈建华会见了广安市委书记王建军和市委副书记、市长侯晓春，就共同关心的问题达成了共识。

10 月 30 日

集团公司总经理、党组副书记云公民，集团公司党组书记、副总经理李庆奎，集团公司党组成员、副总经理程念高，在唐山市会见了河北省委副书记、代省长胡春华，省委常委、唐山市委书记赵勇，就华电集团在河北的发展进行了深入交流，并达成广泛共识。

云公民、李庆奎表示，华电集团将牢固树立科学发展观，充分发挥自身优势，按照地方产业发展规划，走循环经济的道路，努力为河北经济社会发展作出新的更大的贡献。胡春华表示，河北省委、省政府将一如既往地大力支持华电集团在河北的发展，积极创造良好的投资环境，促进企业和地方经济共同发展。

双方共同出席了华电集团与唐山市曹妃甸工业区大型能源综合项目投资框架协议签约仪式。程念高代表集团公司与唐山市委常委、曹妃甸工业区党工委书记兼管委会主任姚自敏签署了《大型能源综合项目投资框架协议书》。项目总投资超过500亿元，全部建成投产后年产值将达到200亿~300亿元，实现利税30亿~40亿元。

集团公司总经理助理、总经理工作部主任林正山，副总经济师杨家朋，公司有关部门和单位负责人，河北省省长助理、省政府秘书长尹亚力，唐山市委副书记、市长陈国鹰等参加会见并出席签约仪式。

10月31日

集团公司政研会第二届常务理事会暨2008年年会在山东青岛召开，集团公司党组成员、副总经理辛保安出席会议并讲话。辛保安号召公司系统各级党组织和广大政工干部，发挥优势，落实措施，攻坚克难，全力以赴完成全年各项目标任务。

会上，中国思想政治工作研究会副秘书长王明业对集团公司职工思想政治工作的做法给予高度评价和充分肯定，提出了当前思想政治工作的新任务。会议表彰了公司系统2008年度优秀研究成果。

11月

11月4日

中国华电集团公司西藏分公司揭牌仪式在拉萨举行。集团公司党组书记、副总经理李庆奎，集团公司党组成员、副总经理程念高，西藏自治区党委副书记、自治区主席向巴平措，自治区党委副书记、自治区常务副主席郝鹏，自治区副主席杨海滨等出席揭牌仪式。李庆奎和向巴平措共同为华电西藏分公司揭牌。程念高主持揭牌仪式。

当日下午，李庆奎一行在拉萨会见了西藏自治区党委书记张庆黎。李庆奎表示，华电集团将把资源优势转化为经济优势，帮助西藏快速发展水电事业，为建设小康西藏、平安西藏、和谐西藏作出积极贡献。张庆黎表示将大力支持华电集团参与西藏水电资源开发，促进西藏经济社会又好又快发展。

11月4~5日

集团公司专家委员会2008年度第二次座谈会在杭州召开。集团公司党组成员、纪检组组长迟文江出席会议。会议由集团公司老领导、公司专家委员会主任贺恭主持。座谈会结合集团公司年中工作会议精神的贯彻和电力经营发展的宏观态势，就集团煤业发展和科技创新工作进行了专题研讨，形成了建设性意见。

集团公司副总经济师杨家朋和专家委员会成员参加了会议。

11月5日

集团公司党组书记、副总经理李庆奎到四川调研。

李庆奎在成都会见了四川省委常委、省国资委党委书记王少雄，副省长李成云。李庆奎表示，华电集团将积极支持四川灾后重建，努力为四川经济社会发展作出更大贡献。王少雄表示，将一如既往地关心华电在川企业的生产经营发展，支持华电在川事业做强做大做好。

当日，李庆奎听取了华电四川发电公司的汇报，同时要求在下一步工作中，要推进企业全面协调可持续发展；全力减亏、控亏、扭亏；确保企业和员工队伍和谐稳定；为干部员工创造施展才华的舞台，保证企业发展战略的实现。

集团公司党组成员、副总经理程念高，四川省政府副秘书长蔡竞等参加会见并陪同调研。

11月5~6日

国务院派驻集团公司监事会主席韩修国先后到华电集团在上海、江苏有关企业调研。

5日，韩修国分别深入上海通华燃气轮机服务有限公司、上海华港风力发电有限公司、上海奉贤燃机发电有限公司现场进行查看。韩修国充分肯定了上海分公司成立一年多来的成绩，并对下一步的工作提出了明确要求。

6日，韩修国先后深入望亭发电厂和戚墅堰发电公司察看生产现场，实地了解生产经营情况。韩修国充分肯定了江苏分公司在控亏减亏方面付出的艰苦努力和取得的成效，就做好下一步工作提出了具体要求。

11月6日

集团公司党组成员、副总经理辛保安到中国华电香港有限公司调研。在香港公司北京办公地，辛保安听取了香港公司的工作汇报，充分肯定了香港公司成立两年多来的成绩，对下一步工作提出了要求。

11月7日

“华电杯”2008年中央企业职工技能大赛火电机组集控运行值班员决赛组委会在集团公司总部召开会议，听取大赛筹备情况汇报，明确和细化各项筹备方案。会议由集团公司党组成员、副总经理辛保安主持，国务院国资委群工局局长李学东出席会议并讲话。

11月10日

华电置业有限公司2008年临时股东会、2008年度股东会暨二届一次董事会、二届一次监事会在北京召开，集团公司党组成员、副总经理、置业公司董事长辛保安主持会议并讲话。会议审议批准了置业公司接收股权、增资扩股议案和2007年度财务决算和2008年度财务预算方案；审议通过了增选董事监事、华电置业有限公司工作报告等议案。

11月12日

集团公司党组成员、副总经理辛保安出席了在北京国际展览中心举行的中国电力改革开放30年成就展览会开幕式。国家电力监管委员会副主席王禹民、中国电力企业联合会理事长赵希正、两大电网公司、五大发电集团、神华集团、三峡总公司、国家核电技术公司、中广核集团等单位领导出席开幕式。中电联党组书记、常务副理事长谢振华致开幕词，秘书长王永干主持开幕式。在辛保安的陪同下，原电力部部长史大桢等参观了集团公司展厅。

11月13日

集团公司召开公司系统经济活动分析视频会议，集团公司总经理、党组副书记云公民，集团公司党组成员、副总经理程念高、辛保安，总会计师王怀书在主会场出席会议。会议由集团公司党组成员、副总经理陈飞虎主持。

云公民传达了11月10日国务院召开的省（区市）人民政府和国务院部门主要负责同志会议精神、11月11日国务院国资委召开的前三季度经济形势通报视频会议精神。通报了公司前10个月生产经营和发展情况，分析了当前面临的形势，对年底前各项工作做了部署，并进一步动员公司系统广大干部员工，认清形势，坚定信心，攻坚克难，努力完成全年各项目标任务。

集团公司总师、助理、副总师、纪检组副组长、国务院派驻集团公司监事会有关人员，总部各部门处长以上人员，在京单位负责同志以及二级单位的负责同志在主会场和分会场参加了会议。

11月13日

集团公司党组书记、副总经理李庆奎出席在北京举行的纪念中国电力改革开放30年座谈会并发表演讲。国家电力监管委员会主席王旭东，中国电力企业联合会理事长赵希正，中电联党组书记、常务副理事长谢振华，集团公司老领导、专家委员会主任贺恭出席了座谈会。座谈会由中电联副理事长孙玉才主持。李庆奎作了题为《大力弘扬改革创新精神，开创发电集团科学发展新局面》的讲话，总结了电力改革开放30年取得的辉煌业绩和华电集团近六年来的发展成果，同时指出了实现电力工业又好又快发展的努力方向。

11月13日

集团公司党组成员、副总经理辛保安到华电发电运营有限公司调研。辛保安要求发电运营公司认真总结改革经验，按照发电企业生产运行规律和建立现代企业制度的要求，努力完成集团公司赋予的职责任务。

11月14日

集团公司召开党组扩大会议，宣布国务院国资委党委调整集团公司党组成员、纪检组长的决定。国务院国资委企业领导人员管理一局副局长李伟、中纪委干部室副处级纪律检查员、监察员高峰利，集团公司总经理、党组副书记云公民，集团公司党组书记、副总经理李庆奎，集团公司党组成员、副总经理陈飞虎、程念高、辛保安，党组成员陈建华，新任集团公司党组成员、纪检组长蒋亮平，公司原党组成员、纪检组长迟文江参加会议。会议由李庆奎主持。

李伟宣布了国务院国资委党委关于集团公司

党组成员、党组纪检组组长的任免决定，蒋亮平同志任集团公司党组成员、党组纪检组组长；迟文江同志因年龄原因，不再担任中国华电集团公司党组成员、纪检组长职务。云公民、李庆奎在讲话中表示，华电集团党组完全拥护和服从国资委党委的决定，对迟文江同志在华电近五年来的辛勤工作表示感谢，对蒋亮平同志到华电集团工作表示欢迎。迟文江和蒋亮平分别作了表态发言。

11月14日

在北京国际展览中心举行的中国电力改革开放30年成就展览会上，国家电监会党组书记、主席王旭东参观了中国华电集团公司展厅并给予充分肯定。

11月18日

集团公司社会责任工作暨2008年社会责任报告编制启动会议在公司总部召开，集团公司党组成员、副总经理辛保安主持会议并讲话。

辛保安总结了近年来集团公司社会责任工作成效，分析了存在的差距和不足，提出了社会责任工作的总体要求，对当前和今后一个时期公司社会责任工作做了部署。集团公司总经理助理、总经理工作部主任林正山对2008年社会责任报告编制工作进行了安排。

11月19日

集团公司在总部召开深入学习实践科学发展观活动试点工作指导小组情况汇报会，集团公司党组成员、副总经理辛保安主持会议并讲话。会议回顾了活动启动以来各指导小组工作开展情况，研究部署了下一步工作的推进措施。

11月20日

集团公司老领导、公司专家委员会主任委员贺恭同志出席了云南省纪念改革开放30周年大型专题文艺晚会《七彩颂歌》。此前，在云南省有关单位联合开展的云南省改革开放30周年十大感动人物评选中，贺恭同志当选为云南省改革开放30周年十大感动人物。

11月21日

集团公司大比例参股建设的福建福清核电项目一期工程正式开工，标志着集团公司核电开发取得历史性突破。中共中央政治局常委、国务院副总理李克强出席开工仪式并宣布项目开工。国家发展改革委副主任、国家能源局局长张国宝，福建省委书记卢展工，省委副书记、省长黄小晶，集团公司总经理、党组副书记云公民出席开工仪式。

集团公司党组成员、副总经理程念高，集团公司总经理助理、总经理工作部主任林正山等陪同出席开工仪式。

11月21日

国务院国资委召开中央企业案件情况通报视频会议，传达全国纪检监察机关查办案件工作会议精神，通报近年来中央企业查办案件工作情况，国务院国资委主任、党委书记李荣融对中央企业查办案件工作和反腐倡廉建设提出要求。集团公司党组书记、副总经理李庆奎，党组成员、副总经理陈飞虎、辛保安，党组成员陈建华，党组成员、纪检组长蒋亮平，集团公司总师、助理、副总师、纪检组副组长，总部各部门负责人，在京单位党政主要负责同志在集团公司分会场出席会议。会议结束后，李庆奎对贯彻落实会议精神提出了具体要求。

11月21日

中央组织部组织局副巡视员李志宏一行来到集团公司就国有企业党的建设工作进行专题调研。集团公司党组书记、副总经理李庆奎向调研组介绍了集团公司加强和改进企业党的建设工作情况，党组成员、副总经理辛保安出席调研汇报会。调研组还召开了由集团公司二级单位和基层企业党组（党委）书记参加的座谈会，听取与会同志对加强本单位党建工作的汇报，了解各单位党的建设的基本情况、主要做法和经验体会，以及对加强和改进国有企业党建工作的意见和建议。

11月25日

由国务院国资委、人力资源和社会保障部联合主办，中国华电集团公司承办的“华电杯”2008年中央企业职工技能大赛火电机组集控运行值班员决赛在华电国际邹县发电厂开幕。国务院国资委副主任黄丹华，集团公司党组书记、副总经理李庆奎，山东省省长助理周齐出席开幕式并讲话。集团公司党组成员、副总经理辛保安，集团公司党组成员、华电国际公司总经理陈建华，山东省国资委主任谭成义出席开幕式。开幕式由国务院国资委群工局局长李学东主持。

李庆奎希望参赛选手赛出水平、赛出友谊、赛出风格，并要求大赛组委会和工作人员按照国务院国资委要求，把大赛办成一次高起点、高标准、高水平的全国一流大赛。

11 月 26 日

集团公司在总部召开信息化领导小组第六次会议，集团公司总经理、党组副书记、信息化领导小组组长云公民出席会议并讲话。云公民指出，信息系统建设要面向业务需求，结合集团新办公楼数据中心的建设，推进公司软件正版化工作，促进集团公司信息化工作再上新台阶。

集团公司党组成员、副总经理、信息化领导小组副组长邓建玲，公司总工程师张涛，公司总经理助理、总经理部主任林正山以及信息化领导小组成员参加了会议。

11 月 28 日

集团公司 2008 年度财务决算工作会议在京闭幕。集团公司党组成员、副总经理陈飞虎出席会议并讲话。会议由集团公司总会计师王怀书主持。陈飞虎指出，公司系统要确保完成全年目标任务；高度重视资金安全，确保企业正常经营发展需要；建立长效机制，保障经济安全；强化企业管理，促进公司经营状况的好转。

国务院派驻集团公司监事会、国务院国资委统计评价局有关人员，集团公司有关部门负责人及系统有关单位财务、审计人员参加了会议。

11 月 28 日

历时 4 天的“华电杯”2008 年中央企业职工技能大赛火电机组集控运行值班员决赛在华电国际公司邹县发电厂闭幕。集团公司参赛选手夺得 8 金 11 银 4 铜的优异成绩，在 100 万 kW 机组项目决赛中包揽前 8 名，集团公司还荣获了大赛“突出贡献奖”和“优秀组织奖”。

集团公司党组成员、副总经理辛保安代表云公民总经理、李庆奎书记和集团公司工会工作委员会发出贺信，向华电国际公司和华电邹县发电厂以及为大赛作出贡献的单位和个人表达了谢意，并向集团公司获奖选手表示了祝贺。

12 月

12 月 1 日

云南金沙江中游水电开发有限公司 2008 年第二次临时股东会暨第一届董事会第七次会议在北京召开。集团公司总经理、党组副书记、金沙江中游公司董事长云公民主持会议，云公民要求金沙江中游公司抓住国家新一轮经济启动机遇，贯彻落实科学发展观，积极推进各项工作。

集团公司党组成员、副总经理、金沙江中游公司董事程念高，金沙江中游公司股东代表、董事参加了会议。

12 月 2～3 日

集团公司总经理、党组副书记云公民到内蒙古调研。

2 日，云公民在呼伦贝尔市与呼伦贝尔市委书记曹征海，市委副书记、市长罗志虎举行会谈，双方就华电集团在呼伦贝尔的项目发展进行了深入交流，并达成共识。

3 日，集团公司与内蒙古呼伦贝尔市人民政府大型煤电化项目战略合作框架协议签约仪式在呼伦贝尔市举行。云公民在签约仪式上表示，希望双方发挥各自优势，建立互利共赢、相互促进的合作机制，在项目建设方面尽快迈出实质性步伐。曹征海表示，呼伦贝尔市委、市政府将不遗余力地推动双方合作，为华电集团在呼伦贝尔的发展创造良好的投资环境。

集团公司党组成员、副总经理程念高代表集团公司与呼伦贝尔市委常委、副市长白志远签署了《呼伦贝尔市人民政府与中国华电集团公司大型煤电化项目战略合作框架协议》。

集团公司总经理助理、总经理工作部主任林正山，公司有关部门和单位负责人等参加了会见和签字仪式。

12 月 3 日

集团公司在华电高级培训中心召开创新燃料管理体制动员会。集团公司党组成员、副总经理辛保安出席会议并讲话，集团公司党组成员、副总经理邓建玲主持会议。会议通报了《创新燃料管理体制方案》。

集团公司副总工程师姜家仁，总部有关部门、系统有关单位负责人参加了会议。

12 月 4 日

第五次中美战略经济对话（SED5）在北京钓鱼台国宾馆开幕。国务院副总理王岐山和美国财政部长保尔森分别作为两国国家元首特别代表共同主持为期两天的对话会。会议期间，举行了绿色合作伙伴合作意向签字仪式，集团公司作为国内唯一一家电力企业参加此次签约。在王岐山、保尔森及参加第五次中美战略经济对话中美代表的见证下，集团公司总经理、党组副书记云公民代表集团公司与美国未来能源控股有限公司签署了《关于建立绿色合作伙伴关系的意向书》。

国家有关部委主要领导出席对话会，集团公司党组成员、副总经理程念高出席签字仪式。

12月5日

国家民政部在人民大会堂召开中华慈善大会，对在2008年慈善事业中作出突出贡献的先进集体和个人进行表彰。会上，集团公司及所属华电国际电力股份有限公司荣获2008年度“中华慈善奖”。

12月5日

人力资源和社会保障部在京召开2008年全国职业技能竞赛系列活动总闭幕式暨高技能人才培养经验交流会，集团公司被授予“全国职业技能竞赛系列活动优秀组织奖”。

12月8日

云南华电怒江水电开发有限公司在昆明召开2008年度第二次股东会暨第二届董事会、监事会第五次会议。集团公司党组成员、副总经理、怒江公司董事长程念高主持会议。会议审议通过了怒江公司总经理工作报告。公司股东会、董事会、监事会分别审议相关议案并形成各自决议。各股东代表、董事、监事出席相应会议。

12月8日

集团公司党组纪检组召开在京单位纪检组长（纪委书记）座谈会。集团公司党组成员、纪检组组长蒋亮平出席会议并讲话。蒋亮平要求各单位纪检监察部门重点在工作理念、思路、方法、教育、体制机制等五个方面加大创新力度，提高工作水平和工作实效。

座谈会由集团公司党组纪检组副组长、监察部主任雷本慧主持。

12月8~9日

集团公司党组成员、副总经理、科学发展观学习实践活动第三指导组组长邓建玲到华电陕西企业调研。

9日上午，邓建玲一行查看了陕西华电蒲城发电有限公司一、二期生产现场和三期工程建设工地。邓建玲要求蒲电公司进一步凝聚干部职工力量，通过学习实践活动进一步改善管理体制，提升经营业绩。

9日下午，邓建玲察看了陕西华电杨凌热电有限公司启动锅炉现场，要求加快推进前期工作，采取有力措施落实煤炭资源，争取项目早日开工建设。

集团公司副总工程师、学习实践活动第三指导组副组长姜家仁等陪同调研。

12月9日

集团公司党组成员、纪检组组长蒋亮平到华电煤业集团有限公司调研。蒋亮平要求华电煤业公司提升服务质量和水平，抓好大型煤田、物流、煤化工等项目的开发、运营工作，不断加强党风廉政建设，确保企业依法规范经营、员工廉洁从业。

12月9日

华电宁夏灵武发电有限公司二期扩建工程项目获得国家发展和改革委员会核准批复，标志着全球首台百万千瓦空冷机组扩建项目即将开工建设。

12月9~10日

集团公司党组书记、副总经理李庆奎出席华电江苏分公司领导干部大会，并到江苏分公司及所属企业调研。

9日，李庆奎出席江苏分公司干部调整会议，宣布集团公司党组关于调整江苏分公司领导班子的决定。李庆奎充分肯定了江苏分公司成立五年多来取得的成绩，对上一届领导班子的工作给予高度评价。随后，李庆奎听取了江苏分公司的工作汇报，并就做好当前和今后一个时期的工作提出了具体要求。

10日，李庆奎分别深入国电南京自动化股份有限公司、望亭发电厂调研，听取工作汇报，亲切慰问干部职工，对当前和今后一个时期的工作提出明确要求。期间，李庆奎还会见了江苏省电力公司领导。

12月9~10日

集团公司在京召开金融工作座谈会，分析当前形势，安排部署下一阶段金融工作。集团公司党组成员、副总经理陈飞虎，总会计师王怀书出席会议并讲话。陈飞虎肯定了集团公司成立以来金融工作取得的成绩，分析了当前的金融环境和市场形势，对下一阶段金融工作提出了要求。

12月10~11日

集团公司党组成员、副总经理邓建玲代表集团公司出席了广西壮族自治区成立50周年系列庆祝活动。

11日，中共中央政治局常委、中央政法委书记周永康率中央代表团出席广西壮族自治区成立50周年庆祝大会并作重要讲话，邓建玲作为特邀嘉宾在大会主席台就座，并出席了晚间举行的文艺会演。

12月11日

集团公司总经理、党组副书记云公民，集团公司党组成员、副总经理程念高在集团公司总部会见了来访的四川省副省长王宁一行。双方就当前经济形势及华电在四川的经营发展交换了意见。云公民表示，华电集团高度重视在四川的发展，积极参与四川水电开发建设，希望四川省政府继续关心支持华电在川企业的经营和发展，实现互利共赢。王宁表示，继续欢迎华电集团参与四川的开发建设，省政府将积极研究探索有关问题，支持华电集团在四川的发展。

集团公司总经理助理、总经理工作部主任林正山等参加了会见。

12月15日

宁夏宁东煤电化基地项目启动暨国家重点开发区揭牌仪式在宁夏宁东基地举行。集团公司党组成员、副总经理程念高作为发电集团代表出席仪式并讲话。国家发展改革委副主任、国家能源局局长张国宝，宁夏自治区党委书记陈建国、自治区主席王正伟及有关部委、有关企业领导出席仪式。华电灵武二期（2×100万kW）全球首台百万千瓦超超临界空冷机组作为项目之一正式开工建设。

12月15日

集团公司党组成员、副总经理辛保安在沈阳会见了辽宁省副省长刘国强，双方就合作开发核电项目等问题交换了意见，随后共同出席了集团公司与辽宁省丹东市政府合作开发核电项目框架协议签字仪式。

集团公司副总工程师、核电办主任胡日查和丹东市市长赵连生代表双方在协议书上签字。

12月15日

集团公司召开2008年信息化工作视频会议。集团公司党组成员、副总经理邓建玲出席会议并讲话。会议传达了国资委对中央企业信息化考评结果及国家电监会网络与信息安全第二次领导小组会议精神，学习贯彻了集团公司信息化第六次领导小组会议精神，总结了2008年信息化工作，表彰了信息化工作先进单位和先进个人。

12月15日

集团公司党组成员、纪检组组长蒋亮平先后到华电工程（集团）公司、华电资本控股公司、华电（北京）热电有限公司调研。蒋亮平要求各单位更加重视风险管理，不断创新机制，围绕集团公司发展战略定位，积极谋划金融发展战略和发展规划，打响华电金融品牌。

集团公司纪检组副组长、监察部主任雷本慧陪同调研。

12月16日

第五届中华环境奖颁奖典礼在北京饭店举行。集团公司获中华宝钢环境奖大奖并获得50万元人民币奖金。集团公司党组成员、副总经理邓建玲出席颁奖典礼并登台领奖。全国人大常委会副委员长周铁农，全国政协副主席罗富和出席会议并为获奖单位和个人颁奖。罗富和向邓建玲颁发了奖杯和奖牌。

12月17日

集团公司在总部召开会议，传达中央经济工作会议和中央企业主要负责人会议精神，集团公司总经理、党组副书记云公民，集团公司党组书记、副总经理李庆奎，集团公司党组成员、副总经理陈飞虎、程念高、辛保安，集团公司党组成员陈建华，总会计师王怀书，集团公司党组成员、纪检组组长蒋亮平出席会议。云公民、李庆奎分别传达了12月8日召开的中央经济工作会议和12月15日召开的中央企业主要负责人会议精神。会议号召系统各单位进一步认清形势，坚定信心，全力应对当前严峻经营形势，加快建设具有综合竞争力的现代化能源集团步伐，为保持国民经济平稳较快发展作出新的更大贡献。

集团公司总部副主任及以上干部，各分支机构、区域子公司及直属企业主要负责人参加了会议。

12月18日

中国对外开放30周年回顾展开幕式在北京国际贸易中心举行，中共中央政治局委员、国务院副总理王岐山出席开幕式并参观展览。国家电监会副主席王禹民参观了参展的华电国际公司邹县发电厂全景模型。

12 月 18～19 日

集团公司在总部分别召开分支机构（区域子公司）、专业公司和总师以上领导干部座谈会，贯彻落实中央经济工作会议和中央企业主要负责人会议精神，分析当前形势，听取意见建议，为做好今明两年工作衔接，科学谋划 2009 年工作奠定基础。集团公司领导云公民、李庆奎、陈飞虎、程念高、任书辉、辛保安、邓建玲、陈建华、王怀书、蒋亮平，以及各总师、助理、副总师、纪检组副组长出席会议。会议由云公民主持，总部各部门、各分支机构（区域子公司）专业公司主要负责人分别参加相关会议。

12 月 21～22 日

集团公司党组成员、副总经理陈飞虎到陕西调研。

21 日，陈飞虎出席华电在陕企业主要负责人座谈会，对各单位取得的成绩给予肯定，并要求进一步抓好榆横发电厂和小纪汗煤矿建设，打通煤电产业链，为集团公司又好又快发展作出更大贡献。

22 日，陈飞虎出席陕西省榆林市委、市政府举办的“能源化工高层论坛暨纪念榆林国家级能源化工基地建设十周年”活动，并在论坛上表示，华电集团将以科学发展观为指导，加快在陕北项目的进展，积极推进榆林市示范性综合能源基地建设。

12 月 22～23 日

第三届中国－印度尼西亚能源论坛在印尼首都雅加达开幕，国务院副总理李克强与印尼副总统卡拉出席论坛并见证两国企业签署合作协议。集团公司总经理、党组副书记云公民应邀出席论坛并参加协议签字仪式。

22 日上午，云公民在论坛上发表了题为“发挥优势，互利共赢，开创中国印尼电力领域合作新局面”的发言。22 日下午，在两国领导的见证下，云公民代表集团公司与有关股东方签署了涉及金额 1.4 亿美元的印尼南苏电站项目专属配套煤矿的合资协议。

23 日上午，云公民在雅加达分别会见了印尼矿产能源部电力司总司长泊乌努（Purwono）、印尼国有煤炭公司（PTBA）总裁苏克斯诺（Sukrisno）和印尼国家电力公司（PLN）总裁法米（Fahmi），并与各方就积极推进印尼南苏 4×600MW 坑口电站项目进展，加强能源领域合作有关问题交换了意见。

集团公司党组成员、副总经理程念高一同参加能源论坛，并于 22 日上午在雅加达会见了国家开发银行副行长蔡华相。集团公司总经理助理、总经理工作部主任林正山等陪同参加了有关活动。

12 月 22～24 日

集团公司党组成员、纪检组组长蒋亮平到华电国际电力股份有限公司及所属部分企业调研。

22 日，在华电国际公司举行的调研汇报会上，蒋亮平听取了华电国际公司的工作汇报，集团公司党组成员、华电国际公司总经理陈建华主持了会议。

23～24 日，蒋亮平分别深入华电国际公司邹县发电厂、华电潍坊发电有限公司、华电青岛发电有限公司生产现场，慰问一线员工，听取工作汇报，了解生产经营情况，并提出工作要求。

12 月 23 日

集团公司在北京召开 2008 年度审计工作座谈会，集团公司党组成员、副总经理陈飞虎出席会议并讲话。陈飞虎强调在当前复杂形势下，要开拓视野，更加重视审计意见的整改落实，明确风险责任，确保经营风险可控在控。

总审计师彭兴宇总结了 2008 年集团公司审计工作，分析了形势，对 2009 年审计工作提出了具体要求。

12 月 24～25 日

集团公司党组书记、副总经理李庆奎到安徽调研。

24 日，李庆奎在合肥会见了安徽省委书记王金山，省委副书记、省长王三运。李庆奎表示，华电集团将以科学发展观为指导，继续加大在皖发展力度，特别是将积极涉足安徽煤炭资源的开发，全力推动地方经济社会又好又快发展。王金山、王三运表示，安徽省委、省政府将一如既往地关心、支持华电集团在皖的发展，在推动科学发展、促进和谐建设方面发挥积极作用。

当日，李庆奎出席深入学习实践科学发展观活动试点工作座谈会议并作重要讲话。李庆奎要求各指导小组、各试点单位全力以赴集中整改突出问题，努力形成保证企业科学发展的长效机制，把整改落实阶段各项工作抓紧抓实抓好，为企业全面协调可持续发展奠定坚实基础。

25 日，李庆奎深入安徽华电宿州发电公司，实地了解学习实践活动开展情况，并到华电宿州生物质能发电有限公司调研。

集团公司副总工程师姜家仁等分别参加会见和调研。

12 月 25 日

集团公司党组成员、副总经理陈飞虎，总会计师王怀书到华电资本控股有限公司调研金融风险管理工作，听取工作汇报，与班子成员座谈。陈飞虎充分肯定了资本控股公司在风险管理方面取得的成绩，对下一步工作提出了要求。

12 月 26 日

集团公司党组成员、副总经理程念高在北京会见了来访的印尼国家电力公司（PLN）副总裁鲁迪一行，双方就进一步加强在印尼的电力项目合作交换了意见，并达成共识。

集团公司总经理助理、总经理工作部主任林正山以及公司有关部门负责人等参加了会见。

12 月 30 日

集团公司党组成员、副总经理程念高到天津军粮城发电有限公司调研。程念高一行认真察看了军电五期扩建工程现场，要求努力建成国内第一个“烟塔合一”的电厂工程，争创“鲁班奖”。

12 月 31 日

集团公司召开安全生产视频会议，安排部署今冬明春和“两节”期间安全生产工作。集团公司党组成员、副总经理邓建玲出席会议并讲话。邓建玲要求公司上下按照集团公司党组的要求，站在战略和全局的高度，部署、落实好今冬明春和元旦春节期间安全生产工作。

会议由集团公司副总工程师姜家仁主持。

十五、人物和荣誉

2008年度集团公司先进企业

贵州乌江水电开发有限责任公司
华电新疆发电有限公司
华电煤业集团有限公司
中国华电集团资本控股有限公司（中国华电集团财务有限公司）
中国华电工程（集团）有限公司
华电招标有限公司
中国华电集团高级培训中心
贵州黔源电力股份有限公司
华电（北京）热电有限公司
华电国际电力股份有限公司邹县发电厂
内蒙古华电包头发电有限公司
中国华电集团富拉尔基发电总厂
杭州华电半山发电有限公司
福建棉花滩水电开发有限公司
闽东水电开发有限公司
湖北西塞山发电有限公司
中国华电集团公司云南以礼河发电厂
中国华电集团公司四川宝珠寺水力发电厂
华电宁夏灵武发电有限公司
新疆华电红雁池发电有限责任公司

2008年度集团公司先进集体

华电国际电力股份有限公司办公室综合科
华电潍坊发电有限公司财务部
华电国际电力股份有限公司莱城发电厂运行分场
华电国际电力股份有限公司十里泉发电厂检修公司灰水检修队
华电章丘发电有限公司集控运行乙值
安徽华电宿州发电有限公司发电部
河北华电石家庄热电有限公司热工自动班
四川华电泸定水电有限公司质量技术部
华电宁夏宁东风电有限公司安全生产部
贵州华电遵义发电公司检修分场
贵州华电清镇发电公司检修分场
东风发电厂修试部
构皮滩电站建设公司安全建设管理部
华电能源股份有限公司哈尔滨第三发电厂燃料管理部
华电能源股份有限公司牡丹江第二发电厂发电分厂
黑龙江华电佳木斯发电有限公司汽机工区
中国华电集团哈尔滨发电有限公司燃料管理部
中国华电集团公司四川公司安全生产部
中国华电集团公司四川公司市场营销部
中国华电集团公司内江发电总厂内江华电电力工程公司
四川广安发电有限责任公司维修部热工队
福建华电可门发电有限公司安全生产部
福建省安砂水力发电厂生产技术部
福建华电邵武发电有限公司发电部
福建华电漳平火电有限公司燃料部
江苏华电戚墅堰发电有限公司检修部控制分部
江苏华电扬州发电有限公司生产技术部
湖北西塞山发电有限公司运行部
湖北华电黄石发电股份有限公司热电项目改扩建处
内蒙古华电乌达热电有限公司生产运营部
包头东华热电有限公司华源热力有限公司
新疆华电昌吉热电二期有限责任公司生产技术部
新疆华电苇湖梁发电有限责任公司生产运营部
华电新疆发电有限公司乌鲁木齐热电厂工程部
云南华电巡检司发电公司维护部
云南金沙江中游水电开发有限公司机电物资部
华电煤业集团有限公司山东分公司（华电国际电力股份有限公司燃料部）
华信保险经纪有限公司客户服务中心
国电南京自动化股份有限公司电网自动化分

公司

中国华电工程（集团）有限公司环境保护分公司望亭发电厂14号机组烟气脱硫工程项目部

贵州黔源电力股份有限公司发电运行公司引子渡电站

湖南华电长沙发电有限公司发电运行部

浙江华电乌溪江水力发电厂机电设备检修公司

陕西华电蒲城发电有限公司财务部

辽宁华电铁岭发电有限公司汽机分厂

上海奉贤燃机发电有限公司安全生产部

天津军粮城发电有限公司继电保护科

华电（北京）热电有限公司维护部

青海华电大通发电有限公司财务资产管理部

中国华电集团公司总经理工作部

中国华电集团公司监察部

中国华电集团公司审计部

2008年度集团公司优秀发电企业

一、新命名优秀发电企业

华电宁夏灵武发电有限公司

贵州乌江水电开发有限责任公司洪家渡发电厂

新疆华电苇湖梁发电有限责任公司

内蒙古华电包头发电有限公司

新疆华电哈密发电有限责任公司

新疆华电昌吉热电二期有限责任公司

二、继续保持优秀发电企业

华电国际电力股份有限公司邹县发电厂

华电青岛发电有限公司

华电国际电力股份有限公司莱城发电厂

贵州乌江水电开发有限责任公司东风发电厂

福建棉花滩水电开发有限公司

贵州乌江水电开发有限责任公司乌江渡发电厂

江苏华电扬州发电有限公司

华电能源股份有限公司哈尔滨第三发电厂

华电章丘发电有限公司

辽宁华电铁岭发电有限公司

四川华电杂谷脑水电开发有限责任公司

华电国际十里泉发电厂

华电潍坊发电有限公司

华电淄博热电有限公司

华电能源股份有限公司牡丹江第二发电厂

望亭发电厂

杭州华电半山发电有限公司

中国华电集团公司四川宝珠寺水力发电厂

湖北西塞山发电有限公司

中国华电集团富拉尔基发电总厂

浙江华电乌溪江水力发电厂

闽东水电开发有限公司

河北华电石家庄热电有限公司

华电滕州新源热电有限公司

福建华电可门发电有限公司

新疆华电红雁池发电有限责任公司

贵州华电清镇发电有限公司

内蒙古华电乌达热电有限公司

包头东华热电有限公司

2008年度集团公司文明单位（标兵）

一、文明单位标兵

内蒙古华电乌达热电有限公司

华电能源股份有限公司哈尔滨第三发电厂

浙江华电乌溪江水力发电厂

湖北西塞山发电有限公司

东风发电厂

贵州华电清镇发电有限公司

中国华电集团公司四川宝珠寺水力发电厂

二、文明单位

贵州乌江水电开发有限责任公司

中国华电集团公司湖北分公司

中国华电集团公司内蒙古公司

华电煤业集团有限公司

中国华电集团资本控股有限公司

中国华电工程（集团）有限公司

中国华电集团新能源发展有限公司

中国华电集团发电运营有限公司

华电招标有限公司

中国华电香港有限公司

中国华电集团高级培训中心

中国华电集团公司浙江分公司
天津军粮城发电有限公司
华电淄博热电有限公司
内蒙古华电辉腾锡勒风力发电有限公司
安徽华电宿州发电有限公司
福建省古田溪水力发电厂
中国华电集团公司云南巡检司发电厂
中国华电集团公司云南以礼河发电厂
中国华电集团公司云南绿水河发电厂
贵州黔源电力股份有限公司
青海华电大通发电有限公司
华电宁夏灵武发电有限公司
新疆华电喀什发电有限责任公司

三、继续保持文明单位标兵

华电国际电力股份有限公司邹县发电厂
华电青岛发电有限公司
华电国际电力股份有限公司莱城发电厂
华电章丘发电有限公司
辽宁华电铁岭发电有限公司
中国华电集团富拉尔基发电总厂
华电能源股份有限公司牡丹江第二发电厂
江苏华电扬州发电有限公司
望亭发电厂
杭州华电半山发电有限公司
福建棉花滩水电开发有限公司
乌江渡发电厂
四川华电杂古脑水电开发有限责任公司
华电（北京）热电有限公司

四、继续保持文明单位

华电国际电力股份有限公司
中国华电集团公司四川公司
中国华电集团公司江苏分公司
华电新疆发电有限公司
北京华电水电有限公司
华电潍坊发电有限公司
华电国际十里泉发电厂
华电滕州新源热电有限公司
河北华电石家庄热电有限公司
河北华电混合蓄能水电有限公司
内蒙古华电包头发电有限公司
包头东华热电有限公司
黑龙江华电佳木斯发电有限公司
中国华电集团哈尔滨发电有限公司
江苏华电戚墅堰发电有限公司
江苏电力发展股份有限公司
安徽池州九华发电有限公司
福建华电可门发电有限公司
闽东水电开发有限公司
福建省安砂水力发电厂
福建华电池潭水力发电厂
湖北华电黄石发电股份有限公司
湖南华电石门发电有限公司
贵州大方发电有限公司
洪家渡发电厂
索风营发电厂
贵州华电遵义发电有限公司
四川华电黄桷庄发电有限公司
中国华电集团公司宜宾发电总厂
四川华电磨房沟发电厂
陕西华电蒲城发电有限责任公司
新疆华电红雁池发电有限责任公司
新疆华电哈密发电有限责任公司
新疆华电吐鲁番发电有限责任公司
新疆华电苇湖梁发电有限责任公司
新疆华电昌吉热电有限责任公司
国电南京自动化股份有限公司
国电机械设计研究院

2008 年度集团公司安全生产先进单位

华电国际电力股份有限公司
贵州乌江水电开发有限责任公司
华电四川发电有限公司
中国华电集团公司湖北分公司
中国华电集团公司内蒙古公司
华电新疆发电有限公司
华电（北京）热电有限公司
天津军粮城发电有限公司
华电国际电力股份有限公司邹县发电厂
华电青岛发电有限公司
华电国际电力股份有限公司莱城发电厂
华电国际十里泉发电厂

华电滕州新源热电有限公司
华电淄博热电有限公司
河北华电石家庄热电有限公司
安徽池州九华发电有限公司
华电宁夏灵武发电有限公司
安徽华电六安发电有限公司
华电新乡发电有限公司
内蒙古华电包头发电有限公司
包头东华热电有限公司
辽宁华电铁岭发电有限公司
华电能源股份有限公司哈尔滨第三发电厂
中国华电集团富拉尔基发电总厂
华电能源股份有限公司牡丹江第二发电厂
上海奉贤燃机发电有限公司
江苏华电扬州发电有限公司
望亭发电厂
杭州华电半山发电有限公司
福建华电邵武发电有限公司
湖北西塞山发电有限公司
湖北华电襄樊发电有限公司
湖南华电石门发电有限责任公司
云南华电巡检司发电有限公司
贵州大方发电有限公司
贵州华电大龙发电有限公司
贵州华电清镇发电有限公司
贵州华电遵义发电有限公司
四川广安发电有限责任公司
中国华电集团公司内江发电总厂
中国华电集团公司宜宾发电总厂
新疆华电红雁池发电有限责任公司
新疆华电哈密发电有限责任公司
新疆华电吐鲁番发电有限责任公司
新疆华电昌吉热电有限责任公司
东风发电厂
洪家渡发电厂
贵州黔源引子渡发电有限责任公司
贵州北源电力股份有限公司鱼塘水电站
中国华电集团公司四川宝珠寺水力发电厂
福建棉花滩水电开发有限公司
闽东水电开发有限公司
福建省安砂水力发电厂
华电福建池潭水力发电厂
中国华电集团福建华安水力发电厂
福建省古田溪水力发电厂
中国华电集团福建南靖水力发电厂
浙江华电乌溪江水力发电厂
中国华电集团公司云南绿水河发电厂
构皮滩电站建设公司
华电新疆发电有限公司乌鲁木齐热电厂
华电漯河发电有限公司
安徽华电芜湖发电有限公司
贵州北盘江电力股份有限公司光照发电厂
思林电站建设公司
清水河公司格里桥电站建设公司
新疆华电小草湖风力发电有限责任公司

2008 年度集团公司安全生产先进集体

华电国际电力股份有限公司生产技术处
贵州乌江水电开发有限责任公司安全监察部
贵州乌江水电开发有限责任公司远程集控中心自动化科
中国华电集团公司内蒙古公司安全生产部
华电新疆发电有限公司安全生产部
贵州黔源电力股份有限公司安全生产部
华电（北京）热电有限公司维护部
天津军粮城发电有限公司发电处戊值
华电国际电力股份有限公司邹县发电厂安监部
华电青岛发电有限公司锅炉本体班
华电国际电力股份有限公司莱城发电厂安监部
华电滕州新源热电有限公司维护部
华电国际十里泉发电厂汽机队
华电章丘发电有限公司检修分场
华电淄博热电有限公司汽机检修分场
华电新乡发电有限公司汽机维护分场
华电宁夏灵武发电有限公司安全监察部
河北华电石家庄热电有限公司安全监察部
安徽池州九华发电有限公司安全保卫部
安徽华电芜湖发电有限公司发电部
安徽华电六安发电有限公司运行一值

华电宿州生物质能发电有限公司生产运营部
辽宁华电铁岭发电有限公司汽机分厂
华电能源股份有限公司哈尔滨第三发电厂燃料分厂
中国华电集团富拉尔基发电总厂运行分厂
华电能源股份有限公司牡丹江第二发电厂发电分厂
中国华电集团哈尔滨发电有限公司汽机分场
上海奉贤燃机发电有限公司安全生产部
贵州大方发电有限公司生产维护部机检班
贵州华电大龙发电有限公司设备管理部
贵州华电清镇发电有限公司检修分场
贵州华电遵义发电有限公司维护分场
四川广安发电有限责任公司发电部
中国华电集团公司内江发电总厂高坝发电厂
四川华电攀枝花发电公司安全监察部
中国华电集团公司宜宾发电总厂黄桷庄电厂电气专业
四川华电宜宾发电有限责任公司发电车间
福建华电可门发电有限公司安全生产部
福建华电漳平火电有限公司发电部
福建华电邵武发电有限公司检修部
江苏华电扬州发电有限公司化学分公司
望亭发电厂汽机检修专业
内蒙古华电乌达热电有限公司机化检修班
内蒙古华电卓资发电有限公司电气维护班
内蒙古华电包头发电有限公司安全生产技术部
包头东华热电有限公司集控运行三值
新疆华电哈密发电有限责任公司燃运部
新疆华电吐鲁番发电有限责任公司维修部
新疆华电苇湖梁发电有限责任公司燃化部
新疆华电喀什发电有限责任公司运行分场
新疆华电发电检修有限公司检修项目部锅炉本体班
新疆华电昌吉热电有限责任公司检修分场
新疆华电红雁池发电有限责任公司发电运行部
湖北华电黄石发电股份有限公司检修部
湖北西塞山发电有限公司检修部
湖北华电襄樊发电有限公司安监部
湖南华电石门发电有限公司安全生产部
中国华电集团贵港发电有限公司设备维护部热控班
云南华电昆明发电有限公司发电部
云南华电巡检司发电有限公司发电部
杭州华电半山发电有限公司汽机一班
北京华电水电有限公司生产运营部
河北华电混合蓄能水电有限公司运行车间
乌江渡发电厂发电部
索风营发电厂运行维护部
东风发电厂发电部
洪家渡发电厂水工部
清水河公司大花水电站安全生产部
中国华电集团公司四川宝珠寺水力发电厂水工部
四川华电杂谷脑水电开发有限责任公司红叶二级电厂
四川华电磨房沟发电厂电力工程公司
福建棉花滩水电开发有限公司生产部
闽东水电开发有限公司周宁运行维护部
福建省安砂水力发电厂发电部
华电福建池潭水力发电厂检修维护部
中国华电集团福建华安水力发电厂发电部
福建省古田溪水力发电厂运行部
福建省高砂水电有限公司安监部
福建闽兴水电有限公司生技部
福建华投西门发电有限公司安全监察部
福建省永安贡川水电站有限公司生产运营部
中国华电集团公司云南以礼河发电厂生产计划部
贵州黔源电力股份有限公司普定发电公司运行维护二值
浙江华电乌溪江水力发电厂检修公司
华电宁夏宁东风电有限公司安全生产部
华电莱州风电有限公司安全生产部

2008 年度集团公司先进个人

李怀新　华电国际电力股份有限公司邹县发电厂厂长
褚衍荣　华电滕州新源热电有限公司燃料煤化班班长

王金刚　华电淄博热电有限公司运行分场汽机专工
贺胜利　华电莱州风电有限公司经营计划部副主任
董国强　安徽池州九华发电有限公司运行部除灰、脱硫专工
刘小鹏　安徽华电六安发电有限公司设备部热控班长
于士富　安徽华电芜湖发电有限公司发电部主任
王永茂　河北华电混合蓄能水电有限公司检修公司电气一次班班长
万海涛　华电新乡发电有限公司燃料部燃管班班长
司书辉　华电漯河发电有限公司工程管理部主任
季　军　华电宁夏灵武发电有限公司总经理
陈永雄　洪家渡发电厂运行副总工程师
闵中弟　乌江渡发电厂机电部主任、机电维护部党支部书记
刘玉刚　索风营发电厂厂长、党委书记
段　伟　思林电站建设公司经理
徐洪年　贵州大方发电有限公司生产维护部主任
郭义新　贵州乌江清水河水电开发有限公司安全生产部主任
梅君超　华电能源股份有限公司副总经理
李丙信　华电能源股份有限公司哈尔滨第三发电厂厂长
金红根　华电能源股份有限公司牡丹江第二发电厂基建管理部主任兼检修公司经理
董衍良　哈尔滨热电有限责任公司锅炉检修主任
徐恩玉　中国华电集团富拉尔基发电总厂副厂长兼总工程师
应亚雄　黑龙江华电齐齐哈尔热电有限公司生产技术部节能专工
汪　良　中国华电集团公司四川公司计划发展部副主任
王　竹　中国华电集团公司四川宝珠寺水力发电厂广元华电电力工程公司常务副总经理
吕玉华　四川广安发电有限责任公司副总工程师
胥洪远　四川华电木里河水电开发有限公司总经理、党委书记
钟云波　四川华电攀枝花发电公司生产技术部锅炉专责
邱运雄　中国华电集团公司宜宾发电总厂安全质量监察部副主任
陈瑞龙　福建华电永安发电有限公司汽机检修主管
王德胜　华电福建发电有限公司湄洲湾电厂运行分公司燃料运行堆取料机甲
林秉良　福建省古田溪水力发电厂电力工程有限公司总经理、党支部书记
林志成　华电厦门电厂检修事业部总经理
杨胜仪　福建省池潭水力发电厂检维部电气二次班班长
傅福生　福建省金湖电力有限公司运行值长
邵　松　江苏华电戚墅堰发电有限公司检修部主任、工程公司总经理
薛冰生　江苏华电扬州发电有限公司财务部主任
廖佰炎　湖北西塞山发电有限公司副总经济师兼计划部主任
胡小金　湖北华电襄樊发电有限责任公司发电部值长
张　岚　湖北华电武昌热电有限公司副总会计师兼财务部主任
袁凯峰　内蒙古华电辉腾锡勒风力发电有限公司总经理、党委书记
赵毅胜　内蒙古华电乌达热电有限公司副总工程师兼设备部部长
孔凡刚　内蒙古华电卓资发电有限公司设备技术部副部长
马建军　新疆华电哈密发电有限责任公司发电部副主任
王　栋　新疆华电喀什发电有限责任公司检修分场综合班班长
杨晓军　新疆华电发电检修有限公司维护项目部机务专工
张海江　云南华电镇雄发电有限公司计划部主任
许柴光　华电云南发电有限公司绿水河发电

厂检修分场二队副队长

代静轶　云南华电昆明发电有限公司锅炉运行技术员

高立忠　云南金沙江中游水电开发有限公司梨园水电站建设筹备处工程管理部土建主管

李文仲　云南华电怒江水电开发有限公司计划合同部主任

林金珍　福建华电储运有限公司总经理

李　飓　华电煤业内蒙古蒙泰不连沟煤业有限责任公司总经理

王美英　中国华电集团财务公司结算部票据管理专员

马健勇　华鑫国际信托公司投资管理专员

申　泉　国电南京自动化股份有限公司电网分公司总经理

郑秋华　中国华电工程（集团）有限公司发展策划部副主任

叶　阜　中国华电工程（集团）有限公司物料输送分公司上海技术中心主任

张洪元　中国华电工程（集团）有限公司管道分公司项目经理

朱凤娥　中国华电集团新能源发展有限公司财务资产部负责人

康胜文　中国华电集团发电运营有限公司市场部职员

钱　霞　华电招标有限公司项目经理

耿克成　中国华电香港有限公司高级主管

叶小平　华电置业有限公司副总经理

刘明达　贵州黔源电力股份有限公司常务副总经理

田景武　贵州北盘江电力股份有限公司党委书记兼光照电站建设公司经理

马志明　杭州华电半山发电有限公司总经理

牛吉善　陕西华电蒲城发电有限责任公司锅炉分场转机二班班长

戴立洪　华电彰武发电有限公司副总经理

曾　华　中国华电集团贵港发电有限公司集控运行值班员

顾金芳　上海奉贤燃机发电有限公司总经理

张国远　中国华电集团公司山西分公司副总经理

蒋国璋　广州大学城华电新能源有限公司总经理

朱克全　天津军粮城发电有限公司燃管处处长

毛秋奎　华电（北京）热电有限公司总经理助理兼物业公司经理

辛东明　北京华电水电有限公司生产运营部主任

余佩莉　青海华电大通发电有限公司副总会计师兼财务部主任

王海军　中国华电集团公司计划发展部综合计划处处长

刘　雷　中国华电集团公司资产管理部融资管理处处长

牛拥军　中国华电集团公司政治工作部党建处职员

2008年度集团公司安全生产先进个人

谢　云　华电国际电力股份有限公司

汪明波　华电国际电力股份有限公司

彭玉良　华电国际电力股份有限公司

孔繁义　华电国际电力股份有限公司

李　荣　贵州乌江水电开发有限责任公司

肖　燕　贵州乌江水电开发有限责任公司

陈全卫　贵州乌江水电开发有限责任公司

张维群　华电四川发电有限公司

王如祥　中国华电集团公司内蒙古公司

李东政　华电新疆发电有限公司

王和刚　华电云南发电有限公司

卢玉强　贵州黔源电力股份有限公司

张新珊　中国华电集团公司浙江分公司

侯星恒　中国华电集团公司上海分公司

张德运　华电国际电力股份有限公司

黄龙平　华电福建发电有限公司

吴成滨　贵州乌江水电开发有限责任公司

陆自强　华电（北京）热电有限公司

房志华　天津军粮城发电有限公司

李京修　华电国际电力股份有限公司邹县发电厂

赵清明　华电青岛发电有限公司

郭英臣　华电国际电力股份有限公司莱城发电厂
韩　见　华电国际十里泉发电厂
卢兆忠　华电淄博热电有限公司
梁帮平　安徽池州九华发电有限公司
王开社　华电滕州新源热电有限公司
付　峰　华电宁夏灵武发电有限公司
宣继前　安徽华电六安发电有限公司
孙建林　华电新乡发电有限公司
张鸿江　河北华电石家庄热电有限公司
袁立波　华电章丘发电有限公司
何　辄　辽宁华电铁岭发电有限公司
翟作武　华电能源股份有限公司哈尔滨第三发电厂
邵松林　中国华电集团富拉尔基发电总厂
杨伟军　华电能源股份有限公司牡丹江第二发电厂
邸玉臣　中国华电集团哈尔滨发电有限公司
华宇东　上海奉贤燃机发电有限公司
朱桂铭　杭州华电半山发电有限公司
郭德明　江苏华电扬州发电有限公司
朱卫风　望亭发电厂
曹　阳　贵州大方发电有限公司
徐　波　贵州华电大龙发电有限公司
唐顺友　贵州华电清镇发电有限公司
李同策　贵州华电遵义发电有限公司
张让广　中国华电集团公司宜宾发电总厂
李文孝　中国华电集团公司内江发电总厂
郭　强　四川广安发电有限责任公司
甘　波　四川华电攀枝花发电公司
唐继超　四川华电宜宾发电有限责任公司
罗德俊　福建华电邵武发电有限公司
张建科　福建华电可门发电有限公司
狄海龙　内蒙古华电乌达热电有限公司
李亚麟　内蒙古华电卓资发电有限公司
闫风奎　内蒙古华电包头发电有限公司
赵宇光　包头东华热电有限公司
于爱国　新疆华电红雁池发电有限责任公司
王中年　新疆华电哈密发电有限责任公司
余世群　新疆华电苇湖梁发电有限责任公司
陈　声　新疆华电吐鲁番发电有限责任公司
杨建军　新疆华电昌吉热电有限责任公司
肖党华　新疆华电喀什发电有限责任公司
克尤木　新疆华电发电检修有限公司
严　毅　湖北华电黄石发电股份有限公司
刘　建　湖北华电襄樊发电有限公司
刘扬志　湖北西塞山发电有限公司
杨春雨　湖南华电石门发电有限公司
陈纶乾　云南华电昆明发电有限公司
陈建鑫　云南华电巡检司发电有限公司
严新明　中国华电集团贵港发电有限公司
徐士利　华电宿州生物质能发电有限公司
朱金龙　北京华电水电有限公司
王泽刚　河北华电混合蓄能水电有限公司
杨昌杰　清水河公司大花水电站
李茂华　乌江渡发电厂
令狐昌仁　索风营发电厂
杨　炎　东风发电厂
黄定奎　洪家渡发电厂
伏志强　中国华电集团公司四川宝珠寺水力发电厂
李青军　四川华电杂谷脑水电开发有限责任公司
吴　霞　四川华电磨房沟发电厂
黄敏胜　四川紫兰坝水电开发有限责任公司
黄南山　闽东水电开发有限公司
杨为城　福建棉花滩水电开发有限公司
叶开云　福建省古田溪水力发电厂
陈盛玉　福建省安砂水力发电厂
罗君雄　华电福建池潭水力发电厂
陈天宇　福建闽兴水电有限公司
何聪明　福建华投西门发电有限公司
周道宁　福建省永安贡川水电站有限公司
陈立新　福建省高砂水电有限公司
吴琦勇　中国华电集团福建华安水力发电厂
刘志友　中国华电集团公司云南以礼河发电厂
万有奎　中国华电集团公司云南绿水河发电厂
段全明　中国华电集团公司云南石龙坝发电厂
王家志　贵州黔源电力股份有限公司普定发电公司
姚雪琪　浙江华电乌溪江水力发电厂
刘宏光　华电莱州风电有限公司
邢　伟　华电宁夏宁东风电有限公司

闫铁军　内蒙古华电辉腾锡勒风力发电有限公司
杨立忠　华电（北京）热电有限公司
魏益刚　安徽华电芜湖发电有限公司
陈洪玮　河北华电石家庄裕华热电有限公司
周　群　华电漯河发电有限公司
陈一凡　贵州华电毕节热电有限公司
王朝文　贵州华电塘寨发电有限公司
黄长虹　陕西榆横煤电有限公司
刘　海　华电新疆发电有限公司乌鲁木齐热电厂
郭佳康　望亭发电厂
莫家刚　湖北华电黄石发电股份有限公司
李　忠　华电能源股份有限公司牡丹江第二发电厂
王　鑫　辽宁华电铁岭发电有限公司
纪长久　福建华电可门发电有限公司
贾付祥　湖北华电西塞山发电有限公司
梁　英　构皮滩电站建设公司
孙华刚　思林电站建设公司
田景武　贵州北盘江电力股份有限公司光照发电厂
葛海林　清水河公司格里桥电站建设公司
周有志　四川华电泸定水电有限公司
高立忠　云南金沙江中游水电开发公司梨园水电站
邸多民　四川华电木里河水电开发有限公司
雷大俊　沙沱电站建设公司
徐鹏翔　贵州北盘江电力股份有限公司董箐建设公司
张　民　新疆华电小草湖风力发电有限责任公司
郑　军　广州大学城华电新能源有限公司

中国华电集团公司2008年度科技进步奖获奖项目

项目名称	完成单位	主要完成人	获奖等级
全中水深度处理技术首次在百万千瓦机组循环水补水中的应用研究	中国华电工程（集团）有限公司、华电国际邹县发电厂、西北电力设计院	白绍树、秦树篷、李京修、袁萍帆、彭桂云、程华、徐庆东、穆冬梅、周保卫、张中亮、赵勇、沈建永、闫彩霞、谭兆霞、李勇堂	一等奖
新一代大中型同步发电机励磁调节装置的开发与应用	国电南京自动化股份有限公司	朱红伟、单华鹏、魏建功、彭钢、施一峰、包安群、张云、陈新之、韩春江、杨书钦、陈军、丁毅、袁涤非、王翀	一等奖
洪家渡水电站厂房新型结构研究及应用	贵州乌江水电开发有限责任公司、中国水电顾问集团贵阳勘测设计研究院	赵三其、冉懋鸽、段伟、李明卫、慕洪友、杨艳泽、谭丽钠、梁锐锋、湛正刚	一等奖
强岩溶地区大型地下洞室群施工技术研究及应用	贵州乌江水电开发有限责任公司、中国水利水电第十四工程局、长江水利委员会长江勘测规划设计研究院	赵三其、字继权、黄辉、陈文理、偰光恒、雷辉光、杨桂鹏、杨文杰、刘惟、梁英、张应刚、胡中平、申宏波、朱新元、薛小伟	二等奖
大型物料装卸系统技术在神华天津煤炭码头工程项目的应用	中国华电工程（集团）有限公司、神华天津煤炭码头有限责任公司	李林威、李国信、赵勇、刘伯宽、白玉勇、谢春旺、周久扬、乔勇、刘天军、刘勤国、梁智强、付振岐、杨涛、蒋占威、石峥嵘	二等奖

续表

项目名称	完成单位	主要完成人	获奖等级
回转式空预器密封回收系统研发和应用	华电潍坊发电有限公司、东方发电设备工程技术有限公司	邢世邦、汪明波、郭爱国、马天忠、金英军、张开利、侯德安、张守志、李经升、燕守志、冯霖、刘升刚	二等奖
整体清洗1000MW发电机定子线棒技术研究	华电邹县发电有限公司、华电国际电力股份有限公司、山东电力研究院	徐宝福、徐剑晖、姜虹、王昆、宋雷、曹志伟、宋丽莎、翟保宏、吴达文、仲计戈	二等奖
SA80系列可编程逻辑控制器	国电南京自动化股份有限公司	陈军、余华武、岳峰、陈庆旭、查银鹏、杨书钦	二等奖
凝汽式发电机组应用循环冷却水余热利用技术的研究与应用	华电国际十里泉电厂、清华大学、山东鲁能节能设备开发有限公司	吕士汉、付林、华峰、李德存、肖常磊、张明、刘万利、雒利勇、张士刚、邢涛、韦存海	二等奖
从粉煤灰中提取铁粉的技术开发	中国华电集团富拉尔基发电总厂	王志兵、杨瑞雪、吕玉、吴彬、王涛、郭宏生	二等奖
火力发电厂节能评价研究与应用	华电国际电力股份有限公司	任书辉、姜家仁、刘传柱、王文琦、孙青松、汪明波、姚洪、谢云、邢世邦、毕诗方、郭爱国、王泳涛、郭玉斌、王家新、丁俊齐	二等奖
华电集团燃煤机组电除尘器电源及控制系统节能改造	国电南京自动化股份有限公司、华电集团安全生产部	傅启文、卢泽锋、毕诗方、李依琼、牟路勇、吴立增、陈云仑、徐颋、夏庆、李雅芹	二等奖
电厂大跨度管桁结构的性能与设计	中国华电工程（集团）有限公司	付振岐、李和平、黄福安、丁五洲、马骏彪、李金胜、李国田、陈榕、王会江、丁建国、侯旭华、韩亮、刘天军	二等奖
周宁水电站发电机组机架结构稳定性分析与治理研究	闽东水电开发有限公司、福建中试所电力调整试验有限责任公司、清华大学流体机械及工程研究所	黄南山、黄宪培、陈国栋、王正伟、陈晶华、林祖建、苏宜健、吴金荣、罗永要、林琳、张祥彬	二等奖
特大软岩洞室群施工技术研究及应用	贵州乌江水电开发有限责任公司、中国水利水电第十四工程局、长江水利委员会长江勘测规划设计研究院	杨宝银、字继权、梁英、陈尚法、偰光恒、朱新元、薛小伟、晏国顺、叶伟峰、黄辉、杨文杰、申宏波、张应刚、雷辉光、陈启湘	二等奖

续表

项目名称	完成单位	主要完成人	获奖等级
600MW机组冬季单循环泵节能运行实践	华电国际邹县发电厂	李兴敏、赵训海、张文慎、王伟、刘晓亮、曹善勇	二等奖
《FM340.820型风扇磨煤机轻型打击轮报废标准》及其制定的研究	中国华电集团富拉尔基发电总厂	徐恩玉、张少实、吕玉、王志兵、王涛、张桂莲、马金铠、王其君	二等奖
大型胶带机专用控制系统	中国华电工程（集团）有限公司	石峥嵘、王德谦、黄源红、刘天军、王恩涛、龚京松、刘伯宽、张溧栗、彭飞、李宇、卢嘉树	二等奖
火力发电厂两级钢带输送锅炉干除渣技术	华电国际邹县发电厂、南京通用电气公司	郑先勋、孟蓬强、李新法、张文鹏、刘恩生、周永保、孙普春、孟宪坤、翟保宏	二等奖
水库汛限水位动态控制研究	浙江华电乌溪江水力发电厂、华电福建池潭水力发电厂、河海大学	洪云、张士军、黄金其、沈佩麟、杨炳良、施永新、李昌平、金亚兰、陈晶华、王忠央、肖利和、裘乐莺、钟平安、胡红阳、蔡杰	三等奖
集团化发电企业安全技能培训认证体系研究与实施	华电国际电力股份有限公司	王文琦、段君寨、范允君、万秀兰、温盛元、彭玉良、张现清、马琳	三等奖
SS5000电网安全稳定控制系统及其装置	国电南京自动化股份有限公司	王建全、周文平、邹宇、奚汉江、武焰、温富光、商巍、王强强、夏玉裕、陈文杰、左海、钟泽章、黄震、王伟	三等奖
9FA联合循环机组运行和维护辅助决策系统研究	杭州华电半山发电有限公司、浙江大学机械与能源工程学院、杭州广达信息技术有限公司	杨帆、陈坚红、郑迎九、李勇辉、赵丽娟、周建华、吴凡、王新保	三等奖
树脂料位检测技术及其树脂再生系统基层应用研究	辽宁华电铁岭发电有限公司、铁岭市北方自动化仪器仪表有限公司	张凤龙、程革新、王耀忱、王大任、张明旭、屈静波	三等奖
TEPEE排管技术在电站凝汽器中的研究应用	华电能源哈尔滨第三发电厂、华电潍坊发电有限公司、四川东方同辉动力有限公司	邢世邦、刘翔太、汪明波、张玉增、郭爱国、柏春光、侯德安、左世伟、王泳涛、刘玉文、李经升、徐扬、王军、蒋明东、孙光玉、田英军、张科	三等奖
锅炉氢气爆燃脉冲吹灰技术应用	辽宁华电铁岭发电有限公司、北京哈宜节能环保科技开发有限公司	暴庆民、武映键、王耀忱、胡德兴、蔡壮、周文杰	三等奖

续表

项目名称	完成单位	主要完成人	获奖等级
大型循环冷却水系统的化学在线清洗应用	杭州华电半山发电有限公司、纳尔科工业服务（苏州）有限公司	闵智慧、于涛、孔庆甫、周晓宇、黄剑雄、吴凡、金建荣、吴龙剑、沈岭琳	三等奖
嵌入式 EESD－3 型智能伺服控制卡的研发与在火电厂中的应用	华电国际邹县发电厂山东鲁源电力资源开发集团有限公司	李怀新、李京修、徐宝福、徐文平、刘晓亮、何修年、石景光	三等奖
1 号机组 DEH 一体化改造	华电福建发电有限公司湄洲湾电厂运行分公司	林亚珊、吉敏哲、张建伟、潘金谋	三等奖
锅炉微油点火燃烧系统应用研究	杭州华电半山发电有限公司、华电能源哈尔滨第三发电厂、辽宁华电铁岭发电有限公司、黑龙江省电力科学研究院	暴庆民、刘翔太、黄万立、刘文飞、张玉增、王新保、李国军、董家全、方建勇、胡德兴、苗国栋、丁俊龙、武映健、王志福、邵俊、范昌	三等奖
斗轮堆取料机设计专家系统开发及应用	中国华电工程（集团）有限公司	叶阜、李波、韩刚华、刘勤国、余崇义、刘伯宽、任改运、张起伟、尹现吉、王俊华、盛仕东、李波（小）、赵华志、任晓峰	三等奖
600MW 超临界锅炉高温管屏安全性在线监测系统研究及其应用	福建华电可门发电有限公司、上海望特能源科技有限公司	仇甜根、冯英山、饶庆平、施一明、郭运庚、龙昌悦、郭小锋、王孟浩、王衡	三等奖
S109FA 燃气—蒸汽联合循环机组滑参数停机的研究与应用	江苏华电戚墅堰发电有限公司、常州震华热电技术研究所	石万里、俞劲松、俞卫、程途、吴丰、姜焕农、宋君	三等奖
福建棉花滩水电开发公司综合管理信息系统 EAM Ⅱ	福建棉花滩水电开发有限公司	杨为城、王世勋、马卡安、黄森炎、向官清、卢又安、王斌、孔令全、张育峰、方春生、苏城远、蒋伟清、陈晓英	三等奖
循环流化床机组能耗特性及节能分析系统	华电淄博热电有限公司、清华大学、华电国际电力股份有限公司	孙伟、李政、汪明波、刁友锋、郭爱国、王江、董凤亮、赵学山、张方温、魏国栋	三等奖
TGM 变压器在线监测系统	华电能源牡丹江第二发电厂、北京艾可恩贸易有限公司	挥云梦、李志富、高山、王锦军、郑勇斗、金龙哲、崔明哲、孙亚辉、陈卫东、刘岩、王岳福、刘怀刚	三等奖

续表

项目名称	完成单位	主要完成人	获奖等级
基于仿真技术的电厂继电保护整定计算与管理系统的研发	华电国际十里泉电厂	吕士汉、徐剑晖、韩令珠、孙学军、卢永生、谢维民、张永浩、李广绪	三等奖
N300-16.7/537/537 型汽轮机高、中压缸通流改造及相关部套结构优化	辽宁华电铁岭发电有限公司	侯恩辉、杨洋、李国军、胡德兴、王耀忱	三等奖
集成膜技术在电厂水处理节能减排中的应用	杭州华电半山发电有限公司	闵智慧、毕诗方、孔庆甫、苏密燕、陈海文、沈岭琳、吴龙剑、徐丁	三等奖
高温炉管寿命诊断系统在火力发电厂中的应用	华电国际邹县发电厂、山东电力研究院	魏玉忠、张都清、许万军、刘恩生、张文鹏、张广成	三等奖
4 号机组（335MW）甲凝结水泵改造	华电国际邹县发电厂	张文慎、孔凡平、陈自雨、陈兆庆、高寒、任尚坤	三等奖

十六、统计资料

集团公司成员单位

北京市

华电煤业集团有限公司（控股）

中国华电集团资本控股有限公司（中国华电集团财务有限公司）（全资）

中国华电工程（集团）有限公司（控股）

中国华电集团新能源发展有限公司（控股）

中国华电集团发电运营有限公司（控股）

华电招标有限公司（控股）

中国华电香港有限公司

华电置业有限公司

中国华电集团高级培训中心

华信保险经纪有限公司（控股）

北京华信保险公估有限公司（控股）

华鑫国际信托有限公司

华电（北京）热电有限公司（全资）

北京华电水电有限公司（全资）

天津市

中国华电集团公司天津分公司

天津军粮城发电有限公司（控股）

天津华电南疆热电项目公司筹建处

山东省

华电国际电力股份有限公司（控股）

华电国际电力股份有限公司邹县发电厂（华电邹县发电有限公司）（华电国际控股）

华电潍坊发电有限公司（华电国际控股）

华电青岛发电有限公司（华电国际控股）

华电国际电力股份有限公司莱城发电厂（华电国际控股）

华电国际十里泉发电厂（华电国际控股）

华电滕州新源热电有限公司（华电国际控股）

华电章丘发电有限公司（华电国际控股）

华电淄博热电有限公司（华电国际控股）

华电莱州风电有限公司（华电国际控股）

华电国际莱州电厂筹建处（华电国际控股）

河北省

中国华电集团公司河北分公司

河北华电石家庄热电有限公司（华电国际控股）

中国华电曹妃甸大型能源综合项目筹备组

河北华电混合蓄能水电有限公司（华电国际控股）

河北华电石家庄裕华热电有限公司（华电国际控股）

内蒙古自治区

中国华电集团公司内蒙古公司
内蒙古华电包头发电有限公司（全资）
内蒙古华电卓资发电有限公司（全资）
内蒙古华电土右发电有限公司（全资）
包头东华热电有限公司（控股）
内蒙古华电乌达热电有限公司（控股）
内蒙古华电辉腾锡勒风力发电有限公司（华电新能源全资）
内蒙古华电巴音九州风力发电有限公司（华电新能源全资）
华电新能源蒙东风电项目筹备处（华电新能源全资）
华电内蒙古开鲁风电有限公司
内蒙古不连沟煤业有限责任公司
内蒙古华电呼伦贝尔能源公司筹备处

山西省

中国华电集团公司山西分公司
山西华电沁源发电厂筹备处
山西华电岚县发电厂筹备处

辽宁省

中国华电集团公司辽宁分公司
辽宁华电铁岭发电有限公司（控股）
华电彰武发电有限公司
辽宁华电检修工程有限公司
辽宁华电锦州发电有限公司筹建处
辽宁华电丹东核电项目筹备处

黑龙江省

华电能源股份有限公司（中国华电集团公司黑龙江分公司）（控股）
华电能源股份有限公司哈尔滨第三发电厂（华电能源全资）
华电能源股份有限公司牡丹江第二发电厂（华电能源全资）
哈尔滨热电有限责任公司（华电能源控股）
黑龙江华电齐齐哈尔热电有限公司（华电能源全资）
中国华电集团富拉尔基发电总厂（内部核算）
黑龙江华电佳木斯发电有限公司（全资）
中国华电集团哈尔滨发电有限公司（控股）
华电虎林风力发电有限公司（华电新能源控股）
华电能源股份有限公司密山发电厂
黑龙江亚电鑫宝热电有限公司

上海市

中国华电集团公司上海分公司
上海奉贤燃机发电有限公司（控股）
上海华港风力发电有限公司（华电新能源控股）
上海通华燃气轮机服务有限公司（控股）
华远星海运有限公司

江苏省

中国华电集团公司江苏分公司
国电南京自动化股份有限公司
江苏华电戚墅堰发电有限公司（控股）
江苏华电扬州发电有限公司（控股）
望亭发电厂（上海华电电力发展有限公司）（全资）
江苏华电望亭天然气发电有限公司（控股）
江苏电力发展股份有限公司（控股）
江苏华电句容发电有限公司
江苏华电如皋发电厂筹备处
江苏华电滨海项目筹备处
太仓华电开发建设有限责任公司
江苏华电太仓项目筹建处

浙江省

中国华电集团公司浙江分公司
杭州华电半山发电有限公司（华电国际控股）
浙江华电乌溪江水力发电厂（内部核算）
杭州闸口艮山门发电厂留守管理处（内部核算）
浙江华电半山 IGCC 发电工程筹建处

安徽省

中国华电集团公司安徽分公司
安徽华电宿州发电有限公司（华电国际控股）
安徽池州九华发电有限公司（华电国际控股）
安徽华电六安发电有限公司（华电国际控股）
安徽华电芜湖发电有限公司（华电国际控股）
华电宿州生物质能发电有限公司（华电国际控股）
华电国际六安扩建项目筹备处

福建省

华电福建发电有限公司（福建华电投资有限公司）（全资）
福建华电可门发电有限公司（全资）
福建棉花滩水电开发有限公司（控股）
闽东水电开发有限公司（控股）
福建华电邵武发电有限公司（控股）
福建华电漳平火电有限公司（全资）（福建华电漳平发电有限公司）
福建华电永安发电有限公司（全资）
福建省古田溪水力发电厂（全资）
福建省安砂水力发电厂（全资）
华电福建池潭水力发电厂（全资）
中国华电集团福建华安水力发电厂（全资）
中国华电集团福建南靖水力发电厂（全资）
华电厦门电厂（全资）

华电福建发电有限公司湄洲湾电厂运行分公司（内部核算）
华电福建泉州发电有限公司（全资）
福建华电宁德火电厂筹备处
福建省龙岩万安溪水电有限公司
福建省高砂水电有限公司
福建省沙县城关水电有限公司
福建省金湖电力有限公司
福建省永安贡川水电站有限公司
福建省三明中银斑竹水电有限公司
福建闽兴水电有限公司
福建华投西门发电有限公司
福建华电储运有限公司

湖北省

中国华电集团公司湖北分公司
湖北华电襄樊发电有限公司（湖北襄樊发电有限责任公司）（控股）
湖北西塞山发电有限公司（湖北华电西塞山发电有限公司）（控股）
湖北华电黄石发电股份有限公司（控股）
湖北华电武昌热电有限公司（控股）（湖北华电武昌热电厂）（全资）
湖北汉源电力开发有限公司（控股）
湖北华电荆沙发电厂筹备处

湖南省

中国华电集团公司湖南分公司
湖南华电长沙发电有限公司（全资）
湖南华电石门发电有限公司（控股）
湖南华电常德发电有限公司（控股）

河南省

中国华电集团公司河南分公司
华电新乡发电有限公司（华电国际控股）
华电国际漯河发电有限公司（华电国际控股）
河南华电渠东热电项目筹建处
河南华电洛阳电源项目筹建处

广东省

中国华电集团公司广东分公司
广东华电徐闻发电厂筹备处
华电韶关火电项目筹备处
广州大学城华电新能源有限公司（控股）

广西壮族自治区

中国华电集团公司广西分公司
中国华电集团贵港发电有限公司（全资）
广西华电北海能源项目筹建处（全资）

云南省

华电云南发电有限公司（中国华电集团公司云南公司）
中国华电集团公司云南昆明发电厂（内部核算）
云南华电昆明发电有限公司（中国华电集团公司云南昆明发电厂）
云南华电巡检司发电有限公司（中国华电集团公司云南巡检司发电厂）
中国华电集团公司云南以礼河发电厂（全资）
中国华电集团公司云南绿水河发电厂（内部核算）
中国华电集团公司云南石龙坝发电厂（内部核算）
云南华电镇雄发电有限公司（控股）
云南金沙江中游水电开发有限公司
云南华电怒江水电开发有限公司（控股）
云南华电鲁地拉水电有限公司（控股）
贵州省
贵州乌江水电开发有限责任公司（中国华电集团公司贵州公司）
乌江渡发电厂
东风发电厂
洪家渡发电厂
索风营发电厂
贵州乌江清水河水电开发有限公司
大花水电站
格里桥电站建设分公司
构皮滩发电厂
思林发电厂
沙沱电站建设公司
贵州华电毕节热电有限公司（贵州头步发电厂）（控股）
贵州大方发电有限公司（控股）
贵州华电大龙发电有限公司
贵州华电清镇发电有限公司（全资）
贵州华电遵义发电有限公司（全资）
贵州华电塘寨发电公司
贵州华电桐梓发电有限公司（控股）
贵州华电乌江电力工程有限公司
乌江水电缅甸项目筹备处
贵州黔源电力股份有限公司（控股）
水城电厂（空壳）
普定电站（空壳）
贵州北盘江电力股份有限公司
贵州黔源引子渡发电有限责任公司
贵州信源发电有限公司（空壳）
贵州北源电力股份有限公司
贵州西源发电有限责任公司
四川省

中国华电集团公司四川公司
华电四川发电有限公司（中国华电集团公司四川公司，华电金沙江上游水电开发有限公司）
四川广安发电有限责任公司（华电国际控股）
中国华电集团公司四川宝珠寺水力发电厂
中国华电集团公司内江发电总厂（全资）
四川华电黄桷庄发电有限公司（控股）
四川攀枝花三维发电有限责任公司
四川华电宜宾发电有限责任公司（控股）
四川华电杂谷脑水电开发有限责任公司（华电国际控股）
中国华电集团公司宜宾发电总厂
四川紫兰坝水电开发有限责任公司（控股）
四川华电磨房沟发电厂（全资）
四川华电攀枝花发电公司（全资）
四川华电五通桥发电厂（全资）
四川华电西溪河水电开发有限公司（控股）
四川华电木里河水电开发有限公司（控股）
四川华电高坝发电有限公司（全资）
成都华电三源热力有限责任公司（控股）
四川华电珙县发电有限公司（控股）
华电四川发电有限公司安宁河分公司
四川华电泸定水电有限公司
陕西省
中国华电集团公司陕西分公司
陕西华电蒲城发电有限责任公司（控股）
陕西华电蒲城第二发电有限责任公司（控股）
陕西华电杨凌热电有限公司
陕西安康电厂筹建处
陕西华电榆横煤电有限公司
甘肃省
中国华电集团公司甘肃能源项目筹备处（甘肃华电瓜州风力发电有限公司）（华电新能源全资）
青海省
青海华电大通发电有限公司（控股）
宁夏回族自治区
中国华电集团公司宁夏分公司
华电宁夏灵武发电有限公司（华电国际控股）
华电宁夏宁东风电有限公司（华电国际全资）
新疆自治区
华电新疆发电有限公司（全资）
新疆华电红雁池发电有限责任公司（控股）
新疆华电哈密发电有限责任公司（控股）
新疆华电吐鲁番发电有限责任公司（控股）

新疆华电苇湖梁发电有限责任公司（控股）
新疆华电昌吉热电有限责任公司（新疆华电昌吉热电二期有限责任公司）（控股）
新疆华电喀什发电有限责任公司（新疆华电喀什二期发电有限责任公司）（控股）
华电新疆发电有限公司乌鲁木齐热电厂
新疆华电发电检修有限公司
新疆华电小草湖风力发电有限责任公司（华电新能源全资）
新疆华电西山热电有限责任公司筹备处
新疆华电滨湖发电有限责任公司筹备处
西藏自治区
中国华电集团公司西藏分公司
重庆
重庆华电奉节发电项目筹建处

集团公司2008年电力

地区名称	装机容量（万kW）		发电量（万kW·h）		上网电量（万kW·h）	
	本年	同比增长	本年	同比增长（%）	本年	同比增长（%）
华电集团合计	6907.96	605.55	28700653	10.88	26612816	11.46
水电	876.21	104.00	2496966	20.03	2463000	19.84
火电	5994.10	485.50	26147789	9.89	24095213	10.46
其中：煤机	5598.30	434.70	24567329	3.25	22714310	8.48
燃机	395.80	50.80	965763	10.24	938821	9.92
风电	37.65	16.05	55899	573.08	54603	578.66
山东	1200.35	-24.45	6665614	20.86	6214837	20.95
火电	1196.30	-28.50	6662624	20.80	6211909	20.89
风电	4.05	4.05	2990		2929	
贵州	735.40	104.00	2900278	17.25	2770389	17.81
水电	490.40	104.00	1468859	38.67	1450839	38.73
火电	245.00		1431420	1.28	1319550	1.06
黑龙江	637.50	60.00	2828747	-0.27	2578030	-0.50
火电	637.50	60.00	2828747	-0.27	2578030	-0.50
福建	519.41	120.00	1589196	-9.81	1488368	-9.62
水电	194.41		626596	1.56	617913	1.65
火电	325.00	120.00	962600	-16.11	870455	-16.21
四川	490.75	-20.00	1356895	-29.37	1245260	-29.53
水电	106.75		190002	-16.08	188036	-16.10
火电	384.00	-20.00	1166893	-31.15	1057225	-31.48
安徽	341.50	134.50	1060610	72.89	947721	73.34
火电	341.50	134.50	1060610	72.89	947721	73.34
湖北	326.00		1365442	43.48	1277605	43.95
火电	326.00		1365442	43.48	1277605	43.95
内蒙	309.20	7.05	1465851	-4.30	1343319	-4.17
火电	290.00		1430736	-6.09	1309085	-6.09
风电	19.20	7.05	35115	330.77	34234	333.56
江苏	308.00	-62.00	1459763	-12.58	1374921	-12.70
火电	308.00	-62.00	1459763	-12.58	1374921	-12.70
其中：煤机	152.00	-62.00	1009709	-14.20	936955	-14.49
燃机	156.00		450054	-8.72	437966	-8.61
陕西	264.00	132.00	698010	-4.73	623430	-4.54
火电	264.00	132.00	698010	-4.73	623430	-4.54

生产主要指标（按地区分）

发电设备利用小时（h）		供电煤耗［g/（kW·h）］		综合供电煤耗［g/（kW·h）］		发电厂用电率（%）		综合厂用电率（%）	
本年	同比增长（±）	本年	同比增长（±）	本年	同比增长（±）	本年	同比增长（±）	本年	同比增长（±）
4453	-286	340.40	-6.71	343.45	-6.17	5.95	-0.20	6.82	-0.09
3117	299					0.26	-0.05	1.08	-0.11
4653	-392	340.40	-6.71	343.45	-6.17	6.51	-0.16	7.38	-0.01
4821	-353	344.43	-7.46	347.72	-6.72	6.67	-0.18	7.59	0.03
2546	-663	244.18	3.52	245.41	3.86	2.30	0.16	2.85	0.35
2339		1.69							
5525	843	331.32	-9.15	334.71	-7.84	5.81	-0.46	6.80	-0.09
5528	846	331.32	-9.15	334.71	-7.84	5.81	-0.46	6.80	-0.09
2526		2.49							
4398	143	355.73	-7.58	356.68	-7.70	3.84	-0.47	4.25	-0.49
3541	690					0.19	-0.06	0.69	-0.05
5843	-884	355.73	-7.58	356.68	-7.70	7.57	0.23	7.88	0.16
4855	-461	356.64	-3.43	361.43	-2.72	7.14	0.03	8.38	0.21
4855	-461	356.64	-3.43	361.43	-2.72	7.14	0.03	8.38	0.21
3649	-684	339.27	-8.25	340.74	-8.17	3.95	-0.22	4.64	-0.18
3223	3					0.38	-0.01	1.46	-0.07
4005	-1358	339.27	-8.25	340.74	-8.17	6.35	0.08	6.77	0.13
2742	-1280	365.33	-3.86	368.10	-3.38	7.54	0.11	8.28	0.24
1780	-686					0.34	0.11	1.12	0.04
3007	-1386	365.33	-3.86	368.10	-3.38	8.71	0.32	9.44	0.47
4180	-933	334.24	-14.30	338.32	-12.38	5.95	-0.80	7.16	-0.30
4180	-933	334.24	-14.30	338.32	-12.38	5.95	-0.80	7.16	-0.30
4188	-942	336.38	-2.91	337.65	-2.54	6.08	-0.41	6.43	-0.48
4188	-942	336.38	-2.91	337.65	-2.54	6.08	-0.41	6.43	-0.48
4844	-401	351.10	-5.70	354.01	-5.82	7.57	-0.12	8.34	-0.50
4934	-320	351.10	-5.70	354.01	-5.82	7.75	0.02	8.51	-0.01
2780	-1235					0.30	0.19	1.16	
4018	-495	312.88	-2.91	314.07	-3.14	5.45	0.19	5.81	0.12
4018	-495	312.88	-2.91	314.07	-3.14	5.45	0.19	5.81	0.12
4870	-629	347.62	-0.82	348.70	-1.13	6.92	0.39	7.21	0.31
2885	-275	238.68	-2.56	239.98	-2.67	2.16	-0.08	2.69	-0.12
4904	-447	349.62	0.11	350.72	-0.06	7.07	-0.14	7.36	-0.19
4904	-447	349.62	0.11	350.72	-0.06	7.07	-0.14	7.36	-0.19

地区名称	装机容量（万kW）		发电量（万kW·h）		上网电量（万kW·h）	
	本年	同比增长	本年	同比增长（%）	本年	同比增长（%）
辽宁	240.00	120.00	746670	-0.66	675460	-1.52
火电	240.00	120.00	746670	-0.66	675460	-1.52
新疆	216.40	-2.35	1323106	14.65	1213250	15.35
火电	206.50	-7.30	1313034	13.78	1203448	14.42
风电	9.90	4.95	10072	16174.78	9802	16201.89
宁夏	190.50		1141205	46.50	1051273	44.56
火电	186.00		1133483	45.53	1043636	43.53
风电	4.50		7722	8320.78	7638	8434.60
湖南	180.00		562189	98.87	524953	97.83
火电	180.00		562189	98.87	524953	97.83
浙江	177.95		571959	-10.53	548190	-10.48
水电	34.45		47792	3.06	47004	3.19
火电	143.50		524167	-11.60	501186	-11.58
其中：煤机	26.50		176826	-15.77	161625	-15.79
燃机	117.00		347341	-9.31	339561	-9.43
云南	159.30	-20.00	671510	-17.19	618913	-17.55
水电	39.30		157895	20.71	153477	20.97
火电	120.00	-20.00	513615	-24.47	465436	-25.39
河南	132.00		553464	93.25	518650	93.10
火电	132.00		553464	93.25	518650	93.10
广西	126.00	6.00	361728	8.04	336286	7.72
火电	126.00	6.00	361728	8.04	336286	7.72
天津	90.00		533839		494802	
火电	90.00		533839		494802	
北京	76.00	50.80	159449	266.37	142431	289.14
水电	5.20		343	-38.41	292	-26.76
火电	70.80	50.80	159106	270.57	142138	292.62
其中：油机	20.00		29274	-50.10	18088	-50.04
燃机	50.80	50.80	129832		124050	
上海	72.00		38535		37243	
火电	72.00		38535		37243	
其中：燃机	72.00		38535		37243	
青海	60.00		358119	-3.56	337271	-3.48
火电	60.00		358119	-3.56	337271	-3.48
河北	55.70		288474	-3.84	250211	-3.21
水电	5.70		5478	15.43	5438	15.40
火电	50.00		282996	-4.15	244773	-3.56

续表

发电设备利用小时（h）		供电煤耗［g/（kW·h）］		综合供电煤耗［g/（kW·h）］		发电厂用电率（%）		综合厂用电率（%）	
本年	同比增长（±）	本年	同比增长（±）	本年	同比增长（±）	本年	同比增长（±）	本年	同比增长（±）
4776	-1278	340.43	-0.73	344.62	1.12	5.26	0.32	6.41	0.82
4776	-1278	340.43	-0.73	344.62	1.12	5.26	0.32	6.41	0.82
6143	620	365.06	-10.54	369.86	-10.43	7.09	-0.63	8.31	-0.55
6258	735	365.06	-10.54	369.86	-10.43	7.14	-0.58	8.35	-0.51
1803	-2330					0.14	-16.05	3.44	
5991	-701	346.15	-1.34	347.73	-1.46	7.47	1.28	7.89	1.25
6094	-598	346.15	-1.34	347.73	-1.46	7.51	1.32	7.94	1.30
1716	-1658					1.51		1.51	-0.90
3123	-727	337.76	-6.62	338.24	-6.60	6.49	0.48	6.93	0.39
3123	-727	337.76	-6.62	338.24	-6.60	6.49	0.48	6.93	0.39
3214	-284	277.71	-7.06	278.49	-6.97	3.81	-0.11	4.16	-0.05
1387	41					0.50	-0.31	1.65	-0.13
3653	-345	277.71	-7.06	278.49	-6.97	4.12	-0.05	4.38	-0.02
6673	-33	356.59	-15.41	358.48	-15.48	8.11	0.01	8.60	0.02
2969	-304	240.03	-0.11	240.42	0.26	2.08	0.07	2.24	0.13
4006	-1225	358.71	-10.02	360.75	-10.06	6.85	0.29	7.85	0.28
4018	689					0.31	-0.04	2.80	-0.21
4003	-1874	358.71	-10.02	360.75	-10.06	8.87	1.12	9.41	0.96
4193	104	325.25	-3.82	329.97	-2.17	4.93	-0.41	6.30	0.08
4193	104	325.25	-3.82	329.97	-2.17	4.93	-0.41	6.30	0.08
3014	-1120	341.59	9.01	344.03	8.77	6.37	0.37	7.40	0.13
3014	-1120	341.59	9.01	344.03	8.77	6.37	0.37	7.40	0.13
5932		359.55		361.87		6.71		7.30	
5932		359.55		361.87		6.71		7.30	
2527	898	241.06	91.14	246.71	83.37	3.04	0.44	5.94	-7.01
66	-41					2.90	-1.30	67.44	19.29
2763	738	241.06	91.14	246.71	83.37	3.04	0.46	5.80	-6.66
1010	-1014	149.16	-0.76	162.21	-1.14	2.64	0.06	14.46	2.00
3784		255.43		259.03		3.10		4.45	
535		309.02		309.42		3.23		4.91	
535		309.02		309.42		3.23		4.91	
535		309.02		309.42		3.23		4.91	
5969	-220	346.90	-3.67	348.19	-4.01	5.47	0.01	5.82	-0.10
5969	-220	346.90	-3.67	348.19	-4.01	5.47	0.01	5.82	-0.10
5179	-207	331.32	-4.80	353.23	-3.81	7.65	-0.91	13.28	-0.57
961	128					0.33	0.03	1.48	-0.53
5660	-245	331.32	-4.80	353.23	-3.81	7.79	-0.90	13.51	-0.53

集团公司2008年发电设备容量及发电量(按电厂分)

单位	容量	发电量(万kW·h)					
		合计	同比增长(%)	其中:水电		其中:火电	
				电量	同比增长(%)	合计	同比增长(%)
华电集团合计	6907.96	28700653	10.88				
水电	876.21	2496966	20.03	2496966	20.03		
火电	5994.10	26147789	9.89			26147789	9.89
其中:生物质	2.80	3671	51.46				
风电	37.65	55899	573.08				
山东(仅含本省电厂)	1200.35	6665614	20.86			6662624	20.80
华电国际电力股份有限公司(含外省电厂)	2299.35	10789583	37.30			10748196	36.77
华电国际电力股份有限公司邹县发电厂	254.00	1460230	-11.25			1460230	-11.25
华电邹县发电有限公司	200.00	1200738	970.68			1200738	970.68
华电潍坊发电有限公司	200.00	885920	17.05			885920	17.05
华电青岛发电有限公司	120.00	651780	10.97			651780	10.97
华电国际电力股份有限公司莱城发电厂	120.00	701508	12.66			701508	12.66
滕州新源热电有限责任公司	93.00	545855	12.90			545855	12.90
华电章丘发电有限公司	89.00	448265	11.77			448265	11.77
华电国际十里泉发电厂	77.00	500019	-22.54			500019	-22.54
华电淄博热电有限公司	43.30	268307	2.87			268307	2.87
华电莱州风电有限公司	4.05	2990					
贵州	735.40	2900278	17.25	1468859	38.67	1431420	1.28

续表

单位	容量	发电量(万 kW·h)					
		合计	同比增长(%)	其中:水电		其中:火电	
				电量	同比增长(%)	合计	同比增长(%)
贵州分公司	579.50	2575674	11.21	1144255	26.76	1431420	1.28
贵州乌江水电开发有限责任公司	334.50	1144255	26.76	1144255	26.76		
乌江渡发电厂	125.00	413153	12.55	413153	12.55		
东风发电厂	69.50	286965	17.22	286965	17.22		
洪家渡电站建设公司	60.00	141418	46.37	141418	46.37		
索风营电站建设公司	60.00	224602	16.58	224602	16.58		
乌江清水河公司大花水水电站	20.00	78117	5099.68	78117	5099.68		
分公司直管电厂	245.00	1431420	1.28			1431420	1.28
贵州大方发电有限公司	120.00	567931	21.27			567931	21.27
贵州华电大龙发电有限公司	60.00	410543	0.39			410543	0.39
贵州华电清镇发电有限公司	40.00	265765	-21.94			265765	-21.94
贵州华电遵义发电有限公司	25.00	187181	-4.30			187181	-4.30
贵州黔源电力股份有限公司	155.90	324604	109.87	324604	109.87		
贵州北盘江电力股份有限公司光照发电厂	104.00	145442		145442			
贵州黔源股份公司引子渡水电站	36.00	113739	23.62	113739	23.62		
贵州黔源股份公司普定发电公司	8.40	41981	33.58	41981	33.58		
贵州北源电力股份有限公司鱼塘电站	7.50	23441	-14.64	23441	-14.64		
黑龙江(分公司、股份公司)	637.50	2828747	-0.27			2828747	-0.27
华电能源股份有限公司	462.30	1948459	3.69			1948459	3.69
华电能源股份有限公司哈尔滨第三发电厂	160.00	773467	-9.04			773467	-9.04
华电能源股份有限公司牡丹江第二发电厂	102.00	466547	-12.04			466547	-12.04

续表

单位	容量	发电量(万 kW·h)					
		合计	同比增长(%)	其中:水电		其中:火电	
				电量	同比增长(%)	合计	同比增长(%)
哈尔滨热电有限责任公司	80.00	401240	-4.54			401240	-4.54
黑龙江华电齐齐哈尔热电有限公司	60.00	288286	372.90			288286	372.90
华电能源股份有限公司佳木斯热电厂	60.00	17344				17344	
黑龙江新世纪能源有限公司	0.30	1575	-30.94			1575	-30.94
黑龙江分公司直管	175.20	880288	-7.98			880288	-7.98
中国华电集团公司富拉尔基发电总厂	120.00	634543	-4.75			634543	-4.75
黑龙江华电佳木斯发电有限公司	40.00	185247	-19.57			185247	-19.57
中国华电集团哈尔滨发电有限责任公司	10.20	60498	0.66			60498	0.66
黑龙江亚电鑫宝热电有限公司	5.00						
福建(华电福建发电有限公司)	519.41	1589196	-9.81	626596	1.56	962600	-16.11
福建华电可门发电有限公司	240.00	730693	-5.23			730693	-5.23
福建棉花滩水电开发有限公司	67.00	175643	-0.66	175643	-0.66		
棉花滩水电厂	60.00	160106	1.23	160106	1.23		
白沙水电厂	7.00	15536	-16.75	15536	-16.75		
福建华电投资有限公司	50.81	188091	5.87	188091	5.87		
福建省金湖电力有限公司	18.83	73215	24.47	73215	24.47		
福建省金湖电力有限公司高唐水电厂	4.20	15404	353.23	15404	353.23		
福建省金湖电力有限公司孔头水电厂	4.05	15998	3.11	15998	3.11		
福建省金湖电力有限公司范厝水电厂	3.60	14629	4.24	14629	4.24		
福建省金湖电力有限公司大言水电厂	3.20	11606	1.78	11606	1.78		
福建省金湖电力有限公司良浅水电厂	3.00	12449	2.27	12449	2.27		

续表

单位	容量	发电量(万 kW·h)					
		合计	同比增长（%）	其中:水电		其中:火电	
				电量	同比增长（%）	合计	同比增长（%）
福建省金湖电力有限公司北溪水电厂	0.78	3130	36.17	3130	36.17		
福建闽兴水电有限公司	10.38	41123	6.94	41123	6.94		
福建闽兴水电有限公司照口水电站	6.00	23045	6.12	23045	6.12		
福建闽兴水电有限公司峡阳水电厂	4.38	18078	8.00	18078	8.00		
福建高砂水电有限公司	5.00	18395	-6.23	18395	-6.23		
福建沙县城关水电有限公司	4.80	17916	-6.42	17916	-6.42		
福建万安溪水电有限公司	4.50	13486	-13.53	13486	-13.53		
福建永安贡川水电站有限公司	4.30	14436	-8.77	14436	-8.77		
福建华投西门发电有限公司	3.00	9520	-6.74	9520	-6.74		
闽东水电开发有限公司	32.00	71104	8.17	71104	8.17		
福建华电邵武发电有限公司	25.00	47166	-58.89			47166	-58.89
福建永安火电厂	20.00	60184	-26.84			60184	-26.84
福建华电漳平电厂	20.00	39300	-46.24			39300	-46.24
福建华电漳平发电有限公司	20.00	85257	-6.78			85257	-6.78
福建省古田溪水力发电厂	14.60	47757	-1.57	47757	-1.57		
福建省安砂水力发电厂	11.50	48636	-8.92	48636	-8.92		
华电福建池潭水力发电厂	10.00	48034	9.14	48034	9.14		
中国华电集团福建华安水力发电厂	6.00	38290	-3.58	38290	-3.58		
中国华电集团福建南靖水力发电厂	2.50	9041	-18.79	9041	-18.79		
四川	490.75	1356895	-29.37	190002	-16.08	1166893	-31.15
华电四川发电有限公司	227.95	674294	-37.85	164806	-13.54	509487	-43.04

续表

单位	容量	发电量(万 kW·h)					
		合计	同比增长(%)	其中:水电		其中:火电	
				电量	同比增长(%)	合计	同比增长(%)
中国华电集团公司四川宝珠寺水力发电厂	70.00	137459	-15.05	137459	-15.05		
中国华电集团公司内江发电总厂	52.00	132188	-41.97			132188	-41.97
四川华电黄桷庄发电有限责任公司	40.00	129358	-41.22			129358	-41.22
四川攀枝花三维发电有限责任公司	27.00	128851	-1.52			128851	-1.52
四川华电宜宾发电有限责任公司	25.00	94393	-28.86			94393	-28.86
中国华电集团公司宜宾发电总厂		24697	-81.85			24697	-81.85
四川紫兰坝水电开发有限责任公司	10.20	27348	-5.10	27348	-5.10		
四川华电磨房沟发电厂	3.75						
华电国际四川华电杂谷脑水电开发有限责任公司	22.80	25196	-29.60	25196	-29.60		
华电国际四川华电杂谷脑公司薛城水电站	13.80	14319	6721.11	14319	6721.11		
华电国际四川华电杂谷脑公司红叶二级	9.00	10877	-69.43	10877	-69.43		
华电国际四川广安发电有限责任公司	240.00	657406	-17.86			657406	-17.86
安徽(分公司)	341.50	1060610	72.89			1060610	72.89
华电国际安徽华电芜湖发电有限公司	132.00	98735				98735	
华电国际安徽华电宿州发电有限公司	120.00	545627	358.28			545627	358.28
华电国际安徽池州九华发电有限公司	60.00	287599	-12.57			287599	-12.57
安徽华电六安发电有限公司	27.00	126553	-10.84			126553	-10.84
华电国际安徽宿州生物质能发电有限公司	2.50	2096				2096	
湖北(分公司)	326.00	1365442	43.48			1365442	43.48
湖北华电襄樊发电有限公司	240.00	884488	136.38			884488	136.38
湖北华电襄樊发电有限公司一期	120.00	407034				407034	

续表

单　　位	容量	发电量(万 kW·h)					
		合计	同比增长（%）	其中:水电		其中:火电	
				电量	同比增长（%）	合计	同比增长（%）
湖北华电襄樊发电有限公司二期	120.00	477454	27.60			477454	27.60
湖北西塞山发电有限公司	66.00	356360	-10.74			356360	-10.74
湖北华电黄石发电股份有限公司	20.00	124594	-19.73			124594	-19.73
内蒙古	309.20	1465851	-4.30			1430736	-6.09
中国华电集团公司内蒙古分公司	290.00	1430736	-6.09			1430736	-6.09
内蒙古华电包头发电有限公司	120.00	625257	-4.63			625257	-4.63
内蒙古华电卓资发电有限公司	80.00	341669	-4.29			341669	-4.29
包头东华热电有限公司	60.00	304259	-10.18			304259	-10.18
内蒙古华电乌达热电有限公司	30.00	159551	-7.35			159551	-7.35
华电新能源辉腾锡勒风力发电有限公司	12.15	33927	316.19				
华电新能源内蒙古库伦风电公司	7.05	1188					
江苏(分公司)	308.00	1459763	-12.58			1459763	-12.58
江苏华电扬州发电有限公司	88.00	510941	-16.19			510941	-16.19
江苏华电戚墅堰发电有限公司	78.00	363687	-15.10			363687	-15.10
江苏华电望亭天然气发电有限公司	78.00	220010	-11.14			220010	-11.14
望亭发电厂(上海华电电力发展有限公司)	64.00	365125	-4.97			365125	-4.97
陕西(分公司)	264.00	698010	-4.73			698010	-4.73
陕西华电蒲城发电有限责任公司	132.00	667742	-5.47			667742	-5.47
陕西华电蒲城第二发电有限责任公司	132.00	30268				30268	
辽宁(分公司)	240.00	746670	-0.66			746670	-0.66
辽宁华电铁岭发电有限公司	240.00	746670	-0.66			746670	-0.66

续表

单位	容量	发电量(万kW·h)					
		合计	同比增长(%)	其中:水电		其中:火电	
				电量	同比增长(%)	合计	同比增长(%)
新疆	216.40	1323106	14.65			1313034	13.78
华电新疆发电有限公司	206.50	1313034	13.78			1313034	13.78
新疆华电红雁池发电有限责任公司	80.00	507788	12.43			507788	12.43
新疆华电哈密发电有限责任公司	29.50	198082	0.50			198082	0.50
新疆华电吐鲁番发电有限责任公司	27.00	168672	25.35			168672	25.35
新疆华电苇湖梁发电有限责任公司	25.00	150740	6.19			150740	6.19
新疆华电昌吉热电二期有限责任公司	25.00	158702	28.40			158702	28.40
新疆华电喀什发电有限责任公司	10.00	62990	16.60			62990	16.60
新疆华电喀什二期发电有限责任公司	10.00	59351	59.78			59351	59.78
新疆华电昌吉热电有限责任公司		6709	-52.03			6709	-52.03
华电新能源新疆小草湖风力发电公司	9.90	10072					
宁夏(分公司)	190.50	1141205	46.50			1133483	45.53
华电国际宁夏灵武发电有限公司	120.00	755060	113.69			755060	113.69
华电国际宁夏中宁发电有限责任公司	66.00	378423	-11.07			378423	-11.07
华电国际宁夏宁东风电有限公司	4.50	7722	8320.78				
湖南(分公司)	180.00	562189	98.87			562189	98.87
湖南华电长沙发电有限公司	120.00	394900	1369.18			394900	1369.18
湖南华电石门发电有限公司	60.00	167289	-34.60			167289	-34.60
浙江(分公司)	177.95	571959	-10.53	47792	3.06	524167	-11.60
华电国际杭州华电半山发电有限公司	143.50	524167	-11.60			524167	-11.60
浙江华电乌溪江水力发电厂	34.45	47792	3.06	47792	3.06		
云南(华电云南发电有限公司)	159.30	671510	-17.19	157895	20.71	513615	-24.47

续表

单位	容量	发电量(万 kW·h)					
		合计	同比增长(%)	其中:水电		其中:火电	
				电量	同比增长(%)	合计	同比增长(%)
云南华电昆明发电有限公司	60.00	212211	-41.58			212211	-41.58
中国华电巡检司发电有限公司	60.00	270102	77.30			270102	77.30
中国华电集团公司云南以礼河发电厂	32.15	117067	24.90	117067	24.90		
中国华电集团公司云南昆明发电厂		31302	-78.39			31302	-78.39
中国华电集团公司云南绿水河发电厂	6.55	39585	9.17	39585	9.17		
中国华电集团公司云南石龙坝发电厂	0.60	1243	51.63	1243	51.63		
河南(分公司)	132.00	553464	93.25			553464	93.25
华电国际华电新乡发电有限公司	132.00	553464	93.25			553464	93.25
广西(分公司)	126.00	361728	8.04			361728	8.04
广西华电贵港发电有限公司	126.00	361728	8.04			361728	8.04
天津	90.00	533839				533839	
天津军粮城发电有限公司	90.00	533839				533839	
北京	76.00	159449	266.37	343	-38.41	159106	270.57
华电(北京)热电有限公司	70.80	159106	270.57			159106	270.57
北京华电水电有限公司	5.20	343	-38.41	343	-38.41		
上海(分公司)	72.00	38535				38535	
上海奉贤燃机发电有限公司	72.00	38535				38535	
青海	60.00	358119	-3.56			358119	-3.56
青海华电大通发电有限公司	60.00	358119	-3.56			358119	-3.56
河北(分公司)	55.70	288474	-3.84	5478	15.43	282996	-4.15
华电国际河北华电石家庄热电有限公司	50.00	282996	-4.15			282996	-4.15
华电国际河北华电混合蓄能水电有限公司	5.70	5478	15.43	5478	15.43		

集团公司2008年

单　　位	供热设备台数（台）	供热设备容量（万 kW）	热电比（%）	
			本年	同比增长（+、-）
华电集团合计	73	1161.70	0.25	-0.02
山东	17	378.30	0.16	
华电青岛发电有限公司	3	90.00	0.23	0.04
滕州新源热电有限责任公司	4	93.00	0.04	0.01
华电章丘发电有限公司	4	89.00	0.02	0.01
华电国际十里泉发电厂	2	63.00	0.01	
华电淄博热电有限公司	4	43.30	0.72	-0.08
黑龙江	20	280.20	0.34	0.05
华电能源股份有限公司	12	240.00	0.26	0.04
华电能源股份有限公司牡丹江第二发电厂	4	40.00	0.18	0.03
哈尔滨热电有限责任公司	4	80.00	0.40	0.08
黑龙江华电齐齐哈尔热电有限公司	2	60.00	0.17	0.11
华电能源佳木斯热电厂	2	60.00		
黑龙江分公司	8	40.20	0.71	0.17
黑龙江华电佳木斯发电有限公司	3	30.00	0.37	0.13
中国华电集团哈尔滨发电有限责任公司	5	10.20	1.75	0.08
四川	1	15.00	0.14	0.08
四川华电宜宾发电有限责任公司	1	15.00	0.14	0.08
内蒙古	4	90.00	0.20	0.12
包头东华热电有限公司	2	60.00	0.23	0.16
内蒙古华电乌达热电有限公司	2	30.00	0.14	0.04
江苏	2	66.00	0.01	0.01
江苏华电扬州发电有限公司	2	66.00	0.01	0.01
新疆	11	134.90	0.28	0.01
新疆华电红雁池发电有限责任公司	4	80.00	0.28	0.09
新疆华电哈密发电有限责任公司	1	2.50	0.04	0.04
新疆华电苇湖梁发电有限责任公司	2	25.00	0.49	
新疆华电昌吉热电二期有限责任公司	2	25.00	0.21	0.12
新疆华电昌吉热电有限公司	2	2.40	2.94	0.45
浙江	2	26.50	0.02	
杭州华电半山发电有限公司	2	26.50	0.02	
天津	4	50.00	0.03	0.03
天津军粮城发电有限公司	4	50.00	0.03	0.03
北京	6	70.80	1.57	-0.01
华电（北京）热电有限公司	6	70.80	1.57	-0.01
河北	6	50.00	0.57	-2.06
河北华电石家庄热电有限公司	6	50.00	0.57	-2.06

供热生产情况

供热量（GJ）		供热厂用电量（万 kW·h）		供热厂用电率（kW·h/GJ）	
本年	同比增长（+、-）	本年	同比增长（+、-）	本年	同比增长（+、-）
64169628	14.92	57481	19.14	8.96	0.32
13537099	9.02	9910	12.92	7.32	0.25
5364095	32.19	4663	32.21	8.69	
690131	24.38	603	48.89	8.73	1.43
245700	197.80	204	191.43	8.32	-0.12
246984	24.23	209	23.67	8.48	
6990189	-7.08	4231	-8.12	6.05	-0.07
16799514	26.10	18028	25.46	10.73	-0.06
10541832	36.32	11866	33.61	11.26	-0.22
2996438	7.40	3540	13.06	11.81	0.59
5828428	21.09	6127	9.43	10.51	-1.12
1716966	1220.74	2199	1356.29	12.81	1.19
6257682	11.95	6162	12.26	9.85	0.03
2437912	22.74	2679	17.76	10.99	-0.46
3819770	6.01	3483	8.37	9.12	0.20
484986	83.46	693	102.04	14.29	1.32
484986	83.46	693	102.04	14.29	1.31
3334799	128.34	3313	112.51	9.93	-0.74
2516286	210.48	2328	209.99	9.25	-0.02
818513	25.92	985	21.91	12.03	-0.40
180565		112		6.20	6.20
180565		112		6.22	6.22
9938603	36.84	8336	29.32	8.39	-0.49
5154360	66.39	4519	51.59	8.77	-0.85
257255		229		8.90	8.90
2642509	6.17	2345	-4.71	8.87	-1.02
1173566	178.55	1037	129.42	8.84	-1.89
710913	-43.35	206	-62.68	2.89	-1.51
312538	-10.23	308	-2.53	9.85	0.77
312538	-10.23	308	-2.53	9.87	0.80
525118		590		11.24	11.24
525118		590		11.23	11.23
15976158	-4.77	14111	4.69	8.83	0.80
15976158	-4.77	14111	4.69	8.83	0.80
3080248	-19.73	2080	-26.03	6.75	-0.58
3080248	-19.73	2080	-26.03	6.75	-0.58

集团公司2008年发电机组容量变化情况

单　　位	台数	机组容量（万kW）	投产（变化）时间	汽（水）轮机型号
一、新投发电机组容量合计	158	737.35		
水电	4	104		
火电	14	617.3		
风电	140	16.05		
1. 水电合计	4	104		
贵州北盘江光照水电站	4	104.00		
3号	1	26.00	2008年8月30日	HLA855a－LJ－505
4号	1	26.00	2008年8月5日	HLA855a－LJ－505
1号	1	26.00	2008年10月27日	HLA855a－LJ－505
2号	1	26.00	2008年12月18日	HLA855a－LJ－505
2. 火电合计	14	617.3		
华电（北京）热电有限公司	2	50.80		
1号		25.40	2008年4月12日	SGT5－2000E
2号		25.40	2008年5月14日	SGT5－2001E
华电能源股份有限公司佳木斯发电厂	2	60.00		
1号		30.00	2008年11月7日	N300－16.67/537/537
2号		30.00	2008年11月30日	N300－16.67/537/537
安徽华电芜湖发电有限公司	2	132.00		
1号		66.00	2008年6月24日	N660－25/600/600
2号		66.00	2008年12月20日	N660－25/600/600
辽宁华电铁岭发电有限公司	2	120.00		
5号		60.00	2008年7月4日	CCLN600－25/600/600
6号		60.00	2008年12月22日	CCLN600－25/600/600
福建华电可门发电有限公司	2	120.00		
3号		60.00	2008年8月23日	N600－24.2/566/566
4号		60.00	2008年11月20日	N600－24.2/566/566
华电宿州生物质能发电有限公司	2	2.50		
1号		1.25	2008年8月1日	N15－3.43
2号		1.25	2008年12月7日	N12.5－3.43
陕西华电蒲城第二发电有限公司	2	132.00		
5号		66.00	2008年12月5日	NZK643－24.2/566/566
6号		66.00	2008年12月29日	NZK643－24.2/566/566
3. 风电合计	140	16.05		
莱州风电有限公司	27	4.05	2008年9月15日	FL1500/77－1500kW